Wolf (Hg.)
Prosopographie von Römischer Inquisition und Indexkongregation 1701–1813
A–L

Römische Inquisition und Indexkongregation

Grundlagenforschung III: 1701–1813

herausgegeben von
Hubert Wolf

2010
FERDINAND SCHÖNINGH
Paderborn · München · Wien · Zürich

Hubert Wolf (Hg.)

PROSOPOGRAPHIE VON RÖMISCHER INQUISITION UND INDEXKONGREGATION 1701–1813

A–L

Von Herman H. Schwedt unter Mitarbeit von Jyri Hasecker,
Dominik Höink und Judith Schepers

2010

FERDINAND SCHÖNINGH

Paderborn · München · Wien · Zürich

Gedruckt mit Unterstützung der Deutschen Forschungsgemeinschaft

Umschlagabbildungen:
Von links: Papst Benedikt XIV., Porträt von Pierre Subleyras (Musée Condé, Chantilly;
Foto: http://wikipedia.org);
Kardinal Antonio Banchieri, Porträt von Carlo Masucci (Galleria Pallavicini, Rom;
Foto: http://immagini.iccd.beniculturali.it);
Pio Tommaso Schiara, Sekretär der Indexkongregation (Biblioteca Casanatense, Rom;
Foto: Mario Setter)

Bibliografische Information Der Deutschen Nationalbibliothek

Die Deutsche Nationalbibliothek verzeichnet diese Publikation in der Deutschen Nationalbibliografie;
detaillierte bibliografische Daten sind im Internet über http://dnb.d-nb.de abrufbar.

Einbandgestaltung: Anna Braungart, Tübingen

Gedruckt auf umweltfreundlichem, chlorfrei gebleichtem
und alterungsbeständigem Papier ⊗ ISO 9706

© 2010 Ferdinand Schöningh, Paderborn
(Verlag Ferdinand Schöningh GmbH & Co. KG, Jühenplatz 1, D-33098 Paderborn)

Internet: www.schoeningh.de

Alle Rechte vorbehalten. Dieses Werk sowie einzelne Teile desselben sind urheberrechtlich geschützt.
Jede Verwertung in anderen als den gesetzlich zulässigen Fällen ist ohne vorherige Zustimmung des
Verlages nicht zulässig.

Printed in Germany
Herstellung: Ferdinand Schöningh, Paderborn
ISBN 978-3-506-76835-3

INHALT

Einleitung zur Prosopographie 1701–1813
Von Hubert Wolf VII

Introduzione alla Prosopografia 1701–1813
Traduzione di Hedwig Rosenmöller XX

Introduction to the Prosopography 1701–1813
Translation by Elisabeth-Marie Richter XXXII

Introducción a la Prosopografía 1701–1813
Traducción de Javier Sánchez-Arjona Voser XLIV

Prolegomena
Von Herman H. Schwedt LVI

Abkürzungsverzeichnis LXXI

Prosopographie von Römischer Inquisition und Indexkongregation

A–L 1

M–Z 754

Anhang

Ergänzungen zur Prosopographie 1814–1917

Amtslisten der Mitarbeiter von Römischer Inquisition und Indexkongregation

Namenskonkordanz

EINLEITUNG IN DIE PROSOPOGRAPHIE
1701–1813

Hubert Wolf

Was verbindet so unterschiedliche Klerikertypen wie den kaiserlichen Diplomaten Wolfgang Hannibal von Schrattenbach, den kunstfertigen Globenbauer Vincenzo Maria Coronelli und den als Benedikt XIV. berühmt gewordenen „Aufklärungspapst" Prospero Lambertini? Sie alle waren auf einer bestimmten Strecke ihrer Karriere mit der kurialen Buchzensur befasst, sei es als Kardinalmitglied oder Fachgutachter der dafür zuständigen römischen Kongregationen: der Heiligen Römischen und Universalen Inquisition und der Indexkongregation. Sie gehörten also zu jenen Männern, die, wenn es denn ein solches gegeben hätte, im Impressum des „Index librorum prohibitorum" hätten aufgeführt werden können. Diese Gemeinsamkeit lässt sich zeitlich und methodisch noch weiter spezifizieren. Denn die Arbeit der drei genannten Personen für die römischen Zensurbehörden fiel in den Zeitraum zwischen 1701 und 1813 und ist quellenmäßig eindeutig belegt. Somit erfüllen Schrattenbach, Coronelli und Lambertini, die hier nur als Beispiel stehen, die wesentlichen Kriterien, nach denen Personen einen Haupteintrag in diesen Bänden zugewiesen bekommen.

Die Kriterien für die Aufnahme in die Prosopographie von Indexkongregation und Inquisition des 18. Jahrhunderts entsprechen genauso wie ihr Aufbau und ihre Anlage weitgehend den Bänden zum 19. Jahrhundert,[1] zu denen sich eine ausführliche Einführung im Einleitungsband zum Gesamtprojekt findet.[2] Auf diese sei hier grundsätzlich verwiesen. Vieles, was dort ausgeführt wurde, braucht hier nicht wiederholt zu werden. Jede Person, für die sich ein Amt in den Kongregationen mit einem Quellennachweis belegen lässt, erhält ein eigenes Profil. Natürlich wurde angestrebt, die konkrete Ernennung jeweils durch ein Datum in den Quellen des Archivs der Kongregation für die Glaubenslehre (ACDF) nachzuweisen. Dies war nicht in allen Fällen möglich. Zu den Personen, zu denen keine Quelle zum Ernennungsakt selbst ausfindig gemacht werden konnte, haben wir bisweilen auch andere, meist kongregationsinterne Akten herangezogen. So erhielt beispielsweise Giovanni Giorgi OSH 1802 eine Zahlung von 5 scudi monatlich als „Revisore onorario di libri ebraici e talmudici". Der Quellenbeleg dafür findet sich in den ACDF SO Privilegia.[3] Er war also in diesem Jahr für die Inquisition tätig. Ein konkretes Ernennungsdatum konnte für Giorgi jedoch nicht nachgewiesen werden.

---

[1] Hubert Wolf (Hg.), Prosopographie von Römischer Inquisition und Indexkongregation 1814–1917. Bd. 1: A–K; Bd. 2: L–Z. Von Herman H. Schwedt unter Mitarbeit von Tobias Lagatz (Römische Inquisition und Indexkongregation. Grundlagenforschung III: 1814–1917), Paderborn 2005.

[2] Hubert Wolf, Einleitung 1814–1917 (Römische Inquisition und Indexkongregation. Grundlagenforschung), Paderborn 2005, hier v.a. 88-103.

[3] Vgl. Dekret Feria IV. vom 18. August 1802; ACDF SO Priv. 1801–1803, Nr. 43.

Aber auch diejenigen Personen finden Eingang in die Prosopographie, deren Ernennung in eine Zeit fällt, in der die Quellenlage weniger dicht ist. Das betrifft vor allem Ernennungen in der Zeit von 1780 bis 1799, aus der kein Diarium der Indexkongregation vorliegt, oder der „Epoca napoleonica". Sofern es eindeutige Indizien für die Ausübung eines Amtes in Indexkongregation und Inquisition gab, etwa den Nachweis *mehrerer,* eindeutig von ihnen verfasster Gutachten, wurden diese Personen ebenfalls aufgenommen: So zum Beispiel Niccolò Salulini, der sechs Gutachten für die Indexkongregation angefertigt und zudem im offiziellen päpstlichen Hofkalender, den „Notizie per l'anno", von 1768 bis 1792 als Konsultor derselben geführt wurde.

Nicht aufgenommen wurden hingegen Personen, für die sich nur *ein* Gutachten nachweisen ließ, wie etwa Paolo Giovanni Battista Curli oder Henricus Faber OP, und für die es auch keine weiteren Hinweise auf eine Funktion in den Kongregationen gibt. Da es üblich war, dass Anwärter auf ein Amt in den beiden Kongregationen bis zu dreimal referieren beziehungsweise eigenständige Gutachten vorlegen mussten, bevor sie zum Konsultor ernannt wurden, ist der Amtsstatus bei diesen Personen so ungewiss, dass ihre generelle Aufnahme in die Prosopographie nicht sinnvoll erschien. Entsprechend werden sie in den Systematischen Repertorien, die die Sitzungen beider Kongregationen dokumentieren, als „externe Gutachter" qualifiziert. Dies betrifft im Unterschied zum 19. Jahrhundert deutlich mehr Personen, was sowohl auf die wesentlich schwierigere Aktenlage als auch auf die im 18. Jahrhundert noch im Fluss befindliche Definition des Amtscharakters zurückzuführen sein dürfte.

Wie schon im 19. Jahrhundert gehören nicht in den Entscheidungsprozess eingebundene Mitarbeiter (Dienstpersonal wie Pförtner, Skriptoren usw.) sowie die Päpste, die vor ihrer Wahl kein Amt in der Inquisition oder Indexkongregation ausübten, in der Regel nicht zum untersuchten Personenkreis, ebenso wenig diejenigen, die zwar einen Eid vor der Inquisition ablegten (etwa als Sekretär eines Papstes oder Kardinals), aber dort selbst kein Amt innehatten.

Weil Biogramme aus dem 18. Jahrhundert naturgemäß in den Zeitraum des 19. Jahrhunderts hineinreichen, haben einige der Personen, die zum Ende des Untersuchungszeitraums ein Amt ausübten, bereits einen Eintrag in der Prosopographie zum 19. Jahrhundert, da sie auch nach 1813 noch in den Behörden arbeiteten. Sie erhalten nicht nochmals ein Profil. Um ihre Tätigkeit in der römischen Buchzensur allerdings vollständig zu dokumentieren, werden in einem Anhang „Ergänzungen zur Prosopographie 1814–1917" die Gutachten dieser Mitarbeiter nachgetragen, die in den jetzigen Untersuchungszeitraum fallen.

Wie nicht anders zu erwarten, war die Identifizierung der Mitarbeiter im 18. Jahrhundert nicht immer unproblematisch. Dies ist ebenso auf die unsicheren Namensformen und die zahlreichen Namensvarianten zurückzuführen wie vor allem auch auf den im Vergleich zum 19. Jahrhundert deutlich schlechteren Forschungsstand. Bezeichnend für Verwechslungen innerhalb der Forschungsliteratur ist das Beispiel der beiden Ordensbrüder Bonaventura Santelia da Palermo TOR und Bonaventura Gervasi da Trapani TOR, die beide aus Sizilien stammten und Relator beziehungsweise auch Konsultor der Indexkongregation wurden.[4] Auch ist darauf hinzuweisen, dass es bisweilen sehr schwierig war, die

---

[4] Vgl. dazu jeweils die entsprechenden Personenprofile in der Prosopographie.

richtigen Namen von Mitarbeitern überhaupt zu ermitteln. So wird – um nur ein Beispiel zu nennen – Bruno Saverio Toma da Lodi OP im Katalog „Vota Consultorum" des ACDF als „Tommaso Bruno" geführt. Um den unterschiedlichen Namensvarianten Rechnung zu tragen und die Benutzbarkeit der Bände zu erleichtern, wird – und das ist im Vergleich zum 19. Jahrhundert neu – im Anhang zur Prosopographie des 18. Jahrhunderts eine „Namenskonkordanz" geboten. In dieser werden die verschiedenen Namensvarianten der Ansetzungsform (also der Form, in der die Person ins Alphabet eingeordnet wurde und unter welcher das Personenprofil in der Prosopographie zu finden ist) zugewiesen.

Wie bereits die Vorgängerbände zum 19. Jahrhundert wird auch diese Prosopographie wieder Amtslisten mit den Inhabern der wichtigsten Ämter bieten. Insgesamt werden gut 900 bio-bibliographische Profile von Personen geboten, die zwischen 1700 und 1813 in den beiden Kongregationen tätig waren.

Vorgehensweise und Quellen

Das Projekt verdankt einen ersten Stamm von Personenprofilen der jahrzehntelangen Arbeit von Herman H. Schwedt. Auf dieser Basis und aufgrund der umfassenden aktuellen Forschungen von Herman H. Schwedt konnten wir in den letzten Jahren bei den Recherchen im ACDF und vor allem bei der Aufbereitung für die Drucklegung weitere Informationen sammeln und dadurch sowohl die Namenslisten komplettieren als auch die einzelnen Profile wesentlich ergänzen.[5] Dabei gilt für das 18. Jahrhundert, wie schon angedeutet, dass sich die Quellenlage wesentlich komplexer und bisweilen auch lückenhafter als die für das 19. Jahrhundert darstellt. So erfolgte die Ablage der Dokumente im Archiv weniger systematisch. Dementsprechend musste die Quellenrecherche intensiviert und auf noch breitere Basis gestellt werden.

Im ACDF wurden für die Erarbeitung der Personenprofile folgende Serien herangezogen:
1. Index Diari 6 (1655–1664) bis 18 (1764–1807). Im Diarium 6 wurde insbesondere auf den „Catalogus Secretariorum" der Indexkongregation zurückgegriffen. Die Diarien dienen vor allem der Dokumentation von Ernennungen.
2. Index Protocolli 36 (1664–1672) bis 103 (1808–1819). Bei den für die Prosopographie in dieser Serie entscheidenden Dokumenten handelt es sich vor allem um Schreiben, mit denen das Staatssekretariat der Kongregation die Ernennung eines Mitarbeiters mitteilte, oder aber um Bewerbungsschreiben. Diese stellen für das 18. Jahrhundert eine besonders wichtige Quellengattung dar: Dank dieser war es möglich, auch zu Personen, die der Forschung und zeitgenössischen Publizistik nur wenig bekannt sind oder die bislang noch überhaupt keine Spuren im Schrifttum hinterlassen haben, biografische Informationen zusammenzutragen.

So existierte etwa zu Francesco Antonio Angelini OCarm bisher überhaupt keine Literatur. Mit Hilfe seines Bewerbungsschreibens und der Dokumentation seiner Ernennung in den Akten der Indexkongregation war es nun erstmals möglich, einen

---

[5] Zur konkreten Vorgehensweise vgl. WOLF, Einleitung, 89-94.

Lebenslauf für ihn zu erstellen.[6] In einigen Fällen konnten aus diesen Schreiben auch Geburtsort und -datum erschlossen werden.[7] Insgesamt bietet die Gattung der Bewerbungsschreiben einen guten Einblick in die Ernennungsabläufe an der Kurie des 18. Jahrhunderts. So wurde etwa die Bewerbung des Barnabiten Mario Maccabei, der seit 1713 Relator der Indexkongregation war, zum Konsultor der Indexkongregation zweimal abgelehnt. Dies wird darauf zurückzuführen sein, dass mit Giovanni Michele Teroni bereits ein Barnabit Mitglied des Konsults war und man hier offenbar genau auf den Ordensproporz achtete. Erst als der Generalobere des Ordens nach dem Tod Teronis um die Ernennung Maccabeis bat, wurde dieser zum Konsultor ernannt. Der Nutzer der Prosopographie wird in solchen Fällen durch die Anmerkung „mit Angaben zum Lebenslauf" in der Quellenzeile darauf aufmerksam gemacht, dass Einträge im Lebenslauf aus den Bewerbungsschreiben übernommen wurden.

3. SO Decreta, die in Jahresbänden zusammengefasst, ab 1670 konsultiert wurden. Etwa 130 Bände wurden so vor allem zur Ermittlung von Ernennungsdaten beziehungsweise hinsichtlich der Ablegung des Amtseides durchgesehen.
4. SO Juramenta: konsultiert wurden vom ersten Band Juramenta 1656–1700 bis zum letzten 1800–1809 insgesamt rund 20 Bände. Hier finden sich Niederschriften zur Ablegung des Amtseides.
5. In den SO Privilegia, in denen interne Vorgänge der Kongregation dokumentiert werden, finden sich Informationen zu einzelnen Ernennungen, hilfreiche Listen zu Ernennungen für bestimmte Ämter, wie etwa die „Nota de' Sig.ri Cardinali Segretarj"[8] oder auch Anträge auf Übertragung eines Amtes.[9]
6. In den Beständen der Stanza Storica (SO St.St.) waren ganz unterschiedliche Dokumente für die Erarbeitung der Prosopographie wichtig, wie der „Catalogus Notariorum"[10] oder auch der Band SO St.St. II-2-n, in welchem Ernennungen von Lokalinquisitoren dokumentiert sind. Ferner war der Bestand SO Extensorum von Interesse, ein Teil der Stanza Storica, in dem sich verstreut ebenfalls Material zu Laufbahnen im Heiligen Offizium findet.

Nicht im ACDF, sondern im Vatikanischen Geheimarchiv (ASV) liegt der für uns zentrale Bestand „Segreteria di Stato, Memoriali e Biglietti". Hierbei handelt es sich um eine Serie, in der zur Registrierung Konzepte von Ernennungsschreiben (biglietti di nomina) des Staatssekretariats mit entsprechenden Vermerken festgehalten und die Anträge auf Ernennung (memoriali) abgelegt wurden. Dieser Bestand ist nicht paginiert. Daneben wurde auch auf die Register des Brevensekretariats (Segreteria dei Brevi, Registra) und auf die Miscellanea des Staatssekretariats „Segreteria di Stato, Carte Varie" zurückgegriffen.

---

[6] Vgl. sein Bewerbungsschreiben in ACDF Index Prot. 68 (1707–1710), Bl. 61r sowie sein Personenprofil.
[7] Vgl. als Beispiel Giuseppe Domenico di Gesù e Maria. In der Bewerbung Hinweis auf Geburtsort und -datum; ACDF Index Prot. 68 (1707–1710), Bl. 237r.
[8] ACDF SO Priv. 1750–1754.
[9] Vgl. als Beispiel den Antrag auf Ernennung zu Konsultoren des Sanctum Officium, den François Jacquier OM und Thomas Leseur in Form eines Briefes an den Papst richten; ACDF SO Priv. 1743–1749, Bl. 19. Beide wurden auch ernannt; vgl. ebd. Bl. 20v (Audienzdekret des Papstes).
[10] ACDF SO St.St. L-5-g.

Darüber hinaus war auch die im römischen Archivio di Stato aufbewahrte Überlieferung der Apostolischen Signatur (Segnatura) zu konsultieren. Für die Einzelprofile war zudem eine Fülle von Recherchen in lokalen, staatlichen und kirchlichen Archiven (insbesondere von Überlieferungen von Orden und Lokalinquisitionen) notwendig.

Der Aufbau der Prosopographie

Die Prosopographie folgt grundsätzlich einer alphabetischen Ordnung. Durch die Namenskonkordanz im Anhang ist eine eindeutige Identifikation der Mitarbeiter von Inquisition und Indexkongregation gewährleistet. Die Prosopographie selbst ist in sechs Blöcke gegliedert.

Block eins besteht aus einer Überschrift, die den Namen in seiner Ansetzungsform sowie die Ordenzugehörigkeit aufführt. Die Ansetzungsform orientiert sich an der Muttersprache des entsprechenden Mitarbeiters, auch wenn in den Akten selbst oft Latinisierungen oder Italienisierungen verwendet werden. Ein Beispiel: In den Akten begegnet uns Bernardo Carignano, für einen Spanier die italienische Namensform, weshalb hier die Ansetzungsform auf Bernardo Cariñana OdeM lautet. Kleinere Varianten in der Schreibweise des Namens werden direkt in der Ansetzungsform in runden Klammern dokumentiert und nicht als eigene Namensvariante bei der Person angegeben. So ergeben sich Einträge wie „François de Latenay (Latinay) OCarm" oder „Pietro Lazeri (Lazzari) SJ". Bei den Namensvarianten geht es vor allem auch um die Verzeichnung von Ordens- beziehungsweise Geburtsnamen. So unterzeichnete etwa der aus einer Grafenfamilie in Carpi bei Modena stammende Piarist Sigismondo Regolo Coccapani seine Gutachten mit seinem Ordensnamen Sigismondo di S. Silverio, der Grundlage für die Ansetzungsform ist, während der Geburtsname als Variante angeführt wird. Nach den Namen folgen Angaben zu Geburtstag und -ort sowie Sterbedatum und -ort. Hier ließen sich nicht immer eindeutige Informationen ermitteln. Rekonstruierte Angaben wurden zur Kennzeichnung in eckige Klammern „[ ]" gesetzt. Aus den Quellen ließen sich bisweilen auch nur ungefähre Daten ermitteln. Diese wurden mit „um" (zum Beispiel: „um 1668 geboren") oder „nicht vor" (zum Beispiel: „nicht vor 1792 gestorben") umschrieben. Den Abschluss des ersten Blocks bilden die Hinweise zur Familie. Das Hauptaugenmerk liegt hierbei auf der sozialen Herkunft sowie auf den möglichen Verbindungen zur Römischen Kurie und zum geistigen Milieu der für die Buchzensur zuständigen Kongregationen.[11]

In einem zweiten Block folgt ein tabellarischer Lebenslauf, der, anders als im 19. Jahrhundert, zweispaltig gesetzt wird. Spalte eins enthält jeweils das Datum, Spalte zwei das dazugehörige Ereignis. Die vormals dritte Spalte mit den Angaben zur archivalischen Quelle wird nun als eingerückte Zeile dargestellt, wodurch der Lebenslauf leserfreundlicher wird. Diese Änderung wurde vorgenommen, da im 18. Jahrhundert vermehrt Hinweise zur Art der Quelle (Bewerbung, Vermerk des Assessors des Sanctum Officium zur Papstaudienz etc.) gegeben werden müssen, welche den Aktennachweis spezifizieren und

---

[11] Bei den kleineren bezahlten Ämtern im Sanctum Officium ließen sich bisweilen Informationen zur Familie der Amtsträger aus dem Archivmaterial ermitteln, vgl. beispielsweise den Eintrag zu Vincenzo Nardecchia.

besser einschätzen helfen, oder dazu dienen, einen Referenzpunkt in einem unpaginierten Bestand zu definieren. Auch die bisweilen notwendige Quellendiskussion, hauptsächlich im Hinblick auf unterschiedliche Datierungen,[12] verlangte diese Änderung.

Grundsätzlich setzt sich die Prosopographie zum Ziel, vor allem bislang unbekannte Angaben zu einer Person zu bieten, während die Lebensstationen von gut erforschten Personen (etwa von späteren Päpsten) auf die kuriale Laufbahn vor allem natürlich in Inquisition und Indexkongregation reduziert werden. Neben der kurialen und klerikalen Karriere gilt das Interesse der Biogramme den mikropolitischen Verflechtungen und den Patronagesystemen, dem die jeweilige Person angehörte. Diesem Aspekt kommt für die frühneuzeitliche Kuriengeschichte zweifellos größere Bedeutung zu als für das 19. und 20. Jahrhundert. So zeigt sich zum Beispiel eine Verbindung zwischen Gian-Jacobo Millo und Prospero Lambertini, dem späteren Benedikt XIV. Millo wuchs als Auditor von Lambertini zu dessen Zeiten als Konsultor in das Heilige Offizium hinein.[13] Auch während der Bischofsämter Lambertinis blieb die Anbindung Millos bestehen; als Papst machte Lambertini Millo dann zum Kardinal und zum ordentlichen Mitglied der Inquisition.[14]

Block drei bietet in bekannter Weise die Dokumentation aller Gutachten zur Buchzensur, die der jeweilige Mitarbeiter in Inquisition und Indexkongregation angefertigt hat. Nicht erfasst wurden hierbei Gutachten zu allen möglichen anderen Themen außerhalb der Buchzensur, mit denen sich das Heilige Offizium beschäftigte. Auch dieser Gutachtenblock besteht nur noch aus zwei Spalten. In der ersten findet sich die Datierung, in der zweiten der Autor und der Kurztitel des begutachteten Werkes beziehungsweise der begutachteten Werke. In dieser Spalte wird wie im zweiten Block der Quellennachweis des Gutachtens beziehungsweise bei nicht aufgefundenen Zensuren der Hinweis auf das Gutachten aus den Quellen in einer eingerückten Zeile angefügt. Die Datierung erfolgt nach dem Datum des Gutachtens. Ist ein Gutachten aus der Indexkongregation nicht datiert, was im 18. Jahrhundert der Regelfall ist, wird in runden Klammern „( )" das Datum der Sitzung, für die es angefertigt wurde, angegeben. Ein Gutachten ohne Datum aus dem Sanctum Officium wird gemäß der Archiveinheit, in der es überliefert ist, ebenfalls in runden Klammern datiert. Erschlossene Daten stehen in eckigen Klammern „[ ]". Der Titel des behandelten Werks wird nicht vollständig, sondern in einer Kurzform wiedergegeben, da sich die vollständige Titelangabe in den Systematischen Repertorien findet.

Diese sollten bei der Benutzung der Prosopographie unbedingt hinzugezogen werden, da sich dort wichtige Informationen zu den Verfahren sowie weiterführende bibliographische Hinweise finden lassen. Vor allem auch in den Fällen, in denen die verhandelte Ausgabe nicht mit Sicherheit ermittelt werden konnte (das sind die mit einer Raute „♦" gekennzeichneten Werke), bietet das Repertorium bisweilen weitere bibliographische Nachweise von möglicherweise verhandelten Ausgaben. Aufgrund der im Repertorium gebotenen Angaben konnten in einigen Fällen, in denen das untersuchte Werk bibliographisch nicht nachgewiesen werden konnte, Titelaufnahmen erstellt und für den Gutach-

---

[12] Vgl. die unterschiedlichen Datierungen in den Diarien der Indexkongregation und in der Liste in ACDF Index Prot. 81 (1737–1740), Bl. 438r-443v, in der für die Zeit von 1681 bis 1737 Relatorenernennungen, jedoch nicht vollständig, zusammengetragen wurden.
[13] Vgl. den Eid Millos am 9. März 1723; ACDF SO Juramenta 1701–1724, Bl. 379.
[14] Vgl. den Amtseid Millos als Mitglied des Heiligen Offiziums vom 12. Dezember 1753, ACDF SO Decreta 1753, Bl. 253v.

tenblock verwendet werden. Bei diesen Titelaufnahmen war es natürlich nicht möglich, Angaben zum Erscheinungsort oder -jahr zu machen. In der Einleitung der Systematischen Repertorien finden sich zudem Erläuterungen zur bibliographischen Aufnahme der verhandelten Werke.

Wie schon in den Bänden zum 19. Jahrhundert werden nur die Gutachten des jetzigen Untersuchungszeitraums verzeichnet. Die von einem Mitarbeiter vor 1701 verfassten Gutachten werden analog zum bisherigen Procedere in der Prosopographie 1542 bis 1700 nachgereicht. In Bezug auf die Auflistung der Gutachten sei noch eine auswertende Beobachtung erlaubt: Bei manchen Gutachtern spiegelt sich in den von ihnen verfassten Gutachten eine besondere Qualifikation oder eine „Spezialisierung" auf ein bestimmtes Themengebiet. So wurde etwa Giovanni Antonio Costanzi explizit als Revisor für eingezogene jüdische Bücher ins Heilige Offizium berufen; die beiden von ihm im Auftrag der Inquisition verfassten Voten behandeln entsprechend hebräische Bücher. Antonio Nicola Cuiò (Cuyò) wurde etwa häufig mit der Begutachtung von Werken betraut, die sich mit dem Thema Exorzismus beschäftigen. Besonders gefragt bei der Begutachtung von Publikationen aus dem Kontext der Aufklärung waren schließlich Ambrogio Maria Erba da Milano OFMObs und Giovanni Gaetano Bottari.

In Block vier finden sich die „Unveröffentlichten Quellen". Wie bereits in der Prosopopgraphie zum 19. Jahrhundert waren bei einigen Personen umfangreiche archivalische Breitenrecherchen notwendig. Falls solche Studien erfolgt sind, findet der Benutzer hier eine Liste der konsultierten Archivalien. Dabei kann es sich neben dem auch für das 18. Jahrhundert ergiebigen Bestand SO Privilegia und Akten aus verschiedenen Ordensarchiven auch um weitere Quellen etwa aus der Biblioteca Apostolica Vaticana handeln. So konnten zum Beispiel aus dem Necrologium von Pietro Luigi Galletti nicht selten Lebensdaten gewonnen werden.[15] Zu den Lokalinquisitionen und ihren Mitarbeitern wie auch zu einzelnen Konventen fanden sich Unterlagen in italienischen Staatsarchiven und -bibliotheken, etwa in Cremona, Mailand, Modena, Parma und Rom.

Mit Block fünf beginnt der bibliographische Teil. Aufgelistet werden, sofern vorhanden, die „Eigenen Werke" des jeweiligen Mitarbeiters. Dieses Auswahl-Werkverzeichnis soll dabei helfen, den intellektuellen Standort der in Frage stehenden Person zu bestimmen. Zur bibliographischen Erschließung dieser in den Zeitraum der alten Drucke gehörenden Publikationen wurden die für die verhandelten Werke erstellten Richtlinien übernommen und geringfügig vereinfacht.[16]

Im sechsten Block „Literatur" schließlich findet sich ein Verzeichnis der herangezogenen Sekundärliteratur sowie – allerdings nur in kleiner Auswahl – weiterführende Literatur.

Im Anhang finden sich – wie bereits oben erwähnt – die Nachträge zur Prosopographie 1814–1917, die Amtslisten sowie eine Namenskonkordanz. Die chronologisch aufgebaute, vollständige Liste der jeweiligen Amts- und Funktionsträger der beiden für die Buchzensur zuständigen Kongregationen ist in vier Spalten untergliedert. Spalte eins bietet den Namen des Mitarbeiters in Ansetzungsform, Spalte zwei das Ernennungsdatum, wobei unsichere Ernennungsdaten in eckigen Klammern angegeben werden, Spalte drei das Da-

---

[15] Vgl. Pietro Luigi GALLETTI, Necrologium Romanum; BAV Vat. Lat. 7871–7901.
[16] Vgl. dazu die Hinweise zur Bibliographie in der Einleitung zu den Systematischen Repertorien.

tum des Amtsendes (Tod, Demission, Beförderung zum Bischof beziehungsweise Kardinal oder endgültige Abreise aus Rom), wobei auch hier unsichere Daten in eckige Klammern gesetzt werden, und Spalte vier erläutert mit entsprechendem Stichwort das Amtsende. Im Unterschied zum 19. Jahrhundert wurde ein weiteres Amt in die Liste aufgenommen, und zwar das des Revisors des Heiligen Offiziums. Hierbei handelt es sich um Personen, die in den Akten mal als Revisor, mal als Relator oder Votante der Inquisition bezeichnet werden und deren Aufgabe einzig in der Begutachtung von Büchern lag, während die Konsultoren der Inquisition auch andere Aufgabengebiete hatten.

Erste Beobachtungen

Lebensläufe und Ämterlisten der Prosopographie zum 18. Jahrhundert lassen im Vergleich zu der Lage im 19. Jahrhundert erste auswertende Beobachtungen zu. Viele der Schlüsse, die wir für das 19. Jahrhundert gezogen haben, lassen sich auch auf das 18. Jahrhundert übertragen.

	Prosopographie 1701–1813	**Prosopographie 1814–1917**
Einträge insgesamt	910[17]	778
Heiliges Offizium		
Sekretäre	12	13
Assessoren	16	25
Kardinalsmitglieder	114	111
Konsultoren	148	241
Qualifikatoren	154	54
Revisoren	72	keine
Indexkongregation		
Kardinalpräfekten	11	21
Sekretäre	14	9
Kardinalsmitglieder	131	190
Konsultoren	260	252
Relatoren	304	27

So spiegelt sich der Vorrang der „Suprema" – der Inquisition – gegenüber ihrer „kleinen Schwester" – der Indexkongregation – auch in den einzelnen Karriereverläufen wider. So waren die beratenden Mitarbeiter häufig zuerst in der Indexkongregation tätig und wurden erst später in die Inquisition berufen – wie Alessandro della Ss. Passione OAD, der erst Relator in der Indexkongregation, dann Qualifikator im Heiligen Offizium und schließlich Konsultor in der Indexkongregation wurde, oder Antonio da Mazara OFMObs,

---

[17] Stand 25.8.2009. Hierbei handelt es sich um Zahlen, die sich aufgrund der Drucklegung noch geringfügig verschieben können. Eine gründliche Auswertung des Befunds wird vorgenommen auf dem Internationalen Symposium „Buchzensur im Zeitalter der Aufklärung" vom 1. bis 4. Dezember 2009 in Münster.

erst Relator in der Behörde des Index, dann Konsultor daselbst und danach Qualifikator in der Inquisition. War jemand bereits Revisor oder Qualifikator im Heiligen Offizium und wechselte in die Indexkongregation, dann musste dieser nicht als Relator beginnen, sondern wurde direkt zum Konsultor ernannt – wie zum Beispiel Carlo Maria da Perugia OFMObs, erst Qualifikator in der Inquisition, dann Konsultor der Indexkongregation.

Dazu kommt eine weitere wichtige Erkenntnis im Hinblick auf die untere Ebene des Konsults von Inquisition und Indexkongregation. Offenbar war die „Vorstufe" zum eigentlichen Konsultor im 18. Jahrhundert in beiden Kongregationen wesentlich ausgeprägter und ausdifferenzierter als im 19. Jahrhundert. Die Zahl der Qualifikatoren und Revisoren im Heiligen Offizium – Revisoren konnten im 19. Jahrhundert überhaupt keine mehr nachgewiesen werden – umfasste im 18. Jahrhundert 226, im 19. Jahrhundert nur noch 54. Es kann davon ausgegangen werden, dass die Aufgabe der Begutachtung im 18. Jahrhundert tatsächlich von einem größeren Personenkreis wahrgenommen wurde als nur den Konsultoren. Da aber Revisoren und Qualifikatoren nicht zwingend dauerhaft in Rom blieben, ist in ihren Reihen mit einer recht großen Fluktuation zu rechnen. Freilich lässt sich diese nicht in jedem Fall dokumentieren, da für viele Revisoren und Qualifikatoren außer der Ernennung kaum Lebensdaten eruiert werden konnten.

Diesem Befund auf der unteren Ebene des Konsults entspricht die Entwicklung auf der oberen Ebene des Konsults, die sich bei den Konsultoren selbst im 19. im Vergleich zum 18. Jahrhundert vollzogen hat: 148 Konsultoren im Zeitraum 1701–1813 stehen 241 im Zeitraum 1814–1917 entgegen. Die Gutachtertätigkeit lag also im 19. Jahrhundert verstärkt bei den Konsultoren. Andererseits gilt: Wer gutachtete, wurde offenbar schneller Konsultor.

Für den Konsult des Heiligen Offiziums insgesamt gilt: 374 Mitarbeitern im 18. Jahrhundert stehen 295 im 19. Jahrhundert gegenüber. Dies könnte auf den ersten Blick auf eine gewisse Verschlankung der Suprema hindeuten. Es darf aber nicht vergessen werden, dass im 18. generell mehr Bücher von der Inquisition verhandelt wurden als im 19. Jahrhundert und dass die Fluktuation im Konsult in der Frühen Neuzeit erheblich größer gewesen sein dürfte.

Ähnliche Beobachtungen wie im Heiligen Offizium lassen sich auch für die Indexkongregation machen. So ging auf der unteren Ebene des Konsults die Zahl der Relatoren von 304 (1701–1813) auf 27 (1814–1917) zurück. Im Gegenzug wurde aber die Zahl der eigentlichen Konsultoren anders als bei der Inquisition nicht erhöht. Für diesen Befund steht eine letztlich überzeugende Erklärung noch aus. Vielleicht hatte die Indexkongregation im Vergleich zur Inquisition weiter an Ansehen verloren. Eventuell hatte sich aber auch der Ordensproporz derartig verfestigt, dass eine Ausweitung der Zahl der Konsultoren ohne Ordenskonflikte nicht möglich gewesen wäre.

Auch für die obere Hierarchieebene lassen sich wichtige Beobachtungen machen. Während Kardinäle oft in einem sehr engen zeitlichen Kontext zu ihrer Kreierung Mitglieder der Indexkongregation wurden, mussten sie auf ihre Ernennung für ein Amt im Sanctum Officium nicht selten deutlich länger warten. So wurde Niccolò Acciaioli, Ende November 1669 zum Kardinal erhoben, bereits im Dezember desselben Jahres Mitglied der Indexkongregation, aber erst im Dezember 1704 Mitglied des Heiligen Offiziums, dessen Sekretär er dann schließlich 1717 wurde. Ähnliches gilt für Annibale Albani, der bereits im Konsult beider Behörden arbeitete. Im Dezember 1711 zum Kardinal erhoben, wurde er im März 1712 Mitglied der Indexkongregation, aber erst im Dezember 1720 Mitglied des

Heiligen Offiziums. Der umgekehrte Fall konnte allerdings auch auftreten – wie etwa bei Gaspare Carpegna, dem langjährigen Vikar des Bistums Rom. Carpegna war bereits als Konsultor in der Inquisition tätig und wurde noch vor seiner Ernennung zum Vikar im Jahr 1671 ihr Mitglied und erst etwa fünf Jahre später auch Mitglied der Indexkongregation.

In der Indexkongregation fällt auf, dass es im 18. Jahrhundert elf, im 19. Jahrhundert dagegen 21 Präfekten der Kongregation gab. Hier scheint es zu einer Veränderung kurialer Karrieremuster gekommen zu sein. Im 18. Jahrhundert war das Amt eines Präfekten der Indexkongregation nämlich zumeist die Endstufe der kurialen Karriere (bei acht von elf Präfekten). Im 19. Jahrhundert dagegen übernahm über ein Drittel (acht von 21) der Präfekten noch andere Präfekturen kurialer Kongregationen. Offenbar hatte das Amt eines Präfekten der Indexkongregation im 18. Jahrhundert ein deutlich höheres Ansehen als im 19. Jahrhundert.

Was die Einbindung der Orden in die Buchzensur angeht, konnten wir auch für das 18. Jahrhundert feststellen, dass einzelne Ordensgemeinschaften feste Sitze im Konsult hatten. Dahinter steht die Idee, dass die gesamte Kirche und die unterschiedlichen theologischen Schulen und Richtungen im Konsult vertreten sein sollten. Wie das gehandhabt wurde, belegt das Beispiel des bereits oben erwähnten Bernardo Cariñana OdeM. Sein Antrag auf Ernennung zum Konsultor der Indexkongregation wurde trotz der Empfehlung eines Kardinals abgelehnt, mit der Begründung, dass aus seinem Orden bereits ausreichend Mitglieder im Konsult vertreten seien. Im Fall von Mario della Torre CCRRMM geht aus seinem Bewerbungsschreiben hervor, dass er sich als Relator bewarb, weil sein Ordensbruder Antonio Francesco Saluti gerade in diesem Amt gestorben war.[18] Gleiches gilt für Fortunato Tamburini OSB, der, als sein Ordensbruder Leandro Porzia zum Kardinal erhoben wurde, als dessen Nachfolger in den Konsult des Heiligen Offiziums berufen wurde.[19]

Schon im 18. Jahrhundert gab es die Tradition, dass die Inhaber bestimmter Ämter immer automatisch Konsultoren des Heiligen Offiziums waren. Dies gilt für den Magister Sacri Palatii oder den Generaloberen der Dominikaner. Hier steht offenbar die lange Verbindung zwischen dem Dominikanerorden und der Inquisition im Hintergrund. Zudem waren die Dominikaner schon immer einer der großen Studienorden. Ein solcher Kontext lässt sich bisweilen auch bei anderen Orden nachweisen, etwa bei einigen Generaloberen der Franziskanerkonventualen. Hier dürfte es sich aber wahrscheinlich um personenbezogene Ernennungen gehandelt haben, da keine Regelmäßigkeit nachzuweisen ist, die zu einer festen Tradition geworden wäre.

Die langen Listen von Mitarbeitern auf der untersten, beratenden Ebene, vor allem die Liste der Relatoren der Indexkongregation und die der Revisoren des Heiligen Offiziums, die uns im 19. Jahrhundert nicht mehr begegnen, belegen, dass es im 18. Jahrhundert insgesamt reges Interesse gab, in den Kongregationen mitzuarbeiten, beziehungsweise sich langsam in sie hineinzuarbeiten oder hochzudienen. Das Amt eines „Zensors" hatte offenbar für die Kurialen dieser Zeit kein negatives Odium, weil Zensur auch außerhalb Roms und der Katholischen Kirche in den frühneuzeitlichen Gesellschaften weitgehend noch den „Normalfall" darstellte. Allerdings ist auch davon auszugehen, dass dieses In-

---

[18] Vgl. Index Prot. 68 (1707–1710), Bl. 107r.
[19] Vgl. ACDF SO St.St. D-5-f, Bl. 62v.

teresse nicht selten ganz persönlicher Art war und der entsprechende Bewerber sich mit dem Amt vor allem die Möglichkeit eröffnen wollte, in Rom bleiben zu können, und nicht in die Provinz abgeschoben zu werden. Eine Bewerbung musste nicht immer erfolgreich sein; es gab durchaus auch Absagen, weil es einfach bereits zu viele Mitarbeiter und zu viele Bewerber gab. Eine solche mussten zum Beispiel Bonaventura Santelia TOR und Giovanni Battista de Miro OSB hinnehmen.

Dass die politische Positionierung eine kuriale Karriere beeinflussen konnte, ist nichts Neues. So leistete etwa Felice Recalti, Advocatus reorum und Konsultor des Sanctum Officium, 1811 den von Napoleon geforderten französischen Zivileid. Daraufhin wurde er von all seinen kirchlichen Ämtern suspendiert. Nachdem er den Eid mehrfach widerrufen hatte, wurde er am 24. August 1814 wieder in seine Aufgaben im Heiligen Offizium eingesetzt.

Neben diesen Konstanten, die das 18. und 19. Jahrhundert verbinden, spiegelt die Prosopographie auch Zustände und Entwicklungen wider, die als typisch für die frühneuzeitliche Situation in Rom anzusehen sind. So bietet unsere Personengeschichte Einblicke in die Zusammenhänge der Karrierestrukturen in der Zentrale der Römischen Inquisition und peripheren Tribunalen der Lokalen Inquisitionen. So wurden die Socii des Commissarius des Sanctum Officium in Rom, die in dieser Position die Abläufe der Amtsgeschäfte in der Zentrale kennen lernten und bisweilen zuvor bereits Generalvikare an Lokalinquisitionen gewesen waren und von dort bereits eine Vertrautheit mit den Abläufen mitbrachten, häufig leitende Lokalinquisitoren. Das trifft besonders auf Vincenzo Maria Alisani OP oder Felice Maria Lazzaroni da Cremona OP. Erfahrene Lokalinquisitoren, wie etwa Pio Felice Cappasanta OP, Luigi Maria Lucini OP oder Alessandro Pio Sauli OP, konnten im Gegenzug zu Kommissaren des Sanctum Officium werden.

Empfehlungen für Ernennungen und die richtige „mikropolitische Vernetzung" (Wolfgang Reinhard) scheinen im 18. Jahrhundert generell eine größere Relevanz gehabt zu haben als später im 19. Jahrhundert. Leonardos da Viterbo OFMCap erster Antrag auf Ernennung zum Konsultor der Indexkongregation wurde abgelehnt. Daraufhin holte er sich eine Empfehlung von seinem Ordensbruder Kardinal Francesco Maria Casini, der gerade selbst Mitglied der Indexkongregation geworden war, und stellte daraufhin einen zweiten Antrag auf Ernennung – dieser ging dann auch durch. Die Reihe von Beispielen für Empfehlungen im Zusammenhang eines Ernennungsverfahrens ließe sich beliebig fortsetzen: Francesco Colonna wurde empfohlen von Bernardino Scotti, der selbst nicht mehr referieren wollte; Giulio Bandini OSA wurde als Relator der Indexkongregation vom Residenten von Savoyen empfohlen; Francesco Giuseppe Maria Perrimezzi OM, bereits Theologus von Kardinal Giuseppe Renato Imperiali, selbst Mitglied der Indexkongregation, wurde von diesem für das Amt des Relators empfohlen und daraufhin ernannt. Solche Empfehlungen weisen wiederum auf Netzwerke oder Seilschaften größeren Ausmaßes hin. Anzuführen sind hier als Beispiel die so genannten „Beneventani" unter Benedikt XIII.[20]

---

[20] Vgl. dazu Christoph WEBER, Die Titularbischöfe Papst Benedikts XIII. (1724–1730). Ein Beitrag zur Geschichte des Episkopates und der römischen Kurie, in: Peter WALTER/Hermann-Josef REUDENBACH (Hg.), Bücherzensur – Kurie – Katholizismus und Moderne. Festschrift für Herman H. Schwedt (Beiträge zur Kirchen- und Kulturgeschichte 10), Frankfurt a.M. 2000, 107-144.

Hoffentlich regen diese ersten Impressionen zu einer weiteren Beschäftigung mit der Prosopographie und ihrer Auswertung in einem größeren kurien- und kirchengeschichtlichen Kontext an. Sie bieten einen einzigartigen Einblick in das „Innenleben" von Römischer Inquisition und Indexkongregation und geben der anonymen Zensur ein Gesicht beziehungsweise Gesichter. Mit den vier Bänden zum 18. und 19. Jahrhundert liegen jetzt für zwei Jahrhunderte an die 1.700 Profile von Mitarbeitern zweier wichtiger römischer Behörden vor, die als Grundlagenforschung hoffentlich vielen Forschern zahlreicher Fächer eine Hilfe sein werden.

DANK

Die Grundlagenforschung zur Römischen Inquisition und Indexkongregation ist ein Gemeinschaftswerk. Die Deutsche Forschungsgemeinschaft mit ihrem Programm für Langfristvorhaben stellt für solche Projekte eine gute Grundförderung zur Verfügung, die eine forschungsfreundliche und relativ planungssichere Atmosphäre ermöglicht. Mein Dank richtet sich deshalb zunächst an die Verantwortlichen in der DFG, die in vorbildlicher Weise ihrer Aufgabe als Mittler zwischen den theoretischen Wünschen des Forschers und den praktischen Möglichkeiten der Finanzierung nachkommen.

Ein Universitätsprofessor mit einem großen Forschungsprojekt ist aber immer nur so viel, wie seine Mitarbeiterinnen und Mitarbeiter sind: Historische Präzision, Sprachkenntnisse und das Wissen um Zusammenhänge sind dabei die eine, Begeisterung, Identifikation mit der Sache und Kreativität die andere Seite. Davon lebt jedes Projekt, und diese Erfahrung machen zu dürfen, dafür bin ich dankbar.

Mein besonderer Dank gilt Dr. Herman H. Schwedt, der seine Expertise und die von ihm in jahrzehntelangen Privatstudien angelegte prosopographische Sammlung dem Projekt zur Verfügung gestellt hat. Im Projekt für die Prosopographie des 18. Jahrhunderts verantwortlich waren Dr. Jyri Hasecker, Dominik Höink und Judith Schepers. Alle drei haben Herman H. Schwedt bei den Archivrecherchen unterstützt und mit Geduld, historischer Findigkeit und Präzision die Einträge in die Datenbank vorgenommen sowie die Redaktion der Bände übernommen. Tatkräftig unterstützt wurden sie von den Studentischen Hilfskräften Barbara Reuver, Kathrin Söllner, Julia A. Srebny, Daniela Testa und Florian Warnsloh. Besonders bedanken möchte ich mich auf jeden Fall bei Judith Schepers, die in den aufgrund vieler Personalwechsel sehr turbulenten Zeiten des Projekts ganz selbstverständlich dessen Koordination übernommen hat und diese Aufgabe mit großer Voraussicht und exzellentem Wissen um die Untiefen der Buchzensur wahrnimmt.

Für die Pflege unserer prosopographischen Datenbank wie für den Export der Daten und der Erstellung einer Satzdatei ist der Medienagentur Cows online und dort in besonderer Weise Christian Oehl sowie der Mediengestalterin Marina Forstmann für ihr unermüdliches Engagement zu danken.

Die Arbeit im Projekt erfährt stete Unterstützung durch alle Mitarbeiterinnen und Mitarbeiter in meinem Seminar für Mittlere und Neuere Kirchengeschichte. Hier möchte ich stellvertretend meinen Geschäftsführer Dr. Thomas Bauer nennen, der die gesamte Verwaltung des Projekts mit großer Zuverlässigkeit und hoher Professionalität erledigt. In allen Fragen der Wissenschaftskommunikation und des Wissenschaftsmanagements kann ich mich, wie immer, auf Dr. Barbara Schüler verlassen.

Mein Dank richtet sich aber besonders an den Direktor des Archivs der Kongregation für die Glaubenslehre, Monsignore Alejandro Cifres, und seine Mitarbeiter, Daniel Ponziani, Fabrizio De Sibi und Fabrizio Faccenda, die sich immer bemühen, alle unsere Wünsche zu erfüllen. In den Vatikanischen Geheimarchiven finden meine Mitarbeiter und ich immer die besten Arbeitsbedingungen, weshalb mein Dank an den Präfekten, Bischof Sergio Pagano, und seinen Mitarbeiterstab geht.

Für die Kolleginnen und Kollegen aus aller Welt, die durch ihre Anregungen und Hinweise nicht unerheblich zur Fortentwicklung und damit zum Gelingen des Projekts beitragen, wollten wir wie bereits in den Bänden zum 19. Jahrhundert den Service mehrsprachiger Übersetzungen bieten. Danken möchte ich deshalb meinen Mitarbeiterinnen Hedwig Rosenmöller und Elisabeth-Marie Richter, die sofort bereit waren, sich an die Übertragung der Texte ins Italienische und Englische zu machen, und Javier Sánchez-Arjona Voser, der als Lehrbeauftragter am Romanischen Seminar unserer Universität für die spanische Übersetzung bestens qualifiziert ist.

Alle zusammen liefern einen wichtigen Beitrag zu diesem großen Gemeinschaftswerk.

INTRODUZIONE ALLA PROSOPOGRAFIA
1701–1813

Traduzione di Hedwig Rosenmöller

Che cosa accomuna personalità ecclesiastiche tanto differenti come il diplomatico imperiale Wolfgang Hannibal von Schrattenbach, l'abile costruttore di globi Vincenzo Maria Coronelli o quel Prospero Lambertini che col nome di Benedetto XIV diverrà il famoso «papa dell'illuminismo»? Tutti e tre, per un determinato periodo della loro carriera, si sono occupati della censura libraria curiale, in qualità di cardinali membri oppure periti specializzati delle congregazioni romane competenti: della Sacra Congregazione della Romana e Universale Inquisizione e della Congregazione dell'Indice dei Libri Proibiti. Appartenevano cioè alla cerchia di uomini che sarebbero dovuti comparire nel colophon (se ve ne fosse stato uno) dell'Index librorum prohibitorum. Questa comunanza può essere specificata ulteriormente su livello temporale e metodico. Infatti, il lavoro di queste tre persone per le autorità censorie romane cadde nel periodo tra il 1701 e il 1813 ed è documentato inequivocabilmente nelle fonti. Pertanto Schrattenbach, Coronelli e Lambertini, qui presi solo ad esempio, soddisfanno i principali criteri in base ai quali in questi volumi si attribuisce una voce ad una singola persona.

I criteri per l'inserimento nella Prosopografia delle congregazioni dell'Indice e dell'Inquisizione rispetto al XVIII secolo corrispondono in larga parte, così come anche la struttura e l'impianto, ai volumi sul XIX secolo,[1] ai quali è dedicata un'ampia introduzione nel volume introduttivo all'intero progetto.[2] A tale introduzione s'intende rinviare qui in linea di massima. Molto di quanto espostovi non ha bisogno di essere ripetuto qui. Un proprio profilo è attribuito ad ogni persona per cui è documentabile una carica nelle congregazioni, con l'indicazione delle fonti. Ovviamente si è cercato di documentare la nomina concreta con la rispettiva data nelle fonti dell'Archivio della Congregazione per la Dottrina della Fede (ACDF). Ciò non è stato possibile in tutti i casi. Riguardo alle persone per cui non è stata individuata una fonte documentaria sull'atto di nomina, abbiamo consultato anche altri documenti perlopiù interni alla congregazione stessa. Giovanni Giorgi OSH per esempio ottenne nel 1802 una paga di 5 scudi al mese in qualità di «Revisore onorario di libri ebraici e talmudici». La documentazione nelle fonti si trova in ACDF SO Privilegia.[3] Egli è stato dunque attivo in quell'anno per conto dell'Inquisizione, ma tuttavia nel suo caso non è stato possibile appurare una concreta data di nomina.

---

[1] Hubert Wolf (ed.), Prosopographie von Römischer Inquisition und Indexkongregation 1814–1917. Vol. 1: A–K; vol. 2: L–Z. Von Herman H. Schwedt unter Mitarbeit von Tobias Lagatz (Römische Inquisition und Indexkongregation. Grundlagenforschung III: 1814–1917), Paderborn 2005.

[2] Hubert Wolf, Einleitung 1814–1917 (Römische Inquisition und Indexkongregation. Grundlagenforschung), Paderborn 2005, soprattutto 88-103.

[3] Cfr. Decreto di Feria IV del 18 agosto 1802; ACDF SO Priv. 1801–1803, n. 43.

Ma anche quelle persone, la cui nomina cade in un arco di tempo in cui lo stato delle fonti è meno fitto, trovano ingresso nella prosopografia. Ciò riguarda soprattutto nomine nel periodo tra il 1780 e il 1799, periodo per cui non disponiamo di Diari della Congregazione dell'Indice, oppure nell'«Epoca napoleonica». Laddove sono stati trovati indizi inequivocabili per l'esercizio di una carica nella congregazione dell'Indice o dell'Inquisizione, come la documentazione di *più* pareri inequivocabilmente attribuibili a una stessa persona, tale persona è parimenti stata inclusa, per esempio Niccolò Salulini, che stese sei pareri per la congregazione dell'Indice e inoltre è menzionato nel calendario ufficiale della corte pontificia, le «Notizie per l'anno», dal 1768 al 1792 con l'incarico di consultore della stessa.

Non sono state inserite invece quelle persone per cui è stato possibile documentare *un solo* parere, come Paolo Giovanni Battista Curli oppure Henricus Faber OP, per i quali non ci sono ulteriori cenni a una funzione all'interno delle congregazioni. Siccome era uso che i candidati a un ufficio nelle due congregazioni dovevano relazionare o presentare un proprio parere sino a tre volte prima di essere nominati consultori, la posizione rivestita da tali persone è talmente incerta che il loro inserimento nella prosopografia non è sembrato opportuno. Pertanto nei repertori sistematici che documentano le sedute delle due congregazioni, costoro sono qualificati come «externe Gutachter» (periti esterni). Rispetto al XIX secolo, quanto detto, riguarda un numero di persone considerevolmente più alto il che sembra essere riconducibile sia alla situazione più problematica delle fonti documentarie sia alla definizione della funzione d'ufficio che durante il XVIII secolo si trovava ancora in fieri.

Come già nel XIX secolo, i collaboratori non coinvolti nei processi decisionali (personale di servizio come portieri, scrivani etc.) di regola non appartengono alla cerchia di persone qui esaminate. Lo stesso vale anche per quei pontefici che prima della loro elezione non avevano esercitato alcuna funzione nell'Inquisizione o nella congregazione dell'Indice e per quelli che fecero un giuramento davanti all'Inquisizione (per esempio come segretario di un pontefice o di un cardinale) ma che non vi detenevano alcuna carica.

Siccome gli specchietti biografici riguardanti il XVIII secolo proseguono naturalmente nel XIX secolo, alcune delle persone che alla fine del periodo preso in esame svolgevano un incarico si trovano già registrati nella prosopografia sul XIX secolo, perché continuarono a lavorare nei dicasteri anche dopo il 1813. Ad essi non si attribuisce un secondo profilo. Per documentare in modo completo l'attività nella censura libraria romana di questi collaboratori, si aggiungono in un'appendice «Ergänzungen zur Prosopographie 1814–1917» (aggiunte alla Prosopografia 1814–1917) quei pareri che rientrano nel periodo qui preso d'esame.

Come c'era da aspettarsi, l'identificazione dei collaboratori del XVIII secolo non sempre è stata facile. Ciò è dovuto sia alle forme del nome incerte e alle numerose varianti di nomi sia allo stato della ricerca sensibilmente peggiore rispetto al XIX secolo. Caratteristico per le confusioni anche all'interno degli studi è l'esempio dei due confratelli Bonaventura Santelia da Palermo TOR e Bonaventura Gervasi da Trapani TOR, entrambi provenienti dalla Sicilia e divenuti l'uno consultore e l'altro relatore della congregazione dell'Indice.[4] Occorre rilevare anche che talvolta è stato molto difficile individuare i nomi

---

[4] Cfr. a proposito i rispettivi profili delle persone nella Prosopografia.

corretti dei collaboratori. Per dare un esempio soltanto: Bruno Saverio Toma da Lodi OP è registrato nel catalogo «Vota Consultorum» dell'ACDF come «Tommaso Bruno». Per tenere nel giusto conto le diverse varianti di nomi e per rendere più facilmente usufruibili i volumi, in appendice alla prosopografia del XVIII secolo si mette a disposizione – novità rispetto ai volumi sul XIX secolo – una «Namenskonkordanz» (concordanza dei nomi). Essa mette in relazione le diverse varianti di nomi con la relativa intestazione uniforme (cioè con quella voce sotto la quale la persona è stata inserita nell'alfabeto e sotto la quale il profilo della persona si può dunque trovare nella prosopografia).

Come già i volumi precedenti sul XIX secolo, anche questa prosopografia offre le liste degli incarichi con i detentori dei principali uffici. Complessivamente si danno ben 900 profili bio-bibliografici di persone attive nelle due congregazioni tra il 1700 e il 1813.

Procedura e fonti

Il progetto deve la sua prima lista di profili di persone al lavoro decennale di Herman H. Schwedt. In base a tali liste e alle ampie ricerche attuali di Herman H. Schwedt, abbiamo potuto, durante gli ultimi anni, raccogliere ulteriori informazioni tramite le ricerche nell'ACDF e soprattutto anche nel momento della rielaborazione per la redazione finale, completando le liste di nomi e integrando sostanzialmente i singoli profili.[5] Per il XVIII secolo lo stato delle fonti è, come già accennato sopra, molto più complesso e talvolta anche più lacunoso rispetto a quello del XIX secolo. La registrazione dei documenti nell' archivio avveniva in modo meno sistematico. Di conseguenza si è dovuto intensificare lo studio delle fonti e poggiarlo su una base ancora più ampia.

Nell'ACDF si sono consultate le seguenti serie per l'elaborazione dei profili di persona.
1. Index Diari dal 6 (1655–1664) al 18 (1764–1807). Nel Diario 6 in particolare si è ricorso al «Catalogus Secretariorum» della Congregazione dell'Indice. I Diari servono soprattutto per la documentazione di nomine.
2. Index Protocolli dal 36 (1664–1672) al 103 (1808–1819). In questa serie i documenti decisivi per la prosopografia sono prevalentemente missive con le quali la segreteria di stato comunicava alla congregazione la nomina di un collaboratore, oppure di domande d'impiego. Tali domande rappresentano per il XVIII secolo un genere di fonti particolarmente prezioso. Grazie ad esse è stato possibile raccogliere informazioni biografiche anche su persone poco note alla ricerca e all'attuale pubblicistica o che non avevano ancora lasciato traccia nella letteratura.

Per esempio su Francesco Antonio Angelini OCarm fino ad oggi non esiste alcuna letteratura. Con l'aiuto della sua domanda di assunzione e della documentazione sulla sua nomina nei documenti della Congregazione dell'Indice ora per la prima volta è stato possibile stendere un suo iter vitae.[6] In alcuni casi è stato possibile desumere da tali domande anche il luogo o la data di nascita.[7] Complessivamente il genere

---

[5] Per la procedura concreta cfr. Wolf, Einleitung, 192-194.
[6] Cfr. la sua domanda di assunzione in ACDF Index Prot. 68 (1707–1710), fol. 61r nonché il suo profilo di persona.

delle domande di assunzione offre un preciso quadro di come si svolgevano le nomine nella curia del XVIII secolo. La domanda di assunzione a consultore della Congregazione dell'Indice inoltrata dal barnabita Mario Maccabei che era relatore della Congregazione dell'Indice dal 1713, fu respinta due volte, il che forse è riconducibile al fatto che con Giovanni Michele Teroni già un barnabita era membro della consulta e che qui si badava, a quanto sembra, minutamente alla ripartizione proporzionale tra i vari ordini religiosi. Solo quando il superiore generale dell'ordine, dopo la morte di Teroni, chiese la nomina di Maccabei, questo fu nominato consultore. In casi come questo l'annotazione nella riga delle fonti «mit Angaben zum Lebenslauf» (con indicazioni sull'iter vitae) fa notare agli utenti della prosopografia che talune informazioni sull'iter vitae sono state desunte dalle domande di assunzione.

3. SO Decreta, raccolti in annate: sono stati consultati a partire dal volume del 1670. Per determinare le date di nomina o per ottenere dati sulla prestazione del giuramento, sono stati visionati circa 130 volumi.
4. SO Juramenta: dal primo volume Juramenta 1656–1700 fino all'ultimo 1800–1809 sono stati consultati 20 volumi complessivi. Qui si trovano verbali di giuramenti.
5. Nei SO Privilegia, in cui sono documentati processi interni alla congregazione, si trovano informazioni su singole nomine, liste utili sulle nomine a determinati incarichi come la «Nota de' Sig.ri Cardinali Segretarj»[8] o anche richieste di conferimento di un incarico.[9]
6. Nei fondi della Stanza Storica (SO St.St.) per l'elaborazione della prosopografia si sono rivelati importanti documenti assai diversi tra di loro, come il «Catalogus Notariorum»[10] oppure il volume SO St.St. II-2-n che documenta diverse nomine a inquisitori locali. Inoltre è stato d'interesse il fondo SO Extensorum, una parte della Stanza Storica in cui si trova pure del materiale sparso sulle carriere nel Sant'Uffizio.

Non nell'ACDF, ma nell'Archivio Segreto Vaticano (ASV) è conservata la serie per noi centrale «Segreteria di Stato, Memoriali e Biglietti». Si tratta di una serie in cui si registravano, con le rispettive annotazioni, le bozze dei biglietti delle nomine effettuate dalla segreteria di stato e in cui si archiviavano le istanze di nomina (memoriali). Questo fondo non porta paginazione. Nello stesso tempo si è fatto ricorso alla serie «Registra» della Segreteria dei Brevi e ai volumi miscellanei della segreteria di stato «Segreteria di Stato, Carte Varie».

Inoltre è stato necessario consultare anche le carte della Segnatura Apostolica, conservate nell'Archivio di Stato di Roma. Per i singoli profili sono state indispensabili inoltre molte ricerche in archivi locali, statali ed ecclesiastici (soprattutto su documenti di ordini religiosi e inquisitori locali).

---

[7] Cfr. per esempio Giuseppe Domenico di Gesù e Maria. Nella sua domanda indicazioni su luogo e data di nascita; ACDF Index Prot. 68 (1707–1710), fol. 237r.
[8] ACDF SO Priv. 1750–1754.
[9] Cfr. come esempio la domanda di nomina a consultori del Sant'Uffizio, che François Jacquier OM e Thomas Leseur rivolsero in forma di lettera al pontefice; ACDF SO Priv. 1743–1749, fol. 19. Entrambi furono di fatto nominati; cfr. ib. fol. 20v (decreto d'udienza del Santo Padre).
[10] ACDF SO St.St. L-5-g.

L'IMPIANTO DELLA PROSOPOGRAFIA

La Prosopografia segue in via di principio l'ordine alfabetico. L'identificazione inequivocabile dei collaboratori dell'Inquisizione e della Congregazione dell'Indice è garantita dalla concordanza dei nomi data in appendice. Il singolo profilo è suddiviso in sei blocchi.

Il primo blocco riporta nel titolo il nome nella sua intestazione uniforme e l'ordine religioso di appartenenza. L'intestazione uniforme si adegua alla lingua madre del rispettivo collaboratore, anche se spesso nei documenti stessi sono utilizzate latinizzazioni o italianizzazioni. Un esempio: nei documenti incontriamo Bernardo Carignano, un nome nella forma italiana per uno spagnolo, per cui qui l'intestazione uniforme è Bernardo Cariñana OdeM. Varianti meno consistenti del modo di scrivere il nome sono documentate direttamente nell'intestazione uniforme tra parentesi tonde invece di riportarle a parte, come variante del nome di persona. Ne risultano annotazioni come «François de Latenay (Latinay) OCarm» o «Pietro Lazeri (Lazzari) SJ». Le «Namensvarianten» (varianti del nome) riguardano segnatamente la registrazione dei nomi religiosi o di quelli di battesimo. Così lo scolopio Sigismondo Regolo Coccapani, proveniente da una famiglia di conti di Carpi presso Modena, firmava i suoi pareri con il suo nome religioso Sigismondo di S. Silverio, su cui si basa l'intestazione uniforme, mentre il nome di battesimo è riportato quale variante. Dopo i nomi seguono le indicazioni sulle date e i luoghi di nascita («Geboren») e di morte («Gestorben»). A questo riguardo non sempre è stato possibile accertare informazioni inequivocabili. Indicazioni ricostruite sono rese riconoscibili tramite le parentesi quadre «[ ]». Dalle fonti talvolta si sono potute determinare soltanto date approssimative. Queste sono perifrasate con «um» (per esempio nato intorno al 1668) oppure con «nicht vor» (per esempio morto non prima del 1792). Il primo blocco chiude con i cenni sulla «Familie» (famiglia). L'attenzione è rivolta soprattutto alla provenienza sociale e ad eventuali nessi con la curia romana e coll'ambiente intellettuale delle congregazioni competenti nella censura libraria.[11]

Nel secondo blocco «Lebenslauf» segue l'iter vitae composto, diversamente dalla prosopografia sul XIX secolo, in una tabella a due colonne. La prima colonna contiene le date, la seconda gli avvenimenti che vi si riferiscono. Le indicazioni sulla fonte archivistica, contenute per il XIX secolo nella terza colonna, ora sono date in una riga rientrante, per facilitare la leggibilità dell'iter vitae. Questa modifica è stata apposta perché per il XVIII secolo è stato necessario fornire più indicazioni sul tipo di fonte (domanda d'impiego; nota dell'assessore del Sant'Uffizio sull'udienza del pontefice etc.) che aiutano a specificare la testimonianza dei documenti o a valutarla più correttamente, oppure che servono a definire un punto di riferimento in un fondo senza paginazione. Anche la valutazione delle fonti, talvolta necessaria soprattutto riguardo a datazioni divergenti,[12] ha richiesto questa modifica.

In linea di massima la Prosopografia si pone l'obiettivo di offrire soprattutto indicazioni

---

[11] Per le cariche retribuite minori nel Sant'Uffizio talvolta è stato possibile rilevare delle informazioni sulla famiglia dal materiale d'archivio, cfr. per esempio la registrazione su Vincenzo Nardecchia.
[12] Cfr. le datazioni nei diari della Congregazione dell'Indice che divergono da quelle nella lista in ACDF Index Prot. 81 (1737–1740), fol. 438r-443v, in cui furono raccolte, non al completo, le nomine a relatore per il periodo dal 1681 al 1737.

finora ignote su una data persona, mentre le tappe biografiche delle persone già oggetto di precedenti studi (per esempio di futuri pontefici) si riducono alla loro carriera curiale, particolarmente all'interno delle congregazioni dell'Inquisizione e dell'Indice. L'attenzione dei biogrammi si rivolge da un lato alla carriera curiale e clericale, ma anche ai nessi micropolitici e ai sistemi di patronaggio a cui apparteneva la relativa persona. Questo aspetto indubbiamente assume nella storia curiale del Settecento una maggiore rilevanza che per il XIX e XX secolo. Si delinea per esempio un collegamento tra Gian-Jacobo Millo e Prospero Lambertini, il futuro Benedetto XIV. Ai tempi in cui Lambertini era consultore, il suo uditore Millo si impiantò nel Sant'Uffizio.[13] Anche durante gli uffici episcopali di Lambertini rimase intatto il suo legame con Millo; il papa Lambertini poi fece di Millo un cardinale e membro ordinario dell'Inquisizione.[14]

Il terzo blocco «Gutachten» offre in maniera consueta la documentazione di tutti i pareri riguardanti la censura libraria, elaborati dal collaboratore nell'Inquisizione o nella Congregazione dell'Indice. Non sono stati considerati i pareri su quei temi di cui il Sant'Uffizio si occupava ma che esulavano dalla censura libraria. Anche questo blocco dei pareri consiste ormai soltanto di due colonne. Nella prima si trova la datazione, nella seconda l'autore e il titolo abbreviato dell'opera esaminata o delle opere esaminate. Come nel secondo blocco, a questa colonna si aggiunge in una riga rientrante l'indicazione delle fonti documentarie del parere o, per le censure non rinvenute, la citazione del parere desunta dalle fonti. La datazione avviene in base alla data del parere. Se un parere della Congregazione dell'Indice non è datato, il che è la regola nel XVIII secolo, si riporta tra parentesi tonde «( )» la data della seduta per la quale fu elaborato. Anche i pareri non datati del Sant'Uffizio sono datati fra parentesi tonde in base all'unità archivistica in cui sono conservati. Le date desunte sono poste tra parentesi quadre «[ ]». Il titolo dell'opera trattata non è riportato per intero, ma in forma abbreviata, perché l'indicazione completa del titolo si trova nei Repertori sistematici.

A chi fa uso della Prosopografia, si consiglia in ogni caso di consultare anche i Repertori, perché vi si trovano informazioni importanti sui procedimenti nonché indicazioni bibliografiche utili. Soprattutto nei casi in cui non è stato possibile individuare con certezza l'edizione trattata (si tratta delle opere contrassegnate con il rombo «♦»), il Repertorio offre talvolta altre testimonianze bibliografiche di edizioni possibilmente trattate. In base alle indicazioni fornite nel Repertorio, anche in alcuni casi in cui non è stato possibile offrire una testimonianza bibliografica per l'opera esaminata, si è potuta tuttavia ricostruire una registrazione del titolo da utilizzarsi nel blocco dei pareri. Per queste registrazioni di titoli ovviamente non è possibile fornire indicazioni sul luogo o sulla data di pubblicazione. Nell'introduzione ai Repertori sistematici si trovano inoltre delucidazioni sulla registrazione bibliografica delle opere trattate.

Analogamente ai volumi sul XIX secolo, si registrano soltanto i pareri del periodo attualmente preso in esame. I pareri scritti da un collaboratore prima del 1701 saranno presentati, nel modo usato finora, nella Prosopografia dal 1542 al 1700. A proposito dell'elenco dei pareri ci permettiamo un'osservazione interpretativa: i pareri di alcuni periti rispec-

---

[13] Cfr. il giuramento di Millo il 9 marzo 1723; ACDF SO Juramenta 1701–1724, fol. 379.
[14] Cfr. il giuramento di Millo come membro del Sant'Uffizio, del 12 dicembre 1753, ACDF SO Decreta 1753, fol. 253v.

chiano una particolare qualifica o «specializzazione» in una determinata tematica. Giovanni Antonio Costanzi per esempio fu chiamato al Sant'Uffizio esplicitamente come revisore per libri ebraici sequestrati; i due pareri da lui scritti per incarico dell'Inquisizione trattano quindi di libri ebraici. Antonio Nicola Cuiò (Cuyò) spesso fu incaricato dell'esame di opere che si occupano di esorcismo. Molto richiesti per esaminare pubblicazioni provenienti dall'ambito dell'illuminismo erano infine Ambrogio Maria Erba da Milano OFMObs e Giovanni Gaetano Bottari.

Nel quarto blocco «Unveröffentlichte Quellen» si trovano le fonti non pubblicate. Come già nella prosopografia sul XIX secolo, per diverse persone sono state necessarie ampie indagini in svariati archivi. Nei casi in cui tali ricerche sono state effettuate, l'utente trova qui una lista dei documenti d'archivio consultati. Si può trattare tanto del fondo SO Privilegia, molto fecondo anche per il XVIII secolo, quanto di documenti provenienti da diversi archivi di ordini religiosi o di ulteriori fonti provenienti per esempio dalla Biblioteca Apostolica Vaticana. Per esempio dal Necrologium di Pietro Luigi Galletti non di rado è stato possibile evincere dei dati biografici.[15] Sugli inquisitori locali e i loro collaboratori come anche su singoli conventi si sono trovati materiali negli archivi di stato e nelle biblioteche statali, per esempio a Cremona, Milano, Modena, Parma e Roma.

Il quinto blocco «Eigene Werke» inaugura la parte bibliografica. Si elencano, se ve ne sono, le opere proprie del rispettivo collaboratore. Tale catalogo scelto delle opere serve a determinare la posizione intellettuale della persona in questione. Per la descrizione bibliografica di queste pubblicazioni, appartenenti al periodo delle stampe antiche, sono state applicate le linee guida per le opere trattate, semplificandole leggermente.[16]

Nel sesto blocco «Literatur» infine si trova un elenco delle opere sulla persona utilizzate e una scelta ristretta di ulteriori opere.

Nell'appendice si trovano – come già accennato sopra – le integrazioni alla Prosopografia 1814–1917, le liste degli incarichi e una concordanza dei nomi. La lista completa dei funzionari detentori di una determinata carica in una delle due congregazioni competenti nella censura libraria è costruita in ordine cronologico e composta a quattro colonne. La prima colonna fornisce il nome del collaboratore nell'intestazione uniforme; la seconda colonna offre la data di nomina, ponendo tra parentesi quadre le date di nomina incerte; la terza colonna riporta la data della fine dell'incarico (morte, dimissione, promozione a vescovo o cardinale, partenza definitiva da Roma), ponendo anche qui le date incerte tra parentesi quadre; la quarta colonna spiega con una relativa parola chiave la data della fine dell'incarico. Rispetto alla prosopografia sul XIX secolo, un ulteriore incarico è stato inserito nell'elenco, quello del revisore del Sant'Uffizio. Si tratta di persone che nei documenti sono denominati revisori, relatori o votanti dell'Inquisizione e il cui compito esclusivo consisteva nell'esame di libri, mentre i consultori dell'Inquisizione avevano mansioni anche in campi diversi.

---

[15] Cfr. Pietro Luigi GALLETTI, Necrologium Romanum; BAV Vat. Lat. 7871–7901.
[16] Cfr. a questo proposito le indicazioni sulla bibliografia contenute nell'Introduzione ai Repertori sistematici.

Prime osservazioni

Gli iter vitae e le liste degli incarichi della Prosopografia sul XVIII secolo permettono alcune prime osservazioni analitiche, a confronto della situazione nel XIX secolo. Molte delle conclusioni tratte per il XIX secolo si possono applicare anche al XVIII secolo.

La preminenza della «Suprema» – l'Inquisizione – sulla sua «sorella minore» – la Congregazione dell'Indice – si rispecchia anche nei percorsi delle singole carriere. Infatti, i collaboratori consulenti spesso erano attivi prima nella Congregazione dell'Indice e soltanto in un momento successivo furono chiamati all'Inquisizione – come Alessandro della Ss. Passione OAD, che da relatore della Congregazione dell'Indice divenne qualificatore nel Sant'Uffizio e infine consultore della Congregazione dell'Indice, oppure Antonio da Mazara OFMObs, dapprima relatore nel dicastero dell'Indice, poi consultore nello stesso e in seguito qualificatore nell'Inquisizione. Se l'interessato era già revisore o qualificatore nel Sant'Uffizio e passava alla Congregazione dell'Indice, non doveva cominciare da relatore, ma veniva direttamente nominato consultore – come per esempio Carlo Maria da Perugia OFMObs, prima qualificatore nell'Inquisizione, poi consultore nella Congregazione dell'Indice.

	Prosopografia 1701–1813	**Prosopografia 1814–1917**
Registrazioni complessive	910[17]	778
Sant'Uffizio		
Segretari	12	13
Assessori	16	25
Membri cardinali	114	111
Consultori	148	241
Qualificatori	154	54
Revisori	72	non presenti
Congregazione dell'Indice		
Prefetti cardinali	11	21
Segretari	14	9
Membri cardinali	131	190
Consultori	260	252
Relatori	304	27

Si aggiunge un'ulteriore importante nozione riguardo al livello inferiore delle consulte dell'Inquisizione e della Congregazione dell'Indice. Sembra che nel XVIII secolo il gradino preliminare al consultore nel senso proprio fosse in entrambe le congregazioni molto più accentuato e differenziato che nel XIX secolo. Il numero dei qualificatori e revisori del Sant'Uffizio – questi ultimi non più documentabili per il XIX secolo – salì nel XVIII

---

[17] Situazione al 25.08.2009. Si tratta di numeri che possono variare leggermente nel corso di stampa. Un'interpretazione approfondita degli esiti viene eseguita durante il simposio internazionale «Buchzensur im Zeitalter der Aufklärung» dal 1° al 4 dicembre 2009 a Münster.

secolo a 226, mentre nel XIX secolo arrivò soltanto a 54. C'è motivo di presumere che nel XVIII secolo la mansione dell'esame di libri fosse eseguita da un numero di persone di fatto maggiore di quello dei soli consultori. Siccome tuttavia revisori e qualificatori non necessariamente si stabilivano in modo permanente a Roma, bisogna aspettarsi una grande fluttuazione nelle loro file. Tale fluttuazione però non è documentabile per tutti i casi, perché riguardo a molti revisori e qualificatori si sono potuti individuare pochi dati biografici oltre la nomina.

A questo esito sul livello inferiore della consulta corrisponde, al livello superiore della stessa, lo sviluppo, tra il XVIII ed il XIX secolo, riguardo agli stessi consultori: a 148 consultori nel periodo 1701–1813 corrispondono 241 nel periodo 1814–1917. Pertanto nel XIX secolo erano maggiormente i consultori a svolgere attività di perito. D'altro canto chi periziava sembra divenisse più velocemente consultore.

Per la consulta del Sant'Uffizio nel suo complesso vale: ai 374 collaboratori nel XVIII secolo si contrappongono 295 nel XIX secolo. A prima vista ciò sembrerebbe indicare un certo snellimento della Suprema. Ma non bisogna scordare che l'Inquisizione trattò generalmente più libri nel XVIII secolo che nel XIX secolo e che la fluttuazione all'interno della consulta sembra essere stata molto più cospicua durante il Settecento.

Osservazioni simili a quelle fatte per il Sant'Uffizio si possono fare anche per la Congregazione dell'Indice. Al livello inferiore della consulta il numero dei relatori recede da 304 (1701–1813) a 27 (1814–1917). Di contro, il numero dei consultori non venne però incrementato, diversamente dalla situazione nell'Inquisizione. Manca ancora una spiegazione convincente di questo esito. Forse la Congregazione dell'Indice aveva perso di prestigio in confronto all'Inquisizione. Eventualmente si era anche cristallizzata la ripartizione proporzionale tra i vari ordini religiosi in modo tale che un incremento del numero di consultori avrebbe potuto evocare dei conflitti tra gli ordini.

Anche per i livelli più alti della gerarchia si possono fare importanti osservazioni. Mentre i cardinali spesso divenivano membri della Congregazione dell'Indice in un contesto temporale molto vicino alla loro creazione, non di rado dovettero aspettare sensibilmente più a lungo la loro nomina a un incarico nel Sant'Uffizio. Niccolò Acciaioli per esempio fu creato cardinale a fine novembre del 1669, già a dicembre dello stesso anno fu membro della Congregazione dell'Indice, ma soltanto a dicembre 1704 membro del Sant'Uffizio di cui divenne infine segretario nel 1717. Similmente per Annibale Albani, che lavorava già nella consulta di entrambi i dicasteri. Elevato a cardinale a dicembre 1711, divenne membro della Congregazione dell'Indice a marzo 1712, ma membro del Sant'Uffizio soltanto a dicembre 1720. Poteva tuttavia anche capitare il caso inverso – come per Gaspare Carpegna che fu per tanti anni vicario della diocesi di Roma. Carpegna era già attivo nell'Inquisizione come consultore e ne divenne membro già prima della sua nomina a vicario nel 1671, ma soltanto circa cinque anni dopo anche membro della Congregazione dell'Indice.

Per quanto riguarda la Congregazione dell'Indice, emerge che nel XVIII secolo c'erano undici, nel XIX secolo invece 21 prefetti della Congregazione. Sembra essersi svolta una trasformazione dei percorsi di carriera curiali. Nel XVIII secolo la carica di prefetto della Congregazione dell'Indice è stata per lo più il gradino finale della carriera curiale (per otto su undici prefetti). Nel XIX secolo invece più di un terzo (otto su 21) dei prefetti assunse anche altre prefetture di congregazioni curiali. A quanto sembra, la carica di prefetto della

Congregazione dell'Indice aveva nel XVIII secolo un prestigio considerevolmente più alto che nel XIX secolo.

Per quanto riguarda il coinvolgimento degli ordini religiosi nella censura libraria, abbiamo potuto costatare anche per il XVIII secolo che determinati ordini religiosi avevano dei posti fissi nella consulta. Dietro ci stava l'idea che la chiesa nel suo insieme e le diverse scuole e correnti teologiche dovevano essere rappresentate nella consulta. L'esempio del suaccennato Bernardo Cariñana OdeM dimostra come si applicava questa concezione. Nonostante la raccomandazione di un cardinale, la sua domanda di essere nominato consultore della Congregazione dell'Indice fu respinta con la motivazione che il suo ordine era già rappresentato nella consulta da un numero sufficiente di membri. Dalla domanda di assunzione di Mario della Torre CCRRMM emerge che presentò la domanda perché il confratello Antonio Francesco Saluti era morto rivestendo quella carica.[18] Lo stesso vale per Fortunato Tamburini OSB che, quando fu elevato a cardinale il confratello Leandro Porzia, fu chiamato come suo successore nella consulta del Sant'Uffizio.[19]

Già nel XVIII secolo c'era la tradizione che i detentori di determinati uffici erano sempre automaticamente consultori del Sant'Uffizio. Ciò vale per il Magister Sacri Palatii o per il Maestro generale dei domenicani. Alla base sta evidentemente il lungo legame tra l'ordine dei predicatori e l'Inquisizione. L'ordine dei domenicani è inoltre sempre stato uno dei grandi ordini dediti agli studi. Un simile nesso si può talvolta anche dimostrare per altri ordini come nel caso di alcuni ministri generali dei francescani conventuali. Si tratta tuttavia in questi ultimi casi probabilmente di nomine legate alla persona, poiché non si può rintracciare una regolarità che fosse divenuta tradizione stabile.

Le lunghe liste di collaboratori all'infimo livello meramente consultivo, soprattutto la lista dei relatori della Congregazione dell'Indice e quella dei revisori del Sant'Uffizio, non più presenti nel XIX secolo, dimostrano che nel XVIII secolo c'era generalmente un forte interesse a collaborare nelle congregazioni, o a lavorare gradualmente per entrarvi e avanzare al suo interno. L'ufficio del «censore» evidentemente non aveva, per i curiali di quel tempo, una connotazione negativa, perché la censura anche fuori di Roma e dalla chiesa cattolica rappresentava ampiamente, nelle società della prima era moderna, il «caso normale». Tuttavia bisogna anche presupporre che questo interesse non di rado fosse stato di natura personale e che l'aspirante volesse, con la carica, garantirsi la possibilità di rimanere a Roma invece di essere mandato in provincia. Una domanda non era necessariamente coronata di successo, c'erano anche risposte negative perché semplicemente c'erano già troppi collaboratori e aspiranti. Un tale rifiuto dovettero subirlo per esempio Bonaventura Santelia TOR e Giovanni Battista de Miro OSB.

Non è affatto nuovo che il collocamento politico potesse influenzare una carriera curiale. Felice Recalti per esempio, Advocatus reorum e consultore del Sant'Uffizio, nel 1811 prestò il giuramento civile richiesto da Napoleone. Di seguito fu sospeso da tutte le sue cariche ecclesiastiche. Dopo che ebbe più volte revocato il giuramento, il 24 agosto 1814 fu reinsediato nei suoi incarichi nel Sant'Uffizio.

Accanto a tali costanti che accomunano il XVIII ed il XIX secolo, la Prosopografia rispecchia anche circostanze e sviluppi che bisogna considerare tipici per la situazione a

---

[18] Cfr. Index Prot. 68 (1707–1710), fol. 107r.
[19] Cfr. ACDF SO St.St. D-5-f, fol. 62v.

Roma nel Settecento. Così la nostra storia delle persone aiuta a prendere visione delle interrelazioni entro le quali si strutturano le carriere tanto nella sede centrale dell'Inquisizione romana quanto nei tribunali periferici delle inquisizioni locali. I Socii del Commissarius del Sant'Uffizio a Roma, che in tale posizione si procuravano la conoscenza degli svolgimenti degli affari d'ufficio nella sede centrale e talvolta erano stati già prima vicari generali delle inquisizioni locali e avevano già acquisito dimestichezza con gli svolgimenti, spesso diventavano inquisitori locali con funzioni dirigenti. È il caso, in particolare, di Vincenzo Maria Alisani OP e Felice Maria Lazzaroni da Cremona OP. Viceversa inquisitori locali esperti come Pio Felice Cappasanta OP, Luigi Maria Lucini OP oppure Alessandro Pio Sauli OP, potevano diventare commissari del Sant'Uffizio.

Le raccomandazioni per ottenere una nomina nonché l'appropriata «creazione di reti micropolitiche» (Wolfgang Reinhard) sembrano avere avuto nel XVIII secolo in generale un rilievo maggiore che in seguito, nel XIX secolo. La prima domanda di nomina a consultore della Congregazione dell'Indice, avanzata da Leonardo da Viterbo OFMCap, fu respinta. Costui si procurò quindi una raccomandazione dal confratello cardinal Francesco Maria Casini, appena divenuto egli stesso membro della Congregazione dell'Indice, e presentò la seconda domanda di nomina – che fu accolta. La serie di esempi di raccomandazione nell'ambito dei procedimenti di nomina si potrebbe continuare a piacere: Francesco Colonna fu raccomandato da Bernardino Scotti che non voleva più relazionare; Giulio Bandini OSA fu raccomandato alla carica di relatore della congregazione dell'Indice dal Residente di Savoia; Francesco Giuseppe Maria Perrimezzi OM, teologo del cardinale Giuseppe Renato Imperiali, membro della Congregazione dell'Indice, fu da questo raccomandato alla carica di relatore e successivamente nominato. Tali raccomandazioni richiamano l'attenzione su reti relazionali o cordate di cospicue dimensioni. Quale esempio si possono addurre i cosiddetti «Beneventani» sotto Benedetto XIII.[20]

Sarebbe auspicabile che queste prime impressioni stimolino a occuparsi ulteriormente della prosopografia e della sua interpretazione in un contesto più ampio della storia curiale ed ecclesiastica. I presenti volumi offrono uno squarcio singolare dei funzionamenti interni dell'Inquisizione Romana e della Congregazione dell'Indice, e danno alla censura anonima un volto, ovvero dei volti. Con i quattro volumi prosopografici relativi ai secoli XVIII e XIX, ci sono ora quasi 1.700 profili di collaboratori di due importanti dicasteri romani che, in quanto ricerca di base, saranno, si spera, d'aiuto a molti ricercatori di svariate materie.

Ringraziamenti

La ricerca di base sull'Inquisizione Romana e sulla Congregazione dell'Indice è un'opera collettiva. La Fondazione tedesca per la ricerca *Deutsche Forschungsgemeinschaft* (DFG)

---

[20] Cfr. a proposito Christoph Weber, Die Titularbischöfe Papst Benedikts XIII. (1724-1730). Ein Beitrag zur Geschichte des Episkopates und der römischen Kurie, in: Peter Walter/Hermann-Josef Reudenbach (ed.), Bücherzensur – Kurie – Katholizismus und Moderne. Festschrift für Herman H. Schwedt (Beiträge zur Kirchen- und Kulturgeschichte 10), Frankfurt a.M. 2000, 107-144.

con il suo programma per le ricerche a lungo termine mette a disposizione, per progetti di questo tipo, un buon sostegno di base che permette un'atmosfera favorevole alla ricerca e relativamente sicura quanto alla programmazione. Il mio grazie si rivolge perciò in primo luogo ai responsabili della *DFG* che in modo esemplare adempiono ai loro ruoli di mediatori tra le ambizioni teoriche del ricercatore e le condizioni pratiche del finanziamento.

Un professore universitario con un grande progetto di ricerca è quanto sono le sue collaboratrici e i suoi collaboratori: da un lato ci sono la precisione storica, le conoscenze linguistiche e la cognizione dei contesti, dall'altro l'entusiasmo, l'identificazione con il lavoro e la creatività. Da qui prende vita ogni progetto, e sono grato di potere fare questa esperienza.

Ringrazio espressamente Dr. Herman H. Schwedt che ha messo a disposizione del progetto la sua perizia e la sua raccolta prosopografica compilata nelle sue decennali ricerche private. Responsabili nel progetto per la Prosopografia sul XVIII secolo sono Dr. Jyri Hasecker, Dominik Höink e Judith Schepers. Tutti e tre hanno aiutato Herman H. Schwedt nelle ricerche d'archivio, hanno con pazienza, intuito storico e precisione effettuato le registrazioni nella banca dati. Sono stati efficacemente aiutati dagli studenti collaboratori Barbara Reuver, Kathrin Söllner, Julia A. Srebny, Daniela Testa e Florian Warnsloh. Vorrei ringraziare in particolare Judith Schepers che, in tempi di forte ricambio di personale e pertanto assai movimentati per il progetto, ne ha con tutta naturalezza assunto il coordinamento e compie questo incarico con grande previdenza e con un'eccellente cognizione delle problematiche legate alla ricerca sulla censura libraria.

Per la cura della nostra banca dati prosopografica nonché per l'esportazione dei dati e la preparazione del file per la stampa ringraziamo l'agenzia media *Cows online*, ponendo l'accento in particolare sulla solerzia e sull'efficienza di Christian Oehl e della poligrafa Marina Forstmann.

Il lavoro nel progetto fruisce del costante sostegno di tutte le collaboratrici e di tutti i collaboratori del mio *Seminar für Mittlere und Neuere Kirchengeschichte*. In modo rappresentativo vorrei nominare il mio amministratore Dr. Thomas Bauer che esegue l'intera gestione del progetto con grande affidabilità ed alta professionalità. In tutte le questioni di comunicazione scientifica e management della ricerca posso, come sempre, contare sulla Dr. Barbara Schüler.

Vorrei ringraziare in particolare il direttore dell'Archivio della Congregazione per la Dottrina della Fede Mons. Alejandro Cifres e i suoi collaboratori Daniel Ponziani, Fabrizio De Sibi e Fabrizio Faccenda che si adoperano sempre per esaudire ogni nostra domanda. Nell'Archivio Segreto Vaticano si mettono a disposizione mia e dei miei collaboratori sempre le migliori condizioni di studio, per cui il mio grazie si rivolge al prefetto Mons. vescovo Sergio Pagano e al suo staff di addetti e collaboratori.

Per le colleghe e i colleghi di tutto il mondo che con i loro suggerimenti e consigli contribuiscono non poco allo sviluppo e alla riuscita del progetto, è stato nostro intento offrire, come già per i volumi sul XIX secolo, il servizio di traduzioni plurilingue. Perciò vorrei ringraziare le mie collaboratrici Hedwig Rosenmöller e Elisabeth-Marie Richter che sono state subito disposte ad accingersi alla traduzione dei testi in italiano e in inglese, e Javier Sánchez-Arjona Voser che quale docente presso il *Romanische Seminar* della nostra università è perfettamente qualificato per la versione spagnola. Tutti insieme apportano un importante contributo a questa grande opera collettiva.

INTRODUCTION TO THE PROSOPOGRAPHY
1701–1813

TRANSLATION BY ELISABETH-MARIE RICHTER

What is it that unites such unequal clergymen as the imperial diplomat Wolfgang Hannibal von Schrattenbach, the skilful builder of globes Vincenzo Maria Coronelli and Prospero Lambertini, known as Benedict XIV., the "Pope of the Enlightenment"? All of them were concerned with curial book censorship at a certain point of their careers, be it as cardinal member or censor of the competent Roman congregations: the Holy Roman and Universal Inquisition and the Congregation of the Index. This means that they belonged to the group of men that would have been listed in the imprint of the "Index librorum prohibitorum", if it had existed. And even more: this common affiliation can be specified temporally and methodically. The three above-mentioned men happened to work for the Roman censorship bodies between 1701 and 1813, which the sources prove unambiguously. Thence Schrattenbach, Coronelli and Lambertini exemplarily fulfil the essential criteria to be assigned a personal profile in the present volumes.

The criteria for being included in the prosopography of the Congregation of the Index and the Inquisition in the 18th century widely correspond to the ones applied in the volumes on the 19th century; the same is true for the volumes' structure.[1] The introductory volume on the entire project contains detailed guidelines on the previous volumes,[2] which we warmly recommend to our readers. Many things already explained there will not need to be repeated here. If the sources proved that an individual held an office in the congregations, he is assigned a personal profile. Of course, we tried hard to determine the precise dates of appointment from the sources in the Archive of the Congregation for the Doctrine of the Faith (ACDF), but this was not always crowned with success. Occasionally, we also consulted other files, mainly the Congregations' in-house sources, to identify individuals on whose appointment no sources had been found. Giovanni Giorgi OSH, for instance, received a monthly payment of 5 scudi as "revisore onorario di libri ebraici e talmudici" in 1802. ACDF SO Privilegia contains the sources that prove it.[3] This means that he worked for the Inquisition in that year. The precise date of his appointment, however, could not be identified.

In case only few sources were available to document the vita of certain individuals, these are nonetheless included in the prosopography, too. This mainly refers to appoint-

---

[1] Hubert WOLF (ed.), Prosopographie von Römischer Inquisition und Indexkongregation 1814–1917. Vol. 1: A–K, vol. 2: L–Z. Von Herman H. Schwedt unter Mitarbeit von Tobias Lagatz (Römische Inquisition und Indexkongregation. Grundlagenforschung III: 1814–1917), Paderborn 2005.
[2] Hubert WOLF, Einleitung 1814–1917 (Römische Inquisition und Indexkongregation. Grundlagenforschung), Paderborn 2005, cf. especially 88-103.
[3] Cf. Decree Feria IV. of 18th August 1802; ACDF SO Priv. 1801–1803, no. 43.

ments that took place between 1780 and 1799 – the Congregation of the Index did not keep a diarium during this period – or during the "Epoca napoleonica". In case palpable evidence for the exercise of an office in the Congregation of the Index and the Inquisition was at hand, such as *several* reports that were definitely authored by the respective censor, he was included as well. This is the case with Niccolò Salulini, who compiled six reports for the Congregation of the Index, being, additionally, quoted as consultor from 1768 to 1792 in the official papal court calendar, the "Notizie per l'anno".

If only *one* single report was identified at all and if no additional evidence on an affiliation with the congregations could be established, the respective member was not included, as in the cases of Paolo Giovanni Battista Curli or Henricus Faber OP. As it was common practice that an aspirant for office in the two congregations had to present up to three self-dependent reports before being appointed consultor, the official status of these individuals is so uncertain that a general inclusion into the prosopography did not seem reasonable to us. They are accordingly referred to as "externe Gutachter" (external censors) in the Systematic Repertories, which document the sessions of the two congregations. This regards a larger number of individuals than in the 19th century, which may be attributed to the more complex sources as well as to the pending process of defining the character of the office, which was not yet completed in the 18th century.

As in the 19th century, staff not involved in the decision-making process (service personnel such as porters, scribes etc.) as well as the popes, who prior to their election did not hold an office in the Inquisition or the Congregation of the Index, generally do not belong to the group of people of interest, nor do those individuals, who, although they took the oath before the Inquisition (such as the secretary of a pope or a cardinal) never held any office.

As biographical outlines for the individuals involved naturally extend into the 19th century, entries on several individuals that held an office at the end of the 18th century may already have been assigned a profile in the prosopography on the 19th century, as they continued to work for the respective censorship body well beyond 1813. They are not given another profile in the present volume. In order to fully document their affiliation with Roman book censorship, the reports by censors that belong to the period investigated in the present volume are added in the appendix "Ergänzungen zur Prosopographie 1814–1917" (Addenda to the prosopography 1814–1917).

As we had foreseen, the identification of the congregations' members in the 18th century was not always easy. On the one hand this was because often the names' correct form was unclear and a multitude of a name's variants existed; on the other hand, however, the state of research is far less advanced than in the 19th century. A characteristic mistake in academic literature, for example, is the following: the two friars Bonaventura Santelia da Palermo TOR and Bonaventura Gervasi da Trapani TOR, consultor and relator of the Congregation of the Index, both Sicilians, are frequently confused with each other.[4] Moreover, it was not infrequently hard to ascertain the correct name of some members at all. To give an example: Bruno Saverio Toma da Lodi OP is recorded as "Tommaso Bruno" in the ACDF's catalogue "Vota Consultorum". In order to allow for the variants of the names and to facilitate the usability of the volumes – and this is new compared to the

---

[4] Cf. the respective personal profiles in the prosopography.

volumes on the 19th century – a "Namenskonkordanz" (concordance of names) is offered in the appendix of the prosopography on the 18th century. There, the variants are assigned to the standardized form of a name (i.e. the form as it is integrated into the alphabet and which appears in the personal profile in the prosopography).

As the previous volumes on the 19th century, the present prosopography contains lists of offices specifying the holders of the most important offices. Altogether, roughly 900 biobibliographical profiles of individuals are given, who worked for the two congregations between 1700 and 1813.

Procedure and sources

A first list of personal profiles was made available to the project thanks to the decades of research conducted by Herman H. Schwedt. Based on these lists and the comprehensive on-going research conducted by Schwedt we were able to gather further information during research in the ACDF and especially when preparing the printing of the volumes; this enabled us to complete the indexes of names and to considerably replenish the respective profiles.[5] However, as said above, the sources are far more complex and frequently also more incomplete than in the 19th century. The documents, for instance, were filed in a rather unsystematic way. Therefore, the sources needed to be studied in a more intensive manner and on a broader basis.

The following series in the ACDF were consulted for the compilation of the profiles:
1. Index Diari 6 (1655–1664) to 18 (1764–1807). The "Catalogus Secretariorum" of the Congregation of the Index, located in Diarium 6, was primarily consulted. First and foremost, the diari document appointments.
2. Index Protocolli 36 (1664–1672) to 103 (1808–1819). Those documents of this series relevant for the prosopography mainly include letters from the Secretariat of State communicating the appointment of a member or letters of application. The latter represent a genre of sources that is particularly important for the 18th century: thanks to those letters of applications we collated biographical information on individuals that had so far hardly been known to research and contemporary literature or who had left no written traces whatsoever.

For instance, no literature on Francesco Angelini OCarm had so far existed. With the help of his letter of application and the documentation of his appointment in the files of the Congregation of the Index it has for the first time been possible to trace his curriculum vitae.[6] In some cases, the place and date of birth were deduced from these letters.[7] On the whole, the letters of application offer a marvelous insight into the appointment procedures within the Curia of the 18th century. For instance, the application of the Barnabite Mario Maccabei, relator of the Congregation of the Index

---

[5] On the detailed procedure cf. WOLF, Einleitung, 285-287.
[6] Cf. his letter of application in ACDF Index Prof. 68 (1707–1710), fol. 61r and his personal profile.
[7] Cf. for instance Giuseppe Domenico di Gesù e Maria. His letter of application contains hints on the place and date of his birth; ACDF Index Prot. 68 (1707–1710), fol. 237r.

since 1713, for the post of consultor of the same congregation had been refused twice. This was apparently because the proportional distribution of the orders had to be respected; the congregation already had a Barnabite member, namely Giovanni Michele Teroni. It was only after Teroni's death, when the general superior of the order expressly asked for Maccabei's nomination, that he was finally appointed consultor. In such cases, the annotation "mit Angaben zum Lebenslauf" (containing information on the curriculum vitae) advises the user of the fact that parts of the curriculum vitae were extracted from the letter of application.

3. SO Decreta, united in annual volumes, were also consulted. The 1670 volume was the first one we examined. Roughly 130 volumes were scanned in order to ascertain dates of appointment and to trace documents concerning the taking of the official oath.
4. SO Juramenta: altogether roughly twenty volumes from the first volume Juramenta 1656–1700 to the last one 1800–1809 were consulted. They contain written records of the taking of the official oath.
5. The SO Privilegia, in which internal affairs of the congregation are documented, include information on the appointments, helpful lists on the filling of posts, such as the "Nota de' Sig.ri Cardinali Segretarj"[8] or applications for the assignment of offices.[9]
6. Various documents out of the holdings of the Stanza Storica (SO St.St.) were crucial for the compilation of the prosopography, such as the "Catalogus Notariorum"[10] and the volume SO St.St. II-2-n, which contains documents on the appointment of local inquisitors. Moreover, the records of SO Extensorum, which forming part of the Stanza Storica include material on the careers within the Holy Office, were particularly profitable for our purposes.

It is not the ACDF, but the Vatican Secret Archives (ASV) that hold a series pivotal to our project, the "Segreteria di Stato, Memoriali e Biglietti". Drafts of letters of appointment (biglietti di nomina) by the Secretariat of State, including the respective annotations, were deposited here for registration purposes as well as applications for appointment (memoriali). This series is not paginated. Moreover, the register of the Segreteria dei Brevi and the Miscellanea of the Secretariat of State "Segreteria di Stato, Carte Varie" were consulted.

In addition to that, we consulted the records of the Apostolic Signatura (Segnatura), accessible in the Roman Archivio di Stato. For the compilation of the personal profiles copious research in many local, civil and ecclesiastical archives (particularly of religious orders and local inquisitions) was necessary.

---

[8] ACDF SO Priv. 1750–1754.
[9] Cf. for instance the application for appointment as consultor of the Holy Office, which François Jacquier and Thomas Leseur addressed to the Pope in the form of a letter; ACDF SO Priv. 1743–1749, fol. 19. Both were finally named consultors; cf. ibid. fol. 20v (audience decree of the Pope).
[10] ACDF SO St. St. L-5-g.

The Structure of the Prosopography

The prosopography is arranged essentially in alphabetical order. The concordance of names in the appendix enables the user to identify definitively a member of the Inquisition or the Congregation of the Index. Each profile comprises six blocks.

Block one consists of a heading that lists the individual's surname in standardized form and the order to which the individual belonged. The standardized form is oriented at the mother tongue of the respective member, even though the name frequently appears in a Latinized or Italianized form in the files. For instance, we frequently come across the name Bernardo Carignano in the files, which is the Italianized form of a Spanish name; in this case, the standardized form is Bernardo Cariñana OdeM. Slight variants of the spelling of the name are added to the standardized form in round brackets and not quoted as a variant of its own. This is why entries such as "François de Latenay (Latinay) OCarm" or "Pietro Lazeri (Lazzari) SJ" emerge. When listing the "Namensvarianten" (variants of names), we paid special attention to document religious order names and birth names. The piarist Sigismond Regolo Coccapani, for instance, son of a noble family from Carpi near Modena, signed his reports with his religious order name, Sigismondo di S. Silverio, which in this case is the basis for the standardized form, while the birth name is adduced as a variant. The individual's name is followed by the date and place of his birth ("Geboren") and death ("Gestorben"). Not in all cases could unambiguous information be offered. Reconstructed information is given in square brackets "[ ]". Not infrequently, the sources only allowed us to deduce approximate dates. These are marked with an "um" (for example: born about 1668) or "nicht vor" (for example: died not before 1792). The first block is concluded with references to the "Familie" (family). The main focus lies on the social background as well as on possible connections to the Roman Curia and to the spiritual environment of the congregations responsible for book censorship.[11]

The second block "Lebenslauf" comprises a curriculum vitae, which is – other than in the 19th century – arranged in two columns. Column one contains the date of the respective event and column two the event itself. The former column three indicating the archival source is displayed as an indented line, which makes the curriculum vitae more reader-friendly. We considered this modification necessary, as references to the kind of source used turned out to be increasingly needed for the 18th century (application, annotation made by the assessor of the Holy Office on the audience with the pope etc.). They specify and evaluate the archival source and may also serve to offer a point of reference in an unpaginated series. The discussion of sources, occasionally indispensable, mainly with regards to diverging dates,[12] required this modification as well.

Basically, the prosopography aims to offer especially hitherto unknown data on an individual, while biographical landmarks of individuals with well-explored biographies (such as later popes) tend to be reduced to the career within the Curia and, of course, especially

---

[11] Information on the family background of some of those who held minor paid offices in the Holy Office was sometimes deduced from the files; cf. for instance the entry on Vincenzo Nardecchia.

[12] Cf. the diverging dates in the diari of the Congregation of the Index and in the list filed in ACDF Index Prot. 81 (1737–1740), fol. 438r-443v. There, appointments of relators had been collected from 1681 to 1737, however, not entirely.

to the Inquisition and the Congregation of the Index. Apart from tracing as precisely as possible the clerical and especially the curial career of an individual, the focus of the biographical outlines lies on the relevant micropolitical networks and patronage systems. This aspect is doubtlessly more important for the early modern history of the Curia than for the 19th and 20th century. Thus, for instance, there turned out to be a connection between Gian-Jacobo Millo and Prospero Lambertini, the later Benedict XIV. Millo grew into the Holy Office as auditor to Lambertini, then consultor of the congregation.[13] Millo's connection to Lambertini remained close, even while the latter was bishop; when Lambertini was finally elected Pope, he created Millo cardinal and made him a full member of the Inquisition.[14]

As in the volumes on the 19th century, block three aims to document the individual's concrete authorship of censors' "Gutachten" (reports) on books investigated by the Inquisition or the Congregation of the Index. Recommendations on other topics apart from book censorship that the Holy Office dealt with were deliberately omitted. This block is also divided into only two columns. Column one documents the date of a report. Column two identifies the author and short title of the work(s) treated. As in the second block, the archival source of the report or, in case no report was found, the reference to the report in the documents is given in an indented line. The date in question is the date of the report. If a report written for the Congregation of the Index is not dated, which is the rule in the 18th century, the date of the session for which it was prepared is given in round brackets "( )". An undated report written on behalf of the Holy Office is dated according to the archival unit in which it was found, and given in round brackets as well. Reconstructed data appears in square brackets "[ ]". It is not the full title of the work dealt with that is quoted, but only the short form, as the full title may be found in the Systematic Repertory.

We strongly recommend consulting the repertories, too, when using the prosopography, as they contain important information on the proceedings as well as further bibliographical references. Especially if the edition dealt with could not be determined unambiguously (these works are marked with a rhomb "♦"), the repertories offer further bibliographical evidence of editions possibly dealt with. In some cases, bibliographies were developed and used in the block on the report with the help of the information offered in the repertory, if the work dealt with had not been identified bibliographically. In this case it was, of course, impossible to offer information on the place or date of publication. The introduction to the Systematic Repertory offers further explanations on the bibliographical inclusion of investigated works.

As in the previous volumes on the 19th century, only those reports that were written during the period in question are included. In analogy to the procedure pursued so far, reports authored by a member of the two congregations before 1701 will be included in the prosopography 1542–1700. Finally, an evaluating observation on the listing of reports: some reports mirror a certain qualification or "specialization" on a specific topic of their author. Giovanni Antonio Costanzi, for instance, was explicitly appointed member of the Holy Office for revision of confiscated Jewish books; accordingly, the two reports he authored on behalf of the Inquisition concern Hebraic books. Antonio Nicola Cuiò (Cuyò)

---

[13] Cf. Millo's oath on 9th March 1723; ACDF SO Juramenta 1701–1724, fol. 379.
[14] Cf. Millo's official oath as member of the Holy Office on 12th December 1753, ACDF SO Decreta 1753, fol. 253v.

was often entrusted with the evaluation of works that had to do with exorcisms. As far as publications connected to the Enlightenment were concerned, finally, Ambrogio Maria Erba da Milano OFMObs and Giovanni Gaetano Bottari were especially sought-after.

The fourth block contains a list of the "Unveröffentliche Quellen" (unpublished sources). As in the prosopography on the 19th century, extensive and comprehensive archival research was necessary to identify some individuals. If this was the case, the user is offered a list of the archival material consulted. As in the 18th century, the collection SO Privilegia and files out of various archives of monastic orders proved to be particularly useful; moreover, further sources, among others in the Biblioteca Apostolica Vaticana were consulted. Plenty of biographical data was, for instance, found in the Necrologium compiled by Pietro Luigi Galletti.[15] Information on local inquisitions and its staff was gained from Italian state archives and libraries, for example in Cremona, Milan, Modena, Parma and Rome.

Block five "Eigene Werke", which opens the bibliographical part, lists the works published by a member of the congregations, in case he ever published something. This select bibliography aims to help to determine the intellectual status of the individual in question. For bibliographical identification of these publications pertaining to the period of the old prints the guidelines developed for the investigated works were adopted and simplified minimally.[16]

Finally, block six "Literatur" documents the secondary literature used and a small selection of further useful literature.

As foreshadowed above, the appendix contains the addenda to the Prosopography 1814–1917, lists of offices as well as a concordance of names. Arranged in chronological order, this complete list of holders of the various offices and function owners in the two congregations responsible for book censorship is divided into four columns. The first column contains the names of staff in the standardized format; the second one gives the date of appointment, uncertain dates being quoted in square brackets. The third column indicates the date upon which the member ceased to hold office (due to death, demission, promotion to bishop or cardinal or permanent departure from Rome); if this date is uncertain it is given in square brackets, too. The reasons for the end of office are indicated by corresponding keywords in the fourth column. A further office has been added to the list: the revisor of the Holy Office. This term refers to individuals that appear in the files as revisor, but also as relator or votante of the Inquisition; the revisor's task consisted solely in revising books, whereas a consultor of the Inquisition was also entrusted with other assignments.

First observations

The biographies and lists of offices in the prosopography on the 18th century allow us to draw first conclusions, especially on a comparison with the situation in the 19th century. Some past observations concerning the 19th century could be transferred to the 18th century.

---

[15] Cf. Pietro Luigi Galletti, Necrologium Romanum; BAV Vat. Lat. 7871–7901.
[16] Cf. the guidelines to the bibliography in the introduction to the Systematic Repertories.

The superiority of the "Suprema" – the Inquisition – to her "little sister" – the Congregation of the Index, is mirrored in the course of the careers of the congregations' members. Advising staff, for instance, often worked for the Congregation of the Index before being appointed to work for the Inquisition – such as Alessandro della SS. Passione OAD, who was relator of the Congregation of the Index before becoming qualificator of the Holy Office and finally consultor of the Congregation of the Index; or Antonio da Mazara OFMObs, first relator, then consultor of the Congregation of the Index and thereafter qualificator in the Inquisition. If someone already was revisor or qualificator of the Holy Office before defecting the Congregation of the Index, he did not have to climb the career ladder from the bottom, that is, as a revisor, but was immediately named consultor – as was the case with Carlo Maria da Perugia OFMObs, who first was qualificator of the Inquisition, later consultor of the Congregation of the Index.

	Prosopography 1701–1813	Prosopography 1814–1917
Total number of entries	910[17]	778
Holy Office		
secretaries	12	13
assessors	16	25
cardinal members	114	111
consultors	148	241
qualificators	154	54
revisors	72	none
Congregation of the Index		
cardinal prefects	11	21
secretaries	14	9
cardinal members	131	190
consultors	260	252
relators	304	27

Moreover, we have come to another important conclusion, which regards the "lower ranks" within the consults of the Inquisition and the Congregation of the Index. Apparently, the shape of the "pre-stage" to the office of consultor was more clearly differentiated in both congregations during the 18th century than it was in the later 19th century. The number of qualificators and revisors of the Holy Office – we did not come across any revisors in the 19th century anymore – comprised altogether 226 in the 18th and only 54 in the 19th century. It may be assumed that not only the consultors, but a larger group of people undertook the task of passing expert opinions. As, however, revisors and qualificators did not forcibly stay in Rome permanently, we may expect large fluctuation. Of course, this can not be documented in each case, as hardly any facts on some revisors' and qualificators' lives were determined apart from the date of appointment.

---

[17] As of 25th August 2009. This number may alter after printing. The final results of evaluation will be presented at the international symposium "Buchzensur im Zeitalter der Aufklärung", which will take place in Münster from 1st to 4th December 2009.

This finding regarding the lower level of the consult corresponds to the developments on the upper level, as far as the number of consultors in the 18th century compared to the 19th century is concerned: whereas we were able to ascertain 148 consultors during the period 1701–1813, 241 had worked for the congregations from 1814 to 1917. In the 19th century the task of authoring censor's reports was mainly in the hands of the consultors. However, one thing holds true: who was asked to write a report, apparently had higher chances to be appointed consultor.

Altogether, the following applies for the consult of the Holy Office: it had 374 members in the 18th, but only 295 in the 19th century. At first glance, this may convey the impression of a downsizing of the Suprema. However, it must be noted that in the 18th century more books were generally dealt with by the Inquisition than in the 19th century and that the fluctuation in the consult of the Early Modern Times was by far larger.

Comparable observations as for the Holy Office apply for the Congregation of the Index. As far as the "low ranks" are concerned, for instance, the number of relators decreased from 304 (1701–1813) to 27 (1814–1917). In return, the number of consultors did not increase in contrast to the Inquisition. A convincing explanation for this phenomenon cannot be offered yet. It may be that the Congregation of the Index had lost prestige compared to the Inquisition. However, it is also possible that the proportional representation of religious orders had consolidated, so that an increase in the number of consultors would not have been possible without raising conflicts between the respective orders.

Similar important observations apply for the higher level of the hierarchy. While a cardinal was frequently appointed member of the Congregation of the Index shortly after being created cardinal, it took a long time until he was offered a post in the Holy Office. Niccolò Acciaioli, for instance, was created cardinal in late November 1669 and appointed member of the Congregation of the Index in December of the same year, but only joined the Holy Office in December 1704, whose secretary he finally became in 1717. Annibale Albani's career was comparable. Having worked in the consult of both censorship bodies, he was created cardinal in December 1711, appointed member of the Congregation of the Index in March 1712, but only became member of the Holy Office in 1720. However, the opposite development also occurred, as was the case with Gaspare Carpegna, the long time vicar of the diocese of Rome. Carpegna already was consultor of the Inquisition and was appointed member of it before being nominated vicar in 1671, but only became member of the Congregation of the Index five years later.

During the 18th century, the Congregation of the Index had altogether eleven prefects, but only twenty-one in the 19th century. The curial career patterns seem to have changed. In the 18th century, the office of prefect of the Congregation of the Index seems to have been the final level of a curial career (this applies for eight out of eleven prefects). In the 19th century, by contrast, one third (eight out of 21) of the prefects later assumed the office of prefect of another congregation within the Curia. Apparently, this office was more prestigious in the 18th than in the 19th century.

As far as the involvement of religious orders in book censorship is concerned we were able to ascertain that in the 18th century, too, some posts were permanently reserved for religious orders. The idea behind it was that the entire Church and the various theological schools and tendencies were supposed to be represented in the consult. The example of the aforementioned Bernardo Cariñana OdeM documents how this was handled. Despite the recommendation of a cardinal, his application for appointment to the office of consultor of the Congregation of the Index was refused, on the grounds that a sufficient number of members of his order was already represented in the consult. Mario della Torre's CCRRMM letter of application reveals that he had applied as relator, because his confrere Antonio Francesco Saluti, who had held this office, had just died.[18] The same is true for Fortunato Tamburini OSB, who, after his confrere Leandro Porzia had been created cardinal, was appointed his successor in the consult of the Holy Office.[19]

The tradition that the holders of some specific offices were automatically consultors of the Holy Office already existed in the 18th century. This holds for the Magister Sacri Palatii or the Superior General of the Dominicans. The ancient connection between the Order of the Dominicans and the Inquisition is probably causally connected to it. Moreover, the Dominicans have always been one of the great academic orders. Comparable connections were ascertained for other orders, too, such as for some superior generals of the Conventual Franciscans. In these cases, however, the appointments were probably individual-related, as no regularity that would have led to a fixed tradition was detected.

The long lists of collaborators on the lowest, merely consulting level, and above all the list of relators of the Congregation of the Index and that of revisors of the Holy Office, an office that does not emerge in the 19th century anymore, prove that the interest in working for the congregations or rather in slowly working up one's way in it was great in the 18th century. The term "censor" obviously carried no negative connotation for the members of the Curia of those days, as censorship was everyday business in early modern societies, even beyond Rome and the Catholic Church. However, it is assumable that this interest was often motivated personally, as many applicants regarded this office as a possibility to remain in Rome and not to be pushed off to the province. However, applications were not always crowned with success; not infrequently, an applicant met with a refusal, as the congregations simply already had too many members and received too many applications. Bonaventura Santelia's TOR and Giovanni Battista de Miro's OSB applications, for example, met such a refusal.

The fact that political orientation could influence a career in the Curia is nothing new. Felice Recalti, for example, advocatus reorum and consultor of the Holy Office, took the French civil oath, demanded by Napoleon. Thereupon he was suspended of all ecclesiastical offices. After he had several times abjured the oath, he was again restored to his post in the Holy Office on 24th August 1814.

Apart from these constants that the 18th and the 19th century share, the prosopography mirrors developments that may be regarded as typical of the early modern Curia. It gives insights into the connection between career structures in the head office of the Roman Inquisition and peripheral tribunals of local Inquisitions. For example, the socii of the Holy Office's commissarius in Rome, who became acquainted with the official functions in the "headquarters" and who had occasionally been vicar generals in local inquisitions before, therefore being familiar with the workflow, were often promoted to leading local inquisitors. This is particularly true for Vincenzo Maria Alisani OP or Felice Maria Lazzaroni da Cremona OP. Experienced local inquisitors such as Pio Felice Cappasanta OP, Luigi Maria Lucini OP or Alessandro Pio Sauli OP in return became commissaries of the Holy Office.

---

[18] Cf. Index Prot. 68 (1707–1710), fol. 107r.
[19] Cf. ACDF SO St. St. D-5-f, fol. 62v.

Recommendations for appointment and the appropriate "micro political networks" (Wolfgang Reinhard) apparently were more relevant in the 18th century than later in the 19th century. Leonardo da Viterbo's OFMCap first application for appointment to consultor of the Congregation of the Index was refused. Thereupon he sought a recommendation from his confrere Cardinal Francesco Maria Casini, who had just become member of the Congregation of the Index himself, and filed a second application – this time with success. Numerous further examples for recommendations in the context of appointment procedures could be quoted here: Francesco Colonna was recommended by Bernardino Scotti, who did not wish to continue working as a censor himself; Giulio Bandini OSA was recommended as relator of the Congregation of the Index by the Resident of Savoy; Francesco Giuseppe Maria Perrimezzi OM, already theologus of Cardinal Giuseppe Renato Imperiali, who himself was member of the Congregation of the Index, was recommended as relator by the latter and thereupon appointed to this office. Recommendations of this kind unveil networks and insider relationships of high range. The so-called "Beneventani" under Bendedict XII are only one example.[20]

We hope that these first impressions inspire our readers to devote themselves to the prosopography and to analyze it in a broader curial and church historical context. The volumes offer a unique insight into the "inner life" of the Roman Inquisition and the Congregation of the Index, giving the anonymous censorship bodies a face or rather several faces. The four volumes on the 18th and the 19th century presented so far contain 1,800 profiles of members of two important Roman authorities during these two centuries. We hope that this basic research will be of great help to researchers of various disciplines.

Acknowledgements

The basic research on the Roman Inquisition and the Congregation of the Index is the re sult of team work. Thanks to the German Research Foundation (DFG) we enjoy the privilege of long-term financial support, which is the ideal foundation for a research friendly and reliable atmosphere. My first words of thanks are therefore addressed to the ladies and gentlemen of the DFG, who comply with their role as intermediary between the theoretical wishes of researchers and the factual possibilities of funding in an exemplary way.

A university professor with an enormous research project is, however, only as good as his employees: historic precision, language abilities and the knowledge of contexts are one side of the coin, enthusiasm, commitment to the project and creativity are the other. Each project lives on this and I am grateful for being able to experience it.

My special words of thanks go to Dr. Herman H. Schwedt, who has made both his expertise and his prosopographic collection, the fruit of decade-long private studies, avail-

---

[20] Cf. Christoph WEBER, Die Titularbischöfe Papst Benedikts XIII. (1724–1730). Ein Beitrag zur Geschichte des Episkopates und der römischen Kurie, in: Peter WALTER/Hermann-Josef REUDENBACH (ed.), Bücherzensur – Kurie – Katholizismus und Moderne. Festschrift für Herman H. Schwedt (Beiträge zur Kirchen- und Kulturgeschichte 10), Frankfurt a.M. 2000, 107-144.

able to the project. Dr. Jyri Hasecker, Dominik Höink and Judith Schepers have been responsible for the prosopography of the 18th century. All the three of them have supported Herman H. Schwedt in his archival research; with patience, historical resourcefulness and precision they have entered the data in the database and edited the volumes. They were actively supported by student assistants Barbara Reuver, Kathrin Söllner, Julia A. Srebny, Daniela Testa and Florian Warnsloh. Special words of thanks go to Judith Schepers, who has sovereignly assumed the coordination of the project in turbulent times of the project due to many changes of staff and who performs this task with high providence and excellent knowledge of the chasms of book censorship.

The media agency Cows online, and especially Christian Oehl and digital media designer Marina Forstmann are responsible for the maintenance of our prosopographic database as well as for the export of data and the creation of a layout file. I would like to thank them for their unceasing support.

The work of the project is permanently supported by all employees of my Seminar for Early Modern and Modern Church History. Representatively, I would like to mention managing director Dr. Thomas Bauer, who has dealt with the administration of the project reliably and professionally. In all questions concerning science communication and science management I could – as always – perfectly rely on Dr. Barbara Schüler.

Special words of thanks go to the director of the Archive of the Congregation for the Doctrine of the Faith, Alejandro Cifres and his staff Daniel Ponziani, Fabrizio De Sibi and Fabrizio Faccenda, who always do their best to meet all of our wishes. My employees and I have always experienced excellent working conditions in the Vatican Secret Archives, which is why I am deeply grateful to the prefect, Bishop Sergio Pagano, and his staff.

As in the volumes on the 19th century, the translations into English, Italian and French are a special service to colleagues from all over the world, who have supported the development and the success of our project by means of various ideas and advices. I would therefore like to thank my employees Hedwig Rosenmöller and Elisabeth-Marie Richter, who were ready to undertake the task of translating the text into Italian and English, and Javier Sánchez-Arjona Voser, who being a lecturer at the Department of Romance Languages of our university was the ideal person to deal with the Spanish translation.

Each one of them has an important share in this gigantic opus.

INTRODUCCIÓN A LA PROSOPOGRAFÍA
1701–1813

Traducción de Javier Sánchez-Arjona Voser

¿Qué relaciona a dos tipos de clérigos tan distintos como el diplomático imperial Wolfgang Hannibal von Schrattenbach, el hábil constructor de globos Vicenzo Maria Coronelli y Prospero Lambertini, el famoso "Papa ilustrado" Benedito XIV? Todos ellos se ocuparon en algún momento de su carrera de la censura curial de libros, bien como cardenales o como peritos profesionales de alguno de los dicasterios romanos competentes: la Santa Inquisición Romana y la Universal y la Congregación para el Índice. Eran uno de aquellos hombres que, de haber existido, habrían podido aparecer nombrados en el Impressum del "Index librorum prohibitorum". Este punto en común se puede especificar aún más, temporal y metódicamente. Porque el trabajo para la Administración censora de las tres personas mencionadas tuvo lugar entre 1701 y 1813 y está documentado unívocamente en las fuentes. Así, Schrattenbach, Coronelli y Lambertini cumplen todos los criterios según los cuales a una persona se le adjudica una entrada principal en estos volúmenes.

Los criterios para la aparición en la Prosopografía de la Congregación para el Índice y la Inquisición del siglo XVIII se corresponden tanto en la disposición como en la intención con los volúmenes para el siglo XIX,[1] para los que existe una amplia introducción en el volumen que presenta al proyecto general.[2] Básicamente nos remitimos a ellos aquí. Mucho de lo tratado allí no tiene que ser repetido de nuevo. Cada persona para la que se puede probar con una referencia a una fuente un cargo en los dicasterios tiene un perfil propio. Como es natural, se ha intentado probar el nombramiento concreto mediante la fecha correspondiente en las fuentes del Archivo de la Congregación para la Doctrina de la Fe (ACDF). Esto no ha sido siempre posible. Para las personas para las que no se ha podido encontrar ninguna prueba documental del acto de nombramiento, hemos recurrido a otro tipo de actas, normalmente documentos internos de los dicasterios. Así, por ejemplo, obtuvo Giovanni Giorgi OSH en 1802 un pago mensual de 5 scudi como "Revisore honorario di libri ebraici e talmudici". La fuente que lo prueba se encuentra en el ACDF SO Privilegia.[3] Desempeñó, por tanto, una función en la Inquisición en aquel año. Aunque no pudo probarse ninguna fecha concreta para el nombramiento de Giorgi.

Pero también tienen un lugar en la Prosopografía aquellas personas cuyo nombramiento se realizó en una fecha en la que la presencia de fuentes es menos densa. Es el caso sobre

---

[1] Hubert Wolf (Hg.), Prosopographie von Römischer Inquisition und Indexkongregation 1814–1917. Vol. 1: A–K; vol. 2: L–Z. Von Herman H. Schwedt unter Mitarbeit von Tobias Lagatz (Römische Inquisition und Indexkongregation. Grundlagenforschung III: 1814–1917), Paderborn 2005.
[2] Hubert Wolf, Einleitung 1814–1917 (Römische Inquisition und Indexkongregation. Grundlagenforschung), Paderborn 2005, sobre todo 88-103.
[3] Cfr. decreto Feria IV. del 18 de agosto de 1802; ACDF SO Priv. 1801–1803, n. 43.

todo de los nombramientos que se efectúan entre 1780 y 1799, de los que no se conserva ningún Diarium de la Congregación para el Índice, o los que se llevan a cabo en la "Epoca napoleonica". En la medida en que existen indicios unívocos del desempeño de un cargo en la Congregación para el Índice y en la Inquisición, por ejemplo la prueba de *varios* informes evidentemente redactados por ellos mismos, se incluyó también a las personas en cuestión: por ejemplo, Niccolò Salulini, que realizó seis informes para la Congregación para el Índice, además de dirigir como consultor una agenda de la corte papal, el "Notize per l'anno", de 1768 a 1792.

En cambio, no fueron incluidas personas de las que sólo se pudo probar *un* dictamen, como, por ejemplo, Paolo Giovanni Battista Curli o Henricus Faber OP, y para las que tampoco hay referencias de una función en los dicasterios. Como era normal que los aspirantes tuvieran que referir hasta tres veces, o presentar informes independientes antes de ser nombrados consultores, el estatus de estas personas es tan impreciso que no parece tener sentido incluirlas en la prosopografía. Consecuentemente, se los califica de "externe Gutachter" (peritos externos) en los repertorios sistemáticos que documentan las reuniones de las dos congregaciones. Este hecho afecta a muchas más personas en comparación con el siglo XIX, lo que debe achacarse tanto a un estado de las actas más complejo como a un carácter funcionarial que en el siglo XVIII está aún por definir.

Como en el siglo XIX, no pertenecen normalmente al círculo de personas investigado ni el personal implicado en el proceso de decisión (personal de servicio como portero, escribientes, etc.) ni los papas, que no desempeñaron ninguna función en la Inquisición ni en la Congregación para el Índice, así como tampoco aquellos que presentaron juramento en la Inquisición, pero no desempeñaron en ella ningún cargo.

Como los biogramas del siglo XVIII llegan naturalmente hasta el ámbito temporal del siglo XIX, algunas de las personas que desempeñaron una función al final del periodo investigado ya tuvieron una entrada en la prosopografía para el siglo XIX, dado que siguieron trabajando en los dicasterios después de 1813. No tienen ni siquiera un perfil. Para aún así documentar de forma completa su actividad en la censura de libros romana, se incluyen en un anexo "Ergänzungen zur Prosopographie 1814–1917" (Anexos a la prosopografía 1814–1917) los dictámenes de estos colaboradores que forman parte del actual periodo de investigación.

Como era de esperar, la identificación de los colaboradores en el siglo XVIII no fue siempre fácil. Esto se debe tanto a la falta de estabilidad en la forma de nombrar, como a la multitud de variantes en los nombres, así como sobre todo también al peor estado de la investigación, en comparación al siglo XIX. Paradigmático en lo que se refiere a confusiones en la investigación es el caso de los hermanos de orden Bonaventura Santelia da Palermo TOR y Bonaventura Gervasi da Trapani TOR, originarios ambos de Sicilia y que fueron respectivamente relator y consultor de la Congregación para el Índice.[4] También hay que hacer referencia a lo difícil que ha sido identificar los nombres correctos de los colaboradores. Así –por citar sólo un ejemplo–, en el catálogo "Vota Consultorum" des ACDF se cita a Bruno Saverio Toma da Lodi OP como "Tomaso Bruno". Para ser fieles a las diferentes variantes de los nombres y facilitar el manejo de los volúmenes, se ofrece al final de la prosopafía del siglo XVIII –y esto constituye una novedad respecto al siglo

---

[4] Cfr. para ello respectivamente en la prosopografía la semblanza biográfica correspondiente.

XIX– una "Namenskonkordanz" (concordancia de nombres). En ella se hace referencia a las diferentes variantes de nombres en la forma estándar (es decir, la forma en la que se listó alfabéticamente a la persona y bajo la que es posible encontrar su perfil personal). Como en los volúmenes precedentes relativos al siglo XIX, esta prosopografía volverá a ofrecer la lista de cargos con los titulares que estuvieron presentes entre 1700 y 1813 en ambos dicasterios.

Método de trabajo y fuentes

El proyecto le debe una primera lista de perfiles personales a los largos años de investigación de Hermann H. Schwedt. Sobre la base de estas listas y gracias a las amplias investigaciones actuales de Hermann H. Schwedt, hemos podido recopilar en los últimos años más datos en investigaciones en el ACDF y sobre todo en la elaboración del material para su impresión, lo que nos ha permitido tanto completar las listas de nombres como ampliar cada uno de los perfiles.[5] Teniendo en cuenta, eso sí, como ya se ha dicho, que la situación de las fuentes en el siglo XVIII es mucho más compleja y presenta más inconsistencias que para el siglo XIX. Asi, el depósito de los documentos en los archivos se llevó a cabo de forma menos sistemática. En ese sentido, se tuvo que intensificar la investigación de las fuentes, ampliando su objeto.

En el ACDF se consultaron las siguientes series para la elaboración de los perfiles personales:

1. Index Diari 6 (1655–1664) hasta 18 (1764–1807). En el Diarium 6 se recurrió sobre todo al "Catalogus Secretariorum" de la Congregación para el Índice. Los diarios sirven sobre todo como documentación de los nombramientos.
2. Index Protocolli 36 (1664–1672) hasta 103 (1808–1819). Se trata, en el caso de los documentos de esta serie que resultaron decisivos para la prosopografía, sobre todo de escritos con los que la Secretaría de Estado de la Congregación comunicaba el nombramiento de un colaborador, o de escritos de los candidatos. Estos constituyen un género especialmente importante para el siglo XVIII: gracias a él fue posible recopilar también informaciones biográficas de personas que no eran muy conocidas ni en la investigación ni en las publicaciones del momento, o que no habían dejado huellas escritas.

No existía hasta ahora, por ejemplo, ninguna literatura sobre Francesco Antonio Angelini OCarm. Con ayuda de su candidatura y de la documentación de su nombramiento en las actas de las Congregación para el Índice fue posible, por primera vez, elaborar su currículum.[6] En algunos casos se pudieron averiguar gracias a estas fuentes el lugar y la fecha de nacimiento.[7] Este género de textos ofrece, en suma, una buena panorámica del proceso de nombramiento en la Curia del siglo XVIII. Así, fue rechaza-

---

[5] Sobre el procedimiento concreto cfr. Wolf, Einleitung, 380-383.
[6] Cfr. su carta de candidatura en ACDF Index Prot. 68 (1707–1710), f. 61r así como su perfil personal.
[7] Cfr. como ejemplo Giuseppe Domenico di Gesù e Maria. En la candidatura referencia al lugar y fecha de nacimiento; ACDF Index Prot. 68 (1707–1710), f. 237r.

da por dos veces la candidatura del barnabita Mario Maccabei, que desde 1713 fue relator de la Congregación para el Índice, a consultor de la Congregación para el Índice. Ello se debía a que con Giovanni Michele Teroni ya había un barnabita entre los miembros de la consulta, con lo que regía también aquí un principio de proporción entre órdenes. Maccabei no será nombrado consultor hasta que el superior general de la orden lo solicitó al morir Teroni. En estos casos, y mediante la anotación "mit Angaben zum Lebenslauf" (con informaciones sobre el currículum) en la casilla correspondiente a la fuente, se pondrá sobre aviso al usuario de la prosopografía de que las informaciones incluidas en el currículum fueron tomadas de la candidatura.

3. SO Decreta, que, recopilados en tomos anuales, fueron consultados a partir de 1670. Se analizaron alrededor de 130 tomos para encontrar las fechas de nombramientos o, en su caso, del rechazo del juramento del cargo.
4. SO Juramenta: se consultaron un total de 20 volúmenes desde el Juramenta 1656–1700 hasta el último 1800–1809. Aquí se encuentran los escritos de rechazo del juramento del cargo.
5. En los SO Privilegia, en los que se documentan los procesos internos de la Congregación, se encuentran informaciones a nombramientos concretos, listas útiles sobre nombramientos para determinados cargos, como por ejemplo la "Nota de'Sig.ri. Cardinali Segretarj"[8] o también solicitudes para la transmisión de un cargo.[9]
6. En los fondos de la Stanza Storica (SO St.St.) resultaron de importancia para la elaboración de la prosopografía documentos muy diversos, como el "Catalogus Notariorum"[10] o también el Volumen SO St.St. II-2-n, en el que se documentan nombramientos de inquisidores locales. Asimismo resultó interesante el fondo del SO Extensorum, una parte de la Stanza Storica en la que se encuentra diseminado también material para los currículos dentro del Santo Oficio.

El fondo "Segreteria di Strato, Memoriali e Biglietti", fundamental para nosotros, se encuentra no en el ACDF, sino en el Archivo Secreto del Vaticano (ASV). Se trata de una serie en la que se recopilan para su registro bocetos de escritos de nombramiento (biglietti di nomina) de la Secretaría de Estado con las referencias correspondientes y se depositan las solicitudes para el nombramiento (memoriali). Este fondo no está paginado. Paralelamente se recurrió también al registro de la Secretaría de Breves (Segretaria dei Brevi, Registra) y a la miscelánea de la Secretaría de Estado "Segretaria di Stato, Carte Varie".

Asimismo, se pudo consultar la transmisión de la signatura apostólica custodiada en el Archivo de Estado romano. Para cada uno de los perfiles fue necesaria una ingente investigación en archivos locales, estatales y eclesiales (sobre todo en lo que se refiere a la documentación de órdenes e inquisiciones locales).

---

[8] ACDF SO Priv. 1750–1754.
[9] Cfr. como ejemplo la solicitud para el nombramiento como consultor del Sanctus Officium que enviaron en forma de carta al Papa François Jacquier OM y Thomas Leseur; ACDF SO Priv. 1743–1749, f. 19. Ambos fueron nombrados; cfr. ibid. h. 20v (decreto de audiencia del Papa).
[10] ACDF SO St. St. L-5-g.

Estructura de la Prosopografía

La prosopografía sigue principalmente un orden alfabético. Mediante la concordancia entre nombres del anexo se posibilita una identificación unívoca de los colaboradores de la Inquisición y de la Congregación para el Índice. La prosopografía en sí está dividida en seis bloques.

El bloque uno lo constituye un encabezamiento que refleja el nombre en su forma estándar, así como la orden de pertenencia. La forma estándar se orienta en función de la lengua materna del colaborador en cuestión, aunque en las actas se empleen a menudo latinizaciones o italianizaciones. Un ejemplo: en las actas nos encontramos con Bernardo Carigiano, un nombre italiano para un español, por lo que la forma estándar reza aquí Bernardo Cariñana OdeM. Se documentan directamente entre paréntesis en la forma estándar pequeñas variantes en el modo de escribir los nombres y no se reflejan como variante propia de la persona. Así, resultan asertos como "François de Latenay (Latinay) OCarm" o "Pietro Lazeri (Lazzari) SJ". En el caso de "Namensvarianten" (las variantes de los nombres) se trata sobre todo de la referencia al nombre de la orden o del lugar de nacimiento. En el caso del piarista Sigismondo Regolo Coccapani, originario de una familia de condes de Modena, firmaba sus dictámenes por ejemplo con su nombre de orden Sigismono di S. Silverio, que es la fuente de la forma estándar, mientras que el nombre de nacimiento se incluye como variante. Al nombre le siguen las referencias a las fechas y lugares de nacimiento ("Geboren") y muerte ("Gestorben"). Aquí no se pudieron recopilar siempre informaciones unívocas. Los datos reconstruidos se incluyen entre corchetes "[ ]". Mediante las fuentes sólo se pudieron transmitir hasta el momento fechas aproximadas. Estas se recogen con un "um" (por ejemplo: nacido alrededor de 1668) o "nicht vor" (por ejemplo: fallecido no antes de 1792). El final del primer bloque lo constituyen las referencias a la "Familie" (familia). El interés principal está en la procedencia social así como en las posibles relaciones con la Curia romana y el ámbito espiritual de los dicasterios encargados de la censura de libros.[11]

En un segundo bloque ("Lebenslauf") sigue el currículum en forma de tabla, que, al contrario que para el siglo XIX, está organizado en dos columnas. La primera columna contiene la fecha, la segunda, el acontecimiento correspondiente. La tercera columna con los datos sobre la fuente archivística, hasta ahora presente, se incluye aquí como una línea añadida, con lo que el currículo se hace más fácil de leer. Esta modificación se ha llevado a cabo porque en el siglo XVIII hay que hacer más referencias sobre el tipo de fuente (candidatura, nota del Asesor del Santo Oficio para la Audiencia Papal, etc.), que especifican la referencia de la actas, ayudando a valorarlas de forma más acertada dentro de un fondo no paginado. La discusión sobre las fuentes, hasta ahora necesaria, exigía también esta modificación, sobre todo en relación a las diferentes dataciones.[12]

---

[11] En los cargos del Sanctum Officium peor pagados se pudieron recopilar hasta el momento gracias al material de archivo informaciones sobre la familia del detentador del cargo; cfr. por ejemplo el asiento sobre Vicenio Nardecchia.

[12] Cfr. las diferentes dataciones en los diarios de la Congregación para el Índice y en la lista del ACDF Index Prot. 81 (1737–1740), f. 438r-443v, en las que se recopilaron, aunque no de forma completa, los nombramientos de los relatores de 1681 a 1737.

La prosopografía tiene básicamente por meta ofrecer los datos hasta ahora desconocidos sobre una persona, mientras que los pasos de la carrera curial de las personalidades cuya vida está mejor investigada (por ejemplo, los futuros papas) se reducen naturalmente sobre todo a Inquisición y Congregación para el Índice. Junto a las carreras curial y clerical, el interés de los biogramas se focaliza también en las relaciones micropolíticas y en los sistemas de patronazgo a los que pertenecía la persona correspondiente. Este aspecto tiene una mayor importancia que en el caso del siglo XIX o XX. Así existe, por ejemplo, una relación entre Gian-Jacopo Millo y Prospero Lambertini, el futuro Benedicto XIV. Millo pasó en su tiempo de ser auditor de Lambertini a consultor del Santo Oficio.[13] También se mantiene la relación con Millo durante el periodo en el que Lambertini es obispo; como papa hizo Lambertini a Millo cardenal y miembro permanente de la Inquisición.[14]

El bloque tres ("Gutachten") ofrece de la forma ya conocida la documentación sobre todos los informes de la censura de libros que llevaron a cabo cada uno de los colaboradores en la Inquisición y la Congregación para el Índice. No se contempló cualquier tipo de informe sobre todo tipo de temas que no tuvieran que ver con la censura de libros y de los que se ocupaba también el Santo Oficio. Este bloque de informes está formado, asimismo, sólo por dos columnas. En la primera se encuentra la datación, en la segunda, el autor y el título breve de la obra o las obras tratadas en el informe. En esta columna se recoge, como en el segundo bloque, en fila añadida, la referencia del informe o, en el caso de censuras no encontradas, la referencia al informe. La datación tiene en cuenta la fecha del informe. Si un informe de la Congregación para el Índice no está fechado, lo que constituye la regla general en el siglo XVIII, se recoge entre paréntesis "( )" la fecha de la reunión en la que se llevó a cabo. Un informe del Santo Oficio sin fecha se data también entre paréntesis a partir de la sección del archivo en la que está incluida. Los datos averiguados se colocan entre corchetes "[ ]". El título de la obra tratada no se refleja de forma completa, sino en forma reducida, ya que la cita del título completo puede encontrarse en los repertorios sistemáticos.

Estos tienen que se utilizados necesariamente a la hora de usar de la prosopografía, ya que en ellos se encuentran informaciones importantes sobre el proceso, así como sobre referencias bibliográficas adicionales. El repertorio ofrece también informaciones bibliográficas adicionales de las versiones posiblemente tratadas, sobre todo en los casos en los que la versión tratada no ha podido ser averiguada con seguridad (se trata de las obras marcadas con un rombo "♦"). Debido a las referencias de los repertorios, en algunos casos, en los que la obra no pudo ser identificada bibliográficamente, se han creado referencias específicas a los títulos, para emplearlas en el bloque de los informes. En este tipo de referencias, no fue naturalmente posible hacer referencia al lugar o la fecha de referencia. En la introducción a los repertorios sistemáticos se encuentran referencias a la citación bibliográfica de las obras tratadas.

Como para el caso de los tomos para el siglo XIX, se reseñaron los dictámenes del periodo ahora analizado. Los dictámenes realizados por un colaborador antes de 1701 se recogerán en la prosopografía para el periodo de 1542 a 1700, siguiendo el procedimiento

---

[13] Cfr. el juramento de Millo el 9. de marzo de 1723; ACDF SO Juramenta 1701–1724, f. 379.
[14] Cfr. el juramento del cargo de Millo como miembro del Santo Oficio el 12 de diciembre de 1753, ACDF SO Decreta 1753, f. 253v.

habitual. En relación con el listado de los dictámenes, nos permitimos una observación valorativa: en algunos peritos se refleja en los dictámenes que elaboran una cualificación determinada o una "especialización" en un campo temático determinado. Así, por ejemplo, a Giovanni Antonio Costanzi se le llamaba al Santo Oficio explícitamente como revisor de los libros judíos que aparecieran; los dos votos que realizó por encargo de la Inquisición trataban de libros hebreos. A Antonio Nicola Cuiò (Cuyò) se le encargaban a menudo dictámenes de obras que se ocuparan con el tema del exorcismo. A quienes más se buscaba para los dictámenes de publicaciones en el contexto de la ilustración fueron sobre todo Ambrosio Maria Erba da Milano OFMObs y Giovanni Gaetano Bottari.

En el bloque cuatro ("Unveröffentlichte Quellen") se encuentran las fuentes no publicadas. Como en el caso de la prosopografía del siglo XIX, se hicieron necesarias amplias investigaciones de archivo para algunas personas. En el caso de concluirse con éxito, el usuario encontrará aquí una lista de los contenidos consultados. Puede tratarse junto al fondo SO Privilegia, fructífero para el siglo XVIII, y a actas de diferentes archivos de órdenes, de otro tipo de fuentes; por ejemplo, de la Biblioteca Apostolica Vaticana. Así, por ejemplo, se pudieron obtener a menudo datos biográficos a partir del Necrologium de Pietro Luigi Galleti.[15] Para las inquisiciones locales y sus colaboradores, así como para los conventos puntuales la documentación se encuentra en los archivos y bibliotecas de Estado italianas, como en Cremona, Milán, Módena, Parma y Roma.

Con el bloque cinco ("Eigene Werke") comienza finalmente la sección bibliográfica. Se lista cada una de las obras correspondientes al colaborador en cuestión, en la medida en que estén recogidas. Esta bibliografía selecta debe contribuir a definir la posición intelectual de la persona en cuestión. Para la investigación bibliográfica de las publicaciones pertenecientes al periodo de las impresiones antiguas, se tuvieron en cuenta las normas de procedimiento para las obras tratadas, simplificándolas ligeramente.[16]

En el bloque seis ("Literatur") se encuentra finalmente un catálogo de la literatura secundaria citada, así como la literatura adicional –eso sí, en un número muy reducido-.

En el anexo se encuentran –como ya se dijo más arriba– los anejos a la prosopografía 1814–1917, la lista de cargos, así como la concordancia de nombres. La lista completa de los titulares de cargos correspondientes y las funciones de los dos dicasterios encargados de la censura de libros, estructurada cronológicamente, se subdivide en cuatro columnas. La primera columna muestra el nombre del colaborador en "forma estándar"; la segunda, la fecha de nombramiento, entre corchetes en el caso de fechas imprecisas; en la tercera columna, la fecha del fin de la función (muerte, dimisión, ascenso a obispo o cardenal o salida definitiva de Roma), anotando, también entre corchetes, las fechas imprecisas; y la columna cuatro concreta, con la palabra clave correspondiente, el fin de la función. A diferencia del siglo XIX se incluyó en la lista una función más, la de revisor del Santo Oficio. En este caso se trata de personas que aparecen en las actas a veces como revisores, a veces como relatores o votantes de la Inquisición; su función era solamente informar sobre libros, mientras que los consultores de la Inquisición tenían también otro tipo de ámbitos de ocupación.

---

[15] Cfr. Pietro Luigi GALLETTI, Necrologium Romanum; BAV Vat. Lat. 7871–7901.
[16] Cfr. para ello las notas a la bibliografía en la introducción a los repertorios sistemáticos.

Primeras observaciones

Los currículos y la lista de cargos de la prosopografía del XVIII permiten realizar observaciones valorativas, sobre todo si los comparamos con la situación en el siglo XIX. Muchas de las conclusiones que se hicieran para el siglo XIX se pueden aplicar al siglo XVIII.

Así, la preponderancia de la "Suprema" –la Inquisición– frente a la "hermana pequeña" –la Congregación para el Índice– se refleja también en el desarrollo cada una de las carreras. De hecho, muchos de los asesores colaboradores desempeñaron primero una función en la Congregación para el Índice y fueron llamados posteriormente a la Inquisición –como Alessandro Della Ss. Passione OAD, que fue primero relator en la Congregación para el Índice, posteriormente calificador en el Santo Oficio y finalmente consultor en la Congregación para el Índice, o Antonio da Mazara OFMObs, primero relator en la Congregación para el Índice, a continuación consultor en el mismo lugar y después calificador de la Inquisición–. Si alguien era ya revisor o calificador en el Santo Oficio y cambiaba a la Congregación para el Índice, no tenía entonces que comenzar como relator, sino que era nombrado directamente consultor –como, por ejemplo, Carlo Maria da Perugia OFMObs, primero calificador en la Inquisición, luego consultor de la Congregación para el Índice–.

	Prosopografía 1701–1813	Prosopografía 1814–1917
Total de referencias	910[17]	778
Santo Oficio		
Secretarios	12	13
Asesores	16	25
Cardenales	114	111
Consultores	148	241
Calificadores	154	54
Revisores	72	ninguno
Congregación para el Índice		
Cardenales Prefectos	11	21
Secretarios	14	9
Cardenales	131	190
Consultores	260	252
Relatores	304	27

A ello hay que añadirle una conclusión importante en relación al nivel inferior de la consulta de la Inquisición y la Congregación para el Índice. La "antesala" al consultor en sí estaba aparentemente más desarrollada en ambos dicasterios en el siglo XVIII en comparación con el XIX. El número de calificadores y revisores en el Santo Oficio –no se han

---

[17] Al 25.8.2009. Se trata aquí de cifras que se pueden podificar ligeramente debido a la impresión. Una valoración completa de lo encontrado está prevista que se lleve a cabo en el simposio internacional „Buchzensur im Zeitalter der Aufklärung" del 1. al 4. de diciembre de 2009 en Münster.

encontrado pruebas de la existencia de ningún revisor en el siglo XIX– alcanzó en el siglo XVIII la cifra de 226; en el siglo XIX ya sólo son 54. Se puede partir de la base de que la labor de la peritación se llevaba a cabo en el siglo XVIII fácticamente por un círculo más amplio de personas, que no eran sólo consultores. Pero como ni los revisores ni los calificadores tenían que permanecer necesariamente largo tiempo en Roma, hay contar siempre con una gran fluctuación en sus filas. Evidentemente no se puede documentar siempre, ya que, a parte de su nombramiento, no se han podido averiguar más datos biográficos de muchos revisores y calificadores.

Este resultado en la escala inferior de la consulta se corresponde con la evolución en su nivel superior, que se desarrolló en el siglo XIX entre los consultores, en comparación con el XVIII: frente a los 148 consultores del periodo de 1701 a 1813, hay 241 en el de 1814 a 1917. La labor de peritación la desarrollaban en el siglo XIX principalmente los consultores. O también rige el principio: quien perita se convierte antes en consultor.

Para la consulta del Santo Oficio rige en general: frente a los 374 trabajadores del siglo XVIII, hay 295 en el XIX. Algo que podría apuntar a primera vista a una cierta reducción de la Suprema. Pero no hay que olvidar que en el siglo XVIII se trataron por regla general más libros en la Inquisición que en el XIX, y que la fluctuación en la consulta de la Edad Moderna tuvo que ser notablemente superior.

Se pueden hacer observaciones parecidas para la Congregación para el Índice. Así, la cifra de relatores se redujo en el nivel inferior de la consulta de 304 (1701–1813) a 27 (1814–1917). Por el contrario, no se amplió el número de los consultores, al contrario que en el caso de la Inquisición. De este hecho no hay aún una explicación convincente. La Congregación para el Índice pudo haber perdido reputación en comparación con la Inquisición. Eventualmente también pudo haberse estabilizado la proporción de órdenes de tal manera que una ampliación de la cifra de consultores no se podría haber llevado a cabo sin conflictos entre las órdenes.

En el caso de la alta jerarquía, se pueden hacer también observaciones importantes. Mientras los cardenales eran nombrados miembros de la Congregación para el Índice al poco de ser nombrados, tenían que esperar a menudo bastante más para su nombramiento para un cargo en el Santo Oficio. Así, Niccolò Acciaioli fue ascendido a cardenal a finales de noviembre de 1669, nombrado en diciembre del mismo año miembro de la Congregación para el Índice, pero no formará parte del Santo Oficio hasta diciembre de 1704, en cuyo secretario se convirtió finalmente en 1717. Algo parecido ocurre para Annibale Albani, que ya trabajó en la Consulta de ambos dicasterios. Hecho cardenal en diciembre de 1711, fue nombrado miembro de la Congregación para el Índice en marzo de 1712, pero hasta diciembre de 1720 no será miembro del Santo Oficio. Aunque también podía ocurrir el caso contrario –como, por ejemplo, Gaspare Carpegna, el que fuera largamente vicario del obispado de Roma–. Carpegna tenía ya una función como consultor en la Inquisición y fue miembro de la misma ya antes de su nombramiento como vicario en 1671, para ser cinco años después también miembro de la Congregación para el Índice.

En lo que se refiere a la relación de las órdenes con la censura de libros, hemos podido comprobar también para el siglo XVIII que algunas tenían puestos fijos en la Consulta. Tras ello está la idea de que la Iglesia al completo y las diferentes escuelas y tradiciones teológicas tenían que estar presentes en la Consulta. De lo vigente que estaba esta lógica da fe el ejemplo del ya nombrado Bernando Cariñana OdeM. Su solicitud al nombramiento de consultor de la Congregación para el Índice fue rechazada a pesar de la recomendación de un cardenal, con el argumento de que ya había suficientes miembros de su orden en la Consulta. En el caso de Mario Della Torre CCRRMM se deduce de la candidatura que se presentó al puesto de relator porque su hermano de orden Antonio Francesco Saluti acababa de morir ejerciendo este cargo.[18] Lo mismo ocurre para Fortunato Tamburini OSB quien, al ser nombrado cardenal su hermano Leandro Porzia, fue llamado como su sucesor a la Consulta del Santo Oficio.[19]

Ya en el siglo XVIII existía la tradición de que el titular de determinados cargos se convertía automáticamente en consultor del Santo Oficio. Esto vale para el Magíster Sacri Palatii, o del Superior General de los dominicos. Aquí late de fondo la larga vinculación entre la orden de los dominicos y la Inquisición. Los dominicos eran, además, una de las grandes órdenes de estudios. Un contexto así se puede probar para otras órdenes, como para algunos superiores generales de los franciscanos. En este caso parece tratarse probablemente de nombramientos personales, que no comportan ninguna regularidad que hubiera dado lugar a una tradición.

Las largas listas de colaboradores en el nivel inferior, que simplemente asesoraba, sobre todo la lista de relatores de la Congregación para el Índice o de revisores del Santo Oficio, que ya no encontramos en el siglo XIX, prueban que en el siglo XVIII había un interés general en trabajar en los dicasterios, o abrirse paso y ascender lentamente en ellos. El cargo de un "censor" no tenía para los curiales ninguna connotación negativa, porque la censura representaba el caso común en las sociedades de la Edad Moderna fuera de Roma y de la Iglesia Católica. En cualquier caso, hay que partir de la base de que este interés era en no pocos casos personal y que al candidato en cuestión se le podía abrir con el nombramiento la posibilidad de quedarse en Roma, y no ser relegado a la provincia. Una candidatura no tenía que ser siempre exitosa, porque ya había simplemente demasiados colaboradores y solicitantes. Por ejemplo, se rechazaron las candidaturas de Bonaventura Santelia TOR y Giovanni Battista de Miro OSB.

No es ninguna novedad que el posicionamiento político pudiera influir en la carrera en la curia. Así, por ejemplo, Felice Recalti, Advocatus reorum y consultor del Santo Oficio, hizo el juramento civil francés exigido por Napoleón. Después de hacerse retractado varias veces de su juramento, fue restituido en sus funciones en el Santo Oficio el 24 de agosto de 1814.

Junto a estas constantes que vinculan a los siglos XVIII y XIX, la prosopografía refleja también el estado de cosas y la evolución típicas para la situación en la Roma de la Edad Moderna. Así, nuestra historia biográfica ofrece imágenes de las relaciones de la estructura de las carreras en la central de la Inquisición romana y en la periferia de los tribunales locales de la inquisición. Así los Socii del Comissarius del Santo Oficio en Roma fueron muchas veces dirigentes de las Inquisiciones locales, conocedores como eran por su posición en Roma del desarrollo de los asuntos en la central y, siendo ya vicarios generales en las inquisiciones locales, aportaban su familiaridad con los procedimientos. Este es el caso sobre todo de Vicenio Maria Alisan OP o de Felice Maria Lazzaroni da Cremona OP.

---

[18] Cfr. Index Prot. 68 (1707–1710), f. 107r.
[19] Cfr. ACDF SO St.St. D-5-f, f. 62v.

Inquisidores locales con experiencia, como, por ejemplo, Pio Felice Cappasanta OP, Luigi Maria Lucini OP o Alessandro Pio Sauri OP podían a la inversa ser nombrados comisarios del Santo Oficio.

Las Recomendaciones para el nombramiento y la "red micropolítica" (Wolfgang Reinhard) correcta parecen tener como regla general una mayor relevancia en el siglo XVIII que posteriormente en el XIX. La primera candidatura a consultor de la Congregación para el Índice de Leonardo da Viterbo OFMCap fue rechazada. Obtuvo entonces una recomendación de su hermano de orden, el cardenal Francesco Maria Casini, que había sido nombrado miembro de la Congregación para el Índice, y realizó su segunda solicitud, que resultó. La lista de ejemplos de recomendaciones en relación con los procesos de nombramiento se podría ampliar mucho más: Francesco Colonna fue recomendado por Bernardino Scotti, que no quería referir más; Giulio Bandini OSA fue recomendado como relator de la Congregación para el Índice por el Residente de Saboya; Francesco Giuseppe Maria Perrimezzi OM, que ya era Theologus del cardenal Giuseppe Renato Imperiali, a su vez miembro de la Congregación para el Índice, fue recomendado por éste para el cargo de relator y posteriormente nombrado. Este tipo de recomendaciones son testimonio de redes más amplias. Habría que hacer referencia como por ejemplo a los llamados "Beneventani" bajo Benedicto XIII.[20]

Esperamos que estas primeras impresiones despierten el interés por un trabajo con la prosopografía y su valoración en un contexto curial y de la historia de la Iglesia más amplio. Ofrece una perspectiva única de la "vida interna" de la Inquisición romana y de la Congregación para el Índice y ofrecen una cara o varias caras de la censura anónima. Con los cuatro volúmenes para el siglo XVIII y XIX hay ahora algo menos de 1.700 perfiles de colaboradores de los dos dicasterios romanos más importantes, que esperamos que sirvan como base para investigaciones ulteriores de las más diversas disciplinas.

Agradecimientos

La investigación de fuentes de la Inquisición romana y la Congregación para el Índice es un trabajo colectivo. La Deutsche Forschungsgemeinschaft pone a disposición de este tipo de proyectos a largo plazo una buena financiación básica, que permite una atmósfera agradable de trabajo con una capacidad de planificación relativamente segura. Mi agradecimiento se dirige por este motivo en primer lugar a los responsables de la DFG que de manera modélica han desarrollado su labor como mediadores entre los desiderata científicos del investigador y las posibilidades prácticas de la financiación.

Un catedrático de universidad con un gran proyecto de investigación no es más que lo que son sus trabajadores: precisión histórica, competencia lingüística y el conocimiento del contexto son sólo una cara de la moneda; la otra la constituyen la ilusión, la identifi-

---

[20] Cfr. para ello Christoph Weber, Die Titularbischöfe Papst Benedikts XIII. (1724–1730). Ein Beitrag zur Geschichte des Episkopates und der römischen Kurie, in: Peter Walter/Hermann-Josef Reudenbach (Hg.), Bücherzensur – Kurie – Katholizismus und Moderne. Festschrift für Herman H. Schwedt (Beiträge zur Kirchen- und Kulturgeschichte 10), Frankfurt a.M. 2000, 107-144.

cación con la causa y la creatividad. De ello vive el proyecto y estoy muy agradecido de haber podido tener esta experiencia.

Un agradecimiento especial lo dirijo al Dr. Herman H. Schwedt, cuya competencia y los estudios que ha venido realizando en los últimos decenios han dado lugar a una colección prosopográfica que generosamente ha puesto a disposición del proyecto. Los responsables de la prosopografía del siglo XVIII fueron Dr. Jyri Hasecker, Dominik Höink y Judith Schepers. Los tres han ayudado a Hermann H. Schwedt en sus investigaciones en los archivos. Asimismo, llevaron a cabo con paciencia, agudeza histórica y precisión las entradas en la base de datos, y se hicieron cargo de la redacción de los volúmenes. En todo momento recibieron el apoyo decidido de los becarios Barbara Reuver, Kathrin Söllner, Julia A. Srebny, Daniela Testa y Florian Warnsloh. Me gustaría agradecerle personalmente a Judith Scheppers que se haya hecho cargo de la coordinación del proyecto en un momento tan turbulento, resultado de no pocos cambios de personal. Labor que ha desarrollado con organización y unos excelentes conocimientos sobre las profundidades de la censura de libros.

En lo que se refiere tanto al mantenimiento de la base de datos prosopográfica como a la exportación de datos y la configuración de un archivo de base, tengo que dirigir mi agradecimiento a la agencia de comunicación Cows online y especialmente a Christian Oehl, así como a la diseñadora Marina Forstmann por su implicación intachable.

El trabajo en el proyecto tiene el apoyo constante de todos mis colaboradores en el Seminario para Historia Iglesia Contemporánea y de la Edad Moderna. Aquí quisiera agradecer en representación a mi gerente Dr. Thomas Bauer, que ha solucionado con responsabilidad y profesionalidad toda la gestión del proyecto. En todo lo que se refiere a la comunicación y gestión científica puedo delegar, como siempre, en Dr. Barbara Schüler.

Mi agradecimiento se dirige de forma especial al Director del Archivo de la Congregación para la Doctrina de la Fe, Monsignore Alejandro Cifres, y a sus colaboradores Daniel Ponziani, Fabricio de Sibi y Fabricio Fachenda, que siempre procuraron satisfacer todas nuestras peticiones. Mis colaboradores han encontrado en los Archivos Secretos del Vaticano unas perfectas condiciones de trabajo, con lo que mi agradecimiento se dirige también al Prefecto, Obispo Sergio Pagano, y sus colaboradores.

Para los y las colegas de todo el mundo que han colaborado con sus aportaciones y referencias al desarrollo y con ello al éxito del proyecto, hemos querido ofrecerles una traducción multilingüe, como ya lo hiciéramos para los volúmenes del siglo XIX. Agradecérselo querría a mis colaboradoras Hedwig Rosenmöller y Elisabeth-Marie Richter, que desde el principio se mostraron dispuestas a verter los textos al italiano y al inglés, y Javier Sánchez-Arjona Voser, que, como docente del Seminario de Románicas de nuestra Universidad, está perfectamente cualificado para la traducción española.

Todos ellos han hecho una aportación sustancial a este gran proyecto colectivo.

PROLEGOMENA

HERMAN H. SCHWEDT

Im 18. Jahrhundert und im ersten Jahrzehnt des folgenden Jahrhunderts erlebte das Papsttum einen langsamen und zuletzt dramatischen äußeren Niedergang. Gleiches gilt für eines der wichtigsten Werkzeuge der päpstlichen Herrschaft, die Römische Kurie, und mit ihr für die beiden hier interessierenden Kongregationen der Inquisition und des Index. Deren Entwicklung in den Jahren 1701 bis 1813 offenbart sich in den Beschlüssen der beiden Behörden und in der Tätigkeit der Beteiligten. Ihre Beschlüsse fassten die römischen Kongregationen in Form von Dekreten, die Beschluss fassenden Mitglieder waren Kardinäle, unterstützt von Beamten und Beratern.

Die Prosopographie will jene verantwortlichen Mitglieder der beiden Behörden sowie deren Beamten und Berater in überschaubaren Profilen vorstellen. Für jede Person sollen dabei die wichtigsten Lebensdaten und die Ämter aufgelistet werden, die der Betreffende vor allem in der Römischen Kurie inne hatte, gegebenenfalls zusammen mit dem Hinweis auf eigene Veröffentlichungen und auf weiterführende Studien. Den Leser wird vor allem interessieren, welche Quellen hierfür benutzt werden.

Neben gedruckten Quellen und Untersuchungen, von denen noch zu sprechen ist, werden in dieser Prosopographie zahlreiche ungedruckte Quellen ausgewertet, naturgemäß vor allem die verschiedenen Bestände des Archivs der heutigen Kongregation für die Glaubenslehre. Außerhalb dieses Archivs wurden vom Verfasser die Bestände des päpstlichen Staatssekretariates durchgesehen, in denen Vermerke oder Duplikate zu den traditionellen Ernennungsschreiben vermutet wurden. Seit der Mitte des 17. Jahrhunderts übernahm das Staatssekretariat in zunehmendem Maße die schriftliche Benachrichtigung der Betroffenen über eine päpstliche Personalentscheidung. Alle Ernennungen in den beiden Kongregationen waren direkt oder auf dem Umweg über einen zu genehmigenden Kongregationsbeschluss päpstliche Entscheidungen. Jede Ernennung, die eine finanzielle Belastung für eine päpstliche Kasse oder eine Stiftung zur Folge hatte, übersprang spätestens bei der ersten Auszahlung die Schwelle zwischen der ursprünglichen Mündlichkeit und der späteren Schriftlichkeit und wurde damit für den heutigen Benutzer aktenkundig. Die mit einer Ernennung einhergehenden Einkünfte lassen sich relativ gut nachweisen, ganz unabhängig von der Frage, ob die Ernennung nur mündlich oder auch in schriftlicher Form erfolgte. Zu den Ernennungen, die keine päpstliche Kasse direkt belasteten und darum ohne unmittelbaren schriftlichen Niederschlag bleiben konnten, zählen jene von Mitgliedern der römischen Kongregationen, aber auch die Ernennungen für deren Berater (Konsultoren), die ihr Amt traditionsgemäß ohne Entgelt ausübten.

Dies hing mit der aus biblischen Zeiten stammenden Ächtung der Simonie und des Handels mit heiligen Dingen zusammen. Schon im Mittelalter setzte sich die päpstliche Inquisition dem Vorwurf der Bereicherung aus, weil sie Güter von Häretikern einzog, um Kosten zu decken. Nach dem erneuten Simonie-Vorwurf deutscher Reformatoren im 16. Jahrhundert wegen Ablasshandel bestand die päpstliche Gegenreformation auf dem

Gratis-Prinzip. Die Mitglieder der ersten, 1542 gegründeten päpstlichen Kongregation der Inquisition und deren Berater sollten ohne Lohn zu Werke gehen. In dieser ersten ständigen Kongregation galt die Mithilfe bei der Erhaltung des Glaubens als heilige Aufgabe, als „sanctum officium", die nicht entgeltet werden sollte. Die Kardinäle und Prälaten besaßen sichere Einkünfte, um der heiligen Pflicht zu genügen, und die zur Mitarbeit beim Sanctum Officium berufenen Ordensleute hatten ohnehin keinen Anspruch auf Bezahlung, weil sie Armut gelobt hatten.

Der Grundsatz von der kostenlosen Mitarbeit bei den Kongregationsgeschäften ging auch auf die später gegründeten päpstlichen Kongregationen über, darunter auf jene des Index. Für die Erforschung der Kuriengeschichte und besonders der Ernennungen in den Kongregationen bedeutet dieser Hintergrund, dass Quellen wie etwa schriftliche Anweisungen an die Kämmerer fehlen. Im Unterschied zu anderen kurialen Gremien erhielt sich bei den Kongregationen für die Ernennung der Mitglieder und Konsultoren länger das Mündlichkeitsprinzip, in Spuren nachweisbar bis ins 18. Jahrhundert. Die systematische Verschriftlichung solcher Ernennungen der Mitglieder und Konsultoren von römischen Kongregationen in Form von Ernennungsschreiben geht auf die zweite Hälfte des 17. Jahrhunderts zurück, offenbar im Zusammenhang mit der Herausbildung des päpstlichen Staatssekretariates zu einer modernen Zentralbehörde.

Im Bestand des Staatssekretariates „Memoriali e biglietti" (Denkschriften und Schreiben) befindet sich die Dokumentation für einige tausend Ernennungen oder Beförderungen vom 17. Jahrhundert bis zum Jahre 1798. Grundsätzlich unverändert erhielt sich diese Praxis im päpstlichen Staatssekretariat bei Ernennungen in den Kongregationen auch nach 1798, zunächst abgelegt in Sonderbeständen für die Zeit der französischen Vorherrschaft in Rom, ab 1814 dann in den klassischen Rubriken des so genannten modernen Bestandes („fondo moderno") des Staatssekretariates innerhalb des Vatikanischen Geheimarchivs und des Staatsarchivs Rom.[1]

Für eine jede Ernennung darf man in den erwähnten Beständen grundsätzlich Unterlagen des Staatssekretariates zum Ernennungsschreiben und zu den Mitteilungsschreiben erwarten. Das Ernennungsschreiben („biglietto di nomina") selbst galt nicht als Akt der Ernennung – dieser bestand immer in der Entscheidung des Papstes, meist mündlich geäußert bei einem Dienstgespräch oder einer Audienz –, sondern war eine schriftliche Mitteilung über die erfolgte „deputazione" etwa eines neuen Konsultors einer Kongregation. Nur selten lässt sich ein kleiner Zeitunterschied von ganz wenigen Tagen zwischen päpstlicher Ernennung und Datum des „biglietto di nomina" feststellen, so dass dieses letztere in der hier vorgelegten Prosopographie grundsätzlich als das Datum der Ernennung angenommen wird. Gleichzeitig mit dem Ernennungsschreiben benachrichtigte das Staatssekretariat den Leiter beziehungsweise den Sekretär der entsprechenden Kongregation über die päpstliche Entscheidung durch Mitteilungsschreiben, die man auch „avvisi" nannte. In einigen Fällen gab es weitere Mitteilungen, etwa an jene Persönlichkeit, welche

---

[1] Vgl. Lajos PÁSZTOR, Archivio Segreto Vaticano. Estratto da Guida delle fonti per la storia dell'America Latina negli archive della Santa Sede e negli archive ecclesiastici d'Italia (Collectanea Archivi Vaticani 2), Città del Vaticano 1970, 96-111; Francis X. BLOUIN (Hg.), Vatican Archives. An Inventory and Guide to Historical Documents of the Holy See, New York/Oxford 1998, 178-197.

die entsprechende Ernennung erbeten oder empfohlen hatte. Bei diesen Persönlichkeiten handelte es sich beispielsweise um den Ordensoberen des Ernannten oder um einen Kardinal und Protektor, von dem die Initiative zu der Ernennung ausgegangen war. Im Falle der Inquisitionskongregation benachrichtigte man außer dem Behördenleiter (Sekretär der Kongregation) und dem Assessor auch den Commissarius Sancti Officii.

Selbstredend enthalten die Akten des Staatssekretariates nicht die Ausfertigungen, sondern die Entwürfe für die Ernennungsschreiben oder Mitteilungen aus der Aussteller- oder Absenderüberlieferung, nicht aus der Empfängerüberlieferung. Diese Entwürfe, oder „minute", geschrieben von Minutanten des Staatssekretariates, bedurften der Genehmigung, bevor ein Schreiber die unterschriftsreife Ausfertigung erstellte. Während im 19. Jahrhundert der Genehmigungsvermerk auf dem Entwurfexemplar erkennbar ist, fehlen im 18. Jahrhundert meist die Approbationszeichen. Trotzdem sind die heute erhaltenen „minute" nicht nur als bloße Konzepte, sondern als approbierter Entwurf zu betrachten, und darum als Aktenduplikat für die expedierte Ausfertigung. Wenn die einzelnen Personenprofile der Prosopographie vom „Entwurf" des Ernennungsschreibens sprechen, sind der genehmigte Entwurf und damit das zurückbehaltene Duplikat des tatsächlich expedierten Schreibens gemeint.

In einigen Fällen folgte traditionell ein päpstliches Ernennungsbreve, das vom Brevensekretariat ausgestellt wurde, beispielsweise für einen neuen Sekretär der Indexkongregation, weil für diesen eine solche feierlichere Form vorgesehen war. Darum kann man neben den Mitteilungen („avvisi") über die erfolgte Ernennung auch ein gleichzeitiges Schreiben an das Brevensekretariat finden, mit dem Auftrag, das Ernennungsbreve zu erstellen. Aus der Empfängerüberlieferung etwa in der Indexkongregation, in der bisweilen die Ernennungsbreven der Sekretäre aufbewahrt werden, ergibt sich, dass vom Datum der Ernennung (gemessen am Datum des „biglietto di nomina" und der „avvisi") bis zum Ernennungsbreve im 18. Jahrhundert meist eine Woche verging. Dieser zeitliche Verzug entstand durch die verschiedenen Arbeitsschritte, an der mehrere Personen beteiligt waren. In einzelnen Fällen ergibt sich zwischen der päpstlichen Ernennung, gemessen vom Tag der avvisi des Staatssekretariates, bis zum Ausstellungsdatum des Ernennungsbreve eine Zeitdifferenz von bis zu drei Wochen. Die hier vorgelegte Prosopographie orientiert sich grundsätzlich nicht am Datum des Ernennungsbreve, sondern am Ernennungsdatum, soweit dieses bekannt ist.

Bei bestimmten Gelegenheiten erstellte das päpstliche Staatssekretariat einige Dutzend solcher Ernennungsschreiben und Mitteilungen am gleichen Tag, so dass die Minutanten auf die zeitraubende Niederschrift des Volltextes verzichteten und eine bloße Liste mit Namen und Ämtern hinterließen. Anhand dieser Aufstellung fertigten die Scriptores die standardisierten Schreiben an die Ernannten und an die Leiter der betroffenen Behörden. Solche Gelegenheiten ergaben sich etwa bei Kurienrevirements mit vielen gleichzeitigen Versetzungen oder nach einem Konsistorium, wenn am gleichen Tage mehrere neu ernannte Kardinäle zu Mitgliedern von Kurienbehörden ernannt wurden. Bei drei neu kreierten Kardinälen zum Beispiel, von denen jeder üblicherweise Mitglied von vier Dikasterien wurde, konnten dabei 24 Mitteilungsschreiben entstehen, gerichtet an die jeweiligen Behörden, also acht Mitteilungen für jeden der drei neuen Kardinäle, zusätzlich zu den Ernennungsschreiben. Solche Aufzeichnungen oder Listen ohne den Volltext der Minuta, als Aktenduplikate abgelegt, werden in der Prosopographie kenntlich gemacht durch das Wort „Vermerk des Staatssekretariates": gemeint ist nicht nur eine Notiz, sondern eine geschäftsübliche Dokumentation in Form eines Vermerkes, freilich ohne ausdrückliche Angabe dazu, ob die Mitteilung an den Ernannten, an den Leiter der Behörde oder an dessen Stellvertreter oder an alle gerichtet war.

In der Inquisition und der Indexkongregation, die im 18. Jahrhundert beide nicht über genügend geschultes Personal oder über eine entwickelte Kanzleitechnik wie das päpstliche Staatssekretariat verfügten, verwaltete man die Gegenüberlieferung der beschriebenen Schriftstücke unterschiedlich. Ohne eine erkennbare Eingangsbearbeitung etwa durch die Vergabe von Eingangsdatum, Geschäftszeichen oder mit einer Kanzleiverfügung über den weiteren Weg des Papiers, gelangte dieses in recht unterschiedliche Schriftgutbestände. Wenn der Ernannte ein Amtsträger in der entsprechenden Behörde war, wie etwa der Sekretär der Indexkongregation, konnte dieser sein eigenes Ernennungsschreiben und gegebenenfalls auch sein Ernennungsbreve den Amtsakten beigeben, obschon beide Dokumente eher zu den persönlichen Papieren gehörten, nicht jedoch zu den amtlich dem Dikasterium zugehenden Unterlagen.

In der Indexkongregation findet man heute die eingegangenen Mitteilungen des Staatssekretariates über neu ernannte Mitglieder (Kardinäle) oder Konsultoren in der Reihe „Protocolli". Bei dieser Archivserie handelt es sich im Prinzip um Belegsammlungen und Begleitbände, entstanden als Anlagen zu den Sitzungsniederschriften, die ihrerseits in der Reihe der so genannten „Diari" aufbewahrt werden. Derartige Belegsammlungen ohne Rücksicht auf Provenienz oder Pertinenz erfordern eine überdurchschnittliche Kanzleitechnik und einen erhöhten Grad der Erschließung. Beides ist bei der Indexkongregation nicht gegeben. Dementsprechend konnte eine Archivreihe als Ansammlung nach Art eines bunten Allerlei entstehen, als welche sich heute die Serie der „Protocolli" dem Benutzer darstellt, gestört zudem durch wiederholte Ausgliederungen von Dokumenten, Umschichtungen, spätere Einfügungen oder Zerstörung der Zusammenhänge und der sachlichen Zugehörigkeiten.

Die Inquisitionskongregation besaß keine einheitliche Geschäftspraxis. Oft lagen die eingegangenen Mitteilungen zu Ernennungen über Jahre hinweg in den Räumen der Adressaten, also etwa in der Wohnung des Assessors oder des Kardinalsekretärs und gelangten vielleicht als Sonderbestand in das Archiv zurück, keinesfalls einer bestimmten Aktengruppe zugeordnet. Wenn diese Mitteilungen aber in der Verwaltung der Kanzlei blieben, legte man sie gerne in der Archivreihe „Privilegia Sancti Officii" ab. Im Zusammenhang mit Bescheinigungen, vergleichbar Zeugnissen arbeitsrechtlicher Art späterer Jahrhunderte, konnten Ernennungspapiere wenigstens in Kopie oder als Auszüge auch in die Archivreihe „Extensorum" gelangen, ein von der Forschung bisher zu Unrecht wenig beachteter Bestand innerhalb der Gruppe „Stanza Storica" des Archivs der Kongregation für die Glaubenslehre.

Der Amtseid aller Mitarbeiter der Inquisition, „juramentum Sancti Officii", mittelalterlichen Ursprungs und später stilisiert zu einem symbolischen Eintrittsbillet wie in eine Art Geheimgesellschaft, findet im Archiv der Römischen Inquisition seinen Niederschlag im Bestand der „Juramenta Sancti Officii". Die Reihe heute enthält keine Unterlagen des 18. Jahrhunderts zu Grundsatzfragen über Sinn oder Notwendigkeit des Eides, zu Änderungen der Eidesformel oder Diskussionen zum Personenkreis, der zur Leistung des Eides verpflichtet war, ja nicht einmal Einzelfälle von Eidesbruch ließen sich bisher finden. Die Archivreihe enthält eine im Ansatz chronologische Ablage von meist unterschriebenen, vorgedruckten Eidformularen, mit einer kurzen Angabe zur Person, meist mit lakonischen

Angaben auch zu dessen Vater („Sohn des" usw.), alles beglaubigt von zwei Zeugen, meist Konsultoren oder Socii des Commissarius Sancti Officii. Häufig ist dem unterschriebenen Eidestext die Ausfertigung des Kardinalstaatssekretärs beigeheftet, mit welcher dieser der Inquisitionskongregation die Ernennung des Betreffenden zum Mitarbeiter bekannt gibt.

Außer den beiden Quellen für die schriftlichen Ernennungen, den Entwürfen im Staatssekretariat und den Ausfertigungen der Schreiben in den beiden Empfängerkongregationen wurde für die vorliegende Prosopographie als Quelle die mündliche Bekanntgabe während einer Kongregationssitzung über eine erfolgte Neuernennung benutzt. Diese mündlichen Mitteilungen fanden ihren schriftlichen Niederschlag in den Protokollen zu der betreffenden Sitzung, gesammelt für die Römische Inquisition in der Reihe „Decreta Sancti Officii", für die Indexkongregation in der Reihe „Diari". Während in dieser letzteren Reihe die mündlichen Berichte über Neuernennungen meist einige Wochen oder Monate später erfolgten, weil die Sitzungen der Indexkongregation jährlich nur alle paar Monate stattfanden, ändert sich dies in der Reihe „Decreta Sancti Officii", weil diese Kongregation wöchentlich zusammentrat, wenn nicht noch öfter. Die mündlichen Berichte über neue Mitglieder (Kardinäle) oder Konsultoren geschahen also fast zeitgleich zu den Ernennungen; zudem vermerkten die gleichen Protokollniederschriften, wenn der Neuernannte seinen Eid leistete. Das Gesagte gilt für die prominenteren Personen, nicht für die mittleren Beamten des Sanctum Officium wie die Notarsvertreter (notari sostituti) und für die Qualifikatoren oder weitere Mitarbeiter dieser Kongregation.

Die beiden genannten Reihen der „Decreta" und der „Diari" mit den Sitzungs- und Beschlussprotokollen stellen die Rechtsbasis für das Wirken der beiden Behörden nach außen und nach innen dar. An ihnen war zu messen, ob und wie die Beamten die Anweisungen durchführten oder gegebenenfalls zur Rechenschaft zu ziehen waren. Für mehr als dreißig Jahre zwischen 1778 und 1819 fehlen die Sitzungsprotokolle der Indexkongregation, weil mehrere Sekretäre über Jahre hinweg gar keine Niederschriften anfertigten. Die Leiter der Kongregation befürchteten offensichtlich keine Willkür und Disziplinlosigkeit als Folge des Fehlens klarer Dienstanweisungen; viele Päpste ließen die Dinge schleifen, indem sie keine Visitation anordneten oder Kontroll- oder Visitationsberichte anforderten. Die fehlenden „Diari" sind für den heutigen Benutzer mehr als eine bloße Lücke, zudem ein Indiz für das Arbeitsethos und die interne Transparenz im Verhalten eines sozialen Gebildes wie einer Kongregation mit erheblicher politischer Außenwirkung. Auch bei der Inquisition gibt es eine bedeutende Quellenlücke gerade bei den „Decreta". Wegen der heranrückenden französischen Truppen beschloss das Sanctum Officium 1798 die Verbrennung zentraler Akten der gesamten letzen vierzig Jahre. Diese Art archivischer Selbstvernichtung, wohl aus Angst vor Repressalien an den beteiligten Personen oder vor Rache der Revolutionäre, ist in ihrem Umfang noch nicht erforscht; jedenfalls erklärt dies, warum für rund vierzig Jahre die Bände der „Decreta" fehlen. Auch wegen dieser empfindlichen Lücken im Quellenbestand war nach weiteren Unterlagen zu suchen.

Dazu zählen handschriftliche Überlieferungen, die man als mittelbare oder Zweitquellen bezeichnen mag. Es handelt sich um Angaben zur Ernennung oder Beförderung von Personen im Bereich der beiden Kongregationen, die in einem späteren Zusammenhang entstanden. Hierzu gehören Amtslisten mit Namen und Daten, erstellt etwa von Beamten im 18. Jahrhundert. Trotz des Fehlens von Belegen behalten diese Listen für eine vorsichtige Benutzung ihren Wert. Eine weitere Gruppe von Sekundärquellen bieten die zahlreichen Anträge in Personalangelegenheiten, Gehaltsfragen und Rivalitäten wegen Vorrang, Vorrechten oder in Zuständigkeitsfragen. Dabei findet man Angaben zu Amtsdauer, Aushilfen oder Vertretungen mit Bewerbungen und Quellen zum Lebenslauf. Für die Indexkongregation findet man Bewerbungen und Bittschriften in der Sammelreihe der „Protocolli", im Archiv der Inquisition konzentrieren sie sich in der Reihe „Privilegia Sancti Officii". Man findet in solchen Zusammenhängen Verweise auf vergleichbare Vorgänge in der Vergangenheit, also auf Präzedenzfälle und angebliche Rechtstitel, insgesamt ein interessanter Spiegel für die politische und soziale Wirklichkeit innerhalb der „familia" der römischen Inquisitionskongregation im 18. Jahrhundert. Gelegentliche Kommissionen produzierten in dieser Kongregation Akten nicht nur zu Beamten,[2] sondern auch zu Fragen von Konsultoren und ihren Ansprüchen, mit Auszügen oder Abschriften von Ernennungen.

Neben den erwähnten unmittelbaren Quellen zu den Ernennungen der Mitarbeiter von Inquisition und Indexkongregation und den Zweitquellen, entnommen aus Ämterlisten und Einzelverfahren, wertet die hier vorzustellende Prosopographie auch gedruckte zeitgenössische Quellen aus. Dazu gehören in erster Linie die Jahrbücher, die ab 1716 unter dem Titel „Notizie per l'anno..." erschienen. Dabei handelte es sich um ein privates Unternehmen der Verleger Luca Antonio und Giovanni Chracas, die jährlich zu den römischen Institutionen nichtamtliche Angaben über Leiter und Mitarbeiter publizierten. Hinsichtlich der beiden Kongregationen der Inquisition und des Index bieten die ersten zwanzig Bändchen dieser Jahrbücher Namen der Kardinal-Mitglieder ohne die Konsultoren. Erst ab 1735 findet man auch Namen der Konsultoren des Sanctum Officium und dann ab dem Jahrgang 1753 ebenfalls diejenigen der Indexkongregation. Wenn eine Ernennung erfolgte, erschien der betreffende Name in der zugehörigen Amtsliste in der Regel im nächsten Jahresband der Notizie. In einigen Fällen führen die Notizie den Namen eines Mitarbeiters auch noch einige Jahre nach dessen Tod. Abgesehen von Ausnahmen erweisen sich die Angaben in den „Notizie" jedoch als zuverlässig, wenigstens was die überprüften Einträge zu den Kongregationen der Inquisition und des Index für das 18. Jahrhundert angeht.

Neben den gedruckten Quellen der Jahrbücher „Notizie" sind die so genannten „Elenchi Congregationum" zu nennen. Diese Staatshandbücher oder römischen Hofkalender der Jahre 1629 bis 1714 hat Christoph Weber mit Angaben zum Personal der einzelnen Ämter herausgegeben.[3] Hiervon gehören drei Elenchi ins 18. Jahrhundert (1701, 1708, 1714), während weitere acht Bändchen in den Jahren 1720 bis 1762 erschienen. Die eingesehenen Exemplare waren in einem frühen Stadium bei der Erarbeitung der Prosopographie hilfreich. Nachdem sich aber die gesammelten Daten aus anderen Quellen meist

---

[2] Vgl. das Heft „Consultori conventuali. Elenco. Diritti (1585-1716)"; ACDF SO St.St. D-5-f.

[3] Christoph WEBER, Die ältesten päpstlichen Staatshandbücher. Elenchus Congregationum, Tribunalium et Collegiorum Urbis 1629-1714 (Römische Quartalschrift. Supplementheft 45), Rom/Freiburg/Wien 1991, hier 26f., die Fundorte der 22 „Elenchi" bis 1714 und die Angaben zu weiteren sieben Drucken von 1720 bis 1762. Ein bisher noch nicht bekannter „Elenchus Congregationum" von 1739 befindet sich in Jesi, Biblioteca Planettiana, wo auch weitere sechs Elenchi 1684 bis 1722 nachgewiesen sind. Zugänglich waren mir die Exemplare der Biblioteca Nazionale Centrale Rom und der Biblioteca Casanatense für die Jahre 1722, 1725, 1751 und 1762. Herrn Christoph Weber danke ich für Teile seiner Kopien, Frau Dottoressa Enrica Conversazioni für detaillierte Mitteilungen aus Jesi.

genauer nachweisen ließen, konnte der Hinweis auf die Elenchi des 18. Jahrhunderts in der vorliegenden Endfassung der Prosopographie entfallen. Dies betrifft nur die hier interessierenden Kongregationen der Inquisition und des Index, nicht die anderen römischen Ämter, für welche die Elenchi einen unersetzten Quellenwert besitzen.

Die handschriftlichen und gedruckten zeitgenössischen Quellen stehen nicht paritätisch nebeneinander, sondern gewichten sich nach der kritischen Bewertung und je nach dem Fortgang der prosopographischen Beschreibung. In einem ersten Stadium konnten bloße Jahreszahlen genügen, um den Personalbestand einer Behörde zu umschreiben, die dann im Laufe des Bearbeitungsprozesses ersetzt wurden durch genauere Daten.

Die Prosopographie der Jahre 1701 bis 1813 ist das Ergebnis jahrelangen Forschens, wozu der Verfasser in seinem einführenden „Lectori benevolo" zu den Bänden des 19. Jahrhunderts bereits kurze Andeutungen machte. In den 1970er Jahren machte er Recherchen zu den Veröffentlichungen der Kongregationen der Inquisition und des Index sowie des Magister Sacri Palatii vor 1870. Für sein Vorhaben sammelte er über achthundert Drucke aus den römischen Archiven und Bibliotheken und in Norditalien, nicht jedoch im Archiv der Kongregation für die Glaubenslehre, das der Forschung nicht zugänglich war. Die gesammelten Kopien der Drucke von Edikten, Dekreten oder Bekanntmachungen zeigen das dialektische Verhältnis des auf sein Amtsgeheimnis („secretum") bedachten Sanctum Officium zum Thema Öffentlichkeit. Sie offenbaren auch, wie häufig sich diese Kongregation mit der Missachtung des Fastengebots, Kirchendiebstahl, vorgetäuschter Heiligkeit und anderen Verstößen befasste und wie sie auch in wirtschaftlichen Dingen in die Öffentlichkeit ging, etwa bei Pachtfragen auf ihren Gütern im südlichen Latium. Die Einblattdrucke, besonders die Edikte, nennen, ähnlich wie die späteren Jahrbücher, alle Behördenmitglieder, so dass die Sammlung Informationen nach Art von einigen Dutzend Elenchi bietet. Annähernd dreihundert Namen von Mitgliedern und Mitarbeitern liefern allein diese Drucke. Unter Hinzunahme der systematisch ausgewerteten „Notizie" und Jahrbücher sowie der Ernennungsbillets des päpstlichen Staatssekretariates entstand der Plan, die Personen namentlich mit ihren Lebens- und Amtsdaten zu erfassen und zu veröffentlichen. In dieser Phase, als mein Projekt bereits einen Nomenklator von weit über zweitausend Mitarbeitern der beiden Kongregationen umfasste, erhielt ich die Sondergenehmigung der Kongregation für die Glaubenslehre,[4] in deren Archiv einige Quellen zu benutzen und auszuwerten, vor allem die Serie „Privilegia Sancti Officii", einige Register und die umfangreiche Kartei „Vota Consultorum ante a. 1800". Diese Unterlagen bereicherten nicht nur den Nomenklator, sondern enthielten viele biographische und sonstige Quellen, um die gefundenen Personennamen zu identifizieren oder Lebensdaten zu ermitteln. Auch andere Archive lieferten wichtige Eckdaten zu den Personen, darunter die oft benutzten Codices Vaticani latini des bekannten Archivars und 1790 verstorbenen Bischofs Pietro Luigi Galletti zum römischen „Necrologium".

---

[4] Zur Sondererlaubnis und zum Dank an die Leitung der Kongregation vgl. Herman H. SCHWEDT, Das römische Urteil über Georg Hermes (1775-1831). Ein Beitrag zur Geschichte der Inquisition im 19. Jahrhundert, Rom-Freiburg-Wien 1980, XXXV.

Die beiden erwähnten Forschungspläne kondensierten in vielen Bänden mit Reproduktionen von Dokumenten und von „Bandi", mit Exzerpten und in etwa dreitausend Karteikarten zu den einzelnen Personen. Aus dieser „Sammlung H. Sch. Limburg" – so gelegentlich benannt von Autoren, die aus ihr Informationen benutzten – und aus weiteren Quellen übertrug ich in den 1980er Jahren meine Daten in Hinsicht auf eine Publikation auf Hunderte maschinenschriftliche Seiten größeren Formates (A4), zunächst für das ausgehende 18. Jahrhundert bis 1917. Dabei wählte ich die Form der tabellarischen Darstellung, wie sie etwa im Personalwesen verbreitet ist. Eine anregende Orientierung bot die 1978 erschienene Untersuchung von Weber zu den Kardinälen des 19. Jahrhunderts mit über hundert „Biogrammen",[5] in der tabellarisch in je einer Zeile Ausbildung und Karriereschritte einer Person darstellt werden, begleitet von Angaben zur sozialen Herkunft (Familie) und Literatur. Das damals entwickelte Konzept findet der Leser auch in dieser Prosopographie wieder, mit fünf Datengruppen für jedes Personenprofil, von denen der tabellarische Lebenslauf das Herzstück bildet. Voraus gehen eine Art Kopfleiste zur Personenidentifizierung (Name, Geburts- und Todesdatum) und Angaben zur Herkunft (Familie), während Titel von eigenen Werken des Betreffenden und sonstige Literatur den Abschluss bilden.

Die beiden erwähnten Pläne wurden bis dahin nur von einer Person getragen, bei Reisekosten wiederholt unterstützt in den Jahren um 1990 durch das Römische Institut der Görresgesellschaft – für dessen Gastfreundschaft dem Direktor, Prälat Professor Erwin Gatz, gebührend gedankt sei. Da hörte man von der geplanten und dann 1998 erfolgten Öffnung des Archivs der Kongregation für die Glaubenslehre und von den Plänen Hubert Wolfs zu einer grundsätzlichen Erforschung der römischen Bücherzensur. Es gelang, meine beiden erwähnten Vorhaben mit Wolfs Projekt zur Inventarisierung der Buchzensur zusammenzuführen. Dies legte die Basis für eine partnerschaftliche Zusammenarbeit zwischen ihm und mir und es entstand zwischen dem Schreiber dieser Zeilen und den jungen Forschern in Münster ein lebendiges, konstruktives und fruchtbares Geben und Nehmen. Wolf und seine Mitarbeiter erhoben die römischen Gutachten und wichtige Dokumente zu jenen Verfahren, welche die beiden römischen Kongregationen gegen bestimmte Autoren oder Publikationen führten. Die Einblattdrucke der Sammlung in Limburg, die mit dem Jahre 1870 endete, wurden bis zum Jahre 1917 von Wolf ergänzt und aus dem Archiv der Kongregation für die Glaubenslehre neu recherchiert, kontrolliert und für die Edition bearbeitet, wobei diejenigen Stücke meiner Sammlung entfielen, die nicht das Buchwesen betreffen oder vom Magister Sacri Palatii stammen. Meine prosopographischen Texte wurden von den Mitarbeitern des Projekts Wolf gezielt an Originalen im Archiv der Kongregation verifiziert, ergänzt sowie hinsichtlich der Ämterbezeichnungen, Abkürzungen und Literaturangaben redaktionell bearbeitet und in eine Datenbank übertragen. Für die Veröffentlichung wurde derjenige Teil der Sammlung aus Limburg zeitlich vorgezogen, der das 19. Jahrhundert betrifft und am meisten fortgeschritten war, fortgesetzt hier für die Zeit von 1701 bis 1813. In eine jede prosopographische Skizze wurden Angaben zu

---

[5] Christoph Weber, Kardinäle und Prälaten in den letzten Jahrzehnten des Kirchenstaates. Elite-Rekrutierung, Karrier-Muster und soziale Zusammensetzung der kurialen Führungsschichten zur Zeit Pius' IX. (1846-1878), 2 Bde. (Päpste und Papsttum 13/1 und 13/2), Stuttgart 1978.

Zensur-Gutachten eingefügt, die der betreffenden Person zuzuordnen sind. Diese Angaben stammen von den Mitarbeitern des Projektes Wolf im Rahmen der erwähnten Inventarisierung zur römischen Bücherzensur.

Das Jahr 1813 bot sich für die vorliegende Prosopographie als Zäsur an, nachdem die 2005 erschienene Prosopographie des 19. Jahrhunderts mit dem Jahre 1814 begann, jenem Jahr, in dem der Papst nach Rom zurückkehrte und Römischer Hof und Päpstliche Kurie praktisch erst wiedererstanden. Das Jahr 1700 hätte sich zwar als traditionelles Papstjahr für eine Zäsur angeboten wegen des Todes von Innozenz XII. und der Wahl Clemens' XI. Aber die Überlegungen führten dazu, alle im 17. Jahrhundert, also bis zum 31. Dezember 1700 verstorbenen Personen aus den hier vorzustellenden Bänden der Prosopographie des 18. Jahrhunderts auszuschließen.

Auch eine formalisierende Prosopographie gewichtet, trotz Tabellenform, so dass eine Antwort auf die Frage ansteht, ob und welche Personen für den Nomenklator ausgewählt und welche Daten innerhalb eines jeden Personenprofils aufgenommen wurden. Grundsätzlich enthält ein jedes der Personenprofile nur eine Auswahl, mit Ausnahme freilich der eingefügten Gutachtentitel. Das Auswahlprinzip gilt für die Gesamtliste der aufzunehmenden Namen, also für den Nomenklator, aus dem der Verfasser im Laufe der Arbeiten Hunderte der in der Sammlung vorhandenen strich. Dazu gehören Namen und Daten aus der erwähnten Sammlung, die Ärzte und medizinisches Personal im Sanctum Officium betreffen, etwa für die Gefängnisse. Vergleichbares gilt für die Seelsorger und Beichtväter für das Personal der Pia Casa und für die Gefangenen, für die Anwälte der Kongregation und für die Prokuratoren mit Gehilfen in Streitsachen meist zivilrechtlicher Art, für Mitarbeiter in der Verwaltung und Buchführung oder in Bausachen. Alle diese Personen, unter denen in der Limburger Sammlung auch sehr bekannte begegnen wie der Architekt Luigi Vanvitelli, bis zum Pförtner oder Kutscher traten in die patriarchalische „familia" der Stiftung Pia Casa Sancti Officii ein, werden aber in der Prosopographie nicht berücksichtigt.

Vergleichbares gilt für die außerrömischen Inquisitoren. Schon seit den Gründungszeiten im 16. Jahrhundert findet man deren Namen unter den Anwesenden bei den Sitzungen der römischen Kongregation, obschon sie kein Amt etwa als Qualifikatoren oder Konsultoren in Rom bekleideten. Sie zählten zwar zur „familia" der römischen Kongregation, aber die Daten zu diesem Personenkreis aus der Sammlung in Limburg sollen für die vorzustellende Prosopographie entfallen.

Ähnlich anderen Residenzstädten und Höfen zog auch Rom ein breites Spektrum von Menschen an, darunter traditionell viele Kleriker und Ordensleute. Seit Jahrhunderten gab es Bemühungen, diesem Phänomen gegenzusteuern, auch weil man die teilweise spöttischen Bemerkungen von Reisenden aus Mittel- oder Nordeuropa über die vielen Talare und Mönchskutten im Straßenbild der Stadt kannte, und weil man an der Kurie von den Klagen über Müßiggang etwa in den Klöstern sehr wohl Kenntnis hatte. Viele Kurienprälaten, die wie andere Weltkleriker wenig von religiösen Orden hielten, unterstützten die Ordensleitungen, wenn diese bestimmte Patres aus den römischen Konventen in die Klöster ihrer Heimatprovinz abschieben wollten. Um dies zu verhindern, suchten die Ordensleute nach einem Posten in Rom, etwa Prokuratoren oder Sekretäre aus den Ordensgeneralaten nach Ablauf der Amtszeit und Lektoren am Ende ihres zwölfjährigen Lehrzyklus. Sie setzten dabei auf Privilegien etwa aus der Zeit Clemens' X., wonach Konsultoren ohne Zustimmung der Indexkongregation nicht aus Rom versetzt werden sollten. Diese wusste um die Hintergründe und verlieh vielen zunächst den Titel eines Relators oder gab nur den Auftrag zu einem Gutachten.[6] Im 18. Jahrhundert gibt es zahlreiche gutachtliche Tätigkeiten oder fachliche Beratungen bis hin zu Übersetzungen, ohne dass sich für die Beauftragten eine Ernennung durch eine Kongregation ermitteln ließ. Soweit keine Ernennung ermittelt wurde, werden für einen eigenen Namenseintrag in der Prosopographie nur diejenigen Personen ausgewählt, die eine wiederholte Beratertätigkeit aufweisen.

Innerhalb eines jeden Personenprofils wird ausgewählt, wenn besonders viele Einzelheiten zur Verfügung stehen. Alle Daten aus dem Pontifikat der Päpste entfallen, deren Namen entfallen ganz, wenn sie vor der Papstwahl kein Amt bei den beiden Kongregationen besaßen, trotz ihrer Rolle als Präfekten des Sanctum Officium oder als Letztverantwortliche, wenn sie die Kongregationsbeschlüsse approbierten. Bei Bischöfen übernimmt die Prosopographie kaum Daten bei der Verleihung von Kommenden, Ernennung zu Päpstlichen Thronassistenten oder Einzelheiten zur Bistumsgeschichte, außer in Sonderfällen wie dem Streit um die „Monarchia sicula" des Bischofs Nicola Maria Tedeschi ab 1712, der auch die Römische Inquisition zum Eingreifen bewog. Die Angaben zum Lebenslauf konzentrieren sich auf den Aufenthalt der Betreffenden in Rom und auf die Mitgliedschaft in den Kongregationen. Auch die Ernennung von Kardinälen zu Protektoren von Kirchen, Kollegien, Orden oder Nationen übernimmt die Prosopographie nicht, obschon sich gerade aus diesem Amt zahllose Klientelverhältnisse nachweisen lassen (Empfehlungen für Bewerbungen um Konsultorenstellen oder die Wahl der persönlichen Mitarbeiter, Sekretäre, Auditoren usw.). Zwar führt die Prosopographie diese letzteren Personen mit Namen und Datum auf, wenn sie für ihren Dienstherrn den Eid der Inquisitionskongregation leisteten, aber sonst keine Einzelheiten; denn es hätte zu weit geführt, etwa für einen Theologus oder Sekretär die vielen in der Sammlung in Limburg notierten Angaben zu übernehmen wie Alter, Name des Vaters, Herkunftsort, Titel oder aktuelle Tätigkeit. Viele dieser Personen weisen auf landsmannschaftliche oder familiäre Verbindungen oder auf das erwähnte Protektorenamt hin und sind hilfreich, um die politische Richtung des Beratenen etwa zu Themen wie Jansenismus, Ritenstreit und Missionsfragen oder zum Konflikt um den Jesuitenorden einzuschätzen.

Bei den Kardinalserhebungen nennt die Prosopographie das Datum der Kreierung, gegebenenfalls mit dem Zusatz „in petto" (also vor der Veröffentlichung), weil dieses frühere Datum später in der Rangordnung den Ausschlag etwa in der Reihenfolge bei Wortmeldung oder Stimmabgabe in den Kongregationssitzungen gab. Dem Datum der ersten Zuteilung der römischen Titelkirche kommt besondere Bedeutung zu, weil traditionell an diesem Tag oder nur ganz kurz später die Ernennung eines neuen Kardinals zum Mitglied von fast immer vier Kongregationen oder ähnlichen Behörden erfolgte. Sollte das Datum hierfür fehlen, dann dient die Zuteilung der Titelkirche als Ersatz etwa für die Ernennung

---

[6] Als 1730 der Kapuziner Giuseppe Maria da Stroncone befürchtete, aus Rom in seine Heimatprovinz (Umbrien?) zurückkehren zu müssen, erbat für ihn Kardinal Antonio Felice Zondadori, selber bald Mitglied der Indexkongregation, beim Papst die Beförderung des Paters zum Konsultor der Ritenkongregation: „per non essere della provincia romana, è soggetto a essere trasportato altrove". Dies geschah in der irrigen Annahme, die Ritenkongregation besitze für ihre Konsultoren ein Privileg zum Thema Versetzung aus Rom. Papst Benedikt XIII. bemerkte den Irrtum, bestellte den Sekretär der Indexkongregation zu sich und teilte mit, der Pater werde Konsultor des Index statt bei der Ritenkongregation. Alles nach den Bearbeitungsvermerken auf dem Schreiben des Kardinals Zondadori an Benedikt XIII. (ohne Datum, von 1730); ACDF Index Prot. 77 (1728-1731), Bl. 281.

zum Mitglied der Indexkongregation. Das Datum erscheint dann innerhalb einer eckigen Klammer, die grundsätzlich bei den Angaben zum Lebenslauf immer auf einen ergänzenden Zusatz hinweist. Spätere Wechsel eines Kardinals von einer Titelkirche zu einer anderen entfallen, aber die Beförderungen der Kardinalbischöfe zu den suburbikarischen Kirchen sind vermerkt, weil diese Ämter mit besonderem Prestige umgeben waren, etwa beim Bischofssitz von Ostia und Velletri, den gewohnheitsmäßig der Kardinaldekan innehatte.

Die eigenen Werke der behandelten Personen (ohne deren Manuskripte) und die Literatur werden ebenfalls in Auswahl zitiert; die Angaben hierzu lehnen sich an die allgemeinen bibliographischen Regeln an. Verlagsangaben entfallen für die Zeit nach 1800 allgemein. Die Beschreibungen des Umfangs eines Werkes mögen dem Leser ohne eigene Nachforschung helfen, einen Vortrag von wenigen Seiten von einem dicken Buch zu unterscheiden. Bei Werken, deren Blätter alle oder teilweise nicht nummeriert sind, werden diese in eckigen Klammern angegeben.

In relativ wenigen Fällen verweist ein eigenes Feld neben der Literatur auch auf ungedruckte Quellen, wenn aus diesen wesentliche Angaben entnommen wurden, die in den gedruckten Werken gar nicht oder lückenhaft erscheinen.

In einigen wenigen Fällen begegnet die Figur eines „Ehrenkonsultors" der Indexkongregation. Im Jahre 1753 ernannte Papst Benedikt XIV. vier hohe Kurienprälaten auf Bitten der Kongregation „ehrenhalber" zu deren Konsultor. Derartige Prälaten findet man in den wichtigen Behörden Roms, und sie wurden nicht Berater in der fast an letzter Stelle unter den römischen Ämtern rangierenden Indexkongregation. Diese selbst zierte sich mit den vornehmen Namen der vier Prälaten, statt diesen mit dem Konsultorentitels eine Auszeichnung zu verleihen.[7] Der Ehrentitel sollte wohl auch ausdrücken, dass die Herren keine Mühen befürchten mussten, etwa in Form von Anwesenheit bei den Sitzungen oder gar Erarbeitung von Gutachten. In einigen Fällen gelang durch Intervention beim Papst die sonst seltene Verleihung eines solchen Ehrentitels, trotz des Widerstandes des Sekretärs der Kongregation; so etwa im Jahre 1786, als Pius VI. einen Konsultor „honorarius" ernannte,[8] der im fernen Ostgalizien als Leiter des Kollegs in Lemberg (Lviv) wirkte und dort auch blieb. Ausländer, die nach einigen römischen Jahren in die Heimat zurückkehr-

---

[7] „Honoris causa, atque in majus Congregationis decus", so notierte der Sekretär der Indexkongregation, Ricchini, zur Ernennung von vier Prälaten zu Konsultoren; ACDF Index Diari 17 (1749-1763), Bl. 43r. Zu den vier Ernannten vgl. die Einträge in der Prosopographie unter Nicola Antonelli, Mario Marefoschi, Giuseppe M. Castelli und Tommaso Emaldi. Der Titel eines Ehrenkonsultors fehlte unter den Kurienämtern, sodass die offiziellen Ernennungsschreiben des Staatssekretariates die Betreffenden einfach zu „Konsultoren" erklärte, ohne Anspielung auf einen Ehrenrang; ASV SS Mem Bigl 193.

[8] Es handelt sich um die Ernennung des Theatiners Pater Ignazio Maria Rossetti aus Nizza zum „consultore onorario della Congregazione dell'Indice" am 29. Januar 1786, laut Mitteilung des Staatssekretariates an den Präfekten dieser Kongregation, Kardinal Gerdil; ASV SS Mem Bigl 244. Den Antrag hatte beim Papst der Ordensbruder und Landsmann von Rossetti gestellt, der Titularpatriarch Giorgio Maria Lascaris, Konsultor der Inquisition. Diesem sandte der Kardinalstaatssekretär Boncompagni auch das Ernennungsschreiben für Rossetti, das man diesem ja kaum nach Polen zuschicken konnte. Aktenvermerk an der gleichen Stelle. – Nach wenigen Monaten gab es sogar die Berufung des Signor Abbate Vincenzo Rossi di Mondovì in den Kreis der Ehrenkonsultoren: „fra i consultori onorari della S. Congregazione dell'Indice" (Schreiben vom 4. April 1786 an Rossi, Entwurf des Staatssekretariates, ebd.). Von einer derartigen Gruppe oder Klasse von Ehrenkonsultoren ist sonst nie die Rede in den Quellen der Indexkongregation.

ten, ernannte der Papst in einzelnen Fällen kurz vorher zum Konsultor, und zwar mit dem nachdrücklichen Wunsch, der Neuernannte möge auch wirklich nach Hause abreisen.[9]

Außer dem Ehrenkonsultor begegnet die Figur eines „consultor extraordinarius", und zwar bei der Römischen Inquisition anlässlich der Ernennung des Franziskaner-Konventualen Antonio Lucci im Jahre 1728.[10] Diese im Milieu der Römischen Inquisition bezeichnende, wenn auch nicht offizielle Redeweise unterscheidet den Ernannten von einem ordentlichen Konsultor. Sie verweist auf den Pater Konsultor schlechthin, „il padre consultore" ohne nähere Bezeichnung. Gemeint ist damit der seit 1560 bis ins 20. Jahrhundert konstant nachweisbare Konsultor aus dem Orden der Franziskaner-Konventualen. Er spielte wie der Commissarius Sancti Officii, der immer ein Dominikaner war, über die Jahrhunderte hinweg die Rolle eines Personalchefs für alle italienischen Inquisitionen nördlich von Rom, also im geographischen Dreieck zwischen Umbrien, Piemont und Istrien. Diese waren den Dominikanern und den Franziskaner-Konventualen anvertraut, alle ernannt, versetzt und gegebenenfalls gemaßregelt durch die Römische Inquisition. Diese ließ sich jeden Personalfall von dem Konsultor und dem Commissarius beschlussreif mit Alternativvorschlägen vorbereiten. In diesen Kontext gehört auch die Rolle der Sekretäre oder Assistenten des Commissarius, genannt „socii", nach Rom berufen in die Inquisitionskongregation zur Unterstützung des Commissarius und de facto von diesem ausgebildet. Nach wenigen Jahren gelangte der primus socius, in Rom im Rang eines Konsultors der Kongregation, meist als Inquisitor in eine der über vierzig italienischen Städte mit dem Sitz einer Inquisition oder eines Vicarius Inquisitionis.

In der Prosopographie finden sich einige Dutzend Beispiele für diese socii und deren Versetzungen von Stadt zu Stadt, bisweilen schließlich wieder mit Rückkehr nach Rom in gehobener Stellung. Die Zuständigkeit des erwähnten Franziskaner-Konventualen betraf die drei Inquisitionen der Toskana (Florenz, Siena und Pisa, mit der Vikarie Livorno) und sieben Inquisitionen auf dem Gebiet der Republik Venedig, darunter Padua und Aquileia/Udine mit jeweils mindestens drei Amtsträgern (neben dem Inquisitor dessen Vikar und dem Kanzler). Seine Autorität in der Kongregation und im eigenen Orden ist kaum hoch genug einzuschätzen; er wurde geachtet, gefürchtet und hofiert. Er erlangte mehrere Vergünstigungen in seinem Konvent XII Apostoli in Rom, wo man Personal und Räume zur Verfügung stellte, was wiederum Neider und Prediger der Armut im Bettelorden auf den Plan rief. Der Pater Konsultor, Giuseppe Maria Baldrati, gleichzeitig Ordensgeneral,

---

[9] Als der Kapuziner Ludwig von Neustadt am Ende seiner römischen Amtszeit als Ordenssekretär die Heimkehr nach Franken befürchtete, erbat er Gutachtenaufträge bei der Indexkongregation in der Hoffnung auf „Unversetzbarkeit" aus Rom durch eine Ernennung zum Konsultor. Diese letztere sprach der Papst bald aus, mit der Auflage an den Ordensgeneral, den Pater heimzuschicken in die Ordensprovinz Bayern, „ad quam P. Minister Generalis eumdem remittat", mit allen Rechten eines Indexkonsultors in Deutschland: Schreiben des Staatssekretärs vom 21. Juni 1754 und mehrere Vermerke der Indexkongregation; ACDF Index Diari 17 (1749-1763), Bl. 51. Die Rechnung des Papstes ging in diesem Fall nicht ganz auf, denn nach sieben Jahren war der Pater wieder in Rom, mit allen Rechten eines Konsultors und zudem vom Generalkapitel in ein römisches Amt gewählt. Die Jahrbücher „Notizie" führen Pater Ludwig ohne Unterbrechung von 1754 bis zu seinem Tod in Rom 1762 als Konsultor der Indexkongregation.

[10] „J. Antonius Lucci Regens Collegii S. Bonaventurae electus fuit Consultor Extraordinarius S. Officii die 28. Decembris 1728 a Benedicto XIII.": Angabe innerhalb einer Liste des 18. Jahrhunderts für die Franziskaner-Konventualen, in „S. O. Damasceno Consultore…"; ACDF SO St.St. UV 16, Bl. 15r.

konnte die Arbeitsfülle nicht bewältigen und ließ 1728 den Konsultor Lucci ernennen, außerordentlich, um das moralische Gewicht auch der zukünftigen „ordentlichen" Konsultoren aus dem gleichen Orden nicht zu schmälern. Innerhalb der Kongregationsgeschäfte gab es offiziell das Adjektiv „außerordentlich" allerdings nicht, Lucci besaß alle Rechte eines Konsultors.

Mehrmals leisteten Kurienbeamte den Eid des Sanctum Officium und erlangten damit die Zulassung zu dessen „secretum", konnten Akten lesen und mit weiteren Eingeweihten über Geschäftsdinge dieser Behörde reden. Dies waren häufig Auditoren der Päpste oder Beamte etwa aus Brevensekretariaten, die mit Vorgängen aus der Inquisition befasst wurden, aber kein Amt in dieser Behörde bekleideten und darum nicht in der Prosopographie erscheinen. Einige Antragsteller suchten eher einen Vorwand, um das „juramentum" des Sanctum Officium zu leisten und so in den Kreis der Geheimnisträger einzutreten, als handle es sich um ein Statussymbol oder eine Vorstufe für eine erhoffte Ernennung zum Konsultor. Die Kongregation verhielt sich bei solchen Anträgen durchwegs abweisend und möglichst restriktiv. Als Benedikt XIV. dem Kardinal Pierre Guérin de Tencin Zugang zum Secretum Sancti Officii für französische Angelegenheiten gewähren wollte, verbot das Sanctum Officium seinen Mitgliedern Gespräche mit dem Kardinal über diese Fragen.[11] Der Papst, der den Beschluss als Präfekt der Kongregation approbierte, konnte freilich selber mit dem Kardinal die Fragen erörtern. Der französische Kardinal war damals Mitglied der Indexkongregation und wurde nie Mitglied der Inquisition.

Festzuhalten ist ferner, dass die Prosopographie keine Liste all derjenigen Persönlichkeiten bieten will, die in den Veröffentlichungen der Historiker und in den Nachschlagewerken als Mitglieder oder Mitarbeiter in den beiden hier interessierenden Kongregationen erscheinen, wofür die eingesehenen Quellen keine Bestätigung erbrachten. Der berühmte Franziskaner-Observant Lucio Ferraris, Autor eines ab 1746 wiederholt gedruckten vielbändigen Nachschlagewerkes zum Kirchenrecht mit dem Titel „Prompta Bibliotheca canonica", soll Konsultor der Kongregation der Inquisition gewesen sein. Vergleichbare Angaben zu verschiedenen Personen finden sich in Druckwerken des 18. bis 20. Jahrhunderts mehrere Dutzend Mal bezüglich der beiden Kongregationen der Inquisition und des Index, ohne jeden Beleg. Die Prosopographie versucht in solchen Fällen nicht eigens eine Falsifizierung, ja nicht einmal eine Aufstellung der aufgefundenen Behauptungen, zu denen sich keine Bestätigung fand. Die häufigsten Ursachen für die verbreiteten Behauptungen sind Verwechslungen oder Legendenbildung. Sehr häufig verwechseln Autoren die beiden Kongregationen, indem sie einen Mitarbeiter der Indexkongregation zu einem solchen der Römischen Inquisition erklären und umgekehrt. Verbreitet ist auch die Übertragung eines Amtes etwa als Berater oder Qualifikator in einer der außerrömischen Inquisitionen in den italienischen Städten auf die Römische Inquisition. Wiederum in anderen Fällen werden

---

[11] Das Staatssekretariat schrieb der Inquisition, der Papst wolle, „ut D. Cardinalis de Tencin ad Secretum S. Officii admittatur circa ea quae ad religionem in Galliarum regnos pertinere possunt" (Schreiben vom 30. Dezember 1739). Nach Ansicht der Kongregation konnte dies geschehen („id fiat"), wobei deren Mitglieder nicht ohne Sonderauftrag mit dem Kardinal sprechen durften: „sublata tamen omnibus tum DD. Cardinalibus Generalibus Inquisitoribus tum Consultoribus S. Tribunalis facultate communicandi cum laudato D. Cardinali Tencin de negotiis in S. Congregatione tractatis, vel tractandis, nisi praedicta S. Congregatio censebit opportunum". Dekret vom 5. Januar 1740, approbiert vom Papst am 6. Januar; ACDF SO Decreta 1740, Bl. 1.

nur Ämter verwechselt, erleichtert durch die Mehrzahl an Titeln wie Relator, Qualifikator oder Konsultor.

Diese einführenden Hinweise wollen über die Quellen und deren Auswahl informieren und zudem die Genese der vorliegenden Prosopographie andeuten, die das Ergebnis eines jahrzehntelangen Prozesses ist. Die erwähnten, zunächst vielleicht schwer interpretierbaren Sonderheiten etwa zu den Ehrenkonsultoren wollen erste Lesehilfen bieten für die Personenprofile aus jenen komplexen Gebilden, welche die beiden römischen Kongregationen im 18. Jahrhundert darstellen.

Dank muss vielen gesagt werden, die zum Entstehen der Prosopographie beigetragen haben. Dieser Dank gilt hier in außergewöhnlicher Weise meiner Frau Francesca, die moralisch und in langen Jahrzehnten auch wirtschaftlich die Arbeit mitgetragen und gefördert hat. Zu danken ist ferner ganz besonders Hubert Wolf, der dieses Projekt in seinen Forschungsplan aufnahm und dessen Vollendung ermöglichte. Die Teamarbeit kam dem Abschluss der Prosopographie entschieden zugute. Dass zahlreiche Archive und Bibliotheken ihr Material bereitwillig zur Verfügung stellten, sei dankend erwähnt. Unter den Mitarbeitern des Münsteraner Projektes ist in erster Linie Frau Judith Schepers sowie den Herren Dominik Höink und Dr. Jyri Hasecker für kenntnisreiches Engagement und fruchtbare wie kritische Zusammenarbeit zu danken. Die Arbeit mit ihnen machte Freude.

Abkürzungsverzeichnis

Allgemein

*	Datum des Aushangs (Affixum) eines Verbotsplakats (Bando)
♦	entspricht nicht mit Sicherheit der verhandelten Ausgabe
Abt.	Abteilung
Anh.	Anhang
Anm.	Anmerkung
Apr.	April
Aufl.	Auflage(n)
Aug.	August
Ausg.	Ausgabe
Bandtitelbl.	Bandtitelblatt
Bd.	Band
Bde.	Bände
Bearb.	Bearbeiter
Begr.	Begründer
begr.	begründet
beigef.	beigefügt
Beil.	Beilage
Beitr.	Beiträger/Beitrag
bes.	besonders
Bl.	Blatt
bzw.	beziehungsweise
ca.	circa
cap.	Kapitel
chines.	chinesisch
Congr. gen.	Congregatio generalis
Congr. praep.	Congregatio praeparatoria
Dez.	Dezember
Diss.	Dissertation
dt.	deutsch
ed./éd.	Auflage
eingest.	eingestellt
Einheitssacht.	Einheitssachtitel
Einl.	Einleitung
engl.	englisch
enth.	enthält/enthalten
Ersch.	erscheint/erschien/Erscheinen
Erstausg.	Erstausgabe
erzb.	erzbischöflich
europ.	europäisch

Ex.	Exemplar
f./ff.	folgende
fasc./Fasz.	Faszikel
Febr.	Februar
Forts.	Fortsetzung
franz.	französisch
FS	Festschrift
geb.	geboren
gedr.	gedruckt
gef.	gefaltet
gest.	gestorben
griech.	griechisch
H.	Heft
Hauptsacht.	Hauptsachtitel
hebr.	hebräisch
Hg./hg.	Herausgeber/herausgegeben
Hl./hl.	Heilige(r)/heilig
hs.	handschriftlich
i.e.	id est
ital.	italienisch
Jan.	Januar
Jg.	Jahrgang
Kap.	Kapitel
Kard.	Kardinal
Kopft.	Kopftitel
Kt.	Karte(n)
Kupfert.	Kupfertitel
lat.	lateinisch
Lit.	(weiterführende) Literatur
m.d.T.	mit dem Titel
Mitarb.	Mitarbeiter
Mitverf.	Mitverfasser
Msgr.	Monsignore
N.S.	Neue Serie
Nachdr.	Nachdruck
ND	Neudruck
Nebent.	Nebentitel
Neuaufl.	Neuauflage
Neuausg.	Neuausgabe
niederländ.	niederländisch
Nov.	November
Nr.	Nummer
o.A.	ohne Angabe
o.Bl.	ohne Blatt
o.D.	ohne Datum
o.J.	ohne Jahr

o.N.	ohne Namen
o.Nr.	ohne Nummer
o.O.	ohne Ort
Okt.	Oktober
Oktav-Ausg.	Oktav-Ausgabe
Orig.-Ausg.	Original-Ausgabe
Parallelt.	Paralleltitel
Pers.	Person
Portr.	Portrait
portug.	portugiesisch
Praes.	Praeses
ps./Ps.	Pars
pt./Pt.	Part
r	recto
Reg.	Register
Repr.	Reproduktion
reprogr.	reprographisch
Resp.	Respondent
röm.	römisch
S.	Seite
s.	siehe
S.a.	sine anno
S.l.	sine loco
S.n.	sine nomine
s.o.	siehe oben
s.u.	siehe unten
Sept.	September
Ser./ser./sér.	Serie
Sez.	Sektion
Sondertitelbl.	Sondertitelblatt
Sp.	Spalte
span.	spanisch
Suppl.	Supplement
Suppl.-Ausg.	Supplement-Ausgabe
T.	Teil
Taf.	Tafel
Teilbd.	Teilband
teilw.	teilweise
tip./typ.	Druckerei
Titelbl.	Titelblatt
tom.	tomus/tomo
u.a.	und andere
u.d.T.	unter dem Titel
u.ö.	und öfter
Übers.	Übersetzer/Übersetzung
übers.	übersetzt

Abkürzungsverzeichnis LXXIV

Umschlagt.	Umschlagtitel
Univ.	Universität
unvollst.	unvollständig
v	verso
Verf.	Verfasser
Verf.-Name	Verfassername
Verl.	Verlag
Verl.-Angabe	Verlagsangabe
vermutl.	vermutlich
Verz.	Verzeichnis
vgl.	vergleiche
vol.	volumen/volumina
Vorg.	Vorgänger
Vorr.	Vorredner/Vorrede
Vorsatzbl.	Vorsatzblatt
Vort.	Vortitel
Vortitelbl.	Vortitelblatt
z.T.	zum Teil
Zeitschr.	Zeitschrift
Zwischentitelbl.	Zwischentitelblatt

Archive und Bibliotheken

ACDF	Archivio della Congregazione per la Dottrina della Fede, Vatikanstadt
	Index AeD Sacra Congregatio Indicis, Atti e Documenti
	Index Prot. Sacra Congregatio Indicis, Protocolli
	SO CL Sanctum Officium, Censurae Librorum
	SO Extens. Sanctum Officium, Extensorum
	SO Priv. Sanctum Officium, Privilegia
	SO St.St. Sanctum Officium, Stanza Storica
	SO Tit.Libr. Sanctum Officium, Tituli Librorum
AGMI	Archivio Generale dei Ministri degli Infermi, Rom
ASR	Archivio di Stato di Roma, Rom
	MI Ministero dell'Interno
	Segn. Segnatura
ASV	Archivio Segreto Vaticano, Vatikanstadt
	Segr. Brevi Reg. Segreteria dei Brevi, Registra
	SS Ep Mod Segreteria di Stato, Epoca Moderna
	SS Mem Bigl Segreteria di Stato, Memoriali e Biglietti
	SS Carte Varie Segreteria di Stato, Carte Varie
BAV	Biblioteca Apostolica Vaticana, Vatikanstadt
	Arch. Cap. S. Petri in Vat. Archivio del Capitulo di S. Pietro in Vaticano

Ämter

Adv.	Advocatus
Ass.	Assessor
Comm.	Commissarius
Präf.	Präfekt
Sekr.	Sekretär
SS	Staatssekretär, -sekretariat

Orden

B	Congregatio Clericorum Regularium Sancti Pauli, Barnabitae - Barnabiten
CCRRMM	Ordo Clericorum Regularium Minorum - Mindere Regularkleriker
CM	Congregatio Missionis - Vinzentiner, Lazaristen
CMF	Congregatio Missionariorum Filiorum Immaculati Cordis Beatae Mariae Virginis (Cordis Mariae Filii) - Missionare/Söhne des Unbefleckten Herzens Marias; Claretiner
CPPS	Congregatio Missionariorum Pretiosissimi Sanguinis - Missionare vom kostbaren Blut
CR	Ordo Clericorum Regularium (vulgo Theatinorum) - Theatiner
CRes	Congregatio a Resurrectione Domini Nostri Jesu Christi - Resurrektionisten
CRL	Congregatio Sanctissimi Salvatoris Lateranensis; Canonici Regulares Congregationis Lateranensis - Augustiner-Chorherren vom Lateran
CRS	Ordo Clericorum Regularium a Somasca - Somasker
CSSp	Congregatio Sancti Spiritus - Kongregation vom Hl. Geist; Spiritaner
CSsR	Congregatio Sanctissimi Redemptoris - Kongregation des Heiligsten Erlösers; Redemptoristen
DC	Congregatio Patrum Doctrinae Christianae - Doktrinarier
FSVPaul	Frères de Saint Vincent de Paul
IC	Institutum Caritatis - Institut der Liebe, Rosminianer
MI	Ordo Clericorum Regularium Ministrantium Infirmis - Regularkleriker zum Dienst an den Kranken, Kamillianer
OAD	Ordo Augustiniensium Discalceatorum - Unbeschuhte Augustiner
OCarm	Ordo Fratrum Beatae Mariae Virginis de Monte Carmelo - Karmeliten
OCD	Ordo Fratrum Discalceatorum Beatae Mariae Virginis de Monte Carmelo - Unbeschuhte Karmeliten
OCist	Ordo Cisterciensis - Zisterzienser
OdeM	Ordo Beatae Mariae Virginis de Mercede - Mercedarier
OFM	Ordo Fratrum Minorum - Franziskaner, Minderbrüder
OFMAlc	Ordo Fratrum Minorum Alcantarinorum - Alkantariner
OFMCap	Ordo Fratrum Minorum Capuccinorum (Capulatorum) - Kapuziner

OFMConv	Ordo Fratrum Minorum Conventualium - Konventualen, Minoriten, Schwarze Franziskaner
OFMObs	Ordo Fratrum Minorum (Regularis) Observantiae (de Observantia) - Franziskaner-Observanten
OFMRec	Ordo Fratrum Minorum (Strictioris Observantiae) Recollectorum - Franziskaner-Rekollekten
OFMRef	Ordo Fratrum Minorum (Strictioris Observantiae) Reformatorum - Franziskaner-Reformaten
OM	Ordo Minimorum - Minimen, Paulaner
OMD	Ordo Clericorum Regularium Matris Dei - Regularkleriker der Mutter Gottes
OMel	Ordo Melitensis - Malteser, Johanniter
OMI	Congregatio Missionariorum Oblatorum Beatae Mariae Virginis Immaculatae - Oblaten der Unbefleckten Jungfrau Maria
OP	Ordo Fratrum Praedicatorum - Dominikaner
OPraem	Ordo Praemonstratensis - Prämonstratenser
Or	Institutum Oratorii Sancti Philippi Nerii - Oratorianer
OSA	Ordo (Fratrum Eremitarum) Sancti Augustini - Augustiner(-Eremiten)
OSB	Ordo Sancti Benedicti - Benediktiner
OSBCam	Congregatio Camaldulensis Ordinis Sancti Benedicti - Kamaldulenser
OSBCoel	Ordo Sancti Benedicti Coelestinensi - Cölestiner
OSBOliv	Congregatio Sanctae Mariae Montis Oliveti Ordinis Sancti Benedicti, Ordo Sancti Benedicti Montis Oliveti - Olivetaner
OSBSilv	Congregatio Silvestrina Ordinis Sancti Benedicti, Ordo Sancti Benedicti de Montefano - Silvestriner
OSBVal	Congregatio Vallis Umbrosae Ordinis Sancti Benedicti - Vallombrosaner
OSC	Oblati Sancti Ambrosii/Oblati Sancti Caroli - Ambrosianer des hl. Karl Borromäus
OSH	Ordo Sancti Hieronymi - Hieronymiten
OSM	Ordo Servorum Mariae - Serviten
OSSp	Ordo Hospitalarius S. Spiritus - Orden vom Heiligen Geist
OSST	Ordo Sanctissimae Trinitatis - Trinitarier
PO	Congregatio Piorum Operariorum
SAC	S. Apostolatus Catholici - Gesellschaft des Katholischen Apostolates; Pallottiner
SCI	Congregatio Sacerdotum a Sacro Corde Iesu - Herz-Jesu-Priester, Dehonianer
SJ	Societas Jesu - Gesellschaft Jesu, Jesuiten
SP	Ordo Clericorum Regularium Pauperum Matris Dei Scholarum Piarum - Arme Regularkleriker der Mutter Gottes von den frommen Schulen, Piaristen, Scolopi
SSCC	Congregatio Sacrorum Cordium Jesu et Mariae necnon adorationis perpetuae Sanctissimi Sacramenti Altaris - Genossenschaft von den Heiligsten Herzen Jesu und Marias und von der Ewigen Anbetung des Heiligsten Altarsakraments, Picpus-Patres, Arnsteiner Patres

TOF	Tertius Ordo Franciscanus, Ordo Franciscanus Saecularis - Weltlicher Dritter Franziskanerorden
TOR	Tertius Ordo Regularis Sancti Francisci - Regulierter Dritter Orden des hl. Franziskus

Behörden

CAcque	Kongregation für das Gewässer- und Straßenwesen
CAES	Kongregation für die Außerordentlichen Kirchlichen Angelegenheiten
CAvignone	Kongregation für die Verwaltung der Stadt Avignon und des Comtat Venaissin
CBuonGov	Kongregation des Bonum Regimen
CCenso	Kongregation für die (Steuer-)Schatzung (im Kirchenstaat)
CCeremon	Zeremonialkongregation
CConcilio	Konzilskongregation
CConciliProv	Kongregation für die Revision der Provinzialkonzilien
CConcist	Konsistorialkongregation
CConsulta	Kongregation der Sacra Consulta
CCorrLOr	Kongregation zur Korrektur der (liturgischen) Bücher der Ostkirche
CDiscReg	Kongregation für die (Disziplin der) Ordensleute
CEcclOr	Kongregation für die Ostkirche
CEcon	Kongregation für die Wirtschaftsverwaltung (im Kirchenstaat)
CEpReg	Kongregation für die Bischöfe und Orden
CExamEp	Kongregation zur Prüfung der Kandidaten für das Bischofsamt - Kanonisches Recht (Can) und Theologie (Theol)
CFabbrica	Kongregation für die Bauhütte von St. Peter, gleichzeitig Tribunal für die Implementierung von frommen Stiftungen
CFerm	Kongregation für Fermo
CImmunità	Kongregation für die kirchliche Immunität
CIndex	Indexkongregation
CIndulg	Kongregation für die Ablässe und Reliquien
CLauretana	Kongregation für (die Verwaltung des Heiligtums) Loreto
CProp	Kongregation für die Glaubensverbreitung
CPropEcon	Kongregation für die Glaubensverbreitung, Wirtschaftsverwaltung
CPropOr	Kongregation für die Glaubensverbreitung, Orientalische Angelegenheiten
CReligiosi	Kongregation für die Ordensleute
CResEp	Kongregation für die Residenz(pflicht) der Bischöfe
CRiforma	Kongregation für die Reform (des Klerus)
CRipa	Kongregation für die Tiber-Uferbefestigung und -Schifffahrt
CRiti	Ritenkongregation
CSacram	Sakramentenkongregation
CSeminari	Kongregation für die Seminarien und Universitäten

CSPaolo	Kongregation für den Wiederaufbau der Basilika St. Paul
CStatReg	Kongregation zur Untersuchung des Zustands von Klöstern und Stiften
CStudi	Studienkongregation
CVisitaAp	Kongregation für die Apostolische Visitation (des Bistums Rom)
Memoriali	Sekretariat der Memorialen
PoenitAp	Apostolische Pönitentierie
Signatur(en)	Apostolische Signatur(en)
SO	Kongregation des Heiligen Offiziums
SS	(Päpstliches) Staatssekretariat

Periodika und Nachschlagewerke

AAS	Acta Apostolicae Sedis. - Romae 1909-. Forts. von: Acta Sanctae Sedis. - Romae 1870-1908.
AAug	Analecta Augustiniana. - Romae 1905-.
ABF	Archives Biographiques Françaises
ABI	Archivio Biografico Italiano
ACan	L'année canonique. - Paris 1952-.
ACi	Analecta Cisterciensia. - Romae 1965-1997; 2002-. Forts. von: Analecta Sacri Ordinis Cisterciensis. - Romae 1945-1964.
ADB	Allgemeine Deutsche Biographie. Hg. von der Historischen Commission bei der Königlichen Akademie der Wissenschaften. - 56 Bde. - Leipzig 1875-1910.
AFH	Archivum Franciscanum Historicum. - Grottaferrata 1908-.
AFP	Archivum Fratrum Praedicatorum. - Romae 1931-.
AHP	Archivum Historiae Pontificiae. - Romae 1963-.
AHSI	Archivum historicum Societatis Iesu. - Cleveland-Romae 1932-.
AKathKR	Archiv für katholisches Kirchenrecht. - Paderborn 1857-.
AMRhKG	Archiv für mittelrheinische Kirchengeschichte. - Mainz-Speyer 1949-.
AnGr	Analecta Gregoriana. - Romae 1930-.
Annales OSB	Annales Ordinis Sancti Benedicti. - Romae 1893-1938.
AnPont	Annuario Pontificio. - Roma-Città del Vaticano 1860-1871; 1912-. Forts. von: Ecclesia Cattolica. u.d.T.: 1872-1911 La gerarchia cattolica.
Anton	Antonianum. - Roma 1926-.
AOCD	Analecta Ordinis Carmelitarum Discalceatorum. - Romae 1927-1953. Forts. von: Analecta Ordinis Carmelitarum Excalceatorum. - Romae 1926. Forts.: Acta Ordinis Carmelitarum Discalceatorum. - Romae 1956-.
AOFM	Acta Ordinis Fratrum Minorum vel ad ordinem quoquo modo pertinentia. - Romae 1882-.
AOFMC	Analecta Ordinis Fratrum Minorum Capuccinorum. - Romae 1940-.

AOMC	Analecta Ordinis Minorum Capuccinorum. - Romae 1884-1939.
AOSBM	Analecta Ordinis Sancti Basilii Magni. - Romae 1924-1935; 1949-1971; 1973-
Apoll	Apollinaris. Commentarius Instituti Utriusque Juris. - Milano 1928-.
ARSP	Archiv für Rechts- und Sozialphilosophie. - Stuttgart u.a. 1933-1944; 1949-. Forts. von: Archiv für Rechts- und Wirtschaftsphilosophie. Berlin 1907-1933.
ASI	Archivio storico italiano. - Firenze 1842-.
ASKG	Archiv für schlesische Kirchengeschichte. - Münster 1936-1941; 1949-.
ASOFP	Analecta Sacri Ordinis Fratrum Praedicatorum. - Romae 1893-. Erschien u.d.T. 1893-1932; 1934-1994. Erscheint heute u.d.T. Analecta Ordinis Praedicatorum.
ASRSP	Archivio della Società Romana di Storia Patria. - Roma 1878-1934; 1947-.
ASS	Acta Sanctae Sedis. - Romae 1870-1908. Forts.: Acta Apostolicae Sedis. Romae 1909-.
BBKL	Biographisch-bibliographisches Kirchenlexikon. Hg. von FRIEDRICH W. BAUTZ u.a. - 24 Bde. - Hamm u.a. 1990-2005.
BenM	Benediktinische Monatsschrift. - Beuron 1919-1958.
BiblSS	Bibliotheca Sanctorum. - 12 vol. - Roma 1961-1969. Indice 1. - Roma 1970. Appendici 1-2. - Roma 1987-2000.
BIHBR	Bulletin de l'Institut Historique Belge de Rome. - Rome-Turnhout 1919-.
BLE	Bulletin de littérature ecclésiastique. - Toulouse 1899-.
BNBelg	Biographie nationale. Hg. von der Académie de Belgique. - 28 vol. - Bruxelles 1866-1944. Suppl. - 15 vol. - Bruxelles 1957-1986.
BSAg	Bollettino Storico Agostiniano. - Firenze 1924-1953.
BSt(F)	Biblische Studien. - Freiburg i.Br. u.a. 1895-1930.
BWN	Biografisch Woordenboek van Nederland. - 15 vol. - s'Gravenhage 1979-2001.
Cath	Catholicisme. Hier, Aujourd'hui, Demain. Hg. von GABRIEL JACQUEMET. - 15 vol. - Paris 1948-2000.
CFr	Collectanea Franciscana. - Assisi-Roma 1931-.
CistC	Cistercienser-Chronik. - Bregenz 1889-.
CivCatt	La Civiltà cattolica. - Roma 1850-.
DAB	Dictionary of American Biography. Hg. von ALLEN JOHNSON. - 20 vol. - New York 1928-1936. Suppl. - 3 vol. - New York 1944-1973.
DACL	Dictionnaire d'archéologie chrétienne et de liturgie. Hg. von FERNAND CABROL und HENRI LECLERCQ. - 15 Bde. - Paris 1907-1951.
DB(V)	Dictionnaire de la Bible. Hg. von FULCRAN VIGOUROUX. - 5 vol. -. Paris 1895-1912.
DBF	Dictionnaire de biographie française. Hg. von JULES BALTEAU. - 20 vol. - Paris 1933-2004.
DBI	Dizionario biografico degli Italiani. Hg. vom Istituto della Enciclopedia Italiana. - Roma 1960-.

DDC	Dictionnaire de droit canonique. Hg. von RAOUL NAZ. - 7 vol. - Paris 1935-1965.
DHEE	Diccionario de historia eclesiástica de España. Hg. von QUINTÍN ALDEA VAQUERO. - 5 vol. - Madrid 1972-1975. Suppl. - Madrid 1987.
DHGE	Dictionnaire d'histoire et de géographie ecclésiastiques. Hg. von ALFRED BAUDRILLART. - Paris 1912-.
DIP	Dizionario degli Istituti di Perfezione. Hg. von GUERRINO PELLICCIA und GIANCARLO ROCCA. - 10 vol. - Roma 1974-2003.
DizEc	Dizionario ecclesiastico. Hg. von ANGELO MERCATI. - 3 vol. - Torino 1953-1958.
DL	Deutsches Literatur-Lexikon. Biographisch-Bibliographisches Handbuch. Begründet von WERNER KOSCH. 3. Aufl. hg. von BRUNO BERGER. - 24 Bde. - Bern u.a. 1968-2004.
DNB	The Dictionary of National Biography. Hg. von LESLIE STEPHEN und SIDNEY LEE. - 63 Bde. - London 1885-1900. Suppl. - 3 Bde. - London 1901. Index and Epitome. - London 1903. Errata. - London 1904. - 2. Suppl. - 4 Bde. - London 1912-1913.
DSp	Dictionnaire de Spiritualité ascétique et mystique. Doctrine et histoire. Hg. von MARCEL VILLER u.a. - 21 Bde. - Paris 1932-1995.
DThC	Dictionnaire de théologie catholique. Hg. von ALFRED VACANT und EUGÈNE MANGENOT. - 15 Bde. - Paris 1903-1950. Tables Gén. - 3 Bde. - Paris 1951-1972.
EBio	Enciclopedia biografica. I grandi del Cattolicesimo. Hg. von CARLO CARBONE u.a. - 2 vol. - Roma 1955-1958.
EC	Enciclopedia Cattolica. - 13 vol. - Roma-Città del Vaticano 1949-1969.
EF	Enciclopedia filosofica. - 2. ed. - 6 vol. - Firenze 1968-1969.
Elenchus	Elenchus congregationum, tribunalium et collegiorum almae urbis alphabetico ordine digestus. - Romae : Typographia Rev. Camarae Apostolicae, 1629-1725 [?].
EncEc	Enciclopedia ecclesiastica. Hg. von ADRIANO BERNAREGGI. - 7 vol. - Milano u.a. 1942-[1963].
EncIt	Enciclopedia Italiana di scienze, lettere ed arti. Hg. von GIOVANNI TRECCANI. - 36 vol. - Roma 1929-1939. Appendici. - 5 vol. - Roma 1938-1995.
EncKat	Encyklopedia katolicka. Hg. von Katolicki Uniwersytet Lubelski. - [zurzeit] 11 vol. - Lublin 1973-.
España Sagrada	España Sagrada. Begr. von HENRIQUE FLOREZ. - 56 vol. - Madrid 1747-1957.
EThL	Ephemerides theologicae Lovanienses. - Leuven 1924-.
Fonti	Fonti per la storia d'Italia. Hg. vom Istituto storico italiano per il medio evo. - Roma-Torino 1887-1993.
FRA	Fontes rerum Austriacarum. - Wien u.a. 1849-.
FThSt	Freiburger theologische Studien. - Freiburg i.Br. 1910-1942; 1949-.
Galletti	GALLETTI, PIETRO LUIGI: Necrologium Romanum, BAV Vat. Lat. 7871-7901 [hier zitiert mit Teilbandzählung]

Gatz B 1648	Die Bischöfe des Heiligen Römischen Reiches 1648-1803. Ein biographisches Lexikon. Hg. von ERWIN GATZ. - Berlin u.a. 1990.
Gatz B 1803	Die Bischöfe der deutschsprachigen Länder 1785/1803 bis 1945. Ein biographisches Lexikon. Hg. von ERWIN GATZ. - Berlin 1983.
GAug	GUTIÉRREZ, DAVID ; GAVIGAN, JOHN: Geschichte des Augustinerordens. - 4 vol.- Würzburg 1975-1988.
HBLS	Historisch-Biographisches Lexikon der Schweiz. Hg. von HEINRICH TÜRLER und MARCEL GODET. - 7 Bde. - Neuenburg 1921-1934.
HC	Hierarchia Catholica medii aevi sive summorum pontificum, S.R.E. cardinalium, ecclesiarum antistitum series. Hg. von KONRAD EUBEL u.a. - 9 vol. - Monasterii-Patavi 1898-2002.
HelvSac	Helvetia Sacra. - Bern 1972-.
HispSac	Hispania Sacra. Revista de historia eclesiástica. - Madrid u.a. 1948-.
HJ	Historisches Jahrbuch der Görres-Gesellschaft. - München-Freiburg i.Br. 1880-1941, 1949-.
HPBl	Historisch-politische Blätter für das katholische Deutschland. - München 1838-1923.
HZ	Historische Zeitschrift. - München 1859-.
IKZ	Internationale Kirchliche Zeitschrift. - Bern 1911-.
Kosch	KOSCH, WILHELM: Das Katholische Deutschland. Biographisch-bibliographisches Lexikon. - 3 Bde. - Augsburg 1933-[1938].
LexCap	Lexicon Capuccinum. Promptuarium Historico-Bibliographicum [...] (1525-1950). - Romae 1951.
LThK	Lexikon für Theologie und Kirche. 1. Aufl. hg. von MICHAEL BUCHBERGER. - 10 Bde. - Freiburg i.Br. 1930-1938. 2. Aufl. hg. von JOSEF HÖFER und KARL RAHNER. - 10 Bde. - Freiburg i.Br. 1957-1967. 3. Aufl. hg. von WALTER KASPER. - 10 Bde. - Freiburg i.Br. 1993-2001.
MarL	Marienlexikon. Hg. von REMIGIUS BÄUMER und LEO SCHEFFCZYK. - 6 Bde. - St. Ottilien 1988-1994.
ME	Monitor Ecclesiasticus. - Romae 1949-.Forts. von: Monitore ecclesiastico. Roma 1876-1948.
MEFRM	Mélanges de l'École Française de Rome. Moyen-âge, [Temps modernes]. - Paris-Rome 1971-.
Meulemeester	MEULEMEESTER, MAURICE DE: Bibliographie générale des écrivains rédemptoristes. - 3 vol. - Louvain-La Haye 1933-1939.
MF	Miscellanea francescana di storia, di lettere, di arti. - Roma u.a. 1886-1935. Forts.: Miscellanea francescana. - Roma 1936-.
MGG	Die Musik in Geschichte und Gegenwart. - 2. Aufl. hg. von LUDWIG FINSCHER. - Kassel u.a. 1994-.
MGSLK	Mitteilungen der Gesellschaft für Salzburger Landeskunde. - Salzburg 1860-.
MGWJ	Monatsschrift für Geschichte und Wissenschaft des Judentums. - Berlin 1851-1939.
MHP	Miscellanea Historiae Pontificiae. - Romae 1939-.

Michaud	MICHAUD, JOSEF F. ; MICHAUD, LOUIS G.: Biographie universelle ancienne et moderne. - 85 vol. - Paris 1811-1862; Nouvelle éd. - 45 vol. - Paris 1854-1865 ; ND Graz 1966-1970.
MIÖG	Mitteilungen des Instituts für Österreichische Geschichtsforschung. Innsbruck u.a. 1880-1923; 1948-. 1923-1942 u.d.T.: Mitteilungen des Österreichischen Instituts für Geschichtsforschung. 1944 u.d.T.: Mitteilungen des Instituts für Geschichtsforschung und Archivwissenschaft in Wien.
MOFPH	Monumenta ordinis Fratrum Praedicatorum historica. Hg. von BENEDIKT MARIA REICHERT. - 14 Bde. - Roma 1896-1904. Forts. Paris 1931-.
Moroni	MORONI, GAETANO: Dizionario di erudizione storico-ecclesiastica da S. Pietro sino ai nostri giorni. - 103 vol. - Venezia 1840-1861. Indici - 6 vol. - Venezia 1878-1879.
MThS.H	Münchener theologische Studien, Historische Abteilung. - München 1950.
NBW	Nationaal Biografisch Woordenboek. Hg. von JOZEF DUVERGER. - 16 vol. - Brussel 1964-2002.
NCE	New Catholic Encyclopedia. Hg. von WILLIAM J. MCDONALD. - 15 vol. - New York 1967. Suppl. - 4 vol. - New York 1974-[1995].
NDB	Neue Deutsche Biographie. Hg. von der Historischen Kommission bei der Bayerischen Akademie der Wissenschaften. - Berlin 1953-.
NewGrove	The New Grove Dictionary of Music and Musicians. 2. Aufl. hg. von STANLEY SADIE. - 29 vol. - London 2001.
NNBW	Nieuw Nederlandsch Biografisch Woordenboek. - 10 vol. - Leiden 1911-1937 ; ND Amsterdam 1974.
Notizie	Notizie per l'anno […]. - [Civitavecchia-] Roma 1716-1859.
NRTh	Nouvelle revue théologique. - Bruxelles 1869-.
ÖBL	Österreichisches Biographisches Lexikon 1815-1950. Hg. von der Österreichischen Akademie der Wissenschaften. - Wien 1954-.
OR	L'Osservatore Romano. - Roma-Città del Vaticano 1849-1852; N.S. 1861-.
Pastor	PASTOR, LUDWIG VON: Geschichte der Päpste seit dem Ausgang des Mittelalters. - 16 Bde. - Freiburg i.Br. 1885-1933 ; ND ebenda 1955-1962.
PL	Patrologia Latina. Hg. von JACQUES PAUL MIGNE. - 217 vol. und 4 Reg-vol. - Paris 1841-1864.
Polgár	POLGÁR, LÁSZLÓ: Bibliographie sur l'histoire de la Compagnie de Jésus 1901-1980. - 4 vol. - Rome 1981-1995.
PuP	Päpste und Papsttum. - Stuttgart 1971-.
QFIAB	Quellen und Forschungen aus italienischen Archiven und Bibliotheken. - Rom-Tübingen 1897-1944; 1954-.
RBen	Revue Bénédictine. - Denée 1890-. Forts. von: Le messager des fidèles. Revue Bénédictine. - Maredsous 1884-1889.
REAug	Revue des Études Augustiniennes. - Paris 1955-2003. Forts.: Revue des Études Augustiniennes et Patristiques. - Paris 2004-.

RGG	Die Religion in Geschichte und Gegenwart. Handwörterbuch für Theologie und Religionswissenschaft. 4. Aufl. hg. von HANS D. BETZ. - Tübingen 1998-.
RHE	Revue de l'histoire ecclésiastique. - Louvain 1900-.
RNSP	Revue néo-scolastique de philosophie. - Louvain 1894-1945. Forts.: Revue philosophique de Louvain. - Louvain 1946-.
RöHM	Römische Historische Mitteilungen. - Wien 1956-.
RQ	Römische Quartalschrift für christliche Altertumskunde und Kirchengeschichte. - Freiburg i.Br. u.a. 1887-1915; 1922-1939(1942); 1953-.
RSB	Rivista storica benedettina. - Roma 1906-1926; 1952-1955.
RSCI	Rivista di Storia della Chiesa in Italia. - Roma-Milano 1947-.
RSPhTh	Revue des sciences philosophiques et théologiques. - Paris u.a. 1907-1914; 1920-1940; 1947-.
SHCSR	Spicilegium Historicum Congregationis Sanctissimi Redemptoris. - Romae 1953-.
SMGB	Studien und Mitteilungen zur Geschichte des Benedictinerordens und seiner Zweige. - St. Ottilien-Augsburg. N.S. 1911-1942; 1946-. Forts. von: Wissenschaftliche Studien und Mittheilungen aus dem Benedictiner-Orden. - Brünn-Würzburg 1880-1881; Studien und Mitteilungen aus dem Benediktiner und dem Cistercienser-Orden. - Würzburg 1882-1910.
Sommervogel	SOMMERVOGEL, CARLOS: Bibliothèque de la Compagnie de Jésus. Nouvelle édition refondue et considerablement augmentée. - 12 vol. - Bruxelles-Paris 1890-1932.
StAns	Studia Anselmiana. - Romae 1933-.
StLi	Studia Liturgica. - Rotterdam 1962-.
StT	Studi e Testi. - Biblioteca apostolica Vaticana. - Roma-Città del Vaticano 1900-.
StZ	Stimmen der Zeit. - Freiburg i.Br. 1914-1941; 1946-. Forts. von: Stimmen aus Maria-Laach. - Freiburg i.Br. 1871-1914.
SZG	Schweizerische Zeitschrift für Geschichte. - Zürich-Basel 1951-. Forts. von: Zeitschrift für schweizerische Geschichte. - Zürich 1921-1950.
ThGl	Theologie und Glaube. - Paderborn 190-1943; 1947-.
ThPQ	Theologisch-praktische Quartalschrift. - Linz-Regensburg 1848-1849; 1853-1941, 1947-. Forts. von: Quartalschrift für katholische Geistliche. - Salzburg 1812-1813; Neue Quartalschrift für katholische Geistliche. - Salzburg 1814-[1821].
ThQ	Theologische Quartalschrift. - Ostfildern 1819-.
TRE	Theologische Realenzyklopädie. Hg. von GERHARD KRAUSE und GERHARD MÜLLER. - 36 Bde. - Berlin-New York 1977-2004.
TTS	Tübinger theologische Studien. - 34 Bde. - Mainz 1973-1990. Forts.: Tübinger Studien zur Theologie und Philosophie. - Mainz 1991-.
Ughelli	UGHELLI, FERDINANDO: Italia sacra sive de episcopis Italiae, et insularum adjacentium, rebusque ab iis preclare gestis, deducta serie ad nostram usque aetatem. - Editio seconda. - Venetiis : apud Sebastianum Coleti, 1717-1722 ; ND Liechtenstein 1970. - 10 vol.

VSWG	Vierteljahrschrift für Sozial- und Wirtschaftsgeschichte. - Leipzig-Stuttgart 1903-1944; 1949-.
Wetzer-Welte	WETZER, HEINRICH J. ; WELTE, BENEDIKT (Hg.): Kirchen-Lexikon oder Encyklopädie der katholischen Theologie und ihrer Hilfswissenschaften. - 12 Bde. - 2. Aufl. Freiburg i.Br. 1882-1901. Register. - Freiburg i.Br. 1903. 2. Aufl. u.d.T.: Wetzer und Welte's Kirchen-Lexikon oder Encyklopädie der katholischen Theologie und ihrer Hülfswissenschaften.
Wurzbach	WURZBACH, CONSTANTIN VON: Biographisches Lexikon des Kaiserthums Österreich. - 60 Bde. - Wien 1856-1891.
ZAGV	Zeitschrift des Aachener Geschichtsvereins. - Aachen 1879-1940; 1949-.
ZBLG	Zeitschrift für bayerische Landesgeschichte. - München 1928-.
ZKG	Zeitschrift für Kirchengeschichte. - Stuttgart u.a. 1877-1918; N.S. 1920-1930; Ser. 3 1931-1944; Ser. 4 1950-.
ZSKG	Zeitschrift für schweizerische Kirchengeschichte. - Freiburg i.Ü. 1907-2003. Forts.: Schweizerische Zeitschrift für Religions- und Kulturgeschichte. Freiburg i.Ü. 2004-.

Prosopographie

A–L

A

Niccolò Acciaioli

Geboren 1630 Juli 6 in Florenz
Gestorben 1719 Febr. 23 in Rom

Familie

Der Kardinal stammte aus einem wohlhabenden Bankhaus, Sohn des adeligen Florentiner Senators und ab 1644 in Rom ansässigen Ottaviano Acciaioli (1581-1659), Patrizier mit Sitz im Kapitol (Conservatore in Campidoglio), und der Maria Acciaioli, Tochter des begüterten Donato Acciaioli (1565-1603) aus einem anderen Zweig der gleichen Großfamilie. Ein Bruder des Kardinals, Filippo Acciaioli (1637-1700), machte als Theaterregisseur in Rom und als Weltreisender (Asien, Afrika, Amerika) von sich reden. Der ältere Bruder des Kardinals, Donato Acciaioli (gest. 1704), führte die Familiengeschäfte und zählte zu seinen Enkeln den Kardinal Filippo Acciaioli (gest. 1766) sowie das ‚schwarze Schaf' der Familie, Roberto Acciaioli (1657-1713). Dieser letztere floh 1692 nach der Affäre mit einer Elisabetta Mormorai aus dem Gefängnis in Florenz über Venedig auf das Gebiet des Reiches, von Trient ausgeliefert nach Florenz mit lebenslanger Haft. Die publik gewordenen Versuche des Kardinals Niccolò Acciaioli, den Großneffen Roberto von einer Ehe unter Standes abzuhalten, und die allgemeinen Sympathien (auch im Adel) für den ‚Ausreißer' Roberto schadeten bei den Papstwahlen 1691 und 1700 dem Kardinal, der damals als „papabile" galt. Weiteres hierzu bei Raimondi: Matrimonio; Ugurgieri: Acciaioli, 730-733.

Lebenslauf

	Studium am Seminario und Collegio Romano
	Dr. iur. utr. in Rom
1654	Kleriker der Apostolischen Kammer
1656	Presidente delle Strade
1662 Febr. 9	Presidente delle Armi (bis 1667)
1667 [vor Jan. 8]	Referendar der Signaturen
1667 Mai 9	Auditor der Apostolischen Kammer
1669 Nov. 29	Kardinal
1669 [Dez. 6]	Mitglied der CIndex, Ernennung
ACDF Index Diari 7 (1665-1682), Bl. 27v (Bericht des Sekr. der CIndex, → Clemens IX. habe „paucis ante obitum [9. Dez.] diebus" Acciaioli ernannt)
1670 Mai 19	Zuteilung der Titelkirche SS. Cosma e Damiano
1670 [Mai 19]	Mitglied der CBuonGov und CConsulta
1670 Mai 19	Apostolischer Legat von Ferrara (bis 1673)
1680	Apostolischer Legat von Ferrara (bis 1690)

1693 Sept. 28	Suburbikarischer Bischof von Tusculum
1700 Dez. 5	Suburbikarischer Bischof von Porto und S. Rufina (bis 1715)
1704 Dez. 8	Mitglied des SO, Ernennung
	ACDF SO Juramenta 1701-1724, Bl. 23 (Schreiben SS an SO)
1704 Dez. 10	Mitglied des SO, Amtsantritt durch Eidesleistung
	ACDF SO Juramenta 1701-1724, Bl. 25v; ACDF SO Priv. 1750-1754, Bl. 426r („Nota de' Sig.ri Cardinali Segretarj")
1704 Dez. 12	Joannes Jacobus Fattinelli, Auditor von Acciaioli, Amtsantritt durch Eidesleistung
	ACDF SO Extens. 1680-1690 [-1707] = ACDF SO St.St. Q-1-p, Bl. 455r
1704 Dez. 12	Nicolaus Marcelli, Scriptor von Acciaioli, Amtsantritt durch Eidesleistung
	ACDF SO Extens. 1680-1690 [-1707] = ACDF SO St.St. Q-1-p, Bl. 455r
1715 März 18	Suburbikarischer Bischof von Ostia und Velletri
	Dekan des Kardinalskollegiums
1717	Sekretär des SO (Nachfolger von F. → Spada)
	ACDF SO St.St. M-2-m, o.Bl. (Liste der Sekretäre des SO)
1719 Febr. 21	F. del → Giudice, interimistischer Sekretär des SO während Erkrankung Acciaiolis, Ernennung
	ACDF SO St.St. M-2-m, o.Bl. (Liste der Sekretäre des SO); ACDF SO Priv. 1750-1754, Bl. 438v

Literatur
- DHGE 1 (1912), 265 von P. Richard.
- EncCatt 1 (1948), 191 von E. Santovito.
- Hierarchia Catholica 5, 5.
- Katterbach, Bruno: Referendarii utriusque Signaturae a Martino V ad Clementem IX et praelati Signaturae supplicationum a Martino V ad Leonem XIII (StT ; 55. Sussidi per la consultazione dell'Archivio vaticano ; 2). - Città del Vaticano 1931, 324.
- Maroni, Fausto Antonio: Commentarius de ecclesia et episcopis Auximatibus in quo Ughelliana series emendatur, continuatur, illustratur. - Auximi : Typis Dominici Antonii Quercetti Impress. episcopalis ac publici, 1762, 89f.
- Moroni 1 (1840), 57.
- Palazzi, Giovanni: Gesta pontificum Romanorum a Sancto Petro apostolorum principe usque ad Innocentium XI. [...]. - 5 vol. - Venetiis : Apud Ioannem Parè, 1687-1690, hier: vol. 4, 374.
- Raimondi, C.: Un matrimonio in Toscana ai tempi di Cosimo III de' Medici, in: Rivista d'Italia 16 (1913), 693-711.
- Seidler, Sabrina M.: Il teatro del mondo. Diplomatische und journalistische Relationen vom römischen Hof aus dem 17. Jahrhundert (Beiträge zur Kirchen- und Kulturgeschichte ; 3). - Frankfurt a.M. 1996,
- Ugurgieri Della Berardenga, Curzio: Gli Acciaioli di Firenze nella luce dei loro tempi (1160-1834) (Biblioteca storica toscana ; 12). - 2 vol. - Firenze 1962, hier bes.: vol. 2, 726-734.

- Weber, Christoph (Bearb.): Die päpstlichen Referendare 1566-1809. Chronologie und Prosopographie (PuP ; 31/1-3). - 3 Bde. - Stuttgart 2003-2004, hier: Bd. 2, 383.
- Weber, Christoph (Hg.): Die ältesten päpstlichen Staatshandbücher. Elenchus Congregationum, Tribunalium et Collegiorum Urbis 1629-1714 (RQ Supplementheft ; 45). - Rom u.a. 1991, 75.
- Weber, Christoph (Hg.): Legati e governatori dello stato pontificio (1550-1809) (Pubblicazioni degli Archivi di Stato. Sussidi ; 7). - Roma 1994, 438.
- Weber, Christoph: Senatus Divinus. Verborgene Strukturen im Kardinalskollegium der frühen Neuzeit (1500-1800) (Beiträge zur Kirchengeschichte ; 2). - Frankfurt a.M. 1996, 469f. u.ö.
- Wetzer-Welte 1 (1886), 148 von Stahl.

Giuseppe Accoramboni

Geboren 1672 Sept. 24 in Preci (Diözese Spoleto, Umbrien)
Gestorben 1747 März 21 in Rom

Familie

Der spätere Kardinal entstammte keinem der prominenten adeligen Häuser Accoramboni aus Gubbio (Umbrien) oder Tolentino (Marken). Dazu Weber: Referendare 2, 385. Zu Unrecht bezeichnete man ihn jedoch als Sohn armer Leute, vgl. Moroni 1, 60. Der Vater arbeitete einige Jahre als Wundarzt („chierugo") in Lucca (vgl. Seidler/Weber: Päpste, 274). Bei den Erbstreitigkeiten ab 1747 begegnen ein Neffe Graf Filippo Accoramboni (gest. wohl 1752), Patrizier von Spoleto, und dessen Geschwister Graf Ignazio, päpstlicher Protonotar und Geheimrat des Königs August von Sachsen in Warschau, sowie Lavinia, verehelicht mit einem conte della Genga. Der erwähnte Prälat Ignazio Accoramboni setzte dem Onkel, dem hier interessierenden Kardinal, das Grabdenkmal in S. Ignazio in Rom. Text des Epitaphs abgedruckt bei Zaccaria: Series, 225, und Seidler/Weber: Päpste, 274f. Die beiden Grafen Filippo und Ignazio waren die letzten männlichen Vertreter der im Übrigen weiter nicht bekannten Accoramboni in Preci. Vgl. Capograssi Guarna: Ricordi, 101-103, mit vergeblichen Bemühungen um nähere Nachrichten zur Familie.

Lebenslauf

	Studium in Perugia und Lucca
1694 Mai 6	Dr. iur. utr. in Perugia
	Adiutor studiorum von Luca Palma und A. → Ansaldi in Rom
	Auditor des Kardinals Michelangelo Conti (Innozenz XIII.)
1721 Mai 13	Subdatar von Papst Innozenz XIII.
1722 Jan. 8	Kanoniker an St. Peter, Rom
1723 Febr. 14	Priesterweihe
1723 März 15	Referendar der Signaturen
1723	Sekretär der CAvignone (bis 1725)
1724	Subdatar von Papst → Benedikt XIII.
	Konsultor der CRiti

1724 Sept. 11	Titularerzbischof von Philippi
1725	Teilnehmer am Römischen Konzil
1726 März 16	Konsultor des SO, Ernennung
	ASV SS Mem Bigl 158
1726 März 19	Konsultor des SO, Amtsantritt durch Eidesleistung
	ACDF SO Juramenta 1725-1736, o.Bl.; ACDF SO Decreta 1726, Bl. 246r (hier: „21. Aug.")
1726 Juni 25	Konsultor der CExamEp
	ASV SS Mem Bigl 158
1726 Aug. 8	Auditor des Papstes, Amtsantritt durch Eidesleistung
	ACDF SO Juramenta 1725-1736, o.Bl.
1727 Febr. 22	Francesco Cotogni, Adiutor studiorum von Accoramboni, Amtsantritt durch Eidesleistung
	ACDF SO Juramenta 1725-1736, o.Bl.
1728 Apr. 12	(Erz-)Bischof von Imola (unter Beibehaltung seiner römischen Posten)
1728 Sept. 20	Kardinal
1728 Nov. 15	Zuteilung der Titelkirche S. Maria in Traspontina
	Mitglied der CConcilio, CRiti, CConcist, CExamEp, CBuonGov und CImmunità
1741 Febr. 26	Mitglied der Signatura Gratiae
	ASV SS Mem Bigl 176
1743 März 11	Suburbikarischer Bischof von Tusculum
1743 Sept. 23	Mitglied des SO, Ernennung
	ACDF SO Juramenta 1737-1749, o.Bl. (Schreiben SS an Ass. des SO)
1743 Sept. 25	Mitglied des SO, Amtsantritt durch Eidesleistung
	ACDF SO Juramenta 1737-1749, o.Bl.; ACDF SO Decreta 1743, Bl. 267r
1743 Okt. 8	Ubaldo Mignoni, Theologus von Accoramboni, Amtsantritt durch Eidesleistung
	ACDF SO Juramenta 1737-1749, o.Bl.
1743 Nov. 14	G. P. → Daniele, Auditor von Accoramboni, Amtsantritt durch Eidesleistung
	ACDF SO Juramenta 1737-1749, o.Bl.
1743 Nov. 21	Alessandro Salomoni, Auditor von Accoramboni, Amtsantritt durch Eidesleistung
	ACDF SO Juramenta 1737-1749, o.Bl.

Eigene Werke
- Synodus dioecesana S. Ecclesiae Imolensis habita, ab eminentissimo, & reverendissimo domino, domino Josepho S.R.E. presbitero cardinali Accorambono tit. S. Mariae de Transpontina episcopo Imolense, & comite. Anno domini 1738, sub diebus 25; 26; 27. Octobris. - Romae : in domo Caroli Giannini, 1738. - XVI, 94 S.

Literatur
- Anonym [Mariotti, Annibale]: De' Perugini Auditori della Sacra Rota Romana memorie istoriche. - Perugia : Baduel, 1787, 177.
- Capograssi Guarna, Baldassare: Ricordi storici della famiglia Accoramboni. - Roma 1896, 98-101.
- Cardella, Lorenzo: Memorie storiche de' Cardinali della Santa Romana Chiesa [...]. - In Roma : nella stamperia Pagliarini, 1792-1797. - 10 vol., hier: vol. 8, 237f.
- Concilium Romanum in Sacrosancta Basilica Lateranensi celebratum Anno Universalis Jubilaei MDCCXXV. a sanctissimo Patre, & Dno Nostro Benedicto Papa XIII. Pontificatus sui Anno I. - Romae : ex Typographia Rocchi Bernabò, 1725, 126.
- DHGE 1 (1912), 272 von P. Richard.
- EC 1 (1948), 201 von G. Sanità.
- Guarnacci, Mario: Vitae, et res gestae Pontificum Romanorum et S.R.E. Cardinalium a Clemente X. usque ad Clementem XII. [...] Descripta a S. Petro ad Clementem IX. - Romae : Sumptibus Venantii Monaldini bibliopolae [...] ; Ex Typographia Joannis Baptistae Bernabo, & Josephi Lazzarini, 1751. - 2 vol., hier: vol. 2, 543-546.
- Hierarchia Catholica 5, 38.
- Moroni 1 (1840), 60.
- Seidler, Sabrina M. ; Weber, Christoph (Hg.): Päpste und Kardinäle in der Mitte des 18. Jahrhunderts (1730-1777). Das biographische Werk des Patriziers von Lucca Bartolomeo Antonio Talenti (Beiträge zur Kirchen- und Kulturgeschichte ; 18). - Frankfurt a.M. u.a. 2007, 274f.
- Weber, Christoph (Bearb.): Die päpstlichen Referendare 1566-1809. Chronologie und Prosopographie (PuP ; 31/1-3). - 3 Bde. - Stuttgart 2003-2004, hier: Bd. 2, 385f.
- Zaccaria, Francesco Antonio (Hg.): Series episcoporum Forocorneliensium a Ferdinando Ughellio digesta, deinde a Nicolao Coleto emendata et aucta, postremo a Francisco Antonio Zaccaria restituta quinque cum dissertationibus in Ughelli proemium. Accedunt nunc gesta Pii VII. Pont. Max. Forocorneliensis iam episcopi et Antonii cardinalis Rusconii episc. - 2 vol. - Forocornelli 1820.

Gian Domenico Agnani OP

Namensvarianten Gaetano Agnani (Taufname)

Geboren 1680 in Vignola (bei Modena)
Gestorben 1746 Nov. 17 in [Rom]

Familie
Die Eltern des Paters, Giovanni Battista Agnani und Margarita Borghini, gehörten vielleicht der Mittelschicht in Vignola an (vgl. Coulon/Papillon: Scriptores 1, 825). Ein jüngerer Bruder des Konsultors wurde Jesuit. Der ebenfalls in Vignola geborene Historiker Ludovico A. Muratori stand in Briefkontakt mit dem Dominikaner.

Agnani

Lebenslauf

1697 Jan. 27	Ordenseintritt in S. Domenico, Modena
1697 März 19	Noviziat in Correggio (bei Parma) (Einkleidung)
1698	Ordensprofess in Correggio
1698	Studium der Philosophie am Ordenskonvent in Faenza
1698 Dez. 21	Studium der Philosophie und später der Theologie am Ordenskonvent in Mantua
	Lektor für Philosophie in Mantua, Mailand und Modena
	Lektor für Moraltheologie in Piacenza
1721 Nov. 5	Verleihung des Magistertitels durch den Orden [in Piacenza]
1723 März 18	Socius des Provinzials der Ordensprovinz Lombardei P. Paolo Girolamo Gallarate OP
	Professor für Dogmatik an der Universität Modena
1728 Mai 5	Bibliothecarius Casanatensis, Rom
	Socius des Generalprokurators des Ordens in Rom A. G. → Molo (für mehrere Jahre)
1728 Juli 5	Relator der CIndex, Ernennung
	ACDF Index Diari 15 (1721-1734), Bl. 86r; ACDF Index Prot. 81 (1737-1740), Bl. 443r
1729 Febr. 1	Konsultor der CIndex, Ernennung
	ACDF Index Diari 15 (1721-1734), Bl. 94v (Vermerk Sekr. der CIndex zur Papstaudienz)
1733 Febr. 5	Präfekt der Bibliotheca Casanatensis, Rom
	Provinzial der Ordens, Provinz Lombardei

Unveröffentlichte Quellen

Archivio S. Maria sopra Minerva, Totenbuch „Morti VI 1741-1824", Bl. 10v (Todesdatum); Galletti 22, Vat. Lat. 7889, Bl. 143

Gutachten

(1729 Jan. 17)	Mission, François Maximilien: Nouveau voyage d'Italie [...]. - A La Haye : Chez Henry van Bulderen, 1727.
	ACDF Index Prot. 77 (1728-1731), Bl. 35r-38r, 7 S.
(1729 Juli 18)	Addison, Joseph: Remarques sur divers endroits d'Italie [...]. - A Paris : chez Denis Horthemels, 1722.
	ACDF Index Prot. 77 (1728-1731), Bl. 161r-164r, 8 S.
(1734 Mai 17)	Köber, Johann Friedrich: Dissertatiunculae De Sangvine Jesu Christi [...]. - Dresdae : Apud Editorem ; Pirnae : Literis Georg. Balthas. Ludovici, 1698.
	ACDF Index Prot. 79 (1734-1735), Bl. 34r-37v, 8 S.
[1734 Juni 2]	Locke, John: Essai philosophique [...]. - A Amsterdam : Chez Henri Schelte, 1700.
	ACDF SO CL 1733-1734, Nr. 11, 8 S.
(1737 Jan. 14)	Anonym [Serry, Jaques Hyacinthe]: Theologia Supplex coram Clemente XII. Pont. Max. [...]. - Coloniae : [S.n.], 1736.
	ACDF Index Prot. 80 (1735-1737), Bl. 290r-325r, 71 S.

(1738 Juli 28)	Ceremonies Et Coutumes Religieuses De Tous Les Peuples Du Monde [...]. - A Amsterdam : Chez J. F. Bernard, 1723. ACDF Index Prot. 81 (1737-1740), Bl. 100r-103v, 8 S.
(1741 Apr. 24)	Anonym [Persuttini, Antonio]: Giornata ben spesa del cristiano [...]. - In Venezia : Appresso Antonio Mora, 1733. ACDF Index Prot. 81 (1737-1740), Bl. 314r-315v, 4 S.

Eigene Werke
- Anonym: Philosophia Neo-Palaea : Divo Thoma Aquinate magistro ad christianissimi & rationis normam novae ac veteris scholae dogmata expendens. Liber I prodromus, philosophiae natura, indoles, affectiones explicantur, defenduntur praecepta ad recte philosophandum ad delectum doctrinae, instituuntur, vindicantur [...]. - Romae : ex typographia Hieronymi Mainardi, 1734. - XVI, 377 S. [kein weiterer Band erschienen]
- De S. Agnete a Monte Politiano moniali professa ordinis praedicatorum verba, habita Romae in Templo S. Mariae super Minervam pridie Calendas Septembris MDCCXXVII. Ad EE. et RR. DD. S.R.E. cardinales [...]. - Romae : Ex Typographia Hieronymi Mainardi, [s.a.]. - 32 S.
- Epistola ad amicum circa systemata physices, quae his diebus grandescunt in scholis, eodem Auctoris amico in gratiam peripateticae scholae candidatorum in lucem edita. - Bononia : Constantini Pisarri, 1717. - 118 S.

Literatur
- Anonym [Revillas, Diego]: Lettera del P. Lettore Venturelli al P. Maestro Agnani Bibliotecario della Casanatense di Roma intorno al Libro da questo pubblicato col titolo Philosophia Neo-Palaea ecc. - [S.l.] : [S.n.], [1735?]. - 20 S. [der fingierte Schüler von Agnani, Venturelli OP, laut Tiraboschi und Mazchelli „abate Raviglia" ist zu identifizieren als D. → Revillas, der hier die „Philosophia neo-palaea" Agnanis kritisiert]
- Coulon, Rémy ; Papillon, Antonin: Scriptores Ordinis Praedicatorum recensiti, notis historicis et criticis illustrati ad annum 1700 auctoribus Jacobo Quétif [...] ab anno autem 1701 ad annum 1750 perducti [...]. - 2 vol. - Romae ; Parisiis 1909-1934, hier: vol. 1, 825.
- Creytens, Raymond: Les annotations secrètes du maître général Augustin Pipia OP sur l'examen ad gradus des Dominicains italiens (1721-1724), in: AFP 42 (1972), 167-197, hier: bes. 176.196.
- Creytens, Raymond: Raphaël de Pornassio OP (+ 1467), in: AFP 49 (1979), 145-192 [I.Vie et œuvres]; 50 (1980), 117-166 [II. Les écrits relatifs à l'histoire dominicaine], hier: bes. 131f.
- Guglielmotti, Alberto: Catalogo dei bibliotecari, cattedratici, e teologi del Collegio Casanatense nel convento della Minerva dell'Ordine de' Predicatori in Roma dal principio di loro istituzione sino al presente. Raccolto da sicuri documenti e corredato di note biografiche, cronologiche, e bibliografiche. - Roma 1860, 8f.
- Mazzuchelli, Giammaria: Gli scrittori d'Italia : Cioè notizie storiche e critiche intorno alle vite, e agli scritti dei letterati italiani. - Brescia : Giambatista Bossini, 1753-1763. - 6 vol., hier: vol. 1, 191f.

- Muratori, Ludovico Antonio: Carteggio con AA...-Amadio Maria di Venezia. A cura di Gianni Fabbri, Daniela Gianaroli (Edizione nazionale del Carteggio di L. A. Muratori ; 1). - Firenze 1997, 94-210. [25 Briefe von Agnani aus den Jahren 1727-1731 und 1746]
- Quétif, Jacobus ; Echard, Jacobus: Scriptores ordinis praedicatorum recensiti, notisque historicis et criticis illustrati, opus quo singulorum vita, praeclareque gesta referuntur, chronologia insuper seu tempus quo quisque floruit certo statuitur : fabulae exploduntur, scripta genuina, dubia, supposititia expenduntur [...] ab an. MDI ad an. MDCCXX [...]. - Lutetiae Parisiorum : Apud J. B. Christophorum Ballard, et Nicolaum Simart, 1719-1721. - 2 vol., hier: vol. 2, 795.
- Taurisano, Innocentius: Hierarchia Ordinis Praedicatorum. - Taurini 1916, 106.
- Tiraboschi, Girolamo: Biblioteca Modenese : o, notizie della vita e delle opere degli scrittori natii degli stati del serenissimo Signor Duca di Modena. - Modena : Presso la Società tipografica, 1781-1786. - 6 vol., hier: vol. 1, 89; vol. 6, 12.

Filippo Agosti OFMConv

Geboren um 1750 in [Rom]
Gestorben 1803 Aug. 26 in Velletri (bei Rom)

Lebenslauf

	Mitglied des Ordenskonvents in Velletri
1777 Sept. 18	Lektor für Moraltheologie im Seminar von Velletri
um 1778	Lektor für Moraltheologie im Collegio Scozzese, Rom
1779	Magister theol.
1780	Mitglied des Konvents SS. XII Apostoli, Rom (bis 1798)
[1800]	Konsultor der CIndex

Unveröffentlichte Quellen
Archivio Generale dei Francescani Conventuali, Rom (Freundliche Auskunft zu Ordensämtern und Todesdatum an H. H. Schwedt)

Literatur
- Notizie 1801-1803. [hier aufgeführt als Konsultor der CIndex]
- Papini, Nicolò: Lectores Publici Ordinis Fratrum Minorum Conventualium a saec. XIII ad saec. XIX, in: MF 31 (1931), 95-102.170-174.259f.; 32 (1932), 33-36.72-77, hier: 72.
- Papini, Nicolò: Minoritae Conventuales lectores publici artium et scientiarum in accademiis, universitatibus et collegiis extra ordinem, in: MF 33 (1933), 67-74.242-261.381-385; 34 (1934), 118-126.330-333, hier: 382.

Lorenzo Agostini Or

Lebenslauf

                 Sakristan („Sagrestano maggiore") von S. Maria in Vallicella, Rom

1803 Sept. 9   Konsultor der CIndex, Ernennung

                 ACDF Index Diari 18 (1764-1807), Bl. 82v

1804 Jan. 23   Konsultor der CIndex, Demission

                 ACDF Index Diari 18 (1764-1807), Bl. 85v

Literatur

- Due diari della repubblica romana del 1798-1799. A cura di Carlo Gasbarri e Vittorio E. Giuntella (Collectanea urbana ; 4). - Roma 1958, 112.

Agostino di S. Tommaso d'Aquino SP

Namensvarianten Tommaso Angelo Passante (Taufname), Agostino Passante

Geboren   1653 März 21 in Trepuzzi bei Lecce (Apulien)
Gestorben   1732 Nov. 8 in Neapel

Familie

Als Herkunftsort des Paters gilt Trepuzzi in Apulien (so Hierarchia Catholica 5, 325), während andere „Guaniani" angeben, das wohl identisch ist mit dem Ort Guagnano, etwa 10 km von Trepuzzi entfernt (so Viñas: Index 2, 22). Er lebte zuletzt aus Gesundheitsgründen (blind) in Neapel.

Lebenslauf

1673 Nov. 19   Ordenseintritt

1676 Apr. 19   Priesterweihe

                 Erzieher in spanischen Adelshäusern

                 Generalkommissar des Ordens in Spanien

                 Novizenmeister in Neapel

                 Mathematikprofessor in Neapel

                 Generalprokurator des Ordens in Rom

1707   Relator der CIndex, Antrag auf Ernennung

                 ACDF Index Prot. 68 (1707-1710), Bl. 63r (Bewerbung P. Agostinos o.D. an die CIndex mit Angaben zum Lebenslauf)

1707 Nov. 21   Relator der CIndex, Ernennung

                 ACDF Index Diari 13 (1704-1708), Bl. 133r

                 Hofprediger und Hofbeichtvater in Wien

1724 Sept. 9   Bischof von Pozzuoli bei Neapel (kaiserliche Bestallung)

1725 Jan. 29   Bischof von Pozzuoli (päpstliche Ernennung)

Gutachten

(1708 März 5)	Custurer, Jaime: Disertaciones historicas del culto inmemorial del B. Raymundo Lullio [...]. - En Mallorca : En la emprenta de Miguel Capò, 1700. ACDF Index Prot. 68 (1707-1710), Bl. 125r-129v, 10 S.
1708 Juli 25	Alamin, Felix de: Espejo de verdadera, y falsa contemplacion [...]. - Madrid : Por Antonio de Zafra, [1695]. ACDF Index Prot. 68 (1707-1710), Bl. 217r-223v, 14 S.
1708 Nov. 20	Zeaorrte, Martín de: Dios contemplado y Christo imitado [...]. - En Madrid : Por Mateo de Espinosa y Arteaga, 1672. ACDF Index Prot. 68 (1707-1710), Bl. 303r-305v, 5 S.
1710 Okt. 6	Pufendorf, Samuel von: Le droit de la nature et des gens [...]. - À Amsterdam : chez Gerard Kuyper, 1706. ACDF Index Prot. 69 (1710-1712), Bl. 147r-151v, 10 S.

Eigene Werke

- [Anonym]: Ad anonymum de passionibus duarum rectarum sese intersecantium scitantem, geometricum Responsum. - Viennae : Schilgen, 1720. [gewidmet Kaiser Karl VI.]

Literatur

- Hierarchia Catholica 5, 325.
- Viñas, Tomás: Index biobibliographicus Clericorum Regularium Pauperum Matris Dei Scholarum Piarum qui in universo Ordine pietatem, litteras ac scientias scriptis suis foventes ornaverunt. - 3 vol. - Romae 1908-1911, hier: vol. 2, 22-24. [Bibliographie]

Vincenzo Maria Alamanni Nasi

Geboren	1679 Apr. 7 in Florenz
Gestorben	1735 Juli 26 in Madrid

Familie

Der spätere Nuntius, Sohn des Antonfrancesco und der Maria Maddalena Borgherini, stammte aus einer Florentiner Familie von Patriziern und Senatoren, zu der im ausgehenden 16. Jahrhundert etwa einige Botschafter und ein Bischof gehörten. Vgl. Weber: Legati, 444. Zahlreiche Nachrichten aus dem Familienmilieu im 18. Jahrhundert erfährt man bei Morelli Timpanaro: Alamanni.

Lebenslauf

1693 Juli 15	Kleriker Kanoniker in Florenz
1702 Aug. 24	Dr. phil. und Dr. theol. am Collegio Romano

1708-1709	Reise nach Frankreich und Flandern (Bekanntschaft mit Fenélon in Cambrai)
1709	Briefwechsel mit Fénelon (bis Febr. 1712)
[1709]	Relator der CIndex, Antrag auf Ernennung ACDF Index Prot. 68 (1707-1710), Bl. 514r (Bewerbung Alamannis o.D. an die CIndex mit Angaben zum Lebenslauf)
1710 Jan. 28	Relator der CIndex, Ernennung ACDF Index Diari 14 (1708-1721), Bl. 19v
1710 Nov. 16	Priesterweihe Prelato domestico unter Innozenz XII. Sekretär der Kommission zur Vorbereitung der Bulle Unigenitus (unter → Clemens XI.)
1714	Sekretär einer Sonderkongregation unter C. A. → Fabroni Sekretär der Kommission zur Untersuchung des Jansenismus
1714 März	Sekretär der Cifra Kanoniker der Lateranbasilika, Rom
1720 Febr. 29	Konsultor des SO, Ernennung ACDF SO Decreta 1720, Bl. 84r; ACDF SO Priv. 1710-1727, Bl. 421
1720 März 6	Konsultor des SO, Amtsantritt durch Eidesleistung ACDF SO Juramenta 1701-1724, Bl. 280v; ACDF SO Decreta 1720, Bl. 93r
1723 Nov. 22	Titularerzbischof von Seleucia
1723 Dez. 2	Nuntius in Neapel
1730 Dez. 20	Nuntius in Madrid

Eigene Werke
- In funere Ludovici XIV. christianissimi Galliarum regis oratio habita in pontificio Quirinali sacello. - Romae : typis Jo. Maria Salvionis, 1716. - [14] Bl., XXXIV S.
- Tempus annorum, sive De S. Spiritus adventu oratio habita in sacello pontificio ad sanctissim. D. N. Innocentium XII. Pont. Max. - Romae : typis Antonii de Rubeis, 1700. - 8 S.

Literatur
- Ceyssens, Lucien ; Tans, Joseph A. G.: Autour de l'Unigenitus. Recherches sur la genèse de la constitution (Bibliotheca Ephemeridum Theologicarum Lovaniensium ; 76). - Leuven 1987, 416.
- DBI 1 (1960) 573f. von F. Ruggi D'Aragona.
- E. L.: Lettre de Fénelon à l'abbé Alamanni, in: L'Amateur d'autographes. Revue historique et biographique 34 (1901), 141-146.
- Fénelon, François de Salignac de La Mothe: Correspondance de Fénélon, archevêque de Cambrai. Publiée d'après les manuscrits originaux et la plupart inédits. - Vol. 3. - Versailles 1827, 211-213.221-223.264-267.
- Hierarchia Catholica 5, 352.
- Hillenaar, Henk: Fénelon et les Jésuites (Archives Internationales d'Histoire des Idées ; 21). - La Haye 1967, 247-253.

- Morelli Timpanaro, Maria Augusta: Andrea Maria e Vincenzo Maria Alamanni nella società fiorentina del '700, in: Annuario dell'Istituto storico italiano per l'Età moderna e contemporanea 37-38 (1985-1986), 285-416. [zur Familie]
- Orcibal, Jean: Fénelon et la Cour Romaine (1700-1725), in: Mélanges d'archéologie et d'histoire 57 (1940), 235-348, hier: 277f.
- Rezzi, Luigi Maria: Lettres inédites de Fénelon, in: Analecta Juris Pontificii. Ser. 1 [1] (1853), 442-454.
- Weber, Christoph (Hg.): Die ältesten päpstlichen Staatshandbücher. Elenchus Congregationum, Tribunalium et Collegiorum Urbis 1629-1714 (RQ Supplementheft ; 45). - Rom u.a. 1991, 43.
- Weber, Christoph (Hg.): Legati e governatori dello stato pontificio (1550-1809) (Pubblicazioni degli Archivi di Stato. Sussidi ; 7). - Roma 1994, 444. [Lit.]

Annibale Albani

Geboren 1682 Aug. 15 in Urbino (Marken)
Gestorben 1751 Okt. 21 in Rom

Familie
Der spätere Kardinal Annibale und sein Bruder, Kardinal Alessandro (gest. 1779), gehörten als Söhne des Orazio (des Bruders von → Clemens XI.) und der Maria Bernardina Ondedei-Zonghi zu einer alten Patrizierfamilie aus Urbino, inzwischen im Fürstenrang. Der Neffe Giovanni Francesco Albani (1720-1803), seit 1747 Kardinal, wurde 1741 Mitarbeiter seines Onkels Annibale, damals Mitglied des SO (s. unter dem Datum). Zum einflussreichen Neffen Giuseppe vgl. das Profil G. → Albani.

Lebenslauf

	Studium am Collegio Romano
	Dr. phil. und Dr. theol. am Collegio Romano
1702 Febr. 25	Kanoniker an St. Peter, Rom (trotz Abwesenheit wegen des Studiums)
1703 Sept. 22	Auditor und Adiutor von G. D. → Bragaldi, Amtsantritt durch Eidesleistung
	ACDF SO Extens. 1680-1690 [-1707] = ACDF SO St.St. Q-1-p, Bl. 438r
1703 Okt. 24	Dr. iur. utr. in Urbino
1704	Maestro di Camera di S. Santità
1706 Juni 17	Prelato domestico, Konsultor der CRiti, CFabbrica und CConcist
	ASV SS Mem Bigl 155, Bündel 1709-1721 (Schreiben SS an Albani und die Leiter der betroffenen Behörden, Entwurf)
1707 Aug. 8	Praeses der Apostolischen Kammer
1707 Nov.	Konsultor der CIndex, Ernennung
	ACDF Index Diari 13 (1704-1708), Bl. 135v (Audienzdekret des Papstes, o.D.)

1708 Mai 8	Relator des SO
	ACDF SO Decreta 1708, Bl. 191v
1709 Juli 22	Nuntius in Wien
1710	Aufenthalt in Dresden zur Klärung der polnischen Thronfolge (August von Sachsen) (bis 1712)
1711	Teilnahme am Reichstag in Frankfurt (als außerordentlicher Nuntius)
1711 Dez. 23	Kardinal
1711	Sekretär der Memoriali
1712 März 2	Zuteilung der Titelkirche S. Eustachio
1712 [März 2]	Mitglied der CIndex, Ernennung
	ACDF Index Diari 14 (1708-1721), Bl. 54r (Bericht des Sekr. der CIndex am 5. Apr.); ACDF Index Diari 15 (1721-1734), Bl. 7r (erste Teilnahme an einer Sitzung: 26. Jan. 1722)
1712	Entgegennahme des Übertritts von Friedrich August (August III. von Polen) zum Katholizismus in Dresden
1712	Protektor Polens
1712 Dez. 1	Gouverneur von Frascati und Castel Gandolfo
1720 Dez. 3	Mitglied des SO, Ernennung
	ACDF SO Decreta 1720, Bl. 405r (Audienzdekret des Papstes); ACDF SO Juramenta 1701-1724, Bl. 312v (Audienzdekret des Papstes); ACDF SO Priv. 1750-1754, Bl. 428v („Nota de' Signori Cardinali Segretarj", „ammesso")
1720 Dez. 5	Mitglied des SO, Amtsantritt durch Eidesleistung
	ACDF SO Decreta 1720, Bl. 409v; ACDF SO Juramenta 1701-1724, Bl. 312v
1720 Dez. 5	Domenico Battisti, Adiutor studiorum von Albani, Amtsantritt durch Eidesleistung
	ACDF SO Juramenta 1701-1724, Bl. 313
1720 Dez. 6	Francesco Gasparri, Auditor von Albani, Amtsantritt durch Eidesleistung
	ACDF SO Juramenta 1701-1724, Bl. 315
1721 März 30	Antonio Baldano, Custos von Albani, Amtsantritt durch Eidesleistung
	ACDF SO Juramenta 1701-1724, Bl. 321
1721 Aug. 1	P. F. → Bussi, Auditor von Albani, Amtsantritt durch Eidesleistung
	ACDF SO Juramenta 1701-1724, Bl. 349
1722 Okt. 28	Priesterweihe
1723 Apr. 10	M. d' → Inguimbert, Sekretär von Albani, Amtsantritt durch Eidesleistung
	ACDF SO Juramenta 1701-1724, Bl. 381
1734 Apr. 6	Filippo Giosia Canceri, Auditor von Albani, Amtsantritt durch Eidesleistung
	ACDF SO Juramenta 1725-1736, o.Bl.
1735 Aug. 8	Domenico Baldigara, Auditor von Albani, Amtsantritt durch Eidesleistung
	ACDF SO Juramenta 1725-1736, o.Bl.

Albani

1741 Jan. 26　　Giovanni Francesco Albani, Auditor seines Onkels, Amtsantritt durch Eidesleistung
　　　　　　　　ACDF SO Juramenta 1737-1749, o.Bl.
1743 Sept. 9　　Suburbikarischer Bischof von Porto und S. Rufina
　　　　　　　　Präfekt der CFabbrica

Gutachten
(1707 Sept. 5)　Bailet, Adrien: Les vies des Saints [...]. - A Paris : chez Louis Roulland, [1703-]1704.
　　　　　　　　ACDF Index Prot. 67 (1706-1707), Bl. 489r-505r, 33 S.

Eigene Werke
- Clemens <Papa, XI.>: Bullarium. - Romae : Ex Typographia Reverendae Camerae Apostolicae, 1723. - XIII S., [1] Bl., 144 S. [Hg.]
- Clemens <Papa, XI.>: Epistolae et brevia selectiora. - Romae : ex typographia Reverendae Camerae Apostolicae, 1724. - 2 vol. [Hg.]
- Clemens <Papa, XI.>: Homiliae in evangelia. - Romae : Apud Jo. Mariam Salvioni, 1722. - [2], X, 144 [i.e. 200] S. [Hg.]
- Clemens <Papa, XI.>: Orationes consistoriales. - Romae : Apud Jo. Mariam Salvioni, 1722. - [7] Bl., 316 S. [Hg.]
- Collectionis bullarum sacrosanctae Basilicae Vaticanae tomus primus [- tertius]. - Romae : Excudit Jo. Maria Salvioni, 1747-1752. - 3 vol. [Hg.]
- Constitutiones synodales Sabinae dioecesis editae [...] anno domini 1736. Cum appendice antiquarum synodorum, & variorum monimentorum ejusdem dioecesis quotquot hactenus reperiri potuerunt. - Urbini : ex typographia Ven. Cappellae SS. Sacramenti apud Hieronymum Mainardum impressorem cameralem, 1737. - [28], 372 S.
- Menologium Graecorum jussu Basili Imperatoris graece olim editum : nunc primum graece, et latine prodit [...] In tres partes divisum. - Urbini : apud Antonium Fantauzzi typographum, & characterum fusorem, 1727. - 3 vol. [erschien auch in: Patrologia Graeca 117 (1864), 1-614; darin S. 9-14 Widmung Albanis]
- Oratio habita [...] coram patribus almi Collegii Urbini sub die 24. octobris 1703 pro iuxta stylum praesentatione ad lauream doctoralem assequendam. - [S.l.] : [S.n.], [S.a.]. - [2] Bl.
- Pontificale Romanum Clementis VIII. et Urbani Papae VIII. auctoritate recognitum [...]. - Romae : ex Typographia Vaticana : apud Joannem Mariam Salvioni, 1726. - 3 vol.
- Ragguaglio delle solenni esequie fatte celebrare in Roma nella basilica di S. Clemente. Alla sacra real maesta di Federigo Augusto re di Polonia. - In Roma : appresso Giovanni Maria Salvioni stampator vaticano, 1733. - XXXV, [1] S.

Literatur
- Arata, A[ntonino]: Il processo del cardinale Alberoni. Con documenti dell'Archivio Segreto Vaticano. - Piacenza 1923, 17.20f.24.52.54.70.197.201.
- Cardella, Lorenzo: Memorie storiche de' Cardinali della Santa Romana Chiesa [...]. - In Roma : nella stamperia Pagliarini, 1792-1797. - 10 vol., hier: vol. 8, 115-118.

- Castagnoli, Pietro: Il cardinale Giulio Alberoni. - 3 vol. - Piacenza ; Roma 1929-1931, hier: vol. 2, 105 u.ö.
- Cath 1 (1948), 659 von E. Mangenot.
- Conte, Emanuele (Hg.): I maestri della Sapienza di Roma dal 1514 al 1787. I rotuli e altre fonti (Fonti per la Storia d'Italia ; 116. Studi e Fonti per la storia dell'Università di Roma. N. S. ; 1). - 2 vol. - Roma 1991, hier: vol. 2, 864.
- DBI 1 (1960), 598-600 von G. Sofri.
- DHGE 1 (1912), 1370 von P. Richard.
- EC 1 (1948), 638f. von M. de Camillis.
- Grossi, Carlo: Degli uomini di Urbino comentario con aggiunte scritte dal conte Pompeo Gherardi. - Urbino 1856 ; ND Bologna 1969, 48-50.
- Hierarchia Catholica 5, 27 u.ö.
- Ligi, Bramante: Il Cardinale Annibale Albani (1682-1751), in: Urbinum 10/1 (1936), 14-22.
- Ligi, Bramante: Uomini illustri e benemeriti di Urbino attraverso le iscrizioni della città. Frammenti di storia urbinate. - Urbania 1968, 40-44.
- Marroni, Fausto Antonio: De ecclesia et episcopis Sabinensibus commentarius in quo Ughelliana series emendatur, continuatur, illustratur [...]. - Romae : Typis Octavii Puccinelli in Typographia S. Michaelis, 1758, 57-59.
- Morelli, Emilia (Hg.): Le lettere di Benedetto XIV al card. De Tencin. Dai testi originali (Storia e letteratura ; 55.101.165). - 3 vol. - Roma 1955-1984, hier: vol. 1, 400-403 u.ö.
- Seidler, Sabrina M. ; Weber, Christoph (Hg.): Päpste und Kardinäle in der Mitte des 18. Jahrhunderts (1730-1777). Das biographische Werk des Patriziers von Lucca Bartolomeo Antonio Talenti (Beiträge zur Kirchen- und Kulturgeschichte ; 18). - Frankfurt a.M. u.a. 2007, 286-289.
- Weber, Christoph (Bearb.): Die päpstlichen Referendare 1566-1809. Chronologie und Prosopographie (PuP ; 31/1-3). - 3 Bde. - Stuttgart 2003-2004, hier: Bd. 2, 391.
- Weber, Christoph (Hg.): Die ältesten päpstlichen Staatshandbücher. Elenchus Congregationum, Tribunalium et Collegiorum Urbis 1629-1714 (RQ Supplementheft ; 45). - Rom u.a. 1991, 76.
- Weber, Christoph: Genealogien zur Papstgeschichte. Unter Mitwirkung von Michael Becker bearbeitet (PuP ; 29/1-6). - 6 Bde. - Stuttgart 1999-2002, hier: Bd. 1, 14.

Giuseppe Albini OCarm

Lebenslauf

          Studium generale des Ordens
          Magister theol.
          Penitenziere straordinario an St. Peter, Rom
[1784]   Relator der CIndex, Antrag auf Ernennung
             ACDF Index Prot. 94 (1784), Nr. 23 (Bewerbung Albinis o.D. an die CIndex mit Angaben zum Lebenslauf)

1784 Dez. 6	Relator der CIndex, Ernennung
	ACDF Index Prot. 94 (1784), Bl. 9r (Protokoll der Sitzung vom 6. Dez. 1784) und Nr. 23 (Ernennungsvermerk Sekr. der CIndex)

Pompeio Aldovrandi

Geboren 1668 Sept. 23 in Bologna
Gestorben 1752 Jan. 6 in Montefiascone (Latium)

Familie

Als Sohn des conte Ercole Aldovrandi und der marchesa Maria Giulia Albergati entstammte der Kardinal einer Patrizierfamilie in Bologna. Zahlreiche Informationen zur Familie finden sich in den Arbeiten von Weber (s.u.).

Lebenslauf

	Studium am Collegio Romano, Rom, und am Collegio Tolomei, Siena
1691 März 10	Dr. iur. utr. in Bologna
1696 Febr. 22	Referendar der Signaturen
	Auditor der Signatura Iustitiae
	Luogotenente civile des Auditors der Apostolischen Kammer A. Caprara
1699 Apr. 14	Vikar der Lateranbasilika, Rom
1706 Mai 17	Auditor der Rota Romana
1710 Okt. 5	Priesterweihe
	Konsultor der CImmunità
1711	Pro-Sekretär der CImmunità
1712	Mitarbeiter des Nuntius in Spanien (bis 1716)
1716 Okt. 5	Titularerzbischof von Neocaesarea
1717 Jan. 2	Nuntius in Spanien (bis 1718)
	Prälat der CRiti (unter Innozenz XIII.)
	Regent der PoenitAp (unter Innozenz XIII.)
1726 März 16	Examinator Episcoporum
	ASV SS Mem Bigl 158 (Schreiben SS an Erzb. Tedeschi, Entwurf)
1726 März 16	Konsultor des SO, Ernennung
	ACDF SO St.St. D-5-f, Bl. 46.63r (Zwei Schreiben von Konsultoren o.D. [1732] mit Berufung auf Aldovrandis Ernennung); ASV SS Mem Bigl 158 (Schreiben SS an Ass. des SO, Entwurf)
1726 März 19	Konsultor des SO, Amtsantritt durch Eidesleistung
	ACDF SO Juramenta 1725-1736, o.Bl.
1726 März 24	Giulio Papettus, Adiutor studiorum von Aldovrandi, Amtsantritt durch Eidesleistung
	ACDF SO Juramenta 1725-1736, o.Bl.
1729 März 23	Titularpatriarch von Jerusalem

1733 Sept. 30	Gouverneur von Rom
1733 Okt. 1	Konsultor des SO, Beibehalt des Amtes
	ACDF SO Priv. 1728-1735, Bl. 423r (Schreiben SS an Ass. des SO)
1733 Nov. 20	Ludovico Costanzi, Auditor von Aldovrandi, Amtsantritt durch Eidesleistung
	ACDF SO Juramenta 1725-1736, o.Bl.
1734 März 24	Kardinal
1734 Apr. 12	Zuteilung der Titelkirche S. Eusebio
1734 Apr. 13	Mitglied der CConcilio, CConsulta, CVisitaAp und CProp
	ASV SS Mem Bigl 168 (Schreiben SS an Aldovrandi, Entwurf)
1734 Juli 9	Bischof von Corneto und Montefiascone
1740 Aug. 18	Päpstlicher Pro-Datar
	ASV SS Mem Bigl 175
1740 Aug. 27	Mitglied der CConcist
	ASV SS Mem Bigl 175
1740 Dez. 13	Mitglied der CRiti
	ASV SS Mem Bigl 175
1741 Dez. 2	Mitglied der CExamEp
	ASV SS Mem Bigl 177
1743 Sept. 9	Apostolischer Legat von Ferrara (Romagna)
1743 Sept. 23	Mitglied des SO, Ernennung
	ACDF SO Juramenta 1737-1749, o.Bl. (Schreiben SS an Ass. des SO)
1743 Sept. 25	Mitglied des SO, Amtsantritt durch Eidesleistung
	ACDF SO Juramenta 1737-1749, o.Bl.
1748 Mai 10	O. Santius, Auditor von Aldovrandi, Amtsantritt durch Eidesleistung
	ACDF SO Juramenta 1737-1749, o.Bl.

Literatur
- Cardella, Lorenzo: Memorie storiche de' Cardinali della Santa Romana Chiesa [...]. - In Roma : nella stamperia Pagliarini, 1792-1797. - 10 vol., hier: vol. 8, 265-267.
- Cerchiari, Emanuele: Capellani Papae et Apostolicae Sedis. Auditores causarum Sacri Palatii Apostolici seu Sacra Romana Rota ab origine ad diem usque 20 Septembris 1870. Relatio historica-iuridica. - 4 vol. - Romae 1919-1921, hier: vol. 2, 213.
- DBI 2 (1960), 115-118 von E. Fassano Guarini.
- Del Re, Niccolò: Monsignor Governatore di Roma. - Roma 1972, 114.
- DHGE 2 (1914), 71f. von P. Richard.
- EC 1 (1948), 741 von E. Santovito.
- Guarnacci, Mario: Vitae, et res gestae Pontificum Romanorum et S.R.E. Cardinalium a Clemente X. usque ad Clementem XII. [...] Descripta a S. Petro ad Clementem IX. - Romae : Sumptibus Venantii Monaldini bibliopolae [...] ; Ex Typographia Joannis Baptistae Bernabo, & Josephi Lazzarini, 1751. - 2 vol., hier: vol. 2, 669-672.
- Hierarchia Catholica 5, 220f.284.

- Malaguti, Giulio: Lettere di Giovanni Grisostomo Trombelli a Ludovico Muratori, in: Tavoni, Maria Gioa ; Zarri, Gabriella (Hg.): Giovanni Grisostomo Trombelli (1697-1784) e i Canonici Regolari del SS. Salvatore. - Modena 1991, 141-210, bes. 186. [zur Familie]
- Moroni 1 (1840), 218f.
- Seidler, Sabrina M. ; Weber, Christoph (Hg.): Päpste und Kardinäle in der Mitte des 18. Jahrhunderts (1730-1777). Das biographische Werk des Patriziers von Lucca Bartolomeo Antonio Talenti (Beiträge zur Kirchen- und Kulturgeschichte ; 18). - Frankfurt a.M. u.a. 2007, 290-293.
- Weber, Christoph (Bearb.): Die päpstlichen Referendare 1566-1809. Chronologie und Prosopographie (PuP ; 31/1-3). - 3 Bde. - Stuttgart 2003-2004, hier: Bd. 2, 399f.
- Weber, Christoph (Hg.): Die ältesten päpstlichen Staatshandbücher. Elenchus Congregationum, Tribunalium et Collegiorum Urbis 1629-1714 (RQ Supplementheft ; 45). - Rom u.a. 1991, 77.
- Weber, Christoph (Hg.): Legati e governatori dello stato pontificio (1550-1809) (Pubblicazioni degli Archivi di Stato. Sussidi ; 7). - Roma 1994, 451.
- Weber, Christoph: Genealogien zur Papstgeschichte. Unter Mitwirkung von Michael Becker bearbeitet (PuP ; 29/1-6). - 6 Bde. - Stuttgart 1999-2002, hier: Bd. 1, 34f.

Alessandro della Ss. Passione OAD

Lebenslauf

	Lektor für Theologie in Rom
1723 Apr. 12	Relator der CIndex, Ernennung
	ACDF Index Prot. 81 (1737-1740), Bl. 442r
1727 Juni 1	Qualifikator des SO, Amtsantritt durch Eidesleistung
	ACDF SO Juramenta 1725-1736, o.Bl.
[1729]	Konsultor der CIndex, Antrag auf Ernennung
	ACDF Index Prot. 76 (1727-1728), Bl. 314r (Bewerbung P. Alessandros o.D. mit Angaben zum Lebenslauf)
1729 Juli 19	Konsultor der CIndex, Ernennung
	ACDF Index Diari 15 (1721-1734), Bl. 100r

Gutachten

1729 Jan. 17	Johannes <a Sancto Felice>: Triumphus misericordiae [...]. - Viennae Austriae : typis Joannis van Ghelen, 1704.
	ACDF Index Prot. 77 (1728-1731), Bl. 21r-29v, 18 S.
(1730 Nov. 28)	Hartnack, Daniel: Breviarium Historiae Turcicae [...]. - Hamburgi [et] Holmiae : Apud Gottfried Liebezeit, Bibliop. ; Hanoviae : typis Aubryanis, 1684.
	ACDF Index Prot. 77 (1728-1731), Bl. 309r-313r, 9 S. (Doppelgutachten)

(1730 Nov. 28)	Anonym [Marvell, Andrew]: Relation De l'Accroissement de la Papauté [...]. - A Hambourgh : Chez Pierre Pladt, Libraire, 1680. ACDF Index Prot. 77 (1728-1731), Bl. 309r-313r, 9 S. (Doppelgutachten)
(1735 Feb. 14)	Anonym [Levayer de Boutigny, Rolland ; Delpech de Merinville (Bearb.)]: Traité des bornes de la puissance ecclésiastique et de la puissance civile [...]. - Amsterdam : [Changuion], 1734. ACDF Index Prot. 79 (1734-1735), Bl. 239r-241v, 4 S.
(1735 Feb. 14)	M*** [Montauzan, François de]: Journal historique du Concile d'Embrun [...]. - [S.l.] : [S.n.], 1727. ACDF Index Prot. 79 (1734-1735), Bl. 243r-245r, 5 S.

Alessio di S. Gaspare OAD

Gestorben [1807]

Lebenslauf

1784 Juli 7	Konsultor der CIndex, Ernennung ACDF Index Prot. 94 (1784), Nr. 64 (Schreiben SS an Sekr. der CIndex); ASV SS Mem Bigl 241 (Schreiben SS an P. Alessio, Entwurf)

Literatur
- Notizie 1807, 55. [letztmals aufgeführt als Konsultor der CIndex]

José de Alfaro SJ

Geboren 1639 Febr. 14 in Viguera (bei Logroño)
Gestorben 1721 Apr. 21 in Rom

Lebenslauf

1653 Juli 28	Ordenseintritt Professor für Theologie an den Universitäten Salamanca und Valladolid
1688	Professor für Theologie am Collegio Romano (bis 1693)
1694 Dez. 10	Theologe der PoenitAp
1694 Dez. 20	Generalzensor des Ordens
[1695]	Qualifikator des SO (wahrscheinlich als Nachfolger des 1694 verstorbenen P. → Segneri)
1705 März 23	Relator der CIndex, Ernennung ACDF Index Prot. 81 (1737-1740), Bl. 439r

Gutachten

[1703 Jan. 16] López Navarro, Gabriel: Theologia mystica [...]. - En Madrid : en la Imprenta Real, 1641.
ACDF SO CL 1703, Nr. 3, Bl. 39r-54v, 32 S. (Sammelgutachten)

[1703 Jan. 16] Rojas, Antonio de: Vida del espiritu para saber tener oracion y union con Dios [...]. - En Madrid : por la Viuda de Alonso Martin, 1630.
ACDF SO CL 1703, Nr. 3, Bl. 39r-54v, 32 S. (Sammelgutachten)

[1703 Jan. 16] Pelayo <de San Benito>: Sumario de oracion [...]. - En Burgos : por Pedro Gomez de Valdiuielso, 1626.
ACDF SO CL 1703, Nr. 3, Bl. 39r-54v, 32 S. (Sammelgutachten)

[1703 Jan. 16] ♦ Zeaorotte, Martín de: Dios contemplado y Christo imitado [...]. - En Madrid : por Mateo de Espinosa y Arteaga, 1672.
ACDF SO CL 1703, Nr. 3, Bl. 39r-54v, 32 S. (Sammelgutachten)

[1703 Jan. 16] Ponce de Leon, Pedro: Milagros y loores confirmados con muchos exemplos de la soberana emperatriz de los cielos [...]. - En Valencia : por Geronimo Vilagrasa, 1663.
ACDF SO CL 1703, Nr. 3, Bl. 39r-54v, 32 S. (Sammelgutachten)

[1703 Jan. 16] ♦ Bréton, Juan: Mistica theologia y doctrina de la perfection euangelica [...]. - Impresso en Madrid : en casa de la buida de Alonso Martin, 1614.
ACDF SO CL 1703, Nr. 3, Bl. 39r-54v, 32 S. (Sammelgutachten)

[1703 Jan. 16] ♦ Franco Fernandez, Blas: Vida de la venerable sierua de Dios Maria de Iesu [...]. - En Madrid : por Ioseph Fernandez de Buendia, 1675.
ACDF SO CL 1703, Nr. 3, Bl. 39r-54v, 32 S. (Sammelgutachten)

[1703 Jan. 16] ♦ Falconi, Juan: Alfabeto per saper leggere in Christo [...]. - In Roma : [per M. Ercole], 1680.
ACDF SO CL 1703, Nr. 3, Bl. 39r-54v, 32 S. (Sammelgutachten)

[1703 Jan. 16] Augustin <de San Ildefonso>: Theologia mystica, sciencia y sabiduria de Dios [...]. - En Alcalâ : en casa de María Fernâdez, 1644.
ACDF SO CL 1703, Nr. 3, Bl. 39r-54v, 32 S. (Sammelgutachten)

[1703 Jan. 16] Isidoro <de Leon>: Mistico cielo en qve se gozan los bienes del alma y vida de la verdad [...]. - En Madrid : por Roque Rico de Miranda, 1685-1687.
ACDF SO CL 1703, Nr. 3, Bl. 39r-54v, 32 S. (Sammelgutachten)

[1703 Jan. 16] Jorge <de San Jose>: Buelo del espiritu [...]. - En Seuilla : por Andres Grande, 1647.
ACDF SO CL 1703, Nr. 3, Bl. 39r-54v, 32 S. (Sammelgutachten)

[1703 Jan. 16] Gaspar <de Viana>: Luz Clarissima que desengaña, mueue, guia y aficiona las almas [...]. - En Madrid : por Domingo Garcia Morrás, 1661.
ACDF SO CL 1703, Nr. 3, Bl. 39r-54v, 32 S. (Sammelgutachten)

[1703 Jan. 16] ♦ Bolduc, Juan Bautista: Compendio de la vida intima del espiritu [...]. - En Barcelona : por Josef Lopez, 1682.
ACDF SO CL 1703, Nr. 3, Bl. 39r-54v, 32 S. (Sammelgutachten)

[1703 Jan. 16]	José <de Jesús María>: Subida del alma a Dios, que aspira a la diuina vnion [...]. - En Madrid : por Roque Rico de Miranda, 1675. ACDF SO CL 1703, Nr. 3, Bl. 39r-54v, 32 S. (Sammelgutachten)
[1703 Jan. 16]	♦ Francisco <de Santo Tomas>: Medula mystica [...]. - En Madrid : en la imprenta de Manuel Ruiz de Murga, 1702. ACDF SO CL 1703, Nr. 3, Bl. 39r-54v, 32 S. (Sammelgutachten)
[1703 Jan. 16]	José <del Espírito Santo>: Cadena mystica Carmelitana de los autores Carmelitas Descalzos [...]. - En Madrid : en la oficina de Antonio Gonçalez de Reyes, 1678. ACDF SO CL 1703, Nr. 3, Bl. 39r-54v, 32 S. (Sammelgutachten)
[1703 Jan. 16]	♦ Antonio <de la Anunciación>: Manual de Padres espirituales [...]. - En Alcalá : por Francisco Garcia Fernandez, 1679. ACDF SO CL 1703, Nr. 3, Bl. 39r-54v, 32 S. (Sammelgutachten)
[1703 Jan. 16]	♦ José <de Jesús María>: Segunda parte de la subida del alma a Dios y entrada en el parayso espiritual [...]. - En Madrid : por Diego Díaz de la Carrera, 1659. ACDF SO CL 1703, Nr. 3, Bl. 39r-54v, 32 S. (Sammelgutachten)
[1703 Jan. 16]	♦ Diego <de Jesus>: Apuntamientos, y advertencias en tres discursos [...]. - En Sevilla : por Francisco Leefdeal, 1703. ACDF SO CL 1703, Nr. 3, Bl. 39r-54v, 32 S. (Sammelgutachten)
1706 Jan. 24	Anonym [Saguens, Johannes]: Systema gratiae philosophico-theologicum [...]. - Mediolani : apud A. Le Cadet, typographum, 1701. ACDF Index Prot. 66 (1705-1706), S. 660-671, 12 S.
1709 Juni 25	Anonym [Argento, Gaetano]: De re beneficiaria dissertationes tres ubi Caroli 3. Austrii Hisp. regis [...] edictum [...]. - [S.l.] : [S.n.], 1708. ACDF SO CL 1708-1710, Nr. 18, 20 S.
[1709 Juli 16]	Anonym [Grimaldi, Costantino]: Considerazioni theologico-politiche fatte a pro degli editti di S. Maestà cattolica interno alle rendite ecclesiastiche del Regno di Napoli. - [S.l.] : [S.n.], 1708-1709. ACDF SO CL 1708-1710, Nr. 18, 16 S.
1710 Okt. 1	Arrest De La Cour De Parlement [...]. - A Paris : Chez la Veuve François Muguet & Hubert Muguet [...], 1710. ACDF SO CL 1708-1710, Nr. 45, Bl. 1r-13r, 25 S.

Eigene Werke
- Anonym: Maximes de Fénelon. Votum de José de Alfaro, in: Analecta Juris Pontificii Sér. 20 vol. 10 (1881), 654-709. [Gutachten zu Fénelon, 1697]

Literatur
- DHGE 2 (1914), 404-406 von E.-M. Rivière.
- DThC 1 (1909), 826 von C. Sommervogel.
- Galletti, Pietro: Memorie storiche intorno alla Provincia romana della Compagnia di Gesù dall'anno 1814 all'anno 1914. - 2 vol. - Prato ; Roma 1914-1939, hier: vol. 1, 24.

- Hillenaar, Henk: Fénelon et les Jésuites (Archives Internationales d'Histoire des Idées ; 21). - La Haye 1967, 151-174.197-202.
- Orcibal, Jean (Hg.): Correspondance de Fénelon ([ab Bd. 6 in:] Histoire des idées et critique littéraire). - 18 vol. - Genève 1972-2007, hier: vol. 6, 48; vol. 7, 51.
- Sommervogel 1 (1890), 171f.; 8 (1898), 1608f.

Vincenzo Maria Alisani OP

Geboren   um 1720 in [Bergamo]

Lebenslauf

1747 Febr. 18	Lektor am Ordenskolleg in Bologna
1760	Lektor am Ordenskolleg in Correggio (bei Parma) (bis 1762)
1762 Apr. 29	Generalvikar der Inquisition von Faenza, Ernennung (bis 1770)
	ACDF SO Decreta 1762, Bl. 70v („electus")
1767	Prior in Faenza
1770 Apr. 22	Secundus Socius des Commissarius des SO, Amtsantritt durch Eidesleistung
	ACDF SO Juramenta 1766-1776, Bl. 107r.108v
1770 Aug. 22	Primus Socius des Commissarius des SO, Amtsantritt durch Eidesleistung
	ACDF SO Juramenta 1766-1776, Bl. 115r.116v
1775	Lektor am Ordenskolleg in Pesaro
1778 Aug. 26	Inquisitor von Ferrara, Ernennung
	ACDF SO St.St. II-2-l, o.Bl.
1778 Sept. 2	Inquisitor von Ferrara, Amtsantritt durch Eidesleistung
	ACDF SO Juramenta 1777-1796, Bl. 59r.60v
1788 März 4	Inquisitor von Ancona, Ernennung
	ACDF SO St.St. II-2-n, Bl. 13r
1789 Sept. 23	Inquisitor von Faenza, Ernennung
	ACDF SO St.St. II-2-n, Bl. 13v
1792 Aug. 1	Inquisitor von Bologna, Ernennung (bis 1798)
	ACDF SO St.St. II-2-n, Bl. 14v

Gutachten

[1777 Febr. 10]   ♦ Erläuterter Kathechismus zum Gebrauche der deutschen Stadtschulen in den kaiserlich-königlichen Erbländern [...]. - Wien : Im Verlage der deutschen Schulanstalt, 1773.
ACDF SO St.St. O-4-i, [Nr. 2], 3 S.

Literatur
- D'Amato, Alfonso: I Domenicani a Bologna. - 2 vol. - Bologna 1988, 89.

Girolamo Maria Allegri OSM

Geboren	1659 Aug. 27 in Firenzuola (Diözese Florenz)
Gestorben	1744 Juli 5 in Florenz

Lebenslauf

[1672]	Ordenseintritt in Florenz
1677 Dez. 25	Ordensprofess
1683 Sept. 18	Priesterweihe
[1684]	Prediger in Piemont (bis [1701])
1701 Juni 10	Magister theol.
	Prior verschiedener Konvente
	Theologus des Bischofs Giovanni Fontana von Cesena
	Professor für Moraltheologie und Mystik
[1713]	Examinator synodalis des Erzbistums Florenz
[1713] Okt. 27	Konsultor der Inquisition von Florenz
	Theologus des Großherzogs in Florenz
	Prior und Pfarrer an S. Marcello, Rom
[1714]	Relator der CIndex, Antrag auf Ernennung (verschoben)
	ACDF Index Prot. 70 (1713-1715), Bl. 206r (Bewerbung Allegris o.D. mit Angaben zum Lebenslauf); ACDF Index Diari 14 (1708-1721), Bl. 81r (Sitzung 5. März 1714)
[1714]	Relator der CIndex, Antrag auf Ernennung (erneut)
	ACDF Index Prot. 70 (1713-1715), Bl. 337r (Bewerbung Allegris o.D. an die CIndex mit Angaben zum Lebenslauf)
1714 Nov. 26	Relator der CIndex, Ernennung
	ACDF Index Diari 14 (1708-1721), Bl. 91r
1718	Confessarius des Apostolischen Palastes
	Confessarius des Konklave
1721 Juli 30	Konsultor der CIndex, Ernennung
	ACDF Index Diari 15 (1721-1734), Bl. 4v
1725	Organisator des Heiligen Jahres
1725	Theologe des Römischen Konzils
1726 Dez. 9	Bischof von Cagli (bei Urbino)
ab 1742	Aufenthalt im Ordenskonvent in Florenz

Gutachten

(1715 Okt. 1)	Collins, Anthony: Discours Sur La Liberté De Penser [...]. - A Londres [i.e. La Haye?] : [S.n.], 1714.
	ACDF Index Prot. 71 (1715-1721), Bl. 116r-120v, 10 S.
[1716 Juli 20]	Leclerc, Jean: Vita et opera ad annum MDCCXI [...]. - Amstelodami : Apud Joan. Ludovicum De Lorme, 1711.
	ACDF Index Prot. 71 (1715-1721), Bl. 230r-231v, 4 S.
(1718 Febr. 7)	Acta eruditorum [...]. - Lipsiae : Grosse & Gleditsch, (1714).
	ACDF Index Prot. 71 (1715-1721), Bl. 371r-373v, 6 S.

(1719 Jan. 16)	Cerri, Urbano: Etat Present De L'Eglise Romaine Dans Toutes Les Parties Du Monde [...]. - A Amsterdam : Chez Pierre Humbert, 1716. ACDF Index Prot. 71 (1715-1721), Bl. 511r-514r, 7 S.
[1719 Dez. 4]	Kyrillos <Lukaris>: Lettres anecdotes de Cyrille Lucar, Patriarche de Constantinople [...]. - À Amsterdam : Chez L'Honoré et Chatelain, 1718. ACDF Index Prot. 71 (1715-1721), Bl. 620r-621v, 4 S.
[1721 Jan.]	Le Cointe, Jaques: Histoire du règne de Louis XIII [...]. - Paris : F. Montalant, 1716-1717. ACDF Index Prot. 71 (1715-1721), Bl. 750r-752v, 6 S.
[1722 Apr. 27]	Charles, Robert: Les illustres francoises histoires veritables [...]. - A La Haye : chez Abraham de Hondt, 1715. ACDF Index Prot. 72 (1721-1723), Bl. 170r-173v, 8 S.
[1723 Juli 12]	Anonym [Dellamotte, Abbé]: Lettre d'un ecclésiastique au théologal d'une cathédrale [...]. - [S.l.] : Eysseric, 1723. ACDF Index Prot. 72 (1721-1723), Bl. 360r-363r, 7 S.
(1725 Juli 16)	Censura Sacrae Facultatis Theologiae Duacensis: in quasdam Propositiones de Gratia depromptas ex Dictatis Philosophicis Dominorum Lengrad & Marechal [...]. - [S.l.] : [S.n.], 1724. ACDF Index Prot. 73 (1724-1725), Bl. 349r-350v, 4 S.

Eigene Werke
- Esercizio di preparazione alla visita di Maria Vergine nella sua miracolosa immagine dell'Impruneta proposto alle RR. MM. di S. Caterina dette di S. Gaggio [...] l'anno MDCCXI., in: Casotti, Giovanni Battista: Memorie istoriche della miracolosa immagine di Maria Vergine dell'Impruneta. - In Firenze : appresso Giuseppe Manni [...], 1714. [Anhang, S. 3-30]
- Lo Spirito della Corte Apostolica, e degli abitanti di Roma, nel giubbileo dell'anno santo MDCCXXV da celebrarsi in Roma dalla santità del sommo pontefice Benedetto XIII, felicemente regnante. Spirito di divoto fervore nell'esercizio dell'opere pie, ingiunte dalla sacra bolla, per acquistare la grande indulgenza con quella edificazione, che la santa città deve a tutte le nazioni. - In Roma : Nella stamperia del Komarek, 1725. - 2 vol.

Literatur
- Casini, Stefano: Dizionario biografico, geografico, storico del Comune di Firenzuola. - 3 vol. - Firenze 1914-1917, hier: vol. 2, 63f. [mit Porträt]
- Cerracchini, Luca Giuseppe: Catalogo generale de' teologi dell'eccelsa Universita fiorentina dalla sua fondazione fino all'anno 1725 [...]. - Firenze : nella stamperia di Michele Nestenus, 1725, 56f.61.
- Cerracchini, Luca Giuseppe: Fasti teologali ovvero notizie istoriche del collegio de' teologi della sacra università fiorentina dalla sua fondazione fin all'anno 1738 [...]. - In Firenze : per Francesco Moücke stampatore arcivescovale, 1738, 613f.
- Concilium Romanum in Sacrosancta Basilica Lateranensi celebratum Anno Universalis Jubilaei MDCCXXV. a sanctissimo Patre, & Dno Nostro Benedicto Papa XIII. Pontificatus sui Anno I. - Romae : ex Typographia Rocchi Bernabò, 1725, 126.

- DHGE 2 (1914), 494 von J. Fraikin.
- Garbi, Luigi Maria ; Bonfrizieri, Placido Maria: Annalium sacri Ordinis fratrum servorum b. Mariae Virginis Tomus Tertius [...]. - Lucae : typis Marescandoli, 1725, 726-729.
- Inghirami, Francesco: Storia della Toscana. Compilata ed in sette epoche distribuita. - 16 vol. - [Fiesole] 1841-1844, hier: vol. 12, 83.
- Mazzuchelli, Giammaria: Gli scrittori d'Italia : Cioè notizie storiche e critiche intorno alle vite, e agli scritti dei letterati italiani. - Brescia : Giambatista Bossini, 1753-1763. - 6 vol., hier: vol. 1/1, 508f.
- Roschini, Gabriele Maria: Galleria Servitana. - Roma 1976, 435f.
- Tarducci, Antonio: De' Vescovi di Cagli. - Cagli 1896, 111.
- Taucci, Raffaello M.: Annales sacri Ordinis fratrum Servorum B. Mariae Virginis ab anno 1725 ad anno 1800, in: Monumenta Ordinis Servorum Sanctae Mariae 20 (1926-1930), 15-361, hier: 215-226.
- Vicentini, Antonio Maria: Il confessore del S. Palazzo Apostolico e l'Ordine dei Servi di Maria. Memorie storiche pubblicate nell'anno giubilare 1925. - Vicenza 1925, 38-42.

Lorenzo Altieri

Geboren 1671 Juni 9
Gestorben 1741 Aug. 3 in Rom

Familie
Der spätere Kardinal, Sohn des Fürsten Gaspare Altieri, Präfekt der päpstlichen Truppen, und der Laura Altieri, einer Kusine des Papstes → Clemens X., war Bruder des Kardinals Giambattista Altieri junior (1673-1740). Zahlreiche weitere Würdenträger aus der Familie in Weber: Genealogien 1, 42-44.

Lebenslauf
1690 Nov. 11	Apostolischer Protonotar
1690 Nov. 13	Kardinal
1690 Nov. 27	Zuteilung der Titelkirche S. Maria in Aquiro
1690 Dez. 5	Mitglied der CIndex, Ernennung
	ACDF Index Prot. 48 (1690-1691), Bl. 300 (Schreiben SS an Sekr. der CIndex); ACDF Index Diari 9 (1688-1692), Bl. 98r (Bericht des Sekr. der CIndex)
[1690 Dez. 5]	Mitglied der CConcilio und CConcist
	F. de → Latenay, Theologus von Altieri
1696 Sept. 24	Päpstlicher Legat von Urbino

Literatur
- DHGE 2 (1914), 814 von P. Richard.

- Guarnacci, Mario: Vitae, et res gestae Pontificum Romanorum et S.R.E. Cardinalium a Clemente X. usque ad Clementem XII. [...] Descripta a S. Petro ad Clementem IX. - Romae : Sumptibus Venantii Monaldini bibliopolae [...] ; Ex Typographia Joannis Baptistae Bernabo, & Josephi Lazzarini, 1751. - 2 vol., hier: vol. 1, 377-380.
- Hierarchia Catholica 5, 17.
- Moroni 1 (1840), 286.
- Palazzi, Giovanni: Gesta pontificum Romanorum a Sancto Petro apostolorum principe usque ad Innocentium XI. [...]. - 5 vol. - Venetiis : Apud Ioannem Parè, 1687-1690, hier: vol. 5, 63.
- Seidler, Sabrina M.: Il teatro del mondo. Diplomatische und journalistische Relationen vom römischen Hof aus dem 17. Jahrhundert (Beiträge zur Kirchen- und Kulturgeschichte ; 3). - Frankfurt a.M. 1996, 481.
- Weber, Christoph (Hg.): Die ältesten päpstlichen Staatshandbücher. Elenchus Congregationum, Tribunalium et Collegiorum Urbis 1629-1714 (RQ Supplementheft ; 45). - Rom u.a. 1991, 77.
- Weber, Christoph (Hg.): Legati e governatori dello stato pontificio (1550-1809) (Pubblicazioni degli Archivi di Stato. Sussidi ; 7). - Roma 1994, 454.
- Weber, Christoph: Genealogien zur Papstgeschichte. Unter Mitwirkung von Michael Becker bearbeitet (PuP ; 29/1-6). - 6 Bde. - Stuttgart 1999-2002, hier: Bd. 1, 43.

Ignace Hyacinthe Amat OP

Namensvariante   Ignace Hyacinthe Amat de Graveson

Geboren   1670 in Graveson (bei Avignon)
Gestorben   1733 Juli 26

Familie
Der spätere Dominikaner stammte aus einem südfranzösischen Milieu von Offizieren, Finanzverwaltern und Bischöfen, möglicherweise mit herrschaftlichen Vorfahren im Mittelalter. Bekanntester Vorfahr mütterlicherseits war der um 1550 geadelte Offizier Louis de Berton de Crillon (gest. 1615), der 1571 Papst → Pius V. und dem französischen König Bericht erstattete zum Seesieg über die Türken in Lepanto. Die Mutter des späteren Dominikaners, Marguerite de Berton de Crillon, kam aus dieser Familie des „brave Crillon", dem der Dominikaner eine gedruckte Vita widmete - auch mit Nachrichten über sich selbst. Sein Vater Antoine Amat (gest. 1690), seigneur (marquis) de Graveson, Generaldirektor für Zoll und Steuereintreibung in Südfrankreich, gründete mit seinen Brüdern ein risikoreiches Finanzunternehmen und wurde 1637 (vorläufig) enteignet oder gepfändet (durch den avocat général Gaspard Bouffier), konnte aber auf die Protektion seiner Familie zählen, darunter des Bruders und späteren Staatsrats in Paris, Jacques Amat (1583-1660), der mehrere Herrschaften aufkaufte („une énorme fortune", so DBF 2, 436). Eine Schwester des Dominikaners, Marguerite, wurde Äbtissin im Kloster S. Césaire in Arles, der Bruder Ignace Amat (1653-1721), Altertumskundler und Schriftsteller, starb

als Stadtrat (consul) von Arles bei der Pest. Zwei Vetter wurden Bischöfe: Jean Louis de Berton de Crillon (1683-1751) Erzbischof von Toulouse und dessen Bruder Dominique-Laurent (gest. 1747) Bischof von Glandèves. Der Herausgeber des Dictionnaire de biographie française, J.-C. Roman d'Amat, schrieb über zwei Dutzend Lebensbilder der Amat und der Crillon, auch zu dem hier interessierenden Dominikaner und zu dessen Bruder Ignace. Vgl. DBF 2 (1936), 432-439.

Lebenslauf

1686	Ordenseintritt in Aix
	Studium in Paris (Schüler von Noël Alexandre)
1696	Baccalaureus
	Dozent in Arles, Grenoble und Lyon
	Magister theol.
	Professor an der Universität Sorbonne, Paris
1705 Dez. 15	Bibliothecarius Casanatensis, Rom (bis 1732)
1706	Theologus Casanatensis
[1709]	Relator der CIndex, Antrag auf Ernennung
	ACDF Index Prot. 68 (1707-1710), Bl. 339r (Bewerbung Amats o.D. an die CIndex mit Angaben zum Lebenslauf)
1709 März 4	Relator der CIndex, Ernennung
	ACDF Index Diari 14 (1708-1721), Bl. 7v
	Prinzenerzieher bei den Fürsten Borghese und Lehrer des späteren Kardinals F. S. → Borghese
1725	Theologus beim Römischen Konzil
1732	Rückkehr nach Arles

Eigene Werke

- Anonym: Trias dissertationum in quibus agitur de recta methodo addiscendi, & docendi theologiam scholasticam, positivam, & moralem. Opus posthumum. - [S.l.] : [S.n.], [S.a.]. - 140 S. [darin S. 123-140 „Epistola apologetica qua auctor sese vindicat a criminationibus", s.u.; S. 88 „monitum typographi" zur Textkopie, angefertigt vom Kölner Adeligen Joannes Lambertus, „inscio plane auctore" Amat]
- Epistola apologetica [...] in qua sese vindicat a criminationibus, quas Trevoltini in Gallis Scriptuarii ei falsò impegerunt. - Lugduni : Apud Viduam P. Guillimin, 1722. [Brief an Antoine Girard gegen die Rezension von 1713; auch erschienen in: Trias dissertationum in quibus agitur de recta methodo addiscendi, & docendi theologiam scholasticam, positivam & moralem. Opus posthumum. - [S.l.] : [S.n.], [nach 1733], 123-140; sowie in: Oratio, s.u.; Opera omnia, s.u.]
- Epistolae ad amicum scriptae theologico-polemicae, in quibus doctrina de gratia se ipsa efficaci, et de praedestinatione gratuita ad gloriam ante omnem praevisionem meritorum, contra scholae thomisticae adversarios asseritur ac vindicatur. - Roma : Ex Typographia Rochi Bernabò, 1728-1730. - 3 vol. [Briefe an Antoine Girard gerichtet gegen mehrere Jesuiten, u.a. Gabriel Daniel]
- Epistolae apologeticae [...] ad amicum pro doctrina SS. Augustini et Thomae de gratia se ipsa efficaci, & gratuita electorum ad gloriam praedestinatione in studio-

sorum s. theologiae commodum contractae. - Veronae : Ex Typographia Jacobi Vallarsii, 1737. - [14] Bl., 528 S. [31 Briefe, laut Bl. (12v) hg. von Thomas Gundisalvus Carattini OP]
- Historia ecclesiastica variis colloquiis digesta, ubi pro theologiae candidatis res praecipuae non solum ad historiam sed etiam ad dogmata, criticam, chronologiam & Ecclesiae disciplinam pertinentes, per breves interrogationes, & responsiones perstringuntur, & in praeclaro ordine collocantur [...]. - Romae : apud Franciscum Gonzagam ; [ab vol 6:] typis Ludovici Tinasii, & Hieronymi Mainardi, 1717-1722. - 10 vol. [erschien in mehreren Aufl.; fortgesetzt von Giovanni Domenico Mansi]
- Opera omnia : Nunc primum diligenter collecta, in unum corpus redacta, et luculentissimis additionibus, perpetuisque annotationibus illustrata a patre Joanne Dominico Mansi congregationis Matris Dei Lucensi. - Venetiis : ex Typographia Remondiniana, 1761-1762. - 18 vol. [darin: vol. 1-12 Historia ecclesiastica, s.o.] ; Bassani : Prostant Venetiis apud Remondini, 1774. - 18 vol.
- Opera omnia hucusque sparsim edita, nunc vero in septem tomos tributa. Accessere auctoris vita, varia opuscula inedita & apologia adversus criminationes, tractatus auctoris De mysteriis & annis Jesu Christi servatoris nostri. - Venetiis : apud Jo. Baptistam Recurti, 1740. - 7 vol. [in vol. 1, XI-XVII anonyme „Auctoris vita", die in den späteren Opera-Ausg. fehlt]
- Oratio de usu et abusu theologiae, variaeque orationes quas in laudem baccalaureorum regularium, licentiandorum in sacra facultate Parisiensi, die IV mensis Martii MDCXCVI habuit [...]. Una cum epistola qua idem Auctor sese vindicat a calumniis, quas Trivoltini in Gallia critici perperam ei inpegerunt. - Coloniae : Ex officina J., O. Steinhauser, 1727. - 159 S. [laut S. 1f. wurde die Rede in Rom vom Kölner Studenten Joannes Lambertus ohne Wissen Amats kopiert; S. 107-159: Brief an Girard]
- Tractatus de mysteriis et annis Christi servatoris nostri dissertationibus dogmaticis & chronologicis, necnon observationibus historicis, & criticis, juxta germanam divi Thomae mentem illustratus et ad usum Scholae accomodatus [...]. - Romae : excudebat Franciscus Gonzaga, 1711. - [16] Bl., 604 S., [22] Bl. ; Editio altera. - Romae : Typis & sumptibus Hieronymi Mainardi, 1724. - 2 vol. ; Editio altera. - Venetiis : apud Jo. Baptistam Recurti, 1733. - 2 vol.
- Tractatus de scriptura sacra, in quo ex ipsius revelatione, inspiratione, & antiquitate evincitur contra ethnicos Jesum Christum esse verum Messiam et omnium librorum cum Veteris, tum Novi Testamenti, quos sacro canoni accensuit Concilium Tridentinum, divina auctoritate contra haereticos asseritur, ac vindicatur [...]. - Romae : Apud Franciscum Gonzagam, 1715. - [16] Bl., 399 S., [24] Bl. [gewidmet seinem Schüler F. S. → Borghese] ; Venetiis : Apud Jo. B. Recurti, 1735. - XXIV, 247 S.
- Vita Generosi Ludovici de Berton Domini de Crillon [...]. - Roma : Ex Typographia Hieronymi Mainardi, 1724. ; Editio altera ab auctore recognita [...] atque in duos tomos nunc distributa [...]. - Romae : sumpt. H. Mainardi, 1724. - 2 vol.

Literatur
- Concilium Romanum in Sacrosancta Basilica Lateranensi celebratum Anno Universalis Jubilaei MDCCXXV. a sanctissimo Patre, & Dno Nostro Benedicto Papa XIII. Pontificatus sui Anno I. - Romae : ex Typographia Rocchi Bernabò, 1725, 125.

- Coulon, Rémy ; Papillon, Antonin: Scriptores Ordinis Praedicatorum recensiti, notis historicis et criticis illustrati ad annum 1700 auctoribus Jacobo Quétif [...] ab anno autem 1701 ad annum 1750 perducti [...]. - 2 vol. - Romae ; Parisiis 1909-1934, hier: vol. 1, 559-564.
- DBF 2 (1936), 435f. von J.-C. Roman d'Amat.
- DBF 2 (1936), 438f. von J.-C. Roman d'Amat. [zum Bruder Ignace d'Amat]
- Dorsanne, Antoine: Journal de M. l'abbé Dorsanne [...]. Contenant tout ce qui s'est passé à Rome & en France, dans l'affaire de la Constitution Unigenitus, avec des anecdotes très-intéressantes pour connaître les intrigues & le caractère de ceux qui ont demandé & soutenu la dite Constitution, aussi-bien que de tous ceux qui y ont eu part. - Rome : aux dépense de la Société, 1753. - 2 vol., hier: vol. 2, 247. [Brief Amats an Noailles]
- DThC 6 (1920), 1766-1769.
- EncEc 4 (1950), 215f.
- Guglielmotti, Alberto: Catalogo dei bibliotecari, cattedratici, e teologi del Collegio Casanatense nel convento della Minerva dell'Ordine de' Predicatori in Roma dal principio di loro istituzione sino al presente. Raccolto da sicuri documenti e corredato di note biografiche, cronologiche, e bibliografiche. - Roma 1860, 8.
- Hurter, Hugo: Nomenclator literarius theologiae catholicae theologos exhibens aetate, natione, disciplinis distinctos. - Editio tertia, emendata et aucta. - 5 vol. - Oeniponte 1903-1913, hier: vol. 4, 1186-1189.
- Hänggi, Anton: Der Kirchenhistoriker Natalis Alexander (1639-1724) (Studia Friburgensia ; 11). - Freiburg i.Ü. 1955, 213 u.ö.
- Memoires pour l'histoire des sciences & des beaux Arts. Novembre 1713. Vol. 4. - Trevoux : Chez Etienne Geneau, 1713, 1950-1955. [Rezension des „Tractatus de mysteriis" Amats, s.o., der nach Ansicht des Rezensenten nicht den Unterschied von Thomisten und Jansenisten kläre; Amat reagierte auf diese Kritik der „Trevoltini" mit einer „Epistola apologetica", s.o.]
- Mercati, Angelo: Intorno alla „Romanità" di Natale Alexandre OP, in: AFP 16 (1946), 5-82, hier: bes. 65f.
- Quetif, Jacobus ; Echard, Jacobus: Scriptores ordinis praedicatorum recensiti, notisque historicis et criticis illustrati, opus quo singulorum vita, praeclareque gesta referuntur, chronologia insuper seu tempus quo quisque floruit certo statuitur : fabulae exploduntur, scripta genuina, dubia, supposititia expenduntur [...] ab an. MDI ad an. MDCCXX [...]. - Lutetiae Parisiorum : Apud J. B. Christophorum Ballard, et Nicolaum Simart, 1719-1721. - 2 vol., hier: vol. 2, 805.

Amedeo da Castrovillari OFMConv

Namensvariante Bonaventura Amedeo De Cesare

Geboren in Castrovillari (Kalabrien)
Gestorben 1761 Juni

Amedeo da Castrovillari

Lebenslauf

                      Eintritt in den Orden der Franziskaner-Reformaten
                      Theologus u.a. von Kardinal T. → Ruffo
                      Examinator synodalis
                      Mitglied des Collegium theologicum von Neapel
                      Mitglied des Konvents S. Pietro in Montorio, Rom

1722 Nov.   Relator der CIndex, Ernennung
                      ACDF Index Prot. 81 (1737-1740), Bl. 441r (ohne Tag)

[1725]   Konsultor der CIndex, Antrag auf Ernennung
                      ACDF Index Prot. 73 (1724-1725), Bl. 266 (Bewerbung P. Amedeos o.D. an den Papst)

1725 Febr. 21   Konsultor der CIndex, Ernennung
                      ACDF Index Diari 15 (1721-1734), Bl. 38

um 1730   Austritt aus dem Orden der Franziskaner-Reformaten und Eintritt in der Orden der Konventualen

Gutachten

(1723 Jan. 11)   Jaeger, Johann Wolfgang: Systema Theologicum, Dogmatico Polemicum [...]. - Tubingae : Apud Johannem Georgium Cottam, 1715.
                      ACDF Index Prot. 72 (1721-1723), Bl. 307r, 2 S.

(1724 Dez. 4)   Buddeus, Johann Franz: Instituitiones theologiae dogmaticae [...]. - Lipsiae : Ex Officina Thomae Fritschii, 1723.
                      ACDF Index Prot. 73 (1724-1725), Bl. 183r, 2 S.

(1725 Juli 16)   Bibliotheca Historico-Philologico-Theologica [...]. - Bremae ; Francofurti ; Lipsiae : Hoffer ; Grimm, Classis 1 (1718).
                      ACDF Index Prot. 73 (1724-1725), Bl. 355r, 2 S.

Eigene Werke

- De critices, in re praesertim sacra, recto pravoque usu. - Neapoli : Typis Josephi Severini, 1712. - [12], 164, [2] S.
- De deiparae Virginis sanctissimi conceptus mysterio ad SS. D. N. Benedictum XIV. Pont. Max. supplex libellus sub regalibus auspiciis serenissimi Emanuelis Infantis Portugalliae. - Neapoli : excudebat Dominicus Roselli, 1751. - 134 S., [1] Bl.
- Ecclesia vindicata seu Haereseologia in qua omnes errores haeresesque a mundi primordio ad haec usque tempora historice, chronologice, juxta optimas Epochas, critice, dogmatice referuntur, et refutantur [...]. - Romae : T. Joannes Baptista Caporati, 1736-1737. - 3 vol.
- Il metodico sul predicare a braccio con l'arte memorativa per accrescere la memoria, e particolarmente per imparar prediche, la cronologia, e le lingue forestiere. - In Roma : Per Pietro Ferro, 1721. - XXIV, 142 S.
- Il zelo apostolico nelle sante missioni, in cui si propone quanto puol'occorrere, e bisognare ad un sag. missionario nel suo ministero. Opera [...] divisa in dieci tomi. - In Roma : [vol. 1:] pe'l Buagni, 1720 ; [vol. 2:] Nella Stamperia di Pietro Ferri, 1720. - 2 vol. [keine weiteren Bde. erschienen]
- L'Ateista convinto operetta polemica. - In Roma : [S.n.], 1743. - 117 S.

- La scienza de' santi epilogata, e spiegata all'anime bramose di farsi sante. - Seconda impressione. - In Roma : per Pietro Ferri : a spese di Giuseppe Vaccari, 1721. - [XII], 119, [1] S.
- Lezioni catechistiche sulle virtù teologali. E sulla confessione sagramentale, e santissima comunione. - In Napoli : Giuseppe Severini, 1742. - [8], 202, [2], 24 S.
- Sacri stimoli ad amare il patriarca S. Giuseppe [...]. - In Napoli : nella stamperia di Castello Longobardo, 1759. - [11] Bl., 360 S.
- Sagri stimoli ad amare Gesù proposti all'anima desiderosa della perfezzione. - Napoli : nella stamperia di Domenico Roselli, 1715. - [16], 228, [44] S. ; Terza impressione. - In Roma : per gli Eredi del Corbelletti, 1722. - XV, 314 S.
- Vita di Sant'Antonio di Padova dell'Ordine de' Minori storica, encomiastica, critica. - In Napoli : [S.n.], 1743. - [12], 277, [3] S.
- Vita di Sisto V. Pontefice Massimo. - In Napoli : nella Stamperia Abbaziana, 1755. - [16], 224 [i.e. 324], [30] S.

Literatur
- Accattatis, Luigi: Le biografie degli uomini illustri delle Calabrie. - 4 vol. - Cosenza 1869-1877, hier: vol. 3, 10.
- Galati, Vito G.: Gli scrittori delle Calabrie. Dizionario bio-bibliografico. Con prefazione di Benedetto Croce. - Firenze 1928, 106.
- Hurter, Hugo: Nomenclator literarius theologiae catholicae theologos exhibens aetate, natione, disciplinis distinctos. - Editio tertia, emendata et aucta. - 5 vol. - Oeniponte 1903-1913, hier: vol. 4, 1570f.
- Sbaralea, Ioannes H. [Sbaraglia, Giovanni Giacinto]: Supplementum et castigatio ad scriptores trium Ordinum S. Francisci a Waddingo, aliisve descriptos cum adnotationibus ad syllabum martyrum eorumdem ordinum. - 3 vol. - Romae 1908-1936 ; ND Sala Bolognese 1978, hier: vol. 3, 201.
- Sparacio, Domenico Maria: Frammenti bio-bibliografici di scrittori ed autori minori conventuali dagli ultimi anni del 600 al 1930. - Assisi 1931, 61.
- Zavarrone, Angelo: Bibliotheca Calabra, sive illustrium virorum Calabriae qui literis claruerunt elenchus [...]. - Neapoli : ex typographia Johannis de Simone, 1753. - 2 vol. ; ND Bologna 1967, hier: vol. 2, 190.

Francesco Amici (de Amicis)

Geboren um 1694 in der Diözese Spoleto, Umbrien

Familie
Francesco Amici arbeitete als Notar eine Zeit lang für die Rota Romana bei seinem Bruder „nell'ufficio di soccorso Amici fratello dell'oratore" (so im Bewerbungsschreiben 1722, s.u.). In Rom trifft man Francesco Amici meist in der Klientel des umbrischen Prälaten M. A. → Ansidei, der als Assessor des SO dort seinem Landsmann die Anstellung als Substitut besorgte.

Amonio

Lebenslauf

[1722]	Sostituto Notaro des SO, Antrag auf Ernennung
	ACDF SO Priv. 1710-1727, Bl. 496r (Bewerbung Amicis o.D.)
1722 Febr. 4	Sostituto Notaro des SO, Ernennung
	ACDF SO Priv. 1710-1727, Bl. 497v
1722 Febr. 5	Sostituto Notaro des SO, Amtsantritt durch Eidesleistung
	ACDF SO Juramenta 1701-1724, Bl. 361-362
1723 Sept. 15	Nach Erkrankung Abwesenheit aus Rom
	ACDF SO Priv. 1710-1727, Bl. 532v (Abwesenheitslizenz für den Monat Oktober)

Ottaviano Amonio SJ

Gestorben 1726 Jan. 23 in Rom

Lebenslauf

	Theologe und Beichtvater von Niccolò Erizzo, Botschafter der Republik Venedig beim Heiligen Stuhl
[1701]	Relator der CIndex, Antrag auf Ernennung
	ACDF Index Prot. 60 (1700-1701), Bl. 390r (Bewerbung Erizzos o.D. an den Papst)
1701 Juli 8	Relator der CIndex, Ernennung
	ACDF Index Diari 12 (1700-1703), Bl. 26r; ACDF Index Prot. 81 (1737-1740), Bl. 438v („11. Juli")

Gutachten

(1702 Mai 15)	Anonym [Abbadie, Jaques]: Traité de la verité de la religion chrétienne [...]. - A Rotterdam : chez Reinier Leers, 1689.
	ACDF Index Prot. 62 (1702), Bl. 131r-136r, 11 S.

Literatur

- Fejér, Josephus: Defuncti secundi saeculi Societatis Jesu (1641-1740). - 5 vol. - Romae 1985-1990, hier: vol. 1, 34.

Antonio Amore OM

Geboren um 1683

Lebenslauf

Lektor für Philosophie in Cosenza (für 3 Jahre)
Lektor für Theologie in Mailand (für 4 Jahre)
Lektor an S. Francesco di Paola ai Monti, Rom

[1718]	Relator der CIndex, Antrag auf Ernennung
	ACDF Index Prot. 71 (1715-1721), Bl. 445r (Bewerbung Amores o.D. mit Angaben zum Lebenslauf)
1718 Juli 19	Relator der CIndex, Ernennung
	ACDF Index Diari 14 (1708-1721), Bl. 113r; ACDF Index Prot. 81 (1737-1740), Bl. 441r

Gutachten

(1719 Juli 17)   Acta eruditorum [...]. - Lipsiae : Grosse & Gleditsch, (1715).
                      ACDF Index Prot. 71 (1715-1721), Bl. 568r-569v, 4 S.

Antonio Maria Amoretti OMD

Geboren	1742 Jan. 5 in Oneglia (Ligurien)
Gestorben	1804 Nov. 24 in Rom

Lebenslauf

1763	Studium am Ordenskolleg S. Maria in Campitelli, Rom
1766	Priesterweihe
1769	Dozent für Theologie an S. Maria in Campitelli, Rom
1770	Dozent für Theologie und Philosophie an S. Maria in Portico, Neapel (bis 1775)
1775	Rektor von S. Maria in Campitelli, Rom
	Generalassistent des Ordens in Rom
1796	Generalprokurator des Ordens in Rom (bis 1803)
	Mitglied der Accademia dell'Arcadia, Rom (als „Dastilo Temidio")
	Dozent für Rhetorik an der Accademia dei Nobili Ecclesiastici, Rom
1801 Febr. 19	Konsultor der CIndex, Ernennung
	ACDF Index Prot. 102 (1800-1808), Nr. 5.6; ACDF Index Diari 18 (1764-1807), Bl. 72v; ASV SS Carte Varie 44

Unveröffentlichte Quellen

Collegio S. Maria in Campitelli, Rom (Freundliche Auskunft über Ordensämter, Geburts- und Todesdatum an H. H. Schwedt)

Gutachten

1804 Jan. 10	Diderot, Denis: Jacques le Fataliste et son maître. - Paris : Buisson, an V [1796].
	ACDF Index Prot. 102 (1800-1808), Nr. 133, 3 S.
[1808 Juli 18]	P. L. M.: Pratiche delle virtù teologali Fede, Speranza e Carità. - Firenze : Ciardetti, 1803.
	ACDF Index AeD 1 (1802-1820), Nr. 88, 4 S.

Eigene Werke

- Audiffreddi, Giovanni Battista: Specimen historico-criticum editionum italicarum saeculi XV. [...] Accedunt indices IV locupletissimi [...]. - Romae : in Typographio Paleariniano [...], 1794. - XII, 459 S. [Mitarbeit an den Registern]
- Lettera sull anno natalizio d'Aldo Pio Manuzio ed alcune stampe manuziane. Diretta al sig. abate Gaetano Marini primo custode della Biblioteca Vaticana. - Roma 1804. - 25 S.

Literatur

- Ferraironi, Francesco: Venticinque Rettori Generali dell'Ordine della Madre di Dio. Profili biografici e morali. - Roma 1945, 58f.
- Parenti, Marino: Aggiunte al Dizionario bio-bibliografico dei bibliotecari e bibliofili italiani di Carlo Frati. - 3 vol. - Firenze 1957-1960, hier: vol. 1, 37f.

Francesco Antonio Angelini OCarm

Gestorben 1727

Lebenslauf

    Magister theol.
    Dr. an der Universität Bologna
    Dozent für Philosophie und Theologie in Cesena, Siena, Neapel und Bologna (für 12 Jahre)
    Examinator synodalis
    Lektor für Kasuistik in der Diözese Imola
    Prediger in verschiedenen Städten
    Katechet und Bibelerklärer an S. Maria in Traspontina, Rom
    Socius des Generaloberen des Ordens

[1707] Relator der CIndex, Antrag auf Ernennung
    ACDF Index Prot. 68 (1707-1710), Bl. 61r (Bewerbung Angelinis o.D. an die CIndex mit Angaben zum Lebenslauf)

1707 Nov. 21 Relator der CIndex, Ernennung
    ACDF Index Diari 13 (1704-1708), Bl. 133r; ACDF Index Prot. 81 (1737-1740), Bl. 439v

[1711] Konsultor der CIndex, Antrag auf Ernennung (abgelehnt)
    ACDF Index Prot. 69 (1710-1712), Bl. 232r (Bewerbung Angelinis o.D. an den Papst); ACDF Index Diari 14 (1708-1721), Bl. 47r (Papstaudienz des Sekr. der CIndex vom 16. Sept. 1711)

[1715] Konsultor der CIndex, Antrag auf Ernennung (erneut)
    ACDF Index Prot. 71 (1715-1721), Bl. 160r (Bewerbung Angelinis o.D. an den Papst)

1716 Jan. 22 Konsultor der CIndex, Ernennung
    ACDF Index Diari 14 (1708-1721), Bl. 101v

Gutachten
(1715 Okt. 1)   Atti di Christiana Pietà da pratticarsi ogni giorno da quelli che desiderano stare raccolti con Dio[...] - Fermo : [S.n.], 1702.
                  ACDF Index Prot. 71 (1715-1721), Bl. 112, 2 S.

Bernardo de Angelis

Lebenslauf
1797 März 14   Koadjutor des Advocatus reorum des SO, Amtsantritt durch Eidesleistung (bis 1801)
                  ACDF SO Juramenta 1777-1796, Nr. 12
1801   Konsultor des SO
                  ACDF SO St.St. Q-4-ww = ACDF SO Priv. 1804-1809, Nr. 37
1801 [Aug. 12]   Advocatus reorum des SO (bis 22. Aug. 1804)
                  ACDF SO St.St. Q-4-ww = ACDF SO Priv. 1804-1809, Nr. 37;
                  ACDF SO Decreta 1800-1801, Bl. 81r (Eintrag nicht eindeutig)

Gaspare de Angelis

Geboren   in der Region [Marken]
Gestorben   1766 [Juni]

Familie
Gaspare de Angelis hinterließ 1766 seine Ehefrau Girolama Bottoni sowie drei „figlie nubili" Cornelia, Camilla und Anna Susanna. Auf Antrag der Witwe zahlte das SO eine einmalige Unterstützung von 25 scudi. Vgl. ACDF SO Priv. 1765-1768, Bl. 463v (Dekret Feria IV. vom 5. Aug. 1767).

Lebenslauf
    Luogotenente beim Gouverneur von Viterbo
                  ACDF SO Priv. 1736-1742, Bl. 115r (Kandidatenliste 1737; de Angelis, noch unverheiratet, war Auditor der Carbognani in Rom)
1746 Aug. 20   Koadjutor des Advocatus reorum des SO F. → Delfini, Ernennung
                  ACDF SO Priv. [1789-]1790, Nr. 111; ACDF SO St.St. Q-4-ww = ACDF SO Priv. 1804-1809, Nr. 22
1746 Aug. 24   Koadjutor des Advocatus reorum des SO, Amtsantritt durch Eidesleistung
                  ACDF SO Juramenta 1737-1749, o.Bl.
[1760]   Advocatus reorum des SO (als Nachfolger des verstorbenen F. Delfini)
[1760]   Konsultor des SO

Unveröffentlichte Quellen
ACDF SO Decreta 1766, Bl. 120r (G. → Pistorozzi wird am 2. Juli zum Nachfolger de Angelis' ernannt; daher ergibt sich das angenommene Todesdatum)

Ansaldo Ansaldi

Geboren	1651 Okt. 7 in Florenz
Gestorben	1719 Dez. 7 in Rom

Familie
Der Prälat kam aus einem Florentiner Adelshaus, Sohn des Orazio Ansaldi, Ratsherr (membro del Consiglio), und der Fiammetta Sirigatti. Vgl. Weber: Referendare 2, 413.

Lebenslauf

	Erste Ausbildung am Jesuitenkolleg in Florenz
	Dr. iur. utr. in Pisa
	Advokat in Florenz
[1679]	Advokat im römischen Studio des späteren Kardinals Giovanni Battista De Luca (bes. für Handelsrecht)
[1692]	Auditor des Papstes
1692 Apr. 17	Referendar der Signaturen
	Kanoniker an S. Maria Maggiore, Rom
	Konsultor der CRiti
1693 Nov. 13	Relator der CIndex, Ernennung
	ACDF Index Prot. 81 (1737-1740), Bl. 439v
	G. → Accoramboni, Adiutor studiorum von Ansaldi
1696 Juli 6	Auditor der Rota Romana
1704	Mitglied der Accademia dell'Arcadia, Rom (als „Solando Nedeo")
1717 Jan. 8	Dekan der Rota Romana

Eigene Werke
- De commercio, et mercatura discursus legales plerumque ad veritatem editi [...] in quibus universa faere commercij, & mercaturae materia resolutive continetur. Cum indice argumentorum, materiarum, & rerum opulentissimo. - Romae : ex typographia Dominici Antonij Herculis, 1689. - XIV, 768 S. ; ND Torino 1971. [drei weitere Ausg. erschienen 1698, 1718 und 1751 in Genf: Coloniae Allbrogum : apud Frates de Tournes]
- Decisiones Sacrae Rotae Romanae coram R.P.D. Ansaldo de Ansaldis [...]. - Romae : typis Rev. Camerae Apostolicae, 1711-1743. - 7 vol.
- Il trionfo della fede [...]. - In Firenze : nella stamperia di S. A. R. per i Tartini, e Franchi, 1717. - [12], 468 S. [Hg. von Antonio Maria Salvini; enth. 26 Lieder von Ansaldi]

- La Creazione dell'uomo e incarnazione del verbo eterno divisa in sette canzoni [...] e date in luce da Giuseppe Averani. - Firenze : nella stamperia di Sua Altezza reale, 1704. - [5] Bl., 125 S.
- Pensieri raccolti nella meditazione delle dieci giornate degli esercizi spirituali di S. Ignazio Lojola, distesi in dieci canzoni [...] coll'aggiunta di un'altra canzione, invito a' poeti a comporre in materie sacre. - In Firenze : presso a Jacopo Guiducci, e Santo Franchi, 1711. - [3] Bl., 234 S.

Literatur
- Cerchiari, Emanuele: Capellani Papae et Apostolicae Sedis. Auditores causarum Sacri Palatii Apostolici seu Sacra Romana Rota ab origine ad diem usque 20 Septembris 1870. Relatio historica-iuridica. - 4 vol. - Romae 1919-1921, hier: vol. 1, 295; 2, 208.
- Crescimbeni, Giovan Mario (Hg.): Notizie istoriche degli Arcadi morti. - Roma : nella stamperia di Antonio Rossi, 1720-1721. - 3 vol., hier: vol. 1, 364-368.
- DBI 3 (1961), 361f. von E. Gencarelli.
- Mazzuchelli, Giammaria: Gli scrittori d'Italia : Cioè notizie storiche e critiche intorno alle vite, e agli scritti dei letterati italiani. - Brescia : Giambatista Bossini, 1753-1763. - 6 vol., hier: vol. 1, 810-812.
- Tipaldo, Emilio de (Hg.): Biografia degli italiani illustri nelle scienze, lettere ed arti del secolo XVIII, e de' contemporanei compilata da letterati italiani di ogni provincia. - 10 vol. - Venezia 1834-1845, hier: vol. 1, 479-482.
- Weber, Christoph (Bearb.): Die päpstlichen Referendare 1566-1809. Chronologie und Prosopographie (PuP ; 31/1-3). - 3 Bde. - Stuttgart 2003-2004, hier: Bd. 2, 413.

Tommaso Vincenzo Ansaldi OP

Familie
Von den drei Dominikanern Ansaldi des 18. Jahrhunderts stammten zwei aus Piacenza; Casto Innocenzo Ansaldi OP (1710-1780), Theologieprofessor in Ferrara (vgl. DBI 3, 362-365) und Carlo Agostino Ansaldi da Piacenza OP (gest. 1780), Lektor für Philosophie in Bologna. Vgl. D'Amato: Domenicani, 836. Ob der hier interessierende Pater mit den Genannten in einer Verbindung stand, ist ungewiss.

Lebenslauf

1762 Apr. 1	Generalvikar der Inquisition von Modena, Ernennung
	ACDF SO Decreta 1761, Bl. 58v („electus")
1765 Nov. 27	Secundus Socius des Commissarius des SO, Ernennung
	ACDF SO Decreta 1765, Bl. 153r („electus")
1766 Jan. 5	Secundus Socius des Commissarius des SO, Amtsantritt durch Eidesleistung
	ACDF SO Juramenta 1766-1776, Bl. 1f.

1770 Febr. 27	Primus Socius des Commissarius des SO, Amtsantritt durch Eidesleistung
	ACDF SO Juramenta 1766-1776, Bl. 109f.
1770 Aug. 22	Generalvikar der Inquisition von Asti, Amtsantritt durch Eidesleistung
	ACDF SO Juramenta 1766-1776, Bl. 113f.

Unveröffentlichte Quellen
Archivio di Stato, Modena, Corporazioni soppresse, Filza 2731 San Domenico „Consiliorum Conventus 1663-1784", S. 345.

Literatur
- D'Amato, Alfonso: I Domenicani a Bologna. - 2 vol. - Bologna 1988, 836. [zu Carlo Agostino Ansaldi da Piacenza]
- DBI 3 (1961), 362-365 von M. Rosa. [zu Casto Innocenzo Ansaldi]

Marco Antonio Ansidei

Geboren	1671 Sept. 1 in Perugia (Umbrien)
Gestorben	1730 Febr. 14 in Rom

Familie
Sohn des Giuseppe und der Deianira Eugeni, beide aus altem Adel von Perugia. Vgl. Weber: Genealogien 3, 25-29; Referendare 2, 414.

Lebenslauf

[1682]	Studium am Collegium Clementinum, Rom
1694 Mai 5	Dr. iur. utr. in Perugia
1694	Praxis bei römischen Advokaten und Prokuratoren (bis 1702)
1701	Mitglied der Accademia dell'Arcadia, Rom (als „Jaseo Aristandro")
1702 Juli 13	Referendar der Signaturen
1704 Juli 7	Relator der CIndex, Ernennung
	ACDF Index Prot. 81 (1737-1740), Bl. 439r; ACDF Index Diari 13 (1704-1708), Bl. 67r
1706	Auditor der Signatura Iustitiae
1712	Luogotenente des Auditors der Apostolischen Kammer
	Votante der Signatura Gratiae
1716	Sekretär der CConcilio (bis 1718)
1717 März 7	Kanoniker an St. Peter, Rom
	ACDF SO St.St. L-5-g, o.Bl. (Anonyme Liste)
1717 Dez. 30	Koadjutor des Assessors des SO, Ernennung
	ACDF SO Priv. 1710-1727, Bl. 314r (Audienzdekret des Papstes, Feria V.)

1718 Jan. 5	Koadjutor des Assessor des SO, Amtsantritt durch Eidesleistung ACDF SO Juramenta 1701-1724, Bl. 208v
1718 Jan. 6	D. → Capretti, Auditor von Ansidei, Amtsantritt durch Eidesleistung ACDF SO Juramenta 1701-1724, Bl. 209
1720 Juli 15	Flavio de Sanctis, Adiutor studiorum von Ansidei, Amtsantritt durch Eidesleistung ACDF SO Juramenta 1701-1724, Bl. 305
1722 Jan. 7	Assessor des SO, Ernennung
1722 Apr. 4	Diakonatsweihe
1724	Priesterweihe
1724 Juni 12	Titularerzbischof von Damietta (bis 1726)
1725	Konsultor des Römischen Konzils
1726 Dez. 9	Kardinal in petto (publiziert 30. Apr. 1728)
1726 Dez. 16	Bischof von Perugia
1728 Mai 10	Zuteilung der Titelkirche S. Pietro in Montorio
1728 Mai 12	Mitglied der CIndex, Ernennung ACDF Index Prot. 76 (1727-1728), Bl. 293r (Schreiben SS an Sekr. der CIndex); ACDF Index Diari 15 (1721-1734), Bl. 86r

Gutachten

(1705 Mai 11)	Acta eruditorum [...]. - Lipsiae : Grosse & Gleditsch, (1696). ACDF Index Prot. 66 (1705-1706), S. 137-142, 6 S.
[1722]	Bayly, Lewis: La pratica di pieta che insegna al cristiano il vero modo di piacere a Dio [...]. - In Coira : appresso Andrea Pfeffer, 1720. nicht aufgefunden (Hinweis in ACDF SO CL 1722-1723, Nr. 10)
[1725]	Il Gran Giornale Di Europa O Sia La Biblioteca Universale [...]. - In Venezia : Apresso Antonio Bortoli [...], vol. 1,1. [T. 1, Pt. 1] (1725). ACDF SO CL 1724-1728, Nr. 18bis, 2 S.

Literatur

- Bruschi, Carlo: In exequiis eminentiss. ac reverendiss. Marci Antonii cardinalis Ansidaei episcopi Perusini Oratio habita Perusiae in aede cathedrali [...] 5. Id. Mart. 1730. - Perusiae : typis Constantini impress. Cam. Ep. & S. Off., 1731. - XLVI, [2] S.
- Concilium Romanum in Sacrosancta Basilica Lateranensi celebratum Anno Universalis Jubilaei MDCCXXV. a sanctissimo Patre, & Dno Nostro Benedicto Papa XIII. Pontificatus sui Anno I. - Romae : ex Typographia Rocchi Bernabò, 1725, 127.
- Crescimbeni, Giovan Mario (Hg.): Notizie istoriche degli Arcadi morti. - Roma : nella stamperia di Antonio Rossi, 1720-1721. - 3 vol., hier: vol. 1, 364-368.
- Danzetta, Paolo: Componimenti poetici per l'esaltazione alla sacra porpora dell' eminentissimo sig. cardinale Marco Antonio Ansidei [...]. - In Perugia : presso il Costantini stamp. cam. vesc., e del S. Offizio, 1728. - 64 S.
- DHGE 3 (1924), 502f. von P. Richard.
- Forcella, Vincenzo: Iscrizioni delle chiese e d'altri edifici di Roma dal secolo XI fino ai giorni nostri. - 14 vol. - Roma 1869-1884, hier: vol. 13, 474, Nr. 1157.

- Guarnacci, Mario: Vitae, et res gestae Pontificum Romanorum et S.R.E. Cardinalium a Clemente X. usque ad Clementem XII. [...] Descripta a S. Petro ad Clementem IX. - Romae : Sumptibus Venantii Monaldini bibliopolae [...] ; Ex Typographia Joannis Baptistae Bernabo, & Josephi Lazzarini, 1751. - 2 vol., hier: vol. 2, 483-486.
- Hierarchia Catholica 5, 37.181.311.
- Moroni 2 (1840), 160f.
- Paltrinieri, Ottavio Maria: Elogio del nobile e pontificio Collegio Clementino di Roma. - [Roma] : presso Antonio Fulgoni, 1795, XVIII.
- Pietro Palazzini: Prospero Fagnani. Secretario della sacra congregazione del concilio e suoi editi ed inediti, in: La Sacra Congregazione del Concilio. Quarto Centenario della Fondazione (1564-1964). - Città del Vaticano 1964, 361-386, hier: 378.
- Vermiglioli, Giovanni Battista: Biografia degli scrittori Perugini e notizie delle opere loro. - 2 vol. - Perugia 1828-1829, hier: vol. 1, 52-55.
- Weber, Christoph (Bearb.): Die päpstlichen Referendare 1566-1809. Chronologie und Prosopographie (PuP ; 31/1-3). - 3 Bde. - Stuttgart 2003-2004, hier: Bd. 2, 414f.
- Weber, Christoph (Hg.): Die ältesten päpstlichen Staatshandbücher. Elenchus Congregationum, Tribunalium et Collegiorum Urbis 1629-1714 (RQ Supplementheft ; 45). - Rom u.a. 1991, 79.
- Weber, Christoph: Genealogien zur Papstgeschichte. Unter Mitwirkung von Michael Becker bearbeitet (PuP ; 29/1-6). - 6 Bde. - Stuttgart 1999-2002, hier: Bd. 2, 25-29.

Paolo Francesco Antamori

Geboren   1712 Nov. 14 in Rom
Gestorben   1795 Dez. 4 in Orvieto (Umbrien)

Familie
Der Kardinal gehörte zu der ursprünglich in den Marken (Marca Picena), seit 1651 in Rom nachgewiesenen Patrizierfamilie der conti Antamori. Der Vater, Tommaso Antamori (gest. 1751), nach dem Tod seiner Ehefrau Elena Belloni römischer Konsistorialadvokat und 1741-1745 Rektor der Universität Sapienza in Rom, errichtete 1710 in der Kirche S. Girolamo della Carità eine Kapelle mit Grablege für die Familie. Zu den nahen Verwandten des Kardinals zählen dessen Bruder Prälat Filippo Antamori (gest. 1760) sowie dessen Enkel Kardinal Filippo Antamori (gest. 1855), Bischof von Orvieto. Vgl. Capogrossi Guarna: Chiesa, 11f.; Weber: Referendare 2, 415f.

Lebenslauf
1737 Sept. 26	Dr. iur. utr. an der Universität Sapienza, Rom
1740 Dez. 11	Kleriker
1741	Koadjutor seines Vaters Tommaso Antamori, Rektor der Universität (bis 1745)
[1751]	Konsistorialadvokat
1751 Dez. 12	Referendar der Signaturen

[1753]	Abbreviatore del Parco Maggiore
[1754]	Ponente der CConsulta
1758 Juli 19	Ponente der CFabbrica
	ASV SS Mem Bigl 201
1759 Nov. 19	Prälat der CImmunità
	ASV SS Mem Bigl 204
1760	Rektor der Universität Sapienza, Rom (bis 1780)
1775 Apr. [24]	Assessor des SO, Ernennung
	ACDF SO St.St. L-5-g, o.Bl. (Anonyme Liste)
1775 Apr. 26	Assessor des SO, Amtsantritt durch Eidesleistung
	ACDF SO Juramenta 1766-1776, Bl. 243f.; ACDF SO St.St. L-5-g, o.Bl. (ohne Tagesangabe)
1775 Apr. 27	Luigi Subleyras, Sekretär von Antamori, Amtsantritt durch Eidesleistung
	ACDF SO Juramenta 1766-1776, Bl. 245
1775 Apr. 30	Kanoniker an St. Peter, Rom
	BAV Vat. Lat. 10171, Bl. 47r; ACDF SO St.St. L-5-g, o.Bl. (Anonyme Liste)
1775 Mai 9	C. de → Simeoni, Auditor von Antamori, Amtsantritt durch Eidesleistung
	ACDF SO Extens. 1749-1808 = ACDF SO St.St. Q-1-q, Bl. 216v; ACDF SO Juramenta 1766-1776, Bl. 233
1775 Mai 9	Michele Antonio Albertotti, Amanuensis von Antamori, Amtsantritt durch Eidesleistung
	ACDF SO Extens. 1749-1808 = ACDF SO St.St. Q-1-q, Bl. 216v; ACDF SO Juramenta 1766-1776, Bl. 235
1775 Mai 26	Examinator Episcoporum in sacris canonibus
	ASV SS Mem Bigl 223
1775 Juni 10	Subdiakonatsweihe
1775 Aug. 21	Konsultor der CIndex, Ernennung
	ASV SS Mem Bigl 224 (Schreiben SS an Antamori, Entwurf); ACDF Index Diari 18 (1764-1807), Bl. 60r; ACDF Index Prot. 91 (1773-1778), Bl. 76r (Schreiben SS an Sekr. der CIndex)
1775 Nov. 9	Apostolischer Protonotar
	ASV SS Mem Bigl 224
1776 Juni 1	Diakonatsweihe
1777 März 1	Nicola Cipriani, Auditor von Antamori, Amtsantritt durch Eidesleistung
	ACDF SO Juramenta 1777-1796, Bl. 7
1777 Mai 16	Francesco Baroni, Cappellanus von Antamori, Amtsantritt durch Eidesleistung
	ACDF SO Juramenta 1777-1796, Bl. 11
1777 Aug. 25	Antonio Muccianti, Sekretär von Antamori, Amtsantritt durch Eidesleistung
	ACDF SO Juramenta 1777-1796, Bl. 23
1780 Dez. 11	Bischof von Orvieto

1780 Dez. 11	Kardinal
1781 Apr. 2	Zuteilung der Titelkirche S. Alessio

Literatur
- Capogrossi Guarna, Baldassarre: La chiesa di S. Girolamo della Carità. Notizie raccolte. - Roma 1925, 11f.
- DHGE 3 (1924), 510 von P. Richard.
- EC 1 (1948), 1422 von Mario De Camillis.
- Hierarchia Catholica 6, 33.
- Moroni 2 (1840), 161.
- Weber, Christoph (Bearb.): Die päpstlichen Referendare 1566-1809. Chronologie und Prosopographie (PuP ; 31/1-3). - 3 Bde. - Stuttgart 2003-2004, hier: Bd. 2, 415f.

Tommaso Antici

Geboren	1731 Mai 10 in Recanati (Marken)
Gestorben	1812 Jan. 4 in Recanati

Familie
Der Kardinal stammte aus einem in Recanati beheimateten Adelshaus, Sohn des marchese Giuseppe Antici und der Antonia Cipriani. Zwei Generationen später stellte die gleiche Familie den Kardinal R. L. E. → Antici Mattei (1811-1883). Vgl. Weber Genealogien 5, 50f.; Weber: Kardinäle 2, 796.

Lebenslauf

	Auditor des Kardinals F. M. de → Rossi in Rom
1763	Diplomatischer Geschäftsträger des Kurfürsten von Köln beim Hl. Stuhl (bis 1787)
1768	Diplomatischer Geschäftsträger des polnischen Königs beim Hl. Stuhl (bis 1795)
1777	Diplomatischer Geschäftsträger des Kurfürsten von der Pfalz beim Hl. Stuhl
1789 März 30	Kardinal
1789 Aug. 3	Zuteilung der Titelkirche S. Maria in Trastevere
1790 Febr. 2	Diakonatsweihe
1795 Mai 29	Mitglied der CEpReg und CConcilio
	ASV SS Mem Bigl 260
1795 Sept. 25	Präfekt der CConcilio
	ASV SS Mem Bigl 261
1795	Präfekt der CIndulg
1795 Okt. 31	Mitglied des SO, Ernennung (bis 1798)
	ACDF SO Juramenta 1777-1796, o.Bl. (Schreiben SS an Sekr. und Ass. des SO)

1795 Nov. 6	Mitglied der CLauretana ASV SS Mem Bigl 261
1795 Nov. 11	Mitglied des SO, Amtsantritt durch Eidesleistung ACDF SO Juramenta 1777-1796, o.Bl.
1798 März 7	Resignation des Kardinalats (Annahme der Resignation durch den Papst)
1799-1800	Erfolglose Bemühungen Anticis um Teilnahme am Konklave in Venedig

Literatur

- Cavedoni, Pietro: Notizie intorno al sacerdote Tomaso Antici che nel 1798 rinunziò al cardinalato, in: Continuazione delle Memorie di religione, di morale e di letteratura 4 (1834), 97-104, hier: 100-102. [Schreiben Anticis an den Papst vom 13. Sept. 1811 mit einer Erklärung zu seiner Resignation als Kardinal]
- DBI 3 (1961), 448-450 von E. Gencarelli.
- Del Re, Niccolò: I Cardinali Prefetti della Sagra Congregazione del Concilio dalle origini ad oggi (1564-1964), in: La Sacra Congregazione del Concilio. Quarto Centenario dalla fondazione (1564-1964). Studi e ricerche. - Città del Vaticano 1964, 265-307, hier: 289.
- DHGE 3 (1924), 542f. von P. Richard.
- Hierarchia Catholica 6, 36.
- Moroni 2 (1840), 163.
- Platania, Gaetano: Varsavia e Roma. Tommaso Antici, un diplomatico del 700. - Salerno 1980.
- Roberg, Burkard: Verkehrung der Fronten? Bartolomeo Pacca und der Nuntiaturstreit 1785-1794, in: Koller, Alexander (Hg.): Kurie und Politik. Stand und Perspektiven der Nuntiaturberichtsforschung (Bibliothek des Deutschen Historischen Instituts in Rom ; 87). - Tübingen 1998, 376-394.
- → Theiner, Augustin (Hg.): Vetera Monumenta Poloniae et Magni Ducati Lithuaniae gentiumque finitimarum historiam illustrantia maximam partem nondum edita ex tabularis vaticanis deprompta, collecta ac serie chronologica disposita. - 4 vol. - Romae 1860-1864, 105 u.ö.
- Weber, Christoph: „Faire revivre l'arbre entier". Die Freilassung der gefangenen Jesuiten aus der Engelsburg (1775/76) nach den Berichten des kurkölnischen Ministers Marchese Tommaso Antici aus Rom, in: Schmidt, Siegried u.a. (Hg.): Rheinisch-Kölnisch-Katholisch. Beiträge zur Kirchen- und Landesgeschichte sowie zur Geschichte des Buch- und Bibliothekswesens der Rheinlande. Heinz Finger zum 60. Geburtstag. - Köln 2008, 291-314.
- Weber, Christoph: Genealogien zur Papstgeschichte. Unter Mitwirkung von Michael Becker bearbeitet (PuP ; 29/1-6). - 6 Bde. - Stuttgart 1999-2002, hier: Bd. 5, 50f.
- Weber, Christoph: Kardinäle und Prälaten in den letzten Jahrzehnten des Kirchenstaates. Elite-Rekrutierung, Karriere-Muster und soziale Zusammensetzung der kurialen Führungsschicht zur Zeit Pius' IX. (1846-1878) (PuP ; 13/1-2). - 2 Bde. - Stuttgart 1978, hier: Bd. 2, 796.

Leonardo Antonelli

Geboren 1730 Nov. 6 in Senigallia (Marken)
Gestorben 1811 Jan. 23 in Senigallia

Familie
Der spätere Kardinal, Sohn des Grafen Filippo, gehörte zu einer Familie, die 1697 in den Adel von Senigallia aufgenommen wurde. Der Onkel, Kardinal N. M. → Antonelli, damals Sekretär der CProp, übernahm die Erziehung zwei seiner Neffen im Collegium de Propaganda Fide in Rom. Diese waren Leonardo und sein älterer Bruder Bernardino (gest. 1809), der spätere conte di Costrigone und päpstliche Offizier als Capitano di Porto und Castellano der Festung Senigallia. Der älteste der drei Gebrüder, abbate Angelo Antonelli, verstarb 1796 im Alter von 76 Jahren. Vgl. Cancellieri: Cenotaphium, 8.

Lebenslauf

um 1735	Erziehung in Rom unter Aufsicht des Onkels N. M. → Antonelli Dr. iur. utr. an der Universität Sapienza, Rom
1752 Apr.	Koadjutor seines Onkels Nicola als Präfekt des Archivs der Engelsburg
1753	Präfekt des Archivs der Engelsburg (bis 1759)
1753 Nov. 26	Korrektor der PoenitAp ASV SS Mem Bigl 193
1756 Apr. 22	Prelato domestico ASV SS Mem Bigl 197
1756 Mai 13	Referendar der Signaturen
1757 März 17	Sekretär der CConcist ASV SS Mem Bigl 199
1757 März 28	Sekretär des Kardinalskollegiums (bis 1766)
1758	Teilnehmer am Konklave (führte Tagebuch, unediert)
1759	Segretario della Cifra
1760 Sept. 5	Konsultor der CIndex, Ernennung ASV SS Mem Bigl 205 (Schreiben SS an Antonelli, Entwurf); ACDF Index Diari 17 (1708-1721), Bl. 86v; ACDF Index Prot. 87 (1759-1762), Bl. 162 (Schreiben SS an Sekr. der CIndex)
1763 Juli 24	Kanoniker an St. Peter, Rom ACDF SO St.St. L-5-g, o.Bl. (Anonyme Liste)
1766 Sept. 26	Assessor des SO, Ernennung ASV SS Mem Bigl 211 (Schreiben SS an Maggiordomo, Entwurf)
1766 Okt. 1	Assessor des SO, Amtsantritt durch Eidesleistung ACDF SO Juramenta 1766-1776, Bl. 13 Antonius Durani, Auditor von Antonelli (auch des Vorgängers B. → Veterani)
1775 Apr. 24	Kardinal
1775 Mai 24	Zuteilung der Titelkirche S. Sabina

1775 Mai 29	Mitglied des SO, Ernennung
	ACDF SO Juramenta 1766-1776, Bl. 238f. (Schreiben SS an Ass. des SO); ASV SS Mem Bigl 223
1775 Mai 29	Mitglied der CExamEp, CConcilio und CProp
	ASV SS Mem Bigl 233 (Aktenvermerk SS)
1775 Mai 31	Mitglied des SO, Amtsantritt durch Eidesleistung
	ACDF SO Juramenta 1766-1776, Bl. 237
1775 Juli 18	Mitglied der CIndex, Ernennung
	ACDF Index Diari 19 (1807-1865), Bl. 58v (Bericht über die Ernennung)
1779 Jan. 3	J. Ferrant, Adiutor studiorum von Antonelli, Amtsantritt durch Eidesleistung
	ACDF SO Extens. 1749-1808 = ACDF SO St.St. Q-1-q, Bl. 242r
1780 Apr. 29	Präfekt der CProp (bis Febr. 1795)
1790 Nov. 19	Mitglied der Sonderkongregation zur Untersuchung der Synode von Pistoia
1792	T. M. → Soldati, Theologus von Antonelli
1795 Febr. 21	Präfekt der Signatura Iustitiae
	ASV SS Mem Bigl 260; ACDF Index Prot. 101 (1796), Bl. 313
1795 Sept. 9	Vincenzo Gianfanti, Sekretär von Antonelli, Amtsantritt durch Eidesleistung
	ACDF SO Juramenta 1777-1796, o.Bl.
1797	Sekretär des SO
	ACDF SO St.St. L-5-g, o.Bl. (Liste der Sekretäre)
1798 Febr. 6	Haft in Rom, danach in Civitavecchia
1800 Apr. 2	Suburbikarischer Bischof von Porto und S. Rufina
1800 Nov. 8	Sekretär des SO, Amtsantritt durch Eidesleistung
	ACDF SO Juramenta 1800-1809, o.Bl. (Schreiben SS an Antonelli und Ass. des SO); ACDF SO St.St. L-5-g, o.Bl. (Liste der Sekretäre)
1801	Penitenziere Maggiore
	Erzpriester der Lateranbasilika
1807 Aug. 3	Suburbikarischer Bischof von Ostia und Velletri
1808 Sept. 6	Haft in Rom, dann Exil in Spoleto, Macerata und Senigallia

Gutachten

[1770]   ♦ Anonym [Zaupser, Andreas]: Briefe eines Baiern an seinen Freund, über die Macht der Kirche und des Pabstes. - [S.l., Nürnberg? ; Würzburg?] : [S.n.], 1770.
nicht aufgefunden (Hinweis in ACDF SO CL 1770, Nr. 10)

Eigene Werke

- Cancellieri, Francesco: Memorie istoriche delle sacre teste de' Santi Apostoli Pietro e Paolo e della loro solenne ricognizione nella Basilica Lateranense con un'appendice di documenti. - Roma 1806. ; 2. Aufl. - Roma 1852. [Vorwort jeweils gezeichnet mit L. Antonelli]

- Manuale ecclesiastico proposto ai sacerdoti ed al clero delle diocesi di Ostia e di Velletri. - Roma 1807. - 2 vol.
- Oratio in funere Ferdinandi VI. Hispaniarum regis catholici in sacello Quirinali habita III. idus septembris coram Clemente XIII. Pont. Opt. - Romae : Excudebant Benedictus Franzesi et Cajetanus Paperi, 1759. - XVI S.
- Regole della pia schola di carità per le fanciulle di Palestrina prescritte [...] e ora la prima volta fatte pubbliche con alcune giunte per commando dell'Emo, e Rmo Sig. Cardinale Carlo Maria → Pedicini. - Roma 1837. - 43 S.

Literatur
- Anonym [Cancellieri, Francesco]: Catalogo della biblioteca del card. [Leonardo] Antonelli disposta per ordine alfabetico. - Roma 1814 ; 2. ed. - Roma 1824.
- Cancellieri, Francesco: Cenotaphium Leonardi Antonelli cardinalis archipresbyteri Protobasilicae Lateranensis in cella S. Genitricis Dei sideribus receptae e regione mausolei Nicolai Antonelli cardinalis eius patrui adnotationibus illustratum. - Pisauri 1825, 7f. [zu Antonellis Werken]
- Celani, Enrico: I preliminari del Conclave di Venezia, in: ASRSP 36 (1913), 474-518.
- Chiabò, Maria u.a.: Le diocesi suburbicarie nelle ‚Visite ad Limina' dell'Archivio Segreto Vaticano (Collectanea Archivi Vaticani ; 22). - Città del Vaticano 1988, 481.
- Claudi, Giovanni Maria ; Catri, Liana (Hg.): Dizionario storico-biografico dei Marchigiani. - 3 vol. - Ancona 1992-1993, hier: vol. 1, 50.
- DBI 3 (1961), 498f. von V. E. Giuntella.
- DHGE 3 (1924), 838-840 von P. Richard.
- EC 1 (1948), 1517 von Mario de Camillis.
- Gualdo, Germano (Hg.): Sussidi per la consultazione dell'Archivio vaticano. Loschedario Garampi, i registri vaticani, i registri lateranensi, le Rationes Camerae, l'archivio concistoriale (Collectanea Archivi Vaticani ; 17). - Nuova edizione riveduta e ampliata. - Città del Vaticano 1989, 368.
- Margutti, Alfredo: Cenni biografici di alcuni illustri sinigagliesi. - Sinigaglia 1888, 12.
- Metzler, Josef: Die Kongregation im Zeitalter der Aufklärung. Struktur, Missionspläne und Maßnahmen allgemeiner Art (1700-1795), in: Ders. (Hg.): Sacrae Congregationis de Propaganda Fide memoria rerum. 350 anni a servizio delle missioni 1622-1972. - 3 vol. - Romae 1971-1976, vol. 2, 23-83, hier: 30f.
- Moroni 2 (1840), 216f.
- Parenti, Marino: Aggiunte al Dizionario bio-bibliografico dei bibliotecari e bibliofili italiani di Carlo Frati. - 3 vol. - Firenze 1957-1960, hier: vol. 1, 44f.
- Pastor 16/3, 611-614.
- Pelletier, Gérard: Rome et la Révolution française. La théologie et la politique du Saint-Siège devant la Révolution française (1789-1799) (Collection de l'École Française de Rome ; 319). - Rome 2004, 582-584 u.ö.
- Rouët de Journel, Marie-Joseph: Nonciatures de Russie d'après les documents authentiques (StT ; 166-169.194). - 5 vol. - Città del Vaticano 1922-1957, hier bes.: vol. 1, 4 u.ö.; 2, 86-90 u.ö. [Antonelli hier irrtümlich als Präfekt der CIndex bezeichnet]
- Stella, Pietro (Hg.): Il giansenismo in Italia. Bd. 2/1: Roma. La bolla „Auctorem fidei" (1794) nella storia dell'Ultramontanismo. Saggio introduttivo e documenti. - Roma 1995, LXXIX, 461f.485f.653f. u.ö.

- → Volpi, Giuseppe Rocco: Epistolae Tiburtinae carminibus conscriptae hexametris elegiacis hendecasyllabis quae antea sparsae variis voluminibus legebantur nunc primum collectae et in tres libros tributae cum animadversionibus ejusdem Auctoris. - Brixiae : Excudebat Joannes Maria Rizzardi, 1743. - [2] Bl., 239 S. [S. 97-100 Brief an N. A. → Antonelli „in funere Philippi fratis poetae" zum Tod des Vaters von Leonardo Antonelli]
- Weber, Christoph (Bearb.): Die päpstlichen Referendare 1566-1809. Chronologie und Prosopographie (PuP ; 31/1-3). - 3 Bde. - Stuttgart 2003-2004, hier: Bd. 2, 417.
- Weber, Christoph: Genealogien zur Papstgeschichte. Unter Mitwirkung von Michael Becker bearbeitet (PuP ; 29/1-6). - 6 Bde. - Stuttgart 1999-2002, hier: Bd. 1, 55.

Nicola Maria Antonelli

Geboren	1698 Juli 8 in Pergola (Urbino)
Gestorben	1767 Sept. 25 in Rom

Familie
Der Kardinal stammte aus einem Grafenhaus aus Senigallia, Sohn des conte Francesco und Onkel des späteren Kardinals L. → Antonelli. Vgl. Weber: Genealogien 1, LXV.55.

Lebenslauf

	Ausbildung im Collegio Nazareno, Rom
	Studium der Jura und Orientalistik am Collegium Urbanum de Propaganda Fide, Rom
	Cameriere segreto (unter → Clemens XII.)
1730 Aug.	Sekretär der CCorrLOr
	ASV SS Mem Bigl 162 (Vorschlagsliste vom 10. Aug.)
1733 März 2	Präfekt des Archivs der Engelsburg (bis 1759)
	ASV SS Mem Bigl 167 (Schreiben SS o.D. an Brevensekretär Fabio Olivieri zur Ausstellung des Breve, abgelegt zum 2. März)
1735 Mai 6	Auditor von Kardinal B. → Pamphili („Panfilio"), Amtsantritt durch Eidesleistung
	ACDF SO Juramenta 1725-1736, o.Bl.
1736 Apr. 20	Abbreviatore di Curia
	ASV SS Mem Bigl 170
	Kanoniker der Lateranbasilika
1741 Febr. 15	Prelato domestico
	ASV SS Mem Bigl 176
1741	Mitglied der Kommission für die Brevierreform
1743 Sept. 9	Pro-Sekretär der CProp (bis 22. Sept. 1743)
	ASV SS Mem Bigl 181 (Vermerk SS o.D. „fino al possesso del nuovo Segretario" N. → Lercari)
1744 Febr. 3	Sekretär des Kardinalskollegiums

1752 Apr.	L. → Antonelli, Koadjutor seines Onkels als Präfekt des Archivs der Engelsburg
1753	Demission als Präfekt des Archivs der Engelsburg zugunsten seines Neffen L. Antonelli
1753 Aug. 17	Konsultor der CIndex, Ernennung ASV SS Mem Bigl 193; ACDF Index Diari 17 (1749-1763), Bl. 43r (Vermerk Sekr. der CIndex); ACDF Index Prot. 84 (1753-1754), Bl. 505r (Schreiben SS an Sekr. der CIndex)
1757 März 16	Sekretär der CProp (bis 24. Sept. 1759) ASV SS Mem Bigl 199
1757 März 19	Konsultor des SO, Ernennung ASV SS Mem Bigl 199 (Schreiben SS an Antonelli, Entwurf)
1759 Sept. 24	Kardinal
1759 Nov. 19	Zuteilung der Titelkirche SS. Nereo ed Achilleo
1759 Nov. 19	Mitglied der CIndex, Ernennung ASV SS Mem Bigl 204; ACDF Index Prot. 87 (1759-1762), Bl. 17 (Schreiben SS an Sekr. der CIndex)
1759 Nov. 19	Mitglied der CCorrLOr, CConcilio und CProp ASV SS Mem Bigl 204
1760 März 18	Examinator Episcoporum in sacris canonibus ASV SS Mem Bigl 205
1760 Juni 28	Präfekt der CIndulg ASV SS Mem Bigl 205
1761 Aug. 5	Sekretär der Apostolischen Breven (Nachfolger von D. → Passionei)
1763 Apr. 25	Präfekt der Druckerei der CProp ASV SS Mem Bigl 209
1764 März 3	Mitglied der CAcque ASV SS Mem Bigl 209

Eigene Werke
- Anonym: Dissertatio de Eugubina Cathedra, metropolitanae sedis Urbinatis suffraganea. - Urbini : Apud Antonium Fantauzzi, 1727. - XL S., [3] Bl., 219 S. [Verf. anhand einer hs. Notiz auf dem Titelblatt des Exemplars in der BAV]
- Anonym: Ragioni della sede apostolica sopra il ducato di Parma e Piacenza. Esposte a' sovrani, e prencipi cattolici d'Europa. - [S.l.] : [S.n.], [1741]. - 4 vol. [Exemplar hier: Biblioteca Palatina, Parma, V.6.19855/1-4; vol. 1, Titelblatt: hs. Zuschreibung an Antonelli; vol. 4, 95: „Parma Stampato nell'anno del Signore MDCCXLI".]
- Azevedo, Emanoel de (Hg.): Vetus missale romanum monasticum lateranense cum praefatione, notis, & nonnullis opusculis, quae omnia nunc primum in lucem eduntur [...]. - Romae : sumptibus Venantii Monaldini bibliopolae : typis Josephi Collini, 1754. [Mitarbeit] ; Vetus missale romanum praefationibus, et notis illustratum. - Secunda editio. - Romae : sumptibus Venantii Monaldini, 1756. - [11] Bl., LXVIII, 519 S. [Hg.]
- Consultatio de commemoratione romani Pontificis in publicis supplicationibus & sacrosancto missae sacrificio apud Graecos. - [S.l.] : [S.n.], [1746]. - 88 S. [Aktendruck für die CCorrLOr, gezeichnet von Antonelli]

- De titulis quos S. Evaristus romanis presbyteris distribuit, dissertatio. - Romae : Typis Hieronymi Mainardi, 1725. - [1] Bl., 211 S.
- Eminentiss. ac Reverendiss. Domincis S. R. E. Cardinalibus Congregationis super Correctione Librorum Ecclesiasticorum Ecclesiae Orientalis consultatio De commemorazione Romani Pontificis in publicis supplicationibus & sacrosancto missae sacrificio apud Graecos. - [Romae] : [S.n.], [1746]. - 88 S. [Gutachten; datiert S. 88: „Romae sexto Kalendas Februarii anno 1746"]
- Tou en Agiois Patros emon Athanasiou archiepiscopou Alesandrias Ermeneia ton Psalmon e peri epigraphes Psalmon [Sancti Patris Nostri Athanasii archiepiscopi Alexandriae interpretatio psalmorum sive de titulis psalmorum]. - Roma : apud Josephum Collinum, 1746. - [10], XCII, 469 S. [Hg.]

Literatur
- DBI 3 (1961), 500 von E. Gencarelli.
- DHGE 3 (1924), 840f., von P. Richard.
- EC 1 (1948), 1518 von Noemi Crostarosa-Scipioni.
- EncEc 1 (1948), 202.
- Gualdo, Germano (Hg.): Sussidi per la consultazione dell'Archivio vaticano. Lo schedario Garampi, i registri vaticani, i registri lateranensi, le Rationes Camerae, l'archivio concistoriale (Collectanea Archivi Vaticani ; 17). - Nuova edizione riveduta e ampliata. - Città del Vaticano 1989, 368.
- Hierarchia Catholica 6, 22.
- Hurter, Hugo: Nomenclator literarius theologiae catholicae theologos exhibens aetate, natione, disciplinis distinctos. - Editio tertia, emendata et aucta. - 5 vol. - Oeniponte 1903-1913, hier: vol. 5, 112f.
- Mazzuchelli, Giammaria: Gli scrittori d'Italia : Cioè notizie storiche e critiche intorno alle vite, e agli scritti dei letterati italiani. - Brescia : Giambatista Bossini, 1753-1763. - 6 vol., hier: vol. 1, 853f.
- Mercati, Giovanni: Per due lettere del Muratori, in: Ders.: Opere minori. Raccolte in occasione del settantesimo natalizio sotto gli auspici di S.S. Pio XI (St ; 76-80). - 5 vol. - Città del Vaticano 1937-1941, hier: vol. 2, 403f.
- Metzler, Josef: Die Kongregation im Zeitalter der Aufklärung. Struktur, Missionspläne und Maßnahmen allgemeiner Art (1700-1795), in: Ders. (Hg.): Sacrae Congregationis de Propaganda Fide memoria rerum. 350 anni a servizio delle missioni 1622-1972. - 3 vol. - Romae 1971-1976, vol. 2, 23-83, hier: 37f.
- Metzler, Josef: Serie dei Cardinali Prefetti e dei Segretari della Sacra Congregazione de Propaganda Fide, in: Ders. (Hg.): Sacrae Congregationis de Propaganda Fide memoria rerum. 350 anni a servizio delle missioni 1622-1972. - 3 vol. - Romae 1971-1976, vol. 3/2, 615-626, hier: 622.
- Moroni 2 (1840), 217.
- Seidler, Sabrina M. ; Weber, Christoph (Hg.): Päpste und Kardinäle in der Mitte des 18. Jahrhunderts (1730-1777). Das biographische Werk des Patriziers von Lucca Bartolomeo Antonio Talenti (Beiträge zur Kirchen- und Kulturgeschichte ; 18). - Frankfurt a.M. u.a. 2007, 497-501.

- Tipaldo, Emilio de (Hg.): Biografia degli italiani illustri nelle scienze, lettere ed arti del secolo XVIII, e de' contemporanei compilata da letterati italiani di ogni provincia. - 10 vol. - Venezia 1834-1845, hier: vol. 1, 13f. von C. E. → Muzzarelli.
- Vecchietti, Filippo: Bibliolteca Picena, o sia notizie istoriche delle opere degli scrittori Piceni. - Osimo : Domenicantonio Quercetti 1790-1796. - 5 vol., hier: vol. 1, 175-177.
- Weber, Christoph: Genealogien zur Papstgeschichte. Unter Mitwirkung von Michael Becker bearbeitet (PuP ; 29/1-6). - 6 Bde. - Stuttgart 1999-2002, hier: Bd. 1, 55.
- Zaccaria, Francesco Antonio: Storia letteraria d'Italia divisa in tre libri [...]. - In Venezia : nella stamperia Poletti, 1750-1759. - 14 vol., hier: vol. 9, 273f.

Antonio da Mazara OFMObs

Geboren   in [Mazara del Vallo (Sizilien)]

Lebenslauf
                  Professor für Moraltheologie an der Universität Neapel
                  Lector iubilatus
[1714]   Ankunft an S. Maria in Aracoeli, Rom
[1716]   Relator der CIndex, Antrag auf Ernennung
                      ACDF Index Prot. 71 (1715-1721), Bl. 234r (Bewerbung
                      P. Antonios o.D. an die CIndex mit Angaben zum Lebenslauf)
1716 Juli 20   Relator der CIndex, Ernennung
                      ACDF Index Diari 14 (1708-1721), Bl. 104r
1717 Apr. 21   Konsultor der CIndex, Ernennung
                      ACDF Index Diari 14 (1708-1721), Bl. 109v
                  Konsultor der CRiti
                  Qualifikator des SO
1727 Nov. 28   Theologus von L. → Cozza, Amtsantritt durch Eidesleistung
                      ACDF SO Juramenta 1725-1736, o.Bl.

Gutachten
(1717 Apr. 19)   Natta, Giacomo: Riflessioni sopra il libro intitolato della scienza
                  chiamata cavalleresca [...]. - In Casale : Prielli, 1713.
                      ACDF Index Prot. 71 (1715-1721), Bl. 334r-335v, 4 S.
(1721 Sept. 15)   Pellizzari, Francesco: Tractatio de monialibus [...]. - Venetiis : Apud
                  Paulum Balleonium, 1678.
                      ACDF Index Prot. 72 (1721-1723), Bl. 90r-94v, 10 S.
(1727 Sept. 2)   Marin, Juan: Theologia speculativa et moralis [...]. - Venetiis : Balleonius, 1720.
                      ACDF Index Prot. 76 (1727-1728), Bl. 115r-118r, 7 S.
(1730 Aug. 29)   Larrey, Isaac de: Histoire d'Angleterre, d'Ecosse, et d'Irlande [...]. - A Rotterdam : chez Reinier Leers, 1697-1713.
                      ACDF Index Prot. 77 (1728-1731), Bl. 258r-259r, 3 S.

[1730 Sept. 27]	Gallizia, Pier Giacinto: Vita di S. Giovanni Confes[sor]e Arcives[cov]o di Ravenna [...]. - [S.a.]. (Manuskript) ACDF SO CL 1729-1732, Nr. 14, 3 S.
[1732 Mai 24]	Campiani, Mario (Agostino?): Prolegomina seu methodus facile cognoscendi Canones et Capita in Canonicis Iuris Corpore false dispersa a veris [...]. - [1728/1730]. (Manuskript) ACDF SO CL 1733-1734, Nr. 4, 5 S.
[1734 Okt. 13]	Ceppi, Nicola Girolamo: La scuola mabillona nella quale si trattano quei studj [...]. - In Roma : per Antonio de Rossi, 1727. ACDF SO CL 1735-1736, Nr. 1, 3 S.
(1735 Mai 23)	Glaß, Salomon: Philologiae Sacrae, Qua Totius Sacrosanctae, Veteris Et Novi Testamenti [...]. - Jenae : Sumptibus Tobiae Steinmanni, 1668. ACDF Index Prot. 79 (1734-1735), Bl. 301r-302r, 3 S.

Paolo Antonio Appiani SJ

Geboren   1639 Dez. 9 in Ascoli (Marken)
Gestorben   1709 Febr. 20 in Rom

Familie

Appiani stammte aus einem adeligen Haus („nobile famiglia ascolana", Cantalamessa Carboni: Memorie, 185). Wie der ältere Giovanni Battista Appiani, „forse zio del padre Paolo Antonio" (ebd.) und wohl identisch mit dem am 29. April 1706 in Perugia verstorbenen Pater G. B. Appiani (vgl. Sommervogel 1, 478), trat er in den Jesuitenorden ein. Beide übersandten im Jahre 1667, als Paolo Antonio noch Novize war, aus Rom einige Märtyrerreliquien nach Ascoli, zusammen mit einem gemeinsamen Schreiben an die Stadtväter (vgl. Cantalamessa Carboni: Memorie). Zwanzig Jahre später saß Giovanni Battista, Mitglied des Collegio Romano, wegen quietistischer Irrtümer im Kerker des SO (vgl. ACDF SO Decreta 1688, Bl. 60r, 18. März: „carceratum in hoc S. Officio uti praetensum approbatorem errorum Quietistarum", sowie Bl. 271v, 17. Nov.), während Paolo Antonio nach den Angaben von Cantalamessa Qualifikator bei der gleichen Institution wurde; für eine solche Ernennung wurden allerdings keine römischen Quellen ermittelt.

Lebenslauf

	Jurastudium in Bologna
	Studium der Theologie in Rom
1666 Apr. 10	Ordenseintritt
1677	Poenitentiarius an St. Peter, Rom (bis 1678)
	Poenitentiarius in Fano und Florenz (Kontakte zu Antonio Magliabecchi)
	Beichtvater am Collegio Romano
1699 Juli 7	Relator der CIndex, Ernennung ACDF Index Diari 11 (1696-1699), Bl. 102v; ACDF Index Prot. 81 (1737-1740), Bl. 438v

1702 Dez. 6	Konsultor der CIndex, Ernennung
	ACDF Index Diari 12 (1700-1703), Bl. 90v (Vermerk Sekr. der CIndex zur Papstaudienz)
1704	Mitglied der Accademia dell'Arcadia, Rom (als „Nideno Nassio")

Gutachten

(1702 März 20)	Francesco <da Paola> [Diotallevi, Girolamo?]: Scelta Di Lettere Del Glorioso Patriarca S. Francesco Di Paola Fondatore de' Minimi [...]. - In Viterbo : per il Diotal. Stam. Pub., 1657.
	ACDF Index Prot. 61 (1701-1702), Bl. 456r-462r, 13 S.
(1702 Dez. 4)	Trithemius, Johannes: Steganographia [...]. - Moguntiae : Sumptibus Joannis Petri Zubrodt, 1676.
	ACDF Index Prot. 62 (1702), Bl. 391r-396r, 11 S.
(1706 Jan. 26)	Caesar, Caius Iulius ; Montanus, Arnoldus (Hg./Bearb.): C. Iulii Caesaris quae extant, cum selectis variorum commentariis, quorum plerique novi [...]. - Amstelodami : ex officina Elzeviriana, 1661.
	ACDF Index Prot. 66 (1705-1706), S. 612-616, 5 S.
(1707 Apr. 4)	Saguens, Johannes: Philosophia Maignani scholastica [...]. - Tolosae : apud Antonium Pech, 1703.
	ACDF Index Prot. 67 (1706-1707), Bl. 412r-414v, 6 S.
(1708 Jan. 16)	Palazzi, Giovanni: Fasti cardinalium omnium Sanctae Romanae Ecclesiae [...]. - Venetiis : Expensis Gasparis Bencardi, 1701-1703.
	ACDF Index Prot. 68 (1707-1710), Bl. 81r-84v.86r, 9 S.

Eigene Werke

- Vita del P. Niccolò Maria Pallavicino, in: Crescimbeni, Giovanni Mario (Hg.): Le vite degli Arcadi illustri / scritte da diversi autori [...]. - In Roma : nella stamperia di Antonio de' Rossi, 1708-1751. - 5 vol., hier: vol. 2, 87-106.
- Vita di S. Emidio vescovo d'Ascoli, e martire. Con un brieve ragguaglio della stessa città, occasionato da S. Valentino martire, suo diacono primo scrittore delle gesta del santo. [...] Si aggiungono in fine gli atti della chiesa ascolana, e la relazione dell'istesso S. Valentino [...]. - In Roma : nella stamparia, e gettaria di Gaetano Zenobj, 1702. - [16], 304, 20, [24] S. ; Roma : presso il Bernabò, 1704. ; Edizione terza. - Ascoli 1832.

Literatur

- Cantalamessa Carboni, Giacinto: Memorie intorno i letterati e gli artisti della città di Ascoli nel Piceno. - Ascoli Piceno 1830, 185-191.
- Claudi, Giovanni Maria ; Catri, Liana (Hg.): Dizionario storico-biografico dei Marchigiani. - 3 vol. - Ancona 1992-1993, hier: vol. 1, 54f.
- Mazzuchelli, Giammaria: Gli scrittori d'Italia : Cioè notizie storiche e critiche intorno alle vite, e agli scritti dei letterati italiani. - Brescia : Giambatista Bossini, 1753-1763. - 6 vol., hier: vol. 1, 884f.
- Sommervogel 1 (1890), 476-478.

Juan Bautista Arcaina (Arcayna) SJ

Geboren	1652 in Gandia (Valencia)
Gestorben	1715 Apr. 15 in Rom

Lebenslauf

	Lektor für Philosophie (für 6 Jahre)
	Lektor für Theologie an S. Pablo, Valencia
	Qualifikator der Inquisition von Valencia
	Examinator synodalis in Valencia
	Provinzial des Ordens, Provinz Aragón
1710	Professor der Theologie am Collegio Romano
1712	Relator der CIndex, Antrag auf Ernennung
	ACDF Index Prot. 70 (1713-1715), Bl. 47r (Bewerbung Arcainas o.D. an die CIndex mit Angaben zum Lebenslauf)
1713 Jan. 17	Relator der CIndex, Ernennung
	ACDF Index Diari 14 (1708-1721), Bl. 68r; ACDF Index Prot. 81 (1737-1740), Bl. 440v

Gutachten

(1713 Juni 27)	Franco Fernández, Blas: Vida de la venerable sierva de Dios Maria de Iesvs [...]. - Madrid : Ioseph Fernandez de Buendia, 1675. ACDF Index Prot. 70 (1713-1715), Bl. 91r-92r, 3 S.

Literatur
- Sommervogel 1 (1890), 512.

Giacinto Arcangeli

Geboren	um 1644 in [Montenovo (bei Senigallia)]
Gestorben	1705 Mai 30 in Rom

Familie

Der spätere Konsultor Giacinto Arcangeli, Sohn eines Pandolfo aus Montenovo, gehörte einer Familie von Anwälten und Rechtsgelehrten an. Der Jurist Antiloco Arcangeli aus Montenovo begegnet 1610 bis 1620 als päpstlicher Gouverneur im Kirchenstaat, so in Matelica, Forlì und Foligno (Weber: Legati 260.266.292.460). Der Bruder des hier beschriebenen Giacinto, Antiloco (vielleicht Enkel des erwähnten Antiloco senior), gelangte in den Kreis um das SO über seine zwei Söhne, die Advokaten Silvio und Pandolfo. Diese beiden Neffen bewarben sich nach dem Tod ihres Onkels Giacinto auf die Stelle des Advocatus reorum. Der erfolgreichere S. → Arcangeli erhielt die Stelle dauerhaft, P. → Arcangeli nur vorübergehend.

Arcangeli

Lebenslauf

	Dr. iur. utr.
um 1684	Advocatus pauperum beim Gouverneur von Rom (bis 1701)
[1695]	Advocatus reorum des SO, Antrag auf Ernennung
	ACDF SO Priv. 1669-1699, Bl. 785r (Schreiben Arcangelis o.D. nach dem Tod von A. → Lucidi)
1695 März 28	Advocatus reorum des SO, Ernennung
	ACDF SO Priv. 1669-1699, Bl. 786v (Dekret SO, Feria II., mit päpstl. Approbation); ACDF SO St.St. Q-4-ww = ACDF SO Priv. [1789]-1790, Nr. 111 („Elenco degli Avvocati dei Rei" o.D., mit Angaben zu Alter und Herkunft)
1695 Apr. 2	Advocatus reorum des SO, Amtsantritt durch Eidesleistung
	ACDF SO Extens. 1680-1690 [-1707] = ACDF SO St.St. Q-1-p, Bl. 2.276v
1695 Apr. 20	Recht auf Teilnahme an den Montagssitzungen der Konsultoren des SO, ohne Stimmrecht
	ACDF SO Priv. 1669-1699, Bl. 792v (Dekret Feria IV. „possit assistere")
1695 Aug. 24	Konsultor des SO, Ernennung
	ACDF SO Priv. 1669-1699, Bl. 803r; ACDF SO St.St. Q-4-ww = ACDF SO Priv. 1804-1809, o.Bl. (Elenco dei Fiscali)
1695 Aug. 31	Konsultor des SO, Amtsantritt durch Eidesleistung
	ACDF SO Juramenta 1656-1700, Bl. 492r.493v
1697 Juni 3	P. → Arcangeli, Adiutor („in auxilium") von Arcangeli, Amtsantritt durch Eidesleistung
	ACDF SO Extens. 1680-1690 [-1707] = ACDF SO St.St. Q-1-p, Bl. 318r
[1703 Dez.]	Bitte um eine finanzielle Zuwendung durch das SO
	ACDF SO Priv. 1701-1710, Bl. 231r (Schreiben von Arcangeli o.D. mit Bitte um „qualche honesta recognizione")
1704 Jan. 2	Gehaltszulage von 200 Scudi als Advocatus reorum
	ACDF SO Priv. 1701-1710, Bl. 236v (Decretum Feria IV.)

Literatur

- Valesio, Francesco: Diario di Roma. A cura di Gaetana Scano (I cento libri ; 46-51). - 6 vol. - Milano 1978, hier: vol. 3, 375.
- Weber, Christoph (Hg.): Die ältesten päpstlichen Staatshandbücher. Elenchus Congregationum, Tribunalium et Collegiorum Urbis 1629-1714 (RQ Supplementheft ; 45). - Rom u.a. 1991, 80.
- Weber, Christoph (Hg.): Legati e governatori dello stato pontificio (1550-1809) (Pubblicazioni degli Archivi di Stato. Sussidi ; 7). - Roma 1994, 260. 266.292.460. [zu Antiloco Arcangeli senior]

Pandolfo Arcangeli

Geboren um 1669 in [Montenovo (Marken)]
Gestorben 1730

Familie
Sohn des Antilogo Arcangeli aus Montenovo, Neffe des Advocatus des SO G. → Arcangeli und Bruder des S. → Arcangeli, ebenfalls Advocatus des SO.

Lebenslauf

	Dr. iur. utr.
1697 Juni 3	Adiutor („in auxilium") von G. → Arcangeli, Amtsantritt durch Eidesleistung ACDF SO Extens. 1680-1690 [-1707] = ACDF SO St.St. Q-1-p, Bl. 318r
[1705 Juni]	Advocatus reorum des SO, Antrag auf Ernennung (für den im Mai verstorbenen Onkel G. Arcangeli) ACDF SO Priv. 1701-1710, Bl. 319 (Bewerbung o.D. mit Angaben zum Lebenslauf)
1705 Juni 23	Pro-Advocatus reorum des SO, Ernennung ACDF SO Extens. 1680-1690 [-1707] = ACDF SO St.St. Q-1-p, Bl. 457r (interimistischer Vertreter des am gleichen Tag ernannten Mitbewerbers S. → Arcangeli); ACDF SO Decreta 1705, Bl. 248v
1706 Sept. 8	Domenico Morgellinus, Adiutor studiorum von Arcangeli, Amtsantritt durch Eidesleistung ACDF SO Extens. 1680-1690 [-1707] = ACDF SO St.St. Q-1-p, Bl. 486r
[1706 Dez.]	Bitte um finanzielle Zuwendung durch das SO ACDF SO Priv. 1701-1710, Bl. 423r
1706 Dez. 20	Gehaltszulage als Pro-Advocatus reorum des SO ACDF SO Priv. 1701-1710, Bl. 426v

Silvio Arcangeli

Gestorben nicht vor 10. Mai 1718

Familie
Bruder des P. → Arcangeli (gest. 1730) und Neffe des G. → Arcangeli (gest. 1705), dem er im Amt des Advocatus reorum nachfolgte.

Lebenslauf

1705 Juni 23	Advocatus reorum des SO, Ernennung
	ACDF SO Decreta 1705, Bl. 248v; ACDF SO Priv. 1701-1710, Bl. 322v; ACDF SO St.St. Q-4-ww = ACDF SO Priv. 1804-1809, Nr. 22
	Konsultor des SO
1709 Dez. 31	Gehaltszulage als Advocatus reorum des SO
	ACDF SO St.St. Q-4-ww = SO Priv. 1804-1809
1713 Apr. 10	Pro-Advocatus fiscalis des SO, Ernennung
	ACDF SO St.St. Q-4-ww = ACDF SO Priv. 1804-1809 (Elenco dei Fiscali)
	Advocatus fiscalis des SO, Ernennung

Unveröffentlichte Quellen

ACDF SO Decreta 1718, Bl. 161r (letzte nachgewiesene Anwesenheit im SO; am 1. Juni 1718 leistet der Nachfolger C. → Mandosi den Eid als Pro-Fiscalis des SO)

Literatur

• Weber, Christoph (Hg.): Die ältesten päpstlichen Staatshandbücher. Elenchus Congregationum, Tribunalium et Collegiorum Urbis 1629-1714 (RQ Supplementheft ; 45). - Rom u.a. 1991, 80.

Alberigo Archinto

Geboren	1698 Nov. 8 in Mailand
Gestorben	1758 Sept. 30 in Rom

Familie

Der spätere Kardinal stammte als Sohn des Grafen Carlo (gest. 1732) aus einer Mailänder Senatorenfamilie. Die Mutter, Giulia Barbiano di Belgioioso (gest. vor 1729), beerbte ihre Mutter Maria Landriani, so dass die Hälfe des reichen Familienvermögens der Landriani di Visigolfo in das Haus der Archinto gelangte. Ein Bruder des hier interessierenden Archinto, Filippo (gest. 1751), kaiserlicher Geheimrat, zeigte seinen Reichtum und „visse con sfarzo straordinario" (Forte: Archintea). Der Onkel, Nuntius Girolamo Archinto (gest. 1721), Bruder des Carlo, holte den jungen Alberigo schon als Kind zu sich nach Florenz und Köln und sorgte für dessen Ausbildung.

Lebenslauf

	Erziehung durch seinen Onkel Girolamo in Florenz und Köln
	Internatserziehung in Lunéville (Lothringen) unter Aufsicht des Onkels in Köln
[1717]	Aufenthalt und Studium in Bayern (bis 1721)
1722 Okt. 17	Dr. iur. utr. an der Universität Pavia

[ab 1723]	Aufenthalt in Rom
1724 Okt. 6	Apostolischer Protonotar de numero
1728 Sept. 23	Referendar der Signaturen
1730	Päpstlicher Vize-Legat von Bologna (bis 1731)
[1734]	Ponente der CConsulta (bis 1739)
1739 Sept. 30	Titularerzbischof von Nicaea
1739	Nuntius in Florenz (bis 1746)
1746	Nuntius in Polen (bis 1754)
1754 Sept. 14	Gouverneur von Rom
1756 Apr. 5	Kardinal
1756 Mai 24	Zuteilung der Titelkirche S. Matteo in Via Merulana
1756 Mai 25	Mitglied der CProp, CImmunità, CEpReg und CConcilio ASV SS Mem Bigl 197
1756 Aug. 8	Mitglied der CConsulta ASV SS Mem Bigl 198
1756 Sept. 5	Staatssekretär ASV SS Mem Bigl 198
1756 Nov. 17	Mitglied des SO, Ernennung ASV SS Mem Bigl 198
1756 Nov. 24	Mitglied des SO, Amtantritt durch Eidesleistung ACDF SO Decreta 1756, Bl. 238r Präfekt der CConsulta
1758 Juli 8	Staatssekretär unter Clemens XIII. ASV SS Mem Bigl 201

Literatur

- Anonym: Bibliothecae Alberici cardinalis Archinti catalogus. Publicè prostabit Romae ineunte anno MDCCLX administrante venditionem Nicolao Palearino. - [Romae] : [Pagliarini], [1760]. - [3] Bl., 120 S., [1] Bl., 132 S., [1] Bl., 252 S. [Vorwort datiert: „Ex typographia Palladis 30. Decembris 1759"]
- Anonym: Lettera di risposta ad un amico sopra la seguita traslazione del cadavere del fù cardinale Alberico Archinto nella Basilica de' SS. Lorenzo e Damaso di Roma. - [S.l.] : [S.n.], 1777. - 45 S. [Polemik angesichts der Kosten der Überführung]
- Cardella, Lorenzo: Memorie storiche de' Cardinali della Santa Romana Chiesa. - In Roma : nella stamperia Pagliarini, 1792-1797. - 10 vol., hier: vol. 9, 60f.
- DBI 3 (1961), 757-759 von E. Gencarelli.
- Del Re, Niccolò: Monsignor Governatore di Roma. - Roma 1972, 117.
- Forte, Francesco: Archintea laus. Giunte e note alla genealogia degli Archinto, patrizi Milanesi, pubblicata da Pompeo Litta. - Milano 1932, 176-183.
- Marchesi, Giorgio Viviano: Antichità ed eccellenza del protonotariato appostolico partecipante colle piu scelte notizie de' santi, sommi pontefici, cardinali, e prelate che ne sono stati insigniti sino al presente. - In Faenza : pel Benedetti impress. vescovile, 1751, 507.
- Seidler, Sabrina M. ; Weber, Christoph (Hg.): Päpste und Kardinäle in der Mitte des 18. Jahrhunderts (1730-1777). Das biographische Werk des Patriziers von Lucca

Bartolomeo Antonio Talenti (Beiträge zur Kirchen- und Kulturgeschichte ; 18). - Frankfurt a.M. u.a. 2007, 386.
- Spreti, Vittorio: Enciclopedia storico-nobiliare italiana. - 6 vol. - Milano 1928-1935, hier: vol. 1, 225-229 (Appendice).
- Toniolo Fascione, Claudia: L'Inquisizione fiorentina tra il 1737 ed il 1754 nelle lettere del Conte di Richecourt a Monsignor Enea Silvio Piccolomini, in: Bollettino storico pisano 46 (1977), 339-403, hier bes.: 363f.380-384.
- Weber, Christoph (Bearb.): Die päpstlichen Referendare 1566-1809. Chronologie und Prosopographie (PuP ; 31/1-3). - 3 Bde. - Stuttgart 2003-2004, hier: Bd. 2, 421.
- Weber, Christoph (Hg.): Legati e governatori dello stato pontificio (1550-1809) (Pubblicazioni degli Archivi di Stato. Sussidi ; 7). - Roma 1994, 461.
- Weber, Christoph: Genealogien zur Papstgeschichte. Unter Mitwirkung von Michael Becker bearbeitet (PuP ; 29/1-6). - 6 Bde. - Stuttgart 1999-2002, hier: Bd. 1, 57f.
- Wojtyska, Henricus Damianus: De fontibus eorumque investigatione et editionibus. Instructio ad editionem, nuntiorum series chronologica (Acta Nuntiaturae Polonae ; 1). - Romae 1990, 309-311.

Giovanni Archinto

Geboren 1732 Aug. 10 in Mailand
Gestorben 1799 Febr. 9 in Mailand

Familie
Der spätere Kardinal stammte aus einem alten Adelshaus des Mailänder Patriziats, Sohn des Grafen und kaiserlichen Geheimrats Filippo (gest. 1751) und der Giulia Borromeo. Die väterliche Familie war wohlhabend und brachte mehrere kirchliche Würdenträger hervor, darunter den Onkel Giovannis, Kardinal A. → Archinto. Der jüngere Bruder des Giovanni, Ludovico Archinto (1740-1809), wurde 1763 Jesuit und lebte nach Auflösung des Ordens als Weltpriester, 1805 als päpstlicher Hausprälat. Vgl. Forte: Archintea, 191-195.198.

Lebenslauf
1749	Kleriker in Mailand
1749 Febr. 27	Kommendatarabt der Abtei S. Antonio, Mailand
1758	Cameriere segreto (gefördert von seinem Onkel A. → Archinto)
1758	Überbringung des Kardinalsbiretts an den Nuntius in Paris (von Ludwig XV. mit den Einkünften der Abtei Saint-Faron, Meaux, beschenkt)
1759 Juli 27	Dr. iur. utr. an der Universität Sapienza, Rom
1759 Sept. 20	Referendar der Signaturen
	Apostolischer Protonotar
1759 Nov. 23	Päpstlicher Vize-Legat von Bologna
	ASV SS Mem Bigl 204
1760 März 23	Priesterweihe
1763	Ponente der CConsulta

1766 Okt. 15	Nuntius in Florenz, Ernennung
	ASV SS Mem Bigl 211 (Schreiben SS an Archinto, Entwurf; Auftrag auf Erstellung der Breven: 5. Dez.)
1766 Dez. 1	Titularerzbischof von Philippi
1769 Juni 20	Sekretär der Memoriali
1769 Sept. 2	Konsultor der CRiti
	ASV SS Mem Bigl 213
1770 Sept. 15	Konsultor der CLauretana und CAvignone
	ASV SS Mem Bigl 215
1770 Nov. 9	Präfekt des Apostolischen Palastes
1776 Mai 20	Kardinal
1776 Juli 15	Zuteilung der Titelkirche SS. XII Apostoli
1780 Aug. 18	Mitglied der CIndex, Ernennung
	ACDF Index Prot. 92 (1779-1781), Bl. 351r (Schreiben SS an Sekr. der CIndex); ASV SS Mem Bigl 233 (Schreiben SS an Archinto, Entwurf); ASV SS Mem Bigl 198
	Mitglied der CEpReg, CConcilio und CProp
1781 Jan. 13	Präfekt der CRiti (bis 9. Febr. 1799)
	ASV SS Mem Bigl 234

Literatur
- DBI 3 (1961), 766 von E. Gencarelli.
- DHGE 3 (1934), 1553f. von P. Richard.
- Forte, Francesco: Archintea laus. Giunte e note alla geneaologia degli Archinto, patrizi Milanesi, pubblicata da Pompeo Litta. Milano 1932, 191-195.
- Hierarchia Catholica 6, 31.337.
- Moroni 2 (1840), 277.
- Papa, Giovanni: Cardinali prefetti, segretari, promotori generali della fede e relatori generali della Congregazione, in: Congregazione per le Cause dei Santi. Miscellanea in occasione del IV centenario della Congregazione per le Cause dei Santi (1588-1988). - Città del Vaticano 1988, 423-428, hier: 424.
- Pelletier, Gérard: Rome et la Révolution française. La théologie et la politique du Saint-Siège devant la Révolution française (1789-1799) (Collection de l'École Française de Rome ; 319). - Rome 2004, 584f.
- Renazzi, Filippo Maria: Notizie storiche degli antichi vicedomini del Patriarchio Lateranense e de' moderni prefetti del Sagro Palazzo Apostolico ovvero maggiordomi pontifici […]. - In Roma : nella stamperia Salomoni, 1784, 166f.
- Tavoni, Maria Gioa ; Zarri, Gabriella (Hg.): Giovanni Grisostomo Trombelli (1697-1784) e i Canonici Regolari del SS. Salvatore. - Modena 1991, 116. [Liste mit 28 Briefen von Giovanni Archinto an Trombelli 1765-1773]
- Weber, Christoph (Bearb.): Die päpstlichen Referendare 1566-1809. Chronologie und Prosopographie (PuP ; 31/1-3). - 3 Bde. - Stuttgart 2003-2004, hier: Bd. 2, 421f.
- Weber, Christoph (Hg.): Legati e governatori dello stato pontificio (1550-1809) (Pubblicazioni degli Archivi di Stato. Sussidi ; 7). - Roma 1994, 461.
- Weber, Christoph: Genealogien zur Papstgeschichte. Unter Mitwirkung von Michael Becker bearbeitet (PuP ; 29/1-6). - 6 Bde. - Stuttgart 1999-2002, hier: Bd. 1, 58.

Ermenegildo Argentini

Geboren um 1675 in [Cisterna (Latium)]
Gestorben nicht vor Juli 1741

Familie

Der spätere Archivar war Kleriker des Bistums Velletri (Latium), Sohn eines Joannes de Cisterna, bei Velletri.

Lebenslauf

1697 März 12	Schreiber des Notars des SO, Amtsantritt durch Eidesleistung
	ACDF SO Extens. 1680-1690 [-1707] = ACDF SO St.St. Q-1-p, Bl. 313 (mit Angaben zum Lebenslauf)
1705 Sept. 8	Sostituto Notaro des SO, Ernennung
	ACDF SO Priv. 1701-1710, Bl. 331
1710 Juni	Custos des Archivs des SO
1710	Archivar des SO (bis Juli 1741)
	ACDF SO Priv. 1743-1749, Bl. 433r (Angabe im Schreiben des Archivars P. → Paolucci o.D. an das SO, um Dez. 1746)
[1710]	Bitte Argentinis um ein kirchliches Benefizium
	ACDF SO Priv. 1710-1727, Bl. 1 (Schreiben o.D. an das SO mit Bitte um Empfehlung)
1710 Nov. 4	Empfehlung des Antrags durch das SO
	ACDF SO Priv. 1710-1727, Bl. 2 (Dekret SO, Feria III., „commendetur Prodatario")
[1718]	C. A. → Manenti, Koadjutor von Argentini (ohne Bezahlung)
[1720 Dez.]	Bitte Argentinis beim SO um ein Benefizium an St. Peter und um Bezahlung für C. A. Manenti
	ACDF SO Priv. 1710-1727, Bl. 447
1720 Dez. 18	Weiterleitung des Antrags an die Visitatio (Sondergremium der Kardinäle jeweils vor Weihnachten)
	ACDF SO Priv. 1710-1727, Bl. 450v (Dekret des SO)
[1736 Okt.]	Capo Notaro des SO, Antrag auf Ernennung (als Nachfolger von A. → Lancioni)
	ACDF SO Priv. 1736-1742, Bl. 46
1736 Okt. 17	Capo Notaro des SO, Ablehnung des Antrags (Besetzung der Stelle mit P. A. → Cappellone)

Clemente Argenvilliers

Geboren   1687 Dez. 30 in Rom
Gestorben   1758 Dez. 23 in Rom

Familie

Im 18. Jahrhundert sprach man von elenden Verhältnissen, aus denen der Kardinal angeblich stammte (vgl. Cardella: Memorie 9, 49: „da miserabili genitori"), aber auch schon sein Vater, Giovanni Battista Argenvilliers, war wie sein Sohn immerhin Konsistorialadvokat in Rom. Der Vater wird als „civis Parisiensis" bezeichnet und sein Sohn Clemente galt 1743 als „nobilis patritius romanus" (vgl. Weber: Referendare 2, 423f.).

Lebenslauf

	Dr. iur. utr. in Rom
1737 Nov. 2	Konsistorialadvokat
	ASV SS Mem Bigl 172 (Schreiben SS an Argenvilliers mit Zuteilung von 400 scudi jährliche Pension als Armenanwalt, Entwurf)
1740 Febr.	Konklavist von Kard. P. → Lambertini
[1740]	Kanoniker der Lateranbasilika, Rom
1743 [Sept. 10]	Auditor des Pro-Maestro di Camera di S. Santità
	ASV SS Mem Bigl 181 (Vermerk SS „Nota delle proviste delle cariche")
1743 Sept. 14	Referendar der Signaturen
1743 Nov.	Auditor des Papstes
1744 Aug. 11	Rektor der Universität Sapienza, Rom (bis 1753)
1748 Nov. 18	Sekretär der CExamEp
	ASV SS Mem Bigl 188
	Kanonist der PoenitAp
1753 Nov. 26	Kardinal
1753 Dez. 10	Zuteilung der Titelkirche Ss. Trinità al Monte Pincio
1753 Dez. [10]	Mitglied des SO, Ernennung
1753 Dez. 12	Mitglied des SO, Amtsantritt durch Eidesleistung
	ACDF SO Decreta 1753, Bl. 253v
1756 Sept. 5	Mitglied der CAvignone
	ASV SS Mem Bigl 198
1756 Sept. 7	Mitglied der CLauretana
	ASV SS Mem Bigl 198
1757 Nov. 22	Präfekt der CConcilio
	ASV SS Mem Bigl 200

Literatur

- Cardella, Lorenzo: Memorie storiche de' Cardinali della Santa Romana Chiesa. - In Roma : nella stamperia Pagliarini, 1792-1797. - 10 vol., hier: Bd. 9, 49f.

- Conte, Emanuele (Hg.): I maestri della Sapienza di Roma dal 1514 al 1787. I rotuli e altre fonti (Fonti per la Storia d'Italia ; 116. Studi e Fonti per la storia dell'Università di Roma. N. S. ; 1). - 2 vol. - Roma 1991, hier: vol. 2, 883.
- DBI 4 (1962), 125f. von U. Coldagelli.
- Del Re, Niccolò: I Cardinali Prefetti della Sagra Congregazione del Concilio dalle origini ad oggi (1564-1964), in: La Sacra Congregazione del Concilio. Quarto Centenario dalla fondazione (1564-1964). Studi e ricerche. - Città del Vaticano 1964, 265-307, hier: 286.
- DHGE 4 (1930), 73f. von P. Richard.
- Hierarchia Catholica 5, 17.
- Renazzi, Filippo Maria: Storia dell'Università degli studi di Roma, detta comunemente la Sapienza, che contiene anche un saggio storico della letteratura romana dal principio del secolo XIII sino al declino del secolo XVIII. - 4 vol. - Roma 1803-1806, hier: vol. 4, 209-222.453-458.
- Seidler, Sabrina M. ; Weber, Christoph (Hg.): Päpste und Kardinäle in der Mitte des 18. Jahrhunderts (1730-1777). Das biographische Werk des Patriziers von Lucca Bartolomeo Antonio Talenti (Beiträge zur Kirchen- und Kulturgeschichte ; 18). - Frankfurt a.M. u.a. 2007, 389f.
- Weber, Christoph (Bearb.): Die päpstlichen Referendare 1566-1809. Chronologie und Prosopographie (PuP ; 31/1-3). - 3 Bde. - Stuttgart 2003-2004, hier: Bd. 2, 423f.

Alessandro Arrigoni

Geboren   1674 in Mantua
Gestorben   1718 Aug.

Familie
Der Prälat entstammte einer ursprünglich in Valle Taleggio, seit dem 15. Jahrhundert teilweise in Mailand, im Friaul, in Vicenza und Mantua beheimateten Sippe. Zu der zuletzt genannten Familiengruppe gehörten die Eltern Alessandros, Pompeo Arrigoni, marchese di Villadeati, und marchesa Anna Maria Capuana (Capriana?). Vgl. Papenheim: Karrieren, 334.

Lebenslauf
1695 Apr. 16	Dr. iur. utr. in Parma
1699 Apr. 1	Referendar der Signaturen
	Prelato domestico
1699 Okt. 1	Relator der CIndex, Ernennung
	ACDF Index Prot. 81 (1737-1740), Bl. 438v; ACDF Index Diari 11 (1696-1699), Bl. 107r
1701	Gouverneur von Rieti
1705	Gouverneur von San Severino
1706	Gouverneur von Fano

1709	Gouverneur von Montalto
1713 Jan. 30	Bischof von Mantua

Literatur
- Crollalanza, Giovanni Battista di: Dizionario storico-blasonico delle famiglie nobili e notabili italiane estinte e fiorenti. - 3 vol. - Pisa 1886-1890, hier: vol. 1, 64.
- Hierarchia Catholica 5, 254.
- Papenheim, Martin: Karrieren in der Kirche. Bischöfe in Nord- und Süditalien 1676-1903 (Bibliothek des Deutschen Historischen Instituts Rom ; 93). - Tübingen 2001, 304.
- Spreti, Vittorio: Enciclopedia storico-nobiliare italiana. - 6 vol. - Milano 1928-1935, hier: vol. 1, 428f.
- Ughelli 1, 875.
- Weber, Christoph (Hg.): Legati e governatori dello stato pontificio (1550-1809) (Pubblicazioni degli Archivi di Stato. Sussidi ; 7). - Roma 1994.

Giuseppe Simone Assemani

Geboren	1687 Aug. 27 in Hasrun (Hesrun) (Libanon)
Gestorben	1768 Jan. 13 in Rom

Familie
Assemani stammte aus der maronitischen Gelehrtenfamilie as-Sim'ânî in Tripolis, zu der auch die beiden in Rom verstorbenen Neffen zählen: Giuseppe Luigi (1710-1782), Sohn eines Bruders, und Erzbischof Stefano Evodio (1711-1782), Sohn einer Schwester des Giuseppe Simone, der ebenfalls den Nachnamen Assemani trug. Der Onkel Yusuf Simonio (Shamun), maronitischer Bischof im Libanon, brachte seinen Neffen noch als Kind nach Rom.

Lebenslauf

1694	Erziehung und Studium im Maronitischen Kolleg in Rom (14 Jahre lang)
1710 März 10	Scriptor der BAV (mit dem Auftrag zur Sichtung neuerworbener orientalischer Manuskripte)
1710 Sept. 21	Priesterweihe
	Dr. phil. und Dr. theol. am Collegio Romano
1715	Ägyptenreise zur Akquise von Manuskripten (bis 1717)
1721	Benefiziat an St. Peter, Rom
1730 Aug. 10	Sekretär der CCorrLOr
	ASV SS Mem Bigl 162
1731	Frankreichreise
	ASV SS Mem Bigl 164 (Genehmigung des Papstes vom 8. Aug.)
1736	Päpstlicher Abgesandter bei der Maronitensynode im Libanon (bis 1738)

Assemani

1739	Präfekt der BAV
1739 Jan. 18	Kanoniker an St. Peter, Rom
	BAV Vat. Lat. 10171, Bl. 112r
1739 März 16	Referendar der Signaturen
1756 Apr. 22	Konsultor des SO, Ernennung
	ASV SS Mem Bigl 197, (Schreiben SS an Assemani, Entwurf)
1756 Apr. 28	Konsultor des SO, Amtsantritt durch Eidesleistung
	ACDF SO Decreta 1756, Bl. 100v
1759 Sept. 24	Datar der PoenitAp
	ASV SS Mem Bigl 204
1764 März 26	Prelato aggiunto der CConcilio
	ASV SS Mem Bigl 209
1764 Juni 2	Konsultor der CRiti
	ASV SS Mem Bigl 209
1766 Dez. 1	Titularerzbischof von Tyrus

Gutachten

(1740 Nov. 15)   Veyssiere de Lacroze, Mathurin: (1) Histoire Du Christianisme Des Indes [...]. - A La Haye : Chez les Freres Vaillant, & N. Prevost, 1724. (2) Histoire du christianisme d'Ethiopie, et d'Armenie. - A La Haie : chés la veuve Le Vier, & Pierre Paupie, 1739.
ACDF Index Prot. 81 (1737-1740), Bl. 228r-232v, 10 S. (Doppelgutachten)

[1760 Sept.]   ♦ Katholische Bibel, [...] besorgt und herausgegeben von des hohen deutschen Ritter-Ordens bey der Löbl. Commenden in Nürnberg verordneten Geistlichen [...]. - Nürnberg : gedruckt bey Johann Joseph Fleischmann, 1763.
ACDF SO CL 1760-1761, Nr. 7, 19 S.

[1761 Juni 30]   ♦ Anonym [Velasti, Thomas Stanislas?]: Dottrina cristiana da dirsi dalli discepoli de'Gesuiti in scio orazione Mattutina ed altre diverse devozioni. - [S.l.] : [S.n.], 1754.
ACDF SO CL 1760-1761, Nr. 10, 16 S.

[1761 Juni 30]   Anonym: Denunzia di un empio Catechismo [...] col titolo di Dottrina Cristiana da dirsi dalli discepoli de' Gesuiti in Scio [...]. - Lugano : [S.n.], 1763.
ACDF SO CL 1760-1761, Nr. 10, 4 S.

Eigene Werke

- Albani, Annibale (Hg.): Menologium graecorum jussu Basilii imperatoris graece olim editum munificentia et liberalitate sanctissimi Domini Nostri Benedicti XIII. in tres partes divisum nunc primum graece, et latine prodit. - Urbini : Apud Antonium Fantuzzi Typographum, 1727. - 3 vol. [Assemani der tatsächliche Hg., dazu: Franchi in: Menologio, s.u.]
- Altro frammento del medesimo Assemani intorno ai libri eretici degli orientali, in: Mai, Angelo (Hg.): Scriptorum veterum nova collectio e Vaticanis codicibus. - Vol. 5. - Romae 1831, 717f.

- Bibliotheca juris orientalis canonici et civilis. - Romae : ex typographia Komarek, 1762-1766. - 5 vol.
- Bibliotheca orientalis Clementino-Vaticana [...]. - Romae : Typis Sacrae Congregationis de Progapanda Fide, 1719-1728. - 4 vol.
- Catalogo de'codici manoscritti orientali della Biblioteca Naniana [...] vi s'aggiunge l'illustrazione delle monete cufiche del Museo Naniano. - In Padova : nella Stamperia del Seminario, 1787-1792. - 2 vol.
- De Lateranensibus parietinis dissertatio historica Nicolai Alemanni additis / quae ad idem argumentum spectantia scripserunt ill. viri Caesar Rasponus, & Josephus Simonius Assemanus. - Romae : excudebant Joachimus, et Joannes Josephus Salvioni typographi pontificii Vaticani, 1756. - XVI, 218 S.
- Dei popoli cristiani dell'antico patriarcato Antiocheno. Frammento storico, in: Mai, Angelo (Hg.): Scriptorum veterum nova collectio e Vaticanis codicibus. - Vol. 4. - Romae 1831, 714-716.
- Della nazione dei copti e della validità del sacramento dell'ordine presso loro. Dissertazione [...] composta nell'anno 1733, in: Mai, Angelo (Hg.): Scriptorum veterum nova collectio e Vaticanis codicibus. - Vol. 5. - Romae 1831, 171-238.
- Edicti peremptorii repulsa qua sententia de duabus diversis Basilicis Neapolitanis, Constantiniana & Stephania, defenditur: objecta Cl. V. Alexii Symmachi Mazochii diluuntur: et nonnulla ad Neapolitanam Ecclesiam spectantia illustrantur. - [S.l.] : [S.n.], [S.a.]. - LXX S.
- Ephraim <Sanctus>: Opera omnia quae exstant Graece, Syriace, Latine, in sex tomos distributa ad mss. codices Vaticanos aliosque castigata, multis aucta. - Romae : ex typographia Vaticana apud Joannem Mariam Henricum Salvioni, 1732-1746. - 6 vol. [Hg.]
- Italicae historiae scriptores ex Bibliothecae Vaticanae aliarumque insignium Bibliothecarum manuscriptis codicibus collegit [...]. - Romae : ex typographia Komarek, apud Angelum Rotilium, 1751-1753. - 4 vol.
- Kalendaria Ecclesiae universae [...]. - Romae : Sumptibus Fausti Amidei, 1755. - 6 vol.
- Nuova grammatica per apprendere agevolmente la lingua greca. - In Urbino : nella stamperia della Ven. Cap. del SS. Sagramento per lo stampator Camerale, 1737. - 2 vol.
- Opera omnia [quae hactenus typis prodierunt]. - [Romae : ex typographia Angeli Rotilii, & Philippi Bacchelli, 1751]. - 4 S. [Werke]
- Oratio de eligendo summo Pontifice ad E.mos & R.mos Principes S.R.E. Cardinales habita in SS. Basilica Vaticana [...] die 18 Februarii 1740. - Romae : ex tipographia Apostolica Vaticana : apud Joannem Mariam Salvioni, 1740. - XIV S.
- Oratio habita in basilica principis apostolorum de urbe die 22. Februarii 1733 [...] dum a capitulo et canonicis Benedicto XIII. Pontifici Maximo solennes [!] exequiae celebrarentur antequam ejus corpus inde ad ecclesiam Sanctae Mariae supra Minervam efferretur. - Romae : Ex Typographia Hieronymi Mainardi, 1733. - XII S.
- Rudimenta linguae Arabicae cum catechesi christiana. - Romae : Congregatio de Propaganda fide, 1732. - 27 S.
- Saggio sull'origine culto letteratura e costumi degli arabi avanti il pseudoprofeta Maometto. - Padova : nella Stamperia del seminario, 1787. - CIII S.

Literatur

- Bignami Odier, Jeanne: La Bibliothèque Vaticane de Sixte IV. à Pie XI. (StT ; 272). - Città del Vaticano 1973, 172 u.ö.
- DBI 4 (1962), 437-440 von G. Levi Della Vida.
- DHGE 4 (1930), 1096-1098 von A. Boon.
- EC 2 (1949), 159f. von Pietro Sfair.
- Graf, Georg: Geschichte der christlichen arabischen Literatur (StT). - 5 Bde. - Vatikanstadt 1944-1953, hier: Bd. 3, 444-455.
- Hierarchia Catholica 6, 426.
- Il menologio di Basilio: cod. vaticano greco 1613 (Codices e Vaticanis selecti ; 8). - 2 vol. - Torino 1907, hier: vol. 1, VIIIf. [Einleitung von Pio P. Franchi de'Cavalieri]
- Levi Della Vida, Giorgio: Ricerche sulla formazione del più antico fondo dei manoscritti orientali della Biblioteca Vaticana . - Città del Vaticano 1939, 1-3.
- LThK 1 (1993), 1086 von Michel van Esbrock.
- Perugini, [?]: L'Inquisition romaine et les Israélites, in: Revue des Études juives 3 (1881), 94-108, hier bes.: 108. [zum Gutachten Assemanis zur Taufe eines jüdischen Kindes]
- Tipaldo, Emilio de (Hg.): Biografia degli italiani illustri nelle scienze, lettere ed arti del secolo XVIII, e de' contemporanei compilata da letterati italiani di ogni provincia. - 10 vol. - Venezia 1834-1845, hier: vol. 1, 328-330.
- Weber, Christoph (Bearb.): Die päpstlichen Referendare 1566-1809. Chronologie und Prosopographie (PuP ; 31/1-3). - 3 Bde. - Stuttgart 2003-2004, hier: Bd. 2, 426.

Fulvio Astalli

Geboren   1655 Juli 29 in Sambuci (bei Tivoli)
Gestorben   1721 Jan. 14 in Rom

Familie
Der spätere Kardinal wurde auf einem Landgut der marchesi di Sambuci im Osten Roms geboren, Sohn des marchese Tiberio (gest. 1682) und der marchesa Vittoria Maidalchini (gest. 1671), einer Nichte der berühmten Donna Olimpia. Der väterliche Onkel, Kardinal Camillo Astalli (gest. 1663), war nur einer der zahlreichen päpstlichen Würdenträger aus der näheren und weiteren Familie. Vgl. Weber: Genealogien 1, 64.

Lebenslauf

	Ausbildung am Collegio Romano
[1671]	Kleriker der Apostolischen Kammer (im Alter von 16 Jahren)
	Studium in Perugia
	Referendar der Signaturen
1675	Präfekt der Archive in Rom (unter → Clemens X.)
1681 Sept. 9	Commissario generale delle Armi
1686 Sept. 2	Kardinal
1686 Sept. 30	Zuteilung der Titelkiche S. Giorgio in Velabro

1686 [Sept. 30]	Mitglied der CBuonGov, CConcilio, CVisitaAp
1693 Sept. 24	Präfekt der Signatura Iustitiae (interimistisch)
1693 Sept. 28	Päpstlicher Legat von Urbino
1696 Sept. 24	Päpstlicher Legat der Romagna (Ravenna)
1698 Nov. 24	Päpstlicher Legat von Ferrara
	Mitglied der Accademia dell'Arcadia, Rom (als „Alasto Liconeo")
1709 März 6	Mitglied der CIndex, Ernennung
	ACDF Index Diari 14 (1708-1721), Bl. 7v; ACDF Index Prot. 68 (1707-1710), Bl. 335r (Schreiben SS an Sekr. der CIndex)
1714 Apr. 16	Suburbikarischer Bischof von Sabina
1719 Apr. 26	Suburbikarischer Bischof von Ostia und Velletri

Literatur
- Crescimbeni, Giovan Mario (Hg.): Notizie istoriche degli Arcadi morti. - Roma : nella stamperia di Antonio Rossi, 1720-1721. - 3 vol., hier: vol. 3, 269-271.
- DBI 4 (1962), 454f. von G. de Caro.
- DHGE 4 (1930), 1151f. von P. Peschini.
- EC 2 (1949), 215 von Luigi Bera.
- Giorgetti Vichi, Anna Maria (Hg.): Arcadia, Academia letteraria italiana. Gli Arcadi dal 1690 al 1800. Onomasticon. - Roma 1977, 9.
- Guarnacci, Mario: Vitae, et res gestae Pontificum Romanorum et S.R.E. Cardinalium a Clemente X. usque ad Clementem XII. [...] Descripta a S. Petro ad Clementem IX. - Romae : Sumptibus Venantii Monaldini bibliopolae [...] ; Ex Typographia Joannis Baptistae Bernabo, & Josephi Lazzarini, 1751. - 2 vol., hier: vol. 1, 286f.
- Hierarchia Catholica 5, 14.
- Maroni, Fausto Antonio: Commentarius de ecclesiis et episcopis Ostiensibus et Veliternis : In quo Ughelliana Series emendatur, continuatur et illustratur. - Romae : sumptibus haeredum Francisci Bizzarrini Komarek, in Typographio S. Michaelis ad Ripam, 1766, 90-92.
- Palazzi, Giovanni: Fasti cardinalium omnium Sanctae Romanae Ecclesiae [...]. - Venetiis : Expensis Gasparis Bencardi Bibliopolae Augustani, 1701-1703. - 5 vol., hier: vol. 4, 486-488.
- Seidler, Sabrina M.: Il teatro del mondo. Diplomatische und journalistische Relationen vom römischen Hof aus dem 17. Jahrhundert (Beiträge zur Kirchen- und Kulturgeschichte ; 3). - Frankfurt a.M. 1996, 463f.
- Weber, Christoph (Bearb.): Die päpstlichen Referendare 1566-1809. Chronologie und Prosopographie (PuP ; 31/1-3). - 3 Bde. - Stuttgart 2003-2004, hier: Bd. 2, 427.
- Weber, Christoph (Hg.): Die ältesten päpstlichen Staatshandbücher. Elenchus Congregationum, Tribunalium et Collegiorum Urbis 1629-1714 (RQ Supplementheft ; 45). - Rom u.a. 1991, 81.
- Weber, Christoph (Hg.): Legati e governatori dello stato pontificio (1550-1809) (Pubblicazioni degli Archivi di Stato. Sussidi ; 7). - Roma 1994, 467.
- Weber, Christoph: Genealogien zur Papstgeschichte. Unter Mitwirkung von Michael Becker bearbeitet (PuP ; 29/1-6). - 6 Bde. - Stuttgart 1999-2002, hier: Bd. 1, 64.
- Weber, Christoph: Papstgeschichte und Genealogie, in: RQ 84 (1989), 331-400, bes.: 361.

Atanasio da Pogno OFMCap

Geboren	in [Pogno (Novara)]
Gestorben	nicht vor 1790

Lebenslauf

1747 Okt. 12	Bewerbung als Prediger (concionator) an das Provinz-Definitorium Mailand
	Prediger in verschiedenen Städten (etwa 20 Jahre)
	Professor für Theologie in einem Ordenskolleg
1768	Sekretär des Generalprokurators des Ordens in Rom
1778 Febr. 16	Relator der CIndex, Ernennung
	ACDF Index Diari 18 (1764-1807), Bl. 67r (mit Angaben zum Lebenslauf)
1778 Mai 18	Qualifikator des SO, Amtsantritt durch Eidesleistung
	ACDF SO St.St. II-2-m, o.Bl. („Elenco de' Qualificatori"); ACDF SO Juramenta 1777-1796, Bl. 39
1779 Juni 12	Konsultor der CIndex, Ernennung (in Abwesenheit)
	ACDF Index Prot. 92 (1779-1781), Bl. 58r (Schreiben SS an Sekr. der CIndex).62r (Feststellung der Abwesenheit von Rom); ASV SS Mem Bigl 230 (Schreiben SS an P. Atanasio, Entwurf)
	Aufenthalt außerhalb Roms
	ACDF St.St. II-2-m, o.Bl. (hier zu März 1782)

Unveröffentlichte Quellen

Archivio Provinciale Cappuccini Lombardi, Mailand: freundliche Auskunft an H. H. Schwedt.

Gutachten

(1778)	Lucretius Carus, Titus ; Paleario, Aonio [u.a.]: La filosofia della natura di Tito Lucrezio Caro e confutazione del suo deismo e materialismo[...]. - In Londra [Venezia?] : [S.n.], 1776.
	ACDF SO CL 1778 Bd. II, Nr. 2, 11 S. (Doppelgutachten)
(1778)	Pastore, Raffaele: Saggio di poesie toscane e latine [...]. - [S.l.] : [S.n.], [S.a.].
	ACDF SO CL 1778 Bd. II, Nr. 2, 11 S. (Doppelgutachten)
(1778 Juli 27)	Gutachten zu einer nicht identifizierten Schrift.
	ACDF Index Prot. 91 (1773-1778), Bl. 386r-390v, 10 S.
(1779 Mai 14)	[Voltaire]: Les Lettres d'Amabed [...]. - Genève : [S.n.], 1770.
	ACDF Index Prot. 92 (1779-1781), Bl. 54r-56v, 6 S.
(1804 Juli 2)	S., G. D. <V. di L. E. B>: [Stratico, Giovanni Domenico <Lesina-Braza und Cittanova, Bischof>: Catechismo del Galantuomo [...]. - Zara : Presso Domenico Fracasso, [S.a.].
	ACDF Index Prot. 102 (1800-1808), Nr. 122, 14 S.

(1805 Aug. 26) ♦ Meyer, Heinrich (Resp.) ; Wirtz, Joseph Marian (Resp.) [u.a.]: Positiones Ex Theologia Dogmatica Speciali [...]. - Lucernae : Typis Georg. Ignat. Thüring, Typog., [ca. 1796].
   nicht aufgefunden (Hinweis in ACDF Index Diari 18 [1764-1807], 95r).

(1806 Dez. 9) Monton, Bartolome: Meditazioni per fissare la credenza [...]. - Ferrara : presso i socj Bianchi, e Negri stamp. del seminario, 1803.
   nicht aufgefunden (Hinweis in ACDF Index Diari 18 [1764-1807], Bl. 99v-100v)

Literatur
- Notizie 1790, 244. [letztmals erwähnt als Konsultor der CIndex]

Michele Augusti OSBOliv

Namensvariante Francesco Augusti (Taufname)

Geboren 1746 Dez. 17 in [Senigallia (Marken)]
Gestorben 1807 Jan. 23 in [Senigallia (Marken)]

Familie
Der spätere Seismologe und Abt stammte aus einem adeligen Haus in Senigallia. Ein Bruder, Agostino Augusti, war 1783 und noch beim Tod Micheles Pfarrer in Gubbio (Umbrien). Vgl. Vecchietti: Biblioteca 1, 260-262.

Lebenslauf
1762 März 18	Ordenseintritt in den Konvent S. Michele in Bosco, Bologna
1762	Studium in Bologna und Rom (bis 1763)
1763 Apr. 5	Ordensprofess im Konvent S. Michele in Bosco, Bologna
1764	Studium der Theologie im Konvent Monte Oliveto Maggiore (bis 1766)
1767	Studium der Theologie im Konvent S. Maria Nova, Rom
1770	Lektor für Moraltheologie und Philosophie im Konvent S. Ponziano, Lucca (bis 1772)
1773	Lektor für Moraltheologie und Philosophie im Konvent S. Bartolomeo, Florenz (bis 1778)
1779	Ökonom des Klosters S. Bernardo, Bologna
1780	Lektor für Philosophie im Konvent Monte Oliveto, Neapel (bis 1784)
1785	Lektor für Theologie im Konvent S. Maria Nova, Rom (bis 1793)
1794	Studienpräfekt an S. Maria Nova, Rom (bis 1796)
1801 März 17	Konsultor der CIndex, Ernennung ACDF Index Diari 18 (1764-1807), Bl. 73r

[1801]   Konsultor der CRiti
1805   Visitator der Ordenshäuser in Umbrien

Unveröffentlichte Quellen
Abtei Monte Oliveto Maggiore. Freundliche Auskunft zu einigen Ordensämtern an H. H. Schwedt.

Gutachten
[1804 Juli 2]   Catechismo del Galantuomo dedicato al fanciullo Federico de' Vecchi. - Zara : D. Fracasso, [S.a.].
                ACDF Index Prot. 102 (1800-1808), Nr. 122, 14 S. hs.
[1806 Dez. 9]   Monton, Bartolomé: Meditazioni per fissare la credenza, e la condotta del fu Bartolomeo Monton. - Ferrara : Socj Bianchi e Negri Stamp. del Seminario, 1803.
                nicht aufgefunden (Hinweis ACDF Index Diari 18 [1764-1807], Bl. 99v-100v)

Eigene Werke
- Anonym: Della libertà ed uguaglianza degli uomini nell'ordine naturale e civile. - [S.l.] : [S.n.], 1790. - 159, [1] S.
- Anonym: Della proprietà dei beni del clero. - [Roma] : [S.n.], 1790. - 137, [3] S.
- Anonym: Riflessioni su la memoria trasmessa in Francia da un italiano intorno alle differenze che passano fra il Clero, e l'Assemblea Nazionale. - In Roma : nella stamperia Salomoni, 1792. - 168 S.
- Dei terremoti dell'anno 1779. Opuscoli. - In Bologna : nella stamperia di San Tommaso d'Aquino, [1779]. - XVI, 52 S. ; Seconda edizione accresciuta, ricorretta, e corredata di note. - In Bologna : nella stamperia di San Tommaso d'Aquino, 1780. - [2], 181, [1] S.
- Lettera del Padre Lettore Don Michele Augusti Monaco Olivetano al suo fratello Padre Don Agostino Parroco nel monastero di San Pietro di Gubbio in data di Napoli 28. ottobre 1783, in: Antologia romana 10 (1784), 193-198.201-206.
- Lettera del Padre Lettore Don Michele Augusti Monaco Olivetano diretta al Padre Don Piermaria Rosini suo correligioso sopra i terremoti, ed aeremoti di Camerino, e di Serravalle, in data di Roma dei 10. maggio 1785, in: Antologia romana 11 (1785), 393-399.401-407.
- Meteorologia. Lettera del Padre Don Michele Augusti Monaco Olivetano, scritta da Napoli ai 2. agosto 1783 al Sig. Don Andrea Gallo Professor di filosofia nel real collegio Carolino in Messian, in: Antologia romana 10 (1784), 81-87.

Literatur
- Margutti, Alfredo: Cenni biografici di alcuni illustri sinigagliesi. - Sinigaglia 1888, 23.
- Mazzucotelli, Mauro: Ambienti monastici italiani e mondo scientifico nel XVIII secolo, in: Farnedi, Giustino ; Spinelli, Giovanni (Hg.): Settecento monastico italiano. Atti del I Convegno di studi storici sull'Italia Benedettina. Cesena 9-12 settembre 1986 (Italia Benedettina ; 9). - Cesena 1990, 807-847, hier: 839.

- Mazzucotelli, Mauro: Cultura scientifica e tecnica del monachismo in Italia. - 2 vol. - Seregno 1999, hier: vol. 2, 267-269.
- Scarpini, Modesto: I Monaci Benedettini di Monte Olivieto. - S. Salvatore Monferrato 1952, 398.
- Vecchietti, Filippo: Bibliolteca Picena, o sia notizie istoriche delle opere degli scrittori Piceni. - Osimo : Domenicantonio Quercetti 1790-1796. - 5 vol., hier: vol. 1, 260-262.

Angelo Maria Augustini OCarm

Namensvariante Angelo Maria Agostini

Lebenslauf

Dr. theol. an der Universität Sorbonne, Paris

Regens des Ordenskollegs S. Martino ai Monti, Rom

1738 Okt. 20 Revisor des SO, Amtsantritt durch Eidesleistung
ACDF SO Juramenta 1737-1749, o.Bl.

[1742] Qualifikator des SO, Antrag auf Ernennung
ACDF SO Priv. 1743-1749, Bl. 11r (Bewerbung Augustinis o.D. an das SO mit Angaben zum Lebenslauf)

1743 Jan. 9 Qualifikator des SO, Ernennung
ACDF SO Priv. 1743-1749, Bl. 12v (Audienzdekret des Papstes); ACDF SO St.St. II-2-m, o.Bl. („Nota de' Qualificatori e loro deputazione"; Schreiben Ass. des SO an Augustini vom 11. Jan. 1743, Entwurf)

Gutachten

1758 Falicca, Paolo (Praes.): Theses propugnatae in ecclesia Clericorum Regularium S. Pauli urbis S. Severini, 13. Julii 1758.
ACDF SO CL 1757-1758, Nr. 11, 22 S.

1759 Anonym [Portula, Père]: Heures et instructions chrétiennes à l'usage des troupes de France. - Lyon : Delaroche, 1758.
ACDF SO CL 1759 Bd. I, Nr. 2bis, 19 S.

Giuseppe Maria Avenati

Geboren im Gebiet der Abtei S. Benigno di Fruttuaria (Piemont)
Gestorben [1741]

Familie

Zur sozialen Herkunft von Avenati liegen keine Nachrichten vor. Anlässlich einer Neuorganisierung des Archivs des SO in Rom ist 1741 zu erfahren, dass der verheiratete Archivar Avenati außerhalb des Gebäudes des SO wohnte und dafür monatlich 2 scudi Zulage erhielt (ACDF SO Decreta 1741, Bl. 319v: Dekret SO vom 12. Sept. 1741; vgl. auch das Schreiben des Nachfolgers als Archivar, P. → Paoluccis, von 1748 in: ACDF SO Priv. 1743-1749, Bl. 594v).

Lebenslauf

	Studium der Rechte
	Tätigkeit bei einem Prokurator in Turin
	Notar (vor 1728 für 10 Jahre)
[1727]	Kopist und Übersetzer (für Französisch) des SO in Rom
[1728]	Sostituto Notaro des SO, Antrag auf Ernennung
	ACDF SO Priv. 1728-1735, Bl. 64-65 (Bewerbung Avenatis o.D. - nach dem Tod des „primo sostituto" - mit Angaben zum Lebenslauf)
1728 Nov. 24	Sostituto Notaro des SO, Ernennung
	ACDF SO Decreta 1728, Bl. 292v; ACDF SO Priv. 1728-1735, Bl. 69v
	Archivar des SO (bis 1741)

B

Nunzio Baccari

Geboren 1667 [Taufdatum: 27. Juni] in Capracotta (Molise)
Gestorben 1738 Jan. 10 [andere: Jan. 11] in Rom

Familie
Sohn des Philippus Baccari. In Rom zählte Nunzio Baccari zu den „Beneventani" im Gefolge des Kardinals V. M. → Orsini, ab 1724 Benedikt XIII.

Lebenslauf

1688 Sept. 10	Dr. iur. utr. an der Universität Sapienza, Rom
1691	Familiar von V. M. → Orsini in Rom
1691 Sept. 19	Adjutor von V. M. Orsini, Amtsantritt durch Eidesleistung
	ACDF SO Extens. 1680-1690 [-1707] = ACDF SO St.St. Q-1-p, Bl. 205r
	Generalvikar von V. M. Orsini in Benevent
	Auditor von G. M. → Tomasi in Rom
1713 Apr. 15	Priesterweihe
	Generalvikar von Viterbo
1718 März 14	Bischof von Boiano (Apulien), mit Aufenthalt in Rom
1721 Mai 21	Viceregente in Rom
1726 Juni 27	Konsultor des SO, Ernennung
	ACDF SO Decreta 1726, Bl. 205; ACDF SO Priv. 1710-1727, Bl. 709r (Audienzdekret des Papstes)
1726 Juli 3	Konsultor des SO, Amtsantritt durch Eidesleistung
	ACDF SO Juramenta 1725-1736, o.Bl.; ACDF SO Decreta 1726, Bl. 205r
1735 März 5	Giovanni Tancredi, Adiutor studiorum von Baccari, Amtsantritt duch Eidesleistung
	ACDF SO Juramenta 1725-1736, o.Bl.

Literatur
- Del Re, Niccolò: Il Vicegerente del Vicariato di Roma. - Roma 1976, 65.
- DHGE 6 (1932), 45 von F. Bonnard.
- Hierarchia Catholica 5, 123.

Tommaso Domenico Bacigalupi (Baccigalupi) da Piacenza OP

Geboren um 1655 in Piacenza

Lebenslauf

1705 Jan. 21	Generalvikar der Inquisition von Reggio Emilia, Ernennung ACDF SO Decreta 1705, Bl. 21r („electus")
1706 Juni 7	Abreise aus Reggio Emilia nach Piacenza ACDF SO Decreta 1706, Bl. 424v
1706	Aufenthalt im Konvent von Piacenza
1706 Sept.	Generalvikar der Inquisition von Reggio Emilia, Demission ACDF SO St.St. II-2-h, Bl. 49r; ACDF SO Decreta 1706, Bl. 424v
1708 Jan. 11	Generalvikar der Inquisition von Ancona, Ernennung ACDF SO Decreta 1708, Bl. 11v („electus")
1711 Apr. 8	[Primus] Socius des Commisarius des SO, Amtsantritt durch Eidesleistung ACDF SO Juramenta 1701-1724, Bl. 98r-99v
1712 Okt. 12	Inquisitor von Ancona, Ernennung ACDF SO Decreta 1712, Bl. 454r
1712 Okt. 19	Inquisitor von Ancona, Amtsantritt durch Eidesleistung ACDF SO Juramenta 1701-1724, Bl.117.120v
1718 Juli 27	Absetzung als Inquisitor von Ancona ACDF SO Decreta 1718, Bl. 273v („removendum esse ab officio Inquisitoris")
1718 Okt. 15	Bitte Bacigalupis um Beförderung (Aufenthaltsort Piacenza) ACDF SO Decreta 1718, Bl. 402v (Dekret vom 2. Nov. 1718: Bacigalupi möge seine Bitte 1719 nochmals vortragen)

Ignatius Ioannes Baptista J. Backx OPraem

Geboren 1650 Sept. 13 in Mecheln (Brabant)
Gestorben 1726 Juli 3 in Rom

Familie

Der Prämonstratenser war Bruder von Rombaut [Rumoldus] Backx (1650-1703), dem berühmten Kanoniker der Kathedrale von Antwerpen und Jansenisten-Sympathisanten.

Lebenslauf

1671 Aug. 28	Ordensprofess in Tongerlo
ab 1672	Studium am Collegium S. Norberti, Rom
1677 Jan. 12	Lizentiat der Theologie
1682	Lektor in Rom

1683	Generalprokurator des Ordens in Rom und Präsident des Collegium S. Norberti in Rom (bis 1726)
1686 Nov. 29	Eid im SO (ohne Angabe des Amts)
	ACDF SO Extens. 1680-1690 [-1701] = ACDF SO St.St. Q-1-p, Bl. 130r
1690 Nov. 21	Relator der CIndex, Ernennung
	ACDF Index Prot. 81 (1737-1740), Bl. 438r

Gutachten

[1701 Mai 18]   De kleine getyden of bedestonden van de H. Maegd Maria. - T'Utrecht : [S.n.], 1699.
ACDF SO CL 1701-1702, Nr. 13, 4 S.

Literatur

- Ceyssens, Lucien: Les religieux belges à Rome et le jansénisme, in: BIHBR 48-49 (1978-1979), 273-300, hier: 295.
- Ceyssens, Lucien: Suites romaines de la confiscation des papiers de Quesnel, in: BIHBR 29 (1955), 5-32, hier: 7-12.
- Ceyssens, Lucien; Diarium romanum van P. Bernardus Désirant, O.E.S.A., antijansenistisch gedeputeerde van de Belgische Bischoppen in Rome (1692-1696), in: BIHBR 21 (1941), 237-326, hier: bes. 258-260.
- Goovaerts, André Léon: Écrivains, artistes et savants de l'ordre de Prémontré. Dictionnaire bio-bibliographique. - 4 vol. - Brüssel 1899-1920 ; ND Genève 1971, hier: vol. 3, 14.
- Jacques, Émile: Les années d'exil d'Antoine Arnauld (1679-1694) (Bibliothèque de la Revue d'histoire ecclésiastique ; 63). - Louvain 1976.
- Valvekens, J. B.: Procurator generalis, Ign. Backx et Capitulum Generale Ordinis anni 1717, in: Analecta Praemonstratensia 53 (1977), 176-189.

Baldassare di S. Filippo Neri OCist

Geboren	[1670]

Lebenslauf

	Lektor für Theologie an S. Pudenziana, Rom
	Mitglied der Akademie für Kirchengeschichte im Konvent Aracoeli
	Revisor des SO und des Magister S. Palatii
[1703]	Relator der CIndex, Antrag auf Ernennung
	ACDF Index Prot. 63 (1703), Bl. 17r (Bewerbung des Paters o.D. mit Angaben zum Lebenslauf)
1703 Jan. 29	Relator der CIndex, Ernennung
	ACDF Index Diari 12 (1700-1703), Bl. 92v; ACDF Index Prot. 81 (1737-1740), Bl. 439r

Baldassare di S. Filippo Neri 76

1709 Nov. 20	Qualifikator des SO, Ernennung
	ACDF SO Decreta 1709, Bl. 599
	Generaloberer des Ordens
1729 Febr. 13	Theologus von Kardinal A. → Banchieri, Amtsantritt durch Eidesleistung
	ACDF SO Juramenta 1725-1736, o.Bl.

Gutachten

[1703 März 13]   (1) Sicuro modo di acquistar col divino aiuto la vera santità, e di crescere in essa. (2) Vari santi modi per far buona, ed efficace Orazione etc.
    ACDF SO CL 1703, Nr. 16, Bl. 92r-93v, 4 S. (Doppelgutachten)

[1703 Apr. 17]   ♦ Hazart, Cornelius: Triomph vande christelycke leere ofte grooten catechismus [...]. - T'Antwerpen : by Michiel Knobbaert, 1683.
    ACDF SO CL 1703, Nr. 40, Bl. 109r-110r.119r-121r, 9 S.

[1703 Juni 19]   Huguenin, David: Catholicae religionis veritas [...]. - Coloniae : sumptib. Wilhelmi Metternich, 1703.
    ACDF SO CL 1703, Nr. 17, Bl. 182r-185v, 8 S.

[1703 Okt. 11]   ♦ Philopenes <Pseudonym> [Huddleston, John]: Usury explain'd [...]. - London : [S.n.], 1695/1696.
    ACDF SO CL 1703, Nr. 29, Bl. 373r-377v, 10 S. (Doppelgutachten)

[1703 Okt. 11]   D., J. <Pseudonym> [Huddleston, John]: A vindication of the practice of England in putting out money at use. - London : Printed for T. Beaver, 1699.
    ACDF SO CL 1703, Nr. 29, Bl. 373r-377v, 10 S. (Doppelgutachten)

[1704 Febr. 26]   Moya, Mateo de: Quaestiones selectae in praecipvis Theologiae Moralis Tractatibvs [...]. - Matriti : Ex typographia Antonij Gonçalez a Reyes, 1695.
    ACDF SO CL 1704-1705, Nr. 8, Bl. 618r-621v, 8 S.

[1704 Apr. 22]   Anonym: Strada di salute breve, facile, e sicura [...]. - In Milano : per Francesco Vigone, 1686.
    ACDF SO CL 1704-1705, Nr. 11, Bl. 662r-663v, 4 S.

(1707 Jan. 17)   Acta eruditorum [...]. - Lipsiae : Grosse & Gleditsch, (1697).
    ACDF Index Prot. 67 (1706-1707), Bl. 366r-369r, 7 S.

[1707 Apr. 12]   Ortega, Cristobal de: [De Deo uno] [...]. - Lugduni : sumptibus Petri Cheualier, 1671.
    ACDF SO CL 1715-1717, Nr. 10, 9 S.

[1707 Mai 10]   Patrignani, Giuseppe Antonio: La santa infanzia del figliuolo di Dio [...]. - [S.a.]. (Manuskript)
    ACDF SO CL 1706-1707, Nr. 37, 5 S.

[1707 Mai 31]   Huguenin, David: Henrici Hulsii Inanitas [...]. - Coloniae : Metternich, 1704.
    ACDF SO CL 1706-1707, Nr. 25, 5 S.

[1707 Mai 31]	Giuliano, Giovanni: Manuductio ad theologiam moralem [...]. - Patavii : ex typographia Seminarii ; apud Joannem Manfre, 1707. ACDF SO CL 1706-1707, Nr. 36, 6 S.
(1707 Nov. 21)	Acta eruditorum [...]. - Lipsiae : Grosse & Gleditsch, (1700). ACDF Index Prot. 68 (1707-1710), Bl. 30r-34v, 10 S.
(1710)	Arrest De La Cour De Parlement. Sur deux imprimez en forme de Brefs du Pape [...]. - A Paris : Chez la Veuve François Muguet & Hubert Muguet, 1710. ACDF SO CL 1708-1710, Nr. 45, 19 S.
[1710 Aug. 12]	Corella, Jaime de: Pratica del confessionario [...]. - In Parma : per Paolo Monti, 1707. ACDF SO CL 1708-1710, Nr. 28, 10 S.
[1710 Sept. 23]	Burlamacchi, Guglielmo: Vita della serafica madre, e gloriosissima vedova S. Brigida di Svetia [...]. - In Napoli : per Francesco Mollo, 1692. ACDF SO CL 1708-1710, Nr. 41, 4 S.
[1711 Mai 12]	Coquard, Paulo: Quaestio Theologica. Quod est magnum Pietatis Sacramentum? hoc est de divini Verbi Incarnatione. ACDF SO CL 1711-1714, Nr. 10, 11 S.
[1713 Jan. 31]	Anonym: Responsio pro eruditissimo viro *** epistolae Leodiensis confutatore [...]. - [S.l.] : [S.n.], 1710. ACDF SO CL 1711-1714, Nr. 22, 5 S.
[1714 Jan. 9]	Cosmo <da Castelfranco> [Pettenari, Bartolomeo]: Vita Del Reueverendo P[ad]re Marco Christofori D'Aviano Predicatore Capuccino [...]. - [Milano] : [1709]. ACDF SO CL 1715-1717, Nr. 11, 3 S.
[1714 Sept. 4]	♦ Estius, Wilhelm: In quatuor libros sententiarum commentaria [...]. - Parisiis : De Nully, 1701. ACDF SO CL 1711-1714, Nr. 41, 21 S.
[1716 Mai 20]	♦ Anonym: Sentimenti della vita interiore. - Lucca : [S.n.], 1709. ACDF SO CL 1715-1717, Nr. 13, 6 S.
[1716 Mai 20]	Cogho, Giovanni Baptista (Resp.): Theses Medico-Phisicae. - [ca. 1710]. (Manuskript) ACDF SO CL 1715-1717, Nr. 14, 6 S.
[1717 Febr. 24]	Savino, Francesco: Lux moralis in Universa quasi Theologiam Moralem bipartita illustratione summatim dilucidans [...]. - [S.a.]. (Manuskript) ACDF SO CL 1718-1721, Nr. 23, 16 S.
[1722 Juni 23]	♦ Antonio <da Venezia>: La chiesa di Gesu Cristo vendicata ne' suoi contrassegni [...]. - Venezia : Appresso Gio: Battista Recurti, 1724. ACDF SO CL 1722-1723, Nr. 13, 17 S. (zu vol. 1-3)
[1722 Juni 23]	♦ Antonio <da Venezia>: La chiesa di Gesu Cristo vendicata ne' suoi contrassegni [...]. - Venezia : Appresso Gio: Battista Recurti, 1724. ACDF SO CL 1722-1723, Nr. 13, 20 S. (zu vol. 4-8)

[1723 Nov. 10]	Coustant, Pierre (Hg.): Epistolae Romanorum Pontificum, et quae ad eos scriptae sunt a S. Clemente I. usque ad Innocentium III. [...]. - Parisiis : Apud Ludovicum-Dionysium Delatour, 1721. nicht aufgefunden (Hinweis in ACDF SO CL 1724-1728, Nr. 1)
(1724)	Desirant, Bernard: Consilium Pietatis de non sequendis errantibus sed corrigendis. (Manuskript) nicht aufgefunden (Hinweis in ACDF SO CL 1724-1728, Nr. 6)
(1726)	Estius, Wilhelm: In quatuor libros Sententiarum commentaria [...]. - Parisiis : sumptibus Viduae Georgii Josse, Edmundi Couterot, Caroli Angot, Joannis de la Caille [...], 1680. nicht aufgefunden (Hinweis in ACDF SO CL 1724-1728, Nr. 24)

Literatur
- Boyle, Leonard Eugène: The Hebrew Collections of the Vatican Library, in: Hiat, Philip (ed.): A Visual Testimony. Judaica from the Vatican Library. - Miami ; New York 1987, 11-19.
- Dictionnaire des auteurs cisterciens. Sous la direction de Émile Brouette, Anselme Dimier et Eugène Manning (La Documentation cistercienne ; 16/1-2). - 2 vol. - Rochefort 1975-1979, 88.
- EncEc 1 (1948), 366f.
- Grafinger, Christine Maria: Das Studium von Handschriften der Biblioteca Vaticana durch Zisterzienser. Ein Beitrag zur europäischen Wissenschaftsgeschichte des 17. Jahrhunderts, in: ACi 49 (1993), 257-272, hier: 260.269f.

Ubaldo Baldassini B

Namensvariante Domenico Nicola Settimio Baldassini (Taufname)

Geboren 1700 Dez. 22 in Jesi
Gestorben 1786 Jan. 26

Familie
Die Eltern, Giuseppe Antonio Baldassini und die „nobil donna" Virginia Colocci, gehörten zu einer Patrizierfamilie in Jesi (Premoli: Storia, 198). Die väterliche Familie stammte ursprünglich aus Gubbio und führte sich auf den Stadtheiligen zurück, S. Ubaldo Baldassini. Dessen Namen wählte der zukünftige Pater, als er beim Ordenseintritt seinen Taufnamen Domenico Nicola Settimio ablegte.

Lebenslauf
1718	Ordensprofess
	Studium der Philosophie in Macerata und der Theologie in Bologna
1724 Dez. 23	Priesterweihe
	Lektor für Philosophie und Theologie in Macerata und Perugia
1743	Generalprokurator des Ordens in Rom

1744	Generalvikar des Ordens (erneut 1747 und 1753)
1749 Jan. 2	Qualifikator des SO, Ernennung
	ACDF SO St.St. II-2-m, o.Bl. („Nota de' Qualificatori e loro deputazione"); ACDF SO Priv. 1743-1749, Bl. 630r (Audienzdekret des Papstes); ACDF SO Priv. 1743-1749, Bl. 631
1749 Jan. 4	Qualifikator des SO, Amtsantritt durch Eidesleistung
	ACDF SO Juramenta 1737-1749, o.Bl.
1754 Sept. 16	Bischof von Bagnorea
1764 Apr. 9	Bischof von Jesi

Literatur
- Boffito, Giuseppe: Scrittori barnabiti o della Congregazione dei chierici regolari di San Paolo (1533-1933). Biografia, bibliografia, iconografia. - 4 vol. - Firenze 1933-1937, hier: vol. 1, 68f.
- DHGE 6 (1932), 324 von A. Versteylen.
- HC 6, 68.113f.
- Premoli, Orazio Maria: Storia dei Barnabiti dal 1700 al 1825. - Roma 1925, 198f.
- Vecchietti, Filippo: Biblioteca Picena : o sia notizie istoriche delle opere e degli scrittori Piceni. - Osimo : Quercetti, 1790-1796. - 5 vol., hier: vol. 2, 28.

Antonio Baldigiani SJ

Geboren	1647 Dez. 10 in Florenz
Gestorben	1711 Okt. 11 in Rom

Lebenslauf

1662 Jan. 10	Ordenseintritt (Zulassung)
	Professor für Mathematik und Moraltheologie am Collegio Romano
1687 Mai 27	Relator der CIndex, Ernennung
	ACDF Index Diari 8 (1682-1688), Bl. 98r
1690 Apr. 28	Konsultor der CIndex, Ernennung
	ACDF Index Diari 9 (1688-1692), Bl. 59v
1692 [Dez.]	Mitglied der Congregazione sopra i poveri

Gutachten

(1710 Mai 13)	Franco Fernández, Blas: Vida de la venerable sierva de Dios Maria de Iesvs [...]. - Madrid : Ioseph Fernandez de Buendia, 1675.
	ACDF Index Prot. 69 (1710-1712), Bl. 11r-14r, 7 S.

Literatur
- Fejér, Josephus: Defuncti secundi saeculi Societatis Jesu (1641-1740). - 5 vol. - Romae 1985-1990, hier: vol. 2, 75.
- Favaro, Antonio: Miscellanea Galileiana inedita. Studi e ricerche. - Venezia 1887, 128-156.

- Gardair, Jean-Michel: Le „Giornale de' Letterati" de Rome (1668-1681) (Studi ; 69). - Firenze 1984, 120.157f.254.
- Segneri, Paolo: Lettere inedite di Paolo Segneri al Granduca Cosimo Terzo. Tratte dagli autografi. - Firenze 1857, 240f.
- Sommervogel 1 (1890), 828; 7 (1896), 1732; 12 (1932), 939.

Gianfrancesco Baldini CRS

Geboren   1677 Febr. 4 in Brescia
Gestorben   1764 Juni 14 in Tivoli

Familie
Der spätere Altertumskundler und Physiker war Sohn von Bartolomeo Baldini und Maddalena Calvati aus Brescia.

Lebenslauf

	Erste Ausbildung im Kolleg des Ordens in Brescia
1694	Ordenseintritt
	Studium im Kolleg des Ordens in Venedig (bei Giovanni M. della Torre und Leonardo Bonetti)
[1702]	Dozent für Philosophie nach cartesianischer Methode in Brescia (für 12 Jahre)
1714	Dozent für Mathematik, Philosophie und Theologie am Collegio Clementino, Rom (bis 1726)
1714	Bibliothekar des Collegio Clementino, Rom
	Generaldefinitor des Ordens in Rom
	Revisor beim Magister S. Palatii
	Konsultor der CRiti
[1728]	Relator der CIndex, Antrag auf Ernennung
	ACDF Index Prot. 76 (1727-1728), Bl. 193r (Bewerbung Baldinis o.D. an die CIndex mit Angaben zum Lebenslauf)
1728 Jan. 27	Relator der CIndex, Ernennung
	ACDF Index Diari 15 (1721-1734), Bl. 79r
1729 Febr. 1	Konsultor der CIndex, Ernennung
	ACDF Index Diari 15 (1721-1734), Bl. 94v (Vermerk Sekr. der CIndex zur Papstaudienz)
	Mitglied der Accademia dell'Arcadia (als „Brennalio Reteo"), Rom, und weiterer Akademien
1738 Sept. 17	Revisor des SO, Amtsantritt durch Eidesleistung
	ACDF SO Juramenta 1737-1749, o.Bl.
1739 Apr. 22	Qualifikator des SO, Empfehlung durch das SO
	ACDF SO Decreta 1739, Bl. 129r; ACDF SO Priv. 1736-1742, 280v

1739 Apr. 29	Qualifikator des SO, Ernennung
	ACDF SO Decreta 1739, Bl. 129r; ACDF SO Priv. 1736-1742, Bl. 280v (Audienzdekret des Papstes); ACDF SO St.St. II-2-m, o.Bl. („Nota de' Qualificatori e loro deputazione" o.D. [1760])
1739 Mai 8	Qualifikator des SO, Amtsantritt durch Eidesleistung
	ACDF SO Juramenta 1737-1749, o.Bl.
1748	Generaloberer des Ordens in Rom (bis 1751)
[1751]	Generalvikar des Ordens

Gutachten

(1728 Juli 5)	♦ Louis François <D'Argentan>: Esercitii del christiano interiore [...]. - In Venetia : appresso Iseppo Prodocimo, 1681.
	ACDF Index Prot. 76 (1727-1728), Bl. 353r-356r, 9 S.
(1729 Jan. 17)	♦ S.P.J.P.E.P.E.Th.A.R. [Jurieu, Pierre]: L'accomplissement des propheties [...]. - A Rotterdam : chez Abraham Acher, 1686.
	ACDF Index Prot. 77 (1728-1731), Bl. 31r-31v, 2 S.
1731 Feb. 19	♦ Anonym [Bayle, Pierre]: Reponse aux questions d'un provincial. - A Rotterdam : Chez Reinier Leers, 1704.
	ACDF Index Prot. 77 (1728-1731), Bl. 354r-355r, 3 S.
(1732 Nov. 18)	Burnet, Thomas: De statu mortuorum et resurgentium tractatus [...]. - Roterodami : apud Johannem Hofhout, 1729.
	ACDF Index Prot. 78 (1731-1734), Bl. 278r-279v, 4 S.
1734 Jan. 11	Swift, Jonathan: Le Conte Du Tonneau [...]. - A La Haye : Chez Henri Scheurleer, 1721.
	ACDF Index Prot. 78 (1731-1734), Bl. 430r-431r, 3 S.
[1734 Nov. 16]	Wadeleux, Gasparus (Praes.) ; Mackar, Henricus (Resp.): Universa Philosophia [...]. - Leodii : Apud Guilielmum Barnabe', [ca. 1732].
	ACDF SO CL 1733-1734, Nr. 3, 6 S. (Doppelgutachten)
[1734 Nov. 16]	Vivarius, Guilelmus (Praes.) ; Deltour, Ludovicus (Resp.): Conclusiones Logicae Ac Metaphysicae [...]. - [Leodii?] : [S.n.], [S.a.].
	ACDF SO CL 1733-1734, Nr. 3, 6 S. (Doppelgutachten)
[1735 Juli 13]	Staab, Procopius Maria (Praes.) ; Hartman, Cassius Maria (Resp.) [u.a.] : Ave Maria. Amussis Vitae, seu Lex Ad Mentem Doctoris Angelici Divi Thomae Aquinatis [...]. - [S.l.] : [S.n.], [1718].
	ACDF SO CL 1735-1736, Nr. 3, 5 S.
(1736 Juli 30)	Dale, Antonius Van: (1) De oraculis ethnicorum [...]. - Amstelaedami : Apud Henricum & Viduam Theodori Boom, 1683. (2) Dissertationes de origine ac progressu idololatriae [...]. - Amstelodami : [apud Henricum & viduam Theodori] Boom, 1696.
	ACDF Index Prot. 80 (1735-1737), Bl. 200r-201r, 3 S. (Sammelgutachten)
(1737 Jan. 14)	(1) Justa et extorta defensio patrum Collegii Societatis Jesu [...]. - Coloniae Agr. : Schorn, 1734. (2) [...] Justa Retorsio Patrum Dominic. Colon. Adversùs Libellum [...] Justa & Extorta Defensio [...]. -

	Coloniae : [sub signo Canis], 1736.
	ACDF Index Prot. 80 (1735-1737), Bl. 287r-288r, 3 S. (Sammelgutachten)
1738 Juli 28	Algarotti, Francesco: Il Newtonianismo Per Le Dame [...]. - In Napoli [i.e. Venezia] : [S.n.], 1737.
	ACDF Index Prot. 81 (1737-1740), Bl. 97r-98v, 4 S.
(1739 Jan. 12)	Theologus Lovaniensis <Pseudonym> [Opstraet, Johannes]: De locis theologicis [...]. - Insulis Flandrorum : apud Joannem Brovellio, 1737.
	ACDF Index Prot. 81 (1737-1740), Bl. 138.142bis, 4 S.
1739 Aug. 31	Copellotti, Pietro: Dissertazione teologico-morale [...]. - In Venezia : appresso Gio. Battista Recurti [...], 1738.
	ACDF Index Prot. 81 (1737-1740), Bl. 192r-193v, 4 S.
(1744)	Anonym [De Luca, Giovanni]: Confutatio sex priorum epistolarum [...]. - Venetiis : Tibernius, 1744.
	nicht aufgefunden (Hinweis in ACDF SO CL 1744-1745, Nr. 9 und ACDF Index Diari 16 [1734-1746], Bl. 59r)
1745 Aug. 30	Gravesande, Willem Jacob's: Introductio ad philosophiam [...]. - Venetiis : typis Jo. Baptistae Pasquali, 1737.
	ACDF Index Prot. 82 (1740-1748), Bl. 203r-204v, 4 S.
[1746 Juli 27]	Lavini, Giuseppe: Filosophia per le Dame [...]. - [S.a.]. (Manuskript)
	ACDF SO CL 1746-1747, Nr. 9, 6 S.
(1748-1750)	Laviny, Giuseppe: Il Paradiso Riacquistato [...]. - [S.a.]. (Manuskript)
	nicht aufgefunden (Hinweis in ACDF SO CL 1748-1750, Nr. 16)

Eigene Werke

- Lettera del padre D. Giamfrancesco Baldini C.R.S. ora Consultore delle sacre Congregazioni dell'Indice e de' Riti scritta a S. Eccell. il Sign. D. Filippo Carafa de' Duchi di Mattalona sopra le forze moventi, in: Raccolta d'opuscoli scientifici, e filologici 4 (1730), 441-474.
- Meditazioni per ciascun giorno del mese sopra la passione di Gesù Cristo signor nostro, tradotte dalle opere francesci di alcuni padri della Compagnia di Gesù, nella nostra lingua italiana. Da una persona divota di Gesù verbo eterno. - In Milano : nelle stampe di Francesco Agnelli, 1737. - 301 S. [Übers.]
- Relazione dell'aurora boreale veduta in Roma li 16. di Decembre 1737 venendo li 17., in: Raccolta d'opuscoli scientifici, e filologici 17 (1738), 46-68 [auch separat: In Roma: presso il Salvioni, 1738 - X S.]
- Sopra certi vasetti di creta in gran numero trovati in una cammera sepolcrale nella vigna di S. Cesario in Roma. Dissertazione VIII, in: Saggi di Dissertazioni accademiche pubblicamente lette nella nobile accademia etrusca dell'antichissima città di Cortona 2 (1742), 151-162.
- Sopra un'antica piastra di bronzo, che si suppone un'orologio da sole, in: Saggi di Dissertazioni accademiche pubblicamente lette nella nobile Accademia Etrusca dell' antichissima città di Cortona 3 (1741), 185-194.
- Sui sepolcri degli antichi romani. Dissertazione, in: Giornale Arcadico di scienze, lettere ed arti 45 (1830), 229-245. [Vortrag in der Accademia di Storia Romana, Febr. 1756; hg. von C. E. → Muzzarelli]

- Vaillant, Jean Foy: Numismata imperatorum Romanorum praestantiora a Julio Caesare ad postumum usque. - Editio prima Romana plurimis rarissimis nummis aucta. - Romae : sumptibus Caroli Barbiellini, & Venantii Monaldini sociorum ; typis Jo. Baptistae Bernabò, & Josephi Lazzarini, 1743. - 3 vol. [Widmung Baldinis an Papst Benedikt XIV. in vol. 1, III-XL]

Literatur
- Anonym: Histoire ecclésiastique de l'abbé Fleury, in: Analecta Juris Pontificii 20 (1881), 513-529, bes. 518.
- Cevasco, Giacomo: Breviario storico di religiosi illustri della Congregazione di Somasca. Continuato da P. G. M. - Genova 1898, 7f.
- Costa, Gustavo: La Congregazione dell'Indice e Jonathan Swift. Documenti sulla recezione italiana di A Tale of Tub, in: Paratesto 1 (2004), 145-165 [161-163, Gutachten Baldinis vom 11. Januar 1734]
- Costa, Gustavo: Thomas Burnet e la censura pontificia. Con documenti inediti (Le corrispondenze litterarie, scientifiche ed erudite dal Rinascimento all'Età moderna. Subsidia ; 6). Firenze 2006, 59-78.88-92 [Gutachten Baldinis von 1732].
- DBI 5 (1963), 482f. von L. Moretti.
- Khell von Khellburg, Josef: Ad numismata imperatorum Romanorum aurea et argentea a Vaillantio edita, a Cl. Baldinio aucta, ex solius Austriae utriusque, iisque aliquibus museis supplementum a Julio Caes. ad Comnenos se porrigens. - Vindobonae : Typis Joannis Thomae Nobillis De Trattnern, Caes. Reg. Aulae Typographi Et Bibliopolae, 1767, bes. II.
- Mazzuchelli, Giammaria: Gli scrittori d'Italia : Cioè notizie storiche e critiche intorno alle vite, e agli scritti dei letterati italiani. - Brescia : Giambatista Bossini, 1753-1763. - 2 vol., hier: vol. 2, 137-139.
- Montalto, Lina: Il Clementino 1595-1875. - Roma 1939, 74.205.
- Montalto, Lina: Scoperte archeologiche del sec. XVIII nella Vigna di S. Cesareo, in: Rivista del Reale Istituto d'archeologia e storia dell'arte 6 (1937-1938), 289-308, hier: 291.
- Moroni 4 (1840), 62.
- Moschini, Gianantonio: Della letteratura veneziana del secolo XVIII fino a' nostri giorni. - 4 vol. - Venezia 1806-1808, hier: vol. 2, 85.
- Sambuca, Antonio: Memorie istorico-critiche intorno all'antico stato de' Cenomani ed i loro confini. - In Brescia : dalle stampe di Gian-Maria Rizzardi, 1750, 307. [Brief Baldinis vom 30. März 1719]
- Sestili, Gioacchino: Il culto della filosofia, in: L'Ordine dei Chierici regolari Somaschi nel IV centenario dalla fondazione 1528-1928. - Roma 1928, 193-203, hier: 195.
- Wurzbach 1 (1856), 132.
- Zeno, Apostolo: Lettere di Apostolo Zeno cittadino Veneziano [...]. - Seconda edizione, in cui le lettere già stampate si emendano, e molte inedite se ne pubblicano. - Venezia : Appresso Francesco Sansoni, 1785. - 6 vol., hier: vol. 3-6. [enthält über 80 Briefe an Baldini, 1723-1744]

Benedetto Baldoriotti OSM

Geboren	1701 in Florenz
Gestorben	1778

Lebenslauf

1717	Ordenseintritt
	Magister theol.
	Lektor für Philosophie in Ordenskollegien (für sechs Jahre)
	Lektor für Theologie in den Ordenskollegien in Pesaro, Cesena, Mailand, Perugia, Bologna und Florenz (für 17 Jahre)
	Lektor für kanonisches Recht am Collegium Gandavense, Rom
	Studienregent am Collegium Gandavense
	Mitglied der Accademia dei Concili, Rom
[1745]	Konsultor der CIndex, Antrag auf Ernennung
	ACDF Index Prot. 82 (1740-1748), Bl. 143 (Bewerbung Baldoriottis o.D. an den Papst)
1745 [März]	Konsultor der CIndex, Ernennung
	ACDF Index Diari 16 (1734-1746), Bl. 62r (Audienzdekret des Papstes)
1745 Juni 10	Revisor des SO, Amtsantritt durch Eidesleistung
	ACDF SO Juramenta 1737-1749, o.Bl.; ACDF SO St.St. II-2-m, o.Bl.
[1746]	Qualifikator des SO, Antrag auf Ernennung
	ACDF SO Priv. 1743-1749, Bl. 410r (Bewerbung Baldoriottis an den Papst mit Anlage und Angaben zum Lebenslauf)
1746 Apr. 28	Qualifikator des SO, Ernennung
	ACDF SO Priv. 1743-1749, Bl. 421v (Audienzdekret des Papstes); ACDF St.St. II-2-m, o.Bl. („Nota de' Qualificatori e loro deputazione", o.D. [1760])
1746 Mai 15	Qualifikator des SO, Amtsantritt durch Eidesleistung
	ACDF SO Juramenta 1737-1749, Bl. 9v
1750 Mai 19	Generalprokurator des Ordens in Rom
	Theologus von Kardinal D. → Passionei
1756 Juli 11	Examinator Episcoporum
	ASV SS Mem Bigl 197

Gutachten

(1744)	Anonym [Lelarge de Lignac, Joseph Adrien]: Voie de prescription légitimement emploiée contre la bulle „Unigenitus", [...]. - [S.l.] : [S.n.], 1743.
	ACDF SO CL 1744-1745, Nr. 11, 15 S. (Sammelgutachten)
(1744)	♦ Collard, Abbé: Instructions par demandes et par réponses sur l'humilité [...]. - [Paris] : [S.n.], 1744.
	ACDF SO CL 1744-1745, Nr. 11, 15 S. (Sammelgutachten)

(1744)	Bref Parisien pour l'anée Bisextile 1744. ACDF SO CL 1744-1745, Nr. 11, 15 S. (Sammelgutachten)
(1745 März 15)	Benzi, Bernardino: Praxis tribunalis conscientiae [...]. - Bononiae : sumptibus Joannis Mariae Lazaroni, 1742. ACDF Index Prot. 82 (1740-1748), Bl. 208r-218r, 21 S.
(1746 Jan. 10)	Anonym [Hoffreumont, Servais]: La faillibilité des papes [...]. - Utrecht : [S.n.], 1743. ACDF Index Prot. 82 (1740-1748), Bl. 229r-234r, 11 S.
(1746 Dez. 12)	Stapfer, Johann Friedrich: Institutiones theologiae polemicae universae ordine scientifico dispositae [...]. - Tiguri : Apud Heideggerum & Socios, 1743-1747. ACDF Index Prot. 82 (1740-1748), Bl. 282r-286r, 9 S.
(1747 Juli 17)	Bossli, Franciscus: S. Paulus primus eremita exemplar perfectionis Christianae [...]. - Viennae : Heyinger, 1746. ACDF Index Prot. 82 (1740-1748), 336r-338r, 5 S.
(1748 März 5)	Santi Pupieni, Agostino <Pseudonym> [Costantini, Giuseppe Antonio] : Nuova raccolta di lettere critiche [...]. - Venezia : presso Pietro Bassaglia, 1745-[1747]. ACDF Index Prot. 82 (1740-1748), Bl. 343r-345v, 6 S. und Bl. 394r-397v, 8 S.
(1749 Sept. 15)	Sedlmayr, Virgil: Reflexio Critica In Ideam Divini Amoris Propositam A [...]. - Salisburgi ; Graecii : Veith & Wolff, 1749. ACDF Index Prot 83 (1749-1752), Bl. 58r-61r, 7 S.
(1751 Aug. 2)	José <De San Benito>: Opera omnia [...]. - Matriti : Ex officina apud Haeredes Francisci del Hierro, 1738. ACDF Index Prot. 83 (1749-1752), Bl. 307r-312v, 12 S.
1753 Sept. 25	Anonym: Défense de l'autorité et des décisions des merveilles [...]. - [S. l.] : [S.n.], 1752. ACDF SO CL 1753-1754, Nr. 12, 16 S.
1755 Juni 4	Arrenheria, Francisco ab (Praes.) ; Passerini, Rudesindus (Resp.): Propositiones Theolicae Quas Sub Faustissimis Ausspiciis [...]. - Bononiae : ex Typographia Laelii a Vulpe, [ca. 1755?]. ACDF SO CL 1755-1756, Nr. 7, 6 S.
(1757)	Anonym [Voltaire]: La pucelle d'Orléans : poeme heroi-comique [...]. - A Paris : [S.n.], 1755. ACDF SO CL 1757-1758, Nr. 2, 10 S.
(1758)	Anonym [Helvetius, Claude Adrien]: De l'esprit. - A Paris : chez Durand libraire, 1758. ACDF SO CL 1757-1758, Nr. 7, 22 S.
1759 Juli 12	Montignot, Henri: Le pere Berruyer justifie contre l'auteur d'un libelle [...]. - A Nancy, 1759. ACDF SO Vota CL II (1757-1809), Nr. 40, 24 S.
[1759 Aug.]	Anonym: Lettre à un docteur de Sorbonne sur la dénonciation et l'examen des ouvrages du Père Berruyer. - [S.l.] : [S.n.], 1759. ACDF SO Vota CL II (1757-1809), Nr. 40, 6 S.

(1761 Aug. 24)	Anonym [Richer, François]: Examen des principes [...]. - [S.l.] : [S.n.], [ca. 1760]. ACDF Index Prot. 87 (1759-1762), Bl. 243r-247v, 10 S.
(1764 Febr. 27)	Febronius, Justinus <Pseudonym> [Hontheim, Johann Nikolaus von] : De statu ecclesiae et legitima potestate romani pontificis [...]. - Bullioni : apud Guillelmum Evrardi, 1763. ACDF Index Prot. 88 (1763-1767), Bl. 134r-138v, 10 S. und ACDF SO CL 1769, Nr. 1bis, 14 S.
(1766 Febr. 3)	Febronius, Justinus <Pseudonym> [Hontheim, Johann Nikolaus von] : De statu ecclesiae [...] Editio altera [...]. - Bullioni [i.e. Frankfurt a.M.] : apud Guillelmum Evrardi 1765-[1774?]. ACDF Index Prot. 88 (1763-1767), Bl. 272r-276r, 9 S. und ACDF SO CL 1769, Nr. 1bis, 11 S.
(1766 Sept. 15)	Anonym: Dissertazione isagogica intorno allo stato della chiesa [...]. - Venezia : Per Giuseppe Bettinelli, 1766. ACDF Index Prot. 88 (1763-1767), Bl. 376r-380r, 9 S.
(1770 März 26)	Anonym [Goudar, Ange]: L'espion chinois [...]. - A Cologne : [S.n.], 1765. ACDF Index Prot. 89 (1767-1770), Bl. 459r-464r, 11 S.
(1771 Mai 24)	Febronius, Justinus <Pseudonym> [Hontheim, Johann Nikolaus Von] : De statu ecclesiae [...]. - Francofurti Et Lipsiae : [S.n.], 1770-1774. ACDF Index Prot. 90 (1771-1773), Bl. 13r-18r, 11 S.
(1772 Mai 22)	Plazza, Benedetto: Dissertatio anagogica [...]. - Panormi : ex typographia Francisci Ferrer, 1762. ACDF Index Prot. 90 (1771-1773), Bl. 120r-130v, 22 S.
(1773 März 29)	Febronius, Justinus <Pseudonym> [Hontheim, Johann Nikolaus Von] : De statu ecclesiae [...]. - Francofurti Et Lipsiae : [S.n.], 1770-1774 ACDF Index Prot. 90 (1771-1773), Bl. 234r-244v, 22 S.
1775 Dez. 5	Anonym (Sandellius, Dionysius <Pseudonym> [Fassini, Vincenzo]? ; Eraniste, Eusebio <Pseudonym> [Patuzzi, Giovanni Vincenzo]): Vita del padre Daniello Concina dell'ordine de' predicatori. - In Brescia : dalle stampe di Giammaria Rizzardi, 1768. ACDF SO CL 1776, Nr. 4, 18 S.
(1776)	Anonym [Voltaire]: La Raison par alphabet [...]. - [S.l., Genève] : [S.n.], 1769. ACDF SO CL 1776, Nr. 7, 19 S. und ACDF Index Prot. 91 (1773-1778), Bl. 425r-434v, 20 S.
1777 Jan. 10	Anonym [Rautenstrauch, Franz Stephan]: Anleitung und Grundriß zur Systematischen Dogmatischen Theologie. - Wien : gedruckt bey Johann Thomas Edlen von Trattnern, 1776. ACDF SO CL 1777 = ACDF SO St.St. O-4-i, [Nr. 1], 5 S.

Literatur
- Catalogus Patrum ac Fratrum totius Ordinis Servorum B. M. V. per provincias et coenobia distributus, priorum omnium generalium a sua institutione ad haec usque tempora recensione praemissa. - Romae 1891, 18.

- Dammig, Enrico: Il movimento giansenista a Roma nella seconda metà del secolo XVIII (StT ; 119). - Città del Vaticano 1945, 63.92.
- Marini, Gaetano: Lettere inedite. Publicate a cura di Enrico Carusi (StT ; 29.82-83). - 3 vol. - Città del Vaticano 1916-1940, bes.: vol. 2, 53; 3, XIX.
- Roschini, Gabriele Maria: Galleria Servitana. - Roma 1976, 472.
- Taucci, Raffaello M.: Annales sacri Ordinis fratrum Servorum B. Mariae Virginis ab anno 1725 ad anno 1800, in: Monumenta Ordinis Servorum Sanctae Mariae 20 (1926-1930), 15-361, hier: 302.

Giuseppe Maria Baldrati da Ravenna OFMConv

Geboren	um 1655 in [Imola]
Gestorben	1732 Febr. 1 in Rom

Lebenslauf

	Dr. theol.
	Lektor für Philosophie und Theologie in Bologna, Faenza, Ferrara und Rimini (für zwölf Jahre)
	Guardian des Ordenskonvents in Ravenna
	Examinator synodalis in Ravenna
1701 Mai 28	Guardian von S. Francesco in Bologna (bis April 1703)
	Provinzial des Ordens, Provinz Bologna
1706	Inquisitor von Treviso (bis 1707)
1707 Apr. 6	Inquisitor von Siena, Ernennung (bis 1711)
	ACDF SO Decreta 1707, Bl. 146r („electus")
1711 Sept. 7	Inquisitor von Florenz (bis 1716)
1716 Sept. 17	Konsultor des SO, Ernennung
	ACDF SO Decreta 1716, Bl. 302r; ACDF SO St.St. D-5-f, Bl. 67f. (Schreiben von V. → Conti an Ass. des SO vom 19. Febr. 1732)
1716 Nov. 11	Konsultor des SO, Amtsantritt durch Eidesleistung
	ACDF SO Juramenta 1701-1724, Bl. 170v
1716	Professor für Theologie an der Universität Sapienza, Rom (bis 1732)
	Examinator episcoporum
1718 Mai 27	Generalvikar des Ordens in Rom
1725	Konsultor des Römischen Konzils
1725	Generaloberer des Ordens in Rom (bis 1731)
1725 Sept. 22	Mitglied des Collegium theologicum der Universität Florenz
1725	E. → Vaccari, Koadjutor von Baldrati als Professor an der Sapienza
1731 Aug. 7	E. Vaccari, Koadjutor von Baldrati als Konsultor des SO, Amtsantritt durch Eidesleistung
	ACDF SO Juramenta 1725-1736, o.Bl.

Unveröffentlichte Quellen
Galletti 21, Vat. Lat. 7888, Bl. 88 ("Baldrati da Ravenna"); 25, Vat. Lat. 7892, Bl. 57 ("Baldrati da Imola").

Gutachten

(1718 Sept. 19) Canali, Benedetto Angelo Maria: Cursus Philosophicus [...]. - Parmae : Typis Pauli Montii, 1715.
ACDF Index Prot. 71 (1715-1721), Bl. 452r-458v, 6 S.

[1719 Mai 10] Knippenberg, Sebastian: Opusculum, Doctrina S. Thomae In Materia De Gratia ab erroribus ipsi falso impositis liberata [...]. - Coloniae Agrippinae : Metternich, 1718.
ACDF SO CL 1718-1721, Nr. 9, 7 S.

(1722) R. C. R. D. S. P.: Brevissima Instruzzione Del Cristiano [...]. - In Roma : per Domenico Antonio Ercole, 1719.
ACDF SO CL 1722-1723, Nr. 11bis, 6 S.

[1724 Dez. 12] Bauwens, Armand: Dissertatio de concordia sacerdotii et imperii [...]. - Lovanii : Typis Joannis Baptistae Vander Haert, 1723.
ACDF SO CL 1724-1728, Nr. 7, 11 S.

[1726 Febr. 4] Weidinger, Florian: Immaculata Deiparae Conceptio Aeternitatis Sacramentum [...]. - Pragae : typis Universitatis Carolo. Ferd. in Colleg. Soc. Jesu ad S. Clementem, [ca. 1724].
ACDF SO CL 1724-1728, Nr. 20, 4 S. (Doppelgutachten)

[1726 Febr. 4] Fromm, Johann: Mariae Immunitas [...]. - [S.l., Wratislaviae?] : [S.n.], [ca. 1725].
ACDF SO CL 1724-1728, Nr. 20, 4 S. (Doppelgutachten)

Literatur

- Ceyssens, Lucien ; Tans, Joseph A. G.: Autour de l'Unigenitus. Recherches sur la genèse de la constitution (Bibliotheca Ephemeridum Theologicarum Lovaniensium ; 76). - Leuven 1987, 482-500, bes. 495f.
- Caratelli, Lorenzo: Manuale dei Novizi e professi chierici e laici Minori Conventuali sopra la regola, le costituzioni, le memorie e le funzioni dell'Ordine coll'aggiunta del catechismo di Roma e d'alcune preghiere. - Roma 1897, 308.
- Cerracchini, Luca Giuseppe: Fasti teologali ovvero notizie istoriche del collegio de' teologi della sacra università fiorentina dalla sua fondazione fin all'anno 1738. - In Firenze : per Francesco Moücke stampatore arcivescovale, 1738, 676. [mit Porträtinschrift aus SS. Apostoli, Rom]
- Conte, Emanuele (Hg.): I maestri della Sapienza di Roma dal 1514 al 1787. I rotuli e altre fonti (Fonti per la Storia d'Italia ; 116. Studi e Fonti per la storia dell'Università di Roma. N. S. ; 1). - 2 vol. - Roma 1991, hier: vol. 2, 932f.
- Gatti, Isidoro: Il p. Vincenzo Coronelli dei Frati Minori Conventuali negli anni del generalato (1701-1707) (MHP ; 41-42). - 2 vol. - Roma 1976, hier: vol. 1, 439 u.ö.
- Papini, Nicolò: Lectores Publici Ordinis Fratrum Minorum Conventualium a saec. XIII ad saec. XIX, in: MF 31 (1931), 95-102.170-174.259f.; 32 (1932), 33-36.72-77, hier: 36.

- Papini, Nicolò: Minoritae Conventuales lectores publici artium et scientiarum in accademiis, universitatibus et collegiis extra ordinem, in: MF 33 (1933), 67-74.242-261.381-385; 34 (1934), 118-126.330-333, hier: 254.
- Schwedt, Herman H.: Gli Inquisitori generali di Siena 1560-1782, in: Di Simplicio, Oscar (Hg.): Le lettere della Congregazione del Sant'Ufficio all'Inquisizione di Siena (im Erscheinen).

Innocenzo Balestracci da Montone OFMConv

Geboren	um 1673 in Montone (Umbrien)
Gestorben	1745 Apr. 18 in Assisi

Lebenslauf

	Mitglied des Ordenskonvents in Assisi
	Bibliothekar des Ordenskonvents in Gubbio
[1712]	Relator der CIndex, Antrag auf Ernennung
	ACDF Index Prot. 70 (1713-1715), Bl. 49r (Bewerbung Balestraccis o.D. an die CIndex mit Angaben zum Lebenslauf)
1713 Jan. 17	Relator der CIndex, Ernennung
	ACDF Index Prot. 81 (1737-1740), Bl. 440v; ACDF Index Diari 14 (1708-1721), Bl. 68r
1739 Juni 21	Konsultor des SO, Ernennung (anstelle des erkrankten V. → Conti)
	ACDF SO St.St. D-5-f, Bl. 87.167.170v (Schreiben SS an Balestracci und Ass. des SO; Bericht Ass. des SO an die Kardinäle vom 23. Juni); ACDF SO Decreta 1739, Bl. 220v
1739 Juli 1	Konsultor des SO, Amtsantritt durch Eidesleistung
	ACDF SO St.St. D-5-f, Bl. 168f.; ACDF SO Decreta 1739, Bl. 238v
1745 Febr. 13	L. → Ganganelli, Koadjutor von Balestracci, Ernennung
	ACDF SO St.St. D-5-f, Bl. 171 (Schreiben SS an Ass. des SO)

Unveröffentlichte Quellen
ACDF SO Priv. 1736-1742, Bl. 549-564 (zum Streit zwischen Balestracci und dem Guardian von SS. XII Apostoli, Rom, wegen der Arbeitszeit als Konsultor des SO).

Gutachten

(1740)	Landsberg, Johannes Justus ; Campacci, Antonio: Nunzio memoriale dell'abbondanza della divina pieta [...]. - [S.a.]. (Manuskript)
	ACDF SO CL 1739-1741, Nr. 12, 8 S.
[1740 Aug. 24]	Censura S. Facultatis Theologia Cadomensis [...]. - Cadomi : Apud Antonium Cavelier, 1740.
	ACDF SO CL 1739-1741, Nr. 16, 12 S.

(1742)	Romano, Damiano: Apologia sopra l'autore della Istoria del Concilio Tridentino [...]. - In Lecce : [S.n.], 1741. ACDF SO CL 1742-1743, Nr. 1, 5 S.
(1743)	Censura in quartum, et quintum Librum Revelationum divinae pietatis D. Geltrudis Virginis Isfeldensis. ACDF SO CL 1742-1743, Nr. 18, 4 S.

Literatur
- Caratelli, Lorenzo: Manuale dei Novizi e professi chierici e laici Minori Conventuali sopra la regola, le costituzioni, le memorie e le funzioni dell'Ordine coll'aggiunta del catechismo di Roma e d'alcune preghiere. - Roma 1897, 308.
- Sparacio, Domenico Maria: Frammenti bio-bibliografici di scrittori ed autori minori conventuali dagli ultimi anni del 600 al 1930. - Assisi 1931, 16.

Antonio Banchieri

Geboren	1667 in Pistoia
Gestorben	1733 Sept. 16 in Pistoia

Familie
Der spätere Kardinal entspross einer seit zweihundert Jahren in Pistoia bekannten Familie. Er war Sohn des adeligen Pietro, Ritter des Ordens von S. Stefano, und der Caterina Rospigliosi. Die Mutter, Nichte des Papstes Clemens IX. → Rospigliosi aus Pistoia und Tochter des Herzogs Camillo Rospigliosi duca di Zagarolo, und deren Verwandtschaft bedeuteten für den jungen Prälaten eine Empfehlung im päpstlichen Rom. Dort förderte er seinen Neffen Giovanni Francesco Banchieri (1694-1763), auch dieser später Kardinal, und führte ihn 1721 als seinen Adiutor studiorum beim SO ein. In der zweiten Hälfte des 18. Jahrhunderts gehörten zur Familie Banchieri einige Jansenisten, darunter die Gebrüder Pietro Banchicri (gest. 1819) und besonders dessen Ehefrau Maddalena Melani aus Pistoia, sowie Prälat Zenobi Banchieri (gest. 1798), alle im Kontakt mit den Jansenisten-Freunden des römischen Collegium Nazarenum (besonders Pater Urbano Tosetti SP) und mit den jansenistischen Toskanern in Rom (F. de' Vecchi, „circolo dell'Archetto"). Zu den genannten Pietro und Zenobi Banchieri vgl. DBI 5 (1963), 655-657, und Weber: Referendare 2, 433-434.

Lebenslauf

1692 Juni 27	Apostolischer Protonotar
1692 Juli 16	Referendar der Signaturen
1694	Ponente der CBuonGov (bis 1701)
	Konsultor der CRiti
1697	Ponente der CConsulta (bis 1701)
1702 Dez. 23	Päpstlicher Vize-Legat von Avignon (bis 8. Aug. 1706)
1703	Generalintendant der päpstlichen Truppen in Avignon (bis 1706)
1706 Sept. 6	Sekretär der CProp (bis 31. Okt. 1707)

1707 Aug. 5	Konsultor des SO, Ernennung
	ACDF SO Juramenta 1701-1724, Bl. 58 (Schreiben SS an das SO)
1707 Aug. 10	Konsultor des SO, Amtsantritt durch Eidesleistung
	ACDF SO Decreta 1707, Bl. 324v; ACDF SO Juramenta 1701-1724, Bl. 60v
1707 Nov. [1]	Assessor des SO, [Ernennung] (Amtsende des Vorgängers)
1707 Nov. 2	Assessor des SO, Amtsantritt durch Eidesleistung
	ACDF SO St.St. L-5-g, o.Bl. („Catalogo de' Sig. Assessori del S. Offizio"); ACDF SO Juramenta 1701-1724, Bl. 64v; ACDF SO Decreta 1707, Bl. 429r
1712	Mitglied der Sonderkongregation zu Quesnels „Riflessioni morali" (mit den Kardinälen T. M. → Ferrari und C. A. → Fabroni)
1712 [Sept. 27]	Sekretär der CConsulta (als Nachfolger von C. → Origo)
1712 Okt. 19	Konsultor des SO, Amtsantritt durch Eidesleistung
	ACDF SO Juramenta 1701-1724, Bl. 124v
1717 Apr. 10	Franciscus Parensi, Adiutor studiorum von Banchieri, Amtsantritt durch Eidesleistung
	ACDF SO Juramenta 1701-1724, Bl. 179
1721 Jan. 10	Giovanni Francesco Banchieri, Adiutor studiorum seines Onkels, Amtsantritt durch Eidesleistung
	ACDF SO Juramenta 1701-1724, Bl. 317
1724 Sept. 30	Gouverneur von Rom (bis 30. Apr. 1728)
1724 Okt. 10	Ranghöchster Konsultor des SO durch päpstliche Erklärung
	ASV SS Mem Bigl 156, Bündel 1724 (Schreiben SS an Ass. des SO)
1726	Empfang der niederen Weihen
1726 Dez. 9	Kardinal in petto (publiziert 30. Apr. 1728)
1728 Mai 10	Zuteilung der Titelkirche S. Nicola in Carcere
1728 Mai 19	Mitglied des SO, Amtsantritt durch Eidesleistung
	ACDF SO Juramenta 1725-1736, o.Bl.; ACDF Decreta SO 1728, Bl. 137r
1728 Mai 28	Giovanni Francesco Banchieri, Adiutor studiorum seines Onkels, Amtsantritt durch Eidesleistung (erneut)
	ACDF SO Juramenta 1725-1736, o.Bl.
1728 Mai 28	Ludovico de Costanzi, Auditor von Banchieri, Amtsantritt durch Eidesleistung
	ACDF SO Juramenta 1725-1736, o.Bl.
1729 Febr. 13	→ Baldassare di S. Filippo Neri, Theologus von Banchieri, Amtsantritt durch Eidesleistung
	ACDF SO Juramenta 1725-1736, o.Bl.
1730 [Juli]	Staatssekretär (unter Clemens XII. auf Veranlassung Frankreichs; bis 1733)
1730 Aug. 8	Einer von fünf Kardinälen der Sonderkongregation „de nonnullis" (zu N. → Coscia u.a.)
	Präfekt der CConsulta

Unveröffentlichte Quellen

BAV R.G. Storia III 4425: „Scritture concernenti il card. Coscia". [Sammelband mit gedruckten Unterlagen aus der Sonderkommission von 1730, oft mit Betreff ‚Banchieri']

Eigene Werke

- De spiritus adventu. Oratio habita in Sacello Pontificio. Ad sanctissimum D.N. Innocentium XI. pont. max. - Romae : typis Francisci de Laz. fil. Ignatij, 1687. - 11 S.
- Literae monitoriae contra r.p.d. Philippum Coscia episcopum Targensem. - Romae : ex typographia Reverendae Camerae Apostolicae , 1730. - 6 S. [gemeinsam mit D. C. → Fiorelli]

Literatur

- Cardella, Lorenzo: Memorie storiche de' Cardinali della Santa Romana Chiesa. - In Roma : nella stamperia Pagliarini, 1792-1797. - 10 vol., hier: vol. 8, 227f.
- Ceyssens, Lucien ; Tans, Joseph A. G.: Autour de l'Unigenitus. Recherches sur la genèse de la constitution (Bibliotheca Ephemeridum Theologicarum Lovaniensium ; 76). - Leuven 1987, 12f. u.ö.
- DBI 5 (1963), 654 von E. Gencarelli.
- Del Re, Niccolò: Monsignor Governatore di Roma. - Roma 1972, 113.
- DHGE 6 (1932), 477-478 von M.-Th. Disdier.
- Guarnacci, Mario: Vitae, et res gestae Pontificum Romanorum et S.R.E. Cardinalium a Clemente X. usque ad Clementem XII. [...] Descripta a S. Petro ad Clementem IX. - Romae : Sumptibus Venantii Monaldini bibliopolae [...] ; Ex Typographia Joannis Baptistae Bernabo, & Josephi Lazzarini, 1751. - 2 vol., hier: vol. 2, 511-514.
- Hierarchia Catholica 5, 37f.
- Marchesi, Giorgio Viviano: Antichità ed eccellenza del protonotariato appostolico partecipante colle piu scelte notizie de' santi, sommi pontefici, cardinali, e prelate che ne sono stati insigniti sino al presente. - In Faenza : pel Benedetti impress. vescovile, 1751, 485f.
- Marini, Lino: Il Mezzogiorno d'Italia di fronte a Vienna e a Roma (1707-1734), in: Annuario dell'Istituto storico italiano per l'età moderna e contemporanea 5 (1953), 5-69, hier: 4.61.
- Metzler, Josef: Die Kongregation im Zeitalter der Aufklärung. Struktur, Missionspläne und Maßnahmen allgemeiner Art (1700-1795), in: Ders. (Hg.): Sacrae Congregationis de Propaganda Fide memoria rerum. 350 anni a servizio delle missioni 1622-1972. - 3 vol. - Romae 1971-1976, vol. 2, 23-83, bes.: 31f.
- Metzler, Josef: Serie dei Cardinali Prefetti e dei Segretari della Sacra Congregazione de Propaganda Fide, in: Ders. (Hg.): Sacrae Congregationis de Propaganda Fide memoria rerum. 350 anni a servizio delle missioni 1622-1972. - 3 vol. - Romae 1971-1976, vol. 3/2, 615-626, bes. 622.
- Moroni 4 (1840), 80.
- Seidler, Sabrina M. ; Weber, Christoph (Hg.): Päpste und Kardinäle in der Mitte des 18. Jahrhunderts (1730-1777). Das biographische Werk des Patriziers von Lucca Bartolomeo Antonio Talenti (Beiträge zur Kirchen- und Kulturgeschichte ; 18). - Frankfurt a.M. u.a. 2007, 177.

- Weber, Christoph (Bearb.): Die päpstlichen Referendare 1566-1809. Chronologie und Prosopographie (PuP ; 31/1-3). - 3 Bde. - Stuttgart 2003-2004, hier: Bd. 2, 433f.
- Weber, Christoph (Hg.): Die ältesten päpstlichen Staatshandbücher. Elenchus Congregationum, Tribunalium et Collegiorum Urbis 1629-1714 (RQ Supplementheft ; 45). - Rom u.a. 1991, 82.
- Weber, Christoph (Hg.): Legati e governatori dello stato pontificio (1550-1809) (Pubblicazioni degli Archivi di Stato. Sussidi ; 7). - Roma 1994, 471.
- Weber, Christoph: Genealogien zur Papstgeschichte. Unter Mitwirkung von Michael Becker bearbeitet (PuP ; 29/1-6). - 6 Bde. - Stuttgart 1999-2002, hier: Bd. 1, 77f.

Giovanni Niccolò Bandiera OSH

Geboren 1695 in Siena
Gestorben 1761 in Rom

Familie

Der spätere Hieronymiten-Pater entstammte einer bürgerlichen Akademikerfamilie, aus der um 1650 der Großvater Francesco Bandiera als Notar in Siena erwähnt wird (Nicolini: Visita, 251). Der Sohn dieses Francesco, Giulio Girolamo, Medizinprofessor in Siena, und seine Frau Maria Vittoria Grilli, wurden die Eltern von 16 Kindern, von denen außer dem hier zu beschreibenden Giovanni Niccolò mindestens drei weitere Söhne Kleriker wurden: Francesco (geb. um 1694), Professor für Theologie in Siena und für Jura in Pisa, der Prosadichter Alessandro Maria (1699-1765), bis 1740 Jesuit, dann Pater im Orden der Serviten, und der jung verstorbene Jacopo Apollonio Bandiera SJ (gest. 1741). Der Neffe Jacobo Bandiera (gest. 1821) wurde Schriftsteller und Professor der Rechte an der Universität Siena. Vgl. De Angelis: Biografia 1, 49-53; DBI 5, 679-681; Roschini: Galleria, 458-459. Der anonym veröffentlichte „Trattato" (1739) stellt die Hagiographen Philipp Neris als Lügner dar, weshalb Bandiera als Nestbeschmutzer („mordace detrattore") kritisiert wurde, dazu: Incisa della Rocchetta: Processo 2, 345.

Lebenslauf

	Studium der Philosophie und der Jura an der Universität Siena
	Advokatenpraxis in Siena
1719	Priesterweihe als Weltkleriker in Siena
1721	Kaplan an S. Girolamo della Carità (früher Oratorium Neris), Rom
1725	Mitglied der Accademia degli Intronati, Siena
1726	Reise nach Neapel (dort Begegnung mit Giambattista Vico)
1739 April 13	Relator der CIndex, [Ernennung]
	ACDF Index Diari 16 (1734-1746), Bl. 43v (erstes Referat)
1750	Verhandlungen wegen eines Lehrstuhls für Theologie an der Universität Turin
1750	Verbleib in Rom (bis 1761), gefördert durch eine Pension → Clemens' XII.

Gutachten

(1739 Apr. 13)   Anonym [Huber, Marie]: Le système des anciens et des modernes [...]. - A Amsterdam [i. e. Genève] : J. Barrillot, 1733.
ACDF Index Prot. 81 (1737-1740), Bl. 155r-160r, 11 S.

(1740 Jan. 25)   Phileleutherus <Lipsiensis> <Pseudonym> [Bentley, Richard]: La friponnerie laïque [...] traduites de l'anglois [...]. - A Amsterdam : chez J. Wetstein & G. Smith, 1738.
ACDF Index Prot. 81 (1737-1740), Bl. 214r-217v, 8 S.

Eigene Werke

- Anonym: Trattato degli studj delle donne, in due parti diviso. / Opera di un Accademico Intronato, dedicata a sua eccellenza la N.D. procuratessa Lisabetta Cornara Foscarini. - In Venezia: appresso Francesco Pitteri, 1740. - 2 vol.
- De Augustino Dato libri duo. - Roma : typis Joannis Zempel, 1733. - [32], 314, [2] S.

Literatur

- Anonym [Barbieri, Carlo Domenico]: Difesa d'alcune proposizioni de' primi scrittori della vita di S. Filippo Neri impugnate da un moderno autore sotto nome dell' Accademico Intronato nel suo Trattato degli studj delle donne. - In Bologna : a S. Tommaso d'Acquino, 1740.
- Casati, Giovanni: Dizionario degli scrittori d'Italia. - 3 vol. - Milano 1925, hier: vol. 1, 79.
- Cistellini, Antonio: San Filippo Neri. L'Oratorio e la Congreazione Oratoriana. Storia e spiritualità. - 1. ed. - 3 vol. - Brescia 1989, hier: vol. 1, 22 u.ö.
- DBI 5 (1963), 686-688 von G. Catoni.
- De Angelis, Luigi (Hg.): Biografia degli scrittori sanesi. - Siena 1824, 50-53.
- Incisa della Rocchetta, Giovanni ; Vian, Nello (Hg.): Il primo processo per San Filippo Neri nel codice vaticano latino 3798 e in altri esemplari dell'Archivio dell' Oratorio di Roma (StT ; 191.196.205.224). - 4 vol. - Città del Vaticano 1957-1963, hier: vol. 2, 345 u.ö.
- Mazzuchelli, Giammaria: Gli scrittori d'Italia : Cioè notizie storiche e critiche intorno alle vite, e agli scritti dei letterati italiani. - Brescia : Giambatista Bossini, 1753-1763. - 6 vol., hier: vol. 2/1, 212-214.
- Muratori, Ludovico Antonio: Epistolario. Edito e curato da Matteo Campori. - 14 vol. - Modena 1901-1922, hier: vol. 11, 4152f. [Muratori an Lami, 4. Aug. 1741]
- Nicolini, Fausto: Una visita di Giovan Niccola Bandiera a Giambattista Vico, in: Bullettino senese di storia patria 23/2 (1916), 251-265.
- Parisotti, Giovambattista: Apologia del cardinale Pietro Bembo dalle false accuse, che si leggono nel Trattato degli studj delle donne dell'Accademico Intronato, in: Raccolta d'opuscoli scientifici e filologici 29 (1743), 1-51.
- Roschini, Gabriele Maria: Galleria Servitana. - Roma 1976, 458f.
- Talluri, Bruna: G. N. Bandiera e il „Dictionnaire" di Pierre Bayle, in: Studi senesi 72 (1960), 493-499. [Brief aus Neapel 1726]
- Talluri, Bruna: Pierre Bayle (Quaderni di studi senesi ; 9). - Milano 1963.
- Villarosa, Carlo Antonio: Memorie degli scrittori filippini o siano della Congregazione dell'Oratorio di S. Filippo Neri. - 2 vol. - Napoli 1842-1846, hier: vol. 1, 215-218.

- Volpi, Gaetano: Apologia [...] per la Vita di S. Filippo Neri scritta da' celebri per santità e dottrina PP. Antonio Gallonio e Pierjacopo Bacci della Congregazione dell' Oratorio contra le opposizioni e le accuse di certo Accademico Intronato fatte loro nel libro in cui trattasi degli studj delle donne, ultimamente da lui posto in luce. - In Padova : appresso Giuseppe Comino, 1740.

Armando Maria Bandini OSM

Geboren	in [Faenza]
Gestorben	1774 Nov. 20 in Rom

Lebenslauf

Professor für Theologie am Collegium Gandavense, Rom
Konsultor der CRiti
Theologus einiger Prälaten und Kardinäle

[1753] Relator der CIndex, [Ernennung]
ACDF Index Diari 17 (1749-1763), Bl. 46v (erstes Referat)

1758 Nov. 18 Revisor des SO, Amtsantritt durch Eidesleistung
ACDF SO Extens. 1749-1808 = ACDF SO St.St. Q-1-q, Bl. 122v

Gutachten

(1753 Dez. 18) Wyttenbach, Daniel: Tentamen theologiae dogmaticae [...]. - Francofurti ad Moen. : Apud Joh. Benj. Andreae et Henr. Hort, 1747-1749.
ACDF Index Prot. 84 (1753-1754), Bl. 46r-49v, 8 S.

(1759) Bertolius, Hieronimus: Theses theologicas propugnatas a P. Hieronimo Bertolio Societ. Jesu dicatas Episcopo Novarienti.
ACDF SO CL 1759, Bd. II, Nr. 8, 23 S.

Literatur
- Roschini, Gabriele Maria: Galleria Servitana. - Roma 1976, 468.
- Taucci, Raffaello M.: Annales sacri Ordinis fratrum Servorum B. Mariae Virginis ab anno 1725 ad anno 1800, in: Monumenta Ordinis Servorum Sanctae Mariae 20 (1926-1930), 15-361, hier: 306.

Giulio Bandini OSA

Namensvariante	Giulio da Cuneo
Geboren	um 1658

Lebenslauf

                Magister theol.
                Studienregent des Ordens
                Historiker des Ordens
                Mitglied der Accademia dogmatica der Universität Sapienza, Rom
                Relator der CIndex, Antrag auf Ernennung
                      ACDF Index Prot. 60 (1700-1701), Bl. 378r (Empfehlung durch den Residenten von Savoyen)

1701 Juli 11   Relator der CIndex, Ernennung
                      ACDF Index Prot. 81 (1737-1740), Bl. 438r
                Theologe von V. → Bichi, Nuntius in Luzern (für zwei Jahre)

1706   Konsultor der CIndex, Antrag auf Ernennung (abgelehnt)
                      ACDF Index Prot. 67 (1706), Bl. 152 (Bewerbung o.D. mit Angaben zum Lebenslauf); ACDF Index Diari 13 (1704-1708), Bl. 103 v (Bericht Sekr. über die Ablehnung durch den Papst auf der Sitzung vom 23. Juni)

Giovanni Francesco Barbarigo

Geboren   1658 Apr. 29 in Venedig
Gestorben   1730 Jan. 26 in Padua

Familie

Als Sohn des Antonio Barberigo (gest. 1702), Prokurator von S. Marco, und der Chiara Duodo gehörte Kardinal Giovanni Francesco zum dogenfähigen Patriziat von Venedig. Er war Neffe von Kardinal G. → Barbarigo. Zu Vertretern der unterschiedlichen Zweige der Familie vgl. Weber: Genealogien 1, 81-87.

Lebenslauf

                Dr. iur. utr. in Padua
                Botschafter Venedigs bei Ludwig XIV.
                Eintritt in den Klerus (Aufgabe des diplomatischen Dienstes)
                Primicerius von S. Marco, Venedig

1698 Juli 21   Bischof von Verona
1714 Juli 9   Bischof von Brescia
1719 Nov. 29   Kardinal in petto (publiziert 30. Sept. 1720)
1721 Juni 20   Zuteilung der Titelkirche SS. Marcellino e Pietro
1721 Juni 20   Mitglied der CIndex, Ernennung
                      ACDF Index Prot. 71 (1715-1721), Bl. 714r (Schreiben SS an Sekr. der CIndex)

1723 Jan. 20   Bischof von Padua

Eigene Werke
- 1698-1714: visita pastorale alle chiese della citta e diocesi di Verona, anni 1699-1714 (Studi e documenti di storia e liturgia ; 33). - 2 vol. - Verona 2006.

Literatur
- Anonym: Numismata virorum illustrium ex Barbadica gente. - Patavii : ex Typographia seminarii : apud Ioannem Manfre, 1732, 159f.
- Cardella, Lorenzo: Memorie storiche de' Cardinali della Santa Romana Chiesa. - In Roma : nella stamperia Pagliarini, 1792-1797. - 10 vol., hier: vol. 8, 182f.
- DBI 6 (1964), 64-66 von G.F. Torcellan.
- DHGE 6 (1932), 578f. von M.-Th. Disdier.
- Gradenigo, Giovanni Girolamo: Pontificum Brixianorum series commentario historico illustrata. - Brixiae : ex typographia Joannis Baptistae Bossini, 1755, 401f.
- Guarnacci, Mario: Vitae, et res gestae Pontificum Romanorum et S.R.E. Cardinalium a Clemente X. usque ad Clementem XII. [...] Descripta a S. Petro ad Clementem IX. - Romae : Sumptibus Venantii Monaldini bibliopolae [...] ; Ex Typographia Joannis Baptistae Bernabo, & Josephi Lazzarini, 1751. - 2 vol., hier: vol. 2, 333-336.
- Hierarchia Catholica 5, 32.127.411.
- LThK 1 (1993), 1402 von Josef Gelmi.
- Moroni 4 (1840), 100f.
- Moschini, Gianantonio: Della letteratura veneziana del secolo XVIII fino a' nostri giorni. - 4 vol. - Venezia 1806-1808, hier: vol. 2, 95.
- Papenheim, Martin: Karrieren in der Kirche. Bischöfe in Nord- und Süditalien 1676-1903 (Bibliothek des Deutschen Historischen Instituts Rom ; 93). - Tübingen 2001, 309.
- Ughelli 4, 567; 5, 1008.
- Weber, Christoph: Genealogien zur Papstgeschichte. Unter Mitwirkung von Michael Becker bearbeitet (PuP ; 29/1-6). - 6 Bde. - Stuttgart 1999-2002, hier: Bd. 1, 81-87.

Carlo Filiberto Barberi OCarm

Namensvariante Carlo Filiberto Barbieri

Geboren 1652 Febr. 5 in Racconigi (Turin)
Gestorben 1722 Febr. 8 in Rom

Lebenslauf
1668	Ordenseintritt
	Studienregent am Kolleg S. Maria in Traspontina, Rom
1689	Lektor für Metaphysik an der Universität Sapienza, Rom (bis 1722)
1694 Jan. 12	Relator der CIndex, Ernennung
	ACDF Index Diari 10 (1692-1696), Bl. 65v
1698	Generaloberer des Ordens in Rom (bis 1716)

1701 März 10	Konsultor der CIndex, Ernennung ACDF Index Diari 12 (1700-1703), Bl. 18r
1716	Qualifikator des SO ACDF SO Juramenta 1701-1724, Bl. 165 Theologe des Königs von Sardinien

Unveröffentlichte Quellen
Galletti 20, Vat. Lat. 7887, Bl. 50.

Gutachten

(1702 Jan. 16)	Hardt, Hermann Von Der: Magnum Oecumenicum Constantiense Concilium [...]. - Francofurti Et Lipsiae : In Officina Christiani Genschii ; Helmestadi[i] : Typis Salmoniis Schnorrii, 1700. ACDF Index Prot. 61 (1701-1702), Bl. 294r-297v, 8 S.
1703 März 12	D Manoir, Abbe <Pseudonym> [Quesnel, Pasquier]: Defense des deux brefs de N.S.P. le pape Innocent XII. aux eveques de Flandre contre le docteur Martin Steyaert [...]. - A Douay & se vend a Bois-Le-Duc : chez Samuel Van Bergh, 1697. ACDF SO CL 1703, Nr. 26, Bl. 88r-89v, 3 S.
[1703 März 13]	Arnauld, Antoine: Instructions sur la grace selon l'Ecriture et les Peres [...]. - A Cologne : chez Pierre Marteau, 1700. ACDF SO CL 1703, Nr. 22, Bl. 96r-97v, 4 S.
1703 Mai 15	Cortasse, Josephus Ignatius (Praes.) ; L Gros, Paulus (Resp.): Conclusiones Polemico-scholasticae Sacratissimae virgini deiparae Mariae dicatae. - [Romae] : [novis typis Cajetani Zenobii], 1703. ACDF SO CL 1703, Nr. 13, 3 S. (Doppelgutachten)
1703 Mai 15	Cortasse, Josephus Ignatius (Praes.) ; Chevalier, Jean (Resp.): Conclusiones polemicoscholasticae divo Francisco de Paula dicatae. - [Romae] : [novis typis Cajetani Zenobii], 1703. ACDF SO CL 1703, Nr. 13, 3 S. (Doppelgutachten)
1704 Okt. 7	Huguenin, David: Henrici Hulsii Inanitas Sive Libri, Pseudo-Catholicae Religionis Inanitas ab ipso inscripti [...]. - Coloniae : Metternich, 1704. ACDF SO CL 1706-1707, Nr. 25, Bl. 714r-717r, 7 S.
1705 März 2	Anonym [Arnauld, Antoine]: Des difficultez proposeés a Mr. Steyaert [...]. - A Cologne : Chez Pierre le Grand, 1691-1692. ACDF SO CL 1704-1705, Nr. 19, 9 S.
1707 Juli 16	Alethophilus, Christianus <Pseudonym> [Henri <De Saint Ignace>]: Artes Jesuiticae [...]. - Salisburgi : Apud Amatorem Kerckove, 1703. ACDF Index Prot. 67 (1706-1707), Bl. 460r-463r, 7 S.
1711 Mai 12	Alettino, Benedetto <Pseudonym> [Benedetti, Giovanni Battista]: Lettere apologetiche in difesa della teologia scolastica [...]. - In Napoli : nella stamperia di Giacomo Raillard, 1694. ACDF SO CL 1711-1714, Nr. 3, 4 S.

(1716 Juli 20)   Garofalo, Biagio: Considerazioni [...] Intorno alla Poesia Degli Ebrei E De I Greci [...]. - In Roma : Presso Francesco Gonzaga, 1707. ACDF Index Prot. 71 (1715-1721), Bl. 216r-217v, 4 S.

Eigene Werke
- Orationem praeambulam ad primam lectionem metaphysicae in Archigymnasio Romano Sapientiae habitam. - Romae : apud Dominicum Antonium Erculanum, 1689.

Literatur
- Carafa, Giuseppe Maria: De gymnasio romano et de eius professoribus ab Urbe condita usque ad haec tempora libri duo. - Romae : typiis Antonii Fulgonii apud S. Eustachium, 1751. - 2 vol. ; ND Bologna 1971, hier: vol. 2, 349.
- Carella, Candida: La metafisica dei carmelitani alla Sapienza di Roma nel' 600, in: Nouvelles de la Republique des lettres 26/II (2005), 25-46, hier: 28.
- Conte, Emanuele (Hg.): I maestri della Sapienza di Roma dal 1514 al 1787. I rotuli e altre fonti (Fonti per la Storia d'Italia ; 116. Studi e Fonti per la storia dell'Università di Roma. N. S. ; 1). - 2 vol. - Roma 1991, hier: vol. 2, 881.
- Renazzi, Filippo Maria: Storia dell'Università degli studi di Roma, detta comunemente la Sapienza, che contiene anche un saggio storico della letteratura romana dal principio del secolo XIII sino al declino del secolo XVIII. - 4 vol. - Roma 1803-1806, hier: vol. 3, 182.
- [Villiers de Saint-Étienne, Cosme de]: Bibliotheca Carmelitana, notis criticis et dissertationibus illustrata [...]. - Aurelianis : excudebant M. Couret de Villeneuve et Joannes Rouzeau-Montaut, 1752. - 2 vol. ; ND Rom 1927, hier: vol. 1, 317.

Bonaventura Barberini OFMCap

Namensvariante Guiseppe Antonio Maria Barberini (Taufname)

Geboren   1674 Okt. 30 in Cornacervina (bei Ferrara)
Gestorben 1743 Okt. 15 in Villa di Fossadalbero (Ferrara)

Familie
Bonaventura war das einzige Kind aus der Ehe eines Giovanni Barberini (gest. 1694) mit Chiara Maria Vivaldini, die in gewissem Wohlstand lebten. Vgl. Mariani: Bonaventura, 29. Eine Verbindung zur toskanischen Familie Barberini, die mit → Urban VIII. einen Papst hervorbrachte, wird gelegentlich, aber ohne hinreichende Gründe behauptet. Seit 1750 ist ein Seligsprechungsverfahren in Gang, 1909 wurde der Processus Apostolicus eröffnet.

Barberini

Lebenslauf

1690 Okt. 27	Noviziat in Cesena (Annahme des Namens Giovanni)
1691 Febr. 25	Entlassung aus dem Orden nach übertriebenen Bußübungen mit gesundheitlichen Schäden
	Studium der Rhetorik, Philosophie und Theologie in Ferrara
1694 Mai 24	Wiederaufnahme des Noviziats in Forlì (Annahme des Namens Bonaventura)
1695 Juni 5	Ordensprofess
1695	Aufenthalt im Konvent Mirandola bei Modena (bis 1697)
1697	Aufenthalt im Konvent Lugo (bei Ravenna) (bis 1699)
1699 Juni 9	Studium der Philosophie in Ferrara (bis 1702)
1702 [Juni]	Priesterweihe
[1702]	Studium der Theologie in Bologna (bis 1706)
[1706]	Prediger im Konvent Argenta bei Ferrara (bis 1708)
1708 Mai	Lektor für Philosophie in Ferrara (bis 1712)
	Prediger in Florenz, Venedig, Mantua, Faenza, Bologna, Ferrara u.a.
1711	Provinzialdefinitor des Ordens
1712 Dez.	Guardian des Konvents von Ferrara
	Provinz-Vikar
1716 Sept.	Provinzial des Ordens in Bologna (1718 Bestätigung im Amt; bis 1719)
1719 Sept.	Berufung als Prediger nach Rom (durch Kardinal F. → Barberini junior)
1721 Juli 1	Prediger im Apostolischen Palast (bis 1740)
	Konsultor der CRiti
1729 Mai 22	Generaldefinitor des Ordens in Rom
1733 Mai 22	Generaloberer des Ordens in Rom (bis 1740)
1739 Sept. 5	Examinator episcoporum
	ASV SS Mem Bigl 174
1739 Okt. 3	Konsultor des SO, Ernennung
	ACDF SO Juramenta 1737-1749, o.Bl. (Schreiben SS an Sekr. und Ass. des SO)
1739 Okt. 7	Konsultor des SO, Amtsantritt durch Eidesleistung
	ACDF SO Juramenta 1737-1749, o.Bl.; ACDF SO Decreta 1739, Bl. 372v
1740 Sept. 16	Erzbischof von Ferrara

Eigene Werke

- Epistola ad eminentiss. et reverendiss. principem Franciscum cardinalem Barberinum De canone Nicaeno appellationis ad summum romanum pontificem, ac de numero viginti canonum Nicaenae Synodi, in: Raccolta d'opuscoli scientifici e filologici 34 (1746), 491-504.
- Orazione funebre [...] detta in Forlì a' 3. di febbrajo 1718. nelle solenni esequie di monsignore Pellegrino Maserio prelato decano della Signatura di Grazia e Giustizi etc. - In Forlì : Per Gianfelice Dandi, 1718. - XV S.

- Prediche dette nel Palazzo Appostolico. - In Venezia : per Sebastiano Coleti, 1752. - 3 vol.

Literatur
- Agnelli, Jacopo: Nelle solenni esequie di monsignor Bonaventura Barberini arcivescovo di Ferrara, celebrate nella Chiesa sua metropolitana li 21. ottobre 1743. - In Ferrara : per Bernardino Pomatelli, 1743.
- Anonym [Michelangelo <da Rossiglione>]: Cenni biografici e ritratti di padri illustri dell'ordine cappuccino. - 3 vol. - Roma 1850, hier: vol. 1, 84-90.
- Barotti, Giovanni Andrea: Memorie istoriche di letterati Ferraresi. - In Ferrara : per gli eredi di Giuseppe Rinaldi, 1792-1793. - 2 vol., hier: vol. 2, 314-331.
- Barotti, Giovanni Andrea: Notizie intorno alla vita di Monsignor Bonaventura Barberini Arcivescovo di Ferrara, in: Raccolta d'opuscoli scientifici e filologici 49 (1753), 232-263.
- Bertoldi, Francesco Leopoldo: Vescovi ed Arcivescovi di Ferrara dalla prima loro epoca sino all' anno 1818. - Ferrara 1818, 45-48.
- Bonaventura <da Faenza>: Il venerabile Bonaventura Barberini dei frati minori cappuccini arcivescovo di Ferrara. Cenni biografici. - Bologna 1950.
- Chiappini, Luciano u.a.: La Chiesa di Ferrara nella storia della città e del suo territorio. Secoli XV-XX. - Ferrara 1997, 180-189.
- Conti, Filippo: Illustrazioni delle più cospicue e nobili Famiglie ferraresi, tanto estinte quanto viventi fino all'anno 1800. - Ferrara 1852, 561-564.
- DHGE 6 (1932), 642f. von M.Th. Disdier.
- Donato <da S. Giovanni in Persiceto>: Biblioteca dei Frati Minori Cappuccini della Provincia di Bologna (1535-1946). - Budrio 1949, 106-110.
- Felice <da Mareto> [Molga, Luigi]: Tavole dei Capitoli Generali dell'Ordine dei FF. MM. Cappuccini con molte notizie illustrative. - Parma 1940, 199-201.
- Hierarchia Catholica 6, 215.
- LexCap, 169. [Lit.]
- LThK 1 (1993), 1404f. von Leonhard Lehmann.
- Mariani, Celso: Il venerabile Bonaventura Barberini o del „servizio", in: Mariano <d'Alatri> (Hg.): Santi e santità nell'ordine cappuccino. - 3 vol. - Roma 1980-1982, hier: vol. 2, 29-45.
- Marino <da Floriano>: De Viris illustribus Ordinis. - Romae 1914, 211-213.
- Mauro <Da Leonessa>: Il Predicatore Apostolico. Note storiche. - Isola del Liri 1929, 124-129.
- Meluzzi, Luciano: Gli arcivescovi di Ferrara (Collana storico-ecclesiastica ; 5). - Bologna 1970, 33-38.
- Pietro <da Vergato>: Cenni biografici di Mons. Bonaventura Barberini. - Bologna 1906.
- Tipaldo, Emilio de (Hg.): Biografia degli italiani illustri nelle scienze, lettere ed arti del secolo XVIII, e de' contemporanei compilata da letterati italiani di ogni provincia. - 10 vol. - Venezia 1834-1845, hier: vol. 4, 380f.

Carlo Barberini

Geboren	1630 Juni 1 in Rom
Gestorben	1704 Okt. 2 in Rom

Familie

Der Kardinal stammte aus der römischen Führungsschicht, Großneffe von Papst → Urban VIII. und Sohn des Fürsten Taddeo Barberini (1603-1658) und der hochadeligen Anna Colonna. Im Jahr 1653 schlossen die beiden Häuser Barberini und Pamphili einen historischen Frieden durch die Ehe von Carlos Bruder Maffeo (1631-1685) mit Olimpia Giustiniani aus dem Hause Pamphili (der Pamphili-Papst → Innozenz X. hatte die Barberini „verfolgt"). Symbol dieses Friedensschlusses und zugleich Ersatz für die aufgegebene Primogenitur wurde die Kardinalserhebung des 23-jährigen Carlo Barberini im gleichen Jahr 1653. Dieser „erbte" von seinem Vater das Amt des Präfekten von Rom, das er auch als Kardinal beibehalten konnte. Vgl. Pecchiai: Barberini, 114-117.

Lebenslauf

[1650]	Kleriker in Rom
[1650]	Übertragung der Primogenitur auf den Bruder Maffeo Barberini
	Präfekt von Rom (auch nach Erhalt des Kardinalats)
1653 Juni 23	Kardinal
1653 Aug. 18	Zuteilung der Titelkirche S. Cesareo in Palatio
[1653 Aug. 18]	Mitglied der CIndex
[1653]	Mitglied der CEpReg, CImmunità und CConcilio
	Kommendatarabt der Abteien Subiaco und Farfa
1677	Päpstlicher Legat in Urbino (bis 1681)
1686	G. C. → Battelli, Sekretär von Barberini (bis 1701)
1698 Juli 14	Präfekt der CProp (bis 1704)
	Mitglied der CIndulg und CVisitaAp

Eigene Werke

- Costituzioni, e tasse da osservarsi da gl'offiziali, e ministri del tribunale ecclesiastico dell'insigni abbazie di S. Maria di Farfa, e di S. Salvatore Maggiore, stabilite, e publicate [...]. - In Roma : per Domenico Antonio Ercole, 1688. - [8] Bl., 164 S.
- Relatione dell'apparato, e funtioni fatte nella cattedrale di Pesaro in occasione dei funerali celebrati in essa per la gloriosa memoria del sig. cardinal Francesco Barberini [...] la mattina dello 6 febbraio 1680. - [S.a.] : [S.n.], [1680]. - 8 S.
- Synodus dioecesana insignium abbatiarum S. Mariae Farfensis, et S. Salvatoris Maioris Ord. S. Benedicti invicem perpetuo unitarum celebrata [...]. - Romae : typis Barberinis : excudebat Dominicus Antonius Hercules, 1686. - [17] Bl., 1070 S., [12] Bl.

Literatur

- → Bianchini, Francesco: Descrizione della solenne legazione del Cardinale Carlo Barberini a Filippo V., nuovamente posta in luce [...] per cura di Pietro Ercole Visconti. - Roma : tip. delle Belle Arti, 1858. - X, 128 S.

- Bianchini, Francesco: Lettera ad un'amico, in ragguaglio della legazione dell' eminentiss. e reverendiss. signor card. Carlo Barberini alla maestà cattolica de re Filippo V. in nome del sommo potefice Clemente XI. l'anno 1702. - In Roma : per Pietro Olivieri, [1702]. - [1], 74 Bl.
- Cardella, Lorenzo: Memorie storiche de' Cardinali della Santa Romana Chiesa [...]. - In Roma : nella stamperia Pagliarini, 1792-1797. - 10 vol., hier: vol. 7, 100f.
- Chacon, Alfonso ; Oldoini, Agostino: Vitae, et res gestae pontificum Romanorum et S.R.E. Cardinalium ab initio nascentis Ecclesiae usque ad Clementem IX. P.O.M. [...] cum uberrimis notis. Ab Augustino Oldoino [...] recognitae, & ad quatuor tomos ingenti ubique rerum accessione productae. Additis pontificum recentiorum imaginibus, & cardinalium insignibus [...]. Tomus primus [-quartus]. - Romae : cura et sumptib. Philippi, et Ant. de Rubeis, 1677. - 4 vol., hier: vol. 4, 695f.
- DBI 6 (1964), 171f. von A. Merola.
- DHGE 6 (1932), 643 von M.-Th. Disdier.
- Gasparro, Francesco: Exequialis pompa in funere Caroli S.R.E. Card. Barberini exhibita ab archisodalitio D. Francisco stigmatibus insignito sacro Latine descripta. - Romae : Ex Typographia Bernabò, 1704. - XXXII S.
- Mazzuchelli, Giammaria: Gli scrittori d'Italia : Cioè notizie storiche e critiche intorno alle vite, e agli scritti dei letterati italiani. - Brescia : Giambatista Bossini, 1753-1763. - 6 vol., hier: vol. 2, 295.
- Metzler, Josef: Serie dei Cardinali Prefetti e dei Segretari della Sacra Congregazione de Propaganda Fide, in: Ders. (Hg.): Sacrae Congregationis de Propaganda Fide memoria rerum. 350 anni a servizio delle missioni 1622-1972. - 3 vol. - Romae 1971-1976, hier: vol. 3/2, 617.
- Moroni 4 (1840), 113f.
- Negri, Giulio: Istoria degli scrittori fiorentini la quale abbraccia intorno à due mila autori, che negli ultimi cinque secoli hanno illustrata co i loro scritti quella nazione, in qualunque materia, ed in qualunque lingua, e disciplina : con la distinta nota delle lor' opere, così manoscritte, che stampate, e degli scrittori, che di loro hanno con lode parlato o fatto menzione [...]. - In Ferrara : per Bernardino Pomatelli stampatore vescovale, 1722, 115.
- Pecchiai, Pio: I Barberini. - Roma 1959, 114-117.
- Seidler, Sabrina M.: Il teatro del mondo. Diplomatische und journalistische Relationen vom römischen Hof aus dem 17. Jahrhundert (Beiträge zur Kirchen- und Kulturgeschichte ; 3). - Frankfurt a.M. 1996, 316.375f.
- Weber, Christoph (Hg.): Die ältesten päpstlichen Staatshandbücher. Elenchus Congregationum, Tribunalium et Collegiorum Urbis 1629-1714 (RQ Supplementheft ; 45). - Rom u.a. 1991, 83.
- Weber, Christoph (Hg.): Legati e governatori dello stato pontificio (1550-1809) (Pubblicazioni degli Archivi di Stato. Sussidi ; 7). - Roma 1994, 475.
- Weber, Christoph: Genealogien zur Papstgeschichte. Unter Mitwirkung von Michael Becker bearbeitet (PuP ; 29/1-6). - 6 Bde. - Stuttgart 1999-2002, hier: Bd. 1, 89f.

Francesco Barberini junior

Geboren 1662 Nov. 12 in Rom
Gestorben 1738 Aug. 17 in Rom

Familie
Der Kardinal wird zur Unterscheidung von seinem gleichnamigen Großonkel F. → Barberini (gest. 1679) „junior" genannt. Er war Sohn des Fürsten Maffeo Barberini und der ebenfalls hochadeligen Olimpia Giustiniani sowie Neffe des Kardinals C. → Barberini (gest. 1704). Vgl. Weber: Genealogien 1, 90f.

Lebenslauf

1678 März 10	Abbreviatore del Parco Maggiore
[1682]	Dr. iur. utr. an der Universität Sapienza, Rom
	Kleriker der Apostolischen Kammer
[1690]	Auditor der Apostoslischen Kammer
1690 Nov. 13	Kardinal
1690 Nov. 27	Zuteilung der Titelkirche S. Angelo in Pescheria
1694 Jan. 4	Päpstlicher Legat in Ravenna (bis Jan. 1697)
[1698]	Präfekt der CAcque
1721 März 3	Suburbikarischer Bischof von Palestrina
	Präfekt der CEpReg
1726 Juli 1	Suburbikarischer Bischof von Ostia und Velletri
1726 Aug. 9	Mitglied des SO, Ernennung
	ACDF SO Juramenta 1725-1736, o.Bl.; ASV SS Mem Bigl 158 (Schreiben SS an Barberini und Ass. des SO, Entwurf)
1726 Aug. 13	Mitglied des SO, Amtsantritt durch Eidesleistung
	ACDF SO Juramenta 1725-1738, o.Bl.; ACDF SO Decreta 1726, Bl. 238r; ACDF SO Priv. 1750-1754, Bl. 428v
1726 Aug. 14	Pompeio Compagnoni, Adiutor studiorum von Barberini, Amtsantritt durch Eidesleistung
	ACDF SO Juramenta 1725-1736, o.Bl.
1730 Aug. 10	Mitglied der CCorrLOr
	ASV SS Mem Bigl 162, o.Bl. (Vermerk SS)

Eigene Werke
- Relazione dello stato presente dell'acque che infestano le tre provincie di Romagna, Ferrara, e Bologna con il parere sopra li rimedj proposti fatta alla Santità di Nostro Signore Papa Innocenzio XII. pubblicata d'ordine della Santità di Nostro Signore Papa Clemente XI. [...]. - [In Bologna : per li successori del Benacci, 1715]. [gemeinsam mit Ferdinando D'Adda; erschien auch in: Nuova Raccolta d'autori che trattano del moto dell'acqua. - Vol. 5. - In Parma : Per F. Carmignani 1766, 1-41]

Literatur
- Cardella, Lorenzo: Memorie storiche de' Cardinali della Santa Romana Chiesa [...]. - In Roma : nella stamperia Pagliarini, 1792-1797. - 10 vol., hier: vol. 8, 24-26.

- DHGE 6 (1932), 644 von M.-Th. Disdier.
- EC 2 (1949), 827 von Giuseppe Graglia.
- Hierarchia Catholica 5, 17.
- Maroni, Fausto Antonio: Commentarius de ecclesiis et episcopis Ostiensibus et Veliternis : In quo Ughelliana Series emendatur, continuatur et illustratur. - Romae : sumptibus haeredum Francisci Bizzarrini Komarek, in Typographio S. Michaelis ad Ripam, 1766, 98.
- Moroni 4 (1840), 114f.
- Palazzi, Giovanni: Fasti cardinalium omnium Sanctae Romanae Ecclesiae [...]. - Venetiis : Expensis Gasparis Bencardi Bibliopolae Augustani, 1701-1703. - 5 vol., hier: vol. 5, 64.
- Pecchiai, Pio: I Barberini. - Roma 1959, 220-223.
- Seidler, Sabrina M. ; Weber, Christoph (Hg.): Päpste und Kardinäle in der Mitte des 18. Jahrhunderts (1730-1777). Das biographische Werk des Patriziers von Lucca Bartolomeo Antonio Talenti (Beiträge zur Kirchen- und Kulturgeschichte ; 18). - Frankfurt a.M. u.a. 2007, 197.
- Seidler, Sabrina M.: Il teatro del mondo. Diplomatische und journalistische Relationen vom römischen Hof aus dem 17. Jahrhundert (Beiträge zur Kirchen- und Kulturgeschichte ; 3). - Frankfurt a.M. 1996, 480f.
- Weber, Christoph (Hg.): Die ältesten päpstlichen Staatshandbücher. Elenchus Congregationum, Tribunalium et Collegiorum Urbis 1629-1714 (RQ Supplementheft ; 45). - Rom u.a. 1991, 84.
- Weber, Christoph (Hg.): Legati e governatori dello stato pontificio (1550-1809) (Pubblicazioni degli Archivi di Stato. Sussidi ; 7). - Roma 1994, 475.
- Weber, Christoph: Genealogien zur Papstgeschichte. Unter Mitwirkung von Michael Becker bearbeitet (PuP ; 29/1-6). - 6 Bde. - Stuttgart 1999-2002, hier: Bd. 1, 90f.

Vincenzo Barberini OP

Lebenslauf

1763 Mai 2	Magister theol.
	Lektor in Bosco (Piemont)
1766	Dozent für Philosophie in Bologna (bis 1769)
1774 Sept. 6	Vikar der Inquisition von Modena
1778 Nov. 7	Secundus Socius des Commissarius des SO, Amtsantritt durch Eidesleistung
	ACDF SO Juramenta 1777-1796, Bl. 61r-62v
1785 Jan. 26	Primus Socius des Commissarius des SO, Amtsantritt durch Eidesleistung
	ACDF SO Juramenta 1777-1796, Bl. 143r-144v
1789 Juni 14	Pro-Commissarius des SO, Ernennung
	ACDF Priv. SO [1789]-1790, Nr. 11 (Schreiben SS an Barberini und Ass. des SO: „Comm. pro tempore" bis zur Ankunft des Comm. T. V. → Pani)

Bardi

1789 Sept. 23   Inquisitor von Ferrara, Amtsantritt durch Eidesleistung
                       ACDF SO Juramenta 1777-1796, o.Bl.

Unveröffentlichte Quellen
Archivio di Stato, Modena, Corporazioni soppresse, Filza 2731 San Domenico „Consiliorum Conventus 1663-1784", o.S.

Gutachten
(1787)   Calà, Carlo: De contrabannis clericorum in rebus extrahi prohibitis a Regno Neapolitano [...]. - [Napoli] : [S.n.], [1646?].
                 ACDF SO CL 1786-1788, Nr. 7, 9 S.
(1788)   Minucci, [...]: Gli Ugonotti ovvero Intolleranza. - [S.a.]. (Manuskript)
                 ACDF SO CL 1788-1793, Nr. 2, Bl. 74r-77v, 8 S.

Literatur
- Alce, Venturino ; D'Amato, Alfonso: La biblioteca di S. Domenico in Bologna (Collana di Monografie delle biblioteche d'Italia ; 5). - Firenze 1961, 851.

Girolamo Bardi

Geboren   1685 Jan. 31 in Florenz
Gestorben   1761 März 11 in Rom

Familie
Als Sohn des Patriziers Flaminio Bardi (gest. 1730) und der adeligen Lucrezia Carnesecchi gehörte der spätere Kardinal zu der schon seit dem Mittelalter in Florenz einflussreichen Familie der Grafen Vernio, zu der die Werke von Weber zahlreiche Nachrichten bieten (s.u.). Ein Vetter des Kardinals, Prälat G. → Sanminiati, wurde fast gleichzeitg mit Bardi Relator der Indexkongregation in

Lebenslauf
                 Dr. iur. utr. an der Universität Pisa
1715 Aug. 8   Referendar der Signaturen
1716   Relator der CIndex, Antrag auf Ernennung
                      ACDF Index Prot. 71 (1715-1721), Bl. 172r (Bewerbung Bardis o.D. an die CIndex mit Angaben zum Lebenslauf)
1718   Vize-Legat in Ferrara (bis 1722)
                 Ponente der CConsulta
1728 Sept. 29   Luogotenente civile des Auditors der Apostolischen Kammer (bis 1733)

1733 März 2	Sekretär der CConsulta
	ASV SS Mem Bigl 167 (Anweisung SS an Brevensekretär Fabio Olivieri zur Ausstellung des Breve; Schreiben SS an Bardi, Entwurf)
1734 März 15	Apostolischer Protonotar
	ASV SS Mem Bigl 168
1743 Sept. 9	Kardinal
1743 Sept. 23	Zuteilung der Titelkirche S. Adriano
1752 Jan. 31	Mitglied der CLauretana
	ASV SS Mem Bigl 192
1759 Mai 3	Mitglied der CConcilio
	ASV SS Mem Bigl 203

Gutachten

(1716 Nov. 16)	Nicolai, Johann Georg: Tractatus de repudiis et divortiis [...]. - Dresdae : Sumptibus Christiani Bergens, Bibliopol. ; Et Pirnae : Typis Johannis Heinrici Stremelii, 1685.
	ACDF Index Prot. 71 (1715-1721), Bl. 251r-252v, 4 S.
(1718 Feb. 7)	Wissenbach, Johann Jakob: Disputationes iuris civilis [...]. - Heilbronnae : Ex Typographiâ Leonardi Franci, 1665.
	nicht aufgefunden (Hinweis in ACDF Index Diari 14 [1708-1721], Bl. 112r)

Literatur

- Cardella, Lorenzo: Memorie storiche de' Cardinali della Santa Romana Chiesa. - In Roma : nella stamperia Pagliarini, 1792-1797. - 10 vol., hier: vol. 9, 26f.
- DHGE 6 (1932), 771f. von M.-Th. Disdier.
- Hierarchia Catholica 6, 14.
- Seidler, Sabrina M. ; Weber, Christoph (Hg.): Päpste und Kardinäle in der Mitte des 18. Jahrhunderts (1730-1777). Das biographische Werk des Patriziers von Lucca Bartolomeo Antonio Talenti (Beiträge zur Kirchen- und Kulturgeschichte ; 18). - Frankfurt a.M. u.a. 2007, 405f.
- Weber, Christoph (Bearb.): Die päpstlichen Referendare 1566-1809. Chronologie und Prosopographie (PuP ; 31/1-3). - 3 Bde. - Stuttgart 2003-2004, hier: Bd. 2, 438.
- Weber, Christoph: Genealogien zur Papstgeschichte. Unter Mitwirkung von Michael Becker bearbeitet (PuP ; 29/1-6). - 6 Bde. - Stuttgart 1999-2002, hier: Bd. 1, 95f.
- Weber, Christoph (Hg.): Legati e governatori dello stato pontificio (1550-1809) (Pubblicazioni degli Archivi di Stato. Sussidi ; 7). - Roma 1994, 477.

Giovanni Battista Barni

Geboren   1676 Okt. 28 in Lodi (Lombardei)
Gestorben   1754 Jan. 24 in Ferrara

Familie

Der spätere Kardinal gehörte einer seit einer Generation in den Grafenstand erhobenen Familie in Lodi an und war ein Neffe von Giorgio Barni (1651-1731), Bischof im nahegelegenen Piacenza. Zu diesem vgl. Molossi: Memorie 1, 211-223; DHGE 6 (1932), 862. Die Familie wird südlich von Mailand (Crema, Lodi) um 1410 greifbar mit Gefolgsleuten der Visconti, darunter ein Andrea Barni als „esperto guerriero" (Molossi). Im 17. Jahrhundert kaufte Giovanni Paolo Barni nach einer Ehe mit Paola Visconti aus dem Mailänder Adel den Palast der Grafen Vistarino in Lodi. Der Sohn dieses Giovanni Paolo, Antonio Barni, baute 1672 den Palast um und erhielt 1697 zusammen mit seinem Bruder Giorgio, dem späteren Bischof, vom spanischen König Carlos II. den Titel eines conte di Roncadello. Dieser Antonio Barni, Juriskonsult und Konsultor der Inquisition (von Lodi?), und seine Ehefrau Giolanda wurden die Eltern des hier zu beschreibenden Kardinals. Vgl. Weber: Referendare 2, 440.

Lebenslauf

	Studium in Piacenza (unter Aufsicht seines Onkels Giorgio Barni)
1700 Sept. 4	Dr. iur. utr. in Pavia
	Advokat in Rom
1706 Juni 7	Relator der CIndex, Ernennung
	ACDF Index Prot. 81 (1737-1740), Bl. 439v
1707 Mai 18	Referendar der Signaturen
1708 Apr. 30	Gouverneur von Narni
1710 Sept. 25	Gouverneur von Orvieto
1712 Okt. 15	Gouverneur von Jesi
[1717]	Ponente der CConsulta
1721 Juli 11	Gouverneur von Perugia (bis 1725)
1725 Jan. 27	Legat der Marken (bis 1730)
1730	Gouverneur und Generalvisitator von Loreto
1730 Okt. 2	Nuntius in der Schweiz, Ernennung
	ASV SS Mem Bigl 162 (Vermerk SS)
1731 Jan. 14	Priesterweihe
1731 Jan. 22	Titularerzbischof von Edessa
1731 Febr. 22	Nuntius in der Schweiz, Dienstantritt
1739 Apr. 1	Nuntius in Spanien (bis 1744)
1743 Sept. 9	Kardinal
1746 Dez. 19	Zuteilung der Titelkirche S. Tommaso in Parione
1750	Legat von Ferrara (bis 1754)

Gutachten

(1708 März 5)	Acta eruditorum [...]. - Lipsiae : Grosse & Gleditsch, (1703).
	ACDF Index Prot. 68 (1707-1710), Bl. 113r-116r, 7 S.

Literatur
- Anonym [Molossi, Giambattista]: Memorie d'alcuni uomini illustri della città di Lodi con una preliminare dissertazione dell'antica Lodi. - In Lodi : Nella Regia Stamperia de' Socj Antonio Palavicini e Pietro Vercellini, 1776. - 2 vol, hier: vol. 1, 211-223.226-232.
- Cardella, Lorenzo: Memorie storiche de' Cardinali della Santa Romana Chiesa. - In Roma : nella stamperia Pagliarini, 1792-1797. - 10 vol., hier: vol. 9, 7f.
- Carlen, Louis: Das kanonistische Werk eines Innsbrucker Professors des 18. Jahrhunderts, in: Ebert, Kurt (Hg.): Festschrift Nikolaus Grass zum 70. Geburtstag. - Innsbruck 1986, 49-59.
- DHGE 6 (1932), 862 von M.-Th. Disdier.
- Fink, Urban: Die Luzerner Nuntiatur 1586-1873. Zur Behördengeschichte und Quellenkunde der päpstlichen Diplomatie in der Schweiz (Collectanea Archivi Vaticani ; 40. Luzerner historische Veröffentlichungen ; 32). - Luzern ; Stuttgart 1997, 140.187.
- Hierarchia Catholica 6, 13.205.
- Moroni 4 (1840), 138f.
- Seidler, Sabrina M. ; Weber, Christoph (Hg.): Päpste und Kardinäle in der Mitte des 18. Jahrhunderts (1730-1777). Das biographische Werk des Patriziers von Lucca Bartolomeo Antonio Talenti (Beiträge zur Kirchen- und Kulturgeschichte ; 18). - Frankfurt a.M. u.a. 2007, 309f.
- Weber, Christoph (Bearb.): Die päpstlichen Referendare 1566-1809. Chronologie und Prosopographie (PuP ; 31/1-3). - 3 Bde. - Stuttgart 2003-2004, hier: Bd. 2, 440.
- Weber, Christoph (Hg.): Die ältesten päpstlichen Staatshandbücher. Elenchus Congregationum, Tribunalium et Collegiorum Urbis 1629-1714 (RQ Supplementheft ; 45). - Rom u.a. 1991, 84.
- Weber, Christoph (Hg.): Legati e governatori dello stato pontificio (1550-1809) (Pubblicazioni degli Archivi di Stato. Sussidi ; 7). - Roma 1994, 479 u.ö.

Angelo Tommaso Baroni OSA

Geboren	um 1645 in [Fabriano (Marken)]

Lebenslauf

[1660]	Ordenseintritt
	Studium [in Pavia]
[1665]	Studienregent der Ordenskollegien von Rimini, Fermo, Florenz, Bologna und Rom (25 Jahre hindurch)
1667 Mai 21	Teilnahme am Generalkapitel des Ordens in Rom
	Konsultor der Inquisition von Rimini
1679 Mai 8	Teilnahme am Generalkapitel des Ordens in Rom
	Theologus von Kardinal P. → Altieri Paluzzi degli Albertoni
1699 Juni 8	Teilnahme am Generalkapitel des Ordens in Bologna

[1700]	Relator der CIndex, Antrag auf Ernennung ACDF Index Prot. 59 (1699-1700), Bl. 403r (Bewerbung Baronis o.D. mit Angaben zum Lebenslauf)
1700 Mai 11	Relator der CIndex, Ernennung ACDF Index Diari 11 (1696-1699), Bl. 133r

Literatur
- Anonym: Acta capituli generalis Bononiae celebrati anno 1699, in: AAug 12 (1927-1928), 119-127, hier: 123f.
- Anonym: Acta capituli generalis in conventu S. Augustini de Urbe celebrati anno domini 1667, in: AAug 13 (1929-1930), 193-227, hier: 193.
- Anonym: Acta capituli generalis Romae celebrati anno 1693, in: AAug 12 (1927-1928), 83-94, hier: 87.
- Anonym: Spectantia ad capitulum generale ordinis S. Augustini Romae celebratum anno 1679, in: AAug 11 (1923-1924), 367-373, hier: 372.382.

Jean-Genèse Barrin OSA

Geboren	[in Grenoble]
Gestorben	1754 Dez. 31 in Rom

Lebenslauf

1705	Definitor der Kanarischen Inseln auf dem Generalkapitel des Ordens in Rom
1733 Mai 23	Generalassistent des Ordens für Frankreich in Rom
1735 Febr. 12	Revisor des SO, Amtsantritt durch Eidesleistung ACDF SO Juramenta 1725-1736, o.Bl.
1735 Mai 5	Qualifikator des SO, Ernennung ACDF SO Priv. 1728-1735, Bl. 577 (Audienzdekret des Papstes)
1738	Professor für Kirchengeschichte an der Universität Sapienza, Rom (Nachfolger von G. G. → Bottari; bis 1754)
1739 Mai 16	Generalassistent des Ordens für Frankreich (Wahl auf dem Generalkapitel in Rimini)
1753 Juni 9	Generalassistent des Ordens für Frankreich (Wahl auf dem Generalkapitel in Bologna)

Gutachten

[1735 Mai 4]	Anonym [Levayer de Boutigny, Rolland ; Delpech de Merinville (Bearb.)] : Traité des bornes de la puissance ecclésiastique et de la puissance civile [...]. - Amsterdam : [Changuion], 1734. ACDF SO CL 1735-1736, Nr. 2, 15 S.

[1737 Sept. 25]	Locke, John: Le christianisme raisonnable tel qu'il nous est représenté dans l'Ecriture sainte [...]. - A Amsterdam : chez Zacharie Chatelain, 1731. ACDF SO CL 1737-1738, Nr. 4, 18 S.
(1741)	Marchal, Bernardus: De Concordia SS. Patrum Graecorum et latinorum, qui primis seculis floruerunt. ACDF SO CL 1739-1741, Nr. 22, 14 S.
(1743)	Memoire De Plusieurs Chanoines, Curès Et Autres Ecclesiastiques du Diocése et de la Ville de Sens [...]. - [S.l.] : [S.n.], [1740 oder 1741]. ACDF SO CL 1742-1743, Nr. 12, 18 S.

Literatur

- Anonym [Esteban, Eustasio]: Acta capituli generalis anno 1733 Romae celebrati, in: AAug 12 (1927-1928), 351-366, hier: 359.
- Anonym: Acta capituli generalis anno 1739 Arimini celebrati, in: AAug 12 (1927-1928), 372-385, hier:
- Anonym: Acta capituli generalis anno 1745 Bononiae celebrati, in: AAug 13 (1929-1930), 5-24, hier: 6.
- Anonym: Acta capituli generalis Bononiae celebrati anno 1753, in: AAug 13 (1929-1930), 86-95, hier: 88.
- Anonym: Acta capituli generalis Romae celebrati anno 1705, in: AAug 12 (1927-1928), 160-175, hier: 165.
- Augusti, Cesare: Diario di Mons. Giovanni G. Bottari, in: Annali del dipartimento di Scienze Storiche e Sociali 4 (1985), 237-304, hier: 261.274.
- Conte, Emanuele (Hg.): I maestri della Sapienza di Roma dal 1514 al 1787. I rotuli e altre fonti (Fonti per la Storia d'Italia ; 116. Studi e Fonti per la storia dell'Università di Roma. N. S. ; 1). - 2 vol. - Roma 1991, hier: vol. 2, 925f.
- Heeckeren, Émile de (Hg.): Correspondance de Benoit XIV. Précédée d'une introduction et accompagnée de notes et tables. - 2 vol. - Paris 1912, hier: vol. 2, 280. 370.376.386. [Todesdatum]
- Morelli, Emilia (Hg.): Le lettere di Benedetto XIV al card. De Tencin. Dai testi originali (Storia e letteratura ; 55.101.165). - 3 vol. - Roma 1955-1984, hier: vol. 3, 65f.188.201.
- Rosa, Enrico: Carteggio inedito del card. de Tencin a Benedetto XIV intorno al ven. card. Bellarmino, in: CivCatt a. 69 (1918), vol. 4, 48-55.

Bonaventura Bartoli OFMConv

Geboren	um 1748 in Terni (Umbrien)
Gestorben	1808 Okt. 17 in Rom

Lebenslauf

1790 Juni 18	Provinzial des Ordens, Provinz Umbrien (bis 1793)
1795 Juni	Generaloberer des Ordens, Ernennung durch päpstliches Breve (bis Juni 1803)
[1802]	Adiutor studiorum von Kardinal L. → Valenti Gonzaga, Amtsantritt durch Eidesleistung
	ACDF SO Juramenta 1800-1809, o.Bl. (ohne Datum)
1803 Sept. 9	Konsultor der CIndex, Ernennung
	ACDF Index Diari 18 (1764-1807), Bl. 82v
1805	Konsultor der CRiti

Gutachten

[1805 Aug. 26]	Russo, Vincenzo: Pensieri politici. - Roma : presso il cittadino Vincenzio Poggioli, [1798].
	nicht aufgefunden (Hinweis in ACDF Index Diari 18 [1764-1807], Bl. 90r und ACDF SO CL 1803-1806, Nr. 7; vgl. Repertorium CIndex 19. Jh.)
[1805 Aug. 26]	Bocalosi, Girolamo: Dell'educazione democratica da darsi al popolo italiano. - Seconda edizione con aggiunte. - Milano : presso Francesco Pogliano e comp., [1797].
	nicht aufgefunden (Hinweis in ACDF Index Diari 18 [1764-1807], Bl. 90r)
1807 Mai 31	♦ Ranza, Giovanni Antonio: L' amico del popolo. - [In Milano] : [presso Pirotta e Maspero], 1798.
	ACDF Index AeD 1 (1802-1820), Nr. 82, 3 S.
[1808 Juli 18]	P. L. M.: Pratiche delle virtù teologali Fede, Speranza e Carità. - Firenze : presso Ciardetti (con approvazione), 1803.
	ACDF Index AeD 1 (1802-1820), Nr. 91, 8 S.

Literatur

- Bonaventura, Bartolomasi: Series chronologico-historica Ministrorum Provincialium et Commissariorum Generalium qui Seraphicam S. P. N. Francisci Provinciam dictam quoque de Umbria a primaeva institutione Ordinis Minorum inde Conventualium nuncupatorum, in: MF 32 (1932), 201-226, hier: 223.
- Caratelli, Lorenzo: Manuale dei Novizi e professi chierici e laici Minori Conventuali sopra la regola, le costituzioni, le memorie e le funzioni dell'Ordine coll'aggiunta del catechismo di Roma e d'alcune preghiere. - Roma 1897, 278.309.

Giuseppe Bartoli

Geboren	um 1644
Gestorben	1726 [März]

Familie

Zur Herkunft des späteren Notars nennen die Quellen den Namen des Vaters, Dionysius Bartoli (gest. vor 1668), offenbar aus einem wirtschaftlich bescheidenen Milieu. Kurz nach dem Tod des Notars bezeichnete seine Tochter Giulia das Haus ihres Vaters als „arme Familie" mit sechs Kindern, von denen der Verstorbene zwei Töchter verheiratet hatte, mit unausgesprochener Anspielung auf die familienbelastenden Aussteuern der Töchter. Diese Giulia, Ehefrau eines Giuseppe Natalini, erbat und erhielt 1726 vom Sanctum Officium 30 scudi Zuschuss für die Krankheits- und Beerdigungskosten des Notars Bartoli. Vgl. das Schreiben der Tochter Giulia o.D. mit Angaben zur Familie und Dekret SO Feria IV vom 13. März 1726 in: ACDF SO Priv. 1710-1727, Bl. 695v; ein späterer Vermerk des Notars A. → Lancioni hierzu in: ACDF SO Priv. 1750-1754, Bl. 169r.

Lebenslauf

1668 Okt. 20	Sostituto Notaro des SO, Amtsantritt durch Eidesleistung
	ACDF SO Extens. 1663-1668 = ACDF SO St.St. Q-1-n, Bl. 255v
1693 Nov. 3	Capo Notaro des SO, Ernennung
	ACDF SO Priv. 1755-1759, Bl. 93; ACDF SO St.St. L-5-g, o.Bl. („Catalogus Notariorum")
[1693]	Konsultor des SO
1722 Jan. 28	Capo Notaro des SO, Emeritierung
	ACDF SO Priv. 1781-1783, Bl. 126

Unveröffentlichte Quellen

ACDF SO Priv. 1781-1783, Bl. 138: Berechnung der Bezüge von Bartoli als Eremitierter (giubilato), mit Ende der Zahlungen im März 1726 wegen Todes. Dieser Monat wird hier als Todesdatum angenommen und entspricht etwa dem Datum vom 13. März 1726, als das SO einen Zuschuss zu den Beerdigungskosten beschloss.

Giuseppe Bartolini OSH

Geboren	um 1650

Lebenslauf

Revisor der Inquisition von Spoleto (Umbrien)
Examinator synodalis der Diözese Terni (Umbrien)
Konventuale von S. Onofrio, Rom
Theologus des Kardinals S. → Sperelli

[1705]	Relator der CIndex, Antrag auf Ernennung
	ACDF Index Prot. 66 (1705-1706), S. 533 (Bewerbung Bartolinis o.D. mit Angaben zum Lebenslauf)
1706 Jan. 26	Relator der CIndex, Ernennung
	ACDF Index Prot. 81 (1737-1740), Bl. 439v

Stanislao Bartolomei

Lebenslauf

	Notar
	Scriptor des SO (ohne festes Gehalt)
1740	Sostituto Notaro, Vertretung des in seine Heimat verreisten Amtsinhabers E. A. → Oddi
[1741]	Antrag auf Hilfe an das SO, weil Oddi für die Vertretung nicht zahlte
1741 Nov. 15	Zahlung des SO an Bartolomei
	ACDF SO Priv. 1736-1742, Bl. 697v (12 scudi)

Bartolomeo da Imola OFMCap

Geboren	1753 Dez. 3 in Imola (Romagna)
Gestorben	1804 Apr. 17 in Rom

Lebenslauf

1771 Juni 13	Ordensprofess in Bologna
1781	Adventsprediger in S. Agata Feltria (bei Urbino, Marken)
1788	Adventsprediger in Lugo (bei Ravenna)
1786 Okt. 1	Guardian im Kloster Bagnacavello (bei Ravenna) (bis 1789 Sept. 15)
	Sekretär des Generalprokurators des Ordens in Rom
[1794]	Konsultor der CIndex, Antrag auf Ernennung
	ACDF Index Prot. 100 (1794-1795), Bl. 333r.334v.341 (Bewerbung Bartolomeos als Nachfolger von → Francesco M. d'Avignone o.D. an den Papst, mit Angaben zum Lebenslauf, dazu Vermerk Sekr. zum 20. Jan., „relatum")
1797 Juli 7	Generaldefinitor des Ordens in Rom, Ernennung
1797 Juli 10	Konsultor der CIndex, [Ernennung]
	(erster Beleg für Referat)

Gutachten

(1797 Juli 10)	Ortiz, Cortes, Ildefonso <Mottola, Bischof>: Preghiere cristiane publicate per uso della sua chiesa [...]. - Napoli : presso Cristoforo Elia, 1789.
	ACDF Index Prot. 100 (1794-1795), Bl. 335r-340r, 11 S.

Literatur
- Anonym: Necrologium Fratrum Minorum Capuccinorum provinciae Bononiensis. - Bononiae 1949, 136.
- Donato <da S. Giovanni in Persiceto>: I conventi dei Frati Minori Cappuccini della Provincia di Bologna. - 3 vol. - Budrio ; Faenza 1956-1960, hier vol. 1, 371; 2, 449, 511; 3, 262.266.284.
- Felice <da Mareto>: Tavole dei Capitoli Generali dell'Ordine dei FF. MM. Cappuccini con molte notizie illustrative. - Parma 1940, 243.
- Notizie per l'anno 1798, 139. [erste Erwähnung als Konsultor in den Notizie]
- Notizie per l'anno 1806, 53. [letzte Erwähnung als Konsultor in den Notizie, zwei Jahre nach seinem Tod]
- Salvatore <da Sasso Marconi>: La provincia di Bologna e i suoi ministri provinciali 1535-1957. - Faenza 1959, 306.
- Teodoro <da Torre del Greco>: Necrologio dei Frati Minori Cappuccini della provincia romana (1534-1966). - Roma 1967, 717.

Benedetto Bartoloni OSBSilv

Geboren	1745 März 26 in Mergo (bei Serra San Quirico, Ancona)
Gestorben	1805 Jan. 10 in Rom

Lebenslauf

1760 Nov. 2	Ordenseintritt in S. Lucia, Serra San Quirico (Einkleidung)
1761 Nov. 4	Ordensprofess in S. Benedetto, Fabriano (bei Ancona)
1767 Dez. 19	Diakonatsweihe in Rom
[1790]	Superior mit dem Titel Abt im Kloster S. Stefano del Cacco, Rom (bis 1794)
[1790]	Relator der CIndex, Antrag auf Ernennung ACDF Index Prot. 96 (1788-1790), Bl. 215r (Bewerbung Bartolonis o.D. an die CIndex)
[1790]	Relator der CIndex, Ernennung ACDF Index Prot. 96 (1788-1790), Bl. 215r (Vermerk Sekr. der CIndex „admissus")
[1792]	Konsultor der CIndex, Antrag auf Ernennung ACDF Index Prot. 99 (1792-1793), Bl. 31r (Bewerbung Bartolonis o.D. an die CIndex)
1792 Dez. 17	Konsultor der CIndex, Ernennung ACDF Index Prot. 99 (1792-1793), Bl. 7r-v (Protokoll der Sitzung vom 17. Dez. 1792); Bl. 31r (Vermerk Sekr. der CIndex „admissus")
1794	Generalprokurator des Ordens in Rom [andere: 1790]

Baruè

Unveröffentlichte Quellen
Unveröffentlichte Quelle: Freundliche Auskunft der Klöster S. Stefano del Cacco (Rom) und S. Silvestro (Fabriano, bei Ancona) an H. H. Schwedt.

Gutachten

1789 Jan. 3	Ar., Gr. [Aracri, Gregorio]: Elementi del diritto naturale naturale [...]. - Napoli : [S.n.], 1787.
	ACDF Index Prot. 96 (1788-1790), Bl. 26r-30r, 9 S.
(1789 Sept. 18)	Pascal, Blaise: Pensées de Blaise Pascal sur la religion [...]. - Geneve : [S.n.], 1778.
	ACDF Index Prot. 96 (1788-1790), Bl. 116r-120v, 10 S.
(1791 Dez. 5)	Guadagnini, Giovanni Battista: Due scritti [...]. - In Pavia : apresso Pietro Galeazzi, 1790.
	ACDF Index Prot. 98 (1791), Bl. 274r-281v, 16 S.
(1792 Dez. 17)	Spitz, Andreas (Praes.) ; Pape, Friedrich Georg (Resp.): Dissertatio Historico Ecclesiastica de Archidiaconatibus in Germania [...]. - Bonnae : Typis Joann. Frid. Abshoven, [ca. 1790].
	ACDF Index Prot. 99 (1792-1793), Bl. 145r-146v, 4 S.
1796 Jan. 11	Tamburini, Pietro: Praelectiones [...]. - Ticini : apud Balthassarem Comini, 1792.
	ACDF Index Prot. 101 (1796), Bl. 162r-173v, 24 S.

Joseph Baruè

Geboren um 1700 in Rom

Lebenslauf

[1750]	Koadjutor (coadiutor supranumerarius) der Kanzlei des SO, Antrag auf Ernennung
1750 Dez. 2	Koadjutor (coadiutor supranumerarius) der Kanzlei des SO, Ernennung
	ACDF SO Priv. 1755-1759, Bl. 93v (vermutlich Ernennung durch Ass.)
1751 Jan. 1	Koadjutor (coadiutor supranumerarius) der Kanzlei des SO, Amtsantritt durch Eidesleistung
	ACDF SO Extens. 1749-1808 = ACDF SO St.St. Q-1-q, Bl. 29v (Gehalt von 8 Scudi ohne Zulage)
[1753]	Koadjutor der Kanzlei des SO, Bitte um Gehaltszulage
	ACDF SO Priv. 1750-1754, Bl. 543r
1753 Dez. 17	Gewährung der Gehaltszulage
	ACDF SO Priv. 1750-1754, Bl. 544v

Matteo Basile da Parete OFMObs

Namensvariante   Matteo da Parete

Geboren   1673 Nov. 3 in Parete (bei Caserta, Kampanien)
Gestorben   1736 Jan. 24 in Neapel

Familie

Aus der unmittelbaren Verwandtschaft des späteren Bischofs ist ein Neffe belegt, der Jesuit Jacopo Basile (geb. 1729). Dieser veröffentlichte 1755 einen Text seines Onkels, gerichtet gegen den Dominikaner J. Serry, an dessen römischer Verurteilung der Onkel 1722 beteiligt war (Dekret SO vom 11. März 1722, ACDF SO Decreta 1722, Bl. 73v). Es ist unbekannt, ob eine Beziehung bestand zwischen der Familie des Bischofs Basile und den adeligen Basile in Neapel, die ebenfalls aus Parete stammten. Bezüglich der adeligen Familie Basile siehe die Einträge zu den Dichtern Giovanni Battista Basile (gest. 1632), conte di Torona, und dessen Schwester baronessa Andriana Basile Baroni (gest. um 1640), beide in DBI 7 (1965), 70-72 von L. Pannella und 76-81 von A. Asor-Rosa.

Lebenslauf

	Mitglied der Ordensprovinz Terra di Lavoro
1696 Okt. 7	Priesterweihe
	Lektor für Philosophie und Theologie
1710 Aug. 27	Lector iubilatus
	Guardian und Provinzial des Ordens
1719 Jan. 16	Relator der CIndex, Ernennung
	ACDF Index Diari 14 (1708-1721), Bl. 116v
1719 Mai 3	Konsultor der CIndex, Ernennung
	ACDF Index Diari 14 (1708-1721), Bl. 121v
	Generalprokurator des Ordens in Rom (bis Jan. 1727)
1721 Okt. 2	Qualifikator des SO, Ernennung
	ACDF SO Priv. 1710-1727, Bl. 492r (Audienzdekret des Papstes)
1727 Jan. 4	Generaloberer des Ordens (bis 4. Juni 1729)
[1727]	G. → Bianchi, Sekretär von Basile
	Konsultor der CRiti
1731 Juli 21	Erzbischof von Palermo, Präsentation durch Kaiser Karl VI. (König von Sizilien)
1731 Sept. 3	Erzbischof von Palermo, päpstliche Ernennung
1735 Juli 3	Krönung König Karls III. von Neapel durch Basile in Palermo
1735 [Aug.]	Begleiter König Karls III. von Palermo nach Neapel
1735	Krankheit in Neapel

Gutachten

(1719 Apr. 24)   Le Grand, Antoine: Apologia pro Renato Des-Cartes contra Samuelem Parkerum [...]. - Norimbergae : Typis recusa à Christophoro Gerhardo, 1681.
ACDF Index Prot. 71 (1715-1721), Bl. 545r-546r, 3 S.

[1721 März 4]   Charlas, Antoine: Tractatus de libertatibus Ecclesiae [...]. - Romae : typis Sacrae Congregationis de propaganda fide, 1720.
ACDF SO CL 1718-1721, Nr. 29, 8 S.

[1721 Juli 2]   Serry, Jacques Hyacinthe: Exercitationes historicae, criticae, polemicae, de Christo, ejusque Virgine Matre [...]. - Venetiis : apud Joannem Malachinum, 1719.
ACDF SO CL 1722-1723, Nr. 1, 7 S.

Eigene Werke
- Adversus exercitationes p. Iacobi Hiacynthi Serry de Christo eiusque matre dissertationes postumae. Adcurante Iacobo Basile Societatis Iesu fratris filio. - Neapoli : ex Typographia Abbatiana : prostrant apud Antoninum d'Oria, 1755. - [7] Bl., 264 S.
- De vindiciis Divi Petri dissertationes critico-dogmaticae adversus Magdeburgenses, aliosque heterodoxos. Accedit Dissertatio unica Eleutheri vindicias complectens opus posthumum. - Panormi : apud Antoninum Gramignani, 1736. - [3] Bl., 212 S.

Literatur
- Annuario dell'Arcidiocesi di Palermo 1990. - Palermo 1990, 18.
- Bertelli, Sergio: Giannoniana. Autografi, manoscritti e documenti della fortuna di Pietro Giannone (Documenti di filologia ; 12). Milano ; Napoli 1968, 166.
- D'Afflitto, Eustachio: Memorie degli scrittori del Regno di Napoli [...]. - In Napoli : nella Stamperia Simoniana, 1782-1794. - 2 vol., hier: vol. 2, 72.
- Dané, Emmanuele: Notizie storiche patrie riguardanti 14 arcivescovi di Palermo in continuazione al Mongitore. - Palermo 1879, 3f.
- Hierarchia Catholica 6, 327.
- Lauri, Achille: Dizionario dei cittadini notevoli di Terra di Lavoro antichi e moderni. - Sora 1915 ; ND Sala Bolognese 1979, 24-26.
- Lauro, Agostino: Il Giurisdizionalismo pregiannoniano nel Regno di Napoli. Problema e bibliografia (1563-1723) (Sussidi eruditi ; 27). - Roma 1974, 200f.
- Mira, Giuseppe Maria: Bibliografia siciliana ovvero gran dizionario bibliografico delle opere edite e inedite, antiche e moderne di autori siciliani o di argomento siciliano stampate in Sicilia e fuori. Opera indispensabile ai cultori delle patrie cose non che ai librai ed agli amatori di libri. - 2 vol. - Palermo 1875-1881, hier: vol. 1, 89.
- Sbaralea, Ioannes H. [Sbaraglia, Giovanni Giacinto]: Supplementum et castigatio ad scriptores trium Ordinum S. Francisci a Waddingo, aliisve descriptos cum adnotationibus ad syllabum martyrum eorumdem ordinum. - 3 vol. - Romae 1908-1936 ; ND Sala Bolognese 1978, hier: vol. 3, 276f.
- Villabianca, Francesco Maria: Sicilia sacra. Vescovadi e vescovi nel settecento. A cura di Francesco Michele Stabile. - Palermo 1991, 25.

Giovanni Cristoforo Battelli

Geboren	1658 März 2 in Sassocorvaro (bei Urbino)
Gestorben	1725 Juli 30 in Rom

Familie

Der spätere (Titular-)Bischof gehörte wohl einer Familie von Notabeln in den Marken an. Als er 1701 seinen Eid beim SO leistete, heißt er „civis romanus" und Sohn eines bereits verstorbenen Giovanni Battista Battelli. 1708 erhielt er die Investitur von Rocca di Sassocorvaro für sich und seine Nachkommen. Vgl. DBI 7, 239f. Gleichzeitig mit ihm lebte am Hof → Clemens' XI. dessen Zeremonienmeister Leo de Battellis (gest. 1709), Benefiziat der Peterskirche in Rom. Vgl. Weber: Referendare 2, 441.

Lebenslauf

1678 Sept. 25	Dr. iur. utr. an der Universität Urbino
1686	Sekretär des Kardinals C. → Barberini (bis 1701)
1689	Benefiziat an St. Peter, Rom
1691 Apr. 14	Priesterweihe
	Bibliothekar von Kardinal Giovanni Francesco Albani (Clemens XI.)
	Kanoniker an S. Maria Maggiore, Rom
	Legat der Abtei Casamari (Latium)
[1701 Juni]	Adiutor studiorum von Papst Clemens XI., Amtsantritt durch Eidesleistung
	ACDF SO Extens. 1680-1690 [-1707] = ACDF SO St.St. Q-1-p, Bl. 391r
	Mitglied der Accademia dell'Arcadia, Rom
1707 [Sept.]	Konsultor der CIndex, Ernennung
	ACDF Index Diari 13 (1704-1708), Bl. 135v (Audienzdekret des Papstes o.D.)
1711	Brevensekretär Clemens' XI. (bis 1721)
1712 Okt. 5	Referendar der Signaturen
1716 Okt. 5	Titularerzbischof von Amasea
1719 Aug. 25	Abbreviatore der Römischen Kurie

Gutachten

(1707 Sept. 5)	Kortholt, Christian: De Tribus Impostoribus Magnis Liber [...]. - Kiloni[i] : Literis & Sumptibus Joachimi Reumanni, 1680.
	ACDF Index Prot. 67 (1706-1707), Bl. 522r-527v, 12 S.
(1707 Nov. 21)	Salden, Wilhelm: De libris varioque eorum usu & abusu [...]. - Amstelodami : Ex Officina Henrici & Viduae Theodori Boom.
	ACDF Index Prot. 68 (1707-1710), Bl. 11r-15v, 9 S.
(1708 Jan. 16)	Kipping, Heinrich: Methodus nova iuris publici [...]. - Bremae : Sumptibus Jacobi Köhleri Bibliopol., 1672.
	ACDF Index Prot. 68 (1707-1710), Bl. 77r-79v, 6 S.

Eigene Werke

- Anonym [Norcia, Antonio Domenico]: Brevis enarratio sacrorum rituum servatorum in aperiendo, & claudendo portam sanctam patriarchalis basilicae liberianae S. Mariae Majoris ab eminentissimo, & reverendissimo Petro card. → Otthobono [...] ejusdem basilicae Archipresbytero & Apostolico de latere Legato. - Romae : ex typographia Antonii de Rubeis, 1726. - LVIII S.
- De sarcophago marmoreo probi Anicii et probae Faltoniae in templo Vaticano dissertatio. - Romae : typis Cajetani de Zenobiis, 1705. - [8] Bl., 168 S., [5] Bl.
- Expositio aurei numismatis Heracliani ex museo Sanctiss. Domini Nostri Clementis XI pont. max. - Romae : Typis, & Fusoria Cajetani Zenobii, 1702. - [3] Bl., 78 S.
- Oratio de laudibus sancti Pii V habita in sacrosancta Patriarchali Liberiana Basilica S. Mariae Majoris [...] die Dominica 2. Octobris 1712. - Romae : Typis Reverendae Camerae Apostolicae, 1712. - 26 S., [1] Bl.
- Ritus annuae ablutionis altaris majoris sacrosanctae basilicae Vaticanae in die coenae Domini explicatus ac illustratus. - Roma : Typis, & Fusoria Cajetani Zenobii, 1702. - [12] Bl., 211 S., [11] Bl.
- Vita d'Angelo della → Noce [...], in: Crescimbeni, Giovan Mario (Hg.): Le vite degli Arcadi illustri scritte da diversi autori, e pubblicate d'ordine della Generale Adunanza. - In Roma : Nella Stamperia di Antonio de Rossi, 1708-1751. - 5 vol., hier: vol. 1, 13-27.

Literatur

- Bignami Odier, Jeanne: La Bibliothèque Vaticane de Sixte IV. à Pie XI. (StT ; 272). - Città del Vaticano 1973, 169.
- Giorgetti Vichi, Anna Maria (Hg.): Arcadia, Academia letteraria italiana. Gli Arcadi dal 1690 al 1800. Onomasticon. - Roma 1977, 30.
- Bonamici, Filippo: De claris pontificiarum epistolarum scriptoribus ad Clementem XIV Pont. Max. - Editio altera multo auctior. - Romae : Marco Pagliarini, 1770, 286.
- Claudi, Giovanni Maria ; Catri, Liana (Hg.): Dizionario storico-biografico dei Marchigiani. - 3 vol. - Ancona 1992-1993, hier: vol. 1, 79.
- DBI 7 (1965), 239-240 von L. Moretti.
- Hierarchia Catholica 5, 80.
- Inventari dei manoscritti delle Biblioteche d'Italia. Vol. 80: Biblioteca Universitaria di Urbino. A cura di Luigi Moranti. - Firenze 1954, 51f.177. [Briefe]
- Mazzuchelli, Giammaria: Gli scrittori d'Italia : Cioè notizie storiche e critiche intorno alle vite, e agli scritti dei letterati italiani. - Brescia : Giambatista Bossini, 1753-1763. - 6 vol., hier: vol. 2/1, 547f.
- Moroni 12 (1841), 111.
- Pastor 15, 364.
- Vecchietti, Filippo: Biblioteca Picena : o sia notizie istoriche delle opere e degli scrittori Piceni. - Osimo : Quercetti, 1790-1796. - 5 vol., hier: vol. 2, 110-115. [danach Existenz von Gutachten Battellis für die CIndex in dessen Bibliothek]
- Weber, Christoph (Bearb.): Die päpstlichen Referendare 1566-1809. Chronologie und Prosopographie (PuP ; 31/1-3). - 3 Bde. - Stuttgart 2003-2004, hier: Bd. 2, 441.

- Weber, Christoph (Hg.): Die ältesten päpstlichen Staatshandbücher. Elenchus Congregationum, Tribunalium et Collegiorum Urbis 1629-1714 (RQ Supplementheft ; 45). - Rom u.a. 1991, 84.

József Batthyány

Geboren   1727 [Taufdatum: 30. Jan.] in Wien
Gestorben   1799 Okt. 22 in Bratislava

Familie
Der spätere Fürstprimas stammte aus einem alten ungarischen Grafenhaus, Reichsfürsten seit 1764. Ein Neffe des Kardinals, Graf Ignaz Batthyány (1741-1798), gelehrter Mäzen, wurde Nachfolger seines Onkels als Bischof von Karlsburg (Alba Julia bzw. Carolina) in Siebenbürgen und stiftete dort das „Batthyanaeum" mit Bibliothek, Sternwarte und Museum. Vgl. Steinhuber: Geschichte 2, 340f.; LThK 2, 83.

Lebenslauf

	Studium der Rechte und Theologie an der Universität Tyrnau (Trnava, Slowakei)
1751 Juni 29	Priesterweihe
1752	Kanoniker der Kathedrale von Gran (Esztergom)
	Präfekt des Seminars in Tyrnau
	Propst der Stiftskirche St. Martin in Pressburg (Pozsony, Bratislava)
1759	Bischof von Siebenbürgen (Erdély) in Karlsburg (Alba Julia)
1760 Dez. 15	Erzbischof von Kalocsa-Bács
1776 Mai 20	Erzbischof von Gran (Fürstprimas von Ungarn)
1778 Juni 1	Kardinal
1782 Apr. 19	Zuteilung der Titelkirche S. Bartolomeo all'Isola (Konsistorium in Wien)
1782 Mai 7	Mitglied der CIndex, Ernennung
	ACDF Index Prot. 93 (1781-1784), Bl. 50 (Schreiben SS an Sekr. der CIndex)
[1782 Mai 7]	Mitglied der CProp, CRiti und CConcilio

Eigene Werke
- A letter from Cardinal Bathiani, primate of Hungary, to the emperor Joseph II. translated from the original. - London : Printed by J.P. Coglan, 1782. - 70 S.
- Demissa expositio [...] ad Imperatorem Josephum II. relative ad decreta ecclesiastico-politica de religiosis ordinibus, rebusque aliis. - Romae : [S.n.], 1782. - 45 S.
- Lettres de Notre Saint Père le Pape et de Sa Majesté l'Empereur telles qu'elles ont paru dans le supplément de la Gazette de Vienne, du 6 mars 1782. Suivies de Remonstrances du cardinal archevêque de Strigonie, Primat de Hongrie. En latin et en françois. - Nouvelle édition soigneusement corrigée, avec des notes en réponse à une lettre anonyme [...]. - Rome : [S.n.], 1782. - 142 S.

- Unterthänige Vorstellung [...] an den Kaiser Joseph II. in Betreff der kirchlich-politischen Verordnungen über die Ordensgemeinden und andere Gegenstände. - Rom : [S.n.], 1782. - 62 S.
- Unterthänigste Vorstellung des Bathiani an den Kaiser Joseph II. wegen denen geistlichen politischen Verordnungen über die Ordensgeschichte und andere Sachen. - Köln : Neuwirth, 1782. - 85 S.

Literatur
- DHGE 6 (1932), 1340f. von L. Toth.
- EC 2 (1949), 1048 von Alessandro Alessandrini.
- Hierarchia Catholica 6, 32.387.412-413.
- LThK 2 (1994), 83f. von Gabriel Adriányi.
- Pastor 16/3, 235.250 u.ö.
- Pelletier, Gérard: Rome et la Révolution française. La théologie et la politique du Saint-Siège devant la Révolution française (1789-1799) (Collection de l'École Française de Rome ; 319). - Rome 2004, 586.
- Steinhuber, Andreas: Geschichte des Kollegium Germanikum Hungarikum in Rom. - 2 Bde. - Freiburg i.Br. 1906, hier: Bd. 2, 340f.

Giovanni Giuseppe Baviera

Geboren   um 1668 in Senigallia (Marken)
Gestorben   1756 Okt. 30 in Rom

Familie
Der Prälat stammte aus einer adeligen Familie in Senigallia, seit 1665 marchesi di Montalto, aus der einige Vertreter in päpstlichen Dienst traten als Gouverneure. Zwei Brüder, die marchesi Ludovico und Enrico, überlebten den Prälaten und setzten ihm ein Denkmal in Rom. Im Alter legte Baviera eine Antikensammlung an: „una nobil raccolta di lapidi, medaglie, e d'altre antichità memorabili". Weber: Legati, 482.

Lebenslauf

1692 Jan. 10	Referendar der Signaturen
1692	Gouverneur von Cesena
1697	Gouverneur von Todi
1701 Apr. 2	Gouverneur von Norcia (und bis 1707 von weiteren drei Städten des Kirchenstaats)
1707 Apr. 19	Ponente der CConsulta
	Prelato domestico
[1710]	Relator der CIndex, Antrag auf Ernennung
	ACDF Index Prot. 69 (1710-1712), Bl. 120r (Bewerbung Bavieras o.D. an die CIndex mit Angaben zum Lebenslauf)

1711 Jan. 20 Relator der CIndex, Ernennung
ACDF Index Prot. 81 (1737-1740), Bl. 440v
Kunstsammler in Rom

Gutachten
(1711 Juni 13) Acta eruditorum [Nr. 1]. - Lipsiae : Grosse & Gleditsch, (Jan. 1710).
ACDF Index Prot. 69 (1710-1712), Bl. 180r-188r, 17 S.
(1711 Sept. 15) Ficoroni, Francesco de: Osservazioni ... sopra l'antichitá di Roma
[...]. - In Roma : Nella Stamperia di Antonio de' Rossi, 1709.
ACDF Index Prot. 69 (1710-1712), Bl. 241r-242v, 4 S.
(1714 Mai 15) Anonym [Acidalius, Valens?]: Disputatio Perjucunda [...]. - Hagae-Comitis : Excudebat I. Bvrchornivs, 1644.
ACDF Index Prot. 70 (1713-1715), Bl. 253r-257v, 10 S.

Literatur
- Spreti, Vittorio: Enciclopedia storico-nobiliare italiana. - 6 vol. - Milano 1928-1932, hier: vol. 1, 534f.
- Weber, Christoph (Bearb.): Die päpstlichen Referendare 1566-1809. Chronologie und Prosopographie (PuP ; 31/1-3). - 3 Bde. - Stuttgart 2003-2004, hier: Bd. 2, 442.
- Weber, Christoph (Hg.): Die ältesten päpstlichen Staatshandbücher. Elenchus Congregationum, Tribunalium et Collegiorum Urbis 1629-1714 (RQ Supplementheft ; 45). - Rom u.a. 1991, 85.
- Weber, Christoph (Hg.): Legati e governatori dello stato pontificio (1550-1809) (Pubblicazioni degli Archivi di Stato. Sussidi ; 7). - Roma 1994, 482.

Alphonse-Hubert de Bayane de Lattier

Geboren 1739 Okt. 30 in Véry (Diözese Valence)
Gestorben 1818 Juli 27 in Paris

Familie
Der spätere Kardinal stammte als dritter Sohn des Louis de Bayane de Lattier, seigenur d'Orcinas und Hauptmann des Kavallerieregiments Saint-Germain, und der Catherine de Sibeud de Saint-Ferréol aus einer adeligen Familie der Dauphiné. Vgl. Boutry: Souverain, 311f.

Lebenslauf
1755 Okt. 1 Kleriker in Valence (Tonsur)
Dr. [theol.] an der Universität Sorbonne, Paris
1760 März 17 Priesterweihe
Kanoniker der Kathedrale von Valence
1769 Konklavist von P. d'Albert de → Luynes bei der Wahl → Clemens' XIV. in Rom

1772 Mai 28	Auditor der Rota Romana
1773 Jan. 12	Dr. iur. utr. (durch Breve Clemens' XIV.)
1773 Apr. 20	Auditor des Papstes
1792 März 21	Dekan der Rota Romana
1792 März 24	Konsultor des SO, Ernennung (als Nachfolger von C. → Origo) ASV SS Mem Bigl 256 (Schreiben SS an Bayane, Entwurf); ACDF SO Juramenta 1777-1796, o.Bl. (Schreiben SS an Sekr. und Ass. des SO)
1792 Apr. 11	Konsultor des SO, Amtsantritt durch Eidesleistung ACDF SO Juramenta 1777-1796, o.Bl.
1795 Juli 18	Regent der PoenitAp ASV SS Mem Bigl 261
[1798]	Aufenthalt in Florenz während der französischen Besatzung Roms
1801 Febr. 23	Kardinal in petto (publiziert 9. Aug. 1802)
1802 Sept. 20	Zuteilung der Titelkirche S. Angelo in Pescheria
1802 [Sept. 20]	Mitglied der CConcilio, CImmunità, CRiti und CAcque
1804 Nov.	Begleiter → Pius' VII. zur Krönung Napoleons in Paris (bis Mai 1805)
1807 Sept. 29	Abreise aus Rom zu Verhandlungen nach Paris
1810 Apr. 2	Anwesenheit bei der zweiten Trauung Napoleons (einer der „roten Kardinäle")

Eigene Werke
- Anonym: Discorso sopra la mal'aria e le malattie che cagiona principalmente in varie spiagge d'Italia, e in tempo d'estate. - Roma : per Luigi Perego Salvioni, 1793. - 75 S., [3] Bl.

Literatur
- Boutry, Philippe: Souverain et pontife: recherches prosopographiques sur la Curie romaine à l'âge de la Restauration (1814-1846) (Collection de l'École française de Rome ; 300). - Rome 2002, 311f.
- Cerchiari, Emanuele: Capellani Papae et Apostolicae Sedis. Auditores causarum Sacri Palatii Apostolici seu Sacra Romana Rota ab origine ad diem usque 20 Septembris 1870. Relatio historica-iuridica. - 4 vol. - Romae 1919-1921, hier: vol. 1, 296; 2, 261.
- DBF 5 (1951), 989 von T. de Morembert.
- DHGE 7 (1934), 18-20 von E. Lousse.
- Moroni 37 (1846), 167f.
- Ruck, Erwin: Die Sendung des Kardinals de Bayane nach Paris 1807-1808. Eine Episode aus der Politik Napoleons I. und Pius' VII. Mit Aktenstücken (Abhandlungen der Heidelberger Akademie der Wissenschaften, Philosophisch-Historische Klasse ; 1). - Heidelberg 1913.

Filippo Angelico Becchetti OP

Geboren	1742 Jan. 9 in Bologna
Gestorben	1814 Aug. 24 in Rom

Familie

Der spätere Bischof gehört möglicherweise zum bürgerlichen Milieu von Bologna. An der dortigen Universität, an der er einen Lehrstuhl innehatte, begegnen der Dominikaner Luigi Becchetti OP (gest. 1826) als Professor für Hebräisch und der Mediziner Ugo Becchetti (gest. 1798), Professor für Anatomie, beide vielleicht aus dem familiären Umkreis.

Lebenslauf

	Ordenseintritt in S. Marco, Florenz
1766 Febr. 22	Priesterweihe
1766 Apr. 17	Dr. theol. und Magister theol.
1775 Dez. 1	Bibliothecarius Casanatensis, Rom
1777	Professor für Kirchengeschichte an der Universität Bologna (bis 1779)
um 1778	Mitglied des Konvents in Bologna, Ordensprovinz „utriusque Lombardiae"
1783 Aug. 1	Konsultor der CCorrLOr
	ASV SS Mem Bigl 239 (Schreiben SS an Becchetti, Entwurf)
1784 März 24	Konsultor der CIndex, Ernennung
	ACDF Index Prot. 94 (1784), Nr. 63a (Schreiben SS an Sekr. der CIndex)
1788	Theologus Casanatensis
1796 März 13	Sekretär der CIndex, Ernennung
	ACDF Index AeD 1 (1802-1820), Nr. 7 (Schreiben SS an Becchetti); ACDF Index Diari 6 (1655-1664), Bl. 4v („Catalogus Secretariorum": „1797")
1799	Professor für Kirchengeschichte an der Universität Bologna (bis 1800)
1800 Aug. 3	Bischof von Città della Pieve (Demission 8. Juli 1814)
1810	Aufenthalt in Paris (Empfang durch Napoleon)

Gutachten

(1786 Aug. 7)	Anonym [Jung, Johann]: Beantwortung acht wichtiger einem mainzer Theologen vorgelegten Fragen über den Ursprung [...]. - Mainz : Craß, 1785.
	ACDF Index Prot. 95 (1786-1788), Bl. 38, 2 S.
(1788 März 31)	Anonym: Progetto di riforma dell'obbligo del digiuno [...]. - Londra : [S.n.], 1784.
	ACDF Index Prot. 95 (1786-1788), Bl. 381, 2 S.
(1788 März 31)	Anonym: Lettera [...] nella quale si esamina, se i Frati siano di maggior utile, o svantaggio alla società. - [S.l.] : [S.n.], [S.a.].
	ACDF Index Prot. 95 (1786-1788), Bl. 380, 2 S.

(1788 März 31)   ♦ Anonym: Rendete a Cesare ciò che è di Cesare. - Si vende in Italia : [S.n.], [nach 1774].
ACDF Index Prot. 95 (1786-1788), Bl. 384, 2 S.
(1788 März 31)   Sinodo Fiorentino contro Sisto IV. [...]. - [Italia] : [S.n.], [ca. 1750].
ACDF Index Prot. 95 (1786-1788), Bl. 382, 2 S.
(1788 März 31)   Anonym: Raccolta di opuscoli interessanti la religione. - In Pistoia : nella stamperia d'Atto Bracali, 1783-1790. (Bd. 14)
ACDF Index Prot. 95 (1786-1788), Bl. 278r-279r, 3 S.
(1789 Sept. 18)   Pascal, Blaise: Pensées [...] sur la religion [...]. - Geneve : [S.n.], 1778.
ACDF Index Prot. 96 (1788-1790), Bl. 115r, 1 S.
(1790 Febr. 5)   Litta, Luigi: Della sacramentale assoluzione ne' casi riservati [...]. - Milano : presso Gaetano Motta, [S.a., nach 1784].
ACDF Index Prot. 97 (1790), Bl. 89, 2 S.
[1804 Juli 2]   [Ganzetti, Angiolo]: (1) Il giovane istruito ne' principi della democrazia rappresentativa e ne' doveri di cittadino. - Iesi : Stamperia nazionale di P. P. Bonelli, anno VII repubblicano [1798]; (2) Intenzioni del P. M. Angelo Ganzetti carmelitano di Jesi sull'opuscolo, che egli già stampò col titolo: Il giovane instruito ne' principi della democrazìa, e ne' doveri di cittadino. - Senigallia : Lazzarini, 1800.
ACDF Index Prot. 102 (1800-1808), Nr. 15, 1 S. (Doppelgutachten)

Eigene Werke
- Causa dei vescovi costituzionali della Francia in risposta al loro libro intitolato Accordo dei veri principi della Chiesa, della morale e della ragione sopra la costituzione civile del clero di Francia. - [S.l.] : [S.n.], 1795. - XVI, 660 S.
- Della Istoria ecclesiastica dell'eminentissimo cardinale Giuseppe Agostino → Orsi dell'Ordine de' Predicatori proseguita da fr. Filippo Angelico Becchetti del medesimo ordine [...]. - In Roma : nella stamperia, ed a spese di Paolo Giunchi, 1770-1788. - 17 vol.
- Discorso pronunciato nella chiesa cattedrale di Città della Pieve nella mattina del 3. dicembre 1809. per l'anniversario della incoronazione di Sua Maestà l'imperatore e re Napoleone il Grande e della vittoria di Austerlitz. - Perugia 1810. (20 S.)
- Istoria degli ultimi quattro secoli della chiesa dallo scisma d'occidente al regnante Sommo Pontefice Pio Sesto [...]. - In Roma : presso Antonio Fulgoni, 1788-1798. - 12 vol.
- La filosofia degli antichi popoli. Opera in risposta all'opera del signor Du-Puis intitolata Origine di ogni culto o sia religione universale. - Perugia 1812. (368 S.)
- Lettera [...] all'Academia di Cortona sopra i giuochi circensi celebrati da Nerva e sopra il commercio de gli antichi romani. - [S.l.] : [S.n.], [1784]. - 32 S.
- Omelie e discorsi [...]. Coll'aggiunta del divoto esercizio delle tre ore dell'agonia di N.S.G.C. - Assisi 1805. (IV, 248 S.)
- Teoria generale della terra esposta all'Accademia Volsca di Velletri. - In Roma : per Paolo Giunchi, 1782. - 410 S.

- Vita del beato Giacomo Bianconi di Bevagna dell'ordine de' Predicatori. - In Roma : nella Stamperia Salomoni, 1785. - [3] Bl., 95 S.

Literatur
- Bonechi, Simone: L'impossibile restaurazione. I vescovi filonapoleonici nell'Italia francese tra „servilismo" e primato di Pietro (1801-1814), in: Cristianesimo nella Storia 21 (2000), 343-381, hier: 366-370.
- Guglielmotti, Alberto: Catalogo dei bibliotecari, cattedratici, e teologi del Collegio Casanatense nel convento della Minerva dell'Ordine de' Predicatori in Roma dal principio di loro istituzione sino al presente. Raccolto da sicuri documenti e corredato di note biografiche, cronologiche, e bibliografiche. - Roma 1860, 10f.52. [„Filippo Arcangelo Becchetti"]
- Mazzetti, Serafino: Repertorio di tutti i professori antichi, e moderni della famosa Università, e del celebre Istituto delle scienze di Bologna, con in fine alcune aggiunte e correzioni alle opere dell'Alidosi, del Cavazza, del Sarti, del Fantuzzi, e del Tiraboschi. - 2 vol. - Bologna 1847-1848, hier: vol. 1, 45.
- Naselli, Carmelo A.: La soppressione napoleonica delle corporazioni religiose. Contributo alla storia religiosa del primo Ottocento italiano 1808-1814 (MHP ; 52). - Roma 1986, 109f.140f.
- Olivieri, Maurizio Benedetto: [Incipit: A RR. et RR. PP. ac religiosis fratribus Ordinis Praedicatorum. Fr. Mauritius Benedictus Oliveri Sacrae Theologiae Magister, Superior Conventus Sanctae Mariae supra Minervam a S. Sede Apostolica interim deputatus. Salutem, & mortis recordationem. Dum clementissimi Pontificis Maximi (...) Romae e Conventu nostro S. Mariae supra Minervam die III. Septembris anni 1814.] - [Roma 1814]. - 4 S. [Exemplar hier: Biblioteca Casanatense, Rom, Vol. Misc. 867/27]
- Savio, Pietro: Devozione di monsignor Adeodato Turchi alla S. Sede. Testo e DCLXXVII documenti sul giansenismo italiano ed estero (Collana di cultura L'Italia Francescana ; 6). - Roma 1938. [Reg.]
- Schwedt, Herman H.: Fra giansenisti e filonapoleonici. I domenicani al S. Offizio romano e alla Congregazione dell'Indice nel Settecento, in: Longo, Carlo (Hg.): Praedicatores, Inquisitores III. I domenicani e l'Inquisizione romana. Atti del III seminario internazionale su „I domenicani e l'inquisizione" 15-18 febbraio 2006 Roma (Institutum historicum fratrum praedicatorum Romae, dissertationes historicae ; XXXIII). - Roma 2008, 591-613.
- Spina, Adriano: Nuovi documenti sulle deportazioni napoleoniche di ecclesiastici dello Stato della Chiesa (1810-1814), in: RSCI 44 (1990), 141-212, hier: 159. [Loyalitätserklärung Becchettis zur französischen Herrschaft]
- Taurisano, Innocentius: Hierarchia Ordinis Praedicatorum. - Taurini 1916, 119.

Domenico Belisario Belli (de Bellis)

Namensvariante   Domenico Bellisario Bellisari

Geboren   1647 März 2 in Turi (bei Bari, Apulien)
Gestorben   1701 Jan. 17 in Rom

Lebenslauf
1655 Nov. 21	Kleriker
1670 Sept. 20	Priesterweihe
1673 Febr.	Dr. iur. utr. an der Universität Neapel
1673 Apr. 14	Generalvikar des Bistums Conversano (bei Bari)
1675 Dez. 10	Generalvikar des Bistums Montepeloso (Basilicata)
1680 Jan. 20	Generalvikar des Erzbistums Bari (erneut 22. März 1692)
1682 Dez. 3	Generalvikar des Bistums Molfetta (Apulien)
1696 Jan. 23	Bischof von Molfetta
1698 Juni 30	Vicegerente in Rom (bis 1701)
1700 Febr. 3	Konsultor des SO, Amtsantritt durch Eidesleistung
	ACDF SO Juramenta 1656-1700, Bl. 541v; ACDF SO Decreta 1700, Bl. 25v
1701 Jan. 26	Totenfeier des SO für den Konsultor Belli in S. Maria sopra Minerva, Rom
	ACDF SO Decreta 1701, Bl. 19r

Literatur
- Del Re, Niccolò: Il Vicegerente del Vicariato di Roma. - Roma 1976, 63.
- DHGE 7 (1934), 919 von F. Snieders. [„Bellisari"]
- Hierarchia Catholica 5, 265.
- Ughelli 1, 920.
- Weber, Christoph: Bischöfe, Generalvikare und Erzpriester. Ein Beitrag zur Geschichte der kirchlichen Leitungsämter im Königreich Neapel in der frühen Neuzeit (Beiträge zur Kirchen- und Kulturgeschichte ; 9). - Frankfurt a.M. 2000, 170.

Giuseppe Dionisio Bellingeri (Bellengeri) da Pavia OP

Gestorben   1759 [Apr.]

Lebenslauf
	Magister theol.
	Lektor für Theologie in Parma (bis 1709)
1709 Dez. 3	Generalvikar der Inquisition von Parma, Ernennung
	ACDF SO Decreta 1709, Bl. 613r („electus")

1712 Okt. 12	Secundus Socius des Commissarius des SO, Ernennung ACDF SO Decreta 1712, Bl. 454r („electus")
1718 Aug. 10	Primus Socius des Commissarius des SO, Ernennung ACDF SO Decreta 1718, Bl. 296r („electus")
1718 Aug. 17	Primus Socius des Commissarius des SO, Amtsantritt durch Eidesleistung ACDF SO Juramenta 1701-1724, Bl. 222f.; ACDF SO Decreta 1718, Bl. 308r
1719 Juni 7	Sondervollmachten als Primus Socius ACDF SO Priv. 1710-1727, Bl. 388r (wegen Krankheit des Comm. des SO erhält er alle Lossprechungsvollmachten)
1719 Nov. 15	Inquisitor von Rimini, Ernennung ACDF SO Decreta 1719, Bl. 418v („electus")
1719 Nov. 22	Inquisitor von Rimini, Amtsantritt durch Eidesleistung ACDF SO Juramenta 1701-1724, Bl. 269.272v
1735 Aug. 11	Zwischenfall in Rimini zwischen Bediensteten des päpstlichen Legaten und der Inquisition
1736 Jan. 25	Absetzung als Inquisitor von Rimini ACDF SO Decreta 1736, Bl. 42r (päpstliche Anordnung gemäß Schreiben SS an Comm. des SO vom 21. Jan.)
1737 Mai 22	Inquisitor von Ancona, Ernennung ACDF SO Decreta 1737, Bl. 207r („electus"); ACDF SO St.St. II-2-h, Bl. 10r („era destinato in Parma")
1743 Dez. 18	Inquisitor von Faenza, Wahl (vom Papst nicht bestätigt) ACDF SO Decreta 1743, Bl. 487v („electus")
1750 Juli 15	Inquisitor von Faenza, Ernennung ACDF SO Decreta 1750, Bl. 201v („electus"); ACDF SO St.St. II-2-h, Bl. 26r
1758 Aug. 3	Inquisitor von Pavia, Ernennung ACDF SO Decreta 1758, Bl. 116v („electus"; auf Antrag Bellingeris Wechsel mit Giacinto Maria Ascensi OP)

Unveröffentlichte Quellen
ACDF SO Decreta 1759, Bl. 101r (Wahl eines Nachfolgers von Bellingeri am 25. Apr. 1759; hieraus ergibt sich das angenommene Todesdatum)

Literatur
- Castagnoli, Pietro: Il cardinale Giulio Alberoni. - 3 vol. - Piacenza ; Roma 1929-1931, hier: vol. 3, 42-46. [zur „rimozione" Bellingeris als Inquisitor von Rimini, nachdem der caporale der Legation, G. B. Chiarini, gegenüber dem P. Pio OP, Socius des Inquisitors, in bewaffneter Begleitung die Inquisition beleidigt und deren Immunität verletzt hatte; hier auch ein Schreiben des Staatssekretärs vom 31. Dez. 1735 an den Legaten Alberoni wegen dessen „minaccie" gegenüber der Inquisition.]

Alessandro Bellisia OSM

Namensvariante Alessandro Bellisario

Lebenslauf
                    Lektor für Theologie an Ordenskonventen
[1710]   Relator der CIndex, Antrag auf Ernennung
                    ACDF Index Prot. 69 (1710-1712), Bl. 164r (Bewerbung Bellisias o.D. an die CIndex mit Angaben zum Lebenslauf)
1710 Aug. 11   Relator der CIndex, Ernennung
                    ACDF Index Prot. 81 (1737-1740), Bl. 440v
1711 Mai 4   Relator der CIndex, Ernennung (sic)
                    ACDF Index Diari 14 (1708-1721), Bl. 34v; ACDF Index Prot. 81 (1737-1740), Bl. 440v

Gabriele Bello OSBVal

Lebenslauf
1738 Sept. 15   Konsultor der CIndex, Ernennung
                    ACDF Index Prot. 81 (1737-1740), Bl. 120r (Schreiben SS an Sekr. der CIndex); ASV SS Mem Bigl 173 (Schreiben SS an Bello, Entwurf)

Paolo Bellomo TOR

Geboren   in Agrigent (Sizilien)
Gestorben   1755

Lebenslauf
[1694]   Lektor für Theologie und Kirchengeschichte
                    Studienregent am Ordenskolleg SS. Cosma e Damiano, Rom
[1708]   Relator der CIndex, Antrag auf Ernennung
                    ACDF Index Prot. 68 (1707-1710), Bl. 193r (Bewerbung Bellomos o.D. an die CIndex mit Angaben zum Lebenslauf)
1708 Mai 15   Relator der CIndex, Ernennung
                    ACDF Index Prot. 81 (1737-1740), Bl. 440r; ACDF Index Diari 13 (1704-1708), Bl. 140r

[1714]	Konsultor der CIndex, Antrag auf Ernennung
	ACDF Index Prot. 70 (1713-1715), Bl. 226r (Bewerbung Bellomos o.D. mit Angaben zum Lebenslauf)
1714 März 7	Konsultor der CIndex, Ernennung
	ACDF Index Diari 14 (1708-1721), Bl. 83r (Vermerk Sekr. der CIndex zur Papstaudienz)
1731 Mai 6	Generaloberer des Ordens (unter Beibehaltung des Konsultorenamts)

Gutachten

(1711 Sept. 15)	Viviani, Giacomo: Specimina philosophica [...]. - Panormi : typ. Ioseph Barbera, 1690.
	ACDF Index Prot. 69 (1710-1712), Bl. 256r-259v, 8 S.
(1713 Jan. 17)	Ittig, Thomas: De haeresiarchis aevi apostolici et apostolico proximi [...]. - Lipsiae : Sumpt. Haeredum Friderici Lanckisii, 1690.
	ACDF Index Prot. 70 (1713-1715), Bl. 37r-40v, 8 S.
(1714 März 5)	Comazzi, Giovanni Battista: La coscienza illuminata dalla teologia di san Tomaso D'Aquino [...]. - In Colonia : Per Gio. Antonio Bauntir, 1710-1711.
	ACDF Index Prot. 70 (1713-1715), Bl. 218r-224r, 13 S.
[1717 Aug. 11]	Presepi, Presepio <Pseudonym> [Patrignani, Giuseppe Antonio]: La Musica del Divino Amore nel Cantico de' Cantici di Salomone [...]. (Manuskript)
	ACDF SO CL 1715-1717, Nr. 30, 7 S.
(1722 Juli 20)	Tosini, Pietro: La Libertà Dell' Italia [...]. - Amsterdam : Presso li Compagni Josué Steenhouwer, 1718-1720.
	ACDF Index Prot. 72 (1721-1723), Bl. 240r-244r, 9 S.
(1727 Apr. 22)	Gertrudis <de Helfta> ; Mechtild <von Hackenborn>: Preces Gertrudianae [...]. - Venetiis : typis Aloysij Pavini, 1702.
	ACDF Index Prot. 75 (1726-1727), Bl. 406r-409r, 7 S.
(1729 Nov. 21)	Larrey, Isaac de: Histoire d'Angleterre, d'Ecosse, et d'Irlande [...]. - A Rotterdam : chez Reinier Leers, 1697-1713.
	ACDF Index Prot. 77 (1728-1731), Bl. 226r-227v, 4 S.
(1735 Febr. 14)	Jöcher, Christian Gottlieb: Philosophia Haeresium Obex [...]. - Lipsiae : apud Joh. Frid. Gleditschii B. fil., 1732.
	ACDF Index Prot. 79 (1734-1735), Bl. 219r-224r, 11 S.

Literatur

- Luconi, Raniero: Il Terzo Ordine Regolare di S. Francesco. - Macerata 1935, 236.

Domenico Maria Bellotti da Piacenza OP

Gestorben 1739 März 11 in [Mantua]

Lebenslauf

	Magister theol.
1728 Nov. 10	Generalvikar der Inquisition von Faenza, Ernennung
	ACDF SO Decreta 1728, Bl. 280v („electus"); ACDF SO St.St. II-2-h, Bl. 27r
1730 Mai 15	Generalvikar der Inquisition von Bologna, Ernennung
	ACDF SO Decreta 1730, Bl. 76r („electus"); ACDF SO St.St. II-2-h, Bl. 13r
1731 Nov. 20	Secundus Socius des Commissarius des SO, Amtsantritt durch Eidesleistung
	ACDF SO Juramenta 1725-1736, o.Bl.
1732 Juni 3	Primus Socius des Commissarius des SO, Ernennung
	ACDF SO St.St. II-2-h, Bl. 8v; ACDF SO Priv. 1728-1735, Bl. 344v (Dekret Feria IV. ohne Tagesangabe)
1732 Juni 11	Primus Socius des Commissarius des SO, Amtsantritt durch Eidesleistung
	ACDF SO Juramenta 1725-1736, o.Bl.
1735 [Sept.]	Antrag auf Erlaubnis zu kurzer Abwesenheit aus Rom (aus gesundheitlichen Gründen)
	ACDF SO Priv. 1728-1735, Bl. 599
1735 Sept. 14	Erlaubnis zu befristeter Abwesenheit aus Rom
	ACDF SO Priv. 1728-1735, Bl. 600v (Dekret Feria IV.)
1735 Nov. 23	Inquisitor von Mantua, Ernennung
	ACDF SO Decreta 1735, Bl. 409v („electus")
1735 Nov. 29	Inquisitor von Mantua, Amtsantritt durch Eidesleistung
	ACDF SO Juramenta 1725-1736, o.Bl.; ACDF SO Decreta 1735, Bl. 416

Unveröffentlichte Quellen
ACDF SO Decreta 1739, Bl. 87v (Todesdatum).

Francesco Domenico Bencini

Geboren um 1664 in [Malta]
Gestorben 1744 in Chieri (bei Turin)

Lebenslauf

	[Kommendatar-]Abt von S. Ponzio (Savoyen)
1687	Lektor für Dogmatik am Collegium Urbanum de Propaganda Fide, Rom (bis 1720)

	Sekretär der Accademia dei Concili, Rom
1703 Mai 7	Relator der CIndex, Ernennung
	ACDF Index Prot. 81 (1737-1740), Bl. 439r; ACDF Index Diari 12 (1700-1703), Bl. 18r
1720	Professor für Dogmatik und orientalische Sprachen an der Königlichen Universität Turin
1729	Custos der Bibliothek der Königlichen Universität Turin (bis 1732)

Gutachten

1707 Juli 19	♦ Herbert of Cherbury, Edward Herbert: De Religione Gentilium, Errorumque Apud Eos Causis [...]. - Amstelaedami : apud Joannem Wolters, 1700.
	ACDF Index Prot. 67 (1706-1707), Bl. 469r-472v, 8 S.

Eigene Werke

- Codices manuscripti Bibliothecae Regii Taurinensis Athenaei per linguas digesti, & binas in partes distributi, in quarum prima hebraei, & graeci, in altera latini, italici, & gallici. Recensuerunt, & animadversionibus illustrarunt Josephus Pasinus regi a consiliis bibliothecae praeses, et moderator, Antonio Rivautella & Franciscus Berta [...], insertis quibusdam opusculis hactenus ineditis, adjectaque in fine scriptorum et eroum operum indice. - Taurini : ex Typographia regia, 1749. - 2 vol.
- De literis encyclicis dissertatio [...]. - Augustae Taurinorum : ex typographia Johannis Francisci Mairesse, 1728-1730. - 2 vol.
- Il Concilio di Calcedonia difeso nelle sue azioni; seconda, e quarta dalle false spiegazioni proposte nella lettera Franzese, sparsa in Roma nel principio di Giugno 1715. - In Napoli : Nella stampa di Michele Luigi Muzio, 1716. - [12], 198, [2] S.
- Philosophia tabulis exposita : varia antiquorum, recentiorumque philosophorum placita exhibens, ac perpetuis commentarijs illustrata [...]. Tomus primus philosophiae ideam generalem, philosophorum et in philosophia sectarum exurgentium genealogiam; dialecticae, logicaeque exantiquorum lucubrationibus expositionem complectitur [...]. - Roma : Typis Livij de Falco typographi, & caracterum fusoris, 1703. - [6], 45, [3] S.
- Tractatio historico-polemica chronologicis tabulis monarchiarum successiones spectabiliorumque cum sacrorum, tum prophanorum gestorum seriem tempusque ab orbe condito ad Christum signantibus illustrata [...]. - [Torino] : [S.n.], [1720]. - 632, [13] S.

Literatur

- Bibliografia delle edizioni giuridiche antiche in lingua italiana. Vol. 2,1: Testi statutari e dottrinali dal 1701 al 1800. 1701-1751. A cura di Milena Caso Chimenti. - Firenze 1993, 103.
- Crescimbeni, Giovanni Mario (Hg.): Le vite degli Arcadi illustri / scritte da diversi autori [...]. - In Roma : nella stamperia di Antonio de' Rossi, 1708-1751. - 5 vol., hier: vol. 2, 211.
- DBI 8 (1966), 204-207 von G. Quazza. [Werke]
- Delpiano, Patrizia: Il trono e la cattedra. Istruzione e formazione dell'elite nel Piemonte del Settecento. - Torino 1997, 152f.

- Frati, Carlo (Hg.): Dizionario bio-bibliografico dei bibliotecari e bibliofili italiani dal sec. XIV al XIX (Biblioteca di bibliografia italiana ; 13). - Firenze 1933, 65.439. [Bencini Verf. der „Codices manuscripti", 1749]
- Israel, Jonathan Irvine: Radical enlightenment. Philosophy and the making of modernity 1650-1750. - Oxford ; New York u.a. 2002, 113f.
- Mazzuchelli, Giammaria: Gli scrittori d'Italia : Cioè notizie storiche e critiche intorno alle vite, e agli scritti dei letterati italiani. - Brescia : Giambatista Bossini, 1753-1763. - 6 vol., hier: vol. 2/2, 792.
- Ministero per i Beni e le Attività Culturali: Archivi di biblioteche: per la storia delle biblioteche pubbliche statali. Coordinamento red. Laura Santoro (Sussidi eruditi ; 55). - Roma 2002, 260.
- Wolf, Johann Christophorus: Bibliotheca Hebraea, sive notitia tum auctorum hebr. cujscunque aetatis, tum scriptorum, quae vel hebraice primum exarata vel ab aliis conversa sunt, ad nostram aetatem decucta [...]. - Hamburgi & Lipsiae : impensis Christiani Liebezeit [vol. 1] ; Hamburgi : apud Theodor. Christoph. Felginer [vol. 2-4], 1715-1733. - 4 vol., hier: vol. 4, Bl. [4v]. [Bencini zu hebräischen Handschriften]

Francesco Benedetti (de Benedictis)

Gestorben   1774 Nov.

Familie

Mehrere Personen aus der römischen Familie Benedetti standen im Dienst des SO. Ein Giovanni Battista (senior) Benedetti amtierte ab 1685 fast 40 Jahre lang als Buchhalter (Ratiocinator, Computista) des SO. Ihm folgten als Buchhalter der Sohn Pietro Ludovico und der Enkel Giovanni Battista (junior, gest. 1790). Der hier interessierende Francesco kam als zölibatärer Kleriker in den Dienst des SO, heiratete dann und trat mit einer Ausnahmegenehmigung das Amt des Advocatus fiscalis an, das Zölibatären vorbehalten war. Nach seinem Tod erbat die Witwe, baronessa Federica di Puget, finanzielle Hilfe vom SO: Sie habe als Mitgift 2.000 [Scudi?] in die Ehe gebracht und jetzt nur 35 papetti und einige Möbel geerbt. Vgl. ACDF SO Priv. 1774-1776, Bl. 260 (Antrag der Witwe Benedetti o.D.).190r (Schreiben vom 16. Nov. 1774 mit Bericht über diesen Antrag).

Lebenslauf

	Dr. iur. utr.
vor 1742 Mai	Gehilfe des Summista des SO D. → Capretti
	ACDF SO St.St. Q-4-ww = ACDF SO Priv. 1804-1809, Nr. 22
1742 Mai 16	Summista des SO, Ernennung (bis Dez. 1760)
	ACDF SO St.St. Q-4-ww = ACDF SO Priv. 1804-1809, Nr. 22;
	ACDF SO Priv. 1736-1742, Bl. 794v
[1747]	Bitte um finanzielle Zuwendung
	ACDF SO Priv. 1743-1749, Bl. 506r (Schreiben Benedettis o.D. an das SO)

1747 Nov. 9	Einmalige finanzielle Zuwendung von 30 Scudi ACDF SO Priv. 1743-1749, Bl. 507v
[1756]	Konsultor des SO, Antrag auf Ernennung ACDF SO Priv. 1755-1759, Bl. 133r
1756 Jan. 8	Konsultor des SO, Ernennung ACDF SO Decreta 1756, Bl. 6; ACDF SO Priv. 1755-1759, Bl. 136v
1760 Dez.	Summista des SO, Demission
1760 Dez. 3	Advocatus fiscalis des SO, Ernennung ACDF SO St.St. Q-4-ww = ACDF SO Priv. 1804-1809, Nr. 22
1762 Sept. 24	Innocenzo Innocenzi, Adiutor studiorum von Benedetti, Amtsantritt durch Eidesleistung ACDF SO Extens. 1749-1808 = ACDF SO St.St. Q-1-q, Bl. 162r
1771 [Dez.]	Advocatus fiscalis des SO, Emeritierung (wegen Krankheit) ACDF SO St.St. Q-4-ww = ACDF SO Priv. 1804-1809, Nr. 22

Benedetto da S. Maria OCist

Namensvariante Benedetto Tessari

Geboren um 1696 in [Rom]
Gestorben nicht vor 1770

Lebenslauf

	Lektor für Philosophie an San Bernardo alle Terme, Rom (für 3 Jahre)
	Lektor für Theologie an S. Pudenziana, Rom (für 10 Jahre)
[1732]	Relator der CIndex, Antrag auf Ernennung ACDF Index Prot. 78 (1731-1734), Bl. 255 (Bewerbung P. Benedettos o.D. an die CIndex mit Angaben zum Lebenslauf)
1732 Nov. 18	Relator der CIndex, Ernennung ACDF Index Diari 15 (1721-1734), Bl. 130r (Vermerk Sekr. der CIndex); ACDF Index Prot. 81 (1737-1740), Bl. 443r
[1733]	Konsultor der CIndex, Antrag auf Ernennung (abgelehnt) ACDF Index Prot. 78 (1731-1734), Bl. 449r (Bewerbung P. Benedettos o.D. an die CIndex); ACDF Index Diari 15 (1721-1734), Bl. 139v (Vermerk Sekr. der CIndex zur Sitzung vom 11. Jan. 1734)
[1734]	Konsultor der CIndex, Antrag auf Ernennung (erneut) ACDF Index Prot. 79 (1734-1735), Bl. 132r (Bewerbung P. Benedettos o.D. an die CIndex; Vermerk Sekr. der CIndex „pro gratia")

1734 Sept. 23	Konsultor der CIndex, Ernennung ACDF Index Diari 15 (1721-1734), Bl. 145v (Vermerk Sekr. der CIndex)
1735 März 5	Relator des SO, Amtsantritt durch Eidesleistung ACDF SO Juramenta 1725-1736, o.Bl.

Gutachten

(1733 März 16)	LeClerc, Jean: Quaestiones Hieronymianae [...] In quibus expenditur Hieronymi Nupera Editio Parisina, multaque ad Criticam Sacram & Profanam pertinentia agitantur. - Amstelaedami : Apud R. & G. Wetstenios, 1719. ACDF Index Prot. 78 (1731-1734), Bl. 320r-333r, 27 S.
(1734 Jan. 11)	Woken, Franz: Textvs Vet. Test. Originalis, Ebraevs, Ab Enallagis Liberatvs, Ita Ut CLXXII. V.T. Loca, In Qvibvs Enallage Regnare Dicitvr, Ope Pietatis Criticae Simplicitati Deo Dignae Restitvantvr, Et Sine Enallagis Exponantur. - Lipsiae et Wittenbergae : Hanauerus, 1726. ACDF Index Prot. 78 (1731-1734), Bl. 441r-442r, 3 S.
1734 Sept. 20	Wilke, Andreas: Heortographias Pars [...] : ex Poëtis qvà veteribus, qvà recentibus celebrata atque Post accuratam Logices & Rhetorices Analysin seu Dispositionem, Notis Philologicis diligentissimè illustrata [...]. - Lipsiae : Impensis Friderici Arnsti[i], Bibliop. Budiss. ; (Jenae : Impensis Friderici Arnsti[i], Bibliop. Budiss. Typis Johannis Nisi[i]), 1676. ACDF Index Prot. 79 (1734-1735), Bl. 122r-124r, 5 S.
[1734]	♦ Anonym [Colonia, Dominique de]: Instruction sur le jubilé de l'église primatiale de S. Jean de Lyon [...]. - A Lyon : Chez Pierre Valfray, 1734. ACDF SO CL 1733-1734, Nr. 16, 16 S.
[1736 Nov. 28]	Sannig, Bernhard: Collectio sive appparatus absolutionum, benedictionum, conjurationum, exorcismorum [...]. - Venetiis : apud Jo. Baptistam Recurti, 1734. ACDF SO CL 1735-1736, Nr. 14bis, 15 S. (gemeinsam mit L. M. → Lucini da Milano OP)

Literatur
- Notizie 1770, 86. [letztmals erwähnt als Konsultor der CIndex]

Cayetano Niclás Benítez de Lugo OP

Geboren	1676 Jan. 24 in La Orotava (Kanarische Inseln)
Gestorben	1739 Sept. 5 in Madrid

Familie

Der Pater stammte aus der Familie der marqueses de Celada, Sohn des don Diego Ramírez de Lugo und der doña Isabel de Viña. Dem elterlichen Willen entsprechend absolvierte er das Jurastudium an der Sorbonne in Paris. Vgl. Cuervo: Historiadores 3, 620.

Lebenslauf

	Dr. iur. utr. an der Universität Sorbonne, Paris
1696	Rückkehr nach Spanien
1696 Sept. 21	Ordenseintritt in Salamanca (Einkleidung)
	Studium am Kolleg S. Tomás, Alcalá
1704	Lektor der Philosophie an S. Esteban, Salamanca
1706	Erfolgreicher Unterhändler der Stadt Salamanca bei der portugiesischen Belagerung
	Studienmagister in León
	Lektor der Theologie in Cuenca und Toledo
1723	Socius und Sekretär des Provinzialoberen des Ordens
1724	Prior des Konvents S. Rosario, Madrid
1725	Socius des Generaloberen des Ordens T. → Ripoll in Rom
	Konsultor der CRiti
1737 Apr. 12	Revisor des SO, Amtsantritt durch Eidesleistung
	ACDF SO Juramenta 1737-1749, o.Bl.
1737 Juni 5	Qualifikator des SO, Ernennung
	ACDF SO Decreta 1737, Bl. 266r; ACDF SO Priv. 1736-1742, Bl. 102v
1737 Juni 8	Qualifikator des SO, Amtsantritt durch Eidesleistung
	ACDF SO Juramenta 1737-1749, o.Bl.
1737	Prior des Konvents S. Esteban, Salamanca
1738 Apr. 26	Provinzial des Ordens, Provinz Kastilien
1739 Juni 22	Bischof von Zamora (bei Valladolid)
1739 Juli 19	Inbesitznahme des Bistums durch den Prokurator (Benítez vor Ankunft in Zamora verstorben)

Eigene Werke

- Anonym: [Incipit: Señor. Las Religiones monachales, y Mendicantes, puestas à los Reales Pies de V. Mag.]. - [S.l.] : [S.n.], [1725?]. - 40 Bl. [Rekurs bei König Philipp V. gegen die Bulle „Apostolici Ministerii" Papst Innozenz' XIII.; Exemplare der Schrift in: ACDF SO St.St. N-4-h, Bl. 1-40.289-328; ebd., Bl. 328v, findet sich ein hs. Widerruf des Rekurses durch Benítez vom 4. Febr. 1726]
- Assertio et iustificatio voti, aut si mavis censurae libri Ludovici de Mesa, cui titulus, Vita, et virtutes Ven. sororis Marianae a Iesu Tertiariae Ordinis S. Francisci. - Romae : typis Reverendae Camerae Apostolicae, 1735. - 132 S. ; ND in: Révélations privées, in: Analecta Juris Pontificii 19-20 (1879-1881), 528-566.806-830.903-920. 1063-1093, hier: 533-1093. [Gutachten Benítez' für die CRiti zur Seligsprechung der Marianna a Iesu]
- Concursus Dei praevius, et efficax necessario cohaerens cum libero arbitrio humano a necessitate libero, ex s. scriptura, concilijs, & ss. patribus depromptus. Vera

etiam Christi gratia illuminans, vocans, & efficaciter adjuvans infideles, excoecatos, & obduratos, juxta mirabilem ss. Augustini & Thomae doctrinam propriis momentis stabilita, atque a Jansenii, & Quesnellii erroribus vindicata. - Romae : ex Typographia Rochi Bernabò, 1737. - 5 vol. [gegen D. de Quadros SJ]
- Concursus praevius, et efficax necessario cohaerens cum libero arbitrio humano a necessitate libero. Ex sacra scriptura, conciliis [...]. Opus circa efficaciam intrinsecam gratiae [...] debellatam Jansenii, & Quesnelli haeresim; & justissime sacrosancta Constitutione, quae incipit Unigenitus a SS. D. Clemente XI. felicis recordation is edita, damnatam [...]. - Romae : Ex Typographia Rochi Bernabò, Anno 1730. - [15] Bl., 531 S., [6] Bl. [gegen die jesuitische Lehre]
- Memorial que presenta, dedica, y consagra al Ill.mo señor Don Alejandro Aldobrandini, Nuncio Apostólico [...] sobre la heroyca, y religiosa determinacion de la señora Dona Maria Manuela Zapata y Baraona, condesa de Alcolèa, de vestir el habito de santo Domingo, en el Real convento de Sancti Spiritus de la ciudad de Toro, despues de sentencia de divorcio, que obtuvo contra Don Geronimo de Tordesillas, conde de Alcolèa, y Cavallero del Orden de Alcantara. - [S.l.] : [S.n.], [1721]. - [22] Bl.
- Vera Christi gratia illuminans, vocans, & efficaciter adjuvans infideles, excoecatos, & oburatos, juxta mirabilem ss. Augustini et Thomae doctrinam propriis momentis stabilita, atque a Jansenii, et Quesnellii erroribus vindicata. - Romae : ex typographia Rochi Bernabò, 1733. - [17] Bl., 407 S.

Literatur
- Catalogo dei manoscritti della Biblioteca Casanatense. - 6 vol. - Roma 1949-1978, hier: vol. 5, 57. [unter der Signatur Biblioteca Casanatense ms 429 findet sich ein Gutachten Benítez' zum Glücksspiel vom 11. Sept. 1731]
- Cuervo, Justo: Historiadores del convento de San Esteban de Salamanca. - 3 vol. - Salamanca 1914-1915, hier vol. 3, 620-622.
- DHGE 7 (1934), 1338f. von J. Coignet.
- Hierarchia Catholica 6, 449.
- Hurter, Hugo: Nomenclator literarius theologiae catholicae theologos exhibens aetate, natione, disciplinis distinctos. - Editio tertia, emendata et aucta. - 5 vol. - Oeniponte 1903-1913, hier: vol. 4, 1019.1349.1436.
- Ortiz, Martin <Pseudonym> [Quadros, Diego de]: Caduceus theologicus, et crisis pacifica de Examine thomistico, in tres partes divisa. Quorum prima [...]. Secunda discutit graves admodum authores thomista, nempe R. → Massoulie, R. Gravisonium [→ Amat], R. Benitez, ill. Montalvan [Monauban], et alios [...]. Tertia [...] et recentem alium librum de gratia R. Benitez [...]. - Matriti : ex typographia Antonij Marin, 1733. - [11] Bl., 596 S.
- Ortiz, Martin <Pseudonym> [Quadros, Diego de]: Caduceus theologicus, et crisis pacifica, de Examine thomistico. Pars quarta et tomus secundus, in quo appenditur, et observatur secunda editio R. P. M. f. Caietani Benítez, in cujus introductione Caduceum multis accusat, et in quinque ejus tomis eum etiam in quibusdam locis impugnare conatur [...]. - Matriti : ex typographia Emmanuelis Fernandez, 1741. - [13] Bl., LI, 362 S., [6] Bl.
- Sommervogel 6 (1895), 1328-1330. [zu Diego de Quadros SJ (1677-1746) und zur Kontroverse mit Benítez]

Cornelio Bentivoglio

Geboren 1668 März 27 in Ferrara
Gestorben 1732 Dez. 30 in Rom

Familie
Der spätere Kardinal, der wie sein Vater auch als Dichter hervortrat, gehörte zur prominenten Oberschicht von Ferrara und war Sohn des marchese Ippolito Bentivoglio (gest. 1695) und der Fürstentochter Lucrezia Pio di Savoia sowie Großneffe des gebildeten Kardinals G. → Bentivoglio (gest. 1644). Vgl. u. die Arbeiten von Weber. Die Schwester Cornelios, die Dichterin Matilde Bentivoglio Calcagnini (1671-1711) förderte beim Papst ihren Schwager, den späteren Kardinal C. L. → Calcagnini (gest. 1746). Als Nuntius in Paris ließ Cornelio das Werk seines Vorfahren, des Dichters Ercole Bentivoglio (1506-1573), drucken.

Lebenslauf
	Studium der Philosophie, Jura und Theologie in Ferrara
1689	Professor am Gynmnasium (Universität) von Ferrara
	Prelato domestico unter Clemens XI.
1692	Mitglied der Accademia dell'Arcadia, Rom (als „Entello Epiano")
1698 Dez. 12	Gouverneur von Montalto
1699	Vize-Custos der Colonia der Accademia Arcadia in Ferrara
1701 Dez. 6	Dr. iur. utr. in Ferrara
1702 Mai 6	Referendar der Signaturen
1703 Nov. 19	Relator der CIndex, Ernennung
	ACDF Index Prot. 81 (1737-1740), Bl. 439r; ACDF Index Prot. 64 (1703-1704), Bl. 64.71v
1706 Sept. 30	Kleriker der Apostolischen Kammer
	Commissario generale degli armi
1712 März 16	Titularerzbischof von Karthago
1712 Mai 20	Nuntius in Frankreich
1719 Nov. 29	Kardinal
1720 Apr. 15	Zuteilung der Titelkirche S. Girolamo degli Schiavoni
1720 Apr. 15	Mitglied der CIndex, Ernennung
	ACDF Index Diari 14 (1708-1721), Bl. 126v; ACDF Index Prot. 71 (1715-1721), Bl. 676r (Schreiben SS an Sekr. der CIndex)
1720 [Apr. 15]	Mitglied der CConsulta, CProp und CConcist
1720 März 20	Päpstlicher Legat in Ravenna (Romagna, bis 1726)
1726 Nov. 3	Botschafter Spaniens beim Hl. Stuhl (bis 1732)

Gutachten
(1704 Juli 07)	Acta eruditorum [...]. - Lipsiae : Grosse & Gleditsch, (1692). ACDF Index Prot. 65 (1704-1705), Bl. 70r-72r, 5 S.
(1707 April 4)	Nektarios <Patriarches Hierosolymon>: Confutatio imperii papae in ecclesiam [...]. - Londini : Extat apud Joannem Taylor, 1702. ACDF Index Prot. 67 (1706-1707), Bl. 398r-399r, 3 S.

Eigene Werke
- Bentivoglio, Ercole: Opere poetiche [...]. All'illustrissimo ed eccellentissimo Monsignor Cornelio Bentivoglio d'Aragona Arcivesco di Cartagine, e Nunzio [...]. - In Pariggi : Presso Francesco Furnier, 1719. - [11] Bl., 317 S., [2] Bl. [Bl. (1-4) Widmung von Giuseppe di Capoa]
- Che la pittura, la scultura, e l'architettura sono utili, esercitate nell'interno dell'animo nostro; ma che non meno utili sono altresì al di fuori nelle loro manuali operazioni. Orazione d'Entello Epiano [C. Bentivoglio] detta in Campidoglio per l'Accademia del Disegno l'anno 1707, in: Prose degli Arcadi 2 (1718), 49-69.
- Gobbi, Agostino (Hg.): Scelta di sonetti e canzoni de' più eccellenti rimatori d'ogni secolo. Rime d'alcuni illustri autori viventi. - Quarta edizione con nuova aggiunta. - In Venezia : presso Lorenzo Baseggio, 1739. - 5 vol., hier: vol. 3, 87-95.
- Istoria della costituzione Unigenitus. A cura di Raffaele Belvedere. - 3 vol. - Bari [1968]. [vol. 1, S. I-IV zu Bentivoglio als Verf.]
- Selvaggio Porpora <Pseudonym>: La Tebaide di Stazio tradotta in versi sciolti [...]. - In Roma : Apresso Giovanni Maria Salvioni, 1729. - [1] Bl., 500 S., [1] Bl. [zahlreiche Neudrucke] ; La Tebaide. Introduzione e note di Carlo Calcaterra. - 2 vol. - Torino 1928. [kritische Edition; vol. 1, S. LXXVI-LXXXII Hinweise zur Tätigkeit Bentivoglios als Dichter und Komponist sowie zu den Drucken der Tebaide]

Literatur
- Barotti, Giovanni Andrea: Memorie istoriche di letterati Ferraresi. - In Ferrara : per gli eredi di Giuseppe Rinaldi, 1792-1793. - 2 vol., hier: vol. 2, 301-313.
- Borsetti Ferranti Bolani, Ferrante: Historia almi Ferrariae Gymnasii in duas partes divisa [...]. - Ferrariae : Typis Bernardini Pomatelli, 1735. - 2 vol., hier: vol. 2, 161f.
- Calcaterra, Carlo: Il Traduttore della „Tebaide" di Stazio. - Asti 1910.
- Cardella, Lorenzo: Memorie storiche de' Cardinali della Santa Romana Chiesa [...]. - In Roma : nella stamperia Pagliarini, 1792-1797. - 10 vol., hier: vol. 8, 180f.
- DBI 8 (1966), 644-649 von G. de Caro.
- EncCatt 2 (1949), 1360f. von G. Natali.
- Guarnacci, Mario: Vitae, et res gestae Pontificum Romanorum et S.R.E. Cardinalium a Clemente X. usque ad Clementem XII. [...] Descripta a S. Petro ad Clementem IX. - Romae : Sumptibus Venantii Monaldini bibliopolae [...] ; Ex Typographia Joannis Baptistae Bernabo, & Josephi Lazzarini, 1751. - 2 vol., hier: vol. 2, 325-328.
- Hierarchia Catholica 5, 31.145.
- Mazzuchelli, Giammaria: Gli scrittori d'Italia : Cioè notizie storiche e critiche intorno alle vite, e agli scritti dei letterati italiani. - Brescia : Giambatista Bossini, 1753-1763. - 6 vol., hier: vol. 2/2, 869.
- Moroni 5 (1840), 124.
- Parenti, Marino: Aggiunte al Dizionario bio-bibliografico dei bibliotecari e bibliofili italiani di Carlo Frati. - 3 vol. - Firenze 1957-1960, hier: vol. 1, 109f.
- Seidler, Sabrina M. ; Weber, Christoph (Hg.): Päpste und Kardinäle in der Mitte des 18. Jahrhunderts (1730-1777). Das biographische Werk des Patriziers von Lucca Bartolomeo Antonio Talenti (Beiträge zur Kirchen- und Kulturgeschichte ; 18). - Frankfurt a.M. u.a. 2007, 173f.

- Tipaldo, Emilio de (Hg.): Biografia degli italiani illustri nelle scienze, lettere ed arti del secolo XVIII, e de' contemporanei compilata da letterati italiani di ogni provincia. - 10 vol. - Venezia 1834-1845, hier: vol. 1, 248-251.
- Weber, Christoph (Bearb.): Die päpstlichen Referendare 1566-1809. Chronologie und Prosopographie (PuP ; 31/1-3). - 3 Bde. - Stuttgart 2003-2004, hier: Bd. 2, 447f.
- Weber, Christoph (Hg.): Die ältesten päpstlichen Staatshandbücher. Elenchus Congregationum, Tribunalium et Collegiorum Urbis 1629-1714 (RQ Supplementheft ; 45). - Rom u.a. 1991, 86.
- Weber, Christoph (Hg.): Legati e governatori dello stato pontificio (1550-1809) (Pubblicazioni degli Archivi di Stato. Sussidi ; 7). - Roma 1994, 490.
- Weber, Christoph: Genealogien zur Papstgeschichte. Unter Mitwirkung von Michael Becker bearbeitet (PuP ; 29/1-6). - 6 Bde. - Stuttgart 1999-2002, hier: Bd. 5, 91.

Carlo Benvenuti SJ

Geboren   1716 Febr. 8 in Livorno
Gestorben   1789 Dez. 12 in Warschau

Lebenslauf
1732 Nov. 14   Noviziat in S. Andrea al Quirinale, Rom
                    Lehrer für Philosophie in Fermo
1750 Febr. 2   Ordensgelübde („viertes Votum")
                    Dozent für Physik und Mathematik am Collegio Romano
[1754]   Professor für Liturgie am Collegio Romano
[1755]   Relator der CIndex
[1761]   „Scriptor de rebus S. Congregationis" [der CIndex], dazu freigestellt vom Orden
1773   Exil in Warschau (Gast bei adeligen Familien)
[1773]   Theologus des Königs Stanislaus Augustus Poniatowski

Gutachten
(1755 Juli 28)   Anonym [Mesenguy, François Philippe]: Exposition de la doctrine chrétienne [...]. - Utrecht [i.e. Paris] : Aux dépens de la compagnie, 1744.
                    ACDF Index Prot. 85 (1755-1757), Bl. 191r-196r, 11 S.
(1755 Dez. 16)   Diderot, Denis: Encyclopédie, Ou Dictionnaire Raisonné Des Sciences, Des Arts Des Métiers [...]. - A Paris [...], 1751-1780. (Bd. 1)
                    nicht aufgefunden (Hinweis in: ACDF Index Diari 17 [1749-1763], Bl. 60v-61r)

Eigene Werke
- Anonym: Irriflessioni dell'autore d'un foglio intitolato Riflessioni delle corti borboniche sul gesuitismo. - [S.a.] : [S.n.], [1772?]. ; [2], 61, [3] S.; Anonym: Bedenken der bourbonischen Höfe über den Jesuitismus mit Anmerkungen beleuchtet. Aus dem Wälschen übersetzt. - Freystadt : bey Christian Lebrecht, 1773. ; [7] Bl., 110 S.

- Boscovich, Ruggiero Giuseppe: Elementorum universae matheseos ad usum studiosae juventutis [...]. - Romae : excudebat Generosus Salomonj, 1752. - 2 vol. ; Romae : prostant apud Faustum Amidei bibliopolam, et in typographia Generosi Salomoni, 1754. - 3 vol. ; Editio prima Veneta, summo labore ac diligentia ab erroribus expurgata. - Venetijs : apud Antonium Perlini, 1757. - 3 vol. ; Venetiis : apud Antonium Perlini, 1777. - 3 vol. [Hg.]
- Clairaut, Alexis Claude: Elementi di geometria [...] : tradotti dal francese in lingua italiana [...]. - Roma : Generoso Salomoni, 1751. - 233 S. ; Edizione seconda. - Roma : Venanzio Monaldini-Zempel, 1771. - 256 S. [Übers.]
- Dissertatio physica de lumine. - Vindobonae : Joh. Thomas Trattern, 1761. ; 92 S. ; Vindobonae : Joh. Thmans Trattern, 1766. ; 166 S. ; Graecii : typis Haeredum Widmanstadii, 1767. - [32], 152 S. [Schüler-Dissertation in Rom]
- Synopsis physicae generalis quam in Seminario Romano ad disserendum proposuit d. Joseph Joachimus a Vereterra, et Agurto e marchionibus Castagnega [...]. - Romae : typis Antonii de Rubeis, 1754. ; LXXXI S.

Literatur
- Baldini, Ugo: Boscovich e la tradizione gesuitica in filosofia naturale. Continuità e cambiamento, in: Nuncius 7 (1992), 3-68, hier bes.: 21.
- Baldini, Ugo: Teoria boscovichiana, newtonismo, eliocentrismo. Dibattiti nel Collegio Romano e nella Congregazione dell'Indice a metà Settecento, in: Baldini, Ugo: Saggi sulla cultura della Compagnia di Gesù. Secoli XVI-XVIII. - Padova 2000, 281-347, hier: 283-295.
- DBI 8 (1966), 661-663 von P. Casini.
- DHGE 8 (1935), 288 von E. Lamalle. [Todesjahr angeblich 1797]
- Faggiotto, Agostino: Roma settecentesca. Benedetto XIV e il „caso Benvenuti", in: Atti del I congresso nazionale di studi romani. - 2 vol. - Roma 1929, hier: vol. 2, 485-495.
- Pera, Francesco: Ricordi e biografie livornesi. - Livorno 1867, 229-231.
- Sommervogel 1, 1312f. [Todesjahr angeblich 1797]
- Wojtyska, Henricus Damianus: De fontibus eorumque investigatione et editionibus. Instructio ad editionem, nuntiorum series chronologica (Acta Nuntiaturae Polonae ; 1). - Romae 1990, 329. [Benvenuti wird hier als Sekretär und Auditor der Nuntiatur geführt, offenbar verwechselt mit dem Auditor und späteren Kardinal Giovanni Antonio Benvenuti]

Cesare Benvenuti CRL

Lebenslauf

               Lektor für Philosophie und Theologie (für 15 Jahre)
1708   Relator der CIndex, Antrag auf Ernennung
                  ACDF Index Prot. 68 (1707-1710), Bl. 187r (Bewerbung Benvenutis o.D. an die CIndex mit Angaben zum Lebenslauf)

1708 Mai 15	Relator der CIndex, Ernennung
	ACDF Index Prot. 81 (1737-1740), Bl. 440r
1738 Nov. 13	Theologus von N. → Lercari
	ACDF SO Juramenta 1737-1749, o.Bl.

Gutachten
(1709 Sept. 10)   Acta eruditorum [...]. - Lipsiae : Grosse & Gleditsch, (1708).
                  ACDF Index Prot. 68 (1707-1710), Bl. 449r-450r, 3 S.

Ferdinando Agostino Bernabei OP

Geboren   1685 März 21 in Arvona
Gestorben   1734 März 10 in Osimo (Marken)

Lebenslauf
1708 Febr. 25	Priesterweihe
	Lektor für Theologie in Rom [wahrscheinlich an S. Maria sopra Minerva]
1719 Juli 2	Magister theol. (Verleihung des Titels)
1721 Juli 24	Adiutor studiorum des Generaloberen des Ordens A. → Pipia, Amtsantritt durch Eidesleistung
	ACDF SO Juramenta 1701-1724, Bl. 341
[1725]	Relator der CIndex, Antrag auf Ernennung
	ACDF Index Prot. 73 (1724-1725), Bl. 268r (Bewerbung Bernabeis o.D. an die CIndex mit Angaben zum Lebenslauf)
1725 Apr. 23	Relator der CIndex, Ernennung
	ACDF Index Prot. 81 (1737-1740), Bl. 442v
1728 Apr. 12	Bischof von Acquapendente (Latium)
1729 Dez. 23	Bischof von Osimo

Literatur
- Hierarchia Catholica 5, 92.108.

Tommaso Vincenzo Bernardi da Recanati OP

Geboren   um 1653 in Recanati (Marken)
Gestorben   nicht vor Sept. 1713

Familie
Außer dem Namen des Vaters, Carlo Bernardi aus Recanati, liegen keine Nachrichten zur Familie des Paters vor.

Bernardini 144

Lebenslauf

	Magister theol.
1693 März 24	Generalvikar der Inquisition von Reggio Emilia, Ernennung
	ACDF SO Decreta 1693, Bl. 87v („electus")
1695 Dez. 6	Generalvikar der Inquisition von Genua, Ernennung
	ACDF SO Decreta 1695, Bl. 267v („electus")
1698 Okt. 22	Secundus Socius des Commissarius des SO, Ernennung
	ACDF SO Decreta 1698, Bl. 276v („electus")
1698 Nov. 12	Secundus Socius des Commissarius des SO, Amtsantritt durch Eidesleistung
	ACDF SO Extens. 1680-1690 [-1707] = ACDF SO St.St. Q-1-p, Bl. 348v („filius Caroli a Recineta")
[1700]	Primus Socius des Commissarius des SO
1701 März 23	Inquisitor von Genua, Ernennung
	ACDF SO Decreta 1701, Bl. 97r
1701 März 29	Inquisitor von Genua, Amtsantritt durch Eidesleistung
	ACDF SO Decreta 1701, Bl. 105r; ACDF SO Juramenta 1701-1724, Bl. 5f.
1701 Apr. 6	Anwesend auf der Sitzung des SO in Rom
	ACDF SO Decreta 1701, Bl. 112r (Feria IV, Bernardi in der Reihe der Konsultoren)
1701 Juni 18	Dienstantritt in Genua
	ACDF SO Decreta 1701, Bl. 221v (Verlesung des Berichts Bernardis am 28. Juni)
1711 Febr.	Wahrscheinlich Amtsenthebung durch das SO
	ACDF SO Decreta 1711, Bl. 122r-v.144r
1711 März 4	Carlo F. Corradi, Nachfolger Bernardis als Inquisitor von Genua, Ernennung
	ACDF SO Decreta 1711, Bl. 94v („electus")
1713 Sept.	Aufenthalt in Genua
	ACDF SO Decreta 1713, Bl. 435v-436r (dort offensichtlich gegen die Interessen der Kongregation tätig)

Gaetano Bernardini

Geboren um 1744 in [Rom]

Familie

Anlässlich der Bewerbung für die Stelle des Advocatus reorum heißt es 1790, dass Bernardini „di famiglia nobile romana" sei, verheiratet und 46 Jahre alt. Vgl. ACDF SO Priv. [1789]-1790, Nr. 111.

Lebenslauf

1775 Dez. 6	Auditor des Konsultors des SO F. A. → Marcucci, Amtsantritt durch Eidesleistung
	ACDF SO Juramenta 1766-1776, Bl. 266
1780	Auditor des Assessors des SO P. L. → Silva
	ACDF SO St.St. Q-4-ww = ACDF SO Priv. [1789]-1790, Nr. 111
1790 Juni 17	Advocatus reorum des SO, Ernennung (bis 1801)
	ACDF SO St.St. Q-4-ww = ACDF SO Priv. [1789]-1790, Nr. 111; ACDF SO Priv. 1801-1803, Nr. 12 (Vakanz wegen der Ernennung von A. → Biagioli zum Luogotenente criminale des Vikariates)
1790 Juni 23	Advocatus reorum des SO, Amtsantritt durch Eidesleistung
	ACDF SO Juramenta 1777-1796, o.Bl.
1797	Koadjutor des Ersten Beisitzers (Primo collaterale) am kapitolinischen Gericht (Campidoglio)
1797 März 9	B. de → Angelis, Koadjutor von Bernardini
	ACDF SO Priv. 1801-1803, Nr. 12
1801	Fiskal (Fiscale) am kapitolinischen Gericht (Campidoglio)
	ACDF SO Priv. 1801-1803, Nr. 12

Paolino Bernardini junior OP

Namensvariante Alessandro Bernardini OP (Taufname)

Geboren 1619 in Lucca (Toskana)
Gestorben 1713 März 12 [andere: März 29] in Rom

Familie

Die Bernardini in Lucca, seit dem 14. Jahrhundert mit mehreren Vertretern bezeugt, wurden durch Kaiser Karl V. als erbliche Pfalzgrafen in den Reichsadel aufgenommen (vgl. Casini: Libri, 228f.). Die Familie hatte eine starke Anbindung an den Dominikanerorden (vgl. Taurisano: Domenicani, 112) und brachte berühmte Ordensmitglieder hervor; so etwa Bischof Lorenzo Bernardini (1538-1575) und den Magister S. Palatii P. → Bernardini da Lucca OP (gest. 1585), Autor der antilutherischen „Concordia" (1552). Der hier interessierende Paolino junior, Sohn des Patriziers Girolamo Bernardini, wählte beim Ordenseintritt den Namen dieses Vorfahren. Bis 1633 trug er den Taufnamen Alessandro, den er zum Andenken an einen anderen Vorfahren erhielt, nämlich Alessandro Bernardini (1550-1618), Erzpriester am Dom von Lucca und erster Generalrektor der Regularkleriker der Mutter Gottes. In diesen Orden trat auch ein Bruder ein, Giovanni Bernardini (1626-1717), seit 1702 Generaloberer des Ordens. Zur Familie vgl. Mazzuchelli: Scrittori, 970.973; Lucchesini: Storia, 30.77f.; Erra: Memorie 1, 25-51; vol. 2, 123-131.

Bernardini 146

Lebenslauf

1633 Okt. 28	Ordenseintritt in S. Romano, Lucca
1636 Jan. 2	Ordensprofess
	Studium am Ordenskolleg S. Tommaso, Neapel
1654	Lektor am Ordenskolleg S. Romano, Lucca
1655	Studienregent am Ordenskolleg S. Tommaso, Neapel
	Studienregent des Ordens in Perugia
1662	Prior des Konvents S. Romano, Lucca (erneut 1670-1672)
	Magister theol.
1664	Provinzial des Ordens, Provinz Rom
[1672]	Socius des Generaloberen des Ordens A. → Cloche
1673 Juli 19	Konsultor der CIndex, Ernennung
	ACDF Index Diari 7 (1665-1682), Bl. 40r.42v (Amtsantritt am 20. Okt.)
1676	Professor für Logik an der Universität Sapienza, Rom (bis 1695)
1689	Beichtvater der Teilnehmer am Konklave (erneut 1691)
	Postulator zur Seligsprechung der Prinzessin Johanna von Portugal
[1691]	Confessarius von Innozenz XII.
1695	Magister S. Palatii, Ernennung
1695 Dez. 28	Konsultor des SO, Amtsantritt durch Eidesleistung
	ACDF SO Juramenta 1656-1700, Bl. 494r.495v
	Mitglied der Kommission zur Edition der Vulgata
1698 Sept. 22	G. → Selleri, Socius von Bernardini, Amtsantritt durch Eidesleistung
	ACDF SO Extens. 1680-1690 [-1707] = ACDF SO St.St. Q-1-p, Bl. 344r
um 1710	Erkrankung
[1711 Mai]	Magister S. Palatii, Demission

Unveröffentlichte Quellen
Galletti 19, Vat. Lat. 7886, Bl. 63 (Todesdatum); Biblioteca Statale Cremona, Mischband 48.6.12/5: Gedruckter Rundbrief vom 14. März 1713 von A. → Cloche (Todesdatum).

Gutachten

[1701 Juni 22]	♦ Bonaventura <Sanctus>: Psalterium B. Mariae Virginis [...]. - Venetiis : Io. Iacobi Hertz, 1692.
	ACDF SO CL 1701-1702, Nr. 4, 2 S.
[1701 Juni 22]	♦ Anonym: Authentischer Bericht Von Dem grossen Seelen-Schatz Deß Ablaß [...]. - Neuburg : Feuchtner, 1696.
	ACDF SO CL 1701-1702, Nr. 5, 7 S.
[1701 Juni 22]	Le Petit Office dell'Immacule Conception de le tres Glorieuse Vierge M[a]r[i]a Mere de Dieu.
	ACDF SO CL 1701-1702, Nr. 6, 5 S.
[1701 Okt. 5]	Vita del servo di Dio Carlo Marcello Ditacuti Sacerdote, e Canonico Osmano [...]. (Manuskript)
	ACDF SO CL 1701-1702, Nr. 19, 6 S.

[1702 Okt. 12]	Rosetti, Bartolomeo: S. Venantii martyris Camertium tutelaris gloriae epistola apologetica vetustissima eius acta ab illato falsitatis dedecore vendicans - Maceratae : typis Michaelis Archangeli Sivestri, 1699. ACDF SO CL 1701-1702, Nr. 34, 10 S.
[1702 Okt. 12]	Iuris pro Marchione Francisco M[a]r[i]a Marchionis Nicolai Ceuli ex Marchionibus del Carretto etc. ACDF SO CL 1701-1702, Nr. 35, 9 S.
[1707]	Ančić, Ivan: Thesaurus perpetuus indulgentiarum seraphici ordinis sancti patris nostri Francisci [...]. - Venetiis : Apud Carolum Conzattum, 1662. ACDF SO CL 1706-1707, Nr. 29
[1707 Mai 10]	Novena in honore delli nove Mesi [...]. - Praga : Stamp. dell'Univ., [ca. 1670]. ACDF SO CL 1706-1707, Nr. 41, 5 S.

Eigene Werke
- Anonym: Breve narrazione della vita della beata Giovanna principessa di Portogallo dell'ordine di S. Domenico, appellata communemente la Santa Principessa / Raccolta da un religioso dell'istesso ordine di lei devoto. - In Roma : nella stamperia della R. Camera Apostolica, 1693. - [18], 206, [8] S.

Literatur
- Casini, Bruno: I „Libri d'oro" della Repubblica e del Ducato di Lucca, in: Bollettino storico Pisano 62 (1993), 221-249, hier: 228f.
- Catalani, Giuseppe: De magistro sacri palatii apostolici libri duo, quorum alter originem, praerogativas, ac munia, alter eorum seriem continet, qui eo munere ad hanc usque diem donati fuere ad reverendissimum patrem fr. Antonium Bremond [...]. - Romae : Typis Antonii Fulgoni apud S. Eustachium, 1751, 189-191.
- Cavalieri, Giovanni Michele: Galleria dei sommi Pontefici, Patriarchi, Arcivescovi e Vescovi dell'Ordine dei Predicatori. Divisata con cinque cronologie [...]. - Benevento : nella stamperia Arcivescovile, 1696. - 2 vol., hier: vol. 2, 143.
- Conte, Emanuele (Hg.): I maestri della Sapienza di Roma dal 1514 al 1787. I rotuli e altre fonti (Fonti per la Storia d'Italia ; 116. Studi e Fonti per la storia dell'Università di Roma. N. S. ; 1). - 2 vol. - Roma 1991, 957.
- Erra, Carlantonio: Memorie de' religiosi per pietà, e dottrina insigni della Congregazione della Madre di Dio [...].- In Roma : per Giuseppe, e Niccolò Grossi, 1759-1760. - 2 vol., hier: vol. 1, 25-51; vol. 2, 123-131.
- Fénelon, François de Salignac de La Mothe: Correspondance de Fénelon. Texte établi par Jean Orcibal ([ab Bd. 6 in:] Histoire des idées et critique littéraire). - 18 vol. - Genève 1972-2007, hier: vol. 6, 151. [Quellen]
- La condamnation de Fénelon, in: Analecta Juris Pontificii 9 (1866), 810-856.897-933, hier: 810-823. [Gutachten Bernardinis o.D.]
- Lucchesini, Cesare: Della storia letteraria del ducato lucchese libri sette (Memorie e documenti per servire all'istoria del Principato lucchese ; 9-10). - 2 vol. - Lucca 1825-1831, hier: vol. 2, 30.77f. u.ö.

- Masetti, Pio Tommaso: Monumenta et antiquitates veteris disciplinae Ordinis Praedicatorum ab anno 1216 ad 1348 praesertim in Romana Provincia praefectorumque qui eandem rexerunt biographica chronotaxis ex synchronis documentis, ineditis codicibus, aequalibusque auctoribus collectae, illustratae, ac digestae. - 2 vol. - Romae 1864, hier: vol. 2, 155-157.317.
- Mazzuchelli, Giammaria: Gli scrittori d'Italia : Cioè notizie storiche e critiche intorno alle vite, e agli scritti dei letterati italiani. - Brescia : Giambatista Bossini, 1753-1763. - 6 vol., hier: vol. 2, 973.
- Mortier, Daniel Antonin: Histoire des maîtres généraux de l'Ordre des Frères Prêcheurs. - 8 vol. - Paris 1903-1920, hier: vol. 7, 228.292.
- Quetif, Jacobus ; Echard, Jacobus: Scriptores ordinis praedicatorum recensiti, notisque historicis et criticis illustrati, opus quo singulorum vita, praeclareque gesta referuntur, chronologia insuper seu tempus quo quisque floruit certo statuitur : fabulae exploduntur, scripta genuina, dubia, supposititia expenduntur [...] ab an. MDI ad an. MDCCXX [...]. - Lutetiae Parisiorum : Apud J. B. Christophorum Ballard, et Nicolaum Simart, 1719-1721. - 2 vol., hier: vol. 2, 274.
- Renazzi, Filippo Maria: Storia dell'Università degli studi di Roma, detta comunemente la Sapienza, che contiene anche un saggio storico della letteratura romana dal principio del secolo XIII sino al declino del secolo XVIII. - 4 vol. - Roma 1803-1806, hier: vol. 2, 182.
- Sarteschi, Fridericus: De scriptoribus congregationis clericorum regularium Matris Dei [...]. - Romae : ex typographia Angeli Rotilii et Philippi Bacchellii in aedibus Maximorum, 1753, 38-40.237f.
- Taurisano, Innocentius: Hierarchia Ordinis Praedicatorum. - Taurini 1916, 59.
- Taurisano, Innocentius: I domenicani in Lucca. - Lucca 1914, 133-135.
- Weber, Christoph (Bearb.): Die päpstlichen Referendare 1566-1809. Chronologie und Prosopographie (PuP ; 31/1-3). - 3 Bde. - Stuttgart 2003-2004, hier: Bd. 2, 449. [zur Familie]

Bernardo Maria di Gesù OCD

Lebenslauf

     Ordenseintritt in die Ordensprovinz Sizilien
     Generaldefinitor des Ordens
     Generalprokurator des Ordens in Rom
     [Qualifikator des SO]
[1727]   Konsultor der CIndex, Antrag auf Ernennung
     ACDF Index Prot. 76 (1727-1728), Bl. 187 (Bewerbung P. Bernardos an den Papst o. D. mit Angaben zum Lebenslauf; Vermerk „introducatur")
1728 Jan. 27 Relator der CIndex, Ernennung
     ACDF Index Prot. 81 (1737-1740), Bl. 442v

Carlo Agostino Berroni OSA

Lebenslauf

	Magister theol.
	Lektor für Theologie in verschiedenen Städten (mehr als 20 Jahre hindurch)
	Pro-Präfekt der Bibliotheca Angelica, Rom
[1727]	Relator der CIndex, Antrag auf Ernennung
	ACDF Index Prot. 75 (1726-1727), Bl. 404 (Bewerbung Berronis o.D. mit Angaben zum Lebenslauf)
1727 Apr. 22	Relator der CIndex, Ernennung
	ACDF Index Prot. 81 (1737-1740), Bl. 442v

Domenico Berroni OSA

Lebenslauf

	Konsultor der CRiti
1729 Juli 19	Konsultor der CIndex, Ernennung
	ACDF Index Diari 15 (1721-1734), Bl. 100v

Gaspare Bertalazzoni CRL

Lebenslauf

1789 Nov. 17	Qualifikator des SO, Ernennung
	ACDF SO St.St. II-2-m, o.Bl. (Schreiben SS an Sekr. und Ass. des SO)
1789 Nov. 20	Qualifikator des SO, Amtsantritt durch Eidesleistung
	ACDF SO Juramenta 1777-1796, o.Bl.

Alessandro Pompeo Berti OMD

Geboren	1686 Dez. 23 in Lucca
Gestorben	1752 März 23 in Rom

Familie

Die Eltern, Domenico Berti und Maria Borganti, gehörten zur gutsituierten Bürgerschicht in Lucca (Mazzuchelli: Scrittori 2, 1037). Gegen Ende des 18. Jahrhunderts erhielt die Familie Berti in Lucca offenbar einen Adelstitel (Lucchesini: Storia 2, 174).

Berti

Lebenslauf

1702 Nov. 30	Ordenseintritt in Neapel
1704 [Dez. 14]	Ordensgelübde in Neapel
	Studium der Philosophie und Theologie in Lucca
	Dozent für Geschichte, u. a. in Lucca
	Prediger in verschiedenen Städten
	Mitglied verschiedener Akademien
	Sekretär der Accedamia Del'Anca, Lucca
1717	Professor für Rhetorik am Ordenskolleg in Neapel (bis 1720)
	Bibliothekar des Fürsten del Vasto und des Ordenskollegs in Neapel
	Präfekt des Ordenskollegs in Neapel (für sechs Jahre)
[1739]	Pro-Rektor des Ordenskollegs in Rom
	Generalassistent des Ordens in Rom
1742 Jan. 15	Relator der CIndex, Ernennung
	ACDF Index Diari 16 (1734-1746), Bl. 51
[1743]	Konsultor der CIndex, Antrag auf Ernennung
	ACDF Index Prot. 82 (1740-1748), Bl. 49r (Bewerbung Bertis o.D. an die CIndex)
1743 März 4	Konsultor der CIndex, Ernennung
	ACDF Index Diari 16 (1734-1746), Bl. 55v
1744 Nov. 5	Gründer und Vice-Custos der Colonia „Mitìrtea" der Accademia dell'Arcadia im Konvent S. Maria in Campitelli, Rom
1748	Ordenshistoriker (gewählt auf dem Generalkapitel in Rom)
1751	Erkrankung

Gutachten

1742 Jan. 7	Anonym [Villefore, Joseph François de]: La Véritable vie d'Anne Geneviève de Bourbon [...]. - A Amsterdam : chez Jean-François Jolly, 1739.
	ACDF Index Prot. 81 (1737-40), 300r-302r, 5 S.
(1742 Juli 2)	Bossuct, Jacques Benigne: Discours sur l'histoire universelle [...]. - A Amsterdam : aux depens d'Etienne Roger, 1722.
	ACDF Index Prot. 81 (1737-40), 398r-404v, 14 S.
(1743 März 4)	Heineccius, Gottlieb: Elementa iuris naturae et gentium [...]. - Halae : Impensis Orphanotrophei, 1738.
	ACDF Index Prot. 82 (1740-1748), Bl. 37r-39v, 6 S.
(1745 Aug. 30)	Cavaliero, Giuseppe: Delle leggi e del loro uso [...]. - In Nap[oli] : presso Stefano Abbate, 1739.
	ACDF Index Prot. 82 (1740-1748), Bl. 194r-197r, 7 S.
(1746 Juli 5)	Burnet, Gilbert: Défense De La Religion [...]. - La Haye : Paupie, 1738-1744.
	ACDF Index Prot. 82 (1740-1748), Bl. 258r-261v, 8 S.
(1747 Juli 17)	Mosheim, Johann Lorenz von: Institutiones historiae christianae maiores [...]. - Helmstadii : apud Christianum Fridericum Weygand, 1739.
	ACDF Index Prot. 82 (1740-1748), Bl. 324r-326v, 6 S.

1749 Dez. 10   Pagi-Nasir-Bek [Pseudonym]: L' Espion De Thamas Kouli-Kan [...]. - A Cologne : Chez Erasme Kinkius, 1746.
ACDF Index Prot. 83 (1749-1752), Bl. 146r-149v, 8 S.

Eigene Werke
- Chanteresme <Pseudonym> [Nicole, Pierre]: Lettere scritte [...] Tradotte dal francese nell'idioma italiano. - In Venezia : appresso Lorenzo Baseggio, 1786. - 2 vol. [Übers.]
- Chanteresme <Pseudonym> [Nicole, Pierre]: Saggi di morale [...] trasporti dal Francese [...]. - In Venezia : Presso Niccolò Pezzana, 1739. - 4 vol. [Übers.]
- Chanteresme <Pseudonym> [Nicole, Pierre]: Trattato della commedia [...] tradotto in italiano. - In Roma : per Antonio Fulgoni, 1752. - 46, [2] S. [Übers.]
- Chanteresme <Pseudonym> [Nicole, Pierre]: Trattato della orazione [...] trasportato dal francese. - In Venezia : appresso Lorenzo Basegio, 1770. - 2 vol. [Übers.]
- Daniel, Gabriel: Storia di Francia in compendio dallo stabilimento della monarchia francese nelle Gallie, sino a tempi nostri. Traduzione dal francese. - In Venezia : presso Niccolò Pezzana, 1737. - 3 vol. [Übers. von vol. 1-2, Autor von vol. 3]
- Guidiccioni, Giovanni: Opere di monsignor Giovanni Guidiccioni vescovo di Fossombrone contenente rime, prose, e lettere scritte dallo stesso a diversi ragguardevoli soggetti colla vita del suddetto monsignore. - Genova : si vendono dal librajo Pietro Paolo Pizzorno, 1786. - [3], X-LXIV, 332 S. [Hg.]
- Jobert, Louis: La scienza delle medaglie. Nuova edizione con annotazioni storiche, e critiche tradotta dal francese. - In Venezia : appresso Lorenzo Baseggio, 1756. - 2 vol. [Hg.]

Literatur
- Càmpori, Matteo (Hg.): Epistolario di Lodovico Antonio Muratori. - Modena 1898, 4. [Hinweis auf 63 Briefe Bertis an Muratori und 46 Briefe Muratoris an Berti, 1714-1747]
- DBI 9 (1967), 507-510 von G. Pignatelli. [Lit.]
- DHGE 8 (1935), 996 von M.-Th. Disdier.
- DThC 2 (1923), 795 von V. Oblet.
- Erra, Carlantonio: Memorie de' religiosi per pietà, e dottrina insigni della Congregazione della Madre di Dio.- In Roma : per Giuseppe, e Niccolò Grossi nel palazzo de' Massimi, 1759-1760. - 2 vol., hier: vol. 2, 292-294.
- Ferraironi, Francesco: Tre secoli di storia dell'Ordine della Madre di Dio. Note illustrative della mostra allestita nei locali di S. Maria in Campitelli dall'aprile 1938 al febbraio 1939 dopo la canonizzazione di S. Giovanni Leonardi. - Roma 1939, 187f.
- Ferraironi, Francesco: Venticinque Rettori Generali dell'Ordine della Madre di Dio. Profili biografici e morali. - Roma 1945, 43.
- Grimaldi, Costantino: Memorie di un anticurialista del settecento. Testo, introduzione e note a cura di Vittor Ivo Comparato (Biblioteca dell'Archivio Storico Italiano ; 15). - Firenze 1964, 9.
- Lucchesini, Cesare: Della storia letteraria del ducato lucchese libri sette (Memorie e documenti per servire all'istoria del Principato lucchese ; 9-10). - 2 vol. - Lucca 1825-1831, hier: vol. 2, 175-176.

- Mazzuchelli, Giammaria: Gli scrittori d'Italia : Cioè notizie storiche e critiche intorno alle vite, e agli scritti dei letterati italiani. - Brescia : Giambatista Bossini, 1753-1763. - 6 vol., hier: vol. 2/2, 1037-1042.
- Natali, Giovanni: Il Settecento (Storia letteraria d'Italia ; [8,1-2]). - 6. ed. a cura di Aldo Vallone. - 2 vol. - Milano 1964-1971, 527.
- Sarteschi, Fridericus: De scriptoribus congregationis clericorum regularium Matris Dei. - Romae : ex typographia Angeli Rotilii et Philippi Bacchellii in aedibus Maximorum, 1753, 321-331.
- Zeno, Apostolo: Lettere [...]. Seconda edizione, in cui le lettere già stampate si emendano, e molte inedite se ne pubblicano. - Venezia, Appresso Francesco Sansoni, 1785. - 6 vol., hier: vol. 3, 113-115. [Brief Zenos an Berti, Wien, 6. März 1720]

Gianlorenzo Berti OSA

Geboren   1696 Mai 28 in Seravezza (Toskana)
Gestorben 1766 März 26 in Florenz

Familie

Gianlorenzo Berti stammte aus einfachen Verhältnissen. Seine Eltern, Luca und Domenica Boncia, hatten außer ihm mindestens drei weitere Kinder: den älteren Sohn Lorenzo (gest. vor 1710) sowie die jüngeren Schwestern Francesca und Giulia. Vgl. Luijk: Berti, 235.

Lebenslauf

1711	Ordenseintritt in Barga nella Garfagnana (Toskana)
1712	Noviziat in S. Nicola, Pisa (bis 1713)
1713	Feierliche Ordensprofess
1713	Studium der Grammatik an S. Spirito, Florenz
1714	Studium der Dialektik und Philosophie in Rom
1716	Studium der Metaphysik an Nostra Signora della Consolazione, Genua
1717	Cursor in Florenz und Bologna
1719 Sept. 30	Lektor für Logik in Padua (bis 1722)
1721 Sept.	Baccalaureus
1722	Priesterweihe
1722	Lektor für Philosophie in Padua (bis 1724)
1724	Lektor für Philosophie in Florenz (bis 1725)
1726 Nov. 25	Studienregent in Perugia
1727	Mitglied des Kollegiums S. Augustini, Rom (bis 1728)
1728	Studienregent an Nostra Signora della Consolazione, Genua (bis 1729)
1729	Studienregent an S. Agostino, Siena (bis 1731)
1731	Studienregent in Florenz (bis 1733)
1733	Studienregent in Bologna (bis 1735)
1733 Juni 9	Magister theol.

1739	Pro-Sekretär des Ordens
1742	Studienregent an S. Agostino, Rom (bis 1745)
1743	Custos des Hospitals S. Spirito, Florenz (bis 1744)
1744 Mai 13	Qualifikator des SO, Ernennung
	ACDF SO Priv. 1743-1749, Bl. 119r (Audienzdekret des Papstes); ACDF SO St.St. II-2-m, o.Bl. ("Nota de' Qualificatori")
1744 Mai 22	Qualifikator des SO, Amtsantritt durch Eidesleistung
	ACDF SO Juramenta 1737-1749, o.Bl.
1745 Juni 5	Sekretär des Ordens in Rom (bis 1. Mai 1746)
1745	Studienregent in Perugia (bis 1746)
1745	Bibliothekar der Bibliotheca Angelica, Rom (bis 1748)
1748	Professor für Kirchengeschichte an der Universität Pisa (bis 1766)
1762	Erkrankung (Schlaganfall) in Florenz

Eigene Werke
- Anonym: Amplissimis S.R.E. cardinalibus et clarissimis theologis in Urbe Praenestre congregatis post pacem ecclesiae gallicanae restitutam et methodum propediem edituris pro studiis peragendis ab alumnis Collegii Urbani de Propaganda Fide ad haereticos profligendos ad gentiles, & atheos in sinum ecclesiae reducendos, in: Anonym [Patuzzi, Giovanni Vincenzo]: Lettera enciclica del sommo pontefice Benedetto XIV. diretta all'assemblea generale del clero gallicano, illustrata, e difesa contro l'autore de' Dubbi, o quesiti proposti ai cardinali, e teologi della Sacra Congregazione di Propaganda da Eusebio Eraniste. - Lugano : nella stamperia privilegiata della Suprema Superiorita Elvetica nelle prefetture italiane, 1758, XVI-XXI. [zu Quesnel]
- Augustini latinorum patrum nobilissimi quaestionum de scientia, de voluntate, et de providentia Dei, necnon de praedestinatione, ac reprobatione, atque de gratia reparatoris dilucidatio. - In Typographia Bassanensi : sumptibus Remondinianis, 1766. - 2 vol.
- Augustinianum systema de gratia ab iniqua Bajani, & Janseniani erroris insimulatione vindicatum, sive refutatio librorum, quorum titulus Bajanismus, et Jansenismus redivivi in scriptis PP. FF. Bellelli, et Berti [...] eodem, qui secundo loco insimulatur, auctore. - Romae : apud Jo. Mariam Salvionum, 1747. - 2
- Breviarium historiae ecclesiasticae editio post Venetam secundam in Germania prima ab auctore ipso recognita, pluribus in locis emendata, et chronologiae sacrae elementis nunc primum locupletata. - Augustae Vindelicorum : sumptibus Matthaei Rieger bibliopolae, 1761. - 2 vol.
- Consulto teologico-morale, concludente coll'affermativa in favore dell'innesto del vaiuolo, in: Anonym: Tre consulti, fatti in difesa dell'innesto del vaiuolo da tre dottissimi teologhi toscani viventi. - In Milano : Appresso Giuseppe Galleazzi, 1762, 25-90 ; Edizione seconda. - In Pisa : per Gio. Paolo Giovanelli, 1763, 1-72. [erneut in: Raccolta di osservazioni, e ragionamenti teologici e medici sopra la necessità dell'innesto del vajolo (...). - In Pisa : Agostino Pizzo, 1766, 1-72.]
- De rebus gestis S. Augustini latinorum patrum nobilissimi, librisque ab eodem conscriptis commentarius editus ab humilissimo ejus filio [...]. - Venetiis : excudebat Antonius Bassanese, 1756. - [16], 334, [2] S.

- Delle glorie dell'antichissima e fedelissima città di Corneto. Orazione [...]. - In Roma : per Antonio de' Rossi, 1745 - 32 S. ; ND Tarquinia 2004. (XV, 32 S.)
- Dissertationum historicarum quas habuit in Archigymnasio Pisano [...]. - Florentiae : apud Andream Bonduccium, 1753-1756. - 3 vol.
- Ecclesiasticae historiae breviarium [...]. - Pisis : Io. Paulus Giovanellus, 1740. - 2 vol. ; Pisis : Io. Paulus Giovanellus, 1760. - 2 vol. ; Editio secunda. - Venetiis : Ex Typographia Remondiana, 1761. - 2 vol. ; Editio novissima. - Venetiis : Ex Typographia Remondiana, 1763. - 2 vol. ; Bassani, prostant Venetiis : apud Remondini, 1744. - 2 vol. [sowie weiter Ausg. ebd.]
- Historia ecclesiastica sive dissertationes historicae. [...]. Editio in Germania prima. - Augustae Vindelicorum : sumptibus Matthaei Rieger, bibliopolae, 1761. - 4 vol.
- Librorum XXXVII. de theologicis disciplinis accurata synopsis Accedunt de locis theologicis libri X [...] / Quam ad usum seminarii Auximatis concinnavit, notis perpetuis, ac novis quibusdam dissertationibus auxit, & in lucem nunc primum edit f. Hieronymus Maria Buzius Augustinianus. - Auximi : ex typ. Dominici Antonii Quercetti, 1767-1768. - 4 vol. ; Neapoli : sumptibus Gregorii, et Michaelis Stasi, 1769-1773. - 5 vol. ; Bassani, prostant Venetiis : apud Remondini, 1789. - 5 vol.
- → Noris, Enrico: Opera omnia theologica quaeque ad sacram eruditionem spectant, Cl. Petri, ac Hieronymi fratrum Ballerini luculentissimis observationibus illustrata, novo ordine digesta, ac uberrimis adnotationibus, aliisque pluribus locupletata, a P. Joanne Laurentio Berti. - In typographia Bassanensi : sumptibus Remondini veneti, 1759. - 3 vol. ; In typographia Bassanensi : sumptibus Remondini veneti, 1793. - 3 vol. [Hg.]
- Opus de theologicis disciplinis [...]. - Editio novissima [...]. - Bassani, prostant Venetiis : apud Remondini, 1742. - 10 vol. ; Romae, sed prostant Venetiis : apud Joannem Baptistam Recurti, 1750. - 3 vol. ; Editio novissima [...]. - Venetiis : ex typographia Remondiana, 1760. - 7 vol. ; Edition novissima. - Bassani ; Venetiis : apud Remondini, 1776. - 7 vol. ; Neapoli : sumptibus Gaetani Migliaccio, ex typographia Orsiniana, 1776-1784. - 10 vol.
- Prose volgari. - In Firenze : appresso Andrea Bonducci, 1759. - XII, 318 S., [1] Bl.
- Ragionamento apologetico [...] al dottissimo padre Francescantonio Zaccaria della venerabil Compagnia di Gesù. - [In Torino : S.n.], 1751. - 146 S., [1] Bl.
- Supplemento a' tre primi tomi della Storia letteraria d'Italia. - In Lucca : per Filippo Maria Benedini, 1753. - XX, 484 S.
- Theologia historico-dogmatico-scholastica, seu libri, de theologicis disciplinis [...]. - Romae : excudebat Antonius de Rubeis, 1739-1745. - 8 vol. ; Primo octo tomis editum Romae, quibus novissime accesserunt duo tomi, comprehendentes Augustinianum systema de gratia, ab iniqua Baiani et Janseniani erroris insimulatione vindicatum [...]. Editio prima in Germania [...]. - Pedeponti, vulgo Stadt am Hoff : sumptibus Joannis Gastl, typis Maximiliani Simonis Pinziger, 1749-1750. - 8 tom. in 4 vol.

Literatur

- Anonym [Bernenc, Jean-Baptiste Théodose]: Systema Augustinianum de divina gratia, excerptum ex operibus RR.PP. Fulgentii Bellelli, & Laurentii Berti [...] ad usum theologiae candidatorum, perpetua ac facili methodo accomodatum, cum notis & additionibus redactoris. - Lugduni : Apud G. Regnault, 1768. - 2 vol.

- Barsanti, Danilo: I docenti e le Cattedre dell'Università di Pisa dal 1737-38 al 1798-99, in: Bollettino Storico Pisano 62 (1993), 251-276, hier: 254.
- Cath 1 (1948) 1502 von G. Rotureau.
- DBI 9 (1967) 516-521 von G. Pignatelli.
- DHGE 8 (1935), 997f. von M.-Th. Disdier.
- DThC 2 (1923), 795f. von B. Heurtbize.
- EC 2 (1949), 1469f. von Ag. Trapé.
- Fabroni, Angelo: Vitae Italorum doctrina excellentium qui saeculis XVII. et XVIII. floruerunt [...]. - Pisis : excudebat Carolus Ginesius, 1778-1805. - 20 vol, hier: vol. 9, 43-93.
- Gutiérrez, David: De antiquis Ordinis Eremitarum Sancti Augustini bibliothecis, in: AAug 23 (1953-1954), 164-372, hier: 358.
- Hurter, Hugo: Nomenclator literarius theologiae catholicae theologos exhibens aetate, natione, disciplinis distinctos. - Editio tertia, emendata et aucta. - 5 vol. - Oeniponte 1903-1913, hier: vol. 3, 1-5.
- Lanteri, Giuseppe: Postrema saecula sex religionis Augustinianae in quibus breviter recensentur illustriores viri Augustinienses qui sanctitate et doctrina floruerunt post magnam ordinis unionem peractam anno 1756 ab Alexandro IV. usque ad haec tempora. - 3 vol. - Tolentini ; Roma 1858-1860, hier: vol. 3, 270-274.
- Lombardi, Antonio: Storia della letteratura italiana nel secolo XVIII. - 4 vol. - Modena 1827-1830, hier: vol. 1, 126-131.
- López Bardón, Tirso: Monastici augustiniani R. P. Fr. Nicolai Crusenii continuatio atque ad illud additiones, sive, Bibliotheca manualis Augustiniana in qua breviter recensentur Augustinienses utriusque sexus virtute, litteris, dignitate ac meritis insignes [...]. - 3 vol. - Vallisoleti 1890-1916, hier: vol. 3, 360f.
- LThK 2 (1994), 293 von Willigis Eckermann.
- Luijk, Benignus van: Gianlorenzo Berti Agostiniano (1696-1766), in: RSCI 14 (1960), 235-262.383-410.
- Luijk, Benignus van: Un varón apostólico-romano en las querellas jansenistas: Juan Lorenzo Berti, in: Revista Augustiniana de espiritualidad 3 (1962), 82-95.
- Mazzuchelli, Giammaria: Gli scrittori d'Italia : Cioè notizie storiche e critiche intorno alle vite, e agli scritti dei letterati italiani. - Brescia : Giambatista Bossini, 1753-1763. - 6 vol., hier: vol. 4, 1044-1049.
- Ossinger, Joannes Felix: Bibliotheca augustiniana historica, critica, et chronologica [...]. - Ingolstadii et Augustae Vindelicorum : impensis Joannis Francisci Xaverii Craetz [...], 1768 ; ND Torino 1963, 127f.
- Perini, Davide Aurelio: Bibliographia augustiniana cum notis biographicis. Scriptores italici. - 4 vol. - Firenze [1929]-1938, hier: vol. 1, 120-123.
- Tipaldo, Emilio de (Hg.): Biografia degli italiani illustri nelle scienze, lettere ed arti del secolo XVIII, e de' contemporanei compilata da letterati italiani di ogni provincia. - 10 vol. - Venezia 1834-1845, hier: vol. 8, 29-33.

Leone Bertolotti CCRRMM

Geboren	um 1680 in Genua
Gestorben	1759

Familie

Zu Pater Bertolotti (häufig: Bartolotti), 37 Jahre alt beim Antritt seines Amtes 1717 als Revisor, findet sich bei dieser Gelegenheit ein Hinweis auf den Namen des Vaters: Petrus Bertolotti (ACDF SO Juramenta 1701-1724, Bl. 203f.).

Lebenslauf

vor 1711	Lektor für Philosophie und Theologie am Collegio SS. Vincenzo e Anastasio, Rom
[1713]	Relator der CIndex, Antrag auf Ernennung ACDF Index Prot. 70 (1713-1715), Bl. 189r (Bewerbung Bertolottis o.D. an die CIndex mit Angaben zum Lebenslauf); ACDF Index Diari 14 (1708-1721), Bl. 77v
1714 Jan. 15	Relator der CIndex, Ernennung ACDF Index Diari 14 (1708-1721), Bl. 77v
[1717]	Provinzialsekretär des Ordens
1717 Nov. 21	Revisor des SO, Amtsantritt durch Eidesleistung ACDF SO Juramenta 1701-1724, Bl. 204v
1719 Jan. 19	Konsultor der CIndex, Ernennung ACDF Index Diari 14 (1708-1721), Bl. 118v
1719 Juni	Reise nach Genua (bis Nov. 1719)
1725	Konsultor des Römischen Konzils
1742	Professor für Ethik an der Universität Sapienza, Rom (bis 1751)
1756	Konsultor der CIndex, Demission ACDF Index Prot. 85 (1755-1757), Bl. 221r (Schreiben o.D. des Generaloberen an den Papst mit der Bitte, den Rücktritt Bertolottis zu akzeptieren)

Unveröffentlichte Quellen

ASR Congregazioni religiose maschili, Chierici regolari minori, S. Lorenzo in Lucina, Busta 1450 („Diario del Collegio de SS. Vincenzo et Anastasio a Trevi" 1706-1720, o. Bl. [zu den Einträgen 1711-1719]).

Gutachten

(1723 Jan. 11)	Dupin, Louis Ellies: Histoire du concile de Trente [...]. - Bruxelles : S. t'Serstevens, 1721. ACDF Index Prot. 72 (1721-1723), Bl. 298r-299v, 4 S.
[1726 Juni 12]	Anonym [Landi, Abbas]: Qu[ae]stiones Theologic[ae] in materia morali [...]. - [S.l.], [S.a.]. (Manuskript) ACDF SO CL 1724-1728, Nr. 22, 15 S.

[1726 Juni 12]	Anonym [Landi, Abbas]: Qu[ae]stiones Theologic[ae] in materia morali [...]. - [S.l.], [S.a.]. (Manuskript) ACDF SO CL 1724-1728, Nr. 22, 4 S.
(1726 Aug. 26)	Volpe, Angelo: Sacrae theologiae summa Ioannis Duns Scoti [...]. - Neapoli : apud Lazarum Scorigium, 1622-1646. ACDF Index Prot. 74 (1726), Bl. 213r-214v, 4 S.
(1729 Jan. 17)	♦ Fleury, Claude: Institutiones iuris ecclesiastici [...]. - Francof. & Lipsiae : apud Ernest Gottlieb. Crugium, 1724. ACDF Index Prot. 77 (1728-1731), Bl. 18r-19v, 4 S.
(1735 Aug. 29)	Anonym [Limiers, Henri Philippe de (Hg.) u.a.]: Magna bibliotheca ecclesiastica [...]. - Coloniae : Perachon & Cramer, 1734. ACDF Index Prot. 80 (1735-1737), Bl. 33r-36r, 7 S.

Literatur
- Concilium Romanum in Sacrosancta Basilica Lateranensi celebratum Anno Universalis Jubilaei MDCCXXV. a sanctissimo Patre, & Dno Nostro Benedicto Papa XIII. Pontificatus sui Anno I. - Romae : ex Typographia Rocchi Bernabò, 1725, 126.
- Conte, Emanuele (Hg.): I maestri della Sapienza di Roma dal 1514 al 1787. I rotuli e altre fonti (Fonti per la Storia d'Italia ; 116. Studi e Fonti per la storia dell'Università di Roma. N. S. ; 1). - 2 vol. - Roma 1991, hier: vol. 2, 940.
- Spano, Nicola: L'Università di Roma. - Roma 1935, 338.

Gioacchino Besozzi OCist

Geboren	1679 Dez. 23 in Mailand
Gestorben	1755 Juni 18 in Tivoli

Familie

Der spätere Kardinal stammte angeblich aus einem der Zweige der Mailänder Adeligen, die sich um die Familie Besozzi conti di Legguino, Bosco und Mombelli gruppierten (vgl. Moroni 5, 187f.: „nobile milanese"; DBI 9, 677: „da nobile famiglia"). Der Familienhistoriker A. Giulini kann den Kardinal allerdings keinem der Familienzweige zuordnen (vgl. Giulini: Appunti, 81). Nach anderen Quellen waren die Eltern des Kardinals arm. Vgl. Seidler/Weber: Päpste, 322: „poveri, ma onesti e pii genitori".

Lebenslauf

[1695/1696]	Eintritt in die lombardische Kongregation des Ordens (mit 16 Jahren) Studium der Theologie und klassischen Philologie in Mailand Lektor am Kloster Chiaravalle Milanese (S. Maria di Rovegnano), Mailand
1720	Ernennung zum Abt in Venedig (Stelle vermutlich nicht angetreten) Studium der Philosophie und Physik in Mailand
1724	Abt von S. Croce in Gerusalemme, Rom (bis 1743) Generalprokurator des Ordens in Rom

Besozzi 158

1728 Nov. 29	Berater Clemens XII. zur Gültigkeit der flandrischen Ehen Konsultor des SO, Ernennung ACDF SO St.St. D-5-f, Bl. 45v.63r (Schreiben V. → Contis o.D. an das SO; Schreiben J. M. → Fonsecas o.D. an das SO; beide zur Rangfolge der Konsultoren)
1728 Dez. 1	Konsultor des SO, Amtsantritt durch Eidesleistung ACDF SO Juramenta 1725-1736, o.Bl. (Schreiben SS an Ass. des SO)
1740	Konklavebeichtvater des Kardinalskollegiums
1743 Sept. 9	Kardinal
1743 Sept. 23	Zuteilung der Titelkirche S. Pancrazio
1743 Sept. 23	Mitglied der CIndex, Ernennung ACDF Index Prot. 82 (1740-1748), Bl. 73r (Schreiben SS an Sekr. der CIndex)
1743 Sept. 23	Mitglied des SO, Ernennung ACDF SO Juramenta 1737-1749, o.Bl. (Schreiben SS an Ass. des SO)
1743 Sept. 25	Mitglied des SO, Amtsantritt durch Eidesleistung ACDF SO Decreta 1743, Bl. 378r; ACDF SO Juramenta 1737-1749, o.B.
1743 Okt. 5	Mitglied der CConcilio, CEpReg und CIndulg Filippo Pozzolana, Auditor von Besozzi, Amtsantritt durch Eidesleistung ACDF SO Juramenta 1737-1749, o.Bl.
1747	Penitenziere Maggiore

Gutachten

[1743]	Arrest Du Conseil D'État Du Roy. [...] - A Paris : De L'Imprimerie Royale, 1742. ACDF SO CL 1742-1743, Nr. 9, 7 S. (gemeinsam mit L. M. → Lucini da Milano OP und Tommaso Sergio PO)
[1746 Febr. 6]	Sinzendorf, Philipp Ludwig von <Breslau, Bischof ; Kardinal>: Dei Miseratione Sacrae Romanae Ecclesiae [...]. - [S.l.] : [S.n.], [1745]. ACDF SO CL 1746-1747, Nr. 3, 11 S.

Eigene Werke

- Censurarum operum PP. Belleli et → Berti, in: Anonym: Alcuni apologetici scritti contro l'autore della Storia letteraria d'Italia. - Napoli : [S.n.], 1757. - 2 vol., hier: vol. 1, 121-152. [Gutachten Besozzis für das SO zu Berti, dem man Jansenismus vorwarf]
- Validitas Matrimoniorum Hollandiae, in: S. D. N. Benedicti XIV. declaratio super matrimoniis inter protestantes et catholicos : nec non super eadem materia relationes antistitum Belgii et dissertationes Reverendissimi Cavalchini Archiepiscopi Philippensis, et quatuor insignium theologorum. Editio prima in Germania. - Coloniae : apud Joannem Wilhelmum Krakamp & haeredes Christiani Simonis, 1746. - [15] Bl., 308 S., [6] Bl., hier: 106-138.

- [Gutachten zur Gültigkeit von Ehen ohne tridentische Form], in: De matrimoniis inter haereticos, ac inter haereticos, et catholicos initis in foederatis Belgii provinciis dissertationes theologicae, et canonicae reverendissimi P.D. Cavalchini arch'iepiscopi Philippensis, et Sacrae Congregationis Concilii a secretis, necnon quatuor insignium theologorum. - Romae : typis, & sumptibus Hieronymi Mainardi, 1741. - [2], LXXXIV, XXXVI, 3, [1], LVI S., hier: LXI-LXXI.LXXII-LXXVIII.

Literatur
- Anonym [Bernenc, Jean-Baptiste Théodose]: Systema Augustinianum de divina gratia, excerptum ex operibus RR.PP. Fulgentii Bellelli, & Laurentii → Berti Ordinis Erem. S. Augustini, & ad usum Theologiae Candidatorum, perpetua ac facili methodo accomodatum, cum notis & additionibus redactoris. - Lugduni : Apud G. Regnault, 1768. - 2 vol., hier: vol. 1, 593.
- Appolis, Émile: Le Tiers Parti catholique au XVIII. siècle. Entre Jansénistes et Zelanti. - Paris 1960, 279f.
- Besozzi, → Raimondo: La Storia della basilica di Santa Croce in Gerusalemme. - In Roma : Per Generoso Salomoni, 1750, 221f.
- Bonacina, Fulvio: Orazione funebre [...] recitata nelle solenni esequie dell'eminentissimo signor cardinale D. Gioachimo Besozzi dell'Ordine Cisterciense morto in Tivoli il dì 18 giugno 1755. [...] Coll'aggiunta d'una lettera, che contiene la descrizione delle medesime solenni esequie. - In Milano : dalla stamperia di Giambattista Bianchi, 1755. - [8], XXIII, [1] S.
- Cardella, Lorenzo: Memorie storiche de' Cardinali della Santa Romana Chiesa [...]. - In Roma : nella stamperia Pagliarini, 1792-1797. - 10 vol., hier: vol. 9, 21-23.
- DBI 9 (1967), 677-679 von G. Pignatelli.
- DHGE 8 (1935), 1180 von L. Jadin.
- Dictionnaire des auteurs cisterciens. Sous la direction de Émile Brouette, Anselme Dimier et Eugène Manning (La Documentation cistercienne ; 16/1-2). - 2 vol. - Rochefort 1975-1979, 115.
- Giulini, Alessandro: Appunti storici sulla nobile famiglia Besozzi (linee estinte), in: Giornale araldico-genealogico-diplomatico italiano a. 26 N.S. 7 (1898), 71-81, hier bes.: 81.
- Guerrieri Borsoi, Maria Barbara: La collezione del cardinale Gioachino Besozzi ereditata della Chiesa di S. Croce in Gerusalemme a Roma, in: Debenedetti, Elisa (Hg.): Artisti e Mecanti. Dipinti, disegni sculture e carteggi nella Roma curiale (Studi sul Settecento Romano ; 12). - Roma 1996, 59-94.
- Hierarchia Catholica 6, 14.
- Martini, Giuseppe: Elogio storico del cardinale Gioachino Besozzi benedettinocisterciense. - Roma 1845.
- Mazzuchelli, Giammaria: Gli scrittori d'Italia : Cioè notizie storiche e critiche intorno alle vite, e agli scritti dei letterati italiani. - Brescia : Giambatista Bossini, 1753-1763. - 6 vol., hier: vol. 2/2, 1079f.
- Morelli, Emilia (Hg.): Le lettere di Benedetto XIV al card. De Tencin. Dai testi originali (Storia e letteratura ; 55.101.165). - 3 vol. - Roma 1955-1984, hier: vol. 1, 220.277.383.407.
- Moroni 5 (1840), 187f.

- Mozzi, Luigi: Storia delle rivoluzioni della Chiesa di Utrecht [...]. Libri cinque. Venezia : presso Antonio Zatta e figli, 1787. - 3 vol., hier: vol. 3, 148-163.
- Perugini: L'Inquisition romaine et les Israélites, in: Revue des Études Juives 3 (1881), 94-108, bes. 101.107. [zu Gutachten Besozzis]
- Seidler, Sabrina M. ; Weber, Christoph (Hg.): Päpste und Kardinäle in der Mitte des 18. Jahrhunderts (1730-1777). Das biographische Werk des Patriziers von Lucca Bartolomeo Antonio Talenti (Beiträge zur Kirchen- und Kulturgeschichte ; 18). - Frankfurt a.M. u.a. 2007, 322f.
- Willi, Dominicus: Päpste, Kardinäle und Bischöfe aus dem Cistercienser-Orden. - Bregenz 1912, 20.

Raimondo Besozzi OCist

Gestorben 1772

Familie

Der spätere Abt stammte aus einem der Zweige der Mailänder Adelsfamilien Besozzi, der auf einen Giovanni Pietro Besozzi (1503-1584) zurückgeht: dieser war Doktor der Rechte der Universität Pavia. 1542 trat seine Frau Ivona de' Tratti aus Cremona in ein Frauenkloster ein, während Giovanni Pietro bei den Barnabiten eintrat. 1546 wurde er Generaloberer dieses Ordens (vgl. Boffito: Scrittori 1, 202). Neben dem hier interessierenden Abt Raimondo, Sohn des Giovanni Besozzi und der Antonia Maddalena Besozzi, wählten auch einige seiner Geschwister den Ordensstand: drei Schwestern sowie der Bruder Cherubino Besozzi OSBOliv, der Abt in Pavia wurde. Der Bruder Filippo Besozzi (gest. 1763) setzte mit Nachkommen die Familie fort. Vgl. Giulini: Appunti, 78-81 und Tafel V.

Lebenslauf

1743	Abt von S. Croce in Gerusalemme, Rom
1752 März 17	Konsultor des SO, Ernennung
	ASV SS Mem Bigl 192 (Vermerk SS)
1752 März 22	Konsultor des SO, Amtsantritt durch Eidesleistung
	ACDF SO Decreta 1752, Bl. 97v
1756 Jan. 27	Dario Marinoni OCist, Adiutor studiorum von Besozzi, Amtsantritt durch Eidesleistung
	ACDF SO Extens. 1680-1690 [-1707] = ACDF SO St.St. Q-1-p, Bl. 96v

Gutachten

(1759)   Anonym: Avviso Tradotto dal Francese La Traduzione, e impressione dal Francese, del Trattato metafisico dell'Uomo [...]. - Vercelli : per Carl'Antonio Zelbi, 1758.
ACDF SO CL 1759 Bd. I, Nr. 6, 4 S.

(1759)	Diderot, Denis: Encyclopedie, ou Dictionnaire raisonne des sciences, des arts et de metiers [...]. - A Paris: chez Briasson 1751-1765. ACDF SO CL 1759, Bd. II, Nr. 1, 3 S.
(1759)	Gorini Corio, Giuseppe: L'uomo : trattato fisico morale [...]. - In Lucca : [S.n.], 1756. ACDF SO CL 1759 Bd. I, Nr. 6, 31 S.
[1760]	Divini, Pietro: Vita della Serva di Dio Suor Maria Gesualda della SSm. Trinità [...]. - [S.a.]. (Manuskript) ACDF SO CL 1760-1761, Nr. 1, 15. S.
[1762 Mai 24]	Guerazzi al Romanelli, Francesco Domenico ; Ulivelli, Cosimo: Piantina Censurarum [...]. - In Firenze : Nella Stamperia di Pietro Gaetano Viviani, 1761. ACDF SO CL 1762-1764, Nr. 3, 7 S.
(1766)	Opstraet, Johannes: Pastor bonus, seu idea officium et praxis pastorum [...]. - Passaviae : Mangold, 1764. ACDF SO CL 1766, Nr. 5, 37 S.
(1766)	Opstraet, Johannes: Pastor bonus, seu idea officium et praxis pastorum [...]. - Passaviae : Mangold, 1764. ACDF SO CL 1766, Nr. 5, 9 S. (Sammelgutachten)
(1766)	Plures Theses propugnatas in novo seminario episcopali Passaviensi. ACDF SO CL 1766, Nr. 5, 9 S. (Sammelgutachten)
(1766)	Theses propugnatas in novo seminario episcopali Passaviensi. ACDF SO CL 1766, Nr. 5, 3 S.
(1766)	Theses propugnatas in novo seminario episcopali Passaviensi. ACDF SO CL 1766, Nr. 5, 4 S.
(1766)	Waltpauer, Johann Nepomuk: Synopsis theologiae dogmat. moral. pract. in usum sem. episcopal. Pataviens [...]. - [Passavii] : Mangold, 1766. ACDF SO CL 1766, Nr. 5, 9 S. (Sammelgutachten)
(1766)	Waltpauer, Johann Nepomuk: Synopsis theologiae dogmat. moral. pract. in usum sem. episcopal. Pataviens [...]. - [Passavii] : Mangold, 1766. ACDF SO CL 1766, Nr. 5, 8 S. (Doppelgutachten)
(1766)	Waltpauer, Johann Nepomuk (Praes.) ; Dannegger, J. B. (Resp.): Positiones ex universa Theologia. - [Passavii], [1766]. ACDF SO CL 1766, Nr. 5, 8 S. (Doppelgutachten)
[1767]	Perondoli, Stanislao: (1) De iuris canonici origine [...] - [S.a.]. (Manuskript); (2) [De rerum divisione] Institutionum Canonicarum [...]. - [S.a.]. (Manuskript) ACDF SO CL 1767-1768, Nr. 1, 11 S. (Doppelgutachten)
[1769 März 20]	♦ Mosca Barzi, Carlo: Saggio di una nuova spiegazione del flusso, e riflusso del mare con altri filosofici pensieri [...]. - In Pesaro : per le stampe di Pasquale Amati, 1764. ACDF SO CL 1769, Nr. 1, 4 S.

Eigene Werke
- Storia della basilica di Santa Croce in Gerusalemme. - In Roma : per Generoso Salomoni, 1750. - XII, 222 S.

Literatur
- Boffito, Giuseppe: Scrittori barnabiti o della Congregazione dei chierici regolari di San Paolo (1533-1933). Biografia, bibliografia, iconografia. - 4 vol. - Firenze 1933-1937, hier: vol. 1, 202. [zu Giovanni Pietro Besozzi]
- Giulini, Alessandro: Appunti storici sulla nobile famiglia Besozzi (linee estinte), in: Giornale araldico-genealogico-diplomatico italiano a. 26 N.S. 7 (1898), 71-81.
- Mazzuchelli, Giammaria: Gli scrittori d'Italia : Cioè notizie storiche e critiche intorno alle vite, e agli scritti dei letterati italiani. - Brescia : Giambatista Bossini, 1753-1763. - 6 vol., hier: vol. 2/2, 1086.
- Pastor 16/1, 115.

Felice Biagi OdeM

Namensvariante Felix Ballasius

Lebenslauf

	Generaldefinitor des Ordens in Rom
1709 Juli 15	Relator der CIndex, Ernennung
	ACDF Index Diari 14 (1708-1721), Bl. 13r; ACDF Index Prot. 81 (1737-1740), Bl. 440r (hier zusätzlich auch am „10. Sept.")

Gutachten

1710 Sept. 23   Isidro <de León>: Mistico cielo en qve se gozan los bienes del alma y vida de la verdad [...]. - En Madrid : por Roque Rico de Miranda, 1685-1687.
ACDF Index Prot. 69 (1710-1712), Bl. 104r-107v, 8 S.

Alessandro Biagioli

Gestorben   1795 [März]

Familie
Aus der kleinbürgerlichen Familie Biagioli in Rom begegnen einige Beamte in der päpstlichen Verwaltung, darunter B. → Biagioli (gest. 1774), Advocatus fiscalis des SO. Dessen Sohn, der hier interessierende Alessandro, hinterließ 1795 viele unversorgte Kinder („sette piccoli figli, ed il ventre pregnante", ACDF SO Priv. 1795, Nr. 35: Schreiben SS an Ass. des SO vom 31. März 1795). Für deren Unterhalt kamen die päpstliche Elemosinaria, das SO (Pia Casa) und der Stellennachfolger G. Faniani auf, mit je zehn Scudi monatlich

(vgl. ebd.). Ein Bruder, Gaspare, diente wie Alessandro zeitweilig dem Vater als Adiutor studiorum beim SO. Der Helfer Alessandro Biagiolis ab 1775, Prospero Biagioli, könnte ein weiterer Verwandter sein.

Lebenslauf

1760 Dez. 9	Adiutor studiorum seines Vaters B. → Biagioli, Amtsantritt durch Eidesleistung
	ACDF SO Extens. 1749-1808 = ACDF SO St.St. Q-1-q, Bl. 149v
1771 Dez. 18	Adiutor studiorum seines Vater als Advocatus fiscalis (erneut)
	ACDF SO Juramenta 1766-1776, Bl. 149
1774 Juli 14	Pro-Summista des SO, Ernennung
	ACDF SO Priv. 1774-1776, Bl. 268 (Schreiben SS an Ass. des SO)
1775 [Febr.]	Advocatus reorum des SO, Antrag auf Ernennung
	ACDF SO Priv. 1774-1776, Bl. 385
1775 März 2	Advocatus reorum des SO, Ernennung
	ACDF SO St.St. Q-4-ww = ACDF SO Priv. [1789]-1790, Nr. 111
1775 März 8	Advocatus reorum des SO, Amtsantritt durch Eidesleistung
	ACDF SO Juramenta 1766-1776, Bl. 217
1775 März 8	Prospero Biagioli, Adiutor studiorum von Biagioli, Amtsantritt durch Eidesleistung
	ACDF SO Juramenta 1766-1776, Bl. 221
1790	Advocatus reorum des SO, Demission
1790 Mai 31	Adiutor studiorum des Vicegerente F. S. → Passari
	ACDF SO Extens. 1749-1808 = ACDF SO St.St. Q-1-q, Bl. 288r
1790	Luogotenente criminale del Vicariato

Unveröffentlichte Quellen

ACDF SO Priv. 1795, Nr. 35 (Schreiben SS vom 31. März 1795 an Ass. des SO wegen Unterhaltszahlung der Pia Casa des SO und der Elemosinaria an die Witwe des Alessandro Biagioli; Entwurf des Schreibens in: ASV SS Mem Bigl 260)

Gutachten

[1777 Febr. 10]   ♦ Erläuterter Kathechismus zum Gebrauche der deutschen Stadtschulen in den kaiserlich-königlichen Erbländern [...]. - Wien : Im Verlage der deutschen Schulanstalt, 1773.
ACDF SO CL 1777 = ACDF SO St.St. O-4-i, [Nr. 2], 3 S.

Literatur

- Schwedt, Herman H.: Die römischen Kongregationen der Inquisition und des Index: Die Personen (16.-20. Jh.), in: Wolf, Hubert (Hg.): Inquisition, Index, Zensur. Wissenskulturen der Neuzeit im Widerstreit (Römische Inquisition und Indexkongregation ; 1). - Paderborn 2001, 89-101.

Biagio Biagioli

Gestorben 1774

Familie
Siehe die Angaben zu A. → Biagioli.

Lebenslauf

1760 Dez. 3	Summista des SO, Ernennung ACDF SO St.St. Q-4-ww = ACDF SO Priv. 1804-1809, o.Bl. (mit Dispens wegen Ehe)
1760 Dez. 9	A. → Biagioli, Adiutor studiorum seines Vaters, Amtsantritt durch Eidesleistung ACDF SO Extens. 1749-1808 = ACDF SO St.St. Q-1-q, Bl. 149v
1762 Sept. 5	Giuseppe Casciotti Banchi, Adiutor studiorum von Biagioli, Amtsantritt durch Eidesleistung ACDF SO Extens. 1749-1808 = ACDF SO St.St. Q-1-q, Bl. 161v
1767 März 24	Konsultor des SO, Amtsantritt durch Eidesleistung ACDF SO Juramenta 1766-1776, Bl. 25f.
1771 Dez. 11	Advocatus fiscalis des SO, Ernennung ACDF SO St.St. Q-4-ww = ACDF SO Priv. 1804-1809, Nr. 22 (Liste 18. Jh., o.Bl.)
1771 Dez. 18	Advocatus fiscalis des SO, Amtsantritt durch Eidesleistung ACDF SO Juramenta 1766-1776, Bl. 146.155
1771 Dez. 18	A. Biagioli, Adiutor studiorum seines Vaters, Amtsantritt durch Eidesleistung ACDF SO Juramenta 1766-1776, Bl. 149.152
1771 Dez. 18	Antonio Monaci, Adiutor studiorum von Biagioli, Amtsantritt durch Eidesleistung ACDF SO Juramenta 1766-1776, Bl. 148
1772 Nov. 14	Gaspare Biagioli, Adiutor studiorum seines Vaters, Amtsantritt durch Eidesleistung ACDF SO Juramenta 1766-1776, Bl. 167f.

Gianantonio Bianchi OFMObs

Geboren 1686 Okt. 2 in Lucca
Gestorben 1758 Jan. 18 in Rom

Familie
Bianchi, dessen Taufname Carolo Augusto oder Carlo Angiolo lautete, stammte wohl aus einer bürgerlichen Familie (Lucchesini: Storia, 347). Er war Sohn eines Giovanni Francesco Bianchi und der Caterina Felice. Weil er später seinen Bruder Michele Antonio „patricius lucensis" nannte, vermutete man ohne hinreichenden Grund eine adelige Herkunft (Oliger: Iscrizioni, 34).

Lebenslauf

	Dr. med.
1703 Nov. 19	Ordenseintritt in Orvieto (Einkleidung)
	Studium der Philosophie am Ordenskolleg S. Maria in Aracoeli, Rom
	Studium der Theologie am Ordenskolleg S. Maria Nuova, Neapel
	Lektor für Philosophie an S. Bartolomeo all'Isola, Rom (für drei Jahre)
	Lektor für Theologie an S. Maria della Nunziata, Bologna
1720	Lektor für Theologie an S. Bartolomeo all'Isola, Rom
	Esaminatore del clero romano
	Visitator der Provinz Bologna
1726 Dez. 20	Theologus von L. → Cozza, Amtsantritt durch Eidesleistung
	ACDF SO Juramenta 1725-1736, o.Bl.
[1727]	Sekretär des Generaloberen M.→ Basile da Parete
1728	Provinzial des Ordens, Provinz Rom [bis 1731]
1739 März 3	Revisor des SO, Amtsantritt durch Eidesleistung
	ACDF SO Juramenta 1737-1749, o.Bl.
1740	Teilnahme am Generalkapitel in Valladolid als Begleiter des Generalkommissars des Ordens
1740	Wahl zum Commissarius des Ordens für Italien durch das Generalkapitel
1744 Febr. 15	Konsultor des SO, Ernennung und Amtsantritt durch Eidesleistung
	ACDF SO Juramenta 1737-1749, o.Bl. (Schreiben SS an Ass. des SO); ASV SS Mem Bigl 182 (Schreiben SS an Bianchi, Entwurf)
1745	Verfasser einer bekannten Confutatio gegen Pietro Giannone (unter Umständen im Auftrag → Clemens' XII.)
1745	Mitglied der päpstlichen Sonderkongregation zur Frage des Zinsverbots
1746 Juni	Antrag an das SO auf Bezuschussung eines Erholungsurlaubs in Lucca
	ACDF SO Priv. 1743-1749, Bl. 410r-411v; ACDF SO Priv. 1743-1749, Bl. 411v (Einmalzahlung in Höhe von 100 scudi vom Papst genehmigt am 20. Juni)
	Mitglied der Accademia dell'Arcadia, Rom (als „Lauriso Tragiense")
1749 Sept. 18	Gewährung einer Pension (monatlich 6 scudi) durch die Pia Casa des SO als Vergütung für die Confutatio gegen Giannone
	ACDF SO Decreta 1749, Bl. 544r (zusätzlich Bewilligung von 30 scudi als Einmalzahlung an den Amanuensis Bianchis)
1756	Teilnahme am Generalkapitel des Ordens in Murcia (als Kustos der Ordensprovinz Rom)

Gutachten

[1739 Aug. 19]	Sarpi, Paolo: Histoire Du Concile De Trente [...]. - Amsterdam : Chez J. Wetstein Et G. Smith, 1736.
	ACDF SO CL 1739-1741, Nr. 3, 25 S.

[1744]	♦ Anonym [Faure, Giovanni Battista]: All'autore delle due epistole contro la dissertazione de' casi riservati in Venezia [...]. - In Palermo : [S.n.], 1744. ACDF SO Vota CL I (1740-1757), Nr. 5, 9 S.
[1744 Apr. 15]	Benzi, Bernardino: Dissertatio in casus reservatos Venetae dioeceseos [..]. - Venetiis : apud Joannem Mariam Lazaronio [...], 1743. ACDF SO CL 1744-1745, Nr. 3, 23 S.
[1744 Apr. 27]	Berto(g)liatti, Gian Martino: Somma della dottrina Cristiana addattata alla capacità e bisogno de' Fanciulli. - In Torino : [S.n.], 1743. ACDF SO CL 1744-1745, Nr. 4, 2 S. (gemeinsam mit T. → Sergio PO)
[1746 Apr. 22]	Garrido, Juan Bautista: Concordia pr[ae]latorum tractatus duplex [...] De unione ecclesiarum, & beneficiorum [...]. - Matriti : apud Viduam Francisci del Hierro, 1745. ACDF SO CL 1746-1747, Nr. 7, 17 S.
(1749)	Discorso sulla predestinazione. ACDF SO Vota CL I (1740-1757), Nr. 19, 5 S. (gemeinsam mit T. → Sergio PO)
[1750 Jan. 5]	Laviny, Giuseppe: Rime filosofiche colla sue annotazioni [...]. - [S.a.]. (Manuskript). ACDF SO CL 1748-1750, Nr. 10, 1 S.
(1751)	Norbert <de Bar-de-Duc>: (1) Mémoires historiques [...]. - Besançon : chez Jean Pierre Le Fevre ; [Londres] : [chez les Libraires françois], 1747-[1751] ; (2) ♦ Mémoires historiques, apologétiques, &c. [...]. - A Londres : Chez les libraires françois [i.e. Paul Vaillant, François Changuion, and Guillaume Meyer], 1751. ACDF SO CL 1751, Nr. 5, 4 S. (Doppelgutachten)
(1751)	Hispanus Philalethes <Pseudonym> [Ossorio, Ignacio]: Ad Philalethem Romanum, cujus est epistola De justa Bibliothecae Janseniae proscriptione data Romae [...]. - Hispali : [S.n.], 1751. ACDF SO CL 1751, Nr. 12, 16 S. (gemeinsam mit T. → Sergio PO)
[1751 Nov. 24]	♦ Norbert <de Bar-de-Duc>: Mémoires historiques, apologétiques, &c. [...]. - A Londres : Chez les libraires françois [i.e. Paul Vaillant, François Changuion, and Guillaume Meyer], 1751. ACDF SO CL 1751, Nr. 5, 104 S.
1751 Nov. 29	Voltaire: La henriade : avec les variantes [...]. - [S.l., Paris?] : [S.n.], 1746. ACDF SO CL 1752, Nr. 10, 11 S.
1752 Aug. 17	Zenere, Girolamo: [Titel unbekannt] ACDF SO Vota CL II (1757-1809), Nr. 53, 32 S.
[1752 Sept. 9]	Anonym [Mey, Claude ; Maultrot, Gabriel Nicolas]: Apologie de tous les jugemens rendus par les tribunaux séculiers en France [...]. - En France : [S.n.], 1752. ACDF SO CL 1752, Nr. 12, 111 S.

[1752 Sept. 10]	Anonym [Mey, Claude ; Maultrot, Gabriel Nicolas]: Apologie de tous les jugemens rendus par les tribunaux séculiers en France [...]. - En France : [S.n.], 1752. ACDF SO CL 1752, Nr. 12, 25 S.
[1752 Sept. 11]	Anonym: Reflexions sur l'arret du conseil, du 23 aout 1752. - [S.l.] : [S.n.], [1752]. ACDF SO CL 1752, Nr. 12, 2 S. (Sammelgutachten)
[1752 Sept. 11]	Arreté du Parlement du 1. Septembre 1752. ACDF SO CL 1752, Nr. 12, 2 S. (Sammelgutachten)
[1752 Sept. 11]	Decision des docteurs de Sorbonne sur la question de sçavoir si l'arrêt du Conseil [...] Délibérée en Sorbonne le 22 août 1752. - [S.l.] : [S.n.], [S.d.]. ACDF SO CL 1752, Nr. 12, 2 S. (Sammelgutachten)
[1752 Sept. 11]	♦ Lettre d'un théologien aux evesques qui ont écrit au roi pour se plaindre de l'arrêté du Parlement du 5 mai 1752 [le 16 août 1752]. - A Amsterdam : [S.n.], 1752. ACDF SO CL 1752, Nr. 12, 2 S. (Sammelgutachten)
1753 Apr. 26	Fleury, Claude: Neuvième discours [...]. - [S.l.] : [S.n.], 1753. ACDF SO CL 1753-1754, Nr. 4, 27 S.
1753 Aug. 1	♦ Laborde, Vivien de: Principes sur l'essence, la distinction, et les limites des deux puissances [...]. - [S. l.] : [S.n.], 1753. ACDF SO CL 1753-1754, Nr. 8, 37 S.
(1766)	Opstraet, Johannes: Pastor bonus, seu idea officium et praxis pastorum [...]. - Passaviae : Mangold, 1764. ACDF SO CL 1766, Nr. 5, 23 S.

Eigene Werke
- Anonym: Lettere di risposta d'un particolare di Roma ad un' amico di Napoli sopra le pendenze di Gravina. - [Roma] : [S.n.], [1733] - 141 S., [16] Bl. [zum Immunitätsstreit zwischen Filippo Orsini duca di Gravina und dem Bischof von Gravina]
- Anonym: Notizie dell'origine, e dell'antichità del ven. monastero di S. Ambrogio detto della Massima e della sagra immagine di Maria Vergine che nella chiesa dello stesso monastero conservasi. - In Roma : presso Niccolò, e Marco Pagliarini, 1755. - VIII, 48 S.
- Anonym: Ragioni della Sede Apostolica nelle presenti controversie colla corte di Torino. - [Roma] : [S.n.], [1732]. - 4 vol.
- De sancta Margarita Cortonensi Ordinis S. Francisci oratio habenda Romae in templo Sanctae Mariae in Capitolio VI. Id. septembris. - Romae : Typ. Rocchi Bernabò, 1728. 14 S.
- De sanctis Jacobo Piceno et Francisco Solano Ordinis Minorum de Observantia oratio habita Romae in templo Sanctae Mariae in Capitolio VII. Calend. Octobris ad EE. & RR. DD. S.R.E. Cardinales [...]. - Romae : ex typographia Rocchi Bernabò, 1727. - 13 S.

- Della potestà e della politia della Chiesa trattati due contro le nuove opinioni di Pietro Giannone dedicati al principe degli Apostoli. - In Roma : nella stamperia di Pallade, appresso Niccolo e Marco Pagliarini, 1745-1751. - 7 vol. ; ND - 3 vol. - Torino 1854-1859.
- Farnabio Gioachino Annutini [Pseudonym]: Tragedie sagre, e morali. - In Bologna : nella stamperia di Lelio dalla Volpe, 1725. - 571 S.
- Lauriso Tragiense [Pseudonym]: De i vizi, e de i difetti del moderno teatro e del modo di correggergli, e d'emendarli ragionamenti VI. - In Roma : nella stamperia di Pallade : appresso Niccolò, e Marco Pagliarini, 1753. - XII, 345, [1] S. [gegen Daniele Concina OP]
- Lettere di un cordiale amico a Filalete Adioforo sopra il discorso istorico di quale Ordine de' Minori sia il b. Andrea Caccioli da Spello. In Torino [i.e.. Lucca?] : [S.n.], 1727. - 2 vol.
- Oratio habita Mediolani in aede Sancti Angeli IV. Calend. Junii 1729 pro aperitione comitiorum universi ordinis fratrum minorum. - Mediolani : sumptibus haeredum Dominici Bellagattae, 1729. - 13 S.
- Tragedie di Lauriso Tragiense pastore arcade con due ragionamenti del medesimo sopra la composizione delle tragedie. - In Roma : per Generoso Salomoni, 1761. - 4 vol. [darin: Biogragphie Bianchis von Giovanni Luca di Cadoro, vol. 1, 1-10]

Literatur
- Anonym: Lettera scritta da un particolare di Napoli ad un suo amico in Roma, con cui gli da piena contezza delle pendenze di Gravina. - [S.l.] : [S.n.], [1733] - [11] Bl. [gegen Bianchi, Streit um die Exemtion des Bishofs von Gravina, Apulien]
- Anonym: Lettere di replica d'un particolare di Napoli ad un' amico di Roma sopra le note pendenze di Gravina. - [S.l.] : [S.n.], [1733]. - [49] Bl. [gegen Bianchi]
- Bertelli, Sergio: Erudizione e storia in Ludovico Antonio Muratori. - Napoli 1960, 413f.
- DBI 10 (1968), 114-117 von G. Ricuperati.
- DHGE 8 (1835), 1376f. von A. van der Wyngaert.
- Fabroni, Angelo: Vitae Italorum doctrina excellentium qui saeculis XVII. et XVIII. floruerunt. - Pisis : excudebat Carolus Ginesius, 1778-1805. - 20 vol., hier: vol. 18, 245f.
- Giannone, Pietro: Opere di Pietro Giannone. A cura di Sergio Bertelli e Giuseppe Ricuperati (Illuministi italiani ; 1). - Milano-Napoli 1971, 127f.
- Jemolo, Arturo Carlo: Il Giansenismo in Italia prima della rivoluzione. - Bari 1928, 203.
- Lombardi, Antonio: Storia della letteratura italiana nel secolo XVIII. - 4 vol. - Modena 1827-1830, hier: vol. 2, 308-310.
- Lucchesini, Cesare: Della storia letteraria del ducato lucchese libri sette (Memorie e documenti per servire all'istoria del Principato lucchese ; 9-10). - 2 vol. - Lucca 1825-1831, hier: vol. 2, 346-348.
- Marini, Lino: Pietro Giannone e il giannonismo a Napoli nel Settecento. Lo svolgimento della coscienza politica del ceto intellettuale del Regno. - Bari 1950, 98.139.

- Mazzuchelli, Giammaria: Gli scrittori d'Italia : Cioè notizie storiche e critiche intorno alle vite, e agli scritti dei letterati italiani. - Brescia : Giambatista Bossini, 1753-1763. - 6 vol., hier: vol. 1, 138; 2, 1149.
- Morelli, Emilia (Hg.): Le lettere di Benedetto XIV al card. De Tencin. Dai testi originali (Storia e letteratura ; 55.101.165). - 3 vol. - Roma 1955-1984, hier: vol. 1, 260.
- Moroni 6 (1840), 203f.
- Oliger, Livario: Le iscrizioni lapidarie latine del P. Giovanni Antonio Bianchi di Lucca OFM (1686-1758) per Roma e altre città, in: Studi francescani 9 (1923), 1-57, hier: 33-37.
- Reusch, Franz Heinrich: Der Index der verbotenen Bücher. Ein Beitrag zur Kirchen- und Literaturgeschichte. - 2 Bde. - Bonn 1882 ; ND Aalen 1967, hier: Bd. 2, 849.
- Tipaldo, Emilio de (Hg.): Biografia degli italiani illustri nelle scienze, lettere ed arti del secolo XVIII, e de' contemporanei compilata da letterati italiani di ogni provincia. - 10 vol. - Venezia 1834-1845, hier: vol. 10, 241-243.
- Vismara, Paola: Oltre l'usura : la Chiesa moderna e il prestito a interesse. - Soveria Mannelli [2004], 297-326.

Giulio Maria Bianchi OP

Namensvariante   Giovanni Bianchi (Taufname)

Geboren   [1626] in Krakau
Gestorben   1707 Jan. 30 in Rom

Familie
Der spätere Kongregationssekretär stammte als Sohn des Ludovico Bianchi (de Blanchis), venetianischer Konsul in Krakau, aus bürgerlichem Milieu. Man nannte den Pater „Venetus", aber auch Giulio Maria „da Bologna". Vgl. ACDF SO Extens. 1670-1679 = ACDF SO St.St. Q-1-o, Bl. 259v.

Lebenslauf
1641   Ordenseintritt in den Konvent SS. Giovanni e Paolo, Venedig
1654   Dr. theol. in Padua
1654   Dozent für Theologie in Spanien (bis 1656)
                  Professor für Theologie an S. Maria sopra Minerva, Rom
                  Konsultor der CIndulg
                  Konsultor der CRiti
1667 Aug. 9   Konsultor der CIndex, Ernennung
                      ACDF Index Diari 7 (1665-1682), Bl. 15r („adscriptus")
1676 Okt. 14   Qualifikator des SO, Ernennung
                      ACDF SO Decreta 1676, Bl. 210v

Bianchi

1676 Okt. 15	Qualifikator des SO, Amtsantritt durch Eidesleistung ACDF SO Extens. 1670-1679 = ACDF SO St.St. Q-1-o, Bl. 259v
1684 Apr. 15	Sekretär der CIndex, Ernennung (bis 1707) ACDF Index Diari 6 (1655-1664), Bl. 3v („Catalogus Secretariorum")
1687	Professor für Theologie an der Universität Sapienza, Rom

Literatur

- Agricola, Petrus Franciscus: Saeculi XVIII. : Bibliotheca ecclesiastica authorumque notitiae biographicae [...]. - Hannoverae : Pockwitz, 1780-1782. - 4 vol., hier: vol. 2, 71-73.
- Carafa, Giuseppe Maria: De gymnasio romano et de eius professoribus ab Urbe condita usque ad haec tempora libri duo. - Romae : typiis Antonii Fulgonii apud S. Eustachium, 1751. - 2 vol. ; ND Bologna 1971, 479.
- Catalani, Giuseppe: De Secretario Sacrae Congregationis Indicis libri duo, in quorum primo de ejusdem origine, praerogativis, ac muniis agitur; in altero eorum series continentur, qui eo munere ad hanc usque diem donati fuere [...]. - Romae : Typis Antonii Fulgoni apud S. Eustachium, 1751, 119f.
- Costa, Gustavo: Malebranche e Roma. Documenti dell'Archivio della Congregazione per la Dottrina della Fede (Le correspondenze letterarie, scientifiche ed erudite dal Rinascimento all'età moderna. Subsidia ; 3). - Firenze 2003, 35 u.ö.
- Coulon, Rémy ; Papillon, Antonin: Scriptores Ordinis Praedicatorum recensiti, notis historicis et criticis illustrati ad annum 1700 auctoribus Jacobo Quétif [...] ab anno autem 1701 ad annum 1750 perducti [...]. - 2 vol. - Romae ; Parisiis 1909-1934, hier: vol. 1, 97-99.
- DBI 10 (1968), 123f. von G. Pignatelli.
- DHGE 8 (1935), 1377 von M.-H. Laurent.
- Fattori, Marta: „Vafer Baconus": la storia della censura del De augmentis scientiarum, in: Nouvelles de la République des Lettres 2000/II, 97-130, hier: bes. 113-119. [zum Gutachten Bianchis von 1668]
- Masetti, Pio Tommaso: Monumenta et antiquitates veteris disciplinae Ordinis Praedicatorum ab anno 1216 ad 1348 praesertim in Romana Provincia praefectorumque qui eandem rexerunt biographica chronotaxis ex synchronis documentis, ineditis codicibus, aequalibusque auctoribus collectae, illustratae, ac digestae [...]. - 2 vol. - Romae 1864, hier: vol. 2, 270.
- Mazzuchelli, Giammaria: Gli scrittori d'Italia : Cioè notizie storiche e critiche intorno alle vite, e agli scritti dei letterati italiani. - Brescia : Giambatista Bossini, 1753-1763. - 6 vol., hier: vol. 2/1, 1155.
- Quetif, Jacobus ; Echard, Jacobus: Scriptores ordinis praedicatorum recensiti, notisque historicis et criticis illustrati, opus quo singulorum vita, praeclareque gesta referuntur, chronologia insuper seu tempus quo quisque floruit certo statuitur : fabulae exploduntur, scripta genuina, dubia, supposititia expenduntur [...] ab an. MDI ad an. MDCCXX [...]. - Lutetiae Parisiorum : Apud J. B. Christophorum Ballard, et Nicolaum Simart, 1719-1721. - 2 vol., hier: vol. 2, 776.

- Rebellato, Elisa: La fabbrica dei divieti. Gli Indici dei libri proibiti da Clemente VIII a Benedetto XIV (Il sapere del libro). - Milano 2008, 160-168.171-183.
- Taurisano, Innocentius: Hierarchia Ordinis Praedicatorum. - Taurini 1916, 117.

Francesco Bianchini

Geboren   1662 Dez. 13 in Verona
Gestorben   1729 März 2 in Rom

Familie
Gaspare Bianchini, der Vater des späteren Prälaten, wird in einigen römischen Unterlagen als „illustrissimus" bezeichnet, ein Hinweis wohl auf ein wirtschaftlich und sozial wohlsituiertes Elternhaus in Verona. Im Juli 1732 trat der Neffe des hier interessierenden Prälaten aus Verona, Pater Giuseppe Bianchini (1704-1764), in das römische Oratorium ein. Er übernahm einen Teil des Nachlasses seines Onkels und veröffentlichte daraus einige Werke.

Lebenslauf

	Studium der Theologie in Bologna und Padua
1684	Bibliothekar des Kardinals P. → Ottoboni
1686	Rückkehr in die Heimat
1688	Erneuter Aufenthalt in Rom
1691 Juli 28	Auditor von Kardinal P. Ottoboni, Amtsantritt durch Eidesleistung
	ACDF SO Extens. 1680-1690 [-1707] = ACDF SO St.St. Q-1-p, Bl. 200v
1693 Febr. 10	Relator der CIndex, Ernennung
	ACDF Index Diari 10 (1692-1696), Bl. 21r; ACDF Index Prot. 50 (1692-1693), Bl. 263r
1699	Weihe zum Diakon
1699	Kanoniker an S. Lorenzo in Damaso, Rom
1701	Cameriere segreto
	Sekretär der CRiforma
1702 Dez. 6	Konsultor der CIndex, Ernennung
	ACDF Index Diari 12 (1700-1703), Bl. 90v (Audienzdekret des Papstes)
1703	Beauftragter für archäologische Grabungen in Rom (Presidente delle Antichità)
[1708]	Konsultor der CIndulg
1710	Kanoniker an S. Maria Maggiore, Rom
1725	Konsultor des Römischen Konzils
1727	Unfall (Sturz) bei Grabungen in den antiken Kaiserpalästen in Rom

Gutachten

(1702 Sept. 11)   Eusebius Romanus <Pseudonym> [Mabillon, Jean]: Ad Theophilum Gallum epistola de cultu sanctorum ignotorum [...]. - Parisiis : apud Petrum de Bats et Imbertum de Bats, 1698.
ACDF Index Prot. 62 (1702), Bl. 278r-285v, 16 S.

(1702 Sept. 11)   ♦ Momma, Wilhelm: Oeconomia temporum testamentaria triplex [...]. - Amstelodami : Apud viduam Joannis à Someren, 1683.
ACDF Index Prot. 62 (1702), Bl. 267r-274v, 16 S. (1703 Nov. 19)

(1703 Nov. 19)   S.P.J.P.E.P.E.TH.A.R. [Jurieu, Pierre]: (1) L'accomplissement des propheties ou la delivrance prochaine de l'Eglise [...]. - A Rotterdam : chez Abraham Acher, 1686. (2) Suite de l'Accomplissement des propheties [...]. - A Rotterdam : chez Abraham Acher, 1687.
ACDF Index Prot. 64 (1703-1704), 124r-128v, 10 S. (1705 Mai 11)

(1705 Mai 11)   Anonym [Marana, Giovanni Paolo]: L'Espion Dans Les Cours Des Princes Chrétiens [...]. - A Cologne : Chez Erasme Kinkius, 1696-1699.
ACDF Index Prot. 66 (1705-1706), S. 149-156, 8 S.

(1706-1707)   Agnellus <De Ravenna>: Liber pontificalis, sive vitae pontificum Ravennatum [...]. - [S.a.]. (Manuskript)
ACDF SO CL 1706-1707, Nr. 3, Bl. 782r-793r, 23 S.

1706 März 10   Agnellus <De Ravenna>: Liber pontificalis, sive vitae pontificum Ravennatum [...]. - [S.a.]. (Manuskript)
ACDF SO CL 1706-1707, Nr. 3, 10 S.

(1708 Sept. 18)   Palazzi, Giovanni: Fasti cardinalium omnium Sanctae Romanae Ecclesiae [...]. - Venetiis : Expensis Gasparis Bencardi Bibliopolae Augustani, 1701-1703.
ACDF Index Prot. 68 (1707-1710), Bl. 263r-270v, 16 S.

(1709 Juli 15)   Montagu, Richard: Analecta Ecclesiasticarum Exercitationum [...]. - Londini : [Printed by John Haviland and Adam Islip] Pro Societate Bibliopolarum, 1622.
ACDF Index Prot. 68 (1707-1710), Bl. 383r-387v, 10 S.

1722 Sept. 9   Gioia, [...]: De Episcopo Regulari Commentaria nova [...]. (Manuskript)
ACDF SO CL 1722-1723, Nr. 12, 40 S.

1722 Sept. 22   Gioia, [...]: De Episcopo Regulari Commentaria nova [...]. (Manuskript)
ACDF SO CL 1722-1723, Nr. 12, 17 S.

Eigene Werke

- Anastasii S.R.E. Bibliothecarii Historia de Vitis Romanorum Pontificum [...]. - Romae : apud Jo. Mariam Salvioni, 1718-1735. - 4 vol. [Hg. von vol. 1-3; vol. 4 hg. von Giuseppe Bianchini; erschien auch in: PL 127, 27-120]
- Astronomicae, ac geographicae observationes selectae Romae, atque alibi per Italiam habitae / ex eius [Bianchini] autographis excerptae una cum geographica meridiani Romani tabula a Mari Supero ad Inferum ex iisdem Observationibus collecta

et studio Eustachii Manfredi. - Veronae : typis Dyonisii Ramanzini, 1737. - [4] Bl., XIII, 278, [1] Bl.
- Camera ed inscrizioni sepulcrali de' liberti, servi, ed ufficiali della casa di Augusto scoperte nella via Appia, ed illustrate con le annotazioni [...] l'anno MDCCXXVI. - In Roma : appresso Giovanni Maria Salvioni, 1727. - VIII, 87, S. ; ND Napoli 1991.
- Carte da giuoco in servigio dell'istoria e della cronologia disegnate e descritte [...] secondo l'autografo della Capitolare Biblioteca (Scelta di curiosità letterarie inedite o rare dal secolo XIII. al XIX. in appendice alla Collezione di opere inedite o rare ; 120). - Bologna 1871, 31-77. [S. 5-30 Einleitung des Hg. Giambatt. Carlo Giuliari] ; ND Bologna 1968.
- Considerazioni teoriche, e pratiche intorno al trasporto della colonna d'Antonino Pio collocata in Monte Citorio fatte [...] per ordine dell'Eminentissimi [...] Cardinali nella Congregazione tenuta domenica prossima antecedente sotto il di XVI di novembre 1704 e presentate per la prossima futura congregazione, intimata il dì XXIII. dello stesso mese corrente. - In Roma : nella Stamperia della Reverenda Camera Apostolica, 1704. - 52 S.
- Copia d'una lettera scritta [...] al Sig. D. Vincenzio Buttrighelli sopra un'iscrizione scoperta in Ravenna nella Chiesa di S. Vitale, in: Raccolta d'opuscoli scientifici e filologici 13 (1734), 231-243.
- De lapide Antiati epistola [...] in qua agitur de Villa Hadriani Augusti in Antiati Colonia sita; oraculo Fortunarum, ac templis in ea celebratis; libro Apollonii Tyanei, ibi dicato; & eiusdem asseclis eo confluentibus; necnon de signis celeberrimis ibidem effossis, Apoline praesertim Vaticano, & gladiatore Burghesiano. - Romae : Typis A. de Rubeis, 1698. - 22 S., [1] Bl. [2. Aufl. in: Symbolae litterariae opuscula varia philologica scientifica [...]. - Vol. 8. - Romae : Palearini, 1754, 35-71.]
- De tribus generibus instrumentorum musicae veterum organicae dissertatio. - Romae : impensis Fausti Amidei, 1742. - XI, 58, S. ; ND New York 1966 ; ND Laaber/Regensburg 1980.
- Demonstratio historiae ecclesiasticae quadripartitae comprobatae monumentis pertinentibus ad fidem temporum et gestorum. - Romae : ex Typographia Apollinea, 1752-1754. - 2 vol. [hg. und fortgeführt von Giuseppe Bianchini]
- Dissertatio circa annum Domini CCXXXVI Anonymi Chronicon sub Alexandro Severo conscriptum, in: PL 3, 671-678.
- Dissertazione sopra alcune medaglie d'oro divisa in tre lettere, due di Gisberto Cupero, ed una di Mr. Francesco Bianchini, in: Saggi di Dissertazioni accademiche pubblicamente lette nella nobile accademia etrusca dell'antichissima città di Cortona. - Vol. 4. - In Roma : Nella Stamperia di Niccolò, e Marco Pagliarini, 1743,235-247. [S. 237-244: Brief Bianchinis aus Rom vom 8. Januar 1716 an G. Cuper in Deventer]
- Epistola de eclipsi solis die 22. maji 1724 observata Albani in Latio, in coenobio S. Mariae Gratiarum Ord. Min. Conv. S. Francisci, ubi polus elevatur gr. 41.43'.43", in: Raccolta d'opuscoli scientifici e filologici 15 (1737), 1-26.153-211.213-287.337-359.
- Hesperi et Phosphori nova phaenomena sive observationes circa planetam veneris [...]. Nunc primum editae. - Romae : apud Joannem Mariam Salvioni, 1728. - VIII, 92 S. [erschien auch: Observations concerning the planet Venus. Translated by Sally Beaumont. - Berlin 1996.]

- Hippolytus <Romanus>:S. Hippolyti episcopi et martyris Opera, non antea collecta, et partem nunc primum e mss. in lucem edita graece et latine. Accedunt virorum doctorum notae et animadversiones [...] dissertationes [...] Francisci Bianchini [...]. Subjuncta appendix scriptorum dubiorum, supposititiorumque, nec non quaecunque reperiri potuere ex lucubrationibus Hippolyti Junioris Thebani. Curante Jo. Alberto Fabricio [...]. - Hamburgi : sumtu Christiani Liebezeit, 1716-1718. - 2 vol.
- La Istoria universale provata con monumenti e figurata con simboli de gli antichi [...]. - In Roma : nella stamperia di Antonio de Rossi, 1697. - [6] Bl., 572 S., [11] Bl. [erschien auch: 5 vol. - Venezia 1825-1827]
- Lettera ad un'amico, in ragguaglio della legazione dell'eminentiss. e reverendiss. signor card. Carlo → Barberini alla maestà cattolica de re Filippo V. in nome del sommo potefice Clemente XI. l'anno 1702. - In Roma : per Pietro Olivieri, [1702]. - [1], 74 Bl. ; Descrizione della solenne legazione del Cardinale Carlo Barberini a Filippo V., nuovamente posta in luce [...] per cura di Pietro Ercole Visconti. - Roma : tip. delle Belle Arti, 1858. - X, 128 S.
- Lettera ad un'amico, in ragguaglio della legazione dell'eminentiss., e reverendiss. signor card. Carlo Barberini alla maesta cattolica del re Filippo V. in nome del sommo pontefice Clemente XI. l'anno 1702. - In Roma : per Pietro Olivieri, [1702].
- Observationes circa fixae. Schizzi di Carte celesti delineati [...] sopra osservazioni proprie di Geminiano Montanari pubblicati con introduzione e con note per cura di Francesco Porro. - Genova 1902.
- Opuscola varia nunc primum in lucem edita ex eius [Bianchini] manuscriptis libris autographis [...]. - Romae : ex Typographia Haeredum Jo. Laurentii Barbiellini, 1754. - 2 vol.
- Ragionamento di Selvaggio Afrodisio fatto in ragunanza nella medesima occasione d'interpretar Oracolo ne' suddetti Giuochi Olimpici del 1701, in: Prose degli Arcadi 3 (1718), 63-69.
- Vetus episcoporum Neapolitanorum catalogus saeculo X. scriptus, a F. Bianchini ex Florentino S. Marci codice erutus, & a Mazochio in dissertatione de cultu SS. Neap. ecclesiae episcoporum recusus, in: Raccolta di varie croniche, diarj, ed altri opuscoli cosi italiani, come latini appartenenti alia storia del Regno di Napoli. - Napoli : Presso Bernardo Perger, 1780-1782. - 5 vol., hier: vol. 2, 99-125.
- Vita del cardinale Enrico → Noris Veronese [...], in: Crescimbeni, Giovan Mario (Hg.): Le vite degli Arcadi illustri scritte da diversi autori [...]. - In Roma : Nella Stamperia di Antonio de Rossi, 1708-1751. - 5 vol., hier: vol. 1, 199-220.

Literatur
- Alberti-Poja, Aldo: La Meridiana della chiesa di S. Maria degli Angeli a Roma: L'astronomo Bianchini e la Pasqua. - Roma 1930, 222-224 u.ö.
- Carini, Isidoro: Diciotto lettere inedite di Francesco Bianchini a Giovanni → Ciampini, in: Il Muratori 1 (1892), 145-175.
- Celani, Enrico: L'epistolario di monsignor Francesco Bianchini veronese. - Venezia 1889. [Briefe Bianchinis an Leibniz, E. → Noris u.a.]
- Concilium Romanum in Sacrosancta Basilica Lateranensi celebratum Anno Universalis Jubilaei MDCCXXV. a sanctissimo Patre, & Dno Nostro Benedicto Papa XIII. Pontificatus sui Anno I. - Romae : ex Typographia Rocchi Bernabò, 1725, 128.

- Croce, Benedetto: Francesco Bianchini e Giovanni Battista Vico, in: Conversazioni critiche. - Vol. 2. - 4. ed. - Bari 1950, 101-109.
- DBI 10 (1968), 187-194 von S. Rotta.
- DHGE 8 (1935), 1381-1382 von M.-Th. Disdier.
- EC 2 (1949), 1542-1543 von Giuseppe Bovini.
- EncIt 6 (1930), 869-870 von F. Nicolini.
- Fabroni, Angelo: Vitae Italorum doctrina excellentium qui saeculis XVII. et XVIII. floruerunt. - Pisis : excudebat Carolus Ginesius, 1778-1805. - 20 vol., hier: vol. 4.
- Fiorani, Luigi: Il concilio romano del 1725 (Biblioteca di storia sociale ; 7). - Roma 1978, 76.
- Giuliari, Carlo: Dei viaggi di Monsignor Francesco Bianchini con alcune sue lettere dagli autografi nella capitolar biblioteca di Verona. - Verona 1877. (27 S.)
- Giuliari, Giambattista Carlo: La capitolare biblioteca di Verona. Ristampa dell'edizione 1888, a cura di Gian Paolo Marchi. - Verona 1993, 40-45.438-444. [Quellen]
- Kockel, Valentin ; Sölch, Brigitte (Hg.): Francesco Bianchini (1662-1729) und die europäische gelehrte Welt um 1700 (Colloquia Augustana). - Berlin 2005.
- Mazzuchelli, Giammaria: Gli scrittori d'Italia : Cioè notizie storiche e critiche intorno alle vite, e agli scritti dei letterati italiani. - Brescia : Giambatista Bossini, 1753-1763. - 6 vol., hier: vol. 2/1, 1167.1172-1177. [Werke]
- Reusch, Franz Heinrich: Der Index der verbotenen Bücher. Ein Beitrag zur Kirchen- und Literaturgeschichte. - 2 Bde. - Bonn 1882 ; ND Aalen 1967, hier: Bd. 2, 594.
- Rotta, Salvatore: Francesco Bianchini in Inghilterra. Contributo alla storia del Newtonianismo in Italia. - Brescia [1966].
- Sölch, Brigitte: Francesco Bianchini (1662-1729) und die Anfänge öffentlicher Museen in Rom. - München 2007.
- Tipaldo, Emilio de (Hg.): Biografia degli italiani illustri nelle scienze, lettere ed arti del secolo XVIII, e de' contemporanei compilata da letterati italiani di ogni provincia. - 10 vol. - Venezia 1834-1845, hier: vol. 7, 288-292.
- Uglietti, Francesco: Un erudito Veronese alle soglie del settecento: Mons. Francesco Bianchini 1662-1729. - Verona 1986.

Carlo Giacomo Bichi

Geboren 1638 Mai 6 in Siena
Gestorben 1718 Nov. 7 in Rom

Familie

Als Sohn des Galgano Bichi, marchese di Rocca Albenga e di Vallerona und conte di Reschio, und der Girolama Piccolomini gehörte der spätere Kardinal zum Patriziat von Siena, das durch den Chigi-Papst aus Siena, Alexander VII., damals in Rom einflussreich wurde. Der Onkel Carlos, Kardinal Alessandro Bichi (gest. 1657), trat die wegen seiner profranzösischen Politik erhaltene Abtei Saint-Pierre de Montmajour (Arles) mit 12.000 scudi Jahreseinkommen an seinen Neffen ab. Dieser trat zur Übernahme dieser Pfründe in den Klerikerstand ein, verlor aber später aus politischen Gründen das

Bichi

Pfründeneinkommen. Über seine Schwester Girolama Bichi (1643-1704) war Carlo mit dem Kardinal G. → Marescotti verschwägert. Zwei Neffen des Kardinals Carlo wurden Mitarbeiter der Indexkongregation: V. → Bichi als Konsultor und F. → Bichi als Relator. Vgl. dazu u. die Arbeiten von Weber.

Lebenslauf

1655	Kommendatarabt von Montmajour
[1655]	Eintritt in den Klerikerstand
[1661]	Referendar der Signaturen
1661 Juni 10	Apostolischer Protonotar
1661 [Juni]	Päpstlicher Vize-Legat von Bologna
1664	Päpstlicher Vize-Legat von Ravenna
1668 Mai 16	Inquisitor von Malta, Amtsantritt durch Eidesleistung in Rom
	ACDF SO Juramenta 1656-1700, Bl. 193f.
1669 Dez.	Kleriker der Apostolischen Kammer
1670 Aug.	Abreise aus Malta nach Rom
	Konsultor der CImmunità
1675	Presidente delle Ripe
1679	Präsident der Päpstlichen Münze
	Konsultor der CFabbrica
[1686]	Generalauditor der Apostolischen Kammer
1690 Febr. 13	Kardinal
1690 Apr. 10	Zuteilung der Titelkirche S. Maria in Cosmedin
1690 [Apr. 10]	Mitglied der CConsulta, CBuonGov und CImmunità
[1694]	Mitglied der CVisitaAp
1701 Aug. 10	Mitglied der CIndex, Ernennung
	ACDF Index Diari 12 (1700-1703), Bl. 35v
	Mitglied der CProp und CRiti

Literatur

- Bonnici, Alexander: Medieval and Roman Inquisition in Malta. - Rabat 1998, 120f.
- DBI 10 (1968), 345f. von C. De Caro.
- Guarnacci, Mario: Vitae, et res gestae Pontificum Romanorum et S.R.E. Cardinalium a Clemente X. usque ad Clementem XII. [...] Descripta a S. Petro ad Clementem IX. - Romae : Sumptibus Venantii Monaldini bibliopolae [...] ; Ex Typographia Joannis Baptistae Bernabo, & Josephi Lazzarini, 1751. - 2 vol., hier: vol. 1, 355-358.
- Hierarchia Catholica 5,17.
- Marchesi, Giorgio Viviano: Antichità ed eccellenza del protonotariato appostolico partecipante colle piu scelte notizie de' santi, sommi pontefici, cardinali, e prelate che ne sono stati insigniti sino al presente. - In Faenza : pel Benedetti impress. vescovile, 1751, 453-455.
- Mazzuchelli, Giammaria: Gli scrittori d'Italia : Cioè notizie storiche e critiche intorno alle vite, e agli scritti dei letterati italiani. - Brescia : Giambatista Bossini, 1753-1763. - 6 vol., hier: vol. 2/2, 1207.
- Moroni 5 (1840), 239f.

- Palazzi, Giovanni: Fasti cardinalium omnium Sanctae Romanae Ecclesiae [...]. - Venetiis : Expensis Gasparis Bencardi Bibliopolae Augustani, 1701-1703. - 5 vol., hier: vol. 5, 65.
- Piccolomini, Paolo: Corrispondenza tra la corte di Roma e l'inquisitore di Malta durante la guerra di Candia (1645-'69), in: ASI 41 (1908), 45-127; 45 (1910), 303-355; 46 (1910), 3-52; 49 (1912), 34-80.322-354, hier: bes. vol. 49, 51.79f.
- Seidler, Sabrina M.: Il teatro del mondo. Diplomatische und journalistische Relationen vom römischen Hof aus dem 17. Jahrhundert (Beiträge zur Kirchen- und Kulturgeschichte ; 3). - Frankfurt a.M. 1996, 471-473.
- Weber, Christoph (Bearb.): Die päpstlichen Referendare 1566-1809. Chronologie und Prosopographie (PuP ; 31/1-3). - 3 Bde. - Stuttgart 2003-2004, hier: Bd. 2, 499.
- Weber, Christoph (Hg.): Die ältesten päpstlichen Staatshandbücher. Elenchus Congregationum, Tribunalium et Collegiorum Urbis 1629-1714 (RQ Supplementheft ; 45). - Rom u.a. 1991, 87.
- Weber, Christoph (Hg.): Legati e governatori dello stato pontificio (1550-1809) (Pubblicazioni degli Archivi di Stato. Sussidi ; 7). - Roma 1994, 499.
- Weber, Christoph: Genealogien zur Papstgeschichte. Unter Mitwirkung von Michael Becker bearbeitet (PuP ; 29/1-6). - 6 Bde. - Stuttgart 1999-2002, hier: Bd. 1, 105.

Francesco Bichi

Geboren   1676 in [Siena]
Gestorben   1745

Familie
Der aus dem Sieneser Patriziat stammende Prälat, Neffe des Kardinals C. G. → Bichi und jüngerer Bruder des Kardinals V. → Bichi, gab um 1722 den Klerikerstand auf und heiratete 1723 die toskanische Adelige Anna Maria Corsini. Sein Sohn Carlo Bichi Ruspoli (geb. 1738) hatte verschiedene Nachkommen. Vgl. die Arbeiten von Weber.

Lebenslauf
1706 Juni 7   Relator der CIndex, Ernennung
                   ACDF Index Prot. 81 (1737-1740), Bl. 439v; ACDF Index Diari 13 (1704-1708), Bl. 124v (Audienzdekret des Papstes)
1720 Sept. 19   Referendar der Signaturen
                   Apostolischer Protonotar de numero
1723   Heirat

Gutachten
(1707 Nov. 21)   Acta eruditorum [...]. - Lipsiae : Grosse & Gleditsch, (1699).
                   ACDF Index Prot. 68 (1707-1710), Bl. 26r-29r, 7 S.
(1708 Dez. 3)   Regnier-Desmarais, François Seraphin: Histoire des démeslez de la Cour de France avec la Cour de Rome, au sujet de l'affaire des

Corses. - [S.l.] : [S.n.], 1707.
nicht aufgefunden (Hinweis in: ACDF Index Diari 14 [1708-1721], Bl. 4r-6r)

Literatur
- Forcella, Vincenzo: Iscrizioni delle chiese e d'altri edifici di Roma dal secolo XI fino ai giorni nostri. - 14 vol. - Roma 1869-1884, hier: vol. 7, 118-120, Nr. 252.257.
- Weber, Christoph (Bearb.): Die päpstlichen Referendare 1566-1809. Chronologie und Prosopographie (PuP ; 31/1-3). - 3 Bde. - Stuttgart 2003-2004, hier: 2, 455.
- Weber, Christoph: Genealogien zur Papstgeschichte. Unter Mitwirkung von Michael Becker bearbeitet (PuP ; 29/1-6). - 6 Bde. - Stuttgart 1999-2002, hier: Bd. 1, 105.

Vincenzo Bichi

Geboren   1668 Febr. 2 in Siena
Gestorben   1750 Febr. 11

Familie
Der spätere Kardinal gehörte zum Patriziat von Siena, Sohn des Metello Bichi (geb. 1633), marchese di Roccalbenga, und der Vittoria, Tochter des Fürsten Francesco Piccolomini d'Aragona. Ein jüngerer Bruder des Vincenzo, F. → Bichi (1676-1745), war Relator der Indexkongregation und Apostolischer Protonotar in Rom. Der väterliche Onkel, Kardinal C. G. → Bichi, übernahm die Ausbildung des neunjährigen Neffen Vincenzo in Rom. Vgl. Weber: Genealogien 1, 105.

Lebenslauf

[1677]	Erziehung am Seminario Romano (durch C. G. → Bichi)
	Studium der Theologie am Collegium Clementinum, Rom
1689 Juli 30	Dr. iur. utr. an der Universität Sapienza, Rom
1692	Präfekt der Archive in Rom
1695 Febr.	Kleriker der Apostolischen Kammer
1699 Apr. 26	Priesterweihe
1701 Aug. 10	Relator der CIndex, Ernennung
	ACDF Index Diari 12 (1700-1703), Bl. 35v (Auftrag für ein Referat auf Initiative des Papstes nach Ernennung von C. G. Bichi zum Mitglied der CIndex)
1702 Dez. 6	Konsultor der CIndex, Ernennung
	ACDF Index Diari 12 (1700-1703), Bl. 90v
1702 Dez. 11	Titularerzbischof von Laodizea
1703 Jan. 5	Nuntius in der Schweiz
1709 Sept. 14	Nuntius in Portugal (bis 1720)
1731 Sept. 24	Kardinal

1732 März 31	Zuteilung der Titelkirche S. Pietro in Montorio
[1743]	Pro-Präfekt der Signatura Iustitiae
1743 Sept. 23	Suburbikarischer Bischof von Sabina
1747 Apr. 10	Suburbikarischer Bischof von Frascati

Gutachten

(1702 Febr. 13)	Thiers, Jean Bapstiste: Traité des superstitions selon l'Ecriture Sainte [...]. - A Paris : chez Antoine Dezallier, [...], 1697. ACDF Index Prot. 61 (1701-1702), Bl. 355r-359r, 9 S.
(1702 Sept. 11)	♦ Momma, Wilhelm: Oeconomia temporum testamentaria triplex [...]. - Amstelodami : Apud viduam Joannis à Someren, 1683. ACDF Index Prot. 62 (1702), Bl. 267r-274v, 16 S.

Literatur

- Cardella, Lorenzo: Memorie storiche de' Cardinali della Santa Romana Chiesa [...]. - In Roma : nella stamperia Pagliarini, 1792-1797. - 10 vol., hier: vol. 8, 251f.
- DBI 10 (1968), 353-355 von G. De Caro.
- DHGE (1935), 1418f. von L. Jadin.
- Fink, Urban: Die Luzerner Nuntiatur 1586-1873. Zur Behördengeschichte und Quellenkunde der päpstlichen Diplomatie in der Schweiz (Collectanea Archivi Vaticani ; 40. Luzerner Historische Veröffentlichungen ; 32). - Luzern-Stuttgart 1997, passim.
- Guarnacci, Mario: Vitae, et res gestae Pontificum Romanorum et S.R.E. Cardinalium a Clemente X. usque ad Clementem XII. [...] Descripta a S. Petro ad Clementem IX. - Romae : Sumptibus Venantii Monaldini bibliopolae [...] ; Ex Typographia Joannis Baptistae Bernabo, & Josephi Lazzarini, 1751. - 2 vol., hier: vol. 2, 625-628.
- Hierarchia Catholica 5, 235; 6, 16.
- Moroni 5 (1840), 240f.
- Paltrinieri, Ottavio Maria: Elogio del nobile e pontificio Collegio Clementino di Roma. - [Roma] : presso Antonio Fulgoni, 1795, XIX.
- Pastor 15, 416f. u.ö.
- Seidler, Sabrina M. ; Weber, Christoph (Hg.):Päpste und Kardinäle in der Mitte des 18. Jahrhunderts (1730-1777). Das biographische Werk des Patriziers von Lucca Bartolomeo Antonio Talenti (Beiträge zur Kirchen- und Kulturgeschichte ; 18). - Frankfurt a.M. u.a. 2007, 282-284.
- Weber, Christoph (Bearb.): Die päpstlichen Referendare 1566-1809. Chronologie und Prosopographie (PuP ; 31/1-3). - 3 Bde. - Stuttgart 2003-2004, hier: Bd. 2, 455.
- Weber, Christoph (Hg.): Die ältesten päpstlichen Staatshandbücher. Elenchus Congregationum, Tribunalium et Collegiorum Urbis 1629-1714 (RQ Supplementheft ; 45). - Rom u.a. 1991, 87.
- Weber, Christoph: Genealogien zur Papstgeschichte. Unter Mitwirkung von Michael Becker bearbeitet (PuP ; 29/1-6). - 6 Bde. - Stuttgart 1999-2002, hier: Bd. 1, 105.
- Wernicke, Michael Klaus: Kardinal Enrico Noris und seine Verteidigung Augustins (Cassiciacum ; 28). - Würzburg 1973, 71.

Henri Pons Thiard de Bissy

Namensvariante   Henri-Pons de Thiard de Bissy

Geboren   1657 Mai 25 in Pierre-de-Bresse (Burgund)
Gestorben   1737 Juli 26 in Saint-Germain-des-Prés

Familie
Die Familie Thiard war ursprünglich beheimatet in Bissy-sur-Fley (Saône et Loire), woher der Bischof von Chalon-sur-Saône gebürtig war, Pontus Thiard de Bissy (1521-1605). Von diesem Vorfahren, einem der wenigen Kirchenmänner neben vielen Offizieren, übernahm der spätere Kardinal, Sohn eines Claude de Thiard comte de Bissy, seinen Vornamen Henri Pons. Statt mit dem Familiennamen Thiard zeichnete er selber einfach mit „de Bissy" nach dem Herkunftsort der Vorfahren, der wie ein Nachname in Gebrauch kam. Vgl. Seidler/Weber: Päpste, 191f.

Lebenslauf
1685	Dr. theol. an der Universität Sorbonne, Paris
1692 März 10	Bischof von Toul
1705 Febr. 9	Bischof von Meaux
	Eifriger Verteidiger der Bulle „Unigenitus"
1715 Mai 29	Kardinal
1721 Juni 16	Zuteilung der Titelkirche SS. Quirico e Giulitta
1721 [Juni 16]	Mitglied der CIndex, Ernennung
	ACDF Index Diari 15 (1721-1734), Bl. 2r (erste Teilnahme an der Sitzung vom 28. Juli)
1721 [Juni 16]	Mitglied der CEpReg, CRiti und CConcilio
1724	Komtur des königlichen Ordens vom Heiligen Geist

Eigene Werke
- Lettre pastorale [...] Avec une instruction contre l'appel interjetté de la bulle Unigenitus au futur concile général. - A Paris : de l'imprimerie de Jean-Baptiste Coignard fils, 1728.
- Instruction pastorale [...] au sujet de la Bulle Unigenitus. - A Paris : Chez la Veuve Raymond Mazieres, 1722. - 6, 372, 202 S. [verfasst angeblich von Th. Dupré]
- Lettre circulaire [...] à tous les evêques de France avec les lettres de Monseigneur le duc d'Orléans, régent, et de M. le cardinal de Rohan qui y ont rapport. - [S.l.] : [S.n.], 1717. - 24 S.
- Mandement et instruction pastorale [...] sur le jansenisme portant la condamnation des institutions théologique de père Juenin. - Paris : J.-B. Christophe Ballard, 1710. - 624, 12, [6] S.
- Mandement et instruction pastorale [...]. Contenant la réfutation d'un écrit adopté par MM. les evêques de Pamier, de Senez, de Montpellier, de Boulogne, d'Auxerre, & de Mâcon, & intitulé: Réponse à l'Instruction pastorale de M. le cardinal de Bissy, de 1722. sur la constitution Unigenitus. A Paris : de l'imprimerie de Jean-Baptiste

Coignard fils, 1725. - [3] Bl., 310 S., [2] Bl. [gezeichnet S. 308 von Bissy, Meaux 27 mars 1725, aber als Verfasser gilt Th. Dupré]
- Rituel de Toul [...]. - A Toul : par Alexis Laurent, 1700. - [12], 638 S. ; Nouvelle edition. - A Nancy : chez la veuve & Claude Leseure, 1760. - [10], 639, [1] S.
- Rituel du diocèse de Meaux [...]. - A Paris : chez Jean-Baptiste Coignard fils, 1734. - [16], 613, [7] S.
- Traité théologique adressé au clergé du diocèse de Meaux [...] conformément à ce qu'il [Bissy] a promis dans sa dernière instruction pastorale. - A Paris : Chez la veuve Raymond Mazieres, 1722. - 2 vol. [verfasst angeblich von Th. Dupré]

Literatur
- Cardella, Lorenzo: Memorie storiche de' Cardinali della Santa Romana Chiesa. - In Roma : nella stamperia Pagliarini, 1792-1797. - 10 vol., hier: vol. 8, 156-158.
- Carreyre, J[ean]: Le Jansénisme durant la Régence (Bibliothèque de la Revue d'Histoire Ecclésiastique ; 2-4). - 3 vol. - Louvain 1929-1933, hier: vol. 1, 19 u.ö.
- Ceyssens, Lucien: Autour de la bulle „Unigenitus". Le Cardinal de Bissy (1657-1737), in: Antonianum 63 (1988), 74-115.
- Dammig, Enrico: Il movimento giansenista a Roma nella seconda metà del secolo XVIII (StT ; 119). - Città del Vaticano 1945, 124.339.
- Fouillou, Jacques: Les Nouveaux articles de foi de M. le cardinal de Bissy réfutés, ou Réponse générale à ses mandements du 30. mai 1712 et du 10. novembre 1715, contenue en deux écrits. - [S.l.] : [S.n.], 1718. - VIII, 371 S.
- Guarnacci, Mario: Vitae, et res gestae Pontificum Romanorum et S.R.E. Cardinalium a Clemente X. usque ad Clementem XII. [...] Descripta a S. Petro ad Clementem IX. - Romae : Sumptibus Venantii Monaldini bibliopolae [...] ; Ex Typographia Joannis Baptistae Bernabo, & Josephi Lazzarini, 1751. - 2 vol., hier: vol. 2, 265-267.
- Hierarchia Catholica 5, 29.263.394.
- Hurter, Hugo: Nomenclator literarius theologiae catholicae theologos exhibens aetate, natione, disciplinis distinctos. - Editio tertia, emendata et aucta. - 5 vol. - Oeniponte 1903-1913, hier: vol. 4, 1085-1087.
- Michaud 45 (1826), 391-393.
- Moroni 75 (1855), 156f.
- Seguy, Joseph: Oraison funèbre de Henry de Thiard de Bissy, Cardinal evêque de Meaux [...], prononcée dans l'église cathédrale de Meaux, le cinq décembre mil sept cent trente-sept. - Paris : chez Prault père, 1737. - 50 S., [1] Bl.
- Seidler, Sabrina M. ; Weber, Christoph (Hg.): Päpste und Kardinäle in der Mitte des 18. Jahrhunderts (1730-1777). Das biographische Werk des Patriziers von Lucca Bartolomeo Antonio Talenti (Beiträge zur Kirchen- und Kulturgeschichte ; 18). - Frankfurt a.M. u.a. 2007, 191f.
- Sommervogel 3, 296f. [hier zu Thomas Dupré SJ (1680-1758) als angeblichem Verfasser von Werken de Bissys]
- Tans, Joseph Anna Guillaume ; Schmitz du Moulin, Henri (Hg.): La correspondance de Pasquier Quesnel. Inventaire et index analytique (Bibliothèque de la Revue d'Histoire ecclésiastique ; 74.77.78). - 3 vol. - Bruxelles ; Louvain 1993, hier: bes. vol. 2, 114f.
- Taveneaux, René: Le jansénisme en Lorraine 1640-1789. - Paris 1960, 200-313.

Filippo Boccadoro da Lodi OP

Gestorben 1780 [Nov.]

Lebenslauf

                      Magister theol.
1742 Juli 11   Generalvikar der Inquisition von Tortona, Ernennung
                      ACDF SO Decreta 1742, Bl. 217v („electus")
1750 Juli 21   Secundus Socius des Commissarius des SO, Ernennung
                      ACDF SO Decreta 1750, Bl. 206r („electus")
1750 Okt. 18   Secundus Socius des Commissarius des SO, Amtsantritt durch Eidesleistung
                      ACDF SO Extens 1749-1808 = ACDF SO St.St. Q-1-q, Bl. 28r
1753 Sept. 19   Inquisitor von Modena, Ernennung
                      ACDF SO Decreta 1753, Bl. 198r („electus")
1762 März 3   Inquisitor von Pavia, Ernennung
                      ACDF SO Decreta 1762, Bl. 32r („electus"); ACDF SO St.St. II-2-n, Bl. 2v-3r
1765 Juli 10   Inquisitor von Genua, Ernennung (bis Nov. 1780)
                      ACDF SO Decreta 1765, Bl. 96r („electus"); ACDF SO St.St. II-2-n, Bl. 5v; ACDF SO St.St. II-2-h, o.Bl. (Wahl Giovanni Stefano Anselmis zum Nachfolger Boccadoros)
1773 März 17   Giovanni Stefano Anselmi, Koadjutor von Boccadoro, Ernennung
                      ACDF SO St.St. II-2-h, o.Bl. („cum futura successione", Datum des päpstlichen Breve)

Unveröffentlichte Quellen

Archivio di Stato Modena, Corporazioni soppresse, Filza 2731: Consiliorum Conventus 1663-1784 (Konventsrat S. Domenico), 312.343 (Erst- und Letztnennung als Inquisitor von Modena 8. Jan. 1754 und 24. März 1762).

Literatur

- Elli, Pietro: Il cardinale Fortunato Tamburini (1683-1761), in: Benedictina 19 (1972), 33-64, hier: 43. [zu 43 Briefen Boccadoros an F. → Tamburini von 1754-1758]
- Trenti, Giuseppe (Hg.): I processi del tribunale dell'Inquisizione di Modena. Inventario generale analitico 1489-1874 (Deputazione di storia patria per le antiche provincie modenesi. Biblioteca. N.S. ; 170). - Modena 2003, 313.

Joan Tomás de Boixadors (Boxadors) OP

Geboren   1703 Apr. 3 in Barcelona
Gestorben   1780 Dez. 16 in Rom

Familie

Der Kardinal entstammte einer katalanischen Grafenfamilie mit mehreren Adelstiteln, Sohn des Joan Antoni Boixadors (gest. 1745), fünfter comte de Savalla, comte de Peralada usw. Die Übersicht in Weber: Genealogien 5, 106f. zeigt die wiederholten Eheverbindungen dieser Grafenfamilie mit den katalanischen Vescomtes de Rocaberti auf. Teresa Boixadors, eine Tante des Kardinals, war mit Marti-Jofre de Rocaberti verheiratet, dem Bruder des Magister S. Palatii in Rom und späteren Erzbischofs J. T. → Rocaberti (gest. 1699), dessen Ordensnamen auch der Kardinal trug.

Lebenslauf

1717	Studium im Konvent des Ordens in Barcelona (bis 1719)
1719	Studium der Theologie am Kolleg San Vicente y San Raimundo, Barcelona (bis 1724)
1724	Studium in Löwen (bis 1729)
	Dr. iur. utr.
	Militärlaufbahn im österreichischen Heer
1732	Hofrat in Wien
1734 Juni 3	Ordenseintritt in Rom (als Mitglied des Konvents S. Catalina, Barcelona)
1735 Jan. 25	Ordensprofess
	Studienregent und Lektor in Perugia
1739	Cathedraticus des Kollegs S. Maria sopra Minerva, Rom
1742	Cathedraticus der Bibliotheca Casanatensis
1746 Juni 20	Provinzial des Ordens, Provinz Aragón
1748	Socius des Generaloberen des Ordens A. → Brémond (für die spanischen Provinzen)
1750 Jan. 12	Relator der CIndex, [Ernennung]
	ACDF Index Diari 17 (1749-1763), Bl. 5v (erstes Referat)
1751	Theologus Casanatensis
1756 Juli 3	Generaloberer des Ordens (bis 1777)
1756 Juli 7	Konsultor des SO, Amtsantritt durch Eidesleistung
	ACDF SO Decreta 1756, Bl. 151v
1760	Visitationsreise durch Frankreich und Spanien (bis 1764)
1775 Nov. 13	Kardinal
1775 Dez. 18	Zuteilung der Titelkirche S. Sisto
1775 Dez. 18	Mitglied der CIndex, Ernennung
	ACDF Index Prot. 91 (1773-1778), Bl. 78r (Schreiben SS an Sekr. der CIndex); ASV SS Mem Bigl 224 (Aktenvermerk SS)
1775 Dez. 18	Mitglied des SO, Ernennung
	ACDF SO Juramenta 1766-1776, Bl. 276f. (Schreiben SS an Sekr. des SO und Ass. des SO); ASV SS Mem Bigl 224 (Aktenvermerk SS)
1775 Dez. 18	Mitglied der CExamEp und CDiscReg
	ASV SS Mem Bigl 224 (Aktenvermerk SS)
1775 Dez. 20	Mitglied des SO, Amtsantritt durch Eidesleistung
	ACDF SO Juramenta 1766-1776, Bl. 275r.280v

1776 Mai 16	T. M. → Mamachi, Adiutor in causis doctrinalibus, Amtsantritt durch Eidesleistung ACDF SO Juramenta 1766-1776, Bl. 283r.284v

Gutachten

(1750 Jan. 12)	José <de San Benito>: Opera omnia [...]. - Matriti : Ex officina apud Haeredes Francisci del Hierro, 1738. ACDF Index Prot. 83 (1749-1752), Bl. 298r-305v, 16 S.
1752 Mai 24	Anonym: Lettres à un ami, sur la constitution Unigenitus. - [S.l.] : [S.n.], 1752. ACDF SO CL 1752, Nr. 9, 7 S.
1753 Juli 27	Anonym [Lacroix, Abbé de, i.e. Quillet De Lacroix-Chirst?]: Vies interessantes et edifiantes des amis de Port-Royal [...]. - A Utrech : aux dépens de la Compagnie, 1751. ACDF SO CL 1753-1754, Nr. 6, 8 S.
(1773-1775)	Caffor, [...] [Caffe, Père?]:: Animadversiones In Theologicas praelectiones [...]. - [15. Jun. 1772]. (Manuskript) ACDF SO CL 1773-1775, Nr. 6, 6 S.

Eigene Werke

- Anonym: De illustrissimis viris PP. Petro Martyre Sansio episcopo Mauricastrensi, et Francisco Serrano, electo episcopo Tipasitanorum, deque PP. Johanne Alcobero, Joachimo Royo, et Francisco Diazio Ordinis Praedicatorum Fochei in Fokiena Sinarum provincia martyrio perfunctis commentarius. - Romae : Typis Hieronymi Mainardi, 1753. - [3] Bl., 376 S. [Übers. von Hermann Dominicus Christianopulos OP]
- Anonym: Relazione del martirio de' padri f. Pietro Martire Sans vescovo Mauricastrense, f. Francesco Serrand eletto vescovo Tipasitano, f. Giovani Alcober, f. Giovacchino Royo e f. Francesco Diaz dell'Ord. de' Pred. accaduto nella provincia di Fokien nell'Impero delia Cina negli anni 1747 e 1748. - In Roma : Nella Stamperia di Girolamo Mainardi, 1752. - 483 S. [vgl. auch die span. Ausgabe: Relacion del martirio de Petro martir Sans [...]. - Roma : Gil. Mainardo, 1752.]
- [Incipit: In Dei Filio sibi dilectis universis ..., Rundbrief über die Lehre des Hl. Thomas vom 30. Apr. 1757]. - [S.n.] : [S.n.], [1757]. - VIII S. [Exemplar hier: Biblioteca Palatina, Parma, Misc. 4, 10.2]

Literatur

- Anonym: Relación de las fiestas, que hizo el convento de predicadores de S. Cathalina Virgen, y Martyr de la ciudad de Barcelona, en acción de gracias a Dios, per la promoción de su esclarecido hijo el R.mo y E.mo señor cardenal presbytero don Fr. Juan Thomas de Boxadors Maestro general de la orden, en los dias 13.14. y 15. de Febrero de 1776. - Barcelona : Por Bernardo Pla, [1776]. - [11] Bl.
- Anonym: Solemnes exequias, que a su amado hijo y protector el eminentisimo señor cardenal presbitero D. Fr. Juan Thomas de Boxadors consagró el con vento de predicadores de Santa Cathalina Virgen y Martir de la ciudad de Barcelona. En los dias 2. y 3 de Abril de 1781. - Barcelona : Por Bernardo Pia, [1781]. - 52 S.

- Collell Costa, Alberto: Escritores Dominicos del principado de Cataluña. - Barcelona 1965, 52-56.
- DHEE 1 (1972), 281 von J. M. González.
- DHGE 10 (1938), 307f. von M.-H. Laurent.
- Fluvià, Armand de: Arbre geneaològic dels Boixadors, in: Gran Enciclopedia Catalana. - Vol. 3. - Barcelona 1971, 672-674.
- Guglielmotti, Alberto: Catalogo dei bibliotecari, cattedratici, e teologi del Collegio Casanatense nel convento della Minerva dell'Ordine de' Predicatori in Roma dal principio di loro istituzione sino al presente. Raccolto da sicuri documenti e corredato di note biografiche, cronologiche, e bibliografiche. - Roma 1860, 23.
- Hierarchia Catholica 6, 31.
- LThK 2 (1958), 634 von A. Walz.
- LThK 2 (1994), 621 von Alain Kordel.
- MOFPH 14, 1756.
- Moroni 6 (1840), 82f.
- Mortier, Daniel Antonin: Histoire des maîtres généraux de l'Ordre des Frères Prêcheurs. - 8 vol. - Paris 1903-1920, hier: vol. 7, 385-410.
- Torres Amat, Felix: Memorias para ayudar a formar un diccionario critico de los escritores catalanes, y dar alguna idea de la antigua y moderna literatur de Cataluna. - Barcelona 1836, 123.
- Tusquets y Terrats, Juan: El Cardenal Joan de Boxadors, in: Anuari de la Societat catalana de Filosofia 1(1923), 243-291.
- Weber, Christoph: Genealogien zur Papstgeschichte. Unter Mitwirkung von Michael Becker bearbeitet (PuP ; 29/1-6). - 6 Bde. - Stuttgart 1999-2002, hier: Bd. 5, 106f.

Francesco Antonio Bonacina OSH

Familie
Im gleichen Orden der Hieronymiten wirkte zeitgleich mit dem hier interessierenden Francesco Antonio Bonacina ein Pater Venanzio Bonacino, von 1701 bis 1722 Professor für Ethik (philosophia moralis) an der Universität Pavia, verstorben am 9. Aug. 1725 in Ospedaletto (Lombardei). Eine vermutete Verwandtschaft der beiden Ordensleute ließ sich nicht nachweisen.

Lebenslauf

	Dr. theol. an der Universität Sapienza, Rom
um 1694	Lektor für Theologie am Ordenskolleg S. Alessio, Rom
1704	Relator der CIndex, Antrag auf Ernennung
	ACDF Index Prot. 64 (1703-1704), Bl. 360r.361r (Bewerbung des Paters o.D. mit Angaben zum Lebenslauf, empfohlen von Kardinal G. → Carpegna)
1704 Apr. 21	Relator der CIndex, Ernennung
	ACDF Index Diari 13 (1704-1708), Bl. 13r; ACDF Index Prot. 81 (1737-1740), Bl. 439r

Gutachten

[1703 Okt. 11] Moya, Mateo De: (1) Quaestiones selectae in praecipvis Theologiae Moralis Tractatibvs [...]. - Matriti : Ex typographia Antonij Gonçalez a Reyes, 1695. (2) Appendix ad qvaestiones selectas [...]. - Matriti : Ex typographia Antonij Gonçalez a Reyes, 1695.
  ACDF SO CL 1704-1705, Nr. 8, Bl. 389r-400r, 23 S.

[1704 Sept. 23] Anonym: Quaestio theologica. Quae est disciplina sapientiae? [...]. - Parisiis : ex typographiâ Viduae Antonii Lambin, 1702.
  ACDF SO CL 1704-1705, Nr. 16, Bl. 696r-699v, 8 S.

(1705 März 23) Anonym [Courtilz de Sandras, Gatien de ; Rohan, Henri de]: Interets Et Maximes Des Princes & des Estats Souverains. - A Cologne [Amsterdam?] : Chéz Jean Du Païs, 1666.
  ACDF Index Prot. 65 (1704-1705), Bl. 418r-430r, 25 S. (Doppelgutachten)

(1705 März 23) Anonym [Rohan, Henri de]: Maximes Des Princes Et Estats Sovverains. - A Cologne : [S.n.], 1666.
  ACDF Index Prot. 65 (1704-1705), Bl. 418r-430r, 25 S. (Doppelgutachten)

(1706 März 2) Anonym [Marana, Giovanni Paolo]: L'Espion Dan Les Cours Des Princes Chrétiens [...]. - A Cologne : Chez Erasme Kinkius, 1696-1699.
  ACDF Index Prot. 66 (1705-1706), S. 840-851, 12 S.

Literatur

- Anonym: Memorie e documenti per la storia dell'Università di Pavia e degli uomini più illustri che v'insegnarono. - 3 vol. - Pavia 1877-1878, hier: vol. 1, 181. [zu Venanzio Bonacino]

Bonaventura da Como OFMRef

Geboren in [Rom]
Gestorben [1787]

Lebenslauf

  Mitglied der römischen Ordensprovinz
  Lektor für Theologie im Ordenskolleg S. Francesco a Ripa, Rom
  Zensor der Accademia teologica der Universität Sapienza, Rom
1750 Jan. 12 Relator der CIndex, [Ernennung]
  ACDF Index Diari 17 (1749-1763), Bl. 5r (erstes Referat)
[1751] Konsultor der CIndex, Antrag auf Ernennung
  ACDF Index Prot. 83 (1749-1752), Bl. 227r (Bewerbung P. Bonaventuras o.D. an die CIndex mit Angaben zum Lebenslauf)
1751 März 24 Konsultor der CIndex, Ernennung
  ACDF Index Diari 17 (1749-1763), Bl. 12r

Gutachten

(1750 Jan. 12)   Nova acta eruditorum. - Lipsiae : [Gleditsch et Lanckis], (1742).
                 ACDF Index Prot. 83 (1749-1752), Bl. 74r-77v, 8 S.
(1750 Mai 5)   Nova acta eruditorum [...]. - Lipsiae, (1744).
                 ACDF Index Prot. 83 (1749-1752), Bl. 123r-125r, 5 S.
(1751 März 22)   Pufendorf, Samuel von: De officio hominis et civis, secundum legem naturalem [...]. - Trajecti ad Rhenum : apud Joannem Broedelet, 1740.
                 ACDF Index Prot. 83 (1749-1752), Bl. 255r-256v, 4 S.
(1762 Sept. 6)   Anonym [Luca, Giovanni de]: Sonetti contro le opinioni di Michiel Bajo [...]. - Cosmopoli : [S.n.], 1762.
                 ACDF Index Prot. 87 (1759-1762), Bl. 348r-353r, 11 S.
(1764 Aug. 13)   Nova acta eruditorum. - Lipsiae : [Gleditsch et Lanckis], (1756/1757).
                 ACDF Index Prot. 88 (1763-1767), Bl. 178r-181v, 6 S.
(1770 Jan. 16)   Anonym [Gerberon, Gabriel]: La regola de' costumi contro le false massime della morale mondana [...]. - In Torino : a spese di Michel' Angelo Morano, librajo, [S.a.].
                 ACDF Index Prot. 90 (1771-1773), Bl. 100r-104v, 10 S.
(1776 Apr. 22)   Anonym [Pelli Bencivenni, Giuseppe]: Nuovi Dialoghi Italiani De' Morti [...]. - Cosmopoli : Si vende in Firenze al Negozio Allegrini, Pisoni, e Comp., 1770.
                 ACDF Index Prot. 91 (1773-1778), Bl. 222r -225r, 7 S.

Literatur

- Notizie 1787, 237. [letzte Erwähnung als Konsultor der CIndex]

Bonaventura da Rutigliano OFMObs

Lebenslauf

                 Lektor für Theologie an Ss. Annunziata, Genua, und an S. Maria in Aracoeli, Rom
                 Lector iubilatus
[1709]   Relator der CIndex, Antrag auf Ernennung
                 ACDF Index Prot. 68 (1707-1710), Bl. 481r (Bewerbung P. Bonaventuras o.D. an die CIndex mit Angaben zum Lebenslauf)
1709 Sept. 10   Relator der CIndex, Ernennung
                 ACDF Index Prot. 81 (1737-1740), Bl. 440r
[1713]   Konsultor der CIndex, Antrag auf Ernennung
                 ACDF Index Prot. 70 (1713-1715), Bl. 146r (Bewerbung P. Bonaventuras o.D. an die CIndex mit Angaben zum Lebenslauf)
1713 Sept. 20   Konsultor der CIndex, Ernennung
                 ACDF Index Diari 14 (1708-1721), Bl. 76v (Audienzdekret des Papstes)

1714 Jan. 23	Revisor des SO, [Ernennung] ACDF SO Decreta 1714, Bl. 32

Gutachten

(1710 Mai 13)	Noia, Francesco: Discorsi critici su l'istoria della vita di S. Amato [...]. - In Genova : nella stampa di Gio. Battista Celle, 1707. ACDF Index Prot. 69 (1710-1712), Bl. 34r-36r, 5 S.
(1713 Jan. 17)	Viviani, Giacomo: Specimina philosophica [...]. - Panormi : typ. Ioseph Barbera, 1690. ACDF Index Prot. 70 (1713-1715), Bl. 42r-44r, 5 S. (Doppelgutachten)
(1713 Jan. 17)	Cevasco, Giovanni Giacomo: La quaresima dell'anima [...]. - In Camerino : nella Stamp. Mariana per F. M. Ronconi, 1707. ACDF Index Prot. 70 (1713-1715), Bl. 42r-44r, 5 S. (Doppelgutachten)
(1713 Sept. 19)	Grotius, Hugo: De Veritate Religionis Christianae [...]. - Amstelaedami : Apud Franciscum Vander Plaats, 1709. ACDF Index Prot. 70 (1713-1715), Bl. 125r-127r, 5 S.
[1714 Jan. 23]	Presepi, Presepio <Pseudonym> [Patrignani, Giuseppe Antonio]: (1) Le Parabole Evangeliche [...] (Manuskript). (2) La Musica del Diuino Amore [...] (Manuskript). ACDF SO CL 1715-1717, Nr. 30, 4 S.
(1722 Juli 20)	Acta eruditorum [...]. - Lipsiae : Grosse & Gleditsch, (1719). ACDF Index Prot. 72 (1721-1723), Bl. 237r-239r, 5 S.

Gregorio Bonazzoli CRL

Lebenslauf

1789 Nov. 17	Qualifikator des SO, Ernennung ACDF SO St.St. II-2-m, o.Bl. (Schreiben SS an Sekr. und Ass. des SO)

Ignazio Boncompagni Ludovisi

Geboren	1743 Juni 18 in Rom
Gestorben	1790 Aug. 9 in Bagni di Lucca (Toskana)

Familie

Als Sohn des Gaetano Boncompagni Ludovisi (1706-1777), Herzog von Sora, und der Fürstin Laura Chigi (1707-1792) gehörte der spätere Kardinal zum Patriziat von Bologna und zu den Nachkommen des Papstes Gregor XIII., die inzwischen in Rom residierten. Dort heiratete seine Schwester Ippolita (1751-1812) 1768 den römischen Senator

Abbondio Rezzonico (1741-1812), den Neffen Papst Clemens' XIII. Vgl. die Arbeiten von Weber, s.u. Ungeachtet seiner adeligen Familienbindungen initierte Boncompagni Ludovisi bedeutende wirtschaftspolitische Reformen im Gebiet der drei kirchenstaatlichen Legationen Bologna, Ferrara und Romagna, beginnend mit gewaltigen Investitionen zur Sanierung der Wassersysteme zwischen Bologna und dem Unterlauf des Po, die er gegen den Widerstand des Großgrundbesitzes und der Aristokratie durchsetzte.

Lebenslauf

	Studium in Rom
1765	Dr. [iur. utr.] in Rom
1765 Dez. 12	Referendar der Signaturen
1766 Dez. 12	Apostolischer Vize-Legat von Bologna
1767 Nov.	Apostolischer Legat fur die Wassersysteme in den Legationen Bologna, Ferrara und Romagna
1775 Juli 17	Kardinal in petto (publiziert 13. Nov. 1775)
1775 Dez. 18	Zuteilung der Titelkirche S. Maria in Portico
1775 Dez. 18	Mitglied der CAcque, CBuonGov, CConcilio und CRipa ASV SS Mem Bigl 224 (Vermerk SS)
[1775]	Präfekt der CLauretana
	Präfekt der CConsulta
1777 Dez. 15	Apostolischer Legat von Bologna
1785 Juli 20	Staatssekretär, Ernennung ASV SS Mem Bigl 243 (Schreiben SS an Kardinal Pietro P. Conti, Entwurf)
1785 Aug. 24	Mitglied des SO, Ernennung ACDF SO Juramenta 1777-1796, Bl. 185 (Schreiben SS an SO); ASV SS Mem Bigl 243 (Schreiben SS an Boncompagni, Entwurf)
1785 Nov. 16	Mitglied des SO, Amtsantritt durch Eidesleistung ACDF SO Juramenta 1777-1796, Bl. 185
1789 Sept. 30	Staatssekretär, Demission

Literatur

- Parenti, Marino: Aggiunte al Dizionario bio-bibliografico dei bibliotecari e bibliofili italiani di Carlo Frati. - 3 vol. - Firenze 1957-1960, hier: vol. 1, 160.
- Anonym: Catalogo della biblioteca dell'eminentissimo cardinale D. Ignazio Boncompagni e di altre librarie acquistate da Mariano De Romanis negoziante di libri a S. Pantaleo. - Roma : nella Stamperia di Luigi Perego Salvioni, 1791. - 248, XXII S.
- DBI 11 (1969), 712-719 von U. Coldagelli.
- DHGE 9 (1937), 821f. von L. Jadin.
- EC 2 (1949), 1849 von Pio Paschini.
- Hierarchia Catholica 6, 31.
- Moroni 6 (1840), 10.
- Pelletier, Gérard: Rome et la Révolution française. La théologie et la politique du Saint-Siège devant la Révolution française (1789-1799) (Collection de l'École Française de Rome ; 319). - Rome 2004, 588f.

- Piscitelli, Enzo: Ignazio Boncompagni Ludovisi segretario di Stato di Pio VI, in: Studi Romani 7 (1959), 275-286.
- Weber, Christoph (Bearb.): Die päpstlichen Referendare 1566-1809. Chronologie und Prosopographie (PuP ; 31/1-3). - 3 Bde. - Stuttgart 2003-2004, hier: Bd. 2, 464.
- Weber, Christoph (Hg.): Legati e governatori dello stato pontificio (1550-1809) (Pubblicazioni degli Archivi di Stato. Sussidi ; 7). - Roma 1994, 511.
- Weber, Christoph: Genealogien zur Papstgeschichte. Unter Mitwirkung von Michael Becker bearbeitet (PuP ; 29/1-6). - 6 Bde. - Stuttgart 1999-2002, hier: Bd. 1, 117.

Giacinto Maria Bonfigli OP

Geboren	um 1714 in [Casale (Monferrato), Piemont]
Gestorben	1788 Okt. 28 in Rom

Lebenslauf

1744	Dozent für Philosophie in Bologna
	Dozent für Theologie in Genua, Cremona und Cesena
1757	Studienmagister in Bologna (bis 1758)
1759 Mai 9	Generalvikar der Inquisition von Piacenza, Ernennung
	ACDF SO Decreta 1759, Bl. 116r („electus")
1760	Cathedraticus der Bibliotheca Casanatensis
1779	Theologus Casanatensis
1781 Sept. 27	Sekretär der CIndex, Ernennung
	ACDF Index Diari 6 (1655-1664), Bl. 4v („Catalogus Secretariorum"); ACDF Index Prot. 93 (1781-1784), Bl. 45 (Schreiben SS an Bonfigli).44r (Ernennungsbreve an Bonfigli; „7. Nov.")
1781 Dez. 4	Eid des SO (als Sekr. der CIndex)
	ACDF SO Juramenta 1777-1796, Bl. 103r.104v; ACDF SO Extens. 1749-1808 = ACDF SO St.St. Q-1-q, Bl. 255r
1781 Dez. 17	Examinator episcoporum in sacra theologia
	ASV SS Mem Bigl 235 (Schreiben SS an Bonfigli, Entwurf vom 16. Dez.); ACDF Index Prot. 93 (1781-1784), Bl. 47r (Schreiben SS an Bonfigli)

Gutachten

[1782 Juli 8]	Dulaurens, Henri-Joseph: L'Arretin moderne. - A Rome : aux dépens de la Congrégation de l'Index, 1776.
	ACDF SO CL 1782, Nr. 7, 4 S.
[1782 Juli 8]	Lo spione italiano [...]. - Europa [i.e. Livorno?] : [S.n.], [Nr. 1 (1782) - Nr. 3 (1782?)].
	ACDF SO CL 1782, Nr. 7, 4 S.
[1782 Juli 8]	♦ Anonym: Discorso indirizzato al papa [...]. - [S.l.] : [S.n.], [VIII. giugno] 1782.
	ACDF SO CL 1782, Nr. 7, 3 S.

(1782 Juli 8)	Dulaurens, Henri-Joseph: L'Arretin moderne. - A Rome : aux dépens de la Congrégation de l'Index, 1776. ACDF Index Prot. 93 (1781-1784), Bl. 237r-238v, 4 S.
(1782 Juli 8)	Lo spione italiano [...] - Europa [i.e. Livorno?] : [S.n.], [Nr. 1 (1782) - Nr. 3 (1782?)]. ACDF Index Prot. 93 (1781-1784), Bl. 239r-240v, 4 S.
(1782 Juli 8)	♦ Anonym: Discorso indirizzato al papa [...]. - [S.l.] : [S.n.], [VIII. giugno] 1782. ACDF Index Prot. 93 (1781-1784), Bl. 242r-243r, 3 S.
1782 Sept. 23	Wiehrl, Martin (Praes.) ; Gall, Franz, Anton (Resp.) ; Schitzler, August (Resp.): Lehrsätze aus der praktischen Philosophie [...]. - Baden : [S.n.], 1780. ACDF Index Prot. 93 (1781-1784), Bl. 253r-254v, 5 S.
(1783 Jan. 20)	Watteroth, Heinrich Josef: Für Toleranz überhaupt und Bürgerrechte der Protestanten in katholischen Staaten. - Wien : [S.n.], 1782. ACDF Index Prot. 93 (1781-1784), Bl. 349r-351v, 6 S.
(1783 Jan. 20)	Anonym [Eybel, Joseph Valentin]: Nichts Mehreres von Ehedispensen [...]. - Wahrheitsthal [i.e. Wien] : Bey den Gebrüdern van der Brust, 1782. ACDF Index Prot. 93 (1781-1784), Bl. 358r-361r, 7 S.
(1783 Jan. 20)	Anonym: Riflessione intorno all'uso che deve farsi dell'acqua benedetta [...]. - In Perugia : per Mario Riginaldi Stamp. Cam. e Vesc., 1781. ACDF Index Prot. 93 (1781-1784), Bl. 363r-365v, 6 S.
(1783 Sept. 26)	Anonym: La vérité rendue sensible à Luis XVI [...]. - Londres : chez John Petersen, 1782. (Bd. 1) ACDF Index Prot. 93 (1781-1784), Bl. 399r-404r, 11 S.
(1783 Sept. 26)	Anonym: La vérité rendue sensible à Luis XVI [...]. - Londres : chez John Petersen, 1782. (Bd. 2) ACDF Index Prot. 93 (1781-1784), Bl. 405r-406r, 3 S.
(1783 Sept. 26)	Cortesi, Pio: La monaca ammaestrata nel diritto [...]. - [Milano] : [S.n.], [1782]. ACDF Index Prot. 93 (1781-1784), Bl. 408r/v, 2 S.
(1783 Sept. 26)	♦ Royko, Kaspar: Geschichte der grossen allgemeinen Kirchenversammlung zu Kostniz [...]. - Wien ; Graz : In Commißion der Weingand, und Ferstlichen Buchhandlung zu Wien, und Graz, [1782]-1785. ACDF Index Prot. 93 (1781-1784), Bl. 410r-415r, 11 S.
(1783 Sept. 26)	♦ Anonym [Wittola, Marx Anton]: Schreiben eines österreichischen Pfarrers über die Toleranz nach den Grundsätzen der katholischen Kirche. - [Wien] : Hartl, 1782. ACDF Index Prot. 93 (1781-1784), Bl. 421r-426v, 12 S.
1784 Mai 5	Physiophilus, Joannes <Pseudonym> [Born, Ignaz von]:: Opuscula [...]. - Augustae Vindelicorum : [Sumptibus editoris], 1784. ACDF Index Prot. 94 (1784), Nr. 10, 14 S.

(1784 Dez. 6)	Wiehrl, Martin (Praes.) ; Gall, Franz, Anton (Resp.) ; Schitzler, August (Resp.): Lehrsätze aus der praktischen Philosophie [...]. - Baden : [S.n.], 1780. ACDF Index Prot. 94 (1784), Bl. 36r-44r, 17 S.
(1784 Dez. 6)	Papia, Ennodio <Pseudonym> [Zoppi, Giuseppe]: L'epoca seconda della Chiesa [...]. - Lugano : per gli Agnelli, 1781-1782. ACDF Index Prot. 94 (1784), Nr. 11, 2 S.
(1784 Dez. 6)	B., I. [Biwancko, Ignaz Joseph]: Die Unzufriedenen in Wien mit Josephs Regierung [...]. - Salzburg : [S.n.], 1782. ACDF Index Prot. 94 (1784), Nr. 13, 5 S.
(1784 Dez. 6)	F..., V... [Formaleoni, Vincenzo Antonio]: Compendio critico della storia veneta [...]. - Venezia, 1781. ACDF Index Prot. 94 (1784), Nr. 12, 4 S.
(1786 Aug. 7)	Anonym: Raccolta di opuscoli interessanti la religione. - In Pistoia : nella stamperia d'Atto Bracali, 1783-1790. (Bde. 1-6) ACDF Index Prot. 95 (1786-1788), Bl. 158r-207v und 214r-219r, 105 S.
(1787 Juni 4)	Anonym: Raccolta di opuscoli interessanti la religione. - In Pistoia : nella stamperia d'Atto Bracali, 1783-1790. (Bde. 10-11) ACDF Index Prot. 95 (1786-1788), Bl. 252r-258r, 13 S.
(1787 Juni 4)	Anonym: Raccolta di opuscoli interessanti la religione. - In Pistoia : nella stamperia d'Atto Bracali, 1783-1790. (Bd. 12) ACDF Index Prot. 95 (1786-1788), Bl. 270r-273v, 8 S.
(1787 Juni 4)	Gudver, [...]: Gesu Cristo sotto l'anatema [...]. - In Pistoia : presso Atto Bracali, 1786. ACDF Index Prot. 95 (1786-1788), Bl. 262r-263v, 4 S.
(1787 Juni 4)	♦ Trautmanndorf, Thaddeus von <Pseudonym> [Tamburini, Pietro]: De tolerantia ecclesiastica & civili. - Ticini : Gandavi apud J. F. van der Schueren, 1784. nicht aufgefunden (Hinweis in ACDF Index Prot. 95 [1786-1788], Bl. 145r-146r)
(1788 März 31)	Raccolta di opuscoli interessanti la religione. - In Pistoia : nella stamperia d'Atto Bracali, 1783-1790. (Bde. 13-14) ACDF Index Prot. 95 (1786-1788), Bl. 399r-403v, 10 S.
(1788 März 31)	♦ Feydeau, Mathieu: Catechismo, o sia schiarimento sulla materia della grazia. ACDF Index Prot. 95 (1786-1788), Bl. 438r-440r, 5 S.
(1788 März 31)	♦ Feydeau, Mathieu: Catechismo, o sia schiarimento sulla materia della grazia. ACDF Index Prot. 95 (1786-1788), Bl. 473r/v, 2 S.
(1788 März 31)	Anonym: La conversione di un frate domenicano [...]. - [S.l.] : [S.n.], [S.a., 178..?]. ACDF Index Prot. 95 (1786-1788), Bl. 409r-432v, 48 S. (Sammelgutachten)

(1788 März 31) Anonym: Lettera di N.N. ad un'Amico nella quale si esamina, se i Frati siano di maggior utile [...] - [S.l.] : [S.n.], [S.a.].
  ACDF Index Prot. 95 (1786-1788), Bl. 409r-432v, 48 S.
  (Sammelgutachten)

(1788 März 31) Anonym: Progetto di riforma dell'obbligo del digiuno [...]. - Londra : [S.n.], 1784.
  ACDF Index Prot. 95 (1786-1788), Bl. 409r-432v, 48 S.
  (Sammelgutachten)

(1788 März 31) Seratti, Francesco: Riflessioni di un canonista [...]. - [Pisa] : [S.n.], 1787.
  ACDF Index Prot. 95 (1786-1788), Bl. 409r-432v, 48 S.
  (Sammelgutachten)

(1788 März 31) Anonym: Lo stabilimento dei frati mendicanti in cui si tratta dell' origine dei frati [...]. - [S.l.] : [S.n.], 1786.
  ACDF Index Prot. 95 (1786-1788), Bl. 409r-432v, 48 S.
  (Sammelgutachten)

(1788 März 31) ♦ Pallavicino, Sforza: Istoria del Concilio di Trento [...]. - In Napoli : nella stamperia di Catiello Longobardo e Felice De Santis, 1757.
  ACDF Index Prot. 95 (1786-1788), Bl. 409r-432v, 48 S.
  (Sammelgutachten)

(1788 März 31) Anonym: Concilii, e Sinodi tenuti in Firenze [...]. - [S.l.] : [S.n.], [S.a., ca. 1787].
  ACDF Index Prot. 95 (1786-1788), Bl. 409r-432v, 48 S.
  (Sammelgutachten)

(1788 März 31) Anonym [Spilimbergo, Giovanni Battista da]: Dell'autorita [...]. - Eliopoli [Lugano] : [S.n.], 1787.
  ACDF Index Prot. 95 (1786-1788), Bl. 409r-432v, 48 S.
  (Sammelgutachten)

(1788 März 31) [Ad casus Conscientiae], Pistoia 1786.
  ACDF Index Prot. 95 (1786-1788), Bl. 409r-432v, 48 S.
  (Sammelgutachten)

(1788 März 31) Hermann, Joseph <Pseudonym> [Waldenfels, Hermann Joseph von] : Betrachtungen über das Schreiben des Pabstes Pii VI. [...]. - Damiat [i.e. Bonn] : [S.n.], 1787.
  ACDF Index Prot. 95 (1786-1788), Bl. 409r-432v, 48 S.
  (Sammelgutachten)

(1788 März 31) Mastripieri, Giovanni Maria: Risposta a un libercolo intitolato: Lettera d'un ecclesiastico [...] 1786. - [S.l.] : [S.n.], [S.a.].
  ACDF Index Prot. 95 (1786-1788), Bl. 409r-432v, 48 S.
  (Sammelgutachten)

(1788 März 31) Schneider, Eulogius: De Philosophiae in Sacro Tribunali usu [...]. - Stuttgardia : Typis Academiae Carolinae, 1786.
  ACDF Index Prot. 95 (1786-1788), Bl. 409r-432v, 48 S.
  (Sammelgutachten)

(1788 März 31)	Anonym: Istoria dei concilj e sinodi approvati e disapprovati dai papi [...]. - Si vende in Italia : [S.n.], [S.a.] ACDF Index Prot. 95 (1786-1788), Bl. 409r-432v, 48 S. (Sammelgutachten)
(1788 März 31)	Anonym: Rendete a Cesare cio che è di Cesare. - Si vende in Italia : [S.n.], [nach 1774]. ACDF Index Prot. 95 (1786-1788), Bl. 409r-432v, 48 S. (Sammelgutachten)
(1788 März 31)	Philopald <de la Haye>: Della pronunzia del canone della messa [...]. - In Firenze : presso Anton-Giuseppe Pagani, 1787. ACDF Index Prot. 95 (1786-1788), Bl. 409r-432v, 48 S. (Sammelgutachten)
(1788 März 31)	Sinodo Fiorentino contro Sisto IV. [...]. - [Italia] : [S.n.], [ca. 1750]. ACDF Index Prot. 95 (1786-1788), Bl. 409r-432v, 48 S. (Sammelgutachten)
(1788 März 31)	Waldau, Georg Ernst: Giuseppe II. e Lutero [...]. - Pekino : [S.n.], 1783. ACDF Index Prot. 95 (1786-1788), Bl. 409r-432v, 48 S. (Sammelgutachten)
(1789 Mai 29)	Ar., Gr. [Aracri, Gregorio]: Elementi del diritto naturale naturale [...]. - Napoli : [S.n.], 1787. ACDF Index Prot. 96 (1788-1790), Bl. 31r/v, 34r/v, 4 S. (Doppelgutachten)
(1789 Mai 29)	Anonym: Esame critico di una lettera di D. Francesco Spadea [...]. - Napoli : [S.n.], 1787. ACDF Index Prot. 96 (1788-1790), Bl. 31r/v, 34r/v, 4 S. (Doppelgutachten)

Literatur
- D'Amato, Alfonso: I Domenicani a Bologna. - 2 vol. - Bologna 1988, 844.
- Guglielmotti, Alberto: Catalogo dei bibliotecari, cattedratici, e teologi del Collegio Casanatense nel convento della Minerva dell'Ordine de' Predicatori in Roma dal principio di loro istituzione sino al presente. Raccolto da sicuri documenti e corredato di note biografiche, cronologiche, e bibliografiche. - Roma 1860, 24.
- Taurisano, Innocentius: Hierarchia Ordinis Praedicatorum. - Taurini 1916, 119.

Filippo Bonfiglio B

Geboren	um 1708
Gestorben	1782 Dez. 31

Lebenslauf

1755 Apr. 10	Revisor des SO, Amtsantritt durch Eidesleistung ACDF SO Extens. 1749-1808 = ACDF SO St.St. Q-1-q, Bl. 87r

	Konsultor der CIndulg
1763	Esaminatore del clero romano
1770 Juli 27	Generalassistent des Ordens in Rom (bis 1775)
1778	Hausoberer (Präpositus) des Ordenskollegs S. Carlo ai Catinari, Rom
1781	Generalassistent des Ordens in Rom

Gutachten

1755 Apr. 23	Anonym: Breve ragguaglio della vita, e morte di Girolamo Tiraboschi Novizzo [...] (Manuskript). ACDF SO CL 1755-1756, Nr. 6, 1 S.

Literatur

- Levati, Luigi Maria (Hg.): Menologio dei Barnabiti. - 12 vol. - Genova 1932-1938, hier: vol. 12, 364f.
- Premoli, Orazio Maria: Storia dei Barnabiti dal 1700 al 1825. - Roma 1925, 271.
- Ungarelli, Aloisius Maria: Bibliotheca scriptorum e congregatione Clericorum Regularium S. Pauli. - Romae 1836, 190.

Raimondo Placido Bongiovanni OSBOliv

Geboren	1729 Sept. 26 in Verona
Gestorben	1801 März 1 in Verona

Lebenslauf

1748	Ordenseintritt in S. Bartolomeo, Rovigo
1749 Jan. 1	Ordensprofess in Rovigo
1752	Studium an S. Giorgio, Ferrara, und S. Vittore, Mailand (bis 1757)
1758	Lektor für Rhetorik an S. Girolamo di Quarto, Genua (bis 1760)
1761	Lektor für Philosophie an S. Maria in Organo, Verona (bis 1763)
1764	Dekan von S. Michele in Bosco, Bologna (bis 1769)
1770	Vicarius der Abtei Monte Oliveto Maggiore (bei Buonconvento) (bis 1775)
1777	Cellarius der Abtei Monte Oliveto Maggiore (bis 1778)
1779	Pro-Archivista des Generalprokurators des Ordens in Rom (an S. Maria Nova) (bis 1781)
1782 März 3	Konsultor der CIndulg ASV SS Mem Bigl 236
[1782]	Konsultor der CIndex
1782	Abt von S. Maria in Organo, Verona (bis 1784; erneut 1788-1790; 1794)
1785	Abt von S. Nicola, Rodengo (Brescia) (bis 1787; erneut: 1791-1794)

Unveröffentlichte Quellen
Archiv der Abtei Monte Oliveto Maggiore, Siena. Freundliche Auskunft zu biographischen Daten an H. H. Schwedt.

Literatur
- Notizie 1783, 84. [erstmals als Konsultor der CIndex aufgeführt (als „assente"); letztmals aufgeführt 1801 (unter „Guibilati e assenti")]
- Scarpini, Modesto: I Monaci Benedettini di Monte Oliveto. - S. Salvatore Monferrato 1952, 415f.

Aurelio Boni OSBCam

Lebenslauf
1759 März 17   Qualifikator des SO, Amtsantritt durch Eidesleistung
　　　　　　　　ACDF SO Extens. 1749-1808 = ACDF SO St.St. Q-1-q, Bl. 125r;
　　　　　　　　ACDF SO St.St. II-2-m, o.Bl. („Nota de' Revisori [!]")

Antonio Maria Bonucci SJ

Geboren　　　1651 Jan. 17 in Arezzo
Gestorben　　1728 März 29 in Rom

Familie
Zum sozialen Umfeld des späteren Jesuiten ist nichts bekannt außer dem Namen des Vaters: Carlo di Costanzo Bonucci (Tipaldo: Biografia 6, 339).

Lebenslauf
1671 Apr. 13   Ordenseintritt
1681　　　　　Missionar in Brasilien, meist in Recife (bis 1699)
1686 Febr. 2　Ordensprofess („viertes" Gelübde) in Recife
1696　　　　　Sekretär von Antonio Vieira SJ in Baía (bis zu dessen Tod 1697)
1699　　　　　Lektor am Ordenskolleg Aldeia de Natuba (Nova Soure, Brasilien)
1703　　　　　Prediger in Italien
1716 Juni 24　Konsultor der CIndex, Ernennung
　　　　　　　　ACDF Index Diari 14 (1708-1721), Bl. 104r
1717 Jan. 22　Qualifikator des SO, Amtsantritt durch Eidesleistung
　　　　　　　　ACDF SO Juramenta 1701-1724, Bl. 176v

Gutachten

(1715-1717) Birgitta <Suecica>: Regvla Salvatoris Vvlgo Nvncvpata De Sancta Birgitta De Regno Svetiae [...]. - Genuae : Typis Benedicti Cellae, 1668.
    nicht aufgefunden (Hinweis in ACDF SO CL 1715-1717, Nr. 17)

(1715-1717) Ruinart, Thierry: Atti de Primi Martiri [...]. - [S.l.] : [S.n.], [S.a.].
    nicht aufgefunden (Hinweis in ACDF SO CL 1715-1717, Nr. 21)

[1716 Juli 20] Carlymaesshin, Eusebius: Antilogia seu iuridico-historica defensio ad praeiudicia [...] illata a D. Augustino Erath. - Vienna Austriae : Schlegel, 1715.
    ACDF Index Prot. 71 (1715-1721), Bl. 218r-219r, 3 S. (Doppelgutachten)

[1716 Juli 20] Erath, Augustinus: Commentarius Theologico-Juridico-Historicus [...]. Viennae Austriae : Typis Leopoldi Voigt, 1689.
    ACDF Index Prot. 71 (1715-1721), Bl. 218r-219r, 3 S. (Doppelgutachten)

1716 Okt. 7 ♦ Petrucci, Pietro Matteo: Poesie Sacre Morali, e spirituali [...]. - [S.n.] : [Aesii], [1716].
    ACDF SO CL 1715-1717, Nr. 20, 2 S.

1716 Okt. 7 Birgitta <Suecica>: Regola del Salvatore volgarmente detta di S. Brigida [...]. - Genova : Benedetto Guasco, 1652.
    ACDF SO CL 1715-1717, Nr. 17, 2 S.

1716 Dez. 16 Muscettola, Francesco Maria: Dissertatio theologico-legalis de sponsalibus et matrimoniis [...]. (Manuskript)
    ACDF SO CL 1715-1717, Nr. 23, 2 S.

1718 Juli 18 Gravina, Giovanni Vincenzo: Tragedie cinque [...]. - In Napoli : Nella Stamperia di Felice Mosca, 1712.
    ACDF Index Prot. 71 (1715-1721), Bl. 603r-604v, 3 S.

Eigene Werke

- Compendio delle grazie, e favori, coferiti dalla somma beneficenza dell'ottimo, e massimo pontefice san Pio Quinto agli ordini religiosi, e specialmente alla Compagnia di Giesù. - In Roma : nella stamperia di Giorgio Placco, 1713. - 112 S.
- Ephemerides eucharisticae veritatem, atque cultum sacrosanti fidei nostrae mysterii luculentis sanctorum pontificum, cardinalium, antistitum necnon imperatorum, regum, ducum [...] qui ad singulos anni dies in sacris tabulis veluti sibi Natalitios accedunt, monumentis consignantes [...]. - Romae : ex typographia Antonii de Rubeis in Platea Cerensi, 1700. - 4 vol.
- Istoria del pontefice ottimo massimo il b. Gregorio X. descritta in tre libri [...]. - In Roma : nella stamperia di Giorgio Placho, 1711. - [14] Bl., 331 S.
- Istoria, e considerazioni su la vita del nobile pisano, e più nobile confessore di Cristo s. Ranieri; arricchite con sentenze didotte dalla sagra scrittura, da' santi padri, e dagli antichi filosofi [...]. - In Roma : nella stamperia di Antonio de' Rossi, 1707. - 61 S.; Seconda impressione. - In Firenze : per Michele Nestenus, 1706. - 174 S.
- Orazione nelle solenni esequie della maestà del rè di Portogallo scritta in italiano e in portoghese [...] e detta nel primo linguaggio dal medesimo nella chiesa nazionale

di S. Antonio in Roma. - In Roma : nella stamparia di Antonio de' Rossi alla piazza di Ceri, 1707. - 61 S.
- Sentimenti di cristiana pietà cavati dalla divina scrittura e distribuiti per tutti i giorni dell'anno a benefizio dell'anime divote. - In Roma : per Antonio de' Rossi alla piazza di Ceri, 1706-1709. - 5 vol.
- Vindiciae aequissimi decreti Alexandri VIII. P.M. adversus propositiones XXXI. in eo damnatas divinis utriusque testamenti oraculis, sacerrimis conciliorum sanctionibus, veterum patrum chirographis, castigatioris theologiae calculis, ac eruditionis humanae monumentis obsignatae. - Romae : ex typographia Bernabò, 1704. - 208 S.

Literatur
- DBI 12 (1970), 453f. von G. Pignatelli.
- DHGE 9 (1937), 1125 von A. De Bil.
- Mazzuchelli, Giammaria: Gli scrittori d'Italia : Cioè notizie storiche e critiche intorno alle vite, e agli scritti dei letterati italiani. - Brescia : Giambatista Bossini, 1753-1763. - 6 vol., hier: vol. 2, 1696f.
- Sommervogel 1 (1890), 1764-1771; 8 (1898), 1870. [etwa 40 Titel von Hagiographien]
- Tipaldo, Emilio de (Hg.): Biografia degli italiani illustri nelle scienze, lettere ed arti del secolo XVIII, e de' contemporanei compilata da letterati italiani di ogni provincia. - 10 vol. - Venezia 1834-1845, hier: vol. 6, 339-341.
- Vecchi, Alberto: Correnti religiose nel Sei-Settecento veneto. - Venezia ; Roma 1962, 221f.

Francesco Scipione Borghese

Geboren 1697 Mai 20 in Rom
Gestorben 1759 Juni 21 in Rom

Familie
Borgehse gehörte zum römischen Hochadel, Sohn des Fürsten Marcantonio und der Livia, Tochter des Fürsten Spinola. Der spätere Kardinal, zuletzt finanziell ruiniert, gehörte in den 1720er Jahren zum Kreis der Dominikaner und „Beneventani" an der römischen Kurie, gefördert durch den Dominikaner-Papst → Benedikt XIII. und angeblich durch dessen korrupten Kardinal N. → Coscia, den der Vater, Marcantonio Borghese, bestochen haben soll zur Vergabe des Kardinalstitels an seinen Sohn. Vgl. Seidler/Weber: Päpste, 397.

Lebenslauf
um 1715   Erziehung durch I. H. → Amat de Graveson
1717 Okt. 5   Dr. theol. am Kolleg S. Tommaso an S. Maria sopra Minerva, Rom
1721 Apr. 1   Dr. iur. utr. an der Universität Sapienza, Rom
1724 Sept. 9   Referendar der Signaturen

1728 Febr. 1	Maestro di Camera di S. Santità
1728 Febr. 25	Priesterweihe
1728 März 8	Titularerzbischof von Traianopolis
1729 März 26	Präfekt des Apostolischen Palastes (Maggiordomo)
1729 Juli 6	Kardinal
1729 Aug. 3	Zuteilung der Titelkirche S. Pietro in Montorio
1731 Apr. 3	Mitglied der CIndex, Ernennung
	ACDF Index Diari 15 (1721-1734), Bl. 114r; ACDF Index Prot. 77 (1728-1731), Bl. 372 (Schreiben SS an Sekr. der CIndex); ASV SS Mem Bigl 163 (Schreiben SS an Borghese, Entwurf)
1741 März 24	Mitglied der CRiti
	ASV SS Mem Bigl 176
	Mitglied der CConsulta, CConsist und CBuonGov
1752 Sept. 26	Suburbikarischer Bischof von Albano
1755 Apr. 7	Mitglied der CEpReg
	ASV SS Mem Bigl 195 (Schreiben SS an Borghese und Kard. C. A. → Guidobono Cavalchini, Entwurf)
1759 Febr. 12	Suburbikarischer Bischof von Porto und S. Rufina

Literatur

- Cardella, Lorenzo: Memorie storiche de' Cardinali della Santa Romana Chiesa [...]. - In Roma : nella stamperia Pagliarini, 1792-1797. - 10 vol., hier: vol. 8, 241.
- DBI 12 (1970), 587-590 von G. de Caro.
- DHGE 9 (1937), 1213f. von P. Paschini.
- Guarnacci, Mario: Vitae, et res gestae Pontificum Romanorum et S.R.E. Cardinalium a Clemente X. usque ad Clementem XII. [...] Descripta a S. Petro ad Clementem IX. - Romae : Sumptibus Venantii Monaldini bibliopolae [...] ; Ex Typographia Joannis Baptistae Bernabo, & Josephi Lazzarini, 1751. - 2 vol., hier: vol. 2, 551-554.
- Hierarchia Catholica 5, 385.
- Renazzi, Filippo Maria: Notizie storiche degli antichi vicedomini del patriarchio lateranense e de' moderni prefetti del Sagro Palazzo Apostolico ovvero maggiordomi pontifizi : dedicate a Sua Eccellenza [...]. - In Roma : nella stamperia Salomoni, 1784, 156.
- Seidler, Sabrina M. ; Weber, Christoph (Hg.): Päpste und Kardinäle in der Mitte des 18. Jahrhunderts (1730-1777). Das biographische Werk des Patriziers von Lucca Bartolomeo Antonio Talenti (Beiträge zur Kirchen- und Kulturgeschichte ; 18). - Frankfurt a.M. u.a. 2007, 396f.
- Weber, Christoph (Bearb.): Die päpstlichen Referendare 1566-1809. Chronologie und Prosopographie (PuP ; 31/1-3). - 3 Bde. - Stuttgart 2003-2004, hier: Bd. 2, 483.
- Weber, Christoph: Genealogien zur Papstgeschichte. Unter Mitwirkung von Michael Becker bearbeitet (PuP ; 29/1-6). - 6 Bde. - Stuttgart 1999-2002, hier: Bd. 1, 118-126, bes. 124.

Stefano Borgia

Geboren 1731 Dez. 3 in Velettri
Gestorben 1804 Nov. 23 in Lyon

Familie
Der spätere Kardinal, Sohn von Camillo Borgia und Maddalena Gagliardi, stammte aus einer adeligen Familie aus Velletri, Neffe der Bischöfe Alessandro (gest. 1764) und F. → Borgia (gest. 1754), Assessor des SO. Der Bruder Giampaolo wurde General des päpstlichen Heeres. Vgl. Weber: Genealogien 3, 92f.

Lebenslauf

ab 1740/1741	Ausbildung in Fermo beim Erzbischof Alessandro Borgia, seinem Onkel
1750	Verleihung der Licenza in Philosophie in Fermo
1752	Dr. theol. in Fermo
1754	Sekretär der Accademia degli Erranti, Fermo (bis 1756)
1757	Mitglied der Accademia dell'Arcadia, Rom
1757	Dr. iur. can. an der Universität Sapienza, Rom
1757 Dez. 6	Referendar der Signaturen
	ASV SS Mem Bigl 200 (Schreiben SS an Kard. N. M. → Corsini, Entwurf)
1758	Prelato domestico
1758 Nov. 25	Gouverneur von Benevent (bis Sept. 1764)
1764 Aug. 4	Sekretär der CIndulg (bis 1770)
	ASV SS Mem Bigl 209 (Schreiben SS an Präf. der CIndulg, Entwurf)
1765	Priesterweihe
1770	Sekretär der CProp (bis 1789)
1770 Nov. 25	Eid im SO (ohne Angabe eines Amts)
	ACDF SO Juramenta 1766-1776, Bl. 123
1771 Jan. 4	Examinator Episcoporum in sacris canonibus
	ASV SS Mem Bigl 216
1773 Apr. 23	Konsultor des SO, Ernennung
	ACDF SO Juramenta 1766-1776, Bl. 184-185 (Schreiben SS an Sekr. und Ass. des SO); ASV SS Mem Bigl 224 (Schreiben SS an Borgia, Entwurf)
1773 Apr. 28	Konsultor des SO, Amtsantritt durch Eidesleistung
	ACDF SO Juramenta 1766-1776, Bl. 183
1773 Juni 21	Luigi Galetti, Adiutor studiorum von Borgia, Amtsantritt durch Eidesleistung
	ACDF SO Juramenta 1766-1776, Bl. 191
1775 Aug. 21	Konsultor der CIndex, Ernennung
	ASV SS Mem Bigl 224 (Schreiben SS an Borgia, Entwurf); ACDF Index Prot. 91 (1773-1778), Bl. 76r (Schreiben SS an Sekr. der CIndex)

1789 März 30	Kardinal
1789 Aug. 3	Zuteilung der Titelkirche S. Clemente
1789 Aug. 3	Mitglied der CIndex, Ernennung
	ACDF Index Prot. 96 (1788-1790), Nr. 221 (Schreiben SS an Sekr. der CIndex)
1792 Febr. 27	Camerlengo des Kardinalskollegiums
1793 Febr. 1	Mitglied der CRiti
	ASV SS Mem Bigl 261 (Schreiben SS an Sekr. der CRiti)
1795 Febr. 21	Präfekt der CIndex, Ernennung
	ASV SS Mem Bigl 260 (Schreiben SS an Borgia, Entwurf); ACDF Index Prot. 101 (1796), Bl. 313 (Schreiben SS an Sekr. der CIndex)
1795 Okt. 30	Mitglied der CAcque
	ASV SS Mem Bigl 261
1795 Okt. 31	Mitglied des SO, Ernennung
	ACDF SO Juramenta 1777-1796, o.Bl.
1795 Nov. 11	Mitglied des SO, Amtsantritt durch Eidesleistung
	ACDF SO Juramenta 1777-1796, o.Bl.
1798 März 8	Haft in Rom (nach Einmarsch der Franzosen)
1798 März 30	Abtransport nach Civitacchia und Ausweisung aus dem Gebiet um Rom
1798	Gast in Padua bei Bischof Speroni von Adria (u.a. mit C. → Brancadoro) (bis 1799)
1800 Juli 3	Rückkehr nach Rom (mit Papst → Pius VII.)
1800	Präfekt der CEcon
1801 Jan. 14	Filippo Invernizzi, Auditor von Borgia, Amtsantritt durch Eidesleistung
	ACDF SO Juramenta 1800-1809, o.Bl.
1801	Präfekt der CStudi
	Präsident des Collegio Romano
1802 Aug. 24	Präfekt der CProp
1804	Begleiter Pius' VII. auf der Reise nach Paris (unterwegs in Lyon verstorben)

Gutachten

1776 Okt. 6	Erläuterter Kathechismus zum Gebrauche der deutschen Stadtschulen [...]. - Wien : Im Verlage der deutschen Schulanstalt, [1776].
	ACDF SO CL 1777 = ACDF SO St.St. O-4-i, [Nr. 2], 7 S.
(1788)	♦ Eybel, Joseph Valentin: Was enthalten die Urkunden [...] von der Ohrenbeichte [...]. - Wien : [S.n.], 1784.
	ACDF SO CL 1788, Nr. 6, 20 S.

Eigene Werke
- Anonym: Alphabetum barmanorum seu Regni Avensis. Editio altera emendatior. - Romae : Typis Sac. Congregationis de Propaganda Fide, 1787. - XVI, 64 S.

- Anonym: Alphabetum barmanum seu Bomanum Regni Avae finitimarumque regionum. - Romae : Typis Congreg. de Propganda Fide, 1776. - XLIV, 51 S.
- Anonym: Alphabetum Bramhanicum seu indostanum Universitatis Kasí. - Romae : Typis Sac. Congregationis de Propag. Fide, 1771. - XX, 152 S.
- Anonym: Alphabetum Crandonico-Malabaricum sive samscrudonicum. - Romae : Typis Sac. Congregazionis de Propag. Fide, 1772. - XXVIII, 100 S.
- Breve istoria del dominio temporale della sede apostolica nelle Due Sicilie. - Roma : [S.n.], 1788. - XXIV, 423 S.
- Breve istoria dell'antica città di Tadino nell'Umbria ed esatta relazione delle ultime ricerche fatte sulle sue ruine. - In Roma : nella stamperia di Pallade a spese di Niccolò, e Marco Pagliarini, 1751.
- De cruce Vaticana ex dono Iustini Augusti in Parasceve Maioris hebdomadae publicae venerationi exhiberi solita commentarius cui accedit ritus salutationis crucis in ecclesia Antiochena syrorum servatus. Nunc primum syriace & latine editus, adnotationibusque inlustratus. - Romae : Ex Typographia eiusdem Sacrae Congregationis, 1779. - [4 Bl.], 144, LXXXVIII S.
- De cruce Veliterna commentarius. - Romae : typis eiusdem sac. congregationis, 1780. - 28, CCXXLII S.
- De gloriosa reparatoris nostri Jesus Christi ascensione oratio habita XIV. kal. junias 1757 in sacello pontificio Quirinali. - Romae : ex typographia Joannis Zempel, [1757]. - XIV, [2] S.
- Lettera apologetica [...] al padre D. Mauro → Sarti monaco Camaldulese. - In Pesaro : Nella Stamperia Gavelliana, 1752. - 24 S.
- Memorie istoriche della pontificia città di Benevento dal secolo VIII. al secolo XVIII. Divise in tre parti. - In Roma : dalle stampe del Salomoni, 1763-1769. - 3 vol.
- Monumento di Giovanni XVI. - [In Roma : nella stamparia di Francesco Ansillioni, 1750]. - 31, [1] S.
- Pius <Papa II.>: Oratio de bello turcis inferendo eruta ex schedis autographis et anecdotis monumentis illustrata. - Romae : apud Benedictum Francesium, 1774. - 66 S. [Bearbeiter]
- Valier, Agostino: Opusculum de benedictione agnorum Dei a Stephano Borgia Sacrae Congregationis de Propaganda Fide a secretis illustratum [...].- Romae : typis Sac. Congregationis de Propaganda Fide, 1775. - LXV S. [Hg.]
- Vaticana confessio beati Petri principis apostolorum chronologicis tam veterum quam recentiorum scriptorum testimoniis inlustrata. - Romae : ex Typographia Sac. Congr. de Prop. Fide, 1776. - CCLXXI, [1] S.

Literatur
- Adler, Jacob Georg Christian: Museum cuficum Borgianum Velitris. - Romae : apud Antonium Fulgonium, 1782.
- Baraldi, Giuseppe: Notizia biografica sul cardinale Stefano Borgia, in: Memorie di religione, di morale e di letteratura 17 (1830), 283-362.
- Barone, Giuseppe: Vita, precursori ed opere del P. → Paolino da S. Bartolomeo (Filippo Werdin [sic]). Contributo alla storia degli studi orientali in Europa. - Napoli 1888.

- Borgia, Stefano: Lettere inedite al fratello Giov. Paolo Borgia. Pubblicate da G. De Juliis. - Velletri 1906.
- Cardinali, Luigi: Elogio detto alla memoria di Stefano Borgia cardinale prete del titolo di S. Clemente. - [S.l.] 1806.
- DBI 12 (1970), 739-742, von H. Enzensberger.
- DGHE 9 (1937), 1233-1236 von P. Paschini.
- EC 2 (1949), 1916f. von E. Santovito.
- Henkel, Willi: Kardinal Stefano Borgia als Sammler von Handschriften, in: Euntes docete 22 (1969), 547-567.
- Hierarchia Catholica 6, 36.
- Kowalsky, Nikolaus: Stand der Katholischen Missionen um das Jahr 1765 an Hand der Übersicht des Propagandasekretärs Stefano Borgia aus dem Jahre 1773 (Schriftenreihe der Neuen Zeitschrift für Missionswissenschaft ; 16). - Schöneck ; Beckenried 1957.
- Lancellotti, Gianfrancesco: Dissertazione epistolare [...] in comprova delle antichità di Cupra Montana scoperte nella nobilissima terra del Massaccio al signor abate Stefano Borgia [...], Li XXIX. Gennaro MDCCLIII. - In Monaco : Per Jean Deubley, & François Baillet, [S.a.]. - 88 S., [1] Bl. [zur Borgia-Sarti-Kontroverse]
- Langella, Rigel: Bibliografia di opere a stampa di Stefano Borgia e di altri membri della famiglia Borgia conservate presso la Biblioteca Civica di Velletri, in: Ders. ; Mammucari, Renato (Hg.): Stefano Borgia. La famiglia, la storia, il museo (Quaderni della Biblioteca Comunale ; 5). - Velletri 1995, 121-124.
- Langella, Rigel: Stefano Borgia. Epistolario privato (Quaderni della Biblioteca ; 6). - 2 vol. - Velletri 1998-1999.
- Margiotti, Fortunato: Materiale missionario nel fondo Borgia latino della Biblioteca Apostolica Vaticana, in: Euntes docete 21 (1968), 411-456.
- Metzler, Josef: Ein Mann mit neuen Ideen: Sekretär und Präfekt Stefano Borgia (1731-1804), in: Ders. (Hg.): Sacrae Congregationis de Propaganda Fide memoria rerum. 350 anni a servizio delle missioni 1622-1972. - 3 vol. - Romae 1971-1976, hier: vol. 2, 119-152.
- Moffa, C.: Profilo del cardinale Stefano Borgia (1731-1804), in: Euntes docete 39/2 (1986), 199-220.
- Orsatti, Paola: Il fondo Borgia della Biblioteca Vaticana e gli studi orientali a Roma tra Sette e Ottocento (StT ; 376). - Città del Vaticano 1996, bes. 1-31.193-197.
- → Paulino <a S. Bartolomeo>: Musei Borgiani Velitris codices manuscriptis Avenses Peguani Siamici Malabarici Indostani animadversionibus historico-criticis castigati et illustrati accedunt monumenta inedita, et cosmogonia indico-tibetana. - Romae : apud Antonium Fulgonium, 1793.
- → Paulino <a S. Bartolomeo>: Systema Brahmanicum liturgicum mythologicum civile ex monumentis Indicis musei Borgiani Velitris [...]. - Romae : apud Antonium Fulgonium, 1791.
- → Paulino <a S. Bartolomeo>: Vitae synopsis Stephani Borgiae S.R.E. cardinalis amplissimi S. Congr. de Propaganda fide praefecti. - Romae : apud Antonium Fulgonium, 1805.
- Parenti, Marino: Aggiunte al Dizionario bio-bibliografico dei bibliotecari e bibliofili italiani di Carlo Frati. - 3 vol. - Firenze 1957-1960, hier: vol. 1, 172.

- Paretti, Girolamo: Riflessioni [...] sopra la lettera del Sig. Stefano Borgia al P. Sarti in data delli 3. Settembre 1752 concernente la scoperta di Cupra Montana. - In Perugia : [S.n.], [1752]. - VIII. S. [zur Borgia-Sarti-Kontroverse]
- Rouët de Journel, Marie-Joseph: Nonciatures de Russie d'après les documents authentiques (StT ; 166-169.194). - 5 vol. - Città del Vaticano 1922-1957, hier bes.: vol. 3, 34f.
- → Sarti, Mauro: Lettera [...] al signore Stefano Borgia in difesa della dissertazione De antiqua Picenum civitate Cupra Montana. - In Pesaro: nella stamperia Gavelliana, 1752.
- Tipaldo, Emilio de (Hg.): Biografia degli italiani illustri nelle scienze, lettere ed arti del secolo XVIII, e de' contemporanei compilata da letterati italiani di ogni provincia. - 10 vol. - Venezia 1834-1845, hier: vol. 1, 47-50.
- Tisserant, Eugène: Inventaire sommaire des manuscrits arabes du fonds Borgia à la Bibliothèque Vaticane, in: Miscellanea Francesco Ehrle 5 (StT ; 41). - Roma 1924, 1-34.
- Weber, Christoph (Bearb.): Die päpstlichen Referendare 1566-1809. Chronologie und Prosopographie (PuP ; 31/1-3). - 3 Bde. - Stuttgart 2003-2004, hier: Bd. 2, 469.
- Weber, Christoph (Hg.): Legati e governatori dello stato pontificio (1550-1809) (Pubblicazioni degli Archivi di Stato. Sussidi ; 7). - Roma 1994, 144.518.
- Weber, Christoph: Die Territorien des Kirchenstaates im 18. Jahrhundert. Vorwiegend nach den Papieren des Kardinals Stefano Borgia dargestellt. - Frankfurt a.M. u.a. 1991.
- Weber, Christoph: Genealogien zur Papstgeschichte. Unter Mitwirkung von Michael Becker bearbeitet (PuP ; 29/1-6). - 6 Bde. - Stuttgart 1999-2002, hier: Bd. 3, 92-94.

Carlos de Borja y Centellas Ponce de León

Geboren 1663 März 26 in Gandía (bei Valencia)
Gestorben 1733 Aug. 8 in La Granja (bei Segovia)

Familie
Der spätere Kardinal stammte aus dem hohen Hofadel, Sohn des Francisco Carlos de Borja, Herzogs von Gandía, und der Herzogin Maria Ponce de Léon, Tochter des Vizekönigs von Neapel Rodrigo Ponce de Léon duque d'Arcos. Der ältere Bruder Francisco-Antonio (1659-1702) verstarb als soeben ernannter Erzbischof von Burgos. Vgl. DHEE Suppl. 1, 103.

Lebenslauf
1669-1679   Ausbildung am Collegium S. Ildefónso, Alcalá
                  Kanoniker der Primatialkathedrale von Toledo
                  Erzdiakon von Madrid
                  (Titular-)Abt von Alcalá
1705 Juli 20   Titular-Erzbischof von Trapezunt
                  Generalvikar für die spanischen Streitkräfte zu Land und zur See

1708 Okt. 3	(Titular-)Patriarch von Westindien
1720 Sept. 30	Kardinal
1721 Juni 21	Zuteilung der Titelkirche S. Pudenziana
1721 [Juni 21]	Mitglied der CIndex, Ernennung
1721 [Juni 21]	Mitglied der CIndulg und der Signatura Gratiae

Literatur
- Cardella, Lorenzo: Memorie storiche de' Cardinali della Santa Romana Chiesa. - In Roma : nella stamperia Pagliarini, 1792-1797. - 10 vol., hier: vol. 8, 191f.
- DHEE Suppl. 1 (1987), 103 von J. Goñi.
- DHGE 9 (1937), 1265-1266 von S. Ruiz.
- Guarnacci, Mario: Vitae, et res gestae Pontificum Romanorum et S.R.E. Cardinalium a Clemente X. usque ad Clementem XII. [...] Descripta a S. Petro ad Clementem IX. - Romae : Sumptibus Venantii Monaldini bibliopolae [...] ; Ex Typographia Joannis Baptistae Bernabo, & Josephi Lazzarini, 1751. - 2 vol., hier: vol. 2, 357-360.
- Hierarchia Catholica 5, 32.228.386.
- Seidler, Sabrina M. ; Weber, Christoph (Hg.): Päpste und Kardinäle in der Mitte des 18. Jahrhunderts (1730-1777). Das biographische Werk des Patriziers von Lucca Bartolomeo Antonio Talenti (Beiträge zur Kirchen- und Kulturgeschichte ; 18). - Frankfurt a.M. u.a. 2007, 176.

Vitaliano Borromeo

Geboren	1720 März 3 in Mailand
Gestorben	1793 Juni 7 in Rom

Familie
Kardinal Vitaliano gehörte zur Familie der Grafen Borromeo, Mailänder Patrizier, Sohn des Fürsten Giovanni Benedetto (gest. 1744) und der adeligen Clelia del Grillo (gest. 1777). Vgl. Weber: Genealogien 1, 131.

Lebenslauf

1745 Juli 24	Referendar der Signaturen
	ASV SS Mem Bigl 185 (Schreiben SS an Kard. D. → Passionei mit Auftrag zur Erstellung eines Breve, Entwurf)
1745 Okt. 20	Dr. iur. utr. in Pavia
1747 Apr. 10	Päpstlicher Vize-Legat von Bologna
1747 Dez.	Priesterweihe
1753	Rückkehr nach Rom
[1753]	Konsultor der CRiti
1753 Nov. 26	Konsultor des SO, Ernennung
	ACDF SO Priv. 1750-1754, Bl. 541r (Schreiben SS an Sekr. des SO)

1756 Jan. 15	Nuntius in Florenz ASV SS Mem Bigl 197
1756 Febr. 16	Titularbischof von Theben
1759 Dez. 10	Nuntius in Wien (bis 1767)
1766 Sept. 26	Kardinal
1766 Dez. 19	Zuteilung der Titelkirche S. Maria in Aracoeli
1769 Jan. 1	Päpstlicher Legat in Ravenna (bis Juli 1778)
[1778]	Präfekt der CImmunità
1779 Dez. 17	Mitglied des SO, Ernennung ACDF SO Juramenta 1777-1796, Bl. 74 (Schreiben SS an Ass. des SO)
1779 Dez. 29	Mitglied des SO, Amtsantritt durch Eidesleistung ACDF SO Juramenta 1777-1796, Bl. 73 Mitglied der CConcilio, CProp und CIndulg
1780 Jan. 2	Calisto Marini, Adiutor studiorum von Borromeo, Amtsantritt durch Eidesleistung ACDF SO Juramenta 1777-1796, Bl. 78
1780 Mai 2	Giovanni B. Mugnozzi, Sekretär von Borromeo, Amtsantritt durch Eidesleistung ACDF SO Juramenta 1777-1796, Bl. 85
1782 Juli 12	Giuseppe Caciotti, Adiutor studiorum von Borromeo, Amtsantritt durch Eidesleistung ACDF SO Juramenta 1777-1796, Bl. 115
1783 Jan. 20	Mitglied der CIndex, Ernennung ASV SS Mem Bigl 238 (Schreiben SS an Borromeo, Entwurf); ACDF Index Prot. 93 (1781-1784), Bl. 65 (Schreiben SS an Sekr. der CIndex)
1784 Sept. 11	Alessandro Tassoni, Auditor von Borromeo, Amtsantritt durch Eidesleistung ACDF SO Juramenta 1777-1796, Bl. 141
1790 Nov. 19	Mitglied der Sonderkongregation zur Untersuchung der Synode von Pistoia

Literatur
- DBI 13 (1971), 78-81 von G. Pignatelli.
- DHGE 9 (1935), 1285 von P. Paschini.
- Dörrer, Fridolin: Zeremoniell, alte Praxis und „Neuer Geist". Zum Verhalten der Herrscher und Regierungen in Wien und Florenz zu den Nuntien. Beispiele aus den Jahren um 1760, in: RöHM 43 (2001), 587-630, hier: 590f.
- Hierarchia Catholica 6, 28.
- Maass, Ferdinand: Der Frühjosephinismus (Forschungen zur Kirchengeschichte Österreichs ; 8. Josephinische Abteilung ; 3). - Wien u.a. 1969.
- Moroni 6 (1840), 60.
- Pelletier, Gérard: Rome et la Révolution française. La théologie et la politique du Saint-Siège devant la Révolution française (1789-1799) (Collection de l'École Française de Rome ; 319). - Rome 2004, 591f.

- Sommervogel 5, 616f. [zur Affäre um den auf Veranlassung Borromeos verhafteten Publizisten Bruno Marti SJ 1777]
- Squicciarini, Donato: Die Apostolischen Nuntien in Wien. - Vatikanstadt 1999, 189-191.
- Stella, Pietro (Hg.): Il giansenismo in Italia. Bd. 2/1: Roma. La bolla „Auctorem fidei" (1794) nella storia dell'Ultramontanismo. Saggio introduttivo e documenti. - Roma 1995, LXXIX u.ö.
- Weber, Christoph (Hg.): Legati e governatori dello stato pontificio (1550-1809) (Pubblicazioni degli Archivi di Stato. Sussidi ; 7). - Roma 1994, 520.
- Weber, Christoph: Genealogien zur Papstgeschichte. Unter Mitwirkung von Michael Becker bearbeitet (PuP ; 29/1-6). - 6 Bde. - Stuttgart 1999-2002, hier: Bd. 1, 131.

Giovanni Bortoni

Namensvariante Giovanni Bertoni

Geboren 1678 [Taufdatum: 22. Sept.] in Quindici (bei Nola, Kampanien)
Gestorben 1730 [vor Jan. 21]

Lebenslauf
1701	Priesterweihe
	Priester im Bistum Nola
1714	Dr. iur. utr. an der Universität Sapienza, Rom
	Cameriere segreto
1723 Nov. 15	Relator des SO, Amtsantritt durch Eidesleistung
	ACDF SO Juramenta 1701-1724, Bl. 392v
1725 Apr. 26	Prelato domestico
1725 Apr. 26	Referendar der Signaturen
1725	Konsultor des Römischen Konzils
1725 Sept. 20	Konsultor der CIndex, Ernennung
	ACDF Index Diari 15 (1721-1734), Bl. 45v-46r (Audienzdekret des Papstes nach Vorschlag der Kongregation vom 17. Sept.)
1727 Nov. 28	Konsultor des SO, Ernennung
	ACDF SO Priv. 1710-1727, Bl. 804r (Schreiben SS an Ass. des SO)
1727 Dez. 2	Konsultor des SO, Amtsantritt durch Eidesleistung
	ACDF SO Decreta 1727, Bl. 357; ACDF SO Juramenta 1727-1736, o.Bl.
1727 Dez. 22	Titularbischof von Diospolis
1728 Jan. 28	D. → Giordani, Adiutor studiorum von Bortoni, Amtsantritt durch Eidesleistung
	ACDF SO Juramenta 1725-1736, o.Bl.

Gutachten

(1721 Jan. 21)   Albani, Johannes Franciscus <Pseudonym> [Ludewig, Johann Peter von] : Neniae Pontificis De Ivre Reges Adpellandi [...]. - Romae Novae [i.e. Halle <Saale>] : Typis Aldinis, 1706.
   ACDF Index Prot. 71 (1715-1721), Bl. 717r-723v, 14 S.

[1724 Jan. 26]   Coustant, Pierre (Hg.): Epistolae Romanorum Pontificum [...]. - Parisiis : Apud Ludovicum-Dionysium Delatour, Antonium-Urbanum Coustelier et Petrum Simon, 1721.
   nicht aufgefunden (Hinweis in ACDF SO CL 1724-1728, Nr. 1)

1725 Jan. 9   Anonym: Lettre d'un théologien aux RR. PP. Bénédictins des congrégations de S.-Maur et de S.-Vanne, [...]. - [S.l.] : [S.n.], 1721.
   ACDF Index Prot. 73 (1724-1725), Bl. 206r-210v, 10 S. (Sammelgutachten)

1725 Jan. 9   Anonym [Duguet, Jacques Joseph]: Pensées d'un magistrat sur la déclaration [...]. - [S. l.] : [S.n.], [S.a.].
   ACDF Index Prot. 73 (1724-1725), Bl. 206r-210v, 10 S. (Sammelgutachten)

1725 Jan. 9   ♦Avertissement sur la declaration suivante.
   ACDF Index Prot. 73 (1724-1725), Bl. 206r-210v, 10 S. (Sammelgutachten)

1725 Jan. 9   Avertissement sur les lettres suivantes.
   ACDF Index Prot. 73 (1724-1725), Bl. 206r-210v, 10 S. (Sammelgutachten)

1725 Jan. 9   Ducornet, [...]: Mémoire pour justifier l'usage de recevoir des requêtes [...]. - [S.l.] : [S.n.], [S.a.].
   ACDF Index Prot. 73 (1724-1725), Bl. 206r-210v, 10 S. (Sammelgutachten)

1725 Jan. 9   ♦ La Tour de Babel [...]. - [S.l.] : [S.n.], [S.a., ca. 1722].
   ACDF Index Prot. 73 (1724-1725), Bl. 206r-210v, 10 S. (Sammelgutachten)

1725 Jan. 9   Les très humbles remonstrances de la Faculté de théologie de Paris [...]. - A Amsterdam : chez Nicolas Potgieter, 1722.
   ACDF Index Prot. 73 (1724-1725), Bl. 206r-210v, 10 S. (Sammelgutachten)

1725 Jan. 9   Lettre a un magistrat [...]. - [S.l.] : [S.n.], [1721].
   ACDF Index Prot. 73 (1724-1725), Bl. 206r-210v, 10 S. (Sammelgutachten)

1725 Jan. 9   ♦ Liste des Chanoines, curez, docteurs et ecclésiastiques, séculiers et réguliers de la ville et du diocèse de Paris, qui ont déclaré [...] qu'ils persistent dans leur appel [...]. - [S.l.] : [S.n.], 1721.
   ACDF Index Prot. 73 (1724-1725), Bl. 206r-210v, 10 S. (Sammelgutachten)

1725 Jan. 9   Mémoire pour Nosseigneurs du parlement sur l'enregistrement de la déclaration [...]. - [S.l.] : [S.n.], [ca. 1720].
   ACDF Index Prot. 73 (1724-1725), Bl. 206r-210v, 10 S. (Sammelgutachten)

1725 Jan. 9	♦ Memoire sur le droit de la Faculté de Théologie de Paris [...]. - [Paris] : [S.n.], [ca. 1717]. ACDF Index Prot. 73 (1724-1725), Bl. 206r-210v, 10 S. (Sammelgutachten)
1725 Jan. 9	♦ Première Liste des chanoines, curés, docteurs, et ecclésiastiques, séculiers et réguliers [...] de l'Église de France, qui ont déclaré [...] qu'ils persistent dans leur appel [...]. - [S.l.] : [S.n.], 1721. ACDF Index Prot. 73 (1724-1725), Bl. 206r-210v, 10 S. (Sammelgutachten)
1725 Jan. 9	Supplément au mémoire sur le devoir de parler en faveur de la vérité. - [S.l.] : [S.n.]. [S.a.]. ACDF Index Prot. 73 (1724-1725), Bl. 206r-210v, 10 S. (Sammelgutachten)
1725 Jan. 9	♦ Relation de ce qui s'est passé au parlement de Rouen [...]. - [S.l.] : [S.n.], [S.a., ca. 1720]. ACDF Index Prot. 73 (1724-1725), Bl. 206r-210v, 10 S. (Sammelgutachten)
1725 Jan. 9	Relation de ce qui s'est passé dans l'assembleé de Sorbonne du 4 juin 1721. - [Paris] : [S.n.], 1721. ACDF Index Prot. 73 (1724-1725), Bl. 206r-210v, 10 S. (Sammelgutachten)
1725 Sept. 17	Anonym [Robillard D'Avrigny, Hyacinthe]: Mémoires chronologiques et dogmatiques pour servir à l'histoire ecclésiastique depuis 1600 jusqu'en 1716 [...]. - [S.l.] : [S.n.], 1723. ACDF Index Prot. 73 (1724-1725), Bl. 395r-403r, 15 S.

Literatur
- Concilium Romanum in Sacrosancta Basilica Lateranensi celebratum Anno Universalis Jubilaei MDCCXXV. a sanctissimo Patre, & Dno Nostro Benedicto Papa XIII. Pontificatus sui Anno I. - Romae : ex Typographia Rocchi Bernabò, 1725, 127.
- Hierarchia Catholica 5, 186.
- Weber, Christoph (Bearb.): Die päpstlichen Referendare 1566-1809. Chronologie und Prosopographie (PuP ; 31/1-3). - 3 Bde. - Stuttgart 2003-2004, hier: Bd. 2, 471.
- Weber, Christoph: Die Titularbischöfe Papst Benedikts XIII. (1724-1730). Ein Beitrag zur Geschichte des Episkopates und der römischen Kurie, in: Walter, Peter ; Reudenbach, Hermann Josef (Hg.): Bücherzensur - Kurie - Katholizismus und Moderne. Festschrift für Herman H. Schwedt (Beiträge zur Kirchen- und Kulturgeschichte ; 10). - Frankfurt a.M. 2000, 107-143, hier: 135.

Giovanni Carlo Boschi

Geboren	1715 Apr. 9 in Faenza
Gestorben	1788 Sept. 6 in Rom

Boschi

Familie

Der spätere Kardinal stammte aus einem patrizischen Grafenhaus in Faenza, Sohn des conte Pietro Antonio. Wie sein Onkel Giovanni Boschi (Studium in Rom 1705-1708), Kanoniker an der Kathedrale von Faenza, wurde auch Giovanni Carlo in Rom in der Accademia dei Nobili ausgebildet. Zu den Neffen des Kardinals, den Gebrüdern Tommaso (1750-1816) und Valerio Boschi (1762-1848), beide Prälaten, vgl. Weber: Referendare 2, 471f.

Lebenslauf

	Erziehung durch seinen Onkel Giovanni Boschi in Faenza
	Studium am Collegium Clementinum, Rom
1732	Studium an der Accademia dei Nobili Ecclesiastici, Rom (bis 1737)
1744 Jan. 6	Abbreviatore di Curia
	ASV SS Mem Bigl 182 (Schreiben SS an Kard. D. → Passionei mit Auftrag zur Erstellung eines Breve, Entwurf)
1744 Okt. 11	Kanoniker an St. Peter, Rom
1746 März 5	Priesterweihe
1746 Juni 20	Dr. iur. utr. an der Universität Sapienza, Rom
1746 Juni 23	Referendar der Signaturen
1754 Juni 7	Sekretär der Memoriali
	ASV SS Mem Bigl 194
1757	Konsultor der CRiti
1759 Aug. 19	Segretario della Cifra, Amtsantritt durch Eidesleistung
	ACDF SO Extens. 1749-1808 = ACDF SO St.St. Q-1-q, Bl. 130v
1759 Sept. 24	Kanonist der PoenitAp (Vakanz wegen Ernennung von P. P. → Conti zum Kardinal)
	ASV SS Mem Bigl 204
1759 Sept. 24	Maestro di Camera di S. Santità
	ASV SS Mem Bigl 204
1760 Sept. 22	Titularerzbischof von Athen
1766 Juli 21	Kardinal
1766 Aug. 6	Zuteilung der Titelkirche SS. Giovanni e Paolo
1766 Aug. 8	Mitglied der CIndex, Ernennung
	ACDF Index Diari 18 (1764-1807), Bl. 13v („4." Aug.); ASV Mem Bigl 211 (Schreiben SS an Boschi, Entwurf)
1766 Aug. 8	Mitglied der CProp, CRiti und CConcist
	ASV SS Mem Bigl 211
[1767]	Präfekt der CCorrLOr und CEcclOr
1767 Apr. 1	Penitenziere Maggiore
	ASV SS Mem Bigl 212 (Schreiben SS an Pro-Datar, Entwurf)
1767 Apr. 7	Mitglied des SO, Ernennung
	ASV SS Mem Bigl 212
1767 Apr. 13	Mitglied des SO, Amtsantritt durch Eidesleistung
	ACDF SO Juramenta 1766-1776, Bl. 28
	Pro-Präfekt der CDiscReg

Eigene Werke
- De apostolica beati Petri cathedra oratio habita in basilica Vaticana ad Clementem XII. pont. max. - Romae : ex typographia Bernabò, 1740. - XI, [1] S.
- In funere Caroli VI. Romanorum regis, imperatoris electi oratio habita in sacello Quirinali VI. Kal. Decembris ad sanctissimum dominum nostrum Benedictum XIV. pont. max. - [Romae : typis Bernabo, & Lazzarini, 1740]. - XV S.

Literatur
- Calderoni, Francesco: Orazione funebre in lode dell'eminentissimo e reverendissimo signor cardinale Gian-Carlo Boschi recitata tra le solenni di lui esequie nella chiesa de' m. rr. monaci Cisterciensi di Faenza li 23 ottobre 1788 dal sacerdote Francesco Calderoni faentino. - In Faenza : nella stamperia di Gioseffantonio Archi, 1788.
- Dammig, Enrico: Il movimento giansenista a Roma nella seconda metà del secolo XVIII (StT ; 119). - Città del Vaticano 1945, 222.309.
- DBI 13 (1971), 194-195 von G. Pignatelli.
- DHGE 9 (1937), 1305 von L. Jadin.
- Hierarchia Catholica 6, 23.105.
- Marini, Gaetano: Lettere inedite. Publicate a cura di Enrico Carusi (StT ; 29.82-83). - 3 vol. - Città del Vaticano 1916-1940, hier: vol. 2, 57.73.259.299; 3, 24.
- Mazzuchelli, Giammaria: Gli scrittori d'Italia : Cioè notizie storiche e critiche intorno alle vite, e agli scritti dei letterati italiani. - Brescia : Giambatista Bossini, 1753-1763. - 6 vol., hier: vol. 2/3, 1821.
- Montanari, Antonio: Gli uomini illustri di Faenza. Vol. 1/1. - Faenza 1882, 29f.
- Moroni 6 (1840), 64.
- Procaccini di Montescaglioso, Ferdinando: La Pontificia Accademia dei nobili ecclesiastici. Memoria Storica. - Roma 1889, 53.
- Strocchi, Andrea: Memorie istoriche del Duomo di Faenza e de' personaggi illustri di quel capitolo. - Faenza 1838, 173-175.
- Weber, Christoph (Bearb.): Die päpstlichen Referendare 1566-1809. Chronologie und Prosopographie (PuP ; 31/1-3). - 3 Bde. - Stuttgart 2003-2004, hier: Bd. 2, 471f.

Tommaso Maria Bosi OP

Geboren 1627 in Bologna
Gestorben 1705 Apr. 26 in Rom

Familie
Der spätere Inquisitor war Sohn eines Girolamo Bosi (vgl. ACDF SO Extens. 1670-1679 = ACDF SO St.St. Q-1-o, Bl. 17r), zu dessen sozialem Umfeld keine Nachrichten vorliegen.

Lebenslauf
           Mitglied des Konvents des Ordens in Bologna
1663   Lektor am Ordenskolleg in Bologna (bis 1666)

1667	Lektor für Exegese am Ordenskolleg in Bologna (bis 1669)
1669	Lektor für Metaphysik am Ordenskolleg in Bologna (bis 1670) Magister theol.
1670 Jan. 13	Generalvikar der Inquisition von Genua, Amtsantritt durch Eidesleistung
	ACDF SO Decreta 1670, Bl. 5r
1670 Juli 3	Secundus Socius des Commissarius des SO, Amtsantritt durch Eidesleistung
	ACDF SO Extens. 1670-1679 = ACDF SO St.St. Q-1-o, Bl. 17r
1671 Febr. 19	Primus Socius des Commissarius des SO, Amtsantritt durch Eidesleistung
	ACDF SO Decreta 1671, Bl. 39v; ACDF SO Juramenta 1656-1700, Bl. 269r.270v
1672 Okt. 26	Inquisitor von Mantua, Ernennung
	ACDF SO Decreta 1672, Bl. 291v-292r („electus")
1672 Nov. 8	Inquisitor von Mantua, Amtsantritt durch Eidesleistung
	ACDF SO Decreta 1672, Bl. 303r; ACDF SO Juramenta 1656-1700, Bl. 296r.307v
1673 Apr. 5	Inquisitor von Piacenza, Ernennung
	ACDF SO Decreta 1673, Bl. 101v („electus")
1681 Juni 4	Inquisitor von Genua, Ernennung
	ACDF SO Extens. 1680-1690 = ACDF SO St.St. Q-1-p, Bl. 28; ACDF SO St.St. II-2-i, Bl. 78r
1688 Okt. 13	Commissarius des SO, Ernennung
	ACDF SO Decreta 1688, Bl. 245v („electus")
1688 Nov. 24	Commissarius des SO, Amtsantritt durch Eidesleistung
	ACDF SO Juramenta 1656-1700, Bl. 417r.428v

Unveröffentlichte Quellen
Galletti 18, Vat. Lat. 7885, Bl. 175.

Literatur
- Coulon, Rémy ; Papillon, Antonin: Scriptores Ordinis Praedicatorum recensiti, notis historicis et criticis illustrati ad annum 1700 auctoribus Jacobo Quétif [...] ab anno autem 1701 ad annum 1750 perducti [...]. - 2 vol. - Romae ; Parisiis 1909-1934, hier: vol. 1, 58.
- D'Amato, Alfonso: I Domenicani a Bologna. - 2 vol. - Bologna 1988, 704f.
- Forte, Stephen L.: Le Province Domenicane in Italia nel 1650. Conventi e religiosi. V. La „Provincia utriusque Lombardiae", in: AFP 41 (1971), 325-458, hier: 349.
- Quetif, Jacobus ; Echard, Jacobus: Scriptores ordinis praedicatorum recensiti, notisque historicis et criticis illustrati, opus quo singulorum vita, praeclareque gesta referuntur, chronologia insuper seu tempus quo quisque floruit certo statuitur : fabulae exploduntur, scripta genuina, dubia, supposititia expenduntur [...] ab an. MDI ad an. MDCCXX [...]. - Lutetiae Parisiorum : Apud J. B. Christophorum Ballard, et Nicolaum Simart, 1719-1721. - 2 vol., hier: vol. 2, 725.
- Taurisano, Innocentius: Hierarchia Ordinis Praedicatorum. - Taurini 1916, 75.

Giovanni Gaetano Bottari

Geboren   1689 Jan. 15 in Florenz
Gestorben   1775 Juni 4 in Rom

Familie
Es sind nur die Namen der Eltern des späteren Prälaten bekannt: Antonio Bottari und Anna Morelli. Vgl. DBI 13, 409-418.

Lebenslauf
1703	Studium der Philosophie in Florenz
1704	Mitglied des Collegium theologicum der Universität Florenz
1716	Leiter der großherzoglichen Druckerei in Florenz
	Mitglied der Accademia della Crusca, Florenz
1731 Febr. 12	Sekretär von Kardinal N. M. → Corsini, Amtsantritt durch Eidesleistung
	ACDF SO Juramenta 1725-1736, o.Bl.
1731	Professor für Kirchengeschichte an der Universität Sapienza, Rom (bis 1738)
1731 Juli 17	Relator der CIndex, [Ernennung]
	ACDF Index Diari 15 (1721-1734), Bl. 115r (erstes Referat)
1736 Sept. 7	Erzpriester von S. Maria in Cosmedin, Rom
1739 Jan. 2	Secundus Custos der BAV
1740	Konklavist von Kardinal N. M. Corsini
1741	Kanoniker von S. Maria in Trastevere, Rom (bis 1775)
[1742]	Konsultor der CIndex
[1751]	Qualifikator des SO
	ACDF SO St.St. II-2-m, o.Bl. („Nota de'Qualificatori e loro deputazione": Ernennung „dopo aver fatte varie relazioni de' libri")

Unveröffentlichte Quellen
Galletti 3, Vat. Lat 7881, Bl. 55.

Gutachten
(1731 Juli 17)	Milton, John: Il paradiso perduto [...]. - In Verona : per Alberto Tumermani librajo, 1730.
	ACDF Index Prot. 78 (1731-1734), Bl. 103r-104v, 4 S.
(1739 Jan. 12)	Carteromaco, Niccolò <Pseudonym> [Forteguerri, Niccolò]: Ricciardetto. - In Parigi [i.e. Venezia] : [S.n], 1738.
	ACDF Index Prot. 81 (1737-1740), Bl. 133r-136r, 7 S.
(1739 Jan. 12)	Burnet, Gilbert: Defense De La Religion [...]. - La Haye : Paupie, 1738-1744.
	ACDF Index Prot. 82 (1740-1748), Bl. 182, 2 S.

Bottari

(1743 Aug. 26) Otte, Johann Baptist: Spicilegium sive excerpta ex Flavio Josepho ad Novi Testamenti illustrationem [...]. - Lugduni Batavorum : Apud Joannem Hasebroek, 1741.
 ACDF Index Prot. 82 (1740-1748), Bl. 120r-121r, 3 S.

(1750 Dez. 15) ♦ Anonym [Montesquieu, Charles Louis de Secondat de]: De L'Esprit Des Loix [...]. - Geneve : Barrillot, 1749.
 ACDF Index Prot. 83 (1749-1752), Bl. 324r-329r, 11 S.

Eigene Werke
- Alemannus, Nicolaus: De lateranensibus parietinis, dissertatio historica [...] additis quae ad idem argumentum scripserunt Caesar Rasponus et Josephus Simonius Assemanus. - Romae : excudebant Joachinum, et Joannes Salvioni, 1756. - XVI, 218, S. [1] Bl. [Hg.]
- Anonym [Noir, Jean d'Alençon]: Riflessioni sopra la storia del Concilio di Trento scritta dal Cardinal Pallavicini. - In Venezia : presso Giuseppe Bettinelli, 1767. - 235 S. [Übers., Hg.]
- Bartoli, Pietro Sante: Antiquissimi Virgiliani codicis fragmenta et picturae ex Bibliotheca Vaticana ad priscas imaginum formas [...] incisae. - Romae : ex Chalcographia R. C. A., 1741. - XXII, 225 S. [Hg.]
- Boccaccio, Giovanni: Il Decameron [...] tratto dall'ottimo testa scritto da Francesco d'Amaretto Mannelli sull'originale dell'autore. - [Lucca] : [S.n.], 1761. - XXXVI, 373 S. [Hg.]
- Bosio, Antonio ; Aringhi, Paolo: Sculture e pitture sacre estratte de' cimiteri di Roma, pubblicate già dagli autori della Roma sotterranea nuovamente date in luce, colle spiegazioni. - In Roma : appresso il Salvioni [vol. 2-3: nella stamperia d' Antonio de' Rossi], 1737-1753. - 3 vol. [Hg.]
- Compendio della vita del ven. servo di Dio Ipolito Galantini fondatore della congregazione della dottrina cristiana in Firenze. - In Roma : presso i Salvioni stampatori vaticani nella Sapienza, 1757. - [8], 182, [2] S.
- Del museo Capitolino. - Roma : si vende alla Calcografia Camerale, 1741-1755. - 3 vol. [vol. 4 (1782) hrsg. von P. F. → Foggini]
- Dialoghi sopra le tre arti del disegno corretti e accresciuti. - Firenze : [S.n.], 1770. - VIII, 346 S. ; Napoli : presso i Simoni, 1772. - VIII, 184 S.
- Du Cange, Charles: De imperatorum Constantinopolitanorum sue inferioris aevi vel Imperii, ut vocant, numismatibus dissertatio. - Romae : typis Jo. Mariae Salvioni, 1755. - VIII, 178 S., [1] Bl. [Hg.]
- Galilei, Galileo: Opere [...]. - Firenze : per Gio. Gaetano Tartini, e Santi Franchi, 1718. - 3 vol. [Hg.]
- Lezioni sopra il Decamerone. - Firenze 1818. - 2 vol.
- Lezioni tre sopra il tremoto. - In Roma : per Gio. Maria Salvioni, 1733. - 92 S. ; In Roma : appresso Niccolò, e Marco Pagliarini, 1748. - [16], 86, [2] S. [über das Erdbeben von Florenz 1729]
- Oratio habita in Romano Archigymnasio [...] quum ad historiae ecclesiasticae, & sacrarum controversiarum tractationem aggrederetur. - Romae : typis Joannis Mariae Salvioni, 1734. - XXVII, [1]

- Orsi, Giuseppe Agostino: Della istoria ecclesiastica [...]. - In Roma : Nella Stamperia di Pallade Appresso Niccolò e Marco Pagliarini, 1747-1762. - 21 vol., hier: vol. 21, 47-323. [Zuschreibung des Textes hier an Bottari nach handschriftlichem Vermerk des Bibliothekars G. B. Audifredi im Exemplar Rom, Biblioteca Casanatense R.I.65]
- Prose fiorentine raccolte dallo Smarrito Accademico della Crusca. - In Firenze : nella stamperia di S.A.R. per Santi Franchi, 1716-1745. - 17 vol. [Hg. mit anderen]
- Raccolta di lettere sulla pittura, scultura ed architettura scritte da' personaggio che in dette arti fiorirono [...]. - In Roma : per gli Eredi Barbiellini, 1757-1773. - 7 vol. [Hg. vol. 1-6]
- Tasso, Torquato: Opere [...] colle controversie sopra la Gerusalemme libertata [...]. - In Firenze : nella Stamperia di S. A. R. per li Tartini, e Franchi, 1724. - 6 vol. [Hg.]
- Vasari, Giorgio: Vite de' più eccellenti pittori, scultori e architetti [...] corrette da molti errori e illustrate con note. - In Roma : Per Niccolò e Marco Pagliarini, 1759-1760. - 3 vol. [Hg.]

Literatur
- Appolis, Émile: Le Tiers Parti catholique au XVIII. siècle. Entre Jansénistes et Zelanti. - Paris 1960, 180-182.
- Berselli Ambri, Paola: L'opera di Montesquieu nel Settecento italiano. - Firenze 1960, 213f.
- Dammig, Enrico: Il movimento giansenista a Roma nella seconda metà del secolo XVIII (StT ; 119). - Città del Vaticano 1945, 73-79.
- Agosti, Vittorio: Lettere del piacentino Casto Innocente Ansaldi al fiorentino Giovanni Bottari, in: Archivio storico per le province parmensi. Ser. 3, 34 (1982), 277-293.
- Amati, Girolamo (Hg.): Lettere dell'abate Antonio Niccolini al M. G. Bottari intorno la Corte di Roma. - Bologna 1867.
- Augusti, Cesare: Diario di Mons. G. G. Bottari, in: Annali del dipartimento di Scienze Storiche e Sociali 4 (1985), 237-304.
- Bignami Odier, Jeanne: La Bibliothèque Vaticane de Sixte IV à Pie XI. Recherches sur l'histoire des collections de manuscrits avec la collaboration de José Ruysschaert (StT ; 272). - Città del Vaticano 1973, 172 u.ö.
- Caffiero, Marina (Hg.): Lettere da Roma alla Chiesa di Utrecht. - Roma 1971, 37-64.
- Calabrese, Vincenzo: La traduzione in lingua volgare della Scrittura nel pensiero di Mons. Giovanni Gaetano Bottari (1689-1775). Il cod. Ms. Cors. 1878 e altri inediti. Un episodio emblematico del giansenismo italiano. - Salerno 1998.
- Carducci, Giosue: A proposito di alcune lettere dell'abate A. Niccolini a monsignor G. Bottari intorno la corte di Roma, in: Carducci, Giosue: Melica e Lirica del Settecento con altri studi di varia letteratura (Opere di Giosue Carducci ; 19). - Bologna 1909, 307-339.
- Cerracchini, Luca Giuseppe: Fasti teologali ovvero notizie istoriche del collegio de' teologi della sacra università fiorentina dalla sua fondazione fin all'anno 1738. - In Firenze : per Francesco Moücke stampatore arcivescovale, 1738, 646f.
- Codignola, Ernesto (Hg.): Il giansenismo toscano nel carteggio di Fabio de' Vecchi (Collana storica ; 50-51). - 2 vol. - Firenze 1944, hier: vol. 1, 27-32.

- Conte, Emanuele (Hg.): I maestri della Sapienza di Roma dal 1514 al 1787. I rotuli e altre fonti (Fonti per la Storia d'Italia ; 116. Studi e Fonti per la storia dell'Università di Roma. N. S. ; 1). - 2 vol. - Roma 1991, hier: vol. 2, 921.
- Costa, Gustavo: La Santa Sede e Milton: contributo alla ricezione delle State Letters e del Paradise Lost in Italia, in: Nouvelles de la République des lettres 26 (2006), 23-79.
- DACL 2 (1925), 1096-1098 von H. Leclerq.
- DBI 13 (1971), 409-418 von G. Pignatelli und A. Petrucci.
- Jemolo, Arturo Carlo: Il Giansenismo in Italia prima della rivoluzione. - Bari 1928, 104f. u.ö.
- LThK 2 (1994), 613f. von Victor Saxer.
- Palozzi, Romana: Mons. Giovanni Bottari e il circolo dei giansenisti romani, in: Annali della R. Scuola Normale Superiore di Pisa. Lettere, Storia e Filosofia. Ser. 2, 10 (1941), 70-90.199-220.
- Petrucci, Armando: I bibliotecari Corsiniani fra Settecento e Ottocento, in: Studi offerti a Giovanni Incisa Della Rocchetta (Miscellanea della Società Romana di Storia Patria ; 23). - Roma 1973, 401-424, hier: 404-407.
- Pinetti, Angelo: Lettere pittoriche inedite di Mons. Giovanni Bottari e del Conte Giacomo Carrara, in: Bollettino delia Civica Biblioteca di Bergamo. Parte speciale 8 (1914), 1-55.
- Pirolo Gennarelli, Paola: Una raccolta di lettere a Mons. Giovanni Bottari negli anni 1766-1770. Un recente acquisto della Biblioteca Nazionale Centrale di Firenze, in: Accademie e biblioteche d'Italia 50 (1982), 3-20.
- Prosperi Valenti Rodinò, Simonetta: Le lettere del Mariette a Giovanni Gaetano Bottari nella Biblioteca Corsiniana, in: Paragone 29 (1978), 35-62.
- Rezzi, Luigi Maria: Lettere a Giovanni Bottari e a Pier Francesco Foggini dal 1741 al 1744 con annotazioni, in: Muratori, Lodovico Antonio: Lettere inedite di Lodovico Antonio Muratori scritte a toscani dal 1695 al 1749. Raccolte e annotate per cura di Francesco Bonaini, Filippo-Luigi Polidori, Cesare Guasti e Carlo Milanesi. - Firenze 1854.
- Rosa, Mario: Cattolicesimo e „lumi": la condanna romana dell'"Esprit des lois", in: ders.: Riformatori e ribelli nel '700 religioso italiano. - Bari 1969, 87-118, bes.: 101.
- Rosa, Mario: Sulla condanna dell'"Esprit des lois" e sulla fortuna di Montesquieu in Italia, in: RSCI 14 (1960), 411-428, hier: 417.
- Silvagni, Angelo (Hg.): Catalogo dei carteggi di G. G. Bottari e P. F. Foggini. Sezione Corsiniana (Indice e sussidi della Biblioteca ; 3). - Roma 1963.
- Sorrentino, Andrea: La Letteratura Italiana e il Sant'Uffizio. - Napoli 1935, 207-213.
- Venturi, Franco: Alle origini dell'illuminismo napolitano. Dal carteggio di Bartolomeo Intieri, in: Rivista storica italiana 71 (1959), 416-456, hier: 417-419.

Prospero Bottini

Geboren 1621 in Lucca
Gestorben 1712 März 21 in Rom

Familie

Bottini stammte aus einer lucchesischen Patrizierfamilie, Sohn des Bankiers und Kaufmanns Prospero Bottini (1572-1622) und Neffe des Schriftstellers Pater Tommaso Bottini OP (1573-1646). Ein Neffe des Prälaten, Giovanni Battista Bottini (1647-1708), Konsistorialadvokat und Schriftsteller, vertrat den Onkel Prospero im Amt als Promotor fidei bei der Ritenkongregation in Rom (Vice-Promotor) und erhielt durch Clemens X. den Titel eines marchese. Prälat Prospero Bottini war mit den Patriziern Lucchesini verschwägert (über seinen Bruder Bernardino Bottini und dessen Ehefrau Chiara, Tochter des Federigo Lucchesini aus Lucca) und mit den Lucchesini in Rom, darunter mit G. V. → Lucchesini (gest. 1744). Zu den späteren Vertretern der Familie, darunter Kardinal Lorenzo Prospero Bottini (1737-1818), vgl. Weber: Genealogien 1, 133.

Lebenslauf

1636	Kanoniker von S. Michele, Lucca
1640	Absetzung vom Kanonikat wegen eines angeblichen Tötungsdelikts Dr. iur. utr.
1659	Konsistorialadvokat in Rom
1670 Mai 31	Referendar der Signaturen
	Kanoniker der Lateranbasilika, Rom
	Titularabt von S.Girolamo di Fiesole (bei Florenz)
1671 Jan. 22	Auditor Papst Clemens' X., Amtsantritt durch Eidesleistung
	ACDF SO Extens. 1670-1679 = ACDF SO St.St. Q-1-o, Bl. 45
1672 Nov. 17	Kanoniker an St. Peter, Rom
	BAV Arch. Cap. S. Petri in Vat., mss. vari 19-20, Bl. 91r.133v.136r
1673 Dez. 16	Promotor fidei der CRiti (bis 1712)
1675 Juli 15	Titularerzbischof von Myra
1681 Okt. 8	Konsultor des SO, Ernennung (bis 1708)
	ACDF Juramenta 1657-1700, Bl. 368 (Schreiben SS an SO)
1681 Nov. 12	Konsultor des SO, Amtsantritt durch Eidesleistung
	ACDF Juramenta 1657-1700, Bl. 367-376
1687 Juni 7	Bernardino Pellegrini (aus Lucca), Scriptor von Bottini, Amtsantritt durch Eidesleistung
	ACDF SO Extens. 1680-1690 [-1707] = ACDF SO St.St. Q-1-p, Bl. 137
1691 Juli 31	Bernardino Guinigi (aus Lucca), Adiutor Studiorum von Bottini, Amtsantritt durch Eidesleistung
	ACDF SO Extens. 1680-1690 [-1707] = ACDF SO St.St. Q-1-p, Bl. 200v
1691 Aug. 17	Giovanni Baldassari (aus Lucca), Scriptor von Bottini, Amtsantritt durch Eidesleistung
	ACDF SO Extens. 1680-1690 [-1707] = ACDF SO St.St. Q-1-p, Bl. 202

1697 Sept. 2	Andrea Pieri (aus Lucca), Auditor von Bottini, Amtsantritt durch Eidesleistung ACDF SO Extens. 1680-1690 [-1707] = ACDF SO St.St. Q-1-p, Bl. 322v
1700 Apr. 27	Martius Venturius, Adiutor studiorum von Bottini, Amtsantritt durch Eidesleistung ACDF SO Extens. 1680-1690 [-1707] = ACDF SO St.St. Q-1-p, Bl. 366v

Unveröffentlichte Quellen
Galletti 19, Vat. Lat. 7886, Bl. 49.

Gutachten

[1701 Jan. 19]	Arpe, Agostino Maria: Summa Totius Theologiae Beati Egidij Columnae Ord. Erem. S.P. Augustini [...]. - [S.l.] : [S.n.], [S.a.]. ACDF SO CL 1701-1702, Nr. 1, 3 S.
[1703 Febr. 20]	♦ Spinola, Fabio Ambrogio: Vita del padre Carlo Spinola [...]. - In Roma : Per gli Eredi del Corbelletti, 1671. ACDF SO CL 1703, Nr. 8, 2 S.
(1705-1710)	Anonym: Columna Ludovici Maximi Philippo V. Praecipua Avi Gesta [...]. - Mutinae : Typis Bartholomaei Soliani Impressoris, 1705. nicht aufgefunden (Hinweis in ACDF SO Tit.Libr. 1705-1710, Nr. 12)

Literatur
- Hierarchia Catholica 5, 278.
- Papa, Giovanni: Cardinali prefetti, segretari, promotori generali della fede e relatori generali della Congregazione, in: Congregazione per le Cause dei Santi. Miscellanea in occasione del IV centenario della Congregazione per le Cause dei Santi (1588-1988). - Città del Vaticano 1988, 423-428, hier: 427.
- Spreti, Vittorio: Enciclopedia storico-nobiliare italiana. - 6 vol. - Milano 1928-1935, hier: vol. 2, 160f.
- Weber, Christoph (Bearb.): Die päpstlichen Referendare 1566-1809. Chronologie und Prosopographie (PuP ; 31/1-3). - 3 Bde. - Stuttgart 2003-2004, hier: Bd. 2, 473.
- Weber, Christoph (Hg.): Die ältesten päpstlichen Staatshandbücher. Elenchus Congregationum, Tribunalium et Collegiorum Urbis 1629-1714 (RQ Supplementheft ; 45). - Rom u.a. 1991, 89.
- Weber, Christoph: Genealogien zur Papstgeschichte. Unter Mitwirkung von Michael Becker bearbeitet (PuP ; 29/1-6). - 6 Bde. - Stuttgart 1999-2002, hier: Bd. 1, 132f.

Emmanuel-Théodose de La Tour d'Auvergne de Bouillon

Namensvariante Emmanuel Théodose d'Auvergne de Bouillon

Geboren 1644 Aug. 24 in Turenne (Auvergne)
Gestorben 1715 März 2 in Rom

Familie
Sohn des Frédéric-Maurice de la Tour d'Auvergne (gest. 1652), Duc de Bouillon aus dem Haus der lothringischen Longvy, und der Eléonore-Fébronie de Bergh (gest. 1657). Der Vater, Offizier und Gouverneur von Maastricht, konvertierte vom Calvinismus zur katholischen Kirche und wurde 1643 Kommandant der päpstlichen Truppen. Nach dem frühen Tod der Eltern wuchs der spätere Kardinal bei einer Tante auf, Élisabeth de la Tour marquise de Duras. Einer seiner Neffen, Henri Oswald de Bouillon (1671-1747), erhielt ebenfalls den Purpur. Vgl. Weber: Genealogien 5, 512-515.

Lebenslauf

1658	Kanoniker in Lüttich
	Studium am Collège Navarre, Paris
1667	Dr. theol. in Paris
1669 Aug. 5	Kardinal
1670 Mai 19	Zuteilung der Titelkirche S. Lorenzo in Panisperna
1671	Großalmosenier von Frankreich
	Propst des Domkapitels von Lüttich
1689	Teilnahme am Konklave in Rom
1689 Okt. 10	Suburbikarischer Bischof von Albano
1690 Jan. 5	Mitglied der CIndex, Ernennung
	ACDF Index Prot. 47 (1689-1690), Bl. 89 (Schreiben von Prälat Fabretti an Sekr. der CIndex)
1690 Jan. 10	Mitglied des SO, Amtsantritt durch Eidesleistung
	ACDF SO Juramenta 1656-1700, Bl. 419r.426v; ACDF SO Priv. 1750-1754, Bl. 425v
1690 [Jan.]	Mitglied der CConcilio, CEpReg, CImmunità und CProp
1698 Juli 21	Suburbikarischer Bischof von Porto und S. Rufina
1700	Ausweisung aus Paris durch Ludwig XIV. nach Parteinahme für Fénélon
	Aufenthalt meist in Cluny
1700 Dez. 15	Suburbikarischer Bischof von Ostia
1700 Dez. 15	Dekan des Kardinalskollegiums
1710	Ausreise aus Frankreich, zunächst in die Niederlande
1713	Aufenthalt in Rom (bis 1715)

Literatur
- Boislisle, Arthur de: La désertion du cardinal de Bouillon, in: Revue des questions historiques 40 (1908), 420-471; 41 (1909), 61-107.444-491.
- Cath 2 (1949), 195 von R. Chalumeau.

- DBF 6 (1954), 1323-1325 von R. Limouzin-Lamothe.
- DHGE 10 (1938), 43-45 von A. Lesort.
- Grafinger, Christine Maria: Die Ausleihe Vatikanischer Handschriften und Druckwerke (1563-1700) (StT ; 360). - Città del Vaticano 1993.
- Hierarchia Catholica 5, 4.
- Orcibal, Jean: Documents pour une histoire doctrinale de la querelle du quiétisme. Le procès des „Maximes des Saints" devant le Saint-Office. Avec la relation des Congrégations cardinalices et les „oberservations" inédites de Bossuet, in: Archivio Italiano per la Storia della Pietà 5 (1968), 409-536.
- Reyssié, Félix: Le cardinal de Bouillon (1643-1715). - Paris 1899.
- Saint-Simon, Louis de Rouvroy de: Mémoires. Collationnée sur le manuscrit autographe, augmentée des additions [...] et de notes et appendices par Arthur de Boislisle. - Nouvelle édition - 41 vol. - Paris 1879-1928, hier bes.: vol. 7, 99-106.480-515; vol. 26, 139-154.479-483.
- Verlaque, Victor: Correspondance de Louis XIV et du cardinal de Bouillon (1697-1698), in: Collection des documents inédits sur l'histoire de France. Mélanges historiques 4 (1882), 693-752.
- Weber, Christoph (Hg.): Die ältesten päpstlichen Staatshandbücher. Elenchus Congregationum, Tribunalium et Collegiorum Urbis 1629-1714 (RQ Supplementheft ; 45). - Rom u.a. 1991, 91.
- Weber, Christoph: Genealogien zur Papstgeschichte. Unter Mitwirkung von Michael Becker bearbeitet (PuP ; 29/1-6). - 6 Bde. - Stuttgart 1999-2002, hier: Bd. 5, 514.

Thomas Philippe de Hénin-Liétard de Boussu d'Alsace

Geboren 1679 Nov. 12 in Brüssel
Gestorben 1759 Jan. 5 in Mecheln

Familie
Der spätere Kardinal - oft nur als Kardinal „d'Alsace" bezeichnet - stammte als zweiter Sohn des Philippe Hénin comte de Boussu et de Beaumont, prince de Chimay, und der Anne Louise Verreycken, aus einer Familie, die sich auf Grafen von Elsass zurückführte und mit zahlreichen Kardinalsfamilien verwandt war. Vgl. die Hinweise bei Seidler/Weber: Päpste, 390.

Lebenslauf

1690 Nov. 29	Kleriker
	Studium an der Universität Köln
1696	Propst der Kathedrale von Gent (durch Förderung Karls II. von Spanien)
	Studium am Collegium Germanicum, Rom
1702 Aug. 28	Dr. phil. und theol. [in Rom]
1702 Okt. 15	Priesterweihe [in Rom]

1702	Generalvikar des Bischofs von Gent
1712 Aug. 20	Prelato domestico
1715 Dez. 16	Erzbischof von Mecheln
1719 Nov. 29	Kardinal
1721 Juni 16	Zuteilung der Titelkirche S. Cesareo in Palatio
1721 [Juni 16]	Mitglied der CIndex, [Ernennung]
1722 Sept. 22	Geheimrat in Wien
1723 Aug.	Aufenthalt in Mecheln (bis Sept. 1738)
1739 Sept. 5	Mitglied der CDiscReg
	ASV SS Mem Bigl 174

Literatur
- BNBelg 9 (1886-1887), 85-93.
- Cardella, Lorenzo: Memorie storiche de' Cardinali della Santa Romana Chiesa. - In Roma : nella stamperia Pagliarini, 1792-1797. - 10 vol., hier: vol. 8, 181f.
- Claessens, Pieter: Histoire des Archévêques de Malines. - 2 vol. - Louvain 1881, hier: vol. 2, 65-111.
- DHGE 2 (1914), 770-772 von P. Richard.
- Guarnacci, Mario: Vitae, et res gestae Pontificum Romanorum et S.R.E. Cardinalium a Clemente X. usque ad Clementem XII. [...] Descripta a S. Petro ad Clementem IX. - Romae : Sumptibus Venantii Monaldini bibliopolae [...] ; Ex Typographia Joannis Baptistae Bernabo, & Josephi Lazzarini, 1751. - 2 vol., hier: vol. 2, 329-332.
- Hierarchia Catholica 5, 31.262.
- Jadin, Louis: L'Europe au début du XVIIIe siècle. Correspondance du Baron Karg de Bebenbourg, chancelier du Prince-évêque de Liège, Joseph-Clément de Bavière, archevêque électeur de Cologne, avec le cardinal Paolucci, secrétaire d'Etat (1700-1719) (Bibliothèque de l'Institut historique belge de Rome ; 15-16). - 2 vol. - Bruxelles ; Rome 1968.
- Seidler, Sabrina M. ; Weber, Christoph (Hg.): Päpste und Kardinäle in der Mitte des 18. Jahrhunderts (1730-1777). Das biographische Werk des Patriziers von Lucca Bartolomeo Antonio Talenti (Beiträge zur Kirchen- und Kulturgeschichte ; 18). - Frankfurt a.M. u.a. 2007, 390.

Giovanni Damasceno Bragaldi OFMConv

Geboren	1664 [Mai] in Castel Bolognese (Romagna)
Gestorben	1715 Aug. 26 in Rom

Familie

Der Pater stammte aus einem bürgerlichen Haus, Sohn eines nicht näher bekannten Vincenzo Bragaldi. Zwei Brüder waren ebenfalls Franziskaner-Konventualen: Flavius und Lorenzo, Letzterer Inquisitor von Capodistria (1704-1706) und Belluno (1706-1713). Ein Neffe dieser Gebrüder, der Juriskonsult Vincenzo Bragaldi (gest. 1767), wurde Vater

Bragaldi 222

des Politikers und Mitglieds der italienischen Verfassungsversammlung in Lyon, der zu Ehren des hier beschriebenen Paters dessen Namen erhielt: Giovanni Damasceno Bragaldi (1763-1829). Vgl. DBI 28, 531; Papini: Minoritae, 252 (zu den Gebrüdern).

Lebenslauf

	Lektor für Metaphysik in Siena
	Lektor für Metaphysik und Theologie am Ordenskolleg S. Bonaventura, Rom
1687 Mai 6	Scriptor des SO, Amtsantritt durch Eidesleistung
	ACDF SO Extens. 1680-1690 [-1707] = ACDF SO St.St. Q-1-p, Bl. 135r
[1688]	Priesterweihe
1689 Mai 15	Dr. theol.
[1689]	Magister perpetuus der Ordensprovinz
1689	Generaldefinitor des Ordens
1689 Dez. 22	Konsultor der CIndex, Ernennung
	ACDF Index Diari 9 (1688-1692), Bl. 59r („adscriptus")
1690 Apr.	Lektor für Theologie an der Universität Sapienza, Rom
	ACDF SO Priv. 1669-1699, Bl. 860 (Ernennung durch päpstl. Breve mit Angaben zum Lebenslauf)
	Konsultor der CRiti
	[Titular-]Provinzial des Ordens, Provinz Dania (Dänemark)
	Theologus von Kardinal F. → Chigi senior
um 1690	Hauptakteur im Kampf des SO gegen die Quietisten in Siena (gemeinsam mit F. Chigi senior und S. → Gottarelli)
1694 Mai 12	Qualifikator des SO, Ernennung
	ACDF SO Priv. 1669-1699, Bl. 785 (Ernennung durch den Papst nach Dekret Feria IV vom selben Tag)
1694 Mai 12	Qualifikator des SO, Amtsantritt durch Eidesleistung
	ACDF SO Extens. 1680-1690 [-1707] = ACDF SO St.St. Q-1-p, Bl. 258v
	Adiutor studiorum von Kardinal P. → Ottoboni
1696 Dez. 29	Konsultor des SO, Ernennung
	ACDF SO Priv. 1669-1699, Bl. 853r (Audienzdekret des Papstes); ACDF SO St.St. D-5-f (Schreiben von V. → Conti an Ass. des SO vom 19. Febr. 1732)
1697 Jan. 2	Konsultor des SO, Amtsantritt durch Eidesleistung
	ACDF SO St.St. D-5-f, Bl. 163f. („Consultori Conventuali")
	Konsultor der CRiti, CIndulg, CVisitaAp und CExamEp
	Esaminatore del clero romano
	Theologus der CConcist
1703 Sept. 22	A. → Albani, Auditor und Adiutor von Bragaldi, Amtsantritt durch Eidesleistung
	ACDF SO Extens. 1680-1690 [-1707] = ACDF SO St.St. Q-1p, Bl. 438r

1712	Kardinal in petto (nicht publiziert)
	Sekretär der CExamEp
[1713 Juni]	Konsultor des SO, Antrag auf Bestätigung der Privilegien nach Behinderung bei der Amtsausübung durch den Generaloberen des Ordens
	ACDF SO Priv. 1710-1727, Bl. 91.93.94.98v (Schriftwechsel zwischen Bragaldi, dem SO und dem Generaloberen)

Gutachten

[1701 Apr. 20]	Witte, Gilles De: Apologia secunda Panegyreos jansenianae [...]. - Gratianopoli [i.e. Delft] : [S.n., Hendrik van Rhijn], 1700.
	ACDF SO CL 1701-1702, Nr. 2, 6 S.
[1701 Juli 13]	Anonym [Daniel, Gabriel]: Cleander et Eudoxus [...]. - Puteolis : Typis Jacobi Raillard, 1695.
	ACDF SO CL 1701-1702, Nr. 18, 11 S.
[1702 März 15]	Theses PP. Societatis J. defendendas Avenione, quae versantur circa Scientiam mediam.
	ACDF SO CL 1701-1702, Nr. 25, 11 S.
[1702 Mai 4]	Schuur, Andreas Vander: Epistolae [...]. - Trajecti ad Rhenum : typis Desiderii Muntendam, 1694-1697.
	ACDF SO CL 1701-1702, Nr. 28, 24 S.
[1702 Okt. 26]	♦ Anonym [Quesnel, Pasquier]: Lettre d'un abbé à un prélat de cour de Rome [...]. - Thoulouse : [S.n.], 1691.
	ACDF SO CL 1701-1702, Nr. 40, 5 S.
[1703 Febr. 8]	Anonym [Eustace, Nicolas ; Couet, Bernard]:: Lettre de M. *** chanoine de B. à Mr. T.D.A. [...]. - [S.l.] : [S.n.], [1702].
	ACDF SO CL 1703, Nr. 7, 5 S.
[1703 Apr. 18]	Carpi, Giovanni Francesco Da: Flores Decretalivm Regvlarivm [...]. (Manuskript)
	ACDF SO CL 1703, Nr. 11, 11 S.
[1703 Mai 15]	Cortasse, Josephus Ignatius (Praes.) ; Le Gros, Paulus (Resp.): Conclusiones [...] Sacratissimae virgini deiparae Mariae dicatae. - [Romae] : [novis typis Cajetani Zenobii], 1703.
	ACDF SO CL 1703, Nr. 13, 8 S. (Sammelgutachten)
[1703 Mai 15]	Cortasse, Josephus Ignatius (Praes.) ; Chevalier, Jean (Resp.): Conclusiones [...] divo Francisco de Paula dicatae. - [Romae] : [novis typis Cajetani Zenobii], 1703.
	ACDF SO CL 1703, Nr. 13, 8 S. (Sammelgutachten)
[1703 Juli 31]	Anonym [Petitdidier, Matthieu]: Apologie des lettres provinciales [...]. - A Rouen : chez Henri Van Rhin, 1697-1698.
	ACDF SO CL 1703, Nr. 37, Bl. 270r-275v, 12 S.
[1703 Okt. 18]	Anonym: La confiance chretienne [...]. - [S.l.] : [S.n.], [1701?].
	ACDF SO CL 1703, Nr. 32, Bl. 452r-455v, 8 S.
[1703 Nov. 13]	♦ Parisot De Villars, Étienne: Esercitio di deuotione [...]. - In Lione ; e in Lucca : per Francesco Marescandoli [...], 1653.
	ACDF SO CL 1703, Nr. 35, Bl. 473r-v und 476r, 3 S.

Bragaldi

[1704 Febr. 27]	♦ Anonym [Quesnel, Pasquier]: Lettre d'un eveque a un eveque [...]. - [S. l.] : [S.n.], [1703]. ACDF SO CL 1704-1705, Nr. 9, Bl. 635r-641v, 14 S.
[1704 Apr. 22]	Anonym [Lenoble, Eustache]: L'esprit de Gerson. - [S.l.] : [S.n.], 1692. ACDF SO CL 1704-1705, o.Nr., 13 S.
1704 Juli 16	Coret, Jacques: (1) Extrait Du Sermon Prononcé 13. d'Avril 1704 [...]. - A Liege : Chez Arnould Bronckart, [1704]. (2) Extrait Du Second Sermon Du R. P. Coret [...]. - A Liege : Chez Arnould Bronckart, [1704]. ACDF SO CL 1704-1705, Nr. 17, 4 S.
[1706 Juni 7]	Martinello, Ludovico: Brevis Universae Physicae Tractatus. (Manuskript) ACDF SO CL 1706-1707, Nr. 4, Bl. 934r, 1 S.
[1706 Dez. 7]	Cozza, Lorenzo: Dubia selecta emergentia circa sollicitationem in confessione sacramentali [...]. - [S.a.]. (Manuskript) ACDF SO CL 1706-1707, Nr. 9, 3 S.
[1707 Apr. 12]	Anonym [Flournois, Gedeon]: Les entretiens des voyageurs [...]. - A Cologne : Chez Pierre Marteau, 1704. ACDF SO CL 1706-1707, Nr. 17, 3 S.
[1707 Aug. 3]	Rosarium seraphicum cruentis passionis [...]. - Varsaviae : typis Collegii scholarum piarum, [1705]. ACDF SO CL 1706-1707, Nr. 34, 3 S.
[1709 Aug. 13]	Gatto, Antonino: Nugae Laderchianae [...]. - Genuae : typis Jo. Mariae Ferroni, 1709. ACDF SO CL 1708-1710, Nr. 19, 15 S.
(1711-1714)	Giachino <Da Soragna>: Vita della Ven[erabil]e Serva di Dio S[uo]r Geltruda [...]. (Manuskript) nicht aufgefunden (Hinweis in ACDF SO CL 1711-1714, Nr. 5)
[1713 Dez. 12]	[Incipit: +Z.+D.I.A.+ [...] (Manuskript) ACDF SO CL 1711-1714, Nr. 26, 3 S.

Literatur

- Carafa, Giuseppe Maria: De gymnasio romano et de eius professoribus ab Urbe condita usque ad haec tempora libri duo. - Romae : typiis Antonii Fulgonii apud S. Eustachium, 1751. - 2 vol. ; ND Bologna 1971, 481f.
- Caratelli, Lorenzo: Manuale dei novizi e professi chierici e laici Minori Conventuali sopra la regola, le costituzioni, le memorie e le funzioni dell'ordine coll'aggiunta del catechismo di Roma e d'alcune preghiere. - Roma 1897, 308.
- Ceyssens, Lucien ; Tans, Joseph A. G.: Autour de l'Unigenitus. Recherches sur la genèse de la constitution (Bibliotheca Ephemeridum Theologicarum Lovaniensium ; 76). - Leuven 1987, 482-500.
- Conte, Emanuele (Hg.): I maestri della Sapienza di Roma dal 1514 al 1787. I rotuli e altre fonti (Fonti per la Storia d'Italia ; 116. Studi e Fonti per la storia dell'Università di Roma. N. S. ; 1). - 2 vol. - Roma 1991, hier: vol. 2, 922.

- Fénelon, François de Salignac de La Mothe: Correspondance de Fénelon. Texte établi par Jean Orcibal ([ab Bd. 6 in:] Histoire des idées et critique littéraire). - 18 vol. - Genève 1972-2007, hier: vol. 8, 46f.
- Gatti, Isidoro: Il p. Vincenzo Coronelli dei Frati Minori Conventuali negli anni del generalato (1701-1707) (MHP ; 41-42). - 2 vol. - Roma 1976, hier: vol. 1, 227-233.
- Orlandi, Giuseppe: Agiografia e inquisizione alla fine del Seicento. Censura romana di due autori gesuiti, in: Archivio italiano per la storia della pietà 16 (2003), 243-288, hier: 255f.
- Papini, Nicolò: Lectores Publici Ordinis Fratrum Minorum Conventualium a saec. XIII ad saec. XIX, in: MF 31 (1931), 95-102.170-174.259f.; 32 (1932), 33-36.72-77, hier: 36.
- Papini, Nicolò: Minoritae Conventuales lectores publici artium et scientiarum in accademiis, universitatibus et collegiis extra ordinem, in: MF 33 (1933), 67-74.242-261.381-385; 34 (1934), 118-126.330-333, hier: 252.
- Renazzi, Filippo Maria: Storia dell'Università degli studi di Roma, detta comunemente la Sapienza, che contiene anche un saggio storico della letteratura romana dal principio del secolo XIII sino al declino del secolo XVIII. - 4 vol. - Roma 1803-1806, hier: vol. 4, 73.
- Schwedt, Herman H.: Gli Inquisitori generali di Siena 1560-1782, in: Di Simplicio, Oscar (Hg.): Le lettere della Congregazione del Sant'Ufficio all'Inquisizione di Siena (im Erscheinen).
- Sparacio, Domenico Maria: Frammenti bio-bibliografici di scrittori ed autori minori conventuali dagli ultimi anni del 600 al 1930. - Assisi 1931, 34f.
- Tipaldo, Emilio de (Hg.): Biografia degli italiani illustri nelle scienze, lettere ed arti del secolo XVIII, e de' contemporanei compilata da letterati italiani di ogni provincia. - 10 vol. - Venezia 1834-1845, hier: vol. 3, 318-320.
- Weber, Christoph (Hg.): Die ältesten päpstlichen Staatshandbücher. Elenchus Congregationum, Tribunalium et Collegiorum Urbis 1629-1714 (RQ Supplementheft ; 45). - Rom u.a. 1991, 90.

Gianangelo Braschi

Namensvariante Pius VI.

Geboren 1717 Dez. 25 in Cesena
Gestorben 1799 Aug. 29 in Valence

Familie
Der spätere Papst stammte als Sohn des conte Marco Aurelio Braschi (1684-1759) aus einem Patrizierhaus in Cesena. Seine Mutter, contessa Anna Teresa Bandi, war die Schwester des Bischofs Giovanni Carlo Bandi (gest. 1784), den Pius VI. bei der ersten Gelegenheit 1775 zum Kardinal ernannte. Vgl. Weber: Genealogien 1, 136; Mengozzi: Pontificati.

Lebenslauf

	Jesuitenschüler
	Dr. iur. utr. in Ferrara
	Ausbildung in der Advokatenpraxis seines Onkels, Giovanni Carlo Bandi, in Ferrara
	Auditor des Legaten von Ferrara, Kardinal T. → Ruffo
[1754]	Adiutor studiorum → Benedikts XIV.
1755 Jan. 17	Kanoniker an St. Peter, Rom
1758 Sept. 14	Referendar der Signaturen
1758	Priesterweihe
1759 Sept. 26	Auditor des Camerlengo
	ASV SS Mem Bigl 204
1760 Sept. 5	Konsultor der CIndex, Ernennung
	ACDF Index Prot. 87 (1759-1762), Bl. 162r (Schreiben SS an Sekr. der CIndex); ASV SS Mem Bigl 205 (Schreiben SS an Braschi, Entwurf)
1766 Sept. 26	Tesoriere generale der Apostolischen Kammer
	ASV SS Mem Bigl 211 (Schreiben SS an Maggiordomo, Entwurf)
1773 Apr. 26	Kardinal
1773 Mai 10	Zuteilung der Titelkirche S. Onofrio
1773 Mai 13	Mitglied der CIndex, Ernennung
	ACDF Index Prot. 90 (1771-1773), Bl. 283r (Schreiben SS an Sekr. der CIndex)
	Mitglied der CConcist, CFabbrica und CVisitaAp
1775 Febr. 15	Papstwahl

Literatur

- Enciclopedia dei papi. Dir. ed. Massimo Bray. - 3 vol. - Roma 2000, hier: vol. 3, 492-509 von Marina Caffiero.
- EC 9 (1952), 1500-1504 von V. E. Giuntella.
- Hierarchia Catholica 6, 29.
- LThK 8 (1999), 326f. von J. Gelmi.
- Mengozzi, Marino (Hg.): I pontificati di Pio VI e Pio VII. Atti del Convegno Cesena 9 ottobre 1999. - Seconda edizione. - Cesena 2001, Anhang.
- Weber, Christoph (Bearb.): Die päpstlichen Referendare 1566-1809. Chronologie und Prosopographie (PuP ; 31/1-3). - 3 Bde. - Stuttgart 2003-2004, hier: Bd. 2, 476-477.
- Weber, Christoph: Genealogien zur Papstgeschichte. Unter Mitwirkung von Michael Becker bearbeitet (PuP ; 29/1-6). - 6 Bde. - Stuttgart 1999-2002, hier: Bd. 1, 136.

Heinrich Braun OSB

Namensvariante Mathias Braun (Taufname)

Geboren 1732 Febr. 17 in Trostberg (Oberbayern)
Gestorben 1792 Nov. 8 in München

Familie
Der spätere Schriftsteller war der einzige Sohn des Bäckermeisters und wohlhabenden Ratsherrn Franz Seraph Braun (1673-1745) und dessen zweiter Ehefrau Salome Kirchmayer (gest. 1782). Vgl. Burgholzer: Brauns, 15-17.

Lebenslauf
1742	Gymnasial- und Philosophiestudium an der Universität in Salzburg
1750	Ordenseintritt in der Abtei St. Quirinus, Tegernsee (Bayern)
1751 Okt. 17	Ordensprofess in der Abtei St. Quirinus
1756	Dr. theol. in Rott am Inn
1757	Priesterweihe
1758	Lehrer am Gymnasium in Freising (bis 1762)
1762	Bibliothekar und Professor für Theologie in der Abtei St. Quirinus (bis 1767)
1765	Mitglied der Münchener Akademie der Wissenschaften
1767 März 7	Päpstliche Dispens zum Austritt aus dem Orden
1768	Kanoniker an der Frauenkirche, München
1768	Mitglied des kurfürstlichen Geistlichen Rates (bis 1784)
1770	Landeskommissar für das gesamte bayerische Volksschulwesen
1777	Direktor aller Lyzeen, Gymnasien, Stadt- und Landschulen in Bayern (bis 1781)
1786 Sept. 11	Konsultor der CIndex, Ernennung ASV SS Mem Bigl 246 (Schreiben SS an Braun, Entwurf); ACDF Index Prot. 94 (1784), Bl. 81 (Schreiben SS an Sekr. der CIndex)

Eigene Werke
- Anleitung zur deutschen Sprachkunst. Zum Gebrauch der Schulen in's Kurze gezogen. - Neueste, durchaus verbesserte und vermehrte Auflage. - München : beym Churfürstl. geistlichen Rath deutschen Schulfonds Bücherverlag, 1788. - 216 S.
- Anleitung zur poetischen Tonmessung in der lateinischen Sprache. Zum Gebrauche der churfürstlichen Gymnasien in Baiern. - München : Johann Georg Ruprecht, 1778. - 85 S.
- Bedenken und Untersuchung der Frage: Ob man den Ordensgeistlichen die Pfarreyen und Seelsorge abnehmen soll oder nicht. Dem Projecte eines weltgeistlichen der Regenspurger Diöces entgegen gesetzt. - Augsburg und Freyburg : [S.n.], 1768. - 110 S. ; München : verlegts Johann Nepomuck Fritz, 1769. - 110 S.

- Bossuet, Jacques Bénigne {Bischof von Meaux}: Katechismus für Kinder. Aus dem Französischen übersetzt von Heinrich Braun. - München : Johann Nepomuck Fritz, 1775. - 316 S. [Übers.]
- Caesar, Gaius Iulius: Selecta de bello gallico. Selectas interpretum animadversiones, suasque ad usum scholarum adiecit Henricus Braun [...]. - Monachii : prostat apud Ioannem Georgium Ruprecht, 1780. - V, 128 S. [Hg.]
- Cicero, Marcus Tullius: Orationes selectae. Selectas interpretum animadversiones, suasque ad usum scholarum adiecit Henricus Braun [...]. - Monachii : prostat apud Ioannem Georgium Ruprecht, 1779. - XVII, 204 S. [Hg.]
- De potestate Summi Pontificis in tollendis regularium ordinibus dissertatio singularis. Adversus Amicam Defensionem Societatis Iesu, aliasque iuribus summae Sedis inimicas dissertationes in Germania editas. - Ulmae : Impensis Ioannis Conradi Wohleri, 1775. - 32 S. [gegen Stattler, Benedikt: Amica defensio, s.u.]
- Die H. Evangelien und Episteln auf alle Sonn- und Festtage des Jahres / auf churfürstlichen höchsten Befehl herausgegeben von Heinrich Braun. - München : bey Johann Nepomuck Fritz, 1772. - 22, 336 S.
- Die Heiligen Evangelien und Episteln auf alle Sonn- und Festtage des Jahres mit Anmerkungen und einer historischen Einleitung. - München : bey Johann Nepomuck Fritz, 1772. 582 S.
- Gedanken über die Erziehung und den öffentlichen Unterricht in Trivial-, Real- und lateinischen Schulen nach den katholischen Schulverfassungen Oberdeutschlands. - [S.l.] : [S.n.], 1774. - 321 S. [Widmung gezeichnet von Braun]
- Geistliches Lesebuch zur heiligen Beschäfftigung an den Sonn- und Festtagen des Jahres. - München : bey Johann Nepumuck Fritz, 1776. - 324 S.
- Horatius Flaccus, Quintus: Carmina Expurgata. Interpretationem, notas, ac brevem tyronum institutionem de metris et arte poetica Horatii, cum duplici ad calcem indice, uno eruditionum, altero materiarum addidit P. Henricus Braun. - Augustae Vindelicorum : Sumptibus Eliae Tobiae Lotteri, 1763. - 52, 498 S., [15] Bl. [Hg.]
- Ovidius Naso, Publius: Epistolarum ex Ponto librio IV. cum notis, quae figuras poeseos tyronibus necessarias nominatim exhibent cum duplici ad calcem indice, uno eruditionum, altero phrasium editio novissima quam in commodum studiosae juventutis adornavit P. Henricus Braun. - Augustae Vindelicorum : sumptibus Eliae Tobiae Lotteri, 1763. - 211 S., [24] Bl. [Hg.]
- Plan der neuen Schuleinrichtung in Baiern 1770. Mit Einleitung und Anmerkungen neu herausgegeben von Alfons Bock (Pädagogische Quellenschriften ; 1). - München 1916.
- Sallustius Crispus, Gaius: Bellum catilinarium. Selectas interpretum animadversiones, suasque ad usum scholarum adiecit Henricus Braun. - Monachii : prostat apud Ioannem Georgium Ruprecht, 1780. - V, 70 S. [Hg.]
- Tacitus, Cornelius: De situ, moribus et populis Germaniae Libellus. Selectas interpretum animadversiones, suasque ad usum scholarum adiecit Henricus Braun [...]. - Monachii : prostat apud Ioannem Georgium Ruprecht, 1780. - X, 60 S. [Hg.]
- Von der Macht des Römischen Stuhles in Aufhebung der Regular-Orden. Eine Abhandlung der Freundschaftlichen Vertheidigung der Gesellschaft Jesu entgegengesetzt.- Frankfurt und Leipzig : [S.n.], 1774. - 24 S. [gegen Stattler, Benedikt: Amica defensio, s.u.]

Literatur
- ADB 3 (1876), 265f. von August von Kluckhohn.
- Anonym [Burgholzer, Joseph]: Heinrich Brauns Thatenleben und Schriften : Ein Beytrag zur baier'schen Schul- und Gelehrtengeschichte / Von einem dankbaren Zögling seines Zeitalters. - München : Hübschmann, 1793. - 67 S.
- Anonym [Stattler, Benedikt]: Amica defensio Societatis Jesu. - Berolini et Vratislaviae : Prostat in bioliopolis, 1773. - 30 S.
- Baader, Klemens Alois: Das gelehrte Baiern oder Lexikon aller Schriftsteller, die Baiern im achtzehnten Jahrhunderte erzeugte oder ernährte. - Nürnberg ; Sulzbach 1804, 131-133.
- Bauer, Richard: Der kurfürstliche geistliche Rat und die bayerische Kirchenpolitik 1763 bis 1802 (Miscellanea Bavarica Monacensia ; 32). - München 1971, 92f. u.ö.
- Bosl, Karl (Hg.): Bosls Bayerische Biographie. 8000 Persönlichkeiten aus 15 Jahrhunderten. - Regensburg 1983, 88.
- Brandl, Manfred: Die deutschen katholischen Theologen der Neuzeit. Ein Repertorium. - 2 Bde. - Salzburg 1978, hier: Bd. 2, 23f.
- DHGE 10 (1938), 455.
- Dülmen, Richard van: Die Prälaten Franz Töpsl aus Polling und Johann Ignaz von Felbiger aus Sagan. Zwei Repräsentanten der katholischen Aufklärung, in: ZBLG 30 (1967), 731-823, hier bes.: 794-796.
- Fürnrohr, Walter: Aufklärerische Reformbemühungen in der zweiten Hälfte des 18. Jahrhunderts. Gesamtdarstellung, in: Handbuch der Geschichte des bayerischen Bildungswesens. Hrsg. in Verbindung mit Hans Jürgen Apel von Max Liedtke. - 4 Bde. - Bad Heilbrunn 1991-1997, hier: Bd.1, 633-656, bes.: 641.
- Hammermayer, Ludwig: Salzburg und Bayern im 18. Jahrhundert. Prolegomena zu einer Geschichte ihrer Wissenschafts- und Geistesbeziehungen im Spätbarock und in der Aufklärung, in: MGSLK 120-121 (1980-1981), 129-218.
- Held, Heinrich (Hg.): Altbayerische Volkserziehung und Volksschule. Geschichtliche Darbietung und Regesten aus dem Erziehungswesen im Bereiche der Erzdiözese München und Freising. - 3 Bde. - München 1926-1928, hier: Bd. 1, 197-229.
- Hüttner, Dieter: Von der Normalschule zum Lehrerseminar. Die Entstehung der seminaristischen Lehrerbildung in Bayern (1770-1825) (Miscellanea Bavarica Monacensia ; 118). - München 1982.
- Keck, Rudolf W.: Aufklärungspädagogik an der Salzburger benediktinischen Universität und ihre Bedeutung für das bayerische Schulwesen, in: Liedtke, Max (Hg.): Handbuch der Geschichte des bayerischen Bildungswesens. - 4 Bd. - Bad Heilbrunn 1991-1997, Bd.1, 727-742, hier bes.: 734-738.
- Kosch 1, 233.
- Lindner, Pirmin: Historia monasterii Tegernseensis (1737-1803) (Beiträge zur Geschichte, Topographie und Statistik des Erzbistums München und Freising ; 7-8). - 2 Bde. - München 1901-1903, hier: Bd. 1, 179-258; Bd. 2, 78-286.
- LThK 2 (1994), 659 von Gerhard Heinz.
- Maier, Karl Ernst: Das Werden der allgemeinbildenden Pflichtschule in Bayern und Österreich. Eine vergleichende Untersuchung von den Anfängen bis zur Gegenwart. - Ansbach 1967, 25-29 u.ö.

- Müller, Winfried: Bildungspolitische Auswirkungen der Aufhebung des Jesuitenordens, in: Liedtke, Max (Hg.): Handbuch der Geschichte des bayerischen Bildungswesens. - 4 Bd. - Bad Heilbrunn 1991-1997, Bd.1, 711-726, hier bes.: 721-724.
- NDB 2 (1955), 551 von Wolf Strobl.
- Rettinger, Michael: Die Schulbücher Heinrich Brauns, in: Handbuch der Geschichte des bayerischen Bildungswesens. Hrsg. in Verbindung mit Hans Jürgen Apel von Max Liedtke. - 4 Bde. - Bad Heilbrunn 1991-1997, hier: Bd. 1, 701-710.
- Rettinger, Michael: Heinrich Braun und der „Plan der neuen Schuleinrichtung in Beiern" von 1770. Ein Beitrag zur Bildungspolitik des aufgeklärten Absolutismus. - München 1990. [Lit.]
- Westenrieder, Lorenz von: Nachruf auf Heinrich Braun, in: Beyträge zur vaterländischen Historie, Geographie, Statistik und Landwirtschaft 5 (1794), 411-444.
- Wolfram, Ludwig: Heinrich Braun. Geboren 1732, gestorben 1792. Ein Beitrag zur Geschichte der Aufklärungsepoche in Bayern (Historische Abhandlungen aus dem Münchener Seminar ; 3). München u.a. 1892.

Antonin Brémond OP

Namensvariante Louis-François Brémond (Taufname)

Geboren 1692 Aug. 7 in Cassis (bei Marseille)
Gestorben 1755 Juni 11 in San Pastore (bei Palestrina, Rom)

Lebenslauf
1708 Ordenseintritt in Saint-Maximin (Provence)
1715 Priesterweihe
1716 Missionar auf Martinique (bis 1722)
[1725] Reise nach Rom
1734 Socius des Generaloberen des Ordens in Rom (für Frankreich)
1735 Nov. 23 Inquisitor von Avignon, Ernennung
　　　　ACDF SO Decreta 1735, Bl. 408v („electus")
1748 Juni 1 Generaloberer des Ordens (bis 1755)
1747 J. T. de → Boixadors, Socius von Brémond
1748 Juli 3 Konsultor des SO, Amtsantritt durch Eidesleistung (bis 1755)
　　　　ACDF SO Decreta 1748, Bl. 200r; ACDF SO Juramenta 1737-1749, o.Bl.

Gutachten
(1748-1750) Anonym [Gaultier, Jean Baptiste]: Le Poëme de Pope [...]. - Londres : [S.n.], 1747.
　　　　ACDF SO CL 1748-1750, Nr. 8, 20 S. (Sammelgutachten)
(1748-1750) Pope, Alexander: La Boucle de cheveux enlevée [...]. - Paris : Briasson, 1745.
　　　　ACDF SO CL 1748-1750, Nr. 8, 20 S. (Sammelgutachten)

[1751 Jan. 14]	♦ Anonym [Bargeton, Daniel]: Lettres [...]. - A Londres [i.e. Paris] : [S.n.], 1750. ACDF SO CL 1751, Nr. 1, 11 S. (Sammelgutachten)
[1751 Jan. 14]	Anonym [Voltaire]: La Voix du sage et du peuple. - À Amsterdam [i.e. Paris] : chez Le Sincère, 1750. ACDF SO CL 1751, Nr. 1, 11 S. (Sammelgutachten)
(1752)	Anonym [Mey, Claude; Maultrot, Gabriel Nicolas]: Apologie de tous les jugemens [...]. - En France : [S.n.], 1752. ACDF SO CL 1752, Nr. 12, 8 S.
[1752 Febr.-März]	Hooke, Luke Joseph (Praes.) ; Prades, Jean Martin de (Resp.): Jerusalem Coelesti [...]. - [S.l.] : [S.n.], [ca. 1751]. ACDF SO CL 1752, Nr. 3, 12 S.

Eigene Werke
- Acta capituli generalis provincialium & definitorum Ordinis Praedicatorum Bononiae in conventu s. p. Dominici celebrati a die 1. Junii 1748 sub reverendissimo patre fr. Antonio Brémond sacrae theologiae professore ejusdem Ordinis Generali Magistro in praedicto capitulo electo. - Romae : Ex Typographia Hieronymi Mainardi, 1748. - 122 S. [mit mehreren Aktenstücken Brémonds]
- Anonym: De illustrissimis viris PP. Petro Martyre Sansio episcopo Mauricastrensi, et Francisco Serrano electo episcopo Tipasitanorum, deque PP. Johanne Alcobero, Joachimo Royo, et Francisco Diazio Ordinis Praedicatorum Fo-chei in Fo-kiena Sinarum provincia martyrio perfunctis commentarius. - Romae : Typis Hieronymi Mainardi, 1753. - [3] Bl., 376 S. [Bl. (1-3) Widmung von Brémond, als Generaloberer des Ordens]
- Bullarium ordinis ff. praedicatorum; [...] / opera reverendissimi patris f. Thomi → Ripoll. magistri generalis, editum, et ad autographam fidem recognitum. Variis appendicibus, notis, dissertationibus, ac tractatu de consensu bullarum, illustratum a p.f. Antonino Bremond. - Roma : ex typographia Hieronymi Mainardi, 1729-1740. - 8 vol.
- De Guzmana stirpe S. Dominici fundatoris familiae fratrum praedicatorum historica demostratio [...]. - Romae : typis Hieronymi Mainardi, 1740. - XXXII, 376 S.

Literatur
- Christianopulo, Hermanno Domenico: Vita R. P. Brémond, in: Annalium ordinis praedicatorum volumen primum reverendissimi patris magistri f. Vincentii Marii Ferretti Vicarii, et Proc. Gen. Ord. Jussu editum auctoribus ff. Thoma Maria Mamachio, Francisco Maria Pollidorio, Vincentio Maria Badetto, et Hermanno Domenico Christianopulo, coenobii S. Mariae super Minervam Prov. Romanae alumnis. - Romae : Ex typographia Palladis : excudebant Nicolaus, et Marcus Palearini, 1756, LIV-LXXXVI.
- DHGE 10 (1938), 518 von M.-H. Laurent.
- EncEc 1 (1943), 519.
- Guglielmotti, Alberto: Catalogo dei bibliotecari, cattedratici, e teologi del Collegio Casanatense nel convento della Minerva dell'Ordine de' Predicatori in Roma dal

principio di loro istituzione sino al presente. Raccolto da sicuri documenti e corredato di note biografiche, cronologiche, e bibliografiche. - Roma 1860, 39.
- LThK 2 (1994), 671 von Karl Suso Frank.
- Mortier, Daniel Antonin: Histoire des maîtres généraux de l'Ordre des Frères Prêcheurs. - 8 vol. - Paris 1903-1920, hier: vol. 7, 354-384.

Lodovico Brocchi TOR

Geboren	1728 Jan. 22 in Rom
Gestorben	[1801]

Familie

Zu den Eltern des späteren Paters, Joannes Antonius Brocchi und Maria Cajetana aus der römischen Pfarrei S. Agostino, gibt es fast kein Nachrichten. Sie waren offenbar arm bis mittellos, denn nach dem Tod des Vaters gab es für Lodovico, seine Schwester (eine Nonne) und einen Bruder kein Erbe zu verteilen.

Lebenslauf

1744 Okt. 21	Ordenseintritt als Mitglied des Konvents S. Apollonia, Velletri (Latium)
1745 Juni 20	Einkleidung in SS. Cosma e Damiano, Rom
1746 Juli 3	Ordensprofess in Rom
	Magister theol.
[1754]	Lektor für Philosophie an SS. Cosma e Damiano
1757 Nov. 21	Relator der CIndex, [Ernennung]
	ACDF Index Diari 17 (1749-1763), Bl. 68r (erstes Referat)
[1762]	Konsultor der CIndex, Antrag auf Ernennung
	ACDF Index Prot. 87 (1759-1762), Bl. 313r (Bewerbung Brocchis o.D. an die CIndex).314r (Empfehlung von Kardinal C. V. A. delle → Lanze)
1762 Febr. 3	Konsultor der CIndex, Ernennung
	ACDF Index Prot. 87 (1759-1762), Bl. 315v (Vermerk Sekr. der CIndex über Papstaudienz); ACDF Index Diari 17 (1749-1763), Bl. 93v
1764	Prior von SS. Cosma e Damiano (bis 1766)
1767	Sekretär der römischen Ordensprovinz (bis 1770)
1770	Provinzial des Ordens, Provinz Rom (bis 1773)
1779 Mai 28	Eingliederung (filiatio) in den Konvent SS. Cosma e Damiano
1779 Juni	Provinzial des Ordens, Provinz Rom (bis 1782)
1782 Dez. 12	Novizenmeister in SS. Cosma e Damiano (bis 1785, erneut: 1792 und 1795)

1785 Nov. 23	Prior von SS. Cosma e Damiano
1786 Nov. 15	Provinzial der römischen Ordensprovinz

Unveröffentlichte Quellen
Archiv von SS. Cosma e Damiano, Rom, Liber Novitiorum 1718-1780, Bl. 78.84; Liber Congregationum Conventualium 1737-1809, o.Bl. (darunter Erbverzicht von 1771); Liber Provinciae Romanae 1781-1804, o.Bl. Freundliche Auskunft an H. H. Schwedt.

Gutachten

(1757 Nov. 21)	Kiesling, Johann Rudolph: Historia concertationis Graecorum, Latinorumque de transsubstantiatione in sacrae eucharistiae sacramento [...]. - Lipsiae : sumtibus haeredum Lankisianorum, 1754. ACDF Index Prot. 85 (1755-1757), Bl. 55r-56v, 4 S.
(1757 Nov. 21)	Kiesling, Johann Rudolph: Historia concertationis Graecorum, Latinorumque de transsubstantiatione in sacrae eucharistiae sacramento [...] - Lipsiae : sumtibus haeredum Lankisianorum, 1754. ACDF Index Prot. 85 (1755-1757), Bl. 57r-63v, 14 S.
(1758 Aug. 28)	Martini, Giuseppe Giovanni: Il contadino guidato per la via delle sue faccende al cielo [...]. - In Trento [...] : nella stamperia monauniana, 1757. ACDF Index Prot. 86 (1757-1759), Bl. 60r-63r, 7 S.
(1760 Sept. 5)	Wieling, Abraham: Apologeticus] [...]. - Traiecti Viltorvm : apud Herm. Besseling, 1745-1746. ACDF Index Prot. 87 (1759-1762), Bl. 156r-159r, 7 S.
(1762 Febr. 1)	Griselini, Francesco: Memorie anedote spettanti alla vita ed agli studj del sommo filosofo e giureconsulto f. Paolo Servita [...]. - In Losana [i.e. Venezia] : appresso Giovanni Nestenus, 1760. ACDF Index Prot. 87 (1759-1762), Bl. 311r-312v, 4 S.
(1763 Jan. 17)	Nova acta eruditorum. - Lipsiae : [Gleditsch et Lanckis], (1753/54). ACDF Index Prot. 88 (1763-1767), Bl. 17r-18r, 3 S.
(1763 Nov. 14)	Zimmermann, Johannes Jakob: Opuscula theologici, historici et philosophici argumenti [...]. - Tiguri : typis Gessnarianis, 1751-1757. ACDF Index Prot. 88 (1763-1767), Bl. 119r-120v, 4 S.
(1765 Jan. 7)	Abudacnus, Josephus: Historia Jacobitarum seu Coptorum [...]. - Lugduni Batavorum : apud Joannem Hasebroek, 1740. ACDF Index Prot. 88 (1763-1767), Bl. 205r-207v, 4 S.
(1793 Dez. 9)	Del Mare, Paolo Marcello: Praelectiones de locis theologicis Senis habitae [...]. - Liburni : ex typographia Palladis et Mercuri, 1789. ACDF Index Prot. 99 (1792-1793), Bl. 367r-373r, 15 S.

Literatur
- Notizie per l'anno 1801, 106. [letzte Erwähnung als Konsultor der CIndex]

Antonio Broggi

Geboren um 1683 in Rom
Gestorben 1737 Nov. 29 in Rom

Familie

Nach den nur fragmentarischen Nachrichten war der Römer Broggi Prälat und Familienvater. Seinem Sohn Giovanni Battista erteilte das SO 1736 die Erlaubnis, als Gehilfe für seinen Vater tätig zu sein. Broggi verstarb im Alter von 54 Jahren und wurde in Rom in der Kirche S. Pietro al Gianicolo beigesetzt.

Lebenslauf

	Advocatus fiscalis beim Gouverneur von Rom
1730	Advocatus fiscalis im Korruptionsprozess gegen Kardinal N. → Coscia (bis 1734)
1733 Dez. 18	Advocatus reorum des SO, Ernennung ACDF SO Priv. 1728-1735, Bl. 433 (Schreiben SS an Ass. des SO); ACDF SO Priv. 1736-1742, Bl. 189r (Aktenvermerk); ACDF SO Decreta 1733, Bl. 33v (Bericht zum Schreiben SS); ACDF SO St.St. Q-4-ww = ACDF SO Priv. 1804-1809, Nr. 22 (Liste o.D.)
1733 Dez. 22	Advocatus reorum des SO, Amtsantritt durch Eidesleistung ACDF SO St.St. Q-4-ww = ACDF SO Priv. [1789]-1790, Nr. 111, Anlage C („Elenco degli Avvocati dei Rei")
1733 Dez. 24	Francesco S. Cherubini, Adiutor studiorum von Broggi, Amtsantritt durch Eidesleistung ACDF SO Juramenta 1725-1736, o.Bl.
1733 Dez. 24	Francesco Molinari, Scriptor von Broggi, Amtsantritt durch Eidesleistung ACDF SO Juramenta 1725-1736, o.Bl.
1733 Dez. 25	Konsultor des SO, Ernennung ASV SS Mem Bigl 167 (Schreiben SS an „Broj", Entwurf); ACDF SO Decreta 1733, Bl. 343r (Bericht zum Schreiben SS an Ass. des SO); ACDF SO Priv. 1736-1742, Bl. 189r (Vermerk des Nachfolgers F. → Delfini)
1733 Dez. 30	Konsultor des SO, Amtsantritt durch Eidesleistung ACDF SO Decreta 1733, Bl. 343r; ACDF SO Juramenta 1725-1736, o.Bl.
1736 Jan. 11	Giovanni Battista Broggi, Auditor von Broggi, Amtsantritt durch Eidesleistung ACDF SO Juramenta 1725-1736, o.Bl.
1737 Aug. 13	Aufforderung an Broggi, wegen seiner Erkrankung einen Vertreter zu benennen ACDF SO Priv. 1736-1737, Bl. 114v (Beschluss SO Feria III.)

Unveröffentlichte Quellen
Galletti 21, Vat. Lat. 7888, Bl. 195.

Literatur
- Pastor 15, 634.

Patrick Brullaughan OP

Geboren	um 1701 in [Cork]
Gestorben	1756 Febr. 16 in Rom

Lebenslauf
	Studienregent am Ordenskolleg in Löwen
1742	Theologus Casanatensis
1743 Nov. 21	Revisor des SO, Amtsantritt durch Eidesleistung
	ACDF SO Juramenta 1737-1749, o.Bl.

Gutachten
1748, Apr. 29	Gordon, Albert (Übers.): Novum Testamentum ex vulgata latina editione in idioma Anglicum [...] translatum.
	ACDF SO CL 1748-1750, Nr. 6, 1 S.

Literatur
- Burgo [Burke], Thomas de: Hibernia Dominicana sive Historia Provinciae Hiberniae Ordinis Praedicatorum. - Coloniae Agrippinae : ex typographia Metternichiana, 1762, 176.
- Fenning, Hugh: The Irish Dominican Province (1698-1797). - Dublin 1990, 164f. u.ö.
- Guglielmotti, Alberto: Catalogo dei bibliotecari, cattedratici, e teologi del Collegio Casanatense nel convento della Minerva dell'Ordine de' Predicatori in Roma dal principio di loro istituzione sino al presente. Raccolto da sicuri documenti e corredato di note biografiche, cronologiche, e bibliografiche. - Roma 1860, 42.

Brunone da Cosenza OM

Lebenslauf
	Lector iubilatus
[1694]	Relator der CIndex, Antrag auf Ernennung
	ACDF Index Prot. 53 (1694-1695), Bl. 102r (Bewerbung o.D. mit Angaben zum Lebenslauf, empfohlen von Kardinal F. → Spada)
1694 Nov. 23	Relator der CIndex, Ernennung
	ACDF Index Prot. 81 (1737-1740), Bl. 438r

Alfonso Bruzzi B

Namensvariante Alberto Bruzzi (Taufname)

Geboren um 1712 in Lodi
Gestorben 1779 in Rom

Lebenslauf

1731 Okt. 31	Ordensprofess in Monza
[1746]	Pfarrer der Ordenskirche S. Carlo ai Catinari, Rom (bis 1773)
1755 Juli 28	Relator der CIndex, [Ernennung]
	ACDF Index Diari 17 (1749-1763), Bl. 59v (erstes Referat)
[1758]	Konsultor der CIndex, Antrag auf Ernennung
	ACDF Index Prot. 85 (1755-1757), Bl. 25r (Bewerbung Bruzzis o.D. mit Angaben zum Lebenslauf)
1758 Apr. 26	Konsultor der CIndex, Ernennung
	ACDF Index Diari 17 (1749-1763), Bl. 70v
1773 Okt. 20	Austritt aus dem Orden mit päpstlicher Dispens
	Weltkleriker in Rom (jetzt wieder unter dem Taufnamen Alberto)

Gutachten

(1755 Juli 28) Brucker, Johann Jakob: Historia critica philosophiae a mundi incunabulis ad nostram usque aetatem deducta [...]. - Lipsiae : literis et impensis Bern. Christoph. Breitkopf, 1742-1744.
  ACDF Index Prot. 85 (1755-1757), Bl. 295r-297v, 6 S.

(1770 Jan. 16) Voltaire: Les singularités de la nature [...].- Au Chateau de Ferney, 1769.
  ACDF Index Prot. 89 (1767-1770), Bl. 449r-450v, 4 S.

(1770 Jan. 16) Anonym: Tré quesiti accademici [...]. - Goa : a spese del capriccio nella Stamperia della moda, 1768.
  ACDF Index Prot. 89 (1767-1770), Bl. 442r-448r, 13 S.

Eigene Werke

- Campana idraulica per andare, e lavorare sott'acqua senza alcun pericolo / corretta nell'anno 1716 da Edmondo Alleo e nel presente anno dall'Abbate D. Alberto Bruzzi Consultore della Sagra Congregazione dell'Indice. - Roma : [S.n.], 30. Agosto 1774. - 4 S. [hier Exemplar: ASR Misc. di carte politiche e riservate n° 690]

Literatur

- Boffito, Giuseppe: Scrittori barnabiti o della Congregazione dei chierici regolari di San Paolo (1533-1933). Biografia, bibliografia, iconografia. - 4 vol. - Firenze 1933-1937, hier: vol. 1, 368.678.

Alexis du Buc CR

Namensvariante Alessio Dubuc

Geboren um 1638 in Sens
Gestorben 1709 in Rom

Lebenslauf
um 1668	Ordenseintritt in Paris
1669 Apr. 28	Ordensprofess in Paris
1672	Kontroverstheologe, Seelsorger sowie Berater und Zeuge bei etwa 200 Konfessionsübertritten von Calvinisten in Paris (bis 1697)
	Oberer des Ordenskonvents in Paris
1698	Teilnahme am Generalkapitel des Ordens in Rom
	Professor am Collegium Urbanum de Propaganda Fide, Rom
1703	Beauftragter in den Verfahren gegen Quesnel und den Erzbischof Petrus Codde von Utrecht (bis 1707)
1707 Okt. 1	Qualifikator des SO, Amtsantritt durch Eidesleitung
	ACDF SO Extens. 1680-1690 [-1707] = ACDF SO St.St. Q-1-p, Bl. 502r

Gutachten
[1707]	♦ Codde, Pieter <Sebaste, Titular-Erzbischof ; Utrecht, Bischof> : Denuntiatio Apologetica [...]. - Trajecti ad Rhenum, : typis Theodori ab Eynden, 1706.
	ACDF SO CL 1706-1707, Nr. 32, 4 S.
[1707 Apr. 12]	Parrhasius, Ianus <Pseudonym> [Codde, Pieter]: Notae in decretum [...] contra Archiepiscopum Sebastenum. - [S.l.] : [S.n.], [ca. 1705].
	ACDF SO CL 1706-1707, Nr. 19, 3 S.

Eigene Werke
- Anonym [Scupoli, Lorenzo]: Le combat spirituel, nouvellement traduit de l'italien. [...] Avec une Dissertation sur le véritable Auteur. [...]. - A Paris : au Palais, Chez Charles Osmont, 1698. - [56], 371, [1] S. [Übers.]
- Méditations sur les Odes (antiennes) de l'Avent et sur les vertus de la Sainte Vierge mère de Dieu, pour se préparer à la fête de Noël. - Paris : G. et L. Josse, 1694. - 249 S.

Literatur
- Bossuet, Jacques Bénigne: Correspondance. Publiée par Charles Urbain et Eugène Levesque. Nouv. éd. augm. de lettres inedites. - 15 vol. - Paris 1909-1925 ; ND Vaduz 1965, hier: vol. 9, 450f.; 11, 36f.
- DBF 11 (1967), 1101-1102 von R. Limouzin-Lamothe.
- DSp 3 (1957), 1747 von B. Mas.
- Fénelon, François de Salignac de La Mothe: Correspondance de Fénelon. Texte établi par Jean Orcibal ([ab Bd. 6 in:] Histoire des idées et critique littéraire). - 18 vol. - Genève 1972-2007, hier: vol. 8, 557f. [Quellen]; 9, 145f. u.ö.

- Vezzosi, Antonio Francesco: I Scrittori de' cherici regolari detti Teatini. - In Roma : nella stamperia della sacra congregazione di Propaganda Fide, 1780. - 2 vol., hier: vol. 1, 168f.

Giuseppe Maria Buccioli TOR

Geboren	um 1695 in [Rom]
Gestorben	1772 Jan. 15

Lebenslauf
[1724] Lektor für Theologie am Ordenskolleg SS. Cosma e Damiano, Rom
 Studienregent an SS. Cosma e Damiano
[1733] Relator der CIndex, Antrag auf Ernennung
 ACDF Index Prot. 78 (1731-1734), Bl. 342r (Bewerbung Bucciolis o.D. mit Angaben zum Lebenslauf, mit Vermerk Sekr. der CIndex „expectet")
 Provinzial des Ordens, Provinz Rom
 Generalprokurator des Ordens in Rom
 Generaldefinitor des Ordens in Rom
 Zensor der Accademia teologica der Universität Sapienza, Rom
[1753] Qualifikator des SO, Antrag auf Ernennung
 ACDF SO Priv. 1750-1754, Bl. 454 (Schreiben Accademia teologica o.D. an Comm. des SO, mit Angaben zum Lebenslauf); ACDF SO St.St. II-2-m, o.Bl. (Empfehlung von Kard. G. → Besozzi)
1753 Apr. 6 Qualifikator des SO, Ernennung
 ACDF SO Priv. 1750-1754, Bl. 455v

Literatur
- Luconi, Raniero: Il Terzo Ordine Regolare di S. Francesco. - Macerata 1935, 246.
- Silvestrelli, Antonio: Storia della Pontificia Accademia Teologica dalla fondazione al 1770. - Diss. masch. Pontificia Università Lateranense. - Roma 1963, 468.

Donato Bugati OCist

Lebenslauf
 Lektor für Theologie an S. Croce in Gerusalemme, Rom
[1724] Relator der CIndex, Antrag auf Ernennung
 ACDF Index Prot. 73 (1724-1725), Bl. 19 (Bewerbung Bugatis o.D. an CIndex)

1724 Juli 24   Relator der CIndex, Ernennung
                  ACDF Index Prot. 81 (1737-1740), Bl. 442r; ACDF Index Prot.
                  73 (1724-1725), Bl. 19 (Vermerk Sekr. der CIndex)

Filippo Maria Buonamici (Bonamici)

Geboren   1705 Febr. 29 in Lucca
Gestorben   1780 Nov. 13 in Rom

Familie

Die Buonamici waren eine bürgerliche Familie, aus der einige bedeutende Vertreter hervorgingen, unter ihnen der Architekt Francesco Buonamici (ca. 1596-1677), wahrscheinlich Großvater des hier interessierenden Filippo. Die Eltern Filippos, Francesco Buonamici und Maria Felice Rigola Becchetta aus Pavia, ließen den Sohn im bischöflichen Seminar San Martino von Lucca ausbilden, wo der Onkel Giovanni Fedele Rigola den Lehrstuhl für Theologie innehatte. In diesem Seminar studierte auch der berühmtere Bruder des Filippo, Pier Giuseppe genannt Castruccio Bonamici (1710-1761), zunächst Kleriker, zuletzt Artilleriegeneral und conte, dem der Bruder eine Biographie widmete. Vgl. DBI 11, 525-527 [zu Pietro Giuseppe Maria Bonamici] und 15, 126-128 [zu Francesco Buonamici].

Lebenslauf

                  Studium am bischöflichen Seminar von Lucca, wo sein Onkel Giovanni Theologie dozierte
                  Präfekt des Bischöflichen Seminars in Lucca
                  Benefiziat der Kathedrale von Lucca
                  Professor für Rhetorik und Grammatik am Seminar von Lucca
1739   Adiutor von G. V. → Lucchesini, Brevensekretär in Rom
1743   Mitglied der Accademia dell'Arcadia, Rom
1744   Substitut des Brevensekretariats
1756   Resident der Republik Lucca in Rom (bis 1769)
[1759]   Sekretär der Brevi ai principi
                  Kanoniker der Lateranbasilika
1775 Nov. 20   Prelato domestico
                  ASV SS Mem Bigl 224
1779 Sept. 3   Konsultor der CIndex, Ernennung
                  ACDF Index Prot. 92 (1779-1781), Bl. 353r (Schreiben SS an Sekr. der CIndex): ASV SS Mem Bigl 231 (Schreiben SS an Buonamici, Entwurf)

Eigene Werke
- De claris Pontificiarum epistolarum scriptoribus ad Clementem XIV [...]. Editio altera multo auctior atque emendatior. - Romae : Excudebat Marcus Palearini, 1770. - [18] Bl., 355 S.

- De vita et rebus gestis ven. servi Dei Innocentii XI. pont. max. commentarius. - Romae : ex typographia Marci Pelearini, 1776. - XVIII, 160 S.
- Discorso [...] su la facilità dell'antica Roma nell'ammettere alla cittadinanza i forestieri detto nell'Accademia Quirina radunata il di XIII agosto nel giardino dell'eminentissimo sig. cardinal Corsini dittatore perpetuo della detta Accademia. - In Roma : nella stamperia di Pallade appresso Niccolò, e Marco Pagliarini, 1752. - 39 S.
- In nuptiis Marci Antonii Burghesii et Annae Mariae Salviati ad eumdem Marcum Antonium Burghesium. - Romae : typis Archangeli Casaletti, 1768. - VIII S.
- In nuptiis Sigismundi Chisii et Flaminiae Odescalchiae ad Victoriam Corsiniam Odescalchiam sponsae matrem. - Romae : typis Archangeli Casaletti, 1767. - IX, [3] S.
- Oratio in funere Joannis Vincentii Lucchesinii ad Lucenses. - Romae : typis Bernabò, & Lazzarini, 1745. - [8], XLVIII S. [erneut in: De claris Pontificiarum epistolarum scriptoribus ad Clementem XIV [...]. Editio altera multo auctior atque emendatior. - Romae : Excudebat Marcus Palearini, 1770. - (18) Bl., 355 S.]
- Philippi et Castruccii fratrum Bonamiciorum lucensium Opera omnia. - Lucae : typis Josephi Rocchii, 1784. 4 vol.

Literatur
- DBI 11 (1969), 525-527 von C. Mutini.
- EncEc 1, 478.
- Giorgetti Vichi, Anna Maria (Hg.): Arcadia, Academia letteraria italiana. Gli Arcadi dal 1690 al 1800. Onomasticon. - Roma 1977, 141.
- Lucchesini, Cesare: Della storia letteraria del ducato lucchese libri sette (Memorie e documenti per servire all'istoria del Principato lucchese ; 9-10). - 2 vol. - Lucca 1825-1831, hier: vol. 2, 187-189.
- Repertorium der diplomatischen Vertreter aller Länder seit dem Westfälischen Frieden (1648). Hg. von Leo Bittner, Friedrich Hausmann, Otto Friedrich Winter. - 3 Bde. - Zürich 1950-1965, hier: Bd. 2, 207f.
- Seidler, Sabrina M. ; Weber, Christoph (Hg.): Päpste und Kardinäle in der Mitte des 18. Jahrhunderts (1730-1777). Das biographische Werk des Patriziers von Lucca Bartolomeo Antonio Talenti (Beiträge zur Kirchen- und Kulturgeschichte ; 18). - Frankfurt am Main u.a. 2007, 61 u.ö.
- Sforza, Giovanni: Episodi della storia di Roma nel secolo XVIII. Brani inediti dei dispacci degli agenti lucchesi presso la Corte papale, in: ASI 19 (1887), 55-74.222-248; 20 (1887) 166-177.364-451, hier bes.: 222-248.
- Sforza, Giovanni: Papa Rezzonico studiato ne' dispacci inediti d'un diplomatico lucchese, in: Memorie della Reale Accademia delle Scienze di Torino. Ser. 2, 65 (1916), 1-54, hier: bes. 2-10.

Alessandro Burgos e Isveglias OFMConv

Geboren 1666 [Dez. 28. (Taufdatum), in Messina]
Gestorben 1726 Juli 20 in Catania

Familie

Der spätere Bischof stammte aus einer Senatorenfamilie in Messina, Sohn eines Orazio Burgos e Isveglias und der Rosalina Fedeli. Begründet hatten den Aufstieg der Familie wohl der Großvater, Antonio Burgos, und seine Ehefrau Lavinia Isveglias (Isvaglia) e Romei, die Vermögen und Namen beider Familien vereinten. Deren Söhne, Michele und der schon genannte Orazio, wurden Offiziere in spanischen Diensten. Vgl. Coronelli: Famiglia, 1556. Ein mütterlicher Onkel, Pater Antonio Andrea Fedele OFMConv, mühte sich erfolgreich um den Eintritt seines Neffen in den Orden. Vgl. Mazzuchelli: Scrittori 2/4, 2441.

Lebenslauf

1682 Okt. 5	Ordenseintritt
1683 Okt. 6	Ordensprofess
	Studium in sizilianischen Ordenskonventen (bis 1693)
1690 Sept. 23	Priesterweihe
1693	Mitglied des Ordenskollegs S. Bonaventura, Rom
1696 Mai 2	Magister theol. an S. Bonaventura
	Lektor für Rhetorik an der Universität Bologna
1696	Professor für Theologie am Collegio Montalto, Bologna
	Theologe und Examinator synodalis des Erzbischofs von Bologna, Kardinal Giacomo Boncompagni
1701	Studienregent von S. Maria Gloriosa dei Frari, Venedig
1702	Professor für Kirchengeschichte an der Universität Perugia (bis 1704)
	Studienregent im Konvent Perugia
1704 Juli 7	Relator der CIndex, Ernennung
	ACDF Index Diari 13 (1704-1708), Bl. 17r
1704 Dez. 19	Konventuale von SS. XII Apostoli, Rom
1706 Nov. 10	Konsultor der CIndex, Ernennung
	ACDF Index Diari 13 (1704-1708), Bl. 116r (Audienzdekret des Papstes)
1706 Nov. 21	Provinzialdefinitor des Ordens, Provinz Sizilien
1708	Professor für Rhetorik an der Universität Sapienza, Rom (bis 1713)
1712	Professor für Metaphysik an der Universität Padua
1718	Professor für Kirchengeschichte an der Universität Padua (bis 1725)
1726 Febr. 20	Bischof von Catania

Gutachten

(1705 März 23)	Franco Fernandez, Blas: Vida de la venerable sierva de Dios Maria de Iesvs [...]. - Madrid : Ioseph Fernandez de Buendia, 1675.
	ACDF Index Prot. 65 (1704-1705), Bl. 434r-441v, 15 S.
(1707 Jan. 17)	Marco <D'Aviano> ; Bolduc, Juan Bautista: Armonia del Bien y del mal [...]. - En Madrid : en la imprenta de Bernardo de Villa-Diego ; a costa de Florian Anisson [...], 1682.
	ACDF Index Prot. 67 (1706-1707), Bl. 376r-377v, 4 S., (Doppelgutachten)

Burgos 242

(1707 Jan. 17)   Pelayo <de San Benito>: Sumario de oracion [...]. - En Burgos : por Pedro Gomez de Valdiuielso, 1626.
   ACDF Index Prot. 67 (1706-1707), Bl. 376r-377v, 4 S., (Doppelgutachten)

(1707 Apr. 4)   Palazzi, Giovanni: Gesta Pontificum Romanorum [...]. - Venetiis : Apud Ioannem Parè, 1687-1690.
   ACDF Index Prot. 67 (1706-1707), Bl. 392r-394v, 6 S.

(1707 Juni 7)   Francisco <de Santo Tomás>: Medula mystica [...]. - En Madrid : en la imprenta de Manuel Ruiz de Murga, 1695.
   ACDF Index Prot. 67 (1706-1707), Bl. 448r-450v, 6 S.

(1708 Mai 15)   ♦ Ponce de Leon, Pedro: Milagros y loores confirmados con muchos exemplos de la soberana emperatriz de los cielos [...]. - En Valencia : por Geronimo Vilagrasa [...], 1663.
   ACDF Index Prot. 68 (1707-1710), Bl. 184r-185v, 4 S.

(1709 Mai 13)   Anonym [Riccardi, Alessandro]: Ragioni del Regno di Napoli [...]. - [S.l.] : [S.n.], [1709?].
   ACDF Index Prot. 68 (1707-1710), Bl. 352r-356r, 9 S.

1709 Juli 16   Anonym [Riccardi, Alessandro]: Ragioni del regno di Napoli [...]. - [Napoli] : [S.n.], [1708].
   ACDF SO CL 1708-1710, Nr. 18, 8 S.

Eigene Werke
- De ecclesiasticae historiae in theologia auctoritate, atque usu praefatio. - Perusiae : litteris Constantini, 1702. - 29, [3] S.
- De usu et necessitate eloquentiae in rebus sacris tractandis. Dissertatio habita in Archigymnasio Romanae Sapientiae. - Romae : excudebat Franciscus Gonzaga in Via Lata, 1710. - [4] Bl., 65 S. ; ND in: Nuova Raccolta di opuscoli di autori siciliani 3 (1790), 1-87.
- Descriptio terrae motus Siculi qui contigit MDCXCIII, in: Graevius, Johannes: Thesaurus Antiquitatum et Historiarum Siciliae [...]. - Vol. 9: Scriptores qui Messanam & Aetnam descripserunt. - Lugduni Batavorum : excudit Petrus van der Aa, 1723, 87-94.
- Distinta relatione dello spaventoso eccidio cagionato da' terremoti ultimamente con replicate scosse, accaduto a' 9. & 11. gennaro 1693 nel Regno di Sicilia secondo certe notitie, che se ne sono ricevuto per tutto il mese di febraro, cavata da una lettera impressa a Palermo scritta dal P. Alessandro Burgos ad un suo amico. - In Palermo : Per Agostino Epiro, et in Napoli : Per il Parrino, 1693. - [4] Bl.
- In funere Leonis decimi oratio altera. Ad Eminentissimum, & Reverendissimum D. D. Ioannem Baptistam Spinula S. R. E. Presbyterum Cardinalem Camerarium. - Romae : typis rev. Camerae Apost., 1711. - 14 S.
- Institutionum theologicarum synthagma exhibens delineationem majoris operis de studio theologico recte instituendo [...] opus posthumum. - Venetiis : apud Sanctem Pecori, 1727. - [3] Bl., 180 S., [2] Bl. ; ND in: Nuova Raccolta di opuscoli di autori siciliani 2 (1759), 25-46.

- Lettera [...] scritta ad un suo amico, che contiene le notizie fin'ora avute de' danni caggionati in Sicilia da' tremuoti a' 9. & 11. Gennaio 1693. - [S.l.] : [S.n.], [1693]. - 4 Bl.
- Oratio pro studiis primae philosophiae habita in gymnasio Patavino anno 1713. - Patavii : typis Seminarii, [1713]. - XXXIX S.
- Sicilia piangente su le rovine delle sue più belle città atterrate da' tremuoti a gli undeci di gennaio dell'anno 1693. Elegia [...] con l'aggiunta delle notizie fin'ora havute dal regno delli danni caggionati da' tremuoti sudetti. - In Palermo : per Agostino Epiro, 1693. - 19 S.

Literatur
- Abate, Giuseppe: Series Episcoporum ex Ordine fratrum Minorum Conventualium assumptorum ab anno 1541 ad annum 1930, in: MF 31 (1931), 103-115.161-169; 32 (1932), 18-23, hier: 167.
- Bulgarelli, Sandro ; Bulgarelli, Tullio: Il giornalismo a Roma nel Seicento. - Roma 1988, 175.
- Conte, Emanuele (Hg.): I maestri della Sapienza di Roma dal 1514 al 1787. I rotuli e altre fonti (Fonti per la Storia d'Italia ; 116. Studi e Fonti per la storia dell'Università di Roma. N. S. ; 1). - 2 vol. - Roma 1991, hier: vol. 2, 858.
- Coronelli, Vincenzo: Biblioteca universale sacro-profana, antico-moderna, in cui si spiega con ordine alfabetico ogni voce, anco straniera, che puo avere significato nel nostro idioma italiano, appartenente a' qualunque materia [...]. - Venezia : a' spese di Antonio Tivani, 1701-1706. - 7 vol., hier: vol. 6, 1556.
- Facciolati, Giacomo: Fasti Gymnasii Patavini. - Patavii : Apud Joannem Manfrè, 1757. - 2 vol., hier: vol. 2, 265.
- Gatti, Isidoro: Il p. Vincenzo Coronelli dei Frati Minori Conventuali negli anni del generalato (1701-1707) (MHP ; 41-42). - 2 vol. - Roma 1976, hier: vol. 1, 567.
- Hierarchia Catholica 5, 150.
- Hurter, Hugo: Nomenclator literarius theologiae catholicae theologos exhibens aetate, natione, disciplinis distinctos. - Editio tertia, emendata et aucta. - 5 vol. - Oeniponte 1903-1913, hier: vol. 4, 1227.
- Mazzuchelli, Giammaria: Gli scrittori d'Italia : Cioè notizie storiche e critiche intorno alle vite, e agli scritti dei letterati italiani. - Brescia : Giambatista Bossini, 1753-1763. - 6 vol., hier: vol. 2/4, 2441.
- Mongitore, Antonino: Bibliotheca Sicula, siue De scriptoribus Siculis qui tum vetera tum recentiora saecula illustrarunt notitiae locupletissimae in quibus non solum Siculorum auctorum qui ad haec usque tempora scripserunt, codices excusi, vel manuscripti adnotantur [...]. - Panormi : Ex Typographia Didaci Bua, 1707-1714. - 2 vol., hier: vol. 1, 15.
- Papadopoli, Nicola Comneni: Historia gymnasii Patavini post ea, quae hactenus de illo scripta sunt, ad haec nostra tempora plenius, & emendatius deducta. - Venetiis : Apud Sebastianum Coleti, 1726. - 2 vol., 168.
- Papini, Nicolò: Lectores Publici Ordinis Fratrum Minorum Conventualium a saec. XIII ad saec. XIX, in: MF 31 (1931), 95-102.170-174.259f.; 32 (1932), 33-36.72-77, hier: 34.36.98.259.

- Papini, Nicolò: Minoritae Conventuales lectores publici artium et scientiarum in accademiis, universitatibus et collegiis extra ordinem, in: MF 33 (1933), 67-74.242-261.381-385; 34 (1934), 118-126.330-333, hier: 167.
- Renazzi, Filippo Maria: Storia dell'Università degli studi di Roma, detta comunemente la Sapienza, che contiene anche un saggio storico della letteratura romana dal principio del secolo XIII sino al declino del secolo XVIII. - 4 vol. - Roma 1803-1806, hier: vol. 4, 105.
- Sbaralea, Ioannes H. [Sbaraglia, Giovanni Giacinto]: Supplementum et castigatio ad scriptores trium Ordinum S. Francisci a Waddingo, aliisve descriptos cum adnotationibus ad syllabum martyrum eorumdem ordinum. - 3 vol. - Romae 1908-1936 ; ND Sala Bolognese 1978, hier: vol. 3, 172.
- Spano, Nicola: L'Università di Roma. - Roma 1935, 338.
- Sparacio, Domenico Maria: Frammenti bio-bibliografici di scrittori ed autori minori conventuali dagli ultimi anni del 600 al 1930. - Assisi 1931, 44.

Ignazio Busca

Geboren 1731 Aug. 31 in Mailand
Gestorben 1803 Aug. 12 in Rom

Familie
Der spätere Kardinal entstammte dem Mailänder Patriziat, Sohn des Ludovico Busca (gest. 1765), dritter marchese di Lomagna, und der Bianca (gest. 1776) aus dem Grafenhaus der Arconati Visconti. Vgl. Weber: Genealogien 1, 154.

Lebenslauf

	Cameriere segreto
1759 Apr. 26	Dr. iur. utr. an der Universität Sapienza, Rom
1759 Mai 17	Referendar der Signaturen
1759 Mai 26	Prelato domestico
	ASV SS Mem Bigl 214
1760 Jan. 15	Gouverneur von Rieti (bis 1764)
1764 Dez. 5	Gouverneur von Fabriano (bis 1766)
[1766]	Ponente der CConsulta (bis 1775)
1770 Febr. 16	Konsultor der CConcilio
	ASV SS Mem Bigl 214
1775 Aug. 20	Priesterweihe
1775 Sept. 11	Titularerzbischof von Hemesa (Emessen)
1775 Sept. 18	Nuntius in Belgien (bis 1785)
1785 März 1	Gouverneur von Rom
1789 März 30	Kardinal
1789 Aug. 3	Zuteilung der Titelkirche S. Maria della Pace
1796 Aug. 9	Staatssekretär (Nachfolger von F. S. de → Zelada)
	ASV SS Mem Bigl 262

1796 Aug. 10	Mitglied des SO, Ernennung ACDF SO Juramenta 1777-1796, o.Bl. (Schreiben SS an Sekr. und Ass. des SO); ASV SS Mem Bigl 262 (Schreiben SS an Busca, Entwurf)
1796 Aug. 17	Mitglied des SO, Amtsantritt durch Eidesleistung ACDF SO Juramenta 1777-1796, o.Bl.
1800 Dez. 2	Präfekt der CBuonGov

Literatur

- Arese Lucini, Franco: Genealogie patrizie milanesi, in: Zanetti, Dante E. (Hg.): La demografia del patriziato milanese nei secoli XVII, XVIII, XIX (Annales cisalpines d'histoire sociale ; 2/2). - Bologna 1972, A24-A30.A79.
- Droog, M. P. R.: Monseigneur Ignatius Busca, in: Archief voor de geschiedenis van het aartsbisdom Utrecht 36 (1910), 103-226.
- EC 4 (1949), 24 von S. Furlani.
- Forcella, Vincenzo: Iscrizioni delle chiese e d'altri edifici di Roma dal secolo XI fino ai giorni nostri. - 14 vol. - Roma 1869-1884, hier: vol. 3, 167.
- Hierarchia Catholica 6, 36.206.
- Mongelli, Giovanni: I cardinali protettori della Congregazione Verginiana, in: Benedictina 21 (1967), 273-319 ; 22 (1968), 123-141.287-309, hier: 137f.
- Polman, Pontianus: De reizen van de Brusselse nuntius Ignazio Busca door de Hollandse Zending (1778, 1780, 1783), in: Archief voor de geschiedenis van de Katholieke Kerk in Nederland 4 (1962), 56-74.
- Spreti, Vittorio: Enciclopedia storico-nobiliare italiana. - 6 vol. - Milano 1928-1935, hier: vol. 2, 215.
- Weber, Christoph (Bearb.): Die päpstlichen Referendare 1566-1809. Chronologie und Prosopographie (PuP ; 31/1-3). - 3 Bde. - Stuttgart 2003-2004, hier: Bd. 2, 483f.
- Weber, Christoph (Hg.): Legati e governatori dello stato pontificio (1550-1809) (Pubblicazioni degli Archivi di Stato. Sussidi ; 7). - Roma 1994, 226.362.529.
- Weber, Christoph: Genealogien zur Papstgeschichte. Unter Mitwirkung von Michael Becker bearbeitet (PuP ; 29/1-6). - 6 Bde. - Stuttgart 1999-2002, hier: Bd. 1, 154.

Pietro Francesco Bussi

Geboren	1684 Juli 28 in Rom
Gestorben	1765 [andere: 1763] Sept. 10 in Rom

Familie

Der spätere Kardinal entspross einer seit dem Mittelalter in Viterbo bezeugten Familie und war Neffe der Gebrüder Prälat Luciano (gest. 1709) und Kardinal Pier Francesco genannt Giovanni Battista Bussi (gest. 1726). Als Sohn des Giulio Bussi und der Cecilia Maidalchini (gest. 1736) besaß Pier Francesco auch Verbindungen zum Adel in Rom. Der

Bruder Benedetto Bussi (gest. 1729) wurde Bischof von Recanati und Loreto. Hierzu und zu anderen Würdenträgern dieser Adelsfamilie bis ins 19. Jahrhundert s.u. die Arbeiten von Weber.

Lebenslauf

1713 Apr. 30	Kanoniker an St. Peter, Rom (bis 1734)
1721 Aug. 1	Auditor von A. → Albani, Amtsantritt durch Eidesleistung
	ACDF SO Juramenta 1701-1724, Bl. 349
1721 Dez. 9	Prelato domestico
	ASV SS Mem Bigl 199
1721 Dez. 18	Referendar der Signaturen
1734 Jan. 3	Auditor der Rota Romana
1734 Febr. 1	Priesterweihe
1752 Jan. 7	Pro-Dekan der Rota Romana
1757 Jan. 16	Dekan der Rota Romana (bis 1759 Sept. 24)
1757 Jan. 19	Konsultor des SO, Ernennung
	ASV SS Mem Bigl 199
1757 Febr. 1	Konsultor des SO, Amtsantritt durch Eidesleistung
	ACDF SO Decreta 1757, Bl. 21r
1759 Sept. 24	Kardinal
1759 Nov. 19	Zuteilung der Titelkirche S. Maria in Via
1759 Nov. 19	Mitglied der CConcilio, CBuonGov, Signatura Gratiae und CCeremon

Literatur

- Cerchiari, Emanuele: Capellani Papae et Apostolicae Sedis. Auditores causarum Sacri Palatii Apostolici seu Sacra Romana Rota ab origine ad diem usque 20 Septembris 1870. Relatio historica-iuridica. - 4 vol. - Romae 1919-1921, hier: vol. 2, 232.
- Fiorani, Luigi: Il concilio romano del 1725 (Biblioteca di storia sociale ; 7). - Roma 1978, 226.
- Forcella, Vincenzo: Iscrizioni delle chiese e d'altri edifici di Roma dal secolo XI fino ai giorni nostri. - 14 vol. - Roma 1869-1884, hier: vol. 2, Nr. 1149.
- Hierarchia Catholica 6, 21.
- Seidler, Sabrina M. ; Weber, Christoph (Hg.): Päpste und Kardinäle in der Mitte des 18. Jahrhunderts (1730-1777). Das biographische Werk des Patriziers von Lucca Bartolomeo Antonio Talenti (Beiträge zur Kirchen- und Kulturgeschichte ; 18). - Frankfurt a.M. u.a. 2007.
- Weber, Christoph (Bearb.): Die päpstlichen Referendare 1566-1809. Chronologie und Prosopographie (PuP ; 31/1-3). - 3 Bde. - Stuttgart 2003-2004, hier: Bd. 2, 484-486.
- Weber, Christoph: Genealogien zur Papstgeschichte. Unter Mitwirkung von Michael Becker bearbeitet (PuP ; 29/1-6). - 6 Bde. - Stuttgart 1999-2002, hier: Bd. 1, 155-159.

Giuseppe Vincenzo Bussi da Alessandria OP

Lebenslauf
1795	Koadjutor der Inquisition von Civitanova (Marken)
	Vicarius foraneus der Inquisition von Civitanova
1802 Nov. 18	Primus Socius des Commissarius des SO, Amtsantritt durch Eidesleistung
	ACDF SO Decreta 1800-1801, Bl. 118v; ACDF SO Juramenta 1800-1809, o.Bl.; ACDF SO Priv. 1801-1803, Nr. 74.77
1803 Sept. 20	Genehmigung einer Erholungsreise wegen Krankheit
	ACDF SO Priv. 1801-1803, Nr. 77 (für die Herbstmonate)
1804 März 24	Inquisitor von Fermo, Ernennung
	ACDF SO St.St. II-2-n, Bl. 16r

Giovanni Buttelli

Namensvariante Giovanni Bottelli

Geboren um 1701
Gestorben 1787 Jan. 20

Familie
Über die offenbar nicht begüterte Familie des Notars liegen nur wenige Nachrichten vor. Anlässlich seiner Emeritierung wird 1781 seine Tochter Giovanna, die damals Mutter von zwei Kleinkindern war, erwähnt. Nach dem Tod Buttellis beantragten dessen Witwe Lavinia und deren Bruder Francesco Bonifazi Unterhalt beim SO in Rom, allerdings vergeblich. Siehe den Antrag der Verwandten in: ACDF SO Priv. 1786-1788, Bl. 217.

Lebenslauf
1744 Jan. 8	Sostituto Notaro des SO, Ernennung
	ACDF SO Priv. 1755-1759, Bl. 93v
1768 März 28	Capo Notaro des SO, Ernennung
	ACDF SO St.St. L-5-g, o.Bl. („Catalogus Notariorum")
1781 Dez. 11	Capo Notaro des SO, Emeritierung
	ACDF SO Priv. 1781-1783, Bl. 145

Unveröffentlichte Quellen
Mehrere Nachrichten in dem Akten-Bündel „1781 Giubilazione del Sig. Gio. Bottelli Capo Notaro morto li 20 gennaro 1787", in: ACDF SO Priv. 1781-1783, Bl. 118-152 (darin Antrag Buttellis auf Emeritierung, im Alter von 80 Jahren)

C

Pietro Tommaso Cacciari OCarm

Namensvariante Petronio Cesare Cacciari (Taufname)

Geboren 1693 Okt. 5 in Bologna
Gestorben 1769 Febr. 28 in Bologna

Familie
Zu den Eltern sind nur die Namen bekannt: Giuseppe Cacciari und Francesca Franzoni. Nachrichten zum sozialen Umfeld konnten nicht ermittelt werden.

Lebenslauf
1708   Ordenseintritt in S. Maria delle Grazie, Bologna (Einkleidung)
um 1730   Umzug nach Rom
   Esaminatore del clero romano, Ernennung durch Clemens XII.
   Lektor für Theologie am Collegium Urbanum de Propaganda Fide, Ernennung durch Clemens XII.
1758 Juni 27   Revisor des SO, Amtsantritt durch Eidesleistung
      ACDF SO Extens. 1749-1808 = ACDF SO St.St. Q-1-q, Bl. 120r

Eigene Werke
- Della vita, virtù e doni sopranaturali del venerabile servo di Dio P. Angiolo Paoli, carmelitano dell'antica osservanza, libri III con un appendice de' miracoli. Opera cavata da' processi ordinari, ed apostolici. - In Roma : appresso Giuseppe Collini, 1756. - XX, 342 S.
- Eusebius: Ecclesiasticae historiae Eusebii Pamphili libri decem [...] quibus subiicitur [...] P. Petri Thomae Cacciari [...] praefatio ac historica dissertatio de Eusebiana Rufini translatione. - Editio prima. - Venetiis : excudebat Antonius Zatta, 1763. - 3 vol. [Hg.]
- Eusebius: Ecclesiasticae historiae Eusebii Pamphili libri novem, Ruffino Aquilejensi interprete, ac duo ipsius Ruffini libri : opus in duas partes distributum quarum altera Eusebii, altera Ruffini libros continet, ad Vaticanos mss. codices exactos, notisque illustratos [...]. - Romae : typis Antonii de Rubeis, 1740-1741. - 2 vol. [Hg.]
- Exercitationes in universa S. Leonis Magni Opera pertinentes ad historias haeresum Manichaeorum, Priscillianistarum, Pelagianorum, atque Eutychianorum, quas summo studio et labore ss. Pontifex evertit, atque damnavit, in sex libros distributae [...]. - Romae : Ex typ. Antonii Fulgoni, 1751. - XXX, 559 S.

- Leo <Papa, I>: Opera omnia ad manuscriptos codices emendata novis monumentis aucta notis, et observationibus adornata. - Romae : apud Josephum Collini, 1753-1755. - 2 vol.

Literatur
- DBI 16 (1973), 7-9 von G. Pignatelli.
- Fantuzzi, Giovanni: Notizie degli scrittori bolognesi. - In Bologna : nella Stamperia di San Tommaso d'Aquino, 1781-1794. - 9 vol., hier: vol. 2, 6f.
- [Villiers de Saint-Étienne, Cosme de]: Bibliotheca Carmelitana, notis criticis et dissertationibus illustrata [...]. - Aurelianis : excudebant M. Couret de Villeneuve et Joannes Rouzeau-Montaut, 1752. - 2 vol. ; ND Rom 1927, 613.808f.

Bernardino Cadolini da Ancona OP

Gestorben	1746 Aug. 27
Lebenslauf	
	Magister theol.
1726 März 28	Generalvikar der Inquisition von Fermo, Ernennung
	ACDF SO Decreta 1726, Bl. 98
1727	Generalvikar der Inquisition von Bologna
1727 Dez. 20	Bericht Cadolinis an das SO zur Schlüsselübergabe einiger Räume der Inquisition von Bologna an den Prior des Konvents (im Auftrag des Generaloberen des Ordens und des Papstes)
	ACDF SO Decreta 1728, Bl. 1
1728 [Jan.]	Generalvikar der Inquisition von Bologna, beabsichtigte Absetzung durch den Generaloberen und den Papst (wegen des Berichts an das SO)
	ACDF SO Decreta 1728, Bl. 24
1728 Jan. 28	Beschluss des SO, dass Cadolini nicht abgesetzt werden soll
	ACDF SO Decreta 1728, Bl. 24 (Kard. F. → Barberini junior als Protektor des Ordens solle dem Generaloberen des Ordens und dem Papst vortragen „ne dictus P. Cadolinus removeatur")
1728 Febr. 4	Kardinal F. Barberini junior verständigte sich mit dem Generaloberen, dass Cadolini nicht abgesetzt werde
	ACDF SO Decreta 1728, Bl. 29v (Vermerk Ass. des SO vom 4. Febr.: „ne P. Cadolini ab officio Vicarii S. Officii Bononiae amoveatur")
1730 Apr. 18	Secundus Socius des Commissarius des SO, Amtsantritt durch Eidesleistung
	ACDF SO Juramenta 1725-1736, o.Bl.
1731 Sept. 5	Primus Socius des Commissarius des SO, Ernennung
	ACDF SO Decreta 1731, Bl. 214v

1731 Sept. 12	Primus Socius des Commissarius des SO, Amtsantritt durch Eidesleistung
	ACDF SO Juramenta 1725-1736, o.Bl.; ACDF SO Decreta 1731, Bl. 223r
1732 Juni 11	Inquisitor von Novara, Amtsantritt durch Eidesleistung
	ACDF SO Juramenta 1725-1736, o.Bl.
1739 Apr. 22	Erlaubnis zu einem zweimonatigen Aufenthalt in der Heimat Ancona aus gesundheitlichen Gründen
	ACDF SO Decreta 1739, Bl. 127v („pro temperanda sanitate")

Unveröffentlichte Quellen
ACDF SO Decreta 1746, Bl. 288f. (Todesdatum)

Literatur
- Creytens, Raymond: Les annotations secrètes du maître général Augustin → Pipia OP sur l'examen ad gradus des Dominicains italiens (1721-1724), in: AFP 42 (1972), 167-197, hier: 181.196.
- Màdaro, Luigi: Gli inquisitori di Novara dal 1351 al 1732 (da un manoscritto della Biblioteca Civica di Alessandria), in: Novaria. Bollettino delle Biblioteche Civica e Negroni 6 (1925), 205-212, hier: 212. [„Cadolini", ohne Vorname]

Eusebio Antonio Calabrini

Gestorben	1763 [Sept.]

Lebenslauf

1716 Sept. 29	Sostituto Notaro des SO, Ernennung
	ACDF SO Priv. 1755-1759, Bl. 93v
[1736]	Bitte um Zuzahlung wegen Mehrarbeit durch die bereits neunmonatige Abwesenheit des Notars des SO A. → Lancioni
1736 Mai 23	Ablehnung des Antrags
	ACDF SO Priv. 1736-1742, o.Bl.
1751 [Apr.]	Capo Notaro des SO, Ernennung
	ACDF SO St.St. L-5-g, o.Bl. („Catalogus Notariorum")
1762 Dez. 14	Capo Notaro des SO, Emeritierung
	ACDF SO Priv. 1781-1783, Bl. 137 („giubilazione")

Unveröffentlichte Quellen
ACDF SO Priv. 1781-1783, Bl. 138 (Berechnung der Bezüge für Calabrini als „giubilato", hiernach auch der mögliche Todesmonat; die entsprechenden Blätter wurden aus dem Band Decreta entfernt)

Carlo Leopoldo Calcagnini

Geboren 1679 Febr. 19 in Ravenna
Gestorben 1746 Aug. 27 in Rom

Familie

Der spätere Kardinal gehörte zu einer bedeutenden Patriziersippe von Ferrara. Der Vater, Francesco Maria marchese di Formigine, diente als Militär in verschiedenen Städten des Kirchenstaates, zuletzt in Ravenna („governatore militare della Romagna"). Die Mutter, Violante Albizzi, Tochter des Giambattista Albizzi und Lieblingsnichte des Kardinals F. → Albizzi, hatte in die adelige Familie Calcagnini von Ferrara eingeheiratet, nachdem Kardinal Albizzi diese Eheallianz besonders gefördert hatte. Über einen Bruder, den marchese Mario Calcagnini, und dessen Tochter Lucrezia Calcagnini Paulucci (gest. 1785), kam der hier interessierende Kardinal Carlo in die Verschwägerung mit Kardinal C. → Paulucci (gest. 1763). Der genannte Bruder Mario heiratete Matilde Bentivoglio (1671-1711) aus dem berühmten Haus in Ferrara, Schwester des Kardinals C. → Bentivoglio (1668-1732), die sich in Rom einen Namen machte als Dichterin und Mitglied der Accademia dell'Arcadia, genannt Amarillis Tritonides. Sie soll dem jungen Carlo Leopoldo Calcagnini die Ernennung zum Auditor der Legation von Avignon besorgt haben. Vgl. DBI 16 (1973), 491f. Ein Neffe des Kardinals, marchese Teofilo Calcagnini, veröffentlichte posthum den dritten Band des Hauptwerkes des Kardinals und setzte diesem das Grabmal in S. Andrea delle Fratte in Rom.

Lebenslauf

	Jurastudium in Rom
	Dr. iur. utr. in Cesena
	Mitglied der Accademia dell'Arcadia, Rom (als „Liso Parteniano")
	Auditor der Legation von Avignon unter → Clemens XI.
	Votante der Signatur
1721 Juli 8	Auditor der Rota Romana
1722	Resident der Stadt Ferrara in Rom
1733	Konsultor der CRiti
1734 Sept. 1	Dekan der Rota Romana
1734 Sept. 8	Examinator Episcoporum
	ASV SS Mem Bigl 168
1737 Nov. 9	Konsultor des SO, Ernennung
	ACDF SO Juramenta 1725-1736, o.Bl. (Schreiben SS an Ass. des SO); ASV SS Mem Bigl 172
1737 Nov. 13	Konsultor des SO, Amtsantritt durch Eidesleistung
	ACDF SO Juramenta 1725-1736, o.Bl.
1743 Sept. 9	Kardinal
1743 Sept. 23	Zuteilung der Titelkirche S. Maria in Aracoeli
1743 Sept. 23	Mitglied der CConcilio, CImmunità und CRiti

Eigene Werke

- De variatione ultimae voluntatis [...]. - Romae : ex typographia Hieronymi Mainardi, 1745-1747. - 3 vol. [Hauptwerk]
- Discorso pro veritate [...] sopra l'eredità intestata del defonto serenissimo principe Eugenio Francesco di Savoja. - [S.l.] : [S.n.], [1730]. - 26, [12] S.
- Observationes practico-legales in duas partes distinctae. - Romae : typis Rocchi Bernabo, 1715. - [22], 446, 854 S.
- Trattenimento accademico. - In Roma : per Francesco Gonzaga, 1711. - [8], 67, [5] S.

Literatur

- Barotti, Giovanni Andrea ; Barotti, Lorenzo: Memorie istoriche di letterati Ferraresi. - In Ferrara : per gli eredi di Giuseppe Rinaldi, 1792-1793. - 2 vol., hier: vol. 2, 247f.301f.
- Borsetti Ferranti Bolani, Ferrante: Historia almi Ferrariae Gymnasii in duas partes divisa, eminentiss., & reverendiss. principi d. Thomae Rufo S.R.E. cardinali Praenestino episcopo, ac archiepiscopo Ferrariensi [...] dicata. - Ferrariae : Typis Bernardini Pomatelli, 1735. - 2 vol., hier: vol. 2, 350.
- Braschi, Giovanni Battista: Memoriae Caesenates sacrae et profanae per secula distributae. - Romae : typis Ansillioni, 1738, 396f.
- Cardella, Lorenzo: Memorie storiche de' Cardinali della Santa Romana Chiesa. - In Roma : nella stamperia Pagliarini, 1792-1797. - 10 vol., hier: vol. 9, 17.
- Cerchiari, Emanuele: Capellani Papae et Apostolicae Sedis. Auditores causarum Sacri Palatii Apostolici seu Sacra Romana Rota ab origine ad diem usque 20 Septembris 1870. Relatio historica-iuridica. - 4 vol. - Romae 1919-1921, hier: vol. 1, 295.
- DBI 16 (1973), 491f. von R. Feola.
- Hierarchia Catholica 6, 14.233f.
- Moroni 6 (1840), 233f.
- Seidler, Sabrina M. ; Weber, Christoph (Hg.): Päpste und Kardinäle in der Mitte des 18. Jahrhunderts (1730-1777). Das biographische Werk des Patriziers von Lucca Bartolomeo Antonio Talenti (Beiträge zur Kirchen- und Kulturgeschichte ; 18). - Frankfurt a.M. u.a. 2007.
- Ughi, Luigi: Dizionario storico degli uomini illustri ferraresi nella pieta, nelle arti, e nelle scienze colle loro opere, o fatti principali compilato dalle storie, e da manoscritti originali [...]. - 2 vol. - Ferrara 1804, hier: vol. 2, 107.
- Weber, Christoph: Genealogien zur Papstgeschichte. Unter Mitwirkung von Michael Becker bearbeitet (PuP ; 29/1-6). - 6 Bde. - Stuttgart 1999-2002, hier: Bd. 3, 160-163; 5, 91.

Giuseppe Maria Calegari OSBOliv

Namensvariante   Vettore Tommaso Calegari (Taufname)

Geboren   1720 Sept. 6 in Venedig
Gestorben   1785 Jan. 17 in Rovigo

Familie
Der spätere Abt war Sohn von Giuseppe Calegari und Bruder des Angelo M. Calegari OSBOliv (1735-1804), der in den Jahren 1785 bis 1788 als Abt von San Bartolomeo in Rovigo wirkte. Vgl. Tagliabue: Abati, 102-104.

Lebenslauf
[1739]	Aufenthalt im Kloster S. Elena, Venedig
1739 Mai 17	Ordenseintritt in S. Bartolomeo, Rovigo (Einkleidung)
1740 Juni 19	Ordensprofess in Rovigo
	Studium in Rovigo
1743	Studium an S. Vittore, Mailand (bis 1746)
ab 1746	Dozent für Logik in Rovigo
1749	Professor für Metaphysik in Rovigo (bis 1752)
	Professor in Bologna und am Konvent Monte Oliveto Maggiore (bei Buoncovento)
[1771]	Koadjutor des Generalprokurators des Ordens in Rom
1771 Juli 16	Konsultor der CIndex, Ernennung
	ACDF Index Prot. 90 (1771-1773), Bl. 30r (Schreiben SS an Sekr. der CIndex)
1772	Koadjutor des Professors für Kirchengeschichte A. F. → Vezzosi an der Universität Sapienza, Rom (bis 1777)
1776	Abt von S. Bartolomeo, Rovigo (bis 1779)
1779	Abt von S. Nicola, Rodengo (bei Brescia) (bis 1782)

Gutachten
(1771 Nov. 29)   Plazza, Benedetto: Dissertatio anagogica, theologica, paraenetica de paradiso [...]. - Panormi : ex typographia Francisci Ferrer, 1762.
ACDF Index Prot. 90 (1771-1773), Bl. 68r-70r, 5 S.

Literatur
- Conte, Emanuele (Hg.): I maestri della Sapienza di Roma dal 1514 al 1787. I rotuli e altre fonti (Fonti per la Storia d'Italia ; 116. Studi e Fonti per la storia dell'Università di Roma. N. S. ; 1). - 2 vol. - Roma 1991, 933.
- Tagliabue, Mauro: Gli abati di S. Bartolomeo di Rovigo, in: Il Monastero di San Bartolomeo di Rovigo (Accademia dei Concordi di Rovigo. Studi e Ricerche ; 1). - Rovigo 1979, 59-106, hier: 102-104.

Antonino Serafino Camarda OP

Geboren 1674 [Taufdatum: 8. Okt.] in Messina
Gestorben 1754 Mai 24 in Rieti (Latium)

Lebenslauf

1697 Sept. 21	Priesterweihe
1708 Juli 27	Magister theol.
	Lektor an S. Maria della Quercia, Viterbo
	Prior von S. Maria sopra Minerva, Rom
1711	Cathedraticus der Bibliotheca Casanatensis
1712 Apr. 5	Relator der CIndex, Ernennung
	ACDF Index Diari 14 (1708-1721), Bl. 55r; ACDF Index Prot. 81 (1737-1740), Bl. 440v; ACDF Index Prot. 69 (1710-1712), Bl. 310r (Vermerk Sekr. der CIndex)
1721 Juli 25	Theologus von Kardinal B. M. → Conti, Amtsantritt durch Eidesleistung
	ACDF SO Juramenta 1701-1724, Bl. 343f.
1724 Juni 12	Bischof von Rieti

Gutachten

(1712 Sept. 19) Selden, John: De synedriis & praefecturis iuridicis veterum Ebraeorum [...]. - Amstelaedami : Ex Officina Viduae Joannis à Someren, & Henrici & Theodori Boom, 1679.
ACDF Index Prot. 69 (1710-1712), Bl. 436r-439r, 7 S.

(1715 Mai 13) Selden, John: Uxor ebraica, seu de nuptiis et divortiis ex iure civili, id est, divino & talmudico, veterum ebraeorum [...]. - Francofurti Ad Oderam : Sumptibus Jeremiae Schrey, 1673.
ACDF Index Prot. 71 (1715-1721), Bl. 33r-35r, 5 S.

(1717 Juli 13) Murner, Thomas ; Flittner, Johann (Bearb.): Nebvlo Nebvlonum [...]. - Leeuwarden : Secundo aedita á Ioanne Coopmans Leowerdiense, 1634.
ACDF Index Prot. 71 (1715-1721), Bl. 352r-353v, 4 S.

Eigene Werke

- Constitutionum apostolicarum, una cum Caeremoniali Gregoriano de pertinentibus ad electionem Papae, synopsis accurata et plana : nec non elucidatio omnium fere difficultatum, quae evenire possunt circa pertinentia ad electionem Romanorum pontificum. - Reate : Mancini, 1732. - [4] Bl., XIX, 389 [i.e. 289] S.
- Romanorum pontificum Decretalium a primo usque ad sextum librum synopsis accurata, & plana, qua exhibentur tituli, librorumque capitula singula; & pro re nata Praeceptoris angelici doctrina illustrantur, subijcitur juris canonici regularum explicatio [...]. - Romae : typis Joannis Francisci Chracas, 1715. - XII, 412 S.

Literatur
- Guglielmotti, Alberto: Catalogo dei bibliotecari, cattedratici, e teologi del Collegio Casanatense nel convento della Minerva dell'Ordine de' Predicatori in Roma dal principio di loro istituzione sino al presente. Raccolto da sicuri documenti e corredato di note biografiche, cronologiche, e bibliografiche. - Roma 1860, 21.
- Hierarchia Catholica 5, 330.
- Quetif, Jacobus ; Echard, Jacobus: Scriptores ordinis praedicatorum recensiti, notisque historicis et criticis illustrati, opus quo singulorum vita, praeclareque gesta referuntur, chronologia insuper seu tempus quo quisque floruit certo statuitur : fabulae exploduntur, scripta genuina, dubia, supposititia expenduntur [...] ab an. MDI ad an. MDCCXX [...]. - Lutetiae Parisiorum : Apud J. B. Christophorum Ballard, et Nicolaum Simart, 1719-1721. - 2 vol., hier: vol. 2, 795.

Ange de Cambolas OCarm

Namensvariante	Angelus Cambolas
Geboren	um 1631 in [Toulouse]
Gestorben	[1711]

Lebenslauf

1686	Generalprokurator des Ordens in Rom (bis 1692)
1692 Juli 2	Qualifikator des SO, Ernennung
	ACDF SO Decreta 1692, Bl. 220r; ACDF SO Priv. 1669-1699, Bl. 706r (Audienzdekret des Papstes); ACDF SO Extens. 1680-1690 [-1707] = ACDF SO St.St. Q-1-p, Bl. 216v
[1693]	Aufenthalt in Frankreich
1698	Generalprokurator des Ordens in Rom (bis 1704)
1698 Juni 1	Qualifikator des SO, Amtsantritt durch Eidesleistung
	ACDF SO Extens. 1680-1690 [-1707] = ACDF SO St.St. Q-1-p, Bl. 336v
1704	Generaloberer des Ordens (bis 1710)

Literatur
- Boaga, Emanuele: Il procuratore generale nell'Ordine Carmelitano: Origine e sviluppo della figura e del ruolo, in: Carmelus 43 (1996), 42-98, bes.: 82.
- Neveu, Bruno: Sébastien Joseph du Cambout de Pontchâteau (1634-1690) et ses missions à Rome d'après sa correspondance et des documents inédits (Mélanges d'Archéologie et d'Histoire. Suppléments ; 7). - Paris [1969], 94.193f. u.ö.
- Vidal, Jean-Marie: Henri Dorat, archiprêtre d'Aix (1638-1701). - Foix 1931.

Filippo Campanelli

Geboren	1739 Mai 1 in Matelica (Marken)
Gestorben	1795 Febr. 18 in Rom

Familie

Außer den Namen der Eltern, Giuseppe Campanelli und Laura Finaguerra, ist über die Familie des späteren Kardinals nichts bekannt geworden. Vgl. DBI 17 (1974), 401-403.

Lebenslauf

	Studium am Collegio Marziale, Fermo
	Dr. iur. utr. an der Universität Sapienza, Rom
	Advokat der Kurie
1778 Juli 29	Promotor fidei der CRiti (bis 24. Mai 1782)
	Examinator Episcoporum
1780	Kanoniker von St. Peter, Rom
1780 Dez. 11	Prelato domestico
	ASV SS Mem Bigl 233
1780 Dez. 15	Konsultor des SO, Ernennung
	ASV SS Mem Bigl 233 (Schreiben SS an Campanelli, Entwurf); ACDF SO Juramenta 1777-1796, Bl. 94 (Schreiben SS an Sekr. des SO)
1780 Dez. 20	Konsultor des SO, Amtsantritt durch Eidesleistung
	ACDF SO Juramenta 1777-1796, Bl. 93
1782	Auditor des Papstes
1789 März 30	Kardinal
1789 Aug. 3	Zuteilung der Titelkirche S. Maria della Scala
1789 [Aug. 3]	Mitglied der CRiti, CConcilio, CConcist und CAvignon
1789 Aug. 9	Mitglied des SO, Ernennung
	ACDF SO Juramenta 1777-1796, o.Bl. (Schreiben SS an Ass. des SO)
1789 Aug. 12	Mitglied des SO, Amtsantritt durch Eidesleistung
	ACDF SO Juramenta 1777-1796, o.Bl.
1789	Mitglied der Kongregation zur Untersuchung der Emser Punktation
1790 Nov. 19	Mitglied der Sonderkongregation zur Untersuchung der Synode von Pistoia
	Mitglied verschiedener weiterer Partikularkongregationen (besonders befasst mit England)
1791	Verhandlungsführer des Hl. Stuhls mit dem Königreich Neapel
1792 [Juli]	Päpstlicher Bevollmächtigter in Neapel (Jurisdiktionsfragen)
	Pro-Datar

Literatur

- Acquacotta, Camillo: Memorie di Matelica. - Ancona 1838, 222f.
- Claudi, Giovanni Maria ; Catri, Liana (Hg.): Dizionario storico-biografico dei Marchigiani. - 3 vol. - Ancona 1992-1993, hier: vol. 1, 143.

- DBI 17 (1974), 401-403 von M. Giansante.
- Hierarchia Catholica 6, 36.
- Moroni 7 (1841), 113f.
- Nuzzo, Giuseppe: Stato e chiesa nel tramonto del riformismo napoletano. Una visita regia al Pontefice Pio VI, in: Archivio storico per le province napoletane N.S. 59 (1934), 283-323.
- Papa, Giovanni: Cardinali prefetti, segretari, promotori generali della fede e relatori generali della Congregazione, in: Congregazione per le Cause dei Santi. Miscellanea in occasione del IV centenario della Congregazione per le Cause dei Santi (1588-1988). - Città del Vaticano 1988, 423-428, hier: 427.
- Pastor 16/3, 92.
- Rinieri, Ilario: Della rovina di una monarchia. Relazioni storiche tra Pio VI e la corte di Napoli negli anni 1776-1799 secondo documenti inediti dell'Archvio Vaticano. - Torino 1901, 360-378.
- Stella, Pietro (Hg.): Il giansenismo in Italia. Bd. 2/1: Roma. La bolla „Auctorem fidei" (1794) nella storia dell'Ultramontanismo. Saggio introduttivo e documenti. - Roma 1995, LXXX u.ö.

Francesco Maria Campioni OMD

Geboren   1651 Sept. 17 in Genua
Gestorben   1713 Sept. 6 in Genua

Lebenslauf

	Erste Ausbildung in Genua
1671 Jan.	Ordenseintritt in S. Maria in Campitelli, Rom (Einkleidung)
1673 [Febr. 26]	Feierliche Ordensprofess in Rom
	Studium in Rom
1682	Lektor für Philosophie und Theologie in Rom
	Generalassistent des Ordens in Rom
	Theologe und Beichtvater von Kardinal Gianfrancesco Negroni (gest. 1713)
[1696]	Relator der CIndex, Antrag auf Ernennung
	ACDF Index Diari 10 (1692-1696), Bl. 141v; ACDF Index Prot. 54 (1695-1696), Bl. 317r (Empfehlung von Kardinal Negroni o.D.)
1696 Juli 9	Relator der CIndex, Ernennung
	ACDF Index Prot. 81 (1737-1740), Bl. 438r
1697 Dez. 11	Konsultor der CIndex, Antrag auf Ernennung (abgelehnt vom Papst)
	ACDF Index Diari 11 (1696-1699), Bl. 59v
1698 Juli 9	Qualifikator des SO, Ernennung
	ACDF SO Decreta 1698, Bl. 180r
1699 Juli 4	Ordensaustritt
1699	Eintritt in den Orden der Trinitarier (OSST)

	Leiter des Ordenshauses in Lucca
[1699]	Esaminatore del clero romano
1704 Febr. 1	Wiedereintritt in seinen alten Orden (OMD)
	Berater des Erzbischofs von Benevent V. M. → Orsini
1713	Reise nach Genua aus gesundheitlichen Gründen

Gutachten

[1701 Juni 6]   ♦ Feydeau de Brou, Henri <Amiens, Bischof> (Hg.): Statuts synodaux du diocèse d'Amiens. - Amiens : N. C. Hubault, 1696.
 ACDF SO CL 1703, Nr. 18, 9 S.

[1701 Juli 6]   Ottani, Bartolomeo: Il Pane spezzato a fanciulli [...]. - [S.a.]. (Manuskript)
 ACDF SO CL 1701-1702, Nr. 7, 1 S.

[1701 Juli 6]   Anonym [Baillet, Adrien]: De la dévotion à la sainte Vierge [...]. - Paris : Chez Florentin & Pierre Delaulne, 1696.
 ACDF SO CL 1701-1702, Nr. 8, 2 S.

[1701 Juli 6]   Harvey, Gideon: Ars curandi morbos [...]. - Amstelodami : [S.n.], 1695.
 ACDF SO CL 1701-1702, Nr. 9, 2 S.

[1701 Juli 6]   Ambrogio Maria <di Santa Barbara>: Mistico ritratto della serafica vergine santa Teresa di Gesù [...]. - [S.a.]. (Manuskript)
 ACDF SO CL 1701-1702, Nr. 10, 2 S.

[1701 Juli 6]   Le Lorrain de Vallemont, Pierre: La physique occulte [...]. - Paris : J. Anisson, 1693.
 ACDF SO CL 1701-1702, Nr. 11, 1 S.

1702 Mai 15   Acta Sanctorvm [Mai T. 3] [...]. - Antverpiae [u.a.] : Meurs [u.a.], 1643.
 ACDF Index Prot. 62 (1702), Bl. 55r-66v, 22 S.

1703 Jan. 16   Anonym: Copie d'une lettre escritte à Monsieur sur l'Excommunication [...]. - [S.l.] : [S.n.], [1700?].
 ACDF SO CL 1703, Nr. 1, 1 S.

1703 Jan. 16   Anonym: Discussion historique, juridique, et politique sur l'immunite reelle des eglises [...]. - [S.l.] : [S.n.], [1700?].
 ACDF SO CL 1703, Nr. 1, 2 S.

[1703 Jan. 16]   Talon, Denis [Levayer de Boutigny, Rolland]: Traité de l'autorité des rois [...]. - Amsterdam : D. Pain, 1700.
 ACDF SO CL 1703, Nr. 4, Bl. 29r-v.38r, 3 S.

1703 Jan. 16   Germain <Pseudonym> [Quesnel, Pasquier]: Défense de l'Eglise Romaine et des souverains Pontifes [...]. - A Liege : chez Henri Hoyoux, 1696.
 ACDF SO CL 1703, Nr. 23, Bl. 12r-13v, 4 S.

1703 Jan. 16   Gerberon, Gabriel: Défense de l'Eglise romaine contre les calomnies des protestans [...]. - Cologne : Jacques de Vale', 1688.
 ACDF SO CL 1703, Nr. 24, Bl. 9, 2 S.

1707 Juli 19	Bretón, Juan: Mistica Theologia Y Doctrina D[e] La Perfection Evangelica [...]. - Impresso en Madrid : en casa de la buida de Alonso Martin, 1614. ACDF Index Prot. 67 (1706-1707), Bl. 464r-467v, 8 S.
(1707 Nov. 21)	♦ Ponce de Leon, Pedro: Milagros y loores confirmados [...]. - En Valencia : por Geronimo Vilagrasa, 1663. ACDF Index Prot. 68 (1707-1710), Bl. 22r-24v, 6 S.

Eigene Werke
- Dissertatio theologico-scholastica de necessitate aliqualis, saltem imperfecti amoris Dei propter se dilecti ad impetrandam gratiam in sacramentis mortuorum. - Romae : Typis Haeredum Corbelletti, 1698. - [11] Bl., 362 S.
- Genesim serenissimi Valliae principis eminentissimis cardinalibus Alterio Hiberniae protectori, et de Northfolch Anglo ore propositam in aula Collegii de Propaganda Fide Universo exponit [...]. - Romae : Typis Haeredum Corbelletti, 1688. - 24 S.
- Instructio pro se praeparantibus ad audiendas confessiones proficua, & utilissima episcopis, vicariis, parochis, confessariis, & clericis, ac caeteris theologiae studiosis [...]. Editio tertia auctior. - Romae : typis Georgii Plachi, 1711. - 2 vol. ; Editio prima Veneta post tertiam lucupletiorem Romanam. - Venetiis : Apud Jo. Baptistam Recurti, 1712. - 2 vol. ; Editio secunda Veneta post tertiam Romanam aucta, a mendis expurgata [...]. - Venetiis : Apud Jo. Baptistam Recurti, 1723. - 2 vol.
- Instruttione per gl'ordinandi, cavata dal Concilio di Trento, rituale, e pontificale romano, e da' decreti, per il clero di San Carlo. Opera necessaria non solo à gl'ordinandi, ancora in titulum missionis, ma a' parochi, e confessori. - In Roma : Per Luca Ant. Chracas, 1702. - [15] Bl., 334, XVIII S.
- Moralia pro exercitiis spiritualibus quater in anno in sacro seminario discutienda [...]. - Beneventi : ex typographia Archiepiscopali, 1708. - [36], 227, [5] S.
- Norma viva del vero sacerdote nella persona di tre religiosi dell'Ordine della Santiss. Trinità Riscatto de' Schiavi, cioè i santi Gio. de Matha, Felice de Valois, et il servo di Dio Simon de Royas. Appendice all'Istruttione per gl'Ordinandi [...]. - In Roma : Per Luca Ant. Chracas, 1702. - [3] Bl., 80 S.
- Propositiones beguardorum et beguinarum ac illuminatorum damnatae, et aliae a summis pontificibus expuntae, cum notis, et observationibus [...]. Accedit constitutio SS.D.N. Clementis P.P. XI. adversus Iansenianam haeresim. Item monita S. Thome Aquinatis super conversatione personarum spiritualium. - Brixiae : Typis Ioannis Mariae Ricciardi, 1708. - 263 S.

Literatur
- Antonino de la Asunción: Diccionario de Escritores Triniarios de España y Portugal. Con un apendice latino de escritores de toda la Orden. - 2 vol. - Roma 1898-1899, hier: vol. 2, 510.
- Bossuet, Jacques Bénigne: Correspondance. Publiée par Charles Urbain et Eugène Levesque. Nouv. éd. augm. de lettres inedites. - 15 vol. - Paris 1909-1925 ; ND Vaduz 1965, hier: vol. 9, 273; 10, 175-179.231-233.
- DBI 17 (1974), 548-550.
- DThC 2 (1932), 1451 von A. Palmieri.

- Erra, Carlantonio: Memorie de' religiosi per pietà, e dottrina insigni della Congregazione della Madre di Dio. - In Roma : per Giuseppe, e Niccolò Grossi, 1759-1760. - 2 vol., hier: vol. 2, 98-100.
- Fénelon, François de Salignac de La Mothe: Correspondance de Fénelon. Texte établi par Jean Orcibal ([ab Bd. 6 in:] Histoire des idées et critique littéraire). - 18 vol. - Genève 1972-2007, hier: vol. 6, 80-82.103f.249f.376f; 7, 79f.; 8, 559f.; 9, 286.
- Sarteschi, Fridericus: De scriptoribus congregationis clericorum regularium Matris Dei. - Romae : ex typographia Angeli Rotilii et Philippi Bacchellii, 1753, 219-225.
- Weber, Christoph (Hg.): Die ältesten päpstlichen Staatshandbücher. Elenchus Congregationum, Tribunalium et Collegiorum Urbis 1629-1714 (RQ Supplementheft ; 45). - Rom u.a. 1991, 93.

Giacomo Cantelmo

Geboren   1640 Juni 13 in [Neapel]
Gestorben   1702 Dez. 11 in Neapel

Familie
Der spätere Kardinal entstammte den Patriziern Cantelmo von Neapel, die verschiedene Feudaltitel führten, darunter den der duchi di Pepoli. Bisweilen wird der Kardinal, Sohn des Fabrizio Cantelmo, duca di Pepoli und principe di Pettorano, und der Beatrice Brancaccia aus dem Haus des duca di Belvedere, auch „Giacomo Cantelmo Stuart" genannt. Dass die Familie Cantelmo sich auf das schottische Königshaus der Stuart zurückführte, erschien um 1692 in der Öffentlichkeit fast als Vorwurf während der politischen Konflikte bei den Inquisitionsabschwörungen in Neapel, als Cantelmo in die Kritik seiner Landsleute geriet. Vgl. Confuorto: Giornali 2, 91.

Lebenslauf

	Studium in Rom und Bologna
	Sprachenstudium (Griechisch, Hebräisch) (gefördert von Kardinal F. → Barberini senior)
[1675]	Prälat der CBuonGov
1675 Dez. 14	Referendar der Signaturen
1678 Mai 4	Inquisitor von Malta, Amtsantritt durch Eidesleistung
	ACDF SO Juramenta 1656-1700, Bl. 350.355v; ACDF SO
	Extens. 1670-1679 = ACDF SO St.St. Q-1-o, Bl. 298r
1683 Sept. 27	Titularerzbischof von Caesarea
1683	Nuntius in Venedig
1685 Apr. 18	Nuntius in Luzern
1687 Nov. 4	Außerordentlicher Nuntius in Polen
1687 Dez. 23	Ordentlicher Nuntius in Polen
1689 Okt. 15	Außerordentlicher Nuntius im Reich (bei der Königswahl)

1690 Febr. 13	Kardinal
1690 Apr. 10	Zuteilung der Titelkirche SS. Marcellino e Pietro
1690 Apr. 10	Päpstlicher Legat von Urbino
1690 Apr. 12	Mitglied der CIndex, Ernennung
	ACDF Index Prot. 47 (1689-1690), Bl. 229 (Schreiben SS an Sekr. der CIndex); ACDF Index Diari 9 (1688-1692), Bl. 52v
1690 [Apr. 12]	Mitglied der CProp, CConcist und CImmunità
1690 Sept. 27	Erzbischof von Capua
1691 Juli 23	Erzbischof von Neapel
1693 Febr. 14	Predigt anlässlich einer öffentlichen Abschwörung in Neapel nach Inquisitionsritual
1700 Jan. 24	Mitglied der CConcilio
	ASV SS Mem Bigl 155
1700 Febr. 3	Camerlengo des Kardinalskollegiums

Literatur
- Bonnici, Alexander: Medieval and Roman Inquisition in Malta. - Rabat 1998, 124-126.
- Confuorto, Domenico: Giornali di Napoli dal MDCLXXIX al MDCIC. A cura di Nicola Nicolini (Cronache e documenti per la storia dell'Italia meridionale dei secoli XVI e XVII ; 1-2). - 2 vol. - Napoli 1930-1931, hier bes.: vol. 2, 25-75 u.ö.
- DBI 18 (1975), 267-271 von V. I. Comparato.
- Grimaldi, Costantino: Memorie di un anticurialista del settecento. Testo, introduzione e note a cura di Vittor Ivo Comparato (Biblioteca dell'Archivio Storico Italiano ; 15). - Firenze 1964, 4-6 u.ö.
- Guarnacci, Mario: Vitae, et res gestae Pontificum Romanorum et S.R.E. Cardinalium a Clemente X. usque ad Clementem XII. [...] Descripta a S. Petro ad Clementem IX. - Romae : Sumptibus Venantii Monaldini bibliopolae [...] ; Ex Typographia Joannis Baptistae Bernabo, & Josephi Lazzarini, 1751. - 2 vol., hier: vol. 1, 333f.
- Hierarchia Catholica 5, 16.141.283.
- Lauro, Agostino: Il Giurisdizionalismo pregiannoniano nel Regno di Napoli. Problema e bibliografia (1563-1723) (Sussidi eruditi ; 27). - Roma 1974, 186-189.
- Palazzi, Giovanni: Fasti cardinalium omnium Sanctae Romanae Ecclesiae [...]. - Venetiis : Expensis Gasparis Bencardi Bibliopolae Augustani, 1701-1703. - 5 vol., hier: vol. 5, 67f.
- Palazzi, Giovanni: Gesta pontificum Romanorum a Sancto Petro apostolorum principe usque ad Innocentium XI. [...]. - Venetiis : Apud Ioannem Parè, 1687-1690. - 5 vol., hier: vol. 5, 67f.
- Papenheim, Martin: Karrieren in der Kirche. Bischöfe in Nord- und Süditalien 1676-1903 (Bibliothek des Deutschen Historischen Instituts Rom ; 93). - Tübingen 2001, 359.
- Seidler, Sabrina M.: Il teatro del mondo. Diplomatische und journalistische Relationen vom römischen Hof aus dem 17. Jahrhundert (Beiträge zur Kirchen- und Kulturgeschichte ; 3). - Frankfurt a.M. 1996, 428-430.

- Theiner, Augustin (Hg.): Vetera Monumenta Poloniae et Magni Ducati Lithuaniae gentiumque finitimarum historiam illustrantia maximam partem nondum edita ex tabularis vaticanis deprompta, collecta ac serie chronologica disposita. - 4 vol. - Romae 1860-1864, hier: vol. 3, 709-713.
- Ughelli 6, 202-209.365.
- Weber, Christoph (Bearb.): Die päpstlichen Referendare 1566-1809. Chronologie und Prosopographie (PuP ; 31/1-3). - 3 Bde. - Stuttgart 2003-2004, hier: Bd. 2, 501f.
- Weber, Christoph (Hg.): Die ältesten päpstlichen Staatshandbücher. Elenchus Congregationum, Tribunalium et Collegiorum Urbis 1629-1714 (RQ Supplementheft ; 45). - Rom u.a. 1991, 94.
- Weber, Christoph (Hg.): Legati e governatori dello stato pontificio (1550-1809) (Pubblicazioni degli Archivi di Stato. Sussidi ; 7). - Roma 1994, 543.
- Weber, Christoph: Genealogien zur Papstgeschichte. Unter Mitwirkung von Michael Becker bearbeitet (PuP ; 29/1-6). - 6 Bde. - Stuttgart 1999-2002, hier: Bd. 2, 773.
- Weber, Christoph: Senatus Divinus. Verborgene Strukturen im Kardinalskollegium der frühen Neuzeit (1500-1800) (Beiträge zur Kirchen- und Kulturgeschichte ; 2). - Frankfurt a.M. 1996, 479.
- Wojtyska, Henricus Damianus: De fontibus eorumque investigatione et editionibus. Instructio ad editionem, nuntiorum series chronologica (Acta Nuntiaturae Polonae ; 1). - Romae 1990, 280f.
- Zigarelli, Daniello Maria: Biografie dei vescovi e arcivescovi della Chiesa di Napoli : Con una descrizione del clero della cattedrale, della basilica di S. Restituta e della cappella del tesoro di S. Gennaro. - Napoli 1861, 198-205.

Gherardo Maria Capassi OSM

Namensvariante Antonio Capassi (Taufname)

Geboren 1653 Jan. 22 in Florenz
Gestorben 1737 Nov. 22 in Florenz

Familie
Zu den Eltern des späteren Paters, Bernardo di Antonio Capassi und Caterina di Francesco Zuccagni, ist nur zu erfahren, dass sie „ehrbare" Leute waren. Vgl. Taucci: Annales, 58, und DBI 18, 387-391.

Lebenslauf
1666 Aug. 23   Ordenseintritt (Einkleidung) im Arcicoenobio della Ss. Annunziata, Florenz (Annahme des Namens Agostino)
1669 Jan. 26   Ordensprofess (Annahme des Namens Gherardo)
1676 Juli 18   Priesterweihe
               Dozent für Philosophie und Theologie in Ordenskonventen in Florenz und Siena

[1680]	Magister theol.
1681 [Apr.]	Magister studentium am Collegium Gandavense, Rom (bis Jan. 1682)
1682 Jan. 3	Studienregent des Ordensstudiums in Florenz
1682 Okt. 16	Mitglied des Collegium theologicum der Universität Florenz (inkorporiert)
1682	Sekretär des Collegium theologicum der Universität Florenz
1683	Koadjutor des Professors Giovanni Francesco Poggi OSM an der Universität Pisa (bis 1687)
1684	Prior des Konvents in Pisa (Bekanntschaft mit Antonio Magliabecchi in Pisa)
1687	Studienregent im Arcicoenobio della Ss. Annunziata, Florenz
1688 Apr. 6	Häftling der Inquisition in Florenz (gemeinsam mit seinem Schüler Enrico Verzelli) (bis 4. Sept. 1688)
1690	Sekretär des Generaloberen des Ordens Giovanni Francesco Poggi in Rom
	Visitationsreisen als Begleiter von Poggi im Reich (Innsbruck, Böhmen)
[1693]	Konsultor der CIndex, Antrag auf Ernennung
	ACDF Index Prot. 50 (1692-1693), Bl. 420r (Bewerbung Capassis mit Empfehlung von Kard. Philip T. Howard)
1693 Apr. 21	Relator der CIndex, Ernennung
	ACDF Index Diari 10 (1692-1696), Bl. 27v (Vermerk Sekr. der CIndex); ACDF Index Prot. 81 (1737-1740), Bl. 438r („Cassani")
1695	Provinzial des Ordens, Provinz Toskana (bis 1698)
1700	Theologus des Großherzogs Cosimo III.
	Theologus von Kardinal F. M. de' → Medici (Protektor des Ordens)
1708	Aufentalt in Wien
1708	Polemik in Florenz mit G. → Laderchi wegen Märtyrerlegenden
1709	Aufenthalt in S. Maria in Via, Rom (entfernt aus Florenz wegen Polemik) (bis 1725)
	Theologus von Kardinal G. R. → Imperiali in Rom
1711	Begleiter von Kardinal Imperiali (päpstlicher Legat bei Karl VI. in Mailand)
	Theologus von Kardinal Michelangelo Conti (Innozenz XIII.)
1725	Historicus und Chronologus auf dem Römischen Konzil
1725 Juli 25	Rückkehr in die Toskana
1728	Professor für Scholastik an der Universität Pisa (wegen seines Alters meist vertreten vom späteren Ordensgeneral G. P. → Fancelli) (bis 1737)
1730	Teilnahme am toskanischen Konzil von Arezzo

Eigene Werke

- Anonym: Nugae Laderchianae in epistola ad equitem Florentinum sub nomine & sine nomine Petri Donati Polydori vulgata. Centuria prima. Accurante M. Antonio Gatto J. C. - Genuae : Typis Jo. Mariae Ferroni, 1709. - [4] Bl., 144 S., [1] Bl. [zur Verfasserschaft vgl. den hs. Vermerk aus dem 18. Jh. auf dem Exemplar Biblioteca Casanatense ff. XXII 16: „Gherado Capassi"]
- Avviso alla S. Chiesa cattolica intorno ai due libretti della lettera apologetica, e della giunta di Grisofano Cardiecletti, cioè del P. D. Gian Crisostomo Scarfo [...] convinto come sospetto de vehementi di Giansenismo da un religioso zelante. - In Cosenza : per Alfonso Lelli, 1712. - 51, [1] S.
- Conclusiones ex theologia ac philosophia selectae pro sollemniis divi Dominici / propugnandae a fr. Henrico Antonio Verzelli servita, in conventu SS. Annuniciatae de Florentia, praeside p. mag. Gerardo Capassi flor. in eodem coenobio studii Regente. - Florentiae : apud Mabizi, 1687. - 23 S. [Angabe nach Taucci: Annales, 59; Anlass für die Verhaftung 1688]
- Intellectus triumphans, in dogmaticis captivus, et in scolasticis liber. Problemata scholastica propugnanda pro anniversaria ac solemni Florentinae Universitatis theologorum congregatione habenda die 29 januarii 1683 in sacra S. Mariae Novellae aede. - Florentiae : [S.n.], 1683.
- Lettera [...] indirizzata a i RR. PP.ri autori del Giornale di Trevoux, in: Orsi, Giovanni Giuseppe: Considerazioni [...] sopra la maniera di ben pensare de' componimenti, già pubblicata dal padre Domenico Bouhours della Compagnia di Gesù. S'aggiungono tutte le scritture, che in occasione di questa letteraria Contesa uscirono a favore, e contro al detto marchese Orsi. Colla di lui vita, e colle sue rime in fine. - In Modena : appresso Bartolomeo Soliani, 1735. - 2 vol., hier: vol. 2, 191-199.

Literatur

- Anonym: Risposta del cavaliere erudito alla lettera prima scrittagli dal molto reverendo e dottissimo padre Gio. Antonio Bernardi della Compagnia di Gesù. Sopra i due primi tometti del nuovo Giornale de' Letterati d'Italia. - [In Mantova : per gli Eredi dell'Osanna, 1712]. - 53 S. [zur Verfasserschaft vgl. den hs. Vermerk aus dem 18. Jh. auf dem Exemplar BAV Ferraioli V 1932 int. 1: „G. → Fontanini"]
- Anonym: Risposta del cavaliere erudito alla lettera II. scrittagli dal molto rev. e dottissimo padre Gio. Antonio Bernardi della Compagnia di Gesù. Sopra i due primi tometti del nuovo Giornale de' Letterati d'Italia. - In Mantova : per gli Eredi dell' Osanna, 1712. - 304 S., [2] Bl. [Verfasserschaft G. Fontaninis ungesichert]
- Anonym [→ Laderchi, Giacomo]: Lettera ad un cavaliere fiorentino devoto de' santi martiri Cresci, e compagni in risposta di quella scritta dal p. fr. Gherardo Capassi dell'Ordine de' servi di Maria a Giusto → Fontanini contro gli atti de' medesimi santi [...]. - [Firenze] : [S.n.], [1709]. - [3] Bl., 197 S., [1] Bl. [Verboten per Dekret des SO vom 22. Juni 1712; darin auch der Brief von Capassi an Fontanini]
- Barsanti, Danilo: I docenti e le cattedre dell'Università di Pisa dal 1737-38 al 1798-99, in: Bollettino Storico Pisano 62 (1993), 251-276, hier: 257.
- Bernardi, Giovanni Antonio: Lettera prima (-seconda) ad un Cavalier' erudito sopra i due primi tometti del nuovo Giornale de' Letterati d'Italia. - [Patavii : typis Conzatti, 1711]. - 2 vol. (80; 88 S.)

- Concilium Romanum in Sacrosancta Basilica Lateranensi celebratum Anno Universalis Jubilaei MDCCXXV. a sanctissimo Patre, & Dno Nostro Benedicto Papa XIII. Pontificatus sui Anno I. - Romae : ex Typographia Rocchi Bernabò, 1725, 128.
- Dal Pino, Franco Andrea: Il P. Gerardo Capassi (1653-1737) e la sua corrispondenza con → Schelstrate, i Bollandisti e i Maurini (Scripta professorum Facultatis theologicae „Marianum" de urbe Ordinis Servorum Mariae ; 10). - Roma 1958.
- Dal Pino, Andrea: Spazi e figure lungo la storia dei Servi di Santa Maria (secoli XIII-XX) (Italia Sacra ; 55). - Roma 1997, 619f.655f. u.ö.
- DBI 18 (1975), 387-391 von Franco A. Dal Pino.
- Fabroni, Angelo: Historiae Academiae Pisanae. - Pisis : excudebat Cajetanus Mugnainius [...], 1791-1795. - 3 vol., hier: vol. 3, 104-116.
- Fabroni, Angelo: Vitae Italorum doctrina excellentium qui saeculis XVII. et XVIII. floruerunt. - Pisis : excudebat Carolus Ginesius, 1778-1805. - 20 vol., hier: vol. 7, 229-252.
- Garbi, Luigi Maria ; Bonfrizieri, Placido Maria: Annalium sacri Ordinis fratrum servorum b. Mariae Virginis Tomus Tertius [...]. - Lucae : typis Marescandoli, 1725, 305.349.351.363-369.
- Lami, Giovanni: Memorabilia Italorum Eruditione Praestantium Quibus Vertens Saeculum Gloriatur. - Florentiae : tip. Societatis ad insigne Centauri, 1742-1748. - 2 vol., hier: vol. 1, 122-128.
- Marrara, Danilo: La polemica pandettoria e l'epistolario di Guido Grandi. Lettere di Gerardo Maria Capassi, in: Bollettino Storico Pisano 54 (1985), 175-196.
- Reusch, Franz Heinrich: Der Index der verbotenen Bücher. Ein Beitrag zur Kirchen- und Literaturgeschichte. - 2 Bde. - Bonn 1882 ; ND Aalen 1967, hier: Bd. 2, 430f.
- Roschini, Gabriele Maria: Galleria Servitana. - Roma 1976, 417-421.
- Sommervogel 1 (1890), 1348f. [zur Kontroverse mit Giovanni Antonio Bernardi SJ]
- Taucci, Raffaello M.: Annales sacri Ordinis fratrum Servorum B. Mariae Virginis ab anno 1725 ad anno 1800, in: Monumenta Ordinis Servorum Sanctae Mariae 20 (1926-1930), 15-361, hier: 57-77.

Giuseppe Maria Capece Zurlo CR

Geboren   1711 Jan. 3 in Monteroni (Diözese Bari)
Gestorben   1801 Dez. 21 in Neapel

Familie
Der Kardinal stammte aus dem Adel des Königreichs Neapel, Sohn des Fürsten Giacomo Capece Zurlo (gest. 1735) und der Ippolita, Tochter des Fürsten Cambiase di Campana. Vgl. u. die Arbeiten von Weber.

Lebenslauf
1727 Jan. 6   Ordensprofess
1733 Dez. 19   Priesterweihe
                  Lektor für Philosophie und Theologie

	Stellvertreter des Hausoberen (praepositus) von S. Silvestro al Quirinale, Rom
1756 Mai 24	Bischof von Calvi (bei Risorta)
1782 Dez. 16	Erzbischof von Neapel
1782 Dez. 16	Kardinal
1783 Febr. 17	Zuteilung der Titelkirche S. Bernardo alle Terme
1783 Febr. 20	Mitglied der CIndex, Ernennung
	ASV SS Mem Bigl 238 (Schreiben SS an Capece Zurlo, Entwurf); ACDF Index Prot. 93 (1781-1784), Bl. 67 (Schreiben SS an Sekr. der CIndex)
1783 Febr. 20	Mitglied der CEpReg, CRiti und CImmunità
	ASV SS Mem Bigl 238

Literatur
- DBI 18 (1975), 462-464 von E. Clicosi.
- Hierarchia Catholica 6, 33f.141.304.
- Weber, Christoph: Genealogien zur Papstgeschichte. Unter Mitwirkung von Michael Becker bearbeitet (PuP ; 29/1-6). - 6 Bde. - Stuttgart 1999-2002, hier: Bd. 3, 169.

Lando Capitani

Gestorben 1733

Familie
Bei seinem Tod hinterließ Capitani seine Ehefrau Nunziata, deren 14-jährige unversorgte Schwester sowie drei kleine Kinder, eines davon ein Säugling.

Lebenslauf

	Sostituto Notaro des SO
[1733]	Bitte der Witwe Nunziata Capitani um Unterstützung des SO
	ACDF SO Priv. 1728-1735, Bl. 442v.449r
1733 Dez. 1	Beschluss des SO, die Vermögensverhältnisse der Capitani zu prüfen
	ACDF SO Priv. 1728-1735, Bl. 442v
[1733 Dez.]	Vorschlag aus der Verwaltung des SO, zur Unterstützung der Witwe andere z.T. fast hundertjährige Familienunterstützungen zu kürzen (darunter diejenige für die Familie Morosini seit fast 1650 sowie für die Familien → Puński und → Parisi)
	ACDF SO Priv. 1728-1735, Bl. 441f.
1733 Dez. 9	Bewilligung einer monatlichen Zuwendung in Höhe von 3 scudi (die Unterstützung der Familien Puński und Parisi bleibt unverändert)
	ACDF SO Priv. 1728-1735, Bl. 441.450v (Irrtümlich „1734")

Pio Felice Cappasanta da Vicenza OP

Geboren	1638 [Sept. 3] in Vicenza
Gestorben	1707

Familie

Der Vater des späteren Commissarius wird „Pompeius Vicentinus" genannt, ohne Angaben zum sozialen Status (so bei der Eidesleistung im SO, vgl. ACDF SO Extens. 1670-1679 = ACDF SO St.St. Q-1-o, Bl. 150v).

Lebenslauf

	Lektor in Bologna
	Magister theol.
1673 Dez.	Secundus Socius des Commissarius des SO, Ernennung
	ACDF SO St.St. II-2-h, Bl. 7r
1674 Jan. 4	Secundus Socius des Commissarius des SO, Amtsantritt durch Eidesleistung
	ACDF SO Extens. 1670-1679 = ACDF SO St.St. Q-1-o, Bl. 150v
1676 Apr. 15	Primus Socius des Commissarius des SO, Amtsantritt durch Eidesleistung
	ACDF SO Decreta 1676, Bl. 82r; ACDF SO Juramenta 1656-1700, Bl. 333f.
1679 Mai 24	Inquisitor von Rimini, Ernennung
	ACDF SO Decreta 1679, Bl. 117r („electus")
1679 Juni 7	Inquisitor von Rimini, Amtsantritt durch Eidesleistung
	ACDF SO Decreta 1679, Bl. 130v; ACDF SO Juramenta 1656-1700, Bl. 347.358v
1679	Aufenthalt in Genua (Führung des Prozesses des SO gegen den Inquisitor von Genua, A. → Giuliani, und den Vikar der Inquisition, Tommaso Ranieri, nach Flucht von vier Häftlingen)
1680 Febr.	Abschluss des Prozesses gegen Ranieri
	ACDF SO Decreta 1680, Bl. 53v (Schreiben Cappasantas an das SO vom 24. Febr.)
1681 Juli 9	Inquisitor von Piacenza, Ernennung
	ACDF SO Decreta 1681, Bl. 190v („electus"); ACDF SO St.St. II-2-i, Bl. 162v
1686 Mai 2	Inquisitor von Faenza, Ernennung
	ACDF SO Decreta 1686, Bl. 97v („electus")
1695 Nov. 21	Inquisitor von Bologna, Ernennung
	ACDF SO Decreta 1695, Bl. 212r-v („electus"); ACDF SO St.St. II-2-i, Bl. 138r
1705 Mai 18	Commissarius des SO, Ernennung
	ACDF SO Decreta 1705, Bl. 178v
1705 Juli 1	Commissarius des SO, Amtsantritt durch Eidesleistung
	ACDF SO Juramenta 1701-1724, Bl. 31r.32v; ACDF SO Decreta 1705, Bl. 263v

Unveröffentlichte Quellen
ACDF SO St.St. II-2-h, Bl. 7r (Hinweis auf das Geburtsdatum)

Literatur
- Battistella, Antonio: Il S. Officio e la riforma religiosa in Bologna (Biblioteca storica Bolognese). - Bologna 1905, 202.
- D'Amato, Alfonso: I Domenicani a Bologna. - 2 vol. - Bologna 1988, 738.895.
- MOFPH 13, 222.
- Taurisano, Innocentius: Hierarchia Ordinis Praedicatorum. - Taurini 1916, 75.

Cristoforo Cappellone

Geboren   um 1734

Familie
Cristoforo Cappellone gehörte als Bruder des G. → Cappellone (gest. 1788) und Sohn des P. A. → Cappellone (gest. 1751), beide Notare, zu einer Familie, aus der über viele Jahrzehnte hinweg jemand im Dienst des römischen SO stand.

Lebenslauf
um 1744	Aufnahme einer Tätigkeit in der Kanzlei des SO
[1751]	Koadjutor des Sostituto Notaro des SO (für 3 scudi monatlich)
[1753 Dez.]	Antrag auf Zulage von 3 scudi
	ACDF SO Priv. 1750-1754, Bl. 545r
1753 Dez. 17	Gewährung der Zulage von 3 scudi
	ACDF SO Priv. 1750-1754, Bl. 546v
[1756]	Sostituto Notaro des SO
	ACDF SO Priv. 1755-1759, Bl. 301

Giacomo Cappellone

Geboren   um 1730
Gestorben   1788

Familie
Giacomo und C. → Cappellone waren Söhne des P. A. → Cappellone, seit 1744 im Dienst des SO und dort Capo Notaro. Giacomos Ehefrau erhielt vom SO ab 1788 monatlich 6 scudi Unterhalt für die Dauer ihres Witwenstandes. Die beiden minderjährigen Söhne des Giacomo, Paolo C. (geb. 1777) und Giovanni Francesco wurden vom SO bis zu ihrem 20. Lebensjahr mit je 48 scudi jährlich unterhalten. Nach Erreichung der Altersgrenze von 20 Jahren erbat Paolo C., der Kleriker werden wollte, Verlängerung des „assegnamento" bis zur Erlangung der Weihen und erhielt vom SO weitere 24 scudi jährlich. Im Antrag mach-

te Paolo C. geltend, sein Vater und sein Großvater hätten insgesamt 100 Jahre beim SO Dienst getan. Sohn Giovanni Francesco C. erhielt 1802 auf Antrag einmalig 76 scudi als Unterhalt. Vgl. ACDF SO Priv. 1796-1799, Nr. 31; ACDF SO Priv. 1801-1803, Nr. 42.

Lebenslauf

1744 Febr. 10	Adjutor seines Vaters P. A. → Cappellone in der Kanzlei des SO
1751	Koadjutor der Kanzlei des SO, Antrag auf Ernennung ACDF SO Priv.1781-1783, Bl. 130 (Bewerbung o.D. mit Empfehlung des Vaters)
1751 Febr. 3	Koadjutor der Kanzlei des SO, Ernennung ACDF SO Priv. 1781-1783, Bl. 131r
1751 Febr. 6	Koadjutor der Kanzlei des SO, Amtsantritt durch Eidesleistung ACDF SO Extens. 1749-1808 = ACDF SO St.St. Q-1-q, Bl. 34r
[1767]	Aushilfe des Notars des SO G. → Buttelli (bis 1781)
1768	Archivar des SO
[1781]	Capo Notaro des SO, Antrag auf Ernennung ACDF SO Priv. 1781-1783, Bl. 129 (Bewerbung Cappellones o.D. wegen Emeritierung von Buttelli)
1781 Dez. 11	Capo Notaro des SO, Ernennung ACDF SO Priv. 1781-1783, Bl. 145; ACDF SO St.St. L-5-g, o.Bl. („Catalogus Notariorum" [mit Datum „12. Dez. 1787"])

Paolo Antonio Cappellone

Geboren	um 1684 in [Rom]
Gestorben	1751 Apr. 15 in [Rom]

Familie

Über die Herkunft des Notars weiß man nur, dass er „Römer" war. Seine Söhne G. → und C. → Cappellone waren später ebenfalls für das SO tätig. Für die in den letzten sechs Monaten entstandenen Krankheitskosten und für die Beerdigung des 1751 verstorbenen Vaters erhielten die Söhne einen Zuschuss durch das SO in Höhe von 25 scudi. Vgl. das Antragsschreiben der Gebrüder o.D. mit Dekret SO Feria IV. vom 16. Juni 1751 in: ACDF SO Priv. 1750-1754, Bl.168r.171v.

Lebenslauf

1713 Febr. 13	Koadjutor der Kanzlei des SO, Ernennung ACDF SO Priv. 1755-1759, Bl. 93r
[1729]	Sostituto Notaro des SO
[1736 Sept.]	Capo Notaro des SO, Antrag auf Ernennung (als Nachfolger von A. → Lancioni) ACDF SO Priv. 1736-1742, o.Bl. [einliegend vor Bl. 1] (Schreiben Cappellones o.D. an Kard. F. → Barberini junior)

1736 Okt. 17	Capo Notaro des SO, Ernennung ACDF SO Priv. 1736-1742, Bl. 52v; ACDF SO St.St. L-5-g, o.Bl. („Catalogus Notariorum"); ACDF SO Priv. 1736-1742, o.Bl. [einliegend vor Bl. 1] (Schreiben Cappellones mit Vermerk auf der Rückseite „Admittatur Cappellone", 17. „Sept." 1736)
1744 Febr. 10	G. → Cappellone, Adiutor seines Vaters Paolo Antonio

Tommaso Capranica OP

Lebenslauf

1779 Febr. 5	Konsultor der CIndex, Ernennung (als Nachfolger von T. M. → Mamachi) ACDF Index Prot. 92 (1779-1781), Bl. 17r (Schreiben SS an Sekr. der CIndex); ASV SS Mem Bigl 230 (Schreiben SS an Capranica, Entwurf)

Gutachten

(1780 Juli 10)	Stattler, Benedikt: Demonstratio Catholica Sive Ecclesiae Catholicae [...]. - Pappenhemii : Literis Joannis Jacobi Seybold, Typographi Aulici, 1775. ACDF Index Prot. 92 (1779-1781), Bl. 193r-200v, 16 S.

Domenico Capretti

Geboren	um 1685 in Narni (Umbrien)
Gestorben	1744 Juli 25 in Rom

Familie

Domenico Capretti stammte aus einer der Ratsfamilien in Narni. Vgl. das Schreiben Caprettis von 1737 in: ACDF SO Priv. 1736-1742, Bl. 128v. Capretti als clericus coniugatus und seine Ehefrau Anna Sarasini waren 1742 Eltern von sieben Kindern. Vgl. Caprettis Antrag auf Emeritierung in: ACDF SO Priv. 1736-1742, Bl. 793.

Lebenslauf

um 1712	Auditor des Prälaten M. A. → Ansidei (damals Luogotenente der Apostolischen Kammer) Auditor von Ansidei als Sekr. der CConcilio
1718 Jan. 6	Auditor von Ansidei als Ass. des SO, Amtsantritt durch Eidesleistung ACDF SO Juramenta 1701-1724, Bl. 209; ACDF SO Priv. 1736-1742, Bl. 129r (Schreiben Caprettis)

1718 Juni 9	Pro-Summista des SO (Vertreter für den erkrankten Summista des SO C. → Mandosi) ACDF SO Priv. 1728-1735, Bl. 43
1719 Febr. 7	Koadjutor des Summista des SO, Ernennung (mit dem Recht der Nachfolge) ACDF SO Priv. 1710-1727, Bl. 340r (Dekret SO, Gehalt von 12 scudi monatlich, päpstl. Bestätigung am 8. Febr. 1719); ACDF SO Priv. 1728-1735, Bl. 4
1719 Febr. 13	Koadjutor des Summista des SO, Amtsantritt durch Eidesleistung ACDF SO Juramenta 1701-1724, Bl. 247.248v („Sub-Summista")
1719 Apr. 19	Berechtigung zur Teilnahme an den Konsultorenversammlungen des SO ACDF SO Priv. 1710-1727, Bl. 384 (Dekret SO Feria IV. „absque tamen voto" und ohne den Titel eines Konsultors); ACDF SO Priv. 1728-1735, Bl. 42 (Vermerk Caprettis)
1719	Bitte um eine Wohnung im Palazzo des SO ACDF SO Priv. 1710-1727, Bl. 396 (Gesuch Caprettis an das SO. Bislang lebte er „in due angistissime stanze" in der Wohnung des Ass. des SO)
1719	Zuteilung der Wohnung des abwesenden Summista des SO im Palazzo des SO ACDF SO Priv. 1710-1727, Bl. 396f.416f. (Verschiedene Schriftstücke, darunter zwei Dekrete des SO Feria IV. von Juli und Sept. 1719)
[1720]	Bitte um volles Gehalt eines Summista des SO ACDF SO Priv. 1710-1727, Bl. 443 (Schreiben Caprettis an das SO, wegen Zuschlägen „intieri emolumenti" zum Gehalt von bisher 12 scudi)
1720 Juli 31	Bezahlung Caprettis nach dem Gehalt eines Summista des SO ACDF SO Priv. 1710-1727, Bl. 444v (Dekret SO Feria IV. „omnia emolumenta Summistae solita in posterum")
1723 Sept. 29	Beauftragter für Zivilsachen des SO ACDF SO Priv. 1710-1727, Bl. 533r; ACDF SO Priv. 1728-1735, Bl. 488r (Dekret SO Feria IV. mit Auftrag an Capretti „pro causis civilibus tam ordinariis quam delegatis" während der Abwesenheit des Ass. des SO)
[1728]	Konsultor des SO, Antrag auf Ernennung ACDF SO Priv. 1728-1735, Bl. 42 (Bewerbung Caprettis an den Papst)
1728 Sept. 2	Konsultor des SO, Ernennung ACDF SO Priv. 1728-1735, Bl. 45v (Audienzdekret des Papstes, Feria V.); ACDF SO Priv. 1736-1742, Bl. 129v; ACDF SO Priv. 1755-1759, Bl. 134 („7." Sept.)

Capretti

1728 Sept. 7	Konsultor des SO, Amtsantritt durch Eidesleistung
	ACDF SO Juramenta 1725-1736, o.Bl.
1728 Dez. 9	Vormund im Auftrag des SO für die verwaisten Kinder des Sostituto Notaro des SO V. → Nardecchia
[1729]	Bitte um Vergütung für Sonderarbeiten als Summista des SO
	ACDF SO Priv. 1728-1735, Bl. 142 (Antrag Caprettis an das SO)
1729 Okt. 5	Einmalige Zahlung des SO an Capretti
	ACDF SO Priv. 1728-1735, Bl. 143v (Dekret SO Feria IV., Zahlung von 50 scudi)
[1731]	Aushilfe („aiuto") des Archivars des SO E. → Argentini für den überlasteten Summista des SO
	ACDF SO Priv. 1710-1727, o.B. [zwischen Bl. 340-341] (Späteres Schreiben Caprettis [1732], Entwurf, über Zahlung von 8 scudi monatlich für den „Sub-Summista" Argentini)
[1736]	Antrag für eine Abwesenheit aus Rom
	ACDF SO Priv. 1736-1742, Bl. 40r (Schreiben Caprettis an das SO, war seit 1718 nicht vor den Toren Roms)
1736 Sept. 25	Erlaubnis zur Abreise aus Rom
	ACDF SO Priv. 1736-1742, Bl. 41v (Dekret SO Feria III. für „villegiatura fuori di Roma")
1737 Juli 3	Pro-Advocatus fiscalis des SO (Vertreter des erkrankten und abwesenden Amtsinhabers S. → Orsi)
	ACDF SO Priv. 1736-1742, Bl. 108v
1737 Juli 3	Nicola Speroni, Vertreter für Capretti als Summista des SO, Ernennung
	ACDF SO Priv. 1736-1742, Bl. 108v
[1742]	Summista des SO, Bitte um Emeritierung
	ACDF SO Priv. 1736-1742, Bl. 793 (Schreiben Caprettis o.D. an den Papst)
1742 Mai 9	Summista des SO, Emeritierung
	ACDF SO Priv. 1736-1742, Bl. 794v (Dekret SO Feria IV. mit Behalt aller Bezüge und des Amtes als Konsultor des SO: „relinquendo in munere Consultoris")

Unveröffentlichte Quellen
Galletti 22, Vat. Lat. 7889, Bl. 99 (Todesdatum); ASR Bandi 354, Bl. 821 (Edikt des SO vom 9. Dez. 1728 zur Vormundschaft für die Kinder von V. → Nardecchia)

Giovanni Agostino Carabelloni OSA

Geboren	1751 in Triora (bei San Remo, Ligurien)
Gestorben	1818 Febr. 22 in Genua

Lebenslauf
[1767]	Ordenseintritt [in Genua]
	Studium in Genua und Rimini
1773	Verleihung des Titels Lektor
1776	Baccalaureus
	Kanzelredner (Mailand, Siena, Florenz, Bologna, Perugia, Genua, Rom)
	Studienregent in Rom
	Generalassistent des Ordens für Italien
	Professor für Moraltheologie an der Universität in Genua
1795 Mai 2	Revisor des SO, Amtsantritt durch Eidesleistung
	ACDF SO Juramenta 1777-1796, o.Bl. („Zensor")

Gutachten
(1795)	Figueiredo, António Pereira de: Analyse da profissão de Fé do Santo Padre Pio IV. - Lisboa : na Offic. de Simão Thaddeo Ferreira, 1791. ACDF SO CL 1795-1796, Nr. 4, 85 S.

Eigene Werke
- De agiographia primigenia et translatitia adiectis ex hebraeo textu divinis testimoniis ab Apostolis et Evangelistis e Veteri Testamento in Novum adscitis revocatisque ad fontes nonnullis coptico-sacris fragmentis. - Romae : apud Antonium Fulgonium, 1797. - [8], 183 S.

Literatur
- Perini, Davide A.: Bibliographia augustiniana cum notis biographicis. Scriptores itali. - 4 vol. - Florentiae [1929]-1938, hier: vol. 1, 197f.

Fabio Caracciolo

Geboren	1679 Okt. 19 in Neapel
Gestorben	1743 März 23

Familie
Sohn des Giuseppe, duca di Montesardo, [andere: Pietro Antonio Caracciolo] und der Faustina Capece Galeota. Vgl. Weber: Referendare 2, 511; Ders.: Legati, 549. 1723 heiratete er die Maria Diodata Caracciolo, Tochter des Herzogs Fulvio C., duca di Montesardo.

Caracciolo 274

Lebenslauf

	Studium am Collegium Clementinum, Rom
1704 Dez. 4	Referendar der Signaturen
1706 Nov. 30	Gouverneur von Terni
1709 Apr. 18	Gouverneur von Sabina (spätestens bis Nov. 1709)
1709	Relator der CIndex, Antrag auf Ernennung
	ACDF Index Prot. 68 (1707-1710), Bl. 512r (Bewerbung Caracciolos o.D. an die CIndex)
1710 Jan. 28	Relator der CIndex, Ernennung
	ACDF Index Diari 14 (1708-1721), Bl. 21r
1723 Mai 31	Rückkehr in den Laienstand durch Heirat

Gutachten

(1710 Sept. 23)   Anonym [Malebranche, Nicolas]: Traité de morale [...]. - A Rotterdam : chez Reinier Leers, 1684.
    ACDF Index Prot. 69 (1710-1712), Bl. 85r-89r, 9 S.

Eigene Werke

- Viva, Domenico: Damnatae theses ab Alex. VII., Innoc. XI., & Alexandro VIII. necnon Jansenii ad Theologicam trutinam revocatae juxta pondus sanctuarii [...]. - Patavii : ex typographia Seminarii : apud Joannem Manfre, 1711. [darin: Pars 4: De Jubilaeo praesertim anni sancti; ac de indulgentiis universim enchiridion, bearbeitet von Caracciolo]

Literatur

- Costa, Gustavo: Malebranche e Roma. Documenti dell'Archivio della Congregazione per la Dottrina della Fede (Le correspondenze letterarie, scientifiche ed erudite dal Rinascimento all'età moderna. Subsidia ; 3). - Firenze 2003, 143-152.221-225. [Gutachten Caracciolos von 1710 zu Malebranche]
- Fabris, Francesco: La genealogia della famiglia Caracciolo. Riveduta e aggiornata da Ambrogino Caracciolo. - Napoli 1966, XXXIII.
- Imhof, Jacob Wilhelm: Corpus Historiae Genealogicae Italiae Et Hispaniae [...]. - Norimbergae : Sumptibus Johannis Hoffmani Vid. & Engelberti Streckii, Bibliopol. Typis Johannis Ernesti Adelbulneri, 1702, 272.
- Weber, Christoph (Bearb.): Die päpstlichen Referendare 1566-1809. Chronologie und Prosopographie (PuP ; 31/1-3). - 3 Bde. - Stuttgart 2003-2004, hier: Bd. 2, 511.
- Weber, Christoph (Hg.): Die ältesten päpstlichen Staatshandbücher. Elenchus Congregationum, Tribunalium et Collegiorum Urbis 1629-1714 (RQ Supplementheft ; 45). - Rom u.a. 1991, 95.
- Weber, Christoph (Hg.): Legati e governatori dello stato pontificio (1550-1809) (Pubblicazioni degli Archivi di Stato. Sussidi ; 7). - Roma 1994, 377.396.549. [Lit.]
- Zambarelli, Luigi: Il Nobile Pontificio Collegio Clementino di Roma. - Roma 1936, 58.

Giacomo Caracciolo

Geboren 1675 Sept. 6 in Martina Franca (bei Tarent, Apulien)
Gestorben 1718 Jan. 17 in Martina Franca

Familie
Als Sohn des Petraccone, achter duca di Martina, principe di Francavilla, und der Aurelia Maria di Michele Imperiali gehörte der spätere Kardinal zur prominenten Großfamilie des Königreichs Neapel. Die Mutter Giacomos war eine Schwester des Kardinals G. R. → Imperiali. Die Eltern trennten sich ein Jahr nach der Geburt Giacomos, der dann bei seinem Onkel in Rom aufwuchs, Kardinal Innoco Caracciolo (gest. 1730), Onkel des Nuntius Martino Innigo Caracciolo (gest. 1754). Vgl. Weber: Legati, 549; Ders.: Genealogien 5, 170.

Lebenslauf

um 1688	Studium am Collegio Romano
1698 Okt. 30	Dr. iur. utr. an der Universität Sapienza, Rom
	Mitglied der Accademia dell'Arcadia, Rom (als „Dalisio Enispeo")
1699 Juli 8	Referendar der Signaturen
1701 Jan. 25	Relator der CIndex, Ernennung
	ACDF Index Diari 12 (1700-1703), Bl. 14v
1701 Dez. 11	Ponente der CBuonGov
1702 Dez. 6	Konsultor der CIndex, Ernennung
	ACDF Index Diari 12 (1700-1703), Bl. 90v (Audienzdekret des Papstes)
1703	Apostolischer Vize-Legat von Bologna (bis 1706)
1706 Juni 30	Inquisitor von Malta (bis März 1710)
1710 Febr. 23	Priesterweihe
1710 Apr. 7	Titularerzbischof von Ephesus
1710 Mai 2	Nuntius in der Schweiz (bis Nov. 1716)
	Sekretär der CRiti
	Sekretär der CVisitaAp
1716 Okt. 17	Kleriker der Apostolischen Kammer
1717 Apr. 5	Auditor der Apostolischen Kammer

Gutachten

(1701 Aug. 29)	Hobbes, Thomas: Leviathan [...]. - Londini [i.e. Amstelodami?] : Typis Joannis Thomsonii, 1678.
	ACDF Index Prot. 61 (1701-1702), Bl. 75r-80r, 11 S.
(1702 Febr. 13)	Anonym [Allix, Pierre]: (1) Dissertatio De sanguine D.N. Jesu Christi [...]. - [S.l.] : [S.n.], [ca. 1680]. (2) Dissertatio de Tertulliani vita et scriptis [...]. - [S.l.] : [S.n.], [S.a.]. (3) Dissertatio de conciliorum quorumvis definitionibus [...]. - [Parisiis] : [S.n.], [1680].
	ACDF Index Prot. 61 (1701-1702), Bl. 367r-370r, 7 S. (Sammelgutachten)

(1702 Febr. 13)	Blackburne, Richard ; Hobbes, Thomas [u.a.]: Thomae Hobbes Angli Malmesburiensis philosophi vita. - Carolopoli [i.e. London] : apud Eleutherium Anglicum, 1682. ACDF Index Prot. 61 (1701-1702), Bl. 367r-370r, 7 S. (Sammelgutachten)
(1702 Dez. 4)	Acta eruditorum [...]. - Lipsiae : Grosse & Gleditsch, (1682). ACDF Index Prot. 62 (1702), Bl. 375r-378r, 7 S.

Literatur
- Bonnici, Alexander: Medieval and Roman Inquisition in Malta. - Rabat 1998, 220.
- Crescimbeni, Giovan Mario (Hg.): Notizie istoriche degli Arcadi morti. - Roma : nella stamperia di Antonio Rossi, 1720-1721. - 3 vol, hier: vol. 2, 144-146.
- DBI 19 (1976), 369f. von M. Giansante.
- Fabris, Francesco: La genealogia della famiglia Caracciolo. Riveduta e aggiornata da Ambrogino Caracciolo. - Napoli 1966, Nr. XXV.
- Fink, Urban: Die Luzerner Nuntiatur 1586-1873. Zur Behördengeschichte und Quellenkunde der päpstlichen Diplomatie in der Schweiz (Collectanea Archivi Vaticani ; 40. Luzerner historische Veröffentlichungen ; 32). - Luzern ; Stuttgart 1997. [Reg.]
- Hierarchia Catholica 5, 196.
- Litta, Pompeo: Famiglie celebri italiane. - 12 vol. - Milano 1819-1894, hier: vol. 1, Nr. 25.
- Moroni 61 (1853), 108f.
- Weber, Christoph (Bearb.): Die päpstlichen Referendare 1566-1809. Chronologie und Prosopographie (PuP ; 31/1-3). - 3 Bde. - Stuttgart 2003-2004, hier: Bd. 2, 510.
- Weber, Christoph (Hg.): Die ältesten päpstlichen Staatshandbücher. Elenchus Congregationum, Tribunalium et Collegiorum Urbis 1629-1714 (RQ Supplementheft ; 45). - Rom u.a. 1991, 95.
- Weber, Christoph (Hg.): Legati e governatori dello stato pontificio (1550-1809) (Pubblicazioni degli Archivi di Stato. Sussidi ; 7). - Roma 1994, 549.
- Weber, Christoph: Genealogien zur Papstgeschichte. Unter Mitwirkung von Michael Becker bearbeitet (PuP ; 29/1-6). - 6 Bde. - Stuttgart 1999-2002, hier: Bd. 5, 170.

Nicola Caracciolo

Geboren	1658 Nov. 8 in Chieti
Gestorben	1728 Febr. 7 in Capua

Familie
Der Kardinal gehörte zu einem Zweig der hochadeligen Familie im Königreich Neapel, Sohn Filippos I. (gest. 1685), principe di Villa Santa, und der Zenobia del Giudice, dadurch Neffe des Kardinals Francesco del Giudice (gest. 1725). Vgl. Weber: Legati, 550.

Lebenslauf

1684 März 15	Dr. iur. utr. in Neapel
vor 1690	Referendar der Signaturen
1691 Sept. 19	Gouverneur von Fabriano
1693 Jan. 2	Gouverneur von Montalto
1695 Juni 28	Gouverneur von Ancona
1697 Nov. 23	Gouverneur von Viterbo
1698 Nov. 11	Gouverneur von Perugia
1699 Mai 25	Gouverneur von Macerata
1700 Mai 10	Titularbischof von Thessalonich
1700 Juni 25	Nuntius in Florenz (bis 1703)
1703 Apr. 23	Erzbischof von Capua (bis 1728)
1712 Dez. 4	Vicegerente in Rom
1713 Juli 26	Konsultor des SO, Amtsantritt durch Eidesleistung ACDF SO Juramenta 1701-1724, Bl. 130v; ACDF SO Decreta 1713, Bl. 348v
1715 Dez. 6	Kardinal
1715 Dez. [6]	Pro-Vikar des Bistums Rom (bis 16. Dez. 1717)
1716 Febr. 5	Zuteilung der Titelkirche S. Martino ai Monti
1716 [Febr. 5]	Mitglied der CEpReg, CRiti und CImmunità

Literatur

- Cardella, Lorenzo: Memorie storiche de' Cardinali della Santa Romana Chiesa. - In Roma : nella stamperia Pagliarini, 1792-1797. - 10 vol., hier: vol. 8, 163f.
- DBI 19 (1976), 432f. von A. Lauro.
- Del Re, Niccolò: Il Vicegerente del Vicariato di Roma. - Roma 1976, 237.
- DHGE 11 (1949), 983f. von L. Jadin.
- Fabris, Francesco: La genealogia della famiglia Caracciolo. Riveduta e aggiornata da Ambrogino Caracciolo. - Napoli 1966, Nr. XXV.
- Guarnacci, Mario: Vitae, et res gestae Pontificum Romanorum et S.R.E. Cardinalium a Clemente X. usque ad Clementem XII. [...] Descripta a S. Petro ad Clementem IX. - Romae : Sumptibus Venantii Monaldini bibliopolae [...] ; Ex Typographia Joannis Baptistae Bernabo, & Josephi Lazzarini, 1751. - 2 vol., hier: vol. 2, 281-284.
- Hierarchia Catholica 5, 30.142.377.
- Moroni 9 (1841), 234.
- Ughelli 6, 366.
- Weber, Christoph (Bearb.): Die päpstlichen Referendare 1566-1809. Chronologie und Prosopographie (PuP ; 31/1-3). - 3 Bde. - Stuttgart 2003-2004, hier: Bd. 2, 510.
- Weber, Christoph (Hg.): Die ältesten päpstlichen Staatshandbücher. Elenchus Congregationum, Tribunalium et Collegiorum Urbis 1629-1714 (RQ Supplementheft ; 45). - Rom u.a. 1991, 95.
- Weber, Christoph (Hg.): Legati e governatori dello stato pontificio (1550-1809) (Pubblicazioni degli Archivi di Stato. Sussidi ; 7). - Roma 1994, 550.
- Weber, Christoph: Genealogien zur Papstgeschichte. Unter Mitwirkung von Michael Becker bearbeitet (PuP ; 29/1-6). - 6 Bde. - Stuttgart 1999-2002, hier: Bd. 5, 187.

Pier Luigi Carafa

Geboren 1677 Juli 4 in Neapel
Gestorben 1755 Dez. 15 in Rom

Familie
Der spätere Kardinal stammte aus einer der einflussreichsten Familien des neapolitanischen Hochadels, Sohn des Francesco Maria Carafa della Stadera, principe di Belvedere (gest. 1711), und der Giovanna Grimaldi, Tochter des principe di Gerace. Vgl. u. die Arbeiten von Weber.

Lebenslauf

1694 Okt. 19	Dr. iur. utr. an der Universität Sapienza, Rom
1699	Cameriere segreto
1699 Febr. 4	Referendar der Signaturen
1701 Juli 19	Päpstlicher Vize-Legat in Urbino
1703 Sept. 7	Päpstlicher Legat in Camerino
1705 Jan. 8	Päpstlicher Legat in Ancona
1708 Jan. 12	Kleriker der Apostolischen Kammer
1709	Presidente delle Ripe
1711	Praefectus Archivorum
1712 Juli 6	Presidente delle Strade
1713 Febr. 19	Priesterweihe
1713 März 27	Titularerzbischof von Larissa
1713 Juli 20	Nuntius in Florenz
1717 Apr. 12	Sekretär der CProp (bis 27. Nov. 1724)
1722 März 11	Konsultor des SO, Amtsantritt durch Eidesleistung ACDF SO Juramenta 1701-1724, Bl. 372v; ACDF SO Decreta 1722, Bl. 73r
1723 März 5	Vittorio Martini, Auditor von Carafa, Amtsantritt durch Eidesleistung ACDF SO Juramenta 1701-1724, Bl. 337
1724 [Nov. 27]	Sekretär der CEpReg ASV SS Mem Bigl 158 (Ämterliste der kurialen Kongregations-Sekretäre, 17. Dez. 1726)
1728 Sept. 20	Kardinal
1728 Nov. 15	Zuteilung der Titelkirche S. Lorenzo in Panisperna
1728 Nov. 17	Mitglied der CIndex, Ernennung ACDF Index Diari 15 (1721-1734), Bl. 92v; ACDF Index Prot. 77 (1728-1731), Bl. 14 (Schreiben SS an Sekr. der CIndex)
[1728 Nov. 17]	Mitglied der CEpReg, CProp und CDiscReg
1739 Jan. 22	Mitglied der CCeremon ASV SS Mem Bigl 174
1740 Sept. 16	Bischof von Albano
1741 Febr. 26	Mitglied der Signatura Gratiae ASV SS Mem Bigl 176 (Schreiben SS an Passeri, Entwurf)

1751 Nov. 15   Suburbikarischer Bischof von Porto und S. Rufina
1753 Apr. 9   Suburbikarischer Bischof von Ostia und Velletri

Literatur
- BBKL 27 (2007), 239-242 von Judith Ostermann.
- Cardella, Lorenzo: Memorie storiche de' Cardinali della Santa Romana Chiesa. - In Roma : nella stamperia Pagliarini, 1792-1797. - 10 vol., hier: vol. 8.
- DBI 19 (1976), 599-601 von F. Raco.
- DHGE 11 (1912), 993 von L. Jadin.
- Hierarchia Catholica 5, 28.237.
- Maroni, Fausto Antonio: Commentarius de ecclesiis et episcopis Ostiensibus et Veliternis : In quo Ughelliana Series emendatur, continuatur et illustratur. - Romae : sumptibus haeredum Francisci Bizzarrini Komarek, in Typographio S. Michaelis ad Ripam, 1766, 101-103.
- Metzler, Josef: Serie dei Cardinali Prefetti e dei Segretari della Sacra Congregazione de Propaganda Fide, in: Ders. (Hg.): Sacrae Congregationis de Propaganda Fide memoria rerum. 350 anni a servizio delle missioni 1622-1972. - 3 vol. - Romae 1971-1976, hier: vol. 3/2, 622.
- Nardi, Carla: La presidenza delle Ripe (secc. XVI-XIX) nell'Archivio di Stato di Roma, in: Rassegna degli Archivi di Stato 39 (1979), 33-106, hier: 105.
- Seidler, Sabrina M. ; Weber, Christoph (Hg.): Päpste und Kardinäle in der Mitte des 18. Jahrhunderts (1730-1777). Das biographische Werk des Patriziers von Lucca Bartolomeo Antonio Talenti (Beiträge zur Kirchen- und Kulturgeschichte ; 18). - Frankfurt a.M. u.a. 2007, 323-326.
- Weber, Christoph (Bearb.): Die päpstlichen Referendare 1566-1809. Chronologie und Prosopographie (PuP ; 31/1-3). - 3 Bde. - Stuttgart 2003-2004, hier: Bd. 2, 515f.
- Weber, Christoph (Hg.): Die ältesten päpstlichen Staatshandbücher. Elenchus Congregationum, Tribunalium et Collegiorum Urbis 1629-1714 (RQ Supplementheft ; 45). - Rom u.a. 1991, 45.
- Weber, Christoph (Hg.): Legati e governatori dello stato pontificio (1550-1809) (Pubblicazioni degli Archivi di Stato. Sussidi ; 7). - Roma 1994, 553f.
- Weber, Christoph: Genealogien zur Papstgeschichte. Unter Mitwirkung von Michael Becker bearbeitet (PuP ; 29/1-6). - 6 Bde. - Stuttgart 1999-2002, hier: Bd. 3, 217.

Filippo Carandini

Geboren   1729 Sept. 6 in Pesaro
Gestorben   1810 Aug. 28 in Modena

Familie
Der spätere Kardinal stammte aus einem Modeneser Adelshaus, Sohn des marchese Giovanni Ludovico (gest. 1755), der als Witwer 1739 päpstlicher Prälat wurde (vgl. Weber: Referendare 2, 517). Schwester des Kardinals war contessa Claudia Carandini

(gest. 1796) aus Modena, die Mutter des Kardinals E. → Consalvi, die (seit 1763 verwitwet) im Haushalt ihres Bruders Filippo lebte und Kardinal Negroni als Vormund ihrer Kinder hatte.

Lebenslauf

	Dr. iur. utr. an der Universität Sapienza, Rom
1774	Agent des Herzogtums Modena in Rom
1777 Jan. 11	Prelato domestico
	ASV SS Mem Bigl 227
1778 Juni 4	Luogotenente civile del Vicariato
	ASV SS Mem Bigl 229
1778 Juni 8	Erlaubnis zum Tragen des Rochetts
	ASV SS Mem Bigl 229
1778 Juni 16	Konsultor (Prelato) der CImmunità
	ASV SS Mem Bigl 229
1785	Sekretär der CConcilio (bis 1787)
1787 Jan. 29	Kardinal
1787 Jan. [29]	Präfekt der CBuonGov
	ASV SS Mem Bigl 246
1787 Apr. 23	Zuteilung der Titelkirche S. Maria in Portico
1795 Okt. 30	Mitglied der CAcque
	ASV SS Mem Bigl 261
1800 Nov. 10	Mitglied des SO, Ernennung
	ACDF SO Juramenta 1800-1809, o.Bl.
1801 Jan. 14	Mitglied des SO, Amtsantritt durch Eidesleistung
	ACDF SO Juramenta 1800-1809, o.Bl.; ACDF SO Decreta 1800-1801, Bl. 1r
1807 Jan. 14	Francesco Spelverini [Spolverini], Auditor von Carandini, Amtsantritt durch Eidesleistung
	ACDF SO Juramenta 1800-1809, o.Bl.

Literatur

- Bernabei, Nicola: Vita del Cardinal Giovanni Moroni vescovo di Modena e biografie di Cardinali modenesi e di casa d'Este, dei Cardinali vescovi di Modena e di quelli educati in questo Collegio di San Carlo. - Modena 1885, 222-227.
- Claudi, Giovanni Maria ; Catri, Liana (Hg.): Dizionario storico-biografico dei Marchigiani. - 3 vol. - Ancona 1992-1993, hier: vol. 1, 151f.
- DBI 19 (1976), 628-631 von M. Giansante.
- Del Re, Niccolò: I Cardinali Prefetti della Sagra Congregazione del Concilio dalle origini ad oggi (1564-1964), in: La Sacra Congregazione del Concilio. Quarto Centenario dalla fondazione (1564-1964). Studi e ricerche. - Città del Vaticano 1964, 265-307, hier: 290.
- Moroni 9 (1841), 250f.
- Weber, Christoph (Bearb.): Die päpstlichen Referendare 1566-1809. Chronologie und Prosopographie (PuP ; 31/1-3). - 3 Bde. - Stuttgart 2003-2004, hier: Bd. 2, 517f.

- Weber, Christoph: Genealogien zur Papstgeschichte. Unter Mitwirkung von Michael Becker bearbeitet (PuP ; 29/1-6). - 6 Bde. - Stuttgart 1999-2002, hier: Bd. 1, 194.

Rocco Carboni

Geboren	in Sezze (Latium)
Gestorben	1813 Jan. 5 in Bastia (Korsika)

Lebenslauf

1788	Pfarrer an S. Angelo in Pescheria, Rom (bis 1810)
1788 Dez. 18	Mitglied der Sonderkongregation zur Untersuchung der Synode von Pistoia
	Kanoniker an S. Angelo in Pescheria, Rom
1798 Juni 18	Zivileid
1801 Sept. 30	Qualifikator des SO, Amtsantritt durch Eidesleistung
	ACDF SO Juramenta 1800-1809, o.Bl.; ACDF SO Decreta 1800-1801, Bl. 110r
1811	Verweigerung des Treueids gegenüber dem französischen Regime in Rom
1811 Jan. 25	Verhaftung in Rom
	Deportation nach Korsika
	Tod in Gefangenschaft

Gutachten

(1803-1806)	Russo, Vincenzo: Pensieri politici. - Stampato in Roma : presso il Cittadino Vincenzo Poggioli, [1791].
	ACDF SO CL 1803-1806, Nr. 7, 37 S.
(1802)	♦ Weiller, Kajetan von: Ueber den Unglauben welcher in unsern Schulen gelehrt wird [...]. - München : bey Joseph Lindauer, 1802.
	ACDF SO CL 1797-1802, Nr. 5, 25 S.
(1802)	Metz, Andreas: Darstellung der Hauptmomente der Elementarlehre der Kantischen Kritik der reinen und practischen Vernunft [...]. - Bamberg [und Würzburg] : Göbhardt, 1802.
	ACDF SO CL 1797-1802, Nr. 9, 98 S.

Literatur
- Canali, Giuseppe: Memorie di un prete romano deportato al tempo di Napoleone, in: CivCatt a. 85 (1934), vol. 2, 611-626; vol. 3, 41-58.167-183.274-286.401-411, hier: 176.
- Mercati, Angelo: Elenchi di Ecclesiastici dello Stato romano deportati per rifiuto del giuramento imposto da Napoleone, in: RSCI 7 (1953), 51-98, hier: 71.
- Naselli, Carmelo A.: La soppressione napoleonica delle corporazioni religiose. Contributo alla storia religiosa del primo Ottocento italiano 1808-1814 (MHP ; 52). - Roma 1986, 175f.

- Spina, Adriano: La diocesi di Albano nel periodo napoleonico, in: RSCI 47 (1993), 81-115, hier: 107.
- Spina, Adriano: Nuovi documenti sulle deportazioni napoleoniche di ecclesiastici dello Stato della chiesa (1810-1814), in: RSCI 44 (1990), 141-212, hier: 166.
- Stella, Pietro (Hg.): Il giansenismo in Italia. Bd. 2/1: Roma. La bolla „Auctorem fidei" (1794) nella storia dell'Ultramontanismo. Saggio introduttivo e documenti. - Roma 1995, LX-LXII.444 u.ö.

Bernardo Cariñana OdeM

Namensvariante   Bernardo Carignano

Lebenslauf

	Generalprokurator des Ordens in Rom
	Generalvikar des Ordens
1694 Sept. 6	Relator der CIndex, Antrag auf Ernennung
	ACDF Index Diari 10 (1692-1696), Bl. 89
1695 Jan. 31	Relator der CIndex, Ernennung
	ACDF Index Diari 10 (1692-1696), Bl. 109r
1697 Sept. 2	Konsultor der CIndex, Antrag auf Ernennung (vorerst abgelehnt)
	ACDF Index Diari 11 (1696-1699), Bl. 41r; ACDF Index Prot. 57 (1697-1698), Bl. 157r (Empfehlung von Kardinal Gianfrancesco Albani o.D.); ACDF Index Prot. 56 (1697), Bl. 419r (Ablehnung begründet mit der Existenz von genügend Konsultoren aus dem Orden)
1698 Febr. 4	Konsultor der CIndex, Ernennung
	ACDF Index Diari 10 (1692-1696), Bl. 62v

Carlo Antonio Carli

Geboren   um 1712 in [Toscanella, Latium]
Gestorben   1756 [vor Sept.]

Familie
Im seinem Bewerbungsschreiben von 1743 gibt Carli sein Alter (32 Jahre), seine Herkunft (Toscanella) und den Namen eines Schwagers an: Sig. Costantini, „officiale" im Sanctum Officium, der wohl mit dem späteren Advocatus pauperum C. L. → Costantini gleichzusetzen ist. Carli starb vor Sept. 1756, als G. → Cappellone sein Nachfolger wurde.

Lebenslauf
Kleriker
Tätigkeit in der bischöflichen Kanzlei von Viterbo (für fünf Jahre)

1733	Notar
	Tätigkeit in der bischöflichen Kanzlei von Toscanella (für sieben Jahre)
	Tätigkeit in Rom („Officio del Sig. Ginnetti", für ein Jahr)
1743 Nov. 13	Koadjutor der Kanzlei des SO, Antrag auf Ernennung
	ACDF SO Priv. 1743-1749, Bl. 129r (Schreiben Carlis o.D. an den Ass. des SO mit Angaben zum Lebenslauf).130r (Empfehlungsschreiben mit Datum für Carli von Kardinal N. M. → Corsini an den Ass. des SO)
1744 Mai 20	Koadjutor der Kanzlei des SO, Ernennung (ohne Gehalt bis zur Vakanz der Planstelle)
	ACDF SO Priv. 1743-1749, Bl. 132v (Dekret Feria IV.: „absque ullo tamen stipendio, et cum futura successione in prima vacatione")
1744 Mai 22	Koadjutor der Kanzlei des SO, Amtsantritt durch Eidesleistung
	ACDF SO Priv. 1755-1759, Bl. 94r.96r; ACDF SO Juramenta 1737-1749, o.Bl.
1751	Sostituto Notaro des SO, [Ernennung]
	ACDF SO Priv. 1755-1759, Bl. 94 („fisso")
[1754]	Bitte um rückwirkendes Gehalt (seit 1744) von 200 scudi jährlich
	ACDF SO Priv. 1755-1759, Bl. 91 (Antrag Carlis, Beschluss vom 6. März 1754 unbekannt)

Carlo Felice di S. Reparata OCD

Namensvariante	Cesare Francesco Dolia (Taufname)
Geboren	1753 Okt. 2 in Nizza
Gestorben	1808 Jan. 30 in Rom

Lebenslauf

1771 Dez. 21	Ordensprofess in Rom
1772	Studium der Philosophie am Ordenskolleg in Caprarola bei Viterbo (bis 1775)
1775	Studium der Dogmatik an S. Maria della Vittoria, Rom (bis 1778)
1778	Studium der Heiligen Schrift, Mystik, Moraltheologie und des kanonischen Rechts in Viterbo (bis 1780)
1781	Lektor für Dogmatik an S. Maria della Vittoria, Rom (bis 1790)
1786 Aug. 7	Relator der CIndex, [Ernennung]
	ACDF Index Prot. 95 (1786-1788), Bl. 231r-234v (erstes Gutachten)
1801	Provinzialdefinitor des Ordens (bis 1808)
1802 Dez. 15	Qualifikator des SO, Ernennung
	ACDF SO Priv. 1801-1803, Nr. 51 (Audienzdekret des Papstes)

[1802 Dez.] Qualifikator des SO, Amtsantritt durch Eidesleistung
ACDF SO Juramenta 1800-1809, o.Bl.

Unveröffentlichte Quellen
Archivio Generale OCD, Rom, Ms. L. VII (1761-1824), Nr. 34, 146-152: „Marcellinus <a S. Teresia>: Series professionum [...] OCD Prov. Romanae". Freundliche Auskunft an H. H. Schwedt.

Gutachten

(1786 Aug. 7) Raccolta di opuscoli interessanti la religione. - In Pistoia : nella stamperia d'Atto Bracali, 1783-1790. (Bde. 9/2-4)
ACDF Index Prot. 95 (1786-1788), Bl. 231r-234v, 7 S.

(1806) Forster, Barthlmä: Von dem Interesse der römischen Kurie an Ablässen und Bruderschaften. - München : J. Zängl, 1803.
ACDF SO CL 1803-1806, Nr. 6, 36 S.

(1806) Forster, Barthlmä: Entlarvter Aberglaube bei Reliquien [...]. - München : J. Zängl, 1803.
ACDF SO CL 1803-1806, Nr. 6, 42 S.

(1831-1838) Oberrauch, Herkulan [Anton Nikolaus]: Theologia moralis. - Bambergae et Norimbergae : J. Schmidii, 1797-1798.
ACDF SO CL 1831-1838, Nr. 4 = ACDF SO St.St. I-6-b, [Fasz. 9], 123 S.

(1831-1838) Oberrauch, Herkulan [Anton Nikolaus]: Theologia moralis. - Bambergae et Norimbergae : J. Schmidii, 1797-1798.
ACDF SO CL 1831-1838, Nr. 4 = ACDF SO St.St. I-6-b, [Fasz. 9], 29 S.

Literatur

- Wolf, Hubert (Hg.): Systematisches Repertorium zur Buchzensur 1814-1917. Bearbeitet von Sabine Schratz, Jan Dirk Busemann und Andreas Pietsch (Römische Inquisition und Indexkongregation. Grundlagenforschung II: 1814-1917). - 2 Bde. - Paderborn 2005, hier: Bd. 2, 820.

Carlo Maria da Matelica OFMCap

Geboren 1694 in Matelica (Marken)
Gestorben 1778 Jan. 29 in Rom

Lebenslauf

Prediger der Ordensprovinz Picena
Vikar des Konvents in Lemberg (als polnisches Ordenshaus zur Provinz Ancona gehörig)

um 1725 Guardian und Novizenmeister des Konvents in Lemberg

1731 Mai 25	Kommissar für die Ordenshäuser in Polen (ernannt vom Nuntius C. → Paulucci) (bis 12. Nov. 1731)
1746 Nov. 18	Konsultor der CIndulg ASV SS Mem Bigl 186
1748 Jan. 4	Qualifikator des SO, Ernennnung ACDF SO Decreta 1748, Bl. 7r
1748 März 4	Qualifikator des SO, Amtsantritt durch Eidesleistung ACDF SO Juramenta 1737-1749, o.Bl.

Literatur
- Obertyński, Zdzisław: Das Werden und Wirken der polnischen Kapuzinerprovinz vor der Teilung des Reiches (1680-1795), in: CFr 8/1 (1938), 194-224, hier: 218-220.
- Teodoro da Torre del Greco: Necrologio dei Frati Minori Cappuccini della Provincia Romana (1534-1966). - Roma 1967, 718.

Carlo Maria da Perugia OFMObs

Namensvariante   Carlo Maria Angeletti

Geboren   [1706] in Perugia
Gestorben   1758 Aug. 28 in Rom [andere: Perugia]

Lebenslauf

1722	Ordenseintritt Lektor für Theologie am Ordenskolleg S. Maria in Aracoeli, Rom Provinzial des Ordens, Provinz Umbrien
1740 Jan. 5	Qualifikator des SO, Ernennung ACDF SO Decreta 1740, Bl. 1v
1740 Jan. 8	Qualifikator des SO, Amtsantritt durch Eidesleistung ACDF SO Juramenta 1737-1749, o.Bl.
[1744]	Konsultor der CIndex, Antrag auf Ernennung ACDF Index Prot. 82 (1740-1748), Bl. 93r (Bewerbung P. Carlo Marias o.D. an die CIndex)
1744 Aug. 18	Konsultor der CIndex, Ernennung ACDF Index Diari 16 (1734-1746), Bl. 60r (Vermerk Sekr. der CIndex zur Papstaudienz)
1753	Generalkommissar des Ordens in Rom
1756	Generalprokurator des Ordens in Rom

Gutachten

(1742 Nov. 20)	Anonym [Duguet, Jacques Joseph]: Institution D'Un Prince [...]. - A Leide : Chez Jean & Herman Verbeek, 1739. ACDF Index Prot. 81 (1737-1740), Bl. 420r-424r, 9 S.

(1743 März 4)	Swinden, Tobias: Recherches sur la nature du feu de l'Enfer [...]. - A Amsterdam : chez les Wetsteins et Smith, 1728. ACDF Index Prot. 82 (1740-1748), Bl. 45r-48v, 8 S.
[1743 Apr. 24]	Anegllieri Alticozzi, Lorenzo: Summa Augustiniana [...]. - [S.a.]. (Manuskript) ACDF SO CL 1742-1743, Nr. 14, 5 S.
(1744)	Anonym [Defoe, Daniel]: Histoire du Diable [...]. - À Amsterdam : Aux dépens de la Compagnie, 1730. ACDF SO CL 1744-1745, Nr. 1, 6 S.
(1744 März 16)	♦ Le spectateur, ou le Socrate moderne [...]. - Amsterdam : Wetstein, 1 (1714) - 7 (1750). ACDF Index Prot. 82 (1740-1748), Bl. 88r-90r, 5 S.

Eigene Werke

- Chronologiae historico-legalis Seraphici ordinis [...]. Pars secunda complectens acta comitiorum, et congregationum generalium ab indictione capituli generalis Romani anni 1723. usque ad annum 1751. - Romae : typis Octavii Puccinelli, in typographia S. Michaelis ad Ripam, 1752.

Literatur

- Bernardo <da Decimio>: Secoli serafici ovvero compendio chronologico della storia francescana dall'anno 1182 in cui nacque il Serafico Patriarca S. Francesco d'Assisi fondatore dell'Ordine de' Frati Minori fino al capitolo generale dall'anno 1756 / nuovamente disteso, aggiunto, e difeso con un' appendice alla storia del primo secolo da un religioso toscano dello stess'ordine. - Firenze : appresso Pietro Gaetano Viviani, 1757, 275.
- DHGE 3 (1924), 51 von L. Oliger.
- DThC 1 (1909), 1273 von A. Vacant.
- Hurter, Hugo: Nomenclator literarius recentioris theologiae catholicae theologos exhibens qui inde a concilio Tridentino floruerunt aetate, natione, disciplinis, distinctos. - Editio secunda. - 4 vol. - Oeniponte 1892-1899, hier: vol. 2, 1297.
- Mazzuchelli, Giammaria: Gli scrittori d'Italia : Cioè notizie storiche e critiche intorno alle vite, e agli scritti dei letterati italiani. - Brescia : Giambatista Bossini, 1753-1763. - 6 vol., hier: vol. 1, 732.
- Vermiglioli, Giovanni Battista: Biografia degli scrittori Perugini e notizie delle opere loro. - 2 vol. - Perugia 1828-1829, hier: vol. 1, 44.
- Vincioli, Giacinto: Observationes nonnullae cum litteris variorum ad ea, quae scripta sunt de ab. Hyacintho ex comitibus de Vinciolis j.c. perusino et aliqua de ejusdem nuper peracto itinere. - Perusiae : typis Constantin., 1741, 143-145.

Giovanni Francesco Caroelli OSBOliv

Geboren	1699 Jan. 26 in Mailand
Gestorben	1760 Nov. bei Novara

Familie

Die in Mailand ansässigen, im 18. Jahrhundert bedeutenden Caroelli, conti von Lucernate, waren ursprünglich in Novara beheimatet und starben zu Beginn des 19. Jahrhunderts aus (vgl. Crollalanza: Dizionario 1, 241). Pater Caroelli starb „bei" der Familie, wahrscheinlich auf einem der Familie gehörenden Gut in der Gegend von Novara („in agro Novariensi").

Lebenslauf

1718 Jan. 8	Ordenseintritt in S. Vittore al Corpo, Mailand
1719 Jan. 14	Ordensprofess in S. Vittore al Corpo, Mailand
1720	Studium im Konvent Monte Oliveto Maggiore (bis 1722)
1723	Studium an S. Michele in Bosco, Bologna (bis 1725)
1725	Lektor für Kirchenrecht an S. Maria Nova, Rom (bis 1744)
ab 1726	Studium an S. Maria Nova, Rom
	Bibliothekar der Kardinäle L. → Altieri und G. B. Altieri
1729	Lektor für Moraltheologie an S. Maria Nova, Rom (bis 1734)
[1733]	Konsultor der CIndex, Antrag auf Ernennung
	ACDF Index Prot. 78 (1731-1734), Bl. 426r (Bewerbung Caroellis o.D. an den Papst; Vermerk „introducatur")
1734 Jan. 11	Relator der CIndex, Ernennung
	ACDF Index Diari 15 (1721-1734), Bl. 138r (Vermerk Sekr. der CIndex zum Beschluss der CIndex); ACDF Index Prot. 81 (1737-1740), Bl. 443r
[1734]	Konsultor der CIndex, Antrag auf Ernennung (erneut)
	ACDF Index Prot. 79 (1734-1735), Bl. 134r (Bewerbung Caroellis o.D. an die CIndex; Vermerk Sekr. der CIndex „pro gratia")
1734 Sept. 23	Konsultor der CIndex, Ernennung
	ACDF Index Diari 15 (1721-1734), Bl. 145v (Vermerk Sekr. der CIndex zum Beschluss der CIndex)
[1743]	Konsultor der CRiti, Qualifikator des SO oder Examinator Episcoporum, Antrag auf Ernennung
	ACDF SO Priv. 1743-1749, Bl. 31 (Bewerbung Caroellis o.D. an den Papst mit Angaben zum Lebenslauf)
1743 Juli 3	Revisor des SO, Ernennung
	ACDF SO Decreta 1743, Bl. 252v; ACDF SO Priv. 1743-1749, Bl. 32v (Dekret SO Feria IV.: „detur Liber aliquis examinandus et postquam censuram retulerit in Qualificatorem deputentur")
1743 Sept. 14	Relator des SO, Ernennung
	ACDF SO Juramenta 1737-1749, o.Bl.

[1743]	Qualifikator des SO, Antrag auf Ernennung
	ACDF SO Priv. 1743-1749, Bl. 88r (Bewerbung Caroellis o.D. an den Papst)
1743 Nov. 6	Qualifikator des SO, Ernennung
	ACDF SO Decreta 1743, Bl. 436v; ACDF SO Priv. 1743-1749, Bl. 89v; ACDF SO St.St. II-2-m, o.Bl. („Nota de' Qualificatori e loro deputazione")
1743 [Nov.] 8	Qualifikator des SO, Amtsantritt durch Eidesleistung
	ACDF SO Juramenta 1737-1749, o.Bl. (8. „Okt.")
1755	Postulator im Verfahren zur Seligsprechung von Bernardo Tolomei
1757	Mitglied der Kommission zur Revision des „Index librorum prohibitorum" unter Kardinal F. → Landi (mit T. A. → Ricchini, M. → Monsagrati, P. → Lazeri)

Unveröffentlichte Quellen
Freundliche Auskunft des Archivs von Monte Oliveto Maggiore an H. H. Schwedt.

Gutachten

(1734 Mai 17)	Holtius, Nicolaus: Apophoreta sacra, sive dissertationum theologicarum varii argumenti fasciculus [...]. - Lugduni Batavorum : Apud Isaacum Severinum, 1732.
	ACDF Index Prot. 79 (1734-1735), Bl. 48r-49v, 4 S.
(1734 Sept. 20)	Gensel, Johann Christian: Observationes sacrae quibus varia Codicis sacri loca solertissme dilucidantur, et nonnulla antiquitatum Hebraicarum monumenta, quae usum, in variis Scripturae Sacrae locis explicandis [...]. - Lipsia : Lankisius, 1733.
	ACDF Index Prot. 79 (1734-1735), Bl. 127r-129r, 5 S.
(1737 Juli 2)	♦ Brullaughan, Dominicus: Opusculum de missione et missionariis tractans. - Lovanii : [S.n.], [1736].
	ACDF Index Prot. 80 (1735-1737), Bl. 394r-399r, 11 S.
(1739 Apr. 13)	Cudworth, Ralph: Systema intellectuale hujus universi seu De veris naturae reorum originibus commentarii [...]. - Ienae : sumtu viduae Meyer, 1733.
	ACDF Index Prot. 81 (1737-1740), Bl. 147r-148r, 3 S.
(1749 Nov. 15)	Marangoni, Giovanni: De passione D.N. Jesu Christi considerationes asceticae [...]. - Romae : typis Raphaelis Peveroni, 1728.
	ACDF Index Prot. 81 (1737-1740), Bl. 238r-239r, 3 S.
(1742 Jan. 15)	Crousaz, Jean Pierre de: Traité du beau [...]. - A Amsterdam : chez François l'Honoré, 1715.
	ACDF Index Prot. 81 (1737-1740), 287r-290r, 7 S.
1743 Okt. 16	Certini, Alessandro: Vita del Beato Benedetto di Pace [...]. - [S.a.]. (Manuskript)
	ACDF SO CL 1742-1743, Nr. 15, 3 S.
1743 Okt. 22	Clarione, Nestorideo <Pseudonym> [Vincenzo <da Sant'Eraclio>]: La Mistica Sulamitide [1743]. (Manuskript)
	ACDF SO CL 1742-1743, Nr. 16, 1 S.

(1744)	Anonym [Richardson, Samuel]: Pamela, ou La vertu recompensée [...]. - Londres : Jean Osborne, 1742. nicht aufgefunden (Hinweis in ACDF SO CL 1744-1745, Nr. 2, Doppelgutachten)
(1744)	Anonym [Haywood, Eliza Fowler?]: Anti-Pamela [...]. - A Amsterdam & a Leipzig : chez Arkstee & Merkus, 1743. nicht aufgefunden (Hinweis in ACDF SO CL 1744-1745, Nr. 2, Doppelgutachten)
(1745)	Tempesti, Casimiro Liborio: Il Terziario di S. Francesco d'Assisi [...]. - [S.a.]. (Manuskript) ACDF SO CL 1744-1745, Nr. 20, 1 S.
[1745 Sept. 22]	Duclos, Charles Pinot: Histoire de Louis XI. [...]. - A Paris : chez les frères Guerin, 1745. ACDF SO CL 1746-1747, Nr. 4, 3 S.
[1746 März 8]	Anonym [Manne, Louis-François]: Réponse au mémoire du recteur des Pénitens de la Miséricorde. - [S.l.] : [S.n.], [1745]. ACDF SO CL 1746-1747, Nr. 5, 3 S.
(1746 Juli 5)	Burnet, Gilbert: Defense De La Religion [...]. - La Haye : Paupie, 1738-1744. ACDF Index Prot. 82 (1740-1748), Bl. 262r-263v, 4 S.
[1747 Apr. 12]	Anonym: Introduction a la theologie, dans laquelle on developpe quelle est la nature de la theologie, & quelles en sont les proprietes [...]. - A Utrecht : [S.n.], 1746. ACDF SO CL 1746-1747, Nr. 17, 8 S. (Sammelgutachten)
[1747 Apr. 12]	Anonym [Ilharat de la chambre, François]: Exposition claire et précise des différens points de doctrine [...]. - Utrecht : [S.n.], 1745. ACDF SO CL 1746-1747, Nr. 17, 8 S. (Sammelgutachten)
[1747 Apr. 12]	Anonym: Memoire apologetique des sentences rendues au bailliage [...]. - [S.l.] : [S.n.], 1745. ACDF SO CL 1746-1747, Nr. 17, 8 S. (Sammelgutachten)
[1748 März 6]	Bernard <D'Arras>: Code des paroisses [...]. - A Paris : Chez Hérissant et Hérissant fils, 1746. ACDF SO CL 1748-1750, Nr. 3, 4 S.
(1749 Mai 12)	Reelant, Adriaan: De religione Mohammedica [...]. - Trajecti ad Rhenum : Ex libraria Gulielmi Broedelet, 1717. ACDF Index Prot. 83 (1749-1752), Bl. 8r-9v, 4 S.
(1749 Sept. 15)	Grabe, Johann Ernst: Spicilegium SS Patrum, ut et haereticorum [...]. - Oxoniae : E Theatro Sheldoniano, Bibliopolarum Londinensium, 1714. ACDF Index Prot. 83 (1749-1752), Bl. 45r-48r, 7. S.
[1751 Juli 28]	Anonym [Hugot, Nicolas]: Instructions sur les vérités de la grâce et de la prédestination [...]. - Cologne : [S.n.], 1702. ACDF SO CL 1752, Nr. 6, 7 S. (Sammelgutachten)

[1751 Juli 28]	Caylus, Charles Daniel de <Auxerre, Bischof>: Mandement [...] Portant permission de manger de Oeufs pendent le Carême de la presente année 1751 [...]. - À Auxerre : de l'Imprimerie de F. Fournier, 1751. ACDF SO CL 1752, Nr. 6, 7 S. (Sammelgutachten)
[1751 Juli 28]	Anonym: Addition Aux Nouvelles Ecclesiastiques De L'Annèe 1750 [...]. - [Paris?] : [S.n.], [S.a.]. ACDF SO CL 1752, Nr. 6, 7 S. (Sammelgutachten)
(1751 Aug. 2)	Chirulli, Isidoro: Istoria cronologica della Franca Martina [...]. - In Napoli : presso il Ricciardo, 1749. ACDF Index Prot. 83 (1749-1752), Bl. 277r-278v, 4 S.
[1752 Febr. 1]	Varlet, Dominique Marie: Ouvrages Posthumes De Monseigneur L'Evesque de Babylone; Où il est principalement traité des Miracles contre M. L'Archevêque de Sens. - A Cologne : Chez les Libraires de la Compagnie, 1751. ACDF SO CL 1752, Nr. 2, 3 S.
(1752 Juli 4)	Anonym [Maquer, Philippe]: Abregé Chronologique De L'Histoire Ecclesiastique [...]. - A Paris : Chez Jean-Thomas Herissant, 1751. ACDF Index Prot. 84 (1753-1754), Bl. 181r-183r, 5 S.
[1753 Aug. 22]	Grotius, Hugo: Traité du pouvoir du magistrat politique sur les choses sacrées [...]. - Londres : [S.n.], 1751. ACDF SO CL 1753-1754, Nr. 7, 11 S.
(1754 März 11)	Koendig, Raphael: Elenchus Novus Privilegiorum Regularium [...]. - Constantiae : Labhart, 1744. ACDF Index Prot. 84 (1753-1754), Bl. 454r-456r, 5 S.
(1759 Juli 23)	Sedlmayr, Virgil: Theologia mariana [...]. - [Monaco] : sumptibus Joannis Urbani Gastl, bibliopolae monacensis, 1758. ACDF Index Prot. 86 (1757-1759), Bl. 302r-310v, 16 S.

Literatur
- Crollalanza, Giovanni Battista di: Dizionario storico-blasonico delle famiglie nobili e notabili italiane estinte e fiorenti. - 3 vol. - Pisa 1886-1890, hier: vol. 1, 241.
- Mayaud, Pierre-Noël: La condamnation des livres Coperniciens et sa révocation à la lumière des documents inédits des Congrégations de l'Index et de l'Inquisition (MHP ; 64). - Rome 1997, 191. [dort als „Carvelli"]
- Scarpini, Modesto: I Monaci Benedettini di Monte Olivieto. - S. Salvatore Monferrato 1952, 360.
- Zaccaria, Francesco Antonio: Storia polemica della proibizione dei libri. - A Roma : Per Generoso Salomoni, 1777 ; ND [S.l.] 2000, 188.

Gaspare Carpegna

Geboren 1625 Mai 8 in Rom
Gestorben 1714 Apr. 6 in Rom

Familie

Der Kardinal aus römischem Adel, Sohn des conte Francesco Maria (gest. 1665) und der Mazia Spada (gest. 1637), wirkte über 40 Jahre als Vikar des Bistums Rom; nicht zu verwechseln mit U. → Carpegna (gest. 1679), ebenfalls Kardinalvikar von Rom. Er wurde ein bekannter Münzsammler. Vgl. Weber: Genealogien 1, 360.

Lebenslauf

	Dr. iur. utr.
[1652]	Referendar der Signaturen
	Sekretär der CAcque
1658 Mai 5	Kanoniker an St. Peter, Rom
1664 Dez. 10	Auditor der Rota Romana
1669 Nov. 30	Konsultor des SO, Ernennung
	ACDF SO Juramenta 1656-1670, Bl. 224
1669 Dez. 3	Konsultor des SO, Amtsantritt durch Eidesleistung
	ACDF SO Juramenta 1656-1670, Bl. 223.228v
1670 Apr. 29	Datar (bis 1676)
1670 Juni 16	Titularerzbischof von Nicaea
1670 Dez. 22	Kardinal
1671 Febr. 23	Zuteilung der Titelkirche S. Maria in Portico
1671 Febr. 24	Mitglied des SO, Ernennung
	ACDF SO Juramenta 1656-1670, Bl. 276
1671 Febr. 25	Mitglied des SO, Amtsantritt durch Eidesleistung
	ACDF SO Juramenta 1656-1670, Bl. 275.278v
1671 Aug. 12	Vikar des Bistums Rom (bis 1714)
1672 März 23	G. → Pianetti, Auditor von Carpegna, Amtsantritt durch Eidesleistung
	ACDF SO Extens. 1670-1679 = ACDF SO St.St. Q-1-o, Bl. 89v
1675 Jan. 10	Präfekt der CEpReg
um 1676	Mitglied der CIndex
1694 Nov. 2	Filippo Bonaroti, Auditor von Carpegna, Amtsantritt durch Eidesleistung
	ACDF SO Extens. 1680-1690 [-1707] = ACDF SO St.St. Q-1-p, Bl. 201v
1698 Jan. 27	Suburbikarischer Bischof von Sabina
1699 Juni 9	Nic. Perotti, Adiutor studiorum Carpegna, Amtsantritt durch Eidesleistung
	ACDF SO Extens. 1680-1690 [-1707] = ACDF SO St.St. Q-1-p, Bl. 356v

1700 [März] Vincenzo Gravina, Adiutor studiorum von Carpegna, Amtsantritt durch Eidesleistung
    ACDF SO Extens. 1680-1690 [-1707] = ACDF SO St.St. Q-1-p, Bl. 364v
1700 Juli 22 Präfekt der CRiti (bis 6. Apr. 1714)

Eigene Werke
- Avvertimenti di san Carlo [Borromeo] per li confessori stampati d'ordine di nostro signore papa Innocenzo XII. e publicati dall'eminentiss. e reverendiss. sig. cardin. Carpegna suo Vicario per uso de i confessori di Roma, e suo distretto. Con l'aggiunta delle propositioni dannate, bolle, e altri decreti, alli medesimi necessarii, & utili. - In Roma : per Luca Antonio Chracas, 1700. - 314 S., [1] Bl. [mehrere, z.T. erw. Neuaufl.]

Literatur
- Anonym: Scelta de' medaglioni più rari nella biblioteca dell'eminentiss. et reverendiss. principe il signor cardinale Gasparo Carpegna Vicario di nostro signore. - In Roma : per Gio. Battista Bussotti, 1679. [als Verfasser gelten Giuseppe Monterchi, der die Widmung unterzeichnete, und Giov. Pietro Bellori]
- DBI 20 (1977), 589-591 von G. Romeo.
- EC 3 (1949), 927 von Maria Marselletto.
- Fénelon, François de Salignac de La Mothe: Correspondance de Fénelon. Texte établi par Jean Orcibal ([ab Bd. 6 in:] Histoire des idées et critique littéraire). - 18 vol. - Genève 1972-2007, hier: vol. 7, 83.
- Ferrero, Fabriciano: Mentalità teologica e mentalità scientifica sulla moda femminile del secolo XVII, in: Ricerche per la storia religiosa di Roma 1 (1977), 231-256, hier: bes. 234.
- Hierarchia Catholica 5, 7.296.
- Ilari, Annibale: I Cardinali Vicari. Cronologia bio-bibliografica, in: Rivista Diocesana di Roma 3 (1962), 273-295.
- Monterchi, Giuseppe: Rariora maximi moduli numismata selecta ex biblioteca eminentiss. & reverendiss. principis Casp. Carpegnae, S.R.E. cardinalis, &c & doctissimi [...] commentariis illustrata. - Amstelaedami : apud Henricum Wetstenium, 1685. - [11] Bl., 168 S.
- Moroni 10 (1841), 101.
- Papa, Giovanni: Cardinali prefetti, segretari, promotori generali della fede e relatori generali della Congregazione, in: Congregazione per le Cause dei Santi. Miscellanea in occasione del IV centenario della Congregazione per le Cause dei Santi (1588-1988). - Città del Vaticano 1988, 423-428, hier: 424.
- Pastor 14, Reg.
- Schwedt, Herman H.: Emmanuel → Schelstrate (gest. 1692) nella Roma dei santi e dei libertini, in: Lagatz, Tobias ; Schratz, Sabine (Hg.): Censor Censorum. Gesammelte Aufsätze von Herman H. Schwedt. FS zum 70. Geburtstag. - Paderborn 2006, 63-84 [zuerst in: Bulletin de l'Institut Historique Belge de Rome 66 (1996), 53-80]. [Edikt von Carpegna]

- Seidler, Sabrina M.: Il teatro del mondo. Diplomatische und journalistische Relationen vom römischen Hof aus dem 17. Jahrhundert (Beiträge zur Kirchen- und Kulturgeschichte ; 3). - Frankfurt a.M. 1996, 370f.
- Vaiani, Elena: Raffaele Fabretti, il „Signor Censore": una polemica antiquaria sui medaglioni di Gaspare Carpegna, in: Studi secenteschi 45 (2005), 211-228.
- Weber, Christoph (Bearb.): Die päpstlichen Referendare 1566-1809. Chronologie und Prosopographie (PuP ; 31/1-3). - 3 Bde. - Stuttgart 2003-2004, hier: Bd. 2, 519f.
- Weber, Christoph (Hg.): Die ältesten päpstlichen Staatshandbücher. Elenchus Congregationum, Tribunalium et Collegiorum Urbis 1629-1714 (RQ Supplementheft ; 45). - Rom u.a. 1991, 96f. [hier als Mitglied der CIndex spätestens ab 1679 nachgewiesen]
- Weber, Christoph: Genealogien zur Papstgeschichte. Unter Mitwirkung von Michael Becker bearbeitet (PuP ; 29/1-6). - 6 Bde. - Stuttgart 1999-2002, hier: Bd. 1, 360.
- Weber, Christoph: Papstgeschichte und Genealogie, in: RQ 84 (1989), 331-400, bes.: 366.

Bartolomeo Carrara CR

Geboren   1707 März 22 in Bergamo
Gestorben   1778 Sept. 15 in Rom

Familie
Der Pater stammte aus einer adeligen Familie in Bergamo, wahrscheinlich ein Verwandter des Kardinals F. → Carrara (gest. 1793) aus dem Grafenhaus von Bergamo.

Lebenslauf

1724 Mai 28	Ordensprofess in Venedig
	Studium der Philosophie in Padua
	Studium der Theologie in Florenz und Rom
1731	Beichtvater und Prediger in verschiedenen Städten
	Generalprokurator des Ordens in Rom
1743	Beichtvater an der Kathedrale von Ravenna
1759	Konsultor des Ordens in Rom (Wahl auf Generalkapitel)
1767 Dez. 2	Qualifikator des SO, Ernennung
	ACDF SO Juramenta 1766-1776, Bl. 43; ACDF SO St.St. II-2-m, o.Bl. („Elenco de' Qualificatori del S. Officio")

Eigene Werke
- Anonym: Il primato del romano pontefice difeso contro il libro intitolato Della podestà dei vescovi circa le dispense, composto dal p. Antonio Pereira e tradotto in italiano nel 1767. - Ravenna [i.e. Roma] : [Paolo Giunchi], 1769. - 24, 468 S.
- Bromato da Erano, Carlo <Pseudonym>: Dell'antica preminenza del cardinalato dissertazione. - In Ravenna : per Antonmaria Landi, 1756. - 38, [2] S.

- Bromato da Erano, Carlo <Pseudonym>: Storia di Paolo IV. pontefice massimo. - Ravenna : per Antonmaria Landi, 1748-1753. - 2 vol.
- Dell'autorità della Chiesa discorsi nove che suprema la dimostrano ai cattolici, ed agli eretici. - In Ravenna : per l'erede del Landi, 1773. - [16], 177, [1] S.
- Nomi, e cognomi de' padri, e fratelli professi della Congregazione de' Chierici regolari. - In Roma : nella Stamperia del Chracas, 1762. - 164, 36 S.
- Orazione [...] per le solenni esequie dell' [...] cardinale Enrico → Enriquez legato della Romagna morto in Ravenna ai 25 di Aprile l'anno 1756. Celebrate nella Chiesa dello Spirito Santo de' chierici regolari il giorno 28 dello stesso mese presente il cadavere. - Seconda edizione con postille aggiunte dall'autore. - In Faenza : presso Gioseffantonio Archi impressor camerale, e del Sant'Ufizio ; si vendono in Ravenna : appresso Francesco Collina librajo, 1756. - 37, [1] S.

Literatur
- Pereira de Figueiredo, Antonio: Anonymi Romani [B. Carrara] qui de primatu Pape nuper scripsit vana religio, et mala fides: hoc est defensio tentaminis theologici de auctoritate episcoporum tempore scissurae [...]. - Olisipone : ex typographia regia, 1770. - XXVIII, 238 S.
- Pereira de Figueiredo, Antonio: Della podestà de' vescovi circa le dispense ne' pubblici impedimenti di matrimonio, e l'assoluzione de' casi riservati al papa, ogni e qualunque volta lo richiegga pubblica urgente necessità de' loro sudditi, quando ne sia impedito il ricorso alla Sede apostolica. Dissertazione teologica-canonica-critica [...]. Traduzione dal portughese di D. Marcolino Romano. - In Venezia : appresso Vincenzo Radici, 1767. - XXVII, 243 S. [2. Aufl. ebd. 1771]
- Seidler, Sabrina M. ; Weber, Christoph (Hg.): Päpste und Kardinäle in der Mitte des 18. Jahrhunderts (1730-1777). Das biographische Werk des Patriziers von Lucca Bartolomeo Antonio Talenti (Beiträge zur Kirchen- und Kulturgeschichte ; 18). - Frankfurt a.M. u.a. 2007, 329.
- Vezzosi, Antonio Francesco: I Scrittori de' cherici regolari detti Teatini. - In Roma : nella stamperia della sacra congregazione di Propaganda Fide, 1780. - 2 vol., hier: vol. 1, 222-233.

Francesco Carrara

Geboren 1716 Nov. 5 in Ghisalba (bei Bergamo)
Gestorben 1793 März 26 in Rom

Familie
Der spätere Kardinal stammte aus einem Patrizierhaus in Bergamo, Sohn des conte Carlo Carrara und der Anna Maria Parisi, ebenfalls aus „adeliger" Familie in Bergamo, und Bruder des Schriftstellers conte Giacomo Carrara. Vgl. Weber: Referendare 2, 520f. Zur gleichen Familie gehörte der Theatiner Pater B. → Carrara. Der Kardinal galt als Vertreter einer starren Orthodoxie, half angeblich bei den Indexdekreten (1789 und 1791) gegen die Schriften des Jansenisten Giovanni Battista Guadagnini (gest. 1806).

Lebenslauf

	Studium in Padua und Rom
	Dr. theol. an der Universität Sapienza, Rom
1756 Jan. 22	Referendar der Signaturen
1757	Konsultor der CFabbrica
1767	Auditor der Signatura Iustitiae
[1773]	Sekretär der CConcilio (bis 1785)
1773 Apr. 26	Examinator Episcoporum in sacris canonibus
	ASV SS Mem Bigl 220
1775 Aug. 21	Konsultor der CIndex, Ernennung
	ASV SS Mem Bigl 224 (Schreiben SS an Carrara, Entwurf); ACDF Index Prot. 91 (1773-1778), Bl. 76r (Schreiben SS an Sekr. der CIndex)
1785 Febr. 14	Kardinal
1785 Apr. 11	Zuteilung der Titelkirche S. Girolamo degli Schiavoni
1785 Apr. 11	Mitglied der CIndex, Ernennung
	ACDF Index Prot. 94 (1784), Nr. 67 (Schreiben SS an Sekr. der CIndex)
1785 Apr. 11	Mitglied der CConcilio, CProp und CEpReg
	ASV SS Mem Bigl 242
1790 Nov. 19	Mitglied der Sonderkongregation zur Untersuchung der Synode von Pistoia
1793 Febr. 1	Mitglied der CRiti
	ASV SS Mem Bigl 261 (Schreiben SS an Sekr. der CRiti Coppola)

Eigene Werke

- De apostolica sancti Petri cathedra oratio habita in sacrosancta principis apostolorum Basilica ad sanctissimum D.N. Benedictum XIV. - Romae : ex typographia Palladis : excudebant Nicolaus, et Marcus Palearini typographi, 1749. - XI S.
- Delle lodi delle bell'arti. Orazione [...] detta in Campidoglio in occasione della festa del concorso celebrata dall'insigne Accademia del disegno di S. Luca il dì 18. settembre 1758. - In Roma : appresso Niccolò e Marco Pagliarini, 1758. - 51 S.
- La Caduta del Velino nella Nera, presentata a N.S. Pio sesto. - Roma : per il Casaletti, 1779. - XXIV S., [2] Bl.

Literatur

- Ansidei, Reginaldo: Delle lodi dell'eminentissimo e reverendissimo signor cardinale Francesco Carrara orazione [...] nelle solenni esequie celebrate [...] nella chiesa di S. Maria della Misericordia di questa città di Perugia il dì 19 aprile 1793. - In Perugia : presso Carlo Baduel, 1793.
- DBI 20 (1977), 663f. von F. Raco.
- Dentella, Lorenzo: I vescovi di Bergamo. Notizie storiche. - Bergamo 1939, 438-454.
- Forcella, Vincenzo: Iscrizioni delle chiese e d'altri edifici di Roma dal secolo XI fino ai giorni nostri. - 14 vol. - Roma 1869-1884, hier: vol. 9, 86.
- Hierarchia Catholica 6, 35.

- Stella, Pietro (Hg.): Il giansenismo in Italia. Bd. 2/1: Roma. La bolla „Auctorem fidei" (1794) nella storia dell'Ultramontanismo. Saggio introduttivo e documenti. - Roma 1995, LXXX u.ö.
- Weber, Christoph (Bearb.): Die päpstlichen Referendare 1566-1809. Chronologie und Prosopographie (PuP ; 31/1-3). - 3 Bde. - Stuttgart 2003-2004, hier: Bd. 2, 520f.

Bartolomé Carreño SJ

Geboren 1632 März 8 in Sevilla
Gestorben 1706 Juli 25 in Rom

Familie
Zur Familie des Jesuiten gibt es einen kurzen Hinweis im Zusammenhang mit seinem Eid im SO im Jahr 1690. Bei dieser Gelegenheit wird er als Sohn des verstorbenen Francisco aus Sevilla bezeichnet (ACDF SO Extens. 1680-1690 [-1707] = ACDF SO St.St. Q-1-p, Bl. 190v).

Lebenslauf

1646 Juli 22	Ordenseintritt (admissus)
	Professor für Philosophie
1675	Professor für Theologie am Collegio Romano (bis 1688)
1688	Studienpräfekt am Collegio Romano (bis 1706)
	Konsultor der CRiti
1690 Nov. 2	Qualifikator des SO, Ernennung
	ACDF SO Priv. 1669-1699, Bl. 645r (Audienzdekret des Papstes); ACDF SO Decreta 1690, Bl. 326r
1690 Nov. 5	Qualifikator des SO, Amtsantritt durch Eidesleistung
	ACDF SO Extens. 1680-1690 [-1707] = ACDF SO St.St. Q-1-p, Bl. 190v

Unveröffentlichte Quellen
ACDF SO Decreta 1692, Bl. 18r (Carreño als Gutachter des SO zu den Werken des Kardinals P. → Petrucci)

Literatur
- Astrain, Antonio: Historia de la Compañía de Jesús en la asistencia de España. - 7 vol. - Madrid 1902-1925, hier: vol. 6, 321. [zur Beteiligung an den Aktionen in Rom gegen den Generaloberen SJ und gegen die Quietisten]
- Sommervogel 2 (1891), 773; 8 (1898), 1996.
- Villoslada, Riccardo Garcia: Storia del Collegio Romano dal suo inizio (1551) alla sopressione della Compagnia di Gesù (1773) (Analecta Gregoriana ; 66). - Roma 1954, 229.323.

- Weber, Christoph (Hg.): Die ältesten päpstlichen Staatshandbücher. Elenchus Congregationum, Tribunalium et Collegiorum Urbis 1629-1714 (RQ Supplementheft ; 45). - Rom u.a. 1991, 96.

Giuseppe Carsolini (Karsolini) OFMConv

Lebenslauf
1704 Febr. 27   Relator der CIndex, Ernennung
               ACDF Index Prot. 81 (1737-1740), Bl. 439r

Giuseppe Ignazio Caruso

Lebenslauf
                Dr. iur. utr.
                Dr. theol.
                Adjutor des Sekretärs der CIndulg
[1713]   Relator der CIndex, Antrag auf Ernennung
                ACDF Index Prot. 70 (1713-1715), Bl. 141r (Bewerbung Carusos o.D. an die CIndex mit Angaben zum Lebenslauf)
1713 Sept. 10   Relator der CIndex, Ernennung
                ACDF Index Prot. 81 (1737-1740), Bl. 440v („19." Sept.); ACDF Index Diari 14 (1708-1721), Bl. 74r
[1716]   Konsultor der CIndex, Antrag auf Ernennung
                ACDF Index Prot. 71 (1715-1721), Bl. 249r (Bewerbung Carusos o.D.)
1716 Nov. 18   Konsultor der CIndex, Ernennung
                ACDF Index Diari 14 (1708-1721), Bl. 107v

Gutachten
(1714 Mai 15)   Actorum eruditorum quae Lipsiae publicantur supplementa. - Lipsiae tom. 4 (1711).
                ACDF Index Prot. 70 (1713-1715), Bl. 276r-280r, 9 S.
(1715 Juli 15) Glisson, Francis: Tractatus De Natura Substantiae Energetica [...]. - Londini : Typis E. Flesher, 1672.
                ACDF Index Prot. 71 (1715-1721), Bl. 92r-96v, 10 S.
(1716 Nov. 16) Selden, John: Uxor ebraica, seu de nuptiis et divortiis ex iure civili, id est, divino & talmudico, veterum ebraeorum [...]. - Francofurti Ad Oderam : Sumptibus Jeremiae Schrey, 1673.
                ACDF Index Prot. 71 (1715-1721), Bl. 257r-261v, 10 S.

(1718 Juli 19) ♦ Anonym: Compendio della dottrina cristiana per facilitare la pratica d'insegnarla ed impararla [...]. - Como : per gli Eredi Caprani, [ca. 1700].
ACDF Index Prot. 71 (1715-1721), Bl. 417r-419v, 6 S.

Pietro Casciotti

Lebenslauf

Pfarrer an S. Maria in Via Lata, Rom
Zensor der Accademia Teologica der Universität Sapienza, Rom
[1769] Relator der CIndex, Antrag auf Ernennung
ACDF Index Prot. 89 (1767-1770), Bl. 429r (Bewerbung Casciottis o.D. mit Angaben zum Lebenslauf)
1770 Jan. 16 Relator der CIndex, Ernennung
ACDF Index Prot. 89 (1767-1770), Bl. 428v

Francesco Maria Casini da Arezzo OFMCap

Namensvariante Francesco Maria d'Arezzo

Geboren 1648 Nov. 11 in Arezzo (Toskana)
Gestorben 1719 Febr. 14 in Rom

Familie
Der Kapuziner war Sohn von Carlo Casini und Olimpia Albergotti. Laut Grabinschrift im Dom von Arezzo wurde sein Vater (als Witwer) Kanoniker dieser Kirche. Den Grabstein setzte Bartolomeo Albergotti, Ritter des Ordens von Santo Stefano, offenbar aus der mütterlichen Familie (vgl. Agricola: Saeculi 4, 2-6, der als einziger die Eltern Francesco Marias „nobilitate conspicuos" nennt, allerdings ohne Belege).

Lebenslauf
1663 Nov. 9 Ordenseintritt in Cortona
Studium in der Ordensprovinz Marken
1672 Lektor für Philosophie und Theologie
1678 Okt. 7 Definitor der Ordensprovinz Marken neben P. Bernardino Catastini da Arezzo
Guardian der Konvente in Montughi und Siena
Prediger in verschiedenen Städten
[1691] Sekretär des Generalprokurators des Ordens in Rom
1693 Provinzial des Ordens

1698 Mai 16	Generalprokurator des Ordens in Rom
1698 Aug. 17	Predicatore apostolico in Rom (bis 1712)
1701	Konsultor der CEpReg
1702 Juli 2	Generaldefinitor des Ordens in Rom (erneut 1709)
1712 Mai 18	Kardinal
1712 Juli 11	Zuteilung der Titelkirche S. Prisca
1714 März 7	Mitglied der CIndex, Ernennung
	ACDF Index Diari 14 (1708-1721), Bl. 83r
	Mitglied der CProp, CVisita, CExamEp, CIndulg und CRiti
1715 Aug. 28	Mitglied des SO, Amtsantritt durch Eidesleistung
	ACDF SO Juramenta 1701-1724, Bl. 146v; ACDF SO Decreta 1715, Bl. 371v
[1715]	G. F. → Tenderini, Auditor von Casini, Amtsantritt durch Eidesleistung
	ACDF SO Juramenta 1701-1724, Bl. 147

Eigene Werke
- Boutauld, Michel: I Consigli della Sapienza o vero Raccolta delle massime di Salomone necessarie all'huomo per saviamente procedere; colle riflessioni sulle medesime massime. / Trasportata dal francese nell'italiano [...]. - In Venezia : ad istanza di Gio. Filippo Cecchi, 1681. - [24], 336 S. [Übers.]
- Delle prediche dette nel palazzo apostolico. - In Milano : nella stamperia di Francesco Vigone, e fratelli, 1714-1715. - 3 vol. ; In Milano : Presso gli eredi di Domenico Bellagatta, 1722. - 3 vol.
- L'età dell'huomo alle misure del tempo, e dell'eternità. - Venezia : presso Paolo Baglioni, 1682. - [18], 502, [2] S. ; ND Napoli 1858 ; Torino 1882 ; Bologna 1920.
- Panegirici. - In Massa : ad istanza di Gio. Filippo Cecchi : nella stampa di Girolamo Marini, 1678. - [10] Bl., 576 S. ; Seconda impressione. - In Venetia : Ad istanza di Gio. Filippo Cecchi, 1679. - [10] Bl., 540 S.

Literatur
- Agricola, Petrus Franciscus: Saeculi XVIII. : Bibliotheca ecclesiastica authorumque notitiae biographicae [...]. - Hannoverae : Pockwitz, 1780-1782. - 4 vol., hier: vol. 4, 2-6.
- Anonym [Michelangelo <da Rossiglione>]: Cenni biografici e ritratti di padri illustri dell'ordine capuccino. - 3 vol. - Roma 1850, hier: vol. 1, 23-28.
- Bernardino <da Cittadella>: Il pensiero missionario del card. Casini nelle sue Prediche al Palazzo Apostolico, in: L'Italia Francescana 5 (1930), 463-467; 6 (1931), 184-203.
- Bernardus a Bononia: Bibliotheca Scriptorum Ordinis Minorum S. Francisci Capuccinorum retexta & extensa [...]. Quae prius fuerat a p. Dionysio Genuensi eiusdem Ordinis Concionatore contexta [...]. - Venetiis : apud Sebastianum Coleti, 1747, 104f.
- Cardella, Lorenzo: Memorie storiche de' Cardinali della Santa Romana Chiesa [...]. - In Roma : nella stamperia Pagliarini, 1792-1797. - 10 vol., hier: vol. 8, 146-148.
- Ciaurri, Vito: Il Casini oratore, in: La Scuola Cattolica 76 (1948), 320-326.
- DBI 21 (1978), 359-361 von C. Mutini.

- Felice <da Mareto> [Molga, Luigi]: Tavole dei Capitoli Generali dell'Ordine dei FF. MM. Cappuccini con molte notizie illustrative. - Parma 1940, 177f.
- Franchetti, Paolo Olimpio: Delle lodi dell'eminentissimo, e reverendissimo signor cardinale f. Francesco Maria Casini cappuccino. Orazione [...]. - In Milano : Nella Stampa di Francesco Vigone e Fratelli, 1719.
- Guarnacci, Mario: Vitae, et res gestae Pontificum Romanorum et S.R.E. Cardinalium a Clemente X. usque ad Clementem XII. [...] Descripta a S. Petro ad Clementem IX. - Romae : Sumptibus Venantii Monaldini bibliopolae [...] ; Ex Typographia Joannis Baptistae Bernabo, & Josephi Lazzarini, 1751. - 2 vol., hier: vol. 2, 239-242.
- Hierarchia Catholica 5, 28.
- LexCap (1951), 359f.
- LThK 2 (1994), 968 von Luis Gurndin.
- Mauro <da Leonessa>: Il Predicatore Apostolico. Note storiche. - Isola del Liri 1929, 115-121.
- Romualdo <da S. Marcello>: Il cardinale Casini, oratore, in: Italia Francescana 2 (1927), 218-231.
- Stanislao <da Campagnola>: Adeodato Turchi uomo – oratore – vescovo (1724-1803) (Biblioteca Seraphico-Capuccina ; 19). - Roma 1961, 164-166.
- Tipaldo, Emilio de (Hg.): Biografia degli italiani illustri nelle scienze, lettere ed arti del secolo XVIII, e de' contemporanei compilata da letterati italiani di ogni provincia. - 10 vol. - Venezia 1834-1845, hier: vol. 4, 398-400.
- Zanotto, Francesco: Storia della predicazione nei secoli della letteratura italiana. - Modena 1899, 284-293.

Filippo Casoni

Geboren 1733 März 6 in Sarzana (bei La Spezia, Ligurien)
Gestorben 1811 Okt. 9 in Rom

Familie
Der spätere Kardinal stammte aus einem adeligen Haus in Sarzana, wo die Familie seit 1635 das Patriziat von Genua besaß. Er war Sohn des Leonardo Casoni und der Maddalena Promontorio sowie Neffe des Prälaten N. → Casoni und Großneffe des Kardinals L. → Casoni. Einen weiteren Kardinal, L. → Vannicelli Casoni (gest. 1877), brachte die Familie im 19. Jahrhundert hervor.

Lebenslauf

1751 Mai 3	Kleriker (Tonsur)
	Studium am Collegium Nazarenum, Rom (betreut vom Onkel N. → Casoni)
1766	Cameriere segreto
1767 Jan. 2	Dr. iur. utr. an der Universität Sapienza, Rom
1767 Jan. 22	Referendar der Signaturen

1767 Jan. 24	Gouverneur von Narni (bis 1770)
	ASV SS Mem Bigl 212
1767 Jan. 30	Prelato domestico
	ASV SS Mem Bigl 212
1770 Nov. 10	Gouverneur von Loreto (bis 1784)
1772	Apostolischer Protonotar
1785	Vize-Gouverneur von Avignon
1790 Juni 11	Ausweisung aus Avignon (Revolution)
1791	Ankunft in Rom
1794 Febr. 21	Titularerzbischof von Perge
1794 Mai 24	Nuntius in Madrid (bis 23. Febr. 1801)
1801 Febr. 23	Kardinal
1804 März 26	Zuteilung der Titelkirche S. Maria degli Angeli
[1804 März 26]	Mitglied der CEpReg, CProp, CIndulg und CCeremon
	Präfekt der CConsulta
	Präfekt der CLauretana
1806 Juni 17	Staatssekretär (bis Febr. 1808)
1806 Juli 15	Mitglied des SO, Ernennung
	ACDF SO Juramenta 1800-1809, o.Bl. (Schreiben SS an Ass. des SO: „15." Juli; Schreiben SS an Sekr. des SO: „16." Juli)
1806 Juli 23	Mitglied des SO, Amtsantritt durch Eidesleistung
	ACDF SO Juramenta 1800-1809, o.Bl.

Literatur
- Becker, Jerónimo: Relaciones diplomáticas entre Espana y la Santa Sede durante el siglo XIX. - Madrid 1908, 23f.395f.
- DBI 21 (1978), 396-398 von C. Bordini.
- De Marchi, Giuseppe: Le Nunziature apostoliche dal 1800 al 1956. Prefazione di S. E. Mons. Antonio Samoré (Studi eruditi ; 13). - Roma 1957, 7.235.
- EC 3 (1949), 987 von Silvio Furlani.
- Hausberger, Karl: Staat und Kirche nach der Säkularisation. Zur bayerischen Konkordatspolitik im frühen 19. Jahrhundert (MThS.H ; 23). - St. Ottilien 1983, passim.
- Hierarchia Catholica 6, 333; 7, 7.
- Mathiez, Albert: Rome et le clergé français sous la Constituante. La Constitution civile du clergé. L'affaire d'Avignon. - Paris 1911, 54-57.208-217.480f.
- Moroni 10 (1841), 145f.
- Rouët de Journel, Marie-Joseph: Nonciatures de Russie d'après les documents authentiques (StT ; 166-169.194). - 5 vol. - Città del Vaticano 1922-1957, hier: vol. 4, 361 u.ö.
- Weber, Christoph (Hg.): Legati e governatori dello stato pontificio (1550-1809) (Pubblicazioni degli Archivi di Stato. Sussidi ; 7). - Roma 1994, 558.
- Weber, Christoph: Genealogien zur Papstgeschichte. Unter Mitwirkung von Michael Becker bearbeitet (PuP ; 29/1-6). - 6 Bde. - Stuttgart 1999-2002, hier: Bd. 3, 229f.

Lorenzo Casoni

Geboren   1645 Okt. 17 in Sarzana (bei La Spezia, Ligurien)
Gestorben   1720 Nov. 19 in Rom

Familie

Der Vater des späteren Kardinals, conte Niccolò, signore di Villanova d'Arda, und sein Bruder, Bischof Filippo Casoni (gest. 1659), wurden 1635 in das Patriziat von Genua aufgenommen. Zu den Nachkommen des hier zu beschreibenden Kardinals zählen sein Großneffe Prälat N. → Casoni (gest. 1759) und Kardinal F. → Casoni (gest. 1811), beide mit Ämtern im römischen SO. Der junge Lorenzo wurde in Rom gefördert von seinem Vetter A. → Favoriti (gest. 1682), Sekretär der lateinischen Briefe, und wurde dessen Nachfolger. Das SO richtete sich im Febr. 1687 gegen Casoni als Protektor der Jansenisten und Quietisten in Rom, als es den Vetter von Favoriti und Schützling von Casoni, Padre Rocchi, in Rom verhaftete. Vgl. Weber: Genealogien 3, 229f.; DBI 21, 410.

Lebenslauf

um 1660	Ausbildung wohl am Collegio Romano
	Studium der Rechte [in Parma]
vor 1669	Aufenthalt in Rom, gefördert von seinem Vetter A. → Favoriti
	Mitarbeiter von Kardinal G. → Bona
	Mitglied der Accademia dei Concili
1677 Apr.	Mitarbeiter des päpstlichen Gesandten Prälat Luigi Bevilacqua in Nijmegen (bis 1679)
1679	Subdiakonatsweihe in Rom
	Kanoniker in S. Maria in Via Lata, Rom
	Cameriere segreto
1682 Dez. 19	Sekretär der CConcist
1682 Dez. 19	Segretario delle lettere latine (Nachfolger Favoritis)
	Kanoniker an S. Maria Maggiore, Rom
1688	Sekretär von Innozenz XI., Amtsantritt durch Eidesleistung
	ACDF SO Extens. 1680-1690 [-1707] = ACDF SO St.St. Q-1-p, Bl. 153r
1690 März 4	Nuntius in Neapel (bis 1702)
1690 März 6	Titularerzbischof von Caesarea
1691	Inquisitor von Neapel (nach Ausweisung des Inquisitors Giberti)
1701 Dez. 11	Assessor des SO, [Ernennung]
1702 Jan. [12]	Abreise aus Neapel
1702 Jan. 17	Assessor des SO, Amtsantritt durch Eidesleistung (bis 1706)
	ACDF SO Juramenta 1701-1724, Bl. 16v; ACDF SO Decreta 1702, Bl. 24r; ACDF SO St.St. L-5-g, o.Bl. („Catalogo de' Sig. Assessori del S. Offizio")
1702 Jan. 30	Niccolò Cataldi, Auditor von Casoni, Amtsantritt durch Eidesleistung
	ACDF SO Extens. 1680-1690 [-1707] = ACDF SO St.St. Q-1-p, Bl. 407r
1706 Mai 17	Kardinal

1706 Juni 25	Zuteilung der Titelkirche S. Bernardo alle Terme
1706 [Juni 25]	Mitglied der CEpReg, CImmunità und CProp
1707 Juli 23	Mitglied der CIndex, Ernennung ACDF Index Prot. (1706-1707), Bl. 484 (Schreiben SS an Sekr. der CIndex); ACDF Index Diari 13 (1704-1708), Bl. 137v (Audienzdekret des Papstes)
1707 Nov. 7	Päpstlicher Legat von Ferrara (bis 1709)
1707 Nov. 8	Mitglied des SO, Ernennung ACDF SO Juramenta 1701-1724, Bl. 66 (Schreiben SS an SO)
1707 Nov. 8	Niccolò Cataldi, Auditor von Casoni als Mitglied des SO, Amtsantritt durch Eidesleistung ACDF SO Extens. 1680-1690 [-1707] = ACDF SO St.St. Q-1p, Bl. 504r
1707 Nov. 9	Mitglied des SO, Amtsantritt durch Eidesleistung ACDF SO Juramenta 1701-1724, Bl. 68v; ACDF SO Decreta 1707, Bl. 434v; ACDF SO Priv. 1750-1754, Bl. 426r („Nota de' Sig.ri Cardinali Segretaj")
1709 Sept. 9	Päpstlicher Legat von Bologna (bis Apr. 1714)
1720	Mitglied der CConcist und CCeremon
1720 Apr. 12	Giovanni Parlotius, Sekretär von Casoni, Amtsantritt durch Eidesleistung ACDF SO Juramenta 1701-1724, Bl. 297
1720 Nov. 3	Celestino Galiani OSB, Theologus von Casoni, Amtsantritt durch Eidesleistung ACDF SO Juramenta 1701-1724, Bl. 307-308

Literatur

- Cardella, Lorenzo: Memorie storiche de' Cardinali della Santa Romana Chiesa. - In Roma : nella stamperia Pagliarini, 1792-1797. - 10 vol., hier: vol. 8, 80f.
- Ceyssens, Lucien ; De Munter, Silvestre: Sources relatives à l'histoire du jansénisme et de l'antijansénisme des années 1677-1679 (Bibliothèque de la revue d'histoire écclésiastique ; 59). - Louvain 1974, 248.269 u.ö.
- Ceyssens, Lucien: Gilles Gabrielis à Rome (1679-1683), épisode de la lutte entre rigorisme et laxisme, in: Anton 34 (1959), 73-110, hier: 89 u.ö.
- Ceyssens, Lucien: Uit de brieven toegezonden aan de pauselijke geheimbrievensecretarissen Favoriti en Casoni, in: De Gulden Passer 15 (1937), 145-168.
- DBI 21 (1978), 407-415 von G. Pignatelli.
- Dictionnaire de Port-Royal. Élaboré sous la direction de Jean Lesaulnier et Antony McKenna avec la collaboration de Frédéric Delforge, Jean Mesnard, Régine Pouzet et Philippe Sellier. - Paris 2004, 236.
- Dubruel, Marc: La congrégation particulière de la Régale sous Innocent XI et les papiers d'Agostino Favoriti et de Lorenzo Casoni aux Archives Vaticanes, in: Revue des questions historiques 44 (1910), 131-145.
- Dubruel, Marc: Le pape Alexandre VIII et les affaires de France, in: RHE 15 (1914), 282-302, hier: 283.285 u.ö.

- Dubruel, Marc: Les origines de l'agence janséniste à Rome à la fin du XVIIe siècle, in: Études 238 (1926), 400-420, hier: 408.410.413.
- Dudon, Paul: Le quiétiste espagnol: Michel Molinos (1628-1696). - Paris 1921, 148 u.ö.
- Grafinger, Christine Maria: Die Ausleihe Vatikanischer Handschriften und Druckwerke (1563-1700) (StT ; 360). - Vatikanstadt 1993, 266.
- Guarnacci, Mario: Vitae, et res gestae Pontificum Romanorum et S.R.E. Cardinalium a Clemente X. usque ad Clementem XII. [...] Descripta a S. Petro ad Clementem IX. - Romae : Sumptibus Venantii Monaldini bibliopolae [...] ; Ex Typographia Joannis Baptistae Bernabo, & Josephi Lazzarini, 1751. - 2 vol., hier: vol. 2, 55-60.
- Hierarchia Catholica 5, 24.133.
- Jacques, Émile: Les années d'exil d'Antoine Arnauld (1679-1694) (Bibliothèque de la Revue d'histoire ecclésiastique ; 63). - Louvain 1976, 46 u.ö.
- Margiotta Broglio, Francesco: Il conflitto della Regalia e l'appello per abuso del 22 gennaio 1688. Contributo allo studio della proprietà e della giurisdizione ecclesiastica in Francia nella seconda metà del secolo XVII, in: Atti dell'Accademia Nazionale dei Lincei. Memorie: Classe di Scienze morali storiche e filologiche. Ser. 8, 11/4 (1963), 173-232, hier: 175.184-186.
- Neveu, Bruno: „L'aria di qua delle Alpi". Impressions septentrionales de Lorenzo Casoni (1677-1679), in: Bavel, Tarsicius Jan van ; Schrama, Martijn (Hg.): Jansénius et le Jansénisme dans les Pays-Bas. Mélanges Lucien Ceyssens. Actes du Colloque sur Jansénius et le Jansénisme aux (anciens) Pays-Bas (Louvain, 4-7 avril 1979) (Bibliotheca ephemeridum theologicarum Lovaniensium ; 56). - Leuven 1982, 114-137.
- Neveu, Bruno: La correspondance romaine de Louis-Paul Du Vaucel, in: Actes du Colloque sur le jansénisme organisé par l'Academia Belgica (Rome, 2 et 3 novembre 1973). - Louvain 1977, 105-185.
- Osbat, Luciano: L'inquisizione a Napoli. Il processo agli ateisti (1688-1697) (Politica e storia ; 32). - Roma 1974, passim.
- Pásztor, Lajos: Per la storia dell'Archivio Segreto Vaticano nei secc. XVII-XVIII. Eredità Passionei, Carte Favoriti-Casoni, Archivio dei cardinali Bernardino e Fabrizio Spada, in: ASRSP N.S. 22 (1968), 157-249, hier bes.: 170-174 u.ö.
- Semeria, Giovanni Battista: Secoli cristiani della Liguria. – 2 vol. - Torino 1843, hier: vol. 2, 144-146.
- Valesio, Francesco: Diario di Roma. A cura di Gaetana Scano (I cento libri ; 46-51). - 6 vol. - Milano 1978, hier: vol. 1, 562f.
- Vidal, Jean-Marie: Antoine Charlas directeur du Séminaire et vicaire général du Pamier (1634-1698). - Castillon-en-Conserans 1934, 24f. u.ö.
- Weber, Christoph (Bearb.): Die päpstlichen Referendare 1566-1809. Chronologie und Prosopographie (PuP ; 31/1-3). - 3 Bde. - Stuttgart 2003-2004, hier: Bd. 2, 558.
- Weber, Christoph (Hg.): Die ältesten päpstlichen Staatshandbücher. Elenchus Congregationum, Tribunalium et Collegiorum Urbis 1629-1714 (RQ Supplementheft ; 45). - Rom u.a. 1991, 97.
- Weber, Christoph (Hg.): Legati e governatori dello stato pontificio (1550-1809) (Pubblicazioni degli Archivi di Stato. Sussidi ; 7). - Roma 1994, 558.

- Weber, Christoph: Genealogien zur Papstgeschichte. Unter Mitwirkung von Michael Becker bearbeitet (PuP ; 29/1-6). - 6 Bde. - Stuttgart 1999-2002, hier: Bd. 3, 229f.

Niccolò Casoni

Geboren	um 1701 in Sarzana (bei La Spezia, Ligurien)
Gestorben	1759 Mai 6 in Rom

Familie

Der spätere Prälat war Sohn eines Filippo Casoni aus einem Patrizierhaus in Sarzana, Großneffe von Kardinal L. → Casoni und Onkel von F. → Casoni.

Lebenslauf

1722 Juni 11	Referendar der Signaturen
	Ponente der CConcilio
[1725]	Relator der CIndex, Antrag auf Ernennung
	ACDF Index Prot. 73 (1724-1725), Bl. 377 (Schreiben Casonis o.D. an die CIndex)
1725 Sept. 17	Relator der CIndex, Ernnenung
	ACDF Index Prot. 81 (1737-1740), Bl. 442v; ACDF Index Diari 15 (1721-1734), Bl. 44v
1730 Febr. 9	Kleriker der Apostolischen Kammer
1731	Präsident der Päpstlichen Münze (Zecca) (bis 1739)
1739	Presidente delle strade (bis 1751)
1751	Commissario delle Armi
1753	Dekan der Apostolischen Kammer

Literatur

- Fiorani, Luigi: Il concilio romano del 1725 (Biblioteca di storia sociale ; 7). - Roma 1978, 256.
- Valesio, Francesco: Diario di Roma. A cura di Gaetana Scano (I cento libri ; 46-51). - 6 vol. - Milano 1978, hier: vol. 5, 171.
- Weber, Christoph (Bearb.): Die päpstlichen Referendare 1566-1809. Chronologie und Prosopographie (PuP ; 31/1-3). - 3 Bde. - Stuttgart 2003-2004, hier: Bd. 2, 523.
- Weber, Christoph (Hg.): Legati e governatori dello stato pontificio (1550-1809) (Pubblicazioni degli Archivi di Stato. Sussidi ; 7). - Roma 1994, 964f.
- Weber, Christoph: Genealogien zur Papstgeschichte. Unter Mitwirkung von Michael Becker bearbeitet (PuP ; 29/1-6). - 6 Bde. - Stuttgart 1999-2002, hier: Bd. 3, 229f.

Cassiano di S. Luigi SP

Lebenslauf
1724 Dez. 24　　Relator der CIndex, Ernennung
　　　　　　　　ACDF Index Prot. 81 (1737-1740), Bl. 442r

Gutachten
(1725 Jan. 25)　Anonym [Robillard D'Avrigny, Hyacinthe]: Mémoires chronologiques et dogmatiques pour servir à l'histoire ecclésiastique [...]. - [S.l.] : [S.n.], 1723.
　　　　　　　　ACDF Index Prot. 73 (1724-1725), Bl. 222r-225r, 8 S., und Bl. 226r-232r, 13 S.

Antonio Maria Castelli OSM

Geboren　　　um 1659 in Mantua
Gestorben　　1716 Apr. 15 in Neapel

Familie
Zur Familie gibt es keine Nachrichten außer zum Namen des Vaters: Giovanni Giacomo aus Mantua. Vgl. die Quelle zum Eid im SO 1702.

Lebenslauf
um 1680　　　　Ordenseintritt in Mantua
　　　　　　　　Studium der Philosophie und Theologie am Collegium Gandavense, Rom
1686　　　　　　Magister theol.
　　　　　　　　Lektor für Philosophie und Theologie in Bologna und Florenz
　　　　　　　　Lektor für Kontroverstheologie am Collegium Gandavense, Rom
　　　　　　　　Regens des Collegium Gandavense
1698 Juli 9　　 Qualifikator des SO mit Sonderauftrag, Ernennung
　　　　　　　　ACDF SO Decreta 1698, Bl. 180r (zusammen mit F. M. → Campioni und → Onorio dell'Assunzione: wegen der Schriften des Bischofs von Saint-Pont, Percin de Montgaillard)
1700 Sept. 6　　Relator der CIndex, Ernennung
　　　　　　　　ACDF Index Diari 11 (1696-1699), Bl. 138v (auf Vorschlag des Präf. der CIndex)
　　　　　　　　Theologus von Kardinal G. → Marescotti
1702　　　　　　Provinzial des Ordens, Provinz Mantua
1702 Nov. 9　　 Qualifikator des SO, Amtsantritt durch Eidesleistung
　　　　　　　　ACDF SO Extens. 1680-1690 [-1707] = ACDF SO St.St. Q-1-p, Bl. 418v
1707　　　　　　Prior von S. Maria in Via, Rom
1714　　　　　　Generaloberer des Ordens in Rom (bis 1716)

Gutachten

[1702 Okt. 5]   Anonym [Daniel, Gabriel]: Cleander et Eudoxus, seu, De provincialibus quas vocant, litteris, dialogi [...]. - Puteolis : Typis Jacobi Raillard, 1695.
ACDF SO CL 1701-1702, Nr. 18, 7 S.

[1702 Okt. 5]   Michelini, Girolamo: Assertum responsium [...] pro defensione castitatis coniugalis. - Anconae : ex typ. Petri Pauli Rodulphi, 1647.
ACDF SO CL 1701-1702, Nr. 33, 5 S.

[1702 Okt. 5]   Sacrae Congregationi supremae ac sanctae universalis Inquisitionis de urbe [...] pro iustitia edicti moderni episcopi Aesini prohibentis quemdam libellulum in civitate, e tota dioecesi anno 1698. - Aesii : apud Alexandrum Seraphinum impressorem episcopalem, 1698.
ACDF SO CL 1701-1702, Nr. 33, 5 S.

(1707)   Anonym: Lettre d'un docteur sur l'ordonnance de monseigneur le cardinal de Noailles, touchant les Institutions théologiques du P. Juenin [...]. – [S.l.] : [S.n.], 1707.
ACDF SO CL 1706-1707, Nr. 22, 12 S. (Doppelgutachten)

(1707)   Jugement doctrinal des théologiens sur les institutions théologiques du P. Juenin [...]. - [S.l.] : [S.n.], [S.a.].
ACDF SO CL 1706-1707, Nr. 22, 12 S. (Doppelgutachten)

[1708 Sept. 25]   ♦ Quesnel, Pasquier: Troisième mémoire ou l'on défend contre les réponses aux deux premiers, les droits du roi catholique & des autres souverains [...]. - [S.l.] : [S.n.], [1701?].
ACDF SO CL 1708-1710, Nr. 8, 11 S.

(1709 März 4)   Visconti, Blasio: Synthesis apologetica-theologica-moralis [...]. - Neap. : typis Felicis Mosca, 1708.
ACDF Index Prot. 68 (1707-1710), Bl. 326r-329r, 7 S.

[1710 Sept. 2]   Lode sopra li dodeci Privilegi concessi dalla S[anti]s[si]ma Trinità alla Beatis[sim]a Vergine in onore della sua immacolata concezione.
ACDF SO CL 1708-1710, Nr. 34, 4 S.

[1710 Sept. 2]   Zarettini, Octavio: Breve dichiarazione degli tre Serafici Santuari della Sacratissima Vergine Madre di Dio [...]. - [S.a.]. (Manuskript).
ACDF SO CL 1708-1710, Nr. 38, 4 S.

[1710 Sept. 23]   ♦ Anonym: Derniers conseils ou testament politique d'un ministre de l'empereur Léopold I. - A Roterodam : [S.n.], 1706.
ACDF SO CL 1708-1710, Nr. 40, 5 S.

[1711 Juli 7]   ♦ Anonym [Montfaucon de Villars, Nicolas Pierre Henri]: Comte de Gabalis, ou Entretiens sur les sciences secretes [...]. - Cologne : P. Marteau, [ca. 1700].
ACDF SO CL 1711-1714, Nr. 6, 12 S.

[1711 Juli 7]   F., C.: Considerazioni per le quali si dimostra la giustizia delle lettere della Maesta del re cattolico Carlo III. [...]. - [S.l.] : [S.n.], 1710.
ACDF SO CL 1711-1714, Nr. 8, 11 S.

[1713 Jan. 31]	Bayle, Pierre: Commentaire philosophique sur ces paroles de Jésus-Christ: „Contrain les d'entrer" [...]. - Cantorbery : T. Litwel, 1686-1688. ACDF SO CL 1711-1714, Nr. 20, 24 S. (Sammelgutachten)
[1713 Jan. 31]	Justitia, et veritas vindicata contra Calumnias, errores, et falsitates, quibus scatet Apologia Pr[esbyter]is Desirant. ACDF SO CL 1711-1714, Nr. 20, 24 S. (Sammelgutachten)
[1713 Jan. 31]	Anonym [Desirant, Bernard]: De Nullitatibus Aliisque Defectibus Schedulae [...]. - [S.l.] : [S.n.], 1710. ACDF SO CL 1711-1714, Nr. 20, 24 S. (Sammelgutachten)

Eigene Werke
- Canali, Benedetto Angelo Maria: Doctrina catholica de septem ecclesiae sacramentis libris VIII. comprehensa, in quibus res praecipua non solum ad dogmata, sed etiam ad historiam, criticam, chronologicam, leges civiles, ac ecclesiae orientalis et occidentalis disciplinam pertinentes ordine suo recensentur. - Venetiis : Joan. Bapt. Recurti, 1734. - [3] Bl., XII, 465 S., [1] Bl. [Mitverfasser laut Vorwort, Bl. (2f.)]

Literatur
- Garbi, Luigi Maria ; Bonfrizieri, Placido Maria: Annalium sacri Ordinis fratrum servorum b. Mariae Virginis Tomus Tertius. - Lucae : typis Marescandoli, 1725, 562-654.
- Roschini, Gabriele Maria: Galleria Servitana. - Roma 1976, 387f.
- Rossi, Alessio: Serie cronologica dei Rmi Padri Generali dell'Ordine dei Servi di Maria e dei Confessori della Famiglia Pontificia dello stesso Ordine. - Roma 1952, 72f.

Giuseppe Maria Castelli

Geboren	1705 Okt. 4 in Mailand
Gestorben	1780 Apr. 9 in Rom

Familie
Die Eltern des Kardinals, marchese Francesco Castelli (gest. 1717) und Lodovica, Tochter des conte Giovanni Francesco Messarati, gehörten zum Mailänder Patriziat. Vgl. Weber: Genealogien 1, 201f.

Lebenslauf
1715	Konviktor des Kollegs S. Carlo, Modena (gleichzeitig mit G. → Fantuzzi)
1724	Ausbildung in der Accademia dei Nobili Ecclesiastici, Rom (bis 1729)
1740 Aug. [18]	Prelato domestico ASV SS Mem Bigl 175 (Vermerk SS o.D. zum Revirement vom 18. Aug. 1740)

1753 Aug. 27	Konsultor der CIndex, Ernennung ASV SS Mem Bigl 193 (Schreiben SS an Sekr. der CIndex, Entwurf); ACDF Index Prot. 84 (1753-1754), Bl. 505r (Schreiben SS an Sekr. der CIndex); ACDF Index Diari 17 (1749-1763), Bl. 43v
1754 Dez. 3	Konsultor des SO, Ernennung ASV SS Mem Bigl 194 (Schreiben SS an Castelli, Entwurf) Tesoriere Generale der Apostolischen Kammer
1755 Apr. 14	Domenico Petrangeli, Amanuensis von Castelli, Amtsantritt durch Eidesleistung ACDF SO Extens. 1749-1808 = ACDF SO St.St. Q-1-q, Bl. 87v
1758 Juli 8	Komtur (praeceptor) des Erzhospitals S. Spirito in Sassia, Rom ASV SS Mem Bigl 201
1758 Nov. 23	Niccolò Cortoloni, Adiutor studiorum von Castelli, Amtsantritt durch Eidesleistung ACDF SO Extens. 1749-1808 = ACDF SO St.St. Q-1-q, Bl. 122v
1759 Sept. 24	Kardinal
1759 Nov. 19	Zuteilung der Titelkirche S. Alessio
1759 Nov. 19	Mitglied der CIndex, Ernennung ASV SS Mem Bigl 204 (Schreiben SS an Castelli, Entwurf); ACDF Index Prot. 87 (1759-1762), Bl. 17r (Schreiben SS an Sekr. der CIndex)
1759 Nov. 19	Mitglied der CConcilio, CProp und CExamEp ASV SS Mem Bigl 204
1760 Jan. 18	Mitglied der CDiscReg ASV SS Mem Bigl 205
1760 März 24	Mitglied der CVisitaAp ASV SS Mem Bigl 205
1760 Apr. 24	Apostolischer Visitator des Pfandhauses Monte di Pietà, Rom
1760 Dez. 12	Mitglied des SO, Ernennung ASV SS Mem Bigl 205 (Schreiben SS an Castelli, Entwurf)
1763 Apr. 25	Präfekt der CProp ASV SS Mem Bigl 208
1764 März 3	Mitglied der CAcque ASV SS Mem Bigl 209
1766 Jan. 11	Mitglied der CCorrLOr ASV SS Mem Bigl 211
1766 Jan. 27	Camerlengo des Kardinalskollegiums

Gutachten

(1757)	Escaño, Ferdinandus de: Propugnaculum Hierosolymitamum sive Sacrae Religionis Militaris S. Ioannis Hierosolymit. Militae Regularis compendium [...]. - Hispali, 1663 [Hispali : apud Ioannem Gomez a Blas, eiusdem civitatis maiorem typographum, 1664]. ACDF SO CL 1757-1758, Nr. 6, 67 S.

Literatur

- Caffiero, Marina: Battesimi forzati. Storie di ebrei, cristiani e convertiti nella Roma dei papi (La corte dei papi ; 14). - Roma 2004, 97f.210f.
- Hierarchia Catholica 6, 21.
- Metzler, Josef: Die Kongregation im Zeitalter der Aufklärung. Struktur, Missionspläne und Maßnahmen allgemeiner Art (1700-1795), in: Ders. (Hg.): Sacrae Congregationis de Propaganda Fide memoria rerum. 350 anni a servizio delle missioni 1622-1972. - 3 vol. - Romae 1971-1976, vol. 2, 23-83, hier: 30.
- Moroni 10 (1841), 211.
- Ponti, Ermanno: Il Banco di Santo Spirito fondato da S.S. Paolo V con breve del 13 dicembre 1605. - Roma 1941, 309.
- Procaccini di Montescaglioso, Ferdinando: La Pontificia Accademia dei nobili ecclesiastici. Memoria Storica. - Roma 1889, 52.
- Weber, Christoph: Genealogien zur Papstgeschichte. Unter Mitwirkung von Michael Becker bearbeitet (PuP ; 29/1-6). - 6 Bde. - Stuttgart 1999-2002, hier: Bd. 1, 201f.

Nicola Castelli CM

Geboren	1657 Febr. 25 in Moneglia (bei Genua)
Gestorben	1716 Nov. 13

Familie
Der hier interessierende Ordensmann, 1706 anlässlich seines Eides in Rom bezeichnet als „filius quondam Hieronymi de loco Moneliae Januen. Dioc.", stammte aus einem unbekannten Elternhaus, nicht aus einer der adeligen Familien Castelli.

Lebenslauf

1675 März 25	Ordenseintritt
	Aufenthalt in Frankreich, vermutlich in Saint-Lazare, Paris
um 1696	Prior des Ordenshauses S. Giovanni e Paolo, Rom
1702 Dez. 4	Relator der CIndex, Ernennung
	ACDF Index Diari 12 (1700-1703), Bl. 87v (auf Vorschlag des Präf. der CIndex)
1704 Febr. 27	Konsultor der CIndex, Ernennung
	ACDF Index Diari 13 (1704-1708), Bl. 9r.10r (Audienzdekret des Papstes, Bericht Sekr. der CIndex am 21. Apr.)
1706 Okt. 7	Qualifikator des SO, Amtsantritt durch Eidesleistung
	ACDF SO Extens. 1680-1690 [-1707] = ACDF SO St.St. Q-1-p, Bl. 487v

Gutachten

[1702 Nov. 28]	Finardi da Bergamo, Angelo: Le Precellenze della S. Cintura di Maria Verg[in]e.
	ACDF SO CL 1701-1702, Nr. 48, 12 S.

[1703 Apr. 17]	Carpi, Giovanni Francesco da: Flores Decretalivm Regvlarivm [...]. - [Mantua] [S.a.]. (Manuskript) ACDF SO CL 1703, Nr. 11, Bl. 124r-134r, 21 S.
(1703 Juli 9)	Anonym [Boileau, Jacques]: Historia Flagellantium : De Recto Et Perverso Flagrorum Usu Apud Christanos [...]. - Parisiis : Apud Joannem Anisson Typographiae Regiae Praefectum, 1700. ACDF Index Prot. 63 (1703), Bl. 442r-445v, 8 S., und Bl. 448r-453r, 11 S.
[1703 Okt. 18]	Corte, Bartolomeo: Lettera Nella quale si discorre da qual tempo probabilmente s'infonda nel Feto l'anima ragionevole [...]. - [S.l.] : [S.n.], 1702. ACDF SO CL 1703, Nr. 31, Bl. 439r-442r, 7 S.
[1703 Nov. 13]	Anonym: Strada di salute breve, facile, e sicura [...]. - In Milano : per Francesco Vigone, 1686. ACDF SO CL 1704-1705, Nr. 11, Bl. 461r-464r, 7 S.
[1704]	Liberius <a Jesu>: Controversiae dogmaticae adversus haereses utriusque orbis occidentalis et orientalis explicatae [...]. - Romae : typis, & sumptibus Cajetani Zenobii, & Georgii Plachi, 1701. (Bd. 1) ACDF SO CL 1704-1705, Nr. 14, Bl. 728r-735r, 15 S.
[1704 Jan. 29]	Gerbais, Jean: Première [-Troisième] lettre [...] à un Bénédictin de la Congrégation de Saint-Maur, touchant le pécule des religieux faits curez ou évesques. - Paris : M. Villery, 1698. ACDF SO CL 1704-1705, Nr. 4, Bl. 557r-558v, 4 S.
[1705 Mai 13]	Codde Pieter, <Sebaste, Titular-Erzbischof>: Declaratio et responsiones [...] ut censeat de censura per Romanam inquisitionem illis infflicta 3. Aprilis 1704. - [S.l.] : [S.n.], 1704. ACDF SO CL 1704-1705, Nr. 21, 3 S. (Sammelgutachten)
[1705 Mai 13]	Cato Uticensis Redivivus <Pseudonym>: Ad amplissimos archidioeceseos Ultraiectensis, et diocaeseos Harlemiensis capitulares viros [...]. - [S.l.] : [S.n.], [1703]. ACDF SO CL 1704-1705, Nr. 21, 3 S. (Sammelgutachten)
[1705 Mai 13]	Amstelius, Gisbertus <Pseudonym>: Expostulatio prima adversus eos qui dicunt se de consortio Jesu esse, et non sunt, sed sunt synagoga Satanae [...]. - Coloniae : apud Balthazar ab Egmont, 1704. ACDF SO CL 1704-1705, Nr. 21, 3 S. (Sammelgutachten)
[1705 Mai 13]	M. M. A. P. C.: Collyrium Theodoro de Cock dono missum [...]. - [S.l.] : [S.n.], 1704. ACDF SO CL 1704-1705, Nr. 21, 3 S. (Sammelgutachten)
[1705 Mai 13]	Anonym: Lamenta & querelae sponsae Sebastenae, per Clementem XI. viduatae, ad eundem, pro sponso suo. - [S.l.] : [S.n.], [1704]. ACDF SO CL 1704-1705, Nr. 21, 3 S. (Sammelgutachten)
[1705 Mai 13]	Adeodatus, Presbyter <Pseudonym> [Tibbel, Johannes]: Adeodatus presbyter compresbyteris de clero per foederatum Belgium, D. Theod. Cockium ut provicarium non recipientibus, S.P.D. - Delphis : apud H. Van Rhyn, 1703. ACDF SO CL 1704-1705, Nr. 21, 3 S. (Sammelgutachten)

Castelli 312

[1705 Mai 13] Spoor, Henricus: De Klagende Merkuur [...]. - Utrecht : [S.n.], 1703.
ACDF SO CL 1704-1705, Nr. 21, 3 S. (Sammelgutachten)

[1705 Mai 13] Spoor, Henricus ; Bussi, Giovanni Battista: Copie der brief van den Heer Internuntius geschreven aan Hendrik Spoor, tot wiens antwoord den volgende dient [...]. - [S.l.] : [S.n.], [1703].
ACDF SO CL 1704-1705, Nr. 21, 3 S. (Sammelgutachten)

[1705 Mai 13] ♦ N.: Lettre [...] sur la demande: s'il est bon d'employer les pp. jesuites dans une mission? [...]. - [Brussels?] : [S.n.], [1702?].
ACDF SO CL 1704-1705, Nr. 21, 3 S. (Sammelgutachten)

[1705 Mai 13] ♦ Anonym [Quesnel, Pasquier]: Avis sincères aux catholiques des Provinces-Unies, sur le décret de l'Inquisition de Rome contre M. l'archevêque de Sébaste [...]. - [S. l.] : [S.n.], 1704.
ACDF SO CL 1704-1705, Nr. 21, 3 S. (Sammelgutachten)

(1705 Juli 6) Isidro <de León>: Mistico cielo en qve se gozan los bienes del alma y vida de la verdad [...]. - En Madrid : por Roque Rico de Miranda, 1685-1687.
ACDF Index Prot. 66 (1705-1706), S. 309-323, 15 S.

[1706 Aug. 11] ♦ Anonym [Bardon, Antoine]: Commentitiae Rigoristarum Sectae, fictitiarumque in Ecclesiam veterem ac recentem calumniarum impugnator [...]. - Delphis : Van-Rhin, 1706.
ACDF SO CL 1706-1707, Nr. 7, 7 S.

(1706 Sept. 20) Arnold, Gottfried: Historia et descriptio theologiae mysticae [...]. - Francofvrti : apud Thomam Fritsch, 1702.
ACDF Index Prot. 67 (1706-1707), Bl. 252r-253v, 3 S., und Bl. 256r-261r, 11 S.

[1707 Jan. 12] ♦ Anonym [Quesnel, Pasquier]: La paix de Clément IX. [...]. - A Chamberri : Jean Batiste Giraux, 1700.
ACDF SO CL 1706-1707, Nr. 11, 8 S.

[1707 Jan. 12] ♦ Anonym [Dumas, Hilaire]: Histoire des cinq propositions de Jansenius. - A Liège : Chez Daniel Moumal, 1699.
ACDF SO CL 1706-1707, Nr. 12, 6 S.

(1707 Apr. 4) Palazzi, Giovanni: Gesta Pontificum Romanorum [...]. - Venetiis : Apud Ioannem Parè, 1687-1690. (Bd. 1)
ACDF Index Prot. 67 (1706-1707), Bl. 388r-390v, 6 S.

[1707 Sept. 13] Juénin, Gaspard: Institutiones theologicae ad usum Seminariorum [...]. - Parisiis : Anisson, 1704 ; Editio veneta anterioribus multo auctior, & accuratior. - Venetiis : apud Paulum Balleonium, 1704-. (Bd. 1)
ACDF SO CL 1708-1710, Nr. 6, 12 S.

[1707 Sept. 20] Patrignani, Giuseppe Antonio: La santa infanzia del figliuolo di Dio [...]. - [S.a.]. (Manuskript)
ACDF SO CL 1706-1707, Nr. 37, 2 S.

[1708 Juli 17] Juénin, Gaspard: Institutiones theologicae ad usum Seminariorum [...]. - Parisiis : Anisson, 1704 ; ; Editio veneta anterioribus multo

	auctior, & accuratior. - Venetiis : apud Paulum Balleonium, 1704-. (Bde. 2-7) ACDF SO CL 1708-1710, Nr. 6, 12 S.
[1708 Juli 17]	Montgaillard, Pierre Jean-François de Percin de <Saint-Pons-de-Thomières, Bischof>: (1) Mandement [...] touchant l'acceptation de la bulle de N.S.P. le pape Clément XI sur le Cas signé par les XL docteurs [...]. - Béziers : P. Barbue, [1706]. (2) Nouvelle lettre [...] touchant l'infaillibilité du Pape. [22 mai 1706.]. - [S.l.] : [S.n.], 1706. (3) Lettre [...] où il justifie les 19 évêques qui écrivirent en 1667 au Pape et au Roi [...] [9 juin 1705]. - [S.l.] : [S.n.], [S.a.]. (4) Réponse [...] à la lettre de Mgr l'Archevêque de Cambrai [22 mai 1706]. - [S.l.] : [S.n.], [S.a.]. ACDF SO CL 1708-1710, Nr. 21, 11 S. (Sammelgutachten)
[1709 Aug. 20]	Gatto, Antonino: Nugae Laderchianae in epistola ad equitem Florentinum sub nomine & sine nomine Petri Donati Polydori vulgata [...]. - Genuae : typis Jo. Mariae Ferroni, 1709. ACDF SO CL 1708-1710, Nr. 19, 11 S.
[1710 Sept. 23]	Anonym: Risposta ad una Scrittura in lingua francese d'Autor Calvinista Anonimo, che sotto il pretesto di far un discorso sopra l'Decalogo, accusa i Cattolici, come trasgressori del p[rim]o precetto divino [...]. - [ca. 1704]. (Manuskript) ACDF SO CL 1715-1717, Nr. 25, 3 S.
(1711 Sept. 15)	Baillet, Adrien: Les vies des Saints [...]. - A Paris : chez Louis Roulland, [1703-]1704. ACDF Index Prot. 69 (1710-1712), Bl. 243r-249r, 13 S.
(1712 Apr. 5)	Gallianus, Celestinus (Resp.) ; Buttolini, Franciscus Antonius (Resp.?): Theses ex scriptura sacra, theologia dogmatica, et scholastica [...]. - [S.l., Romae?] : [S.n., apud Franciscum Gonzagam in Via Lata?], [S.a., 1709]. ACDF Index Prot. 69 (1710-1712), Bl. 320r-336r, 33 S.
[1713 Jan. 31]	Annat, Pierre: Apparatus ad positivam théologiam methodicus [...]. - Parisiis : Nicolaus Couterot, 1705. ACDF SO CL 1711-1714, Nr. 47, 10 S.
[1713 Nov. 14]	Henri <de Saint Ignace>: Ethica Amoris, Sive Theologia Sanctorum Magni Praesertim Augustini, Et Thomae Aquinatis [...]. - Leodii : Ex Officina Typographica J. Francisci Broncart, 1709. (Bd. 1) ACDF SO CL 1722-1723, Nr. 5, 16 S.
[1714 Aug. 21]	Henri <de Saint Ignace>: Ethica Amoris, Sive Theologia Sanctorum Magni Praesertim Augustini, Et Thomae Aquinatis [...]. - Leodii : Ex Officina Typographica J. Francisci Broncart, 1709. (Bd. 2) ACDF SO CL 1722-1723, Nr. 5, 15 S.
(1715 Jan. 28)	Gualdo, Gabriele: Baptisma Puerorum In Uteris Existentium [...]. - Patavii : apud Josephum Corona, 1710. ACDF Index Prot. 70 (1713-1715), Bl. 376r-383r, 15 S.

[1716 Apr. 22]   Anonym [Dupin, Louis Ellies]: Traité historique des excommunications [...]. - A Paris : chez Jacques Estienne, 1715.
ACDF SO CL 1715-1717, Nr. 16, 23 S.

Literatur
- Anonym: Cenni storici su la congregazione della Missione in Italia, 1624-1925. - Piacenza 1925, 387.
- Ceyssens, Lucien ; Tans, Joseph A. G.: Autour de l'Unigenitus. Recherches sur la genèse de la constitution (Bibliotheca Ephemeridum Theologicarum Lovaniensium ; 76). - Leuven 1987, 5f.
- Wernicke, Michael Klaus: Kardinal Enrico Noris und seine Verteidigung Augustins (Cassiciacum ; 28). - Würzburg 1973, 82.

Silvano Catanzi OSBVal

Namensvariante Vincenzo Catanzi (Taufname)

Geboren   um 1644 in Soci bei Bibiena (Casentino, Toskana)
Gestorben 1723 Juli 4 in Poppi (Casentino, Toskana)

Familie
Zur Herkunft des Paters konnte nichts Genaueres ermittelt werden. Das ungefähre Geburtsjahr ergibt sich aus der Altersangabe (79 Jahre) beim Tod Catanzis.

Lebenslauf
1660   Ordenseintritt
1667 Aug. 9   Mitglied des Collegium theologicum der Universität Florenz
            Dozent in den Abteien S. Prassede, Rom, und S. Michele, Passignano (Toskana)
            Abt von S. Prassede, Rom, S. Michele, Passignano, S. Lanfranco, bei Pavia, S. Raparata, Marradi
            Generalvisitator des Ordens
[1699]   Relator der CIndex, Antrag auf Ernennung (empfohlen von Kardinal G. A. → Morigia)
            ACDF Index Diari 11 (1696-1699), Bl. 116v-117r
1699 Nov. 23 Relator der CIndex, Ernennung
            ACDF Index Diari 11 (1696-1699), Bl. 116v-117r
1700   Generaloberer des Ordens
            ACDF Index Diari 11 (1696-1699), Bl. 138r
1701 März 10 Konsultor der CIndex, Ernennung
            ACDF Index Diari 12 (1700-1703), Bl. 18r
1704 Dez. 26 Theologus und Familiar von Kardinal F. M. de' → Medici

	Abt und Ökonom von S. Maria de Susinana, Poppi (Casentino, Toskana)
	Vorgeschlagen als Bischof von S. Sepolcro (durch Kardinal G. M. → Gabrielli)

Gutachten

(1701 Jan. 25)	Alberti, Valentin: Interesse praecipuarum religionum christianarum [...]. - Lipsiae ac Francofurthi : Literis Wittigavianis, 1683. ACDF Index Prot. 60 (1700-1701), Bl. 222r-225r, 7 S.

Eigene Werke
- Anonym: Costituzioni dell'Ordine di Vallombrosa coll'Inserzione della Regola di S. Benedetto [...]. - In Firenze : per Vinzenzo Vangelisti, 1704. - 483 S., 3-16. [Widmung des Generaloberen Catanzi an den Kardinalprotektor des Ordens F. M. de' → Medici und Vorrede an die Brüder]

Literatur
- Cerracchini, Luca Giuseppe: Fasti teologali ovvero notizie istoriche del collegio de' teologi della sacra università fiorentina dalla sua fondazione fin all'anno 1738 [...]. - In Firenze : per Francesco Moücke, 1738, 524f.
- Dizionario storico biografico di scrittori letterati ed artisti dell'Ordine di Vallombrosa. Compilato dal P. Abate D. Torello Sala. - 2 vol. - Firenze [1929], hier: vol. 1, 128f.

Pietro Caucci

Geboren	um 1697 in Rom
Gestorben	1757 Apr. 14 in Rom

Familie

Als Sohn des marchese Emidio (Emigdius) Caucci gehörte der spätere Prälat zu einer römischen, ursprünglich in Ascoli (Marken) beheimateten Patrizierfamilie. Vgl. Weber: Referendare 2, 528f.

Lebenslauf

	Dr. iur. utr. und Dr. theol.
[1720]	Relator der CIndex, Antrag auf Ernennung
	ACDF Index Prot. 71 (1715-1721), Bl. 686 (Bewerbung Cauccis o.D.)
1720 Aug. 26	Relator der CIndex, Ernennung
	ACDF Index Diari 14 (1708-1721), Bl. 130r; ACDF Index Prot. 81 (1737-1740), Bl. 441r
1730 Okt. 14	Giudice der CFabbrica
	ASV SS Mem Bigl 162

1730 Dez. 24	Koadjutorkanoniker an St. Peter, Rom
1733 März [2]	Kanoniker an St. Peter, Rom
	BAV Arch. Cap. S. Petri in Vat., mss. vari 19-20, Bl. 101v.136v („3." März); ASV SS Mem Bigl 167 (Schreiben SS o.D. an Brevensekretär Fabio Olivieri zur Ausstellung des Breve, Entwurf abgelegt zum 2. März 1733)
1734 Sept. 21	Kleriker der Apostolischen Kammer
	ASV SS Mem Bigl 168 (Schreiben SS an „Gaucci", Entwurf)
1744 Jan. 22	Prelato domestico
	ASV SS Mem Bigl 182
1744 Febr. 8	Referendar der Signaturen
[1744]	Ponente der CBuonGov

Gutachten

(1721 Jan. 21) Jaeger, Johann Wolfgang: Opuscula varia theologica : maximum partem hactenus inedita [...]. - Tubingae : Cotta, 1715[-1716].
ACDF Index Prot. 71 (1715-1721), Bl. 754r-756v, 6 S.

Literatur

• Weber, Christoph (Bearb.): Die päpstlichen Referendare 1566-1809. Chronologie und Prosopographie (PuP ; 31/1-3). - 3 Bde. - Stuttgart 2003-2004, hier: Bd. 2, 529.

Paolo Maria Cauvini OP

Namensvariante Paolo Cavvini

Geboren um 1642 in Nizza
Gestorben 1716 Nov. 7 in [Rom]

Lebenslauf

1685	Studienmagister am Ordenskolleg in Bologna (bis 1688)
1688	Baccelliere am Ordenskolleg in Bologna (bis 1690)
	Lektor an Ordenskollegien in Mailand und Bologna
1703	Theologus Casanatensis
[1704]	[Revisor des SO]
	ACDF SO CL 1704-1705, Nr. 13, Bl. 657r-660r (erstes nachgewiesenes Gutachten)
1707 Apr. 4	Relator der CIndex, [Ernennung]
	ACDF Index Diari 13 (1704-1708), Bl. 121v (erstes Referat)

Unveröffentlichte Quellen

Gedruckter Rundbrief vom 10. November 1716 zum Tod Cauvinis von A. → Cloche, Einblattdruck (hier nach dem Handexemplar von T. A. → Ricchini: Biblioteca Statale, Cremona, Mischband 48.6.12/123)

Gutachten

[1704 Apr. 22] Hayneufve, Julien: Abrege des meditations sur la vie de Jesus-Christ [...]. - [S.a.]. (Manuskript)
ACDF SO CL 1704-1705, Nr. 13, Bl. 657r-660r, 7 S.

[1705 Mai 13] Codde Pieter, <Sebaste, Titular-Erzbischof>: Declaratio et responsiones [...] ut censeat de censura per Romanam inquisitionem illis infflicta 3. Aprilis 1704. - [S.l.] : [S.n.], 1704.
ACDF SO CL 1704-1705, Nr. 21, 2 S. (Sammelgutachten)

[1705 Mai 13] Cato Uticensis Redivivus <Pseudonym>: Ad amplissimos archidioeceseos Ultraiectensis, et diocaeseos Harlemiensis capitulares viros [...]. - [S.l.] : [S.n.], [1703].
ACDF SO CL 1704-1705, Nr. 21, 2 S. (Sammelgutachten)

[1705 Mai 13] Amstelius, Gisbertus <Pseudonym>: Expostulatio prima adversus eos qui dicunt se de consortio Jesu esse, et non sunt, sed sunt synagoga Satanae [...]. - Coloniae : apud Balthazar ab Egmont, 1704.
ACDF SO CL 1704-1705, Nr. 21, 2 S. (Sammelgutachten)

[1705 Mai 13] M. M. A. P. C.: Collyrium Theodoro de Cock dono missum [...]. - [S.l.] : [S.n.], 1704.
ACDF SO CL 1704-1705, Nr. 21, 2 S. (Sammelgutachten)

[1705 Mai 13] Anonym: Lamenta & querelae sponsae Sebastenae, per Clementem XI. viduatae, ad eundem, pro sponso suo. - [S.l.] : [S.n.], [1704].
ACDF SO CL 1704-1705, Nr. 21, 2 S. (Sammelgutachten)

[1705 Mai 13] Adeodatus, Presbyter <Pseudonym> [Tibbel, Johannes]: Adeodatus presbyter compresbyteris de clero per foederatum Belgium, D. Theod. Cockium ut provicarium non recipientibus, S.P.D. [...]. - Delphis : apud H. Van Rhyn, 1703.
ACDF SO CL 1704-1705, Nr. 21, 2 S. (Sammelgutachten)

[1705 Mai 13] Spoor, Henricus: De Klagende Merkuur [...]. - Utrecht : [S.n.], 1703.
ACDF SO CL 1704-1705, Nr. 21, 2 S. (Sammelgutachten)

[1705 Mai 13] Spoor, Henricus ; Bussi, Giovanni Battista: Copie der brief van den Heer Internuntius geschreven aan Hendrik Spoor, tot wiens antwoord den volgende dient [...]. - [S.l.] : [S.n.], [1703].
ACDF SO CL 1704-1705, Nr. 21, 2 S. (Sammelgutachten)

[1705 Mai 13] ♦ Anonym [Quesnel, Pasquier]: Avis sincères aux catholiques des Provinces-Unies sur le décret de l'Inquisition de Rome contre M. l'archevêque de Sébaste [...]. - [S. l.] : [S.n.], 1704.
ACDF SO CL 1704-1705, Nr. 21, 2 S. (Sammelgutachten)

[1705 Mai 13] ♦ N.: Lettre [...] sur la demande: s'il est bon d'employer les pp. jesuites dans une mission? [...]. - [Brussels?] : [S.n.], [1702?].
ACDF SO CL 1704-1705, Nr. 21, 2 S. (Sammelgutachten)

[1707 März 29] Hayneufve, Julien: Compendio delle Meditazioni sopra la vita di G. Cristo per tutti i giorni dell'anno. (Manuskript)
ACDF SO CL 1706-1707, Nr. 15, 3 S.

(1707 Apr. 4) Richer, Edmond: Libellus de ecclesiastica et politica potestate [...]. - Coloniae : apud Balthasarum ab Egmond & Socios, 1701.
ACDF Index Prot. 67 (1706-1707), Bl. 406r-408r, 5 S.

(1707 Juni 7)	Saguens, Johannes: Philosophia Maignani scholastica [...]. - Tolosae : apud Antonium Pech, 1703. ACDF Index Prot. 67 (1706-1707), Bl. 438r-440v, 6 S.
[1710 Sept. 2]	Alcuni riflessioni intorno all'Opera data in luce da Giacomo Picenino sotto titolo di Apologia per i Reformatori. - [S.a.] (Manuskript) ACDF SO CL 1708-1710, Nr. 37, 3 S.
[1711 Juli 7]	Anonym [Pascoli, Alessandro]: Sofilo Molossio pastore arcade perugino, e custode degli armenti automatici in Arcadia : Gli difende dallo Scrutinio, che ne fa nella sua critica il signor Pietro Angelo Papi [...]. - In Roma : nella libraria di Gio. Andreoli à Pasquino, 1706. ACDF SO CL 1711-1714, Nr. 7, 3 S.
[1713 Sept. 26]	Michel, Augustinus: Discussio theologica quatuor dissertationum [...]. - Augustae Vindelicorum, et Dilingae : sumptibus J. C. Bencard, 1710. ACDF SO CL 1711-1714, Nr. 24, 7 S.
[1714 Sept. 25]	Gagliardi, Achille: Pratica mirabile per unire l'anima con Dio [...]. - In Bologna : per Costantino Pisarri [...], 1714. ACDF SO CL 1711-1714, Nr. 43, 3 S.
[1714 Sept. 25]	Anonym [Petitpied, Nicolas]: Obedientiae credulae vana religio, seu Silentium religiosum in causa Jansenii explicatum [...]. - [S.l.] : [S.n.], 1708. ACDF SO CL 1711-1714, Nr. 45, 4 S.
[1715 Juli 31]	Anonym [Heyendal, Nicolas]: Dispunctio censurae Coloniensis ejusque justificationis adversus quasdam assertiones theologicas abbatis monasterii Rodensis [...]. - Bruxellis : de Grieck, 1714. ACDF SO CL 1715-1717, Nr. 9, 4 S.
[1715 Aug. 7]	♦ Rolliers, Antonius (Praes.) ; Maresteau, Nicolas (Resp.): Instrumenti veteris (S. Hieron. in Prologo Galeato) Epitomes pars prior sive liber primus paralipomenon [...]. - Lovanium : Vandevelde, 1714. ACDF SO CL 1715-1717, Nr. 8, 5 S. (Doppelgutachten)
[1715 Aug. 7]	Libens, Joannes (Praes.) ; Branteghem, Joannes van (Resp.) [u.a.]: Verbum incarnatum ejusque Salutaria Sacramenta. - Lovanii : typis Guilielmi Stryckwant, 1714. ACDF SO CL 1715-1717, Nr. 8, 5 S. (Doppelgutachten)

Eigene Werke
- Disputationes theologicae in primam partem summae theologicae Sancti Thomae editae [...]. - Romae : Ex Typographia Komarek, 1709. - [3] Bl., 622 S., [1] Bl.

Literatur
- Coulon, Rémy ; Papillon, Antonin: Scriptores Ordinis Praedicatorum recensiti, notis historicis et criticis illustrati ad annum 1700 auctoribus Jacobo Quétif [...] ab anno autem 1701 ad annum 1750 perducti [...]. - 2 vol. - Romae ; Parisiis 1909-1934, hier: vol. 1, 236.
- D'Amato, Alfonso: I Domenicani a Bologna. - 2 vol. - Bologna 1988, 716.

- Guglielmotti, Alberto: Catalogo dei bibliotecari, cattedratici, e teologi del Collegio Casanatense nel convento della Minerva dell'Ordine de' Predicatori in Roma dal principio di loro istituzione sino al presente. Raccolto da sicuri documenti e corredato di note biografiche, cronologiche, e bibliografiche. - Roma 1860, 30.

Francesco Antonio Cavalcanti CR

Namensvariante   Didaco Maria Domenico Cavalcanti (Taufname)

Geboren   1695 Okt. 22 in Caccuri (Diözese Cerenzia, Kalabrien)
Gestorben   1748 Jan. 7 in Cosenza (Kalabrien)

Familie
Als Sohn des Antonio Cavalcanti und der Laodona Gaeta zählte der spätere Pater zu einem alten Adelsgeschlecht von Cosenza. Zwei seiner Brüder wurden ebenfalls Geistliche: Domenico, Theologieprofessor in Florenz und Berater (confessore) der Königin Maria Amalia von Neapel, sowie Domenico Andrea Cavalcanti CR (1698-1769), ab 1755 Erzbischof von Trani in Kalabrien. Vgl. DBI 22, 621f.

Lebenslauf
1711 Nov. 17	Ordensprofess in der Abtei SS. Apostoli, Neapel
1718 Dez. 17	Priesterweihe
	Lektor für Philosophie, Theologie und Hl. Schrift (für 18 Jahre)
[1731]	Konsultor der CIndulg
	Theologus der Kardinäle G. → Firrao und M. → Passeri
1739 Jan. 20	Revisor des SO, Amtsantritt durch Eidesleistung
	ACDF SO Juramenta 1737-1749, o.Bl.
[1739]	Qualifikator des SO, Antrag auf Ernennung
	ACDF SO Priv. 1736-1742, Bl. 276r (Bewerbung Cavalcantis o.D. an den Papst)
1739 Apr. 1	Qualifikator des SO, Ernennung
	ACDF SO Priv. 1736-1742, Bl. 280v (Audienzdekret des Papstes); ACDF SO Decreta 1739, Bl. 129r
1739 Mai 16	Qualifikator des SO, Amtsantritt durch Eidesleistung
	ACDF SO Juramenta 1737-1749, o.Bl.
	Generalprokurator des Ordens
1740	Generaloberer des Ordens
1743 Mai 20	Erzbischof von Cosenza

Eigene Werke
- Constitutiones et decreta Congregationis Clericorum Regularium pro studiis, & scholasticis, cum triplici elencho. Primo quaestionum philosophicarum, secundo tractatuum et quaestionum theologiae scholastico-dogmaticae, tertio tractatuum &

quaestionum theologiae moralis juris canonico inserendae. - Romae : Typis Joannis Zempel, 1741. - 72 S. [hrsg. im Auftrag Cavalcantis als Generaloberen]
- Vindiciae romanorum pontificum [...] Opus posthumum. - Romae : Typis et sumptibus Hieronymi Mainardi, 1749. - [5] Bl., 384 S. [gezeichnet Bl. (1r) von Dominicus Andreas Cavalcanti CR als Hg.]

Literatur
- Accattatis, Luigi: Le biografie degli uomini illustri delle Calabrie. - 4 vol. - Cosenza 1869-1877, hier: vol. 2, 152-154.
- Aliquò Lenzi, Luigi: Gli Scrittori Calabresi. - Messina 1913, 72.
- DBI 22 (1979), 621f. von F. Raco.
- Hierarchia Catholica 6, 190.412.
- Russo, Francesco: Storia della Arcidiocesi di Cosenza. - Napoli 1958, 518-520.
- Vezzosi, Antonio Francesco: I Scrittori de' cherici regolari detti Teatini. - In Roma : nella stamperia della sacra congregazione di Propaganda Fide, 1780, 257-259.
- Zavarrone, Angelo: Bibliotheca Calabra, sive illustrium virorum Calabriae qui literis claruerunt elenchus ad illustriss. et excellentiss. dom. Jacobum Salutium Coriolani ducem, [...]. - Neapoli : ex typographia Johannis de Simone, 1753. - 2 vol. ; ND Bologna 1967, 201.

Silvio Cavalieri

Geboren   1641 Okt. 4 in Veroli
Gestorben   1717 Jan. 11 in Rom

Familie
Der spätere Prälat stammte von den bürgerlichen Eltern Francesco Cavalieri und Eugenia Viti und erhielt seinen ersten Unterricht von einem Onkel, dem Kanoniker G. B. Pelosi. Hierzu und zum Aufstieg der Familie aus Veroli (römisches Patriziat, conte-Titel) im 19. und 20. Jahrhundert vgl. Weber: Referendare 2, 531.

Lebenslauf
1668 März 2	Dr. iur. utr. an der Universität Sapienza, Rom
1697 Nov. 17	Priesterweihe
1698 Nov. 17	Confessarius des Apostolischen Palastes
1701 Febr. 5	Referendar der Signaturen
1707 Okt. 3	Sekretär der CProp (bis 11. Jan. 1717)
1709 Apr. 24	Konsultor des SO, Amtsantritt durch Eidesleistung
	ACDF SO Juramenta 1701-1724, Bl. 90v
	Kanoniker an St. Peter, Rom
1712 Okt. 5	Titularerzbischof von Athen

Literatur
- Hierarchia Catholica 5, 103.
- Metzler, Josef: Die Synoden in Indochina 1625-1934 (Konziliengeschichte. Reihe A). - Paderborn u.a. 1984, 78.
- Metzler, Josef: Serie dei Cardinali Prefetti e dei Segretari della Sacra Congregazione de Propaganda Fide, in: Ders. (Hg.): Sacrae Congregationis de Propaganda Fide memoria rerum. 350 anni a servizio delle missioni 1622-1972. - 3 vol. - Romae 1971-1976, hier: vol. 3/2, 622.
- Weber, Christoph (Bearb.): Die päpstlichen Referendare 1566-1809. Chronologie und Prosopographie (PuP ; 31/1-3). - 3 Bde. - Stuttgart 2003-2004, hier: Bd. 2, 531.
- Weber, Christoph (Hg.): Die ältesten päpstlichen Staatshandbücher. Elenchus Congregationum, Tribunalium et Collegiorum Urbis 1629-1714 (RQ Supplementheft ; 45). - Rom u.a. 1991, 531.

Bernardo Cavaliero CR

Geboren	um 1667 in Neapel
Gestorben	1728 Juli in San Marco Argentano (Kalabrien)

Lebenslauf

	Ordenseintritt mit Sondergenehmigung wegen zu jungen Alters
1693 Dez. 8	Ordensprofess in SS. Apostoli, Neapel
	Studium in Palermo und an S. Andrea della Valle, Rom
	Lektor für Philosophie in Lemberg (Lwiw)
	Lektor für Theologie in Messina
	Prediger in verschiedenen italienischen Städten
	Theologus des Herzogs von Modena
	Revisor theologus der Inquisition von Modena
	Konsultor der Inquisition von Genua
1717 Juli 23	Revisor des SO, Amtsantritt durch Eidesleistung
	ACDF SO Juramenta 1701-1724, Bl. 195v
1718 Febr. 11	Bischof von San Marco Argentano (Kalabrien)

Gutachten

[1717 Nov. 17]	Anonym [Landi, Abbas]: Qu[ae]stiones Theologic[ae] in materia morali [...]. - [S.l.] [S.a.]. (Manuskript)
	ACDF SO CL 1724-1728, Nr. 22, 16 S.

Eigene Werke
- Il pianto glorioso nella coronazione della Madonna del Pianto celebrata in Foligno, nel dì 14. maggio 1713. Considerato [...] nell'ultimo giorno dell'ottavario. - In Bologna : per Ferdinando Pisarri, 1713. - 60, [4] S.

- Le promesse del pincipe : e le richieste del principato, nell'incoronazione del ser.mo doge di Genova Francesco Maria Saoli, / bilanciate [...]. - In Genova : per Gio. Battista Branchelli. 1695. - 102 S.
- Metodi, regole, consigli, ed avvertimenti utilissimi non solamente per chi comincia, ma per chi già trovandosi in qualunque genere di studj' avanzato, brami con la facilità, e con la brevità possibile viè più in quello formarsi [...]. Parte prima. - In Bologna : [S.n.], 1712.
- Per le lodi della Madonna del Pianto. Orazione detta in Fuligno nell'ultimo giorno dell'ottavario per la coronazione di Lei l'anno 1713, in: Anonym: Orazioni di lode composte, e dette da diversi oratori Cherici Regolari Teatini. Parte prima. - Seconda impressione. - In Firenze : Nella Stamperia di Giuseppe Manni, 1733, 38-84.

Literatur
- Hierarchia Catholica 5, 255.
- Ughelli 10, 280-284.
- Vezzosi, Antonio Francesco: I Scrittori de' cherici regolari detti Teatini. - In Roma : nella stamperia della sacra congregazione di Propaganda Fide, 1780, 259f.

Domenico Cavazzi

Geboren um 1745
Gestorben [1802 Jan.]

Familie
Aus der bürgerlichen Familie der Cavazzi in Rom stammten mehrere Mitarbeiter des SO, darunter der Archivar F. → Cavazzi (gest. 1765) und sein ältester Sohn, der hier interessierende Domenico sowie dessen Bruder Nicola, der 1790 zum Buchhalter (Computista) des SO ernannt wurde. Vgl. ACDF SO Priv. [1789-]1790, Nr. 83. Im 19. Jahrhundert begegnen die beiden Buchhalter des SO Giovanni Battista (im Amt 1829 bis 1865) und Pio Cavazzi (im Amt 1865 bis 1887), nicht zu verwechseln mit dem Priester P. → Cavazzi, der 1802 Kanzleibeamter des SO wurde.

Lebenslauf
1766 Apr. 5 Sostituto Notaro des SO, Ernennung
  ACDF SO Juramenta 1766-1776, Bl. 5; ACDF SO Priv. 1765-1768, Bl. 620-624; ACDF SO Priv. 1781-1783, Bl. 135
1781 Dez. 11 Archivar des SO, Ernennung
  ACDF SO Priv. 1781-1783, Bl. 145
1801 Okt. Capo Notaro des SO (bis 1802, zunächst mit denselben Bezügen wie als Archivar)
  ACDF SO Priv. 1801-1803, Nr. 20 (Datum nach Antrag Cavazzis auf Gehaltserhöhung an das SO vom 21. Dez. 1801)

Filippo Cavazzi

Gestorben 1765 Mai

Familie
Am Todestag Filippos beantragte die Witwe Angiola finanzielle Hilfe beim SO. Dieses beschloss die jährliche Zahlung von 40 scudi bis zur Selbständigkeit der Kinder und eine einmalige zusätzliche Zahlung von 30 scudi. Vgl. ACDF SO Decreta 1765, Bl. 37v.41v. Zur Familie vgl. die Angaben zu D. → Cavazzi.

Lebenslauf
	Scriptor des SO
	Sostituto Notaro des SO
	Archivar des SO
1741 Sept. 18	Koadjutor der Kanzlei des SO, Ernennung
	ACDF SO Priv. 1755-1759, Bl. 93v; ACDF SO Juramenta 1737-1749, o.Bl.

Pio Cavazzi

Familie
Siehe die Angaben zu D. → Cavazzi.

Lebenslauf
1802 Jan. 22	Koadjutor der Kanzlei des SO, Amtsantritt durch Eidesleistung
	ACDF SO Extens. 1749-1808 = ACDF SO St.St. Q-1-q, Bl. 309r („munus Tironis Cancellariae")

José Nicolás Cavero Perez OdeM

Lebenslauf
[1719]	Revisor des SO, [Ernennung]
	ACDF SO CL 1718-1721, Nr. 9 (erstes nachgewiesenes Gutachten)
1722 März 28	Revisor des SO, Amtsantritt durch Eidesleistung
	ACDF SO Juramenta 1701-1724, Bl. 374v

Gutachten
1719 Sept. 13	Knippenberg, Sebastian: Opusculum, Doctrina S. Thomae In Materia De Gratia ab erroribus ipsi falso impositis liberata [...]. - Coloniae Agrippinae : Metternich, 1718.
	ACDF SO CL 1718-1721, Nr. 9, 10 S.

Cenci

1720 Mai 5   Bacallar y Sanna, Vicente: Monarchia hebrea [...]. - En Genova : por Mathèo Garbizza, 1719.
ACDF SO CL 1718-1721, Nr. 21, Bl. 1-11, 11 S.

Baldassare Cenci senior

Geboren   1647 Jan. 30 [andere: Jan. 4] in Rom
Gestorben   1709 Mai 26 in Fermo

Familie
Der Kardinal stammte aus einer der seit dem Mittelalter in Rom einflussreichen Patrizierfamilien, Sohn von Virginio Cenci (gest. 1665) und Vittoria Verospi (gest. 1652). Der gleichnamige Neffe wurde wie sein Onkel Mitglied der CIndex (s. B. → Cenci junior).

Lebenslauf
[1669]   Dr. iur. utr. an der Universität Sapienza, Rom
1669 Okt. 10   Referendar der Signaturen
                Ponente und Giudice der CFabbrica
1685 Sept. 26   Apostolischer Vize-Legat von Avignon (bis 1691)
1688 Sept.   Gefangener bei der französischen Invasion in Avignon
1688   Aufenthalt in Nizza
1689   Rückkehr als Vize-Legat nach Avignon (bis 1691)
1691 Aug. 26   Priesterweihe [in Rom]
1691 Aug. 27   Titularerzbischof von Larissa
1691 Aug. 28   Präfekt des Apostolischen Palastes
1692 Apr. 12   Kanoniker an St. Peter, Rom
1693   Pro-Maggiordomo (Stellvertreter von Ercole Visconti, bis 1696)
1695 Dez. 12   Kardinal in petto (publiziert 11. Nov. 1697)
1697 Nov. 20   Erzbischof von Fermo
1697 Dez. 2   Zuteilung der Titelkirche S. Pietro in Montorio
1698 Jan. 17   Mitglied der CIndex, Ernennung
                ACDF Index Diari 11 (1696-1699), Bl. 63r; ACDF Index Prot. 57 (1697-1698), Bl. 161 (Schreiben SS an Sekr. der CIndex)

Literatur
- Bevilacqua, Mario: Il Monte dei Cenci. Una famiglia romana e il suo insedimento urbano tra medioevo ed età barocca. - Roma [1988].
- Cardella, Lorenzo: Memorie storiche de' Cardinali della Santa Romana Chiesa [...]. - In Roma : nella stamperia Pagliarini, 1792-1797. - 10 vol., hier: vol. 8, 37f.
- DBI 23 (1979), 510f. von E. Stumpo.
- Hierarchia Catholica 5, 20.202.237.
- LThK 2 (1994), 989 von Michael Feldkamp.
- Moroni 11 (1841), 70f.

- Neveu, Bruno (Hg.): Correspondance du nonce en France Angelo Ranuzzi (1683-1689) (Acta nuntiaturae gallicae ; 11). - 2 vol. - Rome 1973, hier: vol. 1, 145.587. u.ö.
- Palazzi, Giovanni: Fasti cardinalium omnium Sanctae Romanae Ecclesiae [...]. - Venetiis : Expensis Gasparis Bencardi Bibliopolae Augustani, 1701-1703. - 5 vol., hier: vol. 5, 131f.
- Renazzi, Filippo Maria: Notizie storiche degli antichi vicedomini del patriarchio lateranense e de' moderni prefetti del Sagro Palazzo Apostolico ovvero maggiordomi pontifizi [...]. - In Roma : nella stamperia Salomoni, 1784, 145.
- Seidler, Sabrina M.: Il teatro del mondo. Diplomatische und journalistische Relationen vom römischen Hof aus dem 17. Jahrhundert (Beiträge zur Kirchen- und Kulturgeschichte ; 3). - Frankfurt a.M. 1996, 445f.
- Weber, Christoph (Bearb.): Die päpstlichen Referendare 1566-1809. Chronologie und Prosopographie (PuP ; 31/1-3). - 3 Bde. - Stuttgart 2003-2004, hier: Bd. 2, 548.
- Weber, Christoph (Hg.): Die ältesten päpstlichen Staatshandbücher. Elenchus Congregationum, Tribunalium et Collegiorum Urbis 1629-1714 (RQ Supplementheft ; 45). - Rom u.a. 1991, 100.
- Weber, Christoph (Hg.): Legati e governatori dello stato pontificio (1550-1809) (Pubblicazioni degli Archivi di Stato. Sussidi ; 7). - Roma 1994, 567.
- Weber, Christoph: Genealogien zur Papstgeschichte. Unter Mitwirkung von Michael Becker bearbeitet (PuP ; 29/1-6). - 6 Bde. - Stuttgart 1999-2002, hier: Bd. 1, 219.

Baldassare Cenci junior

Geboren 1710 Nov. 1 in Rom
Gestorben 1763 März 2 in Porto d'Anzio (Latium)

Familie
Der Kardinal stammte aus der alten römischen Patrizierfamilie Cenci, Sohn des Tiberio und der Elenora Costaguti. Baldassare junior war Neffe von dem älteren Kardinal gleichen Namens (s. B. → Cenci senior).

Lebenslauf
1727	Ausbildung in der Accademia dei Nobili Ecclesiastici, Rom (bis 1729)
1730 Aug. 20	Kanoniker an St. Peter, Rom
1737 Sept. 16	Gouverneur von Benevent (bis 1739)
1743 [Sept. 10]	Secondo Luogotenente civile des Auditors der Apostolischen Kammer
	ASV SS Mem Bigl 181 (Vermerk SS: „Nota delle proviste delle cariche")
1753 Nov. 26	Sekretär der CConcist
	ASV SS Mem Bigl 193

	Sekretär der CConsulta (bis 1761)
1761 Nov. 23	Kardinal
1762 Jan. 25	Zuteilung der Titelkirche S. Maria in Aracoeli
1762 Jan. 25	Mitglied der CConsulta, CImmunità, CConcilio und CFabbrica ASV SS Mem Bigl 207
1762 Mai 22	Mitglied der CIndex, Ernennung ACDF Index Prot. 87 (1759-1762), Bl. 316r (Schreiben SS an Sekr. der CIndex); ACDF Index Diari 17 (1749-1763), Bl. 93v
1762	Mitglied der CAcque (befasst mit der Trockenlegung der pontischen Sümpfe, dafür Aufenthalt in Porto d'Anzio)

Literatur
- Hierarchia Catholica 6, 23.
- LThK 2 (1994), 989 von Michael Feldkamp.
- Moroni 11 (1841), 71.
- Procaccini di Montescaglioso, Ferdinando: La Pontificia Accademia dei nobili ecclesiastici. Memoria Storica. - Roma 1889, 52.
- Seidler, Sabrina M. ; Weber, Christoph (Hg.): Päpste und Kardinäle in der Mitte des 18. Jahrhunderts (1730-1777). Das biographische Werk des Patriziers von Lucca Bartolomeo Antonio Talenti (Beiträge zur Kirchen- und Kulturgeschichte ; 18). - Frankfurt a.M. u.a. 2007, 440-443.
- Weber, Christoph (Bearb.): Die päpstlichen Referendare 1566-1809. Chronologie und Prosopographie (PuP ; 31/1-3). - 3 Bde. - Stuttgart 2003-2004, hier: Bd. 2, 548.
- Weber, Christoph (Hg.): Legati e governatori dello stato pontificio (1550-1809) (Pubblicazioni degli Archivi di Stato. Sussidi ; 7). - Roma 1994, 568.
- Weber, Christoph: Genealogien zur Papstgeschichte. Unter Mitwirkung von Michael Becker bearbeitet (PuP ; 29/1-6). - 6 Bde. - Stuttgart 1999-2002, hier: Bd. 1, 219.

Girolamo Nicola Ceppi OSA

Geboren	1659 in Rom
Gestorben	1735 Febr. 18 [andere: 1733] in Rom

Lebenslauf

	Ordenseintritt in S. Agostino, Rom
	Studium am Ordenskolleg S. Agostino, Rom
	Lektor für Logik in Perugia
	Lektor für Philosophie an S. Spirito, Florenz
1685	Prediger und Missionar in verschiedenen Städten Italiens (bis 1714)
1685	Predicatore apostolico in Rom
1690	Studienregent des Ordenskollgs in Bracciano (Latium) (bis 1697)
	Studienregent der Ordenskollegien in Gubbio und Vicenza
1697 Mai 19	Magister theol.

1705	Teilnahme am Generalkapitel in Rom als Discretus der römischen Provinz
1714	Relator der CIndex, Antrag auf Ernennung ACDF Index Prot. 70 (1713-1715), Bl. 335 (Bewerbung Ceppis o.D. an die CIndex mit Angaben zum Lebenslauf)
1714 Nov. 26	Relator der CIndex, Ernennung ACDF Index Diari 14 (1708-1721), Bl. 91r; ACDF Index Prot. 81 (1737-1740), Bl. 441r
1716 Nov. 18	Konsultor der CIndex, Ernennung ACDF Index Diari 14 (1708-1721), Bl. 107v; ACDF Index Diari 15 (1721-1734), Bl. 5v General-Assistent des Ordens in Rom
1733 Juni 30	Teilnahme am Generalkapitel in Rom

Gutachten

(1715 Okt. 1)	Acta eruditorum [...]. - Lipsiae : Grosse & Gleditsch, (1712). ACDF Index Prot. 71 (1715-1721), Bl. 114r-115v, 4 S.
(1716 Apr. 27)	Gerhard, Johann: Adnotationes ad utramque d. Pauli ad Timotheum epistolam [...]. - Ienae : Bibliopolae Jenensis. Litteris Johannis Jacobi Bauhoferi, 1666. ACDF Index Prot. 71 (1715-1721), Bl. 202r-206v, 10 S.
(1716 Nov. 16)	Volpe, Angelo: Sacrae theologiae summa Ioannis Duns Scoti [...]. - Neapoli : apud Lazarum Scorigium, 1622-1646. (Bd. 3/2) ACDF Index Prot. 71 (1715-1721), Bl. 263r-268r, 11 S.
(1718 Juli 19)	Morhof, Daniel Georg: De ratione conscribendarum epistolarum libellus [...]. - Lubecae : Sumptibus Petri Böckmanni, 1694. ACDF Index Prot. 71 (1715-1721), Bl. 412r-415v, 8 S.
(1721 Sept. 15)	Adami, Cornelius: Exercitationes exegeticae de Israelis in Aegypto multiplicatione et oppressione [...]. - Groningae : Velsen, 1712. ACDF Index Prot. 72 (1721-1723), Bl. 85r-88v, 8 S.
(1722 Jan. 26)	♦ Pellizzari, Francesco: Tractatio de monialibus [...]. - Bononiae : typis Iacobi Montij, 1644. ACDF Index Prot. 72 (1721-1723), Bl. 136r-137v, 4 S.
(1723 Juli 12)	Anonym [Flournois, Gedeon]: Les entretiens des voyageurs sur la mer. - A Cologne : Chez Pierre Marteau, 1715. ACDF Index Prot. 72 (1721-1723), Bl. 350r-351v, 4 S.

Eigene Werke

- Epitome logica pro studiorum alumnis quam e fundamentis fundamentarii doctoris fr. Aegidii S.R.E. cardinalis Columna Romani ex ordine Eremitarum S. Augustini eruebat [...]. - Romae : apud Franciscum Gonzagam, 1712. - [8], 198, [6] S.
- Gli stimoli mabilloni per muovere li religiosi ad applicare agli studj, estratti dal trattato francese degli studj monastici, a pro de' religiosi d'Italia. - [S.l.] : [S.n.], [S.a.]. - [24], 257, [7] S.

Ceppi

- Il sangue miracoloso del santo protettore di S. Chiesa Nicola di Tolentino dell'Ordine Eremitano di S. Agostino. - Roma : presso Francesco Gonzaga, 1713. - [12], 155, [1] S. ; In Roma : nella Stamperia di Girolamo Mainardi, 1726. - [16], 180, [12] S. [3. erw. Aufl.]
- La scuola mabillona nella quale si trattano quei studj, che possono convenire agl'ecclesiastici; con una lista delle principali difficolta, che si trovano nella lettura de concilij, de Padri, e dell'istoria. Gia eretta per li pp. benedettini di Francia, & ora aperta a tutti li religiosi d'Italia. - In Roma : per Antonio de Rossi, 1701. - [7], 252, [6] S. [Verboten per Dekret des SO vom 12. Jan. 1735]
- Maraviglie trecento et una operate da Dio, per li meriti del santo protettore di S. Chiesa Nicola di Tolentino dell'Ordine Eremitano di S. Agostino raccolte da una copia del processo formato per la sua canonizatione che si conserva in Roma nell' archivio della religione. - Roma : nella stamperia di Gio. Francesco Buagni, 1710. - 2 vol.

Literatur

- Anonym [Esteban, Eustasio]: Acta capituli generalis anno 1733 Romae celebrati, in: AAug 12 (1927-1928), 351-366, hier: 354.365.
- Anonym [Esteban, Eustasio]: Acta capituli generalis Romae celebrati anno 1705, in: AAug 12 (1927-1928), 160-175, hier: 166.
- Anonym: De inventione et recognitione Reliquiarum S. Nicolai a Tolentino, in: AAug 13 (1929-1930), 40.
- Bujanda, Jesús Martinez de: Index librorum prohibitorum 1600-1966 (Index des livres interdits ; 11). - Montréal u.a. 2002, 208.
- DBI 23 (1979), 644f von A. Fiori.
- Jemolo, Arturo Carlo: Il Giansenismo in Italia prima della rivoluzione. - Bari 1928, 121f.194f.
- Lanteri, Giuseppe: Postrema saecula sex religionis Augustinianae in quibus breviter recensentur illustriores viri Augustinienses qui sanctitate et doctrina floruerunt post magnam ordinis unionem peractam anno 1756 ab Alexandro IV. usque ad haec tempora. - 3 vol. - Tolentini ; Roma 1858-1860, hier: vol. 3, 158f.
- López Bardón, Tirso: Monastici augustiniani R. P. Fr. Nicolai Crusenii continuatio atque ad illud additiones, sive, Bibliotheca manualis Augustiniana in qua breviter recensentur Augustinienses utriusque sexus virtute, litteris, dignitate ac meritis insignes [...]. - 3 vol. - Vallisoleti 1890-1916, hier: vol. 3, 450f.
- Ossinger, Joannes Felix: Bibliotheca avgvstiniana historica, critica, et chronologica [...]. - Ingolstadii et Avgvstae Vindelicorvm : impensis Joannis Francisci Xaverii Craetz [...], 1768 ; ND Torino 1963, 226.
- Perini, Davide Aurelio: Bibliographia augustiniana cum notis biographicis. Scriptores italici. - 4 vol. - Firenze [1929]-1938, hier: vol. 1, 221.
- Reusch, Franz Heinrich: Der Index der verbotenen Bücher. Ein Beitrag zur Kirchen- und Literaturgeschichte. - 2 Bde. - Bonn 1882 ; ND Aalen 1967, hier: Bd. 2, 595f.

Ottavio Cerù CCRRMM

Gestorben nicht vor 1737

Lebenslauf
	Kanoniker von S. Lorenzo in Lucina, Rom
1726 Mai 2	Relator der CIndex, Ernennung

        ACDF Index Diari 15 (1721-1734), Bl. 54r; ACDF Index Prot. 81 (1737-1740), Bl. 442v (hier: „30. April")

[1728]   Konsultor der CIndex, Antrag auf Ernennung

        ACDF Index Prot. 76 (1727-1728), Bl. 363r (Bewerbung Cerùs o.D.)

1728 Juli 6   Konsultor der CIndex, Ernennung

        ACDF Index Diari 15 (1721-1734), Bl. 88v (Audienzdekret des Papstes)

Gutachten

(1726 Sept. 23)   Roye, François de: Canonici juris institutionum libri tres [...]. - Parisiis : apud Antonium Dezallier, 1717.
        ACDF Index Prot. 74 (1726), Bl. 329r-331v, 6 S.

(1728 Jan. 27)   Pepe, Francesco: Esercizj di divozione [...]. - In Napoli : nella Stamperia di Felice Mosca, 1726.
        ACDF Index Prot. 76 (1727-1728), Bl. 219r-220r, 3 S.

(1728 Juli 5)   Pepe, Francesco: Esercizj di divozione in onore della SS. trinita [...]. - In Napoli : nella Stamperia di Felice Mosca, 1726.
        ACDF Index Prot. 76 (1727-1728), Bl. 357r-362r, 11 S.

(1730 Aug. 29)   Paz, Juan de: Consultas y resoluciones varias theologicas, juridicas, regulares y morales. - En Seuilla : por Thòmas Lopez de Haro, 1687.
        ACDF Index Prot. 77 (1728-1731), Bl. 268r-275r, 15 S.

(1732 Jan. 21)   Anonym [Quesnel, Pasquier]: Histoire abrégée de la paix de l'église. - A Mons ; se vend a Amsterdam : Chez Pierre Marteau, 1698.
        ACDF Index Prot. 78 (1731-1734), Bl. 166r-167v, 4 S.

(1736 Jan. 23)   Actorum eruditorum [...] supplementa. - Lipsiae, tom. 8 (1724) - 9 (1729).
        ACDF Index Prot. 80 (1735-1737), Bl. 108r-109v, 4 S.

Tommaso Cervini

Geboren   1663 Okt. 19 in Montepulciano (Toskana)
Gestorben   1751 Juli 29 in Rom

Familie

Prälat Tommaso stammte aus der Grafenfamilie Cervini, Familie des → Papstes Marcellus II. (gest. 1555), und war Neffe des Bischofs von Montepulciano Antonio Cervini (gest.

1706). Einen Überblick über die Prälaten der Familie und über Eheverbindungen der Cervini etwa mit der Familie Bellarmini in Montepulciano oder mit Adeligen wie den Urgieri und den Petrucci im benachbarten Siena bieten die Arbeiten von Weber (s.u.).

Lebenslauf

1689 März 30	Dr. iur. utr. in Siena
1709 Apr. 24	Kanoniker an St. Peter, Rom
	BAV Vat. Lat. 10171, Bl. 19v
1710 Dez. 7	Priesterweihe
1712 Nov. 19	Referendar der Signaturen
1716 Okt. 5	Titularbischof von Heraclea
1717 Apr. 20	Vicegerente in Rom (bis 1721)
1720 Febr. 29	Konsultor des SO, Ernennung
	ACDF SO Priv. 1710-1727, Bl. 421
1720 März 6	Konsultor des SO, Amtsantritt durch Eidesleistung
	ACDF SO Juramenta 1701-1724, Bl. 281v
1721 Febr. 3	Titularerzbischof von Nicomedia
1734 März 27	Patriarch von Jerusalem
1735 Mai 25	Sekretär der CRiti (bis 29. Juli 1751)
1747 Nov. 19	Ignazio Riccardi, Sekretär von Cervini, Amtsantritt durch Eidesleistung
	ACDF SO Juramenta 1737-1749, o.Bl.
1749 Aug. 8	Ubaldo Mignoni SP, Theologus von Cervini, Amtsantritt durch Eidesleistung
	ACDF SO Juramenta 1737-1749, o.Bl.

Literatur

- Del Re, Niccolò: Il Vicegerente del Vicariato di Roma. - Roma 1976, 64.
- Hierarchia Catholica 5, 218.288; 6, 235.
- Papa, Giovanni: Cardinali prefetti, segretari, promotori generali della fede e relatori generali della Congregazione, in: Congregazione per le Cause dei Santi. Miscellanea in occasione del IV centenario della Congregazione per le Cause dei Santi (1588-1988). - Città del Vaticano 1988, 423-428, hier: 425.
- Weber, Christoph (Bearb.): Die päpstlichen Referendare 1566-1809. Chronologie und Prosopographie   (PuP ; 31/1-3). - 3 Bde. - Stuttgart 2003-2004, hier: Bd. 2, 539.
- Weber, Christoph (Hg.): Die ältesten päpstlichen Staatshandbücher. Elenchus Congregationum, Tribunalium et Collegiorum Urbis 1629-1714 (RQ Supplementheft ; 45). - Rom u.a. 1991, 99.
- Weber, Christoph: Genealogien zur Papstgeschichte. Unter Mitwirkung von Michael Becker bearbeitet (PuP ; 29/1-6). - 6 Bde. - Stuttgart 1999-2002, hier: Bd. 1, 222f.

Ludovico Ceva da Saluzzo OFMConv

Geboren um 1650 in [Saluzzo]
Gestorben nicht vor 1705

Familie

Der Pater stammte aus einem der zahlreichen Zweige des piemontesischen Grafengeschlechts (marchesi) der Ceva, die auch in Rom einen Palazzo besaßen. In der römischen Residenz lebten zwei Brüder des hier interessierenden Paters: der conte Carl'Ottavio (verstorben im März 1675) und Prälat Giuseppe Ceva, Referendar der Signaturen (nachgewiesen 1678 bis 1701). Vgl. Weber: Referendare 2, 267; Gatti: Coronelli 1, 198.

Lebenslauf

[1669]	Ordenseintritt in Saluzzo
1674	Studium der Theologie in Bologna
1676	Studium am Ordenskolleg S. Bonaventura, Rom
1679	Magister theol. in Rom
[1679]	Studienregent in Casale Monferrato (für drei Jahre)
[1682]	Studienregent der Theologie an der Universität Turin (für sechs Jahre)
[1688]	Studienregent der Theologie an der Universität Genua (für drei Jahre)
[1691]	Studienregent am Collegio di Praga, Fermo (für drei Jahre)
1693 Juli 18	Provinzialdefinitor des Ordens, Provinz Genua
	Fastenprediger in den Kathedralen von Saluzzo, Fossano und Albenga
	Prediger in mehreren Städten Nord- und Süditaliens
1695	Guardian und Generalkommissar des Konvents in Turin
1696	Professor für Moraltheologie am Ordenskolleg S. Bonaventura, Rom
[1697]	Relator der CIndex, Antrag auf Ernennung
	ACDF Index Prot. 56 (1697), Bl. 46-47 (Bewerbung Cevas o.D. mit Angaben zum Lebenslauf, mit Empfehlung von Kardinal F. → Spada)
1697 März 4	Relator der CIndex, Ernennung
	ACDF Index Diari 11 (1696-1699), Bl. 20r.24v
1700 März 14	Guardian des Konvents SS. XII Apostoli, Rom (bis 1701)
[1701]	Konsultor der CIndex, Antrag auf Ernennung
	ACDF Index Prot. 60 (1700-1701), Bl. 389 (Bewerbung Cevas o.D. an den Papst)
1701 Apr. 27	Konsultor der CIndex, Ernennung
	ACDF Index Diari 12 (1700-1703), Bl. 26r.31r
1701 Mai 21	„Secretarius ad principes" des Ordens (ernannt vom Generaloberen V. → Coronelli)
1701 Juli 18	Generalkommissar des Ordens der Provinz Genua für die Konvente in Savoyen

1701 [Nov.]	Abreise aus Rom im Auftrag des Ordens mit Erlaubnis der CIndex ACDF Index Prot. 61 (1701-1702), Bl. 129 (Antrag Cevas an die CIndex vom 31. Aug.); ACDF Index Diari 12 (1700-1703), Bl. 43r (Zustimmung der CIndex vom 7. Nov.)
1702 Dez. 19	Absetzung als Generalkommissar wegen der von ihm nicht exekutierten Exkommunikation des P. Agostino Malletti OFMConv
1703 [Febr.]	Streit Cevas mit dem Konvent SS. XII Apostoli in Rom wegen der Kosten für seinen Aufenthalt in dem Ordenshaus als Konsultor der CIndex ACDF Index Diari 12 (1700-1703), Bl. 96v; ACDF Index Prot. 63 (1703), Bl. 99.101.104.230-247
1703 Febr. 28	Konsultor der CIndex, Antrag auf Entpflichtung ACDF Index Diari 12 (1700-1703), Bl. 96v-97r (Antrag der Ordensleitung an die CIndex)

Gutachten

(1701 Juli 28)   Thiers, Jean Baptiste: Traité des superstitions selon l'Ecriture Sainte [...]. - A Paris : chez Antoine Dezallier, 1697.
ACDF Index Prot. 61 (1701-1702), Bl. 363r-364v, 4 S.

Literatur
- Gatti, Isidoro: Il p. Vincenzo Coronelli dei Frati Minori Conventuali negli anni del generalato (1701-1707) (MHP ; 41-42). - 2 vol. - Roma 1976, hier: vol. 1, 197-204. 886f.
- Sbaralea, Ioannes H. [Sbaraglia, Giovanni Giacinto]: Supplementum et castigatio ad scriptores trium Ordinum S. Francisci a Waddingo, aliisve descriptos cum adnotationibus ad syllabum martyrum eorumdem ordinum. - 3 vol. - Romae 1908-1936 ; ND Sala Bolognese 1978, hier: vol. 3, 272.
- Weber, Christoph (Bearb.): Die päpstlichen Referendare 1566-1809. Chronologie und Prosopographie (PuP ; 31/1-3). - 3 Bde. - Stuttgart 2003-2004, hier: Bd. 2, 267.

Cherubino da Novi (de Noves) OFMCap

Geboren	in [Novi, Ligurien]
Gestorben	nicht vor Sept. 1755

Familie
Pater Cherubino, ursprünglich aus Ligurien, galt innerhalb des Ordens als Vertreter Frankreichs und kandidierte als solcher 1744 für das Amt eines Generaldefinitors in Rom. Er stand angeblich auf Seiten des umstrittenen Kapuziners Norbert de Bar-le-Duc (gest. 1769), ab 1759 auch genannt Abbé Platel. Vgl. Morelli: Lettere 1, 141.230; 3, 278.

Lebenslauf

	Mitglied der Ordensprovinz Toulouse
1728 Jan. 2	Konsultor der CIndex, Ernennung
	ACDF Index Prot. 76 (1727-1728), Bl. 195 (Schreiben SS an Sekr. der CIndex); ASV SS Mem Bigl 160 (Schreiben SS an P. Cherubino, Entwurf, hier: „3." Jan.)
1730 Aug. 10	Qualifikator des SO, Ernennung
	ACDF SO Decreta 1730, Bl. 134v (Audienzdekret des Papstes)
1730 Aug. 11	Qualifikator des SO, Amtsantritt durch Eidesleistung
	ACDF SO Juramenta 1725-1736, o.Bl.
1737	Konsultor der CIndulg
1744	Generaldefinitor des Ordens in Rom, Ernennung
1747 Mai 19/20	Generaldefinitor des Ordens in Rom, Wahl durch das Kapitel
1755 Sept.	Aufenthalt in Tarascon (bei Arles)

Literatur

- Apollinaire <de Valence>: Toulouse chrétienne. Histoire des Capucins de la Province de Toulouse. - 3 vol. - Toulouse 1897.
- Felice <da Mareto> [Molga, Luigi]: Tavole dei Capitoli Generali dell'Ordine dei FF. MM. Cappuccini con molte notizie illustrative. - Parma 1940, 206.212.
- Morelli, Emilia (Hg.): Le lettere di Benedetto XIV al card. De Tencin. Dai testi originali (Storia e letteratura ; 55.101.165). - 3 vol. - Roma 1955-1984, hier: vol. 1, 141.230; 3, 278.

Giuseppe Ignazio Chiaberge SJ

Geboren	1660 Okt. 19 in Turin
Gestorben	1748

Familie

Der hier interessierende Kleriker war vermutlich ein Neffe des aus Turin gebürtigen Jesuiten Bernardino Chiaberge (1637-1695), der 1687 für drei Jahre Hausoberer des Kollegs in Ponte (Veltlin) war und zuletzt in Mailand lebte. Zu ihm vgl. HelvSac 7, 425.

Lebenslauf

1679 Okt. 19	Ordenseintritt (Einkleidung)
	Lektor für „humanitates" und Rhetorik (für neun Jahre; vier davon am Collegio Romano)
1729 Juli 3	Anwesenheit in Rom (Panegyricus zur Seligsprechung des Kapuziners Fidelis von Sigmaringen)
[1740]	Prediger und Theologe am Hof Kaiser Karls VI.
1741	Direktor der Adelskongregation in Görz

Chiaberge 334

[1742] Konsultor der CIndex, Antrag auf Ernennung
 ACDF Index Prot. 81 (1737-1740), Bl. 425r (Bewerbung Chiaberges o.D. an die CIndex)
1742 [Nov. 20] Konsultor der CIndex, Ernennung
 ACDF Index Diari 16 (1734-1746), Bl. 54r-v (Vermerk Sekr. der CIndex o.D. zur Papstaudienz)
 Mitglied der Accademia dell'Arcadia, Rom (als „Eunio Linnatico")

Gutachten
(1742 Juli 2) Roches, François de: Defense du christianisme, ou preservatif contre un ouvrage intitulé Lettres sur la religion essentielle a l'homme. - A Lausanne & à Geneve : chez Marc-Mic. Bousquet, 1740.
 ACDF Index Prot. 81 (1737-1740), 406r-408v, 6 S.
(1742 Nov. 20) Anonym [Berkeley, George]: Alciphron, ou le petit philosophe [...]. - A La Haye : Chez Benjamin Gibert, 1734.
 ACDF Index Prot. 81 (1737-1740), Bl. 411r-413r, 5 S.
(1743 März 4) Desvoeux, Antoine Vinchon: Critique Generale Du Livre De Mr. De Montgeron Sur les Miracles [...] Par Mr. Des Voeux [...]. - A Amsterdam : Chez Henri Du Sauzet, 1740.
 ACDF Index Prot. 82 (1740-1748), Bl. 35r-36v, 4 S.

Eigene Werke
- Clementi XI P. M. Oratio panegyrica habita in aula maxima Romani Collegii Societatis Jesu, in: Collegij Romani obsequia Clementi undecimo pontifici maximo. Exhibita anno 1703. - Romae : ex typographia Jo. Jacobi Komarek Bohemi, [1703], 1-18.
- Clementi XI Pontifici Maximo oratio panegyrica [...]. - Romae : Typis Bernabò, 1703. - 60 S.
- Innocentii XII. pontificis maximi providentia. Oratio panegyrica [...]. - Perusiae : typis Constantinianis, 1709. - 79 S.
- Orationes [...] et Carmen genethliacum [...]. - Taurini : ex Typographia Joannis Francisci Mairesse, 1724. - VIII, 236 S.
- Orationes [...]. - Posnaniae : [S.n.], 1747. - 117 S.
- Orationes [...]. - Prima editio in Germania post secundam in Italia, addito Trivolsiensium litteratorum judicio. - Augustae Vindelicorum : a Joanne Michaele Labhart, 1740. - 163 S.
- Orationes [...]. - Secunda editio in Germania post secundam in Italia, addito Trivolsiensium litteratorum judicio. - Augustae Vindelicorum ; Oeniponti : sumptibus Joseph Wolff, 1752. - 128 S.
- Orationes [...]. - Secunda editio, addito Trivolsiensium literatorum judicio. - Taurini : ex typographia Joannis Francisci Mairesse, 1727. - XXI, 215 S.
- Orationes, in: Langomarsini, Girolamo ; Chiaberge, Giuseppe Ignazio: Orationes [...]. - Editio novissima. - Augustae Vindelicorum ; Oeniponti : Wolff, 1763, 129-255.
- Orazione funebre nell'esequie di Madama reale Maria Giovanna Battista Duchessa di Savoja, Principessa di Piemonte Regina di Cipro, &c. Celebrate nel Duomo di Torino li 23. Maggio 1724 [...]. - In Torino : Nella Stampa di Giovanni Radix, 1724. - 32 S.

- Orazione funebre per la morte dell'augustissimo imperadore Carlo VI. detta [...] nel terzo giorno delle solenni esequie, fatte celebrare dagl'incliti stati del principal contado di Gorizia nella primaria chiesa, addobbata a lutto, con magnifico, e splendido catafalco nel dicembre del MDCCXXXX. - In Venezia : per Bonifacio Viezzeri, [1740]. - 31 S.
- Regalis celsitudinis Victoris Amedei II. serenissimi Sabaudiae Ducis nuper in lucem edito filio Genethliacon habitum in aula maxima Romani Collegii Societatis Iesu [...]. - Romae : typis Barberinis, excudebat Dominicus Antonius Hercules, 1699. - 19 S.

Literatur
- Giorgetti Vichi, Anna Maria (Hg.): Arcadia, Academia letteraria italiana. Gli Arcadi dal 1690 al 1800. Onomasticon. - Roma 1977, 109.
- Ferrari, Luigi: Onomasticon. Repertorio biobibliografico degli scrittori italiani dal 1501 al 1850 (Biblioteca veneta ; 1). - Milano 1947; ND Nendeln 1982; ND Millwood, N.Y. 1983, 189. [hier geboren „1670"]
- HelvSac 7, 425. [zu Bernardino Chiaberge SJ]
- Sommervogel 2 (1891), 1118f.; 9 (1900), 36.

Giovanni Battista Chiappé OSH

Geboren	1691 Juli 6 in Pietra Ligure (Ligurien)
Gestorben	1768 März

Lebenslauf

1708 Mai 22	Ordenseintritt in S. Onofrio, Rom (Einkleidung)
	Ordensprofess und Studium [an S. Onofrio], Rom
[1711]	Lektor für Philosophie [in Rom]
	Lektor für Theologie an S. Onofrio, Rom
1713 Apr. 2	Lector iubilatus in Rom
1713	Professor für Philosophie am Collegium Urbanum de Propaganda Fide, Rom (bis 1724)
1714 Aug. 10	Priesterweihe
	Studienpräfekt in Rom
	Theologus von Kard. Albani
[1718/1719]	Relator der CIndex, Antrag auf Ernennung ACDF Index Prot. 71 (1715-1721), Bl. 524r (Empfehlung des Generalprokurators des Ordens mit Angaben zum Lebenslauf)
1719 Jan. 16	Relator der CIndex, Ernennung ACDF Index Diari 14 (1708-1721), Bl. 116v; ACDF Index Prot. 81 (1737-1740), Bl. 441r
1720	Rektor des Konvents von Fusignano (bei Lugo, Romagna)
1722 Apr. 27	Generalprokurator des Ordens in Rom (bis 1724)

1724 Nov. 20	Bischof von Nocera (Umbrien)
1725 Okt. 1	Grundsteinlegung zum Neubau des Klosters von Montebello (Umbrien)

Gutachten

(1719 Apr. 24) Volpe, Angelo: Sacrae theologiae summa Ioannis Duns Scoti [...]. - Neapoli : apud Lazarum Scorigium, 1622-1646. (Bd. 1/2)
ACDF Index Prot. 71 (1715-1721), Bl. 560, 2 S.

(1719 Juli 17) Irenaeus <Lugdunensis>: Fragmenta anecdota Quae Ex Bibliothecâ Taurinensi eruit [...]. - Hagae Comitum : Sumtibus Henrici Scheurlerii, 1715.
ACDF Index Prot. 71 (1715-1721), Bl. 570, 2 S.

Literatur
- Bullarium Ordinis S. Hieronymi Congregationis B. Petri de Pisis olim Romae typis impressum anno 1573 : nunc vero aliis tum veteribus, tum recentioribus Summorum Pontificum constitutionibus auctum, & quibusdam annotationibus illustratum a Sacerdote ejusdem Ordinis, & Congreg. - Venetiis : apud Josephum Corona [...], 1736, 92f.
- Ferrara, Pietro: Luci ed ombre nella Cristianità del secolo XIV. Il B. Pietro Gambacorta da Pisa e la sua Congregazione (1380-1933). - Città del Vaticano 1964, 218.
- Hierarchia Catholica 5, 294.
- Sajanello, Giovanni Battista: Historica monumenta ordinis Sancti Hieronymi congregationis B. Petri de Pisis [...]. - Editio secunda longe auctior, et correctior, ac documentis nunc primum editis illustrata. - Venetiis : typis Antonii Zattae, 1758-1762. - 3 vol., hier bes.: vol. 1, 417f.574; vol. 2, 4.

Gregorio Chiaramonti OSB

Namensvarianten Barnabà Niccolò Maria Luigi Chiaramonti (Taufname), Pius VII.

Geboren	1742 Aug. 14 in Cesena
Gestorben	1823 Aug. 20 in Rom

Familie
Der spätere Papst war Sohn des Conte Scipione Chiaramonti (gest. 1750) und der marchesa Giovanna Coronata Ghini (gest. 1777 im Kloster S. Teresa als Karmelitin suor Teresa Diletta di Gesù e Maria). Giovanna Ghini war Tochter des Conte Barnabà Eufrasio Ghini und der Contessa Isabella Aguselli, deren Bruder Francesco Aguselli (1724-1791) seit 1763 Bischof von Cesena war. Der spätere Papst war der jüngste mehrerer Brüder: Erstgeborener war Giacinto (geb. 1731), der 1749 in den Jesuitenorden ein- und 1762 wieder austrat, dann Arcidiacono an der Kathedrale von Cesena war (vgl. Maroni: Chiaramonti, 317f.).

Lebenslauf

	Ausbildung am Collegio dei Nobili, Ravenna
1756	Ordenseintritt in S. Maria del Monte (bei Cesena) (Einkleidung)
1758 Aug. 20	Ordensprofess in Cesena
1758	Studium der Philosophie an S. Giustina, Padua
1763	Studium der Theologie an S. Anselmo, Rom (bis 1766)
1765	Priesterweihe
1766	Lektor für Philosophie an S. Giovanni Evangelista, Parma
1768	Lektor für Theologie an S. Giovanni Evangelista, Parma (bis 1771)
1771	Lektor an S. Paolo fuori le Mura, Rom
1772	Lektor für Theologie an S. Anselmo, Rom (bis 1781)
1785 Febr. 14	Kardinal
1785 Juni 27	Zuteilung der Titelkirche S. Callisto
1785 Juni 27	Mitglied des SO, Ernennung ACDF SO Juramenta 1777-1796, Bl. 174
1785 Juli 6	Mitglied des SO, Amtsantritt durch Eidesleistung ACDF SO Juramenta 1777-1796, Bl. 173
1785	Bischof von Tivoli
1800 März 14	Papstwahl (Pius VII.)

Literatur

- Caffiero, Marina: L'importanza del nome. Pio VII, Pio VIII e la costruzione di una continuità, in: Bernardi, Simonetta (Hg.): La religione e il trono. Pio VIII nell'Europa del suo tempo. Convegno di Studi Cingoli, 12-13 giugno 1993. - Roma 1995, 203–220.
- Galletti, Angelo: Pio VII e il monastero di S. Giovanni Evangelista di Parma, in: Benedictina 48 (2001), 405-420.
- Ghini, Curzio Maria: La madre di Pio VII. (1713-1777). - Castrocaro Terme 1979.
- Leflon, Jean: Pie VII. Des abbayes bénédictines à la papauté. - Paris 1958.
- LThK 8 (1999), 327-329 von Gregor Ambert.
- Lunardon, Paolo: La dimora di D. Gregorio (Barnaba) Chiaramonti nell'abbazia di S. Paolo fuori le mura di Roma, in: Benedictina 47 (2000), 139-149.
- Maroni, Giovanni: Gregorio Barnaba Chiaramonti: una vocazione benedettina, in: Benedictina 47 (2000), 315-379.
- Maschietto, Ludovico (Hg.): Relazione del Conclave tenuto in S. Giorgio Maggiore di Venezia 14 marzo 1800, in: Benedictina 47 (2000), 91-137. [erneut erschienen als: Maschietto, Ludovico (Hg.): Relazione del conclave tenuto in S. Giorgio Maggiore di Venezia nel quale il dì 14 marzo 1800 venne eletto in sommo pontefice il cardinale Gregorio Barnaba Chiaramonti, di Cesena, monaco benedettino casinense, vescovo di Imola, che prese il nome di Pio VII. - Roma 2000]
- Spinelli, Giovanni (Hg.): Pio VII papa benedettino nel bicentenario della sua elezione. Atti del Congresso storico internazionale, Cesena-Venezia, 15-19 settembre 2000 (Italia benedettina ; 22). - Cesena 2003.
- Vercesi, Ernesto: Pio VII, Napoleone e la restaurazione (I Papi del secolo XIX. ; 1). - Torino 1933, 73f.78-81. [Auszüge aus der Homelie Chiaramontis von 1798]

Innocenzo Chierici MI

Namensvariante Innocenzo Clerici

Geboren   1693 Jan. 19 in Rom
Gestorben   1728 Aug. 8 in Benevent

Familie
Nur die Namen der Eltern sind bekannt: Giuseppe und Maddalena Pino. Siehe Mohr u.a: Prosopographia.

Lebenslauf
1717 Jan. 10   Priesterweihe in St. Peter, Rom
1724 März 5   Ordenseintritt in S. Maria in Trivio, Rom (Einkleidung)
1725 Apr. 22   Ordensprofess
1725 Juni 19   Socius von P. Gaspare Ranzi MI in Benevent (für zwei Jahre)
1727 Aug. 20   Konsultor der CIndex, Ernennung
                ACDF Index Diari 15 (1721-1734), Bl. 68r; ACDF Index Prot. 76 (1727-1728), Bl. 42 (Schreiben SS an Sekr. der CIndex)

Literatur
- Mohr, Guglielmo ; Vanti, Mario u.a. (Hg.): Prosopographia camilliana sive repertorium omnium religiosorum Ordinis Clericorum Regularium Ministrantium Infirmis secundum elenchum professionum. - CD-Rom, Nr. 1838.

Flavio Chigi junior

Geboren   1711 Sept. 8 in Rom
Gestorben   1771 Juli 12 in Rom

Familie
Der spätere Kardinal war Sohn des Augusto Chigi (gest. 1744) und der Maria Eleonora Rospigliosi. Dem Vater wurden 1712 von Clemens XI. die erblichen Laienämter „Marschall der Römischen Kirche" und „Hüter des Konklave" von den im Mannesstamm erloschenen Savelli übertragen. Agostino (gest. 1769), Bruder des Flavio, ehelichte Giulia Augusta Albani (gest. 1786) und begründete so Ansprüche der Chigi auf das Erbe der Familie Papst Clemens' XI. Flavio besaß künstlerische Interessen und erweiterte die Biblioteca Chigiana um etwa 4.000 Bände.

Lebenslauf
                Apostolischer Protonotar
                Auftrag → Clemens' XII. zur Begleitung der polnischen Königstochter Maria Amalia von Sachsen auf ihrer Reise durch den Kirchenstaat nach Neapel (Heiratsverhandlungen)

1743 [Sept. 9/10]	Auditor der Apostolischen Kammer ASV SS Mem Bigl 181 (Vermerk SS: „Nota delle proviste delle cariche"; Schreiben SS an Kardinal A. → Ruffo)
1753 Nov. 26	Kardinal
1753 Dez. 10	Zuteilung der Titelkirche S. Angelo in Pescheria
1764 März 3	Mitglied der CAcque ASV SS Mem Bigl 209
1767 Apr. 3	Mitglied der CRiti ASV SS Mem Bigl 212
1767 Apr. 7	Protektor der Laterankanoniker (CRL) ASV SS Mem Bigl 212
1768 Jan. 7	Mitglied des SO, Ernennung ACDF SO Juramenta 1766-1776, Bl. 47
1768 Jan. 7	Präfekt der CRiti (bis 12. Juli 1771)
1768 Jan. 14	Vincenzo Pucci, Auditor von Chigi, Amtsantritt durch Eidesleistung ACDF SO Juramenta 1766-1776, Bl. 51

Literatur
- Cardella, Lorenzo: Memorie storiche de' Cardinali della Santa Romana Chiesa. - In Roma : nella stamperia Pagliarini, 1792-1797. - 10 vol., hier: vol. 9, 51f.
- LThK 2 (1994), 1042f. von Marcel Albert.
- Papa, Giovanni: Cardinali prefetti, segretari, promotori generali della fede e relatori generali della Congregazione, in: Congregazione per le Cause dei Santi. Miscellanea in occasione del IV centenario della Congregazione per le Cause dei Santi (1588-1988). - Città del Vaticano 1988, 423-428, hier: 424.
- Weber, Christoph: Genealogien zur Papstgeschichte. Unter Mitwirkung von Michael Becker bearbeitet (PuP ; 29/1-6). - 6 Bde. - Stuttgart 1999-2002, hier: Bd. 1, 242f. [Familie]

Cosimo Chiochetti OP

Lebenslauf
1728 Jan. 27	Relator der CIndex, Ernennung ACDF Index Diari 15 (1721-1734), Bl. 79v; ACDF Index Prot. 81 (1737-1740), Bl. 442v

Gutachten
(1728 Nov. 9)	♦ Thomatus, Aegidius: Tractatvs De Mvneribvs Patrimonialibvs [...]. - Lvgdvni : Apud haeredes Iacobi Iuntae, 1558. ACDF Index Prot. 76 (1727-1728), Bl. 413r-414r, 3 S.

Francesco Vincenzo Ciacchi OP

Geboren	in [Pesaro]
Gestorben	1778 Juli 5 in [Fermo]

Lebenslauf

1756	Dozent für Philosophie in [Fermo] (bis 1760)
	Generalvikar der Inquisition von Fermo
1760 Juli 15	Secundus Socius des Commissarius des SO, Ernennung
	ACDF SO Decreta 1760, Bl. 174r (hier irrtümlich „Pisanus" genannt)
1763 Jan. 12	Primus Socius des Commissarius des SO, Amtsantritt durch Eidesleistung (bis 19. Dez. 1764)
	ACDF SO Decreta 1763, Bl. 3v
1764 März 21	Erlaubnis zur Abwesenheit aus Rom
	ACDF SO Priv. 1760-1764, Bl. 639v (Reiseerlaubnis nach Pesaro „donec convalescat")
1764 Juli	Pro-Commissarius des SO, Antrag auf Ernennung
	ACDF SO Decreta 1764, Bl. 106v (Referat zur Bewerbung Ciacchis o.D. nach dem Tod von S. → Torni)
1764 Juli 4	Pro-Commissarius des SO, Ernennung (bis zur Ankunft des Commissarius S. → Maccarinelli)
	ACDF SO Decreta 1764, Bl. 106v; ACDF SO Priv. 1760-1764, Bl. 230
1764 Juli 15	Unterzeichner des gedruckten Nachrufs auf den Commissarius S. Torni
	ACDF SO Priv. 1760-1764, Bl. 671
1764 Dez. 19	Inquisitor von Piacenza, Ernennung
	ACDF SO Decreta 1764, Bl. 182r („electus"); ACDF SO St.St. II-2-n, Bl. 4v
1765 Jan. 2	Inquisitor von Piacenza, Amtsantritt durch Eidesleistung
	ACDF SO Decreta 1765, Bl. 1v
1765 Jan. 5	Inquisitor von Piacenza, herzogliches Placet
	Archivio di Stato, Parma, Carteggio Du Tillot, Busta 50 Inquisizione 1 (Schreiben des Ministers Guillaume Du Tillot an Ciacchi in Rom; mit Placet des Herzogtums Parma zur römischen Ernennung)
1768 Jan. 27	Ausweisung aus dem Herzogtum Parma
	ACDF SO St.St. GG-4-a, o.Bl. (herzogliche Anweisung, Ciacchi möge binnen 24 Stunden das Herzogtum verlassen)
1768 Febr. 13	Aufenthalt in Mailand, Bitte um Aufenthalt in seiner Heimat Pesaro
	ACDF SO Decreta 1768, Bl. 29r (Schreiben Ciacchis an das SO)
1768 Febr. 22	Erlaubnis zum Aufenthalt in Pesaro
	ACDF SO Decreta 1768, Bl. 29r

1768 März	Aufenthalt in Pesaro ACDF SO Priv. 1765-171768, Bl. 787f. (Schreiben Ciacchis vom 21. März und 14. Apr. 1768 an das SO aus Pesaro)
1773 Febr. 13	Pro-Inquisitor von Fermo, Ernennung ACDF SO St.St. II-2-n, Bl. 8 Inquisitor von Fermo (bis 1778)

Unveröffentlichte Quellen

ACDF SO St.St. GG-4-a, o.Bl. (Memoria del P. Inquisitore Ciacchi sugli affari del S. Offizio di Piacenza vom 27. Febr. 1778); Biblioteca Statale, Cremona, Mischband 48.6.12/123 [Handexemplar von T. A. → Ricchini]: gedruckter Rundbrief zum Tod des Commissarius S. → Torni, gezeichnet von Ciacchi, datiert Romae, S. Off. Idus Julii 1764. (Einblattdruck)

Literatur

- D'Amato, Alfonso: I Domenicani a Bologna. - 2 vol. - Bologna 1988, 857.
- Drei, Giovanni: Sulle relazioni tra la Santa Inquisizione e lo stato nei Ducati parmensi (sec. XVIII), in: Studi di Storia e di critica dedicati a Pio Carlo Falletti dagli scolari celebrandosi il XL anno del suo insegnamento. - Bologna 1915, 577-610, hier: 580.

Benedetto Ciaperoni (Ciapparoni) OCist

Lebenslauf

1702 Okt. 19	Erstes nachgewiesenes Gutachten für das SO Professor für Theologie und Hebräisch
[1707]	Relator der CIndex, Antrag auf Ernennung ACDF Index Prot. 68 (1707-1710), Bl. 109r (Bewerbung Ciaperonis oD. an die CIndex mit Angaben zum Lebenslauf)
1708 Jan. 16	Relator der CIndex, Ernennung ACDF Index Diari 13 (1704-1708), Bl. 135v; ACDF Index Prot. 81 (1737-1740), Bl. 440r
1717 Aug. 6	Qualifikator des SO, Amtsantritt durch Eidesleistung ACDF SO Juramenta 1701-1724, Bl. 200v

Gutachten

[1702 Okt. 19]	Ashkenazi, Mordecai Ben Judah Aryeh Lob: Eshel Abraham [...]. - [Fürth] : [S.n.], 5461 [1701]. ACDF SO CL 1701-1702, Nr. 36, 45 S.
[1703 Juni 19]	Morano, Francesco Maria: Risposte date da un Teologo per scioglimento d'alcuni quesiti fattigli da più Confessori [...]. - Milano : G. P. Malatesta, 1698. ACDF SO CL 1703, Nr. 28, Bl. 240r-244r, 9 S.

[1707 Apr. 12]	Bellagra, Guido <Pseudonym> [Gualdo, Gabriele]: Risposta all'autor dell'Apologia de santi padri [...]. - In Salisburgo : appresso Gio. Battista Mayr, 1701. ACDF SO CL 1708-1710, Nr. 10, 5 S.
[1707 Mai 31]	♦ Buxtorf, Johann (Der Ältere): Lexicon Hebraicum et Chaldaicum [...]. - [Basileae] : Johann Philip Richters Erben, 1710. ACDF SO CL 1706-1707, Nr. 24, 5 S.
[1707 Sept. 20]	Novena in honore delli nove Mesi, che la Vergine Maria dopo la sua concettione dimorò nel ventre di S. Anna [...]. - Praga : Stamp. dell' Univ., [ca. 1670]. ACDF SO CL 1706-1707, Nr. 41, 5 S.
(1712 Sept. 19)	Hackspan, Theodoricus: Miscellanea sacra [...]. - Altdorphii : Typis & Sumptibus Georgii Hagen, Universitatis Typographi, 1660. ACDF Index Prot. 69 (1710-1712), Bl. 423r-429r, 13 S.
[1713 Jan. 10]	Mazzoleni, Pier Girolamo: Vita del V. P. D. Pietro Migliorotti Abate Vallombrosano [...]. - [S.a.]. (Manuskript) ACDF SO CL 1711-1714, Nr. 33, 3 S.
[1714 Sept. 4]	Girardini, Stanislaus: La Santità de pensieri obbligata alle donne [...]. - [S.a.]. (Manuskript) ACDF SO CL 1711-1714, Nr. 39, 9 S.
(1714 Nov. 16)	Acta eruditorum [...]. - Lipsiae : Grosse & Gleditsch, (1711). ACDF Index Prot. 70 (1713-1715), Bl. 348r-351v, 8 S.
(1716 Juli 20)	Volpe, Angelo: Sacrae theologiae summa Ioannis Duns Scoti [...]. - Neapoli : apud Lazarum Scorigium, 1622-1646. (Bd. 1/2) ACDF Index Prot. 71 (1715-1721), Bl. 220r-222v, 6 S.

Camillo Cibo

Geboren 1681 Apr. 25 in Massa
Gestorben 1743 Jan. 12 in Rom

Familie
Camillo Cibo war zweitgeborener Sohn des regierenden Fürsten von Massa und Carrara, Carlo Cibo Malaspina, und der Teresa Pamphilj, dadurch verwandt mit Papst → Innozenz X. In Rom erzogen ihn seine beiden Großonkel Odoardo Cibo (gest. 1705), Sekretär der CProp, und dessen Bruder Kardinal A. → Cibo, langjähriger Staatssekretär.

Lebenslauf
um 1691	Erziehung in Rom bei seinem Onkel, Bischof Odoardo Cibo
[1694]	Ausbildung am Collegio Romano, gefördert von seinem Onkel Kard. A. → Cibo
1700	Studium der Theologie an S. Maria sopra Minerva, Rom
1701 Okt.	Dr. theol. an S. Maria sopra Minerva

1702 Sept. 13	Dr. iur. utr. an der Universität Sapienza, Rom
1703	Mitglied der Accademia dell'Arcadia, Rom (als „Rovildo Leucianitide")
1705 Nov. 26	Referendar der Signaturen
1705 Dez. 8	Präsident der Apostolischen Kammer
1707 [Juni/Juli]	Relator der CIndex, Ernennung ACDF Index Diari 13 (1704-1708), Bl. 124v (Vermerk Sekr. der CIndex zur Papstaudienz, o.D.)
1707 Aug. 6	Kleriker der Apostolischen Kammer
[1708]	Präfekt des Archivs der Engelsburg Präsident der Grascia
1718 Jan. 29	Generalauditor der Apostolischen Kammer (bis [Nov.] 1721, Demission)
1718 Febr. 11	Titularpatriarch von Konstantinopel
1721	Aufenthalt in Spoleto (unter Innozenz XIII. ohne Kurienamt)
1725 Juli 16	Präfekt des Apostolischen Palasts (unter → Benedikt XIII.)
1726 Apr. 11	Eid des SO als Präfekt des Apostolischen Palasts ACDF SO Juramenta 1725-1736, o.Bl.
1729 März 23	Kardinal
1729 März 28	Zuteilung der Titelkirche S. Stefano al Monte Celio
1729 Juni 6	Mitglied der CEpReg, CConcilio, CRiti und CConsulta ASV SS Mem Bigl 161
1729 Juni 14	Mitglied der CBuonGov ASV SS Mem Bigl 161
1729 Sept. 13	Mitglied der CIndex, Ernennung ACDF Index Prot. 77 (1728-1731), Bl. 204 (Schreiben SS an Sekr. der CIndex)
1729 Sept. 14	Mitglied der CIndulg ASV SS Mem Bigl 161
1730 Aug. 10	Mitglied der CCorrLOr ASV SS Mem Bigl 162 (Approbierte Vorschlagsliste)
1731 Febr.	Großprior des Malteserordens, Priorat Rom
1731	Rücktrittsabsicht wegen wirtschaftlicher Krise des Großpriorats (Polemik wegen angeblicher Bereicherungsversuche Cibos)
1731 Nov. 16	Verbot eines Pamphlets gegen Cibo durch den Gouverneur von Rom
1731	Rückzug aus Rom (ohne Teilnahme an Kuriengeschäften)
1740	Rückkehr nach Rom (anlässlich des Konklave)
1741 Dez. 2	Examinator episcoporum ASV SS Mem Bigl 177

Gutachten

(1707 Sept. 5)   Paleophilus, Desiderius <Pseudonym> [Witte, Gilles de]: Imago pontificiae dignitatis : penicillo sacrorum scriptuarum ac traditionis native delineata [...]. - Constantiae : Aenneas Sylvius, 1704.
        ACDF Index Prot. 67 (1706-1707), Bl. 514r-515v, 4 S.

(1708 Sept. 18)   LeClerc, Jean: Ars critica [...]. - Amstelaedami : Apud Georgium
                    Gallet, 1697-1700. (Bd. 1)
                        ACDF Index Prot. 68 (1707-1710), Bl. 258r-261v, 8 S.

Eigene Werke
- Rovildo Leucianitide: La pittura, la scultura, e l'architettura in lega colla poesia. Orazione [...] detta in Campidoglio per l'Accademia del Disegno l'anno 1706, in: Prose degli Arcadi 1 (1718), 167-184.

Literatur
- Ago, Renata: Carriere e clientele nella Roma barocca (Quadrante ; 35). - Roma ; Bari 1990, passim.
- Anonym: Difesa del signor Cardinale Cibo da una scrittura uscita ultimamente alla luce col titolo di Lettera scritta ad un amico, in cui sotto pretesto di difendere Sua Eminenza da alcune voci false si carica di molte ingiurie vere. - [Roma] : [S.n.], [1731]. - 20 S.
- Anonym: Lettera scritta ad un amico, nella quale si dimostrano calunniose alcune proposizioni divulgate in Roma contra la persona del cardinal Cybo. - [Roma] : [S.n.], [1731]. - 95 S. [Bereicherungsvorwürfe gegen Cibo; Schrift verboten per Dekret des Gouverneurs von Rom, 16. Nov. 1731, s.u.]
- Cardella, Lorenzo: Memorie storiche de' Cardinali della Santa Romana Chiesa [...]. - In Roma : nella stamperia Pagliarini, 1792-1797. - 10 vol., hier: vol. 8, 239f.
- DBI 25 (1981), 232-237 von A. Borromeo.
- Guarnacci, Mario: Vitae, et res gestae Pontificum Romanorum et S.R.E. Cardinalium a Clemente X. usque ad Clementem XII. [...] Descripta a S. Petro ad Clementem IX. - Romae : Sumptibus Venantii Monaldini bibliopolae [...] ; Ex Typographia Joannis Baptistae Bernabo, & Josephi Lazzarini, 1751. - 2 vol., hier: vol. 2, 547-550.
- Hierarchia Catholica 5, 38.171.
- Moroni 13 (1842), 124.
- Renazzi, Filippo Maria: Notizie storiche degli antichi vicedomini del Patriarchio Lateranense e de' moderni prefetti del Sagro Palazzo Apostolico ovvero maggiordomi pontifici [...]. - In Roma : nella stamperia Salomoni, 1784, 151-155.
- Seidler, Sabrina M. ; Weber, Christoph (Hg.): Päpste und Kardinäle in der Mitte des 18. Jahrhunderts (1730-1777). Das biographische Werk des Patriziers von Lucca Bartolomeo Antonio Talenti (Beiträge zur Kirchen- und Kulturgeschichte ; 18). - Frankfurt a.M. u.a. 2007, 232f.
- Spinola, Giovanni Battista: Editto [...] Essendo stata da alcuni giorni in qua pubblicata una scrittura stampata col titolo Lettera scritta ad un amico [...]. - In Roma : Nella Stamperia della Rev. Cam. Apost., 1731. (Einblattdruck) [Verbotsedikt des Gouverneurs von Rom vom 16. Nov. 1731]
- Weber, Christoph (Bearb.): Die päpstlichen Referendare 1566-1809. Chronologie und Prosopographie (PuP ; 31/1-3). - 3 Bde. - Stuttgart 2003-2004, hier: Bd. 2, 580f.
- Weber, Christoph (Hg.): Die ältesten päpstlichen Staatshandbücher. Elenchus Congregationum, Tribunalium et Collegiorum Urbis 1629-1714 (RQ Supplementheft ; 45). - Rom u.a. 1991, 106.

- Weber, Christoph: Genealogien zur Papstgeschichte. Unter Mitwirkung von Michael Becker bearbeitet (PuP ; 29/1-6). - 6 Bde. - Stuttgart 1999-2002, hier: Bd. 1, 250f.

Tommaso Agostino Ciccarelli (Ceccarelli) da Forlì OP

Geboren	in [Forlì]
Gestorben	1765 [Juni] in Mailand

Lebenslauf

1720 Mai 4	Magister theol. in Bologna
1731	Lektor für Hl. Schrift am Ordenskolleg in Bologna (bis 1732)
1733 März 30	Generalvikar der Inquisition von Genua, Ernennung ACDF SO Decreta 1733, Bl. 84r („electus")
1736 Juni	Generalvikar der Inquisition von Bologna ACDF SO St.St. II-2-h, Bl. 13r
1739 Jan. 7	Secundus Socius des Commissarius des SO, Ernennung ACDF SO Decreta 1739, Bl. 1v („electus")
1739 Febr. 24	Secundus Socius des Commissarius des SO, Amtsantritt durch Eidesleistung ACDF SO Juramenta 1737-1749, o.Bl.
1739 Apr. 1	Primus Socius des Commissarius des SO, Amtsantritt durch Eidesleistung ACDF SO Juramenta 1737-1749, o.Bl.
1741 Mai 31	Inquisitor von Pavia, Amtsantritt durch Eidesleistung ACDF SO Juramenta 1737-1749, o.Bl.
1758 Aug. 9	Inquisitor von Faenza, Ernennung ACDF SO St.St. II-2-n, Bl. 1r
1760 Juli 9	Inquisitor von Mailand, Ernennung (bis 1765) ACDF SO Decreta 1760, Bl. 167v („electus"); ACDF SO St.St. II-2-n, Bl. 1v

Unveröffentlichte Quellen

ACDF SO Decreta 1765, Bl. 96r (Wahl des Nachfolgers G. F. → Cremona am 10. Juli 1765 als Hinweis auf das Todesdatum)

Eigene Werke
- Editto Generale per il Sant'Offizio dell'Inquisizione di Milano, suo Stato, e Dominio. - Milano, 15. Febbrajo 1764. [Einblattdruck, gezeichnet von Ciccarelli als Inquisitor von Mailand; Exemplar hier: Archivio di Stato, Mailand, Culto Parte antica. Inquisizione, Nr. 2107, o.Bl.]

Literatur
- D'Amato, Alfonso: I Domenicani a Bologna. - 2 vol. - Bologna 1988, 831.895.

Nicola [Antonio] Cimaglia OSBCoel

Geboren 1712 März 31 in Vieste (Apulien)
Gestorben 1764 Mai 27

Familie

Der spätere Bischof wird als aus Foggia stammend geführt, wurde jedoch geboren in dem nahen Vieste (vgl. Hierarchia Catholica 6, 439). In Foggia war die vornehme Familie Cimaglia beheimatet, die ursprünglich aus Spanien stammte. Aus dieser Familie kam der Baron Orazio Cimaglia (gest. 1764), Giureconsulto und Vater des Ministers im Königreich Neapel, Natale M. Cimaglia (1735-1799). Vgl. Villani: Scrittori, 56.

Lebenslauf

1735 März 5	Priesterweihe
	Lektor für Philosophie an S. Pietro a Malella, Neapel
	Lektor für Theologie an S. Eusebio, Rom
1744 Apr. 13	Revisor des SO, Amtsantritt durch Eidesleistung
	ACDF SO Juramenta 1737-1749, o.Bl.
1744 Mai 13	Qualifikator des SO, Ernennung
	ACDF SO Priv. 1743-1749, Bl. 119r (Papstaudienz des Ass. des SO)
1744 Mai 15	Qualifikator des SO, Amtsantritt durch Eidesleistung
	ACDF SO Juramenta 1737-1749, o.Bl.
1748 Okt. 10	Abt des Klosters Ss. Annunziata, Tarent (Apulien)
1748 Dez. 16	Bischof von Vieste (Apulien)

Gutachten

[1744 Juni 13] Confutatio sex priorum epistolarum ex eo libro, cui titulus est: Ferdinandi Valdesii Epistolae [...]. - Mediolani ; Venetiis : Tibernius, 1744. ACDF SO CL 1744-1745, Nr. 9, 5 S.

Literatur

- Hierarchia Catholica 6, 439. [mit der Angabe, Cimaglia sei Konsultor des SO gewesen]
- Villani, Carlo: Scrittori ed artisti pugliesi antichi, moderni e contemporanei. Nuove addizioni. - Napoli 1920, 56f.

Clemente da Roma OFMObs

Geboren um 1660

Lebenslauf

Professor für Theologie an S. Maria in Aracoeli (für zwölf Jahre)
Mitglied der Accademia dogmatica der Universität Sapienza, Rom

[1704]	Emeritierung als Professor (Lector iubilatus)
[1704]	Relator der CIndex, Antrag auf Ernennung
	ACDF Index Diari 13 (1704-1708), Bl. 38v (Antrag mit Angaben zum Lebenslauf vorgetragen auf der Sitzung vom 1. Dez.; kein Beschluss vermerkt)
1705 Jan. 19	Relator der CIndex, Ernennung
	ACDF Index Diari 13 (1704-1708), Bl. 48r; ACDF Index Prot. 81 (1737-1740), Bl. 439r

Clemente di Gesù Maria OCD

Namensvariante   Clemente Brunetti (Prunetti)

Geboren   1700 Jan. 9 in Rom
Gestorben   1774 Dez. 15 in Rom

Lebenslauf

1716 Juni 30	Ordensprofess in Rom
	Lektor für Theologie in Rom
[1728]	Revisor des SO (bis 1743)
	Theologus der Kardinäle A. S. → Gentili und G. B. → Spinola junior
[1743]	Qualifikator des SO, Antrag auf Ernennung
	ACDF SO Priv. 1743-1749, Bl. 17r (Bewerbung P. Clementes o.D. an den Papst mit Angaben zum Lebenslauf)
1743 Apr. 24	Qualifikator des SO, Ernennung
	ACDF SO Priv. 1743-1749, Bl. 18v (Audienzdekret des Papstes gemäß Vermerk Ass. des SO); ACDF SO St.St. II-2-m, o.Bl. („Nota de' Qualificatori e loro deputazione", o.D.; „per aver da 15 anni servito il S. Tribunale in varie relazioni de' libri")
1743 Mai 21	Qualifikator des SO, Amtsantritt durch Eidesleistung
	ACDF SO Juramenta 1737-1749, o.Bl.
1767 Mai	Generaldefinitor des Ordens (bis 1773)

Unveröffentlichte Quellen
Archivio Generale OCD, Rom: Geburts-, Profess- und Todesdatum. Freundliche Auskunft an H. H. Schwedt.

Gutachten

[1734 Okt. 27]	Adriano <di Santa Thecla>: Privilegia Absolvendi, Ac Dispensandi Praelati Regularis [...]. - Genuae, 1733 [MDCCXXXIII.]. (Manuskript)
	ACDF SO CL 1733-1734, Nr. 14, 7 S.

[1735 Nov. 16]	Arnauld d'Andilly, Robert: Memoires [...]. - A Hambourg [i.e. Paris] : de l'imprimerie d'A. Vanden-Hoeck, libraire à Londres, 1734. ACDF SO CL 1735-1736, Nr. 4, 7 S.
[1744 Nov. 18]	Arrest De La Cour Rendu sur les Remontrance & Conclusions de Monsieur le Procureur Général du Roy, qui le reçoit Apellant comme d'abus d'un Mandement du Reverend Evêque de Vannes du 5. Juin 1744 [...]. - [Rennes] : De l'Imprimerie de Guillaume Vatar, Imprimeur du Roy & du Parlement, [ca. 1744]. ACDF SO CL 1744-1745, Nr. 7, 8 S.
[1745 Dez. 29]	Lettre de Mr. L'Abbè D. F. a Madame le Marquise de... contenent le véritable Secret de Franc Macon. ACDF SO CL 1744-1745, Nr. 19, 5 S. (Sammelgutachten)
[1745 Dez. 29]	♦ Anonym [Perau, Gabriel Louis Calabre]: Le secret des Francs-Maçons [...]. - [S.l.] : [S.n.], 1744. ACDF SO CL 1744-1745, Nr. 19, 5 S. (Sammelgutachten)
[1745 Dez. 29]	Duvergier de Hauranne, Jean: Lettres chrétiennes et spirituelles [...]. - [S.l.] : [S.n.], 1744. ACDF SO CL 1744-1745, Nr. 19, 5 S. (Sammelgutachten)
[1745 Dez. 29]	Hamon, Jean ; Leroy, Guillaume [u.a.]: Recueil de divers ouvrages propres à instruire, consoler, & afermir, dans les tems d'épreuves & de persécution [...]. - [S.l.] : [S.n.], 1743. ACDF SO CL 1744-1745, Nr. 19, 5 S. (Sammelgutachten)
[1760 Juli 14]	♦ Croiset, Jean: Orazioni cristiane [...]. - Venezia : nella stamperia Baglioni, 1750. ACDF SO CL 1760-1761, Nr. 5, 10 S.

Literatur

- Fortes, Antonius: Catalogus Superiorum Generalium O.C.D. Congregationis Italiae 1600-1875 et totius Ordinis 1875-1985 (Monumenta Historica Carmeli Teresiani. Subsidia Selecta ; 1). Romae 1988, 21.

Antonin Cloche OP

Namensvariante	Jean-François Cloche (Taufname)
Geboren	1628 Jan. 16 in Saint-Sever (Gascogne)
Gestorben	1720 Febr. 26 in Rom
Lebenslauf	
	Ordenseintritt in Saint-Sever
	Studium der Philosophie und Theologie in Toulouse, Agen und an Saint-Jacques, Paris

1650	Priesterweihe
1650	Professor im Dominikanerkonvent in Agen
	Prior der Konvente Bayonne, Agen und Saint-Sever
1660	Aufenthalt in Rom (Verhandlungen im Auftrag der Provinz Okzitanien)
1666	Aufenthalt in Rom (Verhandlungen für die Heimatprovinz) (bis 1667)
1671	Provinzial des Ordens, Provinz Okzitanien (bis 1675)
1675 [Dez.]	Socius des Generaloberen des Ordens J. T. → Rocaberti in Rom
1677 [Juni]	Socius des Generaloberen des Ordens A. → Monroy in Rom
1685 März 29	Provinzial des Ordens, Provinz England (Nachfolger von L. → Hansen)
1685 Mai 12	Provinzial des Ordens, Provinz Skandinavien (Dacia)
1686 Juni 1	Generaloberer des Ordens (bis 1720)
1686 Juni 5	Konsultor des SO (als Generaloberer des Ordens), Amtsantritt durch Eidesleistung
	ACDF SO Juramenta 1656-1700, Bl. 388-389v
1687 Sept. 25	A. → Massoulié, Socius von Cloche, Amtsantritt durch Eidesleistung
	ACDF SO Extens. 1680-1690 [-1707] = ACDF SO St.St. Q-1-p, Bl. 142r

Unveröffentlichte Quellen
Gedruckter Rundbrief von A. G. → Molo vom 3. Aug. 1720 zum Tod von Cloche, Einblattdruck. [hier nach dem Handexemplar von T. A. → Ricchini: Biblioteca Statale, Cremona, Mischband 48.6.12/123]

Gutachten
[1713]   Picenino, Giacomo: Trionfo della vera religione [...]. - In Geneva : appresso Pietro Jaquier, 1712.
         nicht aufgefunden (Hinweis in ACDF SO CL 1711-1714, Nr. 23)

Literatur
- Bares, José: Un Gascon dans la Rome du XVIIe siècle. Antonin Cloche, Maître Général des Dominicains, in: Bulletin de la Société de Borda 114 (1989), 577-601.
- Cath 2 (1949), 1255 von A. Duval.
- Coulon, Remi: Le mouvement thomiste au XVIIIe siècle, in: Revue thomiste 19 (1911), 421-444.628-650.
- Coulon, Rémy ; Papillon, Antonin: Scriptores Ordinis Praedicatorum recensiti, notis historicis et criticis illustrati ad annum 1700 auctoribus Jacobo Quétif [...] ab anno autem 1701 ad annum 1750 perducti [...]. - 2 vol. - Romae ; Parisiis 1909-1934, hier: vol. 1, 293-303.
- DBF 9 (1961), 18 von R. Limouzin-Lamonthe.
- Foix, V.: Lettres inédites du P. Cloche au P. Lequien, in: Revue de Gascogne N.S. 15 (1920), 230-240.
- Grafinger, Christine Maria: Die Ausleihe Vatikanischer Handschriften und Druckwerke (1563-1700) (StT ; 360). - Città del Vaticano 1993, 268.

- Hillenaar, Henk: Fénelon et les Jésuites (Archives Internationales d'Histoire des Idées ; 21). - La Haye 1967, 150f.
- Mesfin, Conrado Pio [Ponsi, Domenico]: Vita del Reverendissimo Padre F. Antonino Cloche, maestro generale del sacro ordine dei Padri Predicatori. - Benevento : Stamparia Arcivescovile, 1721. [Ponsi OP aus Nizza, gest. 1740, leistete als Socius des Ordensgenerals T. → Ripoll 1725 den Eid des SO.]
- Montagnes, Bernard: Le tricentenaire d'Antonin Cloche, in: AFP 57 (1987), 221-289.
- Mortier, Daniel Antonin: Histoire des maîtres généraux de l'Ordre des Frères Prêcheurs. - 8 vol. - Paris 1903-1920, hier: vol. 7, 207-302.
- Nicolaus Maria <a S. Dominico>: In funere reverendissimi patris fr. Antonini Cloche totius inclyti Ordinis Praedicatorum generalis magistri oratio [...]. - Romae : apud Jo. Mariam Salvioni, 1720. - XXI S.
- Orcibal, Jean (Hg.): Correspondance de Fénelon ([ab Bd. 6 in:] Histoire des idées et critique littéraire). - 18 vol. - Genève 1972-2007, hier: vol. 6, 144. [Quellen]
- Quetif, Jacobus ; Echard, Jacobus: Scriptores ordinis praedicatorum recensiti, notisque historicis et criticis illustrati, opus quo singulorum vita, praeclareque gesta referuntur, chronologia insuper seu tempus quo quisque floruit certo statuitur : fabulae exploduntur, scripta genuina, dubia, supposititia expenduntur [...] ab an. MDI ad an. MDCCXX [...]. - Lutetiae Parisiorum : Apud J. B. Christophorum Ballard, et Nicolaum Simart, 1719-1721. - 2 vol., hier: vol. 2, 706.
- Taurisano, Innocentius: Hierarchia Ordinis Praedicatorum. - Taurini 1916, 13.
- Touron, Antoine: Histoire des hommes illustres de l'ordre de Saint Dominique; c'est-à-dire, des papes, des cardinaux, des prélats éminens en science et en sainteté, des célèbres docteurs, et des autres grands personnages, qui ont le plus illustré cet ordre, depuis la mort du saint fondateur, jusqu'au pontificat de Benoît XIII [...]. - A Paris : chez Babuty [...], 1743-1746. - 6 vol., hier: vol. 6, 508-580.

Paolo Coccini da Nizza OP

Lebenslauf

	Magister theol.
1714 Nov. 28	Qualifikator des SO, Amtsantritt durch Eidesleistung
	ACDF SO Juramenta 1701-1724, Bl. 139

Teresio Cogrossi (Cogros) OCarm

Geboren [1671]
Gestorben [1754]

Lebenslauf

[1703]	Magister theol.
	Lektor für Philosophie und Theologie in verschiedenen Ordenskollegien (für 16 Jahre)
1714	Definitor perpetuus der Ordensprovinz Lombardei
	Qualifikator und Revisor der Inquisition von Cremona
	Poenitentiarius an St. Peter, Rom
[1725]	Relator der CIndex, Antrag auf Ernennung
	ACDF Index Prot. 73 (1724-1725), Bl. 21r (Bewerbung Cogrossis o.D. an die CIndex mit Angaben zum Lebenslauf)
1725 Juli 16	Relator der CIndex, Ernennung
	ACDF Index Prot. 81 (1737-1740), Bl. 442v
1728 Apr. 20	Konsultor der CIndex, Ernennung
	ACDF Index Diari 15 (1721-1734), Bl. 84v
1729 Febr. 9	Konsultor der CIndulg
	ASV SS Mem Bigl 161
	Generaldefinitor des Ordens

Gutachten

(1727 Apr. 22)	Basagne, Samuel: Annales politico-ecclesiastici annorum DCXLV a Caesare Augusto ad Phocam usque [...]. - Roterodami : Typis Regneri Leers, 1706.
	ACDF Index Prot. 75 (1726-1727), Bl. 420r-424r, 9 S.
(1728 Apr. 5)	Fleury, Claude: Catechisme historique : contenant en abrege l'histoire sainte, et la doctrine chretienne [...]. - A Venise : chez Laurens Basegio. Marchand Libraire, 1705.
	ACDF Index Prot. 76 (1727-1728), Bl. 258r-260v, 6 S.

Literatur
- Notizie 1754, 82. [letzte Erwähnung als Konsultor]

Carlo Collicola

Geboren	1682 Juni 1 in Spoleto (Umbrien)
Gestorben	1730 Okt. 20 in Rom

Familie

Die Eltern des späteren Kardinals, Giovanni Battista Collicola und Anna Valenzia Bartoletti, wurden beide als Mitglieder der Oberschicht von Spoleto bezeichnet („famiglie nobili patrizi", Seidler/Weber: Päpste, 170). In der zweiten Hälfte des 18. Jahrhunderts erhielt die Familie den marchese-Titel. Den Aufstieg der Familie begründete der Arzt Taddeo Collicola (1591-1643), 1630 Leibarzt von Papst → Urban VIII. und gleichzeitig (als Witwer) Kanoniker an St. Peter. Dessen Sohn Francesco (1607-1682), „spedizioniere apostolico", wurde Urgroßvater des hier interessierenden Kardinals. Vgl. Völkel: Kardinalshaushalte, 426, und die Arbeiten von Weber, s.u.

Lebenslauf

1706 Mai 22	Apostolischer Protonotar
1707 Jan. 15	Referendar der Signaturen
[1710]	Relator der CIndex, Antrag auf Ernennung
	ACDF Index Prot. 69 (1710-1712), Bl. 41r (Bewerbung Collicolas o.D. an die CIndex)
1710 Aug. 11	Relator der CIndex, Ernennung
	ACDF Index Prot. 81 (1737-1740), Bl. 440r
1710 Dez.	Pro-Sekretär der CProp (bis März 1711; erneut 1717 für sechs Monate)
1712 Dez. 10	Kleriker der Apostolischen Kammer
1718 Jan. 21	Pro-Tesoriere Generale der Apostolischen Kammer
1718 Dez. 12	Superintendent für die Galeeren, die Engelsburg und andere Festungen
1721 Febr. 3	Tesoriere Generale der Apostolischen Kammer (bis 1728)
1726 Dez. 9	Kardinal in petto (publiziert: 30. Apr. 1730)
1728 Mai 10	Zuteilung der Titelkirche S. Maria in Portico

Gutachten

(1711 Sept. 15)   Riccobaldi, Romualdo: Apologia Del Diario Italico Del Molto Reverendo Padre Don Bernardo Montfaucon [...]. - In Venezia : Per Antonio Bortoli, 1710.
ACDF Index Prot. 69 (1710-1712), Bl. 239r-240r, 3 S.

Literatur

- Cardella, Lorenzo: Memorie storiche de' Cardinali della Santa Romana Chiesa [...]. - In Roma : nella stamperia Pagliarini, 1792-1797. - 10 vol., hier: vol. 8, 228f.
- Cardelli, Carlo: Palazzo Collicola rivisitato. Ricordi personali, in: Spoletium 27 (1982), 52-68. [Familie]
- Hierarchia Catholica 5, 38.
- Marchesi, Giorgio Viviano: Antichità ed eccellenza del protonotariato appostolico partecipante colle piu scelte notizie de' santi, sommi pontefici, cardinali, e prelate che ne sono stati insigniti sino al presente [...]. - In Faenza : pel Benedetti impress. vescovile, 1751, 494.
- Moroni 14 (1842), 247.
- Seidler, Sabrina M. ; Weber, Christoph (Hg.): Päpste und Kardinäle in der Mitte des 18. Jahrhunderts (1730-1777). Das biographische Werk des Patriziers von Lucca Bartolomeo Antonio Talenti (Beiträge zur Kirchen- und Kulturgeschichte ; 18). - Frankfurt a.M. u.a. 2007, 170.
- Völkel, Markus: Römische Kardinalshaushalte des 17. Jahrhunderts. Borghese - Barberini - Chigi (Bibliothek des Deutschen Historischen Instituts in Rom ; 74). - Tübingen 1993, 426. [Familie]

- Weber, Christoph (Bearb.): Die päpstlichen Referendare 1566-1809. Chronologie und Prosopographie (PuP ; 31/1-3). - 3 Bde. - Stuttgart 2003-2004, hier: Bd. 2, 552.
- Weber, Christoph (Hg.): Die ältesten päpstlichen Staatshandbücher. Elenchus Congregationum, Tribunalium et Collegiorum Urbis 1629-1714 (RQ Supplementheft ; 45). - Rom u.a. 1991, 101.

Leandro Colloredo Or

Geboren 1639 Okt. 9 in Colloredo (bei Udine, Friaul)
Gestorben 1709 Jan. 11 in Rom

Familie
Der spätere Kardinal entstammte einem der Zweige der Friauler Grafen Colloredo, Sohn des marchese Fabio Colloredo. Von dessen nahen Verwandten traten einige in den Dienst der Herzöge der Toskana, darunter der ältere Bruder Leandros, Ferdinando Colloredo (gest. 1689), Minister des Herzogs Cosimo III. und Vater des späteren Bischofs von Lucca, Fabio Colloredo (gest. 1742). Vgl. Weber: Genealogien 3, 279.

Lebenslauf

1649	Ausbildung bei dem Verwandten Prälat G. B. Brescia, päpstlicher Vize-Legat in Pesaro und Urbino (Marken)
[1651]	Ausbildung in Rom bei einem Mitglied des Oratoriums Philipp Neri
1653 Nov. 2	Ordenseintritt als Laienbruder gegen den Widerstand der Familie
1657 Jan. 3	Noviziat in Rom
	Studium in Rom, dort Kontakt mit der Mystik von Mariano Sozzini Or
1663 Dez.	Priesterweihe in Rom
	Bibliothekar der Vallicelliana, Rom
1682	Examinator Episcoporum in sacris canonibus
1686 Apr. 2	Konsultor der CIndex, Ernennung ACDF Index Diari 8 (1682-1688), Bl. 57r; ACDF Index Prot. 44 (1685-1687), Bl. 123r (hier: 1. Febr.)
1686 Sept. 2	Kardinal
1686 Sept. 30	Zuteilung der Titelkirche San Pietro in Montorio
1686 [Okt. 8]	Mitglied der CConcilio, CRiti und CVisitaAp
1686 Okt. 8	Mitglied der CIndex, Ernennung ACDF Index Diari (1682-1688), Bl. 78r; ACDF Index Prot. 44 (1685-1687), Bl. 379r (Schreiben SS an Sekr. der CIndex)
1688 Febr. 28	Penitenziere Maggiore
1696 Jan. 2	Camerlengo des Kardinalskollegiums (für ein Jahr)

Eigene Werke

- Vita di san Luigi Bertrando dell'Ordine de' Predicatori / raccolta da processi fatti per la sua canonizatione da Odoardo Cellerno [Anagramm für Leandro Colloredo]. - In Roma : per Nicol'Angelo Tinassi, 1671. - [5] Bl., 316 S., [12] Bl.

Literatur

- DBI 27 (1982), 82-85 von Franca Petrucci.
- EC 3 (1949), 1991 von Luigi Berra.
- Gasbarri, Carlo: L'Oratorio romano dal Cinquecento al Novecento. - Roma 1962, 90-93 u.ö.
- Guarnacci, Mario: Vitae, et res gestae Pontificum Romanorum et S.R.E. Cardinalium a Clemente X. usque ad Clementem XII. [...] Descripta a S. Petro ad Clementem IX. - Romae : Sumptibus Venantii Monaldini bibliopolae [...] ; Ex Typographia Joannis Baptistae Bernabo, & Josephi Lazzarini, 1751. - 2 vol., hier: vol. 2, 270f.
- Puccetti, Pietro Maria: Vita del cardinal Leandro Colloredo della Congregazione dell'Oratorio di Rom. - Roma : nella Stamperia di Rosati, e Borgiani in Parione, 1738.
- Weber, Christoph (Hg.): Die ältesten päpstlichen Staatshandbücher. Elenchus Congregationum, Tribunalium et Collegiorum Urbis 1629-1714 (RQ Supplementheft ; 45). - Rom u.a. 1991, 101.
- Weber, Christoph: Genealogien zur Papstgeschichte. Unter Mitwirkung von Michael Becker bearbeitet (PuP ; 29/1-6). - 6 Bde. - Stuttgart 1999-2002, hier: Bd. 3, 279.

Vincenzo Colombani da Forlì OP

Geboren	in [Forlì]
Gestorben	[1786]

Lebenslauf

1757	Dozent am Ordenskolleg in Faenza (bis 1758)
1758	Dozent für Hl. Schrift und Kirchenrecht in Bologna (bis 1759)
1760	Generalvikar der Inquisition von Cremona
	ACDF SO Priv. 1774-1776, Bl. 626 (Schreiben Colombanis o.D. an das SO zur Inquisition von Cremona)
1767 Juli 29	Generalvikar der Inquisition von Bologna, Ernennung (bis 12./13. April 1768)
	ACDF SO Decreta 1767, Bl. 161v („electus")
1770 Okt. 1	Secundus Socius des Commissarius des SO, Amtsantritt durch Eidesleistung
	ACDF SO Juramenta 1766-1776, Bl. 117r.118v
1776 Dez. 23	Einmalige Zahlung von 45 scudi für den Dienst Colombanis als Vikar der Inquisition von Cremona
	ACDF SO Priv. 1774-1776, Bl. 627v (Beschluss des SO)

1777 Okt. 1	Inquisitor von Novara, Ernennung
	ACDF SO St.St. II-2-n, Bl. 9r
1777 Okt. 1	Inquisitor von Novara, Amtsantritt durch Eidesleistung
	ACDF SO Juramenta 1777-1796, Bl. 25r.26v

Unveröffentlichte Quellen

Archivio di Stato, Mailand, Culto Parte antica. Inquisizione Nr. 2104, Fasz. 8 „Cremona", o.Bl.

Literatur

- D'Amato, Alfonso: I Domenicani a Bologna. - 2 vol. - Bologna 1988, 844.

Giovanni Battista Colombini OFMConv

Geboren	1703 Apr. 23 in Brescia
Gestorben	1774 Febr. 3 in Benevent

Familie

Zur familiären Herkunft des späteren Bischofs wurden keine Nachrichten ermittelt. Als Pater kann er auch unter Namen beggnen wie Giovanni Battista di Binago, di Pavia oder Ioannes Baptista Ticinensis.

Lebenslauf

1726 Apr. 6	Priesterweihe
	Dr. theol. am Ordenskolleg S. Bonaventura, Rom
	Lektor für Philosophie und Theologie in verschiedenen Ordenskonventen
	Prior seines Stammkonvents S. Francesco, Brescia
	Provinzial des Ordens, Provinz Genua
1731	Professor für Metaphysik an der Universität Pavia (bis 1742)
	Guardian des Konvents in Pavia
	Konsultor der Inquisition von Pavia
1742 Mai 10	Professor für Dogmatik an der Universität Pavia
1742	Erster Professor für Kirchengeschichte an der Universität Pavia
1753	Generalprokurator des Ordens in Rom (bis 1756)
1756	Erneut Professor an der Universität Pavia (bis 1763)
1759	Generaloberer des Ordens (bis 1763)
	Examinator Episcoporum in sacris canonibus
1759 Sept. 24	Konsultor des SO, Ernennung
	ASV SS Mem Bigl 204 (Schreiben SS an Colombini, Entwurf)
1763 Dez. 19	Erzbischof von Benevent
1764 Jan. 17	Päpstlicher Thronassistent

Gutachten

[1760 Apr. 7] Neumayr, Franz: Frag: Ob der Probabilismus oder Die gelindere Sitten-Lehr Catholischer Schulen Abscheulich Und zu vermaledeyen seye? [...]. - München, und Ingolstadt : Verlegts Franz Xaveri Cratz, und Thomas Summer, [1759].
ACDF SO CL 1760-1761, Nr. 4, 54 S.

(1761) Anonym [Bonora, Agostino]: Probabilismus. Publicae Disputationi Ven. Clero Avisiensi exercitii gratia expositus contra Probabiliorismus [...]. - [Avisii] : [In aedibus Canonicalibus], [ca. 1760].
ACDF SO CL 1760-1761, Nr. 11, 32 S.

(1764) Anonym [Oberhauser, Benedict (Praes.)]: (1) Theses Ex Jure Canonico Ex Historia De Processu Judiciali Antiquo [...]. - Fuldae : Typis Joannis Christophori Dempter, [ca. 1761]. (2) Theses Canonicae In Proemium Juris Canonici [...]. - Fuldae : Typis Joannis Christophori Dempter, [ca. 1761]. (3) Theses Ex Jure Canonico Et Civili [...]. - Fuldae : Typis Joannis Christophori Dempter, [ca. 1761]. (4) Theses Canonicae De Usu S. Potestatis Maxime In Germania [...]. - Fuldae : Typis Joannis Christophori Dempter, [ca. 1761]. (5) Praelectiones canonicae [...]. - Lauterbaci : Hegelund, 1762-1763.
ACDF SO CL 1762-1764, Nr. 13, 85 S. (Sammelgutachten)

(1764) ♦ Oberhauser, Benedict (Praes.): Praelectiones canonicae [...]. - Lauterbaci : Hegelund, 1762-1763.
ACDF SO CL 1762-1764, Nr. 13, 21 S.

Literatur

- Benoffi, Francescantonio: Dei procuratori generali dei minori nella Curia romana. Memorie storiche della Vita di Giovanni Dacre d'Udine Minorita, vescovo di Trevigi. - Pesaro 1830, 44.
- Caffiero, Marina: Battesimi forzati. Storie di ebrei, cristiani e convertiti nella Roma dei papi (La corte dei papi ; 14). - Roma 2004, 178.200.
- Caratelli, Lorenzo: Manuale dei novizi e professi chierici e laici Minori Conventuali sopra la regola, le costituzioni, le memorie e le funzioni dell'ordine coll'aggiunta del catechismo di Roma e d'alcune preghiere. - Roma 1897, 308.
- Faloci Pulignani, Michele: Lettere del Cardinale Ganganelli OFMConv, in: MF 29 (1929), 9-49, hier bes.: 43.
- Hierarchia Catholica 6, 121.
- Memorie e documenti per la storia dell'Università di Pavia e degli uomini più illustri che v'insegnarono. - 3 vol. - Pavia 1877-1878, hier: vol. 1, 197.
- Papini, Nicolò: Lectores Publici Ordinis Fratrum Minorum Conventualium a saec. XIII ad saec. XIX, in: MF 31 (1931), 95-102.170-174.259f.; 32 (1932), 33-36.72-77, hier: 172.

Francesco Colonna

Namensvariante Francesco Colonna Branciforte

Geboren um 1659 in Rom
Gestorben 1735 Febr. 26 in Rom

Familie
Prälat Colonna war Sohn des Domenico Colonna, vermutlich aus der sizilianischen Familie der baroni Colonna, und der Antonia Branciforte dei principi di Scordia in Sizilien. Vgl. die Arbeiten von Weber, s.u.

Lebenslauf
1692 Jan. 31	Referendar der Signaturen
[1693]	Relator der CIndex, Antrag auf Ernennung
	ACDF Index Prot. 51 (1693), Bl. 110r (Bewerbung Colonnas o.D. auf Empfehlung von B. → Scotti, der nicht mehr referieren wollte)
1693 Juli 7	Relator der CIndex, Ernennung
	ACDF Index Diari 10 (1692-1696), Bl. 40v; ACDF Index Prot. 81 (1737-1740), Bl. 438r
	Prälat der CFabbrica (bis 1714)

Unveröffentlichte Quellen
Galletti 21, Vat. Lat. 7888, Bl. 150v; Galletti Necrologium Praesulorum, Vat. Lat. 7901, Bl. 108r.

Gutachten
1701 Jan. 25	Witsius, Hermann: Exercitationum academicarum maxima ex parte historico & critico theologicarum duodecas. - Ultrajecti : apud Gulielmum vande Water, 1694.
	ACDF Index Prot. 60 (1700-1701), Bl. 204r-210v, 14 S.

Literatur
- Forcella, Vincenzo: Iscrizioni delle chiese e d'altri edifici di Roma dal secolo XI fino ai giorni nostri. - 14 vol. - Roma 1869-1884, hier: vol. 13, 417, Nr. 1004.
- Weber, Christoph (Bearb.): Die päpstlichen Referendare 1566-1809. Chronologie und Prosopographie (PuP ; 31/1-3). - 3 Bde. - Stuttgart 2003-2004, hier: Bd. 2, 554.
- Weber, Christoph (Hg.): Die ältesten päpstlichen Staatshandbücher. Elenchus Congregationum, Tribunalium et Collegiorum Urbis 1629-1714 (RQ Supplementheft ; 45). - Rom u.a. 1991, 101.

Marco Antonio Colonna junior

Geboren 1724 Aug. 16 in Rom
Gestorben 1793 Dez. 4 in Rom

Familie

Kardinal Marco Antonio junior (zu unterscheiden von M. A. → Colonna senior, gest. 1597, bekanntes Mitglied der CIndex) stammte aus dem reichen römischen Hochadel, Sohn des Fabrizio Colonna (gest. 1755), Fürst von Paliano, und der Caterina Zefirina (gest. 1756), Tochter des Herzogs Antonio Salviati, duca di Giuliano. Der Onkel, Kardinal Girolamo Colonna (gest. 1765), förderte seinen Neffen am päpstlichen Hof. Vgl. die Arbeiten von Weber, s.u.

Lebenslauf

1743	Koadjutor seines Onkels Kard. Girolamo Colonna, Maggiordomo
1744 Aug. 30	Apostolischer Protonotar
1745 Sept. 22	Dr. iur. utr. und Dr. theol. an der Universität Sapienza, Rom
1746 Jan. 17	Referendar der Signaturen
1747	Pro-Maggiordomo
	Konsultor der CRiti
1753	Maggiordomo (als Nachfolger seines Onkels)
1759 Sept. 24	Kardinal
1759 Nov. 19	Zuteilung der Titelkirche S. Maria in Aquiro
1759 Nov. 19	Mitglied der CRiti, CConcilio, CFabbrica und CImmunità
	ASV SS Mem Bigl 204
1762 Febr. 1	Priesterweihe
1762 Apr. 19	Titularerzbischof von Korinth
1762 Apr. 20	Vikar des Bistums Rom (bis 1793)
1762 Mai 2	Mitglied des SO, Amtsantritt durch Eidesleistung
	ACDF SO Decreta 1762, Bl. 74r
1763 Apr.	Präfekt der CResEp
1769 Juli 2	Examinator Episcoporum in sacra theologia
	ASV SS Mem Bigl 213
1779 Dez. 30	Basilio Massari, Adjutor und Sekretär von Colonna als Vikar des Bistums Rom, Amtsantritt durch Eidesleistung
	ACDF SO Juramenta 1777-1796, Bl. 77
1784 Sept. 20	Suburbikarischer Bischof von Palestrina
1790 Nov. 19	Mitglied der Sonderkongregation zur Untersuchung der Synode von Pistoia

Literatur
- DBI 27 (1982), 384f. von I. Cotta Stumpo.
- DHGE 13 (1956), 337f. von E. van Cauwenbergh.
- EC 4 (1950), 20 von Pio Paschini.
- Hierarchia Catholica 6, 22.183.
- Moroni 14 (1842), 307f.

- Pelletier, Gérard: Rome et la Révolution française. La théologie et la politique du Saint-Siège devant la Révolution française (1789-1799) (Collection de l'École Française de Rome ; 319). - Rome 2004, 599f.
- Renazzi, Filippo Maria: Notizie storiche degli antichi vicedomini del Patriarchio Lateranense e de' moderni prefetti del Sagro Palazzo Apostolico ovvero maggiordomi pontifici [...]. - In Roma : nella stamperia Salomoni, 1784, 162f.
- Rocciolo, Domenico: Il Vicariato di Roma tra rivoluzione e seconda restaurazione (1798-1814), in: Boutry, Philippe u.a. (Hg.): Roma negli anni di influenza del dominio francese 1798-1814. Rotture, continuità, innovazioni tra fine Settecento e inizi Ottocento (Studi e strumenti per la storia di Roma ; 3). - Napoli ; Roma 2000, 159-172.
- Seidler, Sabrina M. ; Weber, Christoph (Hg.): Päpste und Kardinäle in der Mitte des 18. Jahrhunderts (1730-1777). Das biographische Werk des Patriziers von Lucca Bartolomeo Antonio Talenti (Beiträge zur Kirchen- und Kulturgeschichte ; 18). - Frankfurt a.M. u.a. 2007, 438.
- Stella, Pietro (Hg.): Il giansenismo in Italia. Bd. 2/1: Roma. La bolla „Auctorem fidei" (1794) nella storia dell'Ultramontanismo. Saggio introduttivo e documenti. - Roma 1995, LXXVIIIf. u.ö.
- Weber, Christoph (Bearb.): Die päpstlichen Referendare 1566-1809. Chronologie und Prosopographie (PuP ; 31/1-3). - 3 Bde. - Stuttgart 2003-2004, hier: Bd. 2, 556.
- Weber, Christoph: Genealogien zur Papstgeschichte. Unter Mitwirkung von Michael Becker bearbeitet (PuP ; 29/1-6). - 6 Bde. - Stuttgart 1999-2002, hier: Bd. 5, 246.

Francesco Antonio Contarini OFMConv

Geboren	1733 in Bagnacavallo (Romagna)
Gestorben	1799 Dez. 7 in Parma
Lebenslauf	
	Professor für Theologie in Modena, Bologna und Ferrara
	Studienregent des Ordenskollegs von Bologna (Demission 8. Jan. 1773)
1773 März 8	Socius des Konsultors des SO G. A. → Martinelli, Amtsantritt durch Eidesleistung
	ACDF SO Juramenta 1766-1776, Bl. 181
1784 Mai 18	Custos des Sacro Convento, Assisi
1786 Juni	Generalassistent des Ordens und Socius des Generaloberen Federico Lauro Barbarigo
1788 März 10	Konsultor des SO, Ernennung (als Nachfolger von Martinelli)
	ACDF SO Juramenta 1777-1796, o.Bl. (Schreiben SS an Sekr. und Ass. des SO); ASV SS Mem Bigl 248 (Schreiben SS an Contarini, Entwurf); ACDF SO St.St. UV-16, o.Bl. (Liste „S.O. Damasceno")

1788 Apr. 9	Konsultor des SO, Amtsantritt durch Eidesleistung ACDF SO Juramenta 1777-1796, o.Bl.
1788 Mai 13	Innocenzo Amadori, Socius von Contarini, Amtsantritt durch Eidesleistung ACDF SO Juramenta 1777-1796, o.Bl.
1791 Mai 19	Antonio Aloys Pitoni, Adiutor studiorum von Contarini, Amtsantritt durch Eidesleistung ACDF SO Extens. 1749-1808 = ACDF SO St.St. Q-1-q, Bl. 289r
1796 März 2	Beschluss des SO über durch den Orden an Contarini zu leistende Zahlungen ACDF SO Priv. 1796-1799, Nr. 38 (Dekret Feria IV.)
[1796]	Aufenthalt in Parma (offenbar im Konflikt mit dem Generaloberen des Ordens)

Gutachten

(1787)	Calà, Carlo: De contrabannis clericorum in rebus extrahi prohibitis a Regno Neapolitano [...]. - [Napoli] : [S.n.], [1646?]. ACDF SO CL 1786-1788, Nr. 7, 3 S.
(1788)	Anonym [Pérau, Gabriel Louis Calabre]: I Liberi Muratori Schiacciati [...]. - In Assisi : Per Ottavio Sgariglia Stamp. Vesc. E Pubb., 1793. ACDF SO CL 1788-1793, Nr. 8, Bl. 286r-295v, 20 S.
[1788 Juli 4]	Orsi, Ascanio (Praes.) ; Falangola, Augustinus (Resp.): Dissertatio Theologico-Dogmatico-Scholastico-Critica [...]. - [Napoli?] : [S.n.], [ca. 1788]. ACDF SO CL 1788, Nr. 1, 24 S.
(1795)	Villalobos, Francesco: Selectae Doctrinae Capita, et Conclusiones Theologiae Dogmatico-Moralis pro annuo examine [...]. - [S.a.]. (Manuskript) ACDF SO CL 1795-1796, Nr. 5, 60 S.
[1796]	Scritto presentato da M. Vescovo di Noli al Senato di Genova in opposizione alla Bolla dogmatica Auctorem Fidei. ACDF SO CL 1795-1796, Nr. 13, 15 S.
[1796]	Solari, Benedetto: Motivi dell'opposizione del Vescovo di Noli alla publicazione di un Decreto del S. Off[izi]o di Genova relativo alla Costituzione Auctorem Fidei [...]. - [ca. 1794]. (Manuskript) ACDF SO CL 1795-1796, Nr. 13, 41 S.

Eigene Werke

- Anonym: Breve istruzione sopra la regola del padre San Francesco e sopra le costituzioni dell'ordine per i novizi, e professi chierici, e laici de' Minori Conventuali [...]. - In Faenza : nella stamperia di Gioseffantonio Archi, 1780. - XXXV, [3], 223 S. ; Roma : nella stamparia di Giovanni Zempel, 1791. - VII, 231 S. ; Assisi 1803. - 262 S., [1] Bl. [weitere Ausg.]

Literatur
- Caratelli, Lorenzo: Manuale dei novizi e professi chierici e laici Minori Conventuali sopra la regola, le costituzioni, le memorie e le funzioni dell'ordine coll'aggiunta del catechismo di Roma e d'alcune preghiere. - Roma 1897, 308.
- Sbaralea, Ioannes H. [Sbaraglia, Giovanni Giacinto]: Supplementum et castigatio ad scriptores trium Ordinum S. Francisci a Waddingo, aliisve descriptos cum adnotationibus ad syllabum martyrum eorumdem ordinum. - 3 vol. - Romae 1908-1936 ; ND Sala Bolognese 1978, hier: vol. 3, 225.
- Sparacio, Domenico Maria: Gli studi di storia e i minori conventuali, in: Miscellanea francescana 20 (1919), 3-105, hier: 23.
- Tipaldo, Emilio de (Hg.): Biografia degli italiani illustri nelle scienze, lettere ed arti del secolo XVIII, e de' contemporanei compilata da letterati italiani di ogni provincia. - 10 vol. - Venezia 1834-1845, hier: vol. 3, 568f.

Bernardo Maria Conti OSB

Geboren	1664 Febr. 29 in Rom
Gestorben	1730 Apr. 23 in Rom

Familie

Als Sohn des Carlo Conti, duca di Poli, und der Isabella Muti aus dem Haus der duchi di Rignano stammte Bernardo Maria Conti aus einem römischen Fürstenhaus und war jüngerer Bruder von Papst Innozenz XIII. (Michelangelo Conti). Mehrere enge Verwandte erhielten päpstliche Titel, darunter der Onkel Kardinal Giovanni Nicola Conti (gest. 1698) und der Großneffe Kardinal Innocenzo Conti (gest. 1785). Vgl. Weber: Genealogien 1, 266f.

Lebenslauf

1689 Dez. 21	Priesterweihe
	Abt von S. Maria di Gangi, Sizilien
	Abt von S. Maria di Farfa, Latium
1710 Dez. 1	Bischof von Terracina (bis 1720, dann Demission)
1721 Juni 16	Kardinal
1721 Juli 16	Zuteilung der Titelkirche S. Bernardo alle Terme
1721 [Juli 17]	Mitglied der CIndex
1721 [Juli 17]	Mitglied der CIndulg und CImmunità
1721 Juli 17	Mitglied des SO, Ernennung
	ACDF SO Juramenta 1701-1724, Bl. 334 (Schreiben SS an SO); ACDF SO Decreta 1721, Bl. 188v (Bericht über Schreiben SS an SO)
1721 Juli 23	Mitglied des SO, Amtsantritt durch Eidesleistung
	ACDF SO Juramenta 1701-1724, Bl. 338v; ACDF SO Decreta 1721, Bl. 188v

1721 Juli 25	A. S. → Camarda, Theologus von Conti, Amtsantritt durch Eidesleistung
	ACDF SO Juramenta 1701-1724, Bl. 343
1721 Juli 25	O. → Silva, Auditor von Conti, Amtsantritt durch Eidesleistung
	ACDF SO Juramenta 1701-1724, Bl. 342
1722 Febr. 9	Aloys Pagni, Adiutor studiorum von Conti, Amtsantritt durch Eidesleistung
	ACDF SO Juramenta 1701-1724, Bl. 365
1722 Aug. 29	M. → Valdina Cremona, Auditor von Conti, Amtsantritt durch Eidesleistung
	ACDF SO Juramenta 1701-1724, Bl. 375
1724 Nov. 8	Valentino di S. Filippo OCist, Theologus von Conti, Amtsantritt durch Eidesleistung
	ACDF SO Juramenta 1701-1724, Bl. 437
	Penitenziere Maggiore

Literatur
- Cardella, Lorenzo: Memorie storiche de' Cardinali della Santa Romana Chiesa [...]. - In Roma : nella stamperia Pagliarini, 1792-1797. - 10 vol., hier: vol. 8, 194.
- Cascioli, Giuseppe: Memorie storiche di Poli con molte notizie inedite della celebre famiglia Conti di Guadagnolo, S. Gregorio da Sassola, Casape, Gallicano [...]. - Roma 1896, 190f.
- Guarnacci, Mario: Vitae, et res gestae Pontificum Romanorum et S.R.E. Cardinalium a Clemente X. usque ad Clementem XII. [...] Descripta a S. Petro ad Clementem IX. - Romae : Sumptibus Venantii Monaldini bibliopolae [...] ; Ex Typographia Joannis Baptistae Bernabo, & Josephi Lazzarini, 1751. - 2 vol., hier: vol. 2, 393-396.
- Hierarchia Catholica 5, 33.372.
- Moroni 17 (1842), 87.
- Ughelli 1, 1301.
- Weber, Christoph: Genealogien zur Papstgeschichte. Unter Mitwirkung von Michael Becker bearbeitet (PuP ; 29/1-6). - 6 Bde. - Stuttgart 1999-2002, hier: Bd. 1, 266f.

Giuseppe Conti

Gestorben [1743 Dez.]

Lebenslauf

1743 Dez. 1	Sostituto Notaro des SO, Amtsantritt durch Eidesleistung
	ACDF SO Juramenta 1737-1749, o.Bl.; ACDF SO Priv. 1755-1759, Bl. 93v (hier auch Hinweis auf den Tod Contis vor dem 8. Jan. 1744, an dem G. → Bottelli als Nachfolger ernannt wurde)

Vincenzo Maria Conti OFMConv

Namensvariante Vincenzo da Bergamo

Geboren in [Bergamo]
Gestorben 1740 März 1 in Rom

Lebenslauf

	Magister theol.
	Lektor für Theologie in Mailand
	Provinzial des Ordens, Provinz Mailand (für drei Jahre)
	Aufenthalt im Ordenskonvent in Bergamo (bis 1714)
1714 Apr. 3	Inquisitor von Siena, Ernennung
	ACDF SO Decreta 1714, Bl. 113v
1716 Nov. 11	Inquisitor von Florenz, Ernennung
	ACDF SO Decreta 1716, Bl. 349v; Padua, Biblioteca Antoniana, ms. 698 (Benoffi), Bl. 24r („10. Dez.")
1725 Dez. 5	Mitglied des Collegium theologicum der Universität Florenz
1731 Mai 12	Generaloberer des Ordens in Rom (bis 1740, durch Verlängerung)
1732 Febr. 3	Konsultor des SO, Ernennung
	ACDF SO Juramenta 1725-1736, o.Bl. (Schreiben SS an Ass. des SO); ASV SS Mem Bigl 165 (Schreiben SS an Conti, Entwurf); ACDF SO St.St. D-5-f (Schreiben Contis o.D. an Ass. des SO mit Ernennungsdatum)
1732 Febr. 6	Konsultor des SO, Amtsantritt durch Eidesleistung
	ACDF SO Juramenta 1725-1736, o.Bl.; ACDF SO Decreta 1732, Bl. 39v; ACDF SO St.St. D-5-f, Bl. LXVIIr-LXVIIv („Consultori Conventuali").LXXr (Schreiben Contis an Ass. des SO vom 19. Febr. 1732)
1732 Febr. 15	Antonio Barretti, Adiutor von Conti, Amtsantritt durch Eidesleistung
	ACDF SO Juramenta 1725-1736, o.Bl.
1735	Professor für Theologie an der Universität Sapienza, Rom

Literatur

- Papini, Nicolò: Minoritae Conventuales lectores publici artium et scientiarum in accademiis, universitatibus et collegiis extra ordinem, in: MF 33 (1933), 67-74.242-261.381-385; 34 (1934), 118-126.330-333, hier: 255.
- Schwedt, Herman H.: Gli Inquisitori generali di Siena 1560-1782, in: Di Simplicio, Oscar (Hg.): Le lettere della Congregazione del Sant'Ufficio all'Inquisizione di Siena (im Erscheinen).
- Arisi, Francesco: Cremona literata, seu in Cremonenses doctrinis, & literariis dignitatibus eminentiores chronologicae adnotationes. - Parmae : typis Alberti Pazzoni, & Pauli Montii, 1702-1741. - 3 vol., hier: vol. 3, 318f.
- Caratelli, Lorenzo: Manuale dei Novizi e professi chierici e laici Minori Conventuali sopra la regola, le costituzioni, le memorie e le funzioni dell'Ordine coll'aggiunta del catechismo di Roma e d'alcune preghiere. - Roma 1897, 308.

- Cerracchini, Luca Giuseppe: Fasti teologali ovvero notizie istoriche del collegio de' teologi della sacra università fiorentina dalla sua fondazione fin all'anno 1738. - In Firenze : per Francesco Moücke stampatore arcivescovale, 1738, 679.
- Conte, Emanuele (Hg.): I maestri della Sapienza di Roma dal 1514 al 1787. I rotuli e altre fonti (Fonti per la Storia d'Italia ; 116. Studi e Fonti per la storia dell'Università di Roma. N. S. ; 1). - 2 vol. - Roma 1991, hier: vol. 2, 980.
- Morelli Timpanaro, Maria Augusta: Tommaso Crudeli: Poppi 1702-1745. Contributo per uno studio sulla inquisizione a Firenze nella prima metà del XVIII secolo (Cultura e memoria ; 26). - 2 vol. - Firenze [2003], hier: vol. 1, 13-15.17 u.ö.
- Renazzi, Filippo Maria: Storia dell'Università degli studi di Roma, detta comunemente la Sapienza, che contiene anche un saggio storico della letteratura romana dal principio del secolo XIII sino al declino del secolo XVIII. - 4 vol. - Roma 1803-1806, hier: vol. 4, 75.

Benedetto Conventi

Geboren 1761 März 21 in Bologna
Gestorben 1816 Aug. 2 in Bologna

Lebenslauf

	Studium der Rechte und Theologie in Bologna
1784 März 27	Priesterweihe in Bologna
1789	Mitglied des Collegio degli Avvocati e Giudici, Bologna
1799	Dr. iur. an der Universität Bologna
1801	Vertreter der Erzdiözese Bologna auf dem Kongress von Lyon (verfassunggebende Versammlung)
1802	Pro-Generalvikar in Bologna und Kanoniker der Kathedrale von Bologna
1803 Juni 23	Advocatus fiscalis des SO, Ernennung
	ACDF SO St.St. Q-4-ww = ACDF SO Priv. 1804-1809, Nr. 22
1803 Juni 23	Konsultor des SO, Ernennung
	ACDF SO St.St. Q-4-ww = ACDF SO Priv. 1804-1809, Nr. 22
1803 Juli 13	Advocatus fiscalis des SO, Amtsantritt durch Eidesleistung
	ACDF SO Juramenta 1800-1809, o.Bl.
1803 Juli 13	Konsultor des SO, Amtsantritt durch Eidesleistung
	ACDF SO Juramenta 1800-1809, o.Bl.
1804 [vor] Sept. 7	Generalvikar von Bologna
1804 [vor] Nov. 21	Advocatus fiscalis des SO, Demission
	ACDF SO St.St. Q-4-ww = ACDF SO Priv. 1804-1809, Nr. 22

Unveröffentlichte Quellen
Archivio Arcivescovile, Bologna. Freundliche Auskunft an H. H. Schwedt.

Eigene Werke
- Memorie dell'Ordine tenuto nel Congresse Cisalpino di Lione, in: Da Como, Ugo (Hg.): I Comizi nazionali in Lione per la Costituzione della Repubblica Italiana. Sotto gli auspici della R. Accademia dei Lincei. - 3 vol. - Roma 1934-1940, hier: vol. 2/2, 588-609.

Literatur
- Fantini, Rodolfo: Il Generale Bonaparte e il Cardinale Oppizzoni. IV puntata, in: Culta Bononia 2 (1970), 198-200.

Domenico Coppola

Geboren	1752 Juli 7 in Neapel
Gestorben	1807 Dez. 22 [andere: 15] in Neapel

Familie
Der Prälat gehört väterlicherseits zum neapolitanischen Zweig der ursprünglich in Scala und Ravello (Neapel) ansässigen adeligen Patrizier Coppola, mütterlicherseits zum Genueser Hochadel. Der Vater, conte Cesare Coppola, Präsident des königlichen Gerichts (Real Camera di Sommaria) und Superintendent der königlichen Münze (Real Zecca) in Neapel, gerühmt als unbestechlicher Ehrenmann in delikaten Ämtern, und die Mutter Petronilla Giustiniani aus Genua, hatten mehrere Söhne; von ihnen war Domenico der drittälteste. Ein Bruder, Nicola (gest. 1828), Erzbischof von Bari, dann von Nola, wurde 1808 Adressat eines langen Briefes des Bischofs Carlo M. Rosini von Pozzuoli aus Anlass des Todes von Domenico. Text bei Tosi: Vita, 47-50.

Lebenslauf

	Erste Ausbildung durch einen Privatlehrer, P. Nicola Cavallo SP
1772 Juli 30	Dr. iur. utr. an der Universität Neapel
	Privates Theologiestudium beim Hofbeichtvater und späteren Bischof Giuseppe Rossi
1775 Apr. 15	Priesterweihe
1778	Übersiedlung nach Rom
1778	Cameriere segreto
1778	Angestellter des Vicegerente in Rom
	Mitglied der wöchentlichen Akademie im Collegium Germanicum, Rom (unter der Leitung von P. Hermannus Dominicus Christianopolus OP)
1780 Jan. 15	Referendar der Signaturen
	ASR Segn. 730, Bl. 438
1787 Jan. 2	Sekretär der CRiti (bis 23. Febr. 1801)
1787 Jan. 20	Apostolischer Protonotar supra numerum
	ASV SS Mem Bigl 246

1800 Okt. 20	Titularbischof von Myra
	Mitglied der Accademia dell'Arcadia, Rom
1801 Febr. 23	Sekretär der CProp (bis 15. Dez. 1807)
1801 Febr. 23	Kapitularvikar an St. Peter, Rom
	BAV Vat. Lat. 10171, Bl. VIIv
1801	Erster Präsident der von G. F. → Zamboni gegründeten Accademia di Religione Cattolica
1801 März 13	Konsultor des SO, Ernennung
	ACDF SO Juramenta 1800-1809, o.Bl.
1801 März 18	Konsultor des SO, Amtsantritt durch Eidesleistung
	ACDF SO Juramenta 1800-1809, o.Bl.
1807 Aug. 26	Kapitularvikar an St. Peter, Bestätigung im Amt
	BAV Vat. Lat. 10171, Bl. VIIv

Literatur
- Baraldi, Giuseppe: Notizia biografica su Monsignor Domenico Coppola, in: Memorie di religione, di morale e di letteratura 10 (1826), 139-156.
- → Bertazzoli, Francesco: Elogio di Monsignor Domenico Coppola arcivescovo di Mira [...] recitato nell'adunanza straordinaria dell'Accademia il dì 9 marzo 1809. - Roma 1808.
- De Lellis, Carlo: Discorsi delle famiglie nobili del regno di Napoli. - In Napoli : nella stampa di Honofrio Sauio [nella stampa di Gio. Francesco Paci ; per gli heredi di Roncagliolo], 1654-1671. - 3 vol.; ND Famiglie nobili del Regno di Napoli. - 3 vol. - Bologna 1968, hier: vol. 2, 189-206.
- Donato, Maria Pia: Accademie romane. Una storia sociale (1671-1824) (Studi e strumenti per la storia di Roma ; 4). - Napoli 2000, 186f.
- Hierarchia Catholica 7, 274.
- Metzler, Josef: Die Kongregation in der Zeit Napoleons (1795-1815), in: Ders. (Hg.): Sacrae Congregationis de Propaganda Fide memoria rerum. 350 anni a servizio delle missioni 1622-1972. - 3 vol. - Romae 1971-1976, vol. 2, 84-118, hier: bes. 95f.
- Metzler, Josef: Serie dei Cardinali Prefetti e dei Segretari della Sacra Congregazione de Propaganda Fide, in: Ders. (Hg.): Sacrae Congregationis de Propaganda Fide memoria rerum. 350 anni a servizio delle missioni 1622-1972. - 3 vol. - Romae 1971-1976, vol. 3/2, hier: bes. 622.
- Papa, Giovanni: Cardinali prefetti, segretari, promotori generali della fede e relatori generali della Congregazione, in: Congregazione per le Cause dei Santi. Miscellanea in occasione del IV centenario della Congregazione per le Cause dei Santi (1588-1988). - Città del Vaticano 1988, 423-428, hier: 426.
- Piolanti, Antonio: L'Accademia di Religione Cattolica. Profilo della sua storia e del suo tomismo. Ricerca d'archivio (Biblioteca per la storia del tomismo ; 9). - Città del Vaticano 1977, 16f. u.ö.
- Tosi, Gioacchino: De vita Dominici Coppolae Archiepiscopi Myrensium multis et magnis Romae honoribus perfuncti Piis VI. et VII. Pontificibus Maximis commentarium. - [Florentiae 1823].
- Weber, Christoph (Bearb.): Die päpstlichen Referendare 1566-1809. Chronologie und Prosopographie (PuP ; 31/1-3). - 3 Bde. - Stuttgart 2003-2004, hier: Bd. 2, 561f.

Gaetano Corazza CCRRMM

Geboren   in [Rom]

Lebenslauf
1706	Lektor für Theologie in Rom
1706	Sekretär des Provinzials des Ordens
1708	Revisor des SO
	ACDF SO Decreta 1708, Bl. 434v (23. Sept. 1708); ACDF SO Decreta 1709, Bl. 167r (23. Apr. 1709)
1708	Substitut von F. → Gruther als Professor an der Universität Sapienza, Rom
[1710]	Professor für Philosophie am Collegium Urbanum de Propaganda Fide, Rom
[1718]	Provinzial des Ordens, Provinz Rom
1719	Professor für Theologie am Collegium Urbanum de Propaganda Fide, Rom
1724 Aug. 24	Qualifikator des SO, Ernennung
	ACDF SO Priv. 1710-1727, Bl. 568 (Approbation, Wahl am Vortag)
1724 Aug. 25	Qualifikator des SO, Amtsantritt durch Eidesleistung
	ACDF SO Juramenta 1701-1724, Bl. 424v

Unveröffentlichte Quellen
ASR Congregazioni religiose maschili, Chierici regolari minori, S. Lorenzo in Lucina, Busta 1450: „Diario del Collegio de SS. Vincenzo et Anastasio a Trevi" 1706-1720, o.Bl.

Gutachten
[1708 Sept. 26]	Bellagra, Guido <Pseudonym> [Gualdo, Gabriele]: Risposta all'autor dell'Apologia de santi padri [...]. - In Salisburgo : appresso Gio. Battista Mayr, 1701.
	ACDF SO CL 1708-1710, Nr. 10, 14 S.
(1709)	Mozzi, Marco Antonio de: Storia di S. Cresci e de' ss. compagni martiri e della chiesa del medesimo santo [...]. - [S.a.]. (Manuskript)
	ACDF SO CL 1708-1710, Nr. 12, 6 S.
[1709 Apr. 23]	Giachino <da Soragna>: Vita della Ven[erabil]e Serva di Dio S[uo]r Geltruda Cappuccina [...]. - [S.a.]. (Manuskript)
	ACDF SO CL 1711-1714, Nr. 5, 8 S.
[1722 Juni 17]	Anonym: La Dottrina C[hrist]iana [...]. - [S.a.]. (Manuskript)
	ACDF SO CL 1722-1723, Nr. 8, 4 S.
[1723 Juli 7]	Ruggieri, Gaetano: Istruzione a una Dama sopra il modo di conversare con innocenza [...]. - [S.a.]. (Manuskript)
	ACDF SO CL 1722-1723, Nr. 17, 7 S.
[1724]	Désirant, Bernard: Consilium Pietatis de non sequentis errantibus sed corrigentibus. (Manuskript)
	nicht aufgefunden (Hinweis in ACDF SO CL 1724-1728, Nr. 6)

Literatur
- Conte, Emanuele (Hg.): I maestri della Sapienza di Roma dal 1514 al 1787. I rotuli e altre fonti (Fonti per la Storia d'Italia ; 116. Studi e Fonti per la storia dell'Università di Roma. N. S. ; 1). - 2 vol. - Roma 1991, hier: vol. 2, 879.

Ignazio Giuseppe Cordero

Geboren	um 1666 in Mondovì (Piemont)
Gestorben	1740 Febr. 28 in Rom

Familie
Cordero stammte aus einer Grafenfamilie in Mondovì. Sein Erbe, Graf Felice Cordero, setzte seinem Onkel das Grabmal in Rom. Vgl. Forcella: Iscrizioni 4, 295, Nr. 731.

Lebenslauf
[1695]	Relator der CIndex, Antrag auf Ernennung
	ACDF Index Diari 10 (1692-1696), Bl. 113v
1695 Juli 5	Relator der CIndex, Ernennung
	ACDF Index Diari 10 (1692-1696), Bl. 113v; ACDF Index Prot. 81 (1737-1740), Bl. 438r
1701	Begleiter von Kardinal C. T. → Maillard auf dessen Chinareise
1710 Okt.	Prokurator der CProp in Macao
1713 Febr. 4	Ausweisung aus Macao

Unveröffentlichte Quellen
Galletti 22, Vat. Lat. 7889, Bl. 4; Galletti Necrologium Praesulorum, Vat. Lat. 7901, Bl. 109v.

Gutachten
(1701 Juli 11)	More, Henry: Opera theologica [...]. - Londini : Typis J. Macock, 1675.
	ACDF Index Prot. 60 (1700-1701), Bl. 401r-403v, 6 S.

Literatur
- Forcella, Vincenzo: Iscrizioni delle chiese e d'altri edifici di Roma dal secolo XI fino ai giorni nostri. - 14 vol. - Roma 1869-1884, hier: vol. 4, 295, Nr. 731.
- Margiotti, Fortunato: Le Missioni Cinesi nella tormenta, in: Metzler, Josef (Hg.): Sacrae Congregationis de Propaganda Fide memoria rerum. 350 anni a servizio delle missioni 1622-1972. - 3 vol. - Romae 1971-1976, vol. 2, 991-1023, hier: bes. 1000-1004.
- Metzler, Josef: Propaganda und Missionspatronat im 18. Jahrhundert, in: Ders. (Hg.): Sacrae Congregationis de Propaganda Fide memoria rerum. 350 anni a servizio delle missioni 1622-1972. - 3 vol. - Romae 1971-1976, vol. 2, 180-235, hier bes.: 200-202.

Marcellino Corio

Geboren   1664 Sept. 6 in Mailand
Gestorben   1742 Febr. 20 in Rom

Familie
Der Kardinal stammte aus dem Mailänder Patriziat, Sohn des Filippo Corio, conte di Robbiate, und der Laura, Tochter des Grafen Marcellino Airoldi. Vgl. dazu die Arbeiten von Weber, s.u.

Lebenslauf

1686	Dr. iur. utr. in Pavia [andere: Mailand]
1686	Mitglied des Collegio Giureconsulti von Mailand
1694	Konsistorialadvokat in Rom
1715 Juli 15	Votante der Signatur
1715 Juli 15	Referendar der Signaturen
1716 Juli 3	Auditor der Rota Romana
	Regent der PoenitAp
1733 Sept. 18	Dekan der Rota Romana (bis 1734)
1733 Nov. 6	Konsultor des SO, Ernennung
	ACDF SO Juramenta 1725-1736, o.Bl. (Schreiben SS an Ass. des SO); ACDF SO Decreta 1733, Bl. 298v (Bericht über Schreiben SS an Ass. des SO)
1733 Nov. 11	Konsultor des SO, Amtsantritt durch Eidesleistung
	ACDF SO Juramenta 1725-1736, o.Bl.; ACDF SO Decreta 1733, Bl. 298v
1734 Aug. 6	Gouverneur von Rom (bis 1739)
1735 Jan. 11	Antonio Farinacci, Auditor von Corio, Amtsantritt durch Eidesleistung
	ACDF SO Juramenta 1725-1736, o.Bl.
1737 Okt. 24	Liborio Michilli, Adiutor studiorum von Corio, Amtsantritt durch Eidesleistung
	ACDF SO Juramenta 1737-1749, o.Bl.
1739 Juli 15	Kardinal
1739 Sept. 30	Zuteilung der Titelkirche S. Adriano
[1739 Sept. 30]	Mitglied der CRiti, CConsulta und CImmunità

Literatur
- Argelati, Filippo: Bibliotheca Scriptorum Mediolanensium. - Mediolani : in Aedibus Palatinis, 1745. - 4 vol., hier: vol. 4, 1758.
- Cardella, Lorenzo: Memorie storiche de' Cardinali della Santa Romana Chiesa [...]. - In Roma : nella stamperia Pagliarini, 1792-1797. - 10 vol., hier: vol. 8, 298.
- Cerchiari, Emanuele: Capellani Papae et Apostolicae Sedis. Auditores causarum Sacri Palatii Apostolici seu Sacra Romana Rota ab origine ad diem usque 20 Septembris 1870. Relatio historica-iuridica. - 4 vol. - Romae 1919-1921, hier: vol. 2, 219.

- Del Re, Niccolò: Monsignor Governatore di Roma. - Roma 1972, 114f.
- Guarnacci, Mario: Vitae, et res gestae Pontificum Romanorum et S.R.E. Cardinalium a Clemente X. usque ad Clementem XII. [...] Descripta a S. Petro ad Clementem IX. - Romae : Sumptibus Venantii Monaldini bibliopolae [...] ; Ex Typographia Joannis Baptistae Bernabo, & Josephi Lazzarini, 1751. - 2 vol., hier: vol. 2, 751-754.
- Hierarchia Catholica 6, 9.
- Moroni 17 (1842), 141.
- Seidler, Sabrina M. ; Weber, Christoph (Hg.): Päpste und Kardinäle in der Mitte des 18. Jahrhunderts (1730-1777). Das biographische Werk des Patriziers von Lucca Bartolomeo Antonio Talenti (Beiträge zur Kirchen- und Kulturgeschichte ; 18). - Frankfurt a.M. u.a. 2007, 226f.
- Weber, Christoph (Bearb.): Die päpstlichen Referendare 1566-1809. Chronologie und Prosopographie (PuP ; 31/1-3). - 3 Bde. - Stuttgart 2003-2004, hier: Bd. 2, 564.
- Weber, Christoph (Hg.): Die ältesten päpstlichen Staatshandbücher. Elenchus Congregationum, Tribunalium et Collegiorum Urbis 1629-1714 (RQ Supplementheft ; 45). - Rom u.a. 1991, 104.
- Weber, Christoph (Hg.): Legati e governatori dello stato pontificio (1550-1809) (Pubblicazioni degli Archivi di Stato. Sussidi ; 7). - Roma 1994, 595.
- Weber, Christoph: Genealogien zur Papstgeschichte. Unter Mitwirkung von Michael Becker bearbeitet (PuP ; 29/1-6). - 6 Bde. - Stuttgart 1999-2002, hier: Bd. 3, 286.

Giuseppe Cornut B

Geboren um 1720 in Thonon (am Genfer See, Savoyen)
Gestorben 1798 Jan. 30 in Rom

Lebenslauf
1739   Ordensprofess
                    Lektor für Theologie und Philosophie in Ordenskollegien
                    Missionar in Savoyen
                    Hausoberer (Praepositus) von S. Benigno (Aostatal)
                    Provinzial des Ordens, Provinz Savoyen
                    Generalassistent des Ordens in Rom
                    Generalprokurator des Ordens in Rom
[1794]   Konsultor der CIndex, Antrag auf Ernennung
                        ACDF Index Prot. 100 (1794-1795), Bl. 148 (Bewerbung Cornuts o.D. an den Papst mit Angaben zum Lebenslauf)
1794 Apr. 14   Konsultor der CIndex, Ernennung
                        ACDF Index Prot. 100 (1794-1795), Bl. 149v (Audienzdekret des Papstes)
                    Mitglied der Accademia dell'Arcadia, Rom (als „Arcesio Brenteo")

Literatur
- Giorgetti Vichi, Anna Maria (Hg.): Arcadia, Academia letteraria italiana. Gli Arcadi dal 1690 al 1800. Onomasticon. - Roma 1977, 24. [„Cornud"]
- Levati, Luigi Maria (Hg.): Menologio dei Barnabiti. - 12 vol. - Genova 1932-1938, hier: vol. 1, 462f.
- Notizie 1801 [!], 106. [„Giuseppe Cornù", letztmals aufgeführt als Konsultor der CIndex]
- Premoli, Orazio Maria: Storia dei Barnabiti nel Seicento. - Roma 1922, 359.362 u.ö.
- Stella, Pietro (Hg.): Il giansenismo in Italia. Bd. 2/1: Roma. La bolla „Auctorem fidei" (1794) nella storia dell'Ultramontanismo. Saggio introduttivo e documenti. - Roma 1995, 4.

Vincenzo Maria Coronelli (Coronel) OFMConv

Geboren	1650 Aug. 16 in Venedig
Gestorben	1718 Dez. 9 in Venedig

Familie
Der Pater stammt aus einer Handwerkerfamilie, Sohn des Schneiders Maffeo Coronelli und der Ehefrau Catarina. In Ravenna erlernte er das Schreinerhandwerk (falegname, Intarsienleger) bei seinem älteren Bruder Francesco (geb. 1639). Dieser begründete in Ravenna einen Familienzweig, aus dem auch der gleichnamige Pater Vincenzo Maria Coronelli (geb. 1687 in Ravenna) hervorging. Die Geburtsorte dieser beiden Ordensleute werden bisweilen verwechselt, so dass für den hier interessierenden Franziskaner als Geburtsort „Ravenna da famiglia veneziana" angegeben wird (so EncIt 11, 455); ähnlich Fiorini: Sfere, 329, der auch einen Neffen erwähnt, Andrea Coronelli, Mathematiker und Pfarrer von S. Bernardino in Selva bei Lugo (Ravenna).

Lebenslauf

1665	Ordenseintritt in Venedig
	Studium am Ordenskolleg S. Bonaventura, Rom
1673	Dr. theol. an S. Bonaventura, Rom
[1673]	Sekretär des Provinzials des Ordens in Venedig (bis 1677)
1680	Bau von zwei Globen für Ranuccio Farnese in Parma
1681	Reise nach Paris auf Einladung des römischen Botschafters Kardinal C. d'→ Estrées (dort Bau zweier Globen für Ludwig XIV.) (bis 1684)
	Bau weiterer Globen für Innozenz XII., den Kaiser und andere
1684	Gründer der „Accademia (cosmografica) degli Argonauti" in Venedig
1685	Kosmograph der Republik Venedig
	Generaldefinitor des Ordens in Rom
	Gutachter für den Ausbau des Hafens von Anzio (Latium)
1701	Generaloberer des Ordens in Rom (bis 1704, dann Absetzung)
	Anklage beim SO wegen Veruntreuung von Reliquien

1703 Nov. 19	Relator der CIndex, Ernennung ACDF Index Diari 12 (1700-1703), Bl. 128v; ACDF Index Prot. 64 (1703-1704), Bl. 19v
1704	Rückkehr nach Venedig (Beibehaltung des Titels als Generaloberer des Ordens für drei Jahre)

Eigene Werke
- Atlante Veneto, nel quale si contiene la descrittione geografica, storica, sacra, profana, e politica, degl'imperij, regni, provincie, e stati dell'universo, loro divisione, e confini, coll'aggiunta di tutti li paesi nuovamente scoperti, accresciuto di molte tavole geografice, non piu publicate. - In Venezia : appresso Domenico Padouani, 1690-1697. - 3 vol.
- Biblioteca universale sacro-profana, antico-moderna, in cui si spiega con ordine alfabetico ogni voce, anco straniera, che puo avere significato nel nostro idioma italiano, appartenente a' qualunque materia. - Venezia : a' spese di Antonio Tivani, 1701-1706. - 7 vol. [unvollendet]
- Città e fortezze del Stato di Milano, e confinanti. - In Venetia : [S.n.], 1693. - 25 Tafeln.
- Constitutiones Urbanae, necnon Sedis Apostolicae decreta ad seraphicam Minorum Conventualium religionem spectantia [...]. - [Romae : S.n., 1702]. - 2 vol.
- Cronologia universale che facilita lo studio di qualunque storia, e particolarmente serve di prodromo alli XXXXV volumi della Biblioteca. - [Venezia : S.n., 1707]. - [3] Bl., 68, 530 S.
- Descrizione geografica dell'arcipelago antico e moderno. - Venezia : Nella stamperia di Pietr'Antonio Brigonzi, 1687. - [10], 428 S., [17] Bl. [mit Antonio Parisotti]
- Nome, cognomi, età de' veneti patrizj viventi, e de' genitori loro defonti, con croce distinti. Matrimoni, e figli d' essi nel libro d' oro registrati [...]. Opera che sara annualmente migliorata, come pure corretta, e rimodernata. - In Venezia : nella stamperia Mora, 1719. - 168 S.
- Ordinum religiosorum in ecclesia militanti catalogus, eorumque indumenta, iconibus expressa, auctus, nec non moderatus posteriori hac editione anno MDCCVII [...]. - [Venezia : S.n., 1707]. - 2 vol.
- Procuratori di S. Marco riguardevoli per dignità, e merito nella Repubblica di Venezia, colla loro origine, e cronologia descritti. - [Venezia] : [S.n.], 1705. - 208 S.
- Synopsis rerum, ac temporum ecclesiae Bergomensis ab eius exordio usque ad proesentem [!] annum. - Coloniae [i.e. Venetiis : S.n.], 1696. - [2] Bl., 156 S.

Literatur
- Accademia degli Argonauti: Titoli delle opere di varie materie, in idioma diversi composte e stampate dall' anno MDCCIV dal P.M. Coronelli [...]. In aggiunta dell' Indice già dato in luce in Roma dal sig. abbate Giacinto Gimma [...]. Arrichite di più di quattro mille figure in rame ed in ottone. - [Venezia : S.n., 1708]. [hier Exemplar: Biblioteca Palatina Parma Misc. Parm. 8.269]
- Armao, Ermanno: Le grandi carte geografiche di Vincenzo Coronelli, in: Rivista Geografica Italiana 57 (1950), 158-180.

- Armao, Ermanno: Vincenzo Coronelli. Cenni sull'uomo e la sua vita. Catalogo ragionato delle sue opere, lettere, fonti bibliografiche, indici (Biblioteca di bibliografia italiana ; 17). - Firenze 1944.
- Barzazi, Antonella: Enciclopedismo e ordini religiosi tra sei e settecento. La Biblioteca universale di Vincenzo Coronelli, in: Studi settecenteschi 16 (1996), 62-83.
- Bonasera, Francesco: La Societas Coronelliana Amicorum Globorum, in: MF 53 (1953), 88f.
- Bonelli, Maria Luisa (Hg.): Catalogo dei globi antichi conservati in Italia. Fasc. 2: I globi di Vincenzo Coronelli (Istituto e Museo di Storia della Scienza. Biblioteca ; III). - Firenze 1960.
- Ciccarelli, Diego: Vincenzo Coronelli e la Sicilia: Il carteggio con Antonio Mongitore, in: Il Santo 43 (2003), 561-569.
- Cicchitto, Leone: Il P. Vincenzo Coronelli Min. Conv., in: MF 15 (1914), 168-175.
- DBI 29 (1983), 305-308 von A. De Ferrari. [Lit.]
- Di Fonzo, Lorenzo: La produzione letteraria del P. Vincenzo Coronelli OFMConv (1650-1718), in: MF 51 (1951), 401-532.
- EncIt 11 (1931), 455.
- Fiorini, Matteo: Sfere terrestri e celesti di autore italiano oppure fatte o conservate in Italia. - Roma 1899.
- Franchini, Giovanni: Bibliosofia, e memorie letterarie di scrittori francescani conventuali ch'hanno scritto dopo l'anno 1585. - In Modena : per gli eredi Soliani stampatori duc., 1693, 562-566.
- Franco, Loredana: Vincenzo Coronelli vita e opere. Aggiornamenti, in: Nuncius 9 (1994), 517-541.
- Gatti, Isidoro: Il p. Vincenzo Coronelli dei Frati Minori Conventuali negli anni del generalato (1701-1707) (MHP ; 41-42). - 2 vol. - Roma 1976.
- Gimma, Giacinto: Descrizione compendiosa degli quarantacinque tomi in folio della biblioteca del P. M. Coronelli da Venezia [...] coll'aggiunta dell'indice delli XIII volumi in folio imperiale dell'Atlante Veneto, e delle 390 tavole cosmografiche, astronomiche, e geografiche e di altre opere dell'autore medesimo, in vari paesi stampate, e ristampate. - Roma : per Francesco Gonzaga, 1704.
- Haardt, Robert: The contribution of the ‚Coronelli-World League of Friends of the Globe' to the developement of the international catalogue of early globes, in: Actes du 8° Congres international d'histoire des sciences, Firenze 1956. - Paris 1958, 468-472.
- Hurter, Hugo: Nomenclator literarius theologiae catholicae theologos exhibens aetate, natione, disciplinis distinctos. - Editio tertia, emendata et aucta. - 5 vol. - Oeniponte 1903-1913, hier: vol. 4, 887.
- MF 51 (1951). [Jahresband zu Coronelli]
- Nicolini Di Marzio, Franca: Vincenzo Coronelli (1650- Venezia 1718). Epitome storica veneziana nel culto ambivalente della loro identità. Memorie e risonanze. - Napoli 2005.
- Rigobon, Pietro: Biografia e studi del P. Vincenzo Coronelli, in: Archivio Veneto 3/1 (1872), 267-271.
- Sbaralea, Ioannes H. [Sbaraglia, Giovanni Giacinto]: Supplementum et castigatio ad scriptores trium Ordinum S. Francisci a Waddingo, aliisve descriptos cum adnotatio-

nibus ad syllabum martyrum eorumdem ordinum. - 3 vol. - Romae 1908-1936 ; ND Sala Bolognese 1978, hier: vol.3, 299-302.
- Sparacio, Domenico Maria: Gli studi di storia e i minori conventuali, in: MF 20 (1919), 3-65.97-126, hier: 23-26.
- Stouraiti, Anastasia: Propaganda figurata: geometrie di dominio e ideologie veneziane nelle carte di Vincenzo Coronelli, in: Studi Veneziani 44 (2002), 129-155.

Pietro Marcello Corradini

Geboren   1658 Juni 2 in Sezze (Latium)
Gestorben   1743 Febr. 8 in Rom

Familie
Die patrizische Familie Corradini berief sich auf den römischen Offizier Kaiser Karls V., Virgilio Corradini aus Reggio Emilia, gefallen 1544 in Veroli (Grabmal in der nahen Abtei Casamari, Latium). Der Enkel Pietro, um 1610 Capo della Regione dei Ponti in Rom, erwarb Grundbesitz in Cori (Latium), von wo dann wiederum dessen Enkel, der Patrizier und Vater des Kardinals, der eher arme Advokat Torquato Corradini (gest. 1686), die vermögende Witwe Porzia Santucci geborene Ciammaricone (geb. 1627) in Sezze ehelichte. Deren Bruder, der Priester-Dichter Giuseppe Ciammaricone, gab mit „Descrizione della città di Sezze colonia latina dei romani" (Rom 1641) einen Anstoß zum späteren Hauptwerk „Vetus Latium" des Kardinals. Ein Onkel dieses don Giuseppe, Pietro Ciammaricone, war in Rom 1618 Sekretär der CRiti und 1623 Kanoniker der Lateranbasilika. Über eine Tante, Teresa Ciammaricone (Schwester der Mutter), verheiratete Castagna, gelangte der Kardinal in die Verwandtschaft der „nobili" Castagna in Sezze, für deren letzten Vertreter, seinen Vetter Giovanni Battista Castagna (1651-1707), Alfiere der päpstlichen Infanterie, der Kardinal 400 scudi aufbrachte wegen eines Titels bei den Maltesern (cavalierato). Von den Nachkommen des Bruders des Kardinals, Ottaviano (geb. 1659), heirateten einige in adelige Familien (Bardi, Muti), der Kardinal beteiligte sich auch an Mitgift- und Eheverträgen (Größenordnung: 4.000 und 15.000 scudi). Des Kardinals Bruder Luigi Corradini (gest. 1739) wurde Jesuit, eine Stiefschwester Loreta Santucci Corradini (gest. 1723) gehörte zur frühen Frauengruppe des vom Kardinal 1717 gegründeten Ordens in Sezze. 1684 erreichte Corradini seine Aufnahme (mit Familie) in den römischen Adel (patrizi e senatori). Weiteres zum sozialen Umfeld bei Di Pastina: Esperienza.

Lebenslauf
ab 1669   Ausbildung in Rom
                Dr. iur. utr. in Rom
                Auditor von Kardinal B. → Pamphili
1699 Mai 29   Sub-Datar (bestätigt 7. Dez. 1700)
1699 Dez. 13   Kanoniker der Lateranbasilika
1700   Sekretär der CAvignon (bis 1706)
1702 Juni 10   Priesterweihe
1706 Mai 19   Referendar der Signaturen

1706 Juni 4	Auditor von Clemens XI., Amtsantritt durch Eidesleistung ACDF SO Extens. 1680-1690 [-1707] = ACDF SO St.St. Q-1-p, Bl. 483r
1706 Juli 28	Konsultor der PoenitAp
1707 Nov. 7	Titularerzbischof von Athen
1707 Dez. 11	Prospero Colocchius, Auditor von Corradini, Amtsantritt durch Eidesleistung ACDF SO Extens. 1680-1690 [-1707] = ACDF SO St.St. Q-1-p, Bl. 506r
1712 Mai 12	Kardinal in petto (publiziert 26. Sept. 1712)
[1712]	Mitglied der CImmunità
1712 Nov. 21	Zuteilung der Titelkirche S. Giovanni a Porta Latina
1717	Gründer der Convittrici della Sacra Famiglia, einer Frauengemeinschaft in Sezze (später Orden)
1720 Febr. 29	Mitglied des SO, Ernennung ACDF SO Priv. 1710-1727, Bl.421 (Audienzdekret des Papstes)
1720 März 6	Mitglied des SO, Amtsantritt durch Eidesleistung ACDF SO Priv. 1710-1727, Bl. 428r („Nota de' Sig.ri Cardinali Segretari", [1753])
1720 März 13	Nicola de Magistris, Auditor von Corradini, Amtsantritt durch Eidesleistung ACDF SO Juramenta 1701-1724, Bl. 284
1720 März 13	Th. Ceccotti, Auditor von Corradini, Amtsantritt durch Eidesleistung ACDF SO Juramenta 1701-1724, Bl. 284
1721 Mai 12	Pro-Datar (bestätigt 7. Juni 1724) D. → Giorgi, Bibliothekar von Corradini
1734 Dez. 15	Suburbikarischer Bischof von Tusculum
1735 Mai 25	Mitglied der CAcque ASV SS Mem Bigl 169

Eigene Werke

- Anonym: Costituzioni delle convittrici della Sagra Famiglia dell'Istituto di Sezze ricavate da' moderni istituti, applicate, e disposte giusta la intenzione, e comandamento dell'e.mo, e r.mo signor cardinale Pietro Marcellino Corradini loro fondatore, e protettore. - Urbino : per Antonio Fantauzzi, 1729. - [2] Bl., 160 S. [vielfach nachgedruckt]
- Anonym: Difesa della verità a favore di Monsig. Nicolo Maria → Tedeschi vescovo di Lipari, e della libertà, ed esentione della sua chiesa. Contro le calunnie, e gl'errori dell'autore d'una scrittura spagnola intitolata Propugnaculo de la Real Jurisdiccíon, &c. - [Roma] : [S.n.], [1713]. - 96 S.
- Anonym: Relatio jurium Sedis Apostolicae in civitatem Comaclensem complectens varias discussiones Romae habitas in coventibus inter ministros Summi Pontificis, & sacrae Caesareae Majestatis. - Romae : [S.n.], 1711. - [2], X, 204 S.
- Conradus Oligenius [Pseudonym]: De civitate et ecclesia Setina. - Romae : novis typis, & fusoria Cajetani Zenobi, 1702. - 204 S.

- Conradus Oligenius [Pseudonym]: Dissertatio de primariis precibus imperialibus. Ubi argumentis ex jure canonico deductis, Concordatis inclytae nationis Germanicae, pontificiis diplomatibus, & perpetua consuetudine ostenditur illas dirigi a Caesarea Majestate non posse sine speciali indulto Summi Pontificis. - Friburgi Brisgojae : Per Johannem Strasserum [i.e. Romae : Francesco Gonzaga], 1706. - [3] Bl., 118 S.
- De primis antiqui Latii populis, regibus, moribus, & festis quibus accessit setina et circejense historia. - Romae : ex typographia Bernabò, & Lazzarini, 1748. - 2 vol.
- Direttorj delle costumanze, che pratticano nel loro modo di vivere domestico le convittrici della Sagra Famiglia dell' Istitutto della città di Sezze [...]. - In Palermo : Per Angelo Felicella Imprim. Battaglia V.G. Imprim. Loredano P., 1742. - VI, 120 S., [2] Bl.
- La città e la Chiesa di Sezze. A cura di Massimiliano Di Pastina, coadiuvato nella traduzione da Modestino Cerra (Ecclesiae Setinae monumenta ; 1). - Sezze 1995.
- Tractatus de jure praelationis, id est in quibus casibus quis praeferatur in emendo, conducendo, & similibus contractibus. - Romae : ex typographia Rev. Cam. Apos., 1688. - [8], 368, [86] S. [vielfach nachgedruckt]
- Vetus Latium profanum et sacrum. - Romae : per Franciscum Gonzagam, 1704-1745. - 10 vol. [vol. 3-10 hg. von G. R. → Volpi]

Literatur
- Anonym: Ad Conradi Oligenii I. C. Dissertationem Responsio pro Iure Primarum Precum Imperialium, in qua demonstratur, Imperatorem, in his precibus edicendis, nullo Pontificio Indulto, aut novo consensu indigere. - Viennae : [S.n.], 1707. - 43 S., [1] Bl. [hier nach Exemplar Palermo BCRS 4.29.D.77. mit hs. Titelblatt und Druckbeginn Seite 3: „Quando quidem de Primariis Precibus"]
- Anonym: Breve notizia dell'opera latina intitolata „Vetus Latium profanum et sacrum", incominciata già da Monsignor Corradini, ora Cardinale di Santa Chiesa, e continuata con molti tomi dal P. Giuseppe Rocco Volpi della Compagnia di Gesù, in: Raccolta d'opuscoli scientifici e filologici 15 (1737), 213-287.
- Anonym: Corradini, Sezze e la Sicilia. La Congregazione corradiniana delle Suore collegine della S. Famiglia da documenti pontifici e coevi. - Palermo 2001.
- Bellìa, Santo: Splendore di una porpora. La carità del card. P. M. Corradini, Fondatore della Congregazione delle Suore Collegine della Sacra Famiglia. - Palermo 1993.
- Cardella, Lorenzo: Memorie storiche de' Cardinali della Santa Romana Chiesa. - In Roma : nella stamperia Pagliarini, 1792-1797. - 10 vol., hier: vol. 8, 130-133.
- Catalano, Gaetano: Il cardinal Corradini e la Concordia Benedettina del 1728, in: Annali del Seminario giuridico dell'Università di Catania. N.S. 3 (1949), 438f. [dem Verfasser nicht zugänglich]
- Chiusura dell'inchiesta diocesana della causa di canonizzazione del servo di Dio Pietro Marcellino Corradini (Sezza 1658 - Roma 1743) cardinale di santa romana Chiesa, vescovo di Frascati, fondatore delle Suore collegine della S. Famiglia. Palermo, chiesa cattedrale, 17 ottobre 1999. - [Palermo] 1999.
- DBI 29 (1983), 358-363 von L. Bertoni.
- De Sanctis, Gioacchino: Pier Marcellino Corradini cardinale „zelante". - Roma 1971.
- Del Re, Niccolò: I Cardinali Prefetti della Sagra Congregazione del Concilio dalle

- origini ad oggi (1564-1964), in: La Sacra Congregazione del Concilio. Quarto Centenario dalla fondazione (1564-1964). Studi e ricerche. - Città del Vaticano 1964, 265-307, hier: 283f.
- Di Pastina, Massimiliano: „Piissime migravit". L'esperienza carismatica e le disposizioni testamentarie del card. Pietro Marcellino Corradini (1658-1743) (Ecclesiae Setinae monumenta ; 5). - Sezze 1998.
- Di Pastina, Massimiliano: Il cav. Castagna di Sezze „eques hierosolymitanus", in: Lazio ieri e oggi 33 (1997), 272-274.
- Di Pastina, Massimiliano: Il Collegio di Maria „La Carità" all'Olivella. 280 anni di carisma corradiniano a Palermo e in Sicilia. - Palermo 2002.
- → Fabi Montani, Francesco: Elogio storico del cardinale Pietro Marcellino Corradini. - 2. ed. corretta ed accresciuta. - Roma 1844. [ND in: Venditti, Vincenzo: Fonti e documenti Corradiniani. - Città del Vaticano 1969, 35-54.]
- Forcella, Vincenzo: Iscrizioni delle chiese e d'altri edifici di Roma dal secolo XI fino ai giorni nostri. - 14 vol. - Roma 1869-1884, hier: vol. 2, 368, Nr. 1140.
- Guarnacci, Mario: Vitae, et res gestae Pontificum Romanorum et S.R.E. Cardinalium a Clemente X. usque ad Clementem XII. [...] Descripta a S. Petro ad Clementem IX. - Romae : Sumptibus Venantii Monaldini bibliopolae [...] ; Ex Typographia Joannis Baptistae Bernabo, & Josephi Lazzarini, 1751. - 2 vol., hier: vol. 2, 197-202.
- Salvi, Guglielmo: Mons. Nicola Maria Tedeschi e le sue benemerenze verso il sacro Speco di Subiaco, in: Benedictina 7 (1953), 225-286, bes. 254-260.
- Seidler, Sabrina M. ; Weber, Christoph (Hg.): Päpste und Kardinäle in der Mitte des 18. Jahrhunderts (1730-1777). Das biographische Werk des Patriziers von Lucca Bartolomeo Antonio Talenti (Beiträge zur Kirchen- und Kulturgeschichte ; 18). - Frankfurt a.M. u.a. 2007, 241-244.
- Taorminia, Giuseppa: Il card. Marcellino Corradini e la Congregazione delle Suore Collegine della Sacra Famiglia, in: Actas del Tercer Congreso Internacional sobre la Sagrada Familia en ocasión del LXXV Aniversario de la extensión de la fiesta litúrgica de la Sagrada Familia a la Iglesia Universal, Barcelona/Begues-España, 6-10 de sept. de 1996. - Barcelona 1997, 379-396.
- Tipaldo, Emilio de (Hg.): Biografia degli italiani illustri nelle scienze, lettere ed arti del secolo XVIII, e de' contemporanei compilata da letterati italiani di ogni provincia. - 10 vol. - Venezia 1834-1845, hier: vol. 4, 435f.
- Weber, Christoph (Bearb.): Die päpstlichen Referendare 1566-1809. Chronologie und Prosopographie (PuP ; 31/1-3). - 3 Bde. - Stuttgart 2003-2004, hier: Bd. 2, 567.

Andrea Corsini

Geboren 1735 Juni 11 in Rom
Gestorben 1795 Jan. 18 in Rom

Familie
Dieser Kardinal war der fünfte Sohn des Fürsten Filippo Corsini (1706-1767) und der Ottavia aus dem Fürstenhaus der Strozzi (gest. 1762). Als Großneffe des Kardinals N. M.

→ Corsini wurde er wahrscheinlich aus Dankespflicht wegen dessen Hilfe 1758 bei der Papstwahl C. → Rezzonicos (Clemens XIII.) 1759 zum Kardinal kreiert. Vgl. DBI 29, 598.602.

Lebenslauf

	Ausbildung in Rom unter der Obhut seines Onkels N. M. → Corsini durch dessen Hofgelehrte G. G. → Bottari und P. F. → Foggini
1756 Mai	Abreise aus Rom zur Überbringung des Kardinalsbiretts an den Patriarchen von Portugal, Francisco de Saldanha (über Madrid nach Lissabon)
1757	Rückkehr nach Rom (über Paris, Lyon und Venedig)
1757	Vikar seines Onkels N. M. Corsini als Erzpriester der Lateranbasilika
1758 Aug. 3	Apostolischer Protonotar
	ASV SS Mem Bigl 202
1758 Aug. 24	Referendar der Signaturen
	Maestro di Camera di S. Santità
1759 Sept. 24	Kardinal
1759 Nov. 19	Zuteilung der Titelkirche S. Angelo in Pescheria
1759 Nov. 19	Mitglied der CRiti, CImmunità, CConcist und CAcque
	ASV SS Mem Bigl 204
1760 März 25	Empfang der niederen Weihen
1765 Apr. 8	Mitglied der CConcilio
	ASV SS Mem Bigl 210
1769 Febr. 2	Priesterweihe
1771 März 4	Camerlengo des Kardinalskollegiums
1773 Aug.	Präsident der Sonderkongregation „Pro exsequendo brevi Societatis Jesu"
1776 Juli 15	Suburbikarischer Bischof von Sabina
1787 Dez. 21	Nicolaus Prior Nicolardi, Sekretär von Corsini, Amtsantritt durch Eidesleistung
	ACDF SO Juramenta 1777-1796, o.Bl.
[1793]	Mitglied der CIndex
1793 Dez. 8	Mitglied des SO, Ernennung
	ACDF SO Juramenta 1777-1796, o.Bl.; ASV SS Mem Bigl 258
1793 Dez. 8	Vikar des Bistums Rom
	ASV SS Mem Bigl 258
1793 Dez. 9	Pietro Antonio Petrini, Auditor von Corsini, Amtsantritt durch Eidesleistung
	ACDF SO Juramenta 1777-1796, o.Bl.
1793 Dez. 9	Hyacintus M. Terri OCarm, Theologus von Corsini, Amtsantritt durch Eidesleistung
	ACDF SO Juramenta 1777-1796, o. Bl.
1793 Dez. 11	Mitglied des SO, Amtsantritt durch Eidesleistung
	ACDF SO Juramenta 1777-1796, o.Bl.
	Präfekt der Signaturen

Literatur
- Pelletier, Gérard: Rome et la Révolution française. La théologie et la politique du Saint-Siège devant la Révolution française (1789-1799) (Collection de l'École Française de Rome ; 319). - Rome 2004, 601.
- Appolis, Émile: Le Tiers Parti catholique au XVIII. siècle. Entre Jansénistes et Zelanti. - Paris 1960, 370.422.
- Berra, Luigi: Il diario del conclave di Clemente XIV del card. Filippo Maria Pirelli, in: ASRSP 85-86 (1962-1963), 25-319, hier: 43.47.50f.62.68.133f.
- Dammig, Enrico: Il movimento giansenista a Roma nella seconda metà del secolo XVIII (StT ; 119). - Città del Vaticano 1945, 321f.
- DBI 29 (1983), 598-602 von G. Pignatelli.
- DHGE 13 (1956), 917 von José Reuysschaert.
- EC 4 (1950), 660 von Nicolò Del Re.
- Gagliuffi, Marco Faustino: De laudibus Andreae Corsinii cardinalis. - Romae : typis Salomonianis, 1796.
- Hierarchia Catholica 6, 22.
- Ilari, Annibale: I Cardinali Vicari. Cronologia biobibliografica (Rivista Diocesana di Roma ; 3). - Roma 1962, 14.
- Jemolo, Arturo Carlo: Il Giansenismo in Italia prima della rivoluzione. - Bari 1928, 105f.222.250.
- LThK 2 (1994), 1326f. von Michael F. Feldkamp.
- Moroni 17 (1842), 286f.
- Notizie 1794, 137. [erste Erwähnung als Mitglied der CIndex]
- Petruccelli della Gattina, Ferdinando: Histoire diplomatique des conclaves. IV. - Paris 1866, 182.259.
- Rodolico, Niccolò: Gli amici e i tempi di Scipione dei Ricci. Saggio sul giansenismo italiano. - Firenze 1920, 11f.
- Savini Nicci, Oliviero: Gli atti della S. Visita del card. A. C. (1729-1782), in: Latina gens 13 (1935), 193-206.
- Stella, Pietro (Hg.): Il giansenismo in Italia. Bd. 1-3: Piemonte. Collezione di documenti (Bibliotheca theologica Salesiana. Ser. 1. Fontes ; 3/1-3). - Zürich 1966-1974, hier: vol. 1/1, 282.289f.; 1/2, 84.312.321.
- Theiner, Augustin (Hg.): Clementis XIV Pont. Max. Epistolae et Brevia selectiora ac nonnulla alia acta pontificatum ejus illustrantia quae ex secretioribus tabulariis Vaticanis depromsit et nunc primum edidit […]. - Parisiis 1852, 259.330-353.358f.364.367f.
- Vecchi, Fabio de: Il giansenismo toscano nel carteggio di Fabio de' Vecchi. A cura di Ernesto Codignola (Collano storica ; 50-51). - 2 vol. - Firenze 1944, hier: vol. 1, 29.153.157.166f.277; 2, 114.
- Weber, Christoph (Bearb.): Die päpstlichen Referendare 1566-1809. Chronologie und Prosopographie (PuP ; 31/1-3). - 3 Bde. - Stuttgart 2003-2004, hier: Bd. 2, 570.
- Weber, Christoph: Genealogien zur Papstgeschichte. Unter Mitwirkung von Michael Becker bearbeitet (PuP ; 29/1-6). - 6 Bde. - Stuttgart 1999-2002, hier: Bd. 3, 302.

Lorenzo Corsini

Namensvariante   Clemens XII.

Geboren   1652 Apr. 7 in Florenz
Gestorben   1740 Febr. 6 in Rom

Familie
Der spätere Papst stammte aus dem Florentiner Adel, Sohn des marchese Bartolomeo Corsini (1622-1685) und der Elisabetta aus dem Fürstenhaus der Strozzi (gest. 1682), Neffe des Kardinals N. M. → Corsini (1624-1679).

Lebenslauf

1686 Febr. 12	Regent der Apostolischen Kanzlei
1690 Febr. 13	Präsident der Grascia
1690 Apr. 10	Titularerzbischof von Nikomedia
1690 Juli 1	Nuntius im Reich
1695 Dez. 6	Tesoriere Generale der Apostolischen Kammer
1695 Dez. 9	Superintendent der päpstlichen Flotte und der Befestigungen (bis Apr. 1709)
1706 Mai 17	Kardinal
1706 Juni 6	Mitglied der CIndex, Ernennung ACDF Index Prot. 67 (1706-1707), Bl. 218 (Schreiben SS an Sekr. der CIndex); ACDF Index Diari 13 (1704-1708), Bl. 111r („3. Juli")
1706 Juni 25	Zuteilung der Titelkirche S. Bernardo alle Terme
1707	Pro-Tesoriere der Apostolischen Kammer
1720 Nov. 22	Präfekt der Signatura Iustitiae
[1723?]	M. d' → Inguimbert, Bibliothekar von Corsini
1723 Mai 12	Nicola Sav. Santa Maria, Auditor von Corsini, Amtsantritt durch Eidesleistung ACDF SO Juramenta 1701-1724, Bl. 383
1724 Juni 13	Mitglied des SO, Ernennung ACDF SO Juramenta 1701-1724, Bl. 411; ASV SS Mem Bigl 156, Bündel 1724 (Schreiben SS an Ass. des SO, Entwurf)
1724 Juni 21	Mitglied des SO, Amtsantritt durch Eidesleistung ACDF SO Juramenta 1701-1724, Bl. 413v; ACDF SO Priv. 1750-1754, Bl. 428v („Nota de' Sig.ri Cardinali Segretari")
1724 Juni 22	Nicolaus Tersagus, Auditor von Corsini, Amtsantritt durch Eidesleistung ACDF SO Juramenta 1701-1724, Bl. 415
1724 Juni 22	P. M. → Pieri, Theologus von Corsini, Amtsantritt durch Eidesleistung ACDF SO Juramenta 1701-1724, Bl. 416

1725 Juni 2	Marcello Passari, Auditor von Corsini, Amtsantritt durch Eidesleistung
	ACDF SO Juramenta 1725-1736, o.Bl.
1726 Apr. 8	M. d' Inguimbert, Theologus von Corsini, Amtsantritt durch Eidesleistung
	ACDF SO Juramenta 1725-1736, o.Bl.
1730 Juli 12	Papstwahl

Literatur
- DBI 26 (1981), 320-328 von Alberto Caracciolo.
- Enciclopedia dei papi. Dir. ed. Massimo Bray. - 3 vol. - Roma 2000, hier: vol. 3, 439-446 von Alberto Caracciolo.
- Hierarchia Catholica 5, 288; 6, 3.24.
- LThK 2 (1994), 1225f. von Georg Schwaiger.
- Weber, Christoph (Bearb.): Die päpstlichen Referendare 1566-1809. Chronologie und Prosopographie (PuP ; 31/1-3). - 3 Bde. - Stuttgart 2003-2004, hier: Bd. 2, 570.
- Weber, Christoph: Genealogien zur Papstgeschichte. Unter Mitwirkung von Michael Becker bearbeitet (PuP ; 29/1-6). - 6 Bde. - Stuttgart 1999-2002, hier: Bd. 3, 301.

Neri Maria Corsini

Geboren	1685 Mai 19 in Florenz
Gestorben	1770 Dez. 6 in Rom

Familie

Der Kardinal gehörte zu der damals mächtigen Florentiner Familie, Zweitgeborener des marchese Filippo (1647-1705), des Bruders Clemens' XII. (L. → Corsini), und der Lucrezia dei marchesi Rinuccini. Der Erstgeborene war Fürst Bartolomeo Corsini (1683-1752), der 1737 zum Vizekönig von Sizilien im Dienste von Don Carlos ernannt wurde (vgl. DBI 29, 612-617). Nachdem Neri M. Corsini 1758 die Wahl von Kardinal C. → Rezzonico zum Papst (Clemens XIII.) unterstützt hatte, ernannte dieser 1759 den Neffen Neris, A. → Corsini, aus Dankespflicht zum Kardinal.

Lebenslauf

	Page am Hof Cosimos III. in Florenz
1709	Europareise, zunächst nach Frankreich, dann über Holland nach England, von dort nach Wien (bis 1713)
1713 Sommer	Ankunft in Rom
	Außerordentlicher Gesandter des Herzogs Cosimo III. bei König Ludwig XV. in Paris
1716	Vertreter Herzog Cosimos III. in Paris und London sowie ab 1718 bei Friedensverhandlungen in Cambrai (bis zum Tod Cosimos III. am 31. Okt. 1723)
1725 Frühjahr	Abreise nach Florenz

Corsini

1725	Kleriker in Rom (Tonsur)
1728 Frühjahr	Sekretär seines Onkels Kardinal L. → Corsini in Rom
[1728]	Apostolischer Protonotar
1730 Juli 23	Sekretär der Memoriali
1730 Juli 23	Referendar der Signaturen
1730 Aug. 14	Kardinal in petto (publiziert 11. Dez. 1730)
1730 Sept. 21	Eid im SO für bestimmtes „munus commissum" im Auftrag des Papstes
	ACDF SO Juramenta 1725-1736, o.Bl.
1730 Okt. 23	Superintendent des Hafens von Anzio (Latium)
1730 Dez. 27	Diakonatsweihe
1731 Jan. 8	Zuteilung der Titelkirche S. Adriano
1731 Jan. [19]	Mitglied des SO, Ernennung
1731 Jan. 21	Mitglied der CIndex, Ernennung
	ACDF Index Prot. 77 (1728-1731), Bl. 331r (Schreiben SS an Sekr. der CIndex)
1731 Jan. 24	Mitglied des SO, Amtsantritt durch Eidesleistung
	ACDF SO Juramenta 1725-1736, o.Bl.; ACDF SO Decreta 1731, Bl. 21v; ACDF SO Priv. 1750-1754, Bl. 429r.432r („Nota de' Sig.ri Cardinali Segretari")
1731 Febr. 12	G. G. → Bottari, Sekretär von Corsini, Amtsantritt durch Eidesleistung
	ACDF SO Juramenta 1725-1736, o.Bl.
1731 Febr. 15	Paulus Antonius Frescobaldi, Auditor von Corsini, Amtsantritt durch Eidesleistung
	ACDF SO Juramenta 1725-1736, o.Bl.
1731 Mai 4	G. A. → Orsi, Theologus von Corsini, Amtsantritt durch Eidesleistung
	ACDF SO Juramenta 1725-1736, o.Bl.
1733 März 2	Präfekt der Signatura Iustitiae
	ASV SS Mem Bigl 167
1740 Aug. 19	Erzpriester der Lateranbasilika
	ASV SS Mem Bigl 175
1740 Aug. 31	Caetano Carrara, Auditor von Corsini, Amtsantritt durch Eidesleistung
	ACDF SO Juramenta 1737-1749, o.Bl.
	P. F. → Foggini, Theologus von Corsini
1744 Juni 26	Mitglied der CProp
	ASV SS Mem Bigl 182
1749	Förderer des von G. G. Bottari und P. F. → Foggini gegründeten Zirkels „del Archetto" (später mit Sitz im neuen Palazzo Corsini, Via della Lungara)
1753 Febr. 20	Sekretär des SO, Ernennung
	ACDF SO Decreta 1753, Bl. 47r; ACDF SO Priv. 1750-1754, Bl. 432v; ACDF SO St.St. L-5-g, o.Bl. (Listen der Sekr. des SO); ASV SS Mem Bigl 193

1757 Febr. 9	Mitglied der CConsulta und CBuonGov
	ASV SS Mem Bigl 199
1768 Aug. 13	Pietro Antonio Petrini, Auditor von Corsini, Amtsantritt durch Eidesleistung
	ACDF SO Juramenta 1766-1776, Bl. 65

Eigene Werke
- Anonym: Risposta al Manifesto pubblicato sotto nome dell'E[minentissi]mo e R[everendissi]mo Signor Cardinale Giulio Alberoni intorno all'espugnazione della Repubblica di S. Marino seguita nel mese di ottobre 1739. - [Roma] : [S.n.], [1744]. - 102 S. [zur Autorschaft siehe Rossi: Bibliografia, 58f.]

Literatur
- Appolis, Émile: Le Tiers Parti catholique au XVIII. siècle. Entre Jansénistes et Zelanti. - Paris 1960. [Reg.]
- Berselli Ambri, Paola: L'opera di Montesquieu nel Settecento italiano. - Firenze 1960, 53-84.214-216.
- Borsellino, Enzo: Il cardinale Neri Corsini mecenate e committente Guglielmi, Parrocel, Conca e Meucci nella Biblioteca corsiniana, in: Bollettino d'arte 66 (1981), 49-66.
- Caffiero, Marina (Hg.): Lettere da Roma alla Chiesa di Utrecht. - Roma 1971, 56-70f. u.ö.
- Cardella, Lorenzo: Memorie storiche de' Cardinali della Santa Romana Chiesa. - In Roma : nella stamperia Pagliarini, 1792-1797. - 10 vol., hier: vol. 8, 244f.
- Dammig, Enrico: Il movimento giansenista a Roma nella seconda metà del secolo XVIII (StT ; 119). - Città del Vaticano 1945, 228-231.
- DBI 29 (1983), 651-657 von M. Caffiero.
- Guarnacci, Mario: Vitae, et res gestae Pontificum Romanorum et S.R.E. Cardinalium a Clemente X. usque ad Clementem XII. [...] Descripta a S. Petro ad Clementem IX. - Romae : Sumptibus Venantii Monaldini bibliopolae [...] ; Ex Typographia Joannis Baptistae Bernabo, & Josephi Lazzarini, 1751. - 2 vol., hier: vol. 2, 603-606.
- Hierarchia Catholica 6, 5f.
- Jemolo, Arturo Carlo: Il Giansenismo in Italia prima della rivoluzione. - Bari 1928, 103-105.
- LThK 2 (1994), 1326f. von Michael F. Feldkamp.
- Monaco, Michele: Critiche e annotazioni del cardinale Neri Corsini (1685-1770) alla sezione settecentesca degli Annali d'Italia di L.A. Muratori, in: Muratoriana 14 (1967-1968), 59-99.
- Morelli Timpanaro, Maria Augusta: Autori, stampatori, librai per una storia dell'editoria in Firenze nel secolo XVIII (Accademia Toscana di scienze e lettere „La Colombaria". Studi ; 182). - Firenze 1999, 218f.
- Morelli Timpanaro, Maria Augusta: Per Tommaso Crudeli. Nel 255. anniversario della morte, 1745-2000 (Cultura e Memoria ; 18). - Firenze 2000, 73-75.
- Morelli Timpanaro, Maria Augusta: Tommaso Crudeli (Poppi 1702-1745). Contributo per uno studio sulla inquisizione a Firenze nella prima metà del XVIII secolo (Cultura e memoria ; 26). - 2 vol. - Firenze [2003], passim.

- Moroni 17 (1842), 286.
- Orzi Smeriglio, Panfilia: I Corsini a Roma e le origini della Biblioteca Corsiniana, in: Atti dell'Accademia nazionale dei Lincei. Ser. 8. Memorie, Classe di Scienze morali, storiche e filologiche 8 (1959), 293-331.
- Pinto, Olga: Storia della Biblioteca Corsiniana e della Biblioteca dell'Accademia dei Lincei. - Firenze 1956, 23f.33-35.40.42.59.
- Rosa, Mario: Riformatori e ribelli nel '700 religioso italiano. - Bari 1969, 114-116 u.ö.
- Rossi, Giovanni Felice (Hg.): La bibliografia alberoniana di mons. Antonino Arata (Monografie del Collegio Alberoni ; 28). - Piacenza 1964, 58f.
- Seidler, Sabrina M. ; Weber, Christoph (Hg.): Päpste und Kardinäle in der Mitte des 18. Jahrhunderts (1730-1777). Das biographische Werk des Patriziers von Lucca Bartolomeo Antonio Talenti (Beiträge zur Kirchen- und Kulturgeschichte ; 18). - Frankfurt a.M. u.a. 2007, 535-538.
- Theiner, Augustin: Histoire du pontificat de Clément XIV, d'après des documents inédits des archives secrètes du Vatican. - 2 vol. - Paris 1852, hier: vol. 1, 188f. 199.222.225.
- Venturi, Franco: Alle origini dell'illuminismo napolitano. Dal carteggio di Bartolomeo Intieri, in: Rivista storica italiana 71 (1959), 416-456, hier: 419f. u.ö.
- Venturi, Franco: Settecento riformatore. - 2 vol. - Torino 1969-1976, hier: vol. 1, 7-9.301-304 u.ö.
- Weber, Christoph (Bearb.): Die päpstlichen Referendare 1566-1809. Chronologie und Prosopographie (PuP ; 31/1-3). - 3 Bde. - Stuttgart 2003-2004, hier: Bd. 2, 570.
- Weber, Christoph: Genealogien zur Papstgeschichte. Unter Mitwirkung von Michael Becker bearbeitet (PuP ; 29/1-6). - 6 Bde. - Stuttgart 1999-2002, hier: Bd. 3, 302.

Domenico Andrea Cortini da Forlì OP

Geboren um 1681 in Forlì
Gestorben 1762 [Febr.]

Lebenslauf
1701 Studium in Bologna
Magister theol.
Lektor in verschiedenen Ordenskonventen
1725 Kandidat bei der Wahl des Secundus Socius des Commissarius des SO in Rom
  ACDF SO Priv. 1710-1727, Bl. 668
1726 Generalvikar der Inquisition von Reggio (bis 1728)
  ACDF SO Priv. 1710-1727, Bl. 859r
1727 Studienmagister in Bologna (vor Ende des akademischen Jahres Abberufung nach Rom)
1728 Febr. 4 Secundus Socius des Commissarius des SO, Ernennung
  ACDF SO Decreta 1728, Bl. 30r („electus"); ACDF SO Priv. 1710-1727, Bl. 859r

1728 März 1	Secundus Socius des Commissarius des SO, Amtsantritt durch Eidesleistung
	ACDF SO Juramenta 1725-1736, o.Bl. (Cortini „annorum 47")
1730 Apr. 17	Primus Socius des Commissarius des SO, Amtsantritt durch Eidesleistung
	ACDF SO Juramenta 1725-1736, o.Bl.; ACDF SO St.St. II-2-h, Bl. [8v]
1731 Sept. 12	Inquisitor von Ferrara, Amtsantritt durch Eidesleistung (bis 1762)
	ACDF SO Juramenta 1725-1736, o.Bl.
1737 Apr. 3	größere Geldzuweisung (wohl für Baumaßnahmen) an Cortini in Ferrara
	ACDF SO Priv. 1736-1742, Bl. 97r (Zuweisung von 200 scudi; „solvendi debita ab eadem Inquisitione contracta")
1739 Aug. 12	Reiseerlaubnis für einen Monat nach Forlì
	ACDF SO Decreta 1739, Bl. 293r (erteilt nach schriftlichem Antrag Cortinis vom 5. Aug.)
1743 Febr. 28	Inquisitor von Cremona, Ernennung
	ACDF SO Decreta 1743, Bl. 72r („electus"; Versetzung mit päpstlicher Approbation)
1743 März 8	Antrag Cortinis auf Verbleib in Ferrara
	ACDF SO Decreta 1743, Bl. 81r
1743 März 13	Erlaubnis zum Verbleib in Ferrara als Inquisitor
	ACDF SO Decreta 1743, Bl. 81r

Unveröffentlichte Quellen
ACDF SO Decreta 1762, Bl. 31v (Ernennung von Laurentius Matteucci als Nachfolger von Cortini als Hinweis auf dessen Tod im Febr. 1762)

Literatur
- D'Amato, Alfonso: I Domenicani a Bologna. - 2 vol. - Bologna 1988, 827.

Nicola Coscia

Geboren [Taufdatum: 27. Jan. 1681] in Pietradefusi (bei Benevent)
Gestorben 1755 Febr. 8 in Neapel

Familie
Über die Eltern des Kardinals, Vincenzo Coscia und Gerolama Gemma, liegen keine gesicherten Nachrichten vor. Seit dem Sturz des Kardinals laufen einige wohl verächtlich gemeinte Lesarten zum Vater („barbiere, pittore": DBI 30, 6) beziehungsweise zu den Eltern um ("oscuri, e poveri genitori": Moroni 17, 306). Sie widersprechen nicht notwendig einer zeitgenössischen Quelle, wonach beim Tod des Vaters 1725 dieser „conte" genannt wurde (DBI 30, 6); denn Nicola Coscia wurde 1722 ins Patriziat von Benevent aufgenommen, möglicherweise mit dem Grafentitel auch für die Familie. Ein Bruder des

Kardinals, Filippo Coscia (gest. 1759), wurde 1725 Bischof von Targa und Generalvikar von Benevent, 1732 nach dem Sturz des Kardinals verhaftet. Vgl. Hierarchia Catholica 5, 369; DBI 30, 10. Die Anklagen von 1732 gegen Coscia trafen mittelbar auch andere Geschwister: er habe sich unrechtmäßig Geld beschafft zur Aussteuer seiner Schwestern für deren Heirat oder Eintritt ins Kloster. Außerdem habe er Landgüter erworben für seinen Bruder, den Herzog Baldassare Coscia („duca di Paduli", DBI 30, 11).

Lebenslauf

	Schützling von Erzbischof V. M. → Orsini (Benedikt XIII.) in Benevent
1696 Mai	Kleriker des Erzbistums Benevent (Tonsur)
1701 Aug. 25	Leiter des „Mansionariato" in Benevent (bis 20. Okt. 1703)
1703 Okt. 20	Kanoniker an S. Bartolomeo, Benevent (bis 1708)
1705 März 28	Priesterweihe
1708 Apr.	Kanoniker (später: Erzpriester) der Metropolitankirche von Benevent (bis 1724)
1708 Apr.	Kanzler der erzbischöflichen Kurie in Benevent (bis Febr. 1716) Superintendent der Bauhütte an der Kathedrale von Benevent
1715 März 30	Dr. iur. utr. an der Universität Sapienza, Rom Sekretär des Kardinals V. M. Orsini
1721 Apr.	Konklavist des Kardinals V. M. Orsini
1724 März	Konklavist des Kardinals V. M. Orsini bei dessen Wahl zum Papst (bis Mai 1724)
1724 Juni 7	Sekretär der Memoriali
1724 Juni 26	Titularerzbischof von Traianopolis
1725 Juni 11	Kardinal
1725 Juni 23	Zuteilung der Titelkirche S. Maria in Domnica
1725 [Juni 23]	Mitglied der CEpReg, CConcilio, CRiti und CConsulta
1725 Juli 24	Mitglied der CConcist ASV SS Mem Bigl 157 (Schreiben SS an Sekr. der CConcist Riviera, Entwurf)
1725	Beteiligung am Jurisdiktionsstreit mit Spanien wegen des Staatskirchentums in Sizilien
1725 Sept. 5	Koadjutor des Erzbischofs von Benevent Papst Benedikt XIII. (mit dem Recht der Nachfolge)
[1725]	Ernennung seines Bruders, Bischof Filippo Coscia, zum Generalvikar des Erzbistums Benevent
1726 Jan. 23	Mitglied des SO, Amtsantritt durch Eidesleistung ACDF SO Juramenta 1725-1736, o.Bl.; ACDF SO Priv. 1750-1754, Bl. 429r („Nota de' Sig.ri Cardinali Segretari")
1726 Jan. 24	Giuseppe Isoldi, Auditor von Coscia, Amtsantritt durch Eidesleistung ACDF SO Juramenta 1725-1736, o.Bl.
1726 Jan. 24	Cesare Maria Testa, Adiutor studiorum von Coscia, Amtsantritt durch Eidesleistung ACDF SO Juramenta 1725-1736, o.Bl.

1726 Jan. 26	G. M. → Rendina, Theologus von Coscia, Amtsantritt durch Eidesleistung
	ACDF SO Juramenta 1725-1736, o.Bl.
1727	Schwere Anklage bei Benedikt XIII. gegen Coscia wegen Unterschlagungen
1727	Politischer Widerstand gegen Coscia durch die Partei der Zelanti wegen seiner vermeintlichen Rolle im Jurisdiktionsstreit (Konkordat von 1727)
1727	Mitglied des SO, letzte Erwähnung im päpstlichen „Staatshandbuch" („Notizie")
1729 Aug. 19	Mitglied der CProp
	ASV SS Mem Bigl 161
1730 Febr. 21	Tod Benedikts XIII., danach Flucht Coscias aus Rom
1730 Febr. 21	Nomineller Nachfolger als Erzbischof von Benevent
1730 Aug.	Untersuchung der Vorwürfe der Veruntreuung gegen Coscia in vier Ausschüssen zur Vorbereitung eines Prozesses (eröffnet 1. Dez. 1730)
1731 Jan. 8	Erzwungener Verzicht Coscias auf die Leitung des Erzbistums Benevent
1731 März 31	Flucht Coscias aus Rom nach Neapel
1731 Apr. 23	Päpstlicher Bannspruch gegen Coscia mit Beschlagnahmung seines Vermögens wegen unerlaubten Entfernens aus dem Kirchenstaat
1732 Apr.	Rückkehr Coscias nach Rom, Haft im Konvent S. Prassede
1733 Mai 9	Veröffentlichung des päpstlichen Urteils gegen Coscia: zehn Jahre Haft in der Engelsburg, hohe Geldstrafen und Exkommunikation mit Verlust der Ämter
1734 Febr. 17	Lossprechung von der Exkommunikation während der Haft in Rom
1738 Juli 1	Rückerstattung des Rechts zur Teilnahme an einer Papstwahl
1740 Aug.	Teilnahme am Konklave mit Wahl → Benedikts XIV.
1740 Dez. 21	Erlaubnis zur Teilnahme an den Sitzungen der Kongregationen, deren Mitglied Coscia gewesen war, mit Ausnahme des SO
	ASV SS Mem Bigl 175 (Schreiben SS an Coscia, Entwurf)
1741	Übersiedlung Coscias nach Neapel mit Erlaubnis des Papstes
1742 Jan. 8	Wiedereinsetzung Coscias in seine Ämter (mit Ausnahme derjenigen im Erzbistum Benevent und im SO)

Unveröffentlichte Quellen
BAV R.G. Storia III 425 (Sammelband mit verschiedenen Drucken zur Affäre Coscia)

Literatur
- Benedikt, Heinrich: Das Königreich Neapel unter Kaiser Karl VI. - Wien ; Leipzig 1927, 269.271.290.368.375-379.452f. [Lit.]
- Cardella, Lorenzo: Memorie storiche de' Cardinali della Santa Romana Chiesa. - In Roma : nella stamperia Pagliarini, 1792-1797. - 10 vol., hier: vol. 8, 207-209.
- Catalano, Gaetano: Studi sulla Legazia Apostolica di Sicilia. - Reggio Calabria 1973, 119.121f.126.

- D'Amato, Alfonso: Il processo e la deposizione del card. N. Coscia, in: Atti della Società storica del Sannio 4 (1926), 23-30.
- DBI 30 (1984), 6-12 von F. Petrucci. [Lit.]
- De Antonellis, Giacomo: Appunti intorno alla figura del cardinale Nicolò Coscia, alla luce di un inedito documento, in: Samnium. Rivista storica trimestrale 43 (1970), 153-167.
- De Brosses, Charles: Lettres familières. Écrites d'Italie en 1739 et 1740 par Charles de Brosses. Annotée et précédée d'une étude biographique par R. Colomb. - 5. Aufl. - Paris 1904, 351.370.407.411.417.622.624.
- De Lucia, Salvatore: Il card. Nicolò Coscia. Profilo storico. - Benevento 1934.
- Forcella, Vincenzo: Iscrizioni delle chiese e d'altri edifici di Roma dal secolo XI fino ai giorni nostri. - 14 vol. - Roma 1869-1884, hier: vol. 8, 177; 12, 423.
- Giannone, Pietro: Vita scritta da lui medesimo. A cura di Sergio Bertelli. - Milano 1960, passim.
- Hierarchia Catholica 5, 36.118.385.
- Monaco, Michele: Critiche ed annotazioni del cardinale Neri Corsini (1685-1770) alla sezione settecentesca degli Annali d'Italia di L.A. Muratori. - Modena 1968, 14.31.
- Montesquieu, Charles de: Voyage de Gratz à La Haye, in: Ders.: Oeuvres complètes. Texte présenté et annoté par Roger Caillois (Bibliothèque de la Pléiade ; 81). - Paris 1973, 665.674.738.
- Moroni 17 (1842), 306f.
- Scatassa, Ercole: Benedetto XIII e i suoi artisti beneventani, in: Rassegna bibliografica dell'arte italiana 16 (1913), 111-119.156-161, hier: 112.114.160; 17 (1914), 138-141, hier: 140.
- Seidler, Sabrina M. ; Weber, Christoph (Hg.): Päpste und Kardinäle in der Mitte des 18. Jahrhunderts (1730-1777). Das biographische Werk des Patriziers von Lucca Bartolomeo Antonio Talenti (Beiträge zur Kirchen- und Kulturgeschichte ; 18). - Frankfurt a.M. u.a. 2007, 319-322.
- Weber, Christoph: Genealogien zur Papstgeschichte. Unter Mitwirkung von Michael Becker bearbeitet (PuP ; 29/1-6). - 6 Bde. - Stuttgart 1999-2002, hier: Bd. 3, 307.

Carlo Luigi Costantini

Geboren 1739 Mai 1 in Ascoli (Marken)
Gestorben 1799 Nov.

Familie
Der Advokat Costantini gehörte zu einer alteingesessenen Adelsfamilie der Marken, aus der über mehrere Generationen hinweg überregional wirkende Juristen hervorgingen. Sein Vater Cosimo Mattia Costantini Massini (1697-1780) bezeichnete sich in einer römischen Inschrift 1767 als „Patricius Asculanus" (Forcella: Iscrizioni 13, 465) und war avvocato dei sacri Palazzi Apostolici, wie schon dessen Großonkel Francesco Maria Costantini (1639-1713), wohl der berühmteste unter diesen Juristen und „patrizio di antica nobil-

tà marchigiana" (DBI 3, 291). Von den drei Söhnen und vier Töchtern des Carlo Luigi und seiner Ehefrau Felicita Modio wurde der Sohn Francesco Advokat der Apostolischen Delegation in Spoleto. Vgl. Cantalamessa Carboni: Memorie, 235-237.

Lebenslauf

	Studium der Literatur und Jura in Rom
	Dr. iur. in Rom
	Advocatus fiscalis der Fabbrica di San Pietro, Rom
1770	Advokat der Rota Romana
	Professor und Rektor der Universität Sapienza, Rom
[1789]	Advocatus pauperum des SO, Amtsantritt durch Eidesleistung
	ACDF SO Juramenta 1777-1796, o.Bl.

Literatur

- Cantalamessa Carboni, Giacinto: Memorie intorno i letterati e gli artisti della città di Ascoli nel Piceno. - Ascoli Piceno 1830, 235-237.
- DBI 30 (1984), 291f. von M. A. Tallarico.
- Forcella, Vincenzo: Iscrizioni delle chiese e d'altri edifici di Roma dal secolo XI fino ai giorni nostri. - 14 vol. - Roma 1869-1884, hier: vol. 13, 465, Nr. 292.

Giovanni Antonio Costanzi

Geboren	um 1704 in Konstantinopel
Gestorben	[1787] in Rom

Familie

Der hier interessierende Revisor des SO kam in den 1730er Jahren nach Rom, wo sein Sohn V. A. → Costanzi, geboren um 1737, fünfzig Jahre später sein Nachfolger beim SO wurde.

Lebenslauf

	Konvertit in Rom (ehemaliger „Rabbiner")
1747	Verschiedene vergütete Arbeiten für das SO, z.B. Erstellen einer Bücherliste und Verfassen eines Memorandums über hebräische Bücher (bis 1751)
	ACDF SO Priv. 1755-1759, Bl. 576r (Bücherliste); ACDF SO St.St. BB-3-a, Bl. 76r-78v (Memorandum)
1748	Lektor für Hebräisch am Collegium Urbanum de Propaganda Fide, Rom (vermittelt durch P. G. → Guglielmi, Ass. des SO)
um 1752	Revisor des SO (für eingezogene jüdische Bücher)
1765 Dez. 18	Scriptor der BAV für Hebräisch
[1787]	Antrag auf Ernennung seines Sohns → Vincenzo Alessandro zu seinem Nachfolger als Revisor des SO
	ACDF SO Priv. 1786-1788, Bl. 407r (Antrag o.D.)

Unveröffentlichte Quellen
ACDF SO Priv. 1755-1759, Bl. 569-573: „Breve Relazione di quanta s'è operato circa l'affare de libri ebraici, e rabbinici spettanti agl'ebrei dello Stato Ecclesiastico, e Descrizione dello stato in cui ritrovasi al presente l'affare di detti libri" (Bericht o.D. zum Einzug hebräischer Bücher aus dem Ghetto im Apr. 1753 durch den Advocatus fiscalis des SO im Auftrag des Magisters S. Palatii; Begutachtung durch Costanzi)

Gutachten

(1775) ♦ Seder Tefilot: [...] ke-minhag Sefaradim [...]. - [Amsterdam] : [Abraham ben Raphael Hezekiah Athias], [1740].
ACDF SO CL 1773-1775, Nr. 8, 10 S.

(1788) ♦ Horowitz, Isaiah: Šenê luḥôt hab-berît. - Amsterdam : [S.n.], 1649.
ACDF SO CL 1788, Nr. 7, 17 S.

Literatur
- Berliner, Abraham: Censur und Confiscation hebräischer Bücher im Kirchenstaate. Auf Grund der Inquisitions-Akten in der Vaticana und Vallicelliana dargestellt. - Berlin 1891, bes. 1.21-26. [Berichte und Gutachten Costanzis aus: BAV Vat. Lat. 8111]
- Bignami Odier, Jeanne: La Bibliothèque Vaticane de Sixte IV à Pie XI. Recherches sur l'histoire des collections de manuscrits avec la collaboration de José Ruysschaert (StT ; 272). - Cité du Vatican 1973, 169.183.
- Caffiero, Marina: I libri degli ebrei. Censura e norme della revisione in una fonte inedita, in: Stango, Cristina (Hg.): Censura ecclesiastica e cultura politica in Italia tra Cinquecento e Seicento. Atti della VI giornata Luigi Firpo. - Firenze 2001, 203-223.
- Caffiero, Marina: Battesimi forzati. Storie di ebrei, cristiani e convertiti nella Roma dei papi (La corte dei papi ; 14). - Roma 2004, 117 u.ö.
- Vogelstein, Hermann ; Rieger, Paul: Geschichte der Juden in Rom. - 2 Bde. - Berlin 1895-1896, hier: Bd. 2, 239.

Vincenzo Alessandro Costanzi

Geboren um 1737 in Rom
Gestorben 1800 in Frascati (bei Rom)

Familie
Der hier in Rede stehende Hebräist war Sohn des G. A. → Costanzi, ebenfalls Revisor für jüdisches Schrifttum im SO.

Lebenslauf

Advokat
Bibliothekar der Familie Chigi in Rom
Archivar der CProp
1755 Erhalt einer Leseerlaubnis des SO für verbotene Bücher als Assistent seines Vaters G. A. → Costanzi als Revisor des SO

ab 1755	Arbeit als Gutachter für das SO
	Professor an der Universität Sapienza, Rom
	Witwer, danach Priesterweihe
1786 Okt. 1	Scriptor der BAV für Hebräisch
1787 Juni	Revisor des SO, Antrag auf Ernennung
	ACDF SO Priv. 1786-1788, Bl. 407v (Antrag des Vaters mit Angaben zum Lebenslauf)
1787 Juni 21	Revisor des SO (für hebräische und rabbinische Bücher), Ernennung
	ACDF SO Priv. 1786-1788, Bl. 411v (als Nachfolger seines Vaters mit demselben Gehalt von 5 scudi monatlich)
um 1789	Agent des Kardinals François-Joachim de Bernis in Avignon

Eigene Werke
- Concordantiae bibliorum heraicorum sive lexicon linguae sanctae nunc primum graecarum latinarumque versionum lectionibus auctum notisque grammaticis historicis chronologicis geographicis illustratum [...] vocabulis chaldaico-biblicis particulis et nominibus propriis suis locis insertis [...]. - Tomus primus. - Romae : sumptibus Caroli Losii, ex tipographia Josephi et Philippi de Rubeis, 1758. - XXIV S., 824 Sp.
- Cortese, Gregorio: De romano itinere gestisque principis apostolorum libri duo. / Vincentius Alexander Constantius recensuit notis illustravit annales ss. Petri et Pauli et appendicem monumentorum adiecit. - Romae : excudebat Generosus Salomonius, 1770. - XXIV, 319 S. [Hg.]

Literatur
- Renazzi, Filippo Maria: Storia dell'Università degli studi di Roma, detta comunemente la Sapienza, che contiene anche un saggio storico della letteratura romana dal principio del secolo XIII sino al declino del secolo XVIII. - 4 vol. - Roma 1803-1806, hier: vol. 4, 376.
- Bignami Odier, Jeanne: La Bibliothèque Vaticane de Sixte IV à Pie XI. Recherches sur l'histoire des collections de manuscrits avec la collaboration de José Ruysschaert (StT ; 272). - Cité du Vatican 1973, 183.191.

Lorenzo Cozza OFMObs

Namensvarianten Simone Cozza (Taufname), Lorenzo di S. Lorenzo

Geboren	1654 März 31 in San Lorenzo Vecchio (bei Bolsena, Latium)
Gestorben	1729 Jan. 18 in Rom

Familie
Der spätere Kardinal, Sohn des in Parma beheimateten Lorenzo Cozza und der Ludovica Valeri, stammte aus der kleinstädtischen Oberschicht in Bolsena. Nach dem frühen Tod beider Eltern wuchs der Junge als Waise auf und erhielt, offenbar durch Verwandte auf-

gezogen, eine gute Ausbildung. Bei seiner Kardinalserhebung gelangte die Familie ins Patriziat von Montefiascone und erhielt 1729 den Grafentitel. Vgl. Moroni 18, 167; DBI 30, 541.

Lebenslauf

1669 Jan. 17	Ordenseintritt in Ss. Trinità, Orvieto (Einkleidung)
	Studium der Philosophie in Caprarola (bei Viterbo)
1672	Studium an S. Maria in Aracoeli, Rom (bis 1674)
1676	Dozent für Philosophie in Neapel (bis 1679)
1677	Priesterweihe in Neapel
	Dozent für Theologie in Viterbo
1685	Dozent für Theologie an S. Maria in Aracoeli, Rom (bis 1691)
1691	Guardian in Viterbo
1695	Provinzialdefinitor des Ordens
[1696]	Generalvisitator des Ordens in Dalmatien und Bosnien (bis Okt. 1696)
1696	Guardian von S. Maria in Aracoeli, Rom
1701 Juli 8	Konsultor der CIndex, Antrag auf Ernennung
	ACDF Index Diari 12 (1700-1703), Bl. 26r (Ernennung vom Papst aufgeschoben)
1702 Dez. 6	Konsultor der CIndex, Ernennung
	ACDF Index Diari 12 (1700-1703), Bl. 90v (Audienzdekret des Papstes); ACDF Index Prot. 62 (1702), Bl. 342-344 (Schreiben SS an Sekr. der CIndex vom 15. Dez.)
1704	Provinzial des Ordens, Provinz Rom (bis 1707)
1708 [Mai 18]	Qualifikator des SO
	ACDF SO Vota Consultorum ante 1800 (Kartei)
1709	Custos der Custodia Terrae Sanctae, Jerusalem (bis 1715)
1715 Aug.	Scriptor des Ordens in Rom
1716 Apr. 6	Vice-Commissarius des Ordens
1723 Mai 15	Generaloberer des Ordens (Kapitelwahl, in Gegenwart von Papst Innozenz XIII.)
1726 März 4	Mitglied des Collegium theologicum der Universität Florenz
1726 Dez. 9	Kardinal
1726 Dez. 16	Zuteilung der Titelkirche S. Lorenzo in Panisperna
1726 Dez. 19	Mitglied des SO, Ernennung
	ACDF SO Juramenta 1725-1736, o.Bl. (Schreiben SS an Ass. des SO)
1726 Dez. 19	Mitglied des SO, Amtsantritt durch Eidesleistung
	ACDF SO Decreta 1726, Bl. 338v
1726 Dez. 20	G. → Bianchi, Theologus von Cozza, Amtsantritt durch Eidesleistung
	ACDF SO Juramenta 1725-1736, o.Bl.
1726 Dez. 30	Giovanni Francesco Ingenus, Auditor von Cozza, Amtsantritt durch Eidesleistung
	ACDF SO Juramenta 1725-1736, o.Bl.

1727 Nov. 6	Mitglied der CIndex, Ernennung ACDF Index Prot. 76 (1727-1728), Bl. 180r (Schreiben SS an Sekr. der CIndex); ACDF Index Diari 15 (1721-1734), Bl. 77r (Schreiben SS an die CIndex); ACDF Index Prot. 76 (1727-1728), Bl. 176r („19. Sept.")
1727 Nov. 28	→ Antonio da Mazara, Theologus von Cozza, Amtsantritt durch Eidesleistung ACDF SO Juramenta 1725-1736, o.Bl. Mitglied der CEpReg, CRiti und CProp

Gutachten

(1702 März 20)	Acta Sanctorvm [Mai, T. 6] [...]. - Antverpiae [u.a.] : Meurs [u.a.], 1643. ACDF Index Prot. 61 (1701-1702), Bl. 474r-480r, 13 S.
(1702 März 20)	Acta Sanctorvm [Mai, T. 6] [...]. - Antverpiae [u.a.] : Meurs [u.a.], 1643. ACDF Index Prot. 61 (1701-1702), Bl. 482r-483r, 3 S.
(1703 Mai 7)	Acta Sanctorvm [Mai, T. 5] [...]. - Antverpiae [u.a.] : Meurs [u.a.], 1643. ACDF Index Prot. 63 (1703), Bl. 286r-289v, 8 S.

Eigene Werke

- Commentarii historico-dogmatici in librum S. Augustini De haeresibus ad quodvultdeum digesti atque illustrati. - Romae : typis Georgii Plachi [...] : sumptibus d. Valerii Fregianti, 1707-1717. - 2 vol.
- Dubia selecta emergentia circa sollicitationem in confessione sacramentali iuxta apostolicas constitutiones ex probatis auctoribus digesta atque discussa. - Romae : Typis Georgii Plachi, 1709. - [6] Bl., 291 S. [mehrfach nachgedruckt]
- Historia polemica de Graecorum schismate ex ecclesiasticis monumentis concinnata. - Romae : typis Georgii Placho, 1719-1720. - 4 vol.
- Tractatus dogmatico-moralis de jejunio ecclesiastico in tres partes distributus. - Romae : ex typographia Georgii Plachi, 1724. - [5] Bl., 486 S., [1] Bl.
- Vindiciae areopagiticae. - Romae : novis typis Georgii Plachi [...] : expensis d. Laurentii Licca, 1702. - [7] Bl., LXI S., [3] Bl., 506 S., [15] Bl.

Literatur

- Cardella, Lorenzo: Memorie storiche de' Cardinali della Santa Romana Chiesa. - In Roma : nella stamperia Pagliarini, 1792-1797. - 10 vol., hier: vol. 8, 223-227.
- Betti, Umberto: I cardinali dell'Ordine dei Frati Minori (Orizzonti Francescani ; 5). - Roma 1963, 70f.
- Castellani, Eurimio (Hg.): Atti del Rev[erendissi]mo Padre Lorenzo Cozza Custode di Terra Santa (1709-1715) (Biblioteca Bio-Bibliografica della Terra Santa e dell' Oriente Francescana. Nuova Serie. Documenti ; 4-5). - 2 vol. - Quaracchi 1924.
- Cerracchini, Luca Giuseppe: Fasti teologali ovvero notizie istoriche del collegio de' teologi della sacra università fiorentina dalla sua fondazione fin all'anno 1738. - In Firenze : per Francesco Moücke stampatore arcivescovale, 1738, 691f.

- DBI 30 (1984), 541-544 von L. Bertoni.
- DHGE 13 (1956), 1004 von Édouard d'Alençon.
- DThC 3 (1938), 2008 von Édouard d'Alençon.
- EC 4 (1950), 796 von Livario Oliger.
- EncEc 2 (1944), 370.
- Golubovich, Girolamo: Serie cronologica dei reverendissimi superiori di Terra Santa. - Gerusalemme 1898, 93f.
- Guarnacci, Mario: Vitae, et res gestae Pontificum Romanorum et S.R.E. Cardinalium a Clemente X. usque ad Clementem XII. [...] Descripta a S. Petro ad Clementem IX. - Romae : Sumptibus Venantii Monaldini bibliopolae [...] ; Ex Typographia Joannis Baptistae Bernabo, & Josephi Lazzarini, 1751. - 2 vol., hier: vol. 2, 499-506.
- Moroni 18 (1843), 166f.
- Oliger, Livario (Hg.): Vita e Diarii del Card. Lorenzo Cozza, già Custode di Terra Santa e Ministro Generale de' Frati Minori (1654-1729) (Biblioteca bio-bibliografica della Terra Santa e dell'Oriente francescano. N.S. Documenti ; 3). - Quaracchi 1925.
- Sbaralea, Ioannes H. [Sbaraglia, Giovanni Giacinto]: Supplementum et castigatio ad scriptores trium Ordinum S. Francisci a Waddingo, aliisve descriptos cum adnotationibus ad syllabum martyrum eorumdem ordinum. - 3 vol. - Romae 1908-1936 ; ND Sala Bolognese 1978, hier: vol. 3, 268f.

Giovanni Francesco Cremona OP

Geboren um 1707 in [Cento, bei Bologna]
Gestorben 1779 März 10

Lebenslauf

	Magister theol.
	Lektor
1743 Okt. 2	Generalvikar der Inquisition von Bologna, Ernennung
	ACDF SO Decreta 1743, Bl. 381r („electus")
1746 Juni 28	Secundus Socius des Commissarius des SO, Amtsantritt durch Eidesleistung
	ACDF SO Juramenta 1737-1749, o.Bl. (Cremona 39 Jahre alt)
1746 Sept. 28	Primus Socius des Commissarius des SO, Amtsantritt durch Eidesleistung
	ACDF SO Juramenta 1737-1749, o.Bl.
1749 Nov. 27	Inquisitor von Cremona, Ernennung
	ACDF SO Decreta 1749, Bl. 601v („electus"); ACDF SO St.St. II-2-h, Bl. 24v („26. Nov.")
1749 Dez. 2	Inquisitor von Cremona, Amtsantritt durch Eidesleistung
	ACDF SO Juramenta 1737-1749, o.Bl.
1752 Apr.	Verleihung des Titels Magister simplex (in provincia)

1756 Juni 19	Inquisitor von Genua, Ernennung ACDF SO Decreta 1756, Bl. 138r; ACDF SO St.St. II-2-h, Bl. 24v („16. Juni")
[1760]	Koadjutor des Inquisitors von Bologna (mit dem Recht der Nachfolge)
1765 Juli 10	Inquisitor von Mailand, Ernennung ACDF SO Decreta 1765, Bl. 96r („electus"); ACDF SO St.St. II-2-n, Bl. 5v
1766 Jan. 3	Königliches Plazet für Cremona als Inquisitor von Mailand Archivio di Stato, Mailand, Culto Parte antica. Inquisizione Nr. 2104, o.Bl.; Nr. 2105, o.Bl.; Nr. 2107, o.Bl.

Unveröffentlichte Quellen
Archivio di Stato, Mailand, Culto Parte antica. Inquisizione Nr. 2106, o.Bl. („Colla morte dell'attuale Pre. Inquisitore si sono resi vacanti i Fondi di ragione della soppressa Inquisizione di Milano", Vermerk vom 23. März 1779 ohne Nennung des Namens Cremona)

Literatur
- Acta capituli provincialis provinciae utriusque Lombardiae FF. Ordinis Praedicatorum celebrati Bononiae in Conventu Sancti Patris Nostri Dominici Mense Aprilis MDCCLII. - Venetiis : Apud Simonem Occhi, 1752, 3.
- Cantù, Cesare: Il convento e la chiesa di Santa Maria delle Grazie e il Sant'Ufficio, in: Archivio storico lombardo 6 (1879), 223-249.477-499, hier: 491-493.
- Del Col, Andrea: L'Inquisizione in Italia. Dal XII al XXI secolo. - Milano 2006, 733.

Girolamo Crispi

Geboren	1667 Sept. 30 in Ferrara
Gestorben	1746 Juli 24 in Ferrara

Familie
Der spätere Erzbischof stammte aus der Oberschicht seiner Heimatstadt, Sohn des Grafen Francesco Crispi und der contessa Lucrezia Manfredi. Der in Rom lebende Bruder des Girolamo, Eustachio Crispi, Dichter und Mitglied der Accademia dell'Arcadia und gleichzeitig Botschafter (Orator) von Ferrara beim päpstlichen Hof, verhinderte zusammen mit seiner Mutter 1716 die Ernennung von Girolamo zum Bischof von Urbino. Vgl. Barotti: Memorie 2, 333. Die noch näher zu klärenden Umstände werden mit dem Blick der Familie auf ein prestigevolleres Bistum zusammenhängen. In der Tat wurde Girolamo Erbischof von Ravenna, doch musste er vor dem Hintergrund des Streits um die Lostrennung Ferraras vom Erzbistum Ravenna, in dem Ferrara sich durchsetzte, 1727 seine Demission geben. In Rom wartete er jahrelang auf die Beförderung auf den Erzstuhl von Ferrara. Vgl. Conti: Illustrazioni, 249-252; Ughi: Dizionario 1, 148-151.

Lebenslauf

1685 Juni 24	Kleriker des Erzbistums Ferrara
1692 Dez. 13	Priesterweihe
	Archidiakon der Kathedrale von Ferrara
1695	Erzpriester der Kathedrale von Ferrara
1696	Dr. theol. in Ferrara
	Konsultor der Inquisition von Ferrara
[1700]	Prelato domestico unter Clemens XI.
1702 Juni 26	Dr. iur. utr. an der Universität von Ferrara
1702 Juli 7	Referendar der Signaturen
1703 Nov. 19	Relator der CIndex, Ernennung
	ACDF Index Prot. 81 (1737-1740), Bl. 439r; ACDF Index Prot. 64 (1703-1704), Bl. 64.71v
1708 März 26	Auditor der Rota Romana für Ferrara (nach drei Jahren Auseinandersetzung mit C. → Bentivoglio, der als Ferrarese auf diese Stelle Anspruch erhob)
	Konsultor der CRiti
1720 Dez. 16	Erzbischof von Ravenna (Demission 1727, danach Aufenthalt in Rom)
[1737]	Vikar der Lateranbasilika, Rom
1742 Dez. 17	Titularpatriarch von Alexandrien
1743 Sept. 23	Examinator Episcoporum
	ASV SS Mem Bigl 181
1743 Dez. 16	Erzbischof von Ferrara

Gutachten

(1704 Apr. 21)   Acta eruditorum [...]. - Lipsiae : Grosse & Gleditsch, (1691). ACDF Index Prot. 64 (1703-1704), Bl. 383r-385v, 6 S.

Eigene Werke

- Decisiones Sacrae Rotae Romanae coram R. P. Domino Hieronymo Crispo [...]. - Urbino : Apud Antonium Fantauzzi, 1728. - 3 vol.
- Omelie al clero, e popolo di Ravenna, incominciate nell'anno MDCCXXI. e recitate in alcuni giorni de' giorni pontificali per tutto l'anno 1725 nella chiesa metropolitana. - Ferrara : per Giuseppe Barbieri, 1728 ; Seconda edizione. - Romae : Typis Antonii de Rubeis, 1733. - [11] Bl., 387 S.
- Riflessioni cristiane per ciascun giorno del mese proposte [...] al diletto suo popolo. - In Roma : nella Stamperia di Francesco Ansillioni, 1735. - XXIV, 247 S.
- Riflessioni, e preghiere al Sant'Angelo Custode proposte [...]. Seconda edizione. - In Roma : per Antonio de' Rossi, 1730. - 63 S.

Literatur

- Barotti, Giovanni Andrea ; Barotti, Lorenzo: Memorie istoriche di letterati Ferraresi. - In Ferrara : per gli eredi di Giuseppe Rinaldi, 1792-1793. - 2 vol., hier: vol. 2, 332-339.

- Barotti, Lorenzo: Serie de' Vescovi ed Arcivescovi di Ferrara. - Ferrara : per Francesco Pomatelli, 1781, 153f.
- Bertoldi, Francesco Leopoldo: Vescovi ed Arcivescovi di Ferrara dalla prima loro epoca sino all' anno 1818. - Ferrara 1818, 48-50.
- Cerchiari, Emanuele: Capellani Papae et Apostolicae Sedis. Auditores causarum Sacri Palatii Apostolici seu Sacra Romana Rota ab origine ad diem usque 20 Septembris 1870. Relatio historica-iuridica. - 4 vol. - Romae 1919-1921, hier: vol. 2, 215.
- Chiappini, Luciano u.a.: La Chiesa di Ferrara nella storia della città e del suo territorio. Secoli XV-XX. - Ferrara 1997, 189-191.
- Conti, Filippo: Illustrazioni delle più cospicue e nobili famiglie ferraresi (fino al' anno 1800). - Ferrara 1852 ; ND Bologna 1970, 248-252.
- Fantuzzi, Giovanni: Notizie degli scrittori bolognesi [...]. - In Bologna : nella Stamperia di San Tommaso d'Aquino, 1781-1794. - 9 vol. ; ND 4 vol. - Sala Bolognese [1965], hier: vol. 1, 146-149.
- Hierarchia Catholica 5, 329; 6, 75.215.
- Meluzzi, Luciano: Gli arcivescovi di Ferrara (Collana storico-ecclesiastica ; 5). - Bologna 1970, 40-44.
- Tipaldo, Emilio de (Hg.): Biografia degli italiani illustri nelle scienze, lettere ed arti del secolo XVIII, e de' contemporanei compilata da letterati italiani di ogni provincia. - 10 vol. - Venezia 1834-1845, hier: vol. 3, 346-348.
- Ughi, Luigi: Dizionario storico degli uomini illustri ferraresi nella pieta, nelle arti, e nelle scienze colle loro opere, o fatti principali compilato dalle storie, e da manoscritti originali [...]. - 2 vol. - Ferrara 1804, hier: vol. 1, 148f.
- Weber, Christoph (Bearb.): Die päpstlichen Referendare 1566-1809. Chronologie und Prosopographie (PuP ; 31/1-3). - 3 Bde. - Stuttgart 2003-2004, hier: Bd. 2, 576.
- Weber, Christoph (Hg.): Die ältesten päpstlichen Staatshandbücher. Elenchus Congregationum, Tribunalium et Collegiorum Urbis 1629-1714 (RQ Supplementheft ; 45). - Rom u.a. 1991, 105.

Imre Csáky

Geboren 1672 Okt. 28 in Zips (Szepesvár; Spiške Podhrodie, Slowakei)
Gestorben 1732 Aug. 28 in Großwardein (Nagyvárad)

Familie

Der Kardinal gehörte als Sohn des Grafen István Csáky und der Anna Klára Melith de Pribér (gest. 1685) zum wohlhabenden ungarischen Adel. Als Csáky 1721 nach Rom reiste, brachte er seinen Neffen, Graf Nikolaus Csáky von Kereszt-Szeg (gest. 1759), mit zum Eintritt ins Collegium Germanicum et Hungaricum. Dieser wurde später Erzbischof von Gran und Primas von Ungarn. Das zeitgenössische Werk des Jesuiten F. Bonanni von 1699 beschreibt die Pracht des actus academicus im Collegium Romanum 1695 und in der Jesuitenkirche S. Ignazio bei der Verleihung der Doktorwürde an Csáky. Vgl. Steinhuber: Geschichte 2, 133.332f.

Lebenslauf

	Ausbildung am Seminar von Kaschau (Kassa, Košice)
1688	Studium der Theologie am Collegium Pazmaneum, Wien (bis 1690)
1693	Studium am Collegium Germanicum et Hungaricum, Rom (bis 1695)
1695 Sept. 5	Dr. theol. am Collegium Romanum
1698	Pfarrer in Kaschau (bis 1702)
1702	Kanoniker in Gran (Esztergom)
1703 Juni 25	Bischof von Großwardein (Nagyvárad)
1714 Nov. 19	Erzbischof von Kalocsa-Bács
1717 Juli 12	Kardinal in petto (publiziert 1. Okt. 1717)
1721 Juni 16	Zuteilung der Titelkirche S. Eusebio
[1721 Juni 16]	Mitglied der CIndex, Ernennung
[1721 Juni 16]	Mitglied der CEpReg, CProp und CIndulg

Literatur

- Bonanni, Filippo: Numismata Pontificum Romanorum quae a tempore Martini V ad annum 1699 vel auctoritate publica vel privato genio in lucem prodiere, explicata, ac multiplici eruditione sacra et prophana illustrata. - Romae : typ. Dominici Antonii Herculis, 1699, 364-366.
- Cardella, Lorenzo: Memorie storiche de' Cardinali della Santa Romana Chiesa. - In Roma : nella stamperia Pagliarini, 1792-1797. - 10 vol., hier: vol. 8, 176f.
- Guarnacci, Mario: Vitae, et res gestae Pontificum Romanorum et S.R.E. Cardinalium a Clemente X. usque ad Clementem XII. [...] Descripta a S. Petro ad Clementem IX. - Romae : Sumptibus Venantii Monaldini bibliopolae [...] ; Ex Typographia Joannis Baptistae Bernabo, & Josephi Lazzarini, 1751. - 2 vol., hier: vol. 2, 309-312.
- Hierarchia Catholica 5, 31.164.405.
- Moroni 19 (1843), 5f.
- Pastor 15, 108.113 u.ö.
- Seidler, Sabrina M. ; Weber, Christoph (Hg.): Päpste und Kardinäle in der Mitte des 18. Jahrhunderts (1730-1777). Das biographische Werk des Patriziers von Lucca Bartolomeo Antonio Talenti (Beiträge zur Kirchen- und Kulturgeschichte ; 18). - Frankfurt a.M. u.a. 2007, 172f.
- Steinhuber, Andreas: Geschichte des Kollegium Germanikum Hungarikum in Rom. - 2 Bde. - Freiburg i.Br. 1906, hier: Bd. 2, 133f.

Antonio Nicola Cuggiò

Namensvariante   Antonio Nicola Cuiò (Cuyò)

Geboren   um 1663 in Brindisi (Apulien)
Gestorben   1739 Jan. 2 in Rom

Lebenslauf
　　　　　Generalvikar des suburbikarischen Bistums Porto und S. Rufina

1700	Sekretär am Tribunale del Vicariato, Rom (bis 1739)
	Kanoniker an S. Maria in Trastevere, Rom
1703 Juli 9	Relator der CIndex, Ernennung
	ACDF Index Diari 12 (1700-1703), Bl. 129r
1705 Apr. 29	Konsultor der CIndex, Ernennung
	ACDF Index Diari 13 (1704-1708), Bl. 81r; ACDF Index Prot. 66 (1705-1706), Bl. 358.501 (mit Anordnung des Papstes, die Ernennung nicht öffentlich zu machen)

Unveröffentlichte Quellen
Galletti, Vat. Lat. 7888, Bl. 217.

Gutachten

(1704 Juli 7)	Menghi, Girolamo: Flagellum daemonum, exorcismos terribiles, potentissimos, et efficaces [...]. - Venetijs : apud Io. Victorium Sauionum, 1644.
	ACDF Index Prot. 65 (1704-1705), Bl. 109r-118r, 19 S. (Doppelgutachten)
(1704 Juli 7)	Visconti, Zaccaria: Complementum artis exorcisticae [...]. - Mediolani : apud heredem Pacifici Pontij, & Piccaleae, 1637.
	ACDF Index Prot. 65 (1704-1705), Bl. 109r-118r, 19 S. (Doppelgutachten)
(1706 Sept. 20)	♦ Canale, Floriano: Del modo di conoscere et sanare i maleficiati [...]. - In Milano : apresso G. Marelli, 1663.
	ACDF Index Prot. 67 (1706-1707), Bl. 272v-275r, 17 S.
(1706 Sept. 20)	Albertini, Alessandro: Malleus daemonum siue quatuor experimentatissimi exorcismi, ex Euangelijs collecti [...]. - Mediolani : apud haer. Pacifici Pontij, & Ioan. Baptistam Piccaleum, 1624.
	ACDF Index Prot. 67 (1706-1707), Bl. 267r-272r, 11 S.
(1707 Jan. 17)	Menghi, Girolamo: Compendio dell'arte essorcistica [...]. - In Bologna : per Giouanni Rossi, 1580.
	ACDF Index Prot. 67 (1706-1707), Bl. 339r-345v, 14 S. (Sammelgutachten)
(1707 Jan. 17)	Albertini, Alessandro: Malleus daemonum siue quatuor experimentatissimi exorcismi, ex Euangelijs collecti [...]. - Mediolani : apud haer. Pacifici Pontij, & Ioan. Baptistam Piccaleum, 1624.
	ACDF Index Prot. 67 (1706-1707), Bl. 339r-345v, 14 S. (Sammelgutachten)
(1707 Jan. 17)	Polidoro, Valerio: Practica exorcistarum [...]. - Venetiis : Apud Robertum Meiettum, 1606.
	ACDF Index Prot. 67 (1706-1707), Bl. 339r-345v, 14 S. (Sammelgutachten)
(1721 Juli 28)	♦ Anonym [Hevenesi, Gabór]: Cura salutis sivae de statu vitae mature ac prudenter deliberandi methodus [...]. - Coloniae : Marteau, 1716.
	ACDF Index Prot. 72 (1721-1723), Bl. 37r-41v, 10 S.

(1724 Nov. 4)	♦ Rituale romanum Pauli V. pont. max. iussu editum [...]. - Venetiis : apud Guerilios, 1652. ACDF Index Prot. 73 (1724-1725), Bl. 120r-128r, 17 S. (Doppelgutachten)
(1724 Nov. 4)	♦ Locatellus, Petrus: Coniurationes potentissimae et efficaces ad expellendas et fugandas aereas tempestates a Daemonibus [...] excitatas [...]. - Brixiae : [S.n.], 1616. ACDF Index Prot. 73 (1724-1725), Bl. 120r-128r, 17 S. (Doppelgutachten)
(1726 Aug. 26)	♦ Benamati, Giovanni Battista: Manuale commodo per gli curati e per ogni altro sacerdote che s'impieghi a benefizio de' fedeli [...]. - In Parma : per gli eredi di Paolo Monti, 1725. ACDF Index Prot. 74 (1726), Bl. 207r-211v, 10 S.

Eigene Werke
- Della giurisdittione e prerogative del vicario di Roma. Opera del canonico Nicolò Antonio Cuggiò segretario del tribunale di sua eminenza. A cura di Domenico Rocciolo (Studi e ricerche ; 10). - Roma 2004.

Literatur
- Augusti, Cesare: Diario di Mons. G. G. Bottari, in: Annali del dipartimento di Scienze Storiche e Sociali 4 (1985), 237-304, hier: 266f.282.
- Bonacchi, Gabriella: Legge e peccato. Anime, corpi, giustizia alla corte dei papi (Biblioteca di Cultura Moderna ; 3). - Roma ; Bari 1995, 105f.
- Caffiero, Marina: Battesimi forzati. Storie di ebrei, cristiani e convertiti nella Roma dei papi (La corte dei papi ; 14). - Roma 2004, 61.
- Rocciolo, Domenico: Il tribunale del cardinal Vicario e la città. Brevi noti tratte dall'opera di Nicolò Antonio Cuggiò, in: Roma moderna e contemporanea 5/1 (1997), 175-184.
- Rocciolo, Domenico: Il tribunale del Cardinale Vicario e la società ecclesiastica romana tra Cinquecento e Settecento, in: Fleckenstein, Gisela ; Klöcker, Michael ; Schloßmacher, Norbert (Hg.): Kirchengeschichte. Alte und neue Wege. Festschrift für Christoph Weber. - Frankfurt a.M. 2008, 161-179, hier: 166-168.

Raimondo Cunich SJ

Geboren	1719 Juni 14 in Ragusa
Gestorben	1794 Nov. 22

Lebenslauf
	Professor für Rhetorik in Rom (für 45 Jahre)
1766	[Votante des SO]

Gutachten

[1766 Sept. 3]   Frassoni, Cesare: Uffizio della Beata Vergine in verso sciolto [...]. - [S.a.]. (Manuskript)
ACDF SO CL 1770, Nr. 8, 4 S.

Eigene Werke

- Clemente XIII. pontifice maximo renunciato oratio habita in Collegio Romano prid. Kal. Sept. 1758 [...]. - Romae : typis Johannis Generosi Salomoni, 1758. - XXIII S.

Literatur

- Cordara, Giulio Cesare: Opere latine e italiane [...]. - Venetiis : apud Justinum Pasquali Marii filium, 1804-1805. - 4 vol., hier: vol. 4, 376. [Epigramm]
- Tipaldo, Emilio de (Hg.): Biografia degli italiani illustri nelle scienze, lettere ed arti del secolo XVIII, e de' contemporanei compilata da letterati italiani di ogni provincia. - 10 vol. - Venezia 1834-1845, hier: vol. 1, 55-58.

Girolamo Curli (Curlo) CCRRMM

Geboren	1692 Jan. 17 in Genua
Gestorben	1749 Dez. 27

Familie

Der spätere Bischof gehörte zu der schon im Mittelalter in Ventimiglia an der Riviera nachgewiesenen Familie, die später auch in Genua ansässig wurde. Aus ihr stammten zwei Bischöfe von Nebbio auf Korsika, zuletzt Giovanni Battista Curli im Jahr 1733. Vgl. Crollalanza: Dizionario 1, 344.

Lebenslauf

1708	Ordensprofess
1714 Dez. 22	Priesterweihe
[1717]	Lektor für scholastische Theologie am Kolleg SS. Vincenzo et Anastasio, Rom
1719 Apr. 30	Abreise aus Rom nach Neapel
	Lektor für Theologie am Ordenskolleg in Neapel
1719	Relator der CIndex, Antrag auf Ernennung
	ACDF Index Prot. 71 (1715-1721), Bl. 596r (Bewerbung Curlis o.D. mit Angaben zum Lebenslauf); ACDF Index Diari 14 (1708-1721), Bl. 122r (Bericht des Sekr. der CIndex zum Antrag von Curli)
1719 Juli 17	Relator der CIndex, Ernennung
	ACDF Index Prot. 81 (1737-1740), Bl. 441r; ACDF Index Diari 14 (1708-1721), Bl. 122r (Beschluss der CIndex zu zwei Anträgen, darunter demjenigen Curlis)

Cusani 402

1727	Professor für Theologie an der Universität Sapienza, Rom (bis 1740)
	Provinzial des Ordens, Provinz Rom
1741 Mai 29	Bischof von Aleria (Korsika)

Unveröffentlichte Quellen

ASR Congregazioni religiose maschili. Chierici regolari minori, S. Lorenzo in Lucina, busta 1450: „Diario del Collegio de SS. Vincenzo et Anastasio a Trevi" (1706-1720), o.Bl.

Literatur
- Conte, Emanuele (Hg.): I maestri della Sapienza di Roma dal 1514 al 1787. I rotuli e altre fonti (Fonti per la Storia d'Italia ; 116. Studi e Fonti per la storia dell'Università di Roma. N. S. ; 1). - 2 vol. - Roma 1991, hier: vol. 2, 908.
- Crollalanza, Giovanni Battista di: Dizionario storico-blasonico delle famiglie nobili e notabili italiane estinte e fiorenti. - 3 vol. - Pisa 1886-1890, hier: vol. 1, 344.
- Hierarchia Catholica 6, 74.

Ottavio Cusani CRS

Geboren	um 1655 in Mailand
Gestorben	1727

Lebenslauf

1670	Ordenprofess
	Lektor für Theologie am Collegium Clementinum, Rom (für sechs Jahre)
	Generalprokurator des Ordens in Rom
[1695]	Relator der CIndex, Antrag auf Ernennung
	ACDF Index Prot. 53 (1694-1695), Bl. 299r (Bewerbung Cusanis o.D. mit Angaben zum Lebenslauf)
1695 Juli 5	Relator der CIndex, Ernennung
	ACDF Index Prot. 81 (1737-1740), Bl. 438r; ACDF Index Diari 10 (1692-1696), Bl. 113v
1704	Generaloberer des Ordens
	Theologus von Kardinal Ferdinando d'Adda

Literatur
- Cevasco, Giacomo: Breviario storico di religiosi illustri della Congregazione di Somasca. Continuato da P. G. M. - Genova 1898, 48f.

D

Filippo Damiano di Priocca

Namensvariante Filippo Damiano

Geboren 1739 Juli 16 in Turin
Gestorben 1803 Aug. 11 in Genua

Familie
Die piemontesische Familie Damiano gelangte 1460 in den „banco dei nobili" von Asti und erwarb zu den verschiedenen Besitztümern (Castellinaldo, Piobesi etc.) zuletzt (1773) auch das Lehen Priocca mit dem Grafentitel. Zu den vielen Offizieren der Familie zählte auch der Vater des Prälaten, Generalleutnant Giuseppe Maria Damiano del Carretto (1709-1780), verheiratet mit Costanza Eleonora Gennara Ferrero Fieschi und seit 1773 conte di Priocca. Von deren zwölf Söhnen (einige davon Offiziere) und Töchtern wurde der jüngere Bruder des hier interessierenden Filippo der berühmteste: Clemente Damiano (1749-1813), Botschafter Savoyens in Rom und Staatsminister in Turin. Zu ihm Tipaldo: Biografia 2, 39-42; DBI 32, 347-350.

Lebenslauf
1763	Ausbildung an der Accademia dei Nobili Ecclesiastici, Rom (bis 1764)
	Referendar der Signaturen
[1779]	Konsultor der CIndex
	Mitglied der Accademia dell'Arcadia, Rom (als „Corisco Cirenaico")

Literatur
- DBI 32 (1986), 347-350. [zu Clemente Damiano di Priocca]
- Manno, Antonio: Il Patriziato subalpino. Notizie di fatto storiche, genealogiche, feudali ed araldiche desunte da documenti. - 2 vol. - Firenze 1895-1906 ; vol. 3-31 masch. S.a., hier: vol. 9, 22f. [nach Exemplar BAV]
- Notizie 1780, 84. [erstmals aufgeführt als Konsultor der CIndex, zuletzt: 1803]
- Procaccini di Montescaglioso, Ferdinando: La Pontificia Accademia dei nobili ecclesiastici. Memoria Storica. - Roma 1889, 79.
- Tipaldo, Emilio de (Hg.): Biografia degli italiani illustri nelle scienze, lettere ed arti del secolo XVIII, e de' contemporanei compilata da letterati italiani di ogni provincia. - 10 vol. - Venezia 1834-1845, hier: vol. 2, 39-42. [zu Clemente Damiano di Priocca]

Anselmo Dandini

Geboren	1670 März 6 in Cesena (Romagna)
Gestorben	um 1730

Familie

Der Prälat, Nachfahre des gleichnamigen Nuntius A. → Dandini senior (gest. 1608), gehörte zu einer patrizischen Familie in Cesena, Sohn des conte Oddo Antonio Dandini (gest. 1716) und der contessa Penelope Ratta aus Bologna, Schwester des vornehmen römischen Prälaten Lorenzo Ratta (gest. 1689). Der Onkel, Bischof Muzio Dandini (1634-1712) von Senigallia, übertrug 1699 seine Einkünfte dem jungen Anselmo, damit dieser in Rom die Prälatenlaufbahn (Referendar) beginnen konnte. Von Anselmos Bruder Girolamo (gest. 1743) stammte Ercole Francesco Dandini (1695-1747), Professor der Rechte in Padua, der bei seinem geistlichen Onkel Anselmo im römischen Palast des Kardinals S. A. → Tanara aufwuchs. Ein weiterer Neffe des Prälaten Anselmo (und Bruder des erwähnten Ercole Francesco), conte Pietro Dandini (gest. 1770), und die römische Patrizierin contessa Giovanna de Silva (gest. 1799) wurden die Eltern des Kardinals Ercole Dandni (1759-1840). Vgl. DBI 32, 411-421; Weber: Genealogien 1, 293f.

Lebenslauf

	Studium in Cesena
	Dr. iur. in Cesena
	Konsultor der Inquisition von Cesena
1697 Okt. 1	Kleriker (Tonsur, erteilt durch Kardinal S. → Sperelli), Rom
	ASR Segn. 718
	Wohnung im Palazzo Tanara an der Piazza Colonna
	ACDF Index Prot. 62 (1702), Bl. 253.146 (Einladung zur Sitzung der CIndex)
1701 Jan. 27	Referendar der Signaturen
[1702]	Votante der Signatura Iustitiae
1702	Relator der CIndex, Antrag auf Ernennung
1702 Mai 15	Relator der CIndex, Ernennung
	ACDF Index Diari 12 (1700-1703), Bl. 66
1702 Dez. 6	Konsultor der CIndex, Ernennung
	ACDF Index Diari 12 (1700-1703), Bl. 90v

Unveröffentlichte Quellen

ASR Segnatura 718, Processo 1 (Familie; Einkünfte durch Bischof Muzio Dandini; Empfang der Tonsur durch Kardinal Sperelli); Archivio di Stato Forlì, Cesena, Fondo Archivio Comunale, Famiglie illustri, Busta 265 Lettere C-D, fascicolo Dandini: „Cenni biografici intorno il conte Ercole Francesco Dandini Patrizio Cesenate" (Handschrift o.D.)

Gutachten

(1702 Juli 10)   Ascianus, Dorotheus <Pseudonym> [Zimmermann, Matthias]: Montes pietatis Romanenses [...]. - Lipsiae : Sumptibus Schüreri-Götzianorum Haeredum & Johan. Fritzschii. Literis Johannis Bauerianis, 1670.
ACDF Index Prot. 62 (1702), Bl. 175r-177v, 6 S.

[1703 Jan. 16]   Espen, Zeger Bernard van: Jus ecclesiasticum universum [...]. - Lovanii : sumptibus Guilielmi Stryckwant ; Bruxelliis : sumptibus Francisci t'Serstevens, 1700.
ACDF SO CL 1704-1705, Nr. 10, Bl. 5r-8r, 7 S.

(1703 Jan. 29)   Anonym [Boileau, Jacques]: Historia Flagellantium [...]. - Parisiis : Apud Joannem Anisson Typographiae Regiae Praefectum, 1700.
ACDF Index Prot. 63 (1703), Bl. 43r-46v, 8 S.

(1703 Juli 9)   Basagne, Samuel: De Rebus Sacris & Ecclesiasticis Exercitationes Historico-Criticae [...]. - Ultrajecti : Ex Officina Guillielmi Van De Water, 1692.
ACDF Index Prot. 63 (1703), Bl. 432r-433v, 4 S.

(1714 März 5)   Maffei, Scipione: De Fabula Equestris Ordinis Constantiniani. - Tiguri : Typis Alberti Gratz Bibliopolae, 1712.
ACDF Index Prot. 70 (1713-1715), Bl. 207r-210v, 8 S.

Eigene Werke

- De suspectis de haeresi opus in duas partes distributum, quarum altera de iis qui dicuntur suspecti de haeresi, altera de poenis quibus plectuntur suspecti de haeresi. - Romae : Sumptibus V. de Romanis, 1703. - XIV, 713 S.

Literatur

- Chiacchella, Rita ; Monacchia, Paola: Archivi a sorpresa. Le migrazioni delle carte Dandini. Con Inventario a cura di Paola Monacchia (Appendici al Bollettino ; 18). - Perugia 2002, 52.100f.
- DBI 32 (1986), 411-421. [zu Ercole Francesco Dandini]
- Reusch, Franz Heinrich: Der Index der verbotenen Bücher. Ein Beitrag zur Kirchen- und Literaturgeschichte. - 2 Bde. - Bonn 1882 ; ND Aalen 1967, hier: Bd. 2, 397.
- Vekene, Emil van der: Bibliotheca bibliographica historiae sanctae inquisitionis. - 3 vol. - Vaduz 1982-1992, hier: vol.1, Nr. 207.
- Weber, Christoph (Hg.): Die ältesten päpstlichen Staatshandbücher. Elenchus Congregationum, Tribunalium et Collegiorum Urbis 1629-1714 (RQ Supplementheft ; 45). - Rom u.a. 1991, 106.
- Weber, Christoph (Hg.): Legati e governatori dello stato pontificio (1550-1809) (Pubblicazioni degli Archivi di Stato. Sussidi ; 7). - Roma 1994, 611.
- Weber, Christoph: Genealogien zur Papstgeschichte. Unter Mitwirkung von Michael Becker bearbeitet (PuP ; 29/1-6). - 6 Bde. - Stuttgart 1999-2002, hier: Bd. 1, 293-295.

Giovanni Pietro Daniele CR

Geboren um 1684

Lebenslauf

	Lektor für Theologie am Erzbischöflichen Seminar von Ravenna sowie in Messina und Palermo
[1724]	Relator der CIndex, Antrag auf Ernennung ACDF Index Prot. 73 (1724-1725), Bl. 21r (Bewerbung Danieles o.D. an die CIndex mit Angaben zum Lebenslauf)
1724 Dez. 24	Relator der CIndex, Ernennung ACDF Index Prot. 81 (1737-1740), Bl. 442
1738 Okt. 4	Adiutor studiorum von R. C. → Girolami, Amtsantritt durch Eidesleistung ACDF SO Juramenta 1737-1749, o.Bl.
1743 Nov. 14	Auditor von G. → Accoramboni, Amtsantritt durch Eidesleistung ACDF SO Juramenta 1737-1749, o.Bl.

Giovanni Antonio Davia

Namensvariante Giovanni Antonio Da Via

Geboren 1660 Okt. 13 in Bologna
Gestorben 1740 Jan. 11 in Rom

Familie

Der spätere Kardinal, Sohn eines Giovanni Battista Davia und der Porzia Ghislieri, stammte aus einer in Domodossola beheimateten, seit 1630 in Bologna ansässigen Familie. Diese wurde durch einen Pietro Davia wohlhabend und erhielt die Senatorenwürde in Bologna, angeblich auch einen englischen marchese-Titel. Vgl. Crollalanza: Dizionario 1, 353; Weber: Legati, 613.

Lebenslauf

	Dr. iur. utr. in Bologna
1681	Studienreisen nach Paris und London
	Erste Anstellung in Bologna (vermittelt vom älteren Bruder Virgilio)
1684	Teilnahme als Ingenieur am Türkenkrieg (Korfu, Santa Maura)
1684	Aufenthalt in Rom als Wissenschaftler und Sammler (Münzen u.a.) (bis 1687)
1687	Audienz bei Innozenz XI. in der Hoffnung auf eine Stelle im Militärdienst
1687 Juli 18	Internuntius in Brüssel (bis 1690)
1690 Juni 21	Titularbischof von Theben
1690 Aug. 8	Nuntius in Köln (bis 1696)

1696 Febr. 13	Nuntius in Polen (bis 1700)
1698 März 13	Bischof von Rimini (bis 7. Dez. 1726)
1700 Apr. 26	Nuntius in Wien (bis 1706)
1712 Mai 18	Kardinal
1713 Aug. 10	Zuteilung der Titelkirche S. Callisto
1714 Jan. 1	Mitglied der CIndex, Ernennung ACDF Index Diari 14 (1708-1721), Bl. 77v; ACDF Index Prot. 70 (1713-1715), Bl. 196r (Schreiben SS an Sekr. der CIndex)
1714	Mitglied der CImmunità, CEpReg und CProp
1715 Dez. 16	Apostolischer Legat von Urbino
1717 Apr. 12	Apostolischer Legat von Rimini (Romagna)
1727 Sept. 20	Präfekt der CIndex, Ernennung ACDF Index Prot. 76 (1727-1728), Bl. 178 (Schreiben SS an Sekr. der CIndex); ASV SS Mem Bigl 159 (Schreiben SS an Davia und an Sekr. der CIndex, Entwürfe)
1730 Aug. 10	Mitglied der CCorrLOr ASV SS Mem Bigl 162 (Approbierte Vorschlagsliste)
1731 Jan. 19	Mitglied des SO, Ernennung ACDF SO Juramenta 1725-1736, o.Bl. (Schreiben SS an Ass. des SO)
1731 Jan. 24	Mitglied des SO, Amtsantritt durch Eidesleistung ACDF SO Juramenta 1725-1736, o.Bl.; ACDF SO Decreta 1731, Bl. 21v
1731 Jan. 26	Saverio Giustiniani, Auditor von Davia, Amtsantritt durch Eidesleistung ACDF SO Juramenta 1725-1736, o.Bl.
1731 Jan. 26	Cesare Lorenzo Montemaggi, Schreiber von Davia, Amtsantritt durch Eidesleistung ACDF SO Juramenta 1725-1736, o.Bl.
1735 Okt. 4	A. → Ratta, Auditor von Davia, Amtsantritt durch Eidesleistung ACDF SO Juramenta 1725-1736, o.Bl.
1738 März 7	Gaspare Santacroce, Adiutor studiorum von Davia, Amtsantritt durch Eidesleistung ACDF SO Juramenta 1737-1749, o.Bl.

Gutachten

1725 Juni 27	Johannes <a Sancto Felice>: Triumphus misericordiae [...]. - Viennae Austriae : typis Joannis van Ghelen, 1704. ACDF Index Prot. 76 (1727-1728), Bl. 316, 2 S.

Literatur

- BBKL 17 (2000), 254f. von Ekkart Sauer.
- Cardella, Lorenzo: Memorie storiche de' Cardinali della Santa Romana Chiesa. - In Roma : nella stamperia Pagliarini, 1792-1797. - 10 vol., hier: vol. 8, 119-121.
- Crollalanza, Giovanni Battista di: Dizionario storico-blasonico delle famiglie nobili e notabili italiane estinte e fiorenti. - 3 vol. - Pisa 1886-1890, hier: vol. 1, 353.

- DBI 33 (1987), 127-130 von G. P. Brizzi.
- DHGE 14 (1960), 113f. von J. Ruyschaert.
- Feldkamp, Michael F.: Die Erforschung der Kölner Nuntiatur. Geschichte und Ausblick, in: AHP 28 (1990), 201-283, hier bes.: 273.
- Halkin, Léon-Ernest: Les Archives des nonciatures. - Bruxelles ; Rome 1968, 42f.63. [Lit.]
- Hierarchia Catholica 5, 27.99.373.
- Hiltebrandt, Philipp: Eine Relation des Wiener Nuntius über seine Verhandlungen mit Leibniz (1700), in: QFIAB 10 (1907), 238-246.
- Moroni 19 (1843), 162f.
- Nardi, Luigi: Cronotassi dei pastori della S. Chiesa riminese. - Rimini 1813 ; ND Cronotassi dei pastori della santa chiesa riminese. Introduzione storico-critica a cura di Gian Ludovico Masetti Tannini. Con la collazione degli esemplari postillati dall' autore, da Luigi Tonini e da Zeferino Gambetti (Biblioteca riminese ; 6). - Rimini 1995, 310f.
- Nicolini, Fausto: Tre amici bolognesi di mons. Celestino Galiani: Benedetto XIV, il Card. Davia, Mons. Leprotti. Lettere inedite, in: Atti e memorie della Reale Deputazione di storia patria per le Romane. Ser. 4, 20/4-6 (1930), 87-138, hier bes.: 104-129.
- Pieroni Francini, Marta: Da Clemente XII a Benedetto XIV: il caso Davia (1734-1750), in: RSCI 37 (1983), 437-471.
- Squicciarini, Donato: Die Apostolischen Nuntien in Wien. - Vatikanstadt 1999, 166-169.
- Ugolini, Matteo: Orazione funerale [...] avutasi per le solenni esequie con pomposo apparato lugubre celebrate nella Chiesa del Suffragio di Rimini per l'anima dell' Eminentiss. e Reverendiss. Signor Gian-Antonio Da Via della S.R.E. Cardinal Primo Prete, ec. con alcune iscrizioni in sua lode del Signor dottore Gian-Simone Bianchi d'Armino addi 20. febbraio 1740. - In Urbino : per Girolamo Mainardi, [1740].
- Weber, Christoph (Hg.): Legati e governatori dello stato pontificio (1550-1809) (Pubblicazioni degli Archivi di Stato. Sussidi ; 7). - Roma 1994, 613.892. [u.a. zu Santacroce]
- Wojtyska, Henricus Damianus: De fontibus eorumque investigatione et editionibus. Instructio ad editionem, nuntiorum series chronologica (Acta Nuntiaturae Polonae ; 1). - Romae 1990, 285f.

Norbertus Delbecque (d'Elbecque) OP

Geboren   1651 in Braine-le-Comte (Südbrabant)
Gestorben   1714 Nov. 14 in Namur

Familie
Zur Herkunft des Dominikaners, Sohn eines Schullehrers, ließ die konfessionalisierte Überlieferung kaum Nachrichten durchsickern. Der Vater trat zum Protestantismus über, so dass sein Sohn nie dessen (unbekannten) Namen führte, sondern allein den der Mutter Delbecque (d'Elbecque).

Lebenslauf

1671 Juni 7	Ordenseintritt in Braine-le-Comte (Einkleidung)
	Studium der Philosophie am Ordenskolleg in Lirre
	Lehrer für Humanités am Ordenskolleg in Lirre
	Studium der Theologie in Löwen
	Lizentiat der Theologie an der Universität Löwen
	Weiterstudium in Rom
1693	Rückkehr nach Belgien
	Studienpräfekt in Douai
	Magister theol. in Douai
	Professor für Theologie in der Abtei Rolduc (Kerkrade) (bis 1700)
	Socius des Generaloberen des Ordens in Rom (für die deutsche Provinz)
1700	Theologus Casanatensis, Rom (1709 Demission)
1700	Auf dem Kapitel in Malines des Jansenismus' angeklagt
1702	Relator der CIndex, Antrag auf Ernennung
	ACDF Index Prot. 61 (1701-1702), Bl. 340 (Bewerbung Delbecques o.D. an die CIndex)
1702 Febr. 13	Relator der CIndex, Ernennung
	ACDF Index Diari 12 (1700-1703), Bl. 54v
[1703]	Qualifikator des SO
1706	Sekretär des Generalkapitels in Bologna
1707	Aufenthalt in Belgien (aus gesundheitlichen Gründen)
1709 Sept. 14	Regens Primarius des Ordenskollegs in Löwen (bis 4. Nov. 1712)
[1712]	Prior in Namur

Gutachten

(1702 Mai 15)	Hardt, Hermann von der: Magnum Oecumenicum Constantiense Concilium [...]. - Francofurti Et Lipsiae : In Officina Christiani Genschii ; Helmestadi[i] : Typis Salmoniis Schnorrii, 1700.
	ACDF Index Prot. 62 (1702), Bl. 125r-128r, 7 S.
[1703 Febr. 15]	Le nouveau Testament de Notre Seigneur Jésus-Christ traduit sur l'ancienne édition latine, avec des remarques litérales et critiques sur les principales difficultez [par Richard Simon]. - Trévoux : E. Ganeau, 1702.
	ACDF SO CL 1703, Nr. 20, Bl. 79r-85r, 12 S.
(1703 März 12)	La Fontaine, Jean de: Contes et nouvelles en vers [...]. - A Amsterdam : Chez Henry Desbordes, 1695.
	ACDF Index Prot. 63 (1703), Bl. 205r-209v, 10 S.
[1703 Okt. 18]	Geoffroy, Jean: (1) [Brief: Incipit: Très Saint Père, Le Zele ...]. - 1672. (Manuskript) (2) Projet de la Congregation des Agneaux de Jésus. - [S.a.]. (Manuskript)
	ACDF SO CL 1703, Nr. 30, 6 S.

1704 Jan. 23	Launoy, Jean de [Marais, Louis]: Veritable tradition de l'Eglise, sur la predestination et la grace [...]. - A Liege : chez Nicolas Le François, 1702. ACDF SO CL 1704-1705, Nr. 2, Bl. 499r-505v, 14 S.
1704 Jan. 29	Dupin, Louis Ellies: Traité de la doctrine chrétienne et orthodoxe [...]. - Paris : A. Pralard, 1703. ACDF SO CL 1704-1705, Nr. 3, Bl. 560r-564r, 9 S.
1704 Febr. 26	Baerts, Lambert: Christelycke onderrichtingen weghens de kennisse van Godt [...]. - Tot Luyck : by Hendrick Hoyoux, 1691. ACDF SO CL 1706-1707, Nr. 10, Bl. 603r-606v, 8 S.
1706 März 2	Anonym [Jurieu, Pierre]: Le tableau du socinianisme [...]. - A La Haye : chez Abraham Troyel, 1690. ACDF Index Prot. 66 (1705-1706), S. 800-811, 12 S.
1706 Aug. 18	Lahontan, Louis Amand de Lom d'Arce de: Dialogues de Monsieur le baron de Lahontan et d'un sauvage [...]. - A Amsterdam : Chez la veuve de Boeteman, 1704. ACDF SO CL 1708-1710, Nr. 25, 9 S. (Doppelgutachten)
1706 Aug. 18	Melville, Andrew: Memoires [...]. - A Amsterdam : Chez Jacques Desbordes, 1704. ACDF SO CL 1708-1710, Nr. 25, 9 S. (Doppelgutachten)

Eigene Werke
- De inconcussu SS. Augustini et Thomae doctrina atque irrefragabili auctoritate in materia praesertim de gratia; positiones prolusoriae quas [...] defendet [...] die 14 martii (1711). Accedunt aliquot monumenta huc pertinentia. - Lovanii : apud Guilielmum Stryckwant, 1711. - 80, 48 S.
- Dissertatio theologica de advertentia requisita ad peccandum formaliter. - Leodii : H. Hoyoux, 1695. - VI, 387, V S.
- Dissolutio schematis Wyckiani bipartiti de praedestinatione. - Antverpiae : Apud Christianum Vermey, 1708. - [7] Bl., 189 S., [3] Bl.
- Est, Willem Hesselszoon van: Annotationes in praecipua ac difficiliora Sacrae Scripturae loca. - Nova Edictio Correctior omnibus praecedentibus [...] Accesserunt huic editioni annotationes in omnes D. Pauli epistolas itemque in epistolas canonicas ex vastiddimis ejusdem Estii commentarijs depromptae per F. Norbertum D'Elbecque [...]. - Antverpiae : apud Viduam et Filium Ioannis Baptistae Verdussen, 1699. - [8], 1100, [40] S.
- Francisci Sylvii a Brania Comitis, &c. vitae compendium, in: Sylvius, Franciscus: Commentarii in totam primam partem S. Thomae Aquinatis doctoris angelici et communis. - Editio novissima prioribus emendatior & correctior. - Tomus primus. - Venetiis : Ex Typographia Balleoniana, 1726, Bl. [3v-4r].
- Godefroy, Henri: Le Soldat Chrétien : instruit et pleinement informé de ses devoirs. Ouvrage tres-utile à ceux qui font profession des armes, & qui s'y veulent engager [...]. Revû et augmenté par le R.P. Norbert D'Elbecque. - Cologne : héritiers de Corneille d'Egmont, 1700.
- Libelli famosi Epistolae curiosae a larvato Theodoro Eleutherio evulgatae confutatio. - Antverpiae : Christ. Vermey, 1712. - 134 S.

- Sancti Pii Quinti Pontificis Maximi Ordinis Praedicatorum ob singularissima in Deum & Ecclesiam merita, & manifestissima vitae sanctitatis ac miraculorum argumenta, infallibili S. Sedis judicio 22. Maii hujus anni [...] solemni canonizationis ritus sanctorum fastis inscripti [...] a F. Henrico Krekels et F. Hyacintho Petit Ord. Praed. propugnandum, praeside F. Noberto D'Elbecque [...] mensis Octobris die 13. & 14. hora 3. pomerid. [...]. - Lovanii : typis F. Vande Velde, 1712. - 64 S.
- Sylvius, Franciscus: Commentarii in totam primam partem S. Thomae Aquinatis doctoris angelici et communis [...]. - Editio novissima prioribus emendatior & correctior. - Tomus quintus (-sextus). Recensebat & notis quibusdam generalibus illustrabat Fr. Norbertus D'Elbecque. - Venetiis : Ex Typographia Balleoniana, 1726.
- Theses de locis theologicis juxta inconcussa & tutissima dogmata Angelici et quinti ecclesiae doctoris S. Thomas Aquinatis quas praeside F. Norberto D'Elbecque [...] defendet Montibus Hannononiae F. Franciscus Poirette [...] 5. Julii hora 9. ante, & 3. post merid. 1699. - Montibus Hannoniae : Apud Aegidium Albertum Havart, [S.a.]. - 24 S.
- Theses de locis theologicis scholiis illustratae juxta inconsussa & tutissima dogmata Angelici et quinti ecclesiae doctoris S. Thomae Aquinatis quas praeside F. Norberto D'Elbecque [...] defendent F. Carolus Pol et F. Martinus Brasseur [...] die 8. Martii 1710. - Lovanii : Typis Francisci Vande Velde, [S.a.]. - [1] Bl., 48 S., [1] Bl.
- Theses polemicae de justificatione et merito, quas [...] defendet [....] 14 martii 1712. - Lovanii : typis Aegidii Denique, 1713. - 32 S. (dazu: Appendix ad theses polemicas de justificatione & merito praeside F. Norberto D'Elbecque [...] defensas Lovanii 14. Martii 1712. - Lovanii : typis Aegidii Denique, [1712]. - 12 S.)
- Vindiciae gratiae divinae adversus nov-antiquos ejus impugnatores ad mentem SS. Augustini et Thomas Aquinatis [...] quas [...] defendet in comitiis provincialibus [...] 17 april. [...]. - Bruxellis : typis Francisci Foppens, 1711. - 120 S.

Literatur
- Année dominicaine ou vies des saints, des bienheureux, des martyrs et des autres personnes illustres ou recommandables par leur piété de l'un et de l'autre sexe de l'Ordre des Frères-Prêcheurs distribuées suivant les jours de l'année. Nouvelle édition revue et annotée par des religieux du même Ordre. Janvier-Décembre. - 24 vol. - Lyon 1883-1909, hier: vol. 11, 521.
- BNBelg 5 (1876), 339-343 von E.-H.-J. Reusens.
- Ceyssens, Lucien: Les religieux belges à Rome et le jansénisme, in: BIHBR 48-49 (1978-1979), 273-300, hier: 297. [Lit.]
- Ceyssens, Lucien: Suites romaines de la confiscation des papiers de Quesnel, in: BIHBR 29 (1955), 5-31, hier: bes. 7-12. [neu in: Jansenistica minora. - Vol. 3. - Malines 1957, Nr. 26.]
- Coulon, Rémy ; Papillon, Antonin: Scriptores Ordinis Praedicatorum recensiti, notis historicis et criticis illustrati ad annum 1700 auctoribus Jacobo Quétif [...] ab anno autem 1701 ad annum 1750 perducti [...]. - 2 vol. - Romae ; Parisiis 1909-1934, hier: vol. 1, 197-202.
- Gijsen, Joannes Mathijs: Nikolaus Heyendal (1658-1733), Abt von Rolduc und seine Stellung zum Jansenismus (Maaslandse Monografieën ; 3). - 2 Bde. - Assen 1964. [passim]

- Guglielmotti, Alberto: Catalogo dei bibliotecari, cattedratici, e teologi del Collegio Casanatense nel convento della Minerva dell'Ordine de' Predicatori in Roma dal principio di loro istituzione sino al presente. Raccolto da sicuri documenti e corredato di note biografiche, cronologiche, e bibliografiche. - Roma 1860, 29.
- Hänggi, Anton: Der Kirchenhistoriker Natalis Alexander (1639-1724) (Studia Friburgensia ; 11). - Freiburg i.Ü. 1955, 212f.352f. [Quellen]
- Jacques, Émile: Les années d'exil d'Antoine Arnauld (1679-1694) (Bibliothèque de la Revue d'histoire ecclésiastique ; 63). - Louvain 1976.
- NNBW 3, 248-250.
- Quétif, Jacobus ; Echard, Jacobus: Scriptores ordinis praedicatorum recensiti, notisque historicis et criticis illustrati, opus quo singulorum vita, praeclareque gesta referuntur, chronologia insuper seu tempus quo quisque floruit certo statuitur : fabulae exploduntur, scripta genuina, dubia, supposititia expenduntur [...] ab an. MDI ad an. MDCCXX [...]. - Lutetiae Parisiorum : Apud J. B. Christophorum Ballard, et Nicolaum Simart, 1719-1721. - 2 vol., hier: vol. 2, 788.
- Tans, Joseph Anna Guillaume (Hg.): Pasquier Quesnel et les Pays-Bas. Correspondance, publiée avec introduction et annotations par J.A.G. Tans. - Groningue 1960, 247 u.ö.

Raniero D'Elci

Namensvariante   Raniero Pannochieschi d'Elci

Geboren   1670 März 7 in Florenz
Gestorben   1761 Juni 22 in Rom

Familie
Im Goldenen Buch von Siena wird Angiolo Pannocchieschi dei conti d'Elci ab 1524 aufgeführt (Casini: „Libri d'oro", 314), zu dessen Nachkommen auch Kardinal Scipione Pannochieschi d'Elci (gest. 1670) zählt. Der Neffe dieses Kardinals, Filippo Pannochieschi (gest. 1714), marchese di Monticiano und conte d'Elci, und Francesca (gest. 1670), Tochter des adeligen Patriziers Carlo Torrigiani, wurden die Eltern des hier interessierenden Kardinals Raniero. Über seinen Bruder Orso Maria d'Elci (1669-1759), verheiratet mit Caterina Tempi, wurde Kardinal Raniero Schwager des Kardinals Luca Tempi (gest. 1762) und Onkel des Kardinals Francesco Pannochieschi d'Elci (gest. 1773). Vgl. Weber: Genealogien 1, 313f.

Lebenslauf
	Alumnus des Collegio Tolomei, Siena
	Studium an der Universität Pisa
	Erziehung durch seinen Onkel Kardinal Francesco D'Elci, Erzbischof von Pisa
1695 Aug. 2	Dr. iur. utr. in Siena
	Advokatenlaufbahn in Rom
1697	Kleriker

1699 Dez. 21	Priesterweihe
1700 Mai 17	Referendar der Signaturen
1701	Apostolischer Vize-Legat für die Romagna in Ravenna (bis 1705)
[1706]	Ponente der CConsulta
1708 Juni 28	Gouverneur von Loreto (bis 1710)
1711 Febr. 24	Inquisitor von Malta (bis 1715)
1716 Mai 2	Kleriker der Apostolischen Kammer
1719 Mai 20	Apostolischer Vize-Legat von Avignon (für zwölf Jahre)
1730 Okt. 2	Nuntius in Frankreich ASV SS Mem Bigl 162
1730 Nov. 22	Titularerzbischof von Rhodos
1737 Dez. 20	Kardinal in petto (publiziert 23. Juni 1738)
1738 Mai 5	Erzbischof von Ferrara (Demission 1740)
1738 Juli 23	Zuteilung der Titelkirche S. Sabina
1738 Juli [23.]	Mitglied der CEpReg, CImmunità, CConsulta und CVisitaAp ASV SS Mem Bigl 173
1740 Sept. 16	Apostolischer Legat von Ferrara (bis 1744)
1744 Jan.	Aufenthalt in Rom (bis zum Tod 1761)
1746 Dez. 21	Mitglied der CIndulg ASV SS Mem Bigl 186
1747 Apr. 10	Suburbikarischer Bischof von Sabina und Camerlengo des Kardinalskollegiums
1752 Febr. 1	Mitglied des SO, Amtsantritt durch Eidesleistung ACDF SO Decreta 1752, Bl. 38v
1752 Febr. 3	Andrea Andreucci SJ, Theologus von D'Elci, Amtsantritt durch Eidesleistung ACDF SO Extens. 1749-1808 = ACDF SO St.St. Q-1-q, Bl. 43r
1752 Febr. 3	Domenico Palei, Auditor von D'Elci, Amtsantritt durch Eidesleistung ACDF SO Extens. 1749-1808 = ACDF SO St.St. Q-1-p, Bl. 43r
1752 Aug. 22	Präfekt der CImmunità ASV SS Mem Bigl 192
1753 Apr. 9	Suburbikarischer Bischof von Porto und S. Rufina
1753 Nov. 26	Präsident der Päpstlichen Münze (Zecca) ASV SS Mem Bigl 193 Subdekan des Kardinalskollegiums
1756 Jan. 12	Suburbikarischer Bischof von Ostia und Velletri
1759 Jan. 24	Präfekt der Annona ASV SS Mem Bigl 203

Literatur

- Barotti, Lorenzo: Serie de' Vescovi ed Arcivescovi di Ferrara. - Ferrara : per Francesco Pomatelli, 1781, 143-147.
- Bertoldi, Francesco Leopoldo: Vescovi ed Arcivescovi di Ferrara dalla prima loro epoca sino all' anno 1818. - Ferrara 1818, 44f.
- Bonnici, Alexander: Medieval and Roman Inquisition in Malta. - Rabat 1998, 221f.

- Cardella, Lorenzo: Memorie storiche de' Cardinali della Santa Romana Chiesa. - In Roma : nella stamperia Pagliarini, 1792-1797. - 10 vol., hier: vol. 8, 282-285.
- Casini, Bruno: I „Libri d'oro" della città di Siena, Montepulciano e Colle Val d'Elsa, in: Bullettino Senese di Storia Patria 44 (1987), 278-321; 45 (1988), 362-419, hier: 314.
- Casini, Bruno: I „Libri d'oro" della Repubblica e del Ducato di Lucca, in: Bollettino storico Pisano 62 (1993), 221-249.
- Chiappini, Luciano u.a.: La Chiesa di Ferrara nella storia della città e del suo territorio. Secoli XV-XX. - Ferrara 1997, 197f.
- DBI 36 (1988), 456-458 von L. Bertoni.
- Grottanelli, Lorenzo: La Maremma Toscana. Studi storici ed economici. - 2 vol. - Siena 1873-1876 ; ND Sala Bolognese 1978, hier: vol. 2, 228f.
- Guarnacci, Mario: Vitae, et res gestae Pontificum Romanorum et S.R.E. Cardinalium a Clemente X. usque ad Clementem XII. [...] Descripta a S. Petro ad Clementem IX. - Romae : Sumptibus Venantii Monaldini bibliopolae [...] ; Ex Typographia Joannis Baptistae Bernabo, & Josephi Lazzarini, 1751. - 2 vol., hier: vol. 2, 719-722.
- Hierarchia Catholica 6, 8.215.357.
- Maroni, Fausto Antonio: Commentarius de ecclesiis et episcopis Ostiensibus et Veliternis : In quo Ughelliana Series emendatur, continuatur et illustratur. - Romae : sumptibus haeredum Francisci Bizzarrini Komarek, 1766, 103-105.
- Meluzzi, Luciano: Gli arcivescovi di Ferrara (Collana storico-ecclesiastica ; 5). - Bologna 1970, 26-30.
- Moroni 19 (1843), 200f.
- Seidler, Sabrina M. ; Weber, Christoph (Hg.): Päpste und Kardinäle in der Mitte des 18. Jahrhunderts (1730-1777). Das biographische Werk des Patriziers von Lucca Bartolomeo Antonio Talenti (Beiträge zur Kirchen- und Kulturgeschichte ; 18). - Frankfurt a.M. u.a. 2007, 409-411.
- Weber, Christoph (Bearb.): Die päpstlichen Referendare 1566-1809. Chronologie und Prosopographie (PuP ; 31/1-3). - 3 Bde. - Stuttgart 2003-2004, hier: Bd. 2, 583f.
- Weber, Christoph (Hg.): Die ältesten päpstlichen Staatshandbücher. Elenchus Congregationum, Tribunalium et Collegiorum Urbis 1629-1714 (RQ Supplementheft ; 45). - Rom u.a. 1991, 119.
- Weber, Christoph (Hg.): Legati e governatori dello stato pontificio (1550-1809) (Pubblicazioni degli Archivi di Stato. Sussidi ; 7). - Roma 1994, 622.
- Weber, Christoph: Genealogien zur Papstgeschichte. Unter Mitwirkung von Michael Becker bearbeitet (PuP ; 29/1-6). - 6 Bde. - Stuttgart 1999-2002, hier: Bd. 1, 314.

Flavio Delfini

Geboren in [Rom]
Gestorben 1765

Lebenslauf
Luogotenente civile del Vicariato

[1737]	Advocatus reorum des SO, Antrag auf Ernennung
	ACDF SO Priv. 1736-1742, Bl. 170r
1737 Dez. 11	Advocatus reorum des SO, Ernennung
	ACDF SO Priv. 1736-1742, Bl. 186v; ACDF SO St.St. Q-4-ww = ACDF SO Priv. [1789]-1790, Nr. 111 („18. Dez.")
1737 Dez. 18	Advocatus reorum des SO, Amtsantritt durch Eidesleistung
	ACDF SO St.St. Q-4-ww = ACDF SO Priv. 1804-1809, Nr. 22; ACDF SO Juramenta 1725-1736, o.Bl.
	Konsultor des SO, Antrag auf Ernennung
	ACDF SO Priv. 1736-1742, Bl. 189r (Bewerbung Delfinis o.D. an den Papst)
1737 Dez. 28	Konsultor des SO, Ernennung
	ACDF SO Priv. 1736-1742, Bl. 188 (Schreiben SS an Delfini); ACDF SO Priv. 1736-1742, Bl. 187 (Schreiben SS an Ass. des SO); ACDF SO Priv. 1769-1772, Bl. 278r.375r
1746 Mai 8	Bartolomeo Adretti, Adiutor studiorum von Delfini, Amtsantritt durch Eidesleistung
	ACDF SO Juramenta 1737-1749, o.Bl.
1746 Aug. 20	G. de → Angelis, Koadjutor von Delfini, Amtsantritt durch Eidesleistung
	ACDF SO Juramenta 1737-1749, o.Bl.
1756 Juni 12	Mariano Fabiani, Adiutor studiorum von Delfini, Amtsantritt durch Eidesleistung
	ACDF SO Extens. 1749-1808 = ACDF SO St.St. Q-1-q, Bl. 70r

Filippo Delsignore MI

Namensvariante Filippo Del Signore

Geboren 1746 Dez. 19 in Rom
Gestorben 1806 Mai 29 in Rieti (Mittelitalien)

Familie

Der Pater kam aus einem nicht näher bezeichneten, offenbar kleinbürgerlichen Milieu in Rom. Die Namen seiner Eltern werden mit Bartolomeo und Camilla Gertrudis Ponti (Penti) angegeben. Ein jüngerer Bruder wurde ebenfalls Mitglied des Ordens der Kamillianer, Pater Giuseppe Delsignore (1755-1819), Pfarrer und Präfekt des Konvents in Rieti. Vgl. Prosopographia Camilliana, Nr. 2807.

Lebenslauf

1761 Nov. 1	Ordenseintritt (Einkleidung) in Rom
1763 Nov. 1	Ordensprofess in Rom
1769 Nov. 28	Priesterweihe (mit Dispens wegen seiner Jugend)

1771	Persönlicher Sekretär (Secretarius particularis) des Generaloberen des Ordens P. Berzuini
1771 Sept. 1	Lektor für Philosophie
1772 Jan. 31	Erlaubnis zum Lesen verbotener Bücher, insbesondere hebräischer und rabbinischer Schriften
1776 Mai 24	Lektor für kanonisches Recht und Moraltheologie
1777 Febr. 24	Konsultor der CIndex, Ernennung ACDF Index Diari 18 (1764-1807), Bl. 64v
1778	Sekretär des Generaloberen des Ordens P. Servoli
1779	Präfekt des Konvents S. Giovanni della Malva, Rom (bis 1780) Festprediger
1782 [Dez.]	Adventsprediger in St. Peter, Rom (dabei angeblich Verbreitung falscher Lehren)
1795	Präfekt des Ordenskonvents in Rieti (bis 1801)
1801 Dez. 11	Generalkonsultor des Ordens in Rom
1804 Dez. 7	Generalvisitator des Ordenskonvents in Rieti

Gutachten

(1777 Juli 11)	Bayle, Pierre: Analyse raisonnée [...]. - Londres : [S.n.], 1755-1770. ACDF Index Prot. 91 (1773-1778), Bl. 285r-286v, 4 S.
[1778 Febr. 16]	Anonym [Voltaire]: Nouveaux mélanges philosophiques, historiques, critiques [...]. - [S.l., Genève] : [S.n., Cramer], 1 (1765) - [19 (1776)?]. ACDF SO CL 1782, Nr. 9, 3 S.
(1778 Juli 27)	Anonym [Ferrieres, Charles Elie de]: Le Théisme : Essai Philosophique. - A Londres [i.e. Neuchâtel] : [S.n.], 1773. ACDF Index Prot. 91 (1773-1778), Bl. 403, 2 S.

Literatur
- Notizie 1807, 54. [aufgeführt als noch lebender Konsultor der CIndex]
- Prosopographia Camilliana sive repertorium omnium religiosorum Ordinis Clericorum Regularium Ministrantium Infirmis, secundum elenchum professionum compositum cura Guglielmi Mohr et aliorum. Ediderunt et accomodarunt ad ordinationem electronicam Elisabeth Lemmens et Ioannes Ickx. CD-Rom. - Romae [2005], Nr. 2630.

Jean François Descontes OSB

Geboren um 1693 in [Lyon]

Lebenslauf

Mitglied des Antoniterordens
Prediger in Südfrankreich, Lothringen und Paris
Novizenmeister der Antoniter (für zwei Amtsperioden)

	Generalprokurator der Antoniter in Rom (auf dem Generalkapitel 1735 für eine zweite Amtszeit bestätigt)
[1736]	Qualifikator des SO, Antrag auf Ernennung (abgelehnt)
ACDF SO Priv. 1736-1742, Bl. 42r (Schreiben Descontes o.D. an SO); ACDF SO Priv. 1736-1742, Bl. 43v (Dekret Feria III. 25. Sept. 1736: „E.mi dixerunt negative; Orator se intelligat cum Assessore")
1736 Dez. 10	Revisor des SO, Amtsantritt durch Eidesleistung
ACDF SO Juramenta 1725-1736, o.Bl.
1738 März	Ordensaustritt in Rom
1738 März 15	Erlaubnis zum Eintritt in den Benediktinerorden durch päpstliches Breve
1738 Apr. 18	Ordenseintritt in Subiaco (Einkleidung)
1738 Mai 25	Ordensprofess

Gutachten

| [1737 Mai 22] | Anonym [Duguet, Jacques Joseph]: Explication des qualitez ou des caracteres que S. Paul donne a la charité. - A Amsterdam : chez Henry Van der Hagen, 1728.
ACDF SO CL 1744-1745, Nr. 16, 4 S. |
|---|---|
| (1739) | Anonym: Doutes sur la Religion [...]. - [S.a.]. (Manuskript)
ACDF SO CL 1739-1741, Nr. 6, 45 S. |

Literatur

• Tribout de Morembert, Henri: Le Prieuré Antonin de Rome, in: RSCI 19 (1965), 178-192, hier: 188. [„Descotes"]

Desiderio da Coccigliano OFMRef

Namensvariante Desiderio Nardi

Lebenslauf

	Lektor am Ordenskolleg S. Francesco a Ripa, Rom
1757 Mai 19	Relator der CIndex, [Ernennung]
ACDF Index Diari 17 (1749-1763), Bl. 65v (erstes Referat)
1778 Juli 25	Qualifikator des SO, Amtsantritt durch Eidesleistung
ACDF SO Juramenta 1777-1796, Bl. 55

Gutachten

| (1757 Mai 19) | Anonym [Mignot, Etienne]: Histoire Du Démêlé De Henri II, Roi D'Angleterre, Avec Thomas Becket [...]. - Amsterdam : Arkstée & Merkus, 1756.
ACDF Index Prot. 85 (1755-1757), Bl. 150r-151r, 3 S. |
|---|---|

(1761 Mai 8)	Anonym [Maultrot, Gabriel Nicolas ; Tailhé, Jacques]: Essai sur la tolerance chretienne : Divise en deux parties. - En France : [S.n.], 1760. ACDF Index Prot. 87 (1759-1762), Bl. 225r-227r, 5 S.
[1779 Jan.18]	Anonym [Clémence, Joseph Guillaume]: La difesa de' Libri Santi e della religione giudaica contro le imputazioni e varie dicerie del sig. di Voltaire [...]. - Venezia : [presso Giuseppe] Bettinelli, 1770. ACDF SO CL 1779-1780, Nr. 1, 29 S.

Bernard Désirant OSA

Geboren 1656 Mai 21 in Brügge
Gestorben 1725 März 2 in Rom

Familie

Das Elternhaus (Barthélemy und Antoinette Devrey) wird beschrieben als „famille honorable, médiocrememt favorisée des biens de la fortune" (DThC 4, 627).

Lebenslauf

1679	Lektor für Rhetorik in Brügge
1683	Lektor für Philosophie in Brüssel
1685	Dr. theol. an der Universität Löwen
1685	Professor für Theologie des Konvents Löwen
1688	Verleihung des Titels „Historiographus regius" (Karls II.)
1689	Professer für Geschichte an der Universität Löwen (bis 18. Mai 1708, Suspendierung)
1689	Definitor des Ordens (erneut 1703)
1691	Sub-Prior des Konvents Löwen
1692 Dez. 9	Aufenthalt in Rom im Auftrag des Erzbischofs von Mecheln zur Verurteilung von 65 Thesen aus Löwen (bis 1696)
1696 Dez. 12	Abreise aus Rom nach Löwen
1708 Mai 18	Ausweisung aus den Niederlanden
[1708]	Exil in Aachen, Kontakt mit dem Nuntius in Köln (bis 1710)
[1710]	Berufung nach Rom unter → Clemens XI.
1710 Mai 5	Verleihung des Titels „Theologus Caesarius" (Josephs I.)
[1711]	Pro-Studienpräfekt am Collegium Urbanum de Propaganda Fide, Rom (bis 1725)
1715	Professor für Heilige Schrift an der Universität Sapienza, Rom (bis 1725)
1717 Jan. 18	Qualifikator des SO, Amtsantritt durch Eidesleistung ACDF SO Juramenta 1701-1724, Bl. 173f.

Gutachten

[1718 Sept. 14]   Staab, Procopius Maria (Praes.) ; Weinreiss, Augustinus Maria (Resp.) : Theses Theologicae In 1. 2. D. Thomae à quaestione XC. usque ad quaest. CVIII. [...]. - [S.l.] : [S.n.], [ca. 1718].
ACDF SO CL 1718-1721, Nr. 4, 7 S.

[1718 Sept. 28]   Staab, Procopius Maria (Praes.) ; Hartman, Cassius Maria (Resp.) ; Weisen, Elias Maria (Resp.): Obscurae Veritatis Oedipus [...]. - [S.l.] : [S.n.], [ca. 1718].
ACDF SO CL 1718-1721, Nr. 4, 4 S.

[1720 März 19]   (1) Deductio Juridico-Politica ex principiis Pacis Westphalicae [...]. - [S.a.]. (Manuskript) (2) Deductio super justa occupatione Ecclesiae Collegiatae ad Sanctum Spiritum Heydelbergae. - [S.a.]. (Manuskript)
ACDF SO CL 1718-1721, Nr. 12, 10 S. (Doppelgutachten)

[1721 Sept. 23]   Rosso, Giovanni: De Dogmatico Papae Judicio non retractando [...]. - [S.a.]. (Manuskript)
ACDF SO CL 1718-1721, Nr. 31, 2 S.

[1723 Nov. 10]   Coustant, Pierre (Hg.): Epistolae Romanorum Pontificum et quae ad eos scriptae sunt a S. Clemente I. usque ad Innocentium III. quotquot reperiri potuerunt [...]. - Parisiis : Apud Ludovicum-Dionysium Delatour Antonium-Urbanum Coustelier, 1721.
nicht aufgefunden (Hinweis in ACDF SO CL 1724-1728, Nr. 1)

Eigene Werke

- Anonym: De nullitatibus aliisque defectibus schedulae, quam D. Henricus Malcorps cum suis corruperunt, publiceque typis donarunt sub nomine sententiae contra P. Bernardum Desirant. - In alma Universitate Lovaniensi : [S.n.], 1710. - 47 S. [indiziert per Dekret SO 31. Jan. 1713]
- Commonitorium ad orthodoxos de accusatis in urbe doctrinis Gummari Huygens, Joannis Liberti Hennebel, Zegeri Bernardi van Espen, Joannis Opstraet cum suis : Sive Imposturarum quae ipsorum nomine prodierunt, confutatio dispunctoria. - Lovanii : Typis Henrici van Overbeke, 1701. - [8] Bl., 632, 88 S. [indiziert per Dekret SO Okt. 1707]
- Consilium pietatis de non sequendis errantibus, sed corrigendis [...]. - Romae : apud Jo. Mariam Salvioni, 1720-1725.- 4 vol.
- Honorius Papa vindicatus, salva integritate Concilij VI. sive Historia monothelismi contra ultima Jansenistarum effugia [...]. - Aquisgrani : Typis Arnoldi Metternich, MDCXI [i.e. 1711]. - [3] Bl., 134 S., [1] Bl.
- Quaestio factorum, in apologia pro abate & priore monasterii Rodensis &c. per R. D. Nicolaum Heyendal, ejusdem monasterii priorem, contentorum, cum primis reflexionibus ad ejusdem libellum, defensio scriptorum theologicorum &c. - Confluentiae : typis Francisci Krubler, 1713. - 46 S., [1] Bl.
- S. Augustinus vindicatus contra centum & unam damnatas Paschasii Quesnelli Propositiones et contra 1. Joannis Frickii [...] inclementiam Clementis examinatam etc. 1714. 2 Joh. Wolff Jegeri [...] Bullam novitiam Pont. Max. Clementis XI [...] sub

examen vocatam etc. 1714. 3 Gottlob Friderici Jenichen [...] historiam et examen Bullae Clementis XI. 1714. 4 Anonymi (seu Paschasii Quesnelli cum suis) hexaplas. 1715. Libri centum et unus. - Romae : ex typographia Komarek, 1721-1723. - 7 vol.

Literatur
- BNBelg 5 (1878), 731-741.
- Bujanda, Jesús Martinez de: Index librorum prohibitorum 1600-1966 (Index des livres interdits ; 11). - Montréal u.a. 2002, 283.
- Ceyssens, Lucien: Hennebel et son journal romain, in: BIHBR 66 (1996), 141-169, bes. 145.148-151.
- Ceyssens, Lucien: Diarium romanum van P. Bernardus Désirant, O.E.S.A., antijansenistisch gedeputeerde van de Belgische Bischoppen in Rome (1692-1696), in: BIHBR 21 (1941), 237-326.
- Ceyssens, Lucien: Les religieux belges à Rome et le jansénisme, in: BIHBR 48-49 (1978-1979), 273-300, hier: 293. [Lit.]
- Ceyssens, Lucien; P. Bernard Désirant en de ‚Fourberie' van Leuven (1707-1708), in: Jansenistica minora 2 (1953), 231-304.
- Claeys Bouuaert, Ferdinandus: L' ancienne Université de Louvain (Bibliothèque de la Revue d'histoire ecclésiastique ; 28). - Louvain 1956, 239-246.
- Conte, Emanuele (Hg.): I maestri della Sapienza di Roma dal 1514 al 1787. I rotuli e altre fonti (Fonti per la Storia d'Italia ; 116. Studi e Fonti per la storia dell'Università di Roma. N. S. ; 1). - 2 vol. - Roma 1991, hier: vol. 2, 876.
- De Meijer, Albéric: De Brugse Augustijnen Franciscus Van Muenincxhove (1659-1736) en Bernardus Désirant (1656-1725), in: Augustiniana 23 (1973), 5-117, hier bes.: 7-19.58-71. [Werke]
- DHGE 14 (1960), 342f von L. Ceyssens.
- DThC 4 (1924), 627-630 von N. Merlin.
- Gijsen, Joannes Mathijs: Nikolaus Heyendal (1658-1733), Abt von Rolduc und seine Stellung zum Jansenismus (Maaslandse Monografieën ; 3). - 2 Bde. - Assen 1964, hier: Bd. 1, 70-85.
- Hurter, Hugo: Nomenclator literarius theologiae catholicae theologos exhibens aetate, natione, disciplinis distinctos. - Editio tertia, emendata et aucta. - 5 vol. - Oeniponte 1903-1913, hier: vol. 4, 1057f. [Bibliographie]
- Jacques, Émile: Les années d'exil d'Antoine Arnauld (1679-1694) (Bibliothèque de la Revue d'histoire ecclésiastique ; 63). - Louvain 1976, 625-627.
- NBW 4 (1970), 221-227.
- Ossinger, Joannes Felix: Bibliotheca augustiniana historica, critica, et chronologica [...]. - Ingolstadii et Augustae Vindelicorum : impensis Joannis Francisci Xaverii Craetz [...], 1768. - 1002 S. ; ND Torino 1963, 291-293. [Bibliographie]
- Polman, Pontien: De „Batavia vera" van B. Désirant en de „Historia" van C.P. Hoynck van Papendrecht (1723-1725) (Mededelingen der Koninklijke Nederlandse Akademie van Wetenschappen. Afd. Letterkunde. N.R. 27/2).- Amsterdam 1964.
- Reusch, Franz Heinrich: Der Index der verbotenen Bücher. Ein Beitrag zur Kirchen- und Literaturgeschichte. - 2 Bde. - Bonn 1882 ; Aalen 1967, hier: Bd. 2, 647.650. 654f.721-723.
- Spano, Nicola: L'Università di Roma. - Roma 1935, 53.343.

- Willaert, Léopold: Bibliotheca Janseniana Belgica. - 3 vol. - Namur ; Paris 1949-1950, hier: vol. 3, 1029f. [Bibliographie]

Antonio Despuig y Dameto

Geboren	1745 März 30 in Palma de Mallorca
Gestorben	1813 Mai 2 in Lucca

Familie
Der spätere Kardinal gehörte zum mallorkinischen Grafenhaus Despuig, aus dem auch Prälat Lorenzo Despuig stammte, der am 23. Juni 1746 in Rom die Ernennung zum päpstlichen Protonotar erhielt (ASV SS Mem Bigl 186). Als Eltern des Kardinals werden angegeben: Raymundus Despuig „ex comitibus de Montenegro", und Maria Dameto. Vgl. Cerchiari: Capellani 2, 268.

Lebenslauf

1774 Juli 3	Priesterweihe
1779 Juni 1	Dr. iur. in Palma de Mallorca
	Kanoniker in Palma de Mallorca
1785 Mai 7	Auditor der Rota Romana
	ASV SS Mem Bigl 242
1785 Mai 7	Prelato domestico
	ASV SS Mem Bigl 242
1803 Juli 11	Kardinal
1803 Sept. 22	Mitglied der CIndex, Ernennung
	ACDF Index Prot. 102 (1800-1808), Nr. 107; ACDF Index Diari 18 (1764-1807), Bl. 83r
1803 Sept. 26	Zuteilung der Titelkirche S. Callisto
1808 Juni 4	Mitglied des SO, Ernennung
	ACDF SO Juramenta 1800-1809, o.Bl. (Schreiben SS an Sekr. und Ass. des SO)
1808 Juni 8	Mitglied des SO, Amtsantritt durch Eidesleistung
	ACDF SO Juramenta 1800-1809, o.Bl.
1808 Juli 4	Giuseppe Cencelli, Auditor von Despuig, Amtsantritt durch Eidesleistung
	ACDF SO Juramenta 1800-1809, o.Bl.
1808 Juli 8	C. → Rubbi, Theologus von Despuig, Amtsantritt durch Eidesleistung
	ACDF SO Juramenta 1800-1809, o.Bl.
1809 März 16	Vincenzo Conti, Sekretär von Despuig, Amtsantritt durch Eidesleistung
	ACDF SO Juramenta 1800-1809, o.Bl.
[1810]	Deportation durch das französische Regime in Rom

Literatur
- Cerchiari, Emanuele: Capellani Papae et Apostolicae Sedis. Auditores causarum Sacri Palatii Apostolici seu Sacra Romana Rota ab origine ad diem usque 20 Septembris 1870. Relatio historica-iuridica. - 4 vol. - Romae 1919-1921, hier: vol. 2, 268.
- DHEE Suppl. 1 (1987), 252-257.
- DHGE 14 (1960), 352-354 von G. M. Colombas.
- EC 4 (1950), 1490f. von Renata Orazi Ausenda.
- Hierarchia Catholica 6, 87.238.319.430; 7, 10.
- Moroni 19 (1843), 258f.
- Spina, Adriano: La diocesi di Albano nel periodo napoleonico, in: RSCI 47 (1993), 81-115, hier: 107.

Diodato da Roma OFMObs

Geboren 1656
Gestorben 1723

Lebenslauf
1687 März 25   Scriptor von Carlo F. → Fraida, Amtsantritt durch Eidesleistung
                 ACDF SO Extens 1680-1690 [-1707] = ACDF SO St.St. Q-1-p, Bl. 133r
[1706]   [Votante des SO]

Gutachten
[1707 Juli 5]   Ursaya, Antonius: De duplici statu vitae humanae [...]. - Coloniae : apud Jo. Jacobum de Hertz, 1704.
                 ACDF SO CL 1706-1707, Nr. 31, 11 S.
[1707 Sept. 20]   Giuliano, Giovanni: Manuductio ad theologiam moralem [...]. - Patavii : ex typographia Seminarii ; apud Joannem Manfre, 1707.
                 ACDF SO CL 1706-1707, Nr. 36, 20 S.

Literatur
- Sbaralea, Ioannes H. [Sbaraglia, Giovanni Giacinto]: Supplementum et castigatio ad scriptores trium Ordinum S. Francisci a Waddingo, aliisve descriptos cum adnotationibus ad syllabum martyrum eorumdem ordinum. - 3 vol. - Romae 1908-1936 ; ND Sala Bolognese 1978, hier: vol. 3, 214.
- Sigismondo da Venezia: Biografia Serafica degli uomini illustri che fiorirono nel Francescano Istituto, per santità, dottrina e dignità fino a'nostri giorni. - Venezia 1846, 765.

Lorenzo Dionisio

Lebenslauf

	Benefiziat an St. Peter, Rom
um 1760	Qualifikator des SO, Ernennung

ACDF SO St.St. II-2-m, o.Bl. („Elenco de' Qualificatori", o.D.; „Elenco de' Qualificatori del S. Off. Marzo 1782"; „Nota de' Qualificatori e loro deputazione", ca. 1760)

Gutachten

(1758) Billette, Anna Ludovicus (Resp.): Quaestio Teologica Quis bene omnia fecit? Marc. 17. V. 19 [...]. - [S.l., Parisiis?] : [S.n.], [ca. 1758]. (Plakat)
ACDF SO CL 1757-1758, Nr. 8, 8 S. (Sammelgutachten)

(1758) Bonhom(m)e, Petrus (Praes.) ; Quenescourt, Ludovicus Carolus Franciscus (Resp.): Quaestio Theologica. Quis creavit Coelum et Terram? Gen. cap. I. V. I [...]. - [S.l.] : [S.n.], [ca. 1758]. (Plakat)
ACDF SO CL 1757-1758, Nr. 8, 8 S. (Sammelgutachten)

(1758) Bridou, Joseph-Romain (Resp.): Quaestio theologica. Qui est ille in cujus facies Deus spiravit spiraculum vitae? Gen. cap. 2 V. 7 [...]. - [S.l., Parisiis?] : [S.n.], [ca. 1758]. (Plakat)
ACDF SO CL 1757-1758, Nr. 8, 8 S. (Sammelgutachten)

(1758) Capilhet, Paul(us) de (Resp.): Quaestio Theologica. Qui mortuos in Adam omnes vivificat [...] I. Corint. Cap. 15. V. 22 [...]. - [S.l., Parisiis?] : [S.n.], [ca. 1758]. (Plakat)
ACDF SO CL 1757-1758, Nr. 8, 8 S. (Sammelgutachten)

(1758) Declaration Du Roi Par Raport À' L'Observation De La Bulle Unigenitus [...]. - [Paris] : [S.n.], 1756.
ACDF SO CL 1757-1758, Nr. 8, 8 S. (Sammelgutachten)

(1758) Dolle, Johannes Wilhelm(us) (Praes.) ; Dumont, Joannes Baptist (Resp.) : Quaestio Teologica Quis creavit coelum et terram? Psal. 67 [...]. - [S.l., Parisiis?] : [S.n.], [ca. 1758]. (Plakat)
ACDF SO CL 1757-1758, Nr. 8, 8 S. (Sammelgutachten)

(1758) Gervaise, Joannes Clemens (Praes.) ; Labarre, Henri-Maurice de (Resp.) : Quaestio Teologica. Quis conclusit omnia incredulitate, ut omnium misereatur? Epist. S. Pauli ad Rom. cap. II. V. 32 [...]. - [S.l., Parisiis?] : [S.n.], [ca. 1758]. (Plakat)
ACDF SO CL 1757-1758, Nr. 8, 8 S. (Sammelgutachten)

(1758) Martin, Petrus Franco-Amabili (Praes.) ; Lechevalier, Mich(a)el Albert(us) (Resp.): Quaestio Theologica. Quodnam sit scutum fidei? Ephes. 6. V. 16 [...]. - [S.l.] : [S.n.], [ca. 1758]. (Plakat)
ACDF SO CL 1757-1758, Nr. 8, 8 S. (Sammelgutachten)

(1758) Schneider, Johannes Stephan(us) (Praes.) ; Troullet, Petrus Franciscus (Resp.): Quaestio Theologica. Quae facta est ad imaginem Dei? Genes. I [...]. - [S.l., Parisiis?] : [S.n.], [ca. 1758]. (Plakat)
ACDF SO CL 1757-1758, Nr. 8, 8 S. (Sammelgutachten)

(1758)	Simon, Gregorius (Praes.) ; Adhenet, Carolus (Resp.): Quaestio Theologica. Quae ad perfectum adducunt. Hebr. cap. 7. V. 9 [...]. - [S.l., Parisiis?] : [S.n.], [ca. 1758]. (Plakat) ACDF SO CL 1757-1758, Nr. 8, 8 S. (Sammelgutachten)
(1758)	Taffin, Joannes Baptist Joseph(us) (Resp.): Quaestio Theologica. Quis Pater orbis terrarum? Sap. cap. 10. V. I [...]. - [S.l., Parisiis?] : [S.n.], [ca. 1758]. (Plakat) ACDF SO CL 1757-1758, Nr. 8, 8 S. (Sammelgutachten)
(1758)	Trissement, Petrus (Praes.) ; Carpilhet, Paul(us) de (Resp.): Quaestio Theologica. Quae pars nostra in aeternum? Psal. 72 [...]. - [S.l., Parisiis?] : [S.n.], [ca. 1758]. (Plakat) ACDF SO CL 1757-1758, Nr. 8, 8 S. (Sammelgutachten)
[1758 Jan.]	Berruyer, Isaac Joseph: Storia del popolo di Dio [...]. - In Venezia : nella stamperia Remondini, 1756. ACDF SO Vota CL II (1757-1809), Nr. 36, 83 S.
(1759)	♦ Giornale enciclopedico di Liegi [...]. - In Lucca : nella stamperia di Vincenzo Giuntini, (1756) - (1760). ACDF SO CL 1759 Bd. I, Nr. 1, 28 S.
(1759)	Arnauld, Antoine: Oeuvres [...]. - A Avignon, Et se vend à Lausanne : Chez Sigismond D'Arnay, 1759. ACDF SO CL 1759, Bd. II, Nr. 3, 8 S.
(1766)	Brandolese, Francesco (Hg.): Breve Instruzione Catechistica [...]. - In Venezia : presso Antonio Bassanese, 1765. ACDF SO CL 1766, Nr. 2, 8 S.
(1771)	♦ Papageōrgiu, Michael: Alphabētikon bibliarion [...]. - En tē Biennē : [S.n.], 1766. ACDF SO CL 1771-1772, Nr. 2, 7 S.
(1776)	Anonym [Delfico, Melchiorre]: Saggio filosofico sul matrimonio. - [S.l.] : [S.n.], 1774. ACDF SO CL 1776, Nr. 2, 21 S.

Domenico da Cles OFMRef

Namensvariante	Domenico Maffei
Geboren	[1677] in Cles (bei Trient)
Gestorben	1742 Mai 10

Lebenslauf

	Ordenseintritt in Rom
[1703]	Lektor für Philosophie und Theologie
1718 März 21	Lektor am Missionskolleg S. Pietro in Montorio, Rom (bis 1727)
1723 Apr. 12	Relator der CIndex, Ernennung ACDF Index Prot. 81 (1737-1740), Bl. 442r

1727	Lector iubilatus im Konvent S. Francesco a Ripa, Rom
	Zensor der Accademia Teologica der Universität Sapienza, Rom
[1728]	Konsultor der CIndex, Antrag auf Ernennung
	ACDF Index Prot. 76 (1727-1728), Bl. 235 (Bewerbung P. Domenicos o.D. an die CIndex mit Angaben zum Lebenslauf)
1728 Febr. 24	Konsultor der CIndex, Ernennung
	ACDF Index Diari 15 (1721-1734), Bl. 82r
[1728]	Qualifikator des SO, Antrag auf Ernennung
	ACDF SO Priv. 1728-1735, Bl. 217 (Bewerbung P. Domenicos o.D. an das SO).220v (Empfehlung des SO an den Papst am 10. Febr., Aufschub der Entscheidung durch den Papst am 4. März)
[1728]	Ordensvisitator in Böhmen, Mähren, Schlesien und Bayern (bis 1729)
[1730]	Qualifikator des SO, zweiter Antrag auf Ernennung
	ACDF SO Priv. 1728-1735, Bl. 218r (Bewerbung P. Domenicos o.D. an den Papst); ACDF SO Decreta 1730, Bl. 135v (Empfehlung des SO an den Papst)
1730 Aug. 16	Qualifikator des SO, Ernennung
	ACDF SO Decreta 1730, Bl. 135v
1730 Aug. 30	Qualifikator des SO, Amtsantritt durch Eidesleistung
	ACDF SO Juramenta 1725-1736, o.Bl.

Gutachten

(1726 Jan. 15)	Anonym [Lacombe, François]: Lettre d'un serviteur de Dieu [...]. - Grenoble : impr. De A. Fremon, [S.a.].
	ACDF Index Prot. 74 (1726), Bl. 52r-56v, 10 S.
[1727 Nov. 12]	Carlo Maria <da Chiavenna>: La vera Religione Cristiana [...]. - [S.a.]. (Manuskript)
	ACDF SO CL 1724-1728, Nr. 29, 8 S.
[1728 Febr. 10]	Francesco Antonio <da Gallarate>: L' assistente in pratica [...]. - [S.a.]. (Manuskript)
	ACDF SO CL 1724-1728, Nr. 31, 7 S.
(1728 Juli 5)	Pepe, Francesco: Esercizj di divozione [...]. - In Napoli : nella Stamperia di Felice Mosca, 1726.
	ACDF Index Prot. 76 (1727-1728), Bl. 357r-362r, 11 S. (gemeinsam mit O. → Cerù)
[1730 Sept. 13]	Scarselli, Flaminio: Versione dell'Apocalisse di S. Giovanni cap. 22 [...]. - [S.a.]. (Manuskript)
	ACDF SO CL 1729-1732, Nr. 6, 7 S.
(1731 Juli 17)	Paz, Juan de: Consultas y resoluciones varias theologicas, juridicas, regulares y morales [...]. - En Seuilla : por Thòmas Lopez de Haro, 1687.
	ACDF Index Prot. 78 (1731-1734), Bl. 85r-94v, 20 S.
[1733 Nov. 11]	Wadeleux, Gasparus (Praes.) ; Mackar, Henricus (Resp.): Universa Philosophia [...]. - Leodii : Apud Guilielmum Barnabe', Suae Celsi-

	tudinis Typographum, [ca. 1732]. ACDF SO CL 1733-1734, Nr. 3, 14 S. (Doppelgutachten)
[1733 Nov. 11]	Vivarius, Guilelmus (Praes.) ; Deltour, Ludovicus (Resp.): Conclusiones Logicae Ac Metaphysicae [...]. - [Leodii?] : [S.n.], [S.a.]. (Einblattdruck) ACDF SO CL 1733-1734, Nr. 3, 14 S. (Doppelgutachten)
[1733 Nov. 11]	Rezendorf, Christlieb <Pseudonym> [Zobel, Ernst Friedrich]: Ungrund des Röm. Catholischen Glaubens [...]. - [S.l.] : [S.n.], 1733. ACDF SO CL 1733-1734, Nr. 8, 3 S.
(1734 Sept. 20)	Acta eruditorum [...]. - Lipsiae : Grosse & Gleditsch, (1723). ACDF Index Prot. 79 (1734-1735), Bl. 106r-110r, 9 S.

Eigene Werke

- Duns Scotus, Johannes: Summa theologica ex universis operibus ejus concinnata, juxta ordinem, & dispositionem Summae angelici doctoris Sancti Thomae Aquinatis [...]. - Romae : ex typographia S. Michaelis ad Ripam [u.a.], 1728-1738. - 5 vol. [Mitarbeit an einigen Bänden]

Literatur

- Greiderer, Vigilius: Germania franciscana, seu Chronicon geographo-historicum Ordinis S.P. Francisci in Germania [...]. - Oeniponte : typis Joannis Thomae nobilis de Trattnern c.r. aulae typographi et bibliopolae, 1777-1781. - 2 vol., hier: vol. 1, 604; 2, 262.
- Kleinhans, Arduinus: Historia studii linguae Arabicae et collegii missionum Ordinis Fratrum Minorum in conventu ad S. Petrum in Monte Aureo Romae erecti (Biblioteca bio-bibliografica della Terra Santa e dell'Oriente francescano. N.S. ; 13). - Quaracchi 1930, 127f.
- Lins, Bernardin: Geschichte der bayerischen Franziskanerprovinz zum hl. Antonius von Padua. Von ihrer Gründung bis zur Säkularisation 1620-1802 (Geschichte der bayerischen Franziskanerprovinz zum hl. Antonius von Padua ; 1). - München 1926, 274f.310.
- Oliger, Livario: Vita e Diarii del Card. Lorenzo Cozza, già Custode di Terra Santa e Ministro Generale de' Frati Minori (1654-1729) (Biblioteca bio-bibliografica della Terra Santa e dell'Oriente francescano. N.S. Documenti ; 3). - Quaracchi 1925, 91.
- Spila, Benedetto: Memorie storiche della provincia Riformata Romana. - 3 vol. - Roma ; Milano 1890-1896, hier: vol. 2, 27; 3, 69-71.

Domenico di Tusco [SP]

Lebenslauf

	Lektor für Theologie am Ordenskolleg S. Balbina, Rom
1723 Apr. 13	Relator der CIndex, Ernennung ACDF Index Prot. 81 (1737-1740), Bl. 442r

Domenico Nicola del Ss. Rosario OAD

Lebenslauf
um 1780 — Provinzial des Ordens
[1781] — Konsultor der CIndex

Gutachten
(1780 Juli 10) — ♦ Calco, Antonio: Institutiones theologiae [...]. - Panhormi : ex typographia Rapetiana, 1774-1777.
ACDF Index Prot. 92 (1779-1781), Bl. 160r-165v, 12 S.

(1780 Juli 10) — Stattler, Benedikt: De Locis Theologicis [...]. - Weissenburgi : Typis Meyerianis, 1775.
ACDF Index Prot. 99 (1792-1793), Bl. 210r-215r, 11 S.

(1782 Juli 8) — Wiehrl, Martin (Praes.) ; Gall, Franz Anton (Resp.) ; Schitzler, August (Resp.): Lehrsätze aus der praktischen Philosophie [...]. - Baden : [S.n.], 1780.
ACDF Index Prot. 93 (1781-1784), Bl. 244r-250r, 13 S.

[1805 Aug. 26] — Müller, Joseph (Resp.) ; Meyer, Heinrich (Resp.) u.a.: Positiones ex theologia dogmatica speciali. - Lucernae : G. I. Thüring, 1796.
nicht aufgefunden

[1806 Dez. 9] — Pozzi, Giovanni: Della cura fisica e politica dell'uomo. - Milano [1801].
nicht aufgefunden

[1806 Dez. 9] — Cognizioni essenziali della cristiana cattolica Religione, o sia catechismo per ogni ceto di persone comprovato con i Testi della Sacra Scrittura con alcune aggiunte istruttive ed edificanti. Diviso in due parti. - Firenze 1804.
nicht aufgefunden

[1809] — Anonym: Vera idea del matrimonio analoga ai principj religiosi [...]. - Torino 1805.
ACDF SO CL 1807-1809, Nr. 3, 13 S.

Literatur
- Notizie 1782, 84. [erstmals aufgeführt als Konsultor der CIndex]

Carlo Antonio Donara OSA

Lebenslauf
Eintritt in die Augustiner-Observanten-Kongregation der Lombardei
Lektor für Theologie
[1718/1719] — Relator der CIndex, Antrag auf Ernennung
ACDF Index Prot. 71 (1715-1721), Bl. 530r (Bewerbung Donaras o.D. mit Angaben zum Lebenslauf)

1719 Jan. 16	Relator der CIndex, Ernennung ACDF Index Prot. 81 (1737-1740), Bl. 441r; ACDF Index Diari 14 (1708-1721), Bl. 116v

Gutachten

[1715 Aug. 28]	Arnoldus <a Sanctis Petro et Paulo>: Solitarius loquens, sive Conferentiae spirituales, habitae a religiosis Carmelitis discalceatis [...]. - Leodii : apud J. F. Broncart, 1698. ACDF SO CL 1715-1717, Nr. 2, 11 S.
[1717 Jan. 20]	Petrucci, Pietro Matteo: Poesie Sacre Morali, e spirituali [...]. - [Aesii], [1716]. ACDF SO CL 1715-1717, Nr. 20, 5 S.
[1717 Apr. 21]	♦ Simonetti, Angelo: Memorie compendiose della vita e morte di Alessandro Hilarioni. - Macerata : il Silvestri, 1714. ACDF SO CL 1715-1717, Nr. 26, 7 S.
[1717 Juli 28]	Gregorius <Papa, I.>: Opera omnia, ad manuscriptos codices romanos, gallicanos, anglicanos emendata, aucta, et illustrata notis [...]. - Parisiis : sumptibus C. Rigaud, 1705. (Bd. 3) ACDF SO CL 1715-1717, Nr. 29, 13 S.

Domenico Donati da Trento OP

Gestorben	1739

Lebenslauf

	Magister theol.
1737 Jan. 2	Generalvikar der Inquisition von Pavia, Ernennung ACDF SO Decreta 1737, Bl. 2r („electus")
1737 Mai 29	Secundus Socius des Commissarius des SO, Ernennung ACDF SO Decreta 1737, Bl. 215r („electus")
1737 Juli 1	Secundus Socius des Commissarius des SO, Amtsantritt durch Eidesleistung ACDF SO Juramenta 1737-1749, o.Bl.
1739 Jan. 9	Primus Socius des Commissarius des SO, Ernennung ACDF SO St.St. II-2-h, Bl. 8v („Catalogo delle Inquisizioni")
1739 [März]	Erkrankung und Abreise aus Rom ACDF SO St.St. II-2-h, Bl. 8v („Catalogo delle Inquisizioni": „Partì per malatia e dopo alcuni mesi morì")

Sinibaldo Doria

Geboren 1664 [Taufdatum: 21. Sept.] in Genua
Gestorben 1733 Dez. 2 in Benevent

Familie
Der spätere Kardinal gehörte zum adeligen Patriziat von Genua, Sohn des marchese Giovan Battista Doria und der Benedetta Spinola aus dem Haus der Patrizier dieses Namens. Vgl. die Arbeiten von Weber, s.u.

Lebenslauf

1677	Kleriker und Kommendatarabt von S. Fruttuoso di Capodimonte (Portofino)
[1677]	Ausbildung am Collegio Romano
1688 Aug. 17	Dr. iur. utr. in Siena
1690 Juli 13	Referendar der Signaturen
1690	Apostolischer Vize-Legat von Tivoli
1691	Gouverneur von Fano, Montalto, Ascoli, Macerata und Apostolischer Vize-Legat von Ferrara (bis 1702)
1702 Dez. 9	Kleriker der Apostolischen Kammer
1706 Nov. 4	Gouverneur von Avignon (bis 1711)
1711 Juli 15	Komtur (Praeceptor generalis) des Erzhospitals S. Spirito in Sassia, Rom
1711 Nov. 4	Priesterweihe
1711 Dez.	Datar der PoenitAp
1711 Dez. 18	Titularerzbischof von Patras
1712 Jan. 5	Konsultor des SO, Ernennung
	ACDF SO Juramenta 1701-1724, Bl. 106 (Schreiben SS an SO)
1712 Jan. 5	Konsultor des SO, Amtsantritt durch Eidesleistung
	ACDF SO Juramenta 1701-1724, Bl. 108v
1731 Mai 21	Erzbischof von Benevent
1731 Sept. 24	Kardinal
1731 Dez. 17	Zuteilung der Titelkirche S. Girolamo degli Schiavoni
1731 Dez. 17	Mitglied der CConcilio, CEpReg und CFabbrica

Literatur
- Cardella, Lorenzo: Memorie storiche de' Cardinali della Santa Romana Chiesa. - In Roma : nella stamperia Pagliarini, 1792-1797. - 10 vol., hier: vol. 9, 253f.
- DBI 41 (1992), 462-464 von M. Sanfilippo.
- DHGE 14 (1960), 1516f. von R. Aubert.
- Guarnacci, Mario: Vitae, et res gestae Pontificum Romanorum et S.R.E. Cardinalium a Clemente X. usque ad Clementem XII. [...] Descripta a S. Petro ad Clementem IX. - Romae : Sumptibus Venantii Monaldini bibliopolae [...] ; Ex Typographia Joannis Baptistae Bernabo, & Josephi Lazzarini, 1751. - 2 vol., hier: vol. 2, 633-636.
- Hierarchia Catholica 5, 309; 6, 6.120.

- Ponti, Ermanno: Il Banco di Santo Spirito fondato da S.S. Paolo V con breve del 13 dicembre 1605. - Roma 1941, 309.
- Seidler, Sabrina M. ; Weber, Christoph (Hg.): Päpste und Kardinäle in der Mitte des 18. Jahrhunderts (1730-1777). Das biographische Werk des Patriziers von Lucca Bartolomeo Antonio Talenti (Beiträge zur Kirchen- und Kulturgeschichte ; 18). - Frankfurt a.M. u.a. 2007, 179f.
- Weber, Christoph (Bearb.): Die päpstlichen Referendare 1566-1809. Chronologie und Prosopographie (PuP ; 31/1-3). - 3 Bde. - Stuttgart 2003-2004, hier: Bd. 2, 589.
- Weber, Christoph (Hg.): Die ältesten päpstlichen Staatshandbücher. Elenchus Congregationum, Tribunalium et Collegiorum Urbis 1629-1714 (RQ Supplementheft ; 45). - Rom u.a. 1991, 82.
- Weber, Christoph (Hg.): Legati e governatori dello stato pontificio (1550-1809) (Pubblicazioni degli Archivi di Stato. Sussidi ; 7). - Roma 1994, 647.
- Weber, Christoph: Genealogien zur Papstgeschichte. Unter Mitwirkung von Michael Becker bearbeitet (PuP ; 29/1-6). - 6 Bde. - Stuttgart 1999-2002, hier: Bd. 1, 374.

Gabriele Maria Dottori OM

Geboren   um 1696

Lebenslauf
um 1711	Ordenseintritt
	Lector iubilatus
	Provinzial des Ordens
	Konventuale von S. Andrea delle Fratte, Rom
	Sekretär des Generalprokurators des Ordens Francesco Galindo in Rom
[1755]	Konsultor der CIndex, Antrag auf Ernennung
	ACDF Index Prot. 85 (1755-1757), Bl. 285r (Bewerbung des Generaloberen des Ordens o.D. an den Papst)
1755 Sept. 30	Konsultor der CIndex, Ernennung
	ACDF Index Diari 17 (1749-1763), Bl. 60 (Vermerk Sekr. der CIndex über die Papstaudienz)
[1757]	Qualifikator des SO, Antrag auf Ernennung
	ACDF SO Priv. 1755-1759, Bl. 382r (Bewerbung des Generalprokurators des Ordens Galindo o.D. an den Papst)
1757 Mai 12	Qualifikator des SO, Ernennung
	ACDF SO Priv. 1755-1759, Bl. 383v (Audienzdekret des Papstes); ACDF SO St.St. II-2-m, o.Bl. („Nota de' Qualificatori e loro deputazione" [o.D.]; Vermerk: „per la morte del P. → Mancini")
1757 Mai 17	Qualifikator des SO, Amtsantritt durch Eidesleitung
	ACDF SO Extens. 1749-1808 = ACDF SO St.St. Q-1-q, Bl. 111v; ACDF SO St.St. II-2-m, o.Bl. („Nota de' Qualificatori e loro deputazione" [o.D.]; Vermerk: „Revisor" des SO)

Gutachten

(1756 Apr. 27)   ♦ Walther, Michael: Dissertationes theologicae academicae [...]. - Wittembergae : [S.n.], 1753.
ACDF Index Prot. 85 (1755-1757), Bl. 202r-205v, 8 S.

(1763 Juli 8)   Nova acta eruditorum. - Lipsiae : [Gleditsch et Lanckis], (1755).
ACDF Index Prot. 88 (1763-1767), Bl. 88r-93r, 11 S.

Francesco Dugnani CR

Namensvariante   Giovanni Tommaso [?] Dugnani (Taufname)

Gestorben   1802 Febr. 16 in S. Vincenzo di Piacenza

Familie
Mit einiger Wahrscheinlichkeit entstammte der spätere Ordensgeneral der Familie der Mailänder Grafen Dugnani, aus der Kardinal A. → Dugnani (1748-1818) hervorging. Ein Onkel dieses Kardinals war der Theatiner Giovanni Tommaso Dugnani, der möglicherweise mit dem hier skizzierten Francesco identisch ist. Vgl. Weber: Genealogien 1, 377.

Lebenslauf

1741 Okt. 12	Ordensprofess
	Lektor für Theologie an S. Andrea della Valle, Rom
[1768]	Konsultor der CIndex, Antrag auf Ernennung
	ACDF Index Prot. 89 (1767-1770), Bl. 318r (Bewerbung Dugnanis o.D. an den Papst)
1768 Juni 3	Konsultor der CIndex, Ernennung
	ACDF Index Diari 18 (1764-1807), Bl. 23v-24v; ACDF Index Prot. 89 (1767-1770), Bl. 317v („pro gratia"; Audienzdekret des Papstes vom 20. Juli)
1789	Generaloberer des Ordens (bis 1792)

Unveröffentlichte Quellen
Archivio Generale dei Teatini, Rom: Freundliche Auskunft an H. H. Schwedt zu Ms. 15 (Luigi Guarini: Catalogo dei Prepositi Generali); Ms. 142 (Registro della Segretaria Generalizia); Ms. 142 (Obituario).

Gutachten

(1768 Juli 19)   Anonym [Tailhe, Jacques]: Histoire Des Entreprises [...]. - [S.l.] : [S.n.], 1767.
ACDF Index Prot. 89 (1767-1770), Bl. 313r-315v, 6 S.

(1768 Dez. 12)   Paganetti, Pietro: Della istoria ecclesiastica della Liguria [...]. - In Genova : presso Bernardo Tarigo in Canneto, 1765-1766. (Bd. 1)
ACDF Index Prot. 89 (1767-1770), Bl. 331r-336r, 12 S.

(1768 Dez. 12)   Paganetti, Pietro: Della istoria ecclesiastica della Liguria [...]. - In Genova : presso Bernardo Tarigo in Canneto, 1765-1766. (Bd. 2)
ACDF Index Prot. 89 (1767-1770), Bl. 339r-346r, 15 S.

[1770]   Anonym [Pilati, Carlo Antonio]: Riflessioni di un italiano, sopra la chiesa in generale [...]. - In Borgo Francone : [S.n.], 1768.
ACDF SO CL 1770, Nr. 3, 13 S.

Literatur
- → Vezzosi, Antonio Francesco: I Scrittori de' cherici regolari detti Teatini. - In Roma : nella stamperia della sacra congregazione di Propaganda Fide, 1780. - 2 vol., hier: vol. 1, 323f.
- Dissertazione sopra l'origine del chierical celibato, in: Nuova Raccolta d'opuscoli scientifici e filologici 8 (1761), 251-308.
- Weber, Christoph: Genealogien zur Papstgeschichte. Unter Mitwirkung von Michael Becker bearbeitet (PuP ; 29/1-6). - 6 Bde. - Stuttgart 1999-2002, hier: Bd. 1, 376f. [Familie]

E

Eduardo (Odoardo) di S. Francesco Savero OCD

Namensvariante Filippo Saverio Franceschini (Taufname)

Geboren 1707 Dez. 29 in Massa Fermano (bei Fermo)
Gestorben 1767 Apr. 27 in Rom

Familie
Der hier interessierende Pater war Sohn des dottore Domenico Felice Franceschini und der Angela Teresìa Scorolli, „ex illustri Franceschinorum familia". Vgl. Series illustrata, 25.

Lebenslauf

	Studium an der Universität Fermo
1728 Dez. 3	Ordenseintritt in Rom (Einkleidung)
	Studium der Philosophie und Theologie in Rom
	Professor für Philosophie und Theologie an S. Maria della Vittoria, Rom
	Mitglied einiger Akademien (u.a. Accademia dell'Arcadia)
	Postulator bei Seligsprechungen (u.a. des Kardinals A. → Guadagni)
[1746]	Qualifikator des SO und Konsultor der CIndex, Antrag auf Ernennung
	ACDF SO Priv. 1743-1749, Bl. 281r (Bewerbung P. Eduardos o.D. an den Papst); ACDF SO St.St. II-2-m, o.Bl. („Nota de'Qualificatori e loro deputazione"; „per subentrare alla carica del defonto P. → Romualdo di S. Giuliano")
1746 Apr. 28	Qualifikator des SO, Ernennung
	ACDF SO Priv. 1743-1749, Bl. 282v (Audienzdekret des Papstes); ACDF SO St.St. II-2-m, o.Bl. („Nota de'Qualificatori e loro deputazione")
1746 Apr. 30	Qualifikator des SO, Amtsantritt durch Eidesleistung
	ACDF SO Juramenta 1737-1749, o.Bl.
1757 Nov. 21	Relator der CIndex, [Ernennung]
	ACDF Index Diari 17 (1749-1763), Bl. 68r (erstes Referat)
1760 Nov. 18	Konsultor der CIndulg
	ASV SS Mem Bigl 205 (Schreiben SS an P. Eduardo, Entwurf; Ernennung anstelle von → Luigi Maria di Gesù)
[1767]	Qualifikator des SO, Demission
	ACDF SO St.St. II-2-m, o. Bl. („Elenco de' Qualificatori")

Eduardo di S. Francesco Savero

Unveröffentlichte Quellen
Series illustrata Professionum. (Manuskript), in: Archivio Provinciale OCD, Rom, L VI/9 Nr. IX, S. 23.29. Freundliche Auskunft von P. Onorio Di Ruzza an H. H. Schwedt.

Gutachten

[1749 Juni 4] Anonym [Cottet, Jaques? ; Guiard, Antoine?]: Dissertation sur l'honoraire des messes, où l'on traite de son origine, des illusions et autres abus qui s'en sont suivis [...]. - [S.l.] : [S.n.], 1748.
ACDF SO CL 1748-1750, Nr. 17, 8 S.

1755 Jan. 8 Mainoldi, Antonio: Il Misterio Ascoso Di Maria Vergine, cioè L'Immaculata Concez:ione della Madre di Dio [...]. - [ca. 1753?]. (Manuskript)
ACDF SO CL 1755-1756, Nr. 1, 8 S.

[1757 März 22] Anonym [Bentivoglio, Carlo?]: Compendio della vita della Beata Elena Duglioli dall'Olio. - [S.a.]. (Manuskript)
ACDF SO CL 1755-1756, Nr. 3, 10 S.

(1757 Nov. 21) Wernsdorf, Gottlieb: Brevis et nervosa de indifferentismo religionum Commentatio [...]. - Wittebergae : Apvd Carol. Sigism. Henning, 1734.
ACDF Index Prot. 85 (1755-1757), Bl. 53r-54v, 4 S.

1758 Juni 13 Anonym: Breve Notizia Della Vita e Virtù della Madre Suor Maria Colomba [ca. 1757]. (Manuskript)
ACDF SO CL 1757-1758, Nr. 12, 3 S.

[1758 Juli 5] Anonym: Quindeni occulti Cruciatus, et dolores Quos [...] Sanctae Sorori Mariae Magdalenae ex Ord. S. Clarae [...] revelavit [...]. - [S.a.]. (Manuskript)
ACDF SO CL 1757-1758, Nr. 10, 8 S.

Eigene Werke

- Apparatus ad novam L. Coelii Firmiani Lactantii Operum editionem, una cum Praefatione generali, & duabus Dissertationibus praeviis in specimen caeterarum. Accedit ad singulos eruditionis amatores Monitum bibliopolae. - Romae : typis Angeli Rosilii, & Philippi Bacchelli, 1751. - [12], XCI, [1] S.
- Dissertazione Storico-Critico-Dogmatica sull'identità, esistenza, multiplicità, culto, e miracoli della mano destra di S. Gio. Battista, Precursore del nostro Sig. Gesù Cristo, venerata nel tempo stesso in più Chiese del Cristianesimo, e spezialmente in Rapagnano, luogo dell'Archidiocesi di Fermo [...]. - In Roma : nella Stamperia di Pietro Ferri, 1738. - [16], 120 S.
- In omnia L. Caelii Lactantii Firmiani opera dissertationum praeviarum decas prima [-secunda]. - Romae : Ex Typographia Angeli Rotilii, 1754-1757. - 2 vol.
- Lactantius, Lucius Caecilius Firmianus: Carmina omnia, / recensuit, variantibus lectionibus, annotationibus, castigationibus, ac dissertationibus illustravit Fr. Eduardus a S. Xaverio C. E. - Romae : ex Typographia Josephi et Nicolai Grossi, 1759. - XIII S., [1] Bl., 260 S.

- Lactantius, Lucius Caecilius Firmianus: De falsa religione seu Divinarum institutionum adversus gentes L. Caelii Lactantii Firmiani liber I.[-VII.; Epitome] / Recensuit, variantibus lectionibus, annotationibus, castigationibus, ac dissertationibus illustravit F. Eduardus a S. Xaverio C.E. - Romae : ex typographia Angeli Rotilii in aedibus de Maximis, 1755-1758. - 8 vol. [ab Liber VI.: Romae : Ex Typographia Josephi et Nicolai Grossi]
- Lactantius, Lucius Caecilius Firmianus: De ira Dei liber singularis ad donatum / recensuit, variantibus lectionibus, annotationibus, castigationibus, ac dissertationibus illustravit Fr. Eduardus a S. Xaverio C. E. - Romae : ex Typographia Josephi, et Nicolai Grossi, 1759. - [3] Bl., 207 S.
- Lactantius, Lucius Caecilius Firmianus: De mortibus persecutorum liber singularis ad Domatum confessorem / recensuit [...] Fr. Eduardus [...]. - Romae : Ex Typographia Josephi et Nicolai Grossi, 1759. - XII, S. [2] Bl., 280 S.
- Lactantius, Lucius Caecilius Firmianus: De opificio Dei liber unus / recensuit, variantibus lectionibus, annotationibus, castigationibus, ac dissertationibus illustravit F. Eduardus a S. Xaverio C.E. [...]. - Romae : ex Typographia Angeli Rotilii, 1754. - [3] Bl., 260 S.

Literatur
- Di Ruzza, Onorio: Sintesi storico-cronologica della provincia romana dei padri Carmelitani Scalzi. - Roma 1987, 147.
- Giorgetti Vichi, Anna Maria (Hg.): Arcadia, Academia letteraria italiana. Gli Arcadi dal 1690 al 1800. Onomasticon. - Roma 1977, 66.
- Tipaldo, Emilio de (Hg.): Biografia degli italiani illustri nelle scienze, lettere ed arti del secolo XVIII, e de' contemporanei compilata da letterati italiani di ogni provincia. - 10 vol. - Venezia 1834-1845, hier: vol. 3, 235f.
- Vecchietti, Filippo: Biblioteca Picena : o sia notizie istoriche delle opere e degli scrittori Piceni. - Osimo : Quercetti, 1790-1796. - 5 vol., hier: vol. 4, 292.

Vincenzo Maria Elefante OP

Namensvariante Domenico Vincenzo Elefante

Geboren um 1703

Familie
Der Pater stammte möglicherweise aus Barletta (Apulien), wo eine adelige Familie Elefante nachgewiesen ist und woher auch der Dominikaner Giuseppe Maria Elefante stammte, der 1774 eine theologische Abhandlung verfasste. Vgl. Jemolo: Giansenismo, 260.

Lebenslauf
Baccalaureus
Professor für scholastische Theologie am Collegium Urbanum de Propaganda Fide, Rom

1735 Okt. 7	Revisor des SO, Amtsantritt durch Eidesleistung
	ACDF SO Juramenta 1725-1736, o.Bl. (Elefante 32 Jahre alt)
1737 Dez. 10	Relator der CIndex, Ernennung
	ACDF Index Prot. 81 (1737-1740), Bl. 443v
[1739]	Konsultor der CIndex, Antrag auf Ernennung
	ACDF Index Prot. 81 (1737-1740), Bl. 143r (Bewerbung Elefantes o.D. an die CIndex mit Angaben zum Lebenslauf)
1739 Jan. 14	Konsultor der CIndex, Ernennung
	ACDF Index Diari 16 (1734-1746), Bl. 43 (Vermerk Sekr. der CIndex zur Papstaudienz)

Gutachten

(1737 Dez. 10)	♦ Kipping, Heinrich: Antiquitatum Romanarum libri quatuor. - Lugduni Batavorum : apud Petrum Vander [Aa], 1713.
	ACDF Index Prot. 81 (1737-1740), Bl. 30r-31v, 4 S.
(1738 Apr. 21)	Zorn, Peter: Historia eucharistiae infantium [...]. - Berolini : apud Joannem Petrum Schmid, 1736.
	ACDF Index Prot. 81 (1737-1740), Bl. 53r-55r, 5 S.
(1739 Jan. 12)	Anonym [Levayer de Boutigny, Rolland ; Delpech de Merinville (Bearb.)] : Traité des bornes de la puissance ecclésiastique et de la puissance civile [...]. - Amsterdam : [Changuion], 1734.
	ACDF Index Prot. 81 (1737-1740), Bl. 139r-140v, 4 S.
(1740 Jan. 25)	Ringhieri, Ottavio <Assisi, Bischof>: Lettera pastorale al clero, e al popolo della serafica citta, e Diocesi d'Assisi [...]. - In Roma : nella stamp. del Komarek, 1739.
	ACDF Index Prot. 81 (1737-1740), Bl. 210r-211v, 4 S

Literatur

- Jemolo, Arturo Carlo: Il Giansenismo in Italia prima della rivoluzione. - Bari 1928, 260. [zu Giuseppe Maria Elefante]

Tommaso Antonio Emaldi

Geboren 1706 Sept. 13 in Lugo (Ravenna)
Gestorben 1762 Juli 1 in Rom

Familie
Der spätere Prälat, Sohn des capitano Marco Emaldi und der Cristina Valvassori, stammte aus der wohlhabenden Oberschicht von Lugo („gente assai doviziosa", Tipaldo: Biografia 1, 58). Der Bruder Giovanni, Offizier in spanischen Diensten, setzte den Grabstein in der römischen Kirche S. Sabina, die den Dominikanern gehörte und zu deren Anhängern Emaldi immer zählte (vgl. BAV Vat. Lat. 8032 C. 3, Bl. 97; Forcella: Iscrizioni 7, 321). Ein Neffe, Marco Emaldi, erhielt 1788 durch Papst → Pius VII. den Grafentitel. Vgl. Spreti: Enciclopedia 4, 23.

Lebenslauf

1718	Erziehung und erste Studien (lettere) am jesuitischen Collegio dei Nobili, Ravenna
1720	Studium der Philosophie und Jura in Bologna (u.a. bei Francesco M. Zanotti) (für sechs Jahre)
1726	Dr. iur. utr. an der Universität Bologna
1727	Aufenthalt in Rom (bis 1762)
1728	Professor für Recht an der Universität Sapienza, Rom (bis 1753)
1734	Rektor der Accademia Ecclesiastica, Rom
	Mitglied der Accademia dell'Arcadia (als „Cadmite Dorico") und der Accademia degli Infecondi, Rom
	Privat-Bibliothekar von Kardinal P. → Lambertini (Benedikt XIV.) in Bologna
1740	Cameriere segreto und Bibliothekar von Papst Benedikt XIV., Rom
1741	Auditor des Nuntius Giorgio Doria in Frankfurt (Kaiserwahl)
1742	Verleihung von Ehrentiteln in Rom (Conte del S. Palazzo, Cittadino Romano u.a.)
1743 Sept. 29	Päpstlicher Abgesandter zur Überreichung des Biretts an Kardinal G. Doria in Frankfurt
1743	Internuntius in Deutschland (bis 1744)
1743	Apostolischer Visitator deutscher Abteien und Kollegien, darunter Fulda und Dillingen (bis 1744)
1744	Rückkehr nach Rom
[1744]	Segretario delle lettere latine
1751 Nov. 29	Relator der CIndex, [Ernennung]
	ACDF Index Diari 17 (1749-1763), Bl. 14r (erstes Referat)
1753 Juni 28	Stifter der Cathedra theologiae zur Förderung des Thomismus im Dominikanerkonvent S. Domenico, Lugo (Ravenna) (Erstbesetzung der „Cathedra Emaldiana": Tommaso Luigi Ballapani OP)
1753 Aug. 27	Konsultor der CIndex, Ernennung
	ASV SS Mem Bigl 193; ACDF Index Prot. 84 (1753-1754), Bl. 158.505 (Schreiben SS an Sekr. der CIndex)
1753 Dez. 6	Kanoniker der Lateranbasilika, Rom
	BAV Vat. Lat. 8039, Bl. 91
1757 Sept. 16	Prelato domestico
	ASV SS Mem Bigl 200
1757 Sept. 26	Referendar der Signaturen
1758 Juli 8	Segretario delle lettere latine, Bestätigung durch den neuen Papst
	ASV SS Mem Bigl 201
1758	Kanoniker an S. Maria Maggiore, Rom
1759 Sept. 27	Votante der Signatura Gratiae
	ASV SS Mem Bigl 204
1759 Nov. 30	Sekretär der Brevi ai principi
	ASV SS Mem Bigl 204

Emaldi

Unveröffentlichte Quellen
Galletti, Vat. Lat. 7901, Bl. 115; BAV Vat Lat. 8039 C. 3, Bl. 91-97.

Gutachten
(1751 Nov. 29) ♦ Montesquieu, Charles Louis de Secondat: De L'Esprit Des Loix [...]. - Geneve : Barrillot, 1749.
ACDF Index Prot. 83 (1749-1752), Bl. 331r-338v, 16 S.
(1753 Febr. 20) Voltaire: Le Siècle de Louis XIV [...]. - À Berlin : chez C.-F. Henning, 1751.
ACDF Index Prot. 84 (1753-1754), Bl. 194r-200r, 13 S.
(1758 Apr. 24) Berruyer, Isaac Joseph: Histoire du peuple de Dieu, troisième partie ou paraphrase littérale des épîtres des apôtres [...]. - À Amsterdam : chez Jean Neaulme, 1758.
nicht aufgefunden (Hinweis in ACDF Index Diari 17 [1749-1763], Bl. 69r-70r; ACDF Index Prot. 85 [1755-1757], Bl. 24r)

Eigene Werke
- Anonym: Serenissimo Maximiliano Josepho Electori Bavariae. - [Romae] : [S.n.], [1745]. - IV S. [zum Tod Karls VII.]
- Mariae Amaliae Augustissimae Romanorum Imperatrici. - [Romae] : [S.n.], [1745]. - IV S. [zum Tod Karls VII.]
- Oratio in funere Caroli VII. Romanorum regis imperatoris electi habita in Pontificio Quirinali Sacello II. Id. Martias anni 1745. - Romae : apud Joannem Mariam Salvioni typogr. Pontificium Vaticanum, 1745. - XXIX, [3] S.
- Orazione in lode della poesia. Recitata nell'antico Bosco Parrasio sopra il Monte Aventino […] in occasione della libera Ragunanza [!] degli Accademici Infecondi il giorno 7. luglio 1737, in: Raccolta d'opuscoli scientifici e filologici 20 (1729), I-XLVIII.
- Orazione [sulle belle arti], in: Anonym: Delle lodi delle belle arti. Orazione, e componimenti poetici in Campidoglio in occasione della festa del concorso celebrato dall'Insigne Accademia del Disegno di S. Luca [...] l'anno 1754. - In Roma : Nella Stamperia di Antonio de' Rossi, [S.a.], 17-27. [Festrede]
- Pro inauguratione studiorum oratio habita in aedibus Romanae Sapientiae XIV. Kal. Novemb. anni MDCCXXXVI. - Romae : ex Typographia Vaticana, 1736. - XX S.
- Prosa, in: Prose degli Arcadi 4 (1754), 75-93.
- Ricci, Bartolomeo: Opera. - Patavii : typis Seminarii : apud Joannem Manfre, 1747-1748. - 3 vol. [Hg.]

Literatur
- Capozzi, Francesco: Vita di mons. Tommaso Antonio Emaldi lughese. - Roma 1840.
- Clemens <Papa, XIV.>: Lettre interessanti del sommo pontefice Clemente XIV (Ganganelli) tradotte in italiano dall'ultima Edizione fatta in Franzese dal signor marchese Caraccioli. Tomo primo (-terzo). - Lugano : Nella Stampería privilegiata degli Agnelli 1776-1777. - 3 vol., hier: vol. 2, 12f.

- Conte, Emanuele (Hg.): I maestri della Sapienza di Roma dal 1514 al 1787. I rotuli e altre fonti (Fonti per la Storia d'Italia ; 116. Studi e Fonti per la storia dell'Università di Roma. N. S. ; 1). - 2 vol. - Roma 1991, hier: vol. 2, 976.
- Dammig, Enrico: Il movimento giansenista a Roma nella seconda metà del secolo XVIII (StT ; 119). - Città del Vaticano 1945, 79. [„Aimaldi"]
- DBI 42 (1993), 537f. von M. Ceresa.
- Forcella, Vincenzo: Iscrizioni delle chiese e d'altri edifici di Roma dal secolo XI fino ai giorni nostri. - 14 vol. - Roma 1869-1884, hier: vol. 7, 321.
- Giorgetti Vichi, Anna Maria (Hg.): Arcadia, Academia letteraria italiana. Gli Arcadi dal 1690 al 1800. Onomasticon. - Roma 1977, 47.
- MOFPH 14 (1904), 230-237. [zur Stiftung der „Cathedra Emaldiana"]
- Pásztor, Lajos: Per la storia degli archivi della Curia Romana nell'epoca moderna. Gli archivi delle segreterie dei brevi ai principi e delle lettere latine, in: Gatz, Erwin (Hg.): Römische Kurie. Kirchliche Finanzen. Vatikanisches Archiv. Studien zu Ehren von Hermann Hoberg (MHP ; 45-46). - 2 Bde. - Rom 1979, Bd. 2, 659-686, hier: 674.679-681.685f.
- Spreti, Vittorio: Enciclopedia storico-nobiliare italiana. - 6 vol. - Milano 1928-1935, hier: vol. 4, 23.
- Tipaldo, Emilio de (Hg.): Biografia degli italiani illustri nelle scienze, lettere ed arti del secolo XVIII, e de' contemporanei compilata da letterati italiani di ogni provincia. - 10 vol. - Venezia 1834-1845, hier: vol. 1, 58-60.
- Valesio, Francesco: Diario di Roma. A cura di Gaetana Scano (I cento libri ; 46-51). - 6 vol. - Milano 1978, hier: vol. 6, 411.
- Weber, Christoph (Bearb.): Die päpstlichen Referendare 1566-1809. Chronologie und Prosopographie (PuP ; 31/1-3). - 3 Bde. - Stuttgart 2003-2004, hier: Bd. 2, 595.
- Winckelmann, Johann Joachim: Lettere italiane. - Milano 1961, 201.

Francesco Lodovico Emiliani

Geboren um 1665 in [Masserano (Piemont)]
Gestorben 1726 Apr. 20 in Rom

Familie
Zur Familie liegen keine Nachrichten vor, außer zu dem um eine Generation jüngeren (Neffen ?) Giovanni Battista Emiliani, der 1718 Adiutor studiorum seines Verwandten im SO wurde. Diesen Eid wiederholte er 1726 unter dem Nachfolger Francesco L. Emilianis. Hierüber erbat Giovanni B. Emiliani 1742 vom SO eine Bescheinigung zur Vorlage bei der Dataria Apostolica (Schreiben von G. B. Emiliani an das SO vom 6. Juli 1742, in: ACDF SO Priv. 1736-1742, Bl. 801r).

Lebenslauf

1718	Scriptor des SO
1718 Nov. 24	Advocatus fiscalis des SO, Ernennung
	ACDF SO Priv. 1710-1727, Bl. 328r; ACDF SO St.St. Q-4-ww = ACDF SO Priv. 1804-1809, Nr. 22 („29. Nov.")
1718 Dez. 1	Advocatus fiscalis des SO, Amtsantritt durch Eidesleistung
	ACDF SO Decreta 1718, Bl. 439v
[1718]	Konsultor des SO
	ACDF SO Priv. 1769-1772, Bl. 276
1718 Dez. 23	Giovanni Battista Emiliani, Adiutor studiorum von Emiliani, Amtsantritt durch Eidesleistung
	ACDF SO Priv. 1736-1742, Bl. 801r

Unveröffentlichte Quellen
Galletti 20, Vat. Lat. 7887, Bl. 147.

Enrico Enriquez

Namensvariante   Enrico Henriquez de Herrera

Geboren   1701 Sept. 30 in Campi (bei Lecce)
Gestorben   1756 Apr. 25 in Ravenna

Familie
Der spätere Kardinal stammte aus der mächtigen Familie Henriquez, die sich auf König Heinrich II. von Kastilien (1369-1379) zurückführte. Einige Mitglieder der Familie waren seit etwa 1600 im Königreich Neapel ansässig, darunter die Eltern des Enrico (Arrigo), Fürst Giovanni Enriquez, principe di Squinzano, und Cecilia Capece Minutolo aus dem Fürstenhaus Canosa. Vgl. Weber, s.u.

Lebenslauf

1726 Juni 21	Dr. iur. utr. an der Universität Sapienza, Rom
1726 Juni 28	Prelato domestico
	ASV SS Mem Bigl 158
1726 Juni 28	Referendar der Signaturen
	ASV SS Mem Bigl 158 (Schreiben SS an Brevensekretär Fabio Olivieri mit dem Auftrag zur Erstellung des Breve)
1727 März 5	Gouverneur von Camerino
	ASV SS Mem Bigl 159 (Schreiben SS an Sekr. der CConsulta, Entwurf)
1743 Dez. 16	Titularerzbischof von Nazianz
1744 Jan. 8	Nuntius in Spanien
1753 Nov. 26	Kardinal
1754 Juli 22	Zuteilung der Titelkirche S. Eusebio

1754 Juli 24	Mitglied der CIndex, Ernennung ACDF Index Prot. 84 (1753-1754), Bl. 552r (Schreiben SS an Sekr. der CIndex); ASV SS Mem Bigl 194 (Schreiben SS an Enriquez, Entwurf) Mitglied der CConcilio, CImmunità und CEpReg ASV SS Mem Bigl 194
1754 Sept. 16	Apostolischer Legat der Romagna

Eigene Werke
- Thomas von Kempen: L'imitazione di Cristo in latino, ed in italiano [...] arricchiata di riflessioni e preghiere alla fine di ciaschedun capitolo [...]. - In Roma : nella stamperia degli eredi Barbiellini, 1754-1755. - 3 vol. [Übers.; in rund 70 (posthumen) Aufl. erschienen; im Stil ähhnlich der Ausgabe der „Imitatio" des Abbé Le Duc (Paris 1737), die einigen als jansenistisch galt; vgl. Dammig: Movimento, 319]

Literatur
- Anonym: Varj componimenti in prosa, ed in verso per l'esaltazione alla sagra porpora dell'eminentissimo, [...] Errico Enriquez recitati nella casa del marchese Ercole Savini patrizio di Camerino e da esso poscia raccolti, e dati alla luce. - In Roma : nella stamperia di Generoso Salomoni, 1754.
- Cardella, Lorenzo: Memorie storiche de' Cardinali della Santa Romana Chiesa. - In Roma : nella stamperia Pagliarini, 1792-1797. - 10 vol., hier: vol. 9, 319.
- Carrara, Bartolomeo: Orazione [...] per le solenni esequie dell'eminentissimo [...] Enrico Enriquez legato della Romagna [...] Celebrate nella Chiesa dello Spirito Santo de' Chierici Regolari il giorno 28 dello stesso mese [aprile] presente il cadavere. - Seconda edizione con postille aggiunte dall'autore. - In Faenza : presso Gioseffantonio Archi [...] si vendono in Ravenna : appresso Francesco Collina, 1756.
- Dammig, Enrico: Il movimento giansenista a Roma nella seconda metà del secolo XVIII (StT ; 119). - Città del Vaticano 1945, 319.
- DBI 42 (1993), 797-802 von P. Messina.
- DHGE 15 (1963), 504f.
- Giunippo Euganeo [Giupponi, Bartolomeo Pio]: Alfonso degli Enriquez riconosciuto. Dramma [...] in laude dell'eminentissimo [...] Enrico Enriquez nuovo legato a latere della Romagna, e dell'esarcato di Ravenna nuovamente composto e da' signori convittori del Collegio de' nobili della medesima città [...] rappresentato. - Venezia : Per Bonifazio Viezzeri, 1756.
- Hierarchia Catholica 6, 17.
- Missere Fontana, Federica ; Turricchia, Roberta: Carteggio muratoriano. Corrispondenti e bibliografia. - Bologna 2008, 89f. [zur Korrespondenz mit Muratori]
- Seidler, Sabrina M. ; Weber, Christoph (Hg.): Päpste und Kardinäle in der Mitte des 18. Jahrhunderts (1730-1777). Das biographische Werk des Patriziers von Lucca Bartolomeo Antonio Talenti (Beiträge zur Kirchen- und Kulturgeschichte ; 18). - Frankfurt a.M. u.a. 2007, 327-329.
- Stella, Pietro (Hg.): Il giansenismo in Italia. Bd. 1-3: Piemonte. Collezione di documenti (Bibliotheca theologica Salesiana. Ser. 1. Fontes ; 3/1-3). - Zürich 1966-1974, hier: vol. 1, 165f.

- Ussia, Salvatore: Le lettere di Arrigo Enriquez a Matteo Egizio, in: Ajello, Raffaele (Hg.): Pietro Giannone e il suo tempo. Atti del Convegno di studi nel tricentenario della nascita. Foggia-Ischitella, 23-24 ottobre 1976. - 2 vol. - Napoli 1980, hier: vol. 2, 707-762.
- Weber, Christoph (Bearb.): Die päpstlichen Referendare 1566-1809. Chronologie und Prosopographie (PuP ; 31/1-3). - 3 Bde. - Stuttgart 2003-2004, hier: Bd. 2, 595.
- Weber, Christoph (Hg.): Legati e governatori dello stato pontificio (1550-1809) (Pubblicazioni degli Archivi di Stato. Sussidi ; 7). - Roma 1994, 650.
- Weber, Christoph: Genealogien zur Papstgeschichte. Unter Mitwirkung von Michael Becker bearbeitet (PuP ; 29/1-6). - 6 Bde. - Stuttgart 1999-2002, hier: Bd. 5, 137.368.

Eustachio Entreri OM

Geboren 1689 [Taufdatum: 25. Jan.] in San Pietro di Guarano (bei Cosenza, Kalabrien)
Gestorben 1745 März 11

Lebenslauf

	Ordenseintritt
	Studium am Kolleg S. Francesco di Paola ai Monti, Rom
1710 März 15	Subdiakon
1711 Febr. 28	Diakon
1712 Febr. 20	Priesterweihe
1712	Professor für Theologie in Cosenza und Rom (bis 1716)
1717	Lektor für Philosophie und Theologie am Kolleg S. Francesco di Paola ai Monti, Rom (bis 1722)
1719 Apr. 24	Relator der CIndex, Ernennung
	ACDF Index Prot. 81 (1737-1740), Bl. 441r
1722	Konsultor der CIndex, Ernennung
	ACDF Index Diari 15 (1721-1734), Bl. 12r (Vermerk zur Papstaudienz o.D.)
1722 Juni 16	Rektor des Kollegs S. Francesco di Paola ai Monti, Rom
1723 Nov. 12	Professor an der Universität Turin (bis 1730, Bitte um Freistellung)
1730 Sept. 3	Pro-Generalvikar des Ordens für die italienischen Gebiete
	Konsultor der CRiti
1732 Juli 21	Titularerzbischof von Samaria
[1732]	Weihbischof des Kardinals A. → Albani für das suburbikarische Bistum Sabina (Magliano)
1738 März 3	Erzbischof von Nicotera (Kalabrien)

Gutachten

(1719 Dez. 4)   Volpe, Angelo: Sacrae theologiae summa Ioannis Duns Scoti doctoris subtil.[issi]mi et commentaria quibus eius doctrina elucidatur, comprobatur, defenditur [...]. - Neapoli : apud Lazarum Scorigium, 1622-1646. (Bd. 1/2)
                 ACDF Index Prot. 71 (1715-1721), Bl. 626r-629v, 8 S.

(1720 Aug. 26)   Anonym [Peccerillo, Francesco]: Ragioni per la fedelissima, ed eccellentissima citta di Napoli circa l'impedire la fabrica delle nuove chiese [...]. - [Napoli] : [S.n.], [1719?].
                 ACDF Index Prot. 71 (1715-1721), Bl. 706r-709r, 7 S.

(1722 Jan. 26)   Volpe, Angelo: Sacrae theologiae summa Ioannis Duns Scoti doctoris subtil.[issi]mi et commentaria quibus eius doctrina elucidatur, comprobatur, defenditur [...]. - Neapoli : apud Lazarum Scorigium, 1622-1646. (Bd. 1/1)
                 ACDF Index Prot. 72 (1721-1723), Bl. 144r-146v, 6 S.

(1722 Juli 20)   Toland, John: Adeisidaemon, Sive Titus Livius A Superstitione vindicatus [...]. - Hagae-Comitis : Apud Thomam Johnson, 1709.
                 ACDF Index Prot. 72 (1721-1723), Bl. 247r-249r, 5 S.

(1723 Apr. 5)   Varchi, Benedetto: Storia Fiorentina [...]. - In Colonia : Appresso Pietro Martello, 1721.
                 ACDF Index Prot. 72 (1721-1723), Bl. 312r-313v, 4 S.

Literatur
- Hierarchia Catholica 6, 311.365.
- Roberti, Giuseppe Maria: Disegno storico dell'Ordine de' Minimi. Dalla morte del santo istitutore fino ai nostri tempi (1507-1902). - 3 vol. - Roma 1902-1922, hier: vol. 3, 646-648.
- Sperandio, Francesco Paolo: Sabina sagra e profana antica e moderna ossia raccolta di notizie del paese sabino divisa in dieci capitoli con carte corografiche appendice ed indice delle materie [...]. - In Roma : nella stamperia di Giovanni Zempel, 1790. ; ND Bologna 1967, 316.
- Stella, Pietro: La Apostasia del card. Delle Lanze (1712-1784). Contributo alla storia del giansenismo in Piemonte (Biblioteca del Salesianum ; 64). - Torino 1963, 13f.
- Stella, Pietro: La bolla „Unigenitus" e i nuovi orientamenti religiosi e politici in Piemonte sotto Vittorio Amedeo II dal 1713 al 1730, in: RSCI 15 (1961), 216-276, hier: 276.

Antonio Maria Erba

Namensvariante   Antonio Maria Erba Odescalchi

Geboren   1712 Jan. 21 in Mailand
Gestorben   1762 März 28 in Rom

Erba

Familie

Das Geschlecht der Erba führt sich auf den kaiserlichen Vikar von Mailand Enrico Erba aus der Zeit Friedrich Barbarossas zurück. In den späteren Jahrhunderten gehörte die Familie zum Patriziat von Mailand wie auch von Como. 1709 heiratete Alessandro Erba die Schwester Papst Innozenz' XI., Lucrezia Odescalchi. Er erwarb für die Familie Erba Odescalchi den Reichsfürstentitel sowie das Herzogtum Sirmium (Ungarn). Zu den Nachkommen dieser Ehe gehören Benedetto Erba (gest. 1740), Erzbischof von Mailand und Kardinal, sowie dessen Neffe, der hier interessierende Antonio Maria. Vgl. Papenheim: Karrieren, 329f., und die Arbeiten von Weber, s.u.

Lebenslauf

1733 Febr. 10	Dr. iur. utr. in Mailand
1736 Sept. 22	Priesterweihe
1737 Aug. 18	Apostolischer Protonotar
1739 Dez. 12	Referendar der Signaturen
[1750]	Prelato aggiunto der CConcilio
[1750]	Sekretär der CIndulg
1754 Okt. 2	Komtur des Erzhospitals S. Spirito in Sassia, Rom
	ASV SS Mem Bigl 194
1758	Maestro di Camera di S. Santità
1759 Sept. 24	Titularerzbischof von Nicea
	ASV SS Mem Bigl 204 (Liste des SS [vom 22. Sept. 1759])
1759 Sept. 24	Kardinal
1759 Sept. 24	Vikar des Bistums Rom
	ASV SS Mem Bigl 204
1759 Nov. 19	Zuteilung der Titelkirche S. Marcellino
1759 Nov. 19	Mitglied des SO, Ernennung
	ASV SS Mem Bigl 204 (Schreiben SS an Erba Odescalchi, Entwurf)
1759 Nov. 19	Mitglied der CConcilio, CExamEp und CDiscReg
	ASV SS Mem Bigl 204
1759 Nov. 27	Carolus Marcus, Sekretär von Erba, Amtsantritt durch Eidesleistung
	ACDF SO Extens. 1749-1808 = ACDF SO St.St. Q-1-q, Bl. 132v
1760 Jan. 15	Mitglied der CIndulg
	ASV SS Mem Bigl 205

Literatur

- Hierarchia Catholica 6, 21.308.
- Ilari, Annibale: I Cardinali Vicari. Cronologia biobibliografica (Rivista Diocesana di Roma ; 3). - Roma 1962, 285.
- Marchesi, Giorgio Viviano: Antichità ed eccellenza del protonotariato appostolico partecipante colle piu scelte notizie de' santi, sommi pontefici, cardinali, e prelate che ne sono stati insigniti sino al presente. - In Faenza : pel Benedetti impress. vescovile, 1751, 531-533.
- Moroni 48 (1848), 269f.

- Papenheim, Martin: Karrieren in der Kirche. Bischöfe in Nord- und Süditalien 1676-1903 (Bibliothek des Deutschen Historischen Instituts Rom ; 93). - Tübingen 2001, 329f. [zur Familie]
- Seidler, Sabrina M. ; Weber, Christoph (Hg.): Päpste und Kardinäle in der Mitte des 18. Jahrhunderts (1730-1777). Das biographische Werk des Patriziers von Lucca Bartolomeo Antonio Talenti (Beiträge zur Kirchen- und Kulturgeschichte ; 18). - Frankfurt a.M. u.a. 2007, 431f.
- Weber, Christoph (Bearb.): Die päpstlichen Referendare 1566-1809. Chronologie und Prosopographie (PuP ; 31/1-3). - 3 Bde. - Stuttgart 2003-2004, hier: Bd. 2, 596.
- Weber, Christoph: Genealogien zur Papstgeschichte. Unter Mitwirkung von Michael Becker bearbeitet (PuP ; 29/1-6). - 6 Bde. - Stuttgart 1999-2002, hier: Bd. 2, 676f.

Ambrogio Maria Erba da Milano OFMObs

Gestorben [1802]

Familie
Der spätere Franziskaner stammte aus einer Mailänder Senatorenfamilie, Patrizier von Como und von Mailand, zu der auch Kardinal A. M. → Erba (gest. 1762) gehörte. Zur Familie vgl. dort.

Lebenslauf

	[Lektor an S. Maria in Aracoeli, Rom]
1757 Nov. 21	Relator der CIndex, [Ernennung]
	ACDF Index Diari 17 (1749-1763), Bl. 68r (erstes Referat)
1760 Mai 21	Konsultor der CIndex, Antrag auf Ernennung
	ACDF Index Diari 17 (1749-1763), Bl. 84r (Bericht Sekr. der CIndex über Bewerbung Erbas)
1760 Mai 21	Konsultor der CIndex, Ernennung
	ACDF Index Diari 17 (1749-1763), Bl. 84v (Audienzdekret des Papstes)
1769 Juli 3	Konsultor der CRiti
	ASV SS Mem Bigl 213
	Provinzial des Ordens, Provinz Mailand
	[Qualifikator des SO]
1782 Juli 1	Konsultor des SO, Ernennung
	ACDF SO Juramenta 1777-1796, Bl. 118 (Schreiben SS an Ass. des SO)
1782 Juli 3	Konsultor des SO, Amtsantritt durch Eidesleistung
	ACDF SO Juramenta 1777-1796, Bl. 117
1783 Jan. 25	Ipolito da Piersanvigo OFMObs, Amanuensis von Erba, Amtsantritt durch Eidesleistung
	ACDF SO Extens. 1749-1808 = ACDF SO St.St. Q-1-q, Bl. 259r
	Mitglied der Accademia dell'Arcadia, Rom

Erba

1802 Dez. 31	Seelamt für Erba in S. Maria sopra Minerva, Rom ACDF SO Priv. 1853-1854, Nr. 68

Gutachten

(1757 Nov. 21) Anonym [Mignot, Etienne]: Histoire de la reception du Concile de Trente dans les differens Etats catholiques [...]. - A Amsterdam [i.e. Paris] : chez Arkstee, et Merkus [i.e Vincent], 1756.
   ACDF Index Prot. 85 (1755-1757), Bl. 49r-51r, 5 S.

(1758 Dez. 5) Anonym [Boureau-Deslandes, André François]: Reflexions sur les grands hommes qui sont morts en plaisantant. - Amsterdam : Aux dépens de la Compagnie, 1758.
   nicht aufgefunden (Hinweis in ACDF Index Diari 17 [1749-1763], Bl. 73r)

(1759 Juli 23) Massuet, Pierre: Elemens de la philosophie moderne [...]. - Amsterdam : chez Z. Chatelain et fils, 1752.
   ACDF Index Prot. 86 (1757-1759), Bl. 320r-322r, 5 S.

(1760 Mai 19) Anonym [Leon, Johann Michael von]: La Véritable religion, unique dans son espèce, universelle dans ses principes, corrompue par les disputes des théologiens [...]. - Francfort ; Leipsic : Jean-Fréd. Fleischer, 1751.
   ACDF Index Prot. 87 (1759-1762), Bl. 107r-111r, 9 S.

(1761 Aug. 24) Anonym [Thourneyser, Stephanus]: Lettre d'un philosophe, dans laquelle on prouve que l'atheisme et le déréglement des moeurs ne sauroient s'établir dans le système de la nécessité. - A Genève : chez Antoine Philibert, 1751.
   ACDF Index Prot. 87 (1759-1762), Bl. 264r-266v, 6 S.

(1762 Sept. 6) Anonym: Histoire D'un Peuple Nouveau, Ou Découverte d'une Isle à 43. Dégrés 14. Minutes de Latitude Méridionale par David Tompson [...]. - A Londres : Aux dépens d'une Société de Libraires, 1757.
   ACDF Index Prot. 87 (1759-1762), Bl. 362r-365v, 8 S.

(1763 Juli 8) Zimmermann, Johannes Jakob: Opuscula theologici, historici, et philosophici argumenti. - Tiguri : typis Gessnarianis, 1751-1757.
   ACDF Index Prot. 88 (1763-1767), Bl. 94r-95v, 4 S.

(1764 Aug. 13) Anonym [Bernard, Jean Frédéric]: Eloge de l'enfer : ouvrage critique, historique, et moral. - A la Haye : chez Pierre Gosse Junior, 1759.
   ACDF Index Prot. 88 (1763-1767), Bl. 183r-185v, 6 S.

(1765 Juli 8) Anonym [Grafigny, Françoise D'Issembourg D'Happoncourt de]: Lettres d'une Peruvienne. - A Peine : [S.n.], [1747].
   ACDF Index Prot. 88 (1763-1767), Bl. 236r-238v, 6 S. (Doppelgutachten)

(1765 Juli 8) Anonym [Voltaire]: Dictionnaire philosophique, portatif. - Londres : [S.n.], 1765.
   ACDF Index Prot. 88 (1763-1767), Bl. 236r-238v, 6 S. (Doppelgutachten)

(1766 Juni 16)	Rousseau, Jean-Jaques: (1) Du contrat social; ou Principes du droit politique [...]. - A Amsterdam : chez Marc-Michel Rey, 1762. (2) J. Jacques Rousseau, citoyen de Genève a Christophe de Beaumont [...]. - A Amsterdam : chez Marc-Michel Rey, 1766. ACDF Index Prot. 88 (1763-1767), Bl. 358r-360r, 5 S. (Doppelgutachten)
(1767 Mai 25)	Krapf, Nikolaus Ambrosius: Annotationes medico-morales quoad quaestiones ponderosiores, multasque difficultates matrimoniales [...]. - Augustae Vindel. : sumptibus Matthaei Rieger, 1765. ACDF Index Prot. 89 (1767-1770), Bl. 93r-95r, 5 S.
(1768 März 1)	Anonym [Millot, Claude Françoise Xavier]: Histoire philosophique de l'homme. - A Londres [i.e. Paris] : chez Nourse [i.e. Prault], 1766. ACDF Index Prot. 89 (1767-1770), Bl. 255r-256v, 4 S.
(1768 Dez. 12)	Bazin, Abbé <Pseudonym> [Voltaire]: La Philosophie de l'Histoire [...]. - À Amsterdam : chez Changuion, 1765. ACDF Index Prot. 89 (1767-1770), Bl. 327r-328v, 4 S.
(1769 Aug. 11)	Anonym [Voltaire]: L'Evangile Du Jour. - Londres [i.e. Amsterdam] : [S.n.], 1769-1770. ACDF Index Prot. 89 (1767-1770), Bl. 388r-391v, 5 S. (Doppelgutachten)
(1769 Aug. 11)	Anonym [Prades, Jean Martin de] ; Fleury, Claude: Abrégé De L'Histoire Ecclésiastique De Fleury [...]. - Berne [i.e. Berlin] : [S.n.], 1766. ACDF Index Prot. 89 (1767-1770), Bl. 388r-391v, 5 S. (Doppelgutachten)
(1770)	Voltaire (Hg.): L'Evangile Du Jour [...]. - Londres [i.e. Amsterdam] : [Marc-Michel Rey], 1769. ACDF SO CL 1770, Nr. 2, 2 S.
(1770)	♦ Anonym [Prades, Jean Martin De]: Abrégé De L'Histoire ecclésiastique De Fleury [...]. - A Berne [i.e. Berlin] : [S.n.], 1767. ACDF SO CL 1770, Nr. 2, 6 S.
(1770 März 26)	Freret, Nicolas: Examen critique des apologistes de la religion chretienne [...]. - [S.l.] : [S.n.], 1768. ACDF Index Prot. 89 (1767-1770), Bl. 465r-466v, 4 S.
(1771 Mai 24)	Anonym [Bernard, Jean Frédéric ; Mirabaud, Jean Baptiste de <Pseudonym> (u.a.)]: Le Monde, Son Origine, Et Son Antiquité. - A Londres [i.e. Paris] : [Briasson], 1751. ACDF Index Prot. 90 (1771-1773), Bl. 19r-21r, 5 S. (Doppelgutachten)
(1771 Mai 24)	Maillet, Benoît de: Telliamed, ou, Entretiens d'un philosophe indien avec un missionaire françois sur la diminution de la mer, la formation de la terre, l'origine de l'homme [...]. - Basle : Chez les libraires associés, 1749. ACDF Index Prot. 90 (1771-1773), Bl. 19r-21r, 5 S. (Doppelgutachten)

Erba 448

(1772 Aug. 24)   E. B. D'E. [Engel, Samuel]: Essai sur cette question: Quand et comment l'Amérique a-t-elle été peuplée d'hommes et d'animaux? [...]. - Amsterdam : M.M. Rey, 1767.
         ACDF Index Prot. 90 (1771-1773), Bl. 220r-223v, 8 S.

(1773 Nov. 15)   Anonym [Mercier, Louis-Sébastien]: L' An Deux Mille Quatre Cent Quarante. Réve s'il en fùt jamais [...]. - A Londres : [S.n.], 1772.
         ACDF Index Prot. 90 (1771-1773), Bl. 371r-373r, 5 S.

(1774 Aug. 29)   ♦ Helvétius, Claude Adrien: De L'Homme De Ses Facultés Intellectuelles Et De Son Éducation : Ouvrage Posthume [...]. - A Londres [i.e. Paris?] : Chez La Société Typographique, 1773.
         ACDF Index Prot. 91 (1773-1778), Bl. 49r-53v, 10 S.

(1775 Aug. 18)   B*** [Lanjuinais, Joseph]: L'Esprit du pape Clément XIV mis au jour [...]. - Amsterdam : M. Klootmann, 1775.
         ACDF Index Prot. 91 (1773-1778), Bl. 62r-64v, 6 S. (Doppelgutachten)

(1775 Aug. 18)   Anonym [Holbach, Paul Henry Thiery d']: Le Bon Sens, Ou Idées Naturelles Opposées Aux Idées Surnaturelles. - A Londres : [S.n.], 1774.
         ACDF Index Prot. 91 (1773-1778), Bl. 62r-64v, 6 S. (Doppelgutachten)

(1776)   Vigo, Girolamo Maria: Il Paroco in Dottrina o sia Dottrina Cristiana spiegata per lo spazio di dieciotto anni di cura à suoi Parochiani. - [S.a.]. (Manuskript)
         ACDF SO CL 1776, Nr. 10, 14 S.

(1777)   Anonym [Sangallo, Giulio Antonio]: Romani Pontificis summa potestas iurisdictio et praestantia Oecumenicorum Conciliorum iudicia [...]. (Manuskript)
         ACDF SO CL 1777 = ACDF SO St.St. O-4-i, [Nr. 5], 3 S.

(1781)   Anonym: Raccolta di varj esercizj di pieta [...]. - In Bologna : per Lelio dalla Volpe, 1777.
         ACDF SO CL 1781, Nr. 6, 39 S. (Doppelgutachten); ACDF SO CL 1781, Nr. 6, 87 S. (Doppelgutachten)

(1781)   Anonym: Esame critico teologico, che servirà per fare una errata corrige ad un certo libro stampato in Bologna per Lelio della Volpe l'anno 1777. intitolato: Raccolta di varj esercizi di pietà [...]. - In Venezia : per Giambatista Novelli, 1779.
         ACDF SO CL 1781, Nr. 6, 39 S. (Doppelgutachten); ACDF SO CL 1781, Nr. 6, 87 S. (Doppelgutachten)

(1787)   Calà, Carlo: De contrabannis clericorum in rebus extrahi prohibitis a Regno Neapolitano [...]. - [Napoli] : [S.n.], [1646?].
         ACDF SO CL 1786-1788, Nr. 7, 33 S.

(1788)   Anonym: Raccolta di varj esercizj di pieta [...]. - In Bologna : per Lelio dalla Volpe, 1777.
         ACDF SO CL 1788, Nr. 5, 107 S.

(1788)   Anonym: Esame critico teologico, che servirà per fare una errata corrige ad un certo libro stampato in Bologna per Lelio della Volpe

(1788)	l'anno 1777. intitolato: Raccolta di varj esercizi di pietà [...]. - In Venezia : per Giambatista Novelli, 1779. ACDF SO CL 1788, Nr. 5, 90 S. ♦ Eybel, Joseph Valentin: Was enthalten die Urkunden des christlichen Althertums von der Ohrenbeichte [...]. - Wien : bey Joseph Edlen von Kurzbek, 1784. ACDF SO CL 1788, Nr. 6, 11 S.

Pietro Paolo Petrucci d'Este OSH

Geboren	[um 1678] in [Neapel]
Gestorben	1744 März 20 in Neapel
Lebenslauf	
	Lektor für Philosophie in Salerno (für 3 Jahre)
	Lektor für Moraltheologie in Neapel (für 3 Jahre)
[1712]	Lektor für Theologie in Rom
[1713]	Relator der CIndex, Antrag auf Ernennung
	ACDF Index Prot. 70 (1713-1715), Bl. 143r (Bewerbung Estes o.D. an die CIndex mit Angaben zum Lebenslauf)
1713 Sept. 19	Relator der CIndex, Ernennung
	ACDF Index Prot. 81 (1737-1740), Bl. 440v; ACDF Index Diari 14 (1708-1721), Bl. 74r
1716 März 7	Konsultor der CIndex, Ernennung
	ACDF Index Diari 14 (1708-1721), Bl. 102r (Feria II. 27. Apr. 1716, Bericht Sekr. der CIndex über päpstliche Ernennung)
1719	Rektor des Klosters S. Giovanni Battista, Foligno (Umbrien)
1722	Rektor des Klosters S. Marco, Montisbirotti (sofortiger Rücktritt)
1722	Rektor des Klosters S. Giovanni Battista, Foligno (bis 1728)
1727 Dez. 24	Generalprokurator des Ordens in Rom (bis 1730)
1731	Provinzial der italienischen Ordensprovinz („provincia anconitana") (bis 1734)
1734	Hauptgründer der neapolitanischen Ordensprovinz (Abtrennung von der italienischen)
1734 Mai	Provinzial der neapolitanischen Ordensprovinz
Gutachten	
(1714 März 15)	Volpe, Angelo: Sacrae theologiae summa Ioannis Duns Scoti doctoris subtil[issi]mi et commentaria quibus eius doctrina elucidatur, comprobatur, defenditur [...]. - Neapoli : apud Lazarum Scorigium, 1622-1646. (Bd. 2/2) ACDF Index Prot. 70 (1713-1715), Bl. 236r-243r, 15 S.
(1716 Jan. 20)	Volpe, Angelo: Sacrae theologiae summa Ioannis Duns Scoti doctoris subtil[issi]mi et commentaria quibus eius doctrina elucidatur, com-

probatur, defenditur [...]. - Neapoli : apud Lazarum Scorigium, 1622-1646. (Bd. 2/1)

ACDF Index Prot. 71 (1715-1721), Bl. 154r-158v, 10 S.

Literatur
- Bullarium Ordinis S. Hieronymi Congregationis B. Petri de Pisis olim Romae typis impressum anno 1573 : nunc vero aliis tum veteribus, tum recentioribus Summorum Pontificum constitutionibus auctum, & quibusdam annotationibus illustratum a Sacerdote ejusdem Ordinis, & Congreg. - Venetiis : apud Josephum Corona, 1736, 89.
- Sajanello, Giovanni Battista: Historica monumenta ordinis Sancti Hieronymi congregationis B. Petri de Pisis [...]. - Editio secunda longe auctior, et correctior, ac documentis nunc primum editis illustrata. - Venetiis : typis Antonii Zattae, 1758-1762. - 3 vol., hier: vol. 1, 419.422.425.572.574; vol. 3, 6.

César d'Estrées

Geboren 1629 Juni 3 [andere: 1628 Febr. 5] in Paris
Gestorben 1714 Dez. 18 in Paris

Familie
César war der dritte Sohn des Herzogs François-Annibal I. d'Estrées, pair und maréchal de France, und der Marie de Béthune-Charost. Der mütterliche Onkel Henri de Béthune (gest. 1680), Erzbischof von Bordeaux, erteilte seinem Neffen César 1665 die Bischofsweihe. Der Neffe Jean d'Estrees (gest. 1694) wurde 1681 Nachfolger seines Onkels César als Bischof von Laon. Der Vater wie die Brüder des Kardinals, Jean d'Estrées (1624-1707), vice-amiral de France, und Herzog François-Annibal II. d'Estrées, verstorben 1687 als Botschafter Frankreichs in Rom, standen im Dienst Ludwigs XIV. und somit in mehr oder weniger großer Spannung zu den Vertretern der Päpste. Vgl. DBF 13 zu verschiedenen Mitgliedern der Familie.

Lebenslauf

	Studium am Collège de Navarre, Paris
1634	Kommendatarabt von Longpont (Diözese Soissons); später Inhaber zahlreicher weiterer Pfründen und Kommenden
1655 Aug. 30	Bischof von Laon (bis 2. Juni 1681, Verzicht)
1658	Mitglied der Académie Française
1668	Wichtiger Vermittler beim Friedensschluss zwischen vier französischen Bischöfen und dem Hl. Stuhl im Streit um den Jansenismus („Pax Clementina", 1669)
1671 Aug. 24	Kardinal in petto (publiziert 16. Mai 1672)
1672 Aug. 8	Zuteilung der Titelkirche S. Maria in Via Lata
1672 [Aug. 8]	Mitglied der CIndex, Ernennung
1672 [Aug. 8]	Mitglied der CEpReg und CConcilio

1673 Juli 19	Mitglied des SO, Amtsantritt durch Eidesleistung ACDF SO Juramenta 1656-1700, Bl. 310r.323v; ACDF SO Priv. 1750-1754, Bl. 423v (26. Juli „ammesso"; „Nota de' Sig.ri Cardinali Segretarj")
1678 Jan. 1	Botschafter in Bayern (bis 5. Mai 1679)
[1681]	Mitglied der CProp
1687 Jan.	Geschäftsträger der Botschaft in Rom (bis Sept. 1687)
1687	Aktiv beteiligt an der römischen Verurteilung von Miguel de Molinos und den Quietisten
1692 Jan. 21	Jacques Robert Diroys, Adjutor von d'Estrées, Amtsantritt durch Eidesleistung ACDF SO Extens. 1680-1690 [-1707] = ACDF SO St.St. Q-1-p, Bl. 209r („Jacobus Robertus Parisinus Ritois")
1698 Sept. 15	Suburbikarischer Bischof von Albano
1700 Dez. 16	Botschafter in Rom (bis 7. Jan. 1701)
1701	Botschafter in Genua, Mailand, Mantua und Venedig (bis 1702)

Literatur
- Blet, Pierre: Le clergé de France, Louis XIV et le Saint Siège de 1695 a 1715 (Collectanea Archivi Vaticani ; 25). - Cité du Vatican 1989, 248-251 u.ö.
- Blet, Pierre: Les Assemblees du clergé et Louis XIV de 1670 à 1693 (Analecta Gregoriana ; 189). - Rome 1972, 220-255 u.ö.
- Costa, Gustavo: Malebranche e Roma. Documenti dell'Archivio della Congregazione per la Dottrina della Fede (Le correspondenze letterarie, scientifiche ed erudite dal Rinascimento all'età moderna. Subsidia ; 3). - Firenze 2003, 34.
- Dainville-Barbiche, Ségolène de (Hg.): Correspondance du nonce en France Fabrizio Spada (1674-1675) (Acta nuntiaturae gallicae ; 15). - Rome 1982, 22 u.ö.
- DBF 13 (1975), 144-147 von R. Darricau.
- DHGE 15 (1963), 1087f. von T. de Morembert.
- Dudon, Paul: Le quiétiste espagnol: Michel Molinos (1628-1696). - Paris 1921, 166-172 u.ö.
- EC 4 (1950), 562 von Antonio Cistellini.
- Germain, Michel: Lettres d'Italie (1685-1686), publiées par John Paul McDonald. - Florence 1992, XXf. u.ö.
- Grafinger, Christine Maria: Die Ausleihe Vatikanischer Handschriften und Druckwerke (1563-1700) (StT ; 360). - Città del Vaticano 1993, 268f.
- Hierarchia Catholica 7, 40.228.
- Lesaulnier, Jean: Jansénius et plusieurs amis de Port-Royal: François Diroys, in: L'image de C. Jansénius jusqu'à la fin du XVIIIe siècle. Actes du colloque, Louvain, 7-9 novembre 1985. - Louvain 1987, 77-92. [zum Jansenisten Diroys, Sekretär von d'Estrées in Rom]
- Lesaulnier, Jean: Saint-Simon et la retraite de César d'Estrées à l'abbaye de Saint-Germain-des-Prés (1704-1714), in: Cahiers Saint-Simon 22 (1994), 17-27.
- Michaud, Eugène: Louis XIV et Innocent XI d'après les correspondances diplomatiques inédites du Ministère des affaires étrangères de la France. - 4 vol. - Paris 1882-1883.

- Neveu, Bruno (Hg.): Correspondance du nonce en France Angelo Ranuzzi (1683-1689) (Acta nuntiaturae gallicae ; 11). - 2 vol. - Rome 1973, hier: vol. 1, 69-73 u.ö.
- Neveu, Bruno: Sébastien Joseph du Cambout de Pontchâteau (1634-1690) et ses missions à Rome d'après sa correspondance et des documents inédits (Mélanges d'Archéologie et d'Histoire. Suppléments ; 7). - Paris [1969], 264f. u.ö.
- Ormesson, Wladimir d': Le Clergé et l'Académie. - Paris 1965, 51-55.
- Pastor 14/1, 640-647; 14/2, 915-917 u.ö.
- Repertorium der diplomatischen Vertreter aller Länder seit dem Westfälischen Frieden (1648). Hg. von Leo Bittner, Friedrich Hausmann, Otto Friedrich Winter. - 3 Bde. - Zürich 1950-1965, hier: Bd. 1, 208.223f.227f.233.240.244.
- Seidler, Sabrina M.: Il teatro del mondo. Diplomatische und journalistische Relationen vom römischen Hof aus dem 17. Jahrhundert (Beiträge zur Kirchen- und Kulturgeschichte ; 3). - Frankfurt a.M. 1996, 372f.
- Weber, Christoph (Hg.): Die ältesten päpstlichen Staatshandbücher. Elenchus Congregationum, Tribunalium et Collegiorum Urbis 1629-1714 (RQ Supplementheft ; 45). - Rom u.a. 1991, 100.

Eusebio del Ss. Sacramento OSST

Namensvariante   Manuel Martínez (Taufname)

Geboren   1669 Juni 30 in Madrid
Gestorben   1737 Apr. 25

Familie
Getauft als Manuel Martínez, Sohn von Don Miguel Martínez und Doña Angela Nájera. In den Quellen heißt Pater Eusebio gelegentlich: Eustachio del Ss. Sacramento.

Lebenslauf
1684 Apr. 16	Ordenseintritt in Madrid (Einkleidung)
1685 Juli 1	Ordensprofess in Madrid
	Dozent für Philosophie und Theologie
	Missionar und Prediger in Spanien und Portugal (auch Hofprediger)
	Generalprokurator des Ordens am spanischen Hof
	Revisor librorum (Expurgator) der spanischen Inquisition
	Aufenthalt in Rom unter Innozenz XIII., dort gefördert vom Botschafter Portugals
1725	Berater beim Römischen Konzil
	Zensor von Schriften in Rom im Auftrag des Magister S. Palatii
[1726]	Konsultor der CIndex, Antrag auf Ernennung
	ACDF Index Prot. 74 (1726), Bl. 15 (Bewerbung P. Eusebios o.D. an den Papst)

1726 Jan. 15 Konsultor der CIndex, Ernennung
　　　　　　　ACDF Index Prot. 74 (1726), Bl. 15; ACDF Index Diari 15
　　　　　　　(1721-1734), Bl. 47; ACDF Index Prot. 81 (1737-1740), Bl. 442v
　　　　　　　(„Consultor")
　　　　　　　Generalchronograph des Ordens

Gutachten
1726 Apr. 29 Pouget, François-Aimé ; Colbert, Charles Joachim <Montpellier,
　　　　　　　Bischof> : Instrucciones generales, en forma de cathecismo [...]. - En
　　　　　　　Madrid : por Antonio Gonçalez de Reyes, 1713.
　　　　　　　ACDF Index Prot. 74 (1726), Bl. 142r-143v, 4 S.
(1728 Jan. 27) Paz, Juan de: Consultas y resoluciones varias theologicas, juridicas,
　　　　　　　regulares y morales [...]. - En Seuilla : por Thòmas Lopez de Haro,
　　　　　　　1687.
　　　　　　　ACDF Index Prot. 76 (1727-1728), Bl. 217r-218v, 4 S.

Eigene Werke
- Compendio cronológico de la vida admirable y virtudes heroicas del Beato Vicente de Paul, Fundador de la Congregación de la Misión, y de las Hijas de la Caridad llamadas también las Siervas de los Pobres. - Roma : Imprenta de Antonio de Rossis, 1730. - [12] Bl., 393 S. [18] Bl.
- Dominicale expositivum in quo exponuntur Expistola Catholica S. Judae Thaddaei Apostoli et tria novi Testamenti Cantica catenata explicatione Versionum SS. Patrum aliorumque Interpretum. - Romae : Raph. Peveroni, 1730, - [4] Bl., 434 S.
- Tractatus de pertinentibus ad celebrationem jejunis ecclesiast. quatuor anni temporum. - Romae : typ. Pet. Ferri, 1724. - [4] Bl., 434 S.
- Vida del Vener. Padre F. Tomas de la Virgen, religioso de el orden de Descalzos de la Santisima Trinidad. - Madrid : Por Blas de Villanueva, [1717]. - 130 S.
- Vida del Venerable P. y Apostólico Varon Fr. Juan Bautista de la Concepcion Fundador del Orden de Descalzos de la Santisima Trinidad, Redencion de Cautivos. - [Madrid] : [Imp. de Blas de Villanueva], [1716].

Literatur
- Aguilar Piñal, Francisco: Bibliografia de autores españoles del siglo XVIII. - 10 vol. - Madrid 1981-2001, hier: vol. 3, 246f.
- Antonio <de la Asunción> (Hg.): Diccionario de escritores trinitarios de España y Portugal. Con un apéndice latino de escritores de toda la orden. - 2 vol. - Roma 1898-1899, hier: vol. 2, 335-341.
- Michael <a S. Joseph>: Bibliographia critica, sacra et prophana. - Matriti : Ex Typographia Antoni Marin, 1740-1742. - 4 vol., hier: vol. 2, 246f.

Eustachio da S. Maria OCD

Namensvariante Carlo dei Sebastiani (Taufname)

Geboren 1681 Jan. 2 in Rom
Gestorben 1754 März 17 in Rom

Familie

Pater Eustachio stammte aus dem Haus der conti Sebastiani in Caprarola nördlich von Rom, wo der Karmeliterorden sein Ausbildungskolleg unterhielt. Zwei Söhne des Grafen Giuseppe Sebastiani und seiner Ehefrau Polissena Lorenzi traten bei den Karmelitern ein: Girolamo (1623-1689), seit 1640 Karmelit als Joseph a S. Maria OCD, Apostolischer Kommissar in Indien (zur Zeit des Schismas der Thomaschristen) und Bischof in Città di Castello (Umbrien), sowie Francesco Sebastiani (1629-1666), als Eustachius a S. Matthaeo OCD, Begleiter seines Bruders in Indien. Ihr Neffe, der hier interessierende Eustachio da S. Maria, veröffentlichte 1719 eine Lebensbeschreibung der beiden Onkel (vgl. den Titel „Istoria" unter Eigene Werke).

Lebenslauf

	Advokat in Rom
1703 März 25	Ordenseintritt in den Konvent S. Maria della Scala, Rom (als „Carlo Giuseppe di S. Cecilia")
1704 März 25	Ordensprofess (mit dem Namen „Eustachio da S. Maria")
	Lektor für Philosophie, Theologie und Moraltheologie in Rom (für zwölf Jahre)
1709	Aufträge vom SO und der CRiti in Rom
	Provinzialdefinitor des Ordens
	Berater der Kardinäle S. A. → Tanara und T. → Ruffo
	Theologe des Kardinals A. → Falconieri
	Konsultor der CRiti
1723 Apr. 12	Relator der CIndex, Ernennung
	ACDF Index Prot. 81 (1737-1740), Bl. 442r
1724	Prior von S. Maria della Scala, Rom
1725	Konsultor des Römischen Konzils
1725 [Sept.]	Qualifikator des SO, Antrag auf Ernennung
	ACDF SO Priv. 1710-1727, Bl. 670r (Bewerbung P. Eustachios o.D. an den Papst mit Angaben zum Lebenslauf).671 (Empfehlung des Generaloberen des Ordens vom 22. Sept.)
1725 Sept. 27	Qualifikator des SO, Ernennung
	ACDF SO Priv. 1710-1727, Bl. 673 (Audienzdekret des Papstes)
1725 Sept. 28	Qualifikator des SO, Amtsantritt durch Eidesleistung
	ACDF SO Juramenta 1725-1736, o.Bl.
1726	Zensor der Accademia Teologica, Rom

Gutachten

1722 Mai 20	Nuti, Carlo: Itinerario dell'anima Pellegrina appartenente alli incipienti proficienti, e perficienti nella via spirituale [...]. - [S.a.]. (Manuskript) ACDF SO CL 1722-1723, Nr. 4, 19 S.
(1729)	Sacrosanctum Concilium Tridentinum : Additis Declarationibus Cardinalium Concilii Interpretum ex ultimâ recognitione Joannis Gallemart, Et Citationibus Joannis Sotealli Theologi, Et Horatii Lucii, J.C. Nec non Remissionibus D. Avgvstini Barbosae [...]. - Coloniae Agrippinae : Metternich, 1728. ACDF SO CL 1729-1732, Nr. 1, 4 S.
[1730 Aug. 9]	Pritanius, Lamindus <Pseudonym> [Muratori, Lodovico Antonio]: De ingeniorum moderatione in religionis negotio [...]. - Venetiis : apud Sebastianum Coleti, 1727. ACDF SO CL 1729-1732, Nr. 28, 13 S.
[1733 Juni 25]	Campani, Mario (Agostino?): Prolegomina seu methodus facile cognoscendi Canones et Capita in Canonicis Iuris Corpore false dispersa a veris [...]. - [1728/1730]. (Manuskript) ACDF SO CL 1733-1734, Nr. 4, 11 S.

Eigene Werke

- Anonym: Compendium Vitae S. P. N. Ioannis a Cruce. - Romae : [S.n.], 1717.
- Brieve ragguaglio della vita, virtù, e miracoli del nostro santo padre Giovanni della Croce, primo carmelitano scalzo [...]. – In Roma : per il Ferri, 1727.
- Istoria della vita, virtù, doni, e fatti illustri del ven. monsignor Fr. Giuseppe di S. Maria de' Sebastiani, dell' Ordine de' Carmelitani Scalzi [...]. - In Roma : nella Stamperia di Rocco Bernabò, 1719. - [32], 616, [8] S.
- Ristretto della vita, virtù, doni, e grazie della divotissima vergine suor Anna Maria Teresa di Gesù carmelitana nel monastero di S. Maria Maddalena d'Orvieto, ordinato da un benefattore di detto monastero della medesima città. - In Roma : per il Bernabo, 1718. - [8] Bl., 122 S.

Literatur

- Concilium Romanum in Sacrosancta Basilica Lateranensi celebratum Anno Universalis Jubilaei MDCCXXV. a sanctissimo Patre, & Dno Nostro Benedicto Papa XIII. Pontificatus sui Anno I. - Romae : ex Typographia Rocchi Bernabò, 1725, 126.
- Ambrosius <a Sancta Teresia>: Historia Ordinis. Hierarchia Carmelitana, in: AOCD 11 (1936), 188-205. [zu Girolamo Sebastiani]
- Ambrosius <a Sancta Teresia>: Nomenclator Missionariorum Ordinis Carmelitarum Discalceatorum. - Romae 1944. [Reimpressum iuxta AOCD 17 (1942), 15-118.170-268; 18 (1943), 9-122.152-235], 225f.
- Bartolomeo <da S. Angelo>: Collectio scriptorum Ordinis Carmelitarum Excalceatorum utriusque congregationis et sexus cui accedit supplementum scriptorum Ordinis qui aut obliti fuerunt aut recentius vixerunt auctore et collectore P. F. Henrico M.

a SS. Sacramento. Accedunt insuper Catalogus episcoporum, index praepositorum generalium et Prospectus provinciarum et coenobiorum ordinis. - 2 vol. - Savonae 1884, hier: vol. 1, 194f.
- Ciferri, Elvio: Tifernati illustri. - 2 vol. - Perugia 2000, hier: vol. 1, 205-212. [zu Bischof Sebastiani]
- DHGE 16 (1967), 9 von Roger Aubert.
- Di Ruzza, Onorio: Sintesi storico-cronologica della Provincia Romana dei Padri Carmelitani Scalzi. - Roma 1987, 148.
- DSp 4 (1961), 1705f. von Valentino di S. Maria.
- EC 5 (1950), 862 von Ambrogio di S. Teresa.
- Marcellinus <a S. Teresia>: Series professionum emissarum in coenobio S. Mariae de Scala, Urbis; Series V, in: AOCD 14 (1939), 57-89, hier: 62 [zu Joseph a S. Maria; im gleichen Bd. S. 225-227 zu Eustachius a S. Matthaeo]
- Silvestrelli, Antonio: Storia della Pontificia Accademia Teologica dalla Fondazione al 1770. - Diss. masch. Pontificia Università Lateranense. - Roma 1963, 475.
- Werth, Karl: Das Schisma der Thomaschristen unter Erzbischof Franciscus Garzia. Dargestellt nach den Akten des Archivs der Sacra Congregatio de Propaganda Fide. - Limburg 1937, bes. 75-167.
- [Villiers de Saint-Étienne, Cosme de]: Bibliotheca Carmelitana, notis criticis et dissertationibus illustrata [...]. - Aurelianis : excudebant M. Couret de Villeneuve et Joannes Rouzeau-Montaut, 1752. - 2 vol. ; ND Rom 1927, hier: vol. 1, 453f.

Jacobus van Eyl SJ

Geboren 1658 in Arnheim
Gestorben 1730 Nov. 19 in Hal (Brabant)

Lebenslauf

Mitglied der flandro-belgischen Ordensprovinz
Poenitentiarius an St. Peter, Rom (für 19 Jahre)
1701 [Votante des SO]
Vizerektor des Kollegs der Poenitentiarii
Rektor der Ordenskollegien in Löwen und Lierre (Antwerpen)
Rektor der Jesuiten-Residenz Hal (Brabant)

Gutachten
[1701 Aug. 3] De kleine getyden of bedestonden van de H. Maegd Maria. - T'Utrecht : [S.n.], 1699.
ACDF SO CL 1701-1702, Nr. 13, 19 S.

Literatur
- NNBW 4, 1562.
- Poncelet, Alfred: Nécrologe des Jésuites de la Province flandro-belge. - Wetteren 1931, 154.

- Sommervogel 3 (1892), 4288.
- Wicki, Josef: Die Jesuitenbeichtväter in St. Peter, Rom, 1569-1773. Ein geschichtlicher Überblick, in: AHSI 56 (1987), 83-115, hier: 108.

F

Carlo Maria Nicola Fabi OSA

Namensvariante Girolamo Antonio Fabi OSA (Taufname)

Geboren 1721 Okt. 8 in Viadana (Mantua)
Gestorben 1803 März 16 in Bobbio (Piacenza)

Familie
Die Eltern, Giovanni Fabi und Clara Borsella aus einer Notarsfamilie, wurden adelig genannt, ohne dass eine konkrete Verbriefung bekannt wurde.

Lebenslauf

	Ordenseintritt in Viadana
1738 Mai 23	Einkleidung in Tolentino
1739	Ordensprofess in Tolentino
[1739]	Studium der Theologie und Philosophie an S. Maria del Popolo, Rom
1744 Dez. 19	Priesterweihe in Rom
1749	Lektor für Theologie an S. Maria del Popolo, Rom (bis 1761)
	Generalvisitator und Generaldefinitor des Ordens
	Mitglied der Accademia dell'Arcadia, Rom (als „Artemidoro Lilibetano")
1753 Febr. 20	Relator der CIndex, [Ernennung]
	ACDF Index Diari 17 (1749-1763), Bl. 43r (erstes Referat)
1753 [Aug.]	Konsultor der CIndex, Antrag auf Ernennung
	ACDF Index Prot. 84 (1753-1754), Bl. 346r (Bewerbung Fabis o.D. an die CIndex)
1753 Aug. 10	Konsultor der CIndex, Ernennung
	ACDF Index Diari 17 (1749-1763), Bl. 43r (Vermerk Sekr. der CIndex über Papstaudienz)
[1761]	Prior von Viadana (bis 1764)
1764	Professor für Philosophie und (ab 1766) Theologie an der Universität Cagliari (Sardinien) (bis 1770)
1770	Professor für Moraltheologie an der Universität Turin (dort enge Verbindung zu Kardinal H.-S. → Gerdil)
1781 Sept. 17	Bischof von Bobbio (Piacenza) (auf Vorschlag von König Vittorio Amadeo II.)

Gutachten

(1753 Febr. 20) Nova acta eruditorum. - Lipsiae : [Gleditsch et Lanckis], (1749); (1750).
 ACDF Index Prot. 84 (1753-1754), Bl. 203r-205r, 5 S.

(1753 Mai 20) Viccei, Cassio: Imeneo epitalamio per le felicissime nozze dell'illustrissimo signore Gianfranco Viccei [...]. - In Venezia : [S.n.], [1752].
 ACDF Index Prot. 84 (1753-1754), Bl. 240r-242r, 5 S.

(1753 Aug. 20) Wolle, Christoph: Hermeneutica novi foederis acroamatico-dogmatica [...]. - Lipsiae : Svmptv Joan. Chrisitiani Martini, 1736.
 ACDF Index Prot. 84 (1753-1754), Bl. 342r-345r, 7 S.

(1754 Dez. 3) Faba Cromaziano, Appio Anneo de <Pseudonym> [Buonafede, Appiano]: Ritratti poetici, storici, e critici di varj uomini di lettere [...]. - In Napoli : nella stamperia di Giovanni di Simone, 1745.
 ACDF Index Prot. 85 (1755-1757), Bl. 365r-370r, 11 S. (Doppelgutachten)

(1754 Dez. 3) Hiebel, Venustian (Praes.) ; Duschl, Stanislaus (Resp.) ; Hämmel, Clarentius (Resp.): Justificatio Parvuli, Sine Martyrio, Et Sacramento Baptismi In Re Suscepto, Decedentis / Publicae Disputationi [...]. - [Landshut] : Schallnkammer, 1753.
 ACDF Index Prot. 85 (1755-1757), Bl. 365r-370r, 11 S. (Doppelgutachten)

(1755 Juli 28) ♦ Voltaire: Abrégé de l'histoire universelle [...]. - A Londres : chez Jean Nourse, 1754.
 ACDF Index Prot. 85 (1755-1757), Bl. 301r-306r, 13 S. (Sammelgutachten)

(1755 Juli 28) ♦ Voltaire: Essai sur l'histoire universelle depuis Charlemagne [...]. - A Basle ; A Dresde : Chez George Conrad Walther, 1754.
 ACDF Index Prot. 85 (1755-1757), Bl. 301r-306r, 13 S. (Sammelgutachten)

(1755 Juli 28) ♦ Anonym [Pérau, Gabriel Louis Calabre]: L'ordre des francs-maçons trahi et le secret des mopses révélé. - Amsterdam : [S.n.], 1745.
 ACDF Index Prot. 85 (1755-1757), Bl. 301r-306r, 13 S. (Sammelgutachten)

(1756 Aug. 31) ♦ Genovesi, Antonio: Elementa artis logicocriticae libri V. [...]. - Neapoli : ex Typographia Benedicti, et Ignatii Gessari, 1748.
 nicht aufgefunden (Hinweis in ACDF Index Prot. 85 [1755-1757], Bl. 185r; ACDF Index Diari 17 [1749-1763], Bl. 62r-63r).

(1757 Juni 13) Anonym [Mignot, Etienne]: Mémoire sur les libertés de l'Eglise gallicane. - Amsterdam : Arkstée et Merkus, 1755.
 ACDF Index Prot. 85 (1755-1757), Bl. 88r-90v, 6 S.

Literatur
- DBI 43 (1993), 697-699 von G. Fagioli Vercellone.
- DHGE 9 (1937), 284.
- Giorgetti Vichi, Anna Maria (Hg.): Arcadia, Academia letteraria italiana. Gli Arcadi dal 1690 al 1800. Onomasticon. - Roma 1977, 35.

- Hierarchia Catholica 6, 125.
- Lanteri, Giuseppe: Eremi sacrae Augustinianae. - 2 vol. - Romae 1874-1875, hier: vol. 1, 40f.
- Luijk, Benignus van: L'Ordine Agostiniano e la riforma monastica dal Cinquecento alla vigilia della rivoluzione francese. Un sommario cronologico-storico. - Héverlée-Leuven 1973, 356.
- Luijk, Benignus van: Les archives de la Congrégation de Lombardie et du Couvent de S. Maria del Popolo, in: Augustiniana 18 (1968), 100-115.
- Parazzi, Antonio: Appendici alle origini e vicende di Viadana e suo distretto. - Vol. 3. - Viadana 1894, 10.84.171f.
- Perini, Davide Aurelio: Bibliographia augustiniana cum notis biographicis. Scriptores italici. - 4 vol. - Firenze [1929]-1938, hier: vol. 2, 41.

Angelico Fabri OCist

Gestorben   nicht vor 1768

Lebenslauf
                           Lektor für Theologie an der Abtei Tre Fontane, Rom
1759 Dez. 3   Relator der CIndex, [Ernennung]
                           ACDF Index Diari 17 (1749-1763), Bl. 78v
[1763]   Konsultor der CIndex, Antrag auf Ernennung
                           ACDF Index Prot. 88 (1763-1767), Bl. 31r (Bewerbung Fabris o.D. an die CIndex mit Angaben zum Lebenslauf)
1763 Jan. 19   Konsultor der CIndex, Ernennung
                           ACDF Index Diari 17 (1749-1763), Bl. 101r (Vermerk Sekr. der CIndex über Papstaudienz); ACDF Index Prot. 88 (1763-1767), Bl. 34v (Vermerk Sekr. der CIndex „pro gratia")

Gutachten
(1760 Sept. 5)   Chais, Charles: Lettres historiques et dogmatiques sur les jubilés et les indulgences à l'occasion du jubilé universel célébré à Rome par Bénoît XIV [...]. - Se vend a La Haye : chez Jean Swart, 1751.
                           ACDF Index Prot. 87 (1759-1762), Bl. 140r-142r, 5 S.
(1761 Mai 8)   B*****, L'Abbé <Pseudonym> [Voltaire]: L'Oracle des Anciens Fidèles, pour servir de suite & d'éclaircissement à la Sainte Bible. - Berne : [S.n.], 1760.
                           ACDF Index Prot. 87 (1759-1762), Bl. 236r-239v, 8 S.
(1762 Mai 24)   Ralph (Dottor) <Pseudonym> [Voltaire]: Candido, o L'ottimismo [...]. - [S.l.] : [S.n.], 1759-1761.
                           ACDF Index Prot. 87 (1759-1762), Bl. 331r-334r, 7 S.
(1763 Jan. 17)   Nova acta eruditorum. - Lipsiae : [Gleditsch et Lanckis], (1752/53).
                           ACDF Index Prot. 88 (1763-1767), Bl. 22r-26r, 9 S.

(1763 Nov. 14)	Zimmermann, Johannes Jakob: Opuscula theologici, historici et philosophici argumenti. - Tiguri : typis Gessnarianis, 1751-1757.
	ACDF Index Prot. 88 (1763-1767), Bl. 121r-124v, 8 S.
(1766 Feb. 3)	Anonym [Voltaire]: Traité sur la tolérance. - [S.l.] : [S.n.], 1765.
	ACDF Index Prot. 88 (1763-1767), Bl. 291r-296r, 11 S.

Literatur
- Notizie 1768, 86. [letztmals in den Notizie als Konsultor der CIndex erwähnt]

Francesco Tommaso Fabri da Forlì OP

Geboren in [Forlì]

Lebenslauf

	Lektor in Forlì
[1769]	Generalvikar der Inquisition von Forlì
1777 Dez. 2	Generalvikar der Inquisition von Faenza, Ernennung
	ACDF SO St.St. GG-4-a, o.Bl. (mit Hinweis auf die Tätigkeit in Forlì)
1785 März 30	Secundus Socius des Commissarius des SO, Amtsantritt durch Eidesleistung
	ACDF SO Juramenta 1777-1796, Bl. 159r.160v
1789 Sept. 23	Primus Socius des Commissarius des SO, Amtsantritt durch Eidesleistung (bis 1792)
	ACDF SO Juramenta 1777-1796, o.Bl.

Literatur
- Marini, Gaetano: Lettere inedite. Publicate a cura di Enrico Carusi (StT ; 29.82-83). - 3 vol. - Città del Vaticano 1916-1940, hier: vol. 2, 262.

Carlo Agostino Fabroni

Geboren 1651 Aug. 28 in Pistoia
Gestorben 1727 Sept. 19 in Rom

Familie
Der spätere Kardinal stammte aus dem Patriziat von Pistoia, jüngster Sohn des capitano und gonfaloniere Nicola Fabroni und der Lucilla Sozzifanti, ebenfalls aus dem städtischen Adel (vgl. DBI 44, 12; Weber: Genealogien 1, 387). Die von Zeitgenossen behauptete enge Verwandtschaft mit den Rospigliosi aus Pistoia, der Familie von Papst → Clemens IX., ist nicht bewiesen und stützt sich auf die landsmannschaftliche Verbindung mit dieser Familie in Rom, wo Fabroni Auditor des zukünftigen Papstes wurde und bei dessen

Fabroni

Neffen, dem späteren Kardinal Felice Rospigliosi (gest. 1688), die Stelle des Erziehers annahm. In seiner Vaterstadt gründete Fabroni die Biblioteca Fabroniana (erbaut 1722-1726, Stiftung 1726), betreut vom Oratorium des Philipp Neri und nach dessen Säkularisation vom Domkapitel von Pistoia. Sein Vermögen vermachte Fabroni der Stiftung zum Unterhalt der Bibliothek. Ein Neffe, abate Alfonso Maria Fabroni, erbte die Briefschaften des Kardinals (vgl. Capponi: Biografia, 160).

Lebenslauf

	Studium bei den Oratorianern in Pistoia
1668 Apr. 24	Studium am Collegio und Seminario Romano
1675 Apr. 15	Dr. iur. can. und Dr. theol. in Pisa
	Lehrer (Präzeptor) im Palazzo von Felice Rospigliosi in Rom
1679 März 2	Auditor von Kardinal G. → Rospigliosi, Amtsantritt durch Eidesleistung
	ACDF SO Extens. 1670-1679 = ACDF SO St.St. Q-1-o, Bl. 310r
1686 Febr. 1	Konsultor der CIndex, Ernennung
	ACDF Index Prot. 44 (1685-1687), Bl. 128
1691 Juli 14	Sekretär der Memoriali (durch Hilfe von B. → Panciatici)
1691 Nov. 7	Eid des SO als Sekretär der Memoriali
	ACDF SO Extens. 1680-1690 [-1707] = ACDF SO St.St. Q-1-p, Bl. 206v
1695 Sept. 16	Sekretär der CProp
1695 Sept. 29	Referendar der Signaturen
1696 Sept. 6	Datar der PoenitAp
1701 Febr. 16	Konsultor des SO, Amtsantritt durch Eidesleistung
	ACDF SO Juramenta 1701-1724, Bl. 2v
1702	Sigillatore der PoenitAp
1705	Redaktor der Bulle „Vineam Domini" vom 15. Juli 1705
1706 Mai 17	Kardinal
1706 Juni 25	Zuteilung der Titelkirche S. Agostino
1706 Juli 3	Mitglied der CIndex, Ernennung
	ACDF Index Diari 13 (1704-1708), Bl. 111r
1708 Jan. 1	Mitglied des SO, Ernennung
	ACDF SO Juramenta 1701-1724, Bl. 71 (Schreiben SS)
1708 Jan. 4	Mitglied des SO, Amtsantritt durch Eidesleistung
	ACDF SO Decreta 1708, Bl. 1v; ACDF SO Juramenta 1701-1724, Bl. 74v („Nota de' Sig.ri Cardinali Segretari": „amesso")
	Mitglied der CProp, CRiti und CEpReg
1712	Mitglied der Sonderkongregation zu Quesnels „Riflessioni morali" (mit A. → Banchieri und T. M. → Ferrari)
1716 Aug. 20	Präfekt der CIndex, Ernennung
	ACDF Index Diari 14 (1708-1721), Bl. 106r; ACDF Index Prot. 71 (1715-1721), Bl. 247r (Schreiben SS vom 17. Sept. 1716 an Sekr. der CIndex)

1721 Jan. 8   Visitator des SO, Ernennung
                 ACDF SO Decreta 1721, Bl. 7v (Mitglied der Visitationskommission, als Nachfolger des verstorbenen L. → Casoni)
1721 Jan. 24   M. → Giacomelli, Auditor von Fabroni, Amtsantritt durch Eidesleistung
                 ACDF SO Juramenta 1701-1724, Bl. 319

Eigene Werke
- Spiritus principalis oratio de divini Spiritus adventu ad SS. D. N. Clementem X. Pont. Max. habita in sacello pontificum Quirinali. - Romae : typis Ignatij de Lazaris, 1671. - [4] Bl.
- Voto dell'Emo, e Rmo Signor Cardinale Fabroni in congiuntura della promozione del Cardinal Coscia il dì 11. giugno 1725. - [Roma] : [S.n.], [1730]. - [2] Bl. [Incipit: „Vae mihi quia tacui", wichtiges Aktenstück gegen N. → Coscia in der Druckschriftensammlung BAV R.G. Storia III.425]

Literatur
- Appolis, Émile: Le Tiers Parti catholique au XVIII. siècle. Entre Jansénistes et Zelanti. - Paris 1960, 50.52.
- Capponi, Vittorio: Biografia pistoiese, o Notizie della vita e delle opere dei pistoiesi (Italica gens ; 11). - Pistoia 1878, 148f.
- Carreyre, J[ean]: Le Jansénisme durant la Régence (Bibliothèque de la Revue d'Histoire Ecclésiastique ; 2-4). - 3 vol. - Louvain 1929-1933, hier: vol. 1, 36f. u.ö.
- Ceyssens, Lucien ; Tans, Joseph A. G.: Autour de l'Unigenitus. Recherches sur la genèse de la constitution (Bibliotheca Ephemeridum Theologicarum Lovaniensium ; 76). - Leuven 1987, 11-13.228-282.
- Ceyssens, Lucien: Autour de l'Unigenitus. Le cardinal Charles-Augustin Fabroni (1651-1727), in: Bulletin de l'Institut Historique Belge de Rome 52 (1982), 31-82.
- Costa, Gustavo: La Santa Sede di fronte a Locke, in: Nouvelles de la République des lettres 23 (2003), 37-122, hier: bes. 94.
- DBI 44 (1994), 12-17 von P. Messina.
- Fénelon, François de Salignac de La Mothe: Correspondance de Fénelon. Texte établi par Jean Orcibal ([ab Bd. 6 in:] Histoire des idées et critique littéraire). - 18 vol. - Genève 1972-2007, hier: vol. 7, 103f. u.ö. [hier durchgehend als „Charles Ambroise Fabroni"]
- Fénelon, François de Salignac de La Mothe: Correspondence de Fénélon, archevêque de Cambrai. Publiée pour la première fois sur les manuscripts originaux et la plupart inédits. - 11 vol. - Paris 1827-1829, hier: vol. 2, 143-145.
- Feret, Pierre: Une négociation secrète entre Louis XIV et Clément XI en 1715, in: Revue des questions historiques 41 (1909), 108-145, hier: bes. 113-117.
- Guarnacci, Mario: Vitae, et res gestae Pontificum Romanorum et S.R.E. Cardinalium a Clemente X. usque ad Clementem XII. [...] Descripta a S. Petro ad Clementem IX. - Romae : Sumptibus Venantii Monaldini bibliopolae [...] ; Ex Typographia Joannis Baptistae Bernabo, & Josephi Lazzarini, 1751. - 2 vol., hier: vol. 2, 121-124.
- Hierarchia Catholica 5, 26.

- Hillenaar, Henk: Fénelon et les Jésuites (Archives Internationales d'Histoire des Idées ; 21). - La Haye 1967, 174-189.241-296.
- Kowalsky, Nikolaus: Serie dei cardinali prefetti e dei segretari della Sacra congregazione „de Propaganda Fide" (Collectio Urbaniana. Ser. 3. Textus ac documenta ; 4). - Roma 1962, 180f.
- Metzler, Josef: Die Kongregation in der zweiten Hälfte des 17. Jahrhunderts, in: Ders. (Hg.): Sacrae Congregationis de Propaganda Fide memoria rerum. 350 anni a servizio delle missioni 1622-1972. - 3 vol. - Romae 1971-1976, vol. 1/1, 244-305, hier: bes. 264f.
- Moroni 22 (1843), 278f.
- Neveu, Bruno: Érudition et religion aux XVIIe et XVIIIe siècles (Bibliothèque Albin Michel. Histoire). - Paris 1994, 285.
- Orcibal, Jean: Documents pour une histoire doctrinale de la querelle du quiétisme. Le procès des „Maximes des Saints" devant le Saint-Office. Avec la relation des Congrégations cardinalices et les „oberservations" inédites de Bossuet, in: Archivio Italiano per la Storia della Pietà 5 (1968), 409-536, hier: 439-443 u.ö.
- Parenti, Marino: Aggiunte al Dizionario bio-bibliografico dei bibliotecari e bibliofili italiani di Carlo Frati. - 3 vol. - Firenze 1957-1960, hier: vol. 2, 54-57.
- Pecchiai, Pio: Una seduta memorabile alla Sacra Congregazione dei Riti (24 novembre 1725), in: Strenna dei Romanisti 21 (1960), 29-38.
- Quesnel, Pasquier: Un Janséniste en exil. Correspondance de Pasquier Quesnel prêtre de l'Oratoire sur les affaires politiques et religieuses de son temps publiées avec des notes par Mme Albert Le Roy. - 2 vol. - Paris 1900, hier: bes. vol. 1, 316-318. [Quesnel 1711 über „le misérable cardinal Fabroni"]
- Tans, Joseph Anna Guillaume ; Schmitz du Moulin, Henri (Hg.): La correspondance de Pasquier Quesnel. Inventaire et index analytique (Bibliothèque de la Revue d'Histoire ecclésiastique ; 74.77.78). - 3 vol. - Bruxelles ; Louvain 1993, hier: vol. 2/1, 360-362.
- Weber, Christoph (Bearb.): Die päpstlichen Referendare 1566-1809. Chronologie und Prosopographie (PuP ; 31/1-3). - 3 Bde. - Stuttgart 2003-2004, hier: Bd. 2, 598.
- Weber, Christoph: Genealogien zur Papstgeschichte. Unter Mitwirkung von Michael Becker bearbeitet (PuP ; 29/1-6). - 6 Bde. - Stuttgart 1999-2002, hier: Bd. 1, 386f.

Ubaldo Faini OCist

Lebenslauf

	Studium generale des Ordens in Rom
	Prior der Abtei Tre Fontane, Rom
[1768]	Relator der CIndex, Antrag auf Ernennung
	ACDF Index Prot. 89 (1767-1770), Bl. 271r (Bewerbung Fainis o.D. an die CIndex mit Angaben zum Lebenslauf)
1768 Dez. 12	Relator der CIndex, Ernennung
	ACDF Index Diari 18 (1764-1807), Bl. 27v; ACDF Index Prot. 89 (1767-1770), Bl. 270v (Vermerk Sekr. der CIndex „pro gratia")

Gutachten

(1769 Aug. 11)   Anonym [Voltaire]: Les droits des hommes et les usurpations des autres : traduit de l'italien. [...]. - A Amsterdam [i.e. Genève] : [Cramer], 1768.
ACDF Index Prot. 89 (1767-1770), Bl. 403r-406v, 8 S.

(1769 Aug. 11)   Kaiserling, Major <Pseudonym> [Voltaire]: Discours aux confédérés catholiques de Kaminiek en Pologne [...]. - À Amsterdam [i.e. Genève] : [Cramer], 1768.
ACDF Index Prot. 89 (1767-1770), Bl. 408r-411r, 7 S.

Luigi Falconi

Gestorben   nicht vor 1802

Lebenslauf

1781 Dez. 17   Sostituto Notaro des SO, Ernennung
ACDF SO Priv. 1781-1783, Bl. 151v

1781 Dez. 20   Sostituto Notaro des SO, Amtsantritt durch Eidesleistung
ACDF SO Juramenta 1777-1796, Bl. 105

1794 Jan. 8   Sostituto Notaro des SO, Emeritierung
ACDF SO Priv. 1791-1794, Nr. 65.68 (wegen Krankheit mit monatlich 5 scudi Pension, die dem Nachfolger L. → Patrizi zur Hälfte abgezogen werden)

Giovanni Pietro Fancelli OSM

Geboren   1682 [Juli] in Siena
Gestorben   1757 Dez. 12 in Rom

Familie

Der spätere Generalobere seines Ordens war zweitgeborener Sohn des Girolamo Fancelli, „cancelliere del Magistrato dei Conservatori" von Siena, der mit seiner Ehefrau Nobilia Bigelli als „onorata famiglia" in Siena galt (Taucci: Fancelli, 208).

Lebenslauf

                     Erste Ausbildung am Seminar S. Giorgio, Siena
                     Mitglied der Bruderschaft Compagnia di S. Caterina
1700   Wallfahrten unter anderem nach Rom und Loreto
1702   Ordenseintritt (Einkleidung)

Fantuzzi 466

1703 Juli 20	Ordensprofess
	Studium unter anderem bei G. M. → Capassi (bis 1712)
	Studium am Collegium Gandavense, Rom (unter anderem bei C. M. → Lodigieri)
1712	Baccalaureus am Collegium Gandavense
	Lektor für Philosophie in Ordenskollegien in Bologna und Siena
	Studienregent in Florenz und Rom (Collegium Gandavense)
1725	Konsultor des Römischen Konzils
1726 Aug. 26	Relator der CIndex, Ernennung
	ACDF Index Prot. 81 (1737-1740), Bl. 442v; ACDF Index Diari 15 (1721-1734), Bl. 55v
1727	Supplent für G. M. Capassi als Professor für Theologie in Pisa (bis 1737)
1734	Provinzial des Ordens, Provinz Toskana (bis 1737)
1737	Generaldefinitor des Ordens in Pisa
1744	Generaloberer des Ordens (bis 1756)

Gutachten

(1727 Apr. 22)   Laet, Johannes de: Compendium Historiae Vniversalis Civilis & Ecclesiasticae [...]. - Amstelaedami : Apud Johannem a Ravestein, 1661.
ACDF Index Prot. 75 (1726-1727), Bl. 417r-418r, 3 S.

Literatur

- Barsanti, Danilo: I docenti e le cattedre (1543-1737), in: Storia dell'Università di Pisa. 1343-1737. A cura della Commissione rettorale per la storia dell'Università di Pisa. - 2. vol. - Pisa 1993, vol. 1, 505-567, hier: 518.
- Taucci, Raffaello: Il p. Gian Pietro Fancelli senese, generale, in: Studi storici dell' Ordine dei Servi di Maria 1 (1933), 208-218.

Francesco Gaetano Fantuzzi

Geboren   1708 Aug. 1 in Ravenna
Gestorben   1778 Okt. 1 in Rom

Familie

Sein Geburtshaus, die Villa Gualdo in Ravenna, bereicherte der spätere Kardinal durch eine ansehnliche Bildersammlung. Die Villa gehörte dem in Ravenna ansässigen Zweig der besonders in Bologna heimischen Patrizier Fantuzzi, von denen der Großvater des Francesco Gaetano, Pandolfo, im Jahre 1680 in den Adel und in das Patriziat von Ferrara aufgenommen worden war. Als Eltern des Kardinals haben der Graf und Patrizier Antonio Fantuzzi und die Olimpia aus dem römischen Adelshaus Gottifredi zu gelten (Cerchiari: Capellani 2, 239; Weber: Referendare 2, 602). Aus der Familie stammten mehrere Schriftsteller und Geistliche, darunter der Bischof Giacomo Fantuzzi (1616-1679) aus Ravenna (vgl. DBI 44, 707f.) und der Neffe des Kardinals, Prälat Ferdinando Fantuzzi (geb. 1742), der in Rom den Grabstein seines Onkels setzte. Als junger Kleriker verfasste der spätere Kardinal einige gedruckte Sonette zur Hochzeit seines Vetters aus Pesaro, des späteren Dichters und Gelehrten Annibale degli Abati Olivieri (1708-1789). Vgl. Eigene Werke.

Lebenslauf

1720	Konviktor des Collegio S. Carlo in Modena
1727 Nov.	Jurastudium an der Universität Pisa (als Schüler von Giuseppe Averani)
1730 Juni 18	Kleriker in Ravenna (Tonsur)
	Dr. iur. utr. in Ravenna
	Mathematische Studien
1730	Priesterweihe in Rom
1730	Referendar der Signaturen
[1735]	Sekretär des spanischen Rota-Auditors Antonio Peralta
1740	Cameriere d'onore unter → Benedikt XIV.
1743 Sept. [10]	Auditor der Rota Romana
	ASV SS Mem Bigl 181
	Konsultor der CRiti
1747 Apr. 18	Konsultor (Prälat) der CFerm
	ASV SS Mem Bigl 187
1755 Aug. 20	Regente der PoenitAp
	ASV SS Mem Bigl 196 (Schreiben SS an Fantuzzi und an Penitenziere Maggiore Galli, Entwurf)
1759 März 24	Mitglied (Konsultor) der CVisitaAp
	ASV SS Mem Bigl 205 (Schreiben SS an Fantuzzi, Entwurf)
1759 Sept. 24	Kardinal
1759 Nov. 19	Zuteilung der Titelkirche S. Alessio
	Mitglied der CExamEp, CConcilio, CBuonGov, CConcist, CVisitaAp und CCorrLOr
1760 Jan. 18	Mitglied der CDiscReg
	ASV SS Mem Bigl 205 (Schreiben SS an Fantuzzi, Entwurf)
1762 Mai 22	Mitglied der CIndex, Ernennung
	ACDF Index Diari 17 (1749-1763), Bl. 93v; ACDF Index Prot. 87 (1759-1762), Bl. 316 (Schreiben SS an Sekr. der CIndex)
1762 Juni 22	Mitglied der CResEp
	ASV SS Mem Bigl 207 (Schreiben SS an Fantuzzi, Entwurf)
	Präfekt der CImmunità
1767 Febr. 16	Camerlengo des Kardinalskollegiums

Eigene Werke
- Rime di alcuni eccellenti Autori per le applaudite Nozze della Nobil Donna Teresa Belluzzi col Nobil Uomo Annibale degli Abati Olivieri. - In Ravenna : per Antonmaria Landi, 1733. [enthält zwei Sonette von Fantuzzi; Titelangabe nach Ginanni: Memorie, 198]

Literatur

- Cerchiari, Emanuele: Capellani Papae et Apostolicae Sedis. Auditores causarum Sacri Palatii Apostolici seu Sacra Romana Rota ab origine ad diem usque 20 Septembris 1870. Relatio historica-iuridica. - 4 vol. - Romae 1919-1921, hier: vol. 2, 239.
- Dammig, Enrico: Il movimento giansenista a Roma nella seconda metà del secolo XVIII (StT ; 119). - Città del Vaticano 1945, 236.
- DBI 44 (1994), 702-706 von G. Fagioli Vercellone.
- Ginanni, Pietro Paolo: Memorie storico-critiche degli scrittori rauennati.- In Faenza : presso Gioseffantonio Archi, 1769. - 2 vol., hier: vol. 1, 194-198.
- Hierarchia Catholica 6, 22.
- Weber, Christoph (Bearb.): Die päpstlichen Referendare 1566-1809. Chronologie und Prosopographie (PuP ; 31/1-3). - 3 Bde. - Stuttgart 2003-2004, hier: Bd. 2, 602.
- Weber, Christoph (Hg.): Legati e governatori dello stato pontificio (1550-1809) (Pubblicazioni degli Archivi di Stato. Sussidi ; 7). - Roma 1994, 547f.

Lorenzo Farinacci OCist

Lebenslauf

	Lektor für Kontroverstheologie in Rom
	Theologus von Kardinal Alessandro Albani
1745 Apr. 17	Revisor des SO, Antrag auf Ernennung durch Kardinal Alessandro Albani
	ACDF SO Priv. 1743-1749, nach Bl. 451 (Empfehlung Albanis an Ass. des SO)
1745 Juni 22	Revisor des SO, Amtsantritt durch Eidesleistung
	ACDF SO Juramenta 1737-1749, o.Bl.

Michelangelo Farolfi OFMObs

Namensvariante Michelangelo da Candia

Geboren 1648 [Taufdatum: 10. Jan.] in Candia (Heraklion, Kreta)
Gestorben 1715 März 17 in Traù (Trogir, Kroatien)

Familie

Der spätere Bischof gehörte zu einer lateinisch-christlichen Familie auf Kreta und war Vetter des Georgios Sakellaris, lateinischer Christ aus einer Familie von Beamten im Dienst der venezianischen Verwaltung der Insel. Beide Vettern waren eng befreundet mit dem aus Kefalonia gebürtigen Erzbischof Meletius (Mathias) Typaldos (gest. 1713), seit 1685 griechischer Metropolit in Venedig und sehr aktiv für das Zustandekommen einer

Kirchenunion von Orthodoxen und Lateinern, dabei unterstützt von Sakellaris und Farolfi. Vgl. die Widmung an Farolfi in: Cattaneo: Vita, Bl. [1-4] (Abdruck auch in: Legrand: Bibliographie 4, 156-159).

Lebenslauf

1664 Febr. 22	Ordenseintritt in S. Maria in Aracoeli, Rom
	Novize in S. Bernardino, Orte (bei Viterbo)
1665 Febr. 24	Ordensprofess
1671 Juli 25	Priesterweihe
	Studium in Padua, Schüler von F. → Macedo
	Lektor für Theologie in Padua und anderen italienischen Städten
	Provinzial des Ordens auf Kreta
	Verletzungen im Zuge der Türkenkriege um Kreta
	Gründer der Franziskanerniederlassung auf der Peloponnes (Morea)
1689	Predicatore apostolico in Rom
1697 Juli 16	Konsultor der CIndex, Ernennung
	ACDF Index Diari 11 (1696-1699), Bl. 44v
1698	Provinzial des Ordens, Provinz Rom (bis 1701)
	Konsultor der CRiti
1713 Apr. 28	Bischof von Trogir (Dalmatien)

Eigene Werke
- Arbor scientiae boni, et mali [...] / ostendentibus Fr. Michaele Angelo Farolfo de Candia almae romanae provinciae Observant. filio, & ministro provinciali, Candiae ex-ministro, olim in romana curia commissario Caes. Maj. & plurium in Italia supremorum principum theologo: Sacrar. Congregat. Indicis, & Rituum consultore, ac Status Regularium (nunc suppressae) & Visitationis Apostolicae votante [...]. - Romae : Typis Jo. Jacobi Komarek, 1700. - [2] Bl., 68 S. [mit Francesco Gaetano Menegati]
- Capistelli, Filippo: Vox succisa. In archiconfraternitatis sanctiss. crucifixi oratorio feria sexta ante palmas anno saeculari MDCC per Flavium Lancianum romanum harmonice expressa. In id argumenti verba habente Rev.mo P. Michaele Angelo Farolfo de Candia, Minorum de Observantia discreto perpetuo. - Romae : Typis Ioannis Francisci Buagni, 1700. - [8] Bl. [religiöses Singspiel zu Herodes und Johannes dem Täufer]

Literatur
- Anonym [Antonio M. <da Vicenza>]: Breve istoria delle Missioni Francescane nel Peloponneso dal 1690 al 1714 e nelle Isole Jonie dal 1716 al 1797, in: Cronaca delle missioni francescane 3 (1863), 305-313.
- Casimiro <da Roma>: Memorie istoriche delle chiese, e dei conventi dei frati minori della provincia romana. - In Roma : nella stamperia di Pietro Rosati nella strada di Parione, 1764, 371-374.478.
- Cattaneo, Tommaso: Vita di S. Giovanni da Capistrano minore osservante di S. Francesco [...] Dedicata al reverendissimo padre Michel'Angelo di Candia dello stess'ordine [...]. - In Parma : ad istanza dell'autore, 1691. [Vorwort]

- Hierarchia Catholica 5, 384.
- Legrand, Émile: Bibliographie hellénique. - 4 vol. - Paris 1885-1906, hier: vol. 4, 156-159.428-433.
- Oliger, Livario: Le iscrizioni lapidarie latine del P. Giovanni Antonio Bianchi di Lucca OFM (1686-1758) per Roma e altre città, in: Studi francescani 9 (1923), 33-89, hier: 58-61.
- Papadopoli, Niccolò Comneno: Historia gymnasii patavini post ea, quae hactenus de illo scripta sunt, ad haec nostra tempora plenius, & emendatius deducta. - Venetiis : apud Sebastianum Coleti, 1726. - 2 vol., hier: vol. 2, 322f.
- Sbaralea, Ioannes H. [Sbaraglia, Giovanni Giacinto]: Supplementum et castigatio ad scriptores trium Ordinum S. Francisci a Waddingo, aliisve descriptos cum adnotationibus ad syllabum martyrum eorumdem ordinum. - 3 vol. - Romae 1908-1936 ; ND Sala Bolognese 1978, hier: vol. 3, 279.

Pio Bonifacio Fassati OP

Namensvariante Pio Baldassarre Fassati (Taufname)

Geboren 1728 Okt. 25 in Casale Monferrato
Gestorben 1817 Dez. 24 in Casale Monferrato

Familie
Der spätere Bischof stammt aus einem in Casale Monferrato ansässigen Haus, im 18. Jahrhundert marchesi von Coniolo und Balzola. Beim Eintritt in den Orden wählte er den Namen Bonifacio, offenbar in Erinnerung an Vorfahren wie Bonifacio Fassati OP, 1560 Inquisitor von Casale, oder Bonifacio Fassati, ebenfalls Dominikaner, der 1726 Vikar der Inquisition von Casale Monferrato und 1727 Prior von S. Maria degli Angeli in Ferrara war. Vgl. Sammlung Schwedt zu den Inquisitoren Italiens.

Lebenslauf
	Mitglied der Ordensprovinz S. Pietro Martire, Piemont
1751 Sept. 18	Priesterweihe
1754 Apr. 3	Laurea theol. in Bologna
1764	Lektor für Hl. Schrift und Kirchenrecht am Ordenskolleg in Bologna (bis 1766)
1767	Lector primarius im Ordenkolleg in Mantua
1767 Sept. 21	Magister theol.
1772	Studienmagister in Bologna (bis 1773)
1780	Studienregent in Bologna (bis 1782)
1787	Generalprokurator des Ordens in Rom (bis 1788)
1787	Socius des Generaloberen des Ordens für die italienischen Provinzen Professor für Theologie an der Universität Sapienza, Rom

1788 Nov. 13	Sekretär der CIndex, Ernennung ACDF Index Prot. 96 (1788-1790), Nr. 3 (Schreiben SS an Fassati); ACDF Index Diari 6 (1655-1664), Bl. 4v („Catalogus Secretariorum")
1788 Dez. 2	Eid des SO als Sekr. der CIndex ACDF SO Juramenta 1777-1796, o.Bl.
1789 Jan. 16	Examinator Episcoporum in sacra theologia ACDF Index Prot. 96 (1788-1790), Nr. 6 (Schreiben SS an Fassati); ASV SS Mem Bigl 250 (Schreiben SS an Fassati, Entwurf)
1796 Sept. 27	Bischof von Tortona (bis zur Auflösung des Bistums am 12. Aug. 1805)
1799 Apr. 19	Gastgeber für → Pius VI. in Tortona
1804 Nov. 19	Gastgeber für → Pius VII. in Tortona (erneut 30. Apr. 1805)
1805 Aug. 12	Abreise nach Casale Monferrato (wegen Auflösung des Bistums Tortona)
1805	Aufenthalt in Casale Monferrato (bis 1817)

Gutachten

(1789 Mai 29)	Raccolta di opuscoli interessanti la religione. - In Pistoia : Atto Bracali, 1783-1790. (Bd. 15) ACDF Index Prot. 96 (1788-1790), Bl. 19r-24v, 10 S.
(1789 Sept. 18)	Anonym [Tamburini, Pietro]: Lettere di un teologo piacentino a monsignor Nani vescovo di Brescia [...]. - In Piacenza E si vende in Cremona : presso Lorenzo Manini, 1782-1785. ACDF Index Prot. 96 (1788-1790), Bl. 154r-157v, 7 S.
(1789 Sept. 18)	Brandi, Ubaldo: Il dormitanzio del secolo decimottavo [...]. - Firenze : per Gaetano Cambiagi, 1789. ACDF Index Prot. 96 (1788-1790), Bl. 123r-127v, 10 S.
(1789 Sept. 18)	Anonym [Pilati, Carlo Antonio]: Il matrimonio di Fra Giovanni : commedia. - [S.l] : [S.n.], 1789. ACDF Index Prot. 96 (1788-1790), Bl. 111, 2 S.
(1790 Febr. 5)	Curalt, Robert: Principj genuini di tutta la giurisprudenza sacra [...]. - In Prato : presso Angiolo Casini, 1787. ACDF Index Prot. 97 (1790), Bl. 84r-86v, 6 S.
(1790 Aug. 2)	Tamburini, Pietro: De Summa Catholicae De Gratia Christi Doctrinae Praestantia Utilitate Ac Necessitate Dissertatio [...]. - Brixiae : [typis Joannis Mariae] Rizzardi, 1771. ACDF Index Prot. 97 (1790), Bl. 125, 2 S.; Bl. 219r-221v, 6 S.
(1790 Aug. 2)	Tamburini, Pietro: Praelectiones [...]. - Ticini : in typographeo Petrii Galeatii, 1783-1788. ACDF Index Prot. 97 (1790), Bl. 157r-160v, 8 S.
(1790 Aug. 2)	Guadagnini, Giovanni Battista: Vita di Arnaldo da Brescia [...]. - In Pavia : per Giuseppe Bolzani, 1790. ACDF Index Prot. 97 (1790), Bl. 167r-170r, 7 S.

(1790 Aug. 2)	Anonym [Bonus, Jacobus Antonius]: Ex jure ecclesiastico : Ad titulum Desponsalibus et matrimonio. - Turin : Ignatius Soffieti, [S.a., 1789?].
	ACDF Index Prot. 97 (1790), Bl. 360r-390r, 61 S.
1790 Dez. 29	Schneider, Eulogius: Katechetischer Unterricht in den allgemeinsten Grundsätzen des praktischen Christenthums [...]. - Bonn : bei Joh. Fried. Abshoven und Köln bei H. J. Simonis Buchhändlern, 1790.
	ACDF Index Prot. 98 (1791), Bl. 197r-200v, 8 S.
(1791 März 28)	Oberrauch, Herkulan: Dissertationes theologicae [...]. - Oeniponte : Sumptibus Feliciani Fischer, [1783]-1784. (Bd. 2)
	ACDF Index Prot. 98 (1791), Bl. 105r-106r, 3 S.
(1791 März 28)	Oberrauch, Herkulan: Dissertationes theologicae [...]. - Oeniponte : Sumptibus Feliciani Fischer, [1783]-1784. (Bd. 3)
	ACDF Index Prot. 98 (1791), Bl. 107r-108v, 4 S.
(1791 März 28)	Anonym [Poggi, Giuseppe]: Emende sincere di un cherico lombardo alle Annotazioni pacifiche [...]. - Firenze : presso Anton Giuseppe Pagani, 1789. (Bd. 2)
	ACDF Index Prot. 98 (1791), Bl. 93r-97v, 10 S.
(1791 März 28)	Anonym [Poggi, Giuseppe]: Emende sincere di un cherico lombardo alle Annotazioni pacifiche [...]. - Firenze : presso Anton Giuseppe Pagani, 1789. (Bd. 3)
	ACDF Index Prot. 98 (1791), Bl. 79r-82r, 7 S.
(1791 Dez. 5)	Guadagnini, Giovanni Battista: Parenesi [...] al giornalista romano sopra gli articoli 65, 66 e 67. di quest'anno 1789 : con un Avvertimento sulla proibizione fatta in Roma di alcuni suoi libri. - In Pavia : per Pietro Galeazzi, 1790.
	ACDF Index Prot. 98 (1791), Bl. 283r-285r, 5 S.
(1791 Dez. 5)	Anonym [Natali, Martino]: Dubbio sul centro dell'unità cattolica nella Chiesa. - [S.l.] : [S.n.], 1790.
	ACDF Index Prot. 98 (1791), Bl. 229r-232v, 8 S.
(1791 Dez. 5)	Anonym [Leti, Gregorio]: Vita di Donna Olimpia Maidalchini Pamfili principessa di S. Martino, cognata d'Innocenzio X sommo Pontefice. - [S.l.] : [S.n.], 1781.
	ACDF Index Prot. 98 (1791), Bl. 263r-265r, 5 S.
(1792 Dez. 17)	Anonym [Valla, Joseph ; Tabaraud, Mathieu Mathurin? ; Charrier de La Roche, Louis?]: Institutiones theologicae ad usum scholarum accomodatae. - Lugduni : apud fratres Périsse, 1780.
	ACDF Index Prot. 99 (1792-1793), Bl. 52r-57r, 9 S.
(1792 Dez. 17)	♦ Anonym [Caraccioli, Louis Antoine de]: Il linguaggio della religione : trasportato dal francese nell'italiano idioma / da Giuseppe Landi. - Firenze : [S.n.], 1768.
	ACDF Index Prot. 99 (1792-1793), Bl. 185, 2 S.
(1793 Dez. 9)	Guadagnini, Giovanni Battista: Esame delle riflessioni teologiche e critiche sopra molte censure fatte al catechismo composto per ordine

	di Clemente VIII ed approvato dalla Congregazione della Riforma [...]. - In Pavia [...] : per Pietro Galeazzi, 1786-1787. (Bd. 2) ACDF Index Prot. 99 (1792-1793), Bl. 397, 2 S.
(1793 Dez. 9)	Sciarelli, Niccolò <Colle di Val d'Elsa, Bischof>: Breve Catechismo sulle indulgenze secondo la vera dottrina della chiesa [...]. - Colle : Angiolo M. Martini, e Compagni, 1787. ACDF Index Prot. 99 (1792-1793), Bl. 361r-366r, 11 S. (Doppelgutachten)
(1793 Dez. 9)	♦ Palmieri, Vicenzo ; [Zola, Giuseppe] ; Sciarelli, Niccolò <Colle di Val d'Elsa, Bischof>: Compendio del trattato-storico dogmatico-critico delle indulgenze [...]. - In Pavia : per Giuseppe Bolzani, 1789. ACDF Index Prot. 99 (1792-1793), Bl. 361r-366r, 11 S. (Doppelgutachten)
(1793 Dez. 9)	del Mare, Paolo Marcello: Praelectiones de locis theologicis Senis habitae [...]. - Liburni : ex typographia Palladis et Mercuri, 1789. ACDF Index Prot. 99 (1792-1793), Bl. 384r-394r, 21 S.
(1795 Jan. 26)	Schwind, Karl Franz: Über die ältesten heiligen Semitischen Denkmaeler [...]. - Strassburg : Gedruckt mit Levraultischen Schriften, 1792. ACDF Index Prot. 100 (1794-1795), Bl. 74r-82v, 18 S.
(1795 Jan. 26)	Kämmerer, Johann Jakob: Abhandlung über die Exkommunikation, oder den Kirchenbann [...]. - Straßburg : Bei Fr. Lebrault, [...], 1792. ACDF Index Prot. 100 (1794-1795), Bl. 84r-85v, 4 S.
(1795 Jan. 26)	Gross, Franz Josef: Rede wider den Verfolgungsgeist, auf den dritten Sonntag nach Ostern, über Johannis 16, V. 20. gehalten in der Kathedral-Kirche zu Straßburg [...]. - Straßburg : Bei Franz Levrault, [...], 1792. ACDF Index Prot. 100 (1794-1795), Bl. 68, 2 S.
(1795 Jan. 26)	Schwind, Karl Franz: Die Päbste in ihrer Blöse : Ein Auszug aus der Parallel zwischen dem Leben Jesu, und dem Leben derer, die seine ersten Nachfolger sein sollten [...]. - Straßburg : Bei Fr. Levrault, [...], 1792. ACDF Index Prot. 100 (1794-1795), Bl. 31r-32r, 3 S.
(1795 Jan. 26)	Rautenstrauch, Johann: Memoriale alla Santità di Papa Pio VI [...]. - In Vienna : [S.n.], 1782. ACDF Index Prot. 100 (1794-1795), Bl. 14r-17r, 7 S.
(1796 Jan. 11)	Oberrauch, Herkulan: Institutiones iustitiae christianae, seu theologia moralis [...]. - Oeniponte : Fischer, 1774-1775. (Bde. 1-3) ACDF Index Prot. 101 (1796), Bl. 136r-137v, 4 S.
(1796 Jan. 11)	Anonym: Esposizione della dottrina della Chiesa, o sieno Istruzioni famigliari e necessarie ad ogni sorta di persone intorno alla grazia di Gesù Christo [...]. - In Siena : presso i fratelli Luigi e Benedetto Bindi, [S.a.]. nicht aufgefunden (Hinweis in ACDF Index Prot. 101 [1796], Bl. 23r-24v)

(1796 Jan. 11) Anonym [Selvolini, Antonio]: Invito alla pace ed alla unità o sia vera idea della chiesa cattolica romana [...]. - Firenze : Presso Ant. Gius. Pagani, e Comp., 1791.
    ACDF Index Prot. 101 (1796), Bl. 212r-215r, 7 S.

(1796 Jan. 11) Uster, Michael (Resp.) ; Farlimann, Victor (Resp.): Dissertatio Theologico-Canonica De Vi Professionis Monasticae dirimendi matrimonium ratum [...]. - Lucernae : typis Georg. Ignat. Thüring, Civit. Typog., [ca. 1791].
    ACDF Index Prot. 101 (1796), Bl. 189r-192v, 8 S.

Literatur
- Conte, Emanuele (Hg.): I maestri della Sapienza di Roma dal 1514 al 1787. I rotuli e altre fonti (Fonti per la Storia d'Italia ; 116. Studi e Fonti per la storia dell'Università di Roma. N. S. ; 1). - 2 vol. - Roma 1991, 966.
- D'Amato, Alfonso: I Domenicani a Bologna. - 2 vol. - Bologna 1988, 856f. [hier: verstorben 1803]
- Hierarchia Catholica 6, 194.
- Màdaro, Luigi: Gli inquisitori in Alessandria, Asti, Casale e Tortona fino al secolo XVIII, in: Rivista di storia, arte, archeologia per la provincia di Alessandria 35 (1926), 15-47, hier: 38.41.
- Masetti, Pio Tommaso: Monumenta et antiquitates veteris disciplinae Ordinis Praedicatorum ab anno 1216 ad 1348 praesertim in Romana Provincia praefectorumque qui eandem rexerunt biographica chronotaxis ex synchronis documentis, ineditis codicibus, aequalibusque auctoribus collectae, illustratae, ac digestae [...]. - 2 vol. - Romae 1864, hier: vol. 2, 270.
- Moroni 78 (1856), 11.16.
- Stella, Pietro (Hg.): Il giansenismo in Italia. Bd. 1-3: Piemonte. Collezione di documenti (Bibliotheca theologica Salesiana. Ser. 1. Fontes ; 3/1-3). - Zürich 1966-1974, hier: vol. 3, 210f.
- Taurisano, Innocentius: Hierarchia Ordinis Praedicatorum. - Taurini 1916, 106.119. [hier: verstorben „post a. 1803"]

Giacinto Tommaso Fassini OP

Geboren   in [Racconigi (Piemont)]

Familie
Zu dem hier interessierenden Dominikaner liegen nur lückenhafte Nachrichten vor. Möglicherweise besteht eine Verbindung zu dem berühmtesten Fassini aus Racconigi, dem Dominikaner Vincenzo Domenico Fassini da Racconigi (1738-1787), Schriftsteller und Theologieprofessor in Pisa, Sohn des giureconsulto Sebastiano Fassini. Vgl. zu ihm: DBI 45, 283-285.

Lebenslauf

1802 Sept. 22	[Secundus] Socius des Commissarius des SO, Amtsantritt durch Eidesleistung
	ACDF SO Juramenta 1800-1809, o.Bl.
1804 März 24	Primus Socius des Commissarius des SO, Amtsantritt durch Eidesleistung
	ACDF SO Juramenta 1800-1809, o.Bl.
1806 Apr. 24	Inquisitor von Gubbio, Amtsantritt durch Eidesleistung
	ACDF SO Juramenta 1800-1809, o.Bl.

Literatur
- DBI 45 (1995), 283-285 von C. Fantapiè. [zu Vincenzo Domenico Fassini]

Giuseppe Fassini OP

Lebenslauf

1806	Primus Socius des Commissarius des SO

Literatur
- Notizie 1806, 49.
- Notizie 1807, 51. [letztmals erwähnt als Socius des Comm. des SO]

Giovanni Battista Faure SJ

Geboren	1702 Okt. 25 in Rom
Gestorben	1779 Apr. 5 in Viterbo

Lebenslauf

	Studium am Collegio Romano
1728 März 30	Ordenseintritt
1735	Kaplan
	Lektor für Philosophie, Theologie und Hl. Schrift am Collegio Romano
1756	[Qualifikator des SO]
1773	Gefangener des Papstes in der Engelsburg nach der Aufhebung des Ordens

Gutachten

1756 Okt. 8	Anonym [Faure, Giovanni Battista]: Commentarium in bullam Pauli III licet ab initio [...]. - [S.l.] : [S.n.], 1750.
	ACDF SO CL 1757-1758, Nr. 4, 8 S. und 60 S.

Eigene Werke

- Anonym: All'Autore delle due epistole contro la dissertazione dei casi riservati in Venezia. Avviso salutevole acciò conosca se stesso. - In Palermo : [S.n.], 1744. - 48 S.
- Anonym: All'Autore delle due epistole contro la dissertazione dei casi riservati in Venezia. Secondo avviso salutevole acciò conosca se stesso. - Napoli : [S.n.], 1744. - 87 S.
- Commentarium in bullam Pauli III. Licet ab initio, datam anno 1542 qua romanam Inquisitionem constituit, & eius regimen non regularibus, sed clero seculari commisit. Ostentitur quam opportunum ac necessarium hujusmodi consilium sit ad fidem catholicam conservandam ac propagandam, bonos mores favendos, pacem ac tranquillitatem inter catholicos sanciendam, dissidea et quaerelas ab ecclesia eliminandas [...]. - [S.l.] : [S.n.], 1750. - [7] Bl., 288 S. [verboten per Dekret des SO vom 21. Juli 1757]
- Congetture fisiche intorno alle cagioni de' fenomeni osservati in Roma nella macchina elettrica. - In Roma : presso il Bernabò, e Lazzarini, 1747. - XII, 140 S., [1] Bl.
- Dubitationes theologicae de iudicio practico quod super poenitentis, praecipue consuetudinarii aut recidivi, dispositione formare sibi potest ac debet confessarius, ut eum rite absolvat. - Lucani 1840. (78 S.)
- Enchiridion de fide, spe et caritate S. Aurelii Augustini episcopi Hippon. [...] notis et assertionibus theologicis illustratum. Editio nunc primum absoluta. - Neapoli 1847. (XXIII, 236 S., [1] Bl.)
- La dottrina della chiesa romana circa l'impiego del danaro difesa dalle recenti imputazioni dissertazione ciritico-canonica data in luce dal signor Gio. Battista Chiarelli dottore d'ambe le leggi. - In Lucca : per Giuseppe Salani, e Vincenzo Giuntini, 1751. - [1] Bl., 43 S.

Literatur

- Baldini, Ugo: Teoria boscovichiana, newtonismo, eliocentrismo. Dibattiti nel Collegio Romano e nella Congregazione dell'Indice a metà Settecento, in: Ders. (Hg.): Saggi sulla cultura della Compagnia di Gesù. Secoli XVI-XVIII. - Padova 2000, 281-347, hier: 292.
- Bujanda, Jesús Martinez de: Index librorum prohibitorum 1600-1966 (Index des livres interdits ; 11). - Montréal u.a. 2002, 338f.
- Cath 4 (1956), 1117 von P. Bailly.
- Dammig, Enrico: Il movimento giansenista a Roma nella seconda metà del secolo XVIII (StT ; 119). - Città del Vaticano 1945, 323f.
- DBI 45 (1995), 378-383 von G. Pignatelli.
- DThC 5, 2100 von J. Brucker.
- Döllinger, Ignaz von ; Reusch, Franz Heinrich (Hg.): Geschichte der Moralstreitigkeiten in der römisch-katholischen Kirche seit dem sechzehnten Jahrhundert mit Beiträgen zur Geschichte und Charakteristik des Jesuitenordens. - 2 Bde. - Nördlingen 1889 ; ND Aalen 1984, hier: Bd. 1, 346-351.
- LThK 4 (1960), 42 von J. Grisar.
- Schwedt, Herman H.: Fra giansenisti e filonapoleonici. I domenicani al S. Offizio romano e alla Congregazione dell'Indice nel Settecento, in: Longo, Carlo (Hg.): Praedicatores, Inquisitores III. I domenicani e l'Inquisizione romana. Atti del III se-

minario internazionale su „I domenicani e l'inquisizione" 15-18 febbraio 2006 Roma (Institutum historicum fratrum praedicatorum Romae, dissertationes historicae ; XXXIII). - Roma 2008, 591-613, hier: 591-593.
- Sommervogel 3 (1892), 558-568.
- Villoslada, Riccardo Garcia: Storia del Collegio Romano dal suo inizio (1551) alla sopressione della Compagnia di Gesù (1773) (Analecta Gregoriana ; 66). - Roma 1954, 323-333.

Ludovicus Faure OP

Geboren in Barcellona

Lebenslauf
	Mitglied der Ordensprovinz Aragón
[1754]	Studienregent an S. Maria sopra Minerva, Rom (für fünf Jahre)
1755 Apr. 14	Relator der CIndex, [Ernennung]
	ACDF Index Diari 17 (1749-1763), Bl. 58v (erstes Referat)
1759	Theologus Casanatensis, Rom
1782	Provinzial des Ordens, Provinz Spanien

Gutachten
(1755 Apr. 14)	Soria, Mordojai de Abraham de: Oracion panejirico doctrinal sobre la mala tentacion [...]. - Liorna : en la imprenta de Juan Pablo Fantechi i Compania, 1751.
	ACDF Index Prot. 85 (1755-1757), Bl. 312r-314r, 5 S.
[1774]	Caffor, [...] [Caffe, Père?]: Animadversiones In Theologicas praelectiones R.P. Gazzaniga [...]. - [15. Jun. 1772]. (Manuskript)
	ACDF SO CL 1773-1775, Nr. 6, 4 S.

Literatur
- Guglielmotti, Alberto: Catalogo dei bibliotecari, cattedratici, e teologi del Collegio Casanatense nel convento della Minerva dell'Ordine de' Predicatori in Roma dal principio di loro istituzione sino al presente. Raccolto da sicuri documenti e corredato di note biografiche, cronologiche, e bibliografiche. - Roma 1860, 48.

Giuseppe Maria Favini OFMConv

Geboren 1652 [Taufdatum: 10. Sept.] in Vaiano (bei Crema)
Gestorben nicht vor 1716 Dez. in Wien

Favini

Lebenslauf

	Magister theol.
	Prediger und Redner
[1665]	Lektor am Ordenskolleg S. Bonaventura, Rom
[1679]	Konsultor der CIndex, Antrag auf Ernennung
	ACDF Index Prot. 39 (1672-1676), Bl. 468 (Bewerbung Favinis o.D. an den Papst).469 (Einspruch des Guardians von SS. XII Apostoli o.D. an den Präf. der CIndex, da eine Ernennung den Konvent belasten würde)
1679 Juni 13	Konsultor der CIndex, [Ernennung]
	ACDF Index Diari 7 (1665-1682), Bl. 73r (Auftrag für ein Gutachten)
1686	Provinzial des Ordens, Provinz Mailand
1699 Apr. 5	Theologe, Prediger und Beichtvater der Königin von Polen
1700 Febr. 9	Hoftheologe Kaiser Leopolds I.
	Aufenthalt in Rom
1703 Nov. 22	Bischof von Sirmium (Srijem, Kroatien)
1710	Koadjutor des Bischofs von Bosnien (mit dem Recht der Nachfolge, vom Hl. Stuhl nicht bestätigt)
1716 Dez. 7	Bischof von Bosnien (Sitz: Djakovo, Kroatien)
	Erkrankung bei Aufenthalt in Wien

Gutachten

(1702 März 20)	Statuti, e regole della Congregatione di Cherici [...]. - In Napoli : per Lazaro Scoriggio, 1614.
	ACDF Index Prot. 61 (1701-1702), Bl. 446r-447v, 4 S.
(1703 Mai 7)	Hobbes, Thomas: Opera philosophica, quae latine scripsit, omnia [...]. - Amstelodami : Blaev, 1668.
	ACDF Index Prot. 63 (1703), Bl. 283r, 1 S.
(1703 Juli 9)	Acta Sanctorvm [April, T. 2]. - Antverpiae [u.a.] : Meurs [u.a.], (1675).
	ACDF Index Prot. 63 (1703), Bl. 421r-427r, 13 S.

Eigene Werke

- La beata Cunegonda ungara regina di Pollonia estratta, e compendiata dalli processi esaminati dalla Santa Sede. - In Roma : nella stamperia di Paolo Moneta, 1690. - [2] Bl., 377 S.
- Sistemi oratorii, overo Posizioni d'argomenti estratti dagl'Evangelj di tutte le domeniche, solennita, feste delle communi, e particolari commemorazioni venerate da Santa Chiesa in tutto l'anno. Con XII motivi per sermoneggiare nella celebrazione del sagramento del matrimonio. - In Roma : Per Paolo Moneta, 1690. - [2] Bl., 377 S. ; Seconda edizione. - In Roma : per Paolo Moneta, 1697. - [8] Bl., 377 [i.e. 375] S.
- Vite delle ammirabili beate Cunegonda, e Salomea Regine. Estratte dalli Processi essaminati dalla S. Sede. La prima data in Luce Dal P. Maestro Giuseppe Maria Fauini [...] La seconda Dal P. Maest. Giambattista Beltrami [...]. Fatte ristampare [...] Dal P. Maest. Raffaele Grabia. - In Roma : Nella Stamperia del de Martiis, 1716. - VIII, 85, [3] S.

Literatur
- Abate, Giuseppe: Series Episcoporum ex Ordine fratrum Minorum Conventualium assumptorum ab anno 1541 ad annum 1930, in: MF 31 (1931), 103-115.161-169; 32 (1932), 18-23, hier: 166.
- Franchini, Giovanni: Bibliosofia, e memorie letterarie di scrittori francescani conventuali ch'hanno scritto dopo l'anno 1585. - In Modena : per gli eredi Soliani stampatori duc., 1693, 336f.
- Gatti, Isidoro: Il p. Vincenzo Coronelli dei Frati Minori Conventuali negli anni del generalato (1701-1707) (MHP ; 41-42). - 2 vol. - Roma 1976, hier: vol. 2, 777f. [hier ab 1680 „consultore dell'Indice"]
- Hierarchia Catholica 5, 358.
- Sbaralea, Ioannes H. [Sbaraglia, Giovanni Giacinto]: Supplementum et castigatio ad scriptores trium Ordinum S. Francisci a Waddingo, aliisve descriptos cum adnotationibus ad syllabum martyrum eorumdem ordinum. - 3 vol. - Romae 1908-1936 ; ND Sala Bolognese 1978, hier: vol. 3, 202.260.
- Sforza Benvenuti, Francesco: Dizionario biografico Cremasco. - Crema 1888, 133.

Felice da Roma OFMRef

Geboren um 1679

Lebenslauf

	Lector iubilatus für Theologie am Ordenskolleg S. Francesco a Ripa, Rom
	Emeritierung
[1719]	Relator der CIndex, Antrag auf Ernennung
	ACDF Index Prot. 71 (1715-1721), Bl. 594r (Bewerbung P. Felices o.D. mit Angaben zum Lebenslauf)
1719 Juli 17	Relator der CIndex, Ernennung
	ACDF Index Prot. 81 (1737-1740), Bl. 441r; ACDF Index Diari 14 (1708-1721), Bl. 122r
1725	Theologus des Römischen Konzils
1728 Juli 6	Konsultor der CIndex, Ernennung
	ACDF Index Diari 15 (1721-1734), Bl. 88v (Vermerk Sekr. der CIndex zur Papstaudienz)
[1733]	Vice-Commissarius des Ordens (bis 1736)
1736 Sept. 28	Generalprokurator des Ordens
	ASV SS Mem Bigl 170
1740 Okt. 7	Anzeige gegen Felice da Roma beim SO
	ACDF SO Decreta 1740, Bl. 363v (Schreiben von → Domenico da Cles OFMObs: „de propositionibus haereticalibus")

Fenaja   480

1740 Okt. 19   Verfahrenseröffnung beim SO gegen Felice da Roma
                    ACDF SO Decreta 1740, Bl. 363v (mehrere Zeugenbefragungen,
                    Ausgang der Ermittlungen unbekannt)

Gutachten
(1725 Sept. 17)   ♦ Tillotson, John: Sermons sur diverses matières importantes [...]. -
                    Amst. : P. Humbert, 1713.
                    ACDF Index Prot. 73 (1724-1725), Bl. 404r-415r, 23 S.
(1728 Juli 5)   Marin, Juan: Theologia speculativa et moralis [...]. - Venetiis : Bal-
                    leonius, 1720.
                    ACDF Index Prot. 76 (1727-1728), Bl. 326r-350r, 47 S.

Literatur
- Concilium Romanum in Sacrosancta Basilica Lateranensi celebratum Anno Universalis Jubilaei MDCCXXV. a sanctissimo Patre, & Dno Nostro Benedicto Papa XIII. Pontificatus sui Anno I. - Romae : ex Typographia Rocchi Bernabò, 1725, 126.

Benedetto Fenaja CM

Geboren   1736 Febr. 20 in Rom
Gestorben   1812 Dez. 20 in Paris

Familie
Der Vater des späteren Bischofs war Diener in einem Kardinalshaushalt. Vgl. DHGE 16, 955f.

Lebenslauf
[1751]   Ordenseintritt in die Congregazione di Montecitorio, Rom
1759 März 10   Priesterweihe
                    Prediger und Volksmissionar in Italien
1774   Superior des Konvents Montecitorio, Rom (erneut 1782)
1777 Nov. 3   Visitator der römischen Ordensprovinz
1793 Juni 25   Apostolischer Vikar des Ordens (bis 1794)
1798 März 23   Abreise aus Rom nach Florenz wegen Ankunft der Franzosen
1800 Nov. 16   Vicegerente in Rom
1800 Dez. 22   Titularbischof von Philippi
1801 Febr. 4   Mitglied der Accademia di Religione Cattolica, Rom
1801 März 25   Konsultor des SO, Ernennung
                    ACDF SO Juramenta 1800-1809, o.Bl. (Schreiben SS an Sekr.
                    des SO)
1801 Apr. 15   Konsultor des SO, Amtsantritt durch Eidesleistung
                    ACDF SO Juramenta 1800-1809, o.Bl.

1804 Nov.	Begleiter → Pius' VI. nach Paris (bis 1805)
1805 Mai 9	Entgegennahme (Gegenzeichnung) der Unterwerfung von Bischof Scipione Ricci in Florenz
1805 Dez. 23	Titularpatriarch von Konstantinopel in Rom
1809	Haft in Rom und Deportation nach Frankreich wegen Verweigerung des Treueides gegenüber dem französischen Regime in Rom

Literatur
- Anonym: Cenni storici su la congregazione della Missione in Italia, 1624-1925. - Piacenza 1925, 268-272.
- DBI 46 (1996), 115 von P. Alvazzi del Frate.
- Del Re, Niccolò: Il Vicegerente del Vicariato di Roma. - Roma 1976, 69.
- DHGE 16 (1967), 955f. von F. Combaluzier.
- EC 5 (1950), 1146 von Annibale Bugnini.
- Hierarchia Catholica 7, 161.305f.
- Naselli, Carmelo A.: La soppressione napoleonica delle corporazioni religiose. Contributo alla storia religiosa del primo Ottocento italiano 1808-1814 (MHP ; 52). - Roma 1986, 115.
- Rocciolo, Domenico: Il Vicariato di Roma tra rivoluzione e seconda restaurazione (1798-1814), in: Boutry, Philippe u.a. (Hg.): Roma negli anni di influenza del dominio francese 1798-1814. Rotture, continuità, innovazioni tra fine Settecento e inizi Ottocento (Studi e strumenti per la storia di Roma ; 3). - Napoli ; Roma 2000, 159-172.
- Savio, Pietro: Devozione di monsignor Adeodato Turchi alla S. Sede. Testo e DCLXXVII documenti sul giansenismo italiano ed estero (Collana di cultura L'Italia Francescana ; 6). - Roma 1938, 994.
- Spina, Adriano: La Diocesi di Albano nel periodo napoleonico, in: RSCI 47 (1993), 81-115, hier: 107.
- Spina, Adriano: Nuovi documenti sulle deportazioni napoleoniche di ecclesiastici dello Stato della Chiesa (1810-1814), in: RSCI 44 (1990), 141-212, hier: 166.
- Stella, Pietro (Hg.): Il giansenismo in Italia. Bd. 1-3: Piemonte. Collezione di documenti (Bibliotheca theologica Salesiana. Ser. 1. Fontes ; 3/1-3). - Zürich 1966-1974, hier: vol. 2/1, CXXVI.667f.

Ferdinando da Verona OFMCap

Lebenslauf

	Professor für Theologie
[1761]	Generalsekretär des Ordens
[1768]	Relator der CIndex, Antrag auf Ernennung
	ACDF Index Prot. 89 (1767-1770), Bl. 273 (Berwerbung P. Ferdinandos o.D. an die CIndex)

1768 Dez. 12   Relator der CIndex, Ernennung
                   ACDF Index Diari 18 (1764-1807), Bl. 27v; ACDF Index Prot.
                   89 (1767-1770), Bl. 268v (Vermerk Sekr. der CIndex: „pro gratia")

Gutachten
(1769 Aug. 11)   Anonym: La chiesa, e la repubblica dentro i loro limiti. - [S.l.] : [S.n.],
                  1768.
                  ACDF Index Prot. 89 (1767-1770), Bl. 399r-401r, 5 S.

Luis Manuel Fernández de Portocarrero

Namensvariante Luis Manuel Portocarrero

Geboren   1635 Jan. 8 in Palma del Río [Córdoba]
Gestorben   1709 Sept. 14 in Madrid

Familie
Als Sohn des Luis Andrés Fernández Portocarrero y Mendóza, dritter Graf von Palma del Río und marqués de Almenara, und der adeligen Eleonora de Guzmán erbte Luis Manuel ein beträchtliches Vermögen beim frühen Tod seines älteren Bruders Fernando Luis im Jahr 1649. Ein väterlicher Onkel, Antonio Fernández Portocarrero (gest. 1651), Kanoniker und Dekan des Metropolitankapitels von Toledo, beförderte seinen Neffen zum Kanoniker und zu seinem Koadjutor als Dekan in Toledo. Der Großneffe Luis Manuels und Enkel des früh verstorbenen Bruders, Joaquín Portocarrero (gest. 1760), wurde ebenfalls Kardinal. Vgl. Seidler: Teatro, 367; Weber: Genealogien 6, 794.

Lebenslauf
um 1650   Kanoniker und Koadjutor seines Onkels Antonio Fernández als Dekan des Kathedralkapitels von Toledo
                  Lizentiat der Theologie
                  Dekan des Kathedralkapitels von Toledo
1669 Aug. 5   Kardinal in petto (publiziert 29. Nov. 1669)
1670 Apr. 19   Ankunft in Rom
1670 Apr. 23   Einzug ins Konklave (Wahl → Clemens' X. am 29. Apr.)
1670 Mai 19   Zuteilung der Titelkirche S. Sabina
1670 [Mai 19]   Mitglied des SO, Ernennung
1670 [Mai 19]   Mitglied der CConcilio, CEpReg und CRiti
1677   Statthalter (interimistischer Vize-König) von Sizilien (bis 1678)
1677 Dez. 20   Erzbischof von Toledo
1678 Mai   Außerordentlicher Botschafter Spaniens in Rom (bis Febr. 1679)
[1678]   Mitglied der CProp
1698 Jan. 27   Suburbikarischer Bischof von Palestrina

Literatur
- Biografía eclesiástica completa. Vidas de los personajes del Antiguo y Nuevo Testamento, de todos los santos que venera la Iglesia, papas y eclesiásticos célebres [...]. Redactada por una reunion de eclesiasticos y literatos. - 30 vol. - Madrid 1848-1868, hier: vol. 19, 102-104.
- Bittner, Ludwig u.a. (Hg.): Repertorium der diplomatischen Vertreter aller Länder seit dem Westfälischen Frieden (1648). - 3 Bde. - Oldenburg ; Berlin 1936-1965, hier: Bd. 1, 523.
- Cardella, Lorenzo: Memorie storiche de' Cardinali della Santa Romana Chiesa [...]. - In Roma : nella stamperia Pagliarini, 1792-1797. - 10 vol., hier: vol. 7, 193f.
- DHEE 2 (1972), 921 von F. J. Ruiz.
- Di Blasi Gambacorta, Giovanni Evangelista: Storia cronologica de' vicerè, luogotenenti e presidenti del Regno di Sicilia. - 5 vol. - Palermo 1974-1975, hier: vol. 3, 288-292.
- Hierarchia Catholica 5, 4.383.
- Seidler, Sabrina M.: Il teatro del mondo. Diplomatische und journalistische Relationen vom römischen Hof aus dem 17. Jahrhundert (Beiträge zur Kirchen- und Kulturgeschichte ; 3). - Frankfurt a.M. 1996, 367-369.
- Weber, Christoph (Hg.): Die ältesten päpstlichen Staatshandbücher. Elenchus Congregationum, Tribunalium et Collegiorum Urbis 1629-1714 (RQ Supplementheft ; 45). - Rom u.a. 1991, 141.
- Weber, Christoph: Genealogien zur Papstgeschichte. Unter Mitwirkung von Michael Becker bearbeitet (PuP ; 29/1-6). - 6 Bde. - Stuttgart 1999-2002, hier: Bd. 6, 793f.

Francesco Riccardo Ferniani

Geboren   1686 [Taufdatum: 19. Sept.] in Faenza (Romagna)
Gestorben   1762 Aug. 25 in Perugia

Familie
Der spätere Bischof, Sohn des Grafen Gasparo Ferniani und der Teresa aus dem Fürstenhaus der Spada, gehörte zu einer Familie von Fayence-Herstellern. Hinweise zur Herrschaft dieser conti, zum Palazzo Ferniani in Faenza und zur einschlägigen Literatur bei Weber, s.u.

Lebenslauf

	Studium der Philosophie, der Theologie und der Rechte
[1710]	Relator der CIndex, Antrag auf Ernennung
	ACDF Index Prot. 69 (1710-1712), Bl. 162r (Bewerbung Fernianos o.D. an die CIndex mit Angaben zum Lebenslauf)
1711 Mai 4	Relator der CIndex, Ernennung
	ACDF Index Prot. 81 (1737-1740), Bl. 440v (hier noch zusätzliches Ernennungsdatum „10. Aug. 1710")
1712 Apr. 14	Dr. iur. an der Universität Sapienza, Rom
1712 Juli 14	Referendar der Signaturen

1714 Juli 4	Gouverneur von Narni (Umbrien)
1716 Juni 1	Diakonatsweihe
1717 Mai 7	Gouverneur von S. Severino
1721 Juli 29	Gouverneur von Orvieto
1722 Sept. 25	Präfekt von Norcia (Umbrien)
1730 Okt. 2	Bischof von Perugia
	ASV SS Mem Bigl 162

Gutachten

(1713 Sept. 19)   Fuessli, Johann Georg: Conclavia Romana reserata [...]. - Tiguri : Ex Typographeo Schaufelbergeriano, 1692.
ACDF Index Prot. 70 (1713-1715), Bl. 119r-120r, 3 S.

(1714 Juli 31)   Funck, Christian: Quadripartitum historico-polit. orbis hodie-imperantis breviarium [...]. - Lipsiae : Impensis Joh. Ad. Kaestneri [...], 1676.
ACDF Index Prot. 70 (1713-1715), Bl. 295r-297r, 5 S.

Literatur
- Hierarchia Catholica 6, 333. [hier Ernennung zum Bischof „11. Dez."]
- Weber, Christoph (Hg.): Die ältesten päpstlichen Staatshandbücher. Elenchus Congregationum, Tribunalium et Collegiorum Urbis 1629-1714 (RQ Supplementheft ; 45). - Rom u.a. 1991, 110.
- Weber, Christoph: Genealogien zur Papstgeschichte. Unter Mitwirkung von Michael Becker bearbeitet (PuP ; 29/1-6). - 6 Bde. - Stuttgart 1999-2002, hier: Bd. 2, 607f.
- Weber, Christoph (Hg.): Legati e governatori dello stato pontificio (1550-1809) (Pubblicazioni degli Archivi di Stato. Sussidi ; 7). - Roma 1994, 663.

Giuseppe Maria Feroni (Ferroni)

Geboren   1693 Apr. 30 in Florenz
Gestorben   1767 Nov. 15 in Rom

Familie

Der Kardinal war Sohn des 1681 zum marchese erhobenen Francesco Feroni (gest. 1719) und der Costanza (gest. 1733), Tochter des marchese Alessandro Della Stufa (gest. vor 1692). Die Della Stufa stellten einige Senatoren von Florenz und gingen verschiedene Allianzen mit toskanischen Häusern ein. Costanza war die Schwester des Ridolfo Maria Della Stufa (gest. 1716), 1681 Kanoniker und 1692 conte in Florenz; ein weiterer Bruder, Giulio Della Stufa (gest. 1711) war Abt von S. Stefano di Anghiari und Agent von Kardinal F. M. de' → Medici. Vgl. Weber: Genealogien 1, 347. Die Familie Feroni dagegen stammte aus bürgerlichen Verhältnissen in Empoli und verdankte ihren Aufstieg Handelsgeschäften des Vaters des Kardinals in Amsterdam. Der Vater soll den Titel eines marchese di Bellavista mit dem zugehörigen Schloss für 180.000 scudi gekauft haben. Vgl. Crollalanza: Dizionario 1, 502f.; Weber: Referendare 2, 608.

Lebenslauf

1703	Erziehung im Collegium Clementinum, Rom
1716 Jan. 15	Dr. iur. utr. an der Universität Sapienza, Rom
1716 Jan. 16	Referendar der Signaturen
1716 Jan. 16	Apostolischer Protonotar
1719 Okt. 22	Priesterweihe
1719	Kanoniker der Lateranbasilika
	Konsultor der CRiti
1728	Sekretär der CImmunità
1728 Mai 10	Titularerzbischof von Damaskus
1737 März 30	Konsultor des SO, Ernennung
	ACDF SO Juramenta 1725-1736, o.Bl. (Schreiben SS an Feroni, hier versehentlich „Ass." des SO)
1737 Apr. 10	Konsultor des SO, Amtsantritt durch Eidesleistung
	ACDF SO Juramenta 1725-1736, o.Bl.; ACDF SO Decreta 1737, Bl. 145v
1737 Juli 11	Assessor des SO, Ernennung
	ACDF SO St.St. L-5-g, o.Bl. („Catalogo de' Sig. Assessori del S. Offizio")
1737 Juli 17	Assessor des SO, Amtsantritt durch Eidesleistung
	ACDF SO Juramenta 1725-1736, o.Bl.
1737 Juli 19	A. L. → Innocenzi, Auditor in criminalibus von Feroni, Amtsantritt durch Eidesleistung
	ACDF SO Juramenta 1737-1749, o.Bl.
1741 Dez. 8	Kanoniker an St. Peter, Rom (bis 1753)
	ACDF SO St.St. L-5-g, o.Bl. (anonyme Liste)
1743 [Sept. 9]	Sekretär der CEpReg (bis 1753)
	ASV SS Mem Bigl 181
1743 Sept. 9	Konsultor des SO, Ernennung (erneut)
	ACDF SO Juramenta 1737-1749, o.Bl. (Schreiben SS an Ass. des SO und an Feroni); ASV SS Mem Bigl 181, o.Bl. (Vermerk SS „Nota delle proviste delle cariche")
1743 Sept. 23	Giulio M. Natalis, Auditor von Feroni, Amtsantritt durch Eidesleistung
	ACDF SO Juramenta 1737-1749, o.Bl.
1743 Okt. 8	Lorenzo Clementini, Auditor von Feroni, Amtsantritt durch Eidesleistung
	ACDF SO Juramenta 1737-1749, o.Bl.
1753 Nov. 26	Kardinal
1753 Dez. 10	Zuteilung der Titelkirche S. Pancrazio
1753 Dez. [10]	Mitglied des SO, Ernennung
1753 Dez. [10]	Mitglied der CEpReg und CImmunità
1753 Dez. 12	Mitglied des SO, Amtsantritt durch Eidesleistung
	ACDF SO Decreta 1753, Bl. 253v

Feroni

1753 Dez. 20	Lorenzo Clementini, Auditor von Feroni, Amtsantritt durch Eidesleistung (erneut)
	ACDF SO Extens. 1749-1808 = ACDF SO St.St. Q-1-q, Bl. 67v
1756 Jan. 30	Mitglied der CProp
	ASV SS Mem Bigl 197
1761 Aug. 13	Präfekt der CRiti (bis 15. Nov. 1767)

Eigene Werke
- Benedictus <Papa, XIII.>: Sermoni sopra la vita della gloriosissima vergine e madre di Dio Maria nostra Signora detti ne'sabati dal cardinale arcivescovo → Orsini [...] ora Benedetto XIII. - In Benevento ed in Firenze : nella stamperia di B. Paperini, 1728. - [16] Bl., 443 S. [Hg.]

Literatur
- Cardella, Lorenzo: Memorie storiche de' Cardinali della Santa Romana Chiesa. - In Roma : nella stamperia Pagliarini, 1792-1797. - 10 vol., hier: vol. 9, 39f.
- Crollalanza, Giovanni Battista di: Dizionario storico-blasonico delle famiglie nobili e notabili italiane estinte e fioriti. - 3 vol. - Pisa 1886-1890, hier: vol. 1, 399.
- DBI 46 (1996), 383f. von M. Sanfilippo.
- Hierarchia Catholica 5, 181; 6, 16.
- Marchesi, Giorgio Viviano: Antichità ed eccellenza del protonotariato appostolico partecipante colle piu scelte notizie de' santi, sommi pontefici, cardinali, e prelate che ne sono stati insigniti sino al presente. - In Faenza : pel Benedetti impress. vescovile, 1751, 502f.
- Moroni 16 (1842), 229.
- Paltrinieri, Ottavio Maria: Elogio del nobile e pontificio Collegio Clementino di Roma. - [Roma] : presso Antonio Fulgoni, 1795, XXII.
- Papa, Giovanni: Cardinali prefetti, segretari, promotori generali della fede e relatori generali della Congregazione, in: Congregazione per le Cause dei Santi. Miscellanea in occasione del IV centenario della Congregazione per le Cause dei Santi (1588-1988). - Città del Vaticano 1988, 423-428, hier: 424.
- Seidler, Sabrina M. ; Weber, Christoph (Hg.): Päpste und Kardinäle in der Mitte des 18. Jahrhunderts (1730-1777). Das biographische Werk des Patriziers von Lucca Bartolomeo Antonio Talenti (Beiträge zur Kirchen- und Kulturgeschichte ; 18). - Frankfurt a.M. u.a. 2007, 502-505. [Lit.]
- Weber, Christoph (Bearb.): Die päpstlichen Referendare 1566-1809. Chronologie und Prosopographie (PuP ; 31/1-3). - 3 Bde. - Stuttgart 2003-2004, hier: Bd. 2, 608.
- Weber, Christoph: Die Titularbischöfe Papst Benedikts XIII. (1724-1730). Ein Beitrag zur Geschichte des Episkopates und der römischen Kurie, in: Walter, Peter ; Reudenbach, Hermann Josef (Hg.): Bücherzensur - Kurie - Katholizismus und Moderne. Festschrift für Herman H. Schwedt (Beiträge zur Kirchen- und Kulturgeschichte ; 10). - Frankfurt a.M. 2000, 107-143, hier: 138.
- Weber, Christoph: Genealogien zur Papstgeschichte. Unter Mitwirkung von Michael Becker bearbeitet (PuP ; 29/1-6). - 6 Bde. - Stuttgart 1999-2002, hier: Bd. 1, 347.

Mario Ferrantini

Geboren	um 1647 in Poggio Mirteto (im Gebiet der Abtei Farfa, Latium)
Gestorben	1710 März 19 in Rom

Familie
Der spätere Archivar des SO wird im Jahre 1691 bei seinem Amtsantritt in Rom Sohn eines bereits verstorbenen Giovanni Paolo Ferrantini aus Poggio Mirteto genannt, damals 44 Jahre alt (ACDF SO Extens. 1680-1690 = St.St. Q-1-p, Bl. 196r). Im Jahr 1701 erbat Mario, damals Sostituto Notaro des SO, eine Empfehlung des SO beim Papst für einen Sohn zwecks Übertragung eines vakanten Benefiziums bei einer nicht genannten Kirche in seinem Heimatort (ACDF SO Decreta 1701, Bl. 366v, mit aufschiebendem Beschluss der Kardinäle vom 19. Okt. 1701 zu diesem beneficium simplex: „iterum referatur"). Zugunsten des offenbar gleichen Sohnes, jetzt namentlich genannt Paolo Antonio Ferrantini, erbat und erhielt der Vater Mario eine Empfehlung des SO beim Papst für die Übertragung eines vakanten Kanonikates an der Stiftskirche SS. Celso e Giuliano in Rom (ACDF SO Decreta 1705, Bl. 52v, Dekret vom 11. Febr. 1705).

Lebenslauf

1691 März 22	Pro-Sostituto des SO, Amtsantritt durch Eidesleistung ACDF SO Extens. 1680-1690 [-1707] = ACDF SO St.St. Q-1-p, Bl. 196 (für den erkrankten Sostituto Notaro Ioannes de Bonis) Sostituto Notaro des SO Primo Sostituto Notaro des SO (bis 1709)
1706 Juli 7	Koadjutor des Archivars des SO L. S. → Puński, Ernennung ACDF SO Priv. 1701-1710, Bl. 389v
1707 Mai 18	Pro-Archivar des SO ACDF SO Decreta 1701, Bl. 453v (Dekret Feria IV, „assistat in archivio" für den im Juni abwesenden Archivar Puński)
1709 [März]	Archivar des SO, Antrag auf Ernennung ACDF Decreta SO 1709, Bl. 134v (als Nachfolger des verstorbenen Puński)
1709 Apr. 3	Archivar des SO, [Ernennung] ACDF SO Decreta 1709, Bl. 134v (Übertragung der Entscheidung an den Commissarius: „quoad electionem Archivistae dixerunt ad Commissarium iuxta mentem", ohne Angabe der „mens")
[1709 Sept.]	Antrag auf Erlaubnis zur Reise in seine Heimat Poggio Mirteto zwecks Weinlese ACDF SO Priv. 1701-1710, Bl. 656 (Entscheidung am 24. Sept. 1709: „E.mi pro gratia, iuxta mentem")

Unveröffentlichte Quellen
Galletti 19, Vat. Lat. 7886, Bl. 24 (Todesdatum „Ferrandini")

Franco Ferrari OCist

Namensvariante Francesco Ferrari

Geboren um 1635 in [Mailand]
Gestorben 1711 in Mailand

Familie
Ferrari stammte aus einer Familie, zu der keine näheren Angaben vorliegen, für die man jedoch ein gewisses Vermögen vermuten darf; denn als Abt von Caravaggio bei Bergamo erhielt Ferrari ein väterliches Erbe, das er für Baumaßnahmen und zur Ausstattung des Klosters verwandte. Als Schüler von I. → Rancati erbte er dessen Bücher und zudem 150 scudi Einkommen jährlich, damit der Orden ihn nicht aus der Bibliothek versetze. Vgl. Argelati: Bibliotheca 1, 605.

Lebenslauf

1652 Jan. 25	Ordensprofess in Chiaravalle (Mailand)
	Studium an S. Croce in Gerusalemme, Rom (unter I. → Rancati OCist)
	Lektor an S. Croce in Gerusalemme, Rom
1659 Aug. 9	Sekretär von I. Rancati (mit Erlaubnis Alexanders VII.)
	Assistent von I. Rancati für dessen Arbeit als Konsultor des SO (unter Alexander VII.)
	Bibliothekar von I. Racanti und Erbe seiner Bibliothek in Rom
[1671]	Konsultor der CIndex, Antrag auf Ernennung
	ACDF Index Prot. 36 (1664-1672), Bl. 194 (Bewerbung Ferraris o.D. an den Papst mit Angaben zum Lebenslauf)
1671 Nov. 18	Konsultor der CIndex, Ernennung
	ACDF Index Diari 7 (1665-1682), Bl. 33v („adscriptus")
	Abt verschiedener Klöster, darunter S. Giovanni Battista, Caravaggio (bei Bergamo)
	Zuletzt Aufenthalt in S. Ambrogio, Mailand

Literatur

- Argelati, Filippo: Bibliotheca Scriptorum Mediolanensium, seu Acta, et elogia virorum omnigena eruditione illustrium, qui in metropoli Insubriae, oppidisque circumiacentibus orti sunt; additis literariis monumentis post eorundem obitum relictis, aut ab aliis memoriae traditis [...]. Historia literario-typographica Mediolanensis ab anno MCDLXV. ad annum MD. nunc primum edita [...]. - Mediolani : in Aedibus Palatinis, 1745. - 4 vol., hier: vol. 1, 603-605.
- Dictionnaire des auteurs cisterciens. Sous la direction de Émile Brouette, Anselme Dimier et Eugène Manning (La Documentation cistercienne ; 16/1-2). - 2 vol. - Rochefort 1975-1979, 252f.
- Fumagalli, Angelo: Vita del P. D. Ilarione Rancati Milanese dell'Ordine Cistercense. - Brescia : dalle stampe di Giambattista Bossini, 1762, 7f.149.

- Irico, Giovanni Andrea: Rerum patriae libri III, ab anno urbis aeternae CLIV, usque ad annum Christi MDCLXXII, ubi Montisferrati principum, episcoporum, aliorumque illustrium virorum gesta ex monumentis plurimis nunc primum editis recensentur : Accedit ejusdem auctoris dissertatio de S. Oglerio, celeberrimi Locediensis monasterii abbate, chronologica ipsius praesulum serie locupletata, cum figuris. - Mediolani : typis Palatinis, 1745, 11.
- Masotti, Arnaldo: Matematica e matematici nella storia di Milano, in: Storia di Milano. Bd. 16: Principio di secolo (1901-1915). - Milano 1962, 713-814, hier: 758.
- Palma, Marco: Sessoriana. Materiali per la storia dei manoscritti appartenuti alla biblioteca romana di S. Croce in Gerusalemme. - Roma 1980, 1-91. [Edition des Bibliothekskatalogs von Ferrari]
- Ratti, Achille: La miscellanea chiaravallese e il libro dei prati di Chiaravalle. Notizia di due codici manoscritti, in: Archivio Storico Lombardo Ser. 3, 4 (1895), 100-142, hier: bes. 104f.
- Trasselli, Franca: Ilarione Rancati ‚Milanese dell'Ordine cisterciense', il Collegio di studi e la biblioteca romana di S. Croce in Gerusalemme, in: Aevum 81 (2007), 793-876, bes. 803.843f.

Tommaso Maria Ferrari OP

Namensvariante Pietro Agostino Ferrari (Taufname)

Geboren 1647 Nov. 22 in Manduria (Apulien)
Gestorben 1716 Aug. 20 in Rom

Familie
Der spätere Kardinal entstammte der wohlsituierten Akademiker- und Bürgerschicht (vgl. Moroni 16, 187) der Stadt Castelnuovo (heute Manduria) und wird ohne Beleg auch adelig genannt (so Foscarini: Armerista), während andere von „d'humili parenti" sprechen (Seidler: Teatro, 448). Als jüngster Sohn eines Dr. Francescantonio und der Vittoria Bruni hatte Ferrari drei ältere Brüder, von denen zwei, beide Advokaten, um 1662/1663 starben. Trotz des sozialen Drucks, wegen des Weiterbestandes der Familie zu heiraten, blieb er im Kloster, inzwischen mit dem Namen Thomas Maria a Castro Novo. Ein Onkel mütterlicherseits, Antonio Bruni (1593-1635), machte sich als Generalvikar des Kardinals B. → Gessi und Sekretär des Herzogs von Urbino sowie als Schriftsteller einen Namen (zu ihm vgl. DBI 14, 597).

Lebenslauf
1662	Ordenseintritt (wahrscheinlich in den Konvent SS. Rosario, Manduria)
	Noviziat im Kloster Ss. Annunziata, Lecce
1663	Ordensgelübde
[1663]	Studium an S. Maria della Sanità, Neapel
	Mitglied des Konvents S. Spirito, Neapel

Ferrari 490

1672	Studienabschluss an S. Maria sopra Minerva, Rom (bei J. T. → Rocaberti)
1673	Lektor für Philosophie am Ordenskolleg S. Tommaso, Neapel Baccelliere und Studienmagister am Ordenskolleg S. Tommaso, Neapel
1677	Theologus des Provinzials des Ordens in Neapel auf dem Generalkapitel in Rom
1680	Regens des Ordenskollegs S. Tommaso, Neapel (bis 1685)
1685 Juli 5	Studienregent des Ordenskollegs in Bologna (bis 1688)
um 1686	Engere Bekanntschaft mit Kardinal A. → Pignatelli, Legat in Bologna (später Innozenz XII.)
1688 Okt. 22	Magister S. Palatii
1688 Nov. 10	Konsultor des SO, Amtsantritt durch Eidesleistung
	ACDF SO Decreta 1688, Bl. 266r; ACDF SO Juramenta 1656-1700, Bl. 416r.429v
	Mitglied der Accademia dell'Arcadia, Rom (als „Filarete Nuntino")
1695 Dez. 12	Kardinal
1696 Jan. 2	Zuteilung der Titelkirche S. Clemente
[1696 Jan. 3]	Mitglied der CEpReg, CConcilio und CRiti
1696 Jan. 3	Mitglied der CIndex, Ernennung
	ACDF Index Diari 10 (1692-1696), Bl. 134v
1696 Jan. 3	Mitglied des SO, Ernennung
	ACDF SO Juramenta 1656-1700, Bl. 496
1696 Jan. 4	Mitglied des SO, Amtsantritt durch Eidesleistung
	ACDF SO Juramenta 1656-1700, Bl. 497r.501v; ACDF SO Priv. 1750-1754, Bl. 425v („Nota de' Sig.ri Cardinali Segretari")
1696 Jan. 11	G. B. → Sidotti, Auditor von Ferrari, Amtsantritt durch Eidesleistung
	ACDF SO Extens. 1680-1690 [-1707] = ACDF SO St.St. Q-1-p, Bl. 294r
1696 Sept. 19	Girolamo Rampolla, Kaplan von Ferrari, Amtsantritt durch Eidesleistung
	ACDF SO Extens. 1680-1690 [-1707] = ACDF SO St.St. Q-1-p, Bl. 308v
1700 März 13	Präfekt der CIndex, Ernennung
	ACDF Index Diari 11 (1696-1699), Bl. 119r; ACDF Index Prot. 59 (1699-1700), Bl. 251 (Schreiben SS an Sekr. der CIndex); ASV SS Mem Bigl 155, Fasz. 1627-1706 (Schreiben SS an Sekr. der CIndex, Entwurf)
1702 Juli 19	Nicolaus Adinolfus, Adiutor von Ferrari, Amtsantritt durch Eidesleistung
	ACDF SO Extens. 1680-1690 [-1707] = ACDF SO St.St. Q-1-p, Bl. 413r („Adinolfus, Neapolitanus, filius quondam Joannis", 54 Jahre alt)

1707 Apr. 1   Carolus Arnò, Adiutor von Ferrari, Amtsantritt durch Eidesleistung
                 ACDF SO Extens. 1680-1690 [-1707] = ACDF SO St.St. Q-1-p,
                 Bl. 496v (Arnò „Abbas, filius quondam Francisci Antonii de
                 Manduria Ocitanae Dioc.", 39 Jahre alt)
1712   Mitglied der Sonderkongregation zu Quesnels „Riflessioni morali"
                 (mit A. → Banchieri und C. A. → Fabroni)

Literatur
- Arnò, Giambattista: Il Card. Fr. Tommaso M. Ferrari o.p. manduriano luminare della chiesa del ,700. - Manduria 1942. - 61 S.
- Bonis, Carlo de: Orazione funebre recitata dal P. Carlo de Bonis della Compagnia di Gesù, in: Componimenti fatti nel funerable dell'Eminentiss. e Reverendiss. Signore F. Tommaso Maria Ferrari dell'Ordine de' Predicatori, Cardinale del Titolo di S. Clemente, celebrato nella Chiesa di S. Spirito de' PP. del medesimo Ordine à 12. Dicembre 1716. - In Napoli : Nella Stamperia di Felice Mosca, 1717, 1-24.
- Catalani, Giuseppe: De magistro sacri palatii apostolici libri duo, quorum alter originem, praerogativas, ac munia, alter eorum seriem continet, qui eo munere ad hanc usque diem donati fuere ad reverendissimum patrem fr. Antonium Bremond [...] . - Romae : Typis Antonii Fulgoni apud S. Eustachium, 1751, 184-189.
- Ceyssens, Lucien ; Tans, Joseph A. G.: Autour de l'Unigenitus. Recherches sur la genèse de la constitution (Bibliotheca Ephemeridum Theologicarum Lovaniensium ; 76). - Leuven 1987, 157f.
- Ceyssens, Lucien: Le cardinal Thomas-Marie Ferrari O.P. (1647-1716), victime singulière de la bulle Unigenitus, in: Augustiniana 37 (1987), 317-358.
- → Cloche, Antonin: [Rundbrief vom 23. August 1716 zum Tod von Ferrari]. - 2 Bl. [hier Exemplar: Biblioteca Statale, Cremona, Mischband 48.6.12/123 (Handexemplar von T. A. → Ricchini)]
- Concina, Daniele: De vita, et rebus gestis P. Thomae Mariae Ferrarii Ordinis Praedicatorum S.R.E. cardinalis tituli S. Clementis libri tres [...]. - Romae : apud haeredes Jo. Laurentii Barbiellini, 1755. [75-77 zum Quietismus]
- Coulon, Rémy ; Papillon, Antonin: Scriptores Ordinis Praedicatorum recensiti, notis historicis et criticis illustrati ad annum 1700 auctoribus Jacobo Quétif [...] ab anno autem 1701 ad annum 1750 perducti [...]. - 2 vol. - Romae ; Parisiis 1909-1934, hier: vol. 1, 241-245.
- DBI 46 (1996), 667-670 von E. Di Rienzo.
- Döllinger, Ignaz von ; Reusch, Franz Heinrich (Hg.): Geschichte der Moralstreitigkeiten in der römisch-katholischen Kirche seit dem sechzehnten Jahrhundert mit Beiträgen zur Geschichte und Charakteristik des Jesuitenordens. - 2 Bde. - Nördlingen 1889 ; ND Aalen 1984, hier: Bd. 1, 153-167.
- Eszer, Ambrosius: Il Card. Tommaso Maria Ferrari O.P. e gli inizi della Pontificia Accademia Teologica Romana, in: Divinitas 40 (1996), 107-116.
- Foscarini, Amilcare: Armerista e notiziario delle famiglie nobili, notabili e feudatarie di Terra d'Otranto (oggi province di Lecce, di Brindisi e di Taranto) estinte e viventi. Con tavole genealogiche. - 2. ed. corretta ed accresciuta. - Lecce 1927.
- Gigli, Giuseppe: Scrittori manduriani. Con prefazione del cav. prof. Cosimo De Giorgi. - Lecce 1888, 125-151.

- Giorgetti Vichi, Anna Maria (Hg.): Arcadia, Academia letteraria italiana. Gli Arcadi dal 1690 al 1800. Onomasticon. - Roma 1977, 121.
- Hierarchia Catholica 5, 19.45.
- Jemolo, Arturo Carlo: Il Giansenismo in Italia prima della rivoluzione. - Bari 1928, 102.
- Moroni 16 (1842), 216; 24 (1844), 187-189.
- Orcibal, Jean (Hg.): Correspondance de Fénelon ([ab Bd. 6 in:] Histoire des idées et critique littéraire). - 18 vol. - Genève 1972-2007, hier: vol. 6, 76f. u.ö. [Quellen]
- Orcibal, Jean: Documents pour une histoire doctrinale de la querelle du quiétisme. Le procès des „Maximes des Saints" devant le Saint-Office. Avec la relation des Congrégations cardinalices et les „oberservations" inédites de Bossuet, in: Archivio Italiano per la Storia della Pietà 5 (1968), 409-536, bes.: 466-468.
- Rebellato, Elisa: La fabbrica dei divieti. Gli Indici dei libri proibiti da Clemente VIII a Benedetto XIV (Il sapere del libro). - Milano 2008, 175-181.
- Seidler, Sabrina M.: Il teatro del mondo. Diplomatische und journalistische Relationen vom römischen Hof aus dem 17. Jahrhundert (Beiträge zur Kirchen- und Kulturgeschichte ; 3). - Frankfurt a.M. 1996, 448-450.
- Taurisano, Innocentius: Hierarchia Ordinis Praedicatorum. - Taurini 1916, 59.
- Tipaldo, Emilio de (Hg.): Biografia degli italiani illustri nelle scienze, lettere ed arti del secolo XVIII, e de' contemporanei compilata da letterati italiani di ogni provincia. - 10 vol. - Venezia 1834-1845, hier: vol. 3, 146f.
- Villani, Carlo: Scrittori ed artisti pugliesi antichi, moderni e contemporanei. - Trani 1904, 346f.
- Weber, Christoph (Hg.): Die ältesten päpstlichen Staatshandbücher. Elenchus Congregationum, Tribunalium et Collegiorum Urbis 1629-1714 (RQ Supplementheft ; 45). - Rom u.a. 1991, 110.

Carlo Vincenzo Maria Ferreri OP

Geboren   1682 Apr. 11 in Nizza
Gestorben   1742 Dez. 9 in Vercelli

Familie

Der spätere Kardinal stammte aus einer Familie des savoyardischen Amtsadels von Nizza und war Sohn des Staatsrates Bartolomeo Ferreri und der Caterina Thaon. Der Bruder des Vaters, der Dominikaner C. V. M. → Ferreri (gest. 1725), wirkte als Inquisitor in fünf Städten Norditaliens. Vgl. Weber: Genealogien 3, 534.

Lebenslauf

1705 März 15	Priesterweihe
1723 Mai 21	Magister theol.
	Lektor für Theologie an der Universität Turin
1727 Juli 30	Bischof von Alessandria (päpstliche Ernennung)

1729 Juli 6	Kardinal
1729 Okt. 29	Romreise (Zuteilung der Titelkirche S. Maria in Via im geheimen Konsistorium am 23. Dezember 1729)
1729 [Dez. 23]	Mitglied des SO, Ernennung
1729 Dez. 23	Bischof von Vercelli
1729 Dez. 28	Mitglied des SO, Amtsantritt durch Eidesleistung ACDF SO Juramenta 1725-1736, o.Bl. (Schreiben SS an Ass. des SO)
[1729]	Mitglied der CEpReg, CDiscReg, CImmunità und CRiti
1729 Dez. 29	Orazio Cottolorda, Auditor und Adiutor studiorum von Ferreri, Amtsantritt durch Eidesleistung ACDF SO Juramenta 1725-1736, o.Bl.

Literatur

- Cardella, Lorenzo: Memorie storiche de' Cardinali della Santa Romana Chiesa. - In Roma : nella stamperia Pagliarini, 1792-1797. - 10 vol., hier: vol. 8, 38-42.
- Chenna, Giuseppe Antonio: Del Vescovato de' vescovi e delle chiese della città e diocesi d'Alessandria. Libri quattro. - Alessandria : Nella tipografia d'Ignazio Vimercati, 1785-1786. - 2 vol. ; ND Bologna 1971-1972, hier: vol. 1, 337-340.
- Creytens, Raymond: Les annotations secrètes du maître général Augustin → Pipia OP sur l'examen ad gradus des Dominicains italiens (1721-1724), in: AFP 42 (1972),167-197; hier: 182.190.196.
- DHGE 16 (1967), 1251f. von R. Aubert.
- Guarnacci, Mario: Vitae, et res gestae Pontificum Romanorum et S.R.E. Cardinalium a Clemente X. usque ad Clementem XII. [...] Descripta a S. Petro ad Clementem IX. - Romae : Sumptibus Venantii Monaldini bibliopolae [...] ; Ex Typographia Joannis Baptistae Bernabo, & Josephi Lazzarini, 1751. - 2 vol., hier: vol. 2, 555-558.
- Hierarchia Catholica 5, 77.411.
- Moroni 24 (1844), 193.
- → Ripoll, Tomás: [gedruckter Rundbrief vom 29. Dez. 1742 zum Tod Ferreris]. 2 Bl. [hier Exemplar: Biblioteca Estense, Modena, A.13.K.16]
- Seidler, Sabrina M. ; Weber, Christoph (Hg.): Päpste und Kardinäle in der Mitte des 18. Jahrhunderts (1730-1777). Das biographische Werk des Patriziers von Lucca Bartolomeo Antonio Talenti (Beiträge zur Kirchen- und Kulturgeschichte ; 18). - Frankfurt a.M. u.a. 2007, 230.
- Weber, Christoph: Genealogien zur Papstgeschichte. Unter Mitwirkung von Michael Becker bearbeitet (PuP ; 29/1-6). - 6 Bde. - Stuttgart 1999-2002, hier: Bd. 3, 534.

Vincenzo Maria Ferretti OP

Geboren	um 1680 in Ancona (Marken)
Gestorben	1757 Aug. 30 in Rom

Ferretti

Familie
Der Pater stammt aus der Familie der conti di Castelferretto. Vgl. Guglielmotti: Catalogo, 22.

Lebenslauf

	Magister theol.
1724	Cathedraticus der Bibliotheca Casanatensis
1724 Juli 24	Relator der CIndex, Ernennung
	ACDF Index Diari 15 (1721-1734), Bl. 22r; ACDF Index Prot. 81 (1737-1740), Bl. 442r
1725 Jan. 30	Revisor des SO, Amtsantritt durch Eidesleistung
	ACDF SO Juramenta 1725-1736, o.Bl. (Ferretti 44 Jahre alt)
1727	Provinzial des Ordens, Provinz Rom
1732 Juni 11	Inquisitor von Spoleto, Amtsantritt durch Eidesleistung
	ACDF SO Juramenta 1725-1736, o.Bl.
1733 Apr. 20	Inquisitor von Perugia, Ernennung
	ACDF SO Decreta 1733, Bl. 112r („electus")
1737	Generalprokurator des Ordens in Rom (bis 1757)
1747 Sept.	Generalvikar des Ordens (nach dem Tod des Generaloberen des Ordens T. → Ripoll)
1747 Sept. 28	Konsultor des SO, Ernennung (als Generalvikar des Ordens)
	ACDF SO Decreta 1747, Bl. 283r; ACDF SO Priv. 1743-1749, Bl. 462r
1747 Sept. 28	Konsultor des SO, Amtsantritt durch Eidesleistung
	ACDF SO Juramenta 1800-1809, o.Bl.
1748 Sept. 2	Konsultor der CIndex, Ernennung
	ACDF Index Diari 15 (1721-1734), Bl. 73v (Vermerk Sekr. der CIndex über Papstaudienz)
1748 [Sept.]	Generalvikar des Ordens in Rom (ernannt durch den 1748 gewählten Generaloberen des Ordens A. → Brémond)
1748 Sept. 27	Konsultor des SO (als Generalvikar des Ordens), Amtsantritt durch Eidesleistung
	ACDF SO Juramenta 1737-1749, o.Bl.
1755 Juni	Generalvikar des Ordens (nach dem Tod des Generaloberen des Ordens A. Brémond)
1755 Juni 12	Konsultor des SO, Ernennung (als Generalvikar des Ordens)
	ACDF SO Decreta 1755, Bl. 154r („electus")
1755 Juni 17	Konsultor des SO, Amtsantritt durch Eidesleistung
	ACDF SO Juramenta 1800-1809, o.Bl.

Gutachten

(1725 Juli 16)	Amato, Michele d': Presbiteri Neapolitani De Piscium, atque Avium esus consuetudine, Dissertatio Historico Philologico Moralis. - Napoli : [S.n.], 1723.
	ACDF Index Prot. 73 (1724-1725), Bl. 357r-360v, 8 S.

[1725 Sept. 12]	LeTourneux, Nicolas: De la mellieure manière d'entendre la Sainte Messe [...]. - Brusselles : chez Lambert Marchant ; Paris : chez Lambert Roulland, 1700. ACDF SO CL 1724-1728, Nr. 18, 7 S.
(1726 Aug. 26)	LaRoche-Guilhelm, Anne de: Jaqueline de Bavière comtesse de Hainaut : nouvelle historique [...]. - Amsterdam : P. Marret, 1607 [i.e. 1707]. ACDF Index Prot. 74 (1726), Bl. 216r-219r, 7 S.
(1730 Aug. 29)	Larrey, Isaac de: Histoire d'Angleterre, d'Ecosse, et d'Irlande [...]. - A Rotterdam : chez Reinier Leers, 1697-1713. ACDF Index Prot. 77 (1728-1731), Bl. 264r-266r, 5 S.
(1731 Apr. 3)	Rycaut, Paul: Histoire De L'Estat Présent De L'Église Grecque, Et De L'Église Arménienne [...]. - A Middelbourg : Chez Gilles Horthemels, 1692. ACDF Index Prot. 77 (1728-1731), Bl. 350r-352r, 5 S.

Eigene Werke
- [Gedruckter Rundbrief vom 7. Oktober 1747 zum Tod von T. → Ripoll]. - 2 Bl. [hier nach dem Handexemplar von T. A. → Ricchini: Biblioteca Statale, Cremona, Mischband 48.6.12/123]

Literatur
- Anonym [Boarini, Reginaldo]: Descrizione storica della chiesa di S. Domenico di Perugia : con un' appendice nella quale si dà una breve notizia della fabbrica del Tribunale del S. Offizio, dedicata al merito singolarissimo del molto reverendo padre Fr. Rodorico Pio Saraceni, della Provincia Romana, dell'Ordine de' Predicatori degnissimo provinciale. - In Perugia : Nella stamperia cam. e vesc. di Mario Rinaldi, 1778, LXIX.
- Conte, Emanuele (Hg.): I maestri della Sapienza di Roma dal 1514 al 1787. I rotuli e altre fonti (Fonti per la Storia d'Italia ; 116. Studi e Fonti per la storia dell'Università di Roma. N. S. ; 1). - 2 vol. - Roma 1991, 981.
- Eszer, Ambrosius: Zur Geschichte der „Congrégation du Saint-Sacremont", in: AFP 50 (1980), 307-386, hier: 352.386.
- Fenning, Hugh: The Irish Dominican Province at the beginning of its decline (1745-1761), in: AFP 45 (1975) 399-502, hier: 405.441-444.449f.460.
- Guglielmotti, Alberto: Catalogo dei bibliotecari, cattedratici, e teologi del Collegio Casanatense nel convento della Minerva dell'Ordine de' Predicatori in Roma dal principio di loro istituzione sino al presente. Raccolto da sicuri documenti e corredato di note biografiche, cronologiche, e bibliografiche. - Roma 1860, 22.
- Masetti, Pio Tommaso: Monumenta et antiquitates veteris disciplinae Ordinis Praedicatorum ab anno 1216 ad 1348 praesertim in Romana Provincia praefectorumque qui eandem rexerunt biographica chronotaxis ex synchronis documentis, ineditis codicibus, aequalibusque auctoribus collectae, illustratae, ac digestae [...]. - 2 vol. - Romae 1864, hier: vol. 2, 222-224.270.
- Mortier, Daniel Antonin: Histoire des maîtres généraux de l'Ordre des Frères Prêcheurs. - 8 vol. - Paris 1903-1920, hier: vol. 7, 315f.386ff.

- Quadri, Stefano: In funere Reverendissimi P. Magistri Fr. Vincentii Mariae Ferretti Procuratoris generalis Ordinis Praedicatorum Oratio habita in templo S. Mariae supra Minervam Kalendis Septembribus [...]. - Romae : excudebant Joachimus, & Joannes Josephus Salvioni, 1757. - XIX S.
- Taurisano, Innocentius: Hierarchia Ordinis Praedicatorum. - Taurini 1916, 106.

Giuseppe Maria Ferruzzi

Geboren	in [Montefiascone, Umbrien]
Gestorben	[1801]

Lebenslauf

1759 Apr. 30	Sostituto Notaro des SO, Ernennung
	ACDF SO Priv. 1781-1783, Bl. 135 (Vermerk)
1759 Apr. 30	Sostituto Notaro der Kanzlei des SO, Amtsantritt durch Eidesleistung
	ACDF SO Extens. 1749-1808 = ACDF SO St.St. Q-1-q, Bl. 125v
um 1759	Antrag auf Auszahlung von Teuerungszuschlägen
	ACDF SO Priv. 1755-1759, Bl. 797 (Antrag an das SO, ohne Beschluss)
	Primo Sostituto Notaro des SO
1788 Aug. 28	Capo Notaro des SO, Ernennung
	ACDF SO Priv. 1786-1788, Bl. 745r; ACDF SO St.St. L-5-g („Catalogus Notariorum")

Literatur
- Notizie 1801, 103. [Ferruzzi letztmals erwähnt als Capo Notaro]

Raffaele Maria Filamondo OP

Geboren	1649 [Taufdatum: 16. Juni] in Neapel
Gestorben	1706 Aug. 15 in Sessa Aurunca (Caserta)

Lebenslauf

[1665]	Ordenseintritt in den Konvent S. Maria della Sanità, Neapel
	Lektor an Ordenskollegien
1700	Bibliothecarius Casanatensis, Rom
1702 Nov. 19	Relator der CIndex, [Ernennung]
	ACDF Index Diari 12 (1700-1703), Bl. 139r (erstes Referat)
	Konsultor der CIndex
1705 Dez. 14	Bischof von Sessa Aurunca

Gutachten

(1703 Nov. 19)   Laplacette, Jean: Observationes historico-ecclesiasticae, quibus eruitur veteris ecclesiae sensus circa pontificis Romani potestatem in definiendis fidei rebus [...]. - Amstelodami : Apud Georgium Gallet, 1695.
                        ACDF Index Prot. 64 (1703-1704), Bl. 137r-140r, 7 S.

(1705 März 23)   Marco <d'Aviano> ; Bolduc, Juan Bautista: Armonia del Bien y del mal [...]. - En Madrid : en la imprenta de Bernardo de Villa-Diego [...], 1682.
                        ACDF Index Prot. 65 (1704-1705), Bl. 409v-410r, 3 S.

(1705 März 23)   Pelayo <de San Benito>: Sumario de oracion [...]. - En Burgos : por Pedro Gomez de Valdiuielso, 1626.
                        ACDF Index Prot. 65 (1704-1705), Bl. 408r-409r, 3 S.

[1705 Okt. 14]   Barelli, Francesco Luigi: Vita e detti notabili del venerabile Padre Antonio Maria Zaccaria [...]. - [S.a.]. (Manuskript)
                        ACDF SO CL 1704-1705, Nr. 26, Bl. 845r-846r, 3 S.

[1705 Okt. 14]   Barelli, Francesco Luigi: Vita e detti notabili del venerabile Padre Antonio Maria Zaccaria [...]. - [S.a.]. (Manuskript)
                        ACDF SO CL 1704-1705, Nr. 26, Bl. 841r-843r, 6 S.

Eigene Werke

- Il dialogo della serafica Santa Caterina da Siena composto in volgare dalla medesima [...]. Aggiuntovi ultimamente un quinto Trattato, tolto dalla Libreria vaticana, e le Orazioni della Santa, con alcuni de' suoi particolari documenti non più stampati. Ed una Scrittura apologetica di Monsig. Raffaelle Maria Filamondo vescovo di Sessa contro alcuni detrattori della Santa. Tomo quarto. - In Siena : nella Stamperia del Pubblico, 1707 ; Edizione Secunda. - In Lucca : Per [...] Marescandoli, 1726.
- Il genio bellicoso di Napoli. Memorie istoriche di alcuni capitani celebri Napolitani c'han militato per la fede, per lo rè, per la patria nel secolo corrente, [...] Abbellite con cinquantasei ritratti intagliati in rame. - In Napoli : Nella nuova Stampa Dom. Ant. Parrino, e di Michele Luigi Mutii, 1694. - 2 vol. ; [2. Aufl.] - In Napoli : presso Domenico-Antonio Parrino, 1714. - 2 vol.
- Incipit: „Recurrente proxima Divinae dispensationis periodo". - Romae : Typis Cajetani Zenobii, [1705]. (Einblattdruck) [Hirtenbrief an das Bistum Sessa Aurunca, datiert: Romae, extra Portam Latinam XIII Kal. Januarii 1705; Exemplar hier: Biblioteca Casanatense Vol. Misc. 395]
- L'arca del testamento, panegirico alle glorie di S. Rosalia vergine palermitana [...]. - In Palermo : appresso D. Cillenio Hesperio, 1684. - [2] Bl., 47 S.
- La gelosia del cuore di Dio. Panegirico in lode di S. Rosalia vergine palermitana, recitato ne la chiesa de' padri dell'Oratorio di Palermo [...]. - In Palermo : per Giacomo Epiro, 1688. - 24 S.
- Raguaglio del viaggio fatto da' padri dell'ordine de' Predicatori, inviati dalla Sagra Congregazione de Propaganda Fide missionarii apostolici nella Tartaria minore l'anno MDCLXII. Aggiuntavi la nuova spedizione del P. maestro frà Francesco Piscopo in Armenia e Persia [...]. - In Napoli : per li socii Dom. Ant. Parrino, e Michele Luigi Mutii, 1695. - [15] Bl., 364 S., [18] Bl.

- Theo-rhetoricae idea ex divinis scripturis et politioris literaturae mystagogis deducta duobus tomis comprehensa christianis oratoribus ad imitandum proposita [...]. - Neapoli : Ex novorum characterum fusoria Officina Michaelis Aloysii Mutii, 1700. - 2 vol.

Literatur
- Agricola, Petrus Franciscus: Saeculi XVIII. : Bibliotheca ecclesiastica authorumque notitiae biographicae [...]. - Hannoverae : Pockwitz, 1780-1782. - 4 vol., hier: vol. 3, 127f.
- Coulon, Rémy ; Papillon, Antonin: Scriptores Ordinis Praedicatorum recensiti, notis historicis et criticis illustrati ad annum 1700 auctoribus Jacobo Quétif [...] ab anno autem 1701 ad annum 1750 perducti [...]. - 2 vol. - Romae ; Parisiis 1909-1934, hier: vol. 1, 81.
- Guglielmotti, Alberto: Catalogo dei bibliotecari, cattedratici, e teologi del Collegio Casanatense nel convento della Minerva dell'Ordine de' Predicatori in Roma dal principio di loro istituzione sino al presente. Raccolto da sicuri documenti e corredato di note biografiche, cronologiche, e bibliografiche. - Roma 1860, 7.
- Hierarchia Catholica 5, 365.
- Hänggi, Anton: Der Kirchenhistoriker Natalis Alexander (1639-1724) (Studia Friburgensia ; 11). - Freiburg i.Ü. 1955, 339.
- Loenertz, Raymond: Le origini della missione secentesca dei Domenicani in Crimea, in: AFP 5 (1935), 261-288, hier: 262.272.
- Quétif, Jacobus ; Echard, Jacobus: Scriptores ordinis praedicatorum recensiti, notisque historicis et criticis illustrati, opus quo singulorum vita, praeclareque gesta referuntur, chronologia insuper seu tempus quo quisque floruit certo statuitur : fabulae exploduntur, scripta genuina, dubia, supposititia expenduntur [...] ab an. MDI ad an. MDCCXX [...]. - Lutetiae Parisiorum : Apud J. B. Christophorum Ballard, et Nicolaum Simart, 1719-1721. - 2 vol., hier: vol. 2, 792.
- Ughelli, Ferdinando: Ughelli. Opus singolare provinciis 20. distictum, [...]. - Editio seconda, aucta & emendata, cura et studio Nicolai Coleti [...]. - Venetiis : apud Sebastianum Coleti, 1717-1722. - 10 vol., hier: vol. 6, 547.

Filippo da Carbognano OFMObs

Namensvariante Filippo Lipperi

Geboren in Carbognano (bei Viterbo, Latium)
Gestorben 1762

Lebenslauf

Lektor für Theologie im Ordenskolleg S. Maria in Aracoeli, Rom
Professor am Collegium Urbanum de Propaganda Fide, Rom
Mitglied der Accademia dell'Arcadia, Rom

1744 Aug. 18	Relator der CIndex, [Ernennung]
	ACDF Index Diari 16 (1734-1746), Bl. 60r (erstes Referat)
[1745]	Konsultor der CIndex, Antrag auf Ernennung
	ACDF Index Prot. 82 (1740-1748), Bl. 301r (Bewerbung P. Filippos o.D. an die CIndex)
1745 [Mai]	Konsultor der CIndex, Ernennung
	ACDF Index Diari 16 (1734-1746), Bl. 61r (Ernennungsempfehlung der CIndex vom 15. März).63 (Vermerk Sekr. der CIndex zur Papstaudienz o.D.)
1746 Jan. 4	Revisor des SO, Amtsantritt durch Eidesleistung
	ACDF SO Juramenta 1737-1749, o.Bl.
1746 März 10	Qualifikator des SO, Ernennung
	ACDF SO Priv. 1743-1749, Bl. 365r (Audienzdekret des Papstes); ACDF SO St.St. II-2-m („Nota de' Qualificatori e loro deputazione")
1747	Herausgeber der „Theologia moralis" (1726) des Jesuiten Paul-Gabriel Antoine (im Anhang päpstlich verurteilte Propositiones)
1757	Herausgeber des Werkes von Antoine für den Gebrauch der Missionare, mit Einarbeitung der Indexreform → Benedikts XIV.
1760	Letzte Ausgabe des Werkes von Antoine zu Lebzeiten P. Filippos

Gutachten

(1744 Aug. 18)	Walch, Johann Georg: Compendivm Antiqvitatvm Ecclesiasticarvm Ex Scriptoribvs Apologeticis Eorvmdemqve Commentatoribvs Compositvm [...]. - Lipsiae : Io. Frid. Gleditschii b. Filium, 1733.
	ACDF Index Prot. 82 (1740-1748), Bl. 102r-103r, 3 S.
(1745 März 15)	Mazzapica, Giuseppe: Fons utriusque juris [...]. - Messinae : Typis Reg. & Cam. de Chiaramonte, & Provenzano, 1729.
	ACDF Index Prot. 82 (1740-1748), Bl. 140r-141v, 4 S.
(1745 Mai 11)	Mansi, Giovanni Domenico: Tractatus de casibus et excommunicationibus episcopis reservatis [...]. - Lucae : typis Sebastiani Dominici Cappuri, 1724.
	ACDF Index Prot. 82 (1740-1748), Bl. 155r-159r, 9 S.
(1746 Jan. 10)	Gravesande, Willem Jacob's: Introductio ad philosophiam, metaphysicam et logicam [...]. - Venetiis : typis Jo. Baptistae Pasquali, 1737.
	ACDF Index Prot. 82 (1740-1748), Bl. 242r-243v, 4 S.
[1746 März 2]	Duclos, Charles Pinot: Histoire de Louis XI. [...]. - A Paris : chez les frères Guerin; & Prault, fils., 1745.
	ACDF SO CL 1746-1747, Nr. 4, 5 S.
[1746 Apr. 20]	Lavini, Giuseppe: Filosophia per le Dame [...]. - [S.a.]. (Manuskript).
	ACDF SO CL 1746-1747, Nr. 9, 2 S.
(1746 Juli 5)	Visconti, Carlo <Ventimiglia, Bischof ; Kardinal> ; Aymon, Jean (Übers.) : Lettres, anecdotes et mémoires historiques du Nonce [...]. - Amsterdam : Wetstein, 1719.
	ACDF Index Prot. 82 (1740-1748), Bl. 272r-273v, 4 S.

Filippo da Carbognano 500

(1748 Dez. 16)	Pichon, Jean: L'Esprit de Jésus-Christ [...]. - Paris : H.-L. Guérin, 1745. nicht aufgefunden (Hinweis in ACDF Index Diari 17 [1749-1763], Bl. 3r; ACDF Index Prot. 82 [1740-1748], Bl. 349r)
(1749 Sept. 15)	Anonym [Colonia, Dominique de]: Bibliotheque janseniste, ou catalogue alphabetique, des livres jansenistes, quesnellistes, baïanistes, ou suspects de ces erreurs [...]. - A Bruxelles : chez Simon T'Sertetevens [...], 1744. ACDF Index Prot. 83 (1749-1752), Bl. 36r-39v, 8 S.
[1749 Sept. 25]	♦ Laviny, Giuseppe: Del paradiso riacquistato [...]. - In Roma : nella stamperia di Antonio de' Rossi, 1750-1756. nicht aufgefunden (Hinweis in ACDF SO CL 1748-1750, Nr. 16)
[1750 Jan. 28]	Laviny, Giuseppe: Rime filosofiche colla sue annotazioni [...]. - [S.a.]. (Manuskript) ACDF SO CL 1748-1750, Nr. 10, 2 S.
(1750 Dez. 15)	♦ Anonym [Osmont du Sellier]: Reponse a la Bibliotheque janseniste [...]. - A Nanci : aux depens de Joseph Nicolai, 1740. ACDF Index Prot. 83 (1749-1752), Bl. 88r-89v, 3 S.
(1751)	Anonym: Lettre d'un docteur de Sorbonne [...]. - [S.l.] : [S.n.], [1749]. nicht aufgefunden (Hinweis in ACDF SO CL 1751, Nr. 12)
[1751 Jan. 5]	♦ Anonym [Migliavacca, Celso]: Animadversiones in historiam theologicam [...]. - Francofurti ad moenum : apud fratres Durenios sacrae caes. maj. typogr. ac bibliop., 1749. ACDF SO CL 1751, Nr. 6, 6 S.
(1751 März 22)	♦ Anonym [Osmont du Sellier]: Reponse a la Bibliotheque janseniste [...]. - A Nanci : aux depens de Joseph Nicolai, 1740. ACDF Index Prot. 83 (1749-1752), Bl. 225r-226v, 4 S.
(1752 Juli 4)	Argens, Jean-Baptiste de Boyer d': La Philosophie du bon sens [...]. - La Haye : P. Paupie, 1746. ACDF Index Prot. 84 (1753-1754), Bl. 176r-177v, 4 S.
1753 Aug. 20	Anonym [Colonia, Dominique de]: Dictionnaire des livres jansénistes, ou qui favorisent le jansénisme. - Anvers : Verdussen, 1752. ACDF Index Prot. 84 (1753-1754), Bl. 335r-337v, 6 S.
(1756 Aug. 31)	Genovesi, Antonio: Elementa metaphysicae mathematicum in morem adornata. - Venetiis : Bettinelli, 1753. nicht aufgefunden (Hinweis in ACDF Index Diari 17 [1749-1763], Bl. 62r-63r)
[1760 Jan. 27]	M*****, [...] de [Mauvillon, Éleazar de]: Reflexions D'Un Militaire Sur L'Utilité De La Religion Pour La Conduite Des Armées Et Le Gouvernement Des Peuples [...]. - Londres : Nourse, 1759. ACDF SO CL 1760-1761, Nr. 9, 9 S.

Eigene Werke

- Antoine, Paul-Gabriel: Theologia moralis [...] Cui in nova hac editione praeter ea quae operi adjecta fuere anno MDCCLIV. tractatus de actibus humanis, disputatio de

antiqua et nova Ecclesiae disciplina circa proscriptionem librorum, & notae nonnullae accedunt. - Romae : [S.n.], 1757. - 2 vol. [Hg.] [Vol. 1, 158-174: „Appendix De librorum prohibitione" u.a. mit Text von „Sollicita ac provida"]
- Antoine, Paul-Gabriel: Theologia moralis [...] In nova hac editione praeter ea quae operi adjecta fuere anno MDCCLIV. tractatus de actibus humanis, disputatio de antiqua et nova Ecclesiae disciplina circa proscriptionem librorum, & notae nonnullae accedunt. - Augustae Vindelicorum et Cracoviae : Sumptibus Christophori Bartl, 1760. - 2 vol. [Hg.]
- Antoine, Paul-Gabriel: Theologia moralis [...]. In hac editione [...] accedunt etiam plures aliae annotationes, appendices variae ad usum Missionariorum, Tractatus de Sacris Christianorum Ritibus, eorumque in Ecclesia varietate, deque Orientalis Ecclesiae circa Sacramenta disciplina, omnes Propositiones a Summis Pontificibus Damnatae, & alia bene multa addita. - Venetiis : Ex Typographia Balleoniana, 1754. - XXXII, 830 S. [Hg.]
- De propositionibus ab Ecclesia damnatis, in: Migne, Jacques-Paul (Hg.): Theologiae Cursus Completus. - 28 vol. - Parisiis 1862-1865, hier: vol. 6, 651-748.

Literatur
- Döllinger, Ignaz von ; Reusch, Franz Heinrich (Hg.): Geschichte der Moralstreitigkeiten in der römisch-katholischen Kirche seit dem sechzehnten Jahrhundert mit Beiträgen zur Geschichte und Charakteristik des Jesuitenordens. - 2 Bde. - Nördlingen 1889 ; ND Aalen 1984, hier: vol. 1, 283.
- Sbaralea, Ioannes H. [Sbaraglia, Giovanni Giacinto]: Supplementum et castigatio ad scriptores trium Ordinum S. Francisci a Waddingo, aliisve descriptos cum adnotationibus ad syllabum martyrum eorumdem ordinum. - 3 vol. - Romae 1908-1936 ; ND Sala Bolognese 1978, hier: vol. 3, 289.
- Sigismondo da Venezia: Biografia Serafica degli uomini illustri che fiorirono nel Francescano Istituto, per santità, dottrina e dignità fino a'nostri giorni. - Venezia 1846, 816.
- Sommervogel 1 (1890), 419-427; 8 (1898), 1661.
- Zürcher, Josef: Die Bearbeitung von Antoine's Moraltheologie für Missionare durch den Franziskaner Philipp von Carbognano, in: Neue Zeitschrift für Missionswissenschaft 1 (1945), 125-134.

Filippo di S. Teresa OCist

Namensvariante Filippo de Socijs

Geboren [1680]

Lebenslauf
Lektor für Moraltheologie am Collegium Urbanum de Propaganda Fide, Rom

1711	Relator der CIndex, Antrag auf Ernennung ACDF Index Prot. 69 (1710-1712), Bl. 277r (Bewerbung P. Filippos o.D.an die CIndex mit Angaben zum Lebenslauf)
1712 Jan. 12	Relator der CIndex, Ernennung ACDF Index Prot. 81 (1737-1740), Bl. 440v

Gutachten

(1714 März 5)	Carpzov, Benedict: Jurisprudentia Ecclesiastica Seu Consistorialis Rerum & Quaestionum In Serenissimi Ac Potentissimi Principis Electoris Saxon. Senatu Ecclesiastico & Consistorio Supremo Probe ventilatarum [...]. - Hanoviae : Typis Ioannis Aubry, 1652. ACDF Index Prot. 70 (1713-1715), Bl. 228r-233r, 11 S.
(1714 Juli 31)	Gertrudis <de Helfta> ; Mechtild <von Hackeborn>: Preces gertrudianae, siue vera & sincera medulla devotissimarum precum [...]. - Venetiis : typis Aloysij Pavini [...], 1702. ACDF Index Prot. 70 (1713-1715), Bl. 312r-314r, 5 S.
(1715 Jan. 28)	♦ Solombrini, Filippo: Ragioni a prò del comune della fedelissima città di Napoli, e de' suoi casali intorno al seppellire i morti [...]. - [Napoli] : [S.n.], [1712]. ACDF Index Prot. 70 (1713-1715), Bl. 390r-394r, 9 S.
(1716 Nov. 16)	Saubert, Johann: Palaestra Theologico-Philologica, Sive Disqvisitionvm Academicarvm Tomvs Singvlaris. - Norimbergae : Typis & impensis Wolfgangi Eberhardi Felseckeri, 1678. ACDF Index Prot. 71 (1715-1721), Bl. 253r-255v, 6 S.
(1727 Apr. 22)	Chiesa, Stefano: Epistolica dissertatio Scoti-Thomistica super facti quaestione utrum doctor Angelicus revera docuerit pluribus in locis b.v. fuisse immunem ab originali culpa? [...]. - Tarvisii : ex typographia Gasparis Plantae, 1726. ACDF Index Prot. 75 (1726-1727), Bl. 410r-412v, 6 S.
1735 Mai 23	Fabricius, Johann Albert: Salutaris Lux Evangelii Toti Orbi Per Divinam Gratiam Exoriens [...]. - Hamburgi : Sumtu Viduae Felgineriae, Typis Stromerianis, 1731. ACDF Index Prot. 79 (1734-1735), Bl. 290r-291r, 3 S.

Bonaventura Finardi da Bergamo OSB

Geboren	[um 1672]
Gestorben	1733

Lebenslauf

1690 Juni 11	Ordensprofess in der Abtei S. Giorgio, Venedig Kanonist Lektor in Benediktinerklöstern in Neapel, Venedig und Rom (für 24 Jahre)

[1710]	Lektor für Kanonistik an S. Anselmo, Rom
1716	Relator der CIndex, Antrag auf Ernennung
	ACDF Index Prot. 71 (1715-1721), Bl. 287r (Bewerbung Finardis o.D. mit Angaben zum Lebenslauf)
1716 Nov. 16	Relator der CIndex, Ernennung
	ACDF Index Diari 14 (1708-1721), Bl. 106v; ACDF Index Prot. 81 (1737-1740), Bl. 441r
1719 Okt. 9	Konsultor der CIndex, Ernennung
	ACDF Index Diari 14 (1708-1721), Bl. 124r
1729	Moderator der Ordenskongregation von Monte Cassino

Gutachten

(1717 Juli 13)	Acta eruditorum [...]. - Lipsiae : Grosse & Gleditsch, (1713).
	ACDF Index Prot. 71 (1715-1721), Bl. 354r-357r, 7 S.
(1718 Sept. 19)	Veil, Charles Marie de: Explicatio Litteralis Evangelii Secundum Matthaeum & Marcum [...]. - Londini : Excudebat Sam. Roycroft LL. [...], 1678.
	ACDF Index Prot. 71 (1715-1721), Bl. 477r-482r, 11 S.
(1719 Apr. 24)	Boeckelmann, Johann Friedrich: Tractatus Postumus De Differentiis Juris Civilis, Canonici & Hodierni / Cornelius Van Eck, [...] edidit, recensuit, & praefatione auxit. - Trajecti ad Rhenum : Apud Antonium Schouten, 1694.
	ACDF Index Prot. 71 (1715-1721), Bl. 550r-554v, 10 S.
(1719 Juli 17)	Boeckelmann, Johann Friedrich: Tractatus Postumus De Differentiis Juris Civilis, Canonici & Hodierni / Cornelius Van Eck, [...] edidit, recensuit, & praefatione auxit. - Trajecti ad Rhenum : Apud Antonium Schouten, 1694.
	ACDF Index Prot. 71 (1715-1721), Bl. 566-567v, 4 S.
(1720 Aug. 26)	♦ Anonym [Hevenesi, Gabór]: Cura salutis, sivae [sive] de statu vitae mature ac prudenter deliberandi methodus [...]. - Coloniae : Marteau, 1716.
	ACDF Index Prot. 71 (1715-1721), Bl. 688r-689v, 4 S.
(1722 Nov. 23)	Varchi, Benedetto: Storia Fiorentina [...]. - In Colonia : Appresso Pietro Martello, 1721.
	ACDF Index Prot. 72 (1721-1723), Bl. 266r-268v, 6 S.

Eigene Werke

- Theses et aperta philosophica. - Venetiis : apud Jacobum Thomasium, 1707. [Angabe nach: Matricula, 204f.]

Literatur

- Matricula Monachorum Congregationis Casinensis Ordinis S. Benedicti. Compilata dal P. D. Arcangelo Bossi da Modena (+ 1811) ed edita a cura di Leandro Novelli e Giovanni Spinelli (Italia benedettina ; 3). - Cesena 1983, 204f.

Francesco Antonio Fini

Geboren   1669 Mai 6 in Minervino (Neapel)
Gestorben   1743 Apr. 5 in Neapel

Familie

Der spätere Kardinal war Sohn des Angelo Fini aus Gravina - dem Feudalsitz der Orsini und Geburtsort des späteren Papstes → Benedikt XIII. - und der Cinzia Troysi. Von Zeitgenossen werden die Eltern als arm beschrieben (Seidler/Weber: Päpste, 247: „meschini e poveri genitori"). In Deutschland dagegen verbreitete man die Version, der Kardinal gehöre zur reichen Familie Finy, aus der mehrere Bischöfe stammten und deren Held, Vincenzo, bei den Kämpfen um Kreta Doge von Venedig wurde (Conlin: Roma, 226). Durch seine Verbindung zu Benedikt XIII., dem ehemaligen Erzbischof von Benevent, wurde Fini in Rom den sogenannten „Beneventani" zugerechnet.

Lebenslauf

1692 Mai 31	Priesterweihe
	Kanoniker von Benevent
1700 Dez. 18	Dr. iur. utr. an der Universität Sapienza, Rom
	Erzpriester und Kanoniker der Kathedrale von Benevent
1701 Jan. 11	Adiutor studiorum von Kardinal V. M. → Orsini (Benedikt XIII.), Amtsantritt durch Eidesleistung
	ACDF SO Extens. 1680-1690 [-1707] = ACDF SO St.St. Q-1-p, Bl. 385r
1722 Juli 6	Bischof von Avellino und Frigento (Süditalien) (bis 1726)
1724 Dez. 20	Titularerzbischof von Damaskus (unter Beibehalt von Avellino)
1725	Sekretär des Römischen Konzils
1726 Apr. 5	Vincenzo Caravita SJ, Theologus von Fini, Amtsantritt durch Eidesleistung
	ACDF SO Juramenta 1725-1736, o.Bl.
1726 Juni 13	Präfekt der Cubiculi des Papstes
1726 Sept. 26	Konsultor des SO, Ernennung
	ACDF SO Priv. 1710-1727, Bl. 20 (Audienzdekret des Papstes)
1726 Okt. 2	Konsultor des SO, Amtsantritt durch Eidesleistung
	ACDF SO Juramenta 1725-1736, o.Bl.
1726 Dez. 9	Kardinal in petto (publiziert 26. Jan. 1728)
1727 Juni 11	Vincenzo Caravita SJ, Adiutor studiorum von Fini, Amtsantritt durch Eidesleistung
	ACDF SO Juramenta 1725-1736, o.Bl.
1728 März 8	Zuteilung der Titelkirche S. Maria in Via
1728 März 8	Mitglied des SO, Ernennung
	ACDF SO Priv. 1750-1754, Bl. 429r („Nota de' Sig.ri Cardinali Segretari")

1728 März 10	Mitglied des SO, Amtsantritt durch Eidesleistung
	ACDF SO Juramenta 1725-1736, o.Bl. (Schreiben SS an Ass. des SO)
	Mitglied der CConcilio, CEpReg, CImmunità und CIndulg
1728 Apr. 21	Saverio Canali, Auditor von Fini, Amtsantritt durch Eidesleistung
	ACDF SO Juramenta 1725-1736, o.Bl.
1730	Flucht in ein Kloster nach dem Tod Benedikts XIII.
[1733]	Geldstrafe als einer der „Beneventani" (zeitweise Suspension von allen Ämtern)
1737 März 2	Pompeio Pompilj, Adiutor studiorum von Fini, Amtsantritt durch Eidesleistung
	ACDF SO Juramenta 1737-1749, o.Bl.
1740 Dez. 10	Nicolo Calcagnini, Auditor von Fini, Amtsantritt durch Eidesleistung
	ACDF SO Juramenta 1737-1749, o.Bl.

Eigene Werke

- → Orsini, Vincenzo Maria [Benedictus <Papa XIII.>]: Il tempo della quaresima e della Pasqua spiegato con XII. prediche instruttive nell'anno 1711. - Edizione seconda. - In Roma : [S.n.], 1726. - [24], 126, [18] S. [Hg.]
- → Orsini, Vincenzo Maria [Benedictus <Papa XIII.>]: Lezioni scritturali sopra il sagro libro dell'Esodo composte, e recitate nella S. Chiesa metropolitana di Benevento. - Benevento : [S.n.], 1709-1720. - 3 vol. [Hg.]

Literatur

- Cardella, Lorenzo: Memorie storiche de' Cardinali della Santa Romana Chiesa. - In Roma : nella stamperia Pagliarini, 1792-1797. - 10 vol., hier: vol. 8, 222f.
- Concilium Romanum in Sacrosancta Basilica Lateranensi celebratum Anno Universalis Jubilaei MDCCXXV. a sanctissimo Patre, & Dno Nostro Benedicto Papa XIII. Pontificatus sui Anno I. - Romae : ex Typographia Rocchi Bernabò, 1725, 123.
- Conlin, Johann Rudolph: Roma sancta, sive Benedicti XIII. Pontificis Maximi & [...] Cardinalium viva virtutum imago, aeri & literis in perennaturam virtutum memoriam incisa [...]. Continentur vitae, familiae, patriae, legationes [...] omnium S.R.E. Cardinalium qui ultimo conclavi anno 1724 interfuere [...]. - Augustae Vindelicorum : [S.n.], 1726, 226-228.
- DBI 48 (1997), 48-50 von M. Ajello.
- Guarnacci, Mario: Vitae, et res gestae Pontificum Romanorum et S.R.E. Cardinalium a Clemente X. usque ad Clementem XII. [...] Descripta a S. Petro ad Clementem IX. - Romae : Sumptibus Venantii Monaldini bibliopolae [...] ; Ex Typographia Joannis Baptistae Bernabo, & Josephi Lazzarini, 1751. - 2 vol., hier: vol. 1, 495-498.
- Hierarchia Catholica 5, 37.109.181.
- Seidler, Sabrina M. ; Weber, Christoph (Hg.): Päpste und Kardinäle in der Mitte des 18. Jahrhunderts (1730-1777). Das biographische Werk des Patriziers von Lucca Bartolomeo Antonio Talenti (Beiträge zur Kirchen- und Kulturgeschichte ; 18). - Frankfurt a.M. u.a. 2007, 247f.

Domenico Cesare Fiorelli

Geboren um 1678 in [Rom]
Gestorben 1733 Dez. 13 in Rom

Familie

Die verfügbaren Nachrichten zum sozialen und wirtschaftlichen Hintergrund der Familie Fiorelli sind sehr fragmentarisch. Zwar konnte der Prälat offenbar das hohe Jahreseinkommen von rund 1.500 scudi nachweisen, als er 1726 Referendar der Signaturen wurde. Aber bei seinem Tod hinterließ er drei Schwestern ohne Versorgung, für die das SO die Bezüge von 10 scudi monatlich weiterzahlte und von denen die Erben noch ein viertel Jahrhundert später einen Teil durch das SO erhielten (ACDF SO Priv. 1728-1735, Bl. 436r-438v; ACDF SO Decreta 1760, Bl. 280-283). Ein namentlich nicht genannter Bruder war Priester und wollte offenbar die amtlichen Unterlagen des Prälaten Fiorelli zum Korruptionsprozess gegen Kardinal N. → Coscia nach 1733 nicht herausgeben. Vgl. ASV SS Mem Bigl 167 (Schreiben SS an Fiorelli Jan. bis Juli 1733 zu Kard. Coscia); 168 (Schreiben SS an den Bruder Fiorellis vom 3. und 12. Jan. 1734 mit Aufforderung zur Herausgabe der Akten zum Prozess gegen Coscia); 169 (Schreiben SS an den Bruder Fiorellis vom 20. Jan. 1734 in derselben Sache).

Lebenslauf

[1711] Primo Luogotenente am Strafgericht des Gouverneurs, Rom
1711 Dez. 15 Richter des SO in Strafsachen ohne Bezug zu Glaubensfragen
 ACDF SO Priv. 1710-1727, Bl. 38r („iudex in causis criminalibus ad fidem catholicam non pertinentibus")
1712 Mai 12 Advocatus reorum des SO, Ernennung
 ACDF SO Priv. 1710-1727, Bl. 53r (Audienzdekret des Papstes); ACDF SO St.St. 4-w-w („Elenco dei Fiscali"); ACDF SO St.St. Q-4-ww = ACDF SO Priv. [1789]-1790, Nr. 111 Anlage C („Elenco degli Avvocati dei Rei"); ACDF SO St.St. Q-4-ww = ACDF SO Priv. 1804-1818
1712 Sept. 28 Konsultor des SO, Ernennung
 ACDF SO Juramenta 1701-1724, Bl. 110 (Audienzdekret des Papstes)
1712 Okt. 4 Konsultor des SO, Amtsantritt durch Eidesleistung
 ACDF SO Juramenta 1701-1724, Bl. 112v
 Luogotenente criminale des Auditors der Apostolischen Kammer
1721 Richter im Prozess gegen Kardinal Giulio Alberoni (als Luogotenente criminale) (bis 1723)
1726 Mai 4 Referendar der Signaturen
1726 Mai 4 Prelato domestico
 Luogotenente des Vikars von Rom
1727 Jan. 20 Konsultor der CLauretana
 ASV SS Mem Bigl 159
1730 Sekretär der Kongregation „de nonnullis" (zu N. → Coscia u.a.)

1732 Juli 12 Sekretär der Congregazione dei confini
ASV SS Mem Bigl 166

Unveröffentlichte Quellen
Galletti 21, BAV Vat. Lat. 7888, Bl. 125 (Todestag „13." Dez., im Alter von 55 Jahren); Galletti Vat. Lat. 7901, Bl. 107v (Todestag „martedi" vor 15. Dez.); ASV SS Mem Bigl 167 (sechs Schreiben SS an Fiorelli von Januar bis Juli 1733 mit Unterlagen zu Kard. → Coscia, übersandt von dessen Verteidiger Advocatus Toppi und von der Nuntiatur Wien für die Kongregation „de nonnullis", Entwürfe); ASV Mem Bigl 168 (zwei Schreiben SS an den Bruder Fiorellis, 3., 12. Januar 1734)

Literatur
- Arata, A[ntonino]: Il processo del cardinale Alberoni. Con documenti dell'Archivio Segreto Vaticano. - Piacenza 1923, 113-145.
- Beltrami, Giuseppe: Notizie su prefetti e referendari della Segnatura Apostolica desunte dai brevi di nomina. - Città del Vaticano 1972, Nr. 356.
- Castagnoli, Pietro: Il cardinale Giulio Alberoni. - 3 vol. - Piacenza ; Roma 1929-1931, hier bes.: vol. 3, 207-257.
- Pastor 15, 634.
- Weber, Christoph (Bearb.): Die päpstlichen Referendare 1566-1809. Chronologie und Prosopographie (PuP ; 31/1-3). - 3 Bde. - Stuttgart 2003-2004, hier: Bd. 2, 615.
- Weber, Christoph (Hg.): Die ältesten päpstlichen Staatshandbücher. Elenchus Congregationum, Tribunalium et Collegiorum Urbis 1629-1714 (RQ Supplementheft ; 45). - Rom u.a. 1991, 111.

Giovanni Battista Fiorentini OCist

Gestorben 1745

Lebenslauf
Generalprokurator des Ordens in Rom
1716 Jan. 22 Relator der CIndex, Ernennung
ACDF Index Diari 14 (1708-1721), Bl. 101v; ACDF Index Prot. 81 (1737-1740), Bl. 441r
1716 Apr. 29 Konsultor der CIndex, Ernennung
ACDF Index Diari 14 (1708-1721), Bl. 103v.104v

Gutachten
(1716 Apr. 27) Agustin, Antonio: De emendatione Gratiani Libri Duo / Gerh. Von Mastricht JC. edidit iterum [...]. - Duisburgi ad Rhenum : Sumptibus Joh. Frider. Hagen, Bibliopol. Arnhemiens [...], 1676 [erschienen 1677].
ACDF Index Prot. 71 (1715-1721), Bl. 192r-199v, 16 S.

Fiori 508

(1717 Apr. 19)   Carlymaesshin, Eusebius: Antilogia seu iuridico-historica defensio, et responsio ad praeiudicia ecclesiasticae hierarchiae Clero specialiter Cathedrali et Ordini D. Benedicti [...]. - Vienna Austriae : Schlegel, 1715.
    ACDF Index Prot. 71 (1715-1721), Bl. 307r-312r, 11 S. (Doppelgutachten)

(1717 Apr. 19)   Erath, Augustinus: Commentarius Theologico-Juridico-Historicus In Regulam S.P.N. Augustini Hipponensis Episcopi [...]. - Viennae Austriae : Typis Leopoldi Voigt [...], 1689.
    ACDF Index Prot. 71 (1715-1721), Bl. 307r-312r, 11 S. (Doppelgutachten)

(1717 Juli 13)   Canali, Benedetto Angelo Maria: Cursus Philosophicus Ad mentem Doctoris solemnis Henrici De Gandavo Ordinis Servorum B.M.V. Digestus [...]. - Parmae : Typis Pauli Montii, 1715.
    ACDF Index Prot. 71 (1715-1721), Bl. 348r-351r, 7 S.

(1718 Sept. 19)   Rüdiger, Andreas: Physica Divina, Recta Via, Eademque Inter Superstitionem et Atheismum Media, Ad Utramque Hominis Felicitatem, Naturalem Atque Moralem Ducens [...]. - Francofurti ad Moenum : Typis Matthiae Andreae, 1716.
    ACDF Index Prot. 71 (1715-1721), Bl. 461r-464r, 7 S.

(1719 Jan. 16)   Anonym: Compendio della dottrina cristiana per facilitare la pratica d'insegnarla ed impararla [...]. - Como : per gli Eredi Caprani, [ca. 1700].
    ACDF Index Prot. 71 (1715-1721), Bl. 491r-493v, 6 S.

(1721 Sept. 15)   Tosini, Pietro: Storia e sentimento [...] sopra il giansenismo nelle presenti circostanze della Chiesa [...]. - Concordia : presso di Christiano Fedele, 1717.
    ACDF Index Prot. 72 (1721-1723), Bl. 68r-70v, 6 S.

(1724 Juli 24)   Segni, Bernardo: Storie Fiorentine : Dall'Anno MDXXVII. al MDLV. [...]. - In Augusta : Appresso David Raimondo Mertz e Gio. Jacopo Majer, 1723.
    ACDF Index Prot. 73 (1724-1725), Bl. 48r-50r, 5 S.

(1735 Feb. 14)   Fabricius, Franciscus: Orator sacer : accessit heptas dissertationum theologico-oratoriarum [...]. - Lugduni Batavorum : apud Samuelem Luchtmans, 1733.
    ACDF Index Prot. 79 (1734-1735), Bl. 235r-237r, 5 S.

Agostino Romano Fiori OSBCam

Namensvariante Augustinus de Floribus

Geboren [Cremona]
Gestorben 1738 Febr. 8 in Faenza

Lebenslauf

1691	Mitglied der Accademia dell'Arcadia, Rom (als „Frassinius Proteus")
	Revisor librorum der Inquisition von Faenza
[1714]	Prior von SS. Ipolito e Lorenzo, Faenza
	Lektor für Theologie an S. Gregorio Magno, Rom
1718	Mitglied (censore) der Accademia teologica der Universität Sapienza, Rom
1718	Generalprokurator des Ordens in Rom
1719 Dez. 4	Relator der CIndex, Ernennung
	ACDF Index Prot. 81 (1737-1749), Bl. 441r
1721 Jan. 22	Konsultor der CIndex, Ernennung
	ACDF Index Diari 14 (1708-1721), Bl. 132v; ACDF Index Diari 15 (1721-1734), Bl. 2v
	Theologus von Kardinal Luis Belluga y Moncada
1725	Theologe auf dem Römischen Konzil
	Aufenthalt im Kloster S. Giovanni, Faenza

Gutachten

(1720 Apr. 20)	Anonym [Pouget, François-Aimé] ; Colbert, Charles Joachim <Montpellier, Bischof>: Instruzioni generali in forma di catechismo [...]. - In Venezia : nella Stamperia Baglioni, 1717.
	ACDF Index Prot. 71 (1715-1721), Bl. 661r-670v, 22 S.
1721 Aug. 19	Gioia, [...]: De Episcopo Regulari Commentaria nova et vetera in epist. I. libr. 8 D. Gregorii Magni et C. Statutum 18 quest. l. [...]. - [S.a.]. (Manuskript)
	ACDF SO CL 1722-1723, Nr. 12, 2 S.
(1722 Jan. 26)	DuNoyer, Anne Marguerite Petit: Lettres Historiques Et Galantes, De Deux Dames De Condition [...]. - A Cologne : Chez Pierre Marteau, 1718.
	ACDF Index Prot. 72 (1721-1723), Bl. 138r-142r, 9 S.

Eigene Werke

- Ecclesia in triplici statu Legis naturalis, Legis veteris, & Legis Nove. - Romae : Jo. Jac. Komarek, 1699.
- Epistola ad Ludovicum I. Hispaniarum regem a Philippo V. patre suo Monarchiam Hispanicam ipsi renuntiante Manu propria scripta, & latine reddita juxta exemplar Toletanum [...]. - Romae : Apud Joannem Mariam Salvioni, 1724. - III S.
- Laus Dei ex universa scriptura sacra deprompta, variis capitibus distincta, & centonibus biblicis, (diligenter locis singulis, quibus totum Opus constat, in margine notatis) concinnata [...]. - Romae : typis Antonii de Rubeis, 1722. - 55 S. [zuvor bereits als: Hymnus de Deo Auctore omnis Gratie. - Faventiae : Jos. de Marantis, 1704. ; Hymnus de Deo solis Scripturae sacrae dictis & sententiis compositus. - Faventiae : [S.n], 1706.]
- Vita del b. Lodolfo Pamphilij vescovo di Gubbio, e abate fondatore della Congreg. dell'Avellana, detta della Colomba [...]. - In Roma : per Antonio de' Rossi, 1722. - [24], 196, [2] S.

- Vita del B. Michele eremita camaldolese con l'origine, approvazione pontificia, ed indulgenze della Sacra Corona del Signore, da lui instituita [...]. - In Roma : dalla stamperia Vaticana, 1720. - XV, 120 [i.e. 220].
- Vita del b. Paolo Giustiniani institutore della Congregazione de' pp. eremiti camaldolesi di S. Romualdo, detta di Monte Corona [...]. - In Roma : nella stamperia di Antonio de' Rossi, 1724. - [18], 271, [8] S.
- Vita del beato Giacomo Filippo Bertoni dell'ordine de' Servi di Maria Vergine [...]. - In Faenza : per l'Archi, e Zanoni stampatori del sant'Uffizio, 1713. - [10], 140 S.

Literatur
- Arisi, Francesco: Cremona literata, seu in Cremonenses doctrinis, & literariis dignitatibus eminentiores chronologicae adnotationes [...]. - Parmae : typis Alberti Pazzoni, & Pauli Montii, 1702-1741. - 3 vol., hier: vol. 3, 20f.
- Cinelli Calvoli, Giovanni: Biblioteca volante di Gio. Cinelli Calvoli, continuata dal dott. Dionigi Andrea Sancassani [...]. - Edizione seconda. - In Venezia : presso Giambattista Albrizzi q. Girolamo, 1734-1747. - 4 vol., hier: vol. 2, 322.
- Concilium Romanum in Sacrosancta Basilica Lateranensi celebratum Anno Universalis Jubilaei MDCCXXV. a sanctissimo Patre, & Dno Nostro Benedicto Papa XIII. Pontificatus sui Anno I. - Romae : ex Typographia Rocchi Bernabò, 1725, 125.
- François, Jean: Bibliothèque générale des écrivains de l'ordre de Saint Benoit, patriarche des moines d'Occident : Contenant une notice exacte des ouvrages de tout genre, composés par les religieux des diverses branches, filiations, réformes & congrégations de cet Ordre [...]. - A Bouillon : aux depense de la Société typographique, 1777-1778. - 4 vol. ; ND Louvain-Héverlé 1961, hier: vol. 1, 330.
- Giorgetti Vichi, Anna Maria (Hg.): Arcadia, Academia letteraria italiana. Gli Arcadi dal 1690 al 1800. Onomasticon. - Roma 1977, 134.
- Silvestrelli, Antonio: Storia della Pontificia Accademia Teologica dalla Fondazione al 1770. - Diss. masch. Pontificia Università Lateranense. - Roma 1963.
- Ziegelbauer, Magnoald: Centifolium Camaldulense, sive Notizia scriptorum Camaldulensium, quam ceu prodromum excepturae est Biblioteca patrum Camaldulensium seu operum ad historiam, disciplinam, et ascesin sac. ord. Camald. attinentium collectio tomis 6. comprehensa [...]. - Venetiis : ex typographia Jo. Baptistae Albrizzi Hieronymi filii, 1750, 11f.

Leopold Ernst von Firmian

Geboren 1708 Sept. 22 in Deutschmetz (Mezzocorona, bei Trient)
Gestorben 1783 März 13 in Passau

Familie
Der spätere Kardinal, ältester Sohn des kaiserlichen Kämmerers Freiherr (ab 1749 Reichsgraf) Franz Alfons Georg von Firmian und der Barbara Elisabeth Gräfin von Thun, besaß mehrere höhere Kleriker in der unmittelbaren Verwandtschaft, darunter den Onkel

Leopold Anton von Firmian (1679-1744), Erzbischof von Salzburg, der ihn förderte. Der Großneffe Leopold Max von Firmian (1766-1831) wurde Erzbischof von Wien. Unter den Brüdern des Kardinals machte sich besonders Graf Karl Joseph von Firmian (1718-1782) einen Namen als Staatsmann und Kirchenpolitiker in der Lombardei. Zu diesen und weiteren Verwandten, auch aus der Familie Thun, vgl. Gatz B 1648.

Lebenslauf

	Gymnasialstudium in Trient
1724	Studium der Philosophie in Graz (bis 1726)
1728	Studium der Theologie am Collegium Germanicum, Rom (Kontakt zu Kardinal G. A. → Orsi)
1729 Sept. 25	Priesterweihe in Salzburg (durch den Onkel, Erzbischof Leopold Anton Firmian)
1730	Konsistorialpräsident in Salzburg (gefördert von seinem Onkel) (bis 1739)
1739 Febr. 13	Bischof von Seckau
1748 Dez. 16	Koadjutorbischof von Trient (mit dem Recht der Nachfolge)
1763 Sept. 26	Bischof von Passau
1772 Dez. 14	Kardinal
1782 Apr. 19	Zuteilung der Titelkirche S. Pietro in Montorio
1782 Mai 7	Mitglied der CIndex, Ernennung
	ACDF Index Prot. 93 (1781-1784), Bl. 50 (Schreiben SS an Sekr. der CIndex)

Eigene Werke

- Agenda Seu Rituale Passaviense ad Usum Romanum Accomodatum; Opus, omnibus Parochis, Pastoribus, Religiosis curam animarum gerentibus praescriptum. - Passavii : Mangold, 1774. - [4] Bl., 195 S. [Verfasser und Hg.]
- Pastor Bonus, Seu Idea, Officium, Et Praxis Pastorum [...] Suae Dioecesis Clero Pro Norma Agendi, Docendique Proposita. - Editio Emendatior. -Bambergae & Wirceburgi : Goebhardt, 1776. [Hg.]

Literatur

- Eggersdorfer, Franz Xaver: Die Philosophisch-theologische Hochschule Passau. Dreihundert Jahre ihrer Geschichte. - Passau 1933, 154-201.
- Gatz B 1648, 113-117 von August Leidl. [Lit.]
- Hersche, Peter: Der Spätjansenismus in Österreich (Veröffentlichungen der Kommission für Geschichte Österreichs ; 7). - Wien 1977.
- Hierarchia Catholica 6, 27.329f.
- Leidl, August: Leopold Ernst Kardinal von Firmian (1708-1783). Ein Kirchenfürst an der Wende vom Barock zur Aufklärung, in: Ostbairische Grenzmarken 13 (1971), 5-26.
- LThK 3 (1995), 1296f. von Franz Ortner.
- Oswald, Josef: Das alte Passauer Domkapitel. Seine Entwicklung bis zum dreizehnten Jahrhundert und sein Wahlkapitulationswesen (Münchener Studien zur historischen Theologie ; 10). - München 1933, 327-332.

- Tropper, Peter G.: Pastorale Erneuerungsbestrebungen des süddeutsch-österreichischen Episkopats im 18. Jahrhundert. Hirtenbriefe als Quellen der Kirchenreform, in: RQ 83 (1988), 296-336.

Giuseppe Firrao

Geboren　　　1670 Juli 12 in Luzzi (bei Cosenza, Kalabrien)
Gestorben　　1744 Okt. 24 in Rom

Familie
Der spätere Kardinalstaatssekretär stammte aus einem in Cosenza ansässigen Adelshaus, Sohn des Pietro Firrao (gest. 1677), Fürst von S. Agata, und der Isabella, Tochter des Fürsten Francesco Caracciolo. Ein gleichnamiger Großneffe (gest. 1830) wurde Erzbischof von Neapel und 1801 Kardinal. Vgl. u. die Arbeiten von Weber.

Lebenslauf

	Ausbildung im väterlichen Palast durch Hauslehrer
	Studium am Seminario Romano
	Dr. iur. an der Universität Sapienza, Rom
1695 März 3	Referendar der Signaturen
1697	Gouverneur von Urbino und fünf weiteren Städten des Kirchenstaats (bis 1709)
1709	Ponente der CConsulta
1716 Sept. 2	Titularerzbischof von Nicaea
1716 Okt. 23	Nuntius in der Schweiz
1720 Sept. 28	Nuntius in Portugal
1730 Dez. 11	Erzbischof von Aversa
1731 Sept. 24	Kardinal
1731 Nov. 19	Zuteilung der Titelkirche S. Tommaso in Parione
[1733]	Präfekt der CConsulta
1733	Kardinalstaatssekretär (bis 1740)
1733 Okt. 14	Mitglied des SO, Ernennung
	ACDF SO Juramenta 1725-1736, o.Bl. (Schreiben SS an Ass. des SO); ASV SS Mem Bigl 167 (Schreiben SS an Firrao, Entwurf)
1733 Okt. 21	Mitglied des SO, Amtsantritt durch Eidesleistung
	ACDF SO Juramenta 1725-1736, o.Bl. (Schreiben SS an Ass. des SO); ASV SS Mem Bigl 167; ACDF SO Priv. 1750-1754, Bl. 429r („Nota de' Sig.ri Cardinali Segretari")
1733 Dez. 21	Silverio de Sanctis, Auditor von Firrao, Amtsantritt durch Eidesleistung
	ACDF SO Juramenta 1725-1736, o.Bl.
1734 Aug. 1	Mitglied der CEpReg
	ASV SS Mem Bigl 168

1734 Dez. 9	Mitglied der CAcque und CIndulg ASV SS Mem Bigl 168
1735 Nov. 20	Mitglied der CIndex, Ernennung ACDF Index Prot. 80 (1735-1737), Bl. 67 (Schreiben SS an Sekr. der CIndex); ASV SS Mem Bigl 169 (Schreiben SS an Präf. der CIndex, Entwurf)
1736 Dez. 9	Francesco Antonio Cavalcanti, Theologus von Firrao, Amtsantritt durch Eidesleistung ACDF SO Juramenta 1725-1736, o.Bl.
1737 Nov. 28	Präfekt der Signatura Gratiae ASV SS Mem Bigl 172 (Schreiben SS an den Komtur von S. Spirito, Entwurf)
1738 Aug. 23	Präfekt der CEpReg ASV SS Mem Bigl 173
1739 Nov. 27	Luca Gentili, Adiutor studiorum von Firrao, Amtsantritt durch Eidesleistung ACDF SO Juramenta 1737-1749, o.Bl.
1742 Mai 16	Silvestro Merani, Theologus von Firrao, Amtsantritt durch Eidesleistung ACDF SO Juramenta 1737-1749, o.Bl.

Literatur
- Cardella, Lorenzo: Memorie storiche de' Cardinali della Santa Romana Chiesa. - In Roma : nella stamperia Pagliarini, 1792-1797. - 10 vol., hier: vol. 9, 252.
- DBI 48 (1997), 236-240 von D. Busolini.
- Guarnacci, Mario: Vitae, et res gestae Pontificum Romanorum et S.R.E. Cardinalium a Clemente X. usque ad Clementem XII. [...] Descripta a S. Petro ad Clementem IX. - Romae : Sumptibus Venantii Monaldini bibliopolae [...] ; Ex Typographia Joannis Baptistae Bernabo, & Josephi Lazzarini, 1751. - 2 vol., hier: vol. 1, 629-632.
- Hierarchia Catholica 5, 287.
- Pellicano Castagna, Mario: Documenti dei Firrao Principi di Sant'Agata e di Luzzi (1489-1830), in: Rivista storica Calabrese 4 (1983), 493-511.
- Seidler, Sabrina M. ; Weber, Christoph (Hg.): Päpste und Kardinäle in der Mitte des 18. Jahrhunderts (1730-1777). Das biographische Werk des Patriziers von Lucca Bartolomeo Antonio Talenti (Beiträge zur Kirchen- und Kulturgeschichte ; 18). - Frankfurt a.M. u.a. 2007, 255f.
- Weber, Christoph (Bearb.): Die päpstlichen Referendare 1566-1809. Chronologie und Prosopographie (PuP ; 31/1-3). - 3 Bde. - Stuttgart 2003-2004, hier: Bd. 2, 616.
- Weber, Christoph (Hg.): Die ältesten päpstlichen Staatshandbücher. Elenchus Congregationum, Tribunalium et Collegiorum Urbis 1629-1714 (RQ Supplementheft ; 45). - Rom u.a. 1991, 111.
- Weber, Christoph (Hg.): Legati e governatori dello stato pontificio (1550-1809) (Pubblicazioni degli Archivi di Stato. Sussidi ; 7). - Roma 1994, 673.
- Weber, Christoph: Genealogien zur Papstgeschichte. Unter Mitwirkung von Michael Becker bearbeitet (PuP ; 29/1-6). - 6 Bde. - Stuttgart 1999-2002, hier: Bd. 1, 423f.

Flaminio da Parma

Flaminio da Parma OFMRef

Namensvarianten Marcantonio Dondi (Taufname), Flaminio Dondi

Geboren [Taufdatum: 23. Mai 1662] in [Parma]
Gestorben 1729 Aug. 12 in Fonte Scarino (bei Sant'Agata Feltria, Marken)

Familie
Die Eltern des späteren Bischofs werden als bescheiden lebende Leute bezeichnet, mit kaum nennenswertem Besitz (Picconi: Serie, 234). Nach dem Vater, Flaminio Dondi, wählte der Sohn als Franziskaner seinen Ordensnamen. Die Mutter, Domenica Maria Dondi, starb 1723 in Rom im Alter von 83 Jahren als Franziskaner-Terziarin; sie erhielt durch ihren Sohn, inzwischen Bischof, in der römischen Franziskanerkirche S. Bartolomeo all'Isola eine Grabinschrift. Text abgedruckt in: Picconi: Serie, 235.

Lebenslauf

um 1678	Ordenseintritt
1685 Mai 1	Priesterweihe
	Dozent für Philosophie und Theologie in Ordenskonventen
1693	Definitor seiner Ordensprovinz
1696 Apr. 12	Konsultor der Inquisition von Borgo San Donnino (Fidenza)
1696 Mai 30	Provinzial des Ordens
1697 Okt. 23	Lector iubilatus in Rom
	Examinator synodalis der Diözese Parma
	Theologus des Bischofs und des Herzogs von Parma
1702 Juni 23	Theologus und Familiar von Kardinal F. → Astalli, Legat von Ferrara
[1706]	Berufung nach Rom durch den Suburbikarischen Bischof von Sabina, Kardinal F. Astalli
1706 Mai	Relator der CIndex, Antrag auf Ernennung (vorerst abgelehnt) ACDF Index Prot. 67 (1706), Bl. 47r (Bewerbung P. Flaminios o.D. mit Angaben zum Lebenslauf, empfohlen von Kardinal F. Astalli); ACDF Index Diari 13 (1704-1708), 98r (Verhandlung des Antrags auf Sitzung vom 10. Mai)
1706 Aug. 3	Theologus der Kardinäle Carlo Colonna und A. F. → Sanvitale
1707 Sept. 5	Relator der CIndex, Ernennung ACDF Index Diari 13 (1704-1708), Bl. 129v
1708 März	Konsultor der CIndex, Ernennung ACDF Index Diari 13 (1704-1708), Bl. 138v
1709 Sept.	Qualifikator des SO, Ernennung
1717 Apr. 12	Titularbischof von Abdera
1717 Apr.	Weihbischof des Bischofs von Sabina, Kardinal F. Astalli
1724 Nov. 20	Bischof von Montefeltro-Pennabilli (Marken)
1729 [Aug.]	Pilgerfahrt zum Wallfahrtsort Fonte Scarino (bei Sant'Agata Feltria) (dort verstorben)

Gutachten

[1707 Mai 31]	Anonym [Witte, Gilles de]: Apologia tertia Panegyreos Jansenianae [...]. - Gratianopoli : [S.n.], 1701.
	ACDF SO CL 1706-1707, Nr. 27, 5 S. (Doppelgutachten)
[1707 Mai 31]	Anonym [Witte, Gilles de]: Apologia Panegyreos Jansenianae [...]. - Gratianopoli : [S.n.], 1699.
	ACDF SO CL 1706-1707, Nr. 27, 5 S. (Doppelgutachten)
[1707 Juli 5]	Giuliano, Giovanni: Manuductio ad theologiam moralem [...]. - Patavii : ex typographia Seminarii ; apud Joannem Manfre, 1707.
	ACDF SO CL 1706-1707, Nr. 36, 12 S.
1707 Nov. 21	Amama, Sixtinus: Anti-Barbarus biblicus [...]. - Franequerae : typis Isdardi Alberti. ; [Amsterdami] : Sumptibus Ludovici & Danielis Elzeviriorum, 1656.
	ACDF Index Prot. 68 (1707-1710), Bl. 36r-41v, 12 S.
1708 Jan. 16	LeClerc, Jean: Compendium historiae universalis [...]. - Amstelodami : apud Georgium Gallet, 1698.
	ACDF Index Prot. 68 (1707-1710), Bl. 101r-102v, 4 S.
[1709]	Cricchi, Venantio (Resp.): De Rationali et experimentali philosophi-[a]e Placitis [...]. - Macerata : typis Michaelis Archangeli Silvestri, 1705.
	ACDF SO CL 1708-1710, Nr. 13, 4 S. (Doppelgutachten)
[1709]	Guglielmi, Domenico: De salibus dissertatio epistolaris physico-medico-mechanica [...]. - Venetiis : Apud Aloysium Pavinum, 1705.
	ACDF SO CL 1708-1710, Nr. 13, 4 S. (Doppelgutachten)
1710 Jan. 28	Anonym: La dichiarazione dell centocinquanta Salmi di David [...]. - In Colonia : Per il Daniele, [S.a.].
	ACDF Index Prot. 68 (1707-1710), Bl. 486r-496r, 21 S.
1712 Jan. 12	D'Avitabile Maioli, Biagio: Lettere Apologetiche-Teologico-Morali [...]. - In Avignone : Appresso Pietro Offray, 1709.
	ACDF Index Prot. 69 (1710-1712), Bl. 279r-283v, 10 S.
1713 Juni 27	Marsollier, Jacques: Vita di D. Armando Giovanni. - In Lucca : per I Marescandoli, 1706.
	ACDF Index Prot. 70 (1713-1715), Bl. 85r-90r, 11 S.

Literatur

- Anonym: Parma ed i Francescani. P. Flaminio Dondi da Parma, in: Il Beato Giovanni Buralli da Parma. Periodico Bimensile in preparazione al suo 6. centenario 1 (1889), 158-160.
- Hierarchia Catholica 5, 65.200.
- Lasagni, Roberto: Dizionario biografico dei Parmigiani. - 4 Vol. - Parma 1999, hier: vol. 2, 475.
- Picconi, Giacinto di Cantalupo: Serie cronologico-biografica dei ministri e vicari provinciali della minoritica provincia di Bologna. Con la giunta di storiche notizie concernenti l'Ordine e segnatamente la Provincia. - Parma 1908, 236.

Pier Francesco Foggini

Geboren 1713 Apr. 2 in Florenz
Gestorben 1783 Juni 1 in Rom

Familie

Als Sohn des Architekten Giovanni Battista Foggini (1652-1725) und als Bruder des Architekten Giulio und des Bildhauers Vincenzo (vgl. Bessone Aurelj: Dizionario, 224), war auch für Pier Francesco eine Laufbahn als Baumeister oder Künstler geplant. Nach dem Tod des Vaters 1725 trat er jedoch in das erzbischöfliche Seminar von Florenz ein.

Lebenslauf

[1725]	Eintritt in das Erzbischöfliche Seminar von Florenz
	Studium in Pisa
1735	Dr. theol. in Pisa (bei G. A. → Grandi)
1737	Mitglied des Collegium theologicum der Universität Florenz
	Dozent für Lettere umane am Erzbischöflichen Seminar Florenz (bis 1742)
	Freund von Giovanni Lami, dem Gründer der Novelle letterarie von 1740 (anonyme Mitarbeit)
1741	Einladung von G. G. → Bottari nach Rom (von diesem bei → Benedikt XIV. empfohlen)
1742 Apr.	Ankunft in Rom (wohnte im Palazzo Corsini alla Lungara)
	Theologus von Kardinal N. M. → Corsini
1742 Nov. 11	Mitglied der Accademia di storia ecclesiastica
1744	Benefiziat an der Lateranbasilika
1746 Febr. 1	Koadjutor des Custos der BAV G. G. Bottari
	Direktor des Collegio Bandinelli (Florentinische Armenstiftung), Rom
um 1750	Qualifikator des SO, Amtsantritt durch Eidesleistung
	ACDF SO St.St. II-2-m, o. Bl. (nach der „Nota de' Qualificatori e loro deputazione" o.D. [1760])
1758	Dapifero von N. M. Corsini beim Konklave
1768 Febr. 5	Secundus Custos der BAV
	Cameriere von Clemens XIV.
1782 Dez. 1	Primus Custos der BAV

Gutachten

(1745 Mai 11)	Cavaliero, Giuseppe: Delle leggi e del loro uso [...]. - In Nap[oli] : presso Stefano Abbate, 1739.
	ACDF Index Prot. 82 (1740-1748), Bl. 198r-199v, 4 S.
1749 Juli 23	Anonym [Cottet, Jacques? ; Guiard, Antoine?]: Dissertation sur l'honoraire des messes, où l'on traite de son origine, des illusions et autres abus qui s'en sont suivis [...]. - [S.l.] : [S.n.], 1748.
	ACDF SO CL 1748-1750, Nr. 17, 7 S.

[1751 Aug. 11]	Maffei, Scipione: Istoria teologica delle dottrine e delle opinioni corse ne' cinque primi secoli della Chiesa in proposito della divina Grazia, del libero arbitrio, e della Predestinazione [...]. - In Trento : per Gianbattista Parone stampatore episcopale, 1742. ACDF SO CL 1751, Nr. 6, 22 S. (Sammelgutachten)
[1751 Aug. 11]	♦ Anonym [Migliavacca, Celso]: Animadversiones in historiam theologicam dogmatum et opinionum de divina gratia [...]. - Francofurti ad moenum : apud fratres Durenios, 1749. ACDF SO CL 1751, Nr. 6, 22 S. (Sammelgutachten)
[1751 Aug. 11]	Anonym [Maffei, Scipione]: Risposta all'anonimo autore delle Animadversiones in Historiam theologicam [...]. - In Verona : per Agostino Carattoni, [1749]. ACDF SO CL 1751, Nr. 6, 22 S. (Sammelgutachten)
[1751 Aug. 11]	Anonym [Migliavacca, Celso]: Difesa delle animavversioni contro d'un libello stampato in Verona, col titolo Risposta all'anonimo autore delle Animadversiones in Historiam Theologicam [...]. - Lucca : [S.n.], 1750. ACDF SO CL 1751, Nr. 6, 22 S. (Sammelgutachten)
[1751 Aug. 11]	Maffei, Scipione: Replica del marchese Scipione Maffei all'anonimo. - Verona : per Agostino Carattoni, 1750. ACDF SO CL 1751, Nr. 6, 22 S. (Sammelgutachten)
[1751 Aug. 11]	Anonym [Maffei, Scipione]: Conferma delle risposte date all'anonimo impugnatore dell'istoria teologica [...]. - In Verona : nella stamperia di Agostino Carattoni librajo, 1751. ACDF SO CL 1751, Nr. 6, 22 S. (Sammelgutachten)
[1756 Nov. 17]	Articulus I de facultate cognoscitiva. - [S.a.]. (Manuskript) ACDF SO CL 1755-1756, Nr. 19, 10 S.

Eigene Werke
- Anonym: Consultazione teologico-morale se chi interviene per necessita ai teatri pubblici vi possa intervenire lecitamente e in qual maniera. - In Roma : Nella Stamperia di Pallade, 1770. - 56 S., [1] Bl.
- Anonym: Patrum Ecclesiae de paucitate adultorum fidelium salvandorum se cum reprobandis fidelibus conferantur mira consensio adserta et demonstrata. - Romae : Typis Antonii Fulgonii, 1752. - VII, 121 S., [1] Bl.
- Corporis Historiae byzantinae nova appendix opera Georgii Pisidae, Theodosii Diaconi et Corippi Africani Grammatici complectens. - Romae : apud Benedictum Francesium, 1777. - 8, XL, 548 S.
- De beatissimi Petri apostolorum principis primatu, romano itinere et episcopatu Francisci A. Zaccaria, Thomae Mariae → Mamachii, Petri Foggini dissertationes. - Romae 1872. - XVI, 263 S.
- De primis florentinorum apostolis exercitatio singularis. - Florentiae : ex typographio Manniano, 1740. - XII, 87 S.
- De Romano divi Petri itinere et episcupatu eiusque antiquissimis imaginibus exercitationes historico-criticae. - Florentiae : ex Typographio Manniano, 1741. - XXVIII S., [1] Bl., 521 S.

- Del museo Capitolino. - Roma : si vende alla Calcografia Camerale, 1741-1782. - 4 vol. [vol. 1-3 hg. von G. G. → Bottari]
- Epiphanius <sanctus>: Commentarium in Canticum Canticorum prodit nunc primum ex antiqua versione latina. - Roma : typis Palearinianis, 1750. - XLVII, 100 S., [2] Bl.
- Epiphanius <sanctus>: De XII. gemmis rationalis summi sacerdotis Hebraeorum liber ad Diodorum prodit nunc primo ex antiqua versione Latina. - Romae : typis Zempellianis, 1743. - XXXVI, 85 S. [Hg.]
- Fulgentius <sanctus>: De gratia Dei et libero arbitrio hominis et praedestinatione sanctorum opera [...]. Editionem emendatissimam, & variis lectionibus undique collectis praecipue vero ex codd. mss. vaticanis adornatam [...] (SS. Patrum opera selecta de gratia Dei et praedestinatione sanctorum ; 4-5). - Romae : apud fratres Palearinios, 1760. - 2 vol. [Hg.]
- La vera istoria di S. Romolo, vescovo, e protettore di Fiesole. - In Roma ed in Lucca : [S.n.], 1742. [1] Bl., 82 S.
- Remigius Lugdunensis <sanctus>: Libri quatuor de gratia et praedestinatione, accedunt primi sex canones Concilii Valentini III., S. Prudentii ep. Trecensis recapitulatio operis sui de praedestinatione, Flori Sermo de praedestinatione, & epistola ejusdem, ut videtur, Flori, nunc primum edita (SS. Patrum opera selecta de gratia Dei et praedestinatione sanctorum ; 6). - Romae : apud Marcum Palearinium, 1771. - 2 vol.
- Sopra una patera etrusca, in: Saggi di Dissertazioni accademiche pubblicamente lette nella nobile Accademia Etrusca dell'antichissima città di Cortona 2 (1742), 93-106.

Literatur
- Amaduzzi, Giovanni Cristofano: Elogio funebre di Pier Francesco Foggini, in: Annali ecclesiastici. - Firenze 30 (1783), 125.
- Appolis, Émile: Le Tiers Parti catholique au XVIII. siècle. Entre Jansénistes et Zelanti. - Paris 1960, 182-184.
- Berselli Ambri, Paola: L'opera di Montesquieu nel Settecento italiano. - Firenze 1960, passim.
- Bessone Aurelj, Antonietta Maria: Dizionario degli scultori ed architetti italiani. - Genova ; Roma u.a. 1947, 224. [zur Familie]
- Bignami Odier, Jeanne: La Bibliothèque Vaticane de Sixte IV. à Pie XI. (StT ; 272). - Città del Vaticano 1973, 180. [Lit.]
- Caffiero, Marina (Hg.): Lettere da Roma alla Chiesa di Utrecht. - Roma 1971, 67-85.
- Codignola, Ernesto: Il giansenismo toscano nel carteggio di Fabio de' Vecchi (Collana storica ; 50-51). - 2 vol. - Firenze 1944, hier: vol. 1, 32-39.
- Codignola, Ernesto: Illuministi, giansenisti e giacobini nell'Italia del Settecento. - Firenze 1947, 72-80.
- Dammig, Enrico: Il movimento giansenista a Roma nella seconda metà del secolo XVIII (StT ; 119). - Città del Vaticano 1945, 98-115 u.ö.
- DBI 48 (1997), 449-453 von M. Caffiero.
- DHGE 17 (1971), 713-715 von M. Vaussard.
- Flacco, Verrio: Q. Verrii Flacci Fastorum sacrorum reliquiae iam a Fogginio illustratae nuper veterum subsidiis instauratae ab A. Nibby archaeol. prof. - Romae 1826. ([10] Bl.)

- Jemolo, Arturo Carlo: Il Giansenismo in Italia prima della rivoluzione. - Bari 1928, 113-117.
- Marini, Gaetano: Lettere inedite. Publicate a cura di Enrico Carusi (StT ; 29.82-83). - 3 vol. - Città del Vaticano 1916-1940, hier: vol. 2, 234 u.ö.
- → Rezzi, Luigi Maria: Lettere a Giovanni → Bottari e a Pier Francesco Foggini dal 1741 al 1744 con annotazioni, in: Muratori, Lodovico Antonio: Lettere inedite di Lodovico Antonio Muratori scritte a toscani dal 1695 al 1749. Raccolte e annotate per cura di Francesco Bonaini, Filippo-Luigi Polidori, Cesare Guasti e Carlo Milanesi. - Firenze 1854, 537-546.
- Rodolico Niccolò: La giovinezza di Scipione dei Ricci, in: Ders.: Saggi di storia medievale e moderna. - Firenze 1963, 411-437, hier: bes. 413-416.
- Rodolico, Niccolò: Gli amici e i tempi di Scipione dei Ricci. Saggio sul giansenismo italiano. - Firenze 1920, 6-11.
- Rosa, Mario: Atteggiamenti culturali e religiosi di Giovanni Lami nelle 'Novelle letterarie', in: Annali della Scuola normale superiore di Pisa. Ser. II 25 (1956), 260-333, hier: 278.280f.288f.293.298.301.310f.314.316.327.330.
- Silvagni, Angelo (Hg.): Catalogo dei carteggi di G. G. Bottari e P. F. Foggini. Sezione Corsiniana (Indice e sussidi della Biblioteca ; 3). - Roma 1963.
- Stella, Pietro (Hg.): Il giansenismo in Italia. Bd. 1-3: Piemonte. Collezione di documenti (Bibliotheca theologica Salesiana. Ser. 1. Fontes ; 3/1-3). - Zürich 1966-1974, passim.
- Vaussard, Maurice: La correspondance inédite de l'abbé Foggini avec Giovanni Lami à la Bibliothèque Riccardienne, in: Revue d'histoire moderne et contemporaine 3 (1956), 299-302.
- Vecchi, Fabio de: Il giansenismo toscano nel carteggio di Fabio de' Vecchi. A cura di Ernesto Codignola (Collano storica ; 50-51). - 2 vol. - Firenze 1944, hier bes.: vol. 1, 32-39.
- Venturi, Franco: Settecento riformatore. Da Muratori a Beccaria. - Torino 1969, passim.

Luigi Maria Fonseca OCarm

Geboren um 1714

Lebenslauf

[1746] Qualifikator des SO, Antrag auf Ernennung
ACDF SO Priv. 1743-1749, Bl. 400r (Bewerbung Fonsecas o.D. an den Papst)

1746 Dez. 1 Qualifikator des SO, Ernennung
ACDF SO Priv. 1743-1749, Bl. 403v (Audienzdekret des Papstes); ACDF SO St.St. II-2-m, o.Bl. („Nota de' Qualificatori e loro deputazione", [1760])

1746 Dez. 6 Qualifikator des SO, Amtsantritt durch Eidesleistung
ACDF SO Juramenta 1737-149, o.Bl.

José Maria Fonseca d'Évora OFMObs

Namensvariante Giuseppe Maria d'Évora

Geboren 1690 Dez. 3 in Évora (Portugal)
Gestorben 1752 Juni 16

Familie
Der Portugiese trug vor seinem Ordenseintritt den Namen Jozé Ribeiro da Fonseca Figueiredo e Sousa. Sein Vater Manuel stand als Kavallerie-Leutnant in Mailand und Flandern im Dienst Österreichs. Die Mutter hieß D. Anna Maria Barroso da Gama Michão. Zeitgenossen verbreiteten das Gerücht, Pater Fonseca sei ein leiblicher Sohn des portugiesischen Königs Johann V. (geb. 1689), das schon durch einen Vergleich der Lebensdaten leicht zu entkräften ist. Vgl. DThC 6, 524. Das Gerücht entstand wohl, weil der in Rom lebende Fonseca ein enger Vertrauter des Königshauses war. Das Königshaus finanzierte auch das große editorische Unternehmen des Neudrucks von Waddings Annalen sowie die „Bibliotheca Eborensis" in Rom.

Lebenslauf

	Studium und Magistergrad in Évora
	Dr. iur. can. in Coímbra
1712	Romreise als Begleiter des außerordentlichen portugiesischen Botschafters
1712 Dez. 8	Ordenseintritt in S. Maria in Aracoeli, Rom
	Mitglied der Ordensprovinz Rom
1715 Dez.	Priesterweihe
	Professor für Philosophie und Theologie am Ordenskolleg S. Maria in Aracoeli, Rom
	Lector iubilatus
	Scriptor des Ordens
	Konsultor der CIndulg und CRiti
	Examinator Episcoporum
	Mitglied verschiedener Akademien, u.a. der Accademia dell'Arcadia, Rom
[1719]	Präfekt der staatlichen Salinen im Auftrag der Apostolischen Kammer
1723 Juli 12	Relator der CIndex, Ernennung
	ACDF Index Diari 15 (1721-1734), Bl. 17r; ACDF Index Prot. 81 (1737-1740), Bl. 442r
[1724]	Konsultor der CIndex, Antrag auf Ernennung
	ACDF SO Priv. 1710-1727, Bl. 564r (Bewerbung Fonsecas o.D. an den Papst mit Angaben zum Lebenslauf)
	Konsultor der CIndulg und CVisitaAp, Antrag auf Ernennung
	ACDF SO Priv. 1710-1727, Bl. 564r (s.o.)

[1724]	Empfehlung für Fonseca durch den Generaloberen L. → Cozza
	ACDF SO Priv. 1710-1727, B. 365r (Schreiben o.D. nach Aufforderung zur Stellungnahme durch den Papst)
1724 Aug. 16	Qualifikator des SO, Ernennung
	ACDF SO Priv. 1710-1727, Bl. 315 (Audienzdekret des Papstes)
1724 Aug. 24	Qualifikator des SO, Amtsantritt durch Eidesleistung
	ACDF SO Juramenta 1701-1724, Bl. 420v
1725	Theologus des Römischen Konzils
1725 Febr. 21	Konsultor der CIndex, Ernennung
	ACDF Index Diari 15 (1721-1734), Bl. 37v
1726 Sept. 3	Konsultor der CVisitaAp, Ernennung
	ASV SS Mem Bigl 158
1727 Jan. 9	Generalprokurator des Ordens in Rom (bis 1729)
1728	Beauftragter für Verhandlungen über portugiesische Fragen beim Heiligen Stuhl
1728 Mai 1	Konsultor des SO, Ernennung
	ACDF SO St.St. D-5-f, Bl.35v (Schreiben von V. M. → Conti zur Rangordnung der Konsultoren, o.D.)
1728 Mai 5	Konsultor des SO, Amtsantritt durch Eidesleistung
	ACDF SO Juramenta 1725-1736, o.Bl.
1729 Nov. 29	Bonaventura a Ducenta OFMObs, Adiutor studiorum von Fonseca, Amtsantritt durch Eidesleistung
	ACDF SO Juramenta 1725-1736, o.Bl.
1729	Commissarius Curiae des Ordens in Rom (bis 1732)
1731	Minister für portugiesische Fragen beim Heiligen Stuhl
1732	Commissarius generalis der cismontanen Ordensfamilie (bis 1735)
1733	Plenipotentiär (Bevollmächtigter) für portugiesische Fragen an der römischen Kurie
1734 Febr. 9	Guiseppe M. [Siron] de Vedano OFMObs, Adiutor studiorum von Fonseca, Amtsantritt durch Eidesleistung
	ACDF SO Juramenta 1725-1736, o.Bl.
1736	Botschafter Portugals in Rom (bis 1740)
1737	Erweiterer (Neugründer) der Bibliotheca Eborensis im Konvent S. Maria in Aracoeli, Rom
	Restaurator des Konvents von Palazzuola (bei Albano)
1737	Mitarbeiter beim Zustandekommen des portugiesischen Konkordats
1737	Designation zum Bischof von Osimo, Tivoli und Assisi, vom Kandidaten zurückgewiesen
1739	Bischof von Porto (Oporto), Designation durch König João V.
1740 Okt. 1	Abreise aus Rom
1741 Jan. 2	Bischof von Porto, Weihe
1741	Aufenthalt im Konvent Santo António do Varatojo, Torres Vedras

Gutachten

1725 Sept. 17 Limbrorch, Philippus van: Theologia christiana [...]. - Amstelaedami : apud Sebastianum Petzoldum ; et prostant Londini : apud S. Smith and B. Walford, 1700.
ACDF Index Prot. 73 (1724-1725), Bl. 440r-441r, 3 S.

1730 Dez. 3 Grandi, Angelo Nicolao: Thesis circa intentionem Ministri in conferendis Sacram[en]tis propugnata anno 1730 in Civit. Aesina [...].
ACDF SO CL 1729-1732, Nr. 10, 3 S.

Eigene Werke

- Compendio della vita di S. Giacomo della Marca minore osservante dell'Ordine di S. Francesco. - Roma : Nella stamperia di Giorgio Placho a S. Marco, 1726. - [16], 211, [1] S.
- Lucas Wadding: Annales minorum seu trium ordinum a S. Francisco institutorum. Ed. 2. locupletior, et accuratior. - Romae : Bernabò, 1731-1740. - 17 vol. [Hg.]
- Regestum de constitutionibus, brevibus, decretis, rescriptis aliisque recentioribus Romanae Curiae monumentis ad Seraphicum Ordinem pertinentibus. - Romae : Typis Petri Rosati & Iosephi Borgiani, 1731.
- Studiorum methodus pro cismontana familia, ubi elenchus quaestionum legendarum praefinitur, quaestionum tractatus per annos distinguntur, concursus, seu oppositio ad cathedras disponitur, & instruitur. - Romae : Typis Maynardi, 1733.

Literatur

- Almeida, Fortunato de: História da igreja em Portugal. - 8 vol. - Coimbra 1910-1922, hier: vol. 3/2, 884-886.
- Barbosa Machado, Diogo: Bibliotheca Lusitana historica, critica e cronologica. Na qual se comprehende a noticia dos authores Portuguezes, e das obras, que compuserao desde e tempo da promulgacao da ley da graca ate o tempo prezente [...]. - Lisboa : na officina de Antonio Isidoro da Fonseca, 1741-1759. - 4 vol., hier: vol. 2, 868-872.
- Cath 4 (1956), 1417f.
- DHGE 17 (1971), 803. [Kurzvermerk]
- DThC 6 (1924), 524f. von Édouard d'Alençon.
- España Sagrada 21 (1766), 233-239.
- Hierarchia Catholica 6, 346.
- LThK 4 (1932), 53 von L. Oliger.
- LThK 4 (1960), 195 von F. Stegmüller.
- Manuel de Maria Santíssima: Historia da fundação do Real Convento e Seminario de Varatojo, com a compendiosa noticia da Vida do Veneravel Padre Fr. Antonio das Chagas [...]. - Porto : na Of. De Antonio Alvarez Ribeiro, 1799-1800. - 2 vol., hier: vol. 2, 177f.
- NCE 5 (1967), 995.
- Oliger, Livario: Le iscrizioni lapidarie latine del P. Giovanni Antonio Bianchi di Lucca OFM (1686-1758) per Roma e altre città, in: Studi francescani 9 (1923), 1-57, hier: 42.

- Stolfi, Liberato di: Le principali biblioteche francescane d'Italia di ieri e di oggi, in: Il libro e le biblioteche. Atti del primo congresso bibliologico francescano internazionale 20-27 febbraio 1949. Parte seconda. Conferenze di carattere particolare (Bibliotheca Pontificii Athenaei Antoniani ; 6). - Romae 1950, 127-182, hier bes.: 167f.
- Wetzer-Welte 4 (1886), 1595 von Brück.
- [Anonym]: Obsequios, applausos e triunfos, com que foy recebido em Portugal [...] Fr. Joseph Maria da Fonseca e Evora, bispo do Porto, recolhendo-se de Roma, aonde tinha servido de ministro plenipotenciario. - Lisboa : Regia Offi. Sylviana, 1742.
- [Anonym]: Relaçam da sollenne entrada publica que nesta corte, e cidade do Porto fez em dia sinco de Mayo de 1743 o [...] Senhor D. Fr. Joseph Maria da Fonseca e Evora. - Porto : na Off. Prototypa Episcopal, 1743.

Louis des Fontaines

Geboren   in Belgien

Lebenslauf
          Dr. theol.
          Professor für Philosophie am Collège royale, Douai (für zehn Jahre)
          Zensor der Accademia Teologica, Rom
          Lektor am Seminar der Abtei S. Maria di Farfa, Latium
1755 Juli 28   Relator der CIndex, [Ernennung]
          ACDF Index Diari 17 (1749-1763), Bl. 59v (erstes Referat)
[1755]   Konsultor der CIndex, Antrag auf Ernennung
          ACDF Index Prot. 85 (1755-1757), Bl. 307r.308v (Bewerbung o.D. an den Präf. der CIndex mit Angaben zum Lebenslauf; ohne Vermerk über den Erfolg)
1760   Zensur-Verfahren gegen seinen Traktat „De Christi Ecclesia et de sacramentis, in genere et in specie" im SO
          ACDF SO Vota CL II (1757-1809), Nr. 46

Gutachten
1755 Juli 28   ♦ Anonym [Argens, Jean-Baptiste de Boyer d']: Mémoires secrets de la république des lettres, ou le théatre de la vérite [...]. - La Haye : Neaulme, 1743-1748.
          ACDF Index Prot. 85 (1755-1757), Bl. 298r-300r, 5 S.

Literatur
- Wolf, Hubert (Hg.): Systematisches Repertorium zur Buchzensur. Inquisition 1701-1813. Bearb. von Bruno Boute, Cecilia Cristellon und Volker Dinkels (Römische Inquisition und Indexkongregation Grundlagenforschung 1701-1813). - Paderborn u.a. 2009, 541f.

Giusto Fontanini

Geboren	1666 Okt. 30 in San Daniele (Friaul)
Gestorben	1736 Apr. 17 in Rom

Familie

Der spätere Bischof, Sohn des Francesco Fontanini und der Lodovica Manzoni, gehörte zum niederen Adel seiner Heimatstadt und zu einer als „gente onoratissima in San Daniele" geltenden Familie (Tipaldo: Biografia 7, 438). Die Eltern wünschten für den Sohn ein Studium der „umane discipline" (ebd.) und trugen die kostspielige Ausbildung am Jesuitenkolleg in Görz. Der Neffe Domenico Fontanini, „nobile Udinese" (so im Titel seines Werkes), veröffentlichte 1755 die Biographie seines Onkels.

Lebenslauf

	Erste Studien am Jesuitenkolleg in Görz (Gorizia)
1690 Dez. 23	Priesterweihe in Venedig
	Hauslehrer bei der Senatorenfamilie Moro in Venedig
1696	Bekanntschaft mit Filippo della Torre, Bischof von Adria und damaliger Auditor von Kardinal G. R. → Imperiali
	Aufenthalt in Ferarra, unter anderem bei Kardinal G. R. Imperiali
1697	Berufung nach Rom als Präfekt der Biblioteca Imperiali (Ankunft in Rom am 16. Juli)
1704	Lektor für Literatur an der Universität Sapienza, Rom
1706 März 2	Relator der CIndex, Ernennung
	ACDF Index Prot. 81 (1737-1740), Bl. 439v; ACDF Index Diari 13 (1704-1708), Bl. 92v
1711	Päpstlicher Geheimkämmerer
[1712]	[Qualifikator des SO]
1717	Kommendatarabt des Benediktinerklosters S. Maria di Sesto, Friaul
1723	Mitglied der päpstlichen Kommission zur Neuausgabe des römischen Breviers
1725	Konsultor des Römischen Konzils
1725 Aug. 3	Abbreviatore di Curia
1725 Sept. 5	Titularerzbischof von Ancyra
1727 Jan. 8	Kanoniker von S. Maria Maggiore, Rom

Gutachten

1718 Mai 25	Lefèvre d'Étaples, Jacques: In Epistolas divini Ignatii argumentum [...]. - (Manuskript)
	ACDF SO CL 1718-1721, Nr. 2, 15 S.

Eigene Werke

- Anonym: Confutazione di uno scritto italiano e francese sparso in Germania con questo titolo, „Quanto sia giusto, e convenevole, che Comacchio si conservi al Sacro Romano Imperio per lo serenissimo signor duca di Modena, che n'e suo vassal-

lo". - In Roma : [S.n.], 1711. - 35 S. [ND in: Raccolta di tutto, ch'è uscito alle stampe fino al giorno d'oggi sulla controversia di Comacchio [...]. - Ristampata in Francoforte sul Meno : da Giovanni Filippo Andreae, 1713, 1-34.]
- Anonym: Il dominio temporale della Sede Apostolica sopra la città di Comacchio per lo spazio continuato di dieci secoli esposto a un ministro d'un principe. - [S.l.] : [S.n.], 1708. - 49 S. ; Impressione terza. Si aggiunge la difesa del medesimo dominio [...]. - Roma : [S.n.], 1709. - XVI, 426 S. [Teilabdruck in: Raccolta di tutto, ch'è uscito alle stampe [...] sulla controversia di Comacchio [...]. - Ristampata in Francoforte sul Meno : da Giovanni Filippo Andreae, 1713, 139-292.]
- Anonym: Risposta del cavaliere erudito alla lettera II. scrittagli dal molto rev. e dottissimo Padre Gio. Antonio Bernardi della Compagnia di Gesù sopra i due primi tometti del nuovo Giornale de' Letterati d'Italia. - In Mantova : per gli eredi dell'Osanna, 1712. - 304 S., [2] Bl. [Verfasserschaft unsicher]
- Anonym: Risposta del cavaliere erudito alla lettera prima scrittagli dal molto reverendo e dottissimo Padre Gio. Antonio Bernardi della Compagnia di Gesù sopra i due primi tometti del nuovo Giornale de' Letterati d'Italia. - [S.a.] : [S.n.], [1712]. - 53 S. [Datierung S. 53: 30 Gennaro 1712; G. Fontanini als Verfasser laut handschriftlichem Vermerk auf dem Titelblatt des Exemplars der BAV]
- Biblioteca dell'eloquenza italiana [...] con le annotazioni del signor Apostolo Zeno [...]. - Venezia : presso Giambatista Pasquali, 1753. - 2 vol. ; Parma : per li fratelli Gozzi, 1803. - 2 vol.
- Bibliothecae Josephi Renati → Imperialis [...] catalogus secundum auctorum cognomina ordine alphabetico dispositus una cum altero catalogo scientiarum & artium. - Romae : Ex officina typographica Francisci Gonzagae, 1711. - V, [1], 738 S. [daraus: Iusti Fontanini dispositio catalogi bibliothecae Imperialis [...], in: Sylloge aliquot scriptorum de bene ordinanda et ornanda Bibliotheca studio et opera Io. Davidis Koeleri. - Francofurti : Apud Ioannem Stein, 1728, 145-188.]
- Codex Constitutionum quas Summi Pontifices ediderunt in solemni canonizatione sanctorum a Johanne XV. ad Benedictum XIII. sive ab A.D. 993. ad A.D. 1729. Accurante Justo Fontanino [...] qui lemmata & notulas addidit. - Romae : ex typographia Reverendae Camerae Apostolicae, 1729. - XLI, 671 S. [Hg.]
- De amplitudine peculiaris provinciae summi pontificis ut romani metropolitae deque episcopatu Eugubino in eadem posito commentatiuncula. - Romae : typis Reverendae Camerae Apostolicae, 1725. - 8 S. [Gutachten vom 30. Apr. 1725]
- De antiquitatibus Hortae coloniae Etruscorum libri duo [...]. - Roma : apud Franciscum Gonzagam, 1708. - XXII, 511 S., [5] Tafeln. ; De antiquitatibus Hortae coloniae Etruscorum libri tres ubi praeter historiam Hortanam alia non pauca res romanas, italicasque illustrantia proferuntur cum figuris aeri incisis et gemina appendice monumentorum [...]. Editio tertia aucta & recognita. - Romae : Ex typographia Rocchi Bernabò, 1723. - XXII, 511 S., [3] Bl., 102 S., [1] Bl., [10] Tafeln.
- De corpore Sancti Augustini Hipponensis episcopi et ecclesiae doctoris Ticini reperto in confessione aedis sancti Petri in Coelo aureo disquisitio [...]. - Roma : ex typographia Rochi Bernabò, 1728. - XXVI [i.e. XXIV], 120 S.
- De sancto Petro Urseolo duce Venetorum postea monacho Ordinis sancti Benedicti ex primaeva ecclesiae disciplina sanctorum confessorum canoni adscripto, dissertatio qua ejus gesta, virtutes, signa & cultus veterrimus explicantur. Accedit de eadem

- re commentarius publica auctoritate confectus [...]. - Romae : typis Rochi Bernabò, 1730. - XXIV, 137 S.
- De sensu Scomatis Juvenalis Sat. V. aliena vivere quadra. Quid sit homo quadratus apud veteres scriptores, in: Ders.: Philologica disquisitio ex autographo bibliothecae S. Gregorii ad Clivum Scauri in lucem edita cum D. Ambrosius → Bianchi [...] in Collegium Patrum Cardinalium cooptaretur VIII. Id. Juli An. MDCCCXXXIX. - Romae [1839?], 1-18.
- De usu et praestantia bonarum literarum oratio habita in eodem archigymnasio IV. Idus Decembris 1704. - Romae : per Franciscum Gonzagam, 1704. - [8] Bl.
- Della eloquenza italiana ragionamento [...] steso in una lettera all'illustriss. sig. marchese Giangiuseppe Orsi aggiuntovi un catalogo delle opere più eccellenti, che intorno alle principali arti, e facoltà sono state scritte in lingua italiana. - Roma : Gonzaga, 1706. - 159 S. ; Impressione terza riveduta, ed ampliata [...]. - In Roma : Mainardi, 1726. - [8] Bl., 238 S. ; Impressione nuova e dalle precedenti affatto diversa. - In Roma : Bernabò, 1736. - XXVIII, 756 S. [weitere Ausg.]
- Della istoria del dominio temporale della Sede Apostolica nel Ducato di Parma e Piacenza libri tre [...]. - In Roma : [S.n.], 1720. - XLIV, 491 S.
- Delle masnade, e d'altri servi secondo l'uso de' Longobardi. Ragionamento [...] steso in una lettera all'Illustrissimo signor Girolamo de Puppi. - In Venezia : per Girolamo Albrizzi, 1698. - 47 S. [ND in: Symbolae litterariae opuscula varia philologica scientifica antiquaria signa lapides numismata gemmas et monumenta medii aevi nunc primum edita complectentes. - Vol. 9. - Romae : ex Typographia Palladis, 1754, 127-199.]
- Di Santa Colomba vergine sacra della città d'Aquileja [...] comentario. - In Roma : nella stamperia di Rocco Bernabò, 1726. - XXVIII, 124 S.
- Difesa seconda del dominio temporale della Sede Apostolica sopra la città di Comacchio, ove in primo luogo si purgano i Sommi Pontefici, e molti Imperadori da gravissime accuse, e si giustifica nuovamente la sovranità della Chiesa romani in tutti i suoi Stati [...]. - In Roma : [S.n.], 1711. [Teilabdruck in: Raccolta di tutto, ch'è uscito alle stampe (...) sulla controversia di Comacchio (...). - Ristampata in Francoforte sul Meno : da Giovanni Filippo Andreae, 1713, 43-240.]
- Discus argenteus votivus veterum Christianorum Perusiae repertus ex museo Albano depromptus et commentario illustratus. - Romae : ex typographia Rochi Bernabò, 1727. - XLVIII, 86 S.
- Dissertatio de corona ferrea Langobardorum. - Romae : Apud Franciscum Gonzagam, 1717. - XII, 132, [4] S. ; Lipsiae : apud Mauritium Georgium Weidmannum, 1719. - 176 S. ; Editio tertia aucta & recognita, in: Graevius, Johann Georg (Hg.): Thesaurus antiquitatum et historiarum Italiae, quo continentur optimi quique scriptores, qui regionis Transpadanae et Alpibus vicinae [...]. - Vol. 4/2. - Lugduni Batavorum : Excudit Petrus Vander Aa, 1722. - [2] Bl., 66 Sp., [3] Bl.
- Gratiani Decretorum libri quinque secundum Gregorianos Decretalium libros titulosque distincti per Johannem a Turrecremata Ordinis Praedicatorum S.R.E. episcoporum cardinalem Sabinum nunc primum prodeunt ex codice bibliothecae Barberinae praefatione, brevibus scholiis, & quatuor Indicibus illustrati. Cura Justi Fontanini [...]. Volumen primum [- secundum]. - Romae : typis & sumtibus Hieronymi Mainardi, 1726. - 2 vol. [Hg.]

- Historiae literariae Aquilejensis libri V. Accedit dissertatio [...] de anno emortuali S. Athanasii patriarchae Alexandrini necnon virorum illustrium provinciae Forli-Julii catalogus. Opus posthumum. - Romae : Ex Typographia Nicolai, et Marci Palearini, 1742. - XX, 475 S. [Teilabdruck als: Sanctus Chromatius, Episcopus Aquileiensis. Ex historia litteraria Aquileiensi Justi Fontanini (...) Romae edita an. 1742, in: PL 20, 375-406.]
- L'Aminta di Torquato Tasso difeso, e illustrato [...]. - In Roma : nella stamperia del Zenobj e del Placho, 1700. - XCV, 391 S., [18] Bl. ; L'Aminta di Torquato Tasso [...]. Con alcune osservazioni d'un accademico fiorentino [Uberto Benvoglienti]. - In Venezia : per Sebastiano Coleti, 1730. - 104, 391 S.
- Lettera [...], scritta dagli Elisj all'autore delle Osservazioni letterarie [sopra l'Eloquenza italiana]. - In Napoli : Pel Moscheni, e Compagni, [1740?]. - 102 S.
- Sopra alcune iscrizioni, in: Saggi di Dissertazioni accademiche pubblicamente lette nella nobile Accademia Etrusca dell'antichissima Città di Cortona. - In Roma : Nella stamperia de' fratelli Pagliarini, 1741-1791. - 9 vol., vol. 2, 225-228.
- Vindiciae antiquorum diplomatum adversus Bartholomaei Germonii disceptationem [...] Libri duo. Quibus accedit veterum actorum appendix. - Romae : per Franciscum Gonzagam, 1705. - XXII, 287 S.
- Vita del venerabile Giuseppe Maria → Tomasi, in: Giornale de' Letterati d'Italia 18 (1714), 22f.

Literatur
- Anonym [→ Laderchi, Giacomo]: Lettera ad un cavaliere fiorentino devoto de' santi martiri Cresci, e compagni in risposta di quella scritta dal p. fr. Gherardo → Capassi dell'Ordine de' servi di Maria a Giusto Fontanini contro gli atti de' medesimi santi [...]. - [Firenze] : [S.n.], [1709]. - [3] Bl., 197 S., [1] Bl.
- Anonym [Costadoni, Anselmo]: Lettera critica sopra alcuni sentimenti espressi nella Eloquenza italiana da [...] Fontanini intorno a certi scrittori Camaldolesi indirizzata dal signor abate N. N. all'eruditissimo padre Giovanni degli Agostini Bibliotecario in S. Francesco della Vigna, in: Anonym: Esami di varj autori sopra il libro intitolato L'eloquenza italiana di [...] Fontanini. - In Roveredo, Si vendono in Venezia da S. Occhi, 1739. (14 S.) [datiert S. 14: Roma, 10. Gennajo 1737]
- Anonym: Clarorum Venetorum ad Ant. Magliabechium nonnullosque alios epistolae ex autographis in Biblioth. Magliabechiana, quae nunc Publica Florentinorum est, adservatis descriptae. - Florentiae : ex Typographia ad Insigne Apollinis in Platea Magni Ducis, 1745-1746. - 2 vol., hier: vol. 1, 264-274. [Briefe Fontaninis an Magliabecchi wegen Giacomo Laderchi]
- Anonym: Compendio della vita di Monsignor Giusto Fontanini, in: Raccolta d'opuscoli scientifici e filologici 15 (1737), 337-359.
- Bellini, Luigi: Comacchio nell'opera di L. Antonio Muratori, in: Atti della Deputazione Provinciale di Storia Patria di Ferrara 5 (1950), 1-51, hier: 23f.42-44.
- Bertelli, Sergio: Erudizione e storia in Ludovico Antonio Muratori. - Napoli 1960, 474f. u.ö.
- Cancedda, Flavia: Figure e fatti intorno alla biblioteca del cardinale Imperiali, mecenate del '700 (Il Bibliotecario ; 11). - Roma 1995, 55-63.

- Concilium Romanum in Sacrosancta Basilica Lateranensi celebratum Anno Universalis Jubilaei MDCCXXV. a sanctissimo Patre, & Dno Nostro Benedicto Papa XIII. Pontificatus sui Anno I. - Romae : ex Typographia Rocchi Bernabò, 1725, 128.
- Dammig, Enrico: Il movimento giansenista a Roma nella seconda metà del secolo XVIII (StT ; 119). - Città del Vaticano 1945, 48-52.
- DBI 48 (1997), 747-752 von D. Busolini.
- DHGE 17 (1971), 875-877 von P. Stella.
- Donato, Maria Pia: Il vizio virtuoso. Collezionismo e mercato a Roma nella prima metà del settecento, in: Quaderni storici 115 (2004), 139-160, hier: 150.
- Donato, Maria Pia: Le strane mutazioni di un'identità: Il „Letterato" a Roma, 1670-1750, in: Salvemini, Biagio (Hg.): Gruppi ed identità sociali nell'Italia di età moderna. Percorsi di ricerca. - Bari 1998, 275-314, hier: 280-282.
- EC 5 (1950), 1495f. von Roberto Palmarocchi.
- Fontanini, Domenico: Memorie della vita di Monsignor Giusto Fontanini arcivescovo di Ancira, canonico della Basilica di S. Maria Maggiore e Abate di Sesto. - In Venezia : Appresso Pietro Valvasense, 1755. - XII, 227 S.
- Hierarchia Catholica 5, 84.
- Liruti, Giovanni Giuseppe: Notizie delle vite ed opere scritte da' letterati del Friuli. - In Venezia : appresso Modesto Fenzo, 1760-1830. - 4 vol., hier: vol. 4, 281-315.
- Lombardi, Antonio: Storia della letteratura italiana nel secolo XVIII. - 4 vol. - Modena 1827-1830, hier: vol. 3, 32-38.
- Maffei, Scipione: Esame fatto [...] del libro intitolato Dell'eloquenza italiana; tratto dal secondo Tomo delle sue osservazioni letterarie: nel quale si registra un gran numero di libri italiani, la maggior parte importanti, che erano stati ommessi ne' cataloghi dell'Haim, e di Monsignor Fontanini; riveduto e ampliato [...], in: Anonym: Esami di varj autori sopra il libro intitolato L'eloquenza italiana di [...] Fontanini. - In Roveredo, Si vendono in Venezia da S. Occhi, 1739. (91 S.)
- Mor, Carlo Guido: Giusto Fontanini, in: Memorie storiche forogiuliesi 32 (1936), 85-99.
- Muratori, Ludovico Antonio: Primo esame del libro intitolato Dell'eloquenza italiana, in: Anonym: Esami di varj autori sopra il libro intitolato L'eloquenza italiana di [...] Fontanini. - In Roveredo, Si vendono in Venezia da S. Occhi, 1739, 1-43.
- Rodolico, Niccolò: Chiesa e stato in Toscana durante la reggenza lorenese (1737-1765). - Firenze 1910 ; ND Firenze 1972, 31-33.40-42. [zu Laderchi und Fontanini]
- Rossetti, Sergio: Rome. A bibliography from the invention of printing through 1899 (Biblioteca di bibliografia italiana ; 157.169.180-181). - 4 vol. - Firenze 2000-2004, hier: vol. 2, 459.
- Tartarotti, Girolamo: Lettera [...] intorno all'eloquenza italiana di monsignor Fontanini indirizzata al molto reverendo padre maestro Mariano Ruele carmelitano bibliotecario della Traspontina di Roma, in: Raccolta d'opuscoli scientifici e filologici 23 (1741), 227-291.
- Tipaldo, Emilio de (Hg.): Biografia degli italiani illustri nelle scienze, lettere ed arti del secolo XVIII, e de' contemporanei compilata da letterati italiani di ogni provincia. - 10 vol. - Venezia 1834-1845, hier: vol. 7, 438-450.

- Weber, Christoph: Die Titularbischöfe Papst Benedikts XIII. (1724-1730). Ein Beitrag zur Geschichte des Episkopates und der römischen Kurie, in: Walter, Peter ; Reudenbach, Hermann Josef (Hg.): Bücherzensur - Kurie - Katholizismus und Moderne. Festschrift für Herman H. Schwedt (Beiträge zur Kirchen- und Kulturgeschichte ; 10). - Frankfurt a.M. 2000, 107-143, hier: 138.

Antonio Francesco Forti CRS

Geboren	in Mailand
Gestorben	1702 [Nov.] 4 in Rom

Lebenslauf

	Lektor für Moraltheologie
um 1662	Lektor für Rhetorik am Collegium Clementinum, Rom (bis 1702)
[1672]	Konsultor der CIndex, Antrag auf Ernennung
	ACDF Index Prot. 36 (1664-1672), Bl. 173 (Bewerbung Fortis o.D. an den Papst)
1672 Apr. 8	Konsultor der CIndex, Ernennung
	ACDF Index Prot. 36 (1664-1672), Bl. 166 (Anweisung des Papstes an den Sekr. der CIndex); ACDF Index Diari 7 (1665-1682), Bl. 35v („adscriptus")
1687 Dez. 14	Theologischer Vortrag in Anwesenheit Christinas von Schweden mit prominenten Disputanten, unter ihnen Kardinal José Sáenz de Aguirre OSB und Tirso González SJ
	Generalvikar des Ordens

Literatur
- Cevasco, Giacomo: Breviario storico di religiosi illustri della Congregazione di Somasca. Continuato da P. G. M. - Genova 1898, 65f.
- Sestili, Gioacchino: Il culto della filosofia, in: L'Ordine dei Chierici regolari Somaschi nel IV centenario dalla fondazione 1528-1928. - Roma 1928, 193-203, hier: 196.

Bartolomeo Foscarini CCRRMM

Geboren	in Venedig
Gestorben	1810 Juli 22 in Rom

Familie
Der hier interessierende Pater war Angehöriger einer der berühmten Familien dieses Namens in Venedig, von denen ein Zweig noch 1762 einen Dogen stellte.

Foscarini 530

Lebenslauf

1753	Professor für Moralphilosophie an der Universität Sapienza, Rom (bis 1787)
[1759]	Konsultor der CIndex, Antrag auf Ernennung
	ACDF Index Prot. 87 (1759-1762), Bl. 93r (Bewerbung Foscarinis o.D. an den Papst für die Stelle des verstorbenen L. → Bertolotti); ACDF Index Diari 17 (1749-1763), Bl. 82v.83v (Vermerk Sekr. der CIndex zum Antrag)
1760 Jan. 12	Konsultor der CIndex, Ernennung (unter Vorbehalt)
	ACDF Index Prot. 87 (1759-1762), Bl. 94v (Audienzvermerk Sekr. der CIndex: Ernennung erst wirksam nach erstem Referat); ACDF Index Diari 17 (1749-1763), Bl. 82v-83v
1760 Mai 26	Konsultor der CIndex, Ernennung
	ACDF Index Diari 17 (1749-1763), Bl. 84r (Referat Foscarinis am 19. Mai)
[1774]	Generalprokurator des Ordens in Rom (bis [1777], erneut: 1785-1791)
[1777]	Generalassistent des Ordens in Rom
1787	Emeritierung als Professor an der Universität Sapienza, Rom
1791 Mai	Provinzial des Ordens, Provinz Rom (bis 1794)
[1803]	Generalassistent des Ordens für die Provinz Neapel
1809	Pro-Generaloberer des Ordens

Unveröffentlichte Quellen

- ASR Congregazioni religiose maschili. CCRRMM SS. Vincenzo et Anastasio, vol. 1931: Liber Capitulorum & Consultationum Localium Collegii SS. Vincentii & Anastasii CCRRMM (1768-1838); vol. 1933: Diario del Collegio dei SS. Vincentii & Anastasii (1768-1810), o.Bl.
- Generalarchiv CCRRMM Rom: Freundliche Auskunft an H. H. Schwedt (Todesdatum)

Gutachten

1760 Mai 19	♦ Voltaire: L'Esprit [...]. - [S.l.] : [S.n.], 1759.
	ACDF Index Prot. 87 (1759-1762), Bl. 114r-118r, 9 S.
1761 Jan. 19	Hume, David: Essais philosophiques sur l'entendement humain [...]. - A Amsterdam : chez J.H. Schneider, 1758.
	ACDF Index Prot. 87 (1759-1762), Bl. 199r-203v, 10 S.
1762 Mai 24	Goujou, Charles <Pseudonym> [Voltaire]: Lettre de Charles Gouju à ses frères [...]. - [Paris] : [S.n.], 1761.
	ACDF Index Prot. 87 (1759-1762), Bl. 329r-330v, 4 S.
1768 Juli 19	Paganetti, Pietro: Della istoria ecclesiastica della Liguria [...]. - In Genova : presso Bernardo Tarigo in Canneto, 1765-1766.
	ACDF Index Prot. 89 (1767-1770), Bl. 284r-304v, 42 S.

1771 Nov. 29	Anonym [Voltaire]: Les Questions de Zapata [...]. - A Leipsik [i.e. Genève] : [Cramer], 1766 [i.e. 1767]. - 53 S. ACDF Index Prot. 90 (1771-1773), Bl. 64r-65v, 4 S. (Doppelgutachten)
1771 Nov. 29	Anonym [Voltaire]: Collection des Lettres sur les miracles écrites [...]. - A Neufchâtel [i.e. Amsterdam] : [M.M. Rey], 1767. - [4], 258 S. ACDF Index Prot. 90 (1771-1773), Bl. 64r-65v, 4 S. (Doppelgutachten)

Literatur
- Boutry, Philippe: Souverain et Pontife. Recherches prosopographiques sur la Curie romaine à l'âge de la Restauration (1814-1846) (Collection de l'École Française de Rome ; 300). - Rome 2002, 698.
- Conte, Emanuele (Hg.): I maestri della Sapienza di Roma dal 1514 al 1787. I rotuli e altre fonti (Fonti per la Storia d'Italia ; 116. Studi e Fonti per la storia dell'Università di Roma. N. S. ; 1). - 2 vol. - Roma 1991, hier: vol. 2, 872f.
- Spano, Nicola: L'Università di Roma. - Roma 1935, 338.

Carlo Francesco Fraida (Frayda) OFMRef

Namensvariante   Carlo Francesco da Varese

Geboren   1641 in [Varese (Lombardei)]
Gestorben   1718 Mai 10

Familie
Zur Familie ließ sich nur der Name des Vaters ermitteln: Carlo, der 1682 schon verstorben war, als der Sohn Qualifikator des SO wurde.

Lebenslauf
	Lektor für Philosophie und Theologie
1673 Jan. 26	Lektor für Kontroverstheologie am Missionskolleg des Ordens S. Pietro in Montorio, Rom (bis 1685)
1682 Dez. 13	Qualifikator des SO, Amtsantritt durch Eidesleistung ACDF SO Extens. 1680-1690 [-1707] = ACDF SO St.St. Q-1-p, Bl. 58r
1685	Provinzial des Ordens, Provinz Rom (bis 1687)
1686 [Nov.]	Vize-Generalprokurator des Ordens in Rom
1687 März 25	→ Diodato da Roma OFMObs, Scriptor von Fraida, Amtsantritt durch Eidesleistung ACDF SO Extens. 1680-1690 [-1707] = ACDF SO St.St. Q-1-p, Bl. 133r
1687 Mai 23	Generalprokurator des Ordens in Rom

Fraida

1688 Jan. 19	Relator der CIndex, Ernennung
	ACDF Index Diari 8 (1682-1688), Bl. 123r (erstes Referat)
1688 Juni 5	Generalkommissar der cismontanen Ordensfamilie (bis 1691)
1691	Procurator missionum des Ordens in Rom (bis 1695)
1691	Präses des Collegium Poenitentiariorum der Lateranbasilika, Rom
1697 Dez. 11	Konsultor der CIndex, Ernennung
	ACDF Index Diari 11 (1696-1699), Bl. 59v
1711 Jan. 9	Vize-Generalkommissar des Ordens

Gutachten

1701 Apr. 25	Acta Sanctorvm [Martii, T. 2]. - Antverpiae [u.a.] : Meurs [u.a.], (1684).
	ACDF Index Prot. 60 (1700-1701), Bl. 300r-309v, 20 S.
[1705 Mai 13]	E., J. C. [Erckel, Johannes Christian]: Assertio juris Ecclesiae metropolitanae Ultrajectinae romano catholicae [...]. - Delphis : typis Henrici Rhenani, 1703.
	ACDF SO CL 1704-1705, Nr. 21, 7 S. (Sammelgutachten)
[1705 Mai 13]	Palaeopistus, Joannes <Pseudonym> [Witte, Gilles de]: Apologia pro clero ecclesiae Batavorum romano-catholicae [...]. - Delphis : apud H. Van Rhyn, 1702.
	ACDF SO CL 1704-1705, Nr. 21, 7 S. (Sammelgutachten)
[1705 Mai 13]	Palaeophilus, Desiderius <Pseudonym> [Witte, Gilles de]: Imago pontificiae dignitatis [...]. - Constantiae : apud Ae. Silvium, 1704.
	ACDF SO CL 1704-1705, Nr. 21, 7 S. (Sammelgutachten)

Eigene Werke

- Promptuarium Scoticum ob oculos exhibens : Quicquid in quatuor sententiarum libris, & quodlibeto Doctoris Subtilis continetur suos in titulos digestum, atque ordine alphabetico explanatum [...]. - Venetiis : Typis & expensis Andreae Poleti, 1690. - 2 vol.
- Selectiores huius temporis controversiae dogmaticae fidei symbolo, quo sancta utitur Romana ecclesia substructae. Ioannis Scoti doctoris subtilissimi hypothesibus explicatae [...] Inter comitiorum generalium solemnia publicae disputationi in Aracoelitano templo exponendae. / A. P. Fr. Carolo Francisco de Varesio lectore controversiarum emerito [...] Respondente P. Fr. Deodato a Roma [→ Diodato da Roma] [...]. - Romae : ex typographia Pauli Monetae, 1688. - [1] Bl., 20 S.

Literatur

- Dudon, Paul: Le quiétiste espagnol: Michel Molinos (1628-1696). - Paris 1921, 205.216.
- Fénelon, François de Salignac de La Mothe: Correspondance de Fénelon. Texte établi par Jean Orcibal ([ab Bd. 6 in:] Histoire des idées et critique littéraire). - 18 vol. - Genève 1972-2007, hier: vol. 7, 52. [„consulteur du Saint-Office"]
- Hurter, Hugo: Nomenclator literarius theologiae catholicae theologos exhibens aetate, natione, disciplinis distinctos. - Editio tertia, emendata et aucta. - 5 vol. - Oeniponte 1903-1913, hier: vol. 4, 677.

- Kleinhans, Arduinus: Historia studii linguae Arabicae et collegii missionum Ordinis Fratrum Minorum in conventu ad S. Petrum in Monte Aureo Romae erecti (Biblioteca bio-bibliografica della Terra Santa e dell'Oriente francescano. N.S. ; 13). - Quaracchi 1930, 118-121.
- Sbaralea, Ioannes H. [Sbaraglia, Giovanni Giacinto]: Supplementum et castigatio ad scriptores trium Ordinum S. Francisci a Waddingo, aliisve descriptos cum adnotationibus ad syllabum martyrum eorumdem ordinum. - 3 vol. - Romae 1908-1936 ; ND Sala Bolognese 1978, hier: vol. 3, 208.
- Spila, Benedetto: Memorie storiche della provincia Riformata Romana. - 3 vol. - Roma ; Milano 1890-1896, hier: vol. 3, 46f.

Francesco Antonio da Corbara OFMObs

Namensvariante Francesco Antonio Mariani

Geboren um 1714 in Corbara (Orvieto [?])

Lebenslauf

	Lector generalis für Theologie an S. Maria in Aracoeli, Rom
[1748]	Referent des SO, Antrag auf Ernennung
	ACDF SO Priv. 1743-1749, Bl. 591r (Bewerbung P. Francescos o.D. an den Papst)
1748 Juli 11	Qualifikator des SO, Ernennung
	ACDF SO Priv. 1743-1749, Bl. 593v (Audienzdekret des Papstes); ACDF SO St.St. II-2-m, o.Bl. („Nota de' Qualificatori")
1748 Juli 16	Qualifikator des SO, Amtsantritt durch Eidesleistung
	ACDF SO Juramenta 1737-1749, o.Bl.

Gutachten

(1762)	Rousseau, Jean-Jacques: Émile, ou, De l'éducation [...]. - La Haye : Chez Jean Néaulme, 1762.
	ACDF SO CL 1762-1764, Nr. 5, 6 S.

Literatur
- Borchi, Nicola: Jean-Jacques Rousseau et Jean-Baptiste René Robinet devant le Saint-Office, in: Dix-Huitième Siècle 34 (2002), 335-348, hier bes.: 339-341. [Französische Übersetzung des Gutachtens zum „Émile"]

Francesco Antonio da S. Romolo OFMRef

Geboren in [San Romolo (bei San Remo, Ligurien)]

Lebenslauf
1759 Aug. 28   Relator des SO, Amtsantritt durch Eidesleistung
         ACDF SO St.St. Q-1-q, Bl. 130v („munus Relatoris S. Offici")

Gutachten
1762 Nov. 10   Zannotti, [?]: Vita Antoniae Mayer Battaglia [...]. (Manuskript)
         ACDF SO CL 1762-1764, Nr. 6, 7 S.

[1796]   Aureli, Nicolaus (Praes.) ; Lacorte, Ignazio (Resp.): De Doctrina Et Auctoritate, Fulgidissimi Ecclesiae Luminis, Doctorisque maximi S. Augustini Patris Nostri Publica Concertatio Juxta Vindicias Norisianas [...]. - Pisauri : Ex Typographia Gavelliana, 1758.
         ACDF SO CL 1795-1796, Nr. 12, 43 S.

Francesco dello Spirito Santo OSST

Geboren   um 1698 in Sabadell (Diözese Vic, Katalonien)
Gestorben   1776 Mai 11

Lebenslauf
um 1715   Ordenseintritt in Bologna
         Noviziat in Zaragoza
         Priesterweihe
um 1724   Studium im Ordenskonvent S. Carlo alle Quattro Fontane, Rom
         Theologus und Confessor von Kardinal A. S. → Gentili (Protektor des Ordens)
         Generalsekretär des Kommissars für die Ordenskonvente in Italien, Miguel de S. José
         Katechet und Beichtvater des schwedischen Konvertiten Graf Nils Bjelke in Rom
         Konsultor der CIndulg
1755 Sept. 2   Qualifikator des SO, Amtsantritt durch Eidesleistung
         ACDF SO Extens. 1749-1808 = ACDF SO St.St. Q-1-q, Bl. 92r („Nota de' Qualificatori")

Eigene Werke
- Della vita e gesta di Niccolò Bielke, fu senatore amplissimo di Roma. - Venezia : presso Antonio Graziosi, 1770. - 64 S.

- [Anonym]: Memorie istoriche della vita del conte Niccolò de Bielke, Senatore di Roma, date in luce da un suo confidente [...] coll'aggiunta della cronologia de' senatori romani. - In Roma : per Generoso Salomoni, 1769. - XVI, 189 S.

Literatur
- Antonio de la Asunción (Hg.): Diccionario de escritores trinitarios de España y Portugal. Con un apéndice latino de escritores de toda la orden. - 2 vol. - Roma 1898-1899, hier: vol. 1, 254f.

Francesco di Portogallo OP

Geboren   um 1702

Familie
Die einzige bisherige Nachricht zur Herkunft des Paters findet sich 1748 bei Ablegung des Amtseides in Rom: Er war Sohn eines schon verstorbenen Bernardus.

Lebenslauf
1748 Juli 23	Konsultor der CIndex, Ernennung
	ASV SS Mem Bigl 188 (Schreiben SS an P. Francesco, Entwurf); ACDF Index Prot. 82 (1740-1748), Bl. 365r (Schreiben SS an Sekr. der CIndex)
1748 Juli 23	Qualifikator des SO, Ernennung
	ASV SS Mem Bigl 188 (Schreiben SS an P. Francesco, Entwurf)
1748 Juli 26	Qualifikator des SO, Amtsantritt durch Eidesleistung
	ACDF SO Juramenta 1737-1749, o.Bl. (P. Francesco 46 Jahre alt)

Francesco Gaetano da Verona OFMObs

Lebenslauf
	Revisor von Lokalinquisitionen (für 27 Jahre)
	Lector iubilatus an S. Bartolomeo all'Isola, Rom
[1713]	Relator der CIndex, Antrag auf Ernennung
	ACDF Index Prot. 70 (1713-1715), Bl. 67r (Bewerbung P. Francescos o.D. an die CIndex mit Angaben zum Lebenslauf)
1713 Juni 27	Relator der CIndex, Ernennung
	ACDF Index Prot. 81 (1737-1740), Bl. 440v; ACDF Index Diari 14 (1708-1721), Bl. 71v

Francesco Maria d'Andria OFMObs

Geboren   um 1687

Lebenslauf
                    Ordenseintritt in der Provinz Bari
                    Examinator synodalis der Diözese Molfetta (Apulien)
                    Qualifikator der Inquisition von Monopoli (Apulien)
                    Lector iubilatus
                    Konventuale von S. Bartolomeo all'Isola, Rom
1737 [Nov.]   Relator der CIndex, Antrag auf Ernennung
                        ACDF Index Prot. 81 (1737-1740), Bl. 6 (Bewerbung P. Francescos o.D. an die CIndex mit Angaben zum Lebenslauf).7 (Empfehlung von Kardinal M. → Passeri vom 30. Nov.)
1737 Dez. 10   Relator der CIndex, Ernennung
                        ACDF Index Prot. 81 (1737-1740), Bl. 443v

Gutachten
1738 Apr. 21   Acta eruditorum [...]. - Lipsiae : Grosse & Gleditsch, (1728); (1729).
                        ACDF Index Prot. 81 (1737-1740), Bl. 57, 2 S.

Francesco Maria da Piazza OFMCap

Namensvariante Francesco Pizzuti (Taufname)

Geboren   [1698] in [Piazza Armerina (Sizilien)]

Lebenslauf
                    Apostolischer Missionar in Konstantinopel
1711   Mitglied der Ordensprovinz Rom
                    Theologus von Kardinal A. → Albani
[1728]   Prediger an Stimmate di S. Francesco, Rom
[1728]   Qualifikator des SO, Antrag auf Ernennung
                        ACDF SO Priv. 1728-1735, Bl. 19r (Bewerbung P. Francescos o.D. an den Papst mit Angaben zum Lebenslauf)
1728 Juli 8   Qualifikator des SO, Ernennung
                        ACDF SO Priv. 1728-1735, Bl. 20v (Audienzdekret des Papstes)
1728 Juli 13   Qualifikator des SO, Amtsantritt durch Eidesleistung
                        ACDF SO Juramenta 1725-1736, o.Bl.

Literatur

- Teodore da Torre del Greco: Necrologio dei Frati Minori Cappuccini della Provincia Romana (1534-1966). - Roma 1967, 683. [hier der Taufname und der Geburtsort „Piazza Messinese"]

Francisco de S. Buenaventura OFMObs

Namensvariante   Francisco Diaz

Geboren   1652 in der Diözese Astorga (León)
Gestorben   1728 Okt. [8]

Lebenslauf

	Theologus König Karls II. von Spanien
1684	Vize-Kommissar des Ordens in Rom (für ein Jahr)
1685	Generalkommissar des Ordens in Rom (bis 1688)
1687 März 17	Relator der CIndex, Ernennung
	ACDF Index Diari 8 (1682-1688), Bl. 90r
1688	Generaldefinitor des Ordens (bis 1694)
1690 Apr. 28	Konsultor der CIndex, Ernennung
	ACDF Index Diari 9 (1688-1692), Bl. 59v („adscriptus")
[1693]	Qualifikator des SO
1725	Konsultor des Römischen Konzils

Literatur

- Concilium Romanum in Sacrosancta Basilica Lateranensi celebratum Anno Universalis Jubilaei MDCCXXV. a sanctissimo Patre, & Dno Nostro Benedicto Papa XIII. Pontificatus sui Anno I. - Romae : ex Typographia Rocchi Bernabò, 1725, 125.
- Jacques, Émile: Les années d'exil d'Antoine Arnauld (1679-1694) (Bibliothèque de la Revue d'histoire ecclésiastique ; 63). - Louvain 1976, 336-339.
- Vázquez, Isaac: Fr. Francisco Díaz de S. Buenaventura O.F.M. y las luchas contra el probabilismo en el siglo XVII, in: Compostellanum 6 (1961), 5-46.
- Vázquez, Isaac: Tirso González, S.I. y Francisco Díaz de S. Buenaventura, O.F.M., frente al jansenismo belga, a finales del siglo XVII, in: Augustiniana 13 (1963), 307-341.
- Vázquez, Isaac: Un franciscano al servicio de los Habsburgos en la Curia Romana: Francisco Díaz de San Buenaventura (1652-1728), in: Archivo Iberico-Americano 23 (1963), 25-64.197-266.

Franciscus Maria ab Hollandia OFMRef

Namensvariante   Albert Burgh (Taufname)

Geboren   1646 [andere: 1651] in Amsterdam
Gestorben   1708 Nov. 10 in Rom

Familie

Der später unter dem Namen Franciscus Maria ab Hollandia bekannte Pater stammte aus einer vornehmen Familie, Sohn des Coenraad Burgh van Kortenhoef (1623-1669), seit 1666 Generalschatzmeister der Vereinigten Provinzen. Die Mutter, Christina Hooft, war Tochter des Dichters und Historiographen Petrus Cornelius Hooft aus zweiter Ehe. Zwei jüngere Brüder des Albert werden im August 1668 erwähnt: Petrus (damals 14 Jahre alt) und Coenraad (12 Jahre) (Meinsma: Spinoza, 430). Die Familie mit calvinistischer Tradition versuchte über Alberts Onkel, Aernout Hooft, beim Hl. Stuhl den Ordenseintritt zu verhindern oder rückgängig zu machen. Vgl. dazu die Briefe von Hooft 1677/1678 an den Apostolischen Vikar der Niederlande, Neercassel, und die Antwort aus Rom, wo man keinen Grund für die angebliche Ungültigkeit der Ordensgelübde des Paters fand (Siebrand: Spinoza, 137).

Lebenslauf

	Unterricht bei Franciscus van den Enden aus Antwerpen (klassische Sprachen)
	Begegnung mit Baruch Spinoza
um 1668	Studium der Philosophie in Leiden (beim Kölner Cartesianer Theodor Cranen) (bis 1673)
1673	Beginn der Italienreise
1673	Entscheidung zur Konversion beim Besuch der Franziskanerkirche S. Antonio in Padua
1673	Begegnung in Rom mit dem Asketen Bonaventura von Barcelona OFMRef
	Beratung durch den Amsterdamer Dominikaner Martinus Harney in Rom
1675	Begegnung mit Bischof Niels Stensen in Florenz
1675 [Juni]	„Abschwörung" mit Konversion zum Katholizismus beim Inquisitor von Florenz, Francesco Antonio Triveri da Biella OFMConv
1675 Sept. 3	Langes Schreiben (Abhandlung) an Spinoza aus Florenz
1676 Dez.	Aufenthalt im Ospizio dei Convertendi, Rom (für zwei Wochen)
[1677]	Rückreise nach Amsterdam über Brüssel (dort Besuch bei Antoine Arnauld)
[1677]	Reise nach Rom
	Eintritt in den Klerikerstand
1677 Dez. 30	Ordenseintritt (Einkleidung) im Konvent des Bonaventura von Barcelona (S. Maria delle Grazie a Ponticelli bei Scandriglia, Latium)

1678	Noviziat mit dem Namen „Franciscus Maria"
1678 Dez. 31	Ordensprofess
1679 [Frühjahr]	Wechsel vom Kreis um Bonaventura von Barcelona zur römischen reformierten Franziskanerprovinz
1679	Studium der Philosophie und Theologie in Ordenshäusern der römischen Provinz (bis 1683)
1682	Priesterweihe
1684 Jan.	Lektor für Philosophie im Konvent S. Francesco, Castel Gandolfo bei Rom (bis 1685)
1686	Reise nach Holland mit Besuchen in Amsterdam
1688	Lektor für Theologie im Ordenskolleg S. Pietro, Carpineto Romano (Latium)
1690 Okt. 12	Lektor für Philosophie am Missionskolleg des Ordens S. Pietro in Montorio, Rom
1693 Aug. 9	[Qualifikator des SO] ACDF SO Vota Consultorum (Kartei)
1695 Nov. 29	Lektor für Kontroverstheologie am Missionskolleg des Ordens S. Pietro in Montorio, Rom (bis 1704)

Gutachten

[1702 Okt. 12]	♦ Hazart, Cornelius: Triomph vande christelycke leere ofte grooten catechismus [...]. - T'Antwerpen : by Michiel Knobbaert, 1683. ACDF SO CL 1703, Nr. 40, 11 S.
[1702 Okt. 26]	Anonym: Onderwys Voor de eerste H. Communie [...]. - t'Amsterdam : By Willem van Bloemen, [S.a.]. ACDF SO CL 1701-1702, Nr. 44, 5 S.
(1703)	♦ Hazart, Cornelius: Triomph vande christelycke leere ofte grooten catechismus [...]. - T'Antwerpen : by Michiel Knobbaert, 1683. ACDF SO CL 1703, Nr. 40, Bl. 1r-29r, 29 S.
[1703 Mai 15]	Baerts, Lambert: Christelycke onderrichtingen weghens de kennisse van Godt [...]. - Tot Luyck : by Hendrick Hoyoux, 1691. ACDF SO CL 1706-1707, Nr. 10, Bl. 159r-163v, 10 S.

Literatur

- Allard, Herman Jozef: Een kleinzoon van Pieter Corneliesz Hooft, in: De Dietsche Warande N.S. 1 (1876), 67-76.
- BBKL 17 (2000), 208f. von Albert Raffelt.
- Ceyssens, Lucien: Les religieux belges à Rome et le jansénisme, in: BIHBR 48-49 (1978-1979), 273-300, hier: 297. [„Konsultor" des SO]
- Emmen, Aquilinus: P. Franciscus de Hollandia O.F.M. (1650-1708) in saeculo Albertus Burgh. Nova Documenta biobibliographica, in: AFH 37 (1944), 202-306.
- Geurts, Pieter A.: Niels Stensen en Albert Burgh, in: Archief voor de geschiedenis van de Katholieke Kerk en Nederland 2 (1960), 139-152.
- Kaiser, J. B.: Albert Burgh OFM. Ein Konvertit aus dem XVII. Jahrhundert, in: Franziskanische Studien 10 (1923), 61-94.

- Kleinhans, Arduinus: Historia studii linguae Arabicae et collegii missionum Ordinis Fratrum Minorum in conventu ad S. Petrum in Monte Aureo Romae erecti (Biblioteca bio-bibliografica della Terra Santa e dell'Oriente francescano. N.S. ; 13). - Quaracchi 1930, 122f.
- Klever, Wim: A New Source of Spinozism. Franciscus Van den Enden, in: Journal of the History of Philosophy 29/4 (1991), 613-631.
- Klever, Wim: Steno's statement on Spinoza and Spinozism, in: Studia Spinozana 6 (1991), 303-313.
- Maximillianus: Albert Burgh O.F.M., in: Franziskanische Studien 11 (1924), 307f.
- Meinsma, Koenraad Oege: Spinoza et son cercle. Etude critique historique sur les hétérodoxes hollandais. - Paris 1983, 430f.
- Nadler, Steven M.: Baruch Spinoza e l'Olanda del Seicento (Biblioteca di cultura storica ; 235). - Torino 2002, 369-372.
- Polman, Pontianus (Hg.): Romeinsche bronnen voor den kerkelijken toestand der Nederlanden onder de apostolische vicarissen 1592-1727. D. III: 1686-1705 (Rijks Geschiedkundige Publicatiën ; 94). - 'S-Gravenhage 1952, 21 u.ö.
- Scherz, Gustav: Niels Stensen. Eine Biographie. - 2 Bde. - Leipzig 1987-1988, hier: Bd. 1, 346-349.357f.
- Siebrand, Heine Jurriaan: Spinoza and the Netherlands. - Assen 1988, 134-138.
- Spila, Benedetto: Memorie storiche della provincia Riformata Romana. - 3 vol. - Roma ; Milano 1890-1896, hier: vol. 2, 26.
- Spinoza, Baruch: Benedetto de Spinoza e suoi corrispondenti. Lettere. Traduzione, introduzione e note di Ubaldo Lopes-Pegna. - 2 vol. - Lanciano 1938, hier: vol. 2, 130-149.179-88. [Briefwechsel Burgh-Spinoza]
- Spinoza, Baruch: Benedicti de Spinoza opera quotquot reperta sunt recognoverunt J. van Vloten et J.P.N. Land. - 3. Aufl. - 4 vol. - Hagae Comitum 1913-1914, hier: vol. 3, 208-218.231-235. [Briefwechsel Burgh-Spinoza]
- Spinoza, Baruch: Epistolario. A cura di Antonio Droetto. - Torino 1951, 26-28.263-274.297-302.
- Stensen, Niels: Nicolai Stenonis Epistolae et epistolae ad eum datae, quas cum prooemio ac notis germanice scriptis edidit Gustav Scherz. - 2 vol. - Hafniae ; Friburgi 1952, 42-44.231-237.304-306.929-
- [Lampen, Willibrord]: P. Francesco d'Olanda, in: AOFM 63/1-3 (1944), 16-18.
- [Sacra congregazione per le cause dei Santi]: Osnabrugen[sis] beatificationis et canonizationis servi Dei Nicolai Stenonis episcopi Titiopolitani (+1686) positio super introductione causae et super virtutibus ex officio concinnata (Officium Historicum ; 38). - Romae 1974, 221f. u.ö.

François Marie d'Avignon OFMCap

Namensvariante Louis Gasparre Vidal de Lirac

Geboren 1736 Nov. 23 in [Avignon]
Gestorben 1793 Nov. 6 in [Rom]

Lebenslauf

1766 Dez. 8	Ordensprofess
1777	Lektor für Philosophie in Albano (bei Rom)
1780	Lektor für Theologie im Ordenskonvent von Genzano (bei Rom)
1782 Juli 19	Konsultor der CIndex, Ernennung
	ACDF Index Prot. 93 (1781-1784), Bl.55r (Schreiben SS an Sekr. der CIndex); ASV Mem Bigl 237 (Schreiben SS an P. François, Entwurf vom 18. Juni)
	Guardian des Konvents von Viterbo (Latium)

Gutachten

1788 März 31	Anonym: Istoria dei concilj e sinodi approvati e disapprovati dai papi arricchita dalla cronologia dei pontefici da S. Pietro fino a Pio VI. [...]. - Si vende in Italia [...] : [S.n.], [S.a.].
	ACDF Index Prot. 95 (1786-1788), Bl. 457r-468r, 23 S.
1788 März 31	Raccolta di opuscoli interessanti la religione. - In Pistoia : nella stamperia d'Atto Bracali [...], 1783-1790. (Bd. 13)
	ACDF Index Prot. 95 (1786-1788), Bl. 274r-277r, 7 S.

Literatur

- De Luca, Teodoro: Cronistoria della Provincia Cappuccina di Roma 1534-1973. - Roma 1974, 122-132.
- Teodoro <da Torre del Greco>: Necrologio dei frati minori cappuccini della provincia romana (1534-1966). - Roma 1967, 551f.

Erasmo Frezza SP

Geboren	1698 Mai 7 in Neapel
Gestorben	1777 März 27 in [Gaeta]

Lebenslauf

1713 Juni 11	Ordenseintritt
1714 Sept. 30	Ordensprofess
	Studium der Theologie [in Chieti]
	Lektor für Rhetorik in Gaeta, Massa und Neapel
	Professor für Theologie in Neapel, Palermo und Florenz
	Präfekt des Ospizio S. Michele, Rom
	Poenitentiarius an St. Peter, Rom
[1750]	Konsultor der CIndex, Antrag auf Ernennung
	ACDF Index Prot. 83 (1749-1752), Bl. 268r (Bewerbung Frezzas o.D. an die CIndex)
1750 Sept. 2	Konsultor der CIndex, Ernennung
	ACDF Index Diari 17 (1749-1763), Bl. 9v

1769	Rektor des Ordenshauses in Gaeta (bis 1772)
	Examinator cleri in Gaeta
1772	Teilnehmer am Generalkapitel des Ordens als Suffragator für die Provinz Neapel

Gutachten

1748 Aug. 13	Anonym [Joubert, François]: Parallèle, abrégé de l'Histoire du Peuple d'Israël et de l'Histoire de l'Eglise. - Liège : [S.n.], 1724.
	ACDF Index Prot. 82 (1740-1748), Bl. 383r-387v, 10 S.
1749 Sept. 15	Nova acta eruditorum [T. 4]. - Lipsiae, (1742).
	ACDF Index Prot. 83 (1749-1752), Bl. 49r-50v, 4 S.
1750 Aug. 31	Anonym [Quesnel, Pierre]: Histoire Des Religieux De La Compagnie De Jesus. - A Utrecht : Chez Jean Palfin, 1741.
	ACDF Index Prot. 83 (1749-1752), Bl. 200r-208r, 14 S.

Literatur
- Diccionario enciclopédico escolapio. Coordinó y dirigió Luis María Bandrés Rey, Claudio Vilá Palá. - 2 vol. - Salamanca 1983, 237.
- Pérez, Manuel: Corona Calasancia. - 4 vol. - Madrid 1865, hier: vol. 3, 225-227.
- Viñas, Tomás: Index biobibliographicus Clericorum Regularium Pauperum Matris Dei Scholarum Piarum qui in universo Ordine pietatem, litteras ac scientias scriptis suis foventes ornaverunt. - 3 vol. - Romae 1908-1911, hier: vol. 1, 132.

Bernardo Froilano de Saavedra

Namensvariante Bernardo Troila Saavedra

Geboren um 1686 in Diözese Túy
Gestorben [1742]

Lebenslauf

	Dr. theol.
	Dr. iur. can.
	Kanoniker der Kathedrale von León
	Generalvikar in León
1725	Begleiter des Bischofs von León beim Römischen Konzil
[1725]	Qualifikator des SO, Antrag auf Ernennung
	ACDF SO Priv. 1710-1727, Bl. 675r (Bewerbung Froilanos mit Angaben zum Lebenslauf)
1725 Okt. 10	Qualifikator des SO, Ernennung
	ACDF SO Priv. 1710-1727, Bl. 675r (Schreiben Präf. der päpstlichen Anticamera an Ass. des SO)

1725 Okt. 12	Qualifikator des SO, Amtsantritt durch Eidesleistung
	ACDF SO Juramenta 1725-1736, o.Bl.; ACDF SO Decreta 1725, Bl. 675r
	Kanoniker in Toledo
	Generalvikar in Madrid
1736 Febr. 27	Weihbischof von Toledo (als Titularbischof von Larissa)

Literatur
- Hierarchia Catholica 6, 254.

Michelangelo Fumé OSBCam

Geboren	in Alba (Cuneo)
Gestorben	1811 Juli in Rom

Lebenslauf

1766 Okt. 15	Ordenseintritt in Fonte Avellana (bei Fossombrone, Marken)
	Studium in Fonte Avellana und an S. Gregorio al Celio, Rom
1789	Supplent des Professors für Dogmatik Clemente Biagi am Collegium Urbanum de Propaganda Fide, Rom (für einige Monate)
	Abt von S. Maria degli Angeli, Pesaro (bis 1795)
1790 Dez. 18	Konsultor der CIndex, Ernennung
	ASV SS Mem Bigl 253 (Schreiben SS an Fumé, Entwurf); ACDF Index Prot. 98 (1791), Bl. 3v (Protokoll der Sitzung vom 28. März 1791); Bl. 58r (Schreiben SS an Sekr. der CIndex)
1795	Generaloberer des Ordens mit Residenz in S. Ippolito, Faenza (bis 1802)
1797 Mai 20	Ausweisung aus Faenza
	Aufenthalt in S. Severo, Perugia, nach erneuter Ausweisung Aufenthalt in S. Gregorio al Celio, Rom
1798 Mai 29	Ausweisung aus Rom, gemeinsam mit dem Generalprokurator des Ordens M. → Cappellari (Gregor XVI.)
	Aufenthalt in S. Michele di Murano bei Venedig, nach der Wahl → Pius' VII. Rückkehr nach Rom
1802 Mai 22	Einberufung des Generalkapitels der Ordenskongregation nach Perugia durch Fumé
1802	Abt von S. Gregorio al Celio, Rom
1809 Juli 6	Exil Pius' VII.
1810 Juli	Verbleib Fumés in der Stadt als Custode von S. Gregorio al Celio nach Vertreibung der Ordensleute aus Rom

Unveröffentlichte Quellen

Freundliche Auskunft des Sacro Eremo Camaldoli, Arezzo, an H. H. Schwedt.

Fumé

Gutachten

(1791 März 28) Anonym [Poggi, Giuseppe]: Emende sincere di un cherico lombardo alle annotazioni pacifiche che possono servire di isposta ad altri somiglianti libelli usciti finora alla luce. - Firenze : presso Anton Giuseppe Pagani, 1789.
ACDF Index Prot. 98 (1791), Bl. 40r-42v, 6 S.

(1791 Dez. 5) Schneider, Eulogius: Katechetischer Unterricht in den allgemeinsten Grundsätzen des praktischen Christenthums [...]. - Bonn : bei Joh. Fried. Abshoven und Köln bei H. J. Simonis , 1790.
ACDF Index Prot. 98 (1791), Bl. 220r-222r, 5 S.

1801 Sept. 21 Anonym [Ganzetti, Angelo]: Il giovane instruito ne' principi della democrazia rapprensentativa e ne' doveri di cittadino. - Iesi : nella Stamperia nazionale di Pietro Paolo Bonelli, anno VII repubblicano [1798].
ACDF Index Prot. 102 (1800-1808), Nr. 117, 7 S. (Doppelgutachten)

1801 Sept. 21 Ganzetti, Angelo: Intenzioni [...] sull' Opuscolo, che egli già stampò col titolo: Il Giovane instruito ne' principj della Democrazìa, e ne' doveri di Cittadino. - Senigallia : Pel Lazzarini (con licenza de' Superiori), 1800.
ACDF Index Prot. 102 (1800-1808), Nr. 117, 7 S. (Doppelgutachten)

1806 Juli 30 Lomonaco, Francesco: Vite degli eccellenti italiani [...] Lomonaco [...]. - Italia : [S.n.], 1802-1803.
ACDF Index Prot. 103 (1808-1819), Bl. 4r-6r, 5 S. hs.

Eigene Werke

- Anonym: Difesa delle dottrine del Concilio di Trento contro il trattato storico-critico-dogmatico sulle indulgenze stampato nell'opera falsamente iscritta Opuscoli interessanti la religione in Pistoja presso Bracali l'anno 1787. - Pantapoli [i.e. Roma] : [S.n.], 1789.

Literatur

- Cernitori, Giuseppe: Biblioteca polemica degli scrittori che dal 1770 sino al 1793 hanno o difesi o impugnati i Dogmi della Cattolica Romana Chiesa [...]. - Roma : nella stamperia Salomoni, 1793, 63.
- Gibelli, Alberto: L'antico monastero de' santi Andrea e Gregorio al Clivo di Scauro sul Monte Celio. I suoi abati, i castelli e le chiese dipendenti dal medesimo. - Faenza 1892, 179-182.
- Hurter, Hugo: Nomenclator literarius theologiae catholicae theologos exhibens aetate, natione, disciplinis distinctos. - Editio tertia, emendata et aucta. - 5 vol. - Oeniponte 1903-1913, hier: vol. 5, 1.328.
- Stella, Pietro (Hg.): Il giansenismo in Italia. Bd. 2/1: Roma. La bolla „Auctorem fidei" (1794) nella storia dell'Ultramontanismo. Saggio introduttivo e documenti. - Roma 1995, LXXII u.ö.

G

Giovanni Maria Gabrielli OCist

Namensvariante Giovanni Maria di S. Florido

Geboren 1654 Jan. 12 in Città di Castello (Umbrien)
Gestorben 1711 Sept. 17 in Caprarola (Latium)

Familie

Dieser Kardinal gehörte zu keiner der adeligen Familien Gabrielli in Rom oder im umbrischen Gubbio, sondern war Sohn armer Leute („nato di vilissimi parenti", Seidler: Teatro, 504), deren Namen in den bisherigen Veröffentlichungen nicht erscheinen. Bei seinem Eid im SO wird Gabrielli 1693 Sohn „quondam Francisci Thifernensis [i.e. Città di Castello]" genannt (ACDF SO Extens. 1680-1690 [-1707] = ACDF SO St.St. Q-1-p, Bl. 246r). Ein Verwandter hat ihm in Rom ersten Unterricht erteilt (vgl. Agricola: Saeculi 2, 109).

Lebenslauf

	Ausbildung am Collegio Romano
[1669]	Ordenseintritt (mit dreijähriger Probezeit, tyrocinium)
1672 Okt. 30	Ordensprofess in S. Pudenziana, Rom
	Lektor für Theologie an S. Pudenziana, Rom, und in Turin
	Magister theol.
	Mitglied der Akademie in S. Cosma e Damiano, Rom
1687	Generalprokurator des Ordens in Rom
1688 Mai 18	Relator der CIndex, [Ernennung]
	ACDF Index Diari 8 (1682-1688), Bl. 133v (erstes Referat)
1690 Mai 30	Konsultor der CIndex, Ernennung
	ACDF Index Diari 9 (1688-1692), Bl. 59v (Antrag Sekr. der CIndex auf Ernennung Gabriellis).69r (Audienzdekret des Papstes)
[1692]	Generalvisitator des Ordens
1693 Nov. 11	Qualifikator des SO, Ernennung
	ACDF SO Priv. 1669-1699, Bl. 753 (Audienzdekret des Papstes)
1693 Nov. 12	Qualifikator des SO, Amtsantritt durch Eidesleistung
	ACDF SO Extens. 1680-1690 [-1707] = ACDF SO St.St. Q-1-p, Bl. 246r
1694 Jan. 4	Gutachter des ‚quietistischen' Werkes des Jesuitengeneral Thyrsus González [gemeinsam mit → Filippo di S. Nicola]
	Studienpräfekt am Collegium Urbanum de Propaganda Fide, Rom
1699	Generalabt

1699 Nov. 14	Kardinal
1700 Febr. 3	Zuteilung der Titelkirche S. Pudenziana
1700	Mitglied der CRiti, CEpReg, CConcilio
1700 Apr. 20	Mitglied der CIndex, Ernennung
	ACDF Index Diari 11 (1696-1699), Bl. 131r; ACDF Index Prot. 59 (1699-1700), Bl. 382 (Schreiben SS an Sekr. der CIndex)
1700 [Apr.]	Mitglied des SO
1700 Apr. 29	Mitglied des SO, Amtsantritt durch Eidesleistung
	ACDF SO Decreta 1700, Bl. 103v; ACDF SO Juramenta 1656-1700, Bl. 554r.555v; ACDF SO Priv. 1750-1754, Bl. 426r („Nota de' Sig.ri Cardinali Segretarj")
[1704]	Präfekt der CIndulg
1707 März 22	Bartolomeo Raspantinus OCist, Sekretär von Gabrielli, Amtsantritt durch Eidesleistung
	ACDF SO Extens. 1680-1690 [-1707] = ACDF SO St.St. Q-1-p, Bl. 496r
1709 Jan. 28	Camerlengo des Kardinalskollegiums

Eigene Werke

- Anonym: Alvearium Clare-Vallense dogmaticarum veritatum de Romano pontifice et ecclesia expressum dum sub auspicijs eminentissimi ac reverendissimi principis Alexandri Crescentij sanctae romanae ecclesiae cardinalis amplissimi eae assertiones ex doctrina S. Bernardi abbatis S. R. E. doctoris melliflui contextae in templo eiusdem sancti de urbe monachorum Congregationis reformatae Ordinis Cisterciensis publice propugnantur. - Romae : ex typographia Josephi Vannaccij, 1686. - [4], 40 S.
- Anonym: Dispunctio notarum quadraginta quas scriptor anonymus Eminentissimi Card. Caelestini Sfondrati libro, cui titulus Nodus praedestinationis, quantum homini licet, dissolutus, inussit. - Coloniae Agrippinae : apud Flaminium Jepcopinceh, 1698. - [12], 9-303, [11] S. [zu Gunsten von Leonhardus Lessius, der durch Kard. C. → Sfondrati verteidigt wurde]
- Anonym: Promptuarium selectarum assertionum historicarum, criticarum, dogmaticarum, & theologico-scholasticarum : Ex sacrae scripturae, historiae ecclesiasticae, summorum pontificum, conciliorum, et sanctorum opulentissimo penu depromptarum, per octo priora aera religionis christianae saecula distributarum. Eae veritates in templo S. Bernardi de urbe [...] publice propugnauntur. - Romae : ex typographia Pauli Monetae, 1687. - [4], 34, [2] S.

Literatur

- Agricola, Petrus Franciscus: Saeculi XVIII. : Bibliotheca ecclesiastica authorumque notitiae biographicae [...]. - Hannoverae : Pockwitz, 1780-1782. - 4 vol., hier: vol. 2, 109-111.
- Armellini, Mariano: Appendix de quibusdam aliis per Italiam Ordinis D. Benedicti Congregationum Scriptoribus, Episcopis, Virisque sanctitate illustribus [...]. - Fulginei : typis Pompei Campana Impressoris Cameralis & Publici, 1736, 19.
- Cardella, Lorenzo: Memorie storiche de' Cardinali della Santa Romana Chiesa [...]. - In Roma : nella stamperia Pagliarini, 1792-1797. - 10 vol., hier: vol. 7, 70-72.

- Cath 4 (1956), 1692 von M.-B. Brard.
- Ceyssens, Lucien ; Tans, Joseph A. G.: Autour de l'Unigenitus. Recherches sur la genèse de la constitution (Bibliotheca Ephemeridum Theologicarum Lovaniensium ; 76). - Leuven 1987, 486.
- Dictionnaire des auteurs cisterciens. Sous la direction de Émile Brouette, Anselme Dimier et Eugène Manning (La Documentation cistercienne ; 16/1-2). - 2 vol. - Rochefort 1975-1979, hier: vol. 1, 270 von E. Manning.
- DThC 6 (1924), 984f. von B. Heurtebize; DThC Tables Gén. 1 (1951), 1760.
- EC 5 (1950), 1839 von Vito Zollini.
- François, Jean: Bibliothèque générale des écrivains de l'ordre de Saint Benoit, patriarche des moines d'Occident : Contenant une notice exacte des ouvrages de tout genre, composés par les religieux des diverses branches, filiations, réformes & congrégations de cet Ordre [...]. - A Bouillon : aux depense de la Société typographique, 1777-1778. - 4 vol. ; ND Louvain-Héverlé 1961, hier: vol. 1, 352.
- Hierarchia Catholica 5, 21.
- Hillenaar, Henk: Fénelon et les Jésuites (Archives Internationales d'Histoire des Idées ; 21). - La Haye 1967, 94.166 u.ö.
- Hurter, Hugo: Nomenclator literarius theologiae catholicae theologos exhibens aetate, natione, disciplinis distinctos. - Editio tertia, emendata et aucta. - 5 vol. - Oeniponte 1903-1913, hier: vol. 2, 384.665f.
- Janauschek, Leopold (Hg.): Bibliographia Bernardina qua Sancti Bernardi primi Abbatis Claravallensis operum cum omnium tum singulorum editiones ac versiones vitas et tractatus de eo scriptos quotquot usque ad finem anni MDCCCXC reperire potuit (Xenia Bernardina ; 4). - Vindobonae 1891, 268.
- Jovy, Ernest: Fénelon inédit, d'après les documents de Pistoia. - Vitry-le-François 1917, 52-102. [Stellungnahmen Gabriellis zu Fénelon 1698]
- Moroni 28 (1844), 88f.
- Morozzo, Carlo Giuseppe: Cistercij reflorescentis seu Cong. cistercio-monasticarum B. Mariae Fuliensis in Gallia et reformatorum S. Bernardi in Italia chronologica historia [...]. - Augustae Taurinorum : sumptibus Bartholomaei Zappatae, 1690, 128f.
- Orcibal, Jean (Hg.): Correspondance de Fénelon ([ab Bd. 6 in:] Histoire des idées et critique littéraire). - 18 vol. - Genève 1972-2007, hier: vol. 7, 47f.
- Orcibal, Jean: Documents pour une histoire doctrinale de la querelle du quiétisme. Le procès des „Maximes des Saints" devant le Saint-Office. Avec la relation des Congrégations cardinalices et les „oberservations" inédites de Bossuet, in: Archivio Italiano per la Storia della Pietà 5 (1968), 409-536, hier: 422.
- Orlandi, Giuseppe: Agiografia e inquisizione alla fine del Seicento. Censura romana di due autori gesuiti, in: Archivio Italiano per la Storia della Pietà 16 (2003), 243-288, hier: bes. 272-275. [Gutachten Gabriellis zu Giovanni Giuliani SJ von 1696]
- Seidler, Sabrina M.: Il teatro del mondo. Diplomatische und journalistische Relationen vom römischen Hof aus dem 17. Jahrhundert (Beiträge zur Kirchen- und Kulturgeschichte ; 3). - Frankfurt a.M. 1996, 504f.
- Sommervogel 3 (1892), 1595f. [zu Gabrielli als Gutachter zum Werk „Fundamentum Theologiae Moralis" von Thyrsus González]

- Weber, Christoph (Hg.): Die ältesten päpstlichen Staatshandbücher. Elenchus Congregationum, Tribunalium et Collegiorum Urbis 1629-1714 (RQ Supplementheft ; 45). - Rom u.a. 1991, 113.
- Willi, Dominicus: Päpste, Kardinäle und Bischöfe aus dem Cistercienser-Orden. - Bregenz 1912, 21.

Tommaso Gabrini CCRRMM

Geboren   1726 Okt. 15 in Rom
Gestorben   1808

Familie
Der spätere Ordensobere gehörte zu einer bürgerlichen Familie in Rom, Sohn der weiter nicht bekannten Filippo und Teresa Gabrini. Ein Bruder des Paters, Francesco, wurde Mitglied des gleichen Ordens (Tipaldo: Biografia 6, 153). Nach ihrem Selbstverständnis war die Familie Nachkomme des stadtrömischen Volkstribuns während des Aufenthalts der Päpste in Avignon, Nicola Gabrini (gest. 1354), genannt Nicola di Lorenzo oder Cola di Rienzo. Dieser mittelalterlichen Persönlichkeit widmete der achtzigjährige Pater Tommaso Gabrini in den Jahren 1806 und 1807 zwei Veröffentlichungen.

Lebenslauf

1745 März 7	Ordenseintritt [in Rom]
1749	Professor für Philosophie am Ordenskolleg S. Carlo, Pesaro
1756	Professor für Theologie am Kolleg SS. Vincenzo e Anastasio, Rom
[1765]	Lector emeritus
[1765]	Pfarrer an SS. Vincenzo e Anastasio, Rom
[1766]	Relator der CIndex, Antrag auf Ernennung
	ACDF Index Prot. 88 (1763-1767), Bl. 322r (Bewerbung Gabrinis o.D. an die CIndex)
1766 Febr. 3	Relator der CIndex, Ernennung
	ACDF Index Diari 18 (1764-1807), Bl. 10v
1779	Mitarbeiter des Magister S. Palatii T. A. → Ricchini bei der umstrittenen Druckerlaubnis für Nicola Spedalieri in Rom
1794 Mai	Provinzialoberer des Ordens (bis 1797)
	Generaloberer des Ordens

Gutachten

(1766 Juni 16)   Anonym [Du Laurens, Henri-Joseph]: La Chandelle d'Arras : poème héroï-comique en XVIII chants. - Bernes : aux dépens de l'Académie d'Arras, 1765.
    ACDF Index Prot. 88 (1763-1767), Bl. 363r-367v, 10 S. (Doppelgutachten)

(1766 Juni 16)	Beauclair, Jean Pierre Louis de: Anti-contrat social : dans lequel on refute d'une maniere claire, utile & agreable, les principes poses dans le Contrat social de J.J. Rousseau [...]. - A La Haye : chez Frederic Staatman [...], 1765. ACDF Index Prot. 88 (1763-1767), Bl. 363r-367v, 10 S. (Doppelgutachten)
(1766 Sept. 15)	Anonym [Montagnacco, Antonio]: Ragionamento intorno a'beni temporali posseduti dalle chiese dagli ecclesiastici e da quelli tutti, che si dicono mani morte. - In Venezia : appresso Luigi Pavini, 1766. ACDF Index Prot. 88 (1763-1767), Bl. 385r-387v, 6 S.
(1766 Sept. 15)	C.C.S.R: Del celibato ovvero riforma del clero romano : trattato teologicopolitico [...]. - In Venezia : per Antonio Graziosi, 1766. ACDF Index Prot. 88 (1763-1767), Bl. 389r-390v, 4 S.
(1767 Mai 15)	Marmontel, Jean François: Belisaire [...]. - A Paris : chez Merlin, libraire, [...] ; De l'imprimerie de P. Alex, Le Prieur, imprimeur du roi, [...], 1767. ACDF Index Prot. 89 (1767-1770), Bl. 113r-114v, 4 S.
(1767 Nov. 27)	Anonym [Alembert, Jean Le Rond d']: Mélanges de littérature, d'histoire, et de philosophie [...]. - A Amsterdam : chez Zacharie Chatelain & fils, 1764. ACDF Index Prot. 89 (1767-1770), Bl. 185r-187r, 5 S.
(1768 Dez. 12)	♦ Bourdillon, Joseph <Pseudonym> [Voltaire]: Essai historique et critique sur les dissentions [sic!] des eglises de Pologne [...]. - A Basle [i.e. Geneva] : [S.n.], 1767. ACDF Index Prot. 89 (1767-1770), Bl. 354r-355v, 4 S.
(1771 Nov. 29)	♦ Anonym [Voltaire]: L'Homme aux quarante écus. - [Genève] : [Cramer], 1768. ACDF Index Prot. 90 (1771-1773), Bl. 73r-76v, 8 S. (Doppelgutachten)
(1771 Nov. 29)	Voltaire: La Défense De Mon Oncle. - Nouvelle Edition. - [S.l.] : [S.n.], 1769. ACDF Index Prot. 90 (1771-1773), Bl. 73r-76v, 8 S. (Doppelgutachten)

Eigene Werke
- Commento sopra il poemetto Spirito gentil che il Petrarca indirizzo a Nicola di Lorenzo tribuno e poi senatore di Roma, colla interpretazione della lapide che l'istesso Nicola fece apporre al torrione di ponte rotto ivi ancora esistente [...]. - Roma 1807. - 112 S.
- Dissertazione sopra la proposizione ventesima del libro primo d'Euclide scritta [...]. Edizione seconda coll'aggiunta di varie sulla medesima proposizione. - In Pesaro : nella stamperia Gavelliana, 1752. - 22, [6] S.
- Osservazioni storico-critiche sulla vita di Cola di Rienzo [...]. - Roma 1806. - VIII, 136 S.

Literatur
- Amati, Girolamo: Bibliografia romana. Notizie della vita e delle opere degli scrittori romani dal secolo XI. fino ai nostri giorni. - Roma 1880, 127.
- Annali Ecclesiastici 18, Nr. 42 (24 giugno 1782). [Druckerlaubnis für Spedalieri]
- Tipaldo, Emilio de (Hg.): Biografia degli italiani illustri nelle scienze, lettere ed arti del secolo XVIII, e de' contemporanei compilata da letterati italiani di ogni provincia. - 10 vol. - Venezia 1834-1845, hier: vol. 6, 153-159 von Francesco Cancellieri.

Antonio Andrea Galli CRL

Namensvariante Antonio Maria Galli

Geboren   1697 Nov. 30 in Bologna
Gestorben   1768 März 24 in Rom

Familie
Der spätere Kardinal stammte aus einer bürgerlichen Familie, Sohn eines Sebastiano Galli und der Teresa Maria Mazzoni („civili ed oneste persone", Fantuzzi: Notizie 4, 27). Ein Bruder Antonio sowie ein Vetter Giuseppe (später Abt) wurden ebenfalls Regularkleriker in Bologna. Vgl. DBI 51, 605; Seidler/Weber: Päpste, 486.

Lebenslauf

[1711]	Ordenseintritt in den Konvent Ss. Salvatore, Bologna (Einkleidung)
1713 Dez. 11	Ordensprofess in Bologna
[1714]	Studium an S. Pietro in Vincoli, Rom
1716	Priesterweihe
	Lektor für Philosophie und Theologie an Ss. Salvatore, Bologna
	Dr. theol. an der Universität Bologna
	Lektor für Theologie an S. Pietro in Vincoli, Rom
[1727]	Relator der CIndex, Antrag auf Ernennung
	ACDF Index Prot. 76 (1727-1728), Bl. 81 (Bewerbung Gallis o.D. an die CIndex mit Angaben zum Lebenslauf)
1727 Sept. 2	Relator der CIndex, Ernennung
	ACDF Index Diari 15 (1721-1734), Bl. 74v
1729 Juli 19	Konsultor der CIndex, Ernennung
	ACDF Index Diari 15 (1721-1734), Bl. 100v
1736	Abt des Klosters S. Cecilia di Corbara (bei Bologna)
[1737 Jan.]	Qualifikator des SO, Antrag auf Ernennung
	ACDF SO Priv. 1736-1742, Bl. 79-80 (Schreiben des Generalprokurators des Ordens an Sekr. des SO)
1737 Jan. 23	Revisor des SO, Ernennung
	ACDF SO Decreta 1737, Bl. 30v; ACDF SO Priv. 1736-1742, Bl. 82v (Dekret SO „admittatur ad referendum")

1737 März 23	Revisor des SO, Amtsantritt durch Eidesleistung
	ACDF SO Juramenta 1725-1736, o.Bl.
[1740]	Mitglied der Accademia liturgica (gegründet von → Benedikt XIV.)
1741 Juli 5	Mitglied der Sonderkongregation zur Liturgiereform (Brevierreform)
1742 Apr. 16	Assistent des Generalprokurators des Ordens in Rom
1744 Mai 13	Qualifikator des SO, Ernennung
	ACDF SO Priv. 1743-1749, Bl. 119r (Audienzdekret des Papstes)
1744 Mai 18	Qualifikator des SO, Amtsantritt durch Eidesleistung
	ACDF SO Juramenta 1737-1749, o.Bl.
1746 Jan. 13	Examinator Episcoporum
	ASV SS Mem Bigl 186 (Schreiben SS an Galli und den Sekr. der CExamEp M. → Maccabei, Entwurf)
1748 Mai 16	Generalprokurator des Ordens in Rom (bis 1751)
1751	Generalabt des Ordens (bis 1753)
1753 Nov. 26	Kardinal
1753 Dez. 10	Zuteilung der Titelkirche S. Alessio
1753 Dez. 11	Mitglied der CIndex, Ernennung
	ACDF Index Prot. 84 (1753-1754), Bl. 391 (Schreiben SS an Sekr. der CIndex)
1753 [Dez. 11]	Miglied der CRiti und CExamEp
1753 Dez. [11]	Mitglied des SO, Ernennung
1753 Dez. 12	Mitglied des SO, Amtsantritt durch Eidesleistung
	ACDF SO Decreta 1753, Bl. 253v
1753 Dez. 15	Ferdinando Della Porta, Auditor von Galli, Amtsantritt durch Eidesleistung
	ACDF SO Extens. 1749-1808 = ACDF SO St.St. Q-1-q, Bl. 67r
1754 Juli 24	Mitglied der CIndulg
	ASV SS Mem Bigl 194
1754 Aug. 2	Mitglied der CDiscReg und CProp
	ASV SS Mem Bigl 194
1755 Nov. 26	Penitenziere Maggiore
1757 Febr. 14	Präfekt der CIndex, Ernennung (bis 1767)
	ASV SS Mem Bigl 199 (Schreiben SS an Galli, Entwurf); ACDF Index Prot. 85 (1755-1757), Bl. 155r (Schreiben SS an Sekr. der CIndex)
[1761]	Ponente im Seligsprechungsverfahren des Bischofs Palafox
1761 Mai	Einer der sechs (unter 13) Kardinäle gegen die Verurteilung des Catéchisme von Mésenguy
1766 Jan. 11	Mitglied der CCorrLOr
	ASV SS Mem Bigl 211

Gutachten

(1728 Apr. 5)	LeClerc, Jean: Opera philosophica [...]. - Amstelodami : Apud Joan. Ludov. de Lorme, 1704.
	ACDF Index Prot. 76 (1727-1728), Bl. 277r-278v, 4 S.

(1729 Jan. 17)   Anonym [Barlow, Thomas]: Traite des loix civiles & ecclesiastiques faites contre les heretiques, par les Papes, les Empereurs, les Rois, & les Conciles Generaux & Provinciaux, approuvez par l'Eglise de Rome [...]. - A Liege : chez Jean Broncard, 1725.
ACDF Index Prot. 77 (1728-1731), Bl. 33r-34v, 4 S.

(1729 Juli 18)   Prideaux, Humphrey: Histoire des Juifs et des peuples voisins, depuis ladécadence des royaumes d'Israël & de Juda jusqu'a la mort de Jesus-Christ [...]. - A Amsterdam : Chez Henri du Sauzet, 1722.
ACDF Index Prot. 77 (1728-1731), Bl. 168r-169v, 4 S.

(1731 Apr. 3)   Cellot, Louis: Historia Gotteschalci Praedestinatiani, Et Accvrata Controversiae Per Evm Revocatae Dispvtatio [...]. - Parisiis : Apud Sebastianvm Cramoisy, Regis & Reginae Typographum, Et Gabrielem Cramoisy [...], 1655.
ACDF Index Prot. 77 (1728-1731), Bl. 358r-359v, 4 S.

(1733 März 16)   Gordon, Alexander: La Vie Du Pape Alexandre VI Et De Son Fils Cesar Borgia [...]. - A Amsterdam : Chez Pierre Mortier, 1732.
ACDF Index Prot. 78 (1731-1734), Bl. 305r-306r, 3 S.

(1734 Jan. 11)   Anonym [Vernet, Jacob ; Malebrache, Nicolas de (u.a.)]: Piéces fugitives sur l'eucharistie. - A Genève : chez Marc-Michel Bousquet & compagnie, 1730.
ACDF Index Prot. 78 (1731-1734), Bl. 433r-434v, 4 S.

(1737 Jan. 14)   Hardouin, Jean: Opera varia : Cum Indicibus & Tabulis aeneis. - Amstelodami : Apud Henricum Du Sauzet ; & Hagae Comitum : apud Petrum De Hondt, 1733.
ACDF Index Prot. 80 (1735-1737), Bl. 332r-335r, 7 S.

(1737 Dez. 10)   Bull, George: Opera omnia [...]. - Londini : Typis Samuelis Bridge [...], 1703.
ACDF Index Prot. 81 (1737-1740), Bl. 22r-24r, 5 S.

(1739 Aug. 31)   D.B. [Argenson, René Louis de Voyer d' ; La Mothe, ... (La Mothe, Yves Joseph de)]: Histoire Du Droit Public Ecclesiastique François, Où l'on traite de sa nature, de son établissement, de ses variations & des causes de sa décadence [...]. - A Londres : Chez Samuel Harding, 1737.
ACDF Index Prot. 81 (1737-1740), Bl. 194r-195v, 4 S.

(1740 Nov. 15)   Accademico Intronato <Pseudonym> [Bandiera, Giovanni Niccolò]: Trattato degli studj delle donne [...]. - In Venezia : appresso Francesco Pitteri, 1740.
ACDF Index Prot. 81 (1737-1740), Bl. 234r-236r, 5 S.

[1743]   Revelationum divinae pietatis D. Geltrudis Virginis Isfeldensis.
ACDF SO CL 1742-1743, Nr. 18, 6 S.

(1743 Aug. 26)   Lucas, Richard: La Perfection Du Chretien [...]. - Utrecht : Neaulme, 1740.
nicht aufgefunden (Hinweis in ACDF Index Prot. 82 [1740-1748], Bl. 110r)

[1744 Okt. 21] Norbert <de Bar-de-Duc>: Mémoires historiques présentés en 1744 au Souverain Pontife Benoît XIV sur les missions des Pères Jésuites aux Indes orientales où l'on voit leur constante opiniâtreté à défendre et à pratiquer les rits idolâtres et superstitieux du Malabar [...]. - Besançon : chez Jean Pierre Le Fevre ; [Londres] : [chez les Libraires françois], 1747-[1751].
ACDF SO CL 1751, Nr. 5, 7 S. (Sammelgutachten)

[1744 Okt. 21] Norbert <de Bar-de-Duc>: Memoires utiles et necessaires, tristes et consolans, sur les missions des Indes orientales [...]. - A Luques : De l'imprimerie d'Antoine Rossi, 1742.
ACDF SO CL 1751, Nr. 5, 7 S. (Sammelgutachten)

[1744 Okt. 21] Norbert <de Bar-de-Duc>: Oraison funèbre de M[onseigneu]r de Visdelou, évêque de Claudiopolis [...]. - Cadix : A. Pereira, 1742.
ACDF SO CL 1751, Nr. 5, 7 S. (Sammelgutachten)

[1744 Dez. 15] Anonym [Caminata, Cristoforo]: Converssationi famigliari frà due forestieri sul punto della vera ed unica Religione Christiana [...]. - Francoforte : [S.n.], 1727.
ACDF SO CL 1744-1745, Nr. 8, 7 S.

[1745 Febr. 24] Caylus, Charles Daniel de <Auxerre, Bischof>: Lettre de Monseigneur l'évêque d'Auxerre à Monseigneur l'évêque de Montpellier à l'occasion de ce que ce prélat dit de lui dans son mandement en date du 1. juillet 1742. (29 décembre 1742.). - [S.l.] : [S.n.], 1744.
ACDF SO CL 1744-1745, Nr. 13, 7 S. (Sammelgutachten)

[1745 Febr. 24] Anonym [Gaultier, Jean-Baptiste (u.a.)]: Lettre de plusieurs curés, bénéficiers et autres prêtres de la ville et du diocèse de Montpellier à [...] leur évêque, au sujet de son mandement du 1er juillet 1742, pour la publication de la bulle „Unigenitus" [...]. - [S.l.] : [S.n.], 1744.
ACDF SO CL 1744-1745, Nr. 13, 7 S. (Sammelgutachten)

[1745 Febr. 24] Boursier, Laurent François: Mémoire théologique sur ce qu'on appelle les secours violens dans les convulsions. - [S.l.] : [S.n.], 1743.
ACDF SO CL 1744-1745, Nr. 13, 7 S. (Sammelgutachten)

[1745 Febr. 24] Anonym [Desessarts, Alexis]: Défense de l'écrit intitulé Doctrine de S. Thomans sur l'objet et la distinction des vertus theologales [...]. - [S.l.] : [S.n.], 1743.
ACDF SO CL 1744-1745, Nr. 13, 7 S. (Sammelgutachten)

(1745 März 15) Anonym [Boullier, David Renaud]: Lettres sur les vrais principes de la religion : où l'on examine un livre intitulé La Religion essentielle à l'homme ; on y a joint une défense des Pensées de Pascal contre la critique de Mr. de Voltaire [...]. - Amsterdam : Catuffe, 1741.
ACDF Index Prot. 82 (1740-1748), Bl. 138r-139v, 4 S.

[1745 Sept. 7] Bossuet, Jacques Benigne <Troyes, Bischof>: Projet De Résponse [...] A M. De Tencin Archevêque D'Embrun: Communiquée Aux Ecclesiastiques Du Diocese De Troies pour leur instruction. - [S.l.] : [S.n.], 1744.
ACDF SO CL 1744-1745, Nr. 17, 5 S. (Sammelgutachten)

[1745 Sept. 7]	Soanen, Jean <Senez, Bischof>: Lettre [...] Au Sujet D'Un Ecrit Intitulé: Vains Efforts Des Mélangistes etc. [...]. - [S.l.] : [S.n.], 1744. ACDF SO CL 1744-1745, Nr. 17, 5 S. (Sammelgutachten)
[1745 Sept. 7]	LeCourayer, Pierre François: Defense de la nouvelle traduction de l'histoire du Concile de Trente [...]. - A Amsterdam : chez Guillaume Smith, 1742. ACDF SO CL 1744-1745, Nr. 17, 5 S. (Sammelgutachten)
[1745 Dez. 14]	Berguet, [...]: Lettre a M[onseigneu]r Berguet Professeur en Theologie au Seminaire de Verdun, au Sujet de la These qu'il y fait soutenir au Mois d'Avril 1740. - A Cologne : [S.n.], 1741. ACDF SO CL 1744-1745, Nr. 18, 4 S. (Sammelgutachten)
[1745 Dez. 14]	Berguet, [...]: Seconde lettre a M[onseigneu]r Berguet Professeur en Theologie au seminaire de Verdun au sujet de la seconde These qu'il y a fait soutenir il 11 Avril 1741. - A Cologne : [S.n.], 1741. ACDF SO CL 1744-1745, Nr. 18, 4 S. (Sammelgutachten)
[1745 Dez. 14]	Anonym [Bazin, Abbé <Pseudonym>?]: Réflexions nouvelles sur la vérité du serment par rapport aux jugement de l'Eglise. - [S.l.] : [S.n.], 1744. ACDF SO CL 1744-1745, Nr. 18, 4 S. (Sammelgutachten)
[1746 Febr. 24]	Sinzendorf, Philipp Ludwig von <Breslau, Bischof ; Kardinal>: Epistola Pastoralis [Incipit: Quanquam vos omnes ...]. - [S.l.] : [S.n.], [1745]. ACDF SO CL 1746-1747, Nr. 3, 6 S.
[1746 Juni 1]	Favre, Pierre François: Lettres édifiantes et curieuses sur la visite apostolique de M. de La-Baume, évêque d'Halicarnasse, à la Cochinchine en l'année 1740 [...]. - A Venise [i.e. Neuchâtel] : chez les frères Barzotti, 1746. ACDF SO CL 1746-1747, Nr. 6, 6 S.
[1746 Dez. 6]	Anonym: Lettres d'un théologien à M. de Charancy, évêque de Montpellier, à l'occasion de sa réponse à M. l'Evêque d'Auxerre. (3 novembre 1744 - 30 décembre 1744.). - [S.l.] : [S.n.], [ca. 1744]. ACDF SO CL 1746-1747, Nr. 11, 7 S. (Sammelgutachten)
[1746 Dez. 6]	Caylus, Charles Daniel de <Auxerre, Bischof>: Seconde Lettre [...] à Monseigneur l'évêque de Montpellier, à l'occasion de sa réponse à ce prélat, en date du 1er avril 1744.. - [S.l.] : [S.n.], 1745. ACDF SO CL 1746-1747, Nr. 11, 7 S. (Sammelgutachten)
[1746 Dez. 6]	Anonym [Petitpied, Nicolas]: Reponse aux Difficultés proposées au sujet d'un écrit intitulé, Dernier eclaircissement sur les vertus théologales. - [S.l.] : [S.n.], [1742]. ACDF SO CL 1746-1747, Nr. 11, 7 S. (Sammelgutachten)
[1746 Dez. 6]	Anonym [Boursier, Laurent François]: Dissertation sur les vertus téologales [...]. - [S.l.] : [S.n.], 1744. ACDF SO CL 1746-1747, Nr. 11, 7 S. (Sammelgutachten)

(1746 Dez. 12)	Turretin, Jean Alphonse: In Pauli apostoli ad Romanos epistolae capita XI praelectiones criticae, theologicae et concionatoriae [...]. - Lausannae & Genevae : Sumptibus Marci-Michaelis Bousquet & socior, 1741. ACDF Index Prot. 82 (1740-1748), Bl. 15r-16r, 3 S.
(1747 Apr. 18)	Bossli, Franciscus: S. Paulus primus eremita exemplar perfectionis Christianae et religiosae seu commentarius in vitam S. Pauli primi eremitae a S. Hieronymo ecclesiae doctore conscriptam [...]. - Viennae : Heyinger, 1746. ACDF Index Prot. 82 (1740-1748), Bl. 311r-313v, 6 S.
[1748 Apr. 3]	Bernard <d'Arras>: Code des paroisses [...] Précédées de quelques dissertations contre le livre intitulé, Les pouvoirs légitimes du premier & du second ordre dans l'administration des sacremens & le gouvernement de l'Eglise, en France 1744. - A Paris : Chez Hérissant et Hérissant fils, 1746. ACDF SO CL 1748-1750, Nr. 3, 4 S.
(1748 Aug. 13)	Pichon, Jean: L'Esprit de Jésus-Christ et de l'Eglise sur la fréquente communion. - Paris : H.-L. Guérin, 1745. nicht aufgefunden (Hinweis in ACDF Index Prot. 82 [1740-1748], Bl. 367r)
[1750 Juni 10]	Addison, Joseph: Il Tamburo : parafrasi in versi sciolti della commedia [...]. - In Firenze : appresso Andrea Bonducci, 1750. ACDF SO CL 1748-1750, Nr. 19, 8 S.
(1751)	♦ Anonym [Migliavacca, Celso]: Animadversiones in historiam theologicam dogmatum et opinionum de divina gratia [...]. - Francofurti ad moenum : apud fratres Durenios, 1749. ACDF SO CL 1751, Nr. 6, 20 S.
(1757)	Novi Catechismi Scotiae pro usu illarum Missionum Catholicarum. ACDF SO CL 1757-1758, Nr. 5, 26 S.
1759 Apr. 22	Arnauld, Henri <Angers, Bischof> ; Laval de Boisdauphin, Henri-Marie de <La Rochelle, Bischof> ; Barillon, Henri de <Luçon, Bischof>: Catechisme ou Doctrine chrétienne [...]. - A Lyon : chez la Veuve de Fleury Martin, 1685. ACDF SO CL 1757-1758, Nr. 14, 1 S.

Literatur
- Anonym: Per la restaurazione della basilica di S. Pietro in Vincoli fatta dall'E.mo sig. cardinale Antonio Andrea Galli suo titolare, e penitenziere maggiore [...]. - In Roma : Nella stamperia di Generoso Salomoni, 1765. - 8 S.
- Appolis, Émile: Le Tiers Parti catholique au XVIII. siècle. Entre Jansénistes et Zelanti. - Paris 1960, 185 u.ö.
- Battifol, Pierre: Histoire du bréviaire Romain. - 3. ed. refondue. - Paris 1911, 382-385.
- Boutry, Maurice ; Hallays, Andrè (Hg.): Choiseul à Rome 1754-1757. Lettres et mémoires inédites. - Paris 1895, 61.

- Caffiero, Marina (Hg.): Lettere da Roma alla Chiesa di Utrecht. - Roma 1971, 50-52.
- Cardella, Lorenzo: Memorie storiche de' Cardinali della Santa Romana Chiesa. - In Roma : nella stamperia Pagliarini, 1792-1797. - 10 vol., hier: vol. 9, 50f.
- Dammig, Enrico: Il movimento giansenista a Roma nella seconda metà del secolo XVIII (StT ; 119). - Città del Vaticano 1945, 346f.
- DBI 51 (1998), 605-608 von D. Busolini.
- Delpiano, Patrizia: Il governo della lettura. Chiesa e libri nell'Italia del Settecento. - Bologna 2007. [Reg.]
- DHGE 19 (1981), 838f. von M. Caffiero.
- Fantuzzi, Giovanni: Notizie degli scrittori bolognesi. - In Bologna : nella Stamperia di San Tommaso d'Aquino, 1781-1794. - 9 vol., hier: vol. 4, 27-30.
- Heeckeren, Émile de (Hg.): Correspondance de Benoît XIV. Précédée d'une introduction et accompagnée de notes et tables. - 2 vol. - Paris 1912, hier: vol. 2, 305-307 u.ö.
- Hierarchia Catholica 6, 17.
- → Monsagrati, Michelangelo: Memorie delle S. Catene di S. Pietro apostolo. Dissertazioni [...]. La prima inedita, la seconda tradotta per la prima volta in lingua volgare per cura di Lorenzo Giampaoli, e dallo stesso arricchite di un discorso storico sopra la Basilica e Canonica Eudossiana [...]. - Prato 1884, 98-100.
- Morelli, Emilia (Hg.): Le lettere di Benedetto XIV al card. De Tencin. Dai testi originali (Storia e letteratura ; 55.101.165). - 3 vol. - Roma 1955-1984, hier: vol. 3, 96 u.ö.
- Moroni 28 (1844), 122f.
- Seidler, Sabrina M. ; Weber, Christoph (Hg.): Päpste und Kardinäle in der Mitte des 18. Jahrhunderts (1730-1777). Das biographische Werk des Patriziers von Lucca Bartolomeo Antonio Talenti (Beiträge zur Kirchen- und Kulturgeschichte ; 18). - Frankfurt a.M. u.a. 2007, 486-493.

Gaetano Gallìa OFMConv

Geboren um 1730 in Trapani (Sizilien)
Gestorben 1798 Mai in Rom

Lebenslauf
              Studium der Theologie (wahrscheinlich in Sizilien)
1755   Weiterführung des Studiums am Kolleg S. Bonaventura, Rom (bis 1758)
1758 Nov. 25 Magister theol. am Kolleg S. Bonaventura, Rom
1776 Dez. 10 Konsultor der CIndex, Ernennung
              ACDF Index Prot. 91 (1773-1778), Bl. 252r (Schreiben SS an Sekr. der CIndex); ACDF Index Diari 18 (1764-1807), Bl. 63r (Bericht zum Schreiben SS)
1792 Sept. 28 Generaldefinitor des Ordens in Rom

Unveröffentlichte Quellen
Generalarchiv OFMConv, Rom: Freundliche Auskunft zu biographischen Daten an H. H. Schwedt.

Gutachten

(1778 Juli 27)   Gutachten zu einer nicht identifizierten Schrift.
  ACDF Index Prot. 91 (1773-1778), Bl. 372r-382r, 21 S.

(1779 Mai 14)   ♦ Calvo, Antonio: Institutiones theologiae in usum clericorum Panhormitanae dioeceseos adornatae instante [...]. - Panhormi : ex typographia Rapetiana, 1774-1777.
  ACDF Index Prot. 92 (1779-1781), Bl. 38r-40r.41r-47r, 18 S.

(1780 Juli 10)   ♦ Mare, Paolo Marcello del?: Educazione ed istruzione cristiana ossia catechismo universale [...]. - Genova : presso Repetto in Cannetto, 1779.
  ACDF Index Prot. 92 (1779-1781), Bl. 268r-277r, 19 S.

(1782 Juli 8)   Cerfvol, [...] de: La gamologia, o sia Dell'educazione delle zittelle destinate per il matrimonio [...]. - Torino : a spese del sig. abate don Ciccio Finfin, 1778.
  ACDF Index Prot. 93 (1781-1784), Bl. 231r-233v, 6 S.; ACDF SO CL 1782, Nr. 7, 10 S.

(1783 Jan. 20)   Papia, Ennodio <Pseudonym> [Zoppi, Giusepe]: L'Apocalisse di S. Giovanni Apostolo : in volgar lingua tradotta, e con nuovo metodo esplicata [...]. - Lugano : per Agnelli e Comp., 1781.
  ACDF Index Prot. 93 (1781-1784), Bl. 369r-372r, 7 S.

(1786 Aug. 7)   Anonym [Tamburini, Pietro]: Vera idea della Santa Sede : operetta divisa in due parti. - In Pavia : appresso Pietro Galeazzi, 1784.
  ACDF Index Prot. 95 (1786-1788), Bl. 43r-44r, 3 S.

(1786 Aug. 7)   Raccolta di opuscoli interessanti la religione. - In Pistoia : nella stamperia d'Atto Bracali [...], 1783-1790.
  ACDF Index Prot. 95 (1786-1788), Bl. 226r-228r, 5 S. (Bd. 8) und Bl. 230 (Bd. 9/1)

(1787 Juni 4)   Anonym [Tamburini, Pietro]: Riflessioni [...] sul libro dell'ab. Cuccagni De mutuis Ecclesiae & Imperii officiis [...]. - In Piacenza, e si vende in Cremona : presso Lorenzo Manini ed altri libraj, 1786.
  ACDF Index Prot. 95 (1786-1788), Bl. 280r-282v, 6 S.

(1788 März 31)   Seratti, Francesco: Riflessioni di un canonista in occasione della privata assemblea dei vescovi della Toscana fissata in Firenze il di 23. Aprile 1787 [...]. - [Pisa] : [S.n.], 1787.
  ACDF Index Prot. 95 (1786-1788), Bl. 383r, 1 S.

(1788 März 31)   Anonym: Lo stabilimento dei frati mendicanti [...]. - [S.l.] : [S.n.], 1786.
  ACDF Index Prot. 95 (1786-1788), Bl. 449r-451v, 6 S.

(1788 März 31)   Hermann, Joseph <Pseudonym> [Waldenfels, Hermann Joseph von]: Betrachtungen über das Schreiben des Pabstes Pii VI. an den Herrn

	Fürst Bischof von Freisingen vom 18ten October 1786 [...]. - Damiat [i.e. Bonn] : [S.n.], 1787.
	ACDF Index Prot. 95 (1786-1788), Bl. 441r-443v, 6 S.
(1788 März 31)	Philopald <de la Haye>: Della pronunzia del canone della messa [...]. - In Firenze : presso Anton-Giuseppe Pagani, 1787.
	ACDF Index Prot. 95 (1786-1788), Bl. 445r-448v, 8 S.
(1788 März 31)	Waldau, Georg Ernst: Giuseppe II. e Lutero o sia l'ammirable riforma ecclesiastica del primo, contrapposta a quella meno ragionevole del secondo [...]. - Pekino : [S.n.], 1783.
	ACDF Index Prot. 95 (1786-1788), Bl. 453r-456r, 7 S.
(1789 Mai 29)	Anonym: Continuazione dell'Appellante : caratteri de' giudizi dommatici della chiesa [...]. - Piacenza : [S.n.], 1784.
	ACDF Index Prot. 96 (1788-1790), Bl. 43r-53v, 22 S.
(1789 Sept. 18)	Guadagnini, Giovanni Battista: Nuovo esame di alcuni testi del Concilio di Trento relativi all'assoluzione de' casi riservati ed all'approvazione de' confessori [...]. - In Pavia : nella Stamperia del R. I. Monast. di S. Salvatore, 1787.
	ACDF Index Prot. 96 (1788-1790), Bl. 179r-188v, 20 S.
(1790 Febr. 5)	Dereser, Thaddaeus (Praes.) ; Wipperfuhrt, Adrian von (Resp.): Commentatio Biblica In Effatum Christi Matth. 16, 18.19. [...]. - Coloniae : typis Christiani Everaerts [...], [ca. 1789].
	ACDF Index Prot. 97 (1790), Bl. 29r-32v, 8 S.
(1790 Aug. 2)	Anonym [Tamburini, Pietro]: Osservazioni di un teologo ad un conte nelle quali si risponde alle difficolta prodotte nelle quattro Lettere del Curato campestre contro la dissertazione del dott. Tamburini [...]. - In Firenze : nella Stamperia Granducale ; a spese di Gaetano Cambiagi e Francesco Pisoni, 1776.
	ACDF Index Prot. 97 (1790), Bl. 161r-166r, 11 S.
(1791 März 28)	Becker, Anselm (Praes.) ; Topp, Terentius (Resp.): Expositio Doctrinae Catholicae De Traditionibus [...]. - Bonnae : typis Joan. Frid. Abshoven, Universitatis Typographi, 1789.
	ACDF Index Prot. 98 (1791), Bl. 48r-49v, 4 S.
(1793 Dez. 9)	Guadagnini, Giovanni Battista: Esame delle riflessioni teologiche e critiche sopra molte censure fatte al catechismo composto per ordine di Clemente VIII ed approvato dalla Congregazione della Riforma [...]. - In Pavia [...] : per Pietro Galeazzi, 1786-1787.
	ACDF Index Prot. 99 (1792-1793), Bl. 414r-422r, 17 S.
(1795 Jan. 26)	Figueiredo, Antonio Pereira de: Analisi della professione di fede del santo padre Pio IV [...]. - Napoli : nella stamperia di Nicola Russo, 1792.
	ACDF Index Prot. 100 (1794-1795), Bl. 113r-119r, 13 S.
(1795 Jan. 26)	Pagano, Francesco Mario: De saggi politici [...]. - In Napoli : presso Gennaro Verriento, 1783-1785.
	ACDF Index Prot. 100 (1794-1795), Bl. 180r-181r, 3 S.

(1796 Jan. 11)	Tamburini, Pietro: Praelectiones [...]. - Ticini [...] : apud Balthassarem Comini, 1792.
	ACDF Index Prot. 101 (1796), Bl. 176r-183v, 16 S.
(1796 Jan. 11)	Raccolta di opuscoli interessanti la religione. - In Pistoia : nella stamperia d'Atto Bracali [...], 1783-1790. (Bd. 16)
	ACDF Index Prot. 101 (1796), Bl. 146r-151r, 11 S.

Lorenzo Ganganelli OFMConv

Namensvarianten Giovanni Vincenzo Antonio Ganganelli (Taufname), Clemens XIV.

Geboren 1705 Okt. 31 in Santarcangelo (bei Rimini)
Gestorben 1774 Sept. 22

Familie
Der spätere Papst war Sohn des aus S. Angelo di Vado (Marken) stammenden Arztes Lorenzo Ganganelli und der Angela Maria Mazza (gest. 1740), Tochter eines geadelten Patriziers aus Pesaro (Marken). Ein Vetter war Mario Antonio Maffei (gest. 1777), Bischof von Foligno.

Lebenslauf

	Ausbildung unter anderem bei den Jesuiten in Rimini
[1723]	Noviziat in Urbino
1724 Mai 18	Ordensprofess
1728	Studium der Theologie am Ordenskolleg S. Bonaventura, Rom (bis 1731)
1731	Dr. theol.
	Lektor für Theologie an Ordenskollegien in Ascoli, Mailand und Bologna
1740	Studienregent am Ordenskolleg S. Bonaventura, Rom
1744 Apr. 28	Revisor des SO, Amtsantritt durch Eidesleistung
	ACDF SO Juramenta 1737-1749, o.Bl.
[1744]	Qualifikator des SO, Antrag auf Ernennung
	ACDF SO Priv. 1743-1749, Bl. 118r (Bewerbung Ganganellis o.D. an den Papst)
1744 Apr. 30	Qualifikator des SO, Ernennung
	ACDF SO Priv. 1743-1749, Bl. 121v (Audienzdekret des Papstes)
1744 Mai 22	Qualifikator des SO, Amtsantritt durch Eidesleistung
	ACDF SO Juramenta 1737-1749, o.Bl.
1745 Febr. 13	Koadjutor des Konsultors des SO I. → Balestracci, Ernennung
	ASV SS Mem Bigl 184; ACDF SO St.St. D-5-f (Schreiben SS an Ass. des SO)

Ganganelli 560

1750 [vor Apr. 9]	Konsultor des SO (Nachfolge I. Balestracci)
1753 Dez. 18	Innocenzo Buontempi OFMConv, Socius von Ganganelli als Konsultor des SO, Amtsantritt durch Eidesleistung
	ACDF SO Extens. 1749-1808 = ACDF SO St.St. Q-1-q, Bl. 67v
1759 Sept. 24	Kardinal
1759 Nov. 18	Zuteilung der Titelkirche S. Lorenzo in Panisperna
1759 Nov. 19	Mitglied des SO, Ernennung
	ASV SS Mem Bigl 204 (Schreiben SS an Ganganelli, Entwurf) [dazu vgl. die Beschwerde Ganganellis an das SO vom 27. Jan. 1768, dass er als dessen Mitglied nicht anerkannt („riconosciuto") sei: ACDF SO Juramenta (1766-1776), Bl. 53r]
1759 Nov. 19	Mitglied der CProp
	ASV SS Mem Bigl 204
1759 Nov. 19	Mitglied der CIndex, Ernennung
	ACDF Index Prot. 87 (1759-1762), Bl. 17 (Schreiben SS an Sekr. der CIndex); ASV SS Mem Bigl 204
1761 Aug. 14	Mitglied der CRiti
	ASV SS Mem Bigl 206
1767 Febr. 17	Mitglied der CExamEpCan
	ASV SS Mem Bigl 212
1769 Sept. 22	Papstwahl

Gutachten

(1744)	Berto[g]liatti, Gian Martino: Somma della dottrina Cristiana addattata alla capacità e bisogno de' Fanciulli, e degli adulti [...]. - In Torino : [S.n.], 1743.
	ACDF SO CL 1744-1745, Nr. 4, 15 S. (Sammelgutachten)
(1744)	Bellarmino, Roberto: Dottrina Cristiana, breve composta d'ordine di N.S. Papa Clemente VIII. [...]. - In Venezia : [S.n.], 1731.
	ACDF SO CL 1744-1745, Nr. 4, 15 S. (Sammelgutachten)
(1744)	Bellarmino, Roberto: Copiosa Richiavazioni della Dottrina Cristiana [...]. - In Ferrara : per Bernardino Pomarelli stampatore Arcivescovile, 1742.
	ACDF SO CL 1744-1745, Nr. 4, 15 S. (Sammelgutachten)
(1744)	Abregé du Catechisme, qui à été imprimé par l'Ordre de Dernier Concile Provincial d'Avignon [...]. - Carpentras : [S.n.], 1738.
	ACDF SO CL 1744-1745, Nr. 4, 15 S. (Sammelgutachten)
[1744 Apr. 29]	Le Clerc, Jean (Hg.): Bibliotheque choisie [...]. - A Amsterdam : Chez Henry Schelte, 1 (1703).
	ACDF SO CL 1744-1745, Nr. 5, 26 S.
[1748 Jan. 22]	Versio Vernacula Epistolarum S. Pauli.
	ACDF SO CL 1748-1750, Nr. 1, 7 S.
[1748 Juli 15]	Scoto, Alberto Gordon (Übers.): Novum Testamentum ex vulgata latina editione in idioma Anglicum [...] translatum. - [S.a.] (Manuskript)
	ACDF SO CL 1748-1750, Nr. 6, 4 S.

(1749)	Declò, Tommaso (Praes.) ; Testa de Marsciano, Ludovico (Resp.): Theses Logicae, Ontologicae, Pneumatologicae, Physicae, Physico-Mathematicae [...]. - Mutinae : Typis Bartholomaei Soliani, [1748]. ACDF SO CL 1748-1750, Nr. 14, 9 S. und 2 S.
[1750 Juli 23]	Marioni, Antonio Agostino (Praes.) ; [Reta, Thomas Antonius ; Vandolini, Jacobus (Resp.)]: Positiones Ex Logice, Ontologia, Etiologia, Psychologia, et Naturali Theologia [...]. - Asculi : Typis Nicolai Ricci Impres. Publici, [S.a., ca. 1749]. ACDF SO CL 1755-1756, Nr. 8, 2 S.
(1751)	Norbert <de Bar-le-Duc>: Mémoires historiques présentés en 1744 au Souverain Pontife Benoît XIV sur les missions des Pères Jésuites aux Indes orientales [...]. - Besançon : chez Jean Pierre Le Fevre ; [Londres] : [chez les Libraires françois], 1747-[1751]. ACDF SO CL 1751, Nr. 5, 39 S. und 6 S.
[1751 Jan. 14]	♦ Anonym [Bargeton, Daniel]: Lettres. - A Londres [i.e. Paris] : [S.n.], 1750. ACDF SO CL 1751, Nr. 1, 11 S. (Doppelgutachten, gemeinsam mit A. → Brémond)
[1751 Jan. 14]	Anonym [Voltaire]: La Voix du sage et du peuple. - À Amsterdam [i.e. Paris] : chez Le Sincère, 1750. ACDF SO CL 1751, Nr. 1, 11 S. (Doppelgutachten, gemeinsam mit A. → Brémond)
[1751 März 10]	Anonym: Observations sur un écrit intitulé: „Extrait du procès-verbal de l'Assemblée générale du clergé de France tenue à Paris [...] en l'année 1750". - [S.l.] : [S.n.], (12 novembre) 1750. ACDF SO CL 1751, Nr. 4, 2 S. (Doppelgutachten)
[1751 März 10]	Boursier, Laurent François: Lettres [...] sur l'indéfectibilité de l'Eglise dans la tradition de sa doctrine, & sur son infaillibilité [...]. - [S.l.] : [S.n.], 1750. ACDF SO CL 1751, Nr. 4, 2 S. (Doppelgutachten)
[1751 Aug. 3]	Fabbri, Joannes Maria (Praes.) ; Arcangeli, Franciscus Maria (Resp.?): Theses Philosophicae [...]. - [ca. 1751]. (Manuskript) ACDF SO CL 1751, Nr. 9, 2 S.
[1751 Aug. 11]	Carpani, [Giuseppe]?: De Auctoritate Ecclesiae Damnantis Quinque Famosas Propositiones Haereticas in Sensu Jansenii Et internum Assensum Imperantis [...]. - [1751]. (Manuskript) ACDF SO CL 1751, Nr. 11, 4 S.
[1752 März 22]	Anonym [Boidot, Abbé]: Traité théologique, dogmatique et critique des indulgences et jubilés de l'Église catholique [...]. - Avignon : aux dépens de la Société, 1751. ACDF SO CL 1759, Bd. I, Nr. 2, 2 S. (Doppelgutachten)
[1752 März 22]	Anonym [Mariette, François de Paule]: Lettre D'Un Cure A Un De Ses Confreres, au sujet du Jubilè. - [Orléans] : [S.n.], [1759]. ACDF SO CL 1759, Bd. I, Nr. 2, 2 S. (Doppelgutachten)

Ganganelli 562

1752 Aug. 28	Voltaire: Oeuvres [...]. - A Dresde : Chez George Conrad Walther Libraire Du Roi, 1748-1754. (Bd. 1-8) ACDF SO CL 1752, Nr. 10, 22 S.
1753 Apr. 14	Nave, Giusto <Pseudonym> [Bergantini, Giuseppe Giacomo]: Fra Paolo Sarpi giustificato : Dissertazione epistolare [...]. - In Colonia : presso Pietro Mortier, 1752. ACDF SO CL 1753-1754, Nr. 3, 9 S.
1753 Juli 24	♦ Valcarenghi, Paolo: De causis et effectibus concupiscentiae dissertatio philophili antaphrodisi [...]. - Ferrariae : apud Bernardinum Pomatelli, 1753. ACDF SO CL 1753-1754, Nr. 15, 8 S.
1753 Aug. 1	Anonym: Relazione de Fatti, i quali manifestano il sistema d'indipendenza, che i vescovi hanno apposto in differenti secoli ai principi invariabili della giustizia sovrana del Re [...]. - [S.l.] : [S.n.], [S.a.]. ACDF SO CL 1753-1754, Nr. 8, 3 S.
(1754)	Manzi, Cesare: Dialogo istruttivo sul sacramento della Penitenza [...]. - [S.a.]. (Manuskript) ACDF SO CL 1753-1754, Nr. 17, 7 S.
(1754)	Anonym [Balla, Filiberto]: Risposta alle lettere teologico-morali scritte dal P.N.N. sotto nome di Eusebio Eraniste in difesa dell'istoria del probabilismo del p. Daniello Concina. - In Modena : per gli eredi di Bartolomeo Soliani, 1753. ACDF SO CL 1753-1754, Nr. 20, 1 S.
(1755)	Marioni, Antonio Agostino (Praes.) ; [Reta, Thomas Antonius ; Vandolini, Jacobus (Resp.)]: Positiones Ex Logice, Ontologia, Etiologia, Psychologia, et Naturali Theologia [...]. - Asculi : Typis Nicolai Ricci Impres. Publici, [S.a., ca. 1749]. ACDF SO CL 1755-1756, Nr. 8, 4 S. (gemeinsam mit T. → Sergio)

Eigene Werke
- Lettere ed altre opere di Clemente XIV Ganganelli. - 2 vol. - Milano 1831.
- Lettere interessanti del sommo pontefice Clemente XIV (Ganganelli) / tradotte in italiano dall'ultima edizione fatta in franzese dal signor marchese Caraccioli. - Lugano : Nella Stampería privilegiata degli Agnelli, 1776-1777. - 3 vol.
- Lettere, Bolle e discorsi di fra Lorenzo Ganganelli (Clemente XIV). Edizione ordinata, accresciuta e illustrata da Cosimo Frediani. - Seconda Edizione. - Firenze 1849.
- Lettres du Pape Clement XIV (Ganganelli), Traduites de l'italien & du latin. Troisième Édition exactement revue corrigée, & augmentée de la traduction des passages latins, & de plusieurs lettres très-intéressantes. - A Paris : [S.n.], 1776. - 2 vol.
- Theiner, Augustin (Hg.): Clementis XIV Pont. Max. Epistolae et Brevia selectiora ac nonnulla alia acta pontificatum ejus illustrantia quae ex secretioribus tabulariis Vaticanis depromsit et nunc primum edidit. - Mediolani 1855.

Literatur
- Abate, Giuseppe: Series Episcoporum ex Ordine fratrum Minorum Conventualium assumptorum ab anno 1541 ad annum 1930, in: MF 31 (1931), 103-115.161-169; 32 (1932), 18-23, hier: 168f.
- Berliner, Abraham: Gutachten Ganganellis - Clemens XIV. in Angelegenheit der Blutbeschuldigung der Juden. Aus dem italienischen übersetzt. - Berlin 1888.
- Brechenmacher, Thomas: Das Ende der doppelten Schutzherrschaft. Der Heilige Stuhl und die Juden am Übergang zur Moderne (1775-1870) (PuP ; 32). - Stuttgart 2004, 60-64.
- Caffiero, Marina: Battesimi forzati. Storie di ebrei, cristiani e convertiti nella Roma dei papi (La corte dei papi ; 14). - Roma 2004, 53-63 u.ö.
- Caratelli, Lorenzo: Manuale dei novizi e professi chierici e laici Minori Conventuali sopra la regola, le costituzioni, le memorie e le funzioni dell'ordine coll'aggiunta del catechismo di Roma e d'alcune preghiere. - Roma 1897, 308.
- Chotowski, Wladislaw L.: Maria Theresia's Korrespondenz mit Klemens XIV. und Pius VI., in: HPBl 145 (1910), 31-48.81-99.
- Cicchitto, Leone: Il pontifice Clemente XIV nel vol. XVI, parte 2, della „Storia dei Papi" di Ludovico von Pastor. - Roma 1934. [zuvor in: MF 34 (1934)]
- Cretineau Joly, Jacques: Histoire du pontificat de Clement XIV., d'après des documents inédits des archives secrètes du Vatican. Lettres au père Augustin → Theiner. - Bruxelles 1863.
- DBI 26 (1982), 343-362 von M. Rosa.
- Enciclopedia dei papi. Dir. ed. Massimo Bray. - 3 vol. - Roma 2000, hier: vol. 3, 475-492 von Mario Rosa.
- Faloci Pulignani, Michele: Lettere del Cardinale Ganganelli Min. Conv., in: MF 29 (1929), 9-49. [Briefe an den Vetter Bischof Mario A. Maffei]
- Kratz, Wilhelm ; Leturia, Pedro: Intorno al Clemente XIV del barone von Pastor. - Roma 1935.
- Levillain, Philippe (Hg.): Dizionario storico del papato. Traduzione di Francesco Saba Sardi. - 2 vol. - Milano 1996, hier: vol. 1, 360-362 von Philippe Boutry.
- Longhena, Francesco: Sulla storia del pontificato di Clemente XIV del padre Agostino Theiner. Osservazioni [...] già premesse al 1° volume della sua versione italiana della medesima storia pubblicatosi in Milano nell'anno MDCCCLIII [...]. - Milano 1854.
- LThK 2 (1994), 1226f. von G. Schwaiger.
- Parisciani, Gustavo: Gianvincenzo e Lorenzo Ganganelli „figli" del convento di Urbino. Duo opposte vicende. - Ancona 1988. [zuvor in: Picenum Seraphicum 17 (1984-1987), 5-130]
- Richard, P[ierre]: Le martyre de la Papauté (1769-1799), in: RHE 36 (1935), 53-76.
- Rosa, Enrico: Intorno al pontificato di Clemente XIV, in: CivCatt a. 86 (1935), 17-35.
- Roth, Cecil: The ritual murder libel and the Jew: The report by Cardinal Lorenzo Ganganelli (Pope Clement XIV.). - London 1935.
- Schiltz, Raymond: Voltaire, le mythe de Ganganelli et les lettres aprocryphes de Clément XIV, in: Hepp, Noemi (Hg.): Mélanges de littérature française offerts à Monsieur René Pintard. - Strasbourg 1975, 599-612.

- Seidler, Sabrina M. ; Weber, Christoph (Hg.): Päpste und Kardinäle in der Mitte des 18. Jahrhunderts (1730-1777). Das biographische Werk des Patriziers von Lucca Bartolomeo Antonio Talenti (Beiträge zur Kirchen- und Kulturgeschichte ; 18). - Frankfurt a.M. u.a. 2007, 572-619.
- Stern, Moritz (Hg).: Die päpstlichen Bullen über die Blutbeschuldigung. - München 1900, 39-133.
- Szilas, Laszlo: Konklave und Papstwahl Clemens' XIV. (1769). Vorspiel zur Aufhebung der Gesellschaft Jesu am 21. Juli 1773, in: Zeitschrift für katholische Theologie 96 (1974), 287-299.
- Theiner, Augustin: Geschichte des Pontificats Clemens' XIV. nach unedierten Staatsschriften aus dem geheimen Archiv des Vaticans. - Leipzig ; Paris 1853.
- Tipaldo, Emilio de (Hg.): Biografia degli italiani illustri nelle scienze, lettere ed arti del secolo XVIII, e de' contemporanei compilata da letterati italiani di ogni provincia. - 10 vol. - Venezia 1834-1845, hier: vol. 8, 505-508.
- Weber, Christoph: Genealogien zur Papstgeschichte. Unter Mitwirkung von Michael Becker bearbeitet (PuP ; 29/1-6). - 6 Bde. - Stuttgart 1999-2002, hier: Bd. 4, 569-572.

Giuseppe Garampi

Geboren 1725 Okt. 28 in Rimini
Gestorben 1792 Mai 4 in Rom

Familie
Der Kardinal stammte aus einem aufstrebenden Elternhaus in Rimini, Sohn des Francesco Garampi, der den Titel conte di Pisiaco erhalten hatte. Eine Großnichte des Kardinals heiratete 1795 einen Nachfahren Papst → Clemens' XIV. Vgl. Anonym: Plausi.

Lebenslauf

	Schüler von Janus Plancus (Giovanni Bianchi, Rimini), Johannes Lamio (Florenz) und Antonio Muratori (Modena)
1749 Nov. 14	Koadjutor des Präfekten des Vatikanarchivs Filippo Ronconi
1751 [Juli]	Präfekt (Custos) des Vatikanarchivs (bis 1772)
1752 Nov. 13	Kanoniker an St. Peter, Rom
1759 Sept. 24	Präfekt des Archivs der Engelsburg (bis 1772)
1766 Sept. 26	Segretario della Cifra
	ASV SS Mem Bigl 211
1766 Okt. 30	Prelato domestico
	ASV SS Mem Bigl 211
1772 Jan. 27	Titularerzbischof von Beirut
1772	Nuntius in Warschau (während der Teilung, bis 1776)
1773 Apr. 21	Nuntius in Wien
	ASV SS Mem Bigl 220
1776	Nuntius in Wien, Amtsantritt am Ort (bis 1785)
1779	Erzbischof von Corneto und Montefiascone

1785 Febr. 14	Kardinal
1786 Apr. 3	Zuteilung der Titelkirche SS. Giovanni e Paolo
1786 Apr. 3	Mitglied der CProp, CEpReg, CConcist und CImmunità
	ASV SS Mem Bigl 244
1789	Redaktion in Rom der „Responsio super nunciaturis apostolicis" → Pius' VI. (gemeinsam mit Francesco Antonio Zaccaria)
1790 Nov. 19	Mitglied der Sonderkongregation zur Untersuchung der Synode von Pistoia
	M. → Monsagrati, Theologus von Garampi in der Sonderkongregation (bis 1792)
1791 Apr. 2	Mitglied der CIndex, Ernennung
	ASV SS Mem Bigl 254; ACDF Index Prot. 98 (1791), Bl. 308r (Schreiben SS an Sekr. der CIndex)

Eigene Werke
- Anonym: Elogium F. Jo. Bernardi Mariae de Rubeis Ord. Praedicat. una cum epistolis Illustriss. & Reverendiss. C. Josephi Garampi Arch. Beryt. & Nunt. in Regno Poloniae et P. Jo. Baptistae Contareni Ord. Praedicat., in: Raccolta d' opuscoli scientifici e filologici 28 (1775), 1-24. [Brief Garampis, 1775]
- [Anonym]: Notizie, regole e orazioni in onore de' ss. martiri della ss. basilica Vaticana per l'esercizio divoto solito praticarsi in tempo che sta ivi esposta la loro sacra Coltre. - In Roma : presso gli eredi Barbiellini, 1756. - XII, 190 S., [1] Bl.
- Anonym: Saggi di osservazioni sul valore delle antiche monete pontificie. - [Roma : Niccolò e Matteo Pagliarini, 1766]. - 168, 336 S.
- De nummo argenteo Benedicti III. pont. max. Dissertatio in qua plura ad pontificiam historiam illustrandam, et Joannae Papissae fabulam refellendam proferuntur. Accedunt nummi aliquot Romanorum pontificum hactenus inediti et appendix veterum monumentorum. - Romae : excudebant Nicolaus et Marcus Palearini, 1749. - 174 S., [2] Bl.
- Dengel, Ignaz Philipp (Hg.): Gutachten des Wiener Nuntius J. Garampi über die vatikanische Bibiliothek aus dem Jahre 1780, in: MIÖG 25 (1904), 292-322.
- Dissertazione inedita. Con prefazioni e note [di] Pietro Antonio Uccelli. - Roma 1875. (44 S.)
- Ein Bericht des Nuntius Joseph Garampi über Böhmen im Jahre 1776. Mitgeteilt von J. Ph. Dengel. - Prag 1902.
- Illustrazione di un antico sigillo della Garfagnana. - In Roma : per Niccolò, e Marco Pagliarini, 1759. - [3] Bl., 135 S.
- Memorie ecclesiastiche appartenenti all'istoria e al culto della b. Chiara di Rimini. - In Roma : appresso Niccolò, e Marco Pagliarini, 1755. - [6] Bl., 567 [i.e. 559] S.
- Palmieri, Gregorio (Hg.): Viaggio in Germania, Baviera, Svizzera, Olanda e Francia compiuto negli anni 1761-1763. Diario del cardinale Giuseppe Garampi. Edizione condotta sul codice inedito esistente nell'Archivio Vaticano, arricchita di un indice delle persone, dei luoghi e delle cose illustrati o ricordati nel diario. - Roma 1889.
- Tóth, Laudislaus: Zwei Berichte des Wiener Nuntius Garampi über die kirchlichen Verhältnisse um 1776, in : RQ 34 (1926), 330-354.

Literatur
- Allgeier, Artur: Bibliotheksgeschichtliche Nachrichten im Briefwechsel des Kardinals Garampi mit Fürstabt Martin Gerbert von St. Blasien, in: Miscellanea Giovanni Mercati (StT ; 121-126). - 6 Vol. - Vatikanstadt 1946, vol. 6, 452-478.
- Allocatelli, Vittorio: Il libro di un cardinale [Garampi] sul valore delle monete pontificie. - Roma 1915. - 29 S.
- Amati, Girolamo: De vita Josephi Garampi cardinalis commentarius, in: De Romanis, Mariano: Bibliotecae Josephi Garampii cardinalis catalogus materiarum ordine digestus et notis bibliographicis instructus. - Romae : Eodem de Romanis bibliopola venditionem administrante, 1796. - 5 vol., vol. 1, 3-14.
- Anonym [Bonelli, Benedetto]: Altre Memorie del cardinale Lodovico Madruzzo e del cardinale Carlo Madruzzo vescovi e principi di Trento, in: [Bonelli, Benedetto]: Notizie istorico-critiche della chiesa di Trento. Vol. terzo, parte prima. - In Trento : Appresso Francesco Michele Battisti, 1762, 449-490, hier bes.: 483-488. [Briefe von Garampi 1762-1763]
- Anonym: Plausi poetici nelle acclamatissime nozze del signor don Lorenzo Fabri Ganganelli cavaliere gran-croce dell'insigne ordine di Carlo III. colla signora contessa Marianna Garampi di Rimini. - Parma : dalla Reale tipografia, 1795. - [3] Bl., 76 S. [Familie]
- Bartòla, Alberto: Il regesto del monastero dei SS. Andrea e Gregorio al Celio in alcune note di Giuseppe Garampi, in: Nuovi Annali della Scuola speciale per archivisti e bibliotecari 4 (1990), 52-87.
- Battarra, Giovanni Antonio: Lettera [...] al signor conte Giuseppe Garampi intorno le due ultime Aurore Boreali, che osservò nelle notti degli 8. e 9. dello scorso ottobre 1741, in: Miscellanea di varie operette 6 (1742), 61-72.
- Brandl, Manfred: Bemühungen der Wiener Nuntiatur um die Verbreitung von Hontheims Widerruf (1779), in: RöHM 20 (1978), 77-107.
- Cancellieri, Francesco: Notizie sul Cardinale Giuseppe Garampi con un saggio inedito di sue riflessioni sopra un antifonario membranaceo del secolo XIV, e alcune lettere, in: Memorie di religione, di morale e di letteratura 11 (1827), 385-442.
- DBI 52 (1999), 224-229 von M. Caffiero.
- Dell'Orto, Umberto: Die Wiener Nuntiatur im 18. Jahrhundert unter besonderer Berücksichtigung der Nuntiatur von Giuseppe Garampi (1776-1785). Forschungslage und historische Fragen, in: Koller, Alexander (Hg.): Kurie und Politik. Stand und Perspektiven der Nuntiaturberichtsforschung (Bibliothek des Deutschen Historischen Institus in Rom ; 87). - Tübingen 1998,175-207.
- Dell'Orto, Umberto: La nunziatura a Vienna di Giuseppe Garampi (1776-1785) (Collectanea Archivi Vaticani ; 39). - Città del Vaticano 1995.
- Dell'Orto, Umberto: Roma e Vienna nel Settecento, con particolare riferimento alla nunziatura di Giuseppe Garampi (1776-1785), in: La Scuola Cattolica 124 (1996), 823-859.
- Dengel, Ignaz Philipp: Die politische und kirchliche Tätigkeit des Monsignor Josef Garampi in Deutschland 1761-1763. Geheime Sendung zum geplanten Friedenskongreß in Augsburg und Visitation des Reichsstiftes Salem. - Rom 1905.
- Dengel, Ignaz Philipp: Nuntius Garampi in Preußisch-Schlesien und Sachsen im Jahre 1776, in: QFIAB 5 (1903), 223-268.

- DHGE 19 (1981), 1141f. von L. Chevaillier.
- Donato, Maria Pia: Accademie romane. Una storia sociale (1671-1824) (Studi e strumenti per la storia di Roma ; 4). - Napoli 2000, 95-98.
- EC 5 (1950), 1932f. von Carmelo Trasselli.
- EncKat 5 (1989), 858f von Ludomir Bieńkowski.
- Fink, Karl August: Das Vatikanische Archiv. Einführung in die Bestände und ihre Erforschung (Bibliothek des Deutschen Historischen Instituts in Rom ; 20). - 2. verm. Aufl. - Rom 1951, 28-30.
- Fink, Urban: Giuseppe Garampi und das Pont. Collegium Germanicum et Hungaricum de Urbe, in: Korrespondenzblatt / Collegium Germanicum 99 (1990), 47-77.
- Flaga, Jerzy: L'activité pastorale des réguliers en Pologne à la lumière de l'enquête du nonce apostolique Giuseppe Garampi (1773-1774), in : RHE 77 (1982), 454-461.
- Gualdo, Germano (Hg.): Sussidi per la consultazione dell'Archivio vaticano. Lo schedario Garampi, i registri vaticani, i registri lateranensi, le Rationes Camerae, l'archivio concistoriale (Collectanea Archivi Vaticani ; 17). - Nuova edizione riveduta e ampliata. - Città del Vaticano 1989, 1-26.369.373f.
- Hierarchia Catholica 6, 34.121.295.
- Just, Leo: Der Widerruf des Febronius in der Korrespondenz des Abbé Franz Heinrich Beck mit dem Wiener Nuntius Giuseppe Garampi (Beiträge zur Geschichte der Reichskirche in der Neuzeit ; 3). - Wiesbaden 1960.
- Lindeck-Pozza, Irmtraut: Der Präfekt des Vatikanischen Archivs Conte Giuseppe Garampi, in: RöHM 17 (1975), 77-101.
- Loret, Maciej: Kościół katolicki a Katarzyna II (1772-1784). - Kraków ; Warszawa 1910.
- LThK 4 (1995), 291 von Josef Metzler.
- Maass, Ferdinand: Der Frühjosephinismus (Forschungen zur Kirchengeschichte Österreichs ; 8. Josephinische Abteilung ; 3). - Wien u.a. 1969, 101.103.105f.
- Meysztowicz, Walerian: De archivo nuntiaturae Varsaviensis, quod nunc in Archivio Secreto Vaticani. - Vaticani 1944, 24-30.
- NCE 6 (1967), 282f. von M. L. Shay.
- Nicolini, Fausto: Giuseppe Garampi e Ferdinando Galiani. Notizie e lettere inedite, in: Nicolini, Fausto: Scritti di archivistica e di ricerca storica. Raccolti da Benedetto Nicolini (Pubblicazioni degli Archivi di Stato ; 85). - Roma 1971, 47-58.
- Pásztor, Lajos: Per la storia dell'Archivio Segreto Vaticano nei secoli XIX-XX. La carica di Archivista della Santa Sede, 1870-1920. La prefettura di Francesco Rosi Bernardini, 1871-1879, in: AHP 17 (1979), 367-423, hier bes.: 408-413.
- Raab, Heribert: Briefe des Mainzer Hofgerichtsrats Johann Georg Reuther an G. Garampi, in: AMrhKG 9 (1957), 221-226.
- Reinhardt, Volker: Vom Nutzen der Geschichte im Kampf gegen die Gegenwart. Kardinal Giuseppe Garampi, in: Karsten, Arne (Hg.): Die Jagd nach dem roten Hut. Kardinalskarrieren im barocken Rom. - Göttingen 2004, 216-230.
- RGG 2 (1999), 1200f. von E. Wolff.
- Ritter, Karl: Kaiser Joseph II. und seine kirchlichen Reformen. Mit einer Beigabe: Pius' VI. Reise nach Wien, ihre Ursachen und Folgen. Aus dem Lateinischen von Julius Cäsar Cordara d.G.J. - Regensburg 1867, 239-248. [Quellen, 1781]

- Rutto, Giuseppe: Il giovane Heeren in Italia. La corrispondenza con il cardinale Giuseppe Garampi, in: QFIAB 61 (1981), 380-392.
- Santifaller, Leo: Forschungen und Vorarbeiten zur Austria Sacra. - Wien 1951, 61-67.
- Soranzo, Giovanni: Peregrinus Apostolicus. Lo spirito pubblico e il viaggio di Pio VI a Vienna (Pubblicazione della Università Cattolica del Sacro Cuore ; 14). - Milano 1937, 138-143.611-627. [Quellen]
- Strnad, Alfred A.: Garampi und Kremsmünster nach römischen Quellen, in: SMGB 88 (1977), 268-284.
- Theiner, Augustin (Hg.): Vetera Monumenta Poloniae et Magni Ducati Lithuaniae gentiumque finitimarum historiam illustrantia maximam partem nondum edita ex tabularis vaticanis deprompta, collecta ac serie chronologica disposita. - 4 vol. - Romae 1860-1864, hier: vol. 4, 413.449-465.515-561 u.ö.
- Tipaldo, Emilio de (Hg.): Biografia degli italiani illustri nelle scienze, lettere ed arti del secolo XVIII, e de' contemporanei compilata da letterati italiani di ogni provincia. - 10 vol. - Venezia 1834-1845, hier: vol. 3, 318-320.
- Tonini, Luigi: Biografia del card. Giuseppe Garampi. Inedito di Luigi Tonini nella Biblioteca Gambalunga di Rimini (mss. Tonini, busta 15.). Precede una lettera al ch.mo Delio Bischi a modo di esplicazione. - Rimini 1987.
- Vanysacker, Dries: Cardinal Giuseppe Garampi (1725-1792): an Enlightened Ultramontane (Institut Historique Belge de Rome, Bibliothèque ; 33). - Bruxelles ; Rome 1995.
- Vanysacker, Dries: De ultramontaan Giuseppe Garampi (1725-1780) e zijn relaties in de Nederlanden, in: Trajecta 2 (1993), 21-36.
- Vanysacker, Dries: The Garampi Correspondence. A chronological List of the Private Correspondence of Cardinal Giuseppe Garampi (1741-1792) (Instrumenta theologica ; 19). - Leuven 1997.
- Vanysacker, Dries: Un projet de Garampi pour le séminaire de Montefiascone (1779-1780), in: Studi Romagnoli 29 (1988), 187-202.
- Vanysacker, Dries: Une notice peu connue sur la vie et les écrits du cardinal Giuseppe Garampi conservée à la Bibliothèque Vaticane (Vat. Lat. 9283), in: BIHBR 70 (2000), 255-297.
- Winter, Eduard: Der Josefinismus. Die Geschichte des österreichischen Reformkatholizismus 1750-1848. - Berlin 1962, 92-98 u.ö.

Gaudenzio da Genova OFMRef

Gestorben 1751

Lebenslauf
[1721] Konsultor der Inquisition von Genua
Lector emeritus
[1730] Referent des SO

[1732 Dez.]	Qualifikator des SO, Antrag auf Ernennung
	ACDF SO Priv. 1728-1735, Bl. 395 (Bewerbung P. Gaudenzios o.D. an das SO)
1733 [Jan. 7]	Qualifikator des SO, Ernennung
	ACDF SO Priv. 1728-1735, Bl. 396v (Audienzdekret des Papstes nach einem empfehlenden Beschluss des SO vom Vortag)
1733 Febr. 23	Qualifikator des SO, Amtsantritt durch Eidesleistung
	ACDF SO Juramenta 1725-1736, o.Bl.
	Postulator im Seligsprechungsprozess für Papst Innozenz XI.

Gutachten

[1730 Juli 26]	Darrell, William: Il gentiluomo instruito nella condotta d'una virtuosa, e felice vita [...]. - In Padova : nella stamperia del Seminario ; appresso Giovanni Manfre, 1728.
	ACDF SO CL 1729-1732, Nr. 12, 10 S.
[1731 Mai 16]	Núñez de Cepeda, Francisco: Idea del Buon Pastore copiata da SS. Padri, rappresentata in imprese Sacre, con avvertimenti Spirituali, Morali, Politici, ed Economici per lo Governo d'un Prencipe Ecclesiastico [...]. - [S.a.]. (Manuskript)
	ACDF SO CL 1729-1732, Nr. 16, 6 S.
(1733)	Campiani, Mario (Agostino?): Prolegomina seu methodus facile cognoscendi Canones et Capita in Canonicis Iuris Corpore false dispersa a veris [...]. - [1728/1730]. (Manuskript)
	ACDF SO CL 1733-1734, Nr. 4, 8 S.
[1733 Febr. 17]	Anonym: Lettera Scritta da un particolare di Napoli ad un suo Amico in Roma, con cui gli dà piena contezza delle pendenze di Gravina. - [Napoli] : [S.n.], [1732].
	ACDF SO CL 1733-1734, Nr. 2, 9 S.
[1735 Aug. 10]	La Sainte Bible : Traduite En François Sur La Vulgate avec De courtes Notes pour l'intelligence de la Lettre / par Monsieur de Sacy [Übers.]. - A Brusselles : Chez François Foppens, 1702.
	ACDF SO CL 1735-1736, Nr. 7, 12 S.
(1739)	Anonym [Soto, Domingo de]: De Iust[iti]a et Iure [...]. - [1739]. (Manuskript)
	ACDF SO CL 1739-1741, Nr. 5, 9 S.
(1742)	Dalla Fabbra, Egidio: Dell'antico ducato di Ferrara [...]. - [S.a.]. (Manuskript)
	ACDF SO St.St. I-6-c, Nr. 5, 8 S. (Doppelgutachten)
(1742)	Borsetti Ferranti Bolani, Ferrante: Notizie Riguardanti la Citta, e le Terre, Ville, e Luoghi di Ferrara e del suo Ducato [...]. - [1740]. (Manuskript)
	ACDF SO St.St. I-6-c, Nr. 5, 8 S. (Doppelgutachten)

Literatur
- Romana. Beatificationis et canonizationis ven. servi Dei Innocentii Papae XI (N. 1611 - Pont. 1676-1689) summarium, testimonia, documenta, causae cursus. - [Civitas Vaticana] 1943.
- Sbaralea, Ioannes H. [Sbaraglia, Giovanni Giacinto]: Supplementum et castigatio ad scriptores trium Ordinum S. Francisci a Waddingo, aliisve descriptos cum adnotationibus ad syllabum martyrum eorumdem ordinum. - 3 vol. - Romae 1908-1936 ; ND Sala Bolognese 1978, hier: vol. 3, 236.
- [Sacra Rituum Congregatio]: Romana. Beatificationis et canonizationis venerandi servi Dei Innocentii Papae XI. Responsio ad animadversiones R. P. fidei promotoris [L. → Valenti], in: Analecta Juris Pontificii. Ser. 11, 6 (1872), 271-328, hier: 291-328.
- Sigismondo da Venezia: Biografia Serafica degli uomini illustri che fiorirono nel Francescano Istituto, per santità, dottrina e dignità fino a'nostri giorni. - Venezia 1846, 801.

Federico Nicola Gavardi OSA

Geboren 1640 Febr. 15 in Mailand
Gestorben 1715 Juni 12 in Rom

Lebenslauf

1659 März 4	Ordenseintritt (Einkleidung) in S. Marco, Mailand
	Studienmagister
	Dozent für Theologie an S. Agostino, Neapel
1662	Aufenthalt im Ordenskonvent Mailand (für drei Jahre)
[1665]	Aufenthalt im Ordenskonvent Bologna
1667	Studienregent in Cesena (Romagna)
1674 Mai 31	Magister theol. in Perugia
[1680]	Studienregent in Neapel (bis 1689)
1690	Professor für Heilige Schrift an der Universität Sapienza, Rom (bis 1715)
um 1690	Theologus von Kardinal G. → Marescotti in Rom
1693 Febr. 10	Relator der CIndex, Ernennung
	ACDF Index Prot. 81 (1737-1740), Bl. 438r; ACDF Index Diari 10 (1692-1696), Bl. 21r; ACDF Index Prot. 50 (1692-1693), Bl. 263r

Eigene Werke
- Theologia exantiquata, juxta orthodoxam beatissimi ecclesiae magistri Augustini doctrinam [...]. - Neapoli : in officina A. Gramignani ; Romae : in officina J. F. Buagni, 1683-1696. - 6 vol.

Literatur
- Argelati, Filippo: Bibliotheca Scriptorum Mediolanensium [...]. - Mediolani : in Aedibus Palatinis, 1745. - 4 vol., hier: vol. 1, 674f.; 2, 1994.
- Cath 4 (1956), 1790f. von L. Renwart.
- Conte, Emanuele (Hg.): I maestri della Sapienza di Roma dal 1514 al 1787. I rotuli e altre fonti (Fonti per la Storia d'Italia ; 116. Studi e Fonti per la storia dell'Università di Roma. N. S. ; 1). - 2 vol. - Roma 1991, hier: vol. 2, 952f.
- DGHE 20 (1984), 134.
- DThC 6 (1924), 1173 von A. Palmieri.
- EC 5 (1950), 1967f. von D. Gutiérrez.
- EF 3 (1968), 1f. von L. Bogliolo.
- Hurter, Hugo: Nomenclator literarius theologiae catholicae theologos exhibens aetate, natione, disciplinis distinctos. - Editio tertia, emendata et aucta. - 5 vol. - Oeniponte 1903-1913, hier: vol. 4, 656.680.970.
- Lanteri, Giuseppe: Postrema saecula sex religionis Augustinianae in quibus breviter recensentur illustriores viri Augustinienses qui sanctitate et doctrina floruerunt post magnam ordinis unionem peractam anno 1756 ab Alexandro IV. usque ad haec tempora. - 3 vol. - Tolentini ; Roma 1858-1860, hier: vol. 3, 96f.
- López Bardón, Tirso: Monastici augustiniani R. P. Fr. Nicolai Crusenii continuatio atque ad illud additiones, sive, Bibliotheca manualis Augustiniana in qua breviter recensentur Augustinienses utriusque sexus virtute, litteris, dignitate ac meritis insignes [...]. - 3 vol. - Vallisoleti 1890-1916, hier: vol. 3, 452.
- Ossinger, Joannes Felix: Bibliotheca augustiniana historica, critica, et chronologica. - Ingolstadii et Augustae Vindelicorum : impensis Joannis Francisci Xaverii Craetz […], 1768 ; ND Torino 1963, 387.
- Perini, Davide Aurelio: Bibliographia augustiniana cum notis biographicis. Scriptores italici. - 4 vol. - Firenze [1929]-1938, hier: vol. 2, 98f.
- Presutti, Giuseppe: Il card. Galeazzo → Marescotti, vescovo di Tivoli, in: Atti e Memorie della Società Tiburtina di Storia ed Arte 11-12 (1931-1932), 404-409.
- Spano, Nicola: L'Università di Roma. - Roma 1935, 42.343.

Tommaso Maria Gennari da Chioggia OP

Geboren	um 1661 in [Chioggia]
Gestorben	1736 Nov. 13 in Chioggia

Lebenslauf

	Mitglied des Ordenskonvents von Vicenza
[1700]	Magister theol.
1706 Sept. 29	Generalvikar der Inquisition von Pavia, Ernennung ACDF SO Decreta 1706, Bl. 423v („electus")

1707 Mai 21	Secundus Socius des Commissarius des SO, Amtsantritt durch Eidesleistung
	ACDF SO Juramenta 1701-1724, Bl. 55r.56v (Gennari 46 Jahre alt); ACDF SO Extens. 1680-1690 [-1707] = ACDF SO St.St. Q-1-p, Bl. 497r
1708 März 21	Primus Socius des Commissarius des SO, Amtsantritt durch Eidesleistung
	ACDF SO Juramenta 1701-1724, Bl. 78r.79v
1709 Okt. 2	Inquisitor von Parma, Ernennung
	ACDF SO Decreta 1709, Bl. 508r („electus")
1709 Okt. 23	Inquisitor von Parma, Amtsantritt durch Eidesleistung
	ACDF SO Decreta 1709, Bl. 556r; ACDF SO Juramenta 1701-1724, Bl. 91.94v
1710	Inquisitor von Venedig, Ernennung
	ACDF SO Decreta 1710, Bl. 315v („electus"; nach Antrag des Inquisitors von Venedig, M. Mazzoleni, der aus gesundheitlichen Gründen nach Parma wechselte)
1710 Sept. 27	Inquisitor von Venedig (päpstliches Ernennungsbreve)
1718 [Mai]	Magister provinciae (utriusque Lombardiae)

Literatur
- Cecchetti, Bartolomeo: La Republica di Venezia e la corte di Roma nei rapporti della religione. - 2. vol. - Venezia 1874, hier: vol. 2, 11.
- Ceriotti, Luca ; Dallasta, Federica: Il posto di Caifa. L'Inquisizione a Parma negli anni dei Farnese (Temi di storia). - Milano 2008, 70.
- Cicogna, Emmanuele Antonio: Delle iscrizioni veneziane, raccolte ed illustrate. - 7 vol. - Venezia 1824-1853, hier: vol. 1, 149.
- Tiozzo, Igino: I nostri. Note biografiche intorno a chiogiotti degni di ricordo. - Chioggia 1928, 347.
- Weber, Christoph (Hg.): Die ältesten päpstlichen Staatshandbücher. Elenchus Congregationum, Tribunalium et Collegiorum Urbis 1629-1714 (RQ Supplementheft ; 45). - Rom u.a. 1991, 30.

Ambrogio Genovini OSBVal

Geboren	[1648] in Florenz
Gestorben	1718 Juni 24 in Florenz

Lebenslauf

	Ordenseintritt
1665 Nov. 24	Ordensprofess
	Studium der Rhetorik in Vallombrosa
	Studium der Philosophie und Theologie in Forlì
	Magister theol. an verschiedenen Ordenskollegien

	Mitglied der Accademia di Storia Ecclesiastica e S. Scrittura
1674 Nov. 14	Dr. theol. und Mitglied des Collegium theologicum der Universität Florenz
	Dozent für Rhetorik in Vallombrosa [und Forlì]
	Studienmagister im Ordenskolleg in Passignano
	Abt von Badia di Susinana, Forlì
	Abt von Coltibuono, Monte Scalari (Pistoia)
	Generalprokurator des Ordens in Rom
	Abt von S. Prassede, Rom
1700 Sept. 6	Relator der CIndex, Ernennung
	ACDF Index Diari 11 (1696-1699), Bl. 138r; ACDF Index Prot. 81 (1737-1740), Bl. 438v

Unveröffentlichte Quellen

Nardi, Stanislao: In obitum Reverendissimi ac Excellentissimi Patris Magistri D. Ambrosii Genovini Florentini S.T.D. et Sancti Laurentii Cultusboni Ordinis Vallisumbrosae Abbatis meritissimi : Oratio habita in ecclesia S. Trinitatis Florentiae die 25 junii 1718, coram universitate Excell. PP. Theologorum funeri interessentium. - [S.a.]. (Manuskript), nach: Dizionario 2, 90.

Gutachten

(1703 März 12)	Palazzi, Giovanni: Gesta Pontificum Romanorum [...]. - Venetiis : Apud Ioannem Parè, 1687-1690. (Bd. 2)
	ACDF Index Prot. 63 (1703), Bl. 193r-196r, 7 S.
(1707 Jan. 17)	Palazzi, Giovanni: Gesta Pontificum Romanorum [...]. - Venetiis : Apud Ioannem Parè, 1687-1690. (Bd. 1)
	ACDF Index Prot. 67 (1706-1707), Bl. 351r-356r, 11 S.

Literatur

- Armellini, Mariano: Appendix de quibusdam aliis per Italiam Ordinis D. Benedicti Congregationum Scriptoribus, Episcopis, Virisque sanctitate illustribus [...]. - Fulginei : typis Pompei Campana Impressoris Cameralis & Publici, 1736, 60.
- Cerracchini, Luca Giuseppe: Fasti teologali ovvero notizie istoriche del collegio de' teologi della sacra università fiorentina dalla sua fondazione fin all'anno 1738 [...]. - In Firenze : per Francesco Moücke stampatore arcivescovale, 1738, 559.
- Dizionario storico biografico di scrittori letterati ed artisti dell'Ordine di Vallombrosa. Compilato dal P. Abate D. Torello Sala. - 2 vol. - Firenze [1929], hier: vol. 2, 253-260.

Antonio Saverio Gentili

Geboren	1681 Febr. 9 in Rom
Gestorben	1753 März 13 in Rom

Gentili 574

Familie

Der Kardinal, angeblich von adeligen Eltern aus Camerino (Marken) stammend (so Moroni 29, 14; Guarnacci: Vitae 2, 641), war Sohn von armen Eltern, die durch den Papst zu beträchtlichem Vermögen kamen. Der Vater, Nicola Gentili, Kammerherr (cubicularius) des Kardinals Maidalchini in Rom, danach im Dienst des Bischofs seiner Heimatstadt Camerino, Emilio Altieri, wurde von diesem als Papst Clemens X. so beschenkt, dass er mit seiner Ehefrau Teresa Durso (andere: Druso) in Rom einen Palazzo errichten konnte. Der Sohn Antonio Saverio pflegte in seinem Haus als Student häufige und als Kardinal fast tägliche Zusammenkünfte mit gelehrten Darbietungen (Akademien); die Neffen und Nichten begründeten Ehen mit Adeligen. Zur familia des Kardinals gehörten gelehrte Mitarbeiter wie sein Theologe → Clemente di Gesù Maria sowie die beiden Auditoren Nicola Riganti (gest. 1766) und Pompeio Compagnoni (gest. 1774), zuletzt Bischof: nach dem Urteil Muratoris der gelehrteste Prälat Italiens.

Lebenslauf

1699	Dr. iur. utr. an der Universität Sapienza, Rom
1705 März 12	Referendar der Signaturen
[1705]	Abbreviatore del Parco Maggiore
1706 Sept. 20	Relator der CIndex, [Ernennung]
	ACDF Index Diari 13 (1704-1708), Bl. 106r (erstes Referat)
1707 Juni [7]	Konsultor der CIndex, Ernennung
	ACDF Index Diari 13 (1704-1708), Bl. 124v
1715	Luogotenente des Auditors der Apostolischen Kammer
1727 Jan. 1	Priesterweihe
1727 Mai 17	Titularerzbischof von Petra
1728 Apr. 30	Sekretär der CConcilio
1728 [Okt.]	Sekretär der CEpReg (bis 17. Mai 1731)
1729 Juli 5	Konsultor des SO, Amtsantritt durch Eidesleistung
	ACDF SO Juramenta 1725-1736, o.Bl.
1730 Juli 19	Votante der Signatura Gratiae
	ASV SS Mem Bigl 162
1731 Mai 17	Datar von → Clemens XII. (ab Kardinalat: Pro-Datarius)
1731 Sept. 24	Kardinal
1731 Nov. 19	Zuweisung der Titelkirche S. Stefano al Celio
1731 Nov. 19	Mitglied des SO, Ernennung
	ACDF SO Juramenta 1725-1736, o.Bl. (Schreiben SS an Ass. des SO)
1731 Nov. 21	Mitglied des SO, Amtsantritt durch Eidesleistung
	ACDF SO Priv. 1750-1754, Bl. 432r („Nota de' Sig.ri Cardinali Segretarj"); ACDF SO Juramenta 1725-1736, o.Bl.
1732 Juli 5	Antonio Ossoli, Amanuensis von Gentili, Amtsantritt durch Eidesleistung
	ACDF SO Juramenta 1725-1736, o.Bl.
1732 Okt. 18	Mitglied der CDiscReg
	ASV SS Mem Bigl 166

1733 Nov. 3	→ Clemente di Gesù Maria, Theologus von Gentili, Amtsantritt durch Eidesleistung
	ACDF SO Juramenta 1725-1736, o.Bl.
1734 Aug. 24	Mitglied der CIndex, Ernennung
	ACDF Index Prot. 79 (1734-1735), Bl. 85 (Schreiben SS an Sekr. der CIndex)
1737 März 20	Präfekt der CConcilio
1737 Mai 1	Mitglied der CExamEp
	ASV SS Mem Bigl 172
1738 Sept. 15	Pompeio Compagnoni, Auditor von Gentili, Amtsantritt durch Eidesleistung
	ACDF SO Juramenta 1737-1749, o.Bl.
1739 Aug. 11	Mitglied der CAvignon und CLauretana
	ASV SS Mem Bigl 174
	Mitglied der CProp, CImmunità, CRiti und CConsulta
1741 Mai 22	Superintendent des Erzhospitals S. Spirito in Sassia, Rom
	ASV SS Mem Bigl 176
1742 Jan. 22	Tesoriere Generale des Kardinalkollegiums
1747 Apr. 10	Suburbikarischer Bischof von Palestrina
1747 Sept. 16	Pietro Luciani, Amanuensis von Gentili, Amtsantritt durch Eidesleistung
	ACDF SO Juramenta 1737-1749, o.Bl.
1751 Apr. 3	Nicolò Cassani, Adiutor studiorum von Gentili, Amtsantritt durch Eidesleistung
	ACDF SO Extens. 1749-1808 = ACDF SO St.St. Q-1-q, Bl. 34r

Gutachten

(1706 Sept. 20)	Acta eruditorum [...]. - Lipsiae : Grosse & Gleditsch, (1690).
	ACDF Index Prot. 67 (1706-1707), Bl. 240, 2 S.
(1707 Juni 7)	Vagedes, Heinrich (Praes.) ; Schott, Anton Albert (Resp.): Dissertatio Historico-Politica Ad Severin. de Monzamb. cap. I. §. 12, 13, 14, 15. De Ludibriis Aulae Romanae, In Translatione Imperii Romani Quam Assistente Divini Numinis Gratiâ [...]. - Rinthelii : Typis G.C. Waechters, Acad. Typogr., 1678.
	ACDF Index Prot. 67 (1706-1707), Bl. 436r-437v, 4 S.

Literatur
- Cancellieri, Francesco: Il mercato, il lago dell'acqua vergine ed il Palazzo Panfiliano nel Circo Agonale detto volgarmente Piazza Navona. - Roma 1811. [zur Familie]
- Cardella, Lorenzo: Memorie storiche de' Cardinali della Santa Romana Chiesa. - In Roma : nella stamperia Pagliarini, 1792-1797. - 10 vol., hier: vol. 8, 255-257.
- DBI 53 (1999), 253-255 von D. Busolini.
- Del Re, Niccolò: I Cardinali Prefetti della Sagra Congregazione del Concilio dalle origini ad oggi (1564-1964), in: La Sacra Congregazione del Concilio. Quarto Centenario dalla fondazione (1564-1964). Studi e ricerche. - Città del Vaticano 1964, 265-307.

- DHGE 20 (1984), 513 von R. Aubert.
- Donato, Maria Pia: Accademie romane. Una storia sociale (1671-1824) (Studi e strumenti per la storia di Roma ; 4). - Napoli 2000, 78.
- Guarnacci, Mario: Vitae, et res gestae Pontificum Romanorum et S.R.E. Cardinalium a Clemente X. usque ad Clementem XII. [...] Descripta a S. Petro ad Clementem IX. - Romae : Sumptibus Venantii Monaldini bibliopolae [...] ; Ex Typographia Joannis Baptistae Bernabo, & Josephi Lazzarini, 1751. - 2 vol., hier: vol. 2, 641.
- Hierarchia Catholica 5, 312; 6, 6.
- La Marca, Nicola: Liberismo economico nello Stato pontificio (Biblioteca di cultura ; 260). - Roma 1984, 81-88.
- Morelli, Emilia (Hg.): Le lettere di Benedetto XIV al card. De Tencin. Dai testi originali (Storia e letteratura ; 55.101.165). - 3 vol. - Roma 1955-1984, hier: vol. 1, 97; 2, 428f.518f. u.ö.
- Moroni 29 (1844), 14-16.
- Ponti, Ermanno: Il Banco di Santo Spirito fondato da S.S. Paolo V con breve del 13 dicembre 1605. - Roma 1941, 309.
- Riganti, Giovanni Battista: Commentaria in regulas, constitutiones et ordinationes Cancellariae Apostolicae, opus posthumum. - Coloniae Allobrogum : apud fratres De Tournes, 1751. - 4 vol., hier: vol. 1, 18. [zu Nicola Riganti]
- Seidler, Sabrina M. ; Weber, Christoph (Hg.): Päpste und Kardinäle in der Mitte des 18. Jahrhunderts (1730-1777). Das biographische Werk des Patriziers von Lucca Bartolomeo Antonio Talenti (Beiträge zur Kirchen- und Kulturgeschichte ; 18). - Frankfurt a.M. u.a. 2007, 306f.
- Weber, Christoph (Bearb.): Die päpstlichen Referendare 1566-1809. Chronologie und Prosopographie (PuP ; 31/1-3). - 3 Bde. - Stuttgart 2003-2004, hier: Bd. 2, 638; 3, 857. [auch zu Riganti]
- Weber, Christoph (Hg.): Die ältesten päpstlichen Staatshandbücher. Elenchus Congregationum, Tribunalium et Collegiorum Urbis 1629-1714 (RQ Supplementheft ; 45). - Rom u.a. 1991, 114.
- Weber, Christoph: Genealogien zur Papstgeschichte. Unter Mitwirkung von Michael Becker bearbeitet (PuP ; 29/1-6). - 6 Bde. - Stuttgart 1999-2002, hier: Bd. 5, 279. [zu Pompeio Compagnoni]

Dominicus Gentis de Colonia OP

Geboren 1695 in Erkelenz (bei Aachen, zu Jülich)
Gestorben 1758 Juli 5 in Antwerpen

Lebenslauf

Studium an der Universität Köln
Ordenseintritt in Köln
1715 Juni 14 Kleriker in Köln (Empfang der Tonsur und der niederen Weihen)
1718 Juni 11 Diakonatsweihe in Köln
1719 Nov. 22 Priesterweihe

	Hilfsseelsorger im Erzbistum Mainz
1721 Okt. 30	Hilfsseelsorger im Erzbistum Köln
	Lektor für Philosophie und Theologie [in Köln]
1735 Mai 4	Erlaubnis zur Absolution von Häresie im Erzbistum Köln und zum Lesen verbotener Bücher
	Studienregent des Ordens in Köln
1737 Juni 22	Magister theol.
1738	„Theologus Casanatensis pro Germania" an der Biblioteca Casanatense, Rom
1740 Aug. 14	Revisor des SO, Amtsantritt durch Eidesleistung
	ACDF SO Juramenta 1737-1749, o.Bl.
1743 Aug. 26	Relator der CIndex, [Ernennung]
	ACDF Index Diari 16 (1734-1746), Bl. 57r (erstes Referat)
1744 [März]	Konsultor der CIndex, Antrag auf Ernennung
	ACDF Index Prot. 82 (1740-1748), Bl. 94r (Bewerbung Gentis' o.D. an die CIndex)
1744 [März]	Konsultor der CIndex, Ernennung
	ACDF Index Diari 16 (1740-1748), Bl. 60r (16. März: Beschluss der CIndex, dem Papst den Antrag zur Approbation vorzulegen). 60v (Vermerk Sekr. der CIndex zur Papstaudienz [vom März]; Bericht Sekr. der CIndex in Congr. vom 18. Aug.)
	Im Dienst von Kaiserin Maria Theresia in Rom
	Agent einiger Fürstbischöfe aus dem Reich in Rom
1748 März 18	Nominierung zum Bischof von Antwerpen durch Kaiserin Maria Theresia
1749 Mai 5	Bischof von Antwerpen, päpstliche Ernennung

Gutachten

1743 Juni 30	Molanus, Gerhard Wolter: Dissertatio De Ortu Et Interitu Imperii Romani [...]. - Ultrajecti : Apud Hermannum Besseling., 1738. ACDF Index Prot. 82 (1740-1748), Bl. 125r-129v, 10 S.
(1744 März 16)	Berg, Vincent von: Ratiocinium juventutis Franciscanae [...]. - Coloniae Agrippinae : apud Jacobum Meyner Bibliopolam, [...], 1740. ACDF Index Prot. 82 (1740-1748), Bl. 91r-92v, 4 S.
(1744 Aug. 18)	Mazzapica, Giuseppe: Fons utriusque juris [...]. - Messinae : Typis Reg. & Cam. de Chiaramonte, & Provenzano, 1729. ACDF Index Prot. 82 (1740-1748), Bl. 100r-101v, 4 S.
(1747 Juli 17)	Anonym [Neller, Georg Christoph]: Principia Juris Publici Ecclesiastici Catholicorum : Ad Statum Germaniae Accomodata, In Usum Tyronum. - Francofurti ; Lipsiae : Ex officinâ Viduae Knochii & Jo. Georg. Eslinger, 1746. ACDF Index Prot. 82 (1740-1748), 332r-335v, 8 S.

Eigene Werke
- Suprema dei potestas inviolata aurea hominis libertas salvata infinita dei sanctitas illibata. Per praedeterminationem physicam modernorum Thomistarum, que & est

antiquiorum, nec non D. Thomae. Appendices ad quaestiones continent reflexiones thesium [...] Danielis Ramus [...] Exhibitore. - Coloniae : Sumptibus Sac. Ordin. Praedicatorum, 1724. - 196 Bl.

Literatur
- BNBelg 7, 610.
- Clemens <Papa, XIV.>: Lettere ed altre opere di Clemente XIV Ganganelli.- 2 vol. - Milano 1831, hier: vol. 2, 121-124. [Brief an Gentis vom 6. November 1750]
- Clemens <Papa, XIV.>: Lettere, Bolle e discorsi di fra Lorenzo Ganganelli (Clemente XIV). Edizione ordinata, accresciuta e illustrata da Cosimo Frediani. - 2. ed. riv. - Firenze 1849, 54-56. [Brief an Gentis vom 6. November 1750]
- Clemens <Papa, XIV.>: Lettre interessanti del sommo pontefice Clemente XIV (Ganganelli) tradotte in italiano dall'ultima Edizione fatta in Franzese dal signor marchese Caraccioli. Tomo primo (-terzo). - Lugano : Nella Stampería privilegiata degli Agnelli 1776-1777. - 4 vol., hier: vol. 3/1, 72-74. [Brief an Gentis vom 6. November 1750]
- Die Matrikel der Universität Köln. Bearb. von Hermann Keussen u.a. - 7 Bde. - Düsseldorf 1979-1981, hier: Bd. 5. [Nennung Gentis' als Lehrenden]
- Ercken, Adolf: Syncharma votivum sive applausus aggratulatorius illustrissimo, & reverendissimo Domino, D. Dominico Gentis, episcopo, ac praesuli Antverpiensi dignissimo [...]. - Dusseldorpii : Typis viduae Tilmanni Liborii Stahl, 1750. - [2] Bl.
- Guglielmotti, Alberto: Catalogo dei bibliotecari, cattedratici, e teologi del Collegio Casanatense nel convento della Minerva dell'Ordine de' Predicatori in Roma dal principio di loro istituzione sino al presente. Raccolto da sicuri documenti e corredato di note biografiche, cronologiche, e bibliografiche. - Roma 1860, 40.
- Hierarchia Catholica 6, 89.
- Prims, Floris Hubert Lodevijk: Geschiedenis van Antwerpen. - Nieuwe uitg. van de oorspronkelijke tekst van 1927-1948. - 8 vol. - Brussel 1977-1985, hier: vol. 7, 380f.
- Torsy, Jakob: Der Regularklerus in den Kölner Bistumsprotokollen. 1661-1825 (Studien zur Kölner Kirchengeschichte ; 18-20). - 3 Bde. - Siegburg 1985-1987, hier: Bd. 1, 228.

Hyacinthe-Sigismond Gerdil B

Geboren   1718 Juni 23 in Samoëns-en-Faucigny (Savoyen)
Gestorben 1802 Aug. 12 in Rom

Familie
Die Eltern des Kardinals (Pierre G., Notar, und Françoise Perrier) gehörten zum gutsituierten Bürgertum. Der (Groß-)Onkel väterlicherseits, Jean Gerdil, Mathematiker im Dienste der Savoia in Annecy, Stifter u.a. für Missionen der Barnabiten, förderte die Ausbildung seines (Groß-)Neffen. Vgl. Premoli: Storia, 140.

Lebenslauf

	Erste Ausbildung in den Ordenskollegien von Bonneville, Thonon und Annecy (Savoyen)
1734	Ordenseintritt und Noviziat in Bonneville
1735 Sept. 25	Ordensprofess in Bonneville
	Studium in Bologna (für drei Jahre)
1738	Lektor für Philosophie in Macerata (bis 1739)
1739	Lektor für Philosophie im Ordenskolleg von Casale Monferrato (bis 1748)
	Studienpräfekt im Ordenskolleg von Casale Monferrato
1741 Juni 11	Priesterweihe in Casale Monferrato
1749 Sept. 15	Professor für Philosophie und Theologie an der Universität Turin (bis 1754)
1754	Professor für Moraltheologie an der Universität Turin (bis 1759)
1758	Prinzenerzieher für Carlo Emanuele IV. und Vittorio Emanuele I. (Söhne des Herzogs Vittorio Amadeo) in Turin (erneut 1768)
1764	Provinzial des Ordens, Provinz Savoyen
1773 Apr. 26	Kardinal in petto (angeblich nicht publiziert, da → Clemens XIV. zuvor verstarb)
1776 März	Berufung nach Rom durch → Pius VI. infolge der kolportierten Kardinalserhebung durch Clemens XIV., Empfehlung von Kardinal V. → Borromeo
1776 Aug. 23	Konsultor des SO, Ernennung ACDF SO Juramenta 1766-1776, Bl. 288f. (Schreiben SS an Sekr. und Ass. des SO)
1776 Aug. 28	Konsultor des SO, Amtsantritt durch Eidesleistung ACDF SO Juramenta 1766-1776, Bl. 287
1777 Jan. 22	Kommendatarabt von S. Michele della Chiusa (bei Turin) mit bischöflicher Jurisdiktion, Ernennung durch König Vittorio Amedeo III. (bis 1802)
1777 Febr. 17	Titularbischof von Dibona
1777 Juni 23	Kardinal in petto (publiziert 15. Dez. 1777)
1778 März 30	Zuteilung der Titelkirche S. Giovanni a Porta Latina
1778 März 30	Mitglied der CIndex, Ernennung ACDF Index Diari 18 (1764-1807), Bl. 68v
1778 März 30	Mitglied des SO, Ernennung ACDF SO Juramenta 1777-1796, Bl. 42.44 (Schreiben SS an Sekr. und Ass. des SO)
1778 Apr. 1	Mitglied des SO, Amtsantritt durch Eidesleistung ACDF SO Juramenta 1777-1796, Bl. 41
1778 Apr. 3	Settimio Costanzi, Auditor von Gerdil für Fragen des SO, Amtsantritt durch Eidesleistung ACDF SO Juramenta 1777-1796, Bl. 53
1779 [vor Juni]	Präfekt der CIndex, Ernennung (bis 1795) Mitglied der CRiti, CConcilio, CExamEp, CCorrLOr und CDiscReg

Gerdil

1781	Kommendatarabt von Muleggio (bei Vercelli), zusätzlich zur Abtei S. Michele della Chiusa
1789	Befasst mit der Prüfung der Emser Punktation (Beschwerden deutscher Kirchenfürsten gegenüber der römischen Kurie)
1790	Mitglied der Vorbereitungskommissionen für die Bulle Auctorem fidei gegen die Synode von Pistoia (bis 1794)
1793 Dez. 12	Mitglied der CProp ASV SS Mem Bigl 258
1795 Febr. 27	Präfekt der CProp (bis 1802) und CStudi ASV SS Mem Bigl 260 (Schreiben SS an Gerdil mit gleichzeitiger Enthebung vom Amt als Präf. der CIndex unter Beibehalt der Mitgliedschaft der CIndex); ACDF Index Prot. 101 (1796), Bl. 313 (Schreiben SS an Sekr. der CIndex)
[1798]	Aufenthalt in Turin nach der Besetzung Roms

Gutachten

(1777)	Erläuterter Kathechismus zum Gebrauche der deutschen Stadtschulen [...]. (1776) ACDF SO CL 1777 = ACDF SO St.St. O-4-i, [Nr. 2], 3 S. und 6 S.
(1786)	Bolgeni, Vincenzo: Anti-Appellante ossia Osservazioni Teologico-critiche [...] sopra due Libri intitolati Cosa è un Appellante? e Continuazione dell'Appellante [...]. - [S.a.]. (Manuskript) ACDF SO CL 1786-1788, Nr. 9, 20 S.

Eigene Werke

- Anonym: Dissertazioni sopra l'origine del senso morale, e sopra l'esistenza di Dio ec. In dichiarazione di alquanti punti del primo volume della introduzione allo studio della religione. - In Torino : Nella Stamperia Reale, 1755. - [2] Bl., XCVI S.
- Anonym: Reflexions sur la théorie, & la pratique de l'éducation contre les principes de M. Rousseau. - Turin : Chez les Freres Reycends, & Guibert, 1763. - 192 S.
- Breve esposizione de' caratteri della vera religione [...] per servire d'introduzione alla dottrina cristiana. - Seconda edizione accresciuta di alcune annotazioni, ed aggiunte del medesimo autore. - In Torino : presso Carlo Giuseppe Ricca, 1767. - 100 S. ; Terza edizione accresciuta di alcune annotazioni, ed aggiunte del medesimo autore. - In Firenze : Nella Stamperia Allegrini, Pisoni e comp., 1771. - VIII, 127 S.
- Caratteri della vera religione. - In Palermo : nella reale stamperia, 1781. - 93 S.
- De adoranda humanitate Christi, Synodi Pistoriensis propositio LXI damnata; Propositio XLIII damnata, De cultu sacri cordis Jesu, in: Migne, Jacques Paul (Hg.): Theologiae cursus completus : ex tractatus perfectissimis ubique habitis, et a magna parte episcoporum necnon theologorum Europae catholicae, universim ad hoc interrogatorum, designatis, unice conflatus [...]. - Vol. 9. - Lutetiae Parisiorum 1863, 913-940. [mit Anonym: „Gerdili vita", 907-912]
- De causis academicarum disputationum in theologiam moralem inductarum oratio habita in regio Taurinensi athenaeo Idib. Novembr. MDCCLIV [...]. - Augustae Taurinorum : Ex Typographia Regia, [1754]. - LXXXV S.

- Défense du sentiment du p. Malebranche sur la nature, & l'origine des idées contre l'examen de M. Locke. - A Turin : de l'Imprimerie royale, 1748. - [7] Bl., XXXIX, 282 S.
- Delle opere dell'eminentissimo sig. cardinale Giacinto Sigismondo Gerdil. - Nuova edizione illustrata di note, e accresciuta di opere inedite. - In Bologna : nell'Instituto delle Scienze, 1784-1791. - 6 vol.
- Discours philosophiques sur l'homme considéré rélativement à l'état de nature, & à l'état de société [...]. - A Turin : chez les frères Reycends, 1769 ; A Turin : chez François Antoine Mairesse, 1769. - XXII, 260, [2] S. ; Discori filosofici sopra l'uomo considerato relativamente allo stato di natura ed allo stato di societa. Tradotti dal Francese dal P. A. D. - Lucca : Presso Domenico Marescandoli, 1797. - XIV, 208 S., [2] Bl.
- Dissertations sur l'incompatibilité de l'attraction et de ses différentes lois, avec les phenomènes; et sur les tuyaux capillaires. - A Paris : chez Desaint & Saillant, 1754. - XXIV, 391 S., [1] Bl., 1 Tafel.
- Introduzione allo studio della religione. - In Torino : nella Stamperia Reale, 1755. - [10] Bl., 429 S.
- L' immatérialité de l'âme demontrée contre M. Locke par les mêmes principes, par lequels ce philosophe démontre l'existence & l'immatérialité de Dieu, avec des nouvelles preuves de l'immatérialité de Dieu, et de l'âme, tirées de l'Ecriture, des pères & de la raison. - A Turin : de l'imprimerie Royale, 1747. - [10] Bl., 283 S.
- Opere edite ed inedite. - 20 vol. - Roma 1806-1821.
- Recueil de dissertations sur quelques principes de philosophie et de religion. - A Paris : Chez Hugues-Daniel Chaubert, 1740. - VIII, 228 S., [2] Bl.
- Saggio d'instruzione teologica per uso di convitto ecclesiastico. - In Roma : nella stamperia di Ottavio Puccinelli, 1776. - XXIV, 127 S.
- Traité des combats singuliers. - A Turin : de l'imprimerie royale, [1760]. - XXXX, 372 S., [2] Bl.
- Virtutem politicam ad optimum statum non minus regno, quam reipublicae necessarium esse : oratio habita in regia Taurinensi Academia [...] nonis novembris anno MDCCL. - Augustae Taurinorum : Ex Typographia Regia, [1750]. - LVIII S., [3] Bl., 156 S., [1] Bl.

Literatur
- Bianchi, Angelo: L'istruzione secondaria tra barocco ed età dei lumi. Il collegio di San Giovanni alle Vigne di Lodi e l'esperienza pedagogica dei Barnabiti (Biblioteca di storia moderna e contemporanea ; 4). - Milano 1993, bes. 101-142.
- Boffito, Giuseppe ; Abbiati, Tiberio: Scrittori barnabiti o della congregazione dei chierici regolari di San Paolo. Biografia, bibliografia, iconografia. - 4 vol. - Firenze 1933-1937, hier: vol. 2, 169-214. [Bibliographie]
- Cagni, Giuseppe M.: L'epistolario gerdiliano conservato nell'Archivio Storico dei Barnabiti a Roma, in: Barnabiti Studi 18 (2001), 321-357.
- Cath 4 (1956), 1878f. von G. Marsot.
- DBF 15 (1982), 1282f. von A. Chapeau.
- DBI 53 (1999), 391-397 von P. Stella.
- DHGE 20 (1984), 852-857 von L. Chevalier.

- DThC 6 (1924), 1299f. von P. Godet.
- EC 6 (1951), 96-99 von Celestino Testore und Antonio Lantrua.
- EF 3 (1982), 940-942 von G. Capone Braga.
- EncIt 16 (1932), 657f. von E. Calogero.
- EncKat 5 (1989), 997f. von Stanislaw Kowalczyk.
- Fasciolo Bachelet, Silvia: Il pensiero filosofico di Giacinto Sigismondo Gerdil, in: Barnabiti Studi 18 (2001), 29-96.
- Favaro, Oreste: Gerdil abate di San Michele della Chiusa, in: Barnabiti Studi 18 (2001), 265-320.
- → Fontana, Francesco Luigi: Elogio letterario del cardinale Giacinto Sigismondo Gerdil della congregazione de' Barnabiti recitato nell'adunanza generale degli Arcadi di Roma il dì VI. gennajo dell'Anno 1804. - Imola 1823. [enthalten auch in Gerdil: Opere 1, I-LVIII]
- Gnemmi, Angelo: L'apologia razionale religiosa. Fondamento parmenideo e affermazione di Dio nel contributo di G. S. Gerdil. - Padova 1971.
- Hierarchia Catholica 6, 32.195.
- Lantrua, Antonio: Giacinto Sigismondo Gerdil, filosofo e pedagogista nel pensiero italiano del secolo XVIII (Il pensiero moderno. Ser. 1 ; 4.). - Padova 1952.
- Lapponi, Massimo: Giacinto Sigismondo Gerdil e la filosofia cristiana nell'età moderna. - Roma 1990.
- Lapponi, Massimo: Religione naturale e religione rivelata nel pensiero del Card. Gerdil, in: Barnabiti Studi 18 (2001), 97-125.
- LThK 4 (1995), 498 von Antonio Russo.
- Metzler, Josef: Die Kongregation in der Zeit Napoleons (1795-1815), in: Ders. (Hg.): Sacrae Congregationis de Propaganda Fide memoria rerum. 350 anni a servizio delle missioni 1622-1972. - 3 vol. - Romae 1971-1976, vol. 2, 84-118, hier bes.: 84f.
- Metzler, Josef: Serie dei Cardinali Prefetti e dei Segretari della Sacra Congregazione de Propaganda Fide, in: Ders. (Hg.): Sacrae Congregationis de Propaganda Fide memoria rerum. 350 anni a servizio delle missioni 1622-1972. - 3 vol. - Romae 1971-1976, vol. 3/2, 615-625, bes. 617.
- Pelletier, Gérard: Un cardinale savoiardo nella crisi rivoluzionaria, in: Barnabiti Studi 18 (2001), 203-264.
- Piantoni, Giovanni: Vita del cardinale Giacinto Sigismondo Gerdil barnabita e analisi di tutte le stampate sue opere. - Roma 1851.
- Prandi, Alfonso: Religiosità e cultura nel '700 italiano (Saggi ; 60). - Bologna 1966, 225-252.
- Premoli, Orazio Maria: Storia dei Barnabiti dal 1700 al 1825. - Roma 1925, 138-140.
- Sala, Felice: I nostri cardinali, in: La Congregazione dei chierici Regolari di S. Paolo detti Barnabiti nel IV centenario della fondazione 1533-1933. - Genova 1933, 131-157, hier: 135-139.
- Stella, Pietro: Appunti per una biografia di Giacinto Sigismondo Gerdil, in: Barnabiti Studi 18 (2001), 7-28.
- Tipaldo, Emilio de (Hg.): Biografia degli italiani illustri nelle scienze, lettere ed arti del secolo XVIII, e de' contemporanei compilata da letterati italiani di ogni provincia. - 10 vol. - Venezia 1834-1845, hier: vol. 4, 341-348.

- Traniello, Francesco: Cattolicesimo conciliatorista. Religione e cultura nella tradizione rosminiana lombardo-piemontese (1825-1870) (Studi sui pensiero filosofico e religioso dei secoli XIX e XX ; 16). - Milano 1970, 18-28.
- Valabrega, Roberto: Gerdil e la critica alla cultura dei lumi, in: Barnabiti Studi 18 (2001), 127-202.
- Valabrega, Roberto: Un anti-illuminista dalla cattedra alla porpora. Giacinto Sigismondo Gerdil professore, precetore a corte e cardinale. - Torino 2004.

Bonaventura Gervasi TOR

Namensvariante   Bonaventura da Trapani

Geboren   um 1666 in Trapani (Sizilien)
Gestorben   1740 Jan. 15 in Rom

Familie
Dieser Pater, über dessen Herkunft außer seiner Geburtsstadt Trapani fast nichts bekannt ist, wird in der Literatur wiederholt mit B. → Santelia aus Palermo verwechselt.

Lebenslauf

	Professor für Philosophie und Theologie in Rom (für 15 Jahre)
	Studienregent an SS. Cosma e Damiano, Rom
	Studienregent an S. Paolo alla Regola, Rom
	Mitglied römischer Akademien
[1706]	Relator der CIndex, Antrag auf Ernennung
	ACDF Index Prot. 66 (1705-1706), Bl. 535 (Bewerbung Gervasis o.D. mit Angaben zum Lebenslauf); ACDF Index Diari 13 (1704-1708), Bl. 83v (Bericht des Sekr. der CIndex vom 20. Jan. zur Bewerbung Gervasis)
1706 Jan. 26	Relator der CIndex, Ernennung
	ACDF Index Prot. 81 (1737-1740), Bl. 439v (empfohlen von T. M. → Ferrari)
	Prior des Konvents S. Paolo alla Regola, Rom
	Generalsekretär des Ordens
	Generalprokurator des Ordens in Rom
[1713]	[Qualifikator des SO]
1731 Sept. 14	Ehrengeneral des Ordens, Verleihung des Titels durch päpstliches Breve

Unveröffentlichte Quellen
Archiv von SS. Cosma e Damiano, Rom: Freundliche Mitteilung des Todesdatums an H. H. Schwedt.

Gutachten

(1708 März 5)	Anonym [Desbords des Doires, Olivier]: La scienza della salute Ristretta in quelle due parole pochi sono gli eletti : Trattato Dogmatico intorno al numero de i Predestinati [...]. - In Lucca : Per Pellegrino Frediani, e Gio. Battista Lodovici, 1707. ACDF Index Prot. 68 (1707-1710), Bl. 140r-143v, 8 S.
[1713 Sept. 19]	Picenino, Giacomo: Trionfo della vera religione [...] contro le invettive di Andrea Semery [...]. - In Geneva : appresso Pietro Jaquier, 1712. ACDF SO CL 1711-1714, Nr. 23, 10 S.
[1730 Sept. 20]	♦ Imberti, Ottavio: Dottrina cristiana secondo il metodo, e la prattica de' p.p. dottrinari della Congregazione della dottrina cristiana d'Avignone [...]. - In Viterbo : per Giulio de' Giulii, 1710. ACDF SO CL 1729-1732, Nr. 7, 7 S.
[1730 Sept. 20]	Imberti, Ottavio: La provvidenza divina nel permettere i Peccati, che si fanno nel Mondo [...]. - In Roma : per il Bernabo, 1718. ACDF SO CL 1729-1732, Nr. 7, 11 S.
[1732 Mai 21]	Orgio, Angelo Maria de: Succinto Raguaglio del Tesoro celeste dell' Abitino dell'Immacolata Concezzione di Maria dato negl'ultimi secoli dall'istessa Vergine Alla Ven. Serva di Dio Suor Orsola Benincasa [...]. - Foligno, 1731. (Manuskript) ACDF SO CL 1729-1732, Nr. 19, 4 S.
[1732 Mai 21]	Boscita, Diego: Il Direttore dello spirito Ouero La Guida dell'Anima Alla Cristiana Perfezzione [...]. - [S.a.]. (Manuskript) ACDF SO CL 1729-1732, Nr. 20, 6 S.
[1735]	Anonym [Habert, Louis]: Theologia dogmatica et moralis, ad usum seminarii Catalaunensis. - Parisiis : apud Spiritum Billiot, 1707-1712. ACDF SO CL 1735-1736, Nr. 9, 8 S.
[1735]	Anonym [Habert, Louis]: Theologia dogmatica et moralis ad usum seminarii Catalaunensis [...]. - Parisiis : apud Spiritum Billiot, 1711 [-1713]. ACDF SO CL 1735-1736, Nr. 9, 9 S.
[1735 Juli 13]	Staab, Procopius Maria (Praes.) ; Hartman, Cassius Maria (Resp.) [u.a.]: Ave Maria. Amussis Vitae, seu Lex Ad Mentem Doctoris Angelici Divi Thomae Aquinatis [...]. - [S.l.] : [S.n.], [1718]. ACDF SO CL 1735-1736, Nr. 3, 10 S.

Literatur

- Ceyssens, Lucien ; Tans, Joseph A. G.: Autour de l'Unigenitus. Recherches sur la genèse de la constitution (Bibliotheca Ephemeridum Theologicarum Lovaniensium ; 76). - Leuven 1987, 6f. [mit dem falschen Todesdatum „26. Nov. 1724"]
- Ceyssens, Lucien: L'Unigenitus et sa préparation à Rome, in : Anton 59 (1984), 219-307, hier: 232.
- Luconi, Raniero: Il Terzo Ordine Regolare di S. Francesco. - Macerata 1935, 238f.

Étienne René Potier de Gesvres

Geboren 1697 Jan. 2 in Paris
Gestorben 1774 Juli 24 in Versailles

Familie

Die Familie Potier stellte zwei Bischöfe von Beauvais (1596, 1617), was den Aufstieg der Magistratsfamilie in den hohen Adel widerspiegelt. Der hier interessierende Kardinal, ebenfalls Bischof von Beauvais, war Sohn des Gouverneurs von Paris, François-Bernard Potier, duc de Tresmens, und der adeligen Marie-Madeleine de Seiglière, sowie Neffe des Kardinals Léon Potier de Gesvres (gest. 1744), Erzbischof von Bourges, strammer Antijansenist und Parteigänger der Jesuiten gemäß der Familientradition. Zu Letzterem vgl. DHGE 20 (1984), 1118-1120. Zur verwandtschaftlichen und politischen Orientierung der Familie an der Tradition des Hauses Guise vgl. die Hinweise bei Weber: Senatus, 516.

Lebenslauf

1718	Baccalaureus der Theologie an der Universität Sorbonne, Paris Licentiatus iur. utr. an der Sorbonne
1725	Priesterweihe
1726	Generalvikar seines Onkels, Kardinal Léon Potier de Gesvres, in Bourges
1728 Juni 6	Bischof von Beauvais (bis 1772, Demission)
1756 Apr. 5	Kardinal
1758 Aug. 2	Zuteilung der Titelkirche S. Agnese fuori le mura
1758 Aug. 2	Mitglied der CIndex, Ernennung ACDF Index Prot. 86 (1757-1759), Bl. 28r (Schreiben SS an Sekr. der CIndex)
1758 Aug. 2	Mitglied der CProp, CImmunità und CIndulg ASV SS Mem Bigl 202
1759 Febr. 2	Aufnahme in den Ritterorden vom Heiligen Geist durch Ludwig XV.

Literatur

- Cardella, Lorenzo: Memorie storiche de' Cardinali della Santa Romana Chiesa. - In Roma : nella stamperia Pagliarini, 1792-1797. - 10 vol., hier: vol. 9, 65f.
- DHGE 20 (1984), 1118 von T. de Morembert.
- Hierarchia Catholica 5, 117.
- Seidler, Sabrina M. ; Weber, Christoph (Hg.): Päpste und Kardinäle in der Mitte des 18. Jahrhunderts (1730-1777). Das biographische Werk des Patriziers von Lucca Bartolomeo Antonio Talenti (Beiträge zur Kirchen- und Kulturgeschichte ; 18). - Frankfurt a.M. u.a. 2007, 569-570.
- Weber, Christoph: Senatus Divinus. Verborgene Strukturen im Kardinalskollegium der frühen Neuzeit (1500-1800) (Beiträge zur Kirchengeschichte ; 2). - Frankfurt a.M. 1996, 516.

Giacinto Maria di S. Bernardino OAD

Lebenslauf

Mitglied des Konvents Gesù e Maria al Corso, Rom
1701 März 10   Konsultor der CIndex, Ernennung
    ACDF Index Diari 12 (1700-1703), Bl. 18v („institutus" in Audienz)
1702 Mai 10   [Revisor] des SO
    ACDF SO Decreta 1702, Bl. 148v (erstes Referat)

Gutachten

(1701 Juli 11)   Bose, Johann Andreas: Schediasma De Comparanda Notitia Scriptorvm Ecclesiasticorvm [...]. - Jenae : Ex officina Joannis Nisii, 1673.
    ACDF Index Prot. 60 (1700-1701), Bl. 397r-398v, 3 S. (Doppelgutachten)

(1701 Juli 11)   Wagner, Tobias: Examen Elencticum Atheismi Speculativi Institutum [...]. - Tubingae : Typis Johann-Henrici Reisi[i], 1677.
    ACDF Index Prot. 60 (1700-1701), Bl. 397r-398v, 3 S. (Doppelgutachten)

(1702 Jan. 16)   Hardt, Hermann von der: Magnum Oecumenicum Constantiense Concilium De Universali Ecclesiae Reformatione, Unione, Et Fide [...]. - Francofurti Et Lipsiae : In Officina Christiani Genschii ; Helmestadi[i] : Typis Salmoniis Schnorrii, 1700. (Bd. 1)
    ACDF Index Prot. 61 (1701-1702), Bl. 301r-307v, 14 S.

[1702 Mai 10]   Deza, Massimiliano: Vindiciae solidae Probabilitatis ab Authoritate SS. Patrum [...]. - [S.a.]. (Manuskript)
    ACDF SO CL 1701-1702, Nr. 29, Bl. 911r-914v, 8 S.

(1703)   ♦ Hazart, Cornelius: Triomph vande christelycke leere ofte grooten catechismus met eene breede verklaringhe van alle syne voornaemste stucken ende eene korte wederlegginghe van den catechismus der Calvinisten [...]. - T'Antwerpen : by Michiel Knobbaert, 1683.
    ACDF SO CL 1703, Nr. 40, 14 S.

[1703 Apr. 17]   Strozzi, Tommaso: Controversia della concezione della Beata Vergine Maria [...]. - In Palermo : presso Giuseppe Gramignani, 1700.
    ACDF SO CL 1703, Nr. 10, Bl. 210r-220r, 9 S.

[1703 Juni 19]   Morano, Francesco Maria: Risposte date da un Teologo, per scioglimento d'alcuni quesiti fattigli da più Confessori, desiderosi di ben indirizzare l'anime a Dio [...]. - Milano : G. P. Malatesta, 1698.
    ACDF SO CL 1703, Nr. 28, Bl. 246r-248v, 6 S.

[1703 Aug. 21]   Colendall, Heinrich (Resp.): Theses Theologicae de Peccatis et Gratia [...]. - [Monast. Westph.] : Typis Viduae Raesfeldii, [1703].
    ACDF SO CL 1703, Nr. 34, Bl. 316r-318v, 6 S.

(1704)   Judicium S. Facultatis Theologicae Lovaniensis De octo Articulis inter alios excerptis ex Casu Conscientiae in Sorbona à quadraginta

	Doctoribus 20. Julii 1702. subscripto [...]. - Lovani[i] : Apud Henricum van Overbeke, 1703.
	ACDF SO CL 1704-1705, Nr. 5, Bl. 515r-521v, 14 S.
(1704 Febr. 18)	Anonym [Saguens, Johannes]: Systema gratiae philosophico-theologicum [...]. - Mediolani : apud A. Le Cadet, typographum, 1701.
	ACDF Index Prot. 64 (1703-1704), Bl. 253r-256r, 7 S.
[1704 Febr. 26]	Anonym [Grimaldi, Costantino]: Risposta alla seconda lettera apologetica di Benedetto Aletino [...]. - In Colonia : appresso Sebastiano Hecht, 1702.
	ACDF SO CL 1711-1714, Nr. 3, Bl. 622r-626v, 10 S. (Doppelgutachten)
[1704 Febr. 26]	Grimaldi, Costantino: Risposta alla terza lettera apologetica contra il Cartesio creduto da piu d'Aristotele di Benedetto Aletino [...]. - In Colonia [i.e. Napoli?] : appresso Sebastiano Hecht [i.e. Rosselli?], 1703.
	ACDF SO CL 1711-1714, Nr. 3, Bl. 622r-626v, 10 S. (Doppelgutachten)

Michelangelo Giacomelli

Geboren	1695 Sept. 11 in Pistoia
Gestorben	1774 Apr. 17 in Rom

Familie

Die Eltern des späteren Prälaten, Sebastiano Giacomelli und Camilla, Tochter eines Michele Jacopetti, gehörten beide zu den „povere ma oneste famiglie" in Pistoia. Ein väterlicher Onkel, der Priester Giovanni Giacomelli, unterrichtete den jungen Michelangelo und vermittelte, nach dessen Empfang der Tonsur (Kleriker), eine Empfehlung des Bischofs von Pistoia mit entsprechendem Stipendium zum Studium an der Universität Pisa (vgl. Capponi: Biografia, 224). Giacomelli war in Rom ein stadtbekanntes Mitglied der um das Collegio Romano gravitierenden jesuitenfreundlichen „familia" und wurde von Papst → Clemens XIV. bald nach dessen Wahl faktisch abgesetzt, wenn auch formal emeritiert. Vgl. Moroni 30, 201.

Lebenslauf

	Kleriker [des Bistums Pistoia]
1714	Studium an der Universität Pisa
1718 Mai 26	Dr. theol. an der Universität Pisa
1718 Sept. 24	Priesterweihe
ab 1718	Aufenthalt in Rom, gefördert vom Kurienprälaten Niccolò Forteguerri aus Pistoia
1721 Jan. 24	Auditor von Kardinal C. A. → Fabroni, Amtsantritt durch Eidesleistung
	ACDF SO Juramenta 1701-1724, Bl. 319

	Privatbibliothekar von Kardinal C. A. Fabroni und von Kardinal C. → Collicola
1742	Redakteur des Giornale dei Letterati (bis 1760)
1759 Sept. 24	Abbreviatore di Curia ASV SS Mem Bigl 204 (zuständig für die „visa di Curia")
1759 Nov. 30	Segretario delle Lettere latine ASV SS Mem Bigl 204
1760 Sept. 5	Konsultor der CIndex, Ernennung ACDF Index Prot. 87 (1759-1762), Bl. 162r; ACDF Index Diari 17 (1749-1763), Bl. 86v; ASV SS Mem Bigl 205 (Schreiben SS an Giacomelli, Entwurf)
1761 Mai 1	Eid des SO als Segretario delle Lettere latine ACDF SO Extens. 1749-1808 = ACDF SO St.St. Q-1-q, Bl. 149r („Secret. Epist. SS.D.N.")
1762 Juli 6	Sekretär der Apostolischen Breven ASV SS Mem Bigl 207
1766 Aug. 1	Kanoniker an St. Peter, Rom BAV Vat. Lat. 10171, Bl. 64v
1766 Sept. 26	Titularerzbischof von Chalcedon
1769	Emeritierung

Eigene Werke
- Aeschylus: Tragodia Prometheus desmotes. Prometeo legato tragedia d'Eschilo volgarizzata e con annotazioni sul testo greco illustrata. - In Roma : dalla stamperia di Pallade, appresso Niccolò, e Marco Pagliarini, 1754. - VIII, 127 S. [Hg. und Übers.; Widmung auf S. V gez. von Giacomelli]
- Anonym: Dissertazione intorno agli ordini romani, in: Annali delle scienze religiose. Ser. 2 (1853), 3-37. [Verfasserschaft unsicher, vgl. S. 4: Zuschreibung an P. → Lazeri, „o all'amico suo monsignor Michelangelo Giacomelli"]
- Anonym: La pace universale componimento per musica celebrandosi in Roma le feste per la nascita del serenissimo duca di Borgogna dall'ill.mo [...] duca di Nivernois ambasciatore del re cristianissimo &c. - In Roma : presso Giovanni Maria Salvioni, 1751. - XXVIII S.
- Anonym: Raccolta di poesie per la solenne coronazione della Sacra Immagine di Maria Vergine Nostra Signora intitolata dell'Umiltà di Pistoja contenente I. Ester, ovvero l'umiltà coronata. Oratorio II. Sonetti, e canzoni dedicata all'illustrissimo, e reverendissimo monsignore Niccolò Forteguerri [...]. - In Pistoja : Per Gio. Silvestro Gatti, 1716. - 56 S., [1] Bl.
- Chariton <Aphrodisiensis>: De' racconti amorosi di Cherea e di Callirroe libri otto tradotti dal greco. - Roma : [S.n.], 1756. - [3] Bl., 248 S. ; Crisopoli [= Parma] : dalla Tipografia della Società letteraria 1801. - 2 vol. ; Pisa : presso Niccolò Capurro, 1816. - XIII, 182 S. [Übers.]
- Delle lodi delle belle arti. Orazione, in: Anonym: Delle lodi delle belle arti. Orazione, e componimenti poetici detti in Campidoglio in occasione della festa del concorso celebrato dall'insigne Accademia del Disegno di S. Luca [...] l'anno 1739 [...]. - In Roma : appresso Giovanni Maria Salvioni, 1739, 25-41.

- Ioannes Chrysostomus <santo>: Del sacerdozio libri VI. Volgarizzati e con annotazioni illustrati. - In Roma : Per Giuseppe Collini, e Benedetto Francesi, 1757. - [3] Bl., 430 S. ; Seconda edizione con note (Antologia morale e religiosa raccolta dalle opere migliori dei Padri della Chiesa ; 38). - Milano 1827. - 258 S. ; Prato 1852. - LXVIII, 256 S. [Hg., Übers. ; in der Ausg. Prato 1852, S. XXVII-LXVI, „Notizia biografica" zu Giacomelli von Enrico Bindi]
- → Lambertini, Prospero <Benedictus XIV., papa>: Commentarii duo De D. N. Jesu Christi matrisque ejus festis, et De missae sacrificio retractati atque aucti. / Ex italico in latinum sermonem vertit Michael Angelus de Giacomellis. - Patavii : Typis Seminarii, Apud Joannem Manfre, 1745. - [3] Bl., 333, 245 S. ; Editio nova. - Patavii : Typis Seminarii, recusum Anno 1753. - [3] Bl., 333, 248 S., [1] Bl. [Hg., Übers.]
- Modestus <Hierosolymitanus>: Tou en agiois Patros emon Modestou archiepiskopou ierosolymon Enkomion eis then koimesin tes yperagias Despoines emon Theotokou kai Aeiparthenou Marias. Sancti Patris nostri Modesti Archiepiscopi Hierosolymitani Encomium in Dormitionem Sanctissimae Dominae nostrae Deiparae semperque Virginis Mariae. - Romae : Excudebant Benedictus Franzesi et Cajetanus Paperi, 1760. - [2] Bl., 57 S. [Hg.]
- Philo <Carpasianus>: Philonos episkopou tou Karpasiou Hermeneia eis asmata ton asmaton. Philonis episcopi Carpasii Enarratio in Canticum Canticorum. Graecum textum, adhuc ineditum, quamplurimis in locis depravatum emendavit, & nova interpretatione adiecta nunc primum in lucem profert Michael Angelus Giacomellus. - Romae : apud Benedisctum Franzesi, 1772. - [3] Bl., XXIV, 216 S. [Hg.]
- Prologi in Terentium ab Antonio Matanio illustrati. - Pistori : apud Atthonem Bracalium, 1777. - XXIV, CC S. [darin S. V-XXIV „De vita Michaelis Angeli Giacomelli Commentarius"]
- Sophocles: Sophokleous Elektra. Elettra di Sofocle volgarizzata ed esposta. - In Roma : nella stamperia di Pallade, presso Niccolò, e Marco Pagliarini, 1754. - VI S., [1] Bl., 220 S. [Hg., Übers.; Widmung unterzeichnet S. VI von Giacomelli]
- Xenophon: I quattro libri di Senofonte dei detti memorabili di Socrate. Nuova traduzione dal greco. Con note e variazioni di Alessandro Verri. - Brescia 1806. (XXIII, 288 S.) [posthum] ; Seconda edizione. - 2. vol. - Brescia 1822-1823. [Weitere Ausgaben: Napoli 1836 ; Milano 1852, 1871, 1876 und 1881]

Literatur
- Capponi, Vittorio: Biografia pistoiese, o Notizie della vita e delle opere dei pistoiesi (Italica gens ; 11). - Pistoia 1878-1883, 224-230.
- Caracciolo, Alberto: Domenico Passionei tra Roma e la Repubblica delle lettere. - Roma 1968, 181-183.
- Dammig, Enrico: Il movimento giansenista a Roma nella seconda metà del secolo XVIII (StT ; 119). - Città del Vaticano 1945, 58.
- DBI 54 (2000), 140f. von L. Asor Rosa.
- DThC 6 (1947), 1344f. von Édouard d'Alençon.
- Matani, Antonio: Elogio di Michel-Angelo Giacomelli. - In Pisa : Per i fratelli Pizzorni, 1775. - LII S. [auch in: Giornale de' letterati. - Pisa : Apresso li Frateli Pizzorni, 20 (1775), 146-149; ebd., 165-169 Werkliste Giacomellis]

- Moroni 30 (1844), 200f.
- Savio, Pietro: Devozione di monsignor Adeodato Turchi alla S. Sede. Testo e DCLXXVII documenti sul giansenismo italiano ed estero (Collana di cultura L'Italia Francescana ; 6). - Roma 1938, 45-58.
- Tipaldo, Emilio de (Hg.): Biografia degli italiani illustri nelle scienze, lettere ed arti del secolo XVIII, e de' contemporanei compilata da letterati italiani di ogni provincia. - 10 vol. - Venezia 1834-1845, hier: vol. 5, 458-466.
- Winckelmann, Johann Joachim: Lettere italiane. - Milano 1961, 43f.55 u.ö.

Bernardo (Bernardino) Antonio Giannotti da Capranica OFMConv

Geboren   um 1670 in [Capranica (bei Rom)]

Lebenslauf

            Lektor für Kontroverstheologie am Kolleg S. Bonaventura, Rom
            Mitglied der Accademia teologica, Rom
            Lektor am Collegium Urbanum de Propaganda Fide, Rom
1699   Relator der CIndex, Antrag auf Ernennung
            ACDF Index Prot. 59 (1699-1700), Bl. 4v.59r.60v (Vermerk Sekr. der CIndex; empfohlen von Kardinal L. → Altieri)
1699 Okt. 1   Relator der CIndex, Ernennung
            ACDF Index Diari 11 (1696-1699), Bl. 107v

Literatur
- Donato, Maria Pia: Accademie romane. Una storia sociale (1671-1824) (Studi e strumenti per la storia di Roma ; 4). - Napoli 2000, 23. [Bernardino A. „Ginotti"]

Virgilio Giannotti

Geboren   1671 Mai 22 in Città di Castello (Umbrien)
Gestorben   1751 Apr. 16 in Città della Pieve

Familie
Der spätere Bischof bezeichnete sich 1708 in seiner Bewerbung für die Indexkongregation als Adeligen seiner Vaterstadt.

Lebenslauf

            Dr. phil.
            Dr. theol.
1705   Mitglied der Accademia teologica, Rom
            Mitglied weiterer römischer Akademien
            Adiutor studiorum von Kardinal C. A. → Fabroni

[1708]	Relator der CIndex, Antrag auf Ernennung ACDF Index Prot. 68 (1707-1710), Bl. 140r (Bewerbung Giannottis o.D. an die CIndex mit Angaben zum Lebenslauf)
1708 Mai 15	Relator der CIndex, Ernennung ACDF Index Diari 13 (1704-1708), Bl. 140r
1717 Mai 30	Priesterweihe
1719 Jan. 18	Konsultor der CIndex, Ernennung ACDF Index Diari 14 (1708-1721), Bl. 118v Auditor der Nuntiatur in Venedig (für 16 Jahre)
1735 Mai 28	Nuntiaturgeschäftsträger (luogotenente) in Venedig (bis 6. Aug. 1735)
1747 Mai 2	Dr. iur. utr. an der Universität Sapienza, Rom
1747 Mai 15	Bischof von Città della Pieve

Gutachten

(1711 Mai 4)	Anonym [Malebranche, Nicolas]: Meditations Chrestiennes [...]. - A Cologne [Amsterdam] : Chez Balthasar D'Egmond, & Compagnie [Pieter & Joan Blaeu], 1683. ACDF Index Prot. 69 (1710-1712), Bl. 172r-175v, 8 S.
(1713 Sept. 19)	Anonym [Clugny, François de]: (1) De l'Oraison des pécheurs [...]. - Dijon : J. Grangier, 1689. (2) La Devotion des pécheurs pénitens [...]. - Lyon : A Briasson, 1685. ACDF Index Prot. 70 (1713-1715), Bl. 128r-131v, 8 S. (Doppelgutachten)
(1715 Juli 15)	LeVassor, Michel: Histoire du règne de Louis XIII. [...]. - A Amsterdam : chez Pierre Brunel [...], 1700-1712. ACDF Index Prot. 71 (1715-1721), Bl. 89r-91v, 6 S.
(1719 Jan. 16)	Connor, Bernard: Evangelium Medici seu medicina mystica de suspensis naturae legibus sive de miraculis [...]. - Jenae : sumptibus Henrici Christoph. Crökeri, 1706. ACDF Index Prot. 71 (1715-1721), Bl. 505r-510v, 12 S.

Eigene Werke
- Computus ecclesiasticus duobus discursibus accademicis breviter explanatus. - Roma : ex typographia Joannis Francisci Chracas, 1713. - 100 S.

Literatur
- Costa, Gustavo: Malebranche e Roma. Documenti dell'Archivio della Congregazione per la Dottrina della Fede (Le correspondenze letterarie, scientifiche ed erudite dal Rinascimento all'età moderna. Subsidia ; 3). - Firenze 2003, 226-230. [Gutachten Giannottis zu Malebranche von 1711]
- Hierarchia Catholica 6, 168.
- Repertorium der diplomatischen Vertreter aller Länder seit dem Westfälischen Frieden (1648). Hg. von Leo Bittner, Friedrich Hausmann, Otto Friedrich Winter. - 3 Bde. - Zürich 1950-1965, hier: Bd. 2, 267. [„Giamotti"]

- Silvestrelli, Antonio: Storia della Pontificia Accademia Teologica dalla Fondazione al 1770. - Diss. masch. Pontificia Università Lateranense. - Roma 1963, 480.

Giovanni Battista Giatini (Giattini) SJ

Geboren	1649
Gestorben	1731 Dez. 13 in Rom

Lebenslauf

1684	Professor für Logik am Collegio Romano (bis 1685)
1690	Professor für Ethik am Collegio Romano (bis 1695)
1693 Apr. 4	Konsultor der CIndex, Ernennung
	ACDF Index Diari 10 (1692-1696), Bl. 24r (Vermerk Sekr. der CIndex; erneut Bl. 27v unter 21. Apr. 1693)
1695	Professor für Kasuistik am Collegio Romano (bis 1708)
1708	Professor für Theologia positiva am Collegio Romano (bis 1715)

Gutachten

1701 Aug. 29	Bayle, Pierre: Dictionaire Historique Et Critique [...]. - A Rotterdam : Chez Reinier Leers, 1697.
	ACDF Index Prot. 61 (1701-1702), Bl. 82r-85v, 8 S.
1707 Juli 19	Menthen, Godefridus (Hg.): Thesaurus Theologico-Philologicus, Sive Sylloge Dissertationum Elegantiorum Ad Selectiora Et Illustriora Veteris Et Novi Testamenti Loca [...]. - Amstelaedami : Excudunt Henricus & Vidua Theod. Boom [...]; Et Ultrajecti : Guilielmus van de Water, & Guilielmus Broedelet, 1701-1702.
	ACDF Index Prot. 67 (1706-1707), Bl. 475r-478r, 7 S.
1712 Sept. 19	Anonym [Malebranche, Nicolas]: Traité de morale [...]. - A Rotterdam : chez Reinier Leers, 1684.
	ACDF Index Prot. 69 (1710-1712), Bl. 418r-421v, 8 S.
(1714 Nov. 26)	Marsollier, Jacques: Vita Di D. Armando Giovanni Di Ransé [...]. - In Lucca : per I Marescandoli. (Con Lic. De Super.) A spesa di Pellegrin Frediani, 1706.
	ACDF Index Prot. 70 (1713-1715), Bl. 340r-344r, 9 S.
(1721 Jan. 21)	Khamm, Corbinian: Hierarchia Augustana Chronologica Tripartita In Partem Cathedralem, Collegialem, Et Regularem [...]. - Augustae : Joan. Mich. Labhart, 1709-1719.
	ACDF Index Prot. 71 (1715-1721), Bl. 725r-728v, 8 S.

Literatur

- Costa, Gustavo: Malebranche e Roma. Documenti dell'Archivio della Congregazione per la Dottrina della Fede (Le correspondenze letterarie, scientifiche ed erudite dal Rinascimento all'età moderna. Subsidia ; 3). - Firenze 2003, 152-167.242-249.

- Fejér, Josephus: Defuncti secundi saeculi Societatis Jesu (1641-1740). - 5 vol. - Romae 1985-1990, hier: vol. 2, 201.
- García Villoslada, Ricardo: Storia del Collegio Romano dal suo inizio (1551) alla soppressione della Compagnia di Gesù (1773) (Analecta Gregoriana. Series Facultatis historiae ecclesiasticae Sectio A ; 66). - Roma 1954, 325f.333f.
- Wernicke, Michael Klaus: Kardinal Enrico Noris und seine Verteidigung Augustins (Cassiciacum ; 28). - Würzburg 1973, 273.

Giovanni Gioieni SJ

Namensvariante Giovanni Gioeni SJ

Gestorben 1725 Febr. 12 in Palermo

Familie
Die Patrizierfamilien Gioeni in Palermo und in Catania, die mehrere Titel als Fürsten und Herzöge besaßen, führten sich auf das Haus Anjou zurück, auf das auch der Name Gioeni (Angioini) hinweisen soll. In Palermo werden einige Familienmitglieder mit dem Namen Giovanni erwähnt, darunter der pretore von 1614 und 1634 in Palermo, seit 1633 erster Duca di Angio (Mango di Castelgerardo: Nobiliario 1, 327). Zwei aus Palermo gebürtige Bischöfe in Agrigent um 1750 gehörten zu dieser Großfamilie, auch fünf Jesuiten um 1700 mit dem Namen Gioeni. Vgl. Weber: Referendare 2, 647.

Lebenslauf
1693 Okt. 4   Qualifikator des SO, Amtsantritt durch Eidesleistung
　　　　　　ACDF SO Extens. 1680-1690 [-1707] = ACDF SO St.St. Q-1-p, Bl. 243v
1718 Febr. 7   [Relator der CIndex, Ernennung]
　　　　　　ACDF Index Diari 14 (1708-1721), Bl. 111r (Referat im Auftrag des Papstes)

Gutachten
(1718 Febr. 7)   Volpe, Angelo: Sacrae theologiae summa Ioannis Duns Scoti [...]. - Neapoli : apud Lazarum Scorigium, 1622-1646. (Bd. 1/3)
　　　　　　ACDF Index Prot. 71 (1715-1721), Bl. 377r-399r, 44 S.

Literatur
- Fejér, Josephus: Defuncti secundi saeculi Societatis Jesu, 1641-1740. - 5 vol. - Romae 1985-1990, hier: vol. 2, 205. [Todesdatum]
- Mango di Castelgerardo, Antonino: Nobiliario di Sicilia. - 2 vol. - Palermo 1912-1915 ; ND Bologna 1970, hier: vol. 1, 326-328. [Familie]
- Spreti, Vittorio: Enciclopedia storico-nobiliare italiana. - 6 vol. - Milano 1928-1932; Appendici. - 2 vol. - Milano 1935, hier: vol. 3, 458-460. [Familie]

- Weber, Christoph (Bearb.): Die päpstlichen Referendare 1566-1809. Chronologie und Prosopographie (PuP ; 31/1-3). - 3 Bde. - Stuttgart 2003-2004, hier: Bd. 2, 647. [Familie]

Domenico Giordani

Geboren   1700 Febr. 17 in Monte S. Angelo (Apulien)
Gestorben 1781 Febr. 24 in Rom

Familie

Der spätere Vicegerente des römischen Vikariates gehörte zu einer alteingesessenen Familie in Monte S. Angelo im Gargano-Gebirge, aus der vom 17. bis 20. Jahrhundert verschiedene Kleriker, Juristen, Schriftsteller und Politiker hervorgingen (Ciuffreda: Uomini, 256f.). Berühmt wurde vor allem der Humanist und Jakobiner Giantommaso Giordani (1772-1834), der so genannte Homer von Apulien (auch: „l'Omero garganico", Villani: Scrittori, 422). Spreti: Enciclopedia 3, 462, rechnet den hier interessierenden Domenico ohne plausible Gründe zu der Patrizierfamilie Giordani aus dem nahen Lucera, die im 17. Jahrhundert geadelt wurde, seit 1720 mit dem Herzogstitel duchi di Oratino.

Lebenslauf

1725 Apr. 8	Priesterweihe
	Dozent für Philosophie, Theologie und Kirchenrecht in Rom
[1727]	Relator der CIndex, Antrag auf Ernennung (abgelehnt)
	ACDF Index Prot. 76 (1727-1728), Bl. 88r.89 (Bewerbung Giordanis o.D. an die CIndex mit Angaben zum Lebenslauf; Vermerk „lectum"); ACDF Index Diari 15 (1721-1734), Bl. 74v (Beschluss der Kardinäle vom 2. Sept.: „renuerunt")
1728 Jan. 28	Adiutor studiorum von G. → Bortoni, Amtsantritt durch Eidesleistung
	ACDF SO Juramenta 1725-1736, o.Bl.
1731 Febr. 8	Dr. iur. utr. an der Universität Sapienza, Rom
	Auditor der Nuntiatur in Venedig
	Kanoniker in Neapel unter Erzbischof Kardinal G. → Spinelli
1746 Okt.	Beteiligter am letzten „actus publicus" der Inquisition von Neapel
1746 [Nov.]	Ausweisung aus dem Königreich Neapel und Aufenthalt in Rom
1749 Dez. 1	Bischof von Teano (Demission: 7. Juli 1755)
1755 Juli 10	Sekretär der CDiscReg
	ASV SS Mem Bigl 195 (Schreiben SS an Giordani und Kardinal Guadagni, Entwurf)
1755 Aug. 4	Titularerzbischof von Nikomedia
1759 Sept. 24	Vicegerente (Demission: 1773)
	ASV SS Mem Bigl 204
[1759]	Konsultor des SO

1760 Jan. 15	Votante der CIndulg ASV SS Mem Bigl 205
1762 Jan. 19	Matthias Santorius, Adiutor studiorum von Giordani, Amtsantritt durch Eidesleistung ACDF SO Extens. 1749-1808 = ACDF SO St.St. Q-1-q, Bl. 153v
1762 Juni 22	Prälat [Konsultor] der CResEp ASV SS Mem Bigl 207
1766 Dez. 22	Titularerzbischof von Antiochia
1773 Sept. 21	Konsultor des SO, Bestätigung (nach Demission als Viceregente) ACDF SO Priv. 1772-1773, Bl. 598 (Schreiben Ass. des SO an Giordani)
1776 März 28	Antonio Pincillotti, Sekretär von Giordani, Amtsantritt durch Eidesleistung ACDF SO Juramenta 1766-1776, Bl. 281

Gutachten

[1777 Febr. 10]	Erläuterter Kathechismus zum Gebrauche der deutschen Stadtschulen [...]. (1776) ACDF SO CL 1777 = ACDF SO St.St. O-4-i, [Nr. 2], 1 S.

Literatur
- Caffiero, Marina: Battesimi forzati. Storie di ebrei, cristiani e convertiti nella Roma dei papi (La corte dei papi ; 14). - Roma 2004, 169-171.
- Ciuffreda, Antonio: Uomini e fatti della montagna dell'Angelo. - [Foggia 1989], 256f.
- De Maio, Romeo: Società e vita religiosa a Napoli nell'età moderna (1656-1799) (Storia e filologia E.S.I. ; 1). - Napoli 1971, 218f.
- Del Re, Niccolò: Monsignor Governatore di Roma. - Roma 1972, 67.
- → Fania, Antonio Maria: Biografia ed elogio storico di Giantommaso Giordani Garganico, in: Giordani, Giantommaso: Opere scelte edite ed inedite italiane e latine. Con una versione in versi esametri della Basvilliana di Vincenzo Monti. - Napoli 1875, 10-115. [zur Familie; mit Abdruck der römischen Grabinschrift für Giordani]
- Forcella, Vincenzo: Iscrizioni delle chiese e d'altri edifici di Roma dal secolo XI fino ai giorni nostri. - 14 vol. - Roma 1869-1884, hier: vol. 5, 408, Nr. 1112.
- Morelli, Emilia (Hg.): Le lettere di Benedetto XIV al card. De Tencin. Dai testi originali (Storia e letteratura ; 55.101.165). - 3 vol. - Roma 1955-1984, hier: vol. 1, 389f.
- Notizie 1760, 69. [Giordani erstmals als Konsultor des SO genannt; ernannt wohl im Vorjahr]
- Sarnataro, Ciro: La catechesi a Napoli negli anni del card. Giuseppe → Spinelli (1734-1754). Contributi alfonsiani alla storia della catechesi. - Roma 1988, 35-38.
- Spreti, Vittorio: Enciclopedia storico-nobiliare italiana. - 6 vol. - Milano 1928-1935, hier: vol. 3, 462.
- Villani, Carlo: Scrittori ed artisti pugliesi antichi, moderni e contemporanei. - Trani 1904, 421f.
- Weber, Christoph (Bearb.): Die päpstlichen Referendare 1566-1809. Chronologie und Prosopographie (PuP ; 31/1-3). - 3 Bde. - Stuttgart 2003-2004, hier: Bd. 2, 647.

Agostino Antonio Giorgi OSA

Geboren	1711 Mai 10 in S. Mauro (bei Rimini)
Gestorben	1797 Mai 4 in Rom

Lebenslauf

[1727]   Ordenseintritt in Bologna
Sprachenstudium (Kaldäisch, Syrisch, Koptisch, Tibetanisch)
Lektor für Theologie in Ordenskonventen in L'Aquila, Florenz, Mailand, Padua und Bologna (dort Bekanntschaft mit P. → Lambertini)

1747   Professor für Exegese an der Universität Sapienza, Rom (berufen von Benedikt XIV.)

1749 Dez. 12   Konsultor der CRiti
    ASV SS Mem Bigl 189

1752   Bibliothekar der Bibliotheca Angelica, Rom (bis 1797)

1752 Aug. 23   Konsultor der CCorrLOr
    ASV SS Mem Bigl 192
    Esaminatore del clero romano

1764   Generalprokurator des Ordens in Rom (bis 1777, 1771 im Amt bestätigt)

1772 Juli 16   Konsultor des SO, Ernennung
    ACDF SO Juramenta 1766-1776, Bl. 162-163 (Schreiben SS an Ass. und Sekr. des SO)

1772 Juli 22   Konsultor des SO, Amtsantritt durch Eidesleistung
    ACDF SO Juramenta 1766-1776, Bl. 161
    Kommissarischer Generaloberer des Ordens aufgrund der Erkrankung des Augustiner-Generals Vasquez

1784 Apr.   Generalvikar des Ordens nach dem Tod Vasquez' (bis 1786)

Gutachten

(1752 Febr. 29)   Montfaucon de Villars, Nicolas Pierre Henri: Il Conte Di Gabali' Ovvero Ragionamenti Sulle Scienze Segrete [...]. - Londra : Dal Pickard, 1751.
    ACDF Index Prot. 83 (1749-1752), Bl. 386r-393r, 16 S. (Doppelgutachten)

(1752 Febr. 29)   Anonym [Sangro, Raimondo di]: Lettera apologetica dell'Esercitato accademico della Crusca : contenente la difesa del libro intitolato Lettere d'una Peruana [...]. - In Napoli : Gennaro Morelli, 1750.
    ACDF Index Prot. 83 (1749-1752), Bl. 386r-393r, 16 S. (Doppelgutachten)

[1771 Sept. 11]   ♦ Papageōrgiu, Michael: Alphabētikon bibliarion [...]. - En tē Biennē : [S.n.], 1766.
    ACDF SO CL 1771-1772, Nr. 2, 75 S.

(1776)   Anonym: Lettera apologetica a sua eccellenza il signor marchese N.N. amico del signor avvocato Giovambattista Benedetti di Ferrara scritta [...] Nell'occasione di certo libello diffamatorio contro agli

	Ebrei venuto alla luce sotto il titolo di Dissertazione della Religione e del Giuramento degli Ebrei [...]. - In Mantova : Per l'Erede di Alberto Pazzoni, ACDF SO CL 1776, Nr. 12, 29 S.
[1777 Febr. 10]	Erläuterter Kathechismus zum Gebrauche der deutschen Stadtschulen [...]. (1776) ACDF SO CL 1777 = ACDF SO St.St. O-4-i, [Nr. 2], 7 S.
(1779)	Anonym [Clémence, Joseph Guillaume]: La difesa de' Libri Santi e della religione giudaica contro le imputazioni e varie dicerie del sig. di Voltaire [...]. - Venezia : [presso Giuseppe] Bettinelli, 1770. ACDF SO CL 1779-1780, Nr. 1, 28 S. und 10 S.
(1781)	♦ Dobretić, Marko: Krakto skupgliegne chiudoredné illiti morale bogoslovicze svarhu sedam katolicanske czrkve sakramenatah [...]. - Ankonina [= Anconiae] : pro Petru Paulu Ferri, 1782. ACDF SO CL 1781, Nr. 5, 43 S.
(1782)	♦ Anonym [Holbach, Paul Henri Thiry d']: Histoire critique de Jésus-Christ, ou analyse raisonnée des évangiles. - A Amsterdam : [S.n.], 1778. ACDF SO CL 1782, Nr. 9, 20 S.
(1782)	♦ Anonym [Voltaire]: Nouveaux mélanges philosophiques, historiques, critiques. - [S.l.] : [S.n.], 1770-1775. ACDF SO CL 1782, Nr. 9, 26 S.
(1787)	Calà, Carlo: De contrabannis clericorum in rebus extrahi prohibitis a Regno Neapolitano : Dissertatio iuridico-politica [...]. - [Napoli] : [S.n.], [1646?]. ACDF SO CL 1786-1788, Nr. 7, 18 S.
(1788)	♦ Eybel, Joseph Valentin: Was enthalten die Urkunden des christlichen Althertums von der Ohrenbeichte [...]. - Wien : [S.n.], 1784. ACDF SO CL 1788, Nr. 6, 22 S.

Eigene Werke
- Alphabetum Tibetanum missionum apostolicarum commodo editum. Premissa est disquisitio qua de vario litterarum ac regionis nomine, gentis origine moribus, superstitione, ac manichaeismo fuse disseritur. Beausobrii calumniae in sanctum Augustinum, aliosque ecclesiae Patres refutantur. - Roma : typis Sacri Congregationis de Propaganda Fide, 1762. - XCIV, 3-820, [6] S.
- Christotimi Ameristae adversus epistolas duas ab anonymo censore in dissertationem commonitoriam Camilli Blasii De Festo Cordis Jesu Vulgatas Antirrheticus. Accedit mantissa contra epistolium tertium nuperrime cognitum. - Romae : Apud Benedictum Francesi, 1772. - LXXVI, 380, 396 S.
- De inscriptionibus Palmyrenis quae in Museo Capitolino adservantur interpretandis epistola. - Romae : apud Antonium Fulgonium, 1782. - 176 S.
- De miraculis Sancti Coluthi et reliquis actorum Sancti Panesniu martyrum thebaica fragmenta duo alterum auctius alterum nunc primum editum. Praedit dissertatio eminentissimi Stephani card. Borgiae de cultu S. Coluthi M. Accedunt fragmenta varia

notis inserta, omnia ex Museo Borgiano Veliterno deprompta et illustrata. - Romae : apud Antonium Fulgonium, 1793. - [4], CCCXX, 416 S.
- Dissertazione accademica sopra un monumento Etrusco ritrovato negli antichi suburbani di Volterra l'a. MDCCXLVI. - Firenze : Bonducci, 1752. - VIII, 30 S.
- Epistolae duae una R. P. Augustini Antonii Georgii Erem. Augustin. procuratoris generalis altera Jacobi Georgii Chr. Adleri, in quibus loca nonnulla operis Adleriani de versionibus Syriacis Novi Testamenti simplice, Philoxeniana et Hierosolymitana examinantur. - Hafniae : Thiele, 1790. - 8 S.
- Fragmentum Evangelii S. Iohannis Graeco-Copto-Thebaicum saeculi IV. Additamentum ex vetustissimis membranis lectionum evangelicarum divinae Missae cod. Diaconici reliquiae et liturgica alia fragmenta veteris Thebaidensium Ecclesiae ante Dioscorum, e Veliterno Museo Borgiano nunc prodeunt in latinum versa et notis illustrata. - Romae : apud Antonium Fulgonium, 1789. - CXCII, 488 S.

Literatur
- Appolis, Émile: Le Tiers Parti catholique au XVIII. siècle. Entre Jansénistes et Zelanti. - Paris 1960, 422-425.
- Bouays de La Bégassière, René du: Histoire critique d'une imposture touchant la dévotion au sacré coeur, in: Revue d'ascétique et de mystique 20 (1939), 286-309. 388-417; 21 (1940), 26-50, hier bes.: 393-417.
- Casanova, Giacomo Girolamo: Storia della mia vita. A cura di Piero Chiara. - 3 vol. - Milano 1983-1989, hier: vol. 1, 247-253 u.ö.
- Conte, Emanuele (Hg.): I maestri della Sapienza di Roma dal 1514 al 1787. I rotuli e altre fonti (Fonti per la Storia d'Italia ; 116. Studi e Fonti per la storia dell'Università di Roma. N. S. ; 1). - 2 vol. - Roma 1991, hier: vol. 2, 869. [„Georgi Bononiensisi"]
- Dammig, Enrico: Il movimento giansenista a Roma nella seconda metà del secolo XVIII (StT ; 119). - Città del Vaticano 1945, 155-159 u.ö.
- DHGE 20 (1984), 1450.
- DThC 6 (1925), 1375f.
- EncEc 4 (1950), 1.
- Fabroni, Angelo: Vitae Italorum doctrina excellentium qui saeculis XVII. et XVIII. floruerunt. - Pisis : excudebat Carolus Ginesius, 1778-1805. - 20 vol., hier: vol. 18, 11-50.
- Faure, Giovanni Battista: Saggi teologici per formare un'errata corrige da aggiungersi a' due volumi che per apologia del sig. Blasi e suo commonitorio de festo Cordis Jesu contro l'impugnazione de' tre biglietti confidenziali critici ha recentemente pubblicati Cristotimo Amerista [i.e. Agostino A. Giorgi]. Saggio secondo Apologetico del secondo Biglietto. - In Lugano : [S.n.], 1773. - 2 vol.
- Fontani, Francesco: Elogio del reverendissimo Padre Maestro Agostino Antonio Giorgi Eremita Agostiniano. - Firenze : per Gaetano Cambiagi, 1798.
- Grigioni, Carlo: Agostino Antonio Giorgi, la vita e le opere, in: La Romagna. Rivista di storia e di lettere. Ser. 4, 9 (1912), 147-240.
- Gutiérrez, David: De antiquis Ordinis Eremitarum Sancti Augustini bibliothecis, in: AAug 23 (1953-1954), 164-372, hier: 358f.
- Hersche, Peter: Der Spätjansenismus in Österreich (Veröffentlichungen der Kommission für Geschichte Österreichs ; 7). - Wien 1977, 103.

- Hurter, Hugo: Nomenclator literarius theologiae catholicae theologos exhibens aetate, natione, disciplinis distinctos. - Editio tertia, emendata et aucta. - 5 vol. - Oeniponte 1903-1913, hier: vol. 5/1, 466-468.
- Jemolo, Arturo Carlo: Il Giansenismo in Italia prima della rivoluzione. - Bari 1928.
- Lanteri, Giuseppe: Eremi sacrae Augustinianae. - 2 vol. - Romae 1874-1875, hier: vol. 1, 330-333; 2, 236.
- Lanteri, Giuseppe: Postrema saecula sex religionis Augustinianae in quibus breviter recensentur illustriores viri Augustinienses qui sanctitate et doctrina floruerunt post magnam ordinis unionem peractam anno 1756 ab Alexandro IV. usque ad haec tempora. - 3 vol. - Tolentini ; Roma 1858-1860, hier: vol. 3, 213-219.
- LThK 4 (1995), 655 von Willigis Eckermann.
- Michaud 17 (1816), 413-417; 16 (1860), 499-501.
- Moroni 30 (1845), 255.
- Ossinger, Joannes Felix: Bibliotheca augustiniana historica, critica, et chronologica. - Ingolstadii et Augustae Vindelicorum : impensis Joannis Francisci Xaverii Craetz [...], 1768 ; ND Torino 1963, 394f.
- Perini, Davide Aurelio: Bibliographia augustiniana cum notis biographicis. Scriptores italici. - 4 vol. - Firenze [1929]-1938, hier: vol. 2, 114-120.
- Pignatelli, Giuseppe: Aspetti della propaganda cattolica a Roma da Pio VI a Leone XII (Istituto per la storia del Risorgimento italiano. Biblioteca scientifica. Ser. 2. Memorie ; 29). - Roma 1974, 24f.
- Spano, Nicola: L'Università di Roma. - Roma 1935, 54.343.

Domenico Giorgi

Geboren   1690 Juni 4 in Costa (bei Rovigo)
Gestorben   1747 Juli 21 in Rom

Familie
Bei den Eltern des späteren Prälaten handelt es sich um eine bürgerliche Familie mit Francesco Giorgi und Elisabetta Turri als „onorati parenti" (Silvestri: Vita, 341). Diese besaßen ausreichend Vermögen, um dem Sohn den Aufenthalt in Rom zu finanzieren. Der Bruder Domenicos, Sebastiano, setzte in Rom (S. Maria in Via) und in Rovigo (Pfarrkirche S. Giustina) die Grabinschriften. Text bei Silvestri: Vita, 354f.

Lebenslauf
um 1704	Studium im Priesterseminar Rovigo
	Studium am Jesuitenkolleg in Ferrara
1709	Studium in Padua (für drei Jahre, ohne Abschluss)
1713	Priesterweihe
1713	Sekretär des Bischofs von Adria, Filippo del Torre (bis zu dessen Tod)
1717	Aufenthalt in Rom, ohne Anstellung

	Sekretär des Prälaten Giulio Imperiali in Rom (bis zu dessen Heirat 1718)
1719	Privatbibliothekar von Kardinal G. R. → Imperiali (bis 1737)
1725	Konsultor („Dekretalist") des Römischen Konzils
1727	Titular-Abt von Saccolongo, Padua (Geschenk von → Benedikt XIII.)
1729	Relator der CIndex [ohne formelle Ernennung]
	ACDF Index Diari 15 (1721-1734), Bl. 97r
1729 Juni 14	Konsultor der CIndex, Ernennung
	ACDF Index Diari 15 (1721-1734), Bl. 97v
1730	Konklavist („Dapifer") von Kardinal G. R. Imperiali
1737	Rückkehr nach Rovigo nach dem Tod von Kardinal Imperiali
um 1738	Rückkehr nach Rom, dort in Diensten von Kardinal P. M. → Corradini
[1740]	Prelato domestico
	Mitglied verschiedener Akademien
1741	Mitglied der Sonderkongregation zur Reform des römischen Breviers

Gutachten

(1729 Apr. 4)	Biacca, Francesco Maria: Trattenimento istorico, e cronologico: in tre libri diviso [...]. - In Napoli [i.e. Milano] : [S.n.], 1728.
	ACDF Index Prot. 77 (1728-1731), Bl. 115r-119v.121r-140v, 48 S.
1741 Dez. 10	Dalla Fabbra, Egidio: Dell'antico ducato di Ferrara [...]. - [S.a.]. (Manuskript)
	ACDF SO St.St. I-6-c, Nr. 5, 12 S. (Doppelgutachten)
1741 Dez. 10	Borsetti Ferranti Bolani, Ferrante: Notizie Riguardanti la Citta, e le Terre, Ville, e Luoghi di Ferrara, e del suo Ducato [...]. - [1740]. (Manuskript)
	ACDF SO St.St. I-6-c, Nr. 5, 12 S. (Doppelgutachten)

Eigene Werke
- Ad Scipionem Maffeium in obitu Philippi a Turre [Bischof F. del Torre], in: Symbolae litterariae opuscula varia philologica scientifica antiquaria signa lapides numismata gemmas et monumenta medii aevi nunc primum edita complectentes. - Vol. 8. - Romae : ex Typographia Palladis, 1754, 87-93.
- Annalium ecclesiasticorum Caesaris Baronii sacrae Romanae ecclesiae cardinalis cum critice subjecta P. Antonii Pagi, Continuatione Odorici Raynaldi, notisque Dominici Georgii & P. Joannis Dominici Mansi [...] Apparatus [...]. - Lucae : typis Leonardi Venturini, 1740. ; Index universalis rerum omnium, quae in Baronii, ac Pagii apparatibus, in Baronii Annalibus, Pagii critica, Annalibus Raynaldi, notisque Georgii, & Mansi continentur. - Lucae : Typis Leonardi Venturini, 1757-1759. - 3 vol.
- Anonym: Antiquae inscriptionis explanatio in qua de locatoribus scenicorum disceptatur. - Montefalisco : Ex Typographia Seminarii, 1727. - 35 S. [zur Verfasserschaft vgl. den handschriftlichen Vermerk auf dem Titelblatt des Exemplars der Biblioteca Casanatense Vol. Misc. 626: „Auctor est Abbas Dom. Georgius Bibliothecarius Card. Imperialis"]
- Anonym: Catalogo della libreria Capponi o sia de' libri italiani del fu Marchese Alessandro Gregorio Capponi Patrizio Romano, e Furiere Maggiore Pontificio. Con

annotazioni in diversi luoghi, e coll'appendice de' libri latini, delle miscellanee, e dei manoscritti in fine. - In Roma : presso il Bernabò e Lazzarini, 1747. - XII, 476 S. [zur Verfasserschaft vgl. den zeitgenössischen handschriftlichen Eintrag im Exemplar Parma, Biblioteca Palatina, FF.IV.32489]
- Aurelio Sanucci [Pseudonym]: Alla Sacra Congregazione della Segnatura di Grazia risposta sopra quanto ha scritto Pacomio in proposito della concattedralità di Fabriano. - In Roma : Nella Stamperia della Rev. Camera Apostolica, 1732. - 40 S., [1] Bl. [Zur Verfasserschaft vgl. den zeitgenössischen handschriftlichen Vermerk auf dem Exemplar der Biblioteca Casanatense: „dell' Abate Domenico Giorgi Bibliot. dell' E.mo Imperiale sotto il nome di Aurelio Sanucci"]
- De antiquis Italiae metropolibus exercitatio historica. - Romae : apud Georgium Plachum, 1722. - XX, 200 [i.e. 203], [3] S.
- De liturgia romani pontificis in solemni celebratione missarum libri due ubi sacra mysteria ex antiquis codicibus, praesertim vaticanis, aliisque monumentis plurimum illustrantur. Tomus primus (-tertius). - [Vol. 1] Romae : ex typographia Rochi Bernabò, 1731. ; [Vol. 2-3] Roma : Typis Nicolai et Marci Palearinis, 1743-1744.
- De monogrammate Christi domini dissertatio qua mos vetustissimus sacrosancti Christi nominis per litteras compendiarias exarandi, & monumenta veterum christianorum, ex coemeteriis urbis sacrae effossa, a calumniis Jacobi Basnagii vindicatur. - Romae : ex typographia Bernabò, 1738. - XVI, 81, [3] S.
- De origine metropolis ecclesiae Beneventanae dissertatio epistolaris ad eminentissimum, & reverendissimum principem Josephum Renatum S.R.E. card. → Imperialem. - Romae : apud Hieronymum Mainardum, 1725. - 16 S.
- Dissertatio historica de cathedra episcopali Setiae civitatis in Latio. Cum appendice monumentorum, eandem ecclesiam, & civitatem illustrantium. - Romae : ex typographia Hieronymi Mainardi, 1727. - XLII, 320 S.
- Excerpta ex [...] de antiquis Italiae metropolibus excercitatione historica, in: Sambuca, Antonio: Memorie istorico-critiche intorno all'antico stato de' Cenomani ed ai loro confini. - In Brescia : Dalle stampe di Gian-Maria Rizzardi, 1750, 59-70 [hier S. 344f. und 351 Briefwechsel zwischen Giorgi und Can. Gagliardi, 1722-1723]
- Gli abiti sacri del sommo pontefice paonazzi e neri in alcune solenni funzioni della Chiesa, giustificati con l'autorità degli antichi rituali, e degli scrittori liturgici. - Roma : per Girolamo Mainardi, 1724. - [3] Bl., 66 S.
- Historia diplomatica cathedrae episcopalis civitatis Setiae in Latio : cum appendice monumentorum. - Romae : Typis Generosi Salomonii, 1751. - XL S., [1] Bl., 320 S.
- Interpretatio veteris monumenti in agro Lanuvino detecti et in aedes capitolinas nuper inlati in quo effigies Archigalli Antistitis magnae Deum matris exprimitur [...]. - Romae : ex typographia Rochi Bernabò, 1737. - 40 S.
- Petri Marcellini S.R.E. cardinalis → Corradini episcopi Tusculani elogium historicum. - Romae : ex typographia Palladis : apud fratres Palearinos, 1745. - 15 S. [erneut in: Raccolta d'opuscoli scientifici e filologici 37 (1747), 325-359.]
- Ragionamento [...] intorno a due iscrizioni greche, ritrovate, l'una fralle rovine di Troja, e l'altra nell'Isola di Delo: esposto in una lettera all'Illustriss. ed Eccellentiss. Sig. Giovanni Emo, degnissimo procuratore di S. Marco, in: Raccolta d'opuscoli scientifici e filologici 15 (1737), 153-211.

- Vita Nicolai quinti pont. max. ad fidem veterum monumentorum [...] conscripta [...]. - Romae : ex typographia Palearinorum, 1742. - XXXVI, 231, [1] S.

Literatur
- Baudot, Jules: Le Bréviaire Romain. Son origine, son histoire. - 4. Aufl. - Paris 1908, 145.
- Biografia universale antica e moderna ossia Storia per alfabeto della vita publica e privata di tutte le persone che si distinsero per opere, azioni, talenti, virtù e delitti. Opera affatto nuova compilata in Francia da una società di dotti ed ora per la prima volta in italiano con aggiunte e correzioni. - 65 vol. -Venezia 1822-1831, hier: vol. 24, 360f.
- Cancedda, Flavia: Figure e fatti intorno alla biblioteca del cardinale Imperiali, mecenate del '700 (Il Bibliotecario ; 11). - Roma 1995, 95-102.
- Cappellini, Antonio: Polesani illustri e notabili. Compendio biografico. - Genova 1938, 50.
- Donato, Maria Pia: Accademie romane. Una storia sociale (1671-1824) (Studi e strumenti per la storia di Roma ; 4). - Napoli 2000, 91.100.105.
- Donato, Maria Pia: Il vizio virtuoso. Collezionismo e mercato a Roma nella prima metà del settecento, in: Quaderni storici 115 (2004), 139-160, hier: 150f.
- EC 6 (1951), 441 von A. Pietro Frutaz.
- Frati, Carlo (Hg.): Dizionario bio-bibliografico dei bibliotecari e bibliofili italiani dal sec. XIV al XIX (Biblioteca di bibliografia italiana ; 13). - Firenze 1933, 260.
- Gamba, Bartolomeo (Hg.): Galleria dei letterati ed artisti illustri delle provincie veneziane nel secolo XVIII. - 2 vol. - Venezia 1822-1824, hier: vol. 1, 247; 2, 310. [mit Porträt]
- Parenti, Marino: Aggiunte al Dizionario bio-bibliografico dei bibliotecari e bibliofili italiani di Carlo Frati. - 3 vol. - Firenze 1957-1960, hier: vol. 2, 126-129.
- Rossetti, Sergio: Rome. A bibliography from the invention of printing through 1899 (Biblioteca di bibliografia italiana ; 157.169.180-181). - 4 vol. - Firenze 2000-2004, hier: vol. 2, 484.
- Silvestri, Carlo: Vita di monsignor Domenico Giorgi descritta da un suo Concittadino della Città di Rovigo, in: Raccolta d'opuscoli scientifici e filologici 41 (1749), 337-365.

Giovanni Giorgi OSH

Lebenslauf

	Lektor für Hebräisch am Collegium Urbanum de Propaganda Fide, Rom
[1793]	Revisor „honorarius" des SO
	ACDF SO Priv. 1801-1803, Nr. 43 (Dekret Feria IV. 18. Aug. 1802: Zahlung von 5 scudi monatlich an Giorgi als „Revisore onorario di libri ebraici e talmudici")

Andrea Giovanetti (Gioannetti) OSBCam

Geboren 1722 Jan. 6 in Bologna
Gestorben 1800 Apr. 8 in Bologna

Familie

Der spätere Kardinal stammt aus einer Familie, die zu den Reichsgrafen gezählt wird und eine bis ins Mittelalter reichende Genealogie nachweisen kann. Die Familie brachte viele Professoren, Juristen und Geistliche hervor, jedoch ohne namhafte Militärs, Feudalherren oder Kirchenfürsten, so dass man sie eher zur oberen Mittelschicht als zur führenden Oberschicht von Bologna rechnen darf. Die Eltern des Kardinals, Baldassare Giovanetti und Maria Pellegrina Zanoni, hatten neben einer Tochter, die Ordensfrau wurde, sechs Söhne, von denen fünf Priester wurden. Einer von ihnen, der Jurist Mauro Giovanetti (1727-1789), war als stellvertretender Generalvikar seines Bruders tätig, als dieser Erzbischof von Bologna war. Ein weiterer Bruder, Carlo (1729-1800), war verheiratet mit Anna Maria Fantuzzi (gest. 1805), der Gesamterbin dieses aussterbenden Adelshauses aus Bologna. Aus dieser Ehe ging Giuseppe Giovanetti (1768-1843) hervor, einer der bekanntesten Jakobiner im Kirchenstaat. Vgl. Fornasini: Secoli, 182-191; Marcelli: Evoluzione, 154f.

Lebenslauf

1739 Juni 29	Ordenseintritt in der Abtei S. Apollinare in Classe, Ravenna
	Ausbildung unter Abt Ferdinando Romualdo Guiccioli, dem späteren Erzbischof von Ravenna (bis 1744)
1744 Dez. 19	Priesterweihe
	Studium in Bertinoro (Forlì) und Rom
	Lektor für Theologie in Bertinoro
1753	Theologus von Ferdinando Romualdo Guiccioli, Erzbischof von Ravenna (bis 1763)
1763	Prokurator und Ökonom der Abtei S. Apollinare in Classe, Ravenna
1763	Abt der Abtei S. Apollinare in Classe, Ravenna (bis 1770)
1773	Abt in S. Gregorio al Monte Celio, Rom (bis 1776)
1776 Jan. 29	Administrator des Erzbistums Bologna und Titularbischof von Hemeria
1777 Sept. 23	Kardinal in petto (publiziert 15. Dez. 1777)
1777 Dez. 15	Erzbischof von Bologna
1778 März 30	Zuteilung der Titelkirche S. Pudenzia
[1778 März 30]	Mitglied der CDiscReg und CVisitaAp
1778 März 30	Mitglied der CIndex, Ernennung
	ACDF Index Diari 18 (1764-1807), Bl. 68v
1778 März 30	Mitglied des SO, Ernennung
	ACDF SO Juramenta 1777-1796, Bl. 48 (Schreiben SS an Ass. des SO).49 (Schreiben SS an Sekr. des SO)
1778 Apr. 1	Mitglied des SO, Amtsantritt durch Eidesleistung
	ACDF SO Juramenta 1777-1796, Bl. 47

Eigene Werke
- Anonym: Vetera monumenta ad classem ravennatem nuper eruta. - Faventiae : excudebat Josephus Antonius Archius, 1756. - XXXVI S., [1] Bl. [Vorwort von Giovanetti, Bearbeitung durch F. → Mingarelli und Mauro Fattorini]
- Synodus dioecesana Bononiensis ab eminentissimo et reverendissimo domino D. Andrea Joannetto [...] celebrata diebus 2. 3. et 4. Septembris ann. 1788. - Bononiae : apud Longhi et a Vulpe impressores archiepiscopales, 1788. - XIV, 324, 200 S.

Literatur
- Appolis, Émile: Le Tiers Parti catholique au XVIII. siècle. Entre Jansénistes et Zelanti. - Paris 1960, 384.393.397-402.
- Baraldi, Giuseppe: Notizie biografiche del card. Andrea Gioannetti, in: Memorie di religione, di morale e di letteratura 5 (1824), 219-313.
- DBI 55 (2000), 81-86 von S. Bonechi.
- DBI 55 (2000), 86-89 von M. Cattaneo. [zu Giuseppe Giovanetti]
- DHGE 20 (1984), 1435-1437 von U. Marcelli.
- DThC 6 (1925), 1373f. von Édouard d'Alençon.
- Fornasini, Giuseppe: Sette secoli di storia della nobile famiglia de' Gioannetti 1226-1936. - Bologna 1936, 182-191.
- Hierarchia Catholica 6, 32.126f.236.
- Hurter, Hugo: Nomenclator literarius theologiae catholicae theologos exhibens aetate, natione, disciplinis distinctos. - Editio tertia, emendata et aucta. - 5 vol. - Oeniponte 1903-1913, hier: vol. 5, 1520f.
- Marcelli, Umberto: L'evoluzione politica del giacobino Giuseppe Gioannetti, in: Atti e memorie della Deputazione di storia patria per le province di Romagna N.S. 21 (1970), 87-201.
- Marcelli, Umberto: Polemiche religiose a Bologna nel sec. XVIII, in: Atti e memorie della Deputazione di storia patria per le province di Romagna N.S. 6 (1958), 103-177, bes. 154f.
- Meluzzi, Luciano: I vescovi e gli arcivescovi di Bologna (Collana storico-ecclesiastica ; 3). - Bologna 1975, 489-494.
- Moroni 30 (1845), 279f.
- Passerin d'Entrèves, Ettore: Il fallimento dell'offensiva riformista di Scipione de' Ricci secondo nuovi documenti (1781-1788), in: RSCI 9 (1955), 99-131, bes. 115. 119-131. [Quellen]

Giovanni (Antonio) Giacomo da Genova OFMObs

Lebenslauf

	Lektor für Philosophie in Ordenskollegien (für vier Jahre)
	Lektor für Theologie in Ordenskollegien (für zwölf Jahre)
[1699]	Lector emeritus
[1699]	Superior des Ordenskonvents in Genua

1700	Relator der CIndex, Antrag auf Ernennung ACDF Index Diari 11 (1696-1699), Bl. 138v (Vorschlag des Sekr. der CIndex mit Angaben zum Lebenslauf)
1700 Sept. 6	Relator der CIndex, Ernennung ACDF Index Diari 11 (1696-1699), Bl. 138v; ACDF Index Prot. 81 (1737-1740), Bl. 438v

Gutachten

(1701 Apr. 25) Eusebius Romanus <Pseudonym> [Mabillon, Jean]: Ad Theophilum Gallum epistola de Cultu Sanctorum Ignotorum. - Parisiis : apud Petrum de Bats et Imbertum de Bats, 1698.
ACDF Index Prot. 61 (1701-1702), Bl. 32r-36r

Giovanni Battista di S. Giuseppe OCD

Namensvariante   Bernardo Canci

Geboren   um 1643 in Florenz [andere: Rom]
Gestorben   1708

Familie
Pater Giovanni Battista war Neffe des römischen Karmeliters Serafino della Concezione OCD (gest. 1668) und veröffentlichte eine Lebensbeschreibung seines Onkels im Anhang zu dessen posthumem Werk von 1674 (s.u., Eigene Werke).

Lebenslauf

1672 Okt. 18	Konsultor der CIndex, Ernennung ACDF Index Diari 7 (1665-1682), Bl. 37r (Mitteilung Präf. an Sekr. der CIndex)
1686 Apr. 3	Konsultor der CIndex, Degradierung ACDF Index Diari 8 (1682-1688), Bl. 30r
1690 Apr. 24	Konsultor der CIndex, Wiederzulassung ACDF Index Diari 9 (1688-1692), Bl. 53v
1695	Generalprokurator des Ordens in Rom (bis 1698)
1698	Generaldefinitor des Ordens in Rom (bis 1701)

Gutachten

(1701 Jan. 25) Estienne, Charles ; Lloyd, Nicolas: Dictionarium historicum, geographicum, poeticum [...]. - Genevae : apud Samuelem de Tournes, 1693.
ACDF Index Prot. 60 (1700-1701), Bl. 103r-106v, 8 S.

(1703 Jan. 29) Theatrum Chemicum, Praecipuos Selectorum Auctorum Tractatus De Chemiae Et Lapidis Philosophici Antiquitate, veritate, jure, prae-

stantia, & operationibus, continens [...]. - Argentorati : Sumptibus Heredum Eberh. Zetzneri, 1659-1661. (Bde. 1-2)
ACDF Index Prot. 63 (1703), Bl. 51r-55r, 9 S.

Eigene Werke
- Serafino <della Concezione>: De virtute, et sacramento poenitentiae libri duo iuxta miram angelici praeceptoris doctrinam. Opus posthumum studio P.F. Ioannis Baptistae a S. Ioseph eiusdem religionis [...] in lucem editum. - Roma : ex typographia Philippi Mariae Mancini, 1674. [enth. „Vita del P. Serafino dell'Immacolata Concezione" von Giovanni Battista di S. Giuseppe]

Literatur
- Bartolomeo <da S. Angelo>: Collectio scriptorum Ordinis Carmelitarum Excalceatorum utriusque congregationis et sexus cui accedit supplementum scriptorum Ordinis qui aut obliti fuerunt aut recentius vixerunt auctore et collectore P. F. Henrico M. a SS. Sacramento. Accedunt insuper Catalogus episcoporum, index praepositorum generalium et Prospectus provinciarum et coenobiorum ordinis. - 2 vol. - Savonae 1884, hier: vol. 2, 239.
- Di Ruzza, Onorio: Sintesi storico-cronologica della provincia romana dei padri Carmelitani Scalzi. - Roma 1987, 152.
- Fortes, Antonius: Catalogus Superiorum Generalium O.C.D. Congregationis Italiae 1600-1875 et totius Ordinis 1875-1985 (Monumenta Historica Carmeli Teresiani. Subsidia Selecta ; 1). - Romae 1988, 15.

Giovanni Francesco da Soresina OFMObs

Namensvariante   Giovanni Francesco Piazza

Geboren   in [Soresina (bei Cremona)]

Lebenslauf
	Mitglied der Ordensprovinz Mailand
	Lektor für Theologie in Ordenskollegien, unter anderem in Aversa und Neapel
	Lector generalis an S. Maria in Aracoeli, Rom
	Generalsekretär und Generaldefinitor des Ordens
[1710]	Revisor des SO
[1712]	Relator der CIndex, Antrag auf Ernennung
	ACDF Index Prot. 69 (1710-1712), Bl. 415 (Bewerbung P. Giovannis o.D.)
1712 Sept. 19	Relator der CIndex, Ernennung
	ACDF Index Prot. 81 (1737-1740), Bl. 440v; ACDF Index Diari 14 (1708-1721), Bl. 63v (Beschluss der Kardinäle über den Antrag: „annuerunt")

	Theologus von Kardinal Giovanni B. Bussi (Titelpriester von S. Maria in Aracoeli)
[1715]	Konsultor der CIndex, Antrag auf Ernennung
	ACDF Index Prot. 70 (1713-1715), Bl. 374r (Bewerbung P. Giovannis o.D. an die CIndex mit Angaben zum Lebenslauf); ACDF Index Diari 14 (1708-1721), Bl. 93 (Antrag am 28. Jan. 1715 zurückgestellt)
1715 Mai 15	Konsultor der CIndex, Ernennung
	ACDF Index Diari 14 (1708-1721), Bl. 96 (Audienzdekret des Papstes)
[1715]	Custos der Ordensprovinz Mailand
[1716 Aug.]	Qualifikator des SO, Antrag auf Ernennung
	ACDF SO Priv. 1710-1727, Bl. 261r (Bewerbung P. Giovannis o.D. an den Papst mit Angaben zum Lebenslauf)
1716 Aug. 12	Qualifikator des SO, Ernennung
	ACDF SO Decreta 1716, Bl. 259v (Audienzdekret des Papstes); ACDF SO Priv. 1710-1727, Bl. 262v
1729 Juli 16	Verbot zur Einreise in den Kirchenstaat
	ASV SS Mem Bigl 161 (Schreiben SS an Generalkommissar des Ordens in S. Maria in Aracoeli, Entwurf)

Gutachten

(1713 Juni 27)	Selden, John: De Iure Naturali & Gentium, Iuxta Disciplinam Ebraeorum, Libri Septem. - Londini : Excudebat Richardus Bishopius, 1640.
	ACDF Index Prot. 70 (1713-1715), Bl. 106r-109v, 8 S.
1714 Jan. 6	Blasius, Clemens: Apologia Pro Gelasio Ciziceno Caesareae Palestinae Archiepiscopo [...]. - [S.a.]. (Manuskript)
	ACDF SO CL 1715-1717, Nr. 6, 12 S.
1714 Mai 15	Manchetto, Antonio: Flores aurei, ex variis in ecclesia sancta catholica insignitis doctoribus, et ex catechismo praecipue, breuissime excerpti [...]. - Venetiis : ex typographia Georgij Angelerij ; sumptibus Marci Desiderati [...], 1587.
	ACDF Index Prot. 70 (1713-1715), Bl. 259r-267r, 17 S.
1714 Sept. 4	Nuzza, Angelo: Vita della Serva di Dio Suor Maria Triboli Priora [...]. - [S.a.]. (Manuskript)
	ACDF SO CL 1715-1717, Nr. 11, 22 S.
1714 Sept. 25	Giovanni Bartolomeo <da S. Claudia>: Rinforzo dello spirito religioso con dieci giornate di ozio santo appreso nella scuola del gran p. S. Agostino [...]. - In Milano : appresso Francesco Vigone, 1697.
	ACDF SO CL 1711-1714, Nr. 44, 19 S.
(1715 Mai 13)	♦ Comazzi, Giovanni Battista: La morale dei principi osseruata nell' istoria di tutti gl'imperadori, che regnarono in Roma [...]. - In Venetia : appresso Gio. Giacomo Hertz, 1699.
	ACDF Index Prot. 71 (1715-1721), Bl. 37r-42v, 12 S.

1715 Aug. 21	Henri <de Saint Ignace>: Ethica Amoris, Sive Theologia Sanctorum, Magni Praesertim Augustini, Et Thomae Aquinatis : Circa Universam Amoris & Morum Doctrinam [...]. - Leodii : Ex Officina Typographica J. Francisci Broncart, 1709. (Bd. 3) ACDF SO CL 1722-1723, Nr. 5, 19 S.
1716 Aug. 5	T. S. F. H. L. H. (S. T. L. P. V. T.) [Heussen, Hugo Franciscus van]: Batavia sacra, sive Res gestae apostolicorum virorum, qui fidem Bataviae primi intulerunt [...]. - Bruxellis : pro Francisco Foppens, 1714. ACDF SO CL 1715-1717, Nr. 15, 6 S.
1726 Jan. 15	♦ Simonzin, Ludwig (Praes.) ; Zanoni(s), Mauritius Antonius Fortunatus H. de (Resp.) ; Thomasi, Joannes Aliprandus de (Resp.): Moderamen conscientiae dubiae theologico-morali ratiocinio [...]. - Tridenti : [S.n.], 1718. ACDF Index Prot. 74 (1726), Bl. 43r-48v, 10 S.
1735 Febr.5	♦ Leigh, Edward: In vniuersum Nouum Testamentum annotationes philologicae & theologicae [...]. - Lipsiae : Sumtu Wolfgangi Deer, 1732. ACDF Index Prot. 79 (1734-1735), Bl. 225r-233r, 17 S.

Literatur

- Ehrle, Franz: Die ältesten Redaktionen der Generalkonstitutionen des Franziskanerordens, in: Archiv für Literatur- und Kirchengeschichte des Mittelalters 6 (1892), 87-138, hier: 72f.82.
- Teetaert, Amédée Amedeus <a Zedelgem>: Manuscripta franciscana in Italiae Bibliothecis asservata, in: CFr 13 (1943), 165-191, hier: 183.

Giovanni Giacomo da Vallico OFMObs

Namensvariante   Giacomo di Vallico

Lebenslauf

	Lektor an S. Maria in Aracoeli, Rom
[1725]	Relator der CIndex, Antrag auf Ernennung ACDF Index Prot. 73 (1724-1725), Bl. 379 (Bewerbung P. Giovannis o.D. mit Angaben zum Lebenslauf)
1725 Sept. 25	Relator der CIndex, Ernennung ACDF Index Prot. 81 (1737-1740), Bl. 442v; ACDF Index Diari 15 (1721-1734), Bl. 44v
[1736]	Konsultor der CIndex ACDF Index Prot. 80 (1735-1737), Bl. 351 (erste Erwähnung als „Konsultor" in der Einladung zur Sitzung der CIndex vom 2. Juli 1737)

Gutachten

(1728 Nov. 9)   Marin, Juan: Theologia speculativa et moralis [...]. - Venetiis : Balleonius, 1720.
ACDF Index Prot. 76 (1727-1728), Bl. 400r-408v, 17 S.

(1737 Juli 2)   Di Leo, Domenico: Discorso storico [...] dell' introduzione della Santa cattolica fede in Sicilia [...]. - In Genova : [S.n.], 1733.
ACDF Index Prot. 80 (1735-1737), Bl. 384r-386v, 6 S.

Giovanni Paolo della Ss. Trinità OCD

Lebenslauf

    Lektor für Philosophie und Theologie
    Mitglied der Accademia dei Concili, Rom
    Prior von S. Maria della Scala, Rom
    Generalprokurator des Ordens in Rom

[1707]   Relator der CIndex, Antrag auf Ernennung
ACDF Index Prot. 68 (1707-1710), Bl. 65r (Bewerbung P. Giovannis o.D. an die CIndex mit Angaben zum Lebenslauf)

1707 Nov. 21   Relator der CIndex, Ernennung
ACDF Index Diari 13 (1704-1708), Bl. 133r; ACDF Index Prot. 81 (1737-1740), Bl. 439v

    Zweiter Generaldefinitor des Ordens in Rom

1713   Konsultor der CIndex, Antrag auf Ernennung (abgelehnt)
ACDF Index Prot. 70 (1713-1715), Bl. 112r.113r (Bewerbung P. Giovannis o.D. an den Papst).114v (Vermerk Sekr. der CIndex zur Papstaudienz 5. Juli 1713)

[1718]   Konsultor der CIndex, Antrag auf Ernennung (erneut)
ACDF Index Prot. 71 (1715-1721), Bl. 515r (Bewerbung P. Giovannis o.D. mit Angaben zum Lebenslauf)

1719 Jan. 18   Konsultor der CIndex, Ernennung
ACDF Index Diari 14 (1708-1721), Bl. 118v

Gutachten

(1708 Sept. 18)   Ovidius Naso, Publius: Dell'arte d'amare libri tre / trasportati [...] in ottava rima toscana dal sig. d. Gaetano Vernice di d. Gio. Francesco [...]. - Colonia : per Antonio Stradorf, 1706.
ACDF Index Prot. 68 (1707-1710), Bl. 278r-286r, 15 S.

(1709 Nov. 18)   Pegolotti, Nicola <Pseudonym> [Gualdo, Gabriele]: Tractatus probabilitatis ex principiis antiquorum compositus [...]. - Lovanii : apud Aeg[idium] Prost, 1708.
ACDF Index Prot. 68 (1707-1710), Bl. 459r-465v, 14 S.

(1712 Juli 5)   Crusius, Christoph: Tractatus de indiciis delictorum [...]. - [Frankfurt, Main ; Kassel] ; Rinthelii : Sumptibus Jacobi Gothofredi Seyleri, Typis Godofredi Caspari Wächters, 1682.
ACDF Index Prot. 69 (1710-1712), Bl. 378r-383r, 11 S.

(1720 Apr. 23) Pfaff, Christoph Matthaeus: Primitiae Tubingenses [...]. - Tubingae : Sumtibus Jo. Georgii Cottae, 1718.
ACDF Index Prot. 71 (1715-1721), Bl. 636r-641v, 12 S.

Giovanni Prospero di S. Ubaldo SP

Namensvariante Giovanni Prospero Bulgarelli

Geboren   1702 Apr. 30 in Carpi (bei Modena)
Gestorben 1774 Okt. 12 in Rieti

Familie
Sohn von Enrico und Giovanna Papotti. Tiraboschi: Biblioteca 1, 348.

Lebenslauf
                Ausbildung in Carpi bei Giovanni Tedeschi SJ
1719 Apr. 11   Ordenseintritt
                Lektor für Philosophie in Città della Pieve und Urbino
                Lektor für Philosophie und Geometrie am Ordenskolleg S. Pantaleo, Rom
                Prediger in Rom und Umgebung
[1736]   Relator der CIndex, Antrag auf Ernennung
                    ACDF Index Prot. 80 (1735-1737), Bl. 162r (Bewerbung P. Giovannis o.D. mit Angaben zum Lebenslauf; Vermerk Sekr. der CIndex: „introducatur")
1736 Juli 30   Relator der CIndex, Ernennung
                    ACDF Index Prot. 81 (1737-1740), Bl. 443r
[1751]   Konsultor der CIndulg
                Vize-Rektor des Collegio Nazareno, Rom
                Generalprokurator des Ordens in Rom
                Rektor des Ospizio S. Michele, Rom
                Rektor des Konvents in Rieti

Gutachten
(1737 Jan. 14) ♦ Kipping, Heinrich: Antiquitates romanae emendatius editae, Figuris ac notulis illustratae ac Rariora quaedam justi Lipsii opscula. - Lugduni Batavorum : apud Petrum Vander [Aa], 1713.
                    nicht aufgefunden (Hinweis in ACDF Index Diari 16 [1734-1746], Bl. 24v-28r)

(1738 Juli 28)　　　Swedenborg, Emaunuel: Opera Philosophica Et Mineralia [...]. - Dresdae Et Lipsiae : Sumptibus Friderici Hekelii, Bibliopolae Regii, 1734.
ACDF Index Prot. 81 (1737-1740), Bl. 106r-112v, 14 S.

Eigene Werke
- Dell'ignorante senza scusa nelle buone arti, e nelle scienze libri tre. - Urbino : nella stamperia della venerabile cappella del SS. Sacramento per Antonio Fantauzzi, 1730. - [14], 223, [1] S.

Literatur
- Tiraboschi, Girolamo: Biblioteca Modenese : o, notizie della vita e delle opere degli scrittori natii degli stati del serenissimo Signor Duca di Modena. - Modena : Presso la Società tipografica, 1781-1786. - 6 vol., hier: vol. 1, 348.
- Viñas, Tomás: Index biobibliographicus Clericorum Regularium Pauperum Matris Dei Scholarum Piarum qui in universo Ordine pietatem, litteras ac scientias scriptis suis foventes ornaverunt. - 3 vol. - Romae 1908-1911, hier: vol. 1, 239. [aufgeführt als „Konsultor" der CIndex]

Raffaele Cosimo Girolami

Geboren　　　1670 Sept. 10 in Florenz
Gestorben　　1748 Febr. 21 in Rom

Familie
Der spätere Kardinal stammte aus einer im Mittelalter auf der Seite der Guelfen in Florenz bezeugten Familie. Seither stellten die verschiedenen Zweige der Girolami mehrere Gonfalonieri, Priori, Senatoren und sonstige Patrizier in Florenz, unter diesen Pietro Zanobi Girolami, den Vater des hier interessierenden Raffaele Cosimo. Der letzte männliche Vertreter der Familie starb im Jahre 1783. Vgl. Di Crollalanza: Dizionario 1, 483, und die Arbeiten von Weber, s.u.

Lebenslauf
1688　　　　　　Kanoniker an der Kathedrale von Florenz (Demission: 1699)
1690 Juni 20　　Mitglied der Accademia della Crusca, Florenz
　　　　　　　　Studium in Florenz, unter anderem der Theologie bei E. → Noris
1695 Juli 9　　　Dr. iur. utr. in Pisa
　　　　　　　　Auditor von Kardinal G. R. → Imperiali
1695　　　　　　Gründer der Accademia teologica, Rom
1699 Nov. 24　　Dr. theol. in Florenz (Magister; Mitglied des Collegium theologicum der Universität Florenz)
1701 Juli 11　　　Relator der CIndex, Ernennung
　　　　　　　　ACDF Index Diari 12 (1700-1703), Bl. 31v

Girolami

1705 Apr. 29	Konsultor der CIndex, Ernennung
	ACDF Index Diari 13 (1704-1708), Bl. 81r; ACDF Index Prot. 66 (1705-1706), Bl. 501 („con ordine di non pubblicare la grazia fatta")
	Cameriere d'onore in Rom unter → Clemens XI.
1710 Dez. 4	Referendar der Signaturen
1710	Votante der Signatura Gratiae
1712 Okt. 4	Konsultor des SO, Amtsantritt durch Eidesleistung
	ACDF SO Juramenta 1701-1724, Bl. 114v; ACDF SO Decreta 1712, Bl. 451r
1713	Mitarbeit an der Bulle Unigenitus
	Sekretär der CIndulg
1725	Teilnahme am Römischen Konzil
1726 Juli 25	Priesterweihe
1726 [Dez. 17]	Sekretär der CRiti (bis 1728)
	ASV SS Mem Bigl 158
1728 März 8	Titularerzbischof von Damietta
1728 Apr. 30	Assessor des SO, Ernennung
1728 Mai 5	Assessor des SO, Amtsantritt durch Eidesleistung
	ACDF SO Juramenta 1725-1736, o.Bl.; ACDF SO Decreta 1728, Bl. 123v
1728 Mai 5	Angelo Clemente Manfredi, Auditor von Girolami, Amtsantritt durch Eidesleistung
	ACDF SO Juramenta 1725-1736, o.Bl.
1728 Mai 5	Giovanni B. de Dominicis, Sekretär und Minutant von Girolami, Amtsantritt durch Eidesleistung
	ACDF SO Juramenta 1725-1736, o.Bl.
[1728]	Konsultor der CRiti
1729 Sept. 14	Konsultor der CIndulg
	ASV SS Mem Bigl 161
1737 [März]	Sekretär der CEpReg
1737 März 31	Assessor des SO, Bestätigung im Amt (trotz Ernennung zum Sekretär der CEpReg)
	ACDF SO Priv. 1736-1742, Bl. 87r
1738 Okt. 4	G. P. → Daniele, Adiutor studiorum von Girolami, Amtsantritt durch Eidesleistung
	ACDF SO Juramenta 1737-1749, o.Bl.
1743 Sept. 9	Kardinal
1743 Sept. 23	Zuteilung der Titelkirche S. Marcello
1743 Sept. 23	Mitglied der CIndex, Ernennung
	ACDF Index Prot. 82 (1740-1748), Bl. 73r (Schreiben SS an Sekr. der CIndex)
1743 Sept. [23]	Präfekt der CIndulg
1744 Nov. 10	Präfekt der CEpReg

Gutachten

(1702 März 20) Theatrum Chemicum Praecipuos Selectorum Auctorum Tractatus De Chemiae Et Lapidis Philosophici Antiquitate, veritate, jure, praestantia, & operationibus [...]. - Argentorati : Sumptibus Heredum Eberh. Zetzneri, 1659-1661. (Bd. 5)
ACDF Index Prot. 61 (1701-1702), Bl. 465r-470r, 11 S.

(1703 Jan. 29) Tribbechov, Adam: De Doctoribus Scholasticis Et Corrupta Per Eos Divinarvm Hvmanarvmqve Rerum Scientia Liber Singularis. - Giessae : Sumptibus Hermanni Vellsteinii, Typis Antonii Utzii, 1665.
ACDF Index Prot. 63 (1703), Bl. 60r-61r, 3 S.

(1703 Nov. 19) Titius, Gerhard: Ostensio Summaria Quod Pontificii Dogmata Sua Sibi Peculiaria Non Possint Unanimi Scriptorum Ecclesiasticorum, E Quinque Prioribus Post Natum Servatorem Seculis Superstitum Consensu Probare [...]. - Helmestadii : In Typographeo Calixtino Excudit Johan-Georg. Taeger, 1658.
ACDF Index Prot. 64 (1703-1704), Bl. 131r-133v, 6 S.

(1704 Juli 7) Bucholtz, Andreas Heinrich: De Ecclesiae Romano Pontifici Subjectae Indulgentiis Tractatus Theologicus [...]. - Rintelii : Ex Officina Typographica Viduae Lucianae, 1657.
ACDF Index Prot. 65 (1704-1705), Bl. 80r-82v, 6 S.

[1710 Aug. 19] Anonym [Petitpied, Nicolas]: (1) Seconde lettre à une dame sur l'excommunication injuste : Pour servir de réponse à un libelle intitulé, Préservatif [...]. - [S.l.] : [S.n.], 1708. (2) Troisième Lettre à une dame sur l'excommunication injuste : avec des reflexions sur un libelle intitulé: Second préservatif [...]. - [S.l.] : [S.n.], 1708.
ACDF SO CL 1708-1710, Nr. 31, 9 S. (Doppelgutachten)

[1711 Juli 7] F., C.: Considerazioni per le quali si dimostra la giustizia delle lettere della Maesta del re cattolico Carlo III. [...]. - [S.l.] : [S.n.], 1710.
ACDF SO CL 1711-1714, Nr. 8, 7 S.

(1712) Propugnáculo de la Real Jurisdicion Protección de las Regalias del Regio Exequatur, y de la Real Monarchia. Patrocinio de la jurisdición de los Metropolitanos, y de los privilegios del Regno de Sicilia [...]. - [S.l.] : [S.n.], [S.a.].
ACDF SO CL 1711-1714, Nr. 16, 12 S.

1713 Jan. 9 Jouvancy, Joseph de: Historiae Societatis Iesv pars [5,2] Ab anno Christi MDXCI ad MDCXVI. - Romae : Marcus ; Plachus, 1710.
ACDF SO CL 1722-1723, Nr. 3, 4 S.

[1713 Jan. 31] Rouvière, François Dominique: Oratio ad Eminentissimum Ecclesiae Principem Cardinalem Noallium [...]. - [ca. 1711]. (Manuskript)
ACDF SO CL 1711-1714, Nr. 21, 11 S.

1716 Juli 15 Arrest De La Cour De Parlement Qui ordonne la suppression de feüilles imprimées à Rome sous le titre de Illustrissimi, [et] Reverendissimi Domini Auditoris generalis Reverendae Camerae Apostolicae Litterae Monitoriae [...]. - A Paris : Chez la Veuve de François Muguet, Hubert Muguet, 1716.
ACDF SO CL 1715-1717, Nr. 18, 5 S.

Eigene Werke
- De obligatione servandi sacros ritus votum / Raphaelis Cosmi de Hieronymis Sac. Congregationis Indulgentijs, Sacrisque Reliquijs praepositae Secretarij, & theologi Concilii Romani. - Romae : Typis Reverendae Camerae Apostolicae, 1726. - [2] Bl.

Literatur
- Cancedda, Flavia: Figure e fatti intorno alla biblioteca del cardinale → Imperiali, mecenate del '700 (Il Bibliotecario ; 11). - Roma 1995, 31.
- Cardella, Lorenzo: Memorie storiche de' Cardinali della Santa Romana Chiesa. - In Roma : nella stamperia Pagliarini, 1792-1797. - 10 vol., hier: vol. 9, 4f.
- Cerracchini, Luca Giuseppe: Fasti teologali ovvero notizie istoriche del collegio de' teologi della sacra università fiorentina dalla sua fondazione fin all'anno 1738. - In Firenze : per Francesco Moücke stampatore arcivescovale, 1738, 619.
- Ceyssens, Lucien ; Tans, Joseph A. G.: Autour de l'Unigenitus. Recherches sur la genèse de la constitution (Bibliotheca Ephemeridum Theologicarum Lovaniensium ; 76). - Leuven 1987, 172.
- Concilium Romanum in Sacrosancta Basilica Lateranensi celebratum Anno Universalis Jubilaei MDCCXXV. a sanctissimo Patre, & Dno Nostro Benedicto Papa XIII. Pontificatus sui Anno I. - Romae : ex Typographia Rocchi Bernabò, 1725, 125.
- DBI 56 (2001), 525f. von S. Tabacchi.
- DHGE 20 (1984), 1513f. von E. Giuntella.
- Di Crollalanza, Giovanni Battista (Hg.): Dizionario storico-blasonico delle famiglie nobili e notabili italiane estinte e fiorenti. - 3 vol. - Pisa 1886-1890 ; ND Sala Bolognese 1977, hier: vol. 1, 483.
- Eszer, Ambrosius: Il Card. Tommaso Maria → Ferrari O.P. e gli inizi della Pontificia Accademia Teologica Romana, in: Divinitas 40 (1996), 107-116, bes. 111.
- Hierarchia Catholica 5, 181; 6, 13.
- Marino, Salvatore: La situazione economico-religiosa italiana nelle risposte al questionario sulla riduzione delle feste di precetto del 1742, in: RSCI 31 (1977), 545-481, bes. 459-461.
- Maylender, Michele: Storia delle Accademie d'Italia. - 5 vol. - Bologna 1926-1930, hier: vol. 5, 299-302.
- Morelli, Emilia (Hg.): Le lettere di Benedetto XIV al card. De Tencin. Dai testi originali (Storia e letteratura ; 55.101.165). - 3 vol. - Roma 1955-1984, hier: vol. 2, 13.23.
- Moroni 31 (1845), 87f.
- Renazzi, Filippo Maria: Storia dell'Università degli studi di Roma, detta comunemente la Sapienza, che contiene anche un saggio storico della letteratura romana dal principio del secolo XIII sino al declino del secolo XVIII. - 4 vol. - Roma 1803-1806, hier: vol. 4, 34-37.
- Salvini, Salvino: Catalogo cronologico de canonici della chiesa metropolitana fiorentina compilato l'anno 1751. - In Firenze : per Gaetano Cambiagi, 1782, 141.
- Seidler, Sabrina M. ; Weber, Christoph (Hg.): Päpste und Kardinäle in der Mitte des 18. Jahrhunderts (1730-1777). Das biographische Werk des Patriziers von Lucca Bartolomeo Antonio Talenti (Beiträge zur Kirchen- und Kulturgeschichte ; 18). - Frankfurt a.M. u.a. 2007, 278f.

- Silvestrelli, Antonio: Storia della Pontificia Accademia Teologica dalla Fondazione al 1770. - Diss. masch. Pontificia Università Lateranense. - Roma 1963, 30-32 u.ö.
- Weber, Christoph (Bearb.): Die päpstlichen Referendare 1566-1809. Chronologie und Prosopographie (PuP ; 31/1-3). - 3 Bde. - Stuttgart 2003-2004, hier: Bd. 2, 670.
- Weber, Christoph (Hg.): Die ältesten päpstlichen Staatshandbücher. Elenchus Congregationum, Tribunalium et Collegiorum Urbis 1629-1714 (RQ Supplementheft ; 45). - Rom u.a. 1991, 118.
- Weber, Christoph: Genealogien zur Papstgeschichte. Unter Mitwirkung von Michael Becker bearbeitet (PuP ; 29/1-6). - 6 Bde. - Stuttgart 1999-2002, hier: Bd. 4, 619f.

Girolamo di S. Carlo OCD

Namensvariante Paolo Verospi (Taufname)

Geboren um 1643 in [Dalmatien]
Gestorben 1714 März 25 in Rom

Familie
Der spätere Pater geriet auf einem osmanischen Schiff in die Gewalt der Malteserritter und wurde anhand seiner Kleidung als Kind vornehmer Herkunft identifiziert (vgl. Bartolomeo <da S. Angelo>: Collectio 1, 247; Villiers: Bibliotheca 1, 639). Der Schiffsführer „dux Verospius Romanus" ließ ihn taufen mit Namen Paolo Verospi und nahm ihn an Kindes statt an.

Lebenslauf

	Studium der Philosophie und Jurisprudenz in Rom
um 1665	Dr. iur. in Rom
1665	Ordenseintritt in S. Maria della Scala, Rom
1666 März 14	Ordensprofess in Rom
	Lektor für Philosophie und Theologie in Rom (für zwölf Jahre)
1682	Prior von S. Maria della Vittoria, Rom
1686	Mitbegründer der Ordensprovinz Toskana
1686	Prior in Pisa
	Provinzial des Ordens, Provinz Toskana (zwei Amtszeiten)
1692	Generaldefinitor des Ordens in Rom
	Rektor des Missionskollegs des Ordens S. Pancrazio, Rom (für drei Jahre)
	Historiograph des Ordens
	Fastenprediger in Italien und am Hofe Kaiser Leopolds I.
[1702]	[Revisor des SO]

Gutachten
[1702 Okt. 26] (1) Assertiones Theologicae de Voluntate Dei. Theses [...]. - Coloniae : [S.n.], 1696. (2) Assertiones Theologicae de Providentia Dei, et Prae-

destinatione. Theses [...]. - Coloniae : [S.n.], 1696.
  ACDF SO CL 1701-1702, Nr. 43, 3 S. (Doppelgutachten)

[1703 Apr. 17] ♦ Feydeau de Brou, Henri <Amiens, Bischof> (Hg.): Statuts synodaux du diocèse d'Amiens. - Amiens : N. C. Hubault, 1696.
  ACDF SO CL 1703, Nr. 18, Bl. 196r-205r, 19 S.

[1704 Jan. 29] Judicium S. Facultatis Theologicae Lovaniensis De octo Articulis inter alios excerptis ex Casu Conscientiae in Sorbona à quadraginta Doctoribus 20. Julii 1702. subscripto, Recenter verò Universitati Lovaniensi palàm notificato [...]. - Lovani[i] : Apud Henricum van Overbeke, 1703.
  ACDF SO CL 1704-1705, Nr. 5, Bl. 523r-525v, 6 S.

Eigene Werke
- Decadi sacre [...]. - In Siena : nella stamperia del Publ., 1687. - 3 vol.
- Il finto smeraldo o' la vera Eufrosina [...]. - In Siena : nella stamp. del pubbl., 1687. - [16], 188, 35, [1] S.
- Opuscula Poetica Latina. - [S.l.] : [S.n.], [S.a.]. - 2 vol.
- Prima decade di ragionamenti sacri [...]. - Siena : Stamperia del Publ., 1687. - XXXII, [1], 359, [33] S.
- Roma nel Crocefisso venerato nell'oratorio di S. Marcello [...]. - Siena : Stamp. del. Publ., 1687. - [28], 426 S.
- Tre pastori, tre re, tre bambini, con due cori di musici al Santo Presepio, esposto nella Chiesa de' PP. Carmelitani scalzi di Siena, l'anno 1686 [...]. - In Siena : nella Stamp. del Publ., 1687. - [12], 109 S.

Literatur
- Bartolomeo <da S. Angelo>: Collectio scriptorum Ordinis Carmelitarum Excalceatorum utriusque congregationis et sexus cui accedit supplementum scriptorum Ordinis qui aut obliti fuerunt aut recentius vixerunt auctore et collectore P. F. Henrico M. a SS. Sacramento. Accedunt insuper Catalogus episcoporum, index praepositorum generalium et Prospectus provinciarum et coenobiorum ordinis. - 2 vol. - Savonae 1884, hier: vol. 1, 247f.
- Di Ruzza, Onorio: Sintesi storico-cronologica della provincia romana dei padri Carmelitani Scalzi. - Roma 1987, 152.
- [Villiers de Saint-Étienne, Cosme de]: Bibliotheca Carmelitana, notis criticis et dissertationibus illustrata [...]. - Aurelianis : excudebant M. Couret de Villeneuve et Joannes Rouzeau-Montaut, 1752. - 2 vol. ; ND Rom 1927, hier: vol. 1, 639f.

Girolamo di S. Francesco OSST

Geboren in [Polen]

Lebenslauf
  Lektor für Theologie und Philosophie in Polen

[1755]	Professor für Kontroverstheologie am Kolleg S. Maria alle Fornaci, Rom
[1758]	Qualifikator des SO, Antrag auf Ernennung ACDF SO Priv. 1755-1759, Bl. 579r (Bewerbung P. Girolamos o.D. an den Papst mit Angaben zum Lebenslauf)
1758 Nov. 23	Qualifikator des SO, Ernennung ACDF SO Priv. 1755-1759, Bl. 583v (Audienzdekret des Papstes)
1759 März 17	Qualifikator des SO, Amtsantritt durch Eidesleistung ACDF SO Extens. 1749-1808 = ACDF SO St.St. Q-1-q, Bl. 125r

Federico del Giudice OSB

Lebenslauf

1738 Apr. 1	Revisor des SO, Amtsantritt durch Eidesleistung ACDF SO Juramenta 1737-1749, o.Bl.

Francesco del Giudice

Geboren	1647 Dez. 7 in Neapel
Gestorben	1725 Okt. 10 in Rom

Familie

Der spätere Kardinal stammte aus dem spanientreuen Feudaladel Apuliens. Er war Sohn des Großagrariers und Financiers Nicolò del Giudice aus dem Genueser Patriziat, principe di Cellamare Napolitano, und der Ippolita Palagona dei signori di San Vito. Ein Bruder des Kardinals, Domenico del Giudice, principe di Cellamare, und Costanza Pappacoda dei principi di Triggiano, wurden Eltern des Kardinals Nicola del Giudice (1660-1743), der 1707 Adiutor seines Onkels für das SO wurde. Ein weiterer Neffe war Kardinal N.→Caracciolo (gest. 1728). Vgl. Weber: Genealogien 1, 321-323.

Lebenslauf

1669 März 14	Referendar der Signaturen
1669 Dez. 2	Apostolischer Protonotar (unter Clemens IX.)
1674	Kleriker der Apostolischen Kammer (unter Clemens X.)
1674	Prälat der CFabbrica
1675	Gouverneur in Castri Novi
1676	Gouverneur in Montone (bis 1680)
1676	Praeses carcerum (bis 1677)
1678	Gouverneur in Tolfa
1681	Prälat der CRipa (bis 1682)
1688	Präsident der Grascia

Giudice 618

1690 Febr. 12	Kardinal
1690 Apr. 10	Zuteilung der Titelkirche S. Maria del Popolo
1700 Febr. 3	Mitglied des SO, Amtsantritt durch Eidesleistung
	ACDF SO Juramenta 1656-1700, Bl. 538; ACDF SO Decreta 1700, Bl. 22; ACDF SO Priv. 1750-1754, Bl. 425v
1704 Jan. 14	Erzbischof von Monreale, Sizilien
1704	Vizekönig von Sizilien
1706 Febr. 24	Mitglied der CIndex, Ernennung
	ACDF Index Diari 13 (1704-1708), Bl. 89r.90r
1706 Febr. 24	Mitglied der CImmunità
1707 Juli 29	Nicola del Giudice, Adiutor studiorum von Giudice, Amtsantritt durch Eidesleistung
	ACDF SO Juramenta 1701-1724, Bl. 197
1711 Juni 2	Generalinquisitor von Spanien (1715 wegen Bücheredikt in Ungnade gefallen)
1714	Spanischer Botschafter in Paris (für sechs Monate)
1717 Juni 12	Bischof von Palestrina
1717 Juli 20	Sebastiano de Carolis, Adiutor studiorum von Giudice, Amtsantritt durch Eidesleistung
	ACDF SO Juramenta 1701-1724, Bl. 188
1717 Juli 20	Al. Tozzi, Auditor von Giudice, Amtsantritt durch Eidesleistung
	ACDF SO Juramenta 1701-1724, Bl. 187
1719 Febr. 21	Interimistischer Sekretär des SO, Ernennung (wegen Krankheit des Sekretärs des SO N. → Acciaioli)
	ACDF SO St.St. M-2-m, o.Bl. (Liste der Sekr. des SO)
1719 Febr. 23	Sekretär des SO, Ernennung
1719 Sept. 13	Kaiserlicher Gesandter beim Hl. Stuhl (bis Juli 1720)
	Präfekt der CBuonGov
1721 März 3	Suburbikarischer Bischof von Tusculum
1724 Juni 7	Präfekt der CImmunità
	ASV SS Mem Bigl 156
1724 Juni 12	Suburbikarischer Bischof von Ostia und Velletri
	Präfekt der CDiscReg
1725 Juli 24	Mitglied der CConcist
	ASV SS Mem Bigl 157
1726 Sept. 6	Mitglied der CConsulta
	ASV SS Mem Bigl 158

Literatur

- Cardella, Lorenzo: Memorie storiche de' Cardinali della Santa Romana Chiesa. - In Roma : nella stamperia Pagliarini, 1792-1797. - 10 vol., hier: vol. 8, 10-12.
- Castagnoli, Pietro: Il cardinale Giulio Alberoni. - 3 vol. - Piacenza ; Roma 1929-1931, hier: vol. 1, 91 u.ö.
- Colapietra, Raffaele: Genovesi in Puglia nel Cinque e Seicento (Quaderni dell'Archivio storico pugliese ; 27). - Bari 1983, 23f.30.35-40.44-49.

- DBI 38 (1988), 597-603 von P. Messina.
- DHGE 21 (1986), 43-49 von R. Aubert.
- Guarnacci, Mario: Vitae, et res gestae Pontificum Romanorum et S.R.E. Cardinalium a Clemente X. usque ad Clementem XII. [...] Descripta a S. Petro ad Clementem IX. - Romae : Sumptibus Venantii Monaldini bibliopolae [...] ; Ex Typographia Joannis Baptistae Bernabo, & Josephi Lazzarini, 1751. - 2 vol., hier: vol. 1, 349f.
- Hierarchia Catholica 5, 16f.
- Marchesi, Giorgio Viviano: Antichità ed eccellenza del protonotariato appostolico partecipante colle piu scelte notizie de' santi, sommi pontefici, cardinali, e prelate che ne sono stati insigniti sino al presente. - In Faenza : pel Benedetti impress. vescovile, 1751, 464f.
- Maroni, Fausto Antonio: Commentarius de ecclesia et episcopis Auximatibus in quo Ughelliana series emendatur, continuatur, illustratur. - Auximi : Typis Dominici Antonii Quercetti Impress. episcopalis ac publici, 1762, 94f.
- Palazzi, Giovanni: Gesta pontificum Romanorum a Sancto Petro apostolorum principe usque ad Innocentium XI. [...]. - 5 vol. - Venetiis : Apud Ioannem Parè, 1687-1690, hier: vol. 5, 60f.
- Pupella, Vincenzo: Orazione funebre [...] per l'esequie dell'Eminentissimo Cardinal Decano Francesco Giudice celebrate in Monreale nella chiesa di S. Giuseppe da i preti conviventi il dì X. Ottobre 1726. Dedicata all'Eminentissimo signor Cardinale Niccolò Giudice. - Palermo : Nella Stamperia di Gio. Battista Aiccardo, 1726. - 20 S.
- Repertorium der diplomatischen Vertreter aller Länder seit dem Westfälischen Frieden (1648). Hg. von Leo Bittner, Friedrich Hausmann, Otto Friedrich Winter. - 3 Bde. - Zürich 1950-1965, hier: Bd. 2, 73.495.
- Reusch, Franz Heinrich: Der Index der verbotenen Bücher. Ein Beitrag zur Kirchen- und Literaturgeschichte. - 2 Bde. - Bonn 1882 ; ND Aalen 1967, hier: Bd. 2, 247f.
- Seidler, Sabrina M.: Il teatro del mondo. Diplomatische und journalistische Relationen vom römischen Hof aus dem 17. Jahrhundert (Beiträge zur Kirchen- und Kulturgeschichte ; 3). - Frankfurt a.M. 1996, 435-437.
- Weber, Christoph (Bearb.): Die päpstlichen Referendare 1566-1809. Chronologie und Prosopographie (PuP ; 31/1-3). - 3 Bde. - Stuttgart 2003-2004, hier: Bd. 2, 649.
- Weber, Christoph (Hg.): Die ältesten päpstlichen Staatshandbücher. Elenchus Congregationum, Tribunalium et Collegiorum Urbis 1629-1714 (RQ Supplementheft ; 45). - Rom u.a. 1991, 120.
- Weber, Christoph (Hg.): Legati e governatori dello stato pontificio (1550-1809) (Pubblicazioni degli Archivi di Stato. Sussidi ; 7). - Roma 1994, 624.
- Weber, Christoph: Genealogien zur Papstgeschichte. Unter Mitwirkung von Michael Becker bearbeitet (PuP ; 29/1-6). - 6 Bde. - Stuttgart 1999-2002, hier: Bd. 1, 321-323.

Egidio Maria Giuli SJ

Geboren   1691 Febr. 1 in Genazzano (bei Rom)
Gestorben   1748 Nov. 16 in Rom

Giuli 620

Familie
Von den Eltern des späteren Paters sind nur die Namen bekannt: Nicola Giuli aus Genazzano und Anna Maria Posterula aus Rom.

Lebenslauf

1707 Jan. 9	Kleriker (Tonsur)
1707 Jan. 17	Aufnahme in das Collegio Capranica, Rom
1711 Juni 20	Ordenseintritt, Mitglied der römischen Ordensprovinz
1711	Noviziat in S. Andrea al Quirinale, Rom (bis 1713)
1713	Studium in Rom, wohl am Collegio Romano (bis 1716)
1714	Adjutor des Ministers C. Castellini am Collegium Germanicum, Rom
1715	Tätigkeit am Collegium Germanicum
1716	Lehrer für Grammatik am Collegio Mondragone, Frascati
1717	Lehrer für Grammatik in Fermo (bis 1718)
1719	Lehrer für Grammatik in Macerata
1720	Professor für Philosophie in Fermo (bis 1722)
1723	Professor für Logik in Macerata
1724	Studienpräfekt am Collegium Germanicum (bis 1725)
1724 Febr. 2	Ordensprofess
1725	Professor für Philosophie am Collegio Romano (bis 1727)
1728	Studienpräfekt am Collegium Germanicum (bis 1729)
1730	Professor für kanonisches Recht am Collegium Germanicum (bis 1749)
1746 Apr. 5	Theologus von C. A. → Guidobono Calvachini, Amtsantritt durch Eidesleistung
	ACDF SO Juramenta 1737-1749, o.Bl.
1746 Sept. 29	Konsultor der CIndex, Ernennung
	ACDF Index Prot. 82 (1740-1748), Bl. 305r (Schreiben SS an Sekr. der CIndex: „Qualificator"); ASV SS Mem Bigl 184 (Schreiben SS an Giuli, Entwurf: „Qualificator"; ernannt als Nachfolger von G. R. → Volpi)
1746 Sept. 29	Examinator Episcoporum
	ASV SS Mem Bigl 186 (Schreiben SS an Giuli, Entwurf; ernannt als Nachfolger von G. R. Volpi)
1747 Apr. 5	Theologus von Kardinal Guidobono Calvachini, Amtsantritt durch Eidesleistung
	ACDF SO Juramenta 1737-1749, o.Bl.
1748 Okt.	Sekretär der CExamEp

Eigene Werke
- De matrimoniis inter haereticos, ac inter haereticos, et catholicos initis in Foederatis Belgii Provinciis dissertationes theologicae, et canonicae R.mi P.D. → Cavalchini archiepiscopi Philippensis, et Sacrae Congregationis Concilii a Secretis, necnon quatuor insignium theologorum. - Romae : sumptibus Hieronymi Mainardi, 1741. - LXXXIV, XXXVI, LVI S. [von Giuli Gutachten Nr. „K" im dritten Teil des Bandes, I-L]

- Del reverendiss. padre Egidio Maria Giulj [...] segretario della Sagra Congregazione dell'Esame de' Vescovi, Consultore della Sagra Congregazione dell'Indice [...] Lettera postuma critico-apologetica degli studj di sua religione. - In Lucca : Per Giuseppe Salani, e Vincenzo Giuntini, 1750. - 82 S. [Giuli klagt über den Studienbetrieb im Collegio Romano, woraufhin P. → Lazeri 1750 einen „Avviso" veröffentlichte; Giulis Lettera wurde per Dekret der CIndex vom 31. Aug. 1750 verboten]
- In causa Ipren. Visitationis Sacrorum Liminum, in: S. D. N. Benedicti XIV. declaratio super matrimoniis inter protestantes et catholicos nec non super eadem materia relationes antistitum Belgii et dissertationes Reverendissimi P. D. → Cavalchini Archiepiscopi Philippensis, et quatuor insignium theologorum. Editio prima in Germania. - Coloniae : Apud Joannem Wilhelmum Krakamp, 1746. - [15] Bl., 308 S., [6] Bl., hier: 213-298. [Gutachten Giulis zum Bistum Ypern]

Literatur
- Bujanda, Jesús Martinez de: Index librorum prohibitorum 1600-1966 (Index des livres interdits ; 11). - Montréal u.a. 2002, 390.
- DBI 56 (2001), 706-709 von A. R. Capoccia.
- DHGE 21 (1987), 62f. von R. Aubert.
- García Villoslada, Ricardo: Storia del Collegio Romano dal suo inizio (1551) alla soppressione della Compagnia di Gesù (1773) (AnGr. Series Facultatis historiae ecclesiasticae Sectio A ; 66). - Roma 1954, 251 u.ö.
- → Lazeri, Pietro: Avviso al pubblico sopra una lettera postuma che va sotto nome del P. Egidio Maria Giuli della Compagnia di Gesù. - [S.l.] : [S.n.], [1750]. - X S. [gez., S. X, „Dal Collegio Romano questo dì 25 Agosto 1750"; Lazeri vertritt die Ansicht, Giuli sei nicht der Verf. der „Lettera postuma", die auch angebliche Gespräche mit Lazeri erwähnt, vgl. S. 82: „quante volte ho di ciò parlato co' PP. Faure, e Lazari"]
- Morelli, Emilia (Hg.): Le lettere di Benedetto XIV al card. De Tencin. Dai testi originali (Storia e letteratura ; 55.101.165). - 3 vol. - Roma 1955-1984, hier: vol. 1, 267f.315f. ; vol. 2, 21.94-100.
- Reusch, Franz Heinrich: Der Index der verbotenen Bücher. Ein Beitrag zur Kirchen- und Literaturgeschichte. - 2 Bde. - Bonn 1882 ; ND Aalen 1967, 814.
- Sandellius, Dionysius <Pseudonym> [Fassini, Vincenzo]: De Danielis Concinae vita et scriptis commentarius : Epistolae clarorum virorum ad P. Danielem Concinam. - Brixiae : e typographio Jo. Mariae Rizzardi, 1767, 28-36.
- Sommervogel 3 (1892), 1479f.
- Steinhuber, Andreas: Geschichte des Kollegium Germanikum Hungarikum in Rom. - 2 Bde. - Freiburg i.Br. 1906, hier: Bd. 2, 158.
- Wolf, Hubert (Hg.): Systematisches Repertorium zur Buchzensur. Indexkongregation 1701-1814. Bearb. von Andreea Badea, Jan Dirk Busemann und Volker Dinkels (Römische Inquisition und Indexkongregation Grundlagenforschung II: 1701-1813). - Paderborn u.a. 2009, 1147.
- Zaccaria, Francesco Antonio: Storia letteraria d'Italia divisa in tre libri, il primo, e secondo de' quali trattano de' migliori libri usciti in Italia dal settembre 1748. fino al settembre 1749. Contiene il terzo, importanti notizie di scuole introdotte, di musei,

di osservazioni matematiche, di nuovi ritrovati, di scoperte anticaglie, di uomini illustri trapassati, e delle gesta loro. - In Venezia : nella stamperia Poletti, 1750-1759. - 14 vol., hier: vol. 1, 307 ; vol. 3, 419-435.

Giulio di S. Giovanni Battista OdeM

Lebenslauf
	Lektor für Philosophie und Theologie (für 10 Jahre)
1710	Relator der CIndex, Antrag auf Ernennung
	ACDF Index Prot. 69 (1710-1712), Bl. 39r (Bewerbung P. Giulios o.D. an die CIndex mit Angaben zum Lebenslauf)
1710 Aug. 11	Relator der CIndex, Ernennung
	ACDF Index Diari 14 (1708-1721), Bl. 27v; ACDF Index Prot. 81 (1737-1740), Bl. 440r

Giuseppe da Bergamo OFMRef

Namensvariante Giuseppe da Novara

Geboren in Bergamo [?]

Lebenslauf
1748 Aug. 13	Relator der CIndex, [Ernennung]
	ACDF Index Prot. 82 (1740-1748), Bl. 367r (erstes Referat)
[1749]	Konsultor der CIndex, Antrag auf Ernennung
	ACDF Index Diari 17 (1749-1763), Bl. 2v (Vermerk Sekr. der CIndex)
1749 Mai 14	Konsultor der CIndex, Ernennung
	ACDF Index Diari 17 (1749-1763), Bl. 2v (Audienzdekret des Papstes)
um 1753	Flucht aus Rom nach einem Konflikt mit seinen Konventsbrüdern
	Aufenthalt in Graubünden, dort Kontakt zum einflussreichen Adelshaus Salis in Chur
	Aufnahme im Franziskanerkonvent S. Croce, Mailand
1753	Kandidat als Vermittler zwischen Graubünden und der Republik Venedig bei der Neuumschreibung des Bistums Como
um 1755	Diskreditierung als "frankreichfreundlich" beim Nuntius in Luzern durch den Abt von Dissentis, Bernhard Frank von Franckenberg
[1757]	Antrag des Generalprokurators des Ordens zur Streichung aus der Konsultorenliste
	ACDF Index Diari 17 (1749-1763), Bl. 66v (Antrag o.D.)

1757 Juni 13	Konsultor der CIndex, Amtsenthebung ACDF Index Diari 17 (1749-1763), Bl. 66v ("expurgendum esse e numero Consultorum ac si numquam inter ipsos relatus fuisset")
1763 März	Ablehnung durch Papst → Benedikt XIV. als Vermittler zwischen Graubünden und Venedig

Gutachten

(1748 Aug. 13)	Baratier, Jean Philippe: Disquisitio chronologica de Successione antiquissimâ Episcoporum Romanorum [...]. Accedunt quatuor dissertationes, duae de constitutionibus apostolicis dictis, una de scriptis Dionysii Pseud-Areopagitae, & una de annis Agrippae Junioris Judaeorum regis. - Ultrajecti : Apud Stephanum Neaulme, 1740. ACDF Index Prot. 82 (1740-1748), Bl. 389r-393v, 11 S.
(1748 Dez. 16)	Hales, John: Historia Concilii Dordraceni [...]. - Hamburgi : Felginer, 1724. ACDF Index Prot. 82 (1740-1748), Bl. 358r-362r, 9 S.
(1749 März 12)	Böhmer, Justus Henning: Schiltervs Illvstratvs Sev Emendationes Et Additamenta Ad Io. Schilteri Institvtiones Ivris Canonici [...]. - Halae Magdebvrgicae : Litteris Orphanotrophei, 1712. ACDF Index Prot. 83 (1749-1752), Bl. 11r-19r, 17 S.

Literatur
- Maspoli, Enrico: Fra Agostino Maria Neuroni di Lugano vescovo di Como, in: CFr 5 (1935), 592-610; 6 (1936), 27-56.209-245.366-383, hier bes.: 371-374.

Giuseppe di S. Angelo Custode SP

Lebenslauf

	Lektor für Theologie
1723 Juli 12	Relator der CIndex, Ernennung ACDF Index Diari 15 (1721-1734), Bl. 17r; ACDF Index Prot. 81 (1737-1740), Bl. 442r (hier: „20. Sept.")

Gutachten

1723 Sept. 20	Acta eruditorum. - Lipsiae : Grosse & Gleditsch, (1720). ACDF Index Prot. 72 (1721-1723), Bl. 395r-396v, 4 S.

Giuseppe di S. Croce OSST

Lebenslauf

1733 Juni 22	Relator des SO, Amtsantritt durch Eidesleistung ACDF SO Juramenta 1725-1736, o.Bl.

Gutachten

[1734 Juni 23]   ♦ Anonym: Motiva quinquaginta ad praeferendam & praeligendam ex tot religionibus ac sectis inter Christianos hac tempestate vigentibus Religionem Catholico-Romanam [...]. - Ticini Regii : Excudente Jo. Antonio Ghidino, 1732.
ACDF SO CL 1733-1734, Nr. 12, 2 S.

Giuseppe Domenico di Gesù e Maria OCD

Geboren   [um 1668] in [Rom]

Lebenslauf

Lektor für Philosophie
Lektor für Theologie an S. Maria della Vittoria, Rom (für 7 Jahre)
[1702]   Revisor
1708   Relator der CIndex, Antrag auf Ernennung
ACDF Index Prot. 68 (1707-1710), Bl. 237r (Bewerbung P. Giuseppes o.D. an die CIndex mit Angaben zum Lebenslauf)
1708 Juli 30   Relator der CIndex, Ernennung
ACDF Index Diari 13 (1704-1708), Bl. 142v; ACDF Index Prot. 81 (1737-1740), Bl. 440r

Gutachten

(1708 Dez. 3)   Acta eruditorum [...]. - Lipsiae : Grosse & Gleditsch, (1701).
ACDF Index Prot. 68 (1707-1710), Bl. 311r-312v, 4 S.

(1709 Nov. 18)   Anonym [King, Peter]: Historia Symboli Apostolici [...] Ex Anglico Sermone In Latinum Translata. - Lipsiae : Apvd Thomam Fritsch, 1706.
ACDF Index Prot. 68 (1707-1710), Bl. 477r-479r, 5 S.

(1713 Jan. 17)   Crusius, Christoph: Tractatus de indiciis delictorum [...]. - [Frankfurt, Main ; Kassel] ; Rinthelii : Sumptibus Jacobi Gothofredi Seyleri, Typis Godofredi Caspari Wächters, Acad. Typ., 1682.
ACDF Index Prot. 70 (1713-1715), Bl. 33r-36r, 7 S.

Giuseppe Maria d'Ancona OFMObs

Lebenslauf

Theologus von P. → Lambertini (Benedikt XIV.)
1741 März 24   Konsultor der CIndex, Ernennung
ACDF Index Prot. 81 (1737-1740), Bl. 259r (Audienzdekret des Papstes); ACDF Index Diari 16 (1734-1746), Bl. 49r

Giuseppe Maria da Stroncone OFMCap

Lebenslauf

	Lektor für Theologie in Ordenskonventen in Umbrien (für 14 Jahre)
	Provinzial des Ordens, Provinz Umbrien
1726 Aug. 4	Relator der CIndex, Antrag auf Ernennung
	ACDF Index Prot. 74 (1726), Bl. 157 (Bewerbung von Kard. A. F. → Zondadori senior mit Angaben zum Lebenslauf)
1726 Aug. 26	Relator der CIndex, Ernennung
	ACDF Index Diari 15 (1721-1734), Bl. 55v
[1726]	Prediger der Confraternita delle Stimmate, Rom
	Fastenprediger in Rom, unter anderem in der Lateranbasilika und in St. Peter
	Rückberufung aus Rom in seine Heimatprovinz Umbrien
[1730]	Konsultor der CRiti, Antrag auf Ernennung (zur Umgehung der Rückberufung)
	ACDF Index Prot. 77 (1728-1731), Bl. 281 (Schreiben von Kardinal A. F. Zondadori senior o.D. an den Papst mit Angaben zum Lebenslauf)
1730 Aug. 30	Konsultor der CIndex, Ernennung
	ACDF Index Prot. 77 (1728-1731), Bl. 283 (Schreiben SS an Sekr. der CIndex vom 29. Aug.; der Papst beabsichtige, den Pater zum Konsultor der CIndex, nicht der CRiti zu ernennen); ACDF Index Diari 15 (1721-1734), Bl. 107r (Vermerk Papstaudienz)
	Konsultor der CRiti

Gutachten

(1727 Sept. 2)	Lohner, Tobias: Instructio Practica [...] Quinta: De Confessionibus Rite ac fructuose excipiendis. - Editio Quinta. - Dillingae : Bencard, 1711.
	ACDF Index Prot. 76 (1727-1728), Bl. 152r-154r, 5 S.

Literatur
- Notizie 1734, 237. [„Konsultor der CRiti"]

Andrea Giustiniani

Gestorben   1741

Lebenslauf

1707 Juni 7	Relator der CIndex, Ernennung
	ACDF Index Diari 13 (1704-1708), Bl. 124v
1708 Juli 30	Konsultor der CIndex, Ernennung
	ACDF Index Diari 13 (1704-1708), Bl. 141r

Gutachten

(1707 Sept. 5) Palazzi, Giovanni: Fasti cardinalium omnium Sanctae Romanae Ecclesiae [...]. - Venetiis : Expensis Gasparis Bencardi Bibliopolae Augustani, 1701. (Bd. 3)
    ACDF Index Prot. 67 (1706-1707), Bl. 508r-513r, 11 S.

(1708 Sept. 18) Palazzi, Giovanni: Fasti cardinalium omnium Sanctae Romanae Ecclesiae [...]. - Venetiis : Expensis Gasparis Bencardi Bibliopolae Augustani, 1701. (Bd. 1)
    ACDF Index Prot. 68 (1707-1710), Bl. 251r-255r, 9 S.

Giulio Gori SJ

Geboren 1686 in Siena
Gestorben 1764 Okt. 24 in Rom

Lebenslauf

1704 Juni 14	Ordenseintritt in Rom
1716	Lehrer für Philosophie am Ordenskolleg in Fermo (bis 1718)
1720	Lehrer für Philosophie am Ordenskolleg S. Tolomei, Siena (bis 1721)
1722	Studienpräfekt am Collegium Germanicum, Rom
1722	Professor für Philosophie am Collegio Romano (bis 1725)
1727	Studienpräfekt und Konsultor am Collegium Anglicanum, Rom
[1728]	Qualifikator des SO, Antrag auf Ernennung
	ACDF SO Priv. 1728-1735, Bl. 40r (Bewerbung Goris o.D. an den Papst)
1728 Sept. 2	Qualifikator des SO, Ernennung
	ACDF SO Priv. 1728-1735, Bl. 41v (Audienzdekret des Papstes)
1728 Sept. 4	Qualifikator des SO, Amtsantritt durch Eidesleistung
	ACDF SO Juramenta 1725-1736, o.Bl.
1729	Lektor für Theologie am Ordenskolleg S. Vigilio, Siena (bis 1731)
1732	Concionator und Confessarius am Ordenskolleg in Perugia (bis 1738)
1739	Professor für Moralphilosophie am Collegio Romano (bis 1743)
1743	Professor für kanonisches Recht am Collegio Romano (bis 1756)

Literatur

- Capoccia, Anna Rita ; Lojacono, E.: Giulio Gori, un gesuita singolare teorico della dissimulazione e il suo insegnamento di Descartes al Collegio Romano nei primi vent'anni del XVIII secolo in: Marcialis, Maria Teresa ; Crasta, Francesca Maria (Hg.): Descartes e l'eredità cartesiana nel pensiero filosofico e scientifico europeo (secoli XVII e XVIII). Atti del Convegno Cartesiana 2000, Università di Cagliari, 30 novembre - 2 dicembre 2000. - Lecce 2002, 327-355.
- Capoccia, Anna Rita: Giulio Gori e le Dissertazioni epistolari sopra le bugie, in: Nouvelles de la Republique des Lettres 1998/I, 95-137.

- Capoccia, Anna Rita: L'insegnamento della filosofia cartesiana al Collegio Romano nei primi trent'anni del Settecento (G. B. Tolomei, I. Guarini, G. Gori), in: Roma Moderna e Contemporanea 9 (2001), 16-60.
- Capoccia, Anna Rita: La Casa di esercizi spirituali di Foligno (1729-1773) in: AHSI 67 (1998), 161-206, hier: 161f.
- García Villoslada, Ricardo: Storia del Collegio Romano dal suo inizio (1551) alla soppressione della Compagnia di Gesù (1773) (Analecta Gregoriana. Series Facultatis historiae ecclesiasticae Sectio A ; 66). - Roma 1954, 249 u.ö.
- Sommervogel 3 (1892), 1615; 4 (1893), 423.

Serafino Gottarelli da Castel Bolognese OFMConv

Geboren um 1640 in Castel Bolognese
Gestorben 1706 Okt. 26 in Rom

Familie
Die Gottarelli besaßen Ansehen und Einfluss in Castel Bolognese. Von dort stammte Giovanni Battista Gottarelli (gest. 1617), Doktor der Rechte in Bologna und ab 1609 Gouverneur im Kirchenstaat (vgl. Weber: Legati, 708f.). Die Gebrüder Nicola und Carlo Antonio Gottarelli, verurteilt 1693 wegen Mordes an einem Mandatar der Inquisition, bewegten sich frei in Castel Bolognese, protegiert vom Milieu, ohne dass Gericht oder Inquisition sie verhaften konnten (vgl. Schwedt: Inquisitori). Der hier interessierende Serafino stand als Inquisitor und in Rom an der Seite von G. D. → Bragaldi, vielleicht einem Verwandten.

Lebenslauf

	Mitglied der Ordensprovinz Bologna
	Studienregent in Padua (bis 1679)
1679 März 27	Inquisitor von Adria (Rovigo)
	ACDF SO Decreta 1679, Bl. 66r
1680 Okt. 2	Provinzial des Ordens, Provinz Bologna (bis 1683)
1688 Mai 5	Inquisitor von Siena, Ernennung
	ACDF SO Decreta 1688, Bl. 102v („electus")
1688 Juni 23	Inquisitor von Siena, Amtsantritt durch Eidesleistung [bis 1701]
	ACDF SO Juramenta 1656-1700, Bl. 415.430v
1689 Nov.-Dez.	Konflikt mit der Zivilverwaltung von Siena infolge der Verhaftung zweier Mandatare des SO wegen Waffenbesitzes
	ACDF SO Decreta 1689, Bl. 381v (Schreiben von Gottarelli an das SO in Rom).390v (Dekret des SO in Rom mit Abmahnung aller Beamten in Siena)
um 1690	Beteiligter an den Aktionen des SO gegen die Quietisten in Siena (gemeinsam mit F. → Chigi senior und G. D. → Bragaldi)

Gottarelli

1700 Sept. 22	Qualifikator des SO, Ernennung
	ACDF SO Decreta 1700, Bl. 262r; ACDF SO Priv. 1669-1699, Bl. 983v (Dekret SO Feria IV mit Abberufung von der Stelle als Inquisitor in Siena „ob causas ipsi bene notas")
1700 Okt.-Dez.	Streit zwischen dem SO und dem Konvent SS. XII Apostoli, dessen Patres die Aufnahme des Qualifikators Gottarelli im Konvent wegen der Überfüllung des Hauses verhindern wollen
	ACDF SO Priv. 1669-1699, Bl. 964r.970r.983v (Schriftwechsel des SO mit SS. XII Apostoli, u.a. mit Guardian L. → Ceva)
1700 Dez. 8	Ernennung zum „Padre di casa" von SS. XII Apostoli durch den Papst
	ACDF SO Priv. 1669-1669, Bl. 983v (Audienzdekret)
[1703]	Pfarrer der Basilika SS. XII Apostoli, Rom

Gutachten

[1702 März 22]	Dandino, Anselmo: De suspectis de haeresi [...]. - Romae : ex Typ[ographia] D[ominici Antonii] Herculis, 1703.
	ACDF SO CL 1701-1702, Nr. 27, 2 S.
(1703) [vor Apr. 17]	♦ Feydeau de Brou, Henri <Amiens, Bischof> (Hg.): Statuts synodaux du diocèse d'Amiens. - Amiens : N. C. Hubault, 1696.
	ACDF SO CL 1703, Nr. 18, Bl. 226r-229r, 7 S.
[1703 Mai 15]	(1) Sicuro modo di acquistar col divino aiuto la vera santità, e di crescere in essa. (2) Vari santi modi per far buona, ed efficace Orazione etc.
	ACDF SO CL 1703, Nr. 16, Bl. 191-193, 5 S. (Doppelgutachten)
[1703 Juni 19]	♦ Feydeau de Brou, Henri <Amiens, Bischof> (Hg.): Statuts synodaux du diocèse d'Amiens. - Amiens : N. C. Hubault, 1696.
	ACDF SO CL 1703, Nr. 18, Bl. 231r-234r, 5 S.
[1703 Okt. 18]	Comazzi, Giovanni Battista: La Mente Del Savio [...]. - In Vienna : appresso gli Heredi del Viviani, 1685.
	ACDF SO CL 1704-1705, Nr. 7, Bl. 433r-437r, 9 S.

Literatur

- Gatti, Isidoro: Il p. Vincenzo Coronelli dei Frati Minori Conventuali negli anni del generalato (1701-1707) (MHP ; 41-42). - 2 vol. - Roma 1976, hier: vol. 2, 1221.
- Malena, Adelisa: L'eresia dei perfetti. Inquisizione romana ed esperienze mistiche nel Seicento italiano (Temi e Testi ; 47). - Roma 2003, passim.
- Sartori, Antonio: Archivio Sartori. Documenti di storia e arte francescana. A cura di Giovanni M. Luisetto. - 4 vol. - Padova 1983-1989, hier: vol. 1, 1417f.1424.
- Schwedt, Herman H.: Gli Inquisitori generali di Siena 1560-1782, in: Di Simplicio, Oscar (Hg.): Le lettere della Congregazione del Sant'Ufficio all'Inquisizione di Siena (im Erscheinen).
- Sparacio, Domenico Maria: Series ministrorum provincialium qui perantiquam Bononiae provinciam Ordinis Minorum Conventualium inde ab initio administrarunt ex antiquis monumentis concinnata. - Romae 1925, 26f.

- Weber, Christoph (Hg.): Legati e governatori dello stato pontificio (1550-1809) (Pubblicazioni degli Archivi di Stato. Sussidi ; 7). - Roma 1994, 708f. [zu Giovanni Battista Gottarelli]

Vincenzo Ludovico Gotti OP

Geboren	1644 Sept. 7 in Bologna
Gestorben	1742 Sept. 17 in Rom

Familie

Gotti stammte als Sohn des Professors der Rechte an der Universität Bologna Jacobus Gotti und der Clara Caparda aus einem bürgerlichen, aber nicht patrizischen Milieu in Bologna. Vgl. Anonym: Vita, 357.

Lebenslauf

	Erziehung in einem Piaristenkolleg
[1677]	Rhetorikerziehung in einem Jesuitenkolleg
1680	Ordenseintritt in Ancona
	Noviziat in Ancona
1681	Ordensprofess
	Studium der Philosophie in Forlì
	Studium der Theologie in Bologna
	Professor „artium" in Bologna
1683	Studium der Theologie in Salamanca (für vier Jahre)
1688	Priesterweihe in Spanien durch den Erzbischof von Santiago de Compostela Antonio de Monroy
1688	Rückkehr nach Italien
	Lektor in den Ordenskollegien in Mantua und S. Maria sopra Minerva, Rom
1692	Professor für Philosophie in Bologna
	Professor für Theologie in Faenza
1695	Professor für Theologie an der Universität Bologna
1699	Professor für Metaphysik am Ordenskolleg in Bologna
1702	Studienmagister
	Socius des Provinzials des Ordens A. G. → Molo
1708	Prior des Konvents in Bologna (bis 1710)
1711	Professor an der Universität Bologna
1714 März 14	Generalvikar der Inquisition von Bologna, Ernennung ACDF SO Decreta 1714, Bl. 93r („electus")
1715 Aug. 1	Inquisitor von Mailand, Ernennung (Demission: 10. März 1717) ACDF SO Decreta 1715, Bl. 93r („electus"); ACDF SO Decreta 1717, Bl. 76v (Annahme der Demission durch das SO)

Gotti

1717	Cathedraticus Casanatensis, Ernennung und sogleich Verzicht (ohne Aufenthalt in Rom)
1717	Professor für Apologetik an der Universität Bologna
1719 Okt. 24	Dr. theol. h.c. und Mitglied der theologischen Fakultät der Universität Bologna
1720	Prior des Konvents S. Domenico, Bologna
1721	Provinzial des Ordens, Provinz Bologna (bis 1723)
1728 Apr. 30	Kardinal
1728 Juni 14	Zuteilung der Titelkirche S. Pancrazio
1728 Juni 14	Mitglied der CIndex, Ernennung ACDF Index Diari 15 (1721-1734), Bl. 85r; ACDF Index Prot. 76 (1727-1728), Bl. 295 (Schreiben SS an Sekr. der CIndex)
1728 Juni 14	Mitglied des SO, Ernennung ACDF SO Decreta 1728, Bl. 163r; ACDF SO Juramenta 1725-1736, o.Bl. (Schreiben SS an Ass. des SO)
1728 Juni 16	Mitglied des SO, Amtsantritt durch Eidesleistung ACDF SO Decreta 1728, Bl. 163r; ACDF SO Juramenta 1725-1736, o.Bl.; ACDF SO Priv. 1750-1754, Bl. 429r („Nota de' Sig.ri Cardinali Segretarj")
1728 Juni 16	Giovanni Pelagalli, Adiutor studiorum von Gotti, Amtsantritt durch Eidesleistung ACDF SO Juramenta 1725-1736, o.Bl. (Pelagalli aus Fermo, 38 Jahre alt)
1729 Febr. 18	Salvator de Rubeis, Sekretär von Gotti, Amtsantritt durch Eidesleistung ACDF SO Juramenta 1725-1736, o.Bl. (de Rubeis „sacerdos saecularis, Romanus, filius quondam Frederici", 56 Jahre alt)
1732 Okt. 30	Domenico Capobasso, Sekretär von Gotti, Amtsantritt durch Eidesleistung ACDF SO Juramenta 1725-1736, o.Bl.
1737 Jan. 15	P. T. → Schiara, Theologus von Gotti, Amtsantritt durch Eidesleistung ACDF SO Juramenta 1737-1749, o.Bl.
1738 Sept. 14	Mitglied der CAcque ASV SS Mem Bigl 173
1739 Jan .18	Mitglied der CCorrLOr ASV SS Mem Bigl 174 (Schreiben SS an Gotti, Entwurf)
1740	Teilnahme am Konklave („papabilis'), Austritt wegen Krankheit

Unveröffentlichte Quellen

Gedruckter Rundbrief zum Tod Gottis von T. → Ripoll, datiert IX. Kal. Oct. 1742. - 2 Bl. (hier nach dem Handexemplar von T. A. → Ricchini: Biblioteca Statale, Cremona, Mischband 48.6.12/123)

Eigene Werke

- Colloquia theologico-polemica in tres classes distributa. In prima sacrorum ministrorum caelibatus, in secunda Romanorum pontificum auctoritas in conciliis et defini-

tionibus; in tertia aliae catholicae veritates propugnantur adjectis Gregorii VII vindiciis adversus Jacobi Picenini concordiam matrimonii cum ministerio. - Bononiae : ex typographia Bononiensi S. Thomae Aquinatis, 1727. - XXXII, 658 S.
- De Conceptione immaculatae virginis disquisitio, in: Anonym: Della immacolata concezione della beatissima vergine. Pareri teologici inediti del card. → Pallavicino della Comp. di Gesù e del card. Gotti dell'ord. de' Predicatori proemiati e dati in luce per un domenicano [Gian-Domenico Boeri]. - Roma 1849, S. [47]-84. [Versuch, mit Gottis Ansehen die Dogmatisierung der Immaculata-Lehre 1854 zu verhindern]
- De eligenda inter dissentientes christianos sententia seu De vera inter christianas religione eligenda liber adversus Joannem Clericum Reformatae, ut ajunt, Religionis hominem [...]. - Romae : Typis Rochi Bernabò, 1734. - [13] Bl., 377 S.
- La vera chiesa di Cristo dimostrata da segni, e da' dogmi contra i due libri di Giacomo Picenino intitolati Apologia per i Riformatori, e per la Religione Riformata, E Trionfo della vera Religione [...]. - In Bologna : per Costantino Pisarri, 1719. - 2 tomi in 3 vol. ; [...] seconda edizione corretta e notabilmente accresciuta dal medesimo autore. - Milano : Giuseppe Ricchino Malatesta, 1734. - 2 tomi in 3 vol.
- Theologia scholastico-dogmatica, juxta mentem D. Thomae ad usum discipulorum ejusdem Angelici Praeceptoris accomodata [...]. - Bononiae : ex typographia Bononiensi S. Thomae Aquinatis, 1727-1735. - 16 vol. ; Editio altera. - Bononiae : ex typographia Sancti Thomae Aquinatis, 1747-1767. - 13 vol. ; Venetiis : ex typografia Balleoniana, 1750. - 3 vol. ; Venetiis : ex typographia Balleoniana, 1793. - 3 vol.
- Vera ecclesia Christi signis, ac dogmatibus demonstrata contra Jacobi Picenini Apologiam [...]. - Bononiae : apud Thomam Colli, 1748-1750. - 2 tom. in 3 vol. ; Venetiis : ex typographia Balleoniana, 1750. - XVI, 543 S., [1] Bl.
- Veritas religionis christianae & librorum quibus innititur contra atheos, polytheos, idolatras, mahomettanos, & judaeos demonstrata. - Romae : ex typ. Rochi Bernabò, 1735-1740. - 7 tomi in 12 vol. ; Venetiis : ex typographia Balleoniana, 1750. - 2 vol.

Literatur
- Allevi, Luigi: Disegno di storia della teologia. - Torino 1939, 299.
- Anonym [→ Ricchini, Tommaso Agostino]: De Vita et studiis fr. Vincentii Ludovici Gotti Bononiensis Ordinis Praedicatorum S.R.E. Tituli Sancti Xysti Presbyteri Cardinalis commentarius. - Romae : Typis Mainardi, 1742. - [6], 88 S. [erschien auch in: Raccolta d'opuscoli scientifici e filologici 28 (1743), 351-410 ; Lami, Giovanni: Memorabilia Italorum Eruditione [...]. - Florentiae : tip. Societatis ad insigne Centauri, 1742-1748. - 2 vol, hier: vol. 2/1, 65-96.]
- Artola, Antonio Maria: Dictamen histórico-teológico sobre la Mística ciudad de Dios en relación con la causa de canonización de la Ven. María de Jesús de Agreda (OIC). - Deusto 1993, 63.65.68.
- BBKL 18 (2001), 528f. von David Berger.
- Càmpori, Matteo (Hg.): Epistolario di Lodovico Antonio Muratori. Elenco dei corrispondenti. - Modena 1898. [Hinweis auf 22 unveröffentlichte Briefe Gottis an Muratori]
- Cath 5 (1962), 118 von A. Duval.
- Coulon, Rémy ; Papillon, Antonin: Scriptores Ordinis Praedicatorum recensiti, notis historicis et criticis illustrati ad annum 1700 auctoribus Jacobo Quétif [...] ab anno

autem 1701 ad annum 1750 perducti [...]. - 2 vol. - Romae ; Parisiis 1909-1934, hier: vol. 1, 730-736.
- Crescimbeni, Giovan Mario (Hg.): Le vite degli Arcadi illustri scritte da diversi autori, e pubblicate d'ordine della Generale Adunanza da Giovan Mario Crescimbeni. - In Roma : Nella Stamperia di Antonio de Rossi, 1708-1751. - 5 vol., hier: vol. 5, 103-114.
- D'Amato, Alfonso: I Domenicani a Bologna. - 2 vol. - Bologna 1988, 815f.
- DBI 58 (2002), 155-157 von Dario Busolini.
- DHGE 21 (1996), 921.
- DThC 6 (1920), 1503-1507 von R. Coulon; Tables Gén. 1 (1960), 1838.
- Fabene, Katia: Vincenzo Ludovico Gotti e la via notarum nell'apologetica cattolica del XVII-XVIII secolo, in: ACME. Annali della Facoltà di lettere e filosofia dell' Università degli studi di Milano 51/3 (1998), 249-260.
- Fantuzzi, Giovanni: Notizie degli scrittori bolognesi [...]. - In Bologna : nella Stamperia di San Tommaso d'Aquino, 1781-1794. - 9 vol., hier: vol. 5, 194-205.
- Fochi, Pio Antonio: Orazione funebre nella morte dell'eminentissimo, e reverendissimo sig. cardinale Vincenzo Ludovico Gotti [...] recitata in occasione delle solenni esequie di detto porporato nella chiesa de' PP. Domenicani di detta città. - In Bologna : per Clemente Maria Sassi, 1743. - 28 S.
- Guarnacci, Mario: Vitae, et res gestae Pontificum Romanorum et S.R.E. Cardinalium a Clemente X. usque ad Clementem XII. [...] Descripta a S. Petro ad Clementem IX. - Romae : Sumptibus Venantii Monaldini bibliopolae [...] ; Ex Typographia Joannis Baptistae Bernabo, & Josephi Lazzarini, 1751. - 2 vol., hier: vol. 2, 525-532.
- Guglielmotti, Alberto: Catalogo dei bibliotecari, cattedratici, e teologi del Collegio Casanatense nel convento della Minerva dell'Ordine de' Predicatori in Roma dal principio di loro istituzione sino al presente. Raccolto da sicuri documenti e corredato di note biografiche, cronologiche, e bibliografiche. - Roma 1860, 34f.
- Lombardi, Antonio: Storia della letteratura italiana nel secolo XVIII. - 4 vol. - Modena 1827-1830, hier: vol. 1, 140-146.
- LThK 4 (1995), 951 von Viola Tenge-Wolf.
- Seidler, Sabrina M. ; Weber, Christoph (Hg.): Päpste und Kardinäle in der Mitte des 18. Jahrhunderts (1730-1777). Das biographische Werk des Patriziers von Lucca Bartolomeo Antonio Talenti (Beiträge zur Kirchen- und Kulturgeschichte ; 18). - Frankfurt a.M. u.a. 2007, 228f.
- Walz, Angelo: I cardinali domenicani. Note bio-bibliografiche. - Firenze 1940, 45.48f.

Ulisse Giuseppe Gozzadini

Geboren 1650 Okt. 10 in Bologna
Gestorben 1728 März 20 in Imola

Familie
Der Kardinal stammte aus einem seit dem Mittelalter nachgewiesenen Adelshaus in Bologna, Sohn des Senators Marcantonio Gozzadini (gest. 1694) und der Ginevra Leoni

(gest. 1711). Von den zahlreichen Geschwistern des Kardinals wurden fünf Priester, während der jüngste Bruder, Senator Alessandro Gozzadini (gest. 1746), mehrmals das Amt eines gonfaloniere bekleidete. Dessen Enkel, A. → Malvasia Gabrielli (gest. 1819), wurde 1801 Assessor des SO in Rom und später Kardinal. Vgl. Weber: Genealogien 5, 457f.

Lebenslauf

	Page am Hof Ferdinands II. von Toskana
1670 Okt. 11	Dr. iur. utr. in Bologna
1674	Professor für Zivilrecht der Universität Bologna
	Kanoniker der Kathedrale von Bologna
1692	Reisen nach Frankreich und in die Niederlande
1693 Jan. 18	Kanoniker an St. Peter, Rom
1695 Dez. 24	Sekretär der Memoriali
1696 Juli 22	Eid des SO (ohne Angabe eines Amts)
	ACDF SO Extens. 1680-1690 [-1707] = ACDF SO St.St. Q-1-p, Bl. 305v
1697 Aug. 3	Sekretär der Brevi ai principi
1699	Demission der Ämter in Rom
	Aufenthalt in Florenz (Krankheit)
1700 Sept. 8	Titularerzbischof von Theodosia
1700 Dez. 7	Sekretär der Brevi ai principi (erneut)
1701 Aug. 29	Relator der CIndex, [Ernennung]
	ACDF Index Diari 12 (1700-1703), Bl. 38r (erstes Referat)
1702 Dez. 6	Konsultor der CIndex, Ernennung
	ACDF Index Diari 12 (1700-1703), Bl. 90v
	Mitglied der Accademia dell'Arcadia, Rom (als „Astaco Elicio")
1706 Febr.	Pro-Vikar an St. Peter, Rom
	BAV Arch. Cap. S. Petri in Vat., mss. vari 19-20, Bl. 120r
	Konsistorialadvokat in Rom
1706 Mai 21	Konsultor des SO, Ernennung
	ACDF SO Juramenta 1701-1724, Bl. 34
1706 Mai 26	Konsultor des SO, Amtsantritt durch Eidesleistung
	ACDF SO Decreta 1706, Bl. 221v; ACDF SO Juramenta 1701-1724, Bl. 36v
1709 Apr. 15	Kardinal
1709 Juni 19	Zuteilung der Titelkirche S. Croce in Gerusalemme
1709 Juni 20	Mitglied der CIndex, Ernennung
	ACDF Index Prot. 68 (1707-1710), Bl. 379r (Schreiben SS an Sekr. der CIndex); ACDF Index Diari 14 (1708-1721), Bl. 11r
1709 [Juni 20]	Mitglied der CEpReg, CRiti und CProp
1710 Febr. 19	Bischof von Imola
1713 Nov. 27	Apostolischer Legat der Romagna
1714	Mitglied der CIndulg
1722	Mitglied der CImmunità

Gutachten

(1701 Aug. 29) Burchard, Johann: Historia Arcana Sive De Vita Alexandri VI. Papae [...]. - Hannoverae : Sumbtibus Nicolai Försteri, 1697.
ACDF Index Prot. 61 (1701-1702), Bl. 70r-72r, 5 S.

(1702 Mai 15) Hardt, Hermann von der: Magnum Oecumenicum Constantiense Concilium De Universali Ecclesiae Reformatione, Unione, Et Fide [...]. - Francofurti Et Lipsiae : In Officina Christiani Genschii ; Helmestadi[i] : Typis Salmoniis Schnorrii, 1700. (Bd. 1)
ACDF Index Prot. 62 (1702), Bl. 43r-46v, 8 S.

(1703 Nov. 19) Acta eruditorum [...]. - Lipsiae : Grosse & Gleditsch, (1685).
ACDF Index Prot. 64 (1703-1704), Bl. 116r-121r, 11 S.

(1705 Juli 6) Echialle [Khayali, Ahmad ibn Musa] ; Mahomet Fils Pir Ali [Mehmed Efendi <Birgivi>]: Religion Ou Theologie Des Turcs [...] Avec La Profession de Foi de Mahomet Fils de Pir Ali. - A Bruxelles : Chez François Foppens, 1703.
ACDF Index Prot. 66 (1705-1706), S. 261-268, 8 S.

[1707 Sept. 21] Baruffaldi, Girolamo: Vita della beata Catarina Vegri ferrarese, detta da Bologna, tratta da varj scrittori, e da' processi fatti in Roma per la di lei canonizzazione [...]. - [S.a.]. (Manuskript)
ACDF SO CL 1706-1707, Nr. 38, 8 S.

[1708 Febr. 15] Crapols, Egidio: Brieve ragguaglio della vita del signor Aurelio Malvezzi [...]. - In Bologna : per Costantino Pisarri [...], 1708.
ACDF SO CL 1708-1710, Nr. 1, 2 S.

[1709] Catharina <Bononiensis>: Cinquanta Massime di Cristiana perfezione molto profittevoli alle Persone Religiose, cavate dal libro delle Battaglie Spirituali [...]. - [S.a.]. (Manuskript)
ACDF SO CL 1708-1710, Nr. 11, 1 S.

Eigene Werke
- Ragionamento à i cittadini, e popolo di Ravenna per la preservazione dall'inondazione de' fiumi vicini [...] volgarizzato dal dott. Girolamo Baruffaldi [...]. - In Ferrara : per gli eredi di Bernardino Pomatelli, 1717. - 11 S.

Literatur
- Anonym: Relazione distinta del solenne battesimo fatto nel gran giorno della SS.ma Trinita dal eminentissimo, e reverendissimo sig. cardinale Ulisse Giuseppe Gozzadini, [...] vescovo della citta d'Imola nella persona dell'ebreo Abramo Samuele Gennesi col nome di Giuseppe Antonio Gozzadini. - In Imola : per Sante Massa, 1713.
- → Buonamici, Filippo Maria: De claris pontificiarum epistolarum scriptoribus [...]. - Romae : ex typographia Palladis, 1753, 296f.
- Canart, Paul: Les Vaticani Graeci 1487-1962. Notes et documents pour l'histoire d'un fonds de manuscrits de la Bibliothèque Vaticane (StT ; 284). - Città del Vaticano 1979, 90-94.
- Cardella, Lorenzo: Memorie storiche de' Cardinali della Santa Romana Chiesa. - In Roma : nella stamperia Pagliarini, 1792-1797. - 10 vol., hier: vol. 8, 111-114.

- Cattani, Andrea Luigi: Ne' funerali dell'eminentissimo principe Giuseppe Ulisse cardinal Gozzadini vescovo d'Imola celebrati nella sua cattedrale [...]. - In Firenze : nella stamperia di Bernardo Paperini, 1729.
- DHGE 21 (1986), 996-998 von R. Aubert.
- Dolfi, Pompeo Scipione: Cronologia delle famiglie nobili di Bologna con le loro insegne, e nel fine i cimieri : Centuria prima, con vn breue discorso della medesima citta. - In Bologna : presso Gio. Battista Ferroni, 1670, 390.
- Fantuzzi, Giovanni: Notizie degli scrittori bolognesi. - In Bologna : nella Stamperia di San Tommaso d'Aquino, 1781-1794. - 9 vol., hier: vol. 4, 225-228.
- Giorgetti Vichi, Anna Maria (Hg.): Arcadia, Academia letteraria italiana. Gli Arcadi dal 1690 al 1800. Onomasticon. - Roma 1977, 37.
- Guarnacci, Mario: Vitae, et res gestae Pontificum Romanorum et S.R.E. Cardinalium a Clemente X. usque ad Clementem XII. [...] Descripta a S. Petro ad Clementem IX. - Romae : Sumptibus Venantii Monaldini bibliopolae [...] ; Ex Typographia Joannis Baptistae Bernabo, & Josephi Lazzarini, 1751. - 2 vol., hier: vol. 2, 149-152.
- Hierarchia Catholica 5, 26.228.375.
- Mazzetti, Serafino: Repertorio di tutti i professori antichi, e moderni della famosa Università, e del celebre Istituto delle scienze di Bologna, con in fine alcune aggiunte e correzioni alle opere dell'Alidosi, del Cavazza, del Sarti, del Fantuzzi, e del Tiraboschi. - Bologna 1848, 160.
- Moroni 32 (1845), 51f.
- Rondoni, Giambattista: Ulyssis Josephi S. R. E. cardinalis Gozzadini bononiensis vitae compendium. - Bononiae : ex typographia Sancti Thomae Aquinatis, 1738. [der Verfasser war Gozzadinis Sekretär]
- Weber, Christoph (Hg.): Die ältesten päpstlichen Staatshandbücher. Elenchus Congregationum, Tribunalium et Collegiorum Urbis 1629-1714 (RQ Supplementheft ; 45). - Rom u.a. 1991, 116.
- Weber, Christoph (Hg.): Legati e governatori dello stato pontificio (1550-1809) (Pubblicazioni degli Archivi di Stato. Sussidi ; 7). - Roma 1994, 709.
- Weber, Christoph: Genealogien zur Papstgeschichte. Unter Mitwirkung von Michael Becker bearbeitet (PuP ; 29/1-6). - 6 Bde. - Stuttgart 1999-2002, hier: Bd. 5, 457f.
- Zaccaria, Francesco Antonio (Hg.): Series episcoporum Forocorneliensium a Ferdinando Ughellio digesta, deinde a Nicolao Coleto emendata et aucta, postremo a Francisco Antonio Zaccaria restituta quinque cum dissertationibus in Ughelli proemium. Accedunt nunc gesta Pii VII. Pont. Max. Forocorneliensis iam episcopi et Antonii cardinalis Rusconii episc. - 2 vol. - Forocornelli 1820, hier: vol. 2, 218-222.

Pietro Martire Gozze OP

Lebenslauf

Lektor für Philosophie in San Severino (Marken)
Lektor für Theologie in Cesena (für sechs Jahre), an S. Sabina, Rom (für sechs Jahre) und in Ferrara (für zwei Jahre)
Lektor für Metaphysik im Studium generale des Ordens in Bologna

	Lektor für Hl. Schrift in Cesena (für vier Jahre) und an S. Sabina, Rom (für zwei Jahre)
[1719 Jan.]	Antrag auf Ernennung zu einem Amt an der Kurie (ohne Nennung einer bestimmten Kongregation)
	ACDF Index Prot. 71 (1715-1721), Bl. 526 (Schreiben des Priors von S. Sabina o.D. mit Bitte um Ernennung Gozzes mit Angaben zum Lebenslauf)
1719 Jan. 16	Relator der CIndex, Ernennung
	ACDF Index Diari 14 (1708-1721), Bl. 116v; ACDF Index Prot. 81 (1737-1740), Bl. 441v
1721	Prior von S. Sabina, Rom
1724 Juli 24	Konsultor der CIndex, Antrag der CIndex auf Ernennung (auf Vorschlag des Sekr. der CIndex)
	ACDF Index Diari 15 (1721-1734), Bl. 22v
1724 Juli 27	Konsultor der CIndex, Aufschub der Ernennung durch den Papst
	ACDF Index Diari 15 (1721-1734), Bl. 24v (Papstaudienz des Sekr. der CIndex: Papst bittet zunächst um Auskunft über Anzahl der Konsultoren)
1724 Sept. 2	Konsultor der CIndex, Ablehnung des Antrags auf Ernennung
	ACDF Index Diari 15 (1721-1734), Bl. 25r (Papstaudienz des Sekr. der CIndex: „non voglio che sia consultore se non è maestro"); ACDF Index Prot. (1724-1725), Bl. 88

Gutachten

(1719 Apr. 24)	Suicer, Johann Kaspar: Symbolum Niceno-Constantinopolitanum Expositum, Et Ex Antiquitate Ecclesiastica Illustratum. - Trajecti Ad Rhenum : Veneunt apud Guilielmum Broedelet, 1718.
	ACDF Index Prot. 71 (1715-1721), Bl. 556v-558v, 6 S.
(1720 Apr. 23)	Anonym [DuBos, Jean Baptiste]: Storia della lega fatta in Cambrai frà Papa Giulio II., Massimiliano I. imperatore, Luigi XII. Rè di Francia, Ferdinando V. Rè d'Aragona, e tutti i principi d'Italia contra la Repubblica di Vinegia [...]. - Anversa [i.e. Venezia] : presso Guglielmo Moretti, 1718.
	ACDF Index Prot. 71 (1715-1721), Bl. 652r-658v, 14 S.
(1720 Aug. 26)	Menzini, Benedetto: Satire. - A Amsterdam [i.e. Napoli] : [S.n.], 1718.
	ACDF Index Prot. 71 (1715-1721), Bl. 694r-702v, 18 S.
(1721 Juli 28)	Vinnius, Arnoldus: In quatuor libros Institutionum imperialium commentarius academicus & forensis [...] . - Lugduni Batavorum : apud Petrum Vander Aa [...], 1709.
	ACDF Index Prot. 72 (1721-1723), Bl. 49r-52v, 8 S.
(1723 Apr. 5)	Anonym [Boutauld, Michel]: Della Maniera Di Conversare Con Dio Aggiuntevi alcune necessarie Riflessoni [...]. - In Faenza : Per Gioseffantonio Archi, 1718.
	ACDF Index Prot. 72 (1721-1723), Bl. 321r-326v, 12 S.

(1723 Sept. 20) Manso, Pedro: De virtutibus infidelium ad mentem P. Augustini : reflexio vindex pro eminentiss. cardinali Henrico de Noris [...]. - Salmanticae : ex officina Francisci Garcia Onorato & San Miguel [...], 1721.
ACDF Index Prot. 72 (1721-1723), Bl. 383r-392r, 19 S.

(1724 Juli 24) Cupetioli, Angelo <Pseudonym> [Gualdo, Gabriele]: Disputatio Theologica De Auctoritate D. Augustini. - Patavii : ex Typographia Francisci Semoletta, 1720.
ACDF Index Prot. 73 (1724-1725), Bl. 56r-61r, 11 S.

(1725 Apr. 23) Brognolo, Candido: Manuale exorcistarum, ac parochorum, hoc es Tractatus de curatione, ac protectione diuina [...]. - Venetiis : apud Nicolaum Pezzana, 1683.
ACDF Index Prot. 73 (1724-1725), Bl. 302r-306r, 9 S.

(1726 Sept. 23) Grimaldi, Costantino: Discussioni istoriche, teologiche, e filosofiche [...] fatte per occasione della risposta alle lettere apologetiche di Benedetto Aletino. - In Lucca : [S.n.], 1725.
ACDF Index Prot. 74 (1726), Bl. 255r-311r, 113 S. (Sammelgutachten)

(1726 Sept. 23) Anonym [Grimaldi, Costantino]: Risposta alla lettera apologetica in difesa della teologia scolastica di Benedetto Aletino [...]. - In Colonia [i.e. Ginevra] : appresso Sebastiano Hecht [Samuel de Tournes], 1699.
ACDF Index Prot. 74 (1726), Bl. 255r-311r, 113 S. (Sammelgutachten)

(1726 Sept. 23) Anonym [Grimaldi, Costantino]: Risposta alla seconda lettera apologetica di Benedetto Aletino : Opera utilissima a' professori della filosofia: in cui fassi vedere quanto manchevole sia la peripatetica dottrina. - In Colonia : appresso Sebastiano Hecht, 1702.
ACDF Index Prot. 74 (1726), Bl. 255r-311r, 113 S. (Sammelgutachten)

(1726 Sept. 23) Grimaldi, Costantino: Risposta alla terza lettera apologetica contra il Cartesio creduto da piu d'Aristotele di Benedetto Aletino [...]. - In Colonia [i.e. Napoli?] : appresso Sebastiano Hecht [Rosselli?], 1703.
ACDF Index Prot. 74 (1726), Bl. 255r-311r, 113 S. (Sammelgutachten)

Literatur
- Schwedt, Herman H.: Fra giansenisti e filonapoleonici. I domenicani al S. Offizio romano e alla Congregazione dell'Indice nel Settecento, in: Longo, Carlo (Hg.): Praedicatores, Inquisitores III. I domenicani e l'Inquisizione romana. Atti del III seminario internazionale su „I domenicani e l'inquisizione" 15-18 febbraio 2006 Roma (Institutum historicum fratrum praedicatorum Romae, dissertationes historicae ; XXXIII). - Roma 2008, 591-613.

Giangirolamo Gradenigo CR

Geboren 1708 Febr. 19 in Venedig
Gestorben 1786 Juni 30 in Udine (Friaul)

Familie

Der spätere Bischof gehörte einer weitverzweigten adeligen Familie an, aus der schon im 13. Jahrhundert Dogen von Venedig hervorgingen. Ein naher Verwandter, Erzbischof Bartolomeo Gradenigo (gest. 1765), Vorgänger als Erzbischof des hier interessierenden Giangirolamo in Udine, könnte einer früheren Generation angehören, wird aber dessen Bruder genannt, so von Vezzosi: Scrittori, 421.

Lebenslauf

	Ausbildung bei den Jesuiten in Ferrara
1727 Juli 29	Ordenseintritt und Einkleidung
1728 Aug.	Ordensprofess
1732 Jan. 20	Priesterweihe
1734	Lektor für Theologie am Seminar von Brescia, berufen von Kardinal A. M. → Querini
1740 Okt. 12	Erlaubnis zum Lesen verbotener Bücher
	ACDF SO Decreta 1740, Bl. 35r (Erlaubnis nach schriftlichem Antrag)
	Postulator im Seligsprechungsprozess der Ursula Benincasa
1753	Generalprokurator des Ordens in Rom
1756 Mai 22	Konsultor der CIndex, Antrag auf Ernennung
	ACDF Index Prot. 85 (1755-1757), Bl. 231r (Bewerbung Gradenigos an den Papst)
1756 Juli 10	Konsultor der CIndex, Ernennung
	ACDF Index Prot. 85 (1755-1757), Bl. 227 (Schreiben SS an Sekr. der CIndex)
1765	Generalprokurator des Ordens in Rom (wie bereits 1753)
1766 Jan. 27	Erzbischof von Udine, Ernennung (Designierung durch den Dogen bereits am 1. Febr. 1765)

Eigene Werke

- Brixia Sacra. Pontificum Brixianorum series commentario historico illustrata. Accessit Codicum mss. elenchus in archivo brixianae cathedralis asservatorum. - Brixiae : ex typographia Joannis Baptisti Bossini, 1755. - [5] Bl., XLVIII, 482 S.
- Cure pastorali. - In Udine : per li fratelli Gallici, 1776. - 2 vol.
- De nova S. Gregorii Magni editione procuranda dissertatio epistularis ad R.P.D. Angelum Calogerà, in: Raccolta d'opuscoli scientifici e filologici 21 (1740), 411-444.
- Dissertatio de siclo argenteo Hebraeorum. - Editio altera correctior. - Romae : ex typographio Hermathenaeo, 1766. - XXXII S.
- Epistola historico-critica super tribus punctis ad controversiam de probabilismo et probabiliorismo spectantibus a quodam sacerdote Brixiae anno 1750 italice typis edita: nunc tandem in Germania, data opportunitate, latine reddite ab alio sacerdote

germano. Adjecta ab eodem interprete germano peculiari praefatione. - Monachii : impensis Joannis Theodori Osten bibliopolae, 1760. - [8], 25, [3] S.
- Guilielmi S.R.E. Cardin. Sirleti epigrammata duo graeca, in: Miscellanea di varie operette 5 (1741), 159-168.
- Lettera all'emin.mo e rev.mo sig.r Card.le Angelo M.a → Querini Bibliothecario della S.R.C. vescovo di Brescia ec. intorno agl'italiani, che dal secolo XI. infin verso alla fine del XIV. seppero di greco. - In Venezia : appresso Tommaso Bettinelli, 1743. - 144 S.
- Lettera istorico-critica di un sacerdote sopra tre punti concernenti la quistione del probabilismo, e probabiliorismo. - Brescia : [S.n], 1750. - 47, [1] S.
- Ragionamento istorico-critico [...] intorno alla letteratura greco-italiana. - In Brescia : presso Giammaria Rizzardi, 1759. - XVI, 176 S.
- → Querini, Angelo Maria: Tiara et purpura Veneta ab anno MCCCLXXIX ad annum MDCCLIX. Serenissimae Reipublicae Venetae a civitate Brixiae dicata. - Brixiae : excudebat Joannes-Maria Rizzardi, 1761. - [Mitarbeit an Teil 2 und 3]
- S. Gregorius Magnus pontifex Romanus a criminationibus Casimiri Oudini vindicatus [...]. Accessit ejusdem Gradonici de nova S. Gregorii Magni editione procuranda Dissertatio epistolaris secundis curis retractata, et aucta. - Romae : ex typographia Palladis excudebant Nicolaus et Marcus Palearini, 1753. - XVI, 249, [3] S.

Literatur
- Bertolla, Pietro: In margine alle visite pastorali degli arcivescovi Bartolomeo e Giangirolamo Grandenigo a Povoletto, in: Memorie storiche Forogiuliesi. Giornale della Deputazione di Storia Patria per il Friuli 59 (1979), 129-145.
- Della Stua, Giovanni Pietro: Vita di mons. Giangirolamo Gradenigo arcivescovo di Udine. - Udine 1885.
- DHGE 21 (1986), 1021.
- DThC 6 (1925), 1687f. von Édouard d'Alençon.
- Grosso, Franca: Gian Girolamo Gradenigo arcivescovo di Udine (1766-1786). Tra filogiansenismo e giurisdizionalismo, in: Regnum Dei 39 (1983), 3-113.
- Guerrini, Paolo: Un breve diario inedito di Mons. Giangirolamo Gradenigo, in: Regnum Dei 10 (1954), 79-82.
- Hierarchia Catholica 6, 428.
- Hurter, Hugo: Nomenclator literarius theologiae catholicae theologos exhibens aetate, natione, disciplinis distinctos. - Editio tertia, emendata et aucta. - 5 vol. - Oeniponte 1903-1913, hier: vol. 5, 428f.
- Vezzosi, Antonio Francesco: I Scrittori de' cherici regolari detti Teatini. - In Roma : nella stamperia della sacra congregazione di Propaganda Fide, 1780. - 2 vol., hier: vol. 1, 410-421.
- Wurzbach 5, 295f.
- Zorzi, Marino ; Marcon, Susy (Hg.): Grado, Venezia, i Gradenigo. Catalogo della mostra. - Mariano del Friuli 2001.

Federico Graffeo OM

Lebenslauf

                Lektor für Philosophie und Theologie in Sizilien
                Prediger in Sizilien
                Konsultor der Inquisition von Sizilien
                Studienpräfekt am Kolleg S. Oliva, Palermo
                Provinzialoberer des Ordens, Provinz Sizilien
                Qualifikator des SO
1716 Juli 20   Relator der CIndex, Ernennung
                ACDF Index Prot. 81 (1737-1740), Bl. 441r; ACDF Index Diari 14 (1708-1721), Bl. 104r
1718   Zensor der Accademia Teologica

Gutachten

1715 Nov. 30   Ortega, Cristobal de: De Deo vno [...]. - Lugduni : sumptibus Petri Cheualier, 1671.
                ACDF SO CL 1715-1717, Nr. 10, 7 S.
[1716 Mai 6]   Savino, Francesco: Lux moralis in Universa quasi Theologiam Moralem bipartita illustratione summatim dilucidans [...]. - [S.a.]. (Manuskript)
                ACDF SO CL 1718-1721, Nr. 23, 13 S.

Giovanni Alberto Grandi (de Grandis) CRL

Namensvariante   Francesco Gaetano Grandi

Geboren   1689 Febr. 5 in Venedig
Gestorben   1752 Juli 21 in Chioggia

Lebenslauf

1712 Nov. 26   Dr. theol. an der Universität Padua
1713 Jan. 6   Priesterweihe
                Lektor für Theologie
                Generalprokurator des Ordens in Rom
                Generalabt des Ordens
                Lektor für Theologie an S. Pietro in Vincoli, Rom
[1718/1719]   Relator der CIndex, Antrag auf Ernennung
                ACDF Index Prot. 71 (1715-1721), Bl. 528r (Bewerbung Grandis o.D. mit Angaben zum Lebenslauf)
1719 Jan. 16   Relator der CIndex, Ernennung
                ACDF Index Prot. 81 (1737-1740), Bl. 441v; ACDF Index Diari 14 (1708-1721), Bl. 116v

1723 Apr. 5	Konsultor der CIndex, Ernennung
[oder: Juli 12]	ACDF Index Diari 15 (1721-1734), Bl. 16v.18v; ASV SS Mem Bigl 156, Bündel 1 (Schreiben SS an Sekr. der CIndex, Entwurf)
1724 Aug. 24	Qualifikator des SO, Ernennung ACDF SO Priv. 1710-1727, Bl. 568 (Päpstl. Approbation des Dekretes des SO vom 23. Aug.)
1724 Aug. 26	Qualifikator des SO, Amtsantritt durch Eidesleistung ACDF SO Juramenta 1701-1724, Bl. 428v
	Abt von S. Antonio de Castello, Venedig
1750 Nov. 16	Bischof von Chioggia

Gutachten

(1719 Juli 17)	Kirchmeier, Johann Siegmund: De Unico Fidei Principio Verbo Dei, Aliisque extra Dei verbum revelationibus immediatis, atque in specie etiam nonnullorum hodie, quos vocant, Inspiratorum Enthusiasmis Disqvisitio [...]. - Marburgi Cattorum : Typis & Impensis Philippi Casimiri Mülleri, Acad. Typogr. & Bibliopol., 1717. ACDF Index Prot. 71 (1715-1721), Bl. 572r-574r, 5 S.
(1720 Aug. 26)	Il nuovo confederamento di Giesu il Messia salvator nostro [...]. - Cristian-Erlanga : Danielle Michele Schmatz, a spese de' Volgarizzatori, 1711-1712. ACDF Index Prot. 71 (1715-1721), Bl. 704r-705v, 4 S.
(1722 Apr. 27)	Acta eruditorum [...]. - Lipsiae : Grosse & Gleditsch, (1717). ACDF Index Prot. 72 (1721-1723), Bl. 174r-175v, 4 S.
(1723 Apr. 5)	Dupin, Louis Ellies: Histoire du concile de Trente et des choses qui se sont passées en Europe touchant la religion, depuis la convocation de ce concile jusqu'à la fin. - Bruxelles : S. t'Serstevens, 1721. ACDF Index Prot. 72 (1721-1723), Bl. 314r-316r, 5 S.
(1723 Sept. 20)	Anonym [Dupin, Louis Ellies]: La Storia profana dal suo principio fino al presente [...]. - Padova : Nella stamperia del seminario appresso Giovanni Manfre, 1719. ACDF Index Prot. 72 (1721-1723), Bl. 381r-382v, 4 S.
(1732 Mai 27)	♦ Cellarius, Christoph: Programmata varii argumenti. - Jenae : [S.n.], 1709. ACDF Index Prot. 78 (1731-1734), Bl. 227r-230r, 7 S. (Doppelgutachten)
(1732 Mai 27)	Cellarius, Christoph: Historia universalis breviter ac perspicue exposita, in antiquam, et medii aevi ac novam divisa, cvm notis perpetuis [...]. - Ienae : Sumtu Io. Felicis Bielkii, 1711-1713. ACDF Index Prot. 78 (1731-1734), Bl. 227r-230r, 7 S. (Doppelgutachten)

Literatur
- Hierarchia Catholica 6, 170.

Didaco Grignani OSB

Geboren [1663]

Lebenslauf

                Mitglied verschiedener römischer Akademien
                Lektor für scholastische Philosophie
[1702]   Relator der CIndex, Antrag auf Ernennung
                ACDF Index Prot. 61 (1701-1702), Bl. 129 (Bewerbung Grignanis o.D. an die CIndex mit Angaben zum Lebenslauf)
1702 Sept. 11   Relator der CIndex, Ernennung
                ACDF Index Diari 12 (1700-1703), Bl. 79v; ACDF Index Prot. 81 (1737-1740), Bl. 439r

Gutachten

(1703 Jan. 29)   Sinistrari, Luigi Maria: De delictis, et poenis tractatus absolutissimus [...]. - Venetiis : Apud Hieronymum Albriccium, 1700.
                ACDF Index Prot. 63 (1703), Bl. 66r-72r, 13 S.

(1704 Juli 7)   José <des Espiritu Santo> [Barroso, José]: Cadena mystica carmelitana de los avtores carmelitas descalzos, por quien se ha renouado en nuestro siglo la doctrina de la Theologia Mystica [...]. - En Madrid : en la oficina de Antonio Gonçalez de Reyes, 1678.
                ACDF Index Prot. 65 (1704-1705), Bl. 95r-103v, 18 S. (Doppelgutachten)

(1704 Juli 7)   Augustin <de San Ildefonso>: Theologia mystica, sciencia y sabidvria de Dios misteriosa, oscvra y levantada para mvchos [...]. - [Madrid?] : [S.n.], [1683?].
                ACDF Index Prot. 65 (1704-1705), Bl. 95r-103v, 18 S. (Doppelgutachten)

(1705 Jan. 19)   Anonym [Marana, Giovanni Paolo]: L'Espion Dans Les Cours Des Princes Chrétiens, Ou Lettres Et Memoires d'un Envoyé secret de la Porte dans les Cours de l'Europe [...]. - A Cologne : Chez Erasme Kinkius, 1696-1699. (Bde. 3-4)
                ACDF Index Prot. 65 (1704-1705), Bl. 329r-335r, 13 S.

Filippo Grillotti OP

Geboren   um 1646 in Urbino
Gestorben   1716

Familie

Der hier interessierende Pater und sein Vater Bartolomeo Grillotti stammen aus Urbino. Es bliebe zu ermitteln, ob sie zur weiteren Familie des Matteo Grillotti d'Urbino, Doktor der Jurisprudenz und Verfasser einer 1621 in Urbino gedruckten Schrift zur Askese, oder des päpstlichen Gouverneurs Dr. iur. utr. Cesare Grillotti zählten. Zu diesen beiden vgl. Vecchietti: Biblioteca 5, 153; Weber: Legati, 713.

Lebenslauf

	Magister theol.
1690 Jan. 17	Relator der CIndex, [Ernennung]
	ACDF Index Diari 9 (1688-1692), Bl. 44r (erstes Referat)
1690 Apr. 28	Konsultor der CIndex, Ernennung
	ACDF Index Diari 9 (1688-1692), Bl. 59v („adscriptus")
1696	Provinzial des Ordens, Provinz Rom
um 1700	Prior des Konvents S. Maria sopra Minerva, Rom
1707 Febr. 18	Qualifikator des SO, Amtsantritt durch Eidesleistung
	ACDF SO Extens. 1680-1690 [-1707] = ACDF SO St.St. Q-1-p, Bl. 494v („filius quondam Bartholomaei de Urbino"; 61 Jahre alt)

Literatur

- Masetti, Pio Tommaso: Monumenta et antiquitates veteris disciplinae Ordinis Praedicatorum ab anno 1216 ad 1348 praesertim in Romana Provincia praefectorumque qui eandem rexerunt biographica chronotaxis ex synchronis documentis, ineditis codicibus, aequalibusque auctoribus collectae, illustratae, ac digestae [...]. - 2 vol. - Romae 1864, hier: vol. 2, 170f.
- Palumbo, Margherita: Inquisition und Indexkongregation in der Sammlung „Editti e Bandi" der Biblioteca Casanatense (16.-18. Jahrhundert), in: Wolf, Hubert (Hg.): Verbotene Bücher. Zur Geschichte des Index im 18. und 19. Jahrhundert (Römische Inquisition und Indexkongregation ; 11). - Paderborn u.a. 2008, 229-244, hier: 237.
- Vecchietti, Filippo: Biblioteca Picena : o sia notizie istoriche delle opere e degli scrittori Piceni. - Osimo : Quercetti, 1790-1796. - 5 vol., hier: vol. 5, 153. [zu Matteo Grillotti]
- Weber, Christoph (Hg.): Legati e governatori dello stato pontificio (1550-1809) (Pubblicazioni degli Archivi di Stato. Sussidi ; 7). - Roma 1994, 713. [zu Cesare Grillotti]

Girolamo Grimaldi

Geboren	[Taufdatum: 15. Nov. 1674] in Genua
Gestorben	1733 Nov. 18 auf See bei Neapel

Familie

Der Kardinal gehörte zu einem der Familienzweige der patrizischen Grimaldi in Genua, Sohn eines Raniero und einer Giromina (Jeronima) Cuniquez aus Spanien. Aus der gleichen Familie war im 17. Jahrhundert Girolamo Grimaldi (gest. 1685) hervorgegangen, Nuntius und Kardinal wie der hier interessierende gleichnamige Nachfahre. Vgl. Weber: Genealogien 2, 494f.

Grimaldi

Lebenslauf

1705 Juni 26	Dr. iur. utr. an der Universität Avignon
1706	Internuntius in Brüssel (bis 1712)
1709 Apr. 7	Priesterweihe
1712 Okt. 5	Titularerzbischof von Edessa
1712 Dez. 20	Nuntius in Polen (bis 1721)
1720 Nov. 15	Nuntius in Wien
1730 Okt. 2	Kardinal
1730 Dez. 11	Päpstlicher Legat in Bologna
1731 Sept. 3	Zuteilung der Titelkirche S. Balbina
1731 Sept. 3	Mitglied der CIndex, Ernennung
	ACDF Index Diari 15 (1721-1734), Bl. 119v; ASV SS Mem Bigl 164 (Schreiben SS an Grimaldi, Entwurf); ACDF Index Prot. 78 (1731-1734), Bl. 120 (Schreiben SS an Sekr. der CIndex)
1731 Sept. 3	Mitglied der CConcilio, CProp und CConsulta
	ASV SS Mem Bigl 164/2 (Schreiben SS an Grimaldi, Entwurf)
1733 Nov.	Erkrankung während einer Seereise von Genua nach Neapel

Literatur

- DHGE 22 (1988), 249f. von R. Aubert.
- Guarnacci, Mario: Vitae, et res gestae Pontificum Romanorum et S.R.E. Cardinalium a Clemente X. usque ad Clementem XII. [...] Descripta a S. Petro ad Clementem IX. - Romae : Sumptibus Venantii Monaldini bibliopolae [...] ; Ex Typographia Joannis Baptistae Bernabo, & Josephi Lazzarini, 1751. - 2 vol., hier: vol. 2, 611-614.
- Halkin, Léon-Ernest: Les Archives des nonciatures. - Bruxelles ; Rome 1968, 44.
- Hierarchia Catholica 5, 191; 6, 5.
- Moroni 33 (1845), 32f.
- Seidler, Sabrina M. ; Weber, Christoph (Hg.): Päpste und Kardinäle in der Mitte des 18. Jahrhunderts (1730-1777). Das biographische Werk des Patriziers von Lucca Bartolomeo Antonio Talenti (Beiträge zur Kirchen- und Kulturgeschichte ; 18). - Frankfurt a.M. u.a. 2007, 177-179.
- Squicciarini, Donato: Nunzi apostolici a Vienna. - Città del Vaticano 1998, 160f.
- Theiner, Augustin (Hg.): Vetera Monumenta Poloniae et Magni Ducati Lithuaniae gentiumque finitimarum historiam illustrantia maximam partem nondum edita ex tabularis vaticanis deprompta, collecta ac serie chronologica disposita. - 4 vol. - Romae 1860-1864, hier: vol. 4/1, 81-86.91-95.
- Weber, Christoph (Hg.): Legati e governatori dello stato pontificio (1550-1809) (Pubblicazioni degli Archivi di Stato. Sussidi ; 7). - Roma 1994, 714.
- Weber, Christoph: Genealogien zur Papstgeschichte. Unter Mitwirkung von Michael Becker bearbeitet (PuP ; 29/1-6). - 6 Bde. - Stuttgart 1999-2002, hier: Bd. 2, 494f.
- Welykyj, Athanasius G. (Hg.): Litterae episcoporum historiam Ucrainae illustrantes. - 5 vol. - Romae 1972-1981, hier: vol. 5, 176-178.
- Wojtyska, Henricus Damianus: De fontibus eorumque investigatione et editionibus. Instructio ad editionem, nuntiorum series chronologica (Acta Nuntiaturae Polonae ; 1). - Romae 1990, 298f.

- Ziekursch, Johann: August der Starke und die katholische Kirche in den Jahren 1697-1720, in: ZKG 24 (1903), 86-135.232-280, hier: 246-280.

Nicola Grimaldi

Geboren 1646 Febr. 4 [andere: 1645 Dez. 6] in Castel di Pietra (bei Teano, Kampanien?)
Gestorben 1717 Okt. 25 in Rom

Familie
Der Kardinal stammte aus einem der Zweige des bekannten Genueser Adelshauses, Sohn eines Francesco, marchese della Pietra, und einer Settimia Grimaldi. Vgl. Weber: Referendare 2, 661. Bei dem angegebenen Geburtsort des Kardinals, Castel di Pietra (auch: Castello della Pietra) im Königreich Neapel, wird es sich um einen Familienbesitz (Lehensgut) handeln, gelegen in der Gegend von Teano auf der Strecke zwischen Capua und Montecassino.

Lebenslauf

1669	Referendar der Signaturen
1671	Gouverneur von acht Städten und Provinzen des Kirchenstaats
1692 Okt. 29	Kleriker der Apostolischen Kammer
1693 Dez. 3	Presidente delle Strade (bis 1696)
1696 Febr. 19	Präfekt der Annona (bis Dez. 1701)
1696 März	Votante der Signatura Gratiae
[1696]	Sekretär der CAcque
	Elemosiniere pontificio
1701 Dez. 11	Sekretär der CEpReg
1702 Jan. 6	Konsultor des SO, Ernennung
	ACDF SO Juramenta 1701-1724, Bl. 12 (Schreiben Ass. des SO an Grimaldi)
1702 Jan. 11	Konsultor des SO, Amtsantritt durch Eidesleistung
	ACDF SO Juramenta 1701-1724, Bl. 14v; ACDF SO Decreta 1702, Bl. 13v
1702 Jan. 23	Joseph Isoldus de Precibus, Auditor von Grimaldi, Amtsantritt durch Eidesleistung
	ACDF SO Extens. 1680-1690 [-1707] = ACDF SO St.St. Q-1-p, Bl. 405v
1706 Mai 17	Kardinal
1706 Juni 25	Zuteilung der Titelkirche S. Maria in Cosmedin
1706 [Juni 25]	Mitglied der CAcque, CEpReg, CImmunità und CConsulta
1706 Sept. 13	Apostolischer Legat von Bologna
1716 Sept. 20	Priesterweihe

Literatur
- Cardella, Lorenzo: Memorie storiche de' Cardinali della Santa Romana Chiesa. - In Roma : nella stamperia Pagliarini, 1792-1797. - 10 vol., hier: vol. 8, 106f.
- DHGE 22 (1988), 251f. von R. Aubert.
- Guarnacci, Mario: Vitae, et res gestae Pontificum Romanorum et S.R.E. Cardinalium a Clemente X. usque ad Clementem XII. [...] Descripta a S. Petro ad Clementem IX. - Romae : Sumptibus Venantii Monaldini bibliopolae [...] ; Ex Typographia Joannis Baptistae Bernabo, & Josephi Lazzarini, 1751. - 2 vol., hier: vol. 2, 133-136.
- Hierarchia Catholica 5, 24f.
- Moroni 33 (1845), 32.
- Weber, Christoph (Bearb.): Die päpstlichen Referendare 1566-1809. Chronologie und Prosopographie (PuP ; 31/1-3). - 3 Bde. - Stuttgart 2003-2004, hier: Bd. 2, 661.
- Weber, Christoph (Hg.): Die ältesten päpstlichen Staatshandbücher. Elenchus Congregationum, Tribunalium et Collegiorum Urbis 1629-1714 (RQ Supplementheft ; 45). - Rom u.a. 1991, 117.
- Weber, Christoph (Hg.): Legati e governatori dello stato pontificio (1550-1809) (Pubblicazioni degli Archivi di Stato. Sussidi ; 7). - Roma 1994, 714.
- Weber, Christoph: Genealogien zur Papstgeschichte. Unter Mitwirkung von Michael Becker bearbeitet (PuP ; 29/1-6). - 6 Bde. - Stuttgart 1999-2002, hier: Bd. 2, 492.

Bonaventura Maria Grossi da Savona senior OP

Geboren in [Savona (Ligurien)]
Gestorben 1739 Sept. 30 in Bologna

Familie
Der Dominikaner wird hier „senior" genannt, um ihn von seinem gleichnamigen Neffen zu unterscheiden, ebenfalls aus Savona und Dominikaner, den der Ältere im Jahre 1738 zum eigenen Generalvikar der Inquisition von Bologna vorschlug. Dieser Bonaventura Grossi junior wurde 1743 Inquisitor von Reggio und ebenfalls 1743 Inquisitor von Fermo (bis 1753), danach Prior des Konvents in Savona. Der hier interessierende Pater heißt gelegentlich auch Bonaventura Maria „da Genova" (vgl. Catalogo delle Inquisizioni, in: ACDF SO St.St. II-2-h, Bl. 12r).

Lebenslauf

	Magister theol.
1703	Lektor für Hl. Schrift im Studium generale des Ordens in Bologna (bis 1705)
1709 Okt. 23	Secundus Socius des Commissarius des SO, Amtsantritt durch Eidesleistung

> ACDF SO Decreta 1709, Bl. 556r; ACDF SO Juramenta 1701-1724, Bl. 92r.93v

1711 März 4	Inquisitor von Piacenza, Ernennung
	ACDF SO Decreta 1711, Bl. 94v („electus")
1711 Apr. 8	Inquisitor von Piacenza, Amtsantritt durch Eidesleistung
	ACDF SO Decreta 1711, Bl. 149r; ACDF SO Juramenta 1701-1724, Bl. 97.100v
	Mitglied des Collegium theologicum der Universität Piacenza
1724	Inquisitor von Mailand, Ernennung
1724 Nov. 6	Inquisitor von Mailand, Verweigerung des Placet durch den Senat von Mailand
1725 Apr. 26	Inquisitor von Faenza, Ernennung
	ACDF SO Decreta 1725, Bl. 79r („electus")
1737 Mai 22	Inquisitor von Bologna, Ernennung
	ACDF SO Decreta 1737, Bl. 207r („electus")

Unveröffentlichte Quellen

Archivio di Stato, Mailand, Culto Parte antica. Inquisizione Nr. 2107, o.Bl.: Schreiben F. del → Giudices, Pro-Sekr. des SO, vom 23. Dez. 1724 an Kard. Benedetto Erba Odescalchi, Abschrift.

Literatur

- Arata, Antonino: Il Collegio dei teologi dell'Università di Piacenza. Sua fondazione, sue vicende. - Piacenza 1929, 228.
- Battistella, Antonio: Il S. Officio e la riforma religiosa in Bologna (Biblioteca storica Bolognese). - Bologna 1905, 202.
- D'Amato, Alfonso: I Domenicani a Bologna. - 2 vol. - Bologna 1988, 817.896.

Filippo Gruther CCRRMM

Namensvarianten Filippo Grottieri, Filippo Grutter

Gestorben 1712 Febr. 1 in Rom

Familie

Pater Filippo stammt aus der zunächst bürgerlichen Kaufmannsfamilie Gruther aus Flandern, die im 17. Jahrhundert in Neapel zu Vermögen kam und nach dem Kauf der Stadt Santa Severina (Kalabrien) den Herzogtitel erhielt. Seit 1672 gehörte sie als Gruther, Grutter oder Grottieri auch zum Patriziat der Stadt Rom. Vgl. Crollalanza: Dizionario 1, 504.

Lebenslauf

	Ordenseintritt
	Prediger in Pesaro, Urbino, Neapel und Rom
	Lektor für Philosophie und Theologie in Neapel
[1671]	Lektor für Theologie in Rom

[1671]	Konsultor der CIndex, Antrag auf Ernennung
	ACDF Index Prot. 36 (1664-1672), Bl. 182 (Bewerbung Gruthers o.D. an den Papst)
1671 Nov. 25	Konsultor der CIndex, Ernennung
	ACDF Index Diari 7 (1665-1682), Bl. 34v
1693	Lektor für Moralphilosophie an der Universität Sapienza, Rom (bis 1712)
um 1700	[Qualifikator des SO]

Unveröffentlichte Quellen

Galletti 19, Vat. Lat. 7886, Bl. 61 (Todesdatum); ASR Congregazioni religiose maschili. Chierici regolari minori. S. Lorenzo in Lucina B.1450: „Diario del Collegio de' SS. Vincenzo et Anastasio a Trevi" 1706-1720, o.Bl.

Gutachten

[1700 Sept. 22]	(1) Assertiones Theologicae de Volunt[at]e Dei. (2) Assertiones Theologicae de Providentia Dei, et Praedestinatione.
	ACDF SO CL 1701-1702, Nr. 43, 4 S. (Doppelgutachten)
[1701 Sept. 14]	♦ Ciaffoni, Bernardino: Apologia in favore de' Santi padri contro quei che nelle materie morali fanno de' medesimi poca stima [...]. - In Avignone : appresso Pietro Offray, 1698.
	ACDF SO CL 1701-1702, Nr. 16, 4 S. (Doppelgutachten)
[1701 Sept. 14]	Bonis, Francisco de <Pseudonym> [Benedetti, Giovanni Battista]: La Scimia del Montalto cioe un libricciulo intitolato Apologia in favore de' Santi Padri contra quelli, che in materie morali fanno de' medesimi poca stima convinto di falsita [...]. - A Gratz : ad istanza dell'Autore, 1698.
	ACDF SO CL 1701-1702, Nr. 16, 4 S. (Doppelgutachten)
1702 Sept. 22	(1) Assertiones Theologicae de Volunt[at]e Dei. (2) Assertiones Theologicae de Providentia Dei, et Praedestinatione.
	ACDF SO CL 1701-1702, Nr. 43, 24 S. (Doppelgutachten)
[1702 Okt. 19]	Malaspina, Pier Luigi: Vita della Serva di Dio Suor Maria Margherita Diomira del Verbo Incarnato [...]. - [S.a.]. (Manuskript)
	ACDF SO CL 1701-1702, Nr. 37, 6 S.

Literatur

- Conte, Emanuele (Hg.): I maestri della Sapienza di Roma dal 1514 al 1787. I rotuli e altre fonti (Fonti per la Storia d'Italia ; 116. Studi e Fonti per la storia dell'Università di Roma. N. S. ; 1). - 2 vol. - Roma 1991, 964f.
- Crollalanza, Giovanni Battista di: Dizionario storico-blasonico delle famiglie nobili e notabili italiane estinte e fiorenti. - 3 vol. - Pisa 1886-1890, hier: vol. 1, 504.
- Dudon, Paul: Le quiétiste espagnol: Michel Molinos (1628-1696). - Paris 1921, 159.
- Piselli, Clemente: S. Francesco Caracciolo, fondatore dei Chieri Regolari Minori e dell'adorazione perpetua (Ad Maiorem Resurgentis Gloriam ; 2). - Napoli : Felice Mosca, 1705 ; ND Roma 1989. [mit Vorwort und Approbation Gruthers]

Giovanni Antonio Guadagni OCD

Namensvarianten Bernardo Guadagni (Taufname), Giovanni Antonio di S. Bernardo

Geboren 1674 Sept. 14 in Florenz
Gestorben 1759 Jan. 15 in Rom

Familie
Der spätere Kardinal war Sohn des marchese Donato-Maria Guadagni, maestro di camera der Großherzogin der Toskana, und der Lucrezia Corsini, Schwester des Kardinals L. → Corsini (Papst Clemens XII.).

Lebenslauf

1693	Studium am Collegio Romano
	Kanoniker am Dom von Florenz (bis 1700)
1696 Mai 3	Dr. iur. utr. an der Universität Pisa
1700	Ordenseintritt in Florenz unter dem Namen Giovanni Antonio di S. Bernardo
1701 Nov. 11	Ordensprofess
1702 März 11	Priesterweihe
	Prior des Klosters S. Paolo, Florenz
	Provinzial des Ordens, Provinz Toskana
1724 Dez. 20	Bischof von Arezzo (Weihe durch L. → Corsini am 31. Dez. 1724 in Rom)
1725 Okt. 7	Mitglied des Collegium theologicum der Universität Florenz
1731 Sept. 24	Kardinal
1731 Dez. 17	Zuteilung der Titelkirche S. Martino ai Monti
[1731 Dez. 17]	Mitglied der CImmunità, CDiscReg, CRiti und CEpReg
	Mitglied der CConcilio
	Präfekt der CDiscReg und CResEp
1732 Febr. 28	Vikar des Bistums Rom
1732 März	Eid des SO als Vikar des Bistums Rom (ohne Mitgliedschaft im SO)
	ACDF SO Juramenta 1725-1736, o.Bl.
1732 März 17	Vittorio Martini, Auditor von Guadagni, Amtsantritt durch Eidesleistung
	ACDF SO Juramenta 1725-1736, o.Bl.
1732 März 17	Crisogono dell'Annunciazione OCD, Theologus von Guadagni, Amtsantritt durch Eidesleistung
	ACDF SO Juramenta 1725-1736, o.Bl.
1732 Juli 12	Mitglied des SO, Ernennung
	ACDF SO Juramenta 1725-1736, o.Bl. (Schreiben SS an Ass. des SO)
1732 Juli 15	Mitglied des SO, Amtsantritt durch Eidesleistung
	ACDF SO Juramenta 1725-1736, o.Bl. („Nota de' Sig.ri Cardinali Segretarj"); ACDF SO Priv. 1750-1754, Bl. 429r („admissus")

1734 Apr. 10	Stefano Paliani, Auditor von Guadagni, Amtsantritt durch Eidesleistung
	ACDF SO Juramenta 1725-1736, o.Bl.
1736 Febr. 28	Rainaldo Maria di S. Giuseppe OCD, Theologus von Guadagni, Amtsantritt durch Eidesleistung
	ACDF SO Juramenta 1725-1736, o.Bl.
1739 Sept. 17	Mitglied der CIndex, Ernennung
	ACDF Index Prot. 81 (1737-1740), Bl. 190r (Schreiben SS an Sekr. der CIndex); ASV SS Mem Bigl 174/2 (Schreiben SS an Sekr. der CIndex, Entwurf)
1744 Apr. 14	Teodoro dello Spirito Santo OCD, Theologus von Guadagni, Amtsantritt durch Eidesleistung
	ACDF SO Juramenta 1739-1749, o.Bl.
1750 Febr. 23	Suburbikarischer Bischof von Frascati
1756 Jan. 12	Suburbikarischer Bischof von Porto und S. Rufina

Eigene Werke

- Notificazione [per la preparazione al Giubileo dell'anno 1750]. - Roma : Stamp. della Rev. Cam. Ap., 1749. - 26 S.
- Regole ed istruzioni da osservarsi nell'accompagnamento del ss.mo viatico. - Roma : [S.n.], 1758. - 158 S.

Literatur

- Bartolomeo <da S. Angelo>: Collectio scriptorum Ordinis Carmelitarum Excalceatorum utriusque congregationis et sexus cui accedit supplementum scriptorum Ordinis qui aut obliti fuerunt aut recentius vixerunt auctore et collectore P. F. Henrico M. a SS. Sacramento. Accedunt insuper Catalogus episcoporum, index praepositorum generalium et Prospectus provinciarum et coenobiorum ordinis. - 2 vol. - Savonae 1884, hier: vol. 2, 294f.
- Cardella, Lorenzo: Memorie storiche de' Cardinali della Santa Romana Chiesa [...]. - In Roma : nella stamperia Pagliarini, 1792-1797. - 10 vol., hier: vol. 8, 254f.
- Cerracchini, Luca Giuseppe: Fasti teologali ovvero notizie istoriche del collegio de' teologi della sacra università fiorentina dalla sua fondazione fin all'anno 1738 [...]. - In Firenze : per Francesco Moücke stampatore arcivescovale, 1738, 677f.
- DHGE 22 (1988), 455-457 von R. Aubert.
- Guarnacci, Mario: Vitae, et res gestae Pontificum Romanorum et S.R.E. Cardinalium a Clemente X. usque ad Clementem XII. [...] Descripta a S. Petro ad Clementem IX. - Romae : Sumptibus Venantii Monaldini bibliopolae [...] ; Ex Typographia Joannis Baptistae Bernabo, & Josephi Lazzarini, 1751. - 2 vol., hier: vol. 2, 637-640.
- Ilari, Annibale: I Cardinali Vicari. Cronologia biobibliografica, in: Rivista Diocesana di Roma 3 (1962), 273-295, hier: 284f.
- Proja, Giovanni Battista: Il servo di Dio Card. Giovanni Antonio Guadagni Vicario generale di Clemente XII, Benedetto XIV, Clemente XIII (Studi e ricerche sul Clero romano ; 6). - Città del Vaticano 1994.

- Seidler, Sabrina M. ; Weber, Christoph (Hg.): Päpste und Kardinäle in der Mitte des 18. Jahrhunderts (1730-1777). Das biographische Werk des Patriziers von Lucca Bartolomeo Antonio Talenti (Beiträge zur Kirchen- und Kulturgeschichte ; 18). - Frankfurt a.M. u.a. 2007, 391-393.
- Weber, Christoph: Genealogien zur Papstgeschichte. Unter Mitwirkung von Michael Becker bearbeitet (PuP ; 29/1-6). - 6 Bde. - Stuttgart 1999-2002, hier: Bd. 4, 628-630.

Filippo Antonio Gualtieri

Namensvariante   Filippo Antonio Gualterio

Geboren   1660 März 24 in San Quirico (bei Fermo)
Gestorben   1728 Apr. 21 in Rom

Familie
Der Kardinal, erstgeborener Sohn des gonfaloniere Gualterio Stanislao Gualtieri und der adeligen Anna M. Cioli aus Todi, gehörte zu einer alten Patrizierfamilie von Orvieto, aus der drei päpstliche Nuntien in Frankreich stammten und die seit 1723 den Titel marchesi di Corgnolo trug. Durch den Großonkel des Filippo Antonio, Kardinal C. → Gualtieri (gest. 1673), bis 1668 Erzbischof von Fermo, entstand die Verbindung zu dieser Provinz, in der auch der hier interessierende Kardinal geboren wurde. Der gleiche Kardinal Carlo sorgte für die Ausbildung des Filippo Antonio im Collegium Clementinum in Rom. Die akademischen Studien absolvierte er in Fermo, gefördert von seinem Onkel, Giannotto Gualtieri (gest. 1684), ab 1668 Erzbischof von Fermo. Filippo Antonio Gualtieri war Sammler von Medaillen, antiken Vasen und Büchern. Zweimal verlor er seine Schätze durch Schiffbruch und Plünderung, hinterließ aber noch 32.000 Bücher (Biblioteca Corsiniana) und eine Sammlung etruskischer Vasen (Vatikanmuseum).

Lebenslauf
1673	Konviktor des Collegium Clementinum, Rom
	Dr. phil., theol. und iur. utr. in Fermo
1684	Referendar der Signaturen
1685	Inspektor der Annona
ab 1685	Gouverneur verschiedener Städte des Kirchenstaats
	Mitglied der Accademia dell'Arcadia, Rom (als „Megalo Petrosacio")
1695 Juni 27	Gouverneur von Viterbo
1696 März 8	Apostolischer Vize-Legat von Avignon
1700 März 30	Titularerzbischof von Athen
1700 Apr. 3	Apostolischer Nuntius in Paris (bis 1706)
1701 Nov. 21	Bischof von Imola
1706 Mai 17	Kardinal
1706 Juni 25	Apostolischer Legat der Romagna in Ravenna

1708 Apr. 30	Zuteilung der Titelkiche S. Crisogono
1708 Mai 4	Mitglied der CIndex, Ernennung
	ACDF Index Prot. 68 (1707-1710), Bl. 153r (Schreiben SS an Sekr. der CIndex); ACDF Index Diari 13 (1704-1708), Bl. 138v
1709 Okt. 14	Bischof von Todi

Literatur

- Baschet, Armand: Le duc de Saint-Simon et le cardinal Gualterio. Mémoire sur la recherche de leur correspondance (1701-1728). - Paris 1878.
- Berlière, Ursmer: Lettres inédites des bénédictins de Saint-Maur au Cardinal Gualterio, in: RBen 24 (1907), 415-419.
- Cardella, Lorenzo: Memorie storiche de' Cardinali della Santa Romana Chiesa. - In Roma : nella stamperia Pagliarini, 1792-1797. - 10 vol., hier: vol. 8, 91f.
- Carreyre, J[ean]: Le Jansénisme durant la Régence (Bibliothèque de la Revue d'Histoire Ecclésiastique ; 2-4). - 3 vol. - Louvain 1929-1933, hier: vol. 1, 94 u.ö.
- DHGE 22 (1988), 514-516 von R. Aubert.
- Giorgetti Vichi, Anna Maria (Hg.): Arcadia, Academia letteraria italiana. Gli Arcadi dal 1690 al 1800. Onomasticon. - Roma 1977, 173.
- Guarnacci, Mario: Vitae, et res gestae Pontificum Romanorum et S.R.E. Cardinalium a Clemente X. usque ad Clementem XII. [...] Descripta a S. Petro ad Clementem IX. - Romae : Sumptibus Venantii Monaldini bibliopolae [...] ; Ex Typographia Joannis Baptistae Bernabo, & Josephi Lazzarini, 1751. - 2 vol., hier: vol. 2, 85-88.
- Hierarchia Catholica 5, 25.103.228.394.
- Leoni, Lorenzo: Cronaca dei vescovi di Todi. - Todi 1889, 185-189. [dort zum Neffen Ludovico Anselmo Gualtieri, Nachfolger als Bischof von Todi]
- Moroni 33 (1845), 90.
- Orzi Smeriglio, Panfilia: Il bibliofilo cardinal Gualtieri (1660-1728), in: Almanacco dei bibliotecari italiani 8 (1960), 153-158.
- Paltrinieri, Ottavio Maria: Elogio del nobile e pontificio Collegio Clementino di Roma. - [Roma] : presso Antonio Fulgoni, 1795, XV.
- Parenti, Marino: Aggiunte al Dizionario bio-bibliografico dei bibliotecari e bibliofili italiani di Carlo Frati. - 3 vol. - Firenze 1957-1960, hier: vol. 2, 151f.
- Weber, Christoph (Bearb.): Die päpstlichen Referendare 1566-1809. Chronologie und Prosopographie (PuP ; 31/1-3). - 3 Bde. - Stuttgart 2003-2004, hier: Bd. 2, 663.
- Weber, Christoph (Hg.): Legati e governatori dello stato pontificio (1550-1809) (Pubblicazioni degli Archivi di Stato. Sussidi ; 7). - Roma 1994, 716.
- Weber, Christoph: Genealogien zur Papstgeschichte. Unter Mitwirkung von Michael Becker bearbeitet (PuP ; 29/1-6). - 6 Bde. - Stuttgart 1999-2002, hier: Bd. 2, 508.

Angelo Guarnieri

Geboren	um 1686 in Genua
Gestorben	1750 Apr. 29 in Rom

Lebenslauf

1724	Zensor der Accademia Teologica, Rom
1725	Theologe des Römischen Konzils
1726 Aug. 26	Relator der CIndex, Ernennung
	ACDF Index Prot. 81 (1737-1740), Bl. 442v
[1726]	Konsultor der CIndex, Antrag auf Ernennung
	ACDF Index Prot. 74 (1726), Bl. 155 (Bewerbung Guarnieris o.D. an den Papst)
1727 Jan. 29	Konsultor der CIndex, Ernennung
	ACDF Index Prot. 75 (1726-1727), Bl. 45r (Schreiben SS an Sekr. der CIndex); ACDF Index Diari 15 (1721-1734), Bl. 84v; ASV SS Mem Bigl 159, Bündel 1 (Schreiben SS an Sekr. der CIndex, Entwurf)
1732 Febr. 6	Qualifikator des SO, Ernennung
	ACDF SO Priv. 1728-1735, Bl. 310r
1732 Febr. 25	Qualifikator des SO, Amtsantritt durch Eidesleistung
	ACDF SO Juramenta 1725-1736, o.Bl.

Gutachten

(1715 Mai 15) Falconi, Niccolò Carminio: L'Intera Istoria Della Famiglia, Vita, Miracoli Traslazioni, E Culto Del Glorioso Martire S. Gennaro Vescovo Di Benevento [...]. - In Napoli : Nella Stamperia di Felice Mosca (Con Licenza de' Superiori.), 1713.
  ACDF Index Prot. 75 (1726-1727), Bl. 47r-51r

(1728 Apr. 5) Muret, Marc Antoine: Orationes, epistolae, et poemata [...]. - Lipsiae : Sumptibus Heredum Joh. Grossii, 1714.
  ACDF Index Prot. 76 (1727-1728), Bl. 265r-273r, 17 S.

[1730 Okt. 18] Anonym [Carlo Antonio <da Modena>]: (1) Tesoro de Tesori in mano degli Uomini [...]. - [S.a.]. (Manuskript). (2) Vita divota di Gesù Cristo proposita per esemplare di perfezione [...]. - [S.a.]. (Manuskript)
  ACDF SO CL 1729-1732, Nr. 9, 11 S. (Doppelgutachten)

[1731 Mai 9] Mastellone, Francesco: Dimostrazione del Diritto, che si appartiene a Magistrati del Prencipe di riconoscere i R. R. P.P. di S. Martino nel Giudizio contro essi promosso per parte del Regio Spedale di S. Spina Corona congiuntamente col Regio Fisco [...]. - In Napoli : [S.n.], (27. Gennaro) 1730.
  ACDF SO CL 1729-1732, Nr. 18, 17 S.

[1732 Juli 15] Anonym [Giannone, Pietro]: Ragioni per le quali si dimostra, Che l'Arcivescovado Beneventano non ostante, che il Dominio temporale della Città di Benevento fosse passato a' Romani Pontefici, sia compreso nella Grazia Conceduta da S. M. C. C. A' Nazionali [...]. - [S.l., Vienna?] : [S.n.], [1732?].
  ACDF SO CL 1729-1732, Nr. 24, 17 S.

[1733 Juli 1]	Boriglioni, Giuseppe Domenico: Anno ecclesiastico, overo istruzione familiare, e divota, sopra i misteri, domeniche, feste de' santi [...]. - In Roma : per Paolo Komarek, 1710. ACDF SO CL 1733-1734, Nr. 5, 41 S.
(1736 Jan. 23)	Storia universale : dal principio del mondo sino al presente [...]. - Venezia : presso Agostino Savioli [...], 1734-[1744]. ACDF Index Prot. 80 (1735-1737), Bl. 90r-106v, 34 S.
[1737 Febr. 27]	Centomani, Ascanio: Ragioni A Prò De' Frati Minori Osservanti della Provincia di S. Nicolò di Bari, Con Le Quali Si dimostra non doversi eseguire il Breve, in cui viene eletto il P. Buonaventura di Bisceglia Provinciale [...]. - Nap[oli] : [S.n.], (6. Ottobre) 1736. ACDF SO CL 1737-1738, Nr. 2, 21 S.
(1741 Apr. 24)	Bernardo <da Bologna>: Manuale Confessariorum Ordinis Capuccinorum [...]. - Venetiis : Typis Josephi Bortoli, 1737. ACDF Index Prot. 81 (1737-1740), Bl. 321r-330v, 20 S.
[1742]	Patrizi, Stefano: Ragioni del potentissimo, e felicissimo principe Carlo Borbone, re delle Due Sicilie [...]. - [Napoli] : [S.n.], [1741?]. ACDF SO CL 1742-1743, Nr. 2, 22 S.
[1742 Apr. 19]	Bertucci, Giambattista: Trattato della Natura della Terra e de' Corpi Celesti [...]. - [S.a.]. (Manuskript) ACDF SO CL 1742-1743, Nr. 5, 27 S.
[1745 Aug. 11]	Anonym [Duguet, Jacques Joseph]: Explication des qualitez ou des caracteres que S. Paul donne a la charité [...]. - A Amsterdam : chez Henry Van der Hagen, 1728. ACDF SO CL 1744-1745, Nr. 16, 33 S.
[1747 Aug. 2]	Anonym: Memoire Sur Les Libertès De L'Eglise Gallicane, Trouvé Parmi Les Papiers De Monseigneur Le Dauphin & composé par son ordre. - [S.l.] : [S.n.], [S.a.]. ACDF SO CL 1746-1747, Nr. 18, 24 S. und 9 S. („Propositiones")

Eigene Werke
- De iuribus S. Sedis in ecclesia Beneventana. - [S.a.]. (Manuskript?) [veranlasst von Clemens XIII., Titelangabe nach Silvestrelli: Storia, 465]

Literatur
- Concilium Romanum in Sacrosancta Basilica Lateranensi celebratum Anno Universalis Jubilaei MDCCXXV. a sanctissimo Patre, & Dno Nostro Benedicto Papa XIII. Pontificatus sui Anno I. - Romae : ex Typographia Rocchi Bernabò, 1725, 124.
- Forcella, Vincenzo: Iscrizioni delle chiese e d'altri edifici di Roma dal secolo XI fino ai giorni nostri. - 14 vol. - Roma 1869-1884, hier: vol. 11, 479.
- Silvestrelli, Antonio: Storia della Pontificia Accademia Teologica dalla Fondazione al 1770. - Diss. masch. Pontificia Università Lateranense. - Roma 1963, 465.

Gioacchino Domenico Guarravoni da Todi OSA

Lebenslauf
1736 Jan. 10   Revisor („Relator") des SO, Amtsantritt durch Eidesleistung
                  ACDF SO Juramenta 1725-1736, o.Bl.

Juan Guerrero OM

Geboren   in Kastilien

Lebenslauf
1728 Juni 22   Konsultor der CIndex, Ernennung (mit der Erlaubnis, die Stadt verlassen zu dürfen)
                  ACDF Index Diari 15 (1721-1734), Bl. 85r (Ernennung auf Drängen A. → Albanis); ACDF Index Prot. 76 (1727-1728), Bl. 298r (Vermerk Sekr. der CIndex über Papstaudienz)

Francesco Antonio Guglielmi OFMConv

Lebenslauf
1701 Mai   Studienregent des Ordenskollegs in Urbino
             Professor an der Universität Urbino
1709 Sept.   Konsultor der CIndex, Ernennung
             ACDF Index Diari 14 (1708-1721), Bl. 16r (Audienzdekret des Papstes o.D.)

Gutachten
(1709 Sept. 10)   Gessel, Timan: Antiqua & Vera Fides, Et Sola Servans, Demonstrata plurimis S. S. Scripturae, Et Sanctorum Patrum Testimoniis [...]. - Trajecti ad Rhenum : Ex officinâ Typographicâ Gisberti Zylii, 1664.
                  ACDF Index Prot. 68 (1707-1710), Bl. 443r-447v, 10 S.

Literatur
- Gatti, Isidoro: Il p. Vincenzo Coronelli dei Frati Minori Conventuali negli anni del generalato (1701-1707) (MHP ; 41-42). - 2 vol. - Roma 1976, hier: vol. 1, 86.

Pietro Girolamo Guglielmi

Geboren   1694 Dez. 4 in Jesi
Gestorben   1773 Nov. 15 in Rom

Guglielmi 656

Familie

Der Kardinal stammte aus einer sienesischen Patrizierfamilie, seit 1622 mit Sitz auch in Jesi (Marken). Vgl. Weber: Genealogien 2, 517-519, mit ausführlichen Tafeln, und Baldassini: Memorie, 326-328. Ein Bruder, Antonio Guglielmi (1680-1766), wurde Bischof von Urbino. Gaetano Guglielmi, ein weiterer Bruder, trat das Erbe der Familie Baliani an und trug fortan den Namen conte Guglielmi Baliani. Dessen Sohn Scipione (gest. 1764) folgte seinem Kardinalsonkel nach Rom und wurde 1762 Kanoniker an St. Peter. Der genannte conte Gaetano Guglielmi Baliani ist über seine Tochter Caterina, die in die Familie Mastei Feretti heiratete, der Urgroßvater Papst Pius' IX. Die Versetzung des Assessors des SO Guglielmi 1753 in die Kongregation für die Bischöfe und Regularen, eine auffallende Karriereschleife, steht mit seinem Widerstand gegen die Reform des SO (Konstitution „Sollicita ac provida") im Zusammenhang.

Lebenslauf

	Auditor der Nuntiatur in Neapel
1726 Jan. 9	Referendar der Signaturen
1730 Juli 15	Auditor der Signatura Iustitiae
	ASV SS Mem Bigl 162
1733	Luogotenente civile del tribunale della Camera Apostolica
	ASV SS Mem Bigl 167 (Schreiben SS o.D. an Brevensekretär Fabio Olivieri zur Ausstellung des Breve, abgelegt zum 2. März)
1743 Sept. 10	Assessor des SO, Ernennung (bis 26. Nov. 1753)
	ASV SS Mem Bigl 181 (Vermerk SS „Nota delle proviste delle cariche"); ACDF SO St.St. L-g-5, o.Bl. („Catalogo de' Sig. Assessori del S. Offizio")
1743 Sept. 18	Assessor des SO, Amtsantritt durch Eidesleistung
	ACDF SO Juramenta 1737-1749, o.Bl.
1743 Sept. 20	Domenico Paoli, Auditor von Guglielmi, Amtsantritt durch Eidesleistung
	ACDF SO Juramenta 1737-1749, o.Bl.
1743 Okt. 4	Giovanbattista Castelletti, Auditor von Guglielmi, Amtsantritt durch Eidesleistung
	ACDF SO Juramenta 1737-1749, o.Bl.
1745 Jan. 6	Kanoniker an St. Peter, Rom (bis 1759)
	ACDF SO St.St. L-g-5, o.Bl. (anonyme Liste, o.D.)
1745 Apr. 17	Subdiakonatsweihe
1745 Juni 12	Diakonatsweihe
1751	L. A. → Stampa, Theologus von Guglielmi
1753 Nov. 26	Konsultor des SO, Ernennung
	ASV SS Mem Bigl 193; ACDF SO Priv. 1750-1754, Bl. 533r (Schreiben SS an Guglielmi).541r (Schreiben SS an Sekr. des SO)
1753 Nov. 26	Sekretär der CEpReg
	ACDF SO Priv. 1750-1754, Bl. 532r (Schreiben SS an Guglielmi, Abschrift); ASV SS Mem Bigl 193
1759 Sept. 24	Kardinal
1759 Nov. 19	Zuteilung der Titelkirche Ss. Trinità al Monte Pincio

1759 [Nov. 19]	Mitglied der CEpReg, CImmunità, CFabbrica und CVisitaAp
1759 Nov. 23	Präfekt der CDiscReg
	ASV SS Mem Bigl 204
1768 Jan. 25	Camerlengo des Kardinalskollegiums

Literatur
- Baldassini, Girolamo: Memorie Istoriche dell'antichissima e regia Città di Jesi dedicate all'incomparabil merito dell'eminentissimo e reverendissimo signor cardinale Gian Francesco Albani [...]. - In Jesi : presso Pietropaolo Bonelli, 1765, 316.326-328.330. [zu Antonio, Piergirolamo und Scipione Guglielmi]
- Caffiero, Marina: Battesimi forzati. Storie di ebrei, cristiani e convertiti nella Roma dei papi (La corte dei papi ; 14). - Roma 2004, 100.109 u.ö.
- DHGE 22 (1988), 756f. von R. Aubert.
- Hierarchia Catholica 6, 22.
- Seidler, Sabrina M. ; Weber, Christoph (Hg.): Päpste und Kardinäle in der Mitte des 18. Jahrhunderts (1730-1777). Das biographische Werk des Patriziers von Lucca Bartolomeo Antonio Talenti (Beiträge zur Kirchen- und Kulturgeschichte ; 18). - Frankfurt a.M. u.a. 2007, 562-564. [auch zu Domenico Paoli (gest. 1784)]
- Weber, Christoph (Bearb.): Die päpstlichen Referendare 1566-1809. Chronologie und Prosopographie (PuP ; 31/1-3). - 3 Bde. - Stuttgart 2003-2004, hier: Bd. 2, 666.
- Weber, Christoph: Genealogien zur Papstgeschichte. Unter Mitwirkung von Michael Becker bearbeitet (PuP ; 29/1-6). - 6 Bde. - Stuttgart 1999-2002, hier: Bd. 2, 517-519.

Celestino Guicciardini OSBCoel

Geboren	1630 in Bologna
Gestorben	nicht vor 1703

Familie

Der spätere Generalabt stammte aus einer Familie, aus der im 17. Jahrhundert mehrere Akademiker (Ärzte, Professoren) in Bologna hervorgingen. Soria: Memorie, 325, nennt das Elternhaus des späteren Mönches eine „distinta famiglia".

Lebenslauf

um 1645	Ordenseintritt in S. Giovanni Battista, Bologna
	Studium in Bologna
	Aufenthalt im Königreich Neapel (Sulmona, Abruzzen)
	Bearbeiter der Bischofslisten von Benevent für F. → Ughelli
1677	Reise nach Frankreich (wegen Ordenskonflikten), anschließend nach England und Holland
1679	Titularabt von S. Giovanni in Piano (bei Apricena, Apulien)
1681	Prior und Abt von S. Spirito del Morrone, Sulmona
1682	Generalprokurator des Ordens in Rom (bis 1685)

1685 Juni	Generalabt der Kongregation der Cölestiner (bis 1688)
1690 März	Abbas perpetuus in S. Giovanni Battista, Bologna
1690 Apr. 28	Konsultor der CIndex, Ernennung
	ACDF Index Diari 9 (1688-1692), Bl. 59v („adscriptus")
1698 Jan. 28	Abbas perpetuus in S. Eusebio, Rom (letztmals 1703 bezeugt)

Eigene Werke
- Mercurius campanus, praecipua Campaniae felicis loca indicans, & perlustrans. - Neapoli : apud Novellum de Bonis typographum archiep., 1667. - [5] Bl., 274 S.
- Ughelli 8, 8. [Guicciardini als Bearbeiter des Teils zu Benevent]

Literatur
- Armellini, Mariano: Appendix de quibusdam aliis per Italiam Ordinis D. Benedicti Congregationum Scriptoribus, Episcopis, Virisque sanctitate illustribus [...]. - Fulginei : typis Pompei Campana Impressoris Cameralis & Publici, 1736, 11.
- François, Jean: Bibliothèque générale des écrivains de l'ordre de Saint Benoit, patriarche des moines d'Occident : Contenant une notice exacte des ouvrages de tout genre, composés par les religieux des diverses branches, filiations, réformes & congrégations de cet Ordre [...]. - A Bouillon : aux depense de la Société typographique, 1777-1778. - 4 vol. ; ND Louvain-Héverlé 1961, hier: vol. 1, 436.
- Leccisotti, Tommaso ; Avagliano, Faustino (Hg.): Abbazia di Montecassino. I regesti dell'archivio (Publicazioni degli Archivi di Stato). - 11 vol. - Roma 1964-1977, hier: vol. 5, 282.287-289.
- Marinangeli, Giacinto: Momenti di storia celestina, in: Bullettino della Deputazione Abbruzzese di Storia Patria 89 (1999), 371-431, hier: 412f.
- Mazzucotelli, Mauro: Ambienti monastici italiani e mondo scientifico nel XVIII secolo, in: Farnedi, Giustino ; Spinelli, Giovanni (Hg.): Settecento monastico italiano. Atti del I Convegno di studi storici sull'Italia Benedettina. Cesena 9-12 settembre 1986 (Italia Benedettina ; 9). - Cesena 1990, 807-847, hier: 815f.
- Paoli, Ugo: Fonti per la storia della Congregazione celestina nell'Archivio Segreto Vaticano (Italia Benedettina ; 25). - Cesena 2004, 526f.543.
- Soria, Francescantonio: Memorie storico-critiche degli storici Napolitani. - Napoli : stamperia Simoniana, 1781-1782. - 2 vol. ; ND Bologna 1967, 325f.

Carlo Alberto Guidobono Cavalchini

Namensvariante Carlo Alberto Cavalchini Guidobono

Geboren 1683 Juli 26 in Tortona
Gestorben 1774 März 7 in Rom

Familie
Der Kardinal, Sohn des capitano Piero Antonio (1647-1708) und der Lucrezia Passalacqua, stammte aus einem patrizischen Haus in Tortona, seit dem 16. Jahrhundert Reichsfreiherren

und 1737 baroni di San Marzanotto durch den König von Sardinien. Ein jüngerer Bruder des Kardinals, Alessandro Felice (1689-1765), wurde Feldmarschall des Herzogs von Bayern; der Großneffe Francesco Guidobono (1755-1828) amtierte ab 1818 als Kurienkardinal in Rom. Der Kardinal erscheint häufig mit dem bloßen Namen „Cavalchini", ohne den Namensteil Guidobono. Vgl. Weber: Genealogien 4, 636-638; Ders.: Referendare 2, 669.

Lebenslauf

1702 Juli 24	Dr. iur. utr. in Pavia
1712	Mitglied des Collegio dei giudici e dottori in Mailand
1716	Konsistorialadvokat in Rom
1724 Sept. 15	Referendar der Signaturen
1725 Nov. 22	Adiutor studiorum von Kardinal B. → Scotti, Amtsantritt durch Eidesleistung
	ACDF SO Juramenta 1725-1736, o.Bl.
1726	Rektor der Universität Sapienza, Rom (bis 1732)
1727 Febr. 24	Priesterweihe
1728 Mai 10	Titularerzbischof von Philippi
1728 Mai 19	Promotor fidei der CRiti (bis 24. März 1734)
1728 Sept. 20	Konsultor des SO, Ernennung
	ACDF SO Juramenta 1725-1736, o.Bl. (Schreiben SS an Ass. des SO); ASV SS Mem Bigl 160
1728 Sept. 22	Konsultor des SO, Amtsantritt durch Eidesleistung
	ACDF SO Juramenta 1725-1736, o.Bl. (Schreiben SS an Ass. des SO)
1732 Mai 12	Examinator episcoporum
	ASV SS Mem Bigl 165
1735	Sekretär der CConcilio (bis 1743)
1743 Sept. 9	Kardinal
1743 Sept. 23	Zuteilung der Titelkirche S. Maria della Pace
1747 März 25	Mitglied des SO, Ernennung
	ASV SS Mem Bigl 187; ACDF SO Juramenta 1737-1749, o.Bl. (Schreiben SS an Sekr. und Ass. des SO)
1747 März 27	Mitglied des SO, Amtsantritt durch Eidesleistung
	ACDF SO Juramenta 1737-1749, o.Bl.
1747 Apr. 5	Giovanni Battista Bottiglia, Auditor von Guidobono, Amtsantritt durch Eidesleistung
	ACDF SO Juramenta 1737-1749, o.Bl.
1747 Apr. 5	E. M. → Giuli, Theologus von Guidobono, Amtsantritt durch Eidesleistung
	ACDF SO Juramenta 1737-1749, o.Bl.
1748 Febr. 23	Präfekt der CEpReg
	ASV SS Mem Bigl 188
1751 Dez. 1	Mitglied der CIndex, Ernennung
	ASV SS Mem Bigl 191 (Schreiben SS an Guidobono, Entwurf); ACDF Index Prot. 83 (1749-1752), Bl. 348 (Schreiben SS an Sekr. der CIndex)

1752 Jan. 24	Camerlengo des Kardinalskollegiums (bis Jan. 1753)
1758 Juli 10	Pro-Datar
	ASV SS Mem Bigl 201
1759 Febr. 12	Suburbikarischer Bischof von Albano
1761 Dez. 5	Mitglied der CConcilio
	ASV SS Mem Bigl 206
1763 Mai 16	Suburbikarischer Bischof von Ostia und Velletri
1763 Juli 19	Mitglied der CCeremon
	ASV SS Mem Bigl 208

Eigene Werke
- De matrimoniis inter haereticos, ac inter haereticos et catholicos initis in Foederatis Belgii Provinciis dissertationes theologicae et canonicae Reverendissimi P. D. Cavalchini archiepiscopi Philippensis, ac Sacrae Congregationis Concilii a Secretis, necnon quatuor insignium theologorum. - Romae : sumptibus Hieronymi Mainardi, 1741. - LXXXIV, XXXIII, LVI S.
- Oratio in laudem B. Margaritae de Cortona Tertii Ordinis Sancti Francisci habita coram Sanctissimo Domino Nostro Benedicto XIII Pontifice Maximo in Consistorio publico Die XXVII. Aprilis Anni MDCCXXVIII. - Romae : Ex typographia Vaticana, 1728. - XIII S.

Literatur
- Cardella, Lorenzo: Memorie storiche de' Cardinali della Santa Romana Chiesa. - In Roma : nella stamperia Pagliarini, 1792-1797. - 10 vol., hier: vol. 9, 5-7.
- Clemens <papa, XIV.>: Lettere, Bolle e discorsi di fra Lorenzo Ganganelli (Clemente XIV). Edizione ordinata, accresciuta e illustrata da Cosimo Frediani. - 2. ed. riv. - Firenze 1849, 317-320.
- Conte, Emanuele (Hg.): I maestri della Sapienza di Roma dal 1514 al 1787. I rotuli e altre fonti (Fonti per la Storia d'Italia ; 116. Studi e Fonti per la storia dell'Università di Roma. N. S. ; 1). - 2 vol. - Roma 1991, hier: vol. 2, 880.
- Dammig, Enrico: Il movimento giansenista a Roma nella seconda metà del secolo XVIII (StT ; 119). - Città del Vaticano 1945, 277-281.
- DBI 22 (1979), 648-650 von F. Raco.
- EC 3 (1949), 1196f. von Ireneo Danielo.
- Hierarchia Catholica 5, 313f. 6, 13.
- Maroni, Fausto Antonio: Commentarius de ecclesia et episcopis Auximatibus in quo Ughelliana series emendatur, continuatur, illustratur. - Auximi : Typis Dominici Antonii Quercetti Impress. episcopalis ac publici, 1762, 106-108.
- Papa, Giovanni: Cardinali prefetti, segretari, promotori generali della fede e relatori generali della Congregazione, in: Congregazione per le Cause dei Santi. Miscellanea in occasione del IV centenario della Congregazione per le Cause dei Santi (1588-1988). - Città del Vaticano 1988, 423-428, hier: 427.
- Rosa, Enrico: Il cardinale Domenico Passionei e la causa di beatificazione del ven. cardinale Roberto Bellarmino. - Roma 1918, 27f.39.41.48.59.

- Seidler, Sabrina M. ; Weber, Christoph (Hg.): Päpste und Kardinäle in der Mitte des 18. Jahrhunderts (1730-1777). Das biographische Werk des Patriziers von Lucca Bartolomeo Antonio Talenti (Beiträge zur Kirchen- und Kulturgeschichte ; 18). - Frankfurt a.M. u.a. 2007, 565-569.
- Spreti, Vittorio: Enciclopedia storico-nobiliare italiana. - 6 vol. - Milano 1928-1935, hier: vol. 3, 642-645.
- Voti degl'infrascritti eminentissimi signori cardinali B. Gregorio Barbarigo, Gieronimo Casanate, Decio Azzolini, Domenico Passionei, nella causa della beatificazione del Venerabile Servo di Dio cardinale Roberto Bellarmino. - 2. ed. incontratta e corretta. - Ferrara : [S.n.], 1762, 125-166. [enthält → Passionei, Domenico: Osservazioni brevi sopra la relazione stampata dall'Eminentissimo Cavalchini Ponente della causa del Venerabile Cardinale Bellarmino (1753)]
- Weber, Christoph (Bearb.): Die päpstlichen Referendare 1566-1809. Chronologie und Prosopographie (PuP ; 31/1-3). - 3 Bde. - Stuttgart 2003-2004, hier: Bd. 2, 669.
- Weber, Christoph (Hg.): Legati e governatori dello stato pontificio (1550-1809) (Pubblicazioni degli Archivi di Stato. Sussidi ; 7). - Roma 1994, 563.
- Weber, Christoph: Genealogien zur Papstgeschichte. Unter Mitwirkung von Michael Becker bearbeitet (PuP ; 29/1-6). - 6 Bde. - Stuttgart 1999-2002, hier: Bd. 4, 636-638.

H

Franz Herzan von Harras

Geboren	1735 Apr. 5 in Prag
Gestorben	1804 Juni 1 in Wien

Familie
Der Kardinal entstammte einem der ältesten böhmischen Adelsgeschlechter, das seit 1650 dem Freiherrnstand, seit 1666 auch dem Reichsgrafenstand zugehörte und verschiedene Linien in Böhmen, Sachsen und Bayern besaß. Das Geschlecht starb im Mannesstamm 1847 aus. Die Schwester des Kardinals war die Äbtissin Maria Theresia Gräfin Herzan von Harras, geboren am 31. Oktober 1730 in Prag, gestorben am 21. Dezember 1799 in Marienthal, Kreis Görlitz. Vgl. Kneschke: Adels-Lexicon 4, 504f.

Lebenslauf

1753	Dr. phil. in Prag
1753	Alumnus am Collegium Germanicum, Rom
1757 März 29	Dr. theol. am Collegio Romano
1758 Febr. 18	Priesterweihe in Rom
1770 Juli 9	Prelato domestico ASV SS Mem Bigl 215
1771 März 18	Auditor der Rota Romana
1775	Österreichischer Geschäftsträger in Rom
1779	Gesandter in Rom
1779 Juli 12	Kardinal
1780 Dez. 11	Zuteilung der Titelkirche S. Girolamo degli Schiavoni
1780 Dez. 12	Mitglied der CIndex, Ernennung ACDF Index Prot. 92 (1779-1781), Bl. 415 (Schreiben SS an Sekr. der CIndex)
1780 Dez. [12]	Mitglied der CConcilio, CProp und CEpReg
1782	Begleiter Papst → Pius' VI. nach Wien
1788 März 10	Camerlengo des Kardinalskollegiums
1800 Mai 12	Bischof von Szombathély (Steinamanger)

Literatur
- Biographisches Lexikon zur Geschichte der böhmischen Länder. - 3 Bde. - München 1979-2000, hier: Bd. 1, 613.
- Cerchiari, Emanuele: Capellani Papae et Apostolicae Sedis. Auditores causarum Sacri Palatii Apostolici seu Sacra Romana Rota ab origine ad diem usque 20 Septembris 1870. Relatio historica-iuridica. - 4 vol. - Romae 1919-1921, hier: vol. 2, 260.

- DHGE 24 (1993), 249f. von R. Aubert.
- EC 6 (1951), 1425f. von S. Furlani.
- Hierarchia Catholica 6, 33; 7, 328.
- Kneschke, Ernst Heinrich (Hg.): Neues allgemeines Deutsches Adels-Lexicon. - 9 Bde. - Leipzig 1859-1870 ; ND Hildesheim 1973 ; 1996, hier: Bd. 4, 504f.
- Kosch 1, 1553f.
- Maaß, Ferdinand: Der Josephinismus. Quellen zu seiner Geschichte in Österreich 1760-1850. Amtliche Dokumente aus dem Haus-, Hof- und Staatsarchiv und dem Allgemeinen Verwaltungsarchiv in Wien (Fontes Rerum Austriacum. Abt. 2 ; 71-75). - 5 Bde. - Wien ; München 1951-1961, hier: Bd. 2, 64-67 u.ö.; 4, 29-44 u.ö.
- Moroni 33 (1845), 236f.
- Pelletier, Gérard: Rome et la Révolution française. La théologie et la politique du Saint-Siège devant la Révolution française (1789-1799) (Collection de l'École Française de Rome ; 319). - Rome 2004, 615f.
- Steinhuber, Andreas: Geschichte des Kollegium Germanikum Hungarikum in Rom. - 2 Bde. - Freiburg i.Br. 1906.
- Szakos, Julius: Kardinal Franz Graf Herzan, Bischof von Szombathely. Sein Leben und Wirken mit besonderer Berücksichtigung des Conclave von Venedig. - Diss. masch. - Wien 1938. [dem Verf. nicht zugänglich]
- Wichterich, Richard: Sein Schicksal war Napoleon. Leben und Zeit des Kardinalstaatssekretärs Ercole Consalvi. - Heidelberg 1951, 73-83 u.ö.
- Winter, Eduard: Der Josefinismus. Die Geschichte des österreichischen Reformkatholizismus 1750-1848. - Berlin 1962, 89f.98f.

I

Carlo Giuseppe Imbonati OCist

Geboren in Mailand

Familie

Der spätere Hebraist stammte aus der Familie der Mailänder conti di Rovedaro, die ursprünglich ihren Hauptsitz in Como hatte. Eine Zuordnung der verschiedenen Mitglieder dieser Familie, darunter mehrere hohe Amtsträger in Mailand und Decurioni in Como, zu dem hier interessierenden Zisterzienser ist wegen der nur fragmentarischen Nachrichten noch nicht möglich. Giovanni Battista Giovio, selbst aus Como, reklamiert den Zisterzienser für seine Heimatstadt (vgl. Giovio: Uomini, 382), während der Pater meist als Mailänder geführt wird.

Lebenslauf

	Magister theol.
	Lektor für Hebräisch am Collegio de' Neofiti, Rom
	Mitglied des Konvents S. Pudenziana, Rom
[1703]	Konsultor der CIndex, Antrag auf Ernennung
	ACDF Index Prot. 64 (1703-1704), Bl. 158 (Bewerbung Imbonatis o.D. an die CIndex mit Angaben zum Lebenslauf)
[1703]	Qualifikator des SO, Antrag auf Ernennung
	ACDF Index Prot. 64 (1703-1704), Bl. 158 (mit demselben Schreiben Bewerbung Imbonatis zum Konsultor der CIndex)
1704 Febr. 18	Ablehnung des Antrags auf Ernennung (für beide Kongregationen)
	ACDF Index Diari 13 (1704-1708), Bl. 2v (Vermerk Sekr. der CIndex über die Papstaudienz „nihil faciendum")
1715 Okt. 2	Konsultor der CIndex, Ernennung
	ACDF Index Diari 14 (1708-1721), Bl. 99v
[1715]	[Revisor des SO]

Gutachten

(1702 Juli 10)	Šim'ôn <had-Daršān>: Sefer ha-Yalkut [...]. - [Livorno], 410-417 [1650-1657]. ACDF Index Prot. 62 (1702), Bl. 196r-198r, 3 S.
(1715 Okt. 1)	Volpe, Angelo: Sacrae theologiae summa Ioannis Duns Scoti doctoris subtil[issi]mi et commentaria quibus eius doctrina elucidatur, comprobatur, defendidur [...]. - Neapoli : apud Lazarum Scorigium, 1622-1646. ACDF Index Prot. 71 (1715-1721), Bl. 108r-111r, 7 S.

[1715 Okt. 9]   Nicolas <de Dijon>: (1) L'abuso del Sacramento della Penitenza [...]. - [S.a.]. (Manuskript) (2) L'Abuso del Sacramento dell'Eucaristia [...]. - [S.a.]. (Manuskript)
   ACDF SO CL 1715-1717, Nr. 7, 11 S. (Doppelgutachten)

Eigene Werke
- Bibliotheca latino-hebraica sive de scriptoribus latinis, qui ex diversis nationibus contra Iudaeos, vel de re Hebraica utcumque scripsere, additis observationibus criticis, & philologico-historicis, quibus quae circa patriam, aetatem, vitae institutum, mortemq. auctorum consideranda veniunt, exponuntur [...]. - Romae : Ex typographia Sacrae Congreg. de Propag. Fide, 1694. - [5] Bl., 549 S.
- Chronicon tragicum sive De eventibus tragicis principum, tyrannorum, virorumque fama vel nobilitate illustrium. A primo in orbe terrarum monarcha usque ad XVII. seculum Christi. Liber singularis historice, & chronologice descriptus [...]. Opus principibus, politicis, historicis, & concionatoribus non tam utile quam necessarium. - Romae : typis haeredum Corbelletti, 1696. - 2 vol. ; Romae : sumptibus Francisci Antonji Galleri et Iosephi S. Germani Corbi, 1699.
- Šema' Jiśrā'āl. Adventus Messiae a iudaeorum blasphemiis, ac haereticorum calumniis vindicatus. Sacrarum Scripturarum, SS. Patrum, conciliorum, rabbinorumque suffragijs obsignatus. Geminas dissertationes theologico-historico-dogmaticas complectens [...]. Ex hebraico, graeco, latinoque codice, auctoritatibus depromptis [...]. - [Romae] : [Ex typographia Sacrae Congreg. de Propag. Fide], [1694]. - 277 S., [3] Bl.

Literatur
- Argelati, Filippo: Bibliotheca Scriptorum Mediolanensium, seu Acta, et elogia virorum omnigena eruditione illustrium, qui in metropoli Insubriae, oppidisque circumiacentibus orti sunt; additis literariis monumentis post eorundem obitum relictis, aut ab aliis memoriae traditis [...] Historia literario-typographica Mediolanensis ab anno MCDLXV. ad annum MD. nunc primum edita; una cum indicibus necessariis locupletissimis. - Mediolani : in Aedibus Palatinis, 1745. - 4 vol., hier: vol. 2.
- Armellini, Mariano: Appendix de quibusdam aliis per Italiam Ordinis D. Benedicti Congregationum Scriptoribus, Episcopis, Virisque sanctitate illustribus [...]. - Fulginei : typis Pompei Campana Impressoris Cameralis & Publici, 1736, 15.
- Crollalanza, Giovanni Battista di: Dizionario storico-blasonico delle famiglie nobili e notabili italiane estinte e fiorenti. - 3 vol. - Pisa 1886-1890, hier: vol. 1, 363f.
- Dictionnaire des auteurs cisterciens. Sous la direction de Émile Brouette, Anselme Dimier et Eugène Manning (La Documentation cistercienne ; 16/1-2). - 2 vol. - Rochefort 1975-1979, 381.
- François, Jean: Bibliothèque générale des écrivains de l'ordre de Saint Benoit, patriarche des moines d'Occident : Contenant une notice exacte des ouvrages de tout genre, composés par les religieux [...] avec les dates du temps où ces ouvrages ont paru & les éclaircissements nécessaires pour en faire connoitre les auteurs [...]. - A Bouillon : aux depense de la Société typographique, 1777-1778. - 4 vol. ; ND Louvain-Héverlé 1961, hier: vol. 2, 4.

- Giovio, Giovanni Battista: Gli Uomini della comasca diocesi antichi, e moderni nelle arti, e nelle lettere illustri. Dizionario ragionato [...]. - In Modena : presso la Societa tipografica, 1784 ; ND [Bologna] 1975, 382.
- Morozzo, Carlo Giuseppe: Cistercij reflorescentis seu Cong. cistercio-monasticarum B. Mariae Fuliensis in Gallia et reformatorum S. Bernardi in Italia chronologica historia [...]. - Augustae Taurinorum : sumptibus Bartholomaei Zappatae, 1690, 132-134.

Giuseppe Renato Imperiali

Geboren 1651 Apr. 26 in Oria di Terra d'Otranto (Apulien)
Gestorben 1737 Jan. 15 in Rom

Familie

Der Kardinal stammte aus der führenden Schicht des Genueser Adels, Sohn des Michele Imperiali (1623-1664), marchese di Oria und Fürst von Francavilla, und der Brigida Grimaldi, Schwester des Dogen Alessandro Grimaldi (1671-1673). Vgl. Weber: Genealogien 2, 490.530-535 u.ö. Der Großonkel Kardinal L. → Imperiali (gest. 1673) sorgte für die erste Ausbildung des späteren Kardinals und brachte ihn als Zögling (Konviktor) im römischen Collegium Germanicum unter. Seit etwa 1650 leiteten meist Jesuiten aus dem Genueser Adel (Patres Spinola, Cattaneo, Grimaldi, Centurione usw.) dieses Kolleg, dessen Protektor Giuseppe Renato Imperiali wurde. Dessen Bruder, Michele Imperiali SJ (gest. 1734), wurde Rektor des Kollegs und erreichte 1728 eine Apostolische Visitation des Instituts durch seinen Bruder, den Kardinal. Im Palais oder unter der Obhut des Kardinals lebten in Rom Genueser Verwandte wie die späteren Kardinäle Cosimo Imperiali (1685-1764) und der Neffe G. → Spinelli (gest. 1763), oder Prälat Giulio Imperiali (1680-1734, später Fürst von S. Angelo). Diesen gesellten sich zahlreiche Familiaren zu wie die späteren Kardinäle R. C. → Girolami und F. → Landi, die Bischöfe Filippo della Torre (Archäologe), Nicola Recchi und Celestino Galiani OSBCoel, die Bibliothekare G. → Fontanini und D. → Giorgi, sowie Mitarbeiter des Kardinals in Sachen des SO (T. → Panurghi, Pietro Guarni, Andreas Arcangeli).

Lebenslauf

1662	Konviktor im Collegium Germanicum, Rom (mit drei Brüdern)
um 1668	Ausbildung im Haus des Kardinals L. → Imperiali, Rom
	Dr. iur. utr. [in Rom]
	Dr. theol.
1672 Nov. 19	Referendar der Signaturen
1672	Kleriker der Apostolischen Kammer
1675	Präsident der Päpstlichen Münze (Zecca) (bis 1677)
1677	Präsident der CRipa
1678	Praeses carcerum
1686	Tesoriere Generale
1686 Sept. 14	Generalkommissar der päpstlichen Flotte
	Apostolischer Protonotar

1690 Febr. 13	Kardinal
1690 Apr. 10	Zuteilung der Titelkirche S. Giorgio in Velabro
1690 Apr. 10	Apostolischer Legat in Ferrara (bis 1696)
1691	Aufenthalt in Rom
1697	Rückkehr nach Rom, längere Aufenthalte auf den Gütern in Süditalien
1698 Jan. 30	Mitglied der CIndex, Ernennung
	ACDF Index Diari 11 (1696-1699), Bl. 63r; ACDF Index Prot. 57 (1697-1698), Bl. 162r (Schreiben SS an Sekr. der CIndex)
1701 Mai 4	Präfekt der CBuonGov
	Präfekt der CDiscReg
	G. M. → Capassi, Theologus von Imperiali
1711	Legat in Mailand (Aufenthalt Karls VI.)
1717	Protektor des Collegium Germanicum (bis 1737)
1717	Visitator des Collegium Germanicum (bis 1738)
1719	D. → Giorgi, Privatbibliothekar von Imperiali (bis 1737)
1720 Febr. 29	Mitglied des SO, Ernennung
	ACDF SO Decreta 1720, Bl. 84r; ACDF SO Priv. 1710-1727, Bl. 421
1720 März 13	Mitglied des SO, Amtsantritt durch Eidesleistung
	ACDF SO Juramenta 1701-1724, Bl. 288v
1720 März 17	Luca Nicolò Recco (Recchi), Auditor von Imperiali, Amtsantritt durch Eidesleistung
	ACDF SO Juramenta 1701-1724, Bl. 293f.
1722 Febr. 9	Pietro Guarni, Adiutor studiorum von Imperiali, Amtsantritt durch Eidesleistung
	ACDF SO Juramenta 1701-1724, Bl. 363f. (Guarni „Romanus", 50 Jahre alt)
1723 Mai 30	Celestino Galiani OSB, Theologus von Imperiali, Amtsantritt durch Eidesleistung
	ACDF SO Juramenta 1701-1724, Bl. 385f.
1732 Nov. 27	G. → Spinelli, Auditor von Imperiali, Amtsantritt durch Eidesleistung
	ACDF SO Juramenta 1725-1736, o.Bl.
1733 Aug. 18	Andreas Arcangeli, Amanuensis von Imperiali, Amtsantritt durch Eidesleistung
	ACDF SO Juramenta 1725-1736, o.Bl.
1735 Juli 17	T. → Panurghi, Adiutor studiorum von Imperiali, Amtsantritt durch Eidesleistung
	ACDF SO Juramenta 1725-1736, o.Bl.

Literatur
- Augusti, Cesare: Diario di Mons. G. G. Bottari, in: Annali del dipartimento di Scienze Storiche e Sociali 4 (1985), 237-304, hier: 259.
- Battaglini, Marco: Annali del sacerdozio e dell'impero intorno all'intero secolo decimosettimo di nostra salute. - In Venezia : presso Andrea Poletti, 1701-1711. - 4 vol., hier: vol. 4, 366f.

- Cancedda, Flavia: Figure e fatti intorno alla biblioteca del cardinale Imperiali, mecenate del '700 (Il Bibliotecario ; 11). - Roma 1995.
- Cangiano, Bernardo: Oratio habita in metropolitana ecclesia Neapolitana VII. Kalendas Martias in funere Josephi Renati card. Imperialis [...]. - Neapoli : ex typographia Januarii, & Vincentii Mutio, 1737.
- Cardella, Lorenzo: Memorie storiche de' Cardinali della Santa Romana Chiesa. - In Roma : nella stamperia Pagliarini, 1792-1797. - 10 vol., hier: vol. 8, 14-17.
- Chiapponi, Giustiniano: Legazione dell'Eminentissimo, e Reverendissimo Sig. Cardinale Giuseppe Renato Imperiali alla Sacra Real Cattolica Maestà di Carlo III. Rè delle Spagne l'anno MDCCXI. - In Roma : presso Francesco Gonzaga, 1712.
- DBI 62 (2004), 305-308 von Stefano Tabacchi.
- → Fontanini, Giusto: Bibliothecae Josephi Renati Imperialis, Sanctae Romanae Ecclesiae diaconi cardinalis Sancti Georgii catalogus secundum auctorum cognomina ordine alphabetico dispositus una cum altero catalogo scientiarum et artium. - Romae : ex officina typographica Francisci Gonzagae, 1711.
- Frati, Carlo (Hg.): Dizionario bio-bibliografico dei bibliotecari e bibliofili italiani dal sec. XIV al XIX (Biblioteca di bibliografia italiana ; 13). - Firenze 1933, 279f.
- Gambardella, Alfonso: Architettura e committenza nello Stato Pontificio tra barocco e rococò. Un amministratore illuminato: Giuseppe Renato Imperiali. - Napoli 1979.
- Guarnacci, Mario: Vitae, et res gestae Pontificum Romanorum et S.R.E. Cardinalium a Clemente X. usque ad Clementem XII. [...] Descripta a S. Petro ad Clementem IX. - Romae : Sumptibus Venantii Monaldini bibliopolae [...] ; Ex Typographia Joannis Baptistae Bernabo, & Josephi Lazzarini, 1751. - 2 vol., hier: vol. 1, 359-364.
- Mongelli, Giovanni: I cardinali protettori della Congregazione Verginiana, in: Benedictina 21 (1967), 273-319, hier: 311-319; 22 (1968), 123-141.287-309.
- Moroni 33 (1845), 149f.
- Papenheim, Martin: Karrieren in der Kirche. Bischöfe in Nord- und Süditalien 1676-1903 (Bibliothek des Deutschen Historischen Instituts Rom ; 93). - Tübingen 2001, 360.
- Prosperi Valenti Rodinò, Simonetta: Il cardinal Giuseppe Renato Imperiali committente e collezionista, in: Bollettino d'arte 41 (1987), 16-60.
- Seidler, Sabrina M.: Il teatro del mondo. Diplomatische und journalistische Relationen vom römischen Hof aus dem 17. Jahrhundert (Beiträge zur Kirchen- und Kulturgeschichte ; 3). - Frankfurt a.M. 1996, 473-475.
- Steinhuber, Andreas: Geschichte des Kollegium Germanikum Hungarikum in Rom. - 2 Bde. - Freiburg i.Br. 1906, hier: Bd. 1, 151-154; 2, 149f.
- Tipaldo, Emilio de (Hg.): Biografia degli italiani illustri nelle scienze, lettere ed arti del secolo XVIII, e de' contemporanei compilata da letterati italiani di ogni provincia. - 10 vol. - Venezia 1834-1845, hier: vol. 8, 114f.
- Weber, Christoph (Bearb.): Die päpstlichen Referendare 1566-1809. Chronologie und Prosopographie (PuP ; 31/1-3). - 3 Bde. - Stuttgart 2003-2004, hier: Bd. 2, 674f.
- Weber, Christoph (Hg.): Die ältesten päpstlichen Staatshandbücher. Elenchus Congregationum, Tribunalium et Collegiorum Urbis 1629-1714 (RQ Supplementheft ; 45). - Rom u.a. 1991, 119.
- Weber, Christoph: Genealogien zur Papstgeschichte. Unter Mitwirkung von Michael Becker bearbeitet (PuP ; 29/1-6). - 6 Bde. - Stuttgart 1999-2002, hier: Bd. 2, 532.

Bernardino Inghirami

Geboren um 1635 in Rom
Gestorben 1713 Febr. 9 in Rom

Familie

Die in Volterra beheimateten Inghirami besaßen verschiedene Lehens- und Adelstitel mit mehreren Vertretern im 16. bis 18. Jahrhundert, besonders in der Toskana. In Rom zählten die Inghirami zu den nobili romani. Prälat Bernardino, Sohn des römischen Senators Giovanni Inghirami und der Lucrezia Perelli de' Inghirami, gehörte zum römischen Klerus, zuletzt mit dem Weihegrad eines Diakons. Vgl. die Arbeiten von Weber, s.u. Der in den Genealogien fehlende Kleriker G. → Inghirami, 1707 Relator der Indexkongregation, könnte ein Verwandter des Prälaten Bernardino sein.

Lebenslauf

	Kleriker
1665 Juni 3	Referendar der Signaturen
1666	Päpstlicher Gouverneur, nacheinander in elf Städten des Kirchenstaates (bis 1690)
1692 Dez.	Sekretär der CRiti (bis 9. Febr. 1713)
1698 März 16	Kanoniker von St. Peter, Rom
1708 Jan. 1	Konsultor des SO, [Ernennung]
1708 Jan. 4	Konsultor des SO, Amtsantritt durch Eidesleistung
	ACDF SO Juramenta 1701-1724, Bl. 75v

Unveröffentlichte Quellen

Galletti 19, Vat. Lat. 7886, Bl. 62.

Literatur

- Papa, Giovanni: Cardinali prefetti, segretari, promotori generali della fede e relatori generali della Congregazione, in: Congregazione per le Cause dei Santi. Miscellanea in occasione del IV centenario della Congregazione per le Cause dei Santi (1588-1988). - Città del Vaticano 1988, 423-428, hier: 425.
- Pietramellara, Giacomo: Il libro d'oro del Campidoglio. - 2 vol. - Roma 1893-1897 ; ND Bologna 1973, hier: vol. 1, 189f.
- Valesio, Francesco: Diario di Roma. A cura di Gaetana Scano (I cento libri ; 46-51). - 6 vol. - Milano 1978, hier: vol. 4, 11.
- Weber, Christoph (Bearb.): Die päpstlichen Referendare 1566-1809. Chronologie und Prosopographie (PuP ; 31/1-3). - 3 Bde. - Stuttgart 2003-2004, hier: Bd. 2, 676.
- Weber, Christoph (Hg.): Die ältesten päpstlichen Staatshandbücher. Elenchus Congregationum, Tribunalium et Collegiorum Urbis 1629-1714 (RQ Supplementheft ; 45). - Rom u.a. 1991, 120.
- Weber, Christoph (Hg.): Legati e governatori dello stato pontificio (1550-1809) (Pubblicazioni degli Archivi di Stato. Sussidi ; 7). - Roma 1994, 725.

Giovanni Inghirami

Familie

Giovanni Inghirami, zu dem bisher keine Nachrichten vorliegen, entstammte möglicherweise der ursprünglich in der Toskana (Volterra) beheimateten, im 17. und 18. Jahrhundert in Rom ansässigen Senatorenfamilie, der auch Prälat B. → Inghirami angehörte.

Lebenslauf

	Studium der Rechte und der Theologie
	Studium der Kontroverstheologie am Collegio Romano
	Teilnahme an Akademiesitzungen in Rom
[1707]	Relator der CIndex, Antrag auf Ernennung
	ACDF Index Prot. 68 (1707-1710), Bl. 67 (Bewerbung Inghiramis o.D. an die CIndex mit Angaben zum Lebenslauf)
1707 Nov. 21	Relator der CIndex, Ernennung
	ACDF Index Prot. 81 (1737-1740), Bl. 439v („Abbate Inghirami"); ACDF Index Diari 13 (1704-1708), Bl. 133r

Malachie d'Inguimbert OCistRef

Geboren	1683 Aug. 26 in Carpentras (bei Avignon)
Gestorben	1757 Sept. 6 in Carpentras

Familie

Der spätere Bischof, der als Dominikaner den Namen Domenique-Marie trug und als Zisterzienser Malachias hieß, war Sohn des Advokaten Esprit-Joseph d'Inguimbert und gehörte wohl zu einer verarmten Familie von Baronen in der Stadt Carpentras, deren Bibliothek heute den Namen des hier interessierenden Mönches trägt. Vgl. Caillet: Prélat.

Lebenslauf

1698	Ordenseintritt bei den Dominikanern (Ordensname: Joseph-Domenique de Carpentras)
1700	Studium in Aix-en-Provence und an S. Jacques, Paris
1707 Sept. 24	Priesterweihe in Paris
1709	Aufenthalt im Kloster S. Marco, Florenz, und in Rom
1713	Professor für Theologie an der Universität Pisa (bis 1714)
1715 Aug. 2	Ordenseintritt in das Zisterzienserkloster Buonsolazzo, Florenz
	Wechsel in die Abtei Casamari (Latium)
1719	Professor für Theologie in Florenz (bis 1721)
ab 1723	Aufenthalt in Rom
	Bibliothekar von Kardinal L. → Corsini

1726 Apr. 8	Theologus von Kardinal L. Corsini, Amtsantritt durch Eidesleistung ACDF SO Juramenta 1725-1736, o.Bl.
1728 Febr. 26	Qualifikator des SO, Ernennung ASV SS Mem Bigl 160 (Schreiben SS an Inguimbert, Entwurf; Schreiben SS an Ass. des SO, Entwurf); ACDF SO Decreta 1728, Bl. 55v (Audienzdrekt des Papstes)
1728 Febr. 27	Qualifikator des SO, Amtsantritt durch Eidesleistung ACDF SO Juramenta 1725-1736, o.Bl.
1730	Bibliothekar von Clemens XII. (L. Corsini)
1730	Titularabt
1731 Dez. 17	Titularerzbischof von Theodosia
1734 März 24	Konsultor des SO, Ernennung ACDF SO Juramenta 1725-1736, o.Bl. (Schreiben SS an Ass. des SO); ASV SS Mem Bigl 168 (Schreiben SS an Inguimbert, Entwurf)
1734 März 31	Konsultor des SO, Amtsantritt durch Eidesleistung ACDF SO Juramenta 1725-1736, o.Bl.
1735 Mai 25	Bischof von Carpentras
[1735]	Bitte Inguimberts um Beibehaltung des Konsultorenamts ACDF SO Priv. 1728-1735, Bl. 601r (Schreiben Inguimberts o.D. an den Papst mit Vermerk: „lectum et quod servetur solitum")

Eigene Werke

- Anonym [Langueval, Jacques]: Trattato dello scisma tradotto dal francese [...] Christianus mihi nomen: Catholicus cognomen [...] con l'aggiunta di due Ragionamenti intorno all'autorità ed infallibilità del Papa. - In Roma : presso G. Mainardi, 1726. - LIV, 392 S. [Übers.]
- Baccetti, Niccolò: Septimae historiae libri VIII. Hanc notis, variis observationibus, & praefatione illustravit, necnon a temporis ludibriis vindicat [...]. - Romae : ex typographia Rocchi Bernabò, 1724. - XXII, 291 S. [Hg.]
- Bartholomaeus <a Martyribus>: Ven. servi Dei D. Bartholomaei a Martyribus Opera omnia [...] / cura et studio D. Malachiae D'Inguimbert. - Nunc primum in unum collecta [...]. - Romae : typis Hieronymi Mainardi, 1734-1735. - 2 vol. [Hg.]
- Genuinus character reverendi admodum in Christo patris D. Armandi Johannis Buttilierii Rancaei abbatis monasterii B. Mariae Domus Dei de Trappa : ibique primigenii spiritus ordinis Cisterciensis restitutatoris et pristinorum usuum cultoris indefessi. Expressus ex variis, quae animum ipsius primum mundo, tum Deo servientis optime ostendunt. - Romae : apud Jo. Mariam Salvioni typographum Vaticanum, 1718. - [23], 181 S.
- I prodigi della grazia espressi nella conversione di alcuni grandi peccatori, morti da veri penitenti nei Monasteri della Trappa e di Buonsollazzo della stretta Osservanza Cisterciense. - Terza edizione In cui sono stati aggiunti due Tomi composti da fr. Malachia D'Inguimbert. - In Roma : per Girolamo Mainardi, 1727. - 3 vol.
- La regola di S. Benedetto tradotta e spiegata secondo il suo vero spirito. Opera In questa nuova edizione ridotta in miglior forma da F. Malachia D'Inguimbert [...]. - In Roma : Per Girolamo Mainardi, 1728-1729. - 3 vol.

- La teologia del chiostro overo la santità, e le obbligazioni della vita monastica. Opera composta, e pubblicata da un' abate dell'ordine cisterciense. - In Roma : nella stamperia di Antonio de' Rossi, 1731. - 3 vol.
- Petit-Didier, Mathieu: Trattato teologico dell'Autorità ed Infallibilità de' Papi composto [...]. Dissertazione storica e teologica in tal proposito [...]. - In Roma : nella stamperia di Antonio de' Rossi, 1731. - [36], 676 S. [enth. von Inguimbert: I caratteri dell'errore ne' difensori di Giansenio e di Quesnellio. Opere date alla luce da un' Abate dell'Ordine cisterciense, etc.; ital. Übers. von: Les caractères de l'erreur dans les défenseurs de Jansénius et Quesnel.]
- Relazione della vita, e morte di F. Colombano monaco professo della Badia di Buonsollazzo [...]. - In Roma : nella stamperia del Bernabo, 1724. - [6] Bl., 167 S., [1] Bl.
- Specimen catholici veritatis cui athaei, deisti, pseudo-politici, circa quamcumque sectam indifferentes, religionis contemtores, dubiae fidei, et critices intemperantiores auditores velamina praetendere nituntur, exhibitum [...]. - Pistoriae : Apud Johannem-Silvestrum Gatti, 1722. - [26] Bl., 261, [3] S.
- Vita di D. Armando Giovanni Le Bouthillier di Ransé abate regolare, e riformatore del monastero della Trappa della stretta osservanza cisterciense. Corretta, ampliata, e ridotta in miglior forma [...]. - In Roma : nella stamperia del Bernabò, 1725.
- Vita di D. Malachia di Garneyrin abate de' monaci cisterciensi della stretta osservanza della Badia di Buonsollazzo [...]. - In Roma : appresso Giovanni Maria Salvioni, 1726. - 272 S.
- Vita di monsignor don Bartolomeo de' Martiri arcivescovo di Braga dell'Ordine de' Predicatori [...]. - In Roma : per Girolamo Mainardi, 1727. - XIVI, 640 S.

Literatur
- Armellini, Mariano: Appendix de quibusdam aliis per Italiam Ordinis D. Benedicti Congregationum Scriptoribus, Episcopis, Virisque sanctitate illustribus [...]. - Fulginei : typis Pompei Campana Impressoris Cameralis & Publici, 1736, 21f.
- Barsanti, Danilo: I docenti e le cattedre (1543-1737), in: Storia dell'Università di Pisa. 1343-1737. A cura della Commissione rettorale per la storia dell'Università di Pisa. - 2. vol. - Pisa 1993, hier: vol. 1, 505-567, hier: 517.
- Berengier, Théophile: Vie de dom Malachie d'Inguimbert de l'ordre de Citeaux, archévêque-évêque de Carpentras. - Avignon 1888.
- Brouette, Émile ; Dimier, Anselme M. ; Manning, Eugène (Hg.): Dictionnaire des auteurs cisterciens. - 2 vol. - Rochefort 1975-1977, 382f.
- Caillet, Robert: Un prélat bibliophile et philanthrope Monseigneur d'Inguimbert, archévêque-évêque de Carpentras 1683-1757. Suivi d'une étude héraldique et généalogique sur la famille. - Lyon 1952.
- Cath 5 (1962), 1633 von M.-Br. Brard.
- DThC 7 (1923), 1934f. von B. Heurtebize.
- François, Jean: Bibliothèque générale des écrivains de l'ordre de Saint Benoit, patriarche des moines d'Occident : Contenant une notice exacte des ouvrages de tout genre, composés par les religieux des diverses branches, filiations, réformes & congrégations de cet Ordre [...]. - A Bouillon : aux depense de la Societe typographique, 1777-1778. - 4 vol. ; ND Louvain-Héverlé 1961, hier: vol. 2, 6.

- Frati, Carlo (Hg.): Dizionario bio-bibliografico dei bibliotecari e bibliofili italiani dal sec. XIV al XIX (Biblioteca di bibliografia italiana ; 13). - Firenze 1933, 281.
- Hierarchia Catholica 6, 149.401.
- Parenti, Marino: Aggiunte al Dizionario bio-bibliografico dei bibliotecari e bibliofili italiani di Carlo Frati. - 3 vol. - Firenze 1957-1960, hier: vol. 2, 162.
- Pastor 15, 625.744.
- Petrucci, Armando: I bibliotecari Corsiniani fra Settecento e Ottocento, in: Studi offerti a Giovanni Incisa Della Rocchetta (Miscellanea della Società Romana di Storia Patria ; 23) - Roma 1973, 401-424.

Antonio Leonardo Innocenzi

Geboren in [Castel Vecchio]
Gestorben 1760 Okt. in Rom

Familie
Zum familiären Umfeld des „chierico coniugato" Innocenzi ist nur der Name eines Sohnes, Antonio, bekannt, der ab 1754 seinem Vater beim SO aushalf. Sein Herkunftsort wird in den Quellen mit „Castel Vecchio in Sabina" angegeben, das wohl im Gebiet nördlich von Rom zu suchen ist. ACDF SO Priv. 1737-1742, Bl. 115r.

Lebenslauf

	Dr. iur. utr.
	Locumtenens generalis in Civitavecchia (für zwei Jahre)
1717	„sostituto fiscale generale di tutti li tribunali di Roma" (bis Jan. 1733)
	Locumtenens substitutus am Tribunal des Gouverneurs von Rom
1737 Juli 19	Auditor des Assessors des SO, Amtsantritt durch Eidesleistung
	ACDF SO Juramenta 1737-1749, o.Bl.
1737 Sept. 11	Pro-Advocatus fiscalis des SO (mit Aussicht auf Nachfolge)
1737 Dez. 3	Advocatus fiscalis des SO, Ernennung
	ACDF SO St.St. Q-4-ww = ACDF SO Priv. 1804-1809, Nr. 22
1738 Nov. 17	Advocatus fiscalis des SO, Amtsantritt durch Eidesleistung
	ACDF SO Juramenta 1737-1749, o.Bl.
1742 Dez. 17	Mario Ciotti, Adiutor studiorum von Innocenzi, Amtsantritt durch Eidesleistung
	ACDF SO Juramenta 1737-1749, o.Bl.
1754 Jan. 25	Antonio Innocenzo Innocenzi, Adiutor studiorum seines Vaters, Amtsantritt durch Eidesleistung
	ACDF SO Extens. 1749-1808 = ACDF SO St.St. Q-1-q, Bl. 71r
1756 Febr. 13	J. A. Cipicchi, Adiutor studiorum von Innocenzi, Amtsantritt durch Eidesleistung
	ACDF SO Extens. 1749-1808 = ACDF SO St.St. Q-1-q, Bl. 97r

Innocenzo di S. Giuseppe   674

1756 Nov. 22   Antonio Cimarroni, Amanuensis von Innocenzi, Amtsantritt durch
                    Eidesleistung
                        ACDF SO Extens. 1749-1808 = ACDF SO St.St. Q-1-q, Bl. 107v

Unveröffentlichte Quellen
ACDF SO Decreta 1760, Bl. 280v-283v (zum Tod von Innocenzi und zur Nachfolgeregelung)

Innocenzo di S. Giuseppe SP

Namensvariante   Innocenzo Cinacchi

Geboren   1681
Gestorben   1737

Lebenslauf
um 1696   Ordenseintritt
                     Lektor für Moraltheologie
                     Mitarbeiter (Konsultor?) der Inquisition von Rieti
                     Examinator synodalis der Diözese Rieti
                     Rektor des Collegio Ecclesiastico, Rom
                     Scriptor des Ordens
                     Theologus und Berater des Kardinals Sigismund von Kollonitsch in
                     Rom
                     Mitglied der Accademia dell'Arcadia, Rom
[1727]   Relator der CIndex, Antrag auf Ernennung
                         ACDF Index Prot. 74 (1726), Bl. 88 (Bewerbung P. Innocenzos
                         o.D. an die CIndex)
[1728]   Qualifikator des SO, Antrag auf Ernennung (abgelehnt)
                         ACDF SO Priv. 1728-1735, Bl. 46r (Bewerbung P. Innocenzos
                         o.D. an das SO mit Angaben zum Lebenslauf).47v (Dekret SO 1.
                         Sept. „lectum")
[1731]   Konsultor der CIndex, Antrag auf Ernennung
                         ACDF Index Prot. 78 (1731-1734), Bl. 60 (Bewerbung P. Innocenzos o.D. an den Papst mit Angaben zum Lebenslauf)
1731 Juli 17   Relator der CIndex, Ernennung
                         ACDF Index Prot. 81 (1737-1740), Bl. 443r; ACDF Index Diari
                         15 (1721-1734), Bl. 51r (Ernennung verschoben am 30. Apr.)

Onofrio Ippoliti (Ipolito)

Familie
Abbate Ippoliti (de Hippolitis), zu dem noch die wichtigsten Lebensdaten fehlen, stammte aus der gleichen Patrizierfamilie in Pistoia, der auch der gleichnamige Kurienprälat Onofrio Ippoliti (gest. 1672) angehörte. Vgl. Weber: Referendare 2, 671. Bischof Giuseppe Ippoliti (gest. 1780) in Pistoia galt als Wegbereiter des Jansenismus und seines berühmten Nachfolgers Bischof Scipione Ricci. Vgl. Capponi: Biografia, 244. Onofrio Ippoliti wurde Auditor des Kardinals G. B. → Tolomei aus dem gleichen Patriziermilieu von Pistoia.

Lebenslauf
	Dr. iur. utr.
1714 Jan. 15	Relator der CIndex, Ernennung
	ACDF Index Diari 14 (1708-1721), Bl. 77v
[1715]	Auditor von Kardinal G. B. → Tolomei, Amtsantritt durch Eidesleistung
	ACDF SO Juramenta 1701-1724, Bl. 150

Gutachten
(1715 Juli 15) Pipping, Heinrich: (1) Sacer Decadvm Septenarivs Memoriam Theologorvm Nostra Aetate Clarissimorvm Renovatam Exhibens [...]. - Lipsiae : Apvd Thomam Fritsch, 1705. (2) Trias Decadvm, Memoriam Theologorvm Nostrae Aetatis Clarissimorvm Renovatam Exhibens [...]. - Lipsiae : Apvd Thomam Fritsch, 1707.
ACDF Index Prot. 71 (1715-1721), Bl. 85r-86v, 4 S. (Doppelgutachten)

Literatur
- Beani, Gaetano: Notizie biographica di mons. G. Ippoliti. - Pistoia 1878. [Familie]
- Capponi, Vittorio: Biografia pistoiese, o Notizie della vita e delle opere dei pistoiesi. - Pistoia 1878 ; ND Bologna 1972 (Italica gens ; 11), 244-248. [Familie]
- Weber, Christoph (Bearb.): Die päpstlichen Referendare 1566-1809. Chronologie und Prosopographie (PuP ; 31/1-3). - 3 Bde. - Stuttgart 2003-2004, hier: Bd. 2, 671. [Familie]

J

François Jacquier OM

Geboren 1711 Juni 7 in Vitry-le-François (Marne)
Gestorben 1788 Juli 3 in Rom

Familie
Jacquier stammte aus einem bürgerlichen Handwerkermilieu, Enkel eines Weinbauern und Küfers, Sohn des Bäckermeisters Joseph Jacquier (1676-1712) und dessen Ehefrau Margueritte Desenlis (Desenly) (1679-1763), der Tochter eines Schneidermeisters. In Vitry besaß der Orden der Minimen einen Konvent, in den der ältere Bruder von François, Hugues-Joseph (geb. 1698), eintrat, später als Pater tätig in Laon. Ein Bruder der Mutter, Jean Desenlis (geb. 1666), wurde ebenfalls Priester im Orden der Minimen.

Lebenslauf

[1726]	Ordenseintritt in Vitry
1727	Ordensprofess
	Studium am Ordenskolleg S. Francesco di Paula ai Monti, Rom
1734 Sept. 18	Priesterweihe in Rom
1734	Annalist des Ordens im Auftrag des Generalkapitels von Marseille
1735	Berater des Legaten Kardinal Giulio Alberoni bei Regulierungsarbeiten am Fluss- und Kanalsystem in der Romagna
1735	Professor für Heilige Schrift am Collegium Urbanum de Propaganda Fide, Rom (bis 1762)
1741 Aug. 5	Revisor des SO, Amtsantritt durch Eidesleistung
	ACDF SO Juramenta 1737-1749, o.Bl.
1742	Mitarbeit bei der statischen Sanierung der Kuppel der Peterskirche in Rom
[1743 Jan.]	Qualifikator des SO, Antrag auf Ernennung
	ACDF SO Decreta 1743, Bl. 29v; ACDF SO Priv. 1743-1749, Bl. 19 (gemeinsamer Brief mit T. → Leseur an den Papst)
1743 Jan. 16	Qualifikator des SO, Ernennung
	ACDF SO St.St. II-2-m, o.Bl. („Nota de' Qualificatori e loro deputazione" o.D. [1760]); ACDF SO Decreta 1743, Bl. 29v; ACDF SO Priv. 1743-1749, Bl. 20v (Audienzdekret des Papstes)
1743	Aufenthalt in Frankreich aus gesundheitlichen Gründen (bis 1744)
[1744]	Mitglied mehrerer Akademien in Paris, London, Berlin und Rom
1745	Ruf auf den Lehrstuhl für Physik an der Universität Turin durch den König von Sardinien (abgelehnt)
1746 Nov.	Professor für experimentelle Physik an der Universität Sapienza, Rom (bis 1769)

1762	Aufenthalt in Rimini mit Auftrag zur Behebung der Hafenversandung
1763	Überprüfung der Kanalisierungsprojekte in Bologna und der Romagna im Auftrag des Papstes
1763	Präzeptor (mit T. → Leseur) des Infanten Don Ferdinando in Parma
1773	Professor für Mathematik am (säkularisierten) Collegio Romano

Gutachten

[1742]	Memoire Pour Les Religieuses De La Congregation Du Calvaire [...]. - [S.l., Paris?] : [S.n.], [ca. 1741]. ACDF SO CL 1742-1743, Nr. 8bis, 15 S.
(1742 Jan. 15)	Hardouin, Jean: Commentarius in Novum Testamentum [...]. - Amstelodami : apud H. Du Sauzet, 1741. ACDF Index Prot. 81 (1737-1740), Bl. 291v-297v, 13 S.
[1763]	Opusculo intorno alla natura dello spazio [...]. (Manuskript?) ACDF SO Vota CL II (1757-1809), Nr. 59, 5 S.

Eigene Werke

- Anonym: In laude ordinis minorum oratio adnotationibus illustrata dicta Florentiae pro solemni comitiorum generalium celebratione. - Romae : ex typographia Marci Palearini, 1764. - VIII, 71 S.
- Buffier, Claude: Geografia universale [...] tradotta dal francese nell'italiano. Edizione prima romana aumentata, corretta, e ridotta in miglior forma con un nuovo trattato della sfera, e d'una dissertazione sopra l'origine, e progresso della geografia. - In Roma : a spese di Venanzio Monaldini, 1775. - [1] Bl., XXIII, 456, LX S., [22] Tafeln. [mehrere Nachdrucke Rom und Venedig, bis 1817]
- Discorso accademico del pastore Diofanto Amicleo. - In Venetia : appresso Simone Occhi, 1785. - XXXII S.
- Elemens du calcul intégral. - A Parme : Chez les Heritiers Monti, 1768. - 2 vol. ; Nouvelle édition. - A Parme : chez les frères Faure, 1799. - 2 vol. [mit T. → Leseur]
- Elementa arithmeticae, algebrae et geometriae institutionibus physicis praemittenda. - Romae : apud fratres Palearinios, 1760. - XV, 222 S., [2] Tafeln ; Editio veneta, prima post nuperrimam romanam [..]. - Venetiis : sumbtibus Joh. Antonii Pezzana, 1778. - 132 S., IV Tafeln.
- Elementi di perspettiva secondo li principii di Brook Taylor con varie aggiunte spettanti all' ottica, e alla geometria. - Roma : Per Generoso Salomoni, 1755. - [7] Bl., 145 S., XIX Tafeln.
- Institutiones philosophicae ad studia theologica potissimum accomodatae. - Romae : Apud fratres Palearinios, 1759-1762. - 5 vol.
- Lettera del Reverendissimo P. Jacquier ad un suo amico, in: Antologia Romana 10 (1784), 169-172.177-182. [zum Sommernebel, „caligine dell'estate decorsa"]
- Newton, Isaac: Philosophiae naturalis principia mathematica [...]. / Perpetuis commentariis illustrata, communi studio PP. Thomae → Leseur & Francisci Jacquier [...]. - Genevae : Typis Barrillot & filii bibliop. & typogr., 1739-1742. - 3 vol. ; Editio altera, longe accuratior & emendatior. - Coloniae Allobrogum : sumptibus Cl. & Ant. Philibert bibliop., 1760. - 3 vol. ; Editio nova, summa cura recensita. - Glasguae 1822. - 4 vol.

- Parere di due matematici sopra diversi progetti intorno al regolamento delle tre provincie di Bologna, Ferrara, e Romagna. Presentato all' eminentissimo, e reverendissimo signor Cardinal [P. P. →] Conti visitatore apostolico. - In Roma : Per il Bernabò e Lazzarini, 1764. - XL S. [mit T. → Leseur]
- Parere di tre mattematici sopra i danni, che si sono trovati nella cupola di S. Pietro sul fine dell'anno MDCCXLII. Dato per ordine di Nostro Signore Papa Benedetto XIV. - [S.l.] : [S.n.], [1742]. - XXXVI S., 1 Tafel. [Gutachten, gezeichnet S. XXXVI mit T. → Leseur und Ruggiero Giuseppe Boscovich SJ]
- Riflessioni [...] sopra alcune difficoltà spettanti i danni, e risarcimenti della cupola di S. Pietro. - Roma : Marco Pagliarini, 1743. - LXIV S. [mit G. Ruggiero Boscovich und T. → Leseur]
- Riflessioni [..] sopra alcune difficolta spettanti i danni, e risarcimenti della cupola di S. Pietro proposte nella Congregazione tenutasi nel Quirinale a' 20 gennaro MDCCXLIII. E sopra alcune nuove ispezzioni fatte dopo la medesima Congregazione. - [S.l.] : [S.n.], [1742]. - LXIV S. [mit T. → Leseur und Ruggiero Giuseppe Boscovich SJ]

Literatur
- Anonym: Estratto di una lettera del Sig. d'Alembert, scritta al Reverendo P. Jacquier dopo il di lui ritorno da Parigi, in: Antologia Romana 14 (1788), 285f.
- Anonym: Lettera scritta da un amico al signor dottore Anastasio Camilli autore delle Osservazioni critiche sulle Istituzioni filosofiche del p. Francesco Jacquier. - Lucca : per Giuseppe Rocchi, 1765. - 38 S., [1] Bl.
- Avanzo, Giovanni Battista: Elogio del celebre p. Jacquier. - In Roma : nella stamperia di Gioacchino Puccinelli, 1790. - 52 S.
- Barthélemy, Jean Jacques: Voyage en Italie de M. l'abbé Barthélemy, imprimé sur ses lettres originales écrites au comte de Caylus; avec un appendice où se trouvent des morceaux inedits de Winckelmann, du P. Jacquier, de l'abbé Zarillo [...] et d'autres savans. - Paris 1801 ; Travels in Italy [...]. With an appendix, containing several pieces [...] by the Abbé Winckelmann, Father Jacquier, the Abbé Zarillo, and other learned men. - London 1802.
- Bonnard, Fourier: Histoire du couvent royal de la Trinité du Mont Pincio à Rome. - Rome 1933, 178-186.
- Camilli, Anastasio: Osservazoni critiche sulle Istituzioni filosofiche del p. Francesco Jacquier [...] esposte in una lettera a monsignore N. N. - Lucca : per Giusepe Rocchi, 1765.
- Ceruti, Giacinto: Elogio funebre del P. Jacquier detto in Arcadia [...] il dì IV. decembre MDCCLXXXVIII. - In Roma : per Filippo Neri, e Luigi Vescovi, 1788. - XXXVI S.
- Conte, Emanuele (Hg.): I maestri della Sapienza di Roma dal 1514 al 1787. I rotuli e altre fonti (Fonti per la Storia d'Italia ; 116. Studi e Fonti per la storia dell'Università di Roma. N. S. ; 1). - 2 vol. - Roma 1991, hier: vol. 2, 897.
- Cosatti, Lelio: Riflessioni [...] sopra il sistema dei tre RR. PP. mattematici [T. → Leseur, F. Jacquier, R. G. Boscovich SJ] e sui parere circa il patimento e risarcimento della gran cupola di S. Pietro. - Roma : [S.n.], 1745.
- DBF 18 (1990), 337f. von T. de Morembert.

- EncEc 5 (1953), 240.
- Galuzzi, Alessandro: P. Francesco Jacquier. Un erudito nella Roma del ‚700, in: Bollettino ufficiale dell'Ordine dei Minimi 24/1 (1978), 29-65.
- Goethe, Johann Wolfgang: Italienische Reise. Annalen (Gedenkausgabe der Werke, Briefe und Gespräche. Hrsg. von Ernst Beutler ; 11). - Zürich ; Stuttgart 1962, 181. [zum 25. Jan. 1787 berichtet Goethe über einen Besuch bei Jacquier, der „sogar einige Monate bei Voltaire zugebracht, der ihm sehr in Affektion nahm"]
- Grente, Georges (Hg.): Dictionnaire des lettres françaises. Le dix-huitième siècle. - 2 vol. - Paris 1960 ; Édition revue et mise à jour sous la direction de François Moureau. - Paris 1995, hier: vol. 1, 578.
- Jacquier, Edme: Notice sur la vie et les travaux mathématiques du Révérend Père Jacquier de l'ordre des Minimes, in: Société des Sciences et Arts de Vitry 2 (1867-1868), 76-86.
- Jovy, Ernest: Une illustration scientifique vitryate. Le P. François Jacquier et ses correspondants, in: Société des Sciences et Arts de Vitry 30 (1923), 229-392.
- Moretti, Gennaro: Contributo alle scuole di „Propaganda", in: OR Nr. 165 (17. Juli 1941), 1.
- Moretti, Gennaro: I due più illustri commentatori del Newton, in: OR Nr. 113 (15. Mai 1949), 3.
- Moretti, Gennaro: Il contributo del Clero dalle origini a Mongolfier, in: OR Nr. 64 (18. März 1938), 3; 66 (21-22. März 1938), 3; 72 (28.-29. März 1938), 3.
- Perelli, Tommaso: Risposta al parere de' padri Le Seur, e Jacquier sopra i diversi progetti per il regolamento dell'acque delle tre provincie di Bologna, Ferrara e Romagna, in: Raccolta d'Autori italiani che trattano del moto dell'acque. Tomo IX. - Bologna 1824, 378-411.
- Roberti, Giuseppe Maria: Disegno storico dell'Ordine de' Minimi. Dalla morte del santo istitutore fino ai nostri tempi (1507-1902). - 3 vol. - Roma 1902-1922, hier: vol. 3, 786-794.
- Valentin, Dr.: Notice généalogique sur le R. P. François Jacquier de l'ordre des Minimes, in: Société des Sciences et Arts de Vitry 3 (1868-1869), 104-114.

Jean André Julien de Morvan

Lebenslauf
1752 Juni 15   Revisor des SO, Amtsantritt durch Eidesleistung
                     ACDF SO Extens. 1749-1808 = ACDF SO St.St. Q-1-q, Bl. 46v

Gutachten
1753 Aug. 23   M*** [Simonel, Dominique]: Traité des droits du Roy sur les bénéfices de ses États [...]. - [Paris] : [Jean-Baptiste-Claude Bauche], 1752.
                    ACDF SO CL 1753-1754, Nr. 11, 29 S.

L

Giacomo Laderchi Or

Geboren um 1678 in Faenza
Gestorben 1738 Apr. 23 in Rom

Familie
An dem späteren Schriftsteller, der aus dem Hause der Grafen Laderchi in Faenza, „illustre famiglia in detta città" (Villarosa: Memorie, 151), stammte, bemängelten Zeitgenossen wiederholt die unkritischen Darstellungen in seinen Werken, darunter zu legendarischen Heiligenkulten. Das römische SO verbot 1709 eine Schrift Laderchis über S. Cresci und Gefährten, an deren Heiligenkult der Großherzog der Toskana interessiert war, weshalb dieser eine purgierte Ausgabe des Buches besorgte.

Lebenslauf
1689	Eintritt in das Oratorium S. Filippo Neri, Rom
1707 Juli 16	Konsultor der CIndex, Ernennung
	ACDF Index Prot. 67 (1706-1707), Bl. 482 (Schreiben SS an Sekr. CIndex)
	Schriftsteller in Rom
1709 Sept. 10	Verbot der „Lettera" Laderchis durch das SO
	ACDF SO Decreta 1709, Bl. 461v (auf Basis des Gutachtens von N. M. → Tedeschi)
1711	Purgierter Neudruck der „Lettera" vor Publikation des römischen Verbotes
1712 Juni 22	Publikation des Verbotes auf einem Bando des SO
1725	Konsultor des Römischen Konzils

Eigene Werke
- Acta passionis SS. Crescii et sociorum martyrum ex Mss. codd. Bibliothecae Mediceo-Laurentianae metropolitanae ecclesiae florentinae & sapientiae romanae. - Nunc primum edita et [...] asserta, & illustrata. - Florentiae : typis Regiae Celsitudinis apud Antonium Mariam Albizzini, 1707. - [5] Bl., 245 S. [Hg.]
- Acta sanctorum Christi martyrum vindicata ab Odoacre Ilbachio. - Roma : ex typographia Rocchi Bernabò, 1723. - 2 vol.
- Anonym: Lettera ad un cavaliere Fiorentino devoto de' santi martiri Cresci, e compagni, in risposta ad alcune difficoltà, e dubbiezze motivate contro gl'atti de' medesimi santi dati in luce dal p. Giacomo Laderchi [...]. - In Firenze : nella stamperia di S. A. R. per Jacopo Guiducci, e Santi Franchi, 1711. - [5] Bl., 256 S., [1] Bl. [purgierte Ausgabe des Druckes von 1709]

- → Baronio, Cesare: Annales Ecclesiastici ab anno 1566 ubi Odericus Raynaldus desinit auctore Jacobo de Laderchio Faventino. - Vol. XXII-XXIV. - Romae : Typis, & sumptibus Hieronymi Mainardi, 1728-1737 ; ND Annales Ecclesiastici denuo excusi et ad nostra usque tempora perducti ab Augustino → Theiner. - Vol. XXII-XXIV. - Parisiis 1864.
- De sacris basilicis SS. Martyrum Marcellini presbyteri, et Petri exorcistae de urbe dissertatio historica. - Romae : per Franciscum Gonzagam, 1705. - [7] Bl., 376 S., [26] Bl.
- I congressi litterarj d'oggidì, o sia disamina delle questioni, che sogliono in essi agitarsi. - Venezia : presso Gio. Battista Recurti, 1743. - [2] Bl., 131 S., [2] Bl.
- Inventio sacri corporis Sancti Getulii Zotici Martyris tibure sub die XIX. octobris MDCCXXIV. - Romae : Ex Typographia Antonii de Rubeis, 1731. - 112 S.
- La critica d'oggidì o sia l'abuso della critica odierna. - In Roma : Nella Stamperia del Mainardi, attacato al Teatro di Capranica, 1726. - [3] Bl., 110 S., [1] Bl.
- Lettera ad un cavaliere fiorentino devoto de' santi martiri Cresci, e compagni, in risposta ad alcune difficolta, e dubbiezze motivate contro gl'atti de' medesimi santi. - In Firenze : nella stamperia di S.A.R. per Jacopo Guiducci, e Santi Franchi, 1711. - [12], 256, [2] S.
- Lettera ad un cavaliere Fiorentino devoto de' santi martiri Cresci, e compagni in risposta di quella scritta dal P. fr. Gherardo → Capassi dell'Ordine de' Servi di Maria a Giusto → Fontanini contro gli atti de' medesimi santi [...]. - [S.l.] : [S.n.], [1709]. - [3] Bl., 197 S., [1] S. [zur Datierung vgl. den hs. Vermerk auf dem Schlussblatt des Exemplars der Biblioteca Palatina, Parma, Pal. 8156; verboten per Dekret des SO vom 10. Sept. 1709]
- S. Caeciliae virg. et mart. acta et Transtyberina Basilica seculorum singulorum monumentis asserta, ac illustrata. - Romae : ex Typographia Rocchi Bernabo, 1722-1723. - 2 vol.
- Vitae s. Petri Damiani s.r.e. cardinalis, episcopi Ostiensis in sex libros distributae. - Romae : apud Petrum Oliverium, 1702. - 3 vol.

Literatur
- Anonym [→ Capassi, Gherardo Maria]: Nugae Laderchianae in epistola ad equitem Florentinum sub nomine & sine nomine Petri Donati Polydori vulgata. Centuria prima. Accurante M. Antonio Gatto J. C. - Genuae : Typis Jo. Mariae Ferroni, 1709. - [4] Bl., 144 S., [1] Bl.
- Anonym: Clarorum Venetorum ad Ant. Magliabechium nonnullosque alios epistolae ex autographis in Biblioth. Magliabechiana, quae nunc Publica Florentinorum est, adservatis descriptae. - Florentiae : ex Typographia ad Insigne Apollinis in Platea Magni Ducis, 1745-1746. - 2 vol., hier: vol. 1, 264-274. [Briefe G. → Fontaninis an Magliabecchi wegen Laderchi]
- Anonym: Sejani, et Ruffini dialogus de Laderchiana historia S. Petri Damiani. - Parisiis : Apud Bartolomeum Didier, 1705. - [3] Bl., 121 S.
- Bini, Enrico: Giacomo Laderchi Oratoriano dotto e pugnace, in: Memorie Oratoriane 19 (1999), 17-29.
- Cath 6 (1967), 1587 von M. Join-Lambert.

- Concilium Romanum in Sacrosancta Basilica Lateranensi celebratum Anno Universalis Jubilaei MDCCXXV. a sanctissimo Patre, & Dno Nostro Benedicto Papa XIII. Pontificatus sui Anno I. - Romae : ex Typographia Rocchi Bernabò, 1725, 128.
- DHGE 29 (2007), 1287f. von R. Aubert.
- EC 7 (1951), 797 von C. Testore.
- EncIt 20 (1933), 352. [Lit.]
- EncKat 10 (2004), 359 von J. Duchniewski.
- Felici, Antonio Francesco: Appendix ad acta SS. Crescii, et sociorum martyrum. - Florentiae : typis regiae celsitudinis apud Antonium Mariam Albizzini, 1707. - 52 S.
- Hurter, Hugo: Nomenclator literarius theologiae catholicae theologos exhibens aetate, natione, disciplinis distinctos. - Editio tertia, emendata et aucta. - 5 vol. - Oeniponte 1903-1913, hier: vol. 4, 1171f.
- LThK 6 (1961), 728 von E. Freys.
- Mittarelli, Giovanni Benedetto: De literatura Faventinorum, sive De viris doctis et scriptoribus urbis Faventiae : Appendix ad Accessiones historicas Faventinas. - Venetiis : apud Modestum Fentium typographum, 1775, 104f.
- Reusch, Franz Heinrich: Der Index der verbotenen Bücher. Ein Beitrag zur Kirchen- und Literaturgeschichte. - 2 Bde. - Bonn 1882 ; ND Aalen 1967, hier: Bd. 2, 430f. 588f.
- Rodolico, Niccolò: Chiesa e stato in Toscana durante la reggenza lorenese (1737-1765). - Firenze 1910 ; ND Firenze 1972, 31-33.40-42. [zu Laderchi und Fontanini]
- Storck, Johann: Epistola ad R. P. Jacobum Laderchium. - Patavii : apud Joannem Manfré, 1708. - [3] Bl., 29 S., [2] Bl.
- Torano, Benedetto: Lettera [...] al reverendo padre Giacomo Laderchi in difesa dell' autor delle Considerazioni intorno alla poesia degli Ebrei, e de' Greci, e pubblicata da Samuele Corvino. - In Bologna : presso Girolamo Gotti, 1712. - 39 S.
- Villarosa, Carlo Antonio: Memorie degli scrittori filippini o siano della Congregazione dell'Oratorio di S. Filippo Neri. - 2 vol. - Napoli 1837-1842, hier: vol. 1, 151-153.
- Wolf, Hubert (Hg.): Römische Bücherverbote. Edition der Bandi von Inquisition und Indexkongregation 1701-1813. Auf der Basis von Vorarbeiten von Herman H. Schwedt bearb. von Ursula Paintner und Christian Wiesneth (Römische Inquisition und Indexkongregation Grundlagenforschung I: 1701-1813). - Paderborn u.a. 2009, 418.
- Wolf, Hubert (Hg.): Systematisches Repertorium zur Buchzensur. Inquisition 1701-1813. Bearb. von Bruno Boute, Cecilia Cristellon und Volker Dinkels (Römische Inquisition und Indexkongregation Grundlagenforschung II: 1701-1813). - Paderborn u.a. 2009, 96.

Jacques de La Fontaine SJ

Geboren 1650 Febr. 28 in Bergues-St-Winoc
 (Sint-Winoksbergen bei Dünkirchen)
Gestorben 1728 Jan. 18 in Rom

Lebenslauf

1668 Febr. 28	Ordenseintritt in Mecheln (flandro-belgische Ordensprovinz)
	Professor für Exegese und Dogmatik in Löwen
	Beichtvater des Erzbischofs von Mecheln, Humbertus G. de Precipiano
	Professor für Theologie in Rom
	Examinator episcoporum
1716 Sept. 23	Qualifikator des SO, Ernennung
	ACDF SO Priv. 1710-1727, Bl. 263r (Audienzdekret des Papstes)
1716 Sept. 30	Qualifikator des SO, Amtsantritt durch Eidesleistung
	ACDF SO Juramenta 1701-1724, Bl. 164v

Gutachten

[1713 Febr. 7]   ♦ Cambi, Bartolommeo: Paradiso De' Contemplatiui, dove si tratta per modo di Dialogo Delle virtù, & altre cose necessarie all'anima [...]. - In Roma ; In Brescia : Per il Bozzola, 1608.
ACDF SO CL 1711-1714, Nr. 29, 3 S.

[1713 Nov. 14]   Espen, Zeger Bernard van: Tractatus de promulgatione legum ecclesiasticarum ac speciatim Bullarum et rescriptorum Curiae Romanae [...]. - Venduntur Bruxellis : apud T'Serstevens Typographos iuratos, 1712.
ACDF SO CL 1711-1714, Nr. 25, 6 S.

[1713 Nov. 14]   Arnoldus <a Sanctis Petro et Paulo>: Solitarius loquens, sive Conferentiae spirituales, habitae a religiosis Carmelitis discalceatis in eremo Sancti Joseph in Marlaniae sylva [...]. - Leodii : apud J. F. Broncart, 1698.
ACDF SO CL 1715-1717, Nr. 2, 4 S.

1715 Sept. 18   T. S. F. H. L. H. (S. T. L. P. V. T.) [Heussen, Hugo Franciscus van]: Batavia sacra, sive Res gestae apostolicorum virorum, qui fidem Bataviae primi intulerunt [...]. - Bruxellis : pro Francisco Foppens, 1714.
ACDF SO CL 1715-1717, Nr. 15, 6 S.

Eigene Werke

- Anonym: Sanctissimi Domini nostri domini Clementis papae XI Constitutio unigenitus theologice propugnata. Vol. 1. - Coloniae Agrippinae : apud J. Henricum Sphakonium, 1717; Vol. 2-3. - Romae : apud Jo. Mariam Salvioni, 1719-1721; Vol. 4. - Romae : apud Hieronymum Mainardi, 1724 [Band 1 erschien unter dem Pseudonym Christophorus Jacobus] ; Reimpressa Dilingae : Sumptibus Joannis Caspari Bencardi, 1720-1725. - 4 vol.
- Cranebergh, Cornelius a <Pseudonym>: Fraus quinque articulorum a Pseudo-Agustini discipulis primum Alexandro VII, nunc iterum Alexandro VIII obtrusorum, sive eorum cum Augustino Iprensi convenientia [...]. - Coloniae : Typis Arnoldi ab Egmond, [S.a.] [= Louvain 1690?]. - 68 S. [verboten durch Dekret des SO vom 30. Jan. 1692]

- Monbron, Iacobus de <Pseudonym>: Ad Innocentium duodecimum pontificem maximum disquisitio historico-theologica : an Iansenismus sit merum phantasma. Pars prima (- tertia). - Coloniae Agrippinae : Haeredes Joannis Widenfelt, 1692. - 3 vol. [verboten durch Dekret des SO vom 19. Mai 1694]
- Oropega, Didacus de <Pseudonym>: Confutatio libelli anonymi cui titulus: Les sentimens, et de Monseigneur l'Archevêque de Malines [...]. Accessit ejusdem Autoris responsio ad comparationem inter doctrinam Illustrissimi et Novatorum. - Coloniae Agrippinae : Apud Wilhelmum Friessem, 1691. - 102
- Oropega, Didacus de <Pseudonym>: Difficultates propositae eximio D. Martino Henrico de Swaen [...]. - Vol. 1-2. - Louvain : [S.n.], 1691-1692. ; Vol. 3. - Coloniae Agrippinae : Apud Haeredes Joannis Widenfelt, 1692.
- Oropega, Didacus de <Pseudonym>: Epistola prima (- sexta) [...] ad illustrissimum dominum Apostolicae Sedis in Belgio internuntium. In qua refutatur epistola Anonymi illustr. Archi-Episcopum Mechliniensem ejusque defensores romano Pontifici per calumniam denuntiantis. - [S.l.] : [S.n.], [1691]. - 140 S.
- Oropega, Didacus de <Pseudonym>: Statera libelli famosi, cui titulus: La morale relachée fortement soutenue par Monseigneur l'Archeveque de Malines [...]. - [S.l.] : [S.n.], [S.a.]

Literatur
- Bujanda, Jesús Martinez de: Index librorum prohibitorum 1600-1966 (Index des livres interdits ; 11). - Montréal u.a. 2002, 497.
- Ceyssens, Lucien ; Tans, Joseph A. G.: Autour de l'Unigenitus. Recherches sur la genèse de la constitution (Bibliotheca Ephemeridum Theologicarum Lovaniensium ; 76). - Leuven 1987, 754.809.
- Ceyssens, Lucien: Les religieux belges à Rome et le jansénisme, in: BIHBR 48-49 (1978-1979), 273-300, bes. 298.
- Ceyssens, Lucien: Suites romaines de la confiscation des papiers de Quesnel, in: BIHBR 29 (1955), 5-32.
- Döllinger, Ignaz von ; Reusch, Franz Heinrich (Hg.): Geschichte der Moralstreitigkeiten in der römisch-katholischen Kirche seit dem sechzehnten Jahrhundert mit Beiträgen zur Geschichte und Charakteristik des Jesuitenordens. - 2 Bde. - Nördlingen 1889 ; ND Aalen 1984, hier: Bd. 1, 172 ; Bd. 2, 163.
- EncEc 5 (1953), 405.
- Gabriel <Prieur de S. Martin> [Gerberon, Gabriel]: La morale relachée fortement soutenue par Monseigneur l'Archeveque de Malines justement condamnée par le Pape Innocent XI. et mal defendue par Didacus de Oropega : Dont on fait voir les erreurs, les impostures, les injures et les calomnies / Par G. Prieur de S. Martin. - A Cologne : Chez Balthazar d'Egmond, 1691. - 90 S. [gegen La Fontaine]
- Hurter, Hugo: Nomenclator literarius theologiae catholicae theologos exhibens aetate, natione, disciplinis distinctos. - Editio tertia, emendata et aucta. - 5 vol. - Oeniponte 1903-1913, hier: vol. 4, 1064f.
- LThK 6 (1961), 729 von L. Willaert.
- Reusch, Franz Heinrich: Der Index der verbotenen Bücher. Ein Beitrag zur Kirchen- und Literaturgeschichte. - 2 Bde. - Bonn 1882 ; ND Aalen 1967, hier: Bd. 2, 484. 645.651.

- Sommervogel 3 (1892), 843-848.
- Tans, Joseph Anna Guillaume ; Schmitz du Moulin, Henri (Hg.): La correspondance de Pasquier Quesnel. Inventaire et index analytique (Bibliothèque de la Revue d'Histoire ecclésiastique ; 74.77.78). - 3 vol. - Bruxelles ; Louvain 1993, hier: bes. vol. 2, 574.
- Willaert, Léopold: Bibliotheca Janseniana Belgica. - 3 vol. - Namur ; Paris 1949-1950, hier: vol. 2, 381.384f.397f.

José Lago Suarez OM

Lebenslauf

	Lector iubilatus
	Generalassistent des Ordens
1710 Aug. 11	Relator der CIndex, Ernennung
	ACDF Index Prot. 81 (1737-1740), Bl. 440v

Gutachten

(1711 Mai 4) Volpe, Angelo: Sacrae theologiae summa Ioannis Duns Scoti doctoris subtil[issi]mi et commentaria quibus eius doctrina elucidatur, comprobatur, defenditur [...]. - Neapoli : apud Lazarum Scorigium, 1622-1646. (Bd. 4/1)
ACDF Index Prot. 69 (1710-1712), Bl. 168r-171v, 8 S.

Prospero Lorenzo Lambertini

Namensvariante Benedikt XIV.

Geboren 1675 März 31 in Bologna
Gestorben 1758 Mai 3

Familie
Der spätere Papst stammte aus einer seit dem Mittelalter in Bologna als Grafen nachgewiesenen Senatorenfamilie, Sohn des Marcello aus dem Ältestenrat („degli anziani") und der Lucrezia Bulgarini. Vetternwirtschaft hielt er für Diebstahl am Gemeinwohl und demonstrierte seine Ablehnung des Nepotismus auch bezüglich bestimmter Erwartungen seines Neffen, des Bologneser Senators Egano Lambertini (gest. 1771). Vgl. Seidler/Weber: Päpste, 379-384.

Lebenslauf
[1688]   Ausbildung am Collegio dei Somaschi, Rom
            Studium an der Universität Sapienza, Rom
1694 Sept. 11   Dr. iur. und theol. an der Universität Sapienza, Rom

Lambertini

1701	Konsistorialadvokat
1702 Dez. 4	Relator der CIndex, Ernennung
	ACDF Index Prot. 81 (1737-1740), Bl. 439r; ACDF Index Diari 12 (1700-1703), Bl. 97v
1712 März 21	Promotor fidei der CRiti (bis 30. Apr. 1728)
1712 Okt. 8	Referendar der Signaturen
1712 Okt. 9	Kanoniker an St. Peter, Rom
	Konsultor der CRiti und CConcilio
1713 Mai 16	Konsultor des SO, Ernennung
	ACDF SO Juramenta 1701-1724, Bl. 126 (Schreiben SS o.Nr. an das SO)
1713 Mai 17	Konsultor des SO, Amtsantritt durch Eidesleistung
	ACDF SO Juramenta 1701-1724, Bl. 128v
1722	Kanonist der PoenitAp
	Prelato domestico
1723 März 9	G. G. → Millo, Auditor von Lambertini, Amtsantritt durch Eidesleistung
	ACDF SO Juramenta 1701-1724, Bl. 379
1724 Juni 12	Titularerzbischof von Theodosia
1726 Dez. 17	Sekretär der CConcilio
	ASV SS Mem Bigl 158
1726 Dez. 19	Kardinal in petto (publiziert 30. Apr. 1728)
1727 Jan. 20	Bischof von Ancona
1728 Aug. 27	Mitglied des SO, Ernennung
	ACDF SO Juramenta 1725-1736, o.Bl. (Schreiben SS o.Nr. an Ass. des SO); ASV SS Mem Bigl 150, Bl. 2
1728 Sept. 1	Mitglied des SO, Amtsantritt durch Eidesleistung
	ACDF SO Juramenta 1725-1736, o.Bl.
1731 Apr. 30	Erzbischof von Bologna
1740 Aug. 17	Papstwahl

Gutachten

(1703 Mai 7)	Anonym [Jurieu, Pierre]: Lettres pastorales adressees aux fideles de France [...]. - A Rotterdam : chez Abraham Acher, 1688.
	ACDF Index Prot. 63 (1703), Bl. 279, 2 S.
(1704 Juli 7)	Anonym [Otto, Jakob]: Templum Pacis Et Paciscentium. Leges Imperii Fundamentales, [et] inprimis Instrumenta Pacis Westphalicae, Noviomagicae, & Armistitii Ratisbonensis [...]. - Francofurti : Apud Joann. Philippum Andreae, 1688.
	ACDF Index Prot. 65 (1704-1705), Bl. 76r-77r, 3 S.
(1712)	Allegazioni per la rivocazione dell'Editto publicato dà Reverendissimi Vescovi di Catania, Girgenti, e Mazzara in contemplazione della lettera missiva della S. Congregazione dell'Immunità sopra l'Assoluzione ad Reincidentiam senza il reggio exequatur. - [S.l.] : [S.n.], [S.a.].
	ACDF SO CL 1711-1714, Nr. 16, 16 S.

(1714 Jan. 15)	Maffei, Scipione: De Fabula Equestris Ordinis Constantiniani [...] Epistola. - Tiguri : Typis Alberti Gratz Bibliopolae, 1712. ACDF Index Prot. 70 (1713-1715), Bl. 174r-180v, 14 S.
(1715 Juli 15)	Garofalo, Biagio: Considerazioni [...] alla Poesia Degli Ebrei, E De I Greci [...]. - In Roma : Presso Francsco Gonzaga, 1707. ACDF Index Prot. 71 (1715-1721), Bl. 61r-76r, 31 S.
[1716 Febr. 12]	Cosmo <da Castelfranco> [Pettenari, Bartolomeo]: Vita Del Reverendo P[ad]re Marco Christofori D'Aviano [...]. - [Milano] : [1709]. (Manuskript) ACDF SO CL 1715-1717, Nr. 11, 6 S. (Doppelgutachten)
[1716 Febr. 12]	Nuzza, Angelo: Vita della Serva di Dio Suor Maria Triboli Priora del Ven. Convento delle stabilite nella Carità di Gesù buon Pastore della Città di Firenze [...]. - [S.a.]. (Manuskript) ACDF SO CL 1715-1717, Nr. 11, 6 S. (Doppelgutachten)
[1731 Jan. 31]	Ugolini del Chiaro, Maria: Vita della serva di Dio Donna Leonora Ramirez Montalvo [...]. - In Firenze : Per Michele Nestenus, e Francesco Moücke, 1731. ACDF SO CL 1729-1732, Nr. 15, 3 S.

Eigene Werke
- Morelli, Emilia (Hg.): Le lettere di Benedetto XIV al card. De Tencin. Dai testi originali (Storia e letteratura ; 55.101.165). - 3 vol. - Roma 1955-1984.
- Opera omnia. - 17 vol. - Prati 1839-1846.

Literatur
- Bertone, Tarcisio: Il governo della Chiesa nel pensiero di Benedetto XIV (1740-1758) (Biblioteca di scienze religiose ; 21). - Roma 1977.
- Caffiero, Marina: Benedetto XIV e gli ebrei. Un parere del consultore Lambertini al Sant'Uffizio, in: Ossola, Carlo u.a. (Hg.): Religione, cultura e politica nell'Europa dell'età moderna. Studi offerti a Mario Rosa dagli amici. - Firenze 2003, 379-390.
- Casanova, Cesarina: L'antinepotismo di un Papa riformatore. Benedetto XIV e i Lambertini, in: Due carteggi inediti di Benedetto XIV. Regesto a cura di Irene Folli Ventura e Laura Miani con un saggio storico di Cesarina Casanova (Emilia-Romagna Biblioteche Archivi ; 10). - Bologna 1987, 11-54.
- Cusumano, Nicola: I papi e le accuse di omicidio rituale. Benedetto XIV e la bolla Beatus Andreas, in: Dimensioni e problemi della ricerca storica [29] (2002), 7-35.
- DBI 8 (1966), 393-408 von M. Rosa.
- Enciclopedia dei papi. Dir. ed. Massimo Bray. - 3 vol. - Roma 2000, hier: vol. 3, 446-461 von Mario Rosa.
- Fattori, Maria Teresa: L'episcopato bolognese di Prospero Lambertini (1731-1740). Rassegna bibliografica, in: Cristianesimo nella storia 25 (2004), 929-946.
- Haynes, Renée: Philosopher King. The Humanist Pope Benedict XIV. - London 1970.
- Meluzzi, Luciano: I vescovi e gli arcivescovi di Bologna (Collana storico-ecclesiastica ; 3). - Bologna 1975, 468-481.

- Papa, Giovanni: Cardinali prefetti, segretari, promotori generali della fede e relatori generali della Congregazione, in: Congregazione per le Cause dei Santi. Miscellanea in occasione del IV centenario della Congregazione per le Cause dei Santi (1588-1988). - Città del Vaticano 1988, 423-428, hier: 427.
- Schmidt, Bernward: Sollicita ac provida vigilantia. Die Indexreform Benedikts XIV., in: Hubert Wolf (Hg.): Verbotene Bücher. Zur Geschichte des Index im 18. und 19. Jahrhundert (Römische Inquisition und Indexkongregation ; 11). - Paderborn 2008, 345-360.
- Seidler, Sabrina M. ; Weber, Christoph (Hg.): Päpste und Kardinäle in der Mitte des 18. Jahrhunderts (1730-1777). Das biographische Werk des Patriziers von Lucca Bartolomeo Antonio Talenti (Beiträge zur Kirchen- und Kulturgeschichte ; 18). - Frankfurt a.M. u.a. 2007, 379-384.
- Weber, Christoph (Bearb.): Die päpstlichen Referendare 1566-1809. Chronologie und Prosopographie (PuP ; 31/1-3). - 3 Bde. - Stuttgart 2003-2004, hier: Bd. 2, 680f.
- Weber, Christoph: Genealogien zur Papstgeschichte. Unter Mitwirkung von Michael Becker bearbeitet (PuP ; 29/1-6). - 6 Bde. - Stuttgart 1999-2002, hier: Bd. 2, 540-546.

Antonio Lancioni

Geboren   um 1675 in Tarano (Latium)
Gestorben 1736 Okt. in [Tarano]

Familie
Der spätere Notar des SO, Sohn eines Sebastiano Lancioni, stammte aus dem Ort Tarano in den Sabiner Bergen (Latium). Ein Bruder, Salvatore, begegnet ab 1704 als Aushilfsschreiber beim SO und dann als Rechtsanwalt („legale"). Ein weiterer Bruder wurde Karmelit mit dem Namen fr. Gasparo di S. Paolo. Vgl. unveröffentlichte Quellen.

Lebenslauf
1693 Nov. 20   Schreiber des SO, Amtsantritt durch Eidesleistung
               ACDF SO Extens. 1680-1690 [-1707] = ACDF SO St.St. Q-1-p, Bl. 247r („assumptus ad inserviendum pro transcribendis summariis [...] tradendis a Notario")
1705 Sept. 8   Sostituto Notaro des SO, Ernennung
               ACDF SO Priv. 1701-1710, Bl. 331
[1710]   Archivar des SO
1710   Tausch des Amts als Archivar des SO mit E. → Argentini
               ACDF SO Priv. 1701-1710, Bl. 47v (Bericht des Archivars Argentini 1736 zum Tausch „con annua pensione di scudi venti da darsi dall'Argentini finchè ascendesse al Notario")
1722 Juni 28   Capo Notaro des SO, Ernennung
               ACDF SO St.St. L-5-g, o.Bl. („Catalogus Notariorum")

Unveröffentlichte Quellen
ACDF SO Priv. 1736-1742, Bl. 45r (Schreiben des fr. Gasparo di S. Paolo OCD an das SO, Tarano in Sabina 8. Okt. 1736, Mitteilung vom Tod seines Bruders Antonio Lancioni); ACDF SO Priv. 1728-1735 o.Bl., nach Bl. 610 (Antragschreiben von Antonio Lancioni an das SO o.D. [1735] zur Übernahme der Medizinkosten nach vierzigtägiger Krankheit, dann: Dekret des SO Feria IV vom 14. Sept. 1735).

Francesco Landi

Geboren	1682 Juli 9 in Piacenza
Gestorben	1757 Febr. 11 in Rom

Familie
Kardinal Landi stammte aus dem Patriziat von Piacenza, Sohn des conte Odoardo Landi (gest. 1726) und der Elisabetta dei marchesi Lampugnani (gest. 1693). Der Vater, Jurist und Präsident des Supremo Consiglio di Giustizia (Parma), trug nach seiner Adoption auch den Namen Odoardo Pietra, conte di Roncarolo (oder Odoardo Landi Pietra). Vgl. Weber: Genealogien 2, 5. Der Neffe Graf Filippo Landi setzte in Rom das Grabdenkmal für den Kardinal in S. Maria in Portico Campitelli (Forcella: Iscrizioni 13, 346).

Lebenslauf

	Adiutor studiorum von Kardinal G. R. → Imperiali
1706 Juni 7	Relator der CIndex, Ernennung
	ACDF Index Diari 13 (1704-1708), Bl. 129v (hier: „5. Sept. 1707"); ACDF Index Prot. 81 (1737-1740), Bl. 439v
1718 Juli 1	Gesandter des Herzogtums Parma und Piacenza in Paris (bis 1727)
1733 Febr. 10	Dr. iur. utr. an der Universität Sapienza, Rom
1733 März 11	Referendar der Signaturen
1733	Prelato domestico
1736	Sekretär der CDiscReg
1738 Apr. 3	Konsultor des SO, Ernennung
	ACDF SO Juramenta 1737-1749, o.Bl. (Schreiben SS o.Nr. an Ass. des SO)
1738 Apr. 9	Konsultor des SO, Amtsantritt durch Eidesleistung
	ACDF SO Juramenta 1737-1749, o.Bl.; ACDF SO Decreta 1738, Bl. 170v
1738 Dez. 8	Bernardino Zigaus (Sigaus), Adiutor studiorum von Landi, Amtsantritt durch Eidesleistung
	ACDF SO Juramenta 1737-1749, o.Bl.
1741 Sept. 8	Priesterweihe
1741 Sept. 18	Erzbischof von Benevent (bis 17. Jan. 1752)
1741 [Sept.]	Konsultor des SO, Antrag auf Beibehaltung des Amts bis zur Abreise nach Benevent

1741 Sept. 20	Konsultor des SO, Bestätigung im Amt gemäß Antrag
	ACDF SO Priv. 1736-1742, Bl. 774r (Audienzdekret des Papstes)
1743 Sept. 9	Kardinal
1744 Juni 15	Zuteilung der Titelkirche S. Onofrio
1752 Jan. 17	Demission als Erzbischof von Benevent mit dem Wunsch der Rückberufung nach Rom
1752 Juli 24	Mitglied der CIndex, Ernennung
	ACDF Index Prot. 84 (1753-1754), Bl. 158 (Schreiben SS o.Nr. an Sekr. der CIndex)
1755 Jan. 20	Präfekt der CIndex, Ernennung
	ACDF Index Prot. 85 (1755-1757), Bl. 354 (Schreiben SS an Sekr. der CIndex); ASV SS Mem Bigl 195 (Schreiben SS an Landi und Sekr. der CIndex, Entwurf)

Gutachten

(1708 Juli 30)	Acta eruditorum [...]. - Lipsiae : Grosse & Gleditsch, (1702).
	ACDF Index Prot. 68 (1707-1710), Bl. 231r-235r, 9 S.
[1738 Dez. 2]	Thymoleon, M. <Pseudonym> [Lami, Giovanni]: Adversus improbos litterarum bonarumque artium osores Menippea I. [...]. - Londini : Apud Iacobum Tonson, 1738.
	ACDF SO CL 1739-1741, Nr. 1, 18 S.; ACDF Index Prot. 81 (1737-1740), Bl. 163r-172v, 18 S.
[1739 März 11]	Thymoleon, M. <Pseudonym> [Lami, Giovanni]: Adversus improbos litterarum bonarumque artium osores Menippea I. [...]. - Londini : Apud Iacobum Tonson, 1738.
	ACDF SO CL 1739-1741, Nr. 1, 19 S.; ACDF Index Prot. 81 (1737-1740), 173r-182v, 20 S. (Sammelgutachten)
[1739 März 11]	Sectanus, Lucius Quintus Filius <Pseudonym> [Cordara, Giulio Cesare] ; Philocardius, M. <Pseudonym> [Lagomarsini, Girolamo]: De tota Graeculorum huius aetatis litteratura [...]. - Genevae [Lucca?] : Apud Tornesios Superiorum Permissu, 1737.
	ACDF SO CL 1739-1741, Nr. 1, 19 S.; ACDF Index Prot. 81 (1737-1740), Bl. 173r-182v, 20 S. (Sammelgutachten)
[1739 März 11]	Filomastige, Cesellio <Pseudonym> [Lami, Giovanni]: I Pifferi di Montagna [...]. - A Leida : Appresso l'Erede degli Elzevier, 1737.
	ACDF SO CL 1739-1741, Nr. 1, 19 S.; ACDF Index Prot. 81 (1737-1740), Bl. 173r-182v, 20 S. (Sammelgutachten)

Literatur

- Cardella, Lorenzo: Memorie storiche de' Cardinali della Santa Romana Chiesa. - In Roma : nella stamperia Pagliarini, 1792-1797. - 10 vol., hier: vol. 9, 13f.
- DHGE 30 (2008), 259f. von R. Aubert.
- Forcella, Vincenzo: Iscrizioni delle chiese e d'altri edifici di Roma dal secolo XI fino ai giorni nostri. - 14 vol. - Roma 1869-1884, hier: vol. 13, 346, Nr. 806.
- Hierarchia Catholica 4, 13.120f.

- Manfredi, Carlo Emanuele ; Gropello, Gustavo di: La nobiltà in Piacenza. Profilo storico di un ceto. - Piacenza 1981, 259f.
- Manfredi, Carlo Emanuele: La nobiltà piacentina alla corte farnesiana, in: I Farnese. Corti, guerra e nobiltà in antico regime. Atti del convegno di studi, Piacenza 24-26 novembre 1994. A cura di Antonella Bilotto, Piero Del Negro e Cesare Mozzarelli. - Roma 1997, 35-46.
- Mensi, Luigi: Dizionario biografico piacentino. - Piacenza 1899, 233.
- Moroni 37 (1846), 100.
- Rebellato, Elisa: La fabbrica dei divieti. Gli Indici dei libri proibiti da Clemente VIII a Benedetto XIV (Il sapere del libro). - Milano 2008, 210-212.215-217.
- Repertorium der diplomatischen Vertreter aller Länder seit dem Westfälischen Frieden (1648). Hg. von Leo Bittner, Friedrich Hausmann, Otto Friedrich Winter. - 3 Bde. - Zürich 1950-1965, hier: Bd. 2, 268.
- → Ricchini, Agostino: Erudito viro Aloysio Bandinio Florentino […], in: Nuova Raccolta d'opuscoli scientifici e filologici 20 (1770), 39-46. [Bandini als Verfasser eines Nachrufs auf Landi]
- Seidler, Sabrina M. ; Weber, Christoph (Hg.): Päpste und Kardinäle in der Mitte des 18. Jahrhunderts (1730-1777). Das biographische Werk des Patriziers von Lucca Bartolomeo Antonio Talenti (Beiträge zur Kirchen- und Kulturgeschichte ; 18). - Frankfurt a.M. u.a. 2007, 366f.
- Spreti, Vittorio: Enciclopedia storico-nobiliare italiana. - 6 vol. - Milano 1928-1935, hier: vol. 4, 34-36.
- Weber, Christoph (Bearb.): Die päpstlichen Referendare 1566-1809. Chronologie und Prosopographie (PuP ; 31/1-3). - 3 Bde. - Stuttgart 2003-2004, hier: Bd. 2, 683.
- Weber, Christoph: Genealogien zur Papstgeschichte. Unter Mitwirkung von Michael Becker bearbeitet (PuP ; 29/1-6). - 6 Bde. - Stuttgart 1999-2002, hier: Bd. 2, 549.

Carlo Vittorio Amadeo delle Lanze

Geboren 1712 Sept. 1 in Turin
Gestorben 1784 Jan. 25 in San Benigno di Fruttuaria (Piemont)

Familie
Der Vater, Agostino delle Lanze (gest. 1749), leiblicher Sohn des Herzogs Carlo Emanuele II. von Savoyen und der Hofdame Gabriella Caterina di Mesmes (gest. 1678) aus dem Hause derer von Marolles, erhielt seinen Namen durch die Heirat seiner Mutter mit Carlo delle Lanze, conte di Sale. Der spätere Kardinal verlor früh seine Mutter, Carlota Barbara Ludovica Piossasco di Pióbesi (gest. 1721), und erlebte 1724 das Todesurteil gegen seinen Vater. Dieser hatte als Gouverneur in Chambéry (Savoyen) die Einfuhr von Waren aus Frankreich, wo die Pest ausgebrochen war, ermöglicht und musste ins Exil in den Kirchenstaat (Bologna) gehen. Vgl. Stella: Apostasia, 7f.

Lebenslauf

	Militärlaufbahn auf Drängen des Vaters
1730	Reisen an verschiedene europäische Höfe (Berlin, Paris)
1730	Versuchter Eintritt bei den Regularkanonikern von S. Geneviève in Paris
1730	Mitglied der Accademia Ecclesiastica, Rom
1731	Subdiakonweihe in Tivoli als Weltkleriker
[1731]	Studium der Theologie an der Universität Turin
1734	Baccalaureus der Theologie an der Universität Turin
1736	Priesterweihe [in Turin]
1743	Abt von San Giusto, Susa (mit bischöflicher Jurisdiktion)
1746 Okt. 17	Elemosiniere und (Pro-)Hofkaplan in Turin (unter Carlo Emanuele III.)
1747 Apr. 10	Kardinal
1747 Juli 13	Zuteilung der Titelkirche SS. Cosma e Damiano
1747 Juli 31	Mitglied der CConcilio, CImmunità, CRiti und der Signatura Gratiae ASV SS Mem Bigl 187
1747 Aug. 3	Mitglied der CIndulg ASV SS Mem Bigl 187
1747 Aug. 11	Titularbischof von Nikosia (Demission 1773)
1749 Aug. 5	Abt von San Benigno di Fruttuaria (mit bischöflicher Jurisdiktion)
1758 Aug. 17	Mitglied der CIndex, Ernennung ACDF Index Diari 17 (1749-1763), Bl. 71r; ACDF Index Prot. 86 (1757-1759), Bl. 32 (Schreiben SS an Sekr. der CIndex)
1775 Febr. 22	Präfekt der CConcilio ASV SS Mem Bigl 223 Mitglied des SO

Literatur

- Barberis, Giulio: L'angelo del Piemonte ossia il Cardinale Carlo Vittorio Amedeo Delle Lanze abate di S. Benigno di Fruttuaria. - S. Benigno Canavese 1886.
- Cardella, Lorenzo: Memorie storiche de' Cardinali della Santa Romana Chiesa. - In Roma : nella stamperia Pagliarini, 1792-1797. - 10 vol., hier: vol. 9, 36-39.
- Codignola, Ernesto (Hg.): Il giansenismo toscano nel carteggio di Fabio de' Vecchi (Collana storica ; 50-51). - 2 vol. - Firenze 1944, hier: vol. 1, 219 u.ö.
- DBI 38 (1990), 38-43. [Lit.]
- Del Re, Niccolò: I Cardinali Prefetti della Sagra Congregazione del Concilio dalle origini ad oggi (1564-1964), in: La Sacra Congregazione del Concilio. Quarto Centenario dalla fondazione (1564-1964). Studi e ricerche. - Città del Vaticano 1964, 265-307, hier: 287f.
- Frola, Giuseppe: Dieci lettere inedite del cardinale Carlo Vittorio Amedeo delle Lanze Abate di San Benigno di Fruttuaria, in: Bollettino storico-bibliografico subalpino 27 (1925), 215-225.
- Hierarchia Catholica 6, 15.310.
- Procaccini di Montescaglioso, Ferdinando: La Pontificia Accademia dei nobili ecclesiastici. Memoria Storica. - Roma 1889, 53.

- Semeria, Giovanni Battista: Storia della chiesa metropolitana di Torino. - Torino 1840, 493-496.
- Stella, Pietro (Hg.): Il giansenismo in Italia. Bd. 1-3: Piemonte. Collezione di documenti (Bibliotheca theologica Salesiana. Ser. 1. Fontes ; 3/1-3). - Zürich 1966-1974, bes. vol. 1. [Quellen]
- Stella, Pietro: La „Apostasia" del card. Delle Lanze (1712-1784). Contributo alla storia del giansenismo in Piemonte (Biblioteca del Salesianum ; 64). - Torino 1963.

Frédéric-Jerôme de La Rochefoucauld de Roye

Geboren   1701 Juli 16 in Versailles
Gestorben   1757 Apr. 29 in Paris

Familie
Die bereits im Mittelalter nachgewiesene Familie, seit 1515 mit dem Grafentitel und dann durch Ludwig XIV. zur Herzogswürde gelangt, zählte in mehreren Zweigen eine große Anzahl von Offizieren, Verwaltungsbeamten und hohen Klerikern. Zwei Bischöfe, die Gebrüder François-Joseph und Pierre-Louis La Rochefoucauld, wurden 1792 während des „terreur" in Paris hingerichtet und 1926 seliggesprochen (vgl. Grente: Martyres, 32-38; Biblioteca Sanctorum 7, 1119). Der hier interessierende Kardinal, Sohn des François, comte de Roucy und Brigadier des armées du roi, entdeckte und förderte aus einem entfernten Familienzweig den Domenique La Rochefoucauld (1713-1800), der 1794 als Kardinal nach Deutschland floh und in Münster/Westfalen starb. Vgl. EncEc 5, 479f.

Lebenslauf

1717	Kommendatarabt von St. Romain de Blaye (Aquitanien)
1722	Abt von Beauport (Bretagne)
	Prior von Lanville (Charente)
	Prior von Bonne-Nouvelle (Loiret)
	Generalvikar des Erzbistums Rouen
1729 Juli 6	Erzbischof von Bourges
1738 Sept. 29	Koadjutor des Abts von Cluny, des späteren Kardinals Henri-Osvald de la Tour d'Auvergne
1742 Febr. 2	Aufnahme in den Ritterorden vom Heiligen-Geist
	Großalmosenier von Frankreich
1754 Juni 17	Botschafter Frankreichs in Rom (bis 1748)
1747 Apr. 10	Kardinal
1747 Mai 15	Zuteilung der Titelkirche S. Agnese fuori le mura
[1747 Mai 15]	Mitglied der CIndex, Ernennung (keine Teilnahme an Sitzungen der CIndex nachgewiesen)
1748 März 13	Abreise aus Rom (Ende der diplomatischen Mission)
	Rückkehr auf seinen Bischofsitz
	Abt von St. Wandrille (Normandie)

1756	Vorsitzender der Assemblée du Clergé, Paris (wie schon 1742, 1750, 1753)

Literatur
- Bibliotheca Sanctorum 7 (1966), 1119. [zu den Gebrüdern François-Joseph und Pierre-Louis La Rochefoucauld]
- Brimont, [Marie Camille]: Le cardinal de La Rochefoucauld et l'ambassade de Rome de 1743 à 1748. - Paris 1913.
- Cardella, Lorenzo: Memorie storiche de' Cardinali della Santa Romana Chiesa. - In Roma : nella stamperia Pagliarini, 1792-1797. - 10 vol., hier: vol. 9, 32f.
- DBF 19 (2001), 1038f. von T. de Morembert.
- EncEc 5 (1953), 479f.
- Grente, Joseph: Les martyrs de septembre 1792 à Paris. - Paris 1919, 32-38. [zu den Gebrüdern François-Joseph und Pierre-Louis La Rochefoucauld]
- Hierarchia Catholica 5, 122; 6, 15.
- Hoefer, Johann Christian Ferdinand: Nouvelle biographie générale depuis les temps les plus reculés jusqu'à nos jours, avec les renseignement bibliographiques et l'indication des sources à consulter. - 46 vol. - Paris 1857-1885, hier: vol. 29 (1859), 649.
- LThK 6 (1997), 571f. von Bruno Steimer.
- Notizie 1749-1751; 1753-1757. [La Rochefoucauld de Roye aufgeführt als Mitglied der CIndex]
- Repertorium der diplomatischen Vertreter aller Länder seit dem Westfälischen Frieden (1648). Hg. von Leo Bittner, Friedrich Hausmann, Otto Friedrich Winter. - 3 Bde. - Zürich 1950-1965, hier: Bd. 2, 118.
- Seidler, Sabrina M. ; Weber, Christoph (Hg.): Päpste und Kardinäle in der Mitte des 18. Jahrhunderts (1730-1777). Das biographische Werk des Patriziers von Lucca Bartolomeo Antonio Talenti (Beiträge zur Kirchen- und Kulturgeschichte ; 18). - Frankfurt a.M. u.a. 2007, 370f.

Carlo Giacinto Lascaris OP

Geboren	1653 Nov. 4 in Nizza
Gestorben	1726

Familie
Der Dominikaner griechischer Abstammung kam aus einer adeligen Familie, welche die „contea di Ventimiglia e Tenda" besaß. Vgl. Guglielmotti: Catalogo, 7.

Lebenslauf
1676 Sept. 19	Priesterweihe
1680	Studium in Bologna
1686	Laurea in lettere in Bologna
1696	Studienmagister in Bologna

1698 Mai 16	Magister theol.
1700	Studienregent in Piacenza
1700 Aug. 29	Bibliothecarius Casanatensis, Rom
	Socius des Generaloberen des Ordens
[1703]	Relator der CIndex, Antrag auf Ernennung
	ACDF Index Prot. 63 (1703), Bl. 171r (Bewerbung o.D. mit Angaben zum Lebenslauf); ACDF Index Diari 12 (1700-1703), Bl. 107v
1703 März 12	Relator der CIndex, Ernennung
	ACDF Index Diari 12 (1700-1703), Bl. 107v; ACDF Index Prot. 81 (1737-1740), Bl. 439r
	Konsultor der CIndulg
1711 Mai 11	Bischof von Spoleto

Gutachten

(1703 Juli 9)   A. D. V. [Aubert de Verse, Noël]: L'Avocat des protestans, ou Traite du schisme [...]. - A Amsterdam : chez Pierre Mortier, 1686.
ACDF Index Prot. 63 (1703), Bl. 457r-459r, 5 S.

Literatur

- Guglielmotti, Alberto: Catalogo dei bibliotecari, cattedratici, e teologi del Collegio Casanatense nel convento della Minerva dell'Ordine de' Predicatori in Roma dal principio di loro istituzione sino al presente. Raccolto da sicuri documenti e corredato di note biografiche, cronologiche, e bibliografiche. - Roma 1860, 7. [angebliches Todesjahr 1727]
- Hierarchia Catholica 5, 362.
- Ughelli 1, 1272f.
- Weber, Christoph (Hg.): Die ältesten päpstlichen Staatshandbücher. Elenchus Congregationum, Tribunalium et Collegiorum Urbis 1629-1714 (RQ Supplementheft ; 45). - Rom u.a. 1991, 29.

Giorgio Maria Lascaris CR

Geboren	1706 Febr. 16 in Verona
Gestorben	1795 Dez. 11 in Rom

Lebenslauf

1724	Ordensprofess
1729 Jan. 30	Priesterweihe
	Lektor für Philosophie, Theologie und Kirchenrecht
	Missionspräfekt im Ordenskolleg in Lemberg (Lwiw) (Collegium Leopoliense)
	Präfekt der Kollegien in Olyka (Diözese Lutsk) und Schowkwa (Żółkiew, Diözese Lemberg)

1738 März 8	Konsultor der CIndulg
	ASV SS Mem Bigl 173
1741 Apr. 17	Titularbischof von Zenopolis
1752 Juni 28	Vikar an St. Peter, Rom
	BAV Arch. Cap. S. Petri in Vat., manoscritti vari 19-20, Bl. 120r
1754 Juli 22	Titularbischof von Theodosia
1759 Sept. 24	Sekretär der CDiscReg
	ASV SS Mem Bigl 204
1762 Mai 25	Konsultor des SO, Amtsantritt durch Eidesleistung
	ACDF SO Decreta 1762, Bl. 85v
1762 Dez. 20	Titularpatriarch von Jerusalem
1764 Nov. 15	Vikar an St. Peter, Rom (erneut)
	BAV Arch. Cap. S. Petri in Vat., manoscritti vari 19-20, Bl. 120r
1783 Nov. 4	Agostino Romagnoli, Auditor von Lascaris, Amtsantritt durch Eidesleistung
	ACDF SO Juramenta 1777-1796, Bl. 131

Gutachten

(1770)   Konarski, Stanislaw: O religii poczciwych ludzi [...]. - W Warszawie : [S.n.], 1769.
ACDF SO CL 1770, Nr. 5, 48 S. (gemeinsam mit Serafino Maccarinelli)

[1777 Febr. 10]   Erläuterter Kathechismus zum Gebrauche der deutschen Stadtschulen [...]. - Wien : Im Verlage der deutschen Schulanstalt, 1776.
ACDF SO CL 1777 = ACDF SO St.St. O-4-i, [Nr. 2], 4 S.

[1795]   ♦ Eybel, Joseph Valentin: Was enthalten die Urkunden des christlichen Althertums von der Ohrenbeichte [...]. - Wien : [s.n.], 1784.
ACDF SO CL 1795-1796, Nr. 3, 25 S.

Literatur
- Hierarchia Catholica 6, 402.450.
- Welykyj, Athanasius Gregorius (Hg.): Congregationes particulares Ecclesiam Catholicam Ucrainae et Bielarusjae spectantes (AOSBM. Ser. 2 ; 3). - 2 vol. - Romae 1956-1957, hier: vol. 2, 76 u.ö
- Welykyj, Athanasius Gregorius (Hg.): Litterae S. Congregationis de Propaganda Fide Ecclesiam Catholicam Ucrainae et Bielarusjae spectantes (AOSBM. Ser. 2 ; 3). - 7 vol. - Romae 1954-1957, hier: vol. 4, 79 u.ö.

François de Latenay OCarm

Geboren	in [Frankreich]
Gestorben	[1735 oder 1736]

Familie

Verwandt mit Simon de Latenay de La Coste, wohnhaft in Pouzols, Diözese von Narbonne. Vgl. Fénelon: Correspondance 7, 157.

Lebenslauf

	Ordensprofess als Mitglied der Ordensprovinz Toulouse
	Studium der Theologie an der Universität Paris
1686 Aug. 29	Dr. theol. an der Universität Paris
	Mitglied des Karmeliterkonvents Paris („filiatio")
	Studienregent in Paris
	Theologus des Kardinals L. → Altieri in Rom
1698 Jan. 26	Qualifikator des SO, Ernennung
[1698]	Relator der CIndex, Antrag auf Ernennung
	ACDF Index Diari 11 (1696-1699), Bl. 63r; ACDF Index Prot. 57 (1697-1698), Bl. 168r (Bewerbung Latenays o.D.)
1698 März 17	Relator der CIndex, Ernennung
	ACDF Index Diari 11 (1696-1699), Bl. 63r
1698 Aug.	Generalassistent des Ordens für die französischen Provinzen
1701 März 10	Konsultor der CIndex, Ernennung
	ACDF Index Diari 12 (1700-1703), Bl. 18r-18v
1709 Mai 25	Commissarius und Apostolischer Visitator der Unbeschuhten Augustiner (OAD) in Paris

Gutachten

1699 Juni 26	Anonym [Treuve, Simon-Michel]: Instruction sur les dispositions qu'on dort apporter aux sacrements [...]. - 2. ed. - Paris : Desprez, 1677.
	ACDF SO CL 1701-1702, Nr. 38, 19 S.
1701 Okt. 12	Anonym [Casimir <de Toulouse>]: La penitente illustre di Bisiers [...]. - In Firenze : per Michel Nestenus, 1700.
	ACDF SO CL 1701-1702, Nr. 24, 1 S.

Literatur

- Bossuet, Jacques Bénigne: Correspondance. Publiée par Charles Urbain et Eugène Levesque. Nouv. éd. augm. de lettres inedites. - 15 vol. - Paris 1909-1925 ; ND Vaduz 1965, hier: vol. 9, 85.151.154f.160.179. [dort auch Bibliographie]
- Fénelon, François de Salignac de La Mothe: Correspondance de Fénelon. Texte établi par Jean Orcibal ([ab Bd. 6 in:] Histoire des idées et critique littéraire). - 18 vol. - Genève 1972-2007, hier: vol. 7, 157f. [hier Datum der Ernennung zum Qualifikator des SO]

Simone Latini

Geboren   um 1640 in [Montegiorgio (bei Fermo, Marken)]
Gestorben   1703 März 26 in Rom

Familie

Der spätere Kanoniker war Sohn eines nicht näher bekannten Giuseppe („filius Josephi Latini de Monte Georgio Firmanae Dioc.": ACDF SO Extens. 1663-1668 = St.St Q-1-n, Bl. 199r). Von einem jüngeren Bruder, dem damals 29-jährigen Francesco Latini, ließ sich der Summista des SO 1679 bei seiner Arbeit helfen.

Lebenslauf

	Studium der Philosophie und Theologie an der Universität Macerata
	Dr. iur. utr. an der Universität Macerata
	Kleriker des Bistums Fermo
	Kurienpraxis in Rom (Rota Romana, CConcilio, CRiti und CImmunità)
	Auditor der Kardinäle Giulio Spinola und Carlo Pio junior in Rom
1668 März 21	Koadjutor des Summista des SO M. → Zolli, Ernennung
	ACDF SO Extens. 1663-1668 = ACDF SO St.St. Q-1-n, Bl. 199r
1668 März 22	Koadjutor des Summista des SO M. Zolli, Amtsantritt durch Eidesleistung
	ACDF SO Extens. 1663-1668 = ACDF SO St.St. Q-1-n, Bl. 199r
um 1673	Mitglied der Accademia di Propaganda Fide, Rom
1678 Apr. 27	Summista des SO, Ernennung
	ACDF SO St.St. Q-4-ww = ACDF SO Priv. 1804-1809; ACDF SO Priv. 1755-1759, Bl. 134r; ACDF SO Priv. 1669-1699, Bl. 358v; ACDF SO Priv. 1728-1735, Bl. 43
1679 Aug. 18	Francesco Latini, Koadjutor seines Bruders, Amtsantritt durch Eidesleistung
	ACDF SO Extens. 1670-1679 = ACDF SO St.St. Q-1-o, Bl. 321v
[1683]	Advocatus fiscalis des SO, Antrag auf Ernennung
	ACDF SO Priv. 1669-1699, Bl. 410-411 (o.D.)
[1683]	Antrag auf Teilnahme an den Konsultorensitzungen
	ACDF SO Priv. 1669-1699, Bl. 468 (mit Anlage, Bl. 467.470)
1683 Dez. 22	Genehmigung des SO an Latini zur Teilnahme an den Konsultorensitzungen
	ACDF SO Priv. 1669-1699, Bl. 472v („absque tamen titulo Consultoris")
1688 Mai 19	Filippo Ercole, Koadjutor von Latini, Ernennung
	ACDF SO Priv. 1669-1699, Bl. 546r (Annahme des Antrags Latinis auf Ernennung Ercoles o.D. an das SO)
1688 Mai 24	Filippo Ercole, Koadjutor von Latini, Amtsantritt durch Eidesleistung
	ACDF SO Extens. 1680-1690 [-1707] = St.St. Q-1-p, Bl. 148r

[1689]	Schriftliche Bitte Latinis um Maßnahmen des SO wegen zunehmender Prozessmenge ACDF SO Priv. 1669-1699, Bl. 566v
1689 Apr. 20	Vollmacht an Latini zur Wahl eines Koadjutors ACDF SO Priv. 1669-1699, Bl. 571v
1689 Apr. 30	F. A. → Patriarchi, Koadjutor von Latini ACDF SO Priv. 1669-1699, Bl. 567r
[1690]	Anträge Latinis an den Papst und das SO auf Sitz und Stimme in den Sitzungen der Konsultoren und Kardinäle in S. Maria sopra Minerva ACDF SO Priv. 1669-1699, Bl. 588v.589r.590 (Anlage mit Angaben zum Lebenslauf)
1690 Febr. 1	Konsultor des SO, (faktische) Ernennung ACDF SO Juramenta 1656-1700, Bl. 420; ACDF SO St.St. Q-4-ww = ACDF SO Priv 1804-1809 (Konsultor des SO „dummodo non transeat in exemplum"); ACDF SO Priv. 1728-1735, Bl. 43; ACDF SO Priv. 1755-1759, Bl. 134r; ACDF SO Priv. 1669-1699, Bl. 59
1690 Febr. 7	Summista und Konsultor des SO, Amtsantritt durch Eidesleistung ACDF SO Juramenta 1656-1700, Bl. 420r.425v
1691	Mitglied der Accademia dell'Arcadia, Rom
1692 März 13	F. A. → Patriarca, Koadjutor von Latini, Bestätigung im Amt ACDF SO Priv. 1669-1699, Bl. 569r (Antrag Patriarcas o.D.). 570v
1693 Juni 12	Kanoniker an St. Peter, Rom BAV Vat. Lat. 7885, Bl. 154
1693 Juni 14	Benefiziat an St. Peter, Rom
[1695 Okt.]	Antrag von Latini an das SO, wegen Krankheit Rom zeitweilig verlassen zu dürfen ACDF SO Priv. 1669-1699, Bl. 833r
1695 Okt. 12	Erlaubnis zur Abreise aus Rom mit gleichzeitiger Ernennung von D. → Pescetelli zum Vertreter ACDF SO Priv. 1669-1699, Bl. 834v
1701 Dez. 28	Clemente Mandosi, Koadjutor von Latini, Amtsantritt durch Eidesleistung ACDF SO Extens. 1680-1690 [-1707] = ACDF SO St.St. Q-1-p, Bl. 404r

Unveröffentlichte Quellen
Galletti 18, Vat. Lat. 7885, Bl. 154.

Literatur
- Crescimbeni, Giovan Mario (Hg.): Notizie istoriche degli Arcadi morti. - Roma : nella stamperia di Antonio Rossi, 1720-1721. - 3 vol., hier: vol. 3, 13.

Alexander Lawson

Geboren	um 1692 in Magherafelt (Londonderry County)

Lebenslauf

	Weltpriester
	Catechista im Ospizio dei Convertendi, Rom
1738 Mai 29	Revisor des SO, Amtsantritt durch Eidesleistung
	ACDF SO Juramenta 1737-1749, o.Bl. („Lauson", 46 Jahre alt; Sohn eines „Thomas de Magarafelt in Hibernia")

Literatur

- Fagan, Patrick (Hg.): Ireland in the Stuart papers. Correspondence and documents of Irish interest from the Stuart papers in the Royal Archives, Windsor Castle. - 2 vol. - Dublin 1995, hier: vol. 1, 335f. [Brief Lawsons vom 9. Apr. 1742 an Sir James Edgar, New Convers]

Freundliche Auskunft zur Literatur von Dr. Ambrose Macaulay, Londonderry, an H. H. Schwedt.

Giovanni Lazeri (Lazzari)

Geboren	um 1720 in Rom
Gestorben	1787 Aug. 30 in Rom

Familie

Der spätere Konsultor stammte vermutlich aus einer Handwerkerfamilie. Im Totenbuch von 1787 heißen die Eltern Antonio und Anna, wobei der Vater als Büstenmacher („bustaro") bezeichnet wird.

Lebenslauf

1754 Apr. 9	Priesterweihe in Rom
1767	Pfarrer (Curatus canonicus) an S. Angelo in Pescheria, Rom (für 19 Jahre)
[1768]	Konsultor der CIndex, Antrag auf Ernennung
	ACDF Index Prot. 89 (1767-1770), Bl. 272r (Bewerbung o.D. an die CIndex mit Angaben zum Lebenslauf)
1768 Dez. 12	Relator der CIndex, Ernennnung
	ACDF Index Diari 18 (1764-1897), Bl. 27v („pro gratia")
[1777 Febr. 24]	Konsultor der CIndex, Ernennung
	ACDF Index Diari 18 (1764-1807), Bl. 64v (Papstaudienz nach Beschluss der CIndex vom 31. Jan. 1777, die Ernennung Lazeris zum Konsultor vorzuschlagen)

Unveröffentlichte Quellen
Tabularium Vicariatus Urbis, Parrochia S. Angelo in Pescheria, Registro dei Morti VII (1761-1825), 158; Libro delle ordinazioni 37 (1754-1759), 21; Registro delle Anime 1734, Bl. 52v

Gutachten

(1769 Aug. 11)	Anonym [Pilati, Carlo Antonio]: Riflessioni di un italiano, sopra la chiesa in generale [...]. - In Borgo Francone : [S.n.], 1768. ACDF Index Prot. 89 (1767-1770), Bl. 392r-395v, 8 S.
(1772 Aug. 24)	Canz, Israel Gottlieb: Compendium theologiae purioris [...]. - Heilbronnae : apud Franz. Ioseph. Eckebrecht, 1761. ACDF Index Prot. 90 (1771-1773), Bl. 227r-230r, 7 S.
(1773 März 29)	Grandi, Giulio Maria: Risposta [...] alla scrittura del padre don Carlo Francesco Marietti. - In Venezia : [S.n.], 1772. ACDF Index Prot. 90 (1771-1773), Bl. 274r-281v, 16 S.
(1777 Jan. 31)	Robertson, William: L' histoire du regne de l'empereur Charles-quint [...]. - A Amsterdam ; et se trouve a Paris [...], 1771. ACDF Index Prot. 91 (1773-1778), Bl. 336r-341r, 11 S.
(1777 Juli 11)	Wolf, Johann Christoph: Curae philologicae et criticae [...]. - Basilea : sumtibus Johannis Christ, 1741. ACDF Index Prot. 91 (1773-1778), Bl. 282r-283r, 3 S.
(1778 Juli 27)	Wessel, Johann: Commentarius analytico-exegeticus tam litteralis quam realis in epistolam Pauli ad Galatas [...]. - Lugduni Batavorum : Apud Abrahamum Kallewier, 1750. ACDF Index Prot. 91 (1773-1778), Bl. 393r-394v, 4 S.
(1781 Dez. 3)	♦ Annali ecclesiastici [...]. - [Firenze] : [Pagani], (Jg. 1-2, 1780-1781). ACDF Index Prot. 93 (1781-1784), Bl. 144r-147v, 8 S.
(1782 Juli 8)	Mare, Paolo Marcello del?: Educazione ed istruzione cristiana ossia catechismo universale [...]. - Genova : presso Repetto in Cannetto, 1779. ACDF Index Prot. 92 (1779-1781), Bl. 335r-339v, 8 S.
(1784 Dez. 6)	Soldini, Francesco, Maria: De anima brutorum commentaria [...]. - Excudebat Florentiae : Cajetan, 1776. ACDF Index Prot. 94 (1784), Bl. 46r-47r, 3 S.
(1786 Aug. 7)	♦ Anonym: Dritto libero del sovrano sul matrimonio. - [S.l.] : [S.n.], [S.a.]. ACDF Index Prot. 95 (1786-1788), Bl. 23r-25r, 5 S.
1786 Aug. 13	Raccolta di opuscoli interessanti la religione. - In Pistoia : nella stamperia d'Atto Bracali [...], 1783-1790. (Bd. 10) ACDF Index Prot. 95 (1786-1788), Bl. 248r-250v, 6 S.

Pietro Lazeri (Lazzari) SJ

Geboren	1710 Okt. 16 in Siena
Gestorben	1789 März in Rom

Lebenslauf

	Ausbildung am Jesuitenkolleg in Florenz
1727 Okt. 31	Ordenseintritt (anschließend Noviziat in Rom)
	Studium der Philosophie und Theologie zumeist in Rom
1742 Nov.	Professor für Kirchengeschichte am Collegio Romano (bis 1773)
	Bibliothekar am Collegio Romano
1753 Mai 16	Konsultor der CIndex, Ernennung
	ACDF Index Diari 17 (1749-1763), Bl. 32r (Vermerk Sekr. der CIndex zur Papstaudienz)
1757	Mitglied der Kommission zur Revision des „Index librorum prohibitorum" unter Kardinal F. → Landi (mit T. A. → Ricchini, M. → Monsagrati, G. F. → Caroelli)
1761 Jan. 20	Examinator episcoporum in sacra theologia
	ASV SS Mem Bigl 206
[1776]	Theologus und Bibliothekar des Kardinals F. S. → Zelada (nach der Auflösung des Jesuitenordens)

Gutachten

(1752 Nov. 20)	Mosheim, Johann Lorenz von: (1) Institutiones historiae christianae antiquioris [...]. - Helmstadii : Apud Christian. Frid. Weygand, 1737. (2) Institutiones historiae christianae recentiores [...]. - Helmstadii : Apvd Christ. Frid. Weygand, 1741.
	ACDF Index Prot. 84 (1753-1754), Bl. 214r-217r, 7 S. (Doppelgutachten)
(1753 Febr. 20)	Mosheim, Johann Lorenz von: Dissertationes ad historiam ecclesiasticam pertinentia [...]. - Altonaviae & Flensbvrgi : Sumptibus Fratrvm Korte, 1743.
	ACDF Index Prot. 84 (1753-1754), Bl. 210r-213v, 8 S.
(1753 Mai 20)	Pfaff, Christoph Matthaeus: Institutiones historiae ecclesiasticae. - Tubingae : Meslerus, 1721.
	ACDF Index Prot. 84 (1753-1754), Bl. 243r-244v, 4 S.
(1754 Dez. 3)	Krenzer, Sebastian: Cursus Theologiae Scholasticae Per Principia Lulliana [...]. - Moguntiae : apud Haered. Haeffn. Per Eliam Petrum Bayer, 1751-1752.
	ACDF Index Prot. 85 (1755-1757), Bl. 384r-386r, 5 S.
(1755 Apr. 14)	Mosheim, Johann Lorenz von: Institutiones historiae christianae compendium [...]. - Helmstadii : Weygand, 1752.
	ACDF Index Prot. 85 (1755-1757), Bl. 318r-320r, 5 S.

(1756 Apr. 27)	Anonym [Racine, Bonaventure]: Abrégé de l'histoire ecclésiastique [...]. - A Utrecht ; [à Cologne] : aux dépens de la Compagnie, 1748-1754. ACDF Index Prot. 85 (1755-1757), Bl. 198r-200v, 6 S.
1760 Mai 19	Anonym [Nolivos, Saint-Cyr, Paul Antoine]: Tableau du siècle par un auteur connu. - Genève : [S.n.], 1759. ACDF Index Prot. 87 (1759-1762), Bl. 99r-100v, 5 S.
(1761 Jan. 19)	Anonym [Morelly, Etienne-Gabriel?]: Code de la nature [...]. - Partout : chez le Vrai sage, 1760. ACDF Index Prot. 87 (1759-1762), Bl. 195r-197r, 5 S.
(1762 Febr. 1)	Anonym [Leroy, Charles Georges]: Examen des critiques du livre intitulé: De l'esprit. - Londres : [S.n.], 1760. ACDF Index Prot. 87 (1759-1762), Bl. 296r-298r, 5 S.
(1764 Febr. 27)	Anonym [Neri, Pompeo]: Discorso sopra l'asilo ecclesiastico. - In Firenze: Per Giambatista Pasquali, 1763. ACDF Index Prot. 88 (1763-1767), Bl. 146r-151v, 12 S.
(1765 Jan. 7)	Anonym [Desforges, Pierre]: Avantages du mariage [...]. - A Bruxelles : [S.n.], 1760. ACDF Index Prot. 88 (1763-1767), Bl. 203r-204v, 4 S.
(1766 Febr. 3)	Anonym [Beccaria, Cesare]: Dei delitti e delle pene. - [S.l.] : [S.n.], 1764. ACDF Index Prot. 88 (1763-1767), Bl. 280r-289v, 20 S.
(1767 Jan. 26)	Graziani, Nicola: Ragionamenti accademici [...]. - In Lucca : nella stamperia di Jacopo Giusti, 1766. ACDF Index Prot. 89 (1767-1770), Bl. 30r-41v, 24 S.4
(1767 Nov. 27)	Anonym: (1) Mémoire à présenter à Messieurs les commissaires préposés par le roi pour procéder à la réformation des ordres religieux. - [S.l.] : [S.n.], 1767. (2) Mémoire Sur Les Professions Religieuses, En Faveur De La Raison, Contre Les Préjugés. - A Avignon : [S.n.], 1766. ACDF Index Prot. 89 (1767-1770), Bl. 179r-183r, 9 S. (Doppelgutachten)
(1768 Juli 19)	Montag, Joseph von (Resp.): Abhandlung von Verbrechen und Strafen [...]. - Altstadt Prag : gedruckt beym Johann Joseph Clauser [...], 1767. ACDF Index Prot. 89 (1767-1770), Bl. 305r-308r, 7 S. (Doppelgutachten)
(1768 Juli 19)	Anonym [Voltaire]: Commentaire sur le livre des délits et des peines Par un avocat de province. - [S.l.] : [S.n.], 1766. ACDF Index Prot. 89 (1767-1770), Bl. 305r-308r, 7 S. (Doppelgutachten)
(1773)	Anonym [Gorani, Giuseppe]: Il vero dispotismo. - In Londra [i.e. Milano] : [S.n.], 1770. ACDF SO CL 1773-1775, Nr. 4, 19 S.; ACDF Index Prot. 90 (1771-1773), Bl. 246r-257r, 23 S.

Lazeri

(1774 Aug. 29) Paganetti, Pietro: Della istoria ecclesiastica della Liguria [...]. - In Genova : presso Bernardo Tarigo in Canneto, 1765-1766.
  ACDF Index Prot. 91 (1773-1778), Bl. 23r-31v, 18 S.

(1779 Mai 14) Roustan, Antoine Jaques: Offrande aux autels et à la patrie [...]. - A Amsterdam : Chez Marc Michel Rey, 1764.
  ACDF Index Prot. 92 (1779-1781), Bl. 49r-52r, 7 S.

(1780 Juli 10) Hedderich, Philipp: Systema quo praefatione praemissa praelectiones suas publicas indicit [...]. - Bonnae : Typis Joan. Frid. Abshoven, 1780.
  ACDF Index Prot. 92 (1779-1781), Bl. 235r-239r, 9 S. (Doppelgutachten)

(1780 Juli 10) M. D. D. A. [Dreux Duradier, Jean François]: Récreations historiques, critiques, morales et d'érudition [...]. - La Haye : [S.n.], 1768.
  ACDF Index Prot. 92 (1779-1781), Bl. 147r-148v, 4 S.

(1780 Juli 10) Hedderich, Philipp (Praes.); Stockhausen, Heinrich Hubert (Resp.): Dissertatio Juris Ecclesiastici Publici De Potestate Principis circa Ultimas Voluntates Ad Causas Pias [...]. - Bonnae : In Typographia Electorali-Academica, [ca. 1779].
  ACDF Index Prot. 92 (1779-1781), Bl. 235r-239r, 9 S. (Doppelgutachten)

(1783 Jan. 20) Anonym: Riflessione intorno all'uso che deve farsi dell'acqua benedetta [...]. - In Perugia : per Mario Riginaldi, 1781.
  ACDF Index Prot. 93 (1781-1784), Bl. 367r-368r, 3 S.16

Eigene Werke

- Anonym: Catalogi duo antiquissimi Pontificum romanorum quos ad pontificiam historiam primorum IV. saeculorum explicandam iterum recensitos et animadversionibus illustratos exhibent PP. Soc. Jesu in Collegio Romano anno 1755. Mense Julio die 29. - Romae : Typis Joannis Generosi Salomoni, 1755. - 32
- Anonym: De anno Christi natali ab orbe condito exercitatio chronologica ex prolegomenis historiae ecclesiasticae habenda a patribus Societatis Jesu die aug. anno MDCCLIII. - Romae : ex Typographia G. Salomoni, 1753. - LXXV S.
- Anonym: De antiquis formulis fidei earumque usu exercitatio habita in Collegio Romano anno MDCCLVI, mense septembre die 2. a PP. Soc. Jesu. - Romae : G. Salomoni 1756. - 19 S. [erneut in: Zaccaria, Francesco Antonio (Hg.): Thesaurus theologicus, in quo [...] clarissimorum virorum Dissertationes theologico-historico-criticae exhibentur [...]. - Venetiis : excudebat Nicolaus Pezzana, 1762-1763. - 13 vol., hier: vol. 6 (1762), 157-167]
- Anonym: De Conciliis romanis prioribus IV. ecclesiae saeculis dissertatio quam auspice S. Josepho Patrono suo beneficentissimo publice habuit in Seminario Romano comes Trajanus Gaddi ejusdem Seminarii convictor. - Romae : Ex Typographia Antonii de Rubeis, 1755. - 21 S.
- Anonym: De haeresi albigensium exercitatio habita in Collegio Romano anno MDCCLVI. mense augusto die XXVI. - Romae : ex typ. Generosi Salomoni, 1756. - 75 S.

- Anonym: De haeresi Berylli disquisitio ex historia ecclesiastica saeculi III. habita ab Antonio Baldelli presbitero Fulginate Collegii Umbrorum alumno in Collegio Romano Societatis Jesu anno MCCCLV. Mense Augusto die 6. - Romae : Typis Joannis Generosi Salomoni, 1755. - XIV S., [1] Bl.
- Anonym: De vera vel falsa traditione historica regulisque ad eam internoscendam exercitatio critica habita in Collegio Romano anno MDCCLV. Mense augusto die 22. ab Aloysio Brenna Seminarii Romani alumno. - Romae : Typis Joannis Generosi Salomoni, 1755. - XV S.
- Anonym: Degli ordini romani. Dissertazione già letta alla presenza di Benedetto XIV. nel 1747. A Gian-Battista Carnevalini, sacerdote novello ora intitolat ristampata chi primamente la pubblicava nel 1853. - Roma 1863. - 35 S. [Verfasserschaft unsicher]
- Anonym: Lettre d'un docteur de Sorbonne à un de ses amis en Flandres = Epistola doctoris Sorbonici ad amicum Belgam. - [S.l.] : [S.n.], [1749]. - 11 S. [verboten per Dekret der CIndex vom 5. Mai 1750 und des SO vom 24. Nov. 1751, vgl. Wolf (Hg.): Systematisches Repertorium, s.u.; Zuschreibung: Sommervogel 2, 1329; 4, 1610]
- Anonym: Ragionamento dell'antichità de' vescovi di Città Castellana sopra quelli di Orte. - In Roma : Per Giovanni Generoso Salomoni, 1759. - 54 S.
- Anonym: Sorbonici Doctoris Ad Reverendissimum Ricchinium [T. A. → Ricchini] Sacrae Congregationis Indicis Secretarium Gratiarum Actio, Quod Epistolam Sorbonicam Nomine S. Congregationis proscribendo egregiè confirmaverit. - [S.l.] : [S.n.], [ca. 1750]. - 3 S. [verboten per Dekret des SO vom 24. Nov. 1751, vgl. Wolf (Hg.): Systematisches Repertorium, s.u.]
- Avviso al pubblico sopra una lettera postuma che va sotto nome del P. Egidio Maria → Giuli della Compagnia di Gesù. - [S.l.] : [S.n.], [1750]. - X S. [gez., S. X, „Dal Collegio Romano questo dì 25 Agosto 1750"; Lazeri vertritt die Ansicht, Giuli sei nicht der Verf. der „Lettera postuma", die auch angebliche Gespräche mit Lazeri erwähnt, vgl. S. 82: „quante volte ho di ciò parlato co' PP. Faure, e Lazari"]
- De persecutionibus in Ecclesiam excitatis aevo apostolico, in: Fleury, Claude: Disciplina populi Dei in novo testamento ex scriptoribus sacris et profanis collecta [...] gallice scripta, Herbipoli a Societatis Jesu sacerdote latine reddita, nunc vero a Francisco Antonio Zaccaria [...] adnotationibus, ac variorum dissertationibus illustrata. - Venetiis : Typis Antonii Zatta, 1761. - 2 vol., hier vol. 1, 196-207.
- De vita et scriptis Petri Joannis Perpiniani diatriba. - Romae : Typis Nicolai, et Marci Palearini, 1749. - 599 S.
- Della consacrazione del Panteon fatta da Bonifazio IV. Discorso [...]. - In Roma : Appresso Niccolò, e Marco Pagiarini [!], 1749. - [2] Bl., 90 S.
- Miscellaneorum ex manuscriptis libris bibliothecae Collegii Romani tomus [...]. - Romae : Apud fratres Palearinos, 1754-1757. - 2 vol. [Angabe auf dem Vorsatzblatt von vol. 1 als „Clarorum virorum Theodori Prodromi, Dantis Alighieri (...) nunc primum vulgatae"; vol. 2 als „Pontificum Rom. Expistolae XXX saeculo XIII scriptae"]
- Petri Joannis Perpiniani Valentini e Societate Jesu opera. - Romae : Typis Nicolai, et Marci Palearini, 1749. - 3 vol. [Hg.]

- S. Brunonis Astensis Episcopi Signensis Commentarius in IV. evangelia nunc primum editus ex ms. cod. bibliothecae Novi Athenaei Collegii Romani. - Romae : Ex typographia Marci Palearini, Anno Jubilei 1775. - 2 vol. [Hg.] [ND in: PL 165 (1854), 39-62, „Praefatio" von Lazeri]

Literatur
- Baldini, Ugo: Teoria boscovichiana, newtonismo, eliocentrismo. Dibattiti nel Collegio Romano e nella Congregazione dell'Indice a metà Settecento, in: Ders.: Saggi sulla cultura della Compagnia di Gesù. Secoli XVI-XVIII. - Padova 2000, 281-347, bes. 301-332. [307-328 Edition eines Gutachtens Lazeris für die CIndex]
- Brandmüller, Walter ; Greipl, Egon Johannes (Hg.): Copernico, Galilei e la Chiesa. Fine della controversia (1820). Gli atti del Sant'Uffizio. - Firenze 1992, 374.
- Bujanda, Jesús Martinez de: Index librorum prohibitorum 1600-1966 (Index des livres interdits ; 11). - Montréal u.a. 2002, 520.
- DBI 64 (2005), 206-209 von L. Spruit.
- DThC 9 (1927), 93f. von E. Amann.
- EncEc 5 (1953), 571.
- Frati, Carlo (Hg.): Dizionario bio-bibliografico dei bibliotecari e bibliofili italiani dal sec. XIV al XIX (Biblioteca di bibliografia italiana ; 13). - Firenze 1933, 295f.
- → Giuli, Egidio Maria: Lettera postuma critico-apologetica degli studj di sua religione. - In Lucca : Per Giuseppe Salani, e Vincenzo Giuntini, 1750. - 82 S. [vgl. dazu das „Avviso" Lazeris]
- Hilgers, Joseph: Der Index der verbotenen Bücher. In seiner neuen Fassung dargelegt und rechtlich-historisch gewürdigt. - Freiburg i.Br. 1904, 448.
- Hurter, Hugo: Nomenclator literarius theologiae catholicae theologos exhibens aetate, natione, disciplinis distinctos. - Editio tertia, emendata et aucta. - 5 vol. - Oeniponte 1903-1913, hier: vol. 5, 448f.
- Maffei, Paolo (Hg.): Giuseppe Settele, il suo diario e la questione galileiana. - Foligno 1897, 16f.445.
- Mayaud, Pierre-Noël: La condamnation des livres Coperniciens et sa révocation à la lumière des documents inédits des Congrégations de l'Index et de l'Inquisition (MHP ; 64). - Rome 1997, 191.
- Pastor 16/1, 249f. u.ö.
- Rebellato, Elisa: La fabbrica dei divieti. Gli Indici dei libri proibiti da Clemente VIII a Benedetto XIV (Il sapere del libro). - Milano 2008, 211 u.ö.
- Reusch, Franz Heinrich: Der Index der verbotenen Bücher. Ein Beitrag zur Kirchen- und Literaturgeschichte. - 2 Bde. - Bonn 1882 ; ND Aalen 1967, hier: Bd. 2, 829.
- Sommervogel 4 (1893), 1609-1615; 9 (1900), 580.
- Wolf, Hubert (Hg.): Systematisches Repertorium zur Buchzensur. Indexkongregation 1701-1814. Bearb. von Andreea Badea, Jan Dirk Busemann und Volker Dinkels (Römische Inquisition und Indexkongregation Grundlagenforschung II: 1701-1813). - Paderborn u.a. 2009, 1142.
- Wolf, Hubert (Hg.): Systematisches Repertorium zur Buchzensur. Inquisition 1701-1813. Bearb. von Bruno Boute, Cecilia Cristellon und Volker Dinkels (Römische Inquisition und Indexkongregation Grundlagenforschung II: 1701-1813). - Paderborn u.a. 2009, 320.

- Zaccaria, Francesco Antonio: Storia letteraria d'Italia divisa in tre libri, il primo, e secondo de' quali trattano de' migliori libri usciti in Italia dal settembre 1748. fino al settembre 1749. Contiene il terzo, importanti notizie di scuole introdotte, di musei, di osservazioni matematiche, di nuovi ritrovati, di scoperte anticaglie, di uomini illustri trapassati, e delle gesta loro. - In Venezia : nella stamperia Poletti, 1750-1759. - 14 vol., hier: vol. 10, 510-519.
- Zaccaria, Francesco Antonio: Storia polemica della proibizione dei libri. - Roma : Generoso Salomoni, 1777 ; ND [S.l.] 2000, 188.

Felice Maria Lazzaroni da Cremona OP

Geboren um 1674 in Cremona
Gestorben 1743 Nov. 26 in [Faenza]

Familie
Der Pater stammte offenbar aus einer vornehmen Familie aus Cremona (vgl. Domaneschi: Rebus, 421). In der dortigen Dominikanerkirche richteten die Verwandten, inzwischen nobiles von Mailand, 1729 eine Familiengruft mit entsprechender Inschrift ein (vgl. Arisi: Cremona 3, 210: „Sepulcrum Nob. Lazaronum - Carolus, Julius Caesar, Franciscus de Birago - Nob. Mediolanenses, Annae Mariae Filii - Avi Materni Haeredes instaurarunt - MDCCXXIX"). Wegen seines Amtes als Inquisitor von Ancona begegnet der Pater gelegentlich auch als Felice Maria da Ancona.

Lebenslauf

1690 Dez. 26	Ordenseintritt in Cremona
	Lektor für Philosophie und Theologie in Cremona
1703 Sept. 24	Lektor für Philosophie in Bologna
	Lektor für Hl. Schrift in Cremona (bis 1711)
1711 März 11	Secundus Socius des Commissarius des SO, Ernennung
	ACDF SO Decreta 1711, Bl. 96 („electus")
1712 Okt. 12	Primus Socius des Commissarius des SO, Ernennung
	ACDF SO Decreta 1712, Bl. 454r („electus")
1712 Okt. 19	Primus Socius des Commissarius des SO, Amtsantritt durch Eidesleistung
	ACDF SO Juramenta 1701-1724, Bl. 118f.
[1713]	Vize-Commissarius des SO für den erkrankten G. M. → Tabaglio
	ACDF SO Priv. 1710-1727, Bl. 87.389r
1714 Jan. 10	Pro-Commissarius des SO (bis zum Amtsantritt des Commissarius L. M. → Lucini)
	ACDF SO Priv. 1710-1727, Bl. 117r; ACDF SO Priv. 1743-1749, Bl. 153r (Dekret Feria IV.)
1715 Juli 31	Inquisitor von Pavia, Ernennung (ohne Antritt der Stelle, da der nach Mailand versetzte Inquisitor Berti in Pavia blieb)
	ACDF SO Decreta 1715, Bl. 304r

Ledrou

1718 Aug. 10	Inquisitor von Ancona, Ernennung
	ACDF SO Decreta 1718, Bl. 296r („electus")
1718 Aug. 17	Inquisitor von Ancona, Amtsantritt durch Eidesleistung
	ACDF SO Decreta 1718, Bl. 308r
1720 [Febr.]	Antrag auf Verleihung des Titels Magister Provinciae (faktische Ablehnung)
	ACDF SO Decreta 1720, Bl. 69v (Dekret Feria IV. 21. Febr. 1720: „relata")
1737 Mai 22	Inquisitor von Faenza, Ernennung
	ACDF SO Decreta 1737, Bl. 207r („electus")

Unveröffentlichte Quellen
ACDF SO Decreta 1743, Bl. 477r: Feria IV. 11. Dez. 1743. [Todesdatum]

Literatur
- Arisi, Francesco: Cremona literata, seu in Cremonenses doctrinis, & literariis dignitatibus eminentiores chronologicae adnotationes [...]. - Parmae : typis Alberti Pazzoni, & Pauli Montii, 1702-1741. - 3 vol., hier: vol. 3, 209f.
- D'Amato, Alfonso: I Domenicani a Bologna. - 2 vol. - Bologna 1988, 817.
- Domaneschi, Pietro Maria: De rebus Coenobii Cremonensis Ordinis Praedicatorum, Deque illustribus qui ex eo prodiere, Viris commentarius [...]. - Cremonae : ex typographia Petri Ricchini, 1767, 421-425.
- Weber, Christoph (Hg.): Die ältesten päpstlichen Staatshandbücher. Elenchus Congregationum, Tribunalium et Collegiorum Urbis 1629-1714 (RQ Supplementheft ; 45). - Rom u.a. 1991, 122.

Pierre-Lambert Ledrou (Le Drou) OSA

Geboren	1641 in Huy (Diözese Lüttich)
Gestorben	1721 Mai 6

Lebenslauf

	Ordenseintritt in Huy
1664 Apr. 12	Priesterweihe
	Dozent in Ordenskonventen in Huy, Brüssel und Löwen
1677	Aufenthalt in Rom als Socius von Christian Lupus
1678 Sept. 26	Dr. theol. an der Universität Löwen
	Studienregent des Ordens in Löwen
	Lektor für Theologie in der Parkabtei Löwen (Prämonstratenser)
1683	Provinzial des Ordens, Provinz Flandern-Belgien
1685	Teilnahme am Generalkapitel des Ordens in Rom, dort Ernennung zum Magister Circuli des Generaloberen D. → Valvassori

1687	Professor für Heilige Schrift an der Universität Sapienza, Rom Studienpräfekt am Collegium Urbanum de Propaganda Fide, Rom (als Nachfolger von M. van → Heck)
1688 Jan. 19	Relator der CIndex, Ernennung
	ACDF Index Diari 8 (1682-1692), Bl. 121r
	[Qualifikator des SO]
1689	Doctor Regens der Universität Löwen
1690 Apr. 28	Konsultor der CIndex, Ernennung
	ACDF Index Diari 9 (1688-1692), Bl. 59v („adscriptus")
1690	Rückkehr nach Löwen
1692 Mai 31	Sacrista (Praefectus Sacrarii Apostolici) in Rom (bis Sept. 1712, Demission)
1692 Juni 25	Titularbischof von Porphyrion (Haifa)
1692 Dez. 18	Eid im SO als päpstlicher Deputierter für die belgischen Lehrkontroversen
	ACDF SO Extens. 1680-1690 = ACDF SO St.St. Q-1-p, Bl. 225v
1700	Aufenthalt in Belgien beim Tod Innozenz' XII. und darauf folgenden Konklave
1701	Aufenthalt in Rom
1704	Domkapitular in Lüttich
	Propst des Stifts St. Stephan, Mainz
1715 Aug. 20	Generalvikar von Lüttich

Gutachten

1704 Febr. 21	Liberius <a Jesu>: Controversiae dogmaticae adversus haereses [...]. - Romae : typis, & sumptibus Cajetani Zenobii, & Georgii Plachi, 1701.
	ACDF SO CL 1704-1705, Nr. 6, Bl. 573r-574v und 597r-v, 6 S.
[1710]	Arrest De La Cour De Parlement [...]. - A Paris : Chez la Veuve François Muguet & Hubert Muguet, 1710.
	ACDF SO CL 1708-1710, Nr. 45, 5 S.

Eigene Werke

- Confutatio discussionis theologicae ad Augustino Michel canon. regul. adversus ejusdem de contritione, & attritione dissertationes nuper editae. - Patavii : apud Josephum Corona, 1714. - [16], 552 S.
- De contritione et attritione dissertationes quatuor [...].- Romae : Typis Komarek, 1707. - [16], 640, [6] S.

Literatur

- Appolis, Émile: Le Tiers Parti catholique au XVIII. siècle. Entre Jansénistes et Zelanti. - Paris 1960, 21.49f.
- Berlière, Ursmer: Les évêques auxiliaires de Liége. - Brügge u.a. 1919, 140-147.
- BNBelg 37, 499-522.
- Ceyssens, Lucien ; De Munter, Silvestre: Correspondance de Chrétien Lupus avec Augustin Favoriti, in : Augustiniana 23 (1973), 131-217.369-421, hier bes.: 412-414.

- Ceyssens, Lucien: Les religieux belges à Rome et le jansénisme, in: BIHBR 48-49 (1978-1979), 273-300, hier: 295f. [Lit.]
- Conte, Emanuele (Hg.): I maestri della Sapienza di Roma dal 1514 al 1787. I rotuli e altre fonti (Fonti per la Storia d'Italia ; 116. Studi e Fonti per la storia dell'Università di Roma. N. S. ; 1). - 2 vol. - Roma 1991, hier: vol. 2, 961.
- Costa, Gustavo: Malebranche e Roma. Documenti dell'Archivio della Congregazione per la Dottrina della Fede (Le correspondenze letterarie, scientifiche ed erudite dal Rinascimento all'età moderna. Subsidia ; 3). - Firenze 2003, 64-88.189-200.
- DThC 9 (1927), 127f.
- EncEc 5 (1953), 593f.
- Gatz B 1648, 262 von Alfred Minke.
- Hillenaar, Henk: Fénelon et les Jesuites (Archives internationales d'histoire des idées ; 21). - La Haye 1967, S. 126f.
- Hurter, Hugo: Nomenclator literarius theologiae catholicae theologos exhibens aetate, natione, disciplinis distinctos. - Editio tertia, emendata et aucta. - 5 vol. - Oeniponte 1903-1913, hier: vol. 4, 1067-1069.
- Jacques, Émile: Les années d'exil d'Antoine Arnauld (1679-1694) (Bibliothèque de la Revue d'Histoire Ecclésiastique ; 63). - Louvain 1976, 458.
- Jadin, Louis (Hg.): Relations des Pays-Bas, de Liège et de Franche-Comté avec le Saint-Siège d'après les „Lettere di vescovi" conservées aux archives vaticanes (1566-1779). - Bruxelles ; Rome 1952, 312.
- Jadin, Louis (Hg.): Relations des Pays-Bas, de Liège et de Franche-Comté avec le Saint-Siège: D'après les „Lettere di particolari" conservées aux Archives Vaticanes, 1552-1796. - Bruxelles 1961, 349f.
- Jadin, Louis: L'Europe au début du XVIIIe siècle. Correspondance du Baron Karg de Bebenbourg, chancelier du Prince-évêque de Liège, Joseph-Clément de Bavière, archevêque électeur de Cologne, avec le cardinal Paolucci, secrétaire d'Etat (1700-1719) (Bibliothèque de l'Institut historique belge de Rome ; 15-16). - 2 vol. - Bruxelles ; Rome 1968, hier: vol. 1, 367f.
- López Bardón, Tirso: Monastici augustiniani R. P. Fr. Nicolai Crusenii continuatio atque ad illud additiones, sive, Bibliotheca manualis Augustiniana in qua breviter recensentur Augustinienses utriusque sexus virtute, litteris, dignitate ac meritis insignes [...]. - 3 vol. - Vallisoleti 1890-1916, hier: vol. 3, 120.470-73.
- Ossinger, Joannes Felix: Bibliotheca augustiniana historica, critica, et chronologica. - Ingolstadii et Augustae Vindelicorum : impensis Joannis Francisci Xaverii Craetz [...], 1768 ; ND Torino 1963, 301-305.
- Rocca, Angelus: Chronhistoria de Apostolico Sacrario [...], in: Ders.: Thesaurus Pontificiarum Sacrarumque Antiquitatum [...]. - Editio Secunda Romana. - Romae : Sumptibus Fausti Amidei Bibliopolae [...] Typis Bernabò & Lazzarini, 1745. - 2 vol., vol. 1, 318-364, hier: 362-363.
- Spano, Nicola: L'Università di Roma. - Roma 1935, 42.343.

Leonardo da Viterbo OFMCap

Namensvariante Giacomo Di Giacomo (Taufname)

Gestorben 1715 Apr. 11 in Rom

Lebenslauf
1672 Okt. 15	Ordensprofess
	Lektor für Philosophie und Theologie in Ordenskonventen der römischen Provinz
1704	Provinzial des Ordens, Provinz Rom (bis 1708)
1709	Relator der CIndex, Antrag auf Ernennung
	ACDF Index Prot. 68 (1707-1710), Bl. 421 (Bewerbung P. Leonardos o.D. mit Angaben zum Lebenslauf)
1709 Juli 12	Relator der CIndex, Ernennung
	ACDF Index Prot. 81 (1737-1740), Bl. 440r; ACDF Index Diari 14 (1708-1721), Bl. 13r
1712	Konsultor der CIndex, Antrag auf Ernennung
	ACDF Index Prot. 69 (1710-1712), Bl. 344
1712 Juli 6	Konsultor der CIndex, Ablehnung des Antrags durch den Papst
	ACDF Index Diari 14 (1708-1721), Bl. 61r (Vermerk Sekr. der CIndex zur Papstaudienz)
1714	Konsultor der CIndex, Antrag auf Ernennung (erneut)
	ACDF Index Prot. 70 (1713-1715), Bl. 244 (Bewerbung P. Leonardos o.D. mit Empfehlung von Kard. F. M. → Casini)
1714 Mai 15	Konsultor der CIndex, Empfehlung der Kongregation an den Papst
	ACDF Index Diari 14 (1708-1721), Bl. 84v
1714 Mai 16	Konsultor der CIndex, Ernennung
	ACDF Index Diari 14 (1708-1721), Bl. 86r

Gutachten
(1710 Sept. 23)	Gundling, Wolfgang: Canones Graeci Concilii Laodiceni [...]. - Noribergae : Impensis Johannis Ziegeri. Literis Christiani Sigismundi Frobergii, 1684.
	ACDF Index Prot. 69 (1710-1712), Bl. 112r-114v, 6 S.
(1712 Jan. 12)	Gualdo, Gabriele: Baptisma Puerorum In Uteris Existentium [...]. - Patavii : apud Josephum Corona (Superior. Perm.), 1710.
	ACDF Index Prot. 69 (1710-1712), Bl. 294r-295r, 3 S.

Literatur
- LexCap (1951), 947.
- Mariano <d'Alatri>: I Capppuccini della Provincia Romana. - Roma 2000, 233.
- Teodoro da Torre del Greco: Necrologio dei frati minori cappuccini della provincia romana (1534-1966). - Roma 1967, 197.

Leone di S. Felice OCD

Namensvariante Nunzio Angelo Farinelli (Taufname)

Geboren 1678 in Monteleone (bei Spoleto, Umbrien)
Gestorben 1733 Mai 21 in Rom

Familie
Sohn des Giuseppe Farinelli (Farrinelli) und der Elisabetta Rotondi.

Lebenslauf
1695 Sept. 26	Ordenseintritt in den Konvent S. Maria della Scala, Rom (Einkleidung)
1696 Sept. 26	Ordensprofess in Rom
	Lektor für Philosophie am Ordenskolleg in Caprarola
	Professor für Theologie an S. Maria della Vittoria, Rom
1707	Mitglied der Accademia Teologica, Rom
	Revisor des Magister S. Palatii
1714	Relator der CIndex, Antrag auf Ernennung
	ACDF Index Prot. 70 (1713-1715), Bl. 204r (Bewerbung P. Leones o.D. an die CIndex mit Angaben zum Lebenslauf)
1714 März 5	Relator der CIndex, Ernennung
	ACDF Index Diari 14 (1708-1721), Bl. 81r; ACDF Index Prot. 81 (1737-1740), Bl. 441r
1716	Provinzialdefinitor des Ordens in Rom (bis 1724)
	[Qualifikator des SO]
1722 Jan. 26	Konsultor der CIndex, Ernennung
	ACDF Index Diari 15 (1721-1734), Bl. 8v
	Konsultor der CRiti (ernannt durch Papst Benedikt XIII.)

Unveröffentlichte Quellen
Archivio Provinciale OCD, Rom, Ms. L.IV.74, 226-229: „Series illustrata Professionum" (durch Vermittlung von P. Onorio di Ruzza an H. H. Schwedt).

Gutachten
(1716 Apr. 27)	Comazzi, Giovanni Battista: Filosofia, et amore, Nella Raccolta d'alcuni Sonetti [...]. - In Trento : Per Gio: Antonio Brunati. (Con Licenza de' Superiori, e Privilegio), 1711.
	ACDF Index Prot. 71 (1715-1721), Bl. 208r-210r, 5 S.
[1720 Mai 22]	Descartes, René: Meditationes de prima philosophia [...]. - Amstelodami : [S.n.], 1709.
	ACDF SO CL 1718-1721, Nr. 14, 12 S.
(1720 Aug. 26)	Volpe, Angelo: Sacrae theologiae summa Ioannis Duns Scoti doctoris subtil.[issi]mi et commentaria quibus eius doctrina elucidatur, comprobatur, defenditur [...]. - Neapoli : apud Lazarum Scorigium, 1622.
	ACDF Index Prot. 71 (1715-1721), Bl. 690r-692r, 5 S.

(1721 Juli 28)	♦ Leblanc de Beaulieu, Louis: Theses theologicae, in Academia Sedanensi editae. - Londini : ap. D. Mortier, 1708. ACDF Index Prot. 72 (1721-1723), Bl. 55r-56r, 3 S.
(1722)	Serry, Jacques Hyacinthe: Exercitationes historicae, criticae, polemicae, de Christo, ejusque Virgine Matre [...]. - Venetiis : apud Joannem Malachinum, 1719. ACDF SO CL 1722-1723, Nr. 1, 4 S.
(1728 Juli 5)	Marin, Juan: Theologia speculativa et moralis [...]. - Venetiis : Balleonius, 1720. ACDF Index Prot. 76 (1727-1728), Bl. 322r-325r, 7 S.

Eigene Werke
- Nuovo Formulario „De approbatione librorum" [...]. - Impressione seconda accresciuta. - Taurini : apud Zappata, 1724. - 7 S.

Literatur
- Silvestrelli, Antonio: Storia della Pontificia Accademia Teologica dalla Fondazione al 1770. - Diss. masch. Pontificia Università Lateranense. - Roma 1963, 492.

Antonio Leoni CR

Namensvariante Antonio da Leone

Geboren in Ariano
Gestorben 1756 in Rom

Familie
Der Pater, Sohn eines Giuseppe da Leone und der Camilla Intonti, gehörte zu einer angesehenen Familie in Ariano, angeblich schon im Mittelalter nachgewiesen und usprünglich aus Rom stammend („Pierleoni"). Ein Bruder, Giovan-Saverio da Leone (1677-1735), genannt auch G. S. Lioni, wurde 1717 Bischof von Isernia (Molise) und 1730 von Melfi (Apulien). Dieser Bischof wurde zusammen mit den Brüdern, darunter Pater Antonio, 1731 in den römischen Adel aufgenommen. Vgl. Vitale: Memorie.

Lebenslauf
Prediger in verschiedenen Städten Süditaliens
Praepositus des Konvents von Foggia
Lektor für Heilige Schrift
Sekretär und Koadjutor des Ordensgenerals G. M. del → Pezzo in Rom

Leoni

[1725]	Relator der CIndex, Antrag auf Ernennung
	ACDF Index Prot. 73 (1724-1725), Bl. 383
1725 Sept. 17	Relator der CIndex, Ernennung
	ACDF Index Prot. 81 (1737-1740), Bl. 442v; ACDF Index Diari 15 (1721-1734), Bl. 44v
[1728]	Konsultor der CIndex, Antrag auf Ernennung
	ACDF Index Diari 15 (1721-1734), Bl. 85 (mit Beschluss der CIndex, den Bewerber dem Papst zur Ernennung vorzuschlagen)
1728 Apr. 20	Konsultor der CIndex, Ernennung
	ACDF Index Diari 15 (1721-1734), Bl. 84v
1731	Qualifikator des SO, Antrag auf Ernennung
	ASV SS Mem Bigl 164 (o.D.); ACDF SO Priv. 1728-1735, Bl. 244 (Bewerbung Leonis o.D. an den Papst)
1731 März 1	Revisor des SO, Ernennung
	ACDF SO Priv. 1728-1735, Bl. 245v (Audienzdekret des Papstes: „admittatur inter relatores")
1731 März 31	Revisor des SO, Amtsantritt durch Eidesleistung
	ASV SS Mem Bigl 164; ACDF SO Juramenta 1725-1736, o.Bl.
1739 Dez. 12	Konsultor der CVisitaAp

Gutachten

(1726 Apr. 30)	Roye, François de: Canonici juris institutionum libri tres / Opera et studio Francisci de Roye, antecessoris andegavensis. - Parisiis : apud Antonium Dezallier [...], 1717.
	ACDF Index Prot. 74 (1726), Bl. 140r-141av, 4 S.
(1726 Sept. 23)	Bilfinger, Georg Bernhard: De harmonia animi et corporis humani, maxime praestabilita [...]. - Francofurti & Lipsiae : apud Theodorum Mezlerum, 1723.
	ACDF Index Prot. 74 (1726), Bl. 323r-325r, 5 S.
(1728 Apr. 5)	Actorum eruditorum quae Lipsiae publicantur supplementa. - Lipsiae, (1713).
	ACDF Index Prot. 76 (1727-1728), Bl. 261r-263r, 5 S.
[1731 Aug. 8]	Boriglioni, Giuseppe Domenico: Anno ecclesiastico, overo istruzione familiare [...]. - In Roma : per Paolo Komarek, 1710.
	ACDF SO CL 1733-1734, Nr. 5, 4 S.
(1734 Nov. 29)	Acta eruditorum [...]. - Lipsiae : Grosse & Gleditsch, (1724; 1725).
	ACDF Index Prot. 79 (1734-1735), Bl. 167r-168v, 4 S.

Literatur
- Hierarchia Catholica 5, 230f.; 6, 246.254.285.
- Vitale, Francesco Antonio: Memorie istoriche degli uomini illustri della regia città di Ariano. - Roma : nella stamperia Salomoniana, 1788.

Nicola Lercari

Geboren 1705 Sept. 17 in Taggia (Ligurien)
Gestorben 1757 März 15 in Rom

Familie

Prälat Lercari gehörte zu einer Patrizierfamilie aus Genua, marchesi di Carosio, Sohn eines Francesco Saverio Lercari und der Maria Maddalena Beruti aus einer piemontesischen Adelsfamilie. Ein Bruder, Giovanni (gest. 1802), wurde Erzbischof von Genua. Beide waren Vettern des Kardinalstaatssekretärs N. M. → Lercari, der sieben Tage nach dem Tod Nicolas verstarb und mit diesem in der Lateranbasilika ein gemeinsames Denkmal erhielt, gestiftet durch den erwähnten Erzbischof und Erben Giovanni Lercari. Vgl. die Angaben zu N. M. → Lercari.

Lebenslauf

	Erste Ausbildung am Kolleg der Piaristen, Savona (Ligurien)
1723	Aufenthalt in Rom beim Onkel Giovanni Tommaso und dessen Sohn N. M. → Lercari
	Studium der Theologie an S. Maria sopra Minerva, Rom
1723	Auftrag zur Überbringung der Kardinalsinsignien nach Lissabon
1727 Juni 10	Kanoniker der Lateranbasilika, Rom
1727	Reisen nach England, Holland und Frankreich
1728	Rückkehr nach Rom
	Prelato domestico
1729 Dez. 19	Dr. iur. utr. an der Universität Sapienza, Rom
1730 Febr. 13	Referendar der Signaturen
1731 März 11	Priesterweihe
1732 Okt. 18	Ponente der CBuonGov
	ASV SS Mem Bigl 166
1736	Sondermission als Internuntius in Paris
1737 Nov. 29	Sekretär der CVisitaAp
	ASV SS Mem Bigl 172
1739 Juli 27	Apostolischer Vize-Legat von Avignon (bis Juli 1744)
1743 Sept. 9	Sekretär der CProp
	ASV SS Mem Bigl 181 (Vermerk SS „Nota delle proviste delle cariche")
1743 [Sept.]	N. M. → Antonelli, Vertreter (Pro-Sekretär) Lercaris als Sekretär der CProp (bis zur Rückkehr aus Avignon)
1744 Nov. 16	Konsultor des SO, Ernennung
	ACDF SO Juramenta 1737-1749, o.Bl. (Schreiben SS an Ass. des SO); ASV SS Mem Bigl 186
1744 Nov. 25	Konsultor des SO, Amtsantritt durch Eidesleistung
	ACDF SO Juramenta 1737-1749, o.Bl.
1747	Votante der Signatura Gratiae
1753 Dez. 10	Titularerzbischof von Rhodos

Unveröffentlichte Quellen
BAV Vat. Lat. 8039, C 4, Bl. 4-7 (Canonici Laterani)

Literatur
- Forcella, Vincenzo: Iscrizioni delle chiese e d'altri edifici di Roma dal secolo XI fino ai giorni nostri. - 14 vol. - Roma 1869-1884, hier: vol. 8, 87, Nr. 238.
- Hierarchia Catholica 6, 357.
- Metzler, Josef: Die Kongregation im Zeitalter der Aufklärung. Struktur, Missionspläne und Maßnahmen allgemeiner Art (1700-1795), in: Ders. (Hg.): Sacrae Congregationis de Propaganda Fide memoria rerum. 350 anni a servizio delle missioni 1622-1972. - 3 vol. - Rom 1971-1976, vol. 2, 23-83, hier: 36f.
- Metzler, Josef: Serie dei Cardinali Prefetti e dei Segretari della Sacra Congregazione de Propaganda Fide, in: Ders. (Hg.): Sacrae Congregationis de Propaganda Fide memoria rerum. 350 anni a servizio delle missioni 1622-1972. - 3 vol. - Romae 1971-1976, hier: vol. 3/2, 622.
- Weber, Christoph (Bearb.): Die päpstlichen Referendare 1566-1809. Chronologie und Prosopographie (PuP ; 31/1-3). - 3 Bde. - Stuttgart 2003-2004, hier: Bd. 2, 689.
- Weber, Christoph (Hg.): Legati e governatori dello stato pontificio (1550-1809) (Pubblicazioni degli Archivi di Stato. Sussidi ; 7). - Roma 1994, 736f.

Nicola Maria Lercari

Geboren	1675 Nov. 9 in Taggia (Ligurien)
Gestorben	1757 März 21 in Rom

Familie
Der spätere Kardinal war Sohn eines Giovanni Tommaso Lercari, Mitglied des Adels von Genua und von Rom, der in den Jahren 1706 bis 1725 dreimal das Amt eines Conservatore in Rom bekleidete. Dessen Bruder, Francesco Saverio, wurde Vater der Gebrüder N. → Lercari und Giovanni (gest. 1802) Lercari, Erzbischof von Genua. Vgl. auch den Eintrag zu N. → Lercari.

Lebenslauf

1686	Eintritt in das Seminario Romano
1696 Sept. 22	Dr. iur. utr. an der Universität Sapienza, Rom
1699 Juli 9	Referendar der Signaturen
[1701]	Abbreviatore del Parco Maggiore
1701	Gouverneur von Todi
1704 Dez. 7	Priesterweihe
1705	Gouverneur von Benevent, dort Bekanntschaft mit dem Erzbischof V. M. → Orsini (Benedikt XIII.)
1708	Gouverneur von Camerino
1711	Gouverneur von Ancona
1714	Gouverneur von Tolfa

1717	Gouverneur von Perugia
	Votante der Signatura Iustitiae
1724 Juni 12	Titularerzbischof von Nazianz
1724 Dez. 14	Eid des SO als Maestro di Camera di S. Santità (Benedikts XIII.)
	ACDF SO Juramenta 1701-1724, Bl. 439 (Ernennung am 7. Juni 1724)
1726 Juni 13	Staatssekretär
1726 Dez. 9	Kardinal
1726 Dez. 16	Zuteilung der Titelkirche SS. Giovanni e Paolo
1726 Dez. 17	Mitglied der CEpReg
	ASV SS Mem Bigl 158
1726 Dez. 17	Mitglied der CIndex, Ernennung
	ACDF Index Prot. 75 (1726-1727), Bl. 39 (Schreiben SS an Sekr. der CIndex)
1726 Dez. 17	Mitglied des SO, Ernennung
	ACDF SO Juramenta 1725-1736, o.Bl. (Schreiben SS an Ass. des SO)
1726 Dez. 19	Mitglied des SO, Amtsantritt durch Eidesleistung
	ACDF SO Juramenta 1725-1736, o.Bl.
1727 Apr. 26	Francesco Colanachi, Auditor von Lercari, Amtsantritt durch Eidesleistung
	ACDF SO Juramenta 1725-1736, o.Bl.
1728 Febr. 18	Giacomo Amadori, Auditor von Lercari, Amtsantritt durch Eidesleistung
	ACDF SO Juramenta 1725-1736, o.Bl.
1730 Juli 19	Francesco Manzi, Auditor von Lercari, Amtsantritt durch Eidesleistung
	ACDF SO Juramenta 1725-1736, o.Bl.
1738 Nov. 13	Cesare Benvenuti, Theologus von Lercari, Amtsantritt durch Eidesleistung
	ACDF SO Juramenta 1737-1749, o.Bl.
1742 Aug. 20	Diotallevo Manzi, Auditor von Lercari, Amtsantritt durch Eidesleistung
	ACDF SO Juramenta 1737-1749, o.Bl.
1748 Okt. 12	Pietro Guerra, Auditor von Lercari, Amtsantritt durch Eidesleistung
	ACDF SO Juramenta 1737-1749, o.Bl.

Literatur
- Cardella, Lorenzo: Memorie storiche de' Cardinali della Santa Romana Chiesa. - In Roma : nella stamperia Pagliarini, 1792-1797. - 10 vol., hier: vol. 8, 217f.
- Guarnacci, Mario: Vitae, et res gestae Pontificum Romanorum et S.R.E. Cardinalium a Clemente X. usque ad Clementem XII. [...] Descripta a S. Petro ad Clementem IX. - Romae : Sumptibus Venantii Monaldini bibliopolae [...] ; Ex Typographia Joannis Baptistae Bernabo, & Josephi Lazzarini, 1751. - 2 vol., hier: vol. 2, 479-482.
- Hierarchia Catholica 5, 36.283.
- Moroni 38 (1846), 105.

- Pastor 15, 483-485 u.ö.
- Seidler, Sabrina M.: Il teatro del mondo. Diplomatische und journalistische Relationen vom römischen Hof aus dem 17. Jahrhundert (Beiträge zur Kirchen- und Kulturgeschichte ; 3). - Frankfurt a.M. 1996, 369f.
- Weber, Christoph (Bearb.): Die päpstlichen Referendare 1566-1809. Chronologie und Prosopographie (PuP ; 31/1-3). - 3 Bde. - Stuttgart 2003-2004, hier: Bd. 2, 689.
- Weber, Christoph (Hg.): Die ältesten päpstlichen Staatshandbücher. Elenchus Congregationum, Tribunalium et Collegiorum Urbis 1629-1714 (RQ Supplementheft ; 45). - Rom u.a. 1991, 122.
- Weber, Christoph (Hg.): Legati e governatori dello stato pontificio (1550-1809) (Pubblicazioni degli Archivi di Stato. Sussidi ; 7). - Roma 1994, 736f.

Giovanni de Lerma

Geboren um 1664 in Albano di Lucania (bei Potenza, Basilicata)
Gestorben 1741 Nov. 1 in Rom

Familie
Der spätere Erzbischof stammte aus einem ursprünglich spanischen Adelshaus, seit dem 16. Jahrhundert im Königreich Neapel ansässig. Girolamo de Lerma (vielleicht ein Bruder), Vater des Konsultors G. M. de → Lerma, erhielt 1723 den Herzogstitel von Castelmezzano. Vgl. Weber: Legati, 623.

Lebenslauf
1695 März 25   Dr. iur. in Neapel
1707 Sept. 5   Relator der CIndex, Ernennung
                      ACDF Index Prot. 81 (1737-1740), Bl. 439v; ACDF Index Diari
                      13 (1704-1708), Bl. 129v
1708 März 12   Bischof von Manfredonia (bis 1725)
1725 März 20   Titularerzbischof von Tyrus
                  Sekretär der CIndulg (bis 1741)

Literatur
- Crollalanza, Giovanni Battista di: Dizionario storico-blasonico delle famiglie nobili e notabili italiane estinte e fiorenti. - 3 vol. - Pisa 1886-1890, hier: vol. 3, 253.
- Hierarchia Catholica 5, 358.397.
- Spreti, Vittorio: Enciclopedia storico-nobiliare italiana. - 6 vol. - Milano 1928-1935, hier: vol. 4, 105.
- Ughelli 7, 865.
- Weber, Christoph (Hg.): Legati e governatori dello stato pontificio (1550-1809) (Pubblicazioni degli Archivi di Stato. Sussidi ; 7). - Roma 1994, 623.
- Weber, Christoph: Die Titularbischöfe Papst Benedikts XIII. (1724-1730). Ein Beitrag zur Geschichte des Episkopates und der römischen Kurie, in: Walter, Peter ;

Reudenbach, Hermann Josef (Hg.): Bücherzensur - Kurie - Katholizismus und Moderne. Festschrift für Herman H. Schwedt (Beiträge zur Kirchen- und Kulturgeschichte ; 10). - Frankfurt a.M. 2000, 107-143, hier: 137.

Giovanni Michele de Lerma

Geboren um 1716 in [Bitonto (Apulien)]
Gestorben 1762 Apr. 21 in Rom

Familie
Der spätere Konsultor gehörte zu einem ursprünglich spanischen, im Königreich Neapel ansässigen Adelshaus. Sein Vater, Girolamo de Lerma, erhielt 1723 den Herzogstitel von Castelmezzana. Vgl. Weber: Legati, 623. Der Relator der CIndex, G. de → Lerma, war vermutlich ein Onkel des hier interessierenden Prälaten.

Lebenslauf

1739 Juni 4	Referendar der Signaturen
1741	Gouverneur von Rieti (bis 1742)
[1753]	Ponente der CConsulta
	ASV SS Mem Bigl 193
1759 Sept. 27	Sekretär der CRiti
	ASV SS Mem Bigl 204
1759 Sept. 27	Konsultor des SO, Ernennung
	ASV SS Mem Bigl 204 (Schreiben SS an Lerma, Entwurf)
1759 Sept. 27	Votante der Signatura Gratiae
	ASV SS Mem Bigl 204
1759 Nov. 23	Konsultor der CRiti
	ASV SS Mem Bigl 204
1760 Jan. 15	Konsultor (Prälat) der CIndulg
	ASV SS Mem Bigl 205
1760 März 18	Examinator episcoporum in sacris canonibus
	ASV SS Mem Bigl 205

Literatur
- Caffiero, Marina: Battesimi forzati. Storie di ebrei, cristiani e convertiti nella Roma dei papi (La corte dei papi ; 14). - Roma 2004, 130-132.
- Crollalanza, Giovanni Battista di: Dizionario storico-blasonico delle famiglie nobili e notabili italiane estinte e fiorenti. - 3 vol. - Pisa 1886-1890, hier: vol. 3, 253.
- Papa, Giovanni: Cardinali prefetti, segretari, promotori generali della fede e relatori generali della Congregazione, in: Congregazione per le Cause dei Santi. Miscellanea in occasione del IV centenario della Congregazione per le Cause dei Santi (1588-1988). - Città del Vaticano 1988, 423-428, hier: 426.

- Weber, Christoph (Bearb.): Die päpstlichen Referendare 1566-1809. Chronologie und Prosopographie (PuP ; 31/1-3). - 3 Bde. - Stuttgart 2003-2004, hier: Bd. 2, 690.
- Weber, Christoph (Hg.): Legati e governatori dello stato pontificio (1550-1809) (Pubblicazioni degli Archivi di Stato. Sussidi ; 7). - Roma 1994, 622f.

Thomas Leseur (Le Seur) OM

Geboren	1703 in Rethel (Lothringen)
Gestorben	1770 Sept. 27 in Rom

Familie
Der Paulaner-Pater stammte offenbar von einfachen und frommen Eltern, die wohl ganz ohne Affinität zum philosophischen Milieu waren („parents peu éclairés", so Condorcet: Le Seur, 131, im Nachruf auf Leseur als Mitglied der Pariser Akademie). Ein Onkel wurde ebenfalls Mitglied im Orden der Minimen/Paulaner.

Lebenslauf

um 1718	Ordenseintritt
	Studium am Ordenskolleg S. Francesco di Paola ai Monti, Rom
	Dozent für Philosophie und Theologie in seiner Heimatprovinz
	Tätigkeit in Frankreich, dort Erlernung der Descartes'schen Theorie von der Materie
1734	Fortsetzung des Studiums am Ordenskolleg S. Francesco di Paola ai Monti, Rom (dort Freundschaft mit F. → Jacquier)
	Lektor für Theologie an S. Francesco di Paola ai Monti, Rom
1742	Mitarbeit an der statischen Sanierung der Kuppel der Petersbasilika (bis 1743)
[1743 Jan.]	Qualifikator des SO, Antrag auf Ernennung
	ACDF SO Priv. 1743-1749, Bl. 19 (Brief an den Papst gemeinsam mit F. → Jacquier); ACDF SO Decreta 1743, Bl. 29v
1743 Jan. 16	Qualifikator des SO, Ernennung
	ACDF SO Decreta 1743, Bl. 29v (Audienzdekret des Papstes: „attentis relationibus plurium censurarum... super variis libris"); ACDF SO St.St. II-2-m, o.Bl. („Nota de' Qualificatori e loro deputazione")
1743 Mai 29	Qualifikator des SO, Amtsantritt durch Eidesleistung
	ACDF SO Juramenta 1737-1749, o.Bl.
1751	Professor für Mathematik an der Universität Sapienza, Rom
1763	Präzeptor (mit F. Jacquier) des Infanten Don Ferdinando in Parma

Gutachten

(1742) Anonym [Petitpied, Nicolas]: Reflexions sur l'instruction pastorale de Monsieur l'évêque de Rhodez au sujet des erreurs de Jansenius [...]. - [S.l.] : [S.n.], 1740.
ACDF SO Vota CL I (1740-1757), Nr. 12, 13 S.

(1742) La Foi des appellans justifiée contre les calomnies [...]. - En France : [S.n.], 1740.
ACDF SO Vota CL I (1740-1757), Nr. 12, 16 S.

[1742 Febr. 15] Rimostranze avvanzate da due sacerdoti scomunicati [...]
ACDF SO Vota CL I (1740-1757), Nr. 10, 17 S.

(1752) Voltaire: La henriade : avec les variantes [...]. - [S.l., Paris?] : [S.n.], 1746.
ACDF SO CL 1752, Nr. 10, 5 S.

[1752 Apr. 19] Voltaire: Oeuvres [...]. - A Dresde : Chez George Conrad Walther Libraire Du Roi, 1748-1754.
ACDF SO CL 1752, Nr. 10, 17 S.

Eigene Werke

- Elemens du calcul intégral. - A Parme : Chez les Heritiers Monti, 1768. - 2 vol. ; Nouvelle édition. - A Parme : chez les frères Faure, 1799. - 2 vol. [gemeinsam mit F. → Jacquier]
- Mémoire sur le calcul integral. - Rome : chez les frères Pagliarini, 1748. - 52 S.
- Newton, Isaac: Philosophiae naturalis principia mathematica [...] / Perpetuis commentariis illustrata, communi studio PP. Thomae Le Seur & Francisci Jacquier [...]. - Genevae : Typis Barrillot & filii bibliop. & typogr., 1739-1742. - 3 vol. ; Editio altera, longe accuratior & emendatior. - Coloniae Allobrogum : sumptibus Cl. & Ant. Philibert bibliop., 1760. - 3 vol. ; Editio nova, summa cura recensita. - Glasguae 1822. - 4 vol. [Hg., gemeinsam mit F. Jacquier]
- Parere di due matematici sopra diversi progetti intorno al regolamento delle tre provincie di Bologna, Ferrara, e Romagna. Presentato all' eminentissimo, e reverendissimo signor Cardinal [P. P. →] Conti visitatore apostolico. - In Roma : Per il Bernabò, e Lazzarini, 1764. - XL S. [gemeinsam mit F. Jacquier; ND in: Raccolta d'Autori italiani che trattano del moto dell'acque. - Vol. 9. - Edizione quarta arrichita di molte cose inedite, e d'alcuni schiarimenti. - Bologna 1824, 351-377.]
- Parere di tre mattematici sopra i danni, che si sono trovati nella cupola di S. Pietro sul fine dell'anno MDCCXLII. Dato per ordine di Nostro Signore Papa Benedetto XIV. - [S.l.] : [S.n.], [1742]. - XXXVI S. [Gutachten gezeichnet S. XXXVI mit F. Jacquier und Ruggiero Giuseppe Boscovich SJ]
- Riflessioni [...] sopra alcune difficoltà spettanti i danni, e risarcimenti della cupola di S. Pietro proposte nella Congregazione tenutasi nel Quirinale a' 20 gennaro MDCCXLIII. E sopra alcune nuove ispezzioni [sic] fatte dopo la medesima Congregazione. - [S.l.]: [S.n.], [1743]. - LXIV S. [gemeinsam mit F. Jacquier und R. G. Boscovich SJ]

Literatur
- Bonnard, Fourier: Histoire du couvent royal de la Trinité du Mont Pincio à Rome. - Rome 1933, 178-186.
- Condorcet, Jean Antoine Nicolas: Le P. Le Seur, in: Ders.: Oeuvres completées sur les mss. originaux [...] publiées par Arthur Condorcet O'Connor. - 12 vol. - Paris 1847-1849 ; ND Stuttgart-Cannstatt 1968, vol. 2, 130-137.
- Conte, Emanuele (Hg.): I maestri della Sapienza di Roma dal 1514 al 1787. I rotuli e altre fonti (Fonti per la Storia d'Italia ; 116. Studi e Fonti per la storia dell'Università di Roma. N. S. ; 1). - 2 vol. - Roma 1991, 977.
- Cosatti, Lelio: Riflessioni [...] sopra il sistema dei tre RR. PP. Mattematici [T. Leseur, F. → Jacquier, R. G. Boscovich] e suo parere circa il patimento e risarcimento della gran cupola di S. Pietro. - In Roma : nella Stamperia del Bernabò, & Lazzarini, 1743.
- EBio 2 (1958), 56.
- EncEc 5 (1953), 706.
- Moretti, Gennaro: I due più illustri commentatori del Newton, in: OR Nr. 113 (15. Mai 1949), 3.
- Perelli, Tommaso: Risposta al parere de' padri Le Seur, e → Jacquier sopra i diversi progetti per il regolamento dell'acque delle tre provincie di Bologna, Ferrara e Romagna, in: Raccolta d'Autori italiani che trattano del moto dell'acque. - Vol. 9. - Edizione quarta arrichita di molte cose inedite, e d'alcuni schiarimenti. - Bologna 1824, 378-411.
- Roberti, Giuseppe Maria: Disegno storico dell'Ordine de' Minimi. Dalla morte del santo istitutore fino ai nostri tempi (1507-1902). - 3 vol. - Roma 1902-1922, hier: vol. 2, 807-811.

Liberio di Gesù OCD

Namensvariante Stefano Miglio (de' Milli)

Geboren 1646 Febr. 14 in Bellinzago bei Novara (Lombardei)
Gestorben 1719 Jan. 29 in Rom

Familie
Der spätere Pater Liberio (gelegentlich genannt: Libertano), Sohn von Giovanni Pietro Miglio (de Miliis, de' Milli) und Maria Gavitelli, stammte aus einem Haus mit sozialem Prestige (vgl. Sormani: Prolegomena, Bl. [4r]: „satis amplum genus"; Bartolomeo <da S. Angelo>: Collectio, 379), wobei freilich keine Adelstitel nachgewiesen sind (dagegen DThC 9, 659: „parents nobles"). Einer der Vorfahren, ein Milli, soll 1518 Unterhändler bei den Konflikten mit den Franzosen gewesen sein. Vgl. Sormani: Prolegomena, Bl. [4].

Lebenslauf
[um 1663] Ausbildung in einem Jesuitenkolleg
1669 Aug. 10 Ordenseintritt in Mailand

	Studium der Philosophie und Theologie in Bologna (für acht Jahre) Mitglied der Accademia dei Concili im Collegium Urbanum de Propaganda Fide und der Accademia Theologica der Universität Sapienza, Rom
1683	Professor für Kontroverstheologie am Missionskolleg des Ordens S. Pancrazio, Rom (bis 1719)
1700 Jan. 3	Studienpräfekt am Collegium Urbanum de Propaganda Fide (als Nachfolger von Kardinal G. M. → Gabrielli), Ernennung ASV SS Mem Bigl 155 (Schreiben SS an Mons. Fabroni, Entwurf)
[1700]	Relator der CIndex, Antrag auf Ernennung ACDF Index Prot. 59 (1699-1700), Bl. 288
1700 März 23	Relator der CIndex, Ernennung ACDF Index Diari 11 (1696-1700), Bl. 121v; ACDF Index Prot. 81 (1737-1740), Bl. 438v
[1702]	[Konsultor der CIndex]
1704	[Qualifikator des SO]
1704 Febr. 21	Verbot des ersten Bandes seines Werkes „Controversiae dogmaticae" durch das SO („donec corrigatur"; Publikation des Verbotes auf dem Bando des SO vom 4. März 1704) ACDF Index Prot. 64 (1703-1704), Bl. 312 (Bando des SO)

Gutachten

(1702 Feb. 13)	Hardt, Hermann von der: Magnum Oecumenicum Constantiense Concilium De Universali Ecclesiae Reformatione, Unione, Et Fide [...]. - Francofurti Et Lipsiae : In Officina Christiani Genschii ; Helmestadi[i] : Typis Salmoniis Schnorrii, 1700. ACDF Index Prot. 61 (1701-1702), Bl. 373r-375r, 5 S.
1703 Jan. 15	Strozzi, Tommaso: Controversia della concezione della Beata Vergine Maria [...]. - In Palermo : presso Giuseppe Gramignani stampatore del regio palazzo, 1700. ACDF SO CL 1703, Nr. 10, Bl. 211r-213v, 6 S.
[1704 März 13]	Comazzi, Giovanni Battista: La Mente Del Savio [...]. - In Vienna : appresso gli Heredi del Viviani, 1685. ACDF SO CL 1704-1705, Nr. 7, Bl. 99r-100r, 3 S.
(1705 März 23)	Theatrum Chemicum, Praecipuos Selectorum Auctorum Tractatus De Chemiae Et Lapidis Philosophici Antiquitate, veritate, jure, praestantia, & operationibus, continens [...]. - Argentorati : Sumptibus Heredum Eberh. Zetzneri, 1659-1661. (Bd. 3, 4, 6) ACDF Index Prot. 65 (1704-1705), Bl. 402r-403v, 4 S.

Eigene Werke

- Controversiae dogmaticae adversus haereses utriusque orbis occidentalis, et orientalis explicatae alumnis seminarii s. Pancratii fratrum Carmelitarum discalceatorum apud sanctum Pancratium de Urbe [...]. - In tres tomo distributae. - Romae : typis, & sumptibus Cajetani Zenobii, & Georgii Plachi, 1701. - 3 vol.

- Controversiae dogmaticae adversus haereses utriusque orbis occidentalis, et orientalis explicatae alumnis seminarii s. Pancratii fratrum Carmelitarum discalceatorum apud sanctum Pancratium de Urbe [...]. - In tres tomos distributae. - Romae : ex typographia Bernabò, 1710. - 3 vol. [zu Bd. 1: „Hoc opus Sacrae Congregationis Sancti Officii decreto jam suspensum donec corrigatur, nunc eadem Sacra Congregatione permittente correctum, denuo in lucem prodit."]
- Controversiarum scholastico-polemico-historico-criticarum [Tomus Primus (-Octavus)]. - Mediolani : ex typographia Petri Francisci Malatestae, 1743-1757. - 8 vol.
- Dissertatio theologica de matrimonio clandestino [...]. - Romae : Ex typographia Io. Francisci Buagni, 1699. - 47 S.
- Foedus timoris et amoris Dei in ministerio sacramentalis reconciliationis hominis ad Deum : Scholastico-dogmatice propugnatum, ac exhibitum alumnis seminarii s. Pauli [...] Opus praeambulum ad controversias polemicas de sacramento Poenitantiae, adversus sectarios [...]. - Romae : typis Dominici Antonii Herculis, 1713. - XII, 578, [2] S.

Literatur
- Ambrosius <a Sancta Teresia>: Bio-bibliographia missionaria ordinis Carmelitarum Discalceatorum 1584-1940. - Romae 1941, Nr. 375.438.486.559. [Auszug aus: AOCD 14 (1939)-16 (1941)]
- Bartolomeo <da S. Angelo>: Collectio scriptorum Ordinis Carmelitarum Excalceatorum utriusque congregationis et sexus cui accedit supplementum scriptorum Ordinis qui aut obliti fuerunt aut recentius vixerunt auctore et collectore P. F. Henrico M. a SS. Sacramento. Accedunt insuper Catalogus episcoporum, index praepositorum generalium et Prospectus provinciarum et coenobiorum ordinis. - 2 vol. - Savonae 1884, hier: vol. 1, 379-381.
- DThC 9 (1926), 659f. von P. Anastase de S. Paul.
- EncEc 5 (1953), 754.
- Hurter, Hugo: Nomenclator literarius theologiae catholicae theologos exhibens aetate, natione, disciplinis distinctos. - Editio tertia, emendata et aucta. - 5 vol. - Oeniponte 1903-1913, hier: vol. 4, 372.685-688.
- LThK 6 (1934), 549 von A. Hofmeister; 6 (1961), 1016 von G. Mesters.
- Martialis <a Sancto Johanne Baptista>: Bibliotheca scriptorum, utriusque congregationis et sexus Carmelitarum excalceatorum. - Bordeaux : Ex typographia Petri Sejourne, 1730 ; ND Farnborough ; Hants 1968, 276f.
- Mercati, Angelo ; Pelzer, Auguste P. M. J. (dir.): DizEc. - 3 vol. - Torino 1953-1958, hier: vol. 2, 680.
- Reusch, Franz Heinrich: Der Index der verbotenen Bücher. Ein Beitrag zur Kirchen- und Literaturgeschichte. - 2 Bde. - Bonn 1882 ; ND Aalen 1967, hier: Bd. 2, 691.
- Sormani, Nicola: Prolegomena, in: Liberio di Gesù: Controversiarum scholastico-polemico-historico-criticarum [...]. - Tomus primus [...]. - Mediolani : ex typographia Petri Francisci Malatestae, 1743, Bl. [4-11].
- Wetzer-Welte 7 (1891), 1959f. von Streber.
- Wolf, Hubert (Hg.): Systematisches Repertorium zur Buchzensur. Römische Inquisition 1701-1814. Bearbeitet von Bruno Boute und Cecilia Cristellon (Römische In-

quisition und Indexkongregation Grundlagenforschung II: 1701-1814). - Paderborn 2009, 53.
* [Villiers de Saint-Étienne, Cosme de]: Bibliotheca Carmelitana, notis criticis et dissertationibus illustrata [...]. - Aurelianis : excudebant M. Couret de Villeneuve et Joannes Rouzeau-Montaut, 1752. - 2 vol. ; ND Rom 1927, hier: vol. 2, 252f.

Filippo Liberti

Geboren	in [Rom]
Gestorben	1810

Lebenslauf

[1770]	Pfarrer von S. Lorenzo ai Monti, Rom
um 1774	Esaminatore del clero romano
	Prediger in Rom, Turin, Florenz, Pisa
[1785]	Qualifikator des SO, Antrag auf Ernennung
	ACDF SO Priv. 1784-1786, Nr. 50 (Bewerbung Libertis o.D.)
1785 Sept. 28	Qualifikator des SO, Ernennung
	ACDF SO Priv. 1784-1786, Nr. 50
1788 Dez. 18	Mitglied der Sonderkommission zur Untersuchung der Synode von Pistoia
	Esaminatore der Dataria
1797	Sekretär des Vikariats des Bistums Rom und Kanoniker an S. Anastasia, Rom (bis 1808)
	Pro-Vicegerente in Rom

Gutachten

(1787)	Calà, Carlo: De contrabannis clericorum in rebus extrahi prohibitis a Regno Neapolitano [...]. - [Napoli] : [S.n.], [1646?].
	ACDF SO CL 1786-1788, Nr. 7, 31 S. und 29 S.
(1788)	Minucci, [...]: Gli Ugonotti ovvero Intolleranza. - [S.a.]. (Manuskript)
	ACDF SO CL 1788-1793, Nr. 2, Bl. 73, 2 S.
(1789)	Iuncta <Bevegnatis>: Leggenda della vita, e miracoli di S. Margarita da Cortona [...]. - [S.a.]. (Manuskript)
	ACDF SO CL 1788-1793, Nr. 3, Bl. 104r-113r, 19 S.
(1801)	Masdeu, Juan Francisco: Theses ad docoratum [...].
	ACDF SO CL 1797-1802, Nr. 2, 3 S.

Literatur
* Moroni 99 (1860), 80.
* Rocciolo, Domenico: Il Vicariato di Roma tra rivoluzione e seconda restaurazione (1798-1814), in: Boutry, Philippe u.a. (Hg.): Roma negli anni di influenza del dominio francese 1798-1814. Rotture, continuità, innovazioni tra fine Settecento e inizi

Ottocento (Studi e strumenti per la storia di Roma ; 3). - Napoli ; Roma 2000, 159-172, hier: 163.169. [„morì nei primi mesi del 1810"]
- Stella, Pietro (Hg.): Il giansenismo in Italia. Bd. 2/1: Roma. La bolla „Auctorem fidei" (1794) nella storia dell'Ultramontanismo. Saggio introduttivo e documenti. - Roma 1995, LXIf.444 u.ö.

Carlo Livizzani

Geboren   1722 Nov. 1 in Modena
Gestorben   1802 Juli 1 in Rom

Familie

Als Sohn des marchese Ippolito und der contessa Teresa Forni gehörte der spätere Kardinal zum Stadtpatriziat von Modena. Er wurde von seinem Onkel, Kardinal Giuseppe Livizzani (gest. 1754), nach Rom geholt und im Collegio Nazareno erzogen. Dieser Kardinal Livizzani senior gehörte um 1740 in Rom zu den Vertretern einer gemäßigten Reform der päpstlichen Herrschaft, denen man auch den Neffen Carlo zurechnen kann. Vgl. Pásztor: Livizzani.

Lebenslauf

	Ausbildung im Collegio Nazareno, Rom (eingeladen nach Rom von seinem Onkel, Kardinal Giuseppe Livizzani)
1740 Aug. 18	Sekretär der Memoriali
	ASV SS Mem Bigl 175
1741 Apr. 4	Rede in der Cappella pontificia im Beisein → Benedikts XIV.
1743 [Sept. 10]	Apostolischer Protonotar
	ASV SS Mem Big 181 (Vermerk SS „Nota delle proviste delle cariche")
1746 Mai 14	Rede in der Cappella pontificia im Beisein Benedikts XIV.
1747	Überbringer des Kardinalbiretts an Manuel d'Atalaja in Lissabon
1753 Jan. 11	Referendar der Signaturen
1753 Jan. 13	Prelato domestico
	ASV SS Mem Bigl 193
1753 Nov. 26	Ponente der CBuonGov
	ASV SS Mem Bigl 193
1759 Sept. 24	Votante der Signatura Iustitiae
	ASV SS Mem Bigl 204
1766 Sept. 26	Kleriker der Apostolischen Kammer
	ASV SS Mem Bigl 211
1775 Apr. 25	Präfekt der Annona
1778 Juni 4	Kanoniker an S. Maria Maggiore, Rom
	ASV SS Mem Bigl 229
1778 Juni 6	Präsident der päpstlichen Legation von Urbino

1785 Febr. 14	Kardinal
1785 Apr. 11	Zuteilung der Titelkirche S. Adriano
1785 Apr. 11	Mitglied der CConcilio, CEpReg, CBuonGov und CAcque
	ASV SS Mem Bigl 242
	Präfekt der CAcque
1791 Apr. 2	Mitglied der CIndex, Ernennung
	ASV SS Mem Bigl 254 (Schreiben SS an Livizzani, Entwurf)
1793 Febr. 1	Mitglied der CRiti
	ASV SS Mem Bigl 261
1793 Dez. 8	Mitglied des SO, Ernennung
	ASV SS Mem Bigl 258 (Schreiben SS an Livizzani, Entwurf)
1793 Dez. 9	G. → Marchetti, Theologus von Livizzani, Amtsantritt durch Eidesleistung
	ACDF SO Extens. 1749-1808 = ACDF SO St.St. Q-1-q, Bl. 296r
1793 Dez. 11	Antonio Bassi, Auditor von Livizzani, Amtsantritt durch Eidesleistung
	ACDF SO Extens. 1749-1808 = ACDF SO St.St. Q-1-q, Bl. 296v
1794 Apr. 13	Priesterweihe
1794 Juli 8	Ignazio Costa, Sekretär von Livizzani, Amtsantritt durch Eidesleistung
	ACDF SO Juramenta 1777-1796, o.Bl.; ACDF SO Extens. 1749-1808 = ACDF SO St.St. Q-1-q, Bl. 296v („8. Jan.")
1794 Aug. 7	Mitglied der CProp
	ASV SS Mem Bigl 259
1798	Vertreibung aus Rom durch die französischen Truppen, Aufenthalt in Modena
1799 Dez.	Teilnahme am Konklave in Venedig (bis März 1800)
1800 Juli	Rückkehr nach Rom
1801 Juni 23	Urbano Fontia, Sekretär von Livizzani, Amtsantritt durch Eidesleistung
	ACDF SO Extens. 1749-1808 = ACDF SO St.St. Q-1-q, Bl. 306v

Eigene Werke
- De gloriosissima Christi Domini ascensione oratio habita Prid. Id. Maii MDCCXLIV. in sacello pontificio ad SS. Dominum Nostrum Benedictum XIV. - Romae : ex typographia Nicolai, et Marci Palearini, 1744. - 15 S.
- De gloriosissima Christi Domini resurrectione oratio habita Prid. Non. Aprilis MDCCXLI. in sacello pontificio [...]. - Romae : typis Joannis Zempel, [1741]. - XV S.

Literatur
- Bernabei, Nicola: Vita del cardinale Giovanni Morone, vescovo di Modena e biografie dei cardinali modenesi e di Casa d'Este, dei cardinali vescovi di Modena e di quelli educati in questo Collegio di San Carlo. - Modena 1885, 273-279.
- Forcella, Vincenzo: Iscrizioni delle chiese e d'altri edifici di Roma dal secolo XI fino ai giorni nostri. - 14 vol. - Roma 1869-1884, hier: vol. 9, 87, Nr. 170.

- Hierarchia Catholica 6, 35.
- Moroni 39 (1846), 79f.
- Pásztor, Lajos: Giuseppe Livizzani sul governo pontificio nel Settecento, in: AHP 24 (1986), 233-272.
- Pelletier, Gérard: Rome et la Révolution française. La théologie et la politique du Saint-Siège devant la Révolution française (1789-1799) (Collection de l'École Française de Rome ; 319). - Rome 2004, 617f.
- Weber, Christoph (Bearb.): Die päpstlichen Referendare 1566-1809. Chronologie und Prosopographie (PuP ; 31/1-3). - 3 Bde. - Stuttgart 2003-2004, hier: Bd. 2, 693.
- Weber, Christoph (Hg.): Legati e governatori dello stato pontificio (1550-1809) (Pubblicazioni degli Archivi di Stato. Sussidi ; 7). - Roma 1994, 738f.
- Weber, Christoph: Genealogien zur Papstgeschichte. Unter Mitwirkung von Michael Becker bearbeitet (PuP ; 29/1-6). - 6 Bde. - Stuttgart 1999-2002, hier: Bd. 2, 567.

Calisto Maria Lodigieri OSM

Geboren 1643 März 19 in Orvieto
Gestorben 1710 März 4 in Montepulciano (Toskana)

Familie
Der spätere Ordensgeneral entstammte der Patrizierfamilie Lodigieri in Orvieto, und zwar als Sohn des conte Cornelio, wie beim Antritt als Theologus des SO in Rom 1682 notiert wurde.

Lebenslauf
1666 Juni 19 Priesterweihe
1669 Juni 26 Magister theol. in Rom
Professor für Theologie in verschiedenen Kollegien des Ordens
Provinzial der Ordensprovinz Rom (zweimal)
Studienregent am Collegium Gandavense, Rom
1682 Dez. 16 Theologus [Qualifikator] des SO, Amtsantritt durch Eidesleistung in Rom
ACDF SO Extens. 1680-1690 [-1707] = ACDF SO St.St. Q-1-p, Bl. 59r („deputatus Theologus", „ad discutienda dubia transmissa ab Archiep. Antibaren. circa baptismum petitum a Turchis pro eorum infantibus")
1702 Apr. 1 Generaloberer des Ordens (bis 1707)
1707 Apr. 11 Bischof von Montepulciano

Eigene Werke
- Assertiones ex universa theologia sub felicissimis auspiciis Clementis IX. pontificis maximi propugnandae pro laurea theologica [...] ad mentem doctoris solemnis Henrici Gandavensis [...] iuxta expositionem habitam ab [...] Georgio → Soggia Turrita-

no eiusdem Ordinis [....]. Disputabuntur publice Romae in ecclesia S. Marcelli [...]. - Romae : ex typographia Jgnatij de Lazaris, 1669. - [4] Bl., 39 S., [1] Bl.
- De qualitate praesentiae parochi ad abijciendam matrimoniorum clandestinitatem dubia quatuor [...] discussa. - Romae : ex typographia Reverendae Camerae Apostolicae, 1699. - 56 S.
- Disputationum theologicarum tomus primus. - Romae : typis Jo. Jacobi Komarek, 1698. [fortgeführt in zwei weiteren Bänden von Benedetto Angelo Maria Canali, Lucca 1722-1724]
- La corona dei pianeti, oda panegirica nella canonizzazione del santo Filippo Benizi propagatore dell'ordine de' Servi. - In Roma : per Angelo Bernabo, 1671. - [2], 26 S.

Literatur
- Branchesi, Pacifico M. ; Montagna, Davide M.: Bibliografia dell'Ordine dei Servi. - 3 Vol. - Bologna 1971-1973, hier: vol. 3, 139.142.
- Febei, Giovanni Battista: Notizie di scrittori Orvietani, in: Archivio storico per le Marche e per l'Umbria 3 (1886), 345-418.
- Garbi, Luigi Maria ; Bonfrizieri, Placido Maria: Annalium sacri Ordinis fratrum servorum b. Mariae Virginis. Tomus Tertius. - Lucae : typis Marescandoli, 1725, 462-488.
- Hierarchia Catholica 5, 275.
- Orsini, Filippo ; Bettoja, Maurizio: Lo stemmario Cartari dell'archivio dell'Opera del duomo di Orvieto, in: Bollettino dell'Istituto Storico Artistico Orvietano 50-57 (1994-2001), 501-553, hier: 533.
- Roschini, Gabriele Maria: Galleria Servitana. - Roma 1976, 382-383.
- Santagata, Filippo Alessandro: Il dolore e l'allegrezza al funerale dell'illustrissimo e reverendissimo monsignore Calisto Lodigieri. Orazione fatta il giovedi dopo Pasqua dell'anno 1710. nella Chiesa de Padri de Servi d'Orvieto. - In Parma : per Paolo Monti, 1711. - [14] S.
- Ughelli 1, 1006.

Gustavus Joannes Franciscus Lohremann

Geboren	1678 in [Schweden]
Gestorben	1748 Jan. 21 in Rom

Lebenslauf

	Schwedischer Offizier
ab 1698	Aufenthalt in Rom
	Priesterweihe in Rom
	Cameriere segreto unter Clemens XI.
1707 Juni 7	Relator der CIndex, Ernennung
	ACDF Index Diari 13 (1704-1708), Bl. 124v; ACDF Index Prot. 81 (1737-1740), Bl. 439v (hier: 7. Juni 1706 als „Ab.te Gustavo")
	Kanoniker an S. Maria in Trastevere, Rom

Eigene Werke
- Mille conclusiones theologicae ad mentem, et literam angelici doctoris divi Thomae Aquinatis. - Romae : ex typ. Cajetani Zenobii, 1704. - [4], 21 S.
- Perpetuitas fidei catholicae contra asserta dogmata a Luthero et lutheranis. - Romae : typ. Sacrae Congregationis de Propag. Fide, 1698. - [8], 23 S.

Literatur
- Björnståhl, Jacob Jonas: Briefe aus seinen ausländischen Reisen an den Königlichen Bibliothekar C. C. Gjörnwell in Stockholm. Aus dem Schwedischen übersetzt von Just Ernst Groskurd. Zweyte verbesserte Auflage. - Leipzig ; Rostock : bey Johann Christian Koppe, 1780-1783. - 6 vol. ; Mikrofilm-Ausg. Berlin 2005, hier: vol. 2, 61.
- Maier, Anneliese: Leibnizbriefe in italienischen Bibliotheken und Archiven, in: QFIAB 27 (1936-1937), 267-282, hier: 273.
- Noack, Friedrich: Das Deutschtum in Rom seit dem Ausgang des Mittelalters. - 2 Bde. - Stuttgart 1927 ; ND Aalen 1974, hier: Bd. 2, 364.
- Svenska Män och Kvinnor. Biografisk uppslagsbok. - 8 vol. - Stockholm 1942-1955, hier: vol. 5. [zur Familie]
- Wernicke, Michael Klaus: Kardinal Enrico Noris und seine Verteidigung Augustins (Cassiciacum ; 28). - Würzburg 1973, 113.

Emanuele Lopez CCRRMM

Geboren um 1700
Gestorben 1777 Nov. 29 in Rom

Lebenslauf
1736 Apr. 28 Relator des SO, Ernennung
    ACDF SO Juramenta 1725-1736, o.Bl.
    Generalprokurator des Ordens in Rom
    Professor am Collegium Urbanum de Propaganda Fide, Rom

Unveröffentlichte Quellen
Galletti 3, Vat. Lat. 7881, Bl. 72; ACDF SO St.St. II-2-m, o.Bl. (Liste „Teologi Regolari ai quali si può commettere la Revisione e qualificazione de' libri", um 1770)

Giovanni Paolo Lorenzetti CCRRMM

Geboren um 1670 in [Rom]

Lebenslauf
    Studium der Philosophie und Theologie
    Kanoniker von S. Lorenzo in Lucina, Rom

	Provinzialsekretär des Ordens
1700 März 23	Relator der CIndex, Antrag auf Ernennung
	ACDF Index Prot. 59 (1699-1700), Bl. 290r (Bewerbung Lorenzettis o.D. mit Angaben zum Lebenslauf); ACDF Index Diari 11 (1696-1700), Bl. 122r (mit Vermerk: ernannt 1702)
[1702]	Relator der CIndex, Ernennung
	ACDF Index Diari 11 (1696-1700), Bl. 122r; ACDF Index Prot. 81 (1737-1740), Bl. 438v (hier Ernennung: 23. März 1700!)
	Mitglied der Accademia dell'Arcadia, Rom (als „Carillo Carmonio")

Literatur
- Giorgetti Vichi, Anna Maria (Hg.): Arcadia, Academia letteraria italiana. Gli Arcadi dal 1690 al 1800. Onomasticon. - Roma 1977, 49.

Tommaso Maria de Luca da Molfetta OP

Geboren um 1707 in Molfetta (Apulien)

Lebenslauf
1745 Febr. 13	Revisor des SO, Amtsantritt durch Eidesleistung
	ACDF SO Juramenta 1737-1749, o.Bl. (de Luca 38 Jahre alt)
1759 Apr. 19	Konsultor der CRiti
	ASV Mem Bigl 203

Gutachten
[1745 März 17]	Anonym: Breve ragguaglio della Vita e Santa morte di Suor Maria Angelica [...]. - [ca. 1744]. (Manuskript)
	ACDF SO CL 1744-1745, Nr. 14, 3 S.
[1747 Jan. 11]	Besombes, Jacques: Moralis Christiana Ex Sciptura Sacra [...]. - [Mutinae] ; prostant Venetiis : [apud Simonem] Occhi, 1745.
	ACDF SO CL 1746-1747, Nr. 14, 3 S.
(1753 Dez. 18)	Mead, Richard: Medica Sacra: Sive, De Morbis Insignioribvs [...]. - Londini : Prostant apud Joannem Brindley, 1749.
	ACDF Index Prot. 84 (1753-1754), Bl. 54r-55v, 4 S.

Luca dell'Assunta (dell'Assunzione) OAD

Geboren um 1682

Lebenslauf

Lektor für Theologie an Gesù e Maria al Corso, Rom
Revisor beim Magister S. Palatii

Luca dell'Assunta

1718	Relator der CIndex, Antrag auf Ernennung ACDF Index Prot. 71 (1715-1721), Bl. 443r (Bewerbung P. Lucas o.D. mit Angaben zum Lebenslauf)
1718 Juli 18	Relator der CIndex, Ernennung ACDF Index Diari 14 (1708-1721), Bl. 113v; ACDF Index Prot. 81 (1737-1740), Bl. 441r („19." Juli)
1723 Apr. 5	Konsultor der CIndex, Ernennung ACDF Index Diari 15 (1721-1734), Bl. 18v; ASV SS Mem Bigl 156 („17." Apr.)
1728 Mai 24	Theologus von Kardinal G. → Selleri, Amtsantritt durch ACDF SO Juramenta 1725-1736, o.Bl.

Gutachten

(1720 Apr. 23)	Acta eruditorum : [...]. - Lipsiae : Grosse & Gleditsch, (1716). ACDF Index Prot. 71 (1715-1721), Bl. 672r-674v, 6 S.
(1722 Jan. 26)	Durantis, Guilelmus ; Hervet, Gentian ; Nicolaus <de Clemangiis>: Tractatus De Modo Generalis Concilii Celebrandi Per Guillelmum Durandum, Episcopum Mimatensem, iussu Clementis quinti summi Pontificis editus, & Concilio Viennensi oblatus [...] . - Parisiis : Apud Franciscum Clousier, Bibliopolam [...], 1671. ACDF Index Prot. 72 (1721-1723), Bl. 148r-150v, 6 S.
(1722 Apr. 27)	Acta eruditorum : [...]. - Lipsiae : Grosse & Gleditsch, (1718). ACDF Index Prot. 72 (1721-1723), Bl. 176r-178r, 5 S.
(1722 Nov. 23)	Castiglione, Giuseppe Antonio: Dodici Conclusioni Cristiane, Morali, Legali, E Cavalleresche Sostenute contro i vani puntiglj del Volgo Dalla comune Dottrina degli Scrittori dell'Onore [...]. - In Milano : Per Marc'Antonio Pandolfo Malatesta, 1715. ACDF Index Prot. 72 (1721-1723), Bl. 287r-291v, 10 S.
(1723 Apr. 5)	Thomas <a Kempis>: De Christo imitando contemnendisque mundi vanitatibus libellus [...]. - Londini : apud F. Nicolson & W. Taylor, 1709. ACDF Index Prot. 72 (1721-1723), Bl. 317r-319v, 6 S.
[1726 Apr. 10]	Anonym [Bellisomi, Francesco]: Dell'Autorità Degl' Imperatori Nel Governo Esteriore [...]. - [S.l.] : [S.n.], 1724. ACDF SO CL 1724-1728, Nr. 21, 10 S.
(1726 Apr. 30)	Basnage, Samuel: Annales politico-ecclesiastici annorum DCXLV a Caesare Augusto ad Phocam usque [...]. - Roterodami : Typis Regneri Leers, 1706. ACDF Index Prot. 74 (1726), Bl. 131r-133r, 5 S.
(1728 Nov. 9)	Chiesa, Stefano: Epistolica dissertatio Scoti-Thomistica super facti quaestione utrum doctor Angelicus revera docuerit pluribus in locis b.v. fuisse immunem ab originali culpa? [...]. - Tarvisii : ex typographia Gasparis Plantae, 1726. ACDF Index Prot. 76 (1727-1728), Bl. 388r-390r, 5 S.

(1737 Jan. 14)	Morhof, Daniel Georg: Polyhistor, Literarius, Philosophicus Et Practicus [...]. - Lubecae : Sumtibus Petri Boeckmanni, 1732. ACDF Index Prot. 79 (1734-1735), Bl. 303r-306r, 7 S.
(1737 Dez. 10)	C., J. Th. [Canz, Israel Gottlieb]: Philosophiae Leibnitianae et Wolfianae usus in theologia per praecipua fidei capita [...]. - Francofurti ; Lipsiae : sumpt. Christoph. Henr. Bergeri, 1733-1735. ACDF Index Prot. 81 (1737-1740), Bl. 16r-20r, 9 S.

Carlo Lucarelli OSBSilv

Gestorben   nicht vor Mai 1758

Lebenslauf

	Abt von S. Stefano del Cacco, Rom
	Konsultor der CRiti
1733 Juni 9	Relator des SO, Amtsantritt durch Eidesleistung ACDF SO Juramenta 1725-1736, o.Bl.

Literatur

- Puccetti, Pietro Maria: Ristretto di ciò che appartiene al sagrifizio della santa messa utile a quei, che celebrano, ed a quei che assistono a questo sagrifizio [...]. - In Roma : appresso Giuseppe, e Nicola Grossi, 1758. - [3] Bl., 283 S. [darin (Bl. 3v) Gutachten Lucarellis zur Druckerlaubnis vom 18. Apr. 1758]

Giovanni Lorenzo Lucchesini SJ

Geboren   1638 in Lucca
Gestorben   1716 Febr. 28 in Rom

Familie

Der Jesuit, Sohn des Botschafters Federico, stammte aus einer patrizischen Familie in Lucca, aus der mehrere Diplomaten und Schriftsteller hervorgegangen sind. Ein Bruder des Paters, G. V. → Lucchesini (1629-1699), Generaloberer seines Ordens und Bischof, beantragte 1689 die Übertragung seines Amtes als Qualifikator des SO an den hier interessieren Jesuiten Giovanni Lorenzo. Zu den engeren Verwandten gehören Federico Lucchesini OSM (1621-1674), Prior des Ordenskonventes in Lucca, der Schriftsteller Carlo Lucchesini SJ (1642-1720), Rektor des irischen Kollegs in Rom, sowie Scipione Lucchesini, Botschafter der Republik Lucca in Florenz bis 1694 und Vater des Schriftstellers Prälat G. V. → Lucchesini (1660-1744).

Lebenslauf

1652	Ordenseintritt
1675 Aug. 15	Ordensprofess (viertes Gelübde)
	Professor für Rhetorik (innerhalb seiner Ausbildung)
	Studienpräfekt am Collegium Graecum S. Athanasii, Rom
	Zensor im Auftrag der Magistri S. Palatii D. M. → Pozzobonelli und T. M. → Ferrari
1689 [Dez.]	Qualifikator des SO, Antrag auf Ernennung
	ACDF SO Priv. 1669-1699, Bl. 584 (Schreiben G. V. → Lucchesinis o.D. an den Papst mit der Bitte, den Bruder als seinen Nachfolger als Qualifikator zu ernennen)
1689 Dez. 19	Qualifikator des SO, bedingte Nominierung
	ACDF SO Priv. 1669-199, Bl. 585v (Dekret des SO mit der Empfehlung an den Papst, Lucchesini zu ernennen, falls der im Aug. 1689 zum Qualifikator ernannte Ordensbruder N. M. → Pallavicini sein Amt niederlege)
1693 Febr. 10	Relator der CIndex, Ernennung
	ACDF Index Diari 10 (1692-1696), Bl. 21r; ACDF Index Prot. 50 (1692-1693), Bl. 263r (Liste der am 10. Febr. 1693 zu ernennenden Relatoren: „la Congregazione approva tutti"); ACDF Index Prot. 81 (1737-1740), Bl. 438r
[1696]	Konsultor der CRiti

Eigene Werke

- De Jansenianorum haeresi eorumque captiosis effugiis a sac. Tridentino Concilio in antecessum damnatis, neque solum proscriptis famosis quinque propositionibus, sed etiam diruto universo theologico Jansenii systemate. Enchiridium. - Romae : typis Georgii Plachi, 1705. - [7] Bl., 164 S., [6] Bl. [fortgesetzt durch die „Polemica", s.u.]
- Demonstrata impiorum insania sive nova copia: et series centum evidentium signorum verae fidei oculis subiicientium veritatem ecclesiae romanae sacraeque monarchiae pontificis maximi, argumentis plusquam mille debellantium schismaticos et haereticos, et aliis plus quam ducentis evertentium directe ac singillatim atheos, theistas, judaeos, mahometanos [...]. - Romae : typis rev. Camerae Apost., Sumptibus Nicolai Angeli Tinassii, 1688. - [4] Bl., 643 S., [11] Bl. [ND in „Operum", s.u., vol. 1]
- Operum tomus primus (-secundus) [...]. - Romae : ex typographia Georgii Plachi, 1714-1715. - 2 vol.
- Polemica historia Jansenismi contexta ex bullis, & brevibus pontificiis, literis cleri Gallicani, Sorbonae decretis, aliisque authenticis actis, quae omnia, nullo adempto verbo, dantur in fine voluminis, in quo statuitur judicandum esse infallibili actu fidei divinae, quod in Jansenii libro sensus, & doctrina haeretica contineatur [...]. Enchiridii pars secunda, & tertia. - Romae : typis Georgii Plachi, 1711. - 2 vol. [Forts. von „De Jansenianorum haersi", s.o.]
- Roma è guida al cielo: cioè Memoria locale di segni manifesti della vera fede svegliata per fissargli in mente a' forestieri privi di essa, che vengono a Roma. - In Roma : nella stamperia della Rev. Cam. Apost., 1698. - [6] Bl., 92 S.

- Sacra monarchia S. Leonis Magni pontificis max. passim, & ubique fulgens in polemica historia concilii Chalcedonensis, ex qua in lucem profertur tota vis, quae latebat in actis et authenticis literis ad eamdem synodum pertinentibus; et mendacissima pronunciata Petri Suavis Paolo [Paolo Sarpi] de aristocratia forma regiminis antiquae Ecclesiae [...]. - Romae : typis Reverendae Camerae Apostolicae, 1693. - [7] Bl., 380 S., [28] Bl. [ND in „Operum", s.o., vol. 2]
- Saggio della sciocchezza di Nicolò Macchiauelli scoperta eziandio col solo discorso naturale, e con far vedere dannose anche a gl'interessi della terra le principali sue massime, in venti lezioni sacre sopre il principio de' Proverbi di Salomone [...] dette nella chiesa del Giesù di Roma. - In Roma : nella stamperia della reverenda Camera Apostolica, 1697. - 357 S., [2] Bl. [lat. Vorträge Jan. bis Juni 1696]
- Serenissimo Galliarum Delphino Ludovici XIV. regis christianissimi filio genethliacon dictum in aula Collegii Romani. - omae : typis Ignatij de Lazaris, 1662. - 26 S.
- Silvarum liber primus, sive Exercitationes oratoriae anni 1670. - Romae : sumptibus Nicolai Angeli Tinassij, 1671. - 346 S., [28] Bl.
- Specimen didascalici carminis et satyrae. - Romae : sumptibus Nicolai Angeli Tinassij, 1672. - 89 S., [4]

Literatur
- DThC 9 (1926), 1019f. von É. Amann.
- EncEc 6 (1955), 54.
- Fejér, Josephus: Defuncti secundi saeculi Societatis Jesu (1641-1740). - 5 vol. - Romae 1985-1990, hier: vol. 3, 189.
- Hurter, Hugo: Nomenclator literarius theologiae catholicae theologos exhibens aetate, natione, disciplinis distinctos. - Editio tertia, emendata et aucta. - 5 vol. - Oeniponte 1903-1913, hier: vol. 4, 693-695.
- Inghirami, Francesco: Storia della Toscana. Compilata ed in sette epoche distribuita. - 16 vol. - [Fiesole] 1841-1844, hier: vol. 13, 277f.
- Lucchesini, Cesare: Della storia letteraria del ducato lucchese libri sette (Memorie e documenti per servire all'istoria del Principato lucchese ; 9-10). - 2 vol. - Lucca 1825-1831, hier: vol. 2, 320-322.
- Panella, Antonio: Gli antimachiavellici (Biblioteca storica Sansoni ; N.S. 8). - Firenze 1943, 78-83.
- Parini, Giuseppe: Poesie e prose. Con appendici di poeti satirici e didascalici del settecento. A cura di Lanfranco Caretti (La Letteratura italiana. Storia e testi ; 48). - Milano ; Napoli 1951, 671-674.
- Rivière, Ernest-Marie: Corrections et additions à la Bibliothèque de la Compagnie de Jesús. Supplément au „De Backer-Sommervogel". - 4 Fasc. - Toulouse 1911-1930, hier: fasc. 4, 1141.
- Sommervogel 5 (1894), 151-159.

Giovanni Vincenzo Lucchesini

Geboren 1660 Mai 29 in Lucca
Gestorben 1744 Okt. 28 in Rom

Familie

Giovanni Vincenzo Lucchesini stammte aus einem patrizischen Haus in Lucca, dem auch der gleichnamige Qualifikator des römischen SO, Bischof G. V. → Lucchesini (gest. 1698), sowie dessen Bruder G. L. → Lucchesini (gest. 1716) angehörten. Ein weiterer Bruder wurde Vater des hier interessierenden Prälaten Giovanni Vincenzo: Scipione Lucchesini, 1664 Gesandter der Republik Lucca in Neapel und später Botschafter Luccas beim Herzog der Toskana. Dieser holte seinen Sohn nach dem Studium zu sich nach Florenz für eine diplomatische Ausbildung. Nach dem Tod des Vaters (1694?) zog der Sohn nach Rom und lebte dort später zusammen mit seinem Neffen Lucchesino Lucchesini. Dessen jesuitenfeindliche Schrift „Memorie istorico-ecclesiastiche", gedruckt 1782 angeblich in „Konisberga" (auch „Eliopoli", richtig: Siena 1782; dazu Tipaldo: Biografia 6, 426), wurde 1784 in Rom indiziert. Vgl. Wolf (Hg.): Repertorium, 483f. Zu den Nachkommen zählen der preußische Staatsminister marchese Girolamo Lucchesini (1752-1825) und dessen Bruder Cesare Lucchesini (1756-1832), Historiker und Schriftsteller. Vgl. NDB 15 (1987), 274f.

Lebenslauf

	Studium der Theolgie und Philosophie am Collegio Tolomei, Siena
	Jurastudium in Pisa
	Aufenthalt bei seinem Vater Scipione in Florenz
um 1695	Aufenthalt in Rom (dort Latein- und Griechischstudien)
	Dr. theol. in Rom
ab 1700	Supplent an der Universität Sapienza und am Collegium Urbanum de Propaganda Fide, Rom
1701	Mitglied der Accademia dell'Arcadia, Rom (als „Timene Alcimedonzio")
[1710]	Relator der CIndex, Antrag auf Ernennung
	ACDF Index Prot. 69 (1710-1712), Bl. 124
1711 Jan. 20	Relator der CIndex, Ernennung
	ACDF Index Diari 14 (1708-1721), Bl. 33v; ACDF Index Prot. 81 (1737-1740), Bl. 440v (hier: „P. Gioseppe [!] Luchesini Dr. theol.")
um 1712	Segretario delle Lettere latine (unter Clemens XI.)
1724 Nov. 25	Referendar der Signaturen
1734 Jan. 3	Kanoniker an St. Peter, Rom
[1738]	Sekretär der Apostolischen Breven unter → Benedikt XIV. (durch Vermittlung des Kardinals Corsini)
1739 Jan. 18	Mitglied der CorrLOr
	ASV SS Mem Bigl 174
1739	F. M. → Buonamici, Mitarbeiter von Lucchesini in Rom
1744	Diplomatischer Vertreter der Republik Lucca in Rom

Eigene Werke
- Demosthenes: Orationes de Republica ad Populum habitae: Latino donatae [...] cum notis criticis, et historicis. - Romae : ex Typographia Antonii de Rubeis, 1712. - [48], 449, [23] S. ; Londini : impensis C. Bathurst, 1755. - 2 vol. [Übers.]
- Historiarum sui temporis ab Noviomagensi pace. - Romae : ex typographia Petri Ferri ; Romae : Sumptibus Hieronymi Mainardi, 1725-1738. - 3 vol.
- Oratio de S. Ioanne Evangelista habita in sacello pontificio coram sanctissimo D.N. Clemente XI. - Romae : typis reverendae Camerae Apostolicae, 1700. - [3] Bl.
- Oratio in celebri Arcadum Academia dum publice plauderet Clementis undecimi pont. maximi inaugurationi. - Romae : typis Lucae Antonii Chracas, 1701. - 74 S.
- Oratio in Funere Clementis XI. Pont. Max. habita in Vaticano Ad Sac. Eminentissimorum Cardinalium Collegium. - Romae : Typis Galeatii Chracas, 1721. -38 S.
- Oratio in funere ser.mi Lusitaniae regis Petri II. habita in templo S. Antonii ejusdem nationis. - Romae : typis Bernabo, 1707. - [16], XCVI S.

Literatur
- → Buonamici, Filippo Maria: De claris pontificiarum epistolarum scriptoribus [...]. - Romae : ex typographia Palladis, 1753, 301-303; - Editio altera [...]. - Romae : excudebat Marcus Palearini, 1770, 290-317. [Neuabdruck der Oratio in funere von 1745]
- → Buonamici, Filippo Maria: Oratio in funere Joannis Vincentii Lucchesini ad Lucenses [...]. - Romae : typis Bernabo, & Lazzarini, 1745. - [3] Bl., XLVIII S. [Neuabdruck in Buonamici: De claris, 1770, s.o.]
- EncEc 6 (1955), 54.
- Giorgetti Vichi, Anna Maria (Hg.): Arcadia, Academia letteraria italiana. Gli Arcadi dal 1690 al 1800. Onomasticon. - Roma 1977, 251.
- Inghirami, Francesco: Storia della Toscana. Compilata ed in sette epoche distribuita. - 16 vol. - [Fiesole] 1841-1844, hier: vol. 13, 278f.
- Lucchesini, Cesare: Della storia letteraria del ducato lucchese libri sette (Memorie e documenti per servire all'istoria del Principato lucchese ; 9-10). - 2 vol. - Lucca 1825-1831, hier: vol. 2, 184f.188f.
- Muratori, Ludovico Antonio: Epistolario. Edito e curato da Matteo Campori. - 14 vol. - Modena 1901-1922, hier: vol. 4, 1535.
- Pastor 15, 744.
- Renazzi, Filippo Maria: Storia dell'Università degli studi di Roma, detta comunemente la Sapienza, che contiene anche un saggio storico della letteratura romana dal principio del secolo XIII sino al declino del secolo XVIII. - 4 vol. - Roma 1803-1806, hier: vol. 4, 178f.
- Repertorium der diplomatischen Vertreter aller Länder seit dem Westfälischen Frieden (1648). Hg. von Leo Bittner, Friedrich Hausmann, Otto Friedrich Winter. - 3 Bde. - Zürich 1950-1965, hier: Bd. 2, 208.
- Seidler, Sabrina M.: Il teatro del mondo. Diplomatische und journalistische Relationen vom römischen Hof aus dem 17. Jahrhundert (Beiträge zur Kirchen- und Kulturgeschichte ; 3). - Frankfurt a.M. 1996, 116.
- Tipaldo, Emilio de (Hg.): Biografia degli italiani illustri nelle scienze, lettere ed arti del secolo XVIII, e de' contemporanei compilata da letterati italiani di ogni provincia. - 10 vol. - Venezia 1834-1845, hier: vol. 6, 426.

- Weber, Christoph (Bearb.): Die päpstlichen Referendare 1566-1809. Chronologie und Prosopographie (PuP ; 31/1-3). - 3 Bde. - Stuttgart 2003-2004, hier: Bd. 2, 700.
- Wolf, Hubert (Hg.): Systematisches Repertorium zur Buchzensur. Inquisition 1701-1813. Bearb. von Bruno Boute, Cecilia Cristellon und Volker Dinkels (Römische Inquisition und Indexkongregation Grundlagenforschung II: 1701-1813). - Paderborn u.a. 2009, 483f.

Antonio Lucci OFMConv

Geboren   1681 Aug. 2 in Agnone (Campobasso)
Gestorben   1752 Juli 25 in Bovino (bei Foggia, Apulien)

Lebenslauf

	Noviziat in Isernia
1698	Ordensprofess
	Studium der Philosophie im Konvent in Isernia
	Studium der Theologie an S. Lorenzo Maggiore (Neapel) und in Assisi
1705 Sept. 19	Priesterweihe in Assisi
1705	Fortführung des Studiums („anno di perfezione") am Kolleg S. Bonaventura, Rom (bis 1706)
	Professor und Studienregent in Agnone und an S. Lorenzo Maggiore, Neapel
1709 Aug. 14	Magister theol.
	Lektor für Metaphysik
	Provinzial des Ordens, Provinz S. Angelo (Apulien)
1718	Studienregent am Kolleg S. Bonaventura, Rom (für zehn Jahre)
1724 Juni 17	Theologus von Kardinal G. → Vallemani, Amtsantritt durch Eidesleistung
	ACDF SO Juramenta 1701-1724, Bl. 409f
1725 Juli 19	Qualifikator des SO, Ernennung
	ACDF SO Priv. 1710-1727, Bl. 616 (Audienzdekret des Papstes)
1725 Juli 30	Qualifikator des SO, Amtsantritt durch Eidesleistung
	ACDF SO Juramenta 1725-1736, o.Bl.
1725	Theologe des Römischen Konzils
1727 Jan. 2	Theologus von Kardinal P. → Marefoschi, Amtsantritt durch Eidesleistung
	ACDF SO Juramenta 1725-1736, o.Bl.
1728 Dez. 26	Konsultor des SO, Ernennung
	ASV SS Mem Bigl 160,2 (Schreiben SS an Ass. des SO und an Lucci, Entwurf)
1728 Dez. 29	Konsultor des SO, Amtsantritt durch Eidesleistung
	ACDF SO Juramenta 1725-1736, o.Bl.

1729 Febr. 7	Bischof von Bovino
1847	Verleihung des Titels „venerabile"
1989 Juni 18	Seligsprechung

Gutachten

[1725 Jan. 31] Sanz, Ignaz (Praes.) ; Mallen, Sebastian (Resp.): Hos Sacrae Theologiae flores [...]. - Caesar-Augustae : Apud Emmanuelis Roman. - [ca. 1723]. (Einblattdruck)
ACDF SO CL 1724-1728, Nr. 9, 3 S.

[1725 Juli 11] Simonetta, Giovanni Battista: Alcune Lettere Teologiche [...]. - [S.a.]. (Manuskript)
ACDF SO CL 1724-1728, Nr. 17, 4 S.

Eigene Werke
- Ragioni storiche da umiliarsi alla Sac. Congr. de' riti, co' quali dimostrasi tutt'i santi, e beati de' primi due secoli francescani appartenere a' soli padri Conventuali. - In Napoli : nella Stamparia di Domenico Roselli, 1740. - [8], 418, [22] S.
- Rationes historicae sive rituum congregationi humiliter praesentatae, quibus demonstratur, omnes Sanctos et Beatos primorum duorum Saeculorum, Franciscanorum solis patribus Conventualibus competere [...] et idiomate Italico an. 1740 editae, nunc procurante quodam Fratre eiusd. Ord. Latine redditae. - Augustae Trevirorum : Typis Joannis Christ. Reulandt, 1743. - XIV, 418 S.
- Responsio data anno 1741 p. Josepho Antonio → Martinelli [...] super dubio: an regularibus liceat ludus vulgo dictus del lotto. Opusculum istud ab oblivione vindicat, notis illustrat [...] Fr. Andrea Sgambati. - Romae : in typographia Salomoniana, 1791. - 42 S.

Literatur
- AAS 81 (1989), 119-121.1200-1205; 82 (1990), 655-658.
- Bibliotheca Sanctorum 8 (1966), 235f. von Raniero Sciamannini.
- Concilium Romanum in Sacrosancta Basilica Lateranensi celebratum Anno Universalis Jubilaei MDCCXXV. a sanctissimo Patre, & Dno Nostro Benedicto Papa XIII. Pontificatus sui Anno I. - Romae : ex Typographia Rocchi Bernabò, 1725, 125.
- EncIt 21 (1934), 565 von L. C.
- EncKat 11 (2006), 94 von Z. Palubska.
- Fratini, Giuseppe: Vita del ven. fr. Antonio Maria Lucci, de' Minori Conventuali, vescovo di Bovino (1681-1752). - Foligno 1895.
- Hierarchia Catholica 5, 125.
- Maulucci, Vincenzo: Il governo pastorale del beato Antonio Lucci OFM conv. vescovo di Bovino (1729-1752). Analisi delle sue Relationes ad limina. - 2 ed. - Roma 1989.
- Nasuti, Nicola: Breve vita del venerabile Antonio Lucci dei frati minori conventuali (Agnone 1682 - Bovino 1752). - Pescara 1988.
- Pompei, Alfonso M.: Il beato Antonio Lucci dei frati minori conventuali. Vescovo di Bovino, „padre dei poveri" 1682-1752. - Padova 1989.

- Sbaralea, Ioannes H. [Sbaraglia, Giovanni Giacinto]: Supplementum et castigatio ad scriptores trium Ordinum S. Francisci a Waddingo, aliisve descriptos cum adnotationibus ad syllabum martyrum eorumdem ordinum. - 3 vol. - Romae 1908-1936 ; ND Sala Bolognese 1978, hier: vol. 3, 181f.
- Sigismondo da Venezia: Biografia Serafica degli uomini illustri che fiorirono nel Francescano Istituto, per santità, dottrina e dignità fino a'nostri giorni. - Venezia 1846, 774.
- Sileo, Ludovico Maria: Breve relazione della vita, e preziosa morte di f. Antonio Lucci vescovo di Bovino. - In Napoli : presso Longobardi, 1733.
- Sparacio, Domenico: Gli studi di storia e i Minori Conventuali, in: MF 20 (1919), 3-65.97-126, hier: 38-40.

Giulio Lucenti OCist

Lebenslauf

	Lektor an S. Vito, Rom
	Abt von S. Vito, Rom
[1670]	Konsultor der CIndex, Antrag auf Ernennung
	ACDF Index Prot. 36 (1664-1672), Bl. 208 (Bewerbung Lucentis o.D. an den Papst mit Angaben zum Lebenslauf)
1670 Juli 9	Konsultor der CIndex, Ernennung
	ACDF Index Diari 7 (1665-1682), Bl. 27v („adscriptus")
1707	[Qualifikator des SO]
	Konflikt mit Ordensoberern wegen der Druckerlaubnis für eine Lebensbeschreibung F. → Ughellis OCist
	ACDF Index Prot. 36 (1664-1672), Bl. 212 (Schreiben Lucentis o.D. an CIndex)

Gutachten

[1703 Okt. 12]	Carpi, Giovanni Francesco da: Flores Decretalivm Regvlarivm [...]. - [Mantua], [S.a.]. - 2 vol. ; [2°]. (Manuskript)
	ACDF SO CL 1703, Nr. 11, 19 S.

Eigene Werke
- De Italiae Sacrae Auctore Reverendissimo Abbato D. Ferdinando Ughello [...], in: Ughelli 1, Bl. [5v-6r].
- Italia sacra rev.mi p.d. Ferdinandi Ughelli abbatis Cisterciensis restricta, aucta, veritati magis commendata [...]. - Romae : ex typographia Bernabó, 1704. - [13] Bl., 1666 Sp., [38] Bl.

Literatur
- Armellini, Mariano: Appendix de quibusdam aliis per Italiam Ordinis D. Benedicti Congregationum Scriptoribus, Episcopis, Virisque sanctitate illustribus [...]. - Fulginei : typis Pompei Campana Impressoris Cameralis & Publici, 1736, 19.

- Hänggi, Anton: Der Kirchenhistoriker Natalis Alexander (1639-1724) (Studia Friburgensia ; 11). - Freiburg i.Ü. 1955, 350. [Brief Lucentis an N. Alexander vom 15. Dez. 1704 aus Rom]

Michelangelo Luchi OSB

Geboren 1744 Aug. 20 in Brescia
Gestorben 1802 Sept. 29 in Subiaco

Familie

Der spätere Kardinal, Sohn von Ferdinando Luchi und Giulia Banchetti, gehörte zu einem bürgerlichen und kulturell interessierten Milieu. In der näheren Verwandtschaft des Kardinals findet man mehrere Geistliche, die als Lehrer oder Schriftsteller wirkten, darunter seinen Bruder Giovanni, Weltpriester und Professor für Kirchenrecht in Brescia. Auch fünf Onkel väterlicherseits wählten den geistlichen Stand: Giulio Luchi, Tommaso Luchi OP, Francesco Luchi Or und die Schriftsteller Bonaventura Luchi OFMConv (1700-1785), Professor an der Universität Padua, sowie Luigi (Giovanni Lodovico) Luchi OSB (1703-1788). Zu den beiden Letzteren vgl. Peroni: Biblioteca vol. 2,

Lebenslauf

1765 Febr. 13	Aufnahmeantrag in der Abtei S. Maria Assunta, Praglia (Padua)
1765 Febr. 24	Eintritt in S. Giorgio Maggiore, Venedig (Einkleidung)
1766 Febr. 25	Ordensprofess in S. Giorgio Maggiore, Venedig
1767	Studium in Praglia
1769 Febr. 18	Priesterweihe
1769 Dez.	Lektor für Philosophie an S. Giustina, Padua (bis 1781)
1781	Lektor für Theologie am Ordenskolleg S. Anselmo, Rom (bis 1784)
	Lektor für Griechisch und Hebräisch an S. Maria Assunta, Florenz
1790 Mai 3	Prior von S. Maria Assunta, Praglia (bis 1793)
1793	Professor für orientalische Sprachen an S. Maria Assunta, Florenz
1801 Febr. 23	Kardinal in petto (publiziert 28. Sept. 1801)
1801 Okt. 1	Zuteilung der Titelkirche S. Maria della Vittoria
1801 Dez. 23	Mitglied des SO, Ernennung
	ACDF SO Juramenta 1800-1809, o.Bl. (Schreiben SS an Ass. des SO)
[1801]	Kommendatarabt von Subiaco (Latium)
1802 Jan. 13	Mitglied des SO, Amtsantritt durch Eidesleistung
	ACDF SO Juramenta 1800-1809, o.Bl.
1802 Jan. 15	M. → Belli, Auditor von Luchi, Amtsantritt durch Eidesleistung
	ACDF SO Juramenta 1800-1809, o.Bl.; ACDF SO Extens. 1749-1808 = ACDF SO St.St. q-1-q, Bl. 309r
1802 Jan. 15	Francesco Tassi, Sekretär von Luchi, Amtsantritt durch Eidesleistung
	ACDF SO Juramenta 1800-1809, o.Bl.; ACDF SO Extens. 1749-1808 = ACDF SO St.St. Q-1-q, Bl. 309r

1802 Aug. 16   Präfekt der CIndex, Ernennung
                    ACDF Index Prot. 102 (1800-1808), Nr. 65; ACDF Index Diari
                    18 (1764-1807), Bl. 76v

Unveröffentlichte Quellen
Eine große Zahl unveröffentlichter Werke Luchis findet sich in der BAV (laut Katalog 193 Titel, davon 74 griechisch). Luchi hatte eine „Biblia polyglotta" in 30 Bde. geplant, die aber nicht zustande kam.

Eigene Werke
- Anonym: Causa ecclesiae adversus impugnatores nequissimos defensa. - Florentiae : [S.n.], 1799. - 11 S.
- Anonym: Polybiou Appianou Alexandreos kai Erodianou Eklekta. Etika, Politica, Stratiotika, Istorica : Polybii Appiani Alexandrini et Herodiani loca selecta. Ad Mores, ad Rempublicam, ad Militiam, & Historiam pertinentia / Opera et studio N.N. monachi benedictini e Congregatione Casinensi. - Romae : per Antonium Fulgonium, 1783. - [142] S.
- Anonym: Ristretto della vita e virtù della Beata Giovanna Maria Bonomi dell'Ordine di San Benedetto nel Monastero di S. Girolamo in Bassano. - In Roma : nella stamperia di s. Michele a ripa presso Paolo Giunchi, 1783. - 31, [2] S.
- Fortunatus, Venantius Honorius Clementianus <Poitiers, Bischof>: Opera omnia quae extant vel quae ejus nomine circumferuntur post Brovverianam editionem nunc recens ad mss. Codices Vaticanos, nec non ad veteres editiones collata, et novis additamentis, variisque lectionibus aucta, notis, et scholiis illustrata, nova ejusdem Fortunati vita, et copioso Indice rerum, ac nominum loccupletata. - Romae : excudebat Antonius Fulgonius, 1786-1787. - 2 vol. ; ND in: PL 88.
- Pro Monachis et Monialibus Oratio. - Florentiae : [S.n.], 1797.

Literatur
- Baraldi, Giuseppe: Notizia biografica sul Cardinale Francisco Luigi Fontana, in: Memorie di religione, di morale e di letteratura 5 (1824), 445-489, hier: 450-453. [zu Luchi]
- Ciolli, Luigi: Orazione funebre in lode dell'eminentissimo e reverendissimo D. Michelangiolo Luchi, già abbate cassinense indi prete cardinale della S.R.C. del titolo di S. Maria della Vittoria, prefetto della S. Congregazione dell'Indice, del ven. protomonastero di S. Scolastica di Subiaco e sua abbadia perpetuo abbate comendatario ec. ec. [...] nella chiesa abaziale di esso Ven. Proto-Monastero, in occasione delle solenni esequie ivi celebrategli il dì 2 ottobre 1802. - Roma 1802. - 36 S.
- EncEc 6 (1955), 58f.
- Giurisato, Giorgio: Michelangelo Lucchi (1743-1802). Bibliografia segnaletica, in: Benedictina 16 (1969), 298-325.
- Gussago, Giacopo Germano: Memorie intorno alla vita, ai costumi ed agli scritti di Michelangiolo Luchi bresciano. - Brescia 1816. (VIII, 80 S.)
- Hierarchia Catholica 7, 8. [Geburtsdatum „20. Apr. 1744"]

- Hurter, Hugo: Nomenclator literarius theologiae catholicae theologos exhibens aetate, natione, disciplinis distinctos. - Editio tertia, emendata et aucta. - 5 vol. - Oeniponte 1903-1913, hier: vol. 5, 696f.
- Leccisotti, Tommaso: Il Collegio S. Anselmo dalla fondazione alla prima interruzione (1687-1810), in: Benedictina 3 (1949), 1-53; ND in: Békés, Gerard (Hg.): Sant' Anselmo. Saggi storici e di attualità (StAns ; 97). - Roma 1988, 17-82, hier: 66f.80f.
- Luchi, Bonaventura: Compendio dello spinozismo (Spinozismi syntagma). Introduzione, traduzione e note di Francesco De Carolis. - Napoli 2005, bes. 13-32. [zur Familie]
- Maschietto, Francesco Ludovico: Benedettini professori all'Università di Padova, sec. XV-XVIII. Profili biografici (Italia benedettina ; 10). - Cesena 1989, 199 u.ö.
- Moroni 40 (1846), 89-91.
- Moschini, Gianantonio: Della letteratura veneziana del secolo XVIII fino a' nostri giorni. - 4 vol. - Venezia 1806-1808, hier: vol. 1, 91f.
- Peroni, Vincenzo: Biblioteca Bresciana. - 3 vol. - Brescia 1818-1823 ; ND Bologna 1968, hier: vol. 2, 183-187.
- Poppi, Antonio: Un restauro biografico di Bonaventura Luchi (1700-1785) metafisico e biblista nello Studio di Padova, in: Il Santo 44 (2004), 209-219.
- Wurzbach 16 (1867), 130-132.

Luigi Maria Lucini da Milano OP

Namensvariante Giacobo Filippo Aristophano Antonio Lucini (Taufname)

Geboren 1666 Juli 25 in Mailand
Gestorben 1745 Jan. 17 in Rom

Familie
Lucini stammte aus einer ursprünglich in Como beheimateten adeligen Mailänder Familie. Zu den Eltern Giulio Cesare Lucini (gest. 1677), Decurio von Como und 1676 Senator in Mailand, und Ippolita Turconi aus Como und zur weiteren Verwandtschaft gibt es zahlreiche Hinweise (vgl. Giovio: Uomini, 387; Weber: Genealogien 4, 646). Zwei ältere Brüder des Kardinals lebten mit dem Bischofstitel an der römischen Kurie: der Weltkleriker Girolamo Lucini (1656-1729) und der Dominikaner Cesare Francesco Lucini (1661-1725), letzterer einer der so genannten „Beneventani" aus dem Umfeld des Dominikaner-Papstes aus Benevent, → Benedikt XIII. Zwei weitere Brüder werden genannt, der eine als Questore (Cesare Antonio Lucini), der andere als kaiserlicher Marschall (Matteo Lucini). Vgl. Giovio: Uomini, 387.

Lebenslauf
1681 Febr. 8 Ordenseintritt in S. Maria delle Grazie, Mailand
Studium an S. Maria sopra Minerva, Rom
Lektor für Philosophie und Theologie an Ordenskonventen in Parma und Mailand

1701 Apr. 17	Secundus Socius des Commissarius des SO, Amtsantritt durch Eidesleistung
	ACDF SO Extens. 1680-1690 [-1707] = ACDF SO St.St. Q-1-p, Bl. 198.388v
1705 Febr. 4	Primus Socius des Commissarius des SO, Ernennung
	ACDF SO Decreta 1705, Bl. 43v („electus")
1705 Febr. 21	Primus Socius des Commissarius des SO, Amtsantritt durch Eidesleistung
	ACDF SO Decreta 1714, Bl. 68r; ACDF SO Juramenta 1701-1724, Bl. 29r-30v
1705 Apr. 29	Pro-Commissarius des SO (für den verstorbenen T. M. → Bosi)
	ACDF SO Priv. 1743-1749, Bl. 153r
1707 März 16	Inquisitor von Novara, Amtsantritt durch Eidesleistung
	ACDF SO Juramenta 1701-1724, Bl. 51.54v
1714 [Jan.]	Commissarius des SO, Ernennung
	ACDF SO Priv. 1710-1727, Bl. 115 (Schreiben Lucinis vom 14. Jan. an Sekr. des SO mit Dank für Ernennung)
1714 Febr. 21	Commissarius des SO, Amtsantritt durch Eidesleistung
	ACDF SO Decreta 1714, Bl. 68; ACDF SO Juramenta 1701-1724, Bl. 131r.132v
1730 Aug. 10	Mitglied der CCorrLOr
	ASV SS Mem Bigl 162 (approbierte Vorschlagsliste)
1743 Sept. 9	Kardinal
1743 Sept. 23	Zuteilung der Titelkirche S. Sisto
1743 [Sept. 23]	Mitglied der CRiti und CConcilio
1743 [Sept. 23]	Mitglied der CIndex
1743 Sept. 23	Mitglied des SO, Ernennung
	ACDF SO Juramenta 1737-1749, o.Bl. (Schreiben SS an Ass. des SO)
1743 Sept. 25	Mitglied des SO, Amtsantritt durch Eidesleistung
	ACDF SO Decreta 1743, Bl. 378r; ACDF SO Juramenta 1737-1749, o.Bl.
1743 Okt. 3	Ferdinando Porta, Auditor von Lucini, Amtsantritt durch Eidesleistung
	ACDF SO Juramenta 1737-1749, o.Bl.
1744 Okt. 23	Cesare Mazzoli, Sekretär von Lucini, Amtsantritt durch Eidesleistung
	ACDF SO Juramenta 1737-1749, o.Bl.

Unveröffentlichte Quellen
Galletti 22, Vat. Lat. 7889, Bl. 110.

Gutachten
(1706)   Anonym: Un Anima convertita a Dio [...]. - [S.a.]. (Manuskript)
    ACDF SO CL 1706-1707, Nr. 6, 2 S.

[1715 Nov. 13]	Anonym: Divoti Esercitij Per Sette Venerdi [...]. - [S.a.]. (Manuskript)
	ACDF SO CL 1715-1717, Nr. 5, 5 S. (Sammelgutachten)
[1715 Nov. 13]	Anonym: Divozione Utilissima, E Facile [...]. - In Imola, & in Faenza : Per Maranti Stamp. Vesc., 1714.
	ACDF SO CL 1715-1717, Nr. 5, 5 S. (Sammelgutachten)
[1715 Nov. 13]	Anonym: Hinno, Et Antifona Del Glorioso Sant'Onofrio [...]. - In Ronciglione : Per il Toselli, [S.a.].
	ACDF SO CL 1715-1717, Nr. 5, 5 S. (Sammelgutachten)
[1719 März 8]	Baruffaldi, Girolamo: Vita Del Cardinale Taddeo Luigi Dal Verme [...]. - [S.a.].
	ACDF SO CL 1718-1721, Nr. 7, 6 S.
(1722)	Gravisi, Girolamo: Compendio Della Dottrina Christiana [...]. - In Padova : Appresso Domenico Rubbini, 1721.
	ACDF SO CL 1722-1723, Nr. 11bis, 6 S.
(1723)	Responsio ad Argumentum generale contra Pontificios [...]. - [S.a.]. (Manuskript)
	nicht aufgefunden (Hinweis in ACDF SO CL 1722-1723, Nr. 15)
[1726 Aug. 13]	Anedecne, Petrus (Praes.) ; Considin, Daniel (Resp.): Theses Theologicae ad mentem subtilis Doctoris Eccl[esi]ae Joan. Duns Scoti Hiberni [...]. - [Neopragae?] : [S.n.], [ca. 1724].
	ACDF SO CL 1724-1728, Nr. 28, 9 S.
(1736)	Bonaventura <Sanctus>: (1) Hymnus In Laudem B. Mariae Virginis [...]. - [S.l.], 1736. (2) Hymnus Doctoris Seraphici D. Bonaventurae. - [S.l.] : [S.n.], [S.a.].
	ACDF SO CL 1735-1736, Nr. 14, 4 S. (Sammelgutachten)
(1736)	Ritratto dell'Antichissima Imagine della B.V. [...]. - In Bologna : per l'Erede di Vittorio Benacci, 1686.
	ACDF SO CL 1735-1736, Nr. 14, 4 S. (Sammelgutachten)
[1736 Nov. 28]	Sannig, Bernhard: Collectio sive appparatus absolutionum, benedictionum, conjurationum, exorcismorum [...]. - Venetiis : apud Jo. Baptistam Recurti, 1734.
	ACDF SO CL 1735-1736, Nr. 14bis, 15 S. (gemeinsam mit Benedetto da S. Maria)
[1740 Dez. 1]	Una pastorale dello pseudo-arcivescovo di Utrecht [...].
	ACDF SO Vota CL I (1740-1757), Nr. 2, 11 S.
(1743)	Arrest Du Conseil D'État Du Roy. Du 12. Septembre 1742. Extrait des Registres du Conseil d'État. [...]. - A Paris : De L'Imprimerie Royale, 1742.
	ACDF SO CL 1742-1743, Nr. 9, 7 S. (gemeinsam mit Gioacchino Besozzi und Tommaso Sergio)
(1743)	Cas de Conscience. [...]. - A Reims : chez Regnauld Florentain, Imprimeur du Roi, [ca. 1742].
	ACDF SO CL 1742-1743, Nr. 9, 5 S.

1743 Aug. 7   Memoire De Plusieurs Chanoines, Curès Et Autres Ecclesiastiques
[...]. - [S.l.] : [S.n.], [1740 oder 1741].
ACDF SO CL 1742-1743, Nr. 12, 3 S.

Eigene Werke
- Esame e difesa del decreto pubblicato in Pudiscerì da monsignor Carlo Tommaso di Tournon patriarca di Antiochea, commissario e visitatore apostolico con podestà di legato a latere nelle Indie Orientali, imperio della Cina ed isole adjacenti, di poi cardinale della S. R. Chiesa approvato, e confermato con breve dal sommo pontefice Benedetto XIII. [...]. - In Roma : nella Stamperia vaticana, 1728. - XX, 495 S., [1] Bl. ; In Venezia : appresso Antonio Mora, 1729. - XVI, 296 S.
- Esame e difesa del decreto pubblicato in Pudiscerì da monsignor Carlo Tommaso Tournon patriarca di Antiochia [...]. - Edizione seconda rivista dall'autore. - In Roma : nella Stamperia Vaticana, 1729. - LXIII, 492 S., [1] Bl. ; Edizione seconda rivista dall'autore, ed accresciuta di una notizia de' popoli dell'Indie Orientali, loro costumi, e loro sentimenti circa la religione. - In Venezia : appresso Antonio Mora, 1730. - XXXX, 300 S.
- Romani pontificis privilegia adversus novissimos osores vindicata. Duplex dissertatio cum duplici appendice. - Venetiis : apud Bartholomaeum Javarina, 1734. - [15] Bl., 415 S., [1] Bl. ; Editio secunda auctior, in qua Anonymi dissertatio apologetica, seu infallibilitatis pontificiae justis terminis circumscriptae explicatio atque defensio expenditur, & refutatur. - Venetiis : apud Bartholomaeum Javarina, 1735. - [15] Bl., 454 S., [1] Bl.

Literatur
- Cardella, Lorenzo: Memorie storiche de' Cardinali della Santa Romana Chiesa [...]. - In Roma : nella stamperia Pagliarini, 1792-1797. - 10 vol., hier: vol. 9, 19f.
- Coulon, Rémy ; Papillon, Antonin: Scriptores Ordinis Praedicatorum recensiti, notis historicis et criticis illustrati ad annum 1700 auctoribus Jacobo Quétif [...] ab anno autem 1701 ad annum 1750 perducti [...]. - 2 vol. - Romae ; Parisiis 1909-1934, hier: vol. 1, 785.
- Giovio, Giovanni Battista: Gli Uomini della comasca diocesi antichi, e moderni nelle arti, e nelle lettere illustri. Dizionario ragionato [...]. - In Modena : presso la Societa tipografica, 1784 ; ND [Bologna] 1975, 387-389.
- Hierarchia Catholica 6, 14.
- Màdaro, Luigi: Gli inquisitori di Novara dal 1351 al 1732 (da un manoscritto della Biblioteca Civica di Alessandria), in: Novaria. Bollettino delle Biblioteche Civica e Negroni 6 (1925), 205-212, hier: 210.
- Moroni 40 (1846), 95f.
- Seidler, Sabrina M. ; Weber, Christoph (Hg.): Päpste und Kardinäle in der Mitte des 18. Jahrhunderts (1730-1777). Das biographische Werk des Patriziers von Lucca Bartolomeo Antonio Talenti (Beiträge zur Kirchen- und Kulturgeschichte ; 18). - Frankfurt a.M. u.a. 2007, 259f.
- Taurisano, Innocentius: Hierarchia Ordinis Praedicatorum. - Taurini 1916, 76.
- Walz, Angelo: I cardinali domenicani. Note bio-bibliografiche. - Firenze 1940.

- Weber, Christoph: Die Titularbischöfe Papst Benedikts XIII. (1724-1730). Ein Beitrag zur Geschichte des Episkopates und der römischen Kurie, in: Walter, Peter ; Reudenbach, Hermann Josef (Hg.): Bücherzensur - Kurie - Katholizismus und Moderne. Festschrift für Herman H. Schwedt (Beiträge zur Kirchen- und Kulturgeschichte ; 10). - Frankfurt a.M. 2000, 107-143, hier: 139.
- Weber, Christoph: Genealogien zur Papstgeschichte. Unter Mitwirkung von Michael Becker bearbeitet (PuP ; 29/1-6). - 6 Bde. - Stuttgart 1999-2002, hier: Bd. 4, 646.

Ludovico da Neustadt OFMCap

Namensvariante   Ludwig Simon

Geboren   um 1710 in Neustadt an der Saale
Gestorben   1762 Okt. 1 in Rom

Lebenslauf
1730 Sept. 30	Ordenseintritt in der Ordensprovinz Bayern
	Lektor für Theologie in bayerischen Ordenskollegien
1747	Sekretär des Generalprokurators des Ordens in Rom (bis 1754)
1750 Jan. 12	Relator der CIndex, [Ernennung]
	ACDF Index Diari 17 (1749-1763), Bl. 5r (erstes Referat)
[1753]	Konsultor der CIndex, Antrag auf Ernennung
	ACDF Index Prot. 84 (1753-1754), Bl. 526 (Schreiben des Generaloberen an den Papst)
1753	Generalkustos der bayerischen Ordensprovinz
1754	Teilnahme am Generalkapitel in Rom
[1754]	Konsultor der CIndex, Antrag auf Ernennung (erneut)
	ACDF Index Prot. 84 (1753-1754), Bl. 527v (Bewerbung P. Ludovicos o.D. an die CIndex)
1754 Juni 21	Konsultor der CIndex, Ernennung
	ACDF Index Prot. 84 (1753-1754), Bl. 527v (Vermerk über Papstaudienz); ACDF Index Diari 17 (1749-1763), Bl. 51 (hier die Audienz am „22.")
[1754]	Rückkehr nach Bayern unter Beibehaltung des Konsultorenamts
	ACDF Index Diari 17 (1749-1763), Bl. 51 (CIndex gewährt P. Ludwig das Privilegium eines Konsultors auch in seiner Heimatprovinz Bayern, „ad quam P. Minister Generalis eumdem remittat")
1756	Provinzial des Ordens, bayerische Provinz (bis 1759)
	Generalkustos der bayerischen Ordensprovinz
1761 Mai	Teilnahme am Generalkapitel in Rom
1761 Mai 8	Wahl in Rom zum Generaldefinitor des Ordens

Gutachten

(1750 Jan. 12) (1) Fridl, Marcus: Englische Tugend-Schul Mariae [...]. - Augspurg : Happach, 1732. (2) Unterberg, Johannes von: Kurtzer Begriff Deß wunderbarlichen Lebens, Der Ehrwürdigen und Hoch-Gebohrnen Frauen Frauen Maria von Ward [...]. - Augspurg : Klugheimer, 1735. (Doppelgutachten)
    nicht aufgefunden (Hinweis in: ACDF Index Diari 17 [1749-1763], Bl. 5r-6r)

(1753 Mai 20) Pufendorf, Samuel von: De statu Imperii Germanici [...]. - Lipsiae : Blochberger, 1734.
    ACDF Index Prot. 84 (1753-1754), Bl. 245r-247v, 6 S.

(1754 März 11) Nova acta eruditorum : Ad nova acta eruditorum, quae Lipsiae publicantur, supplementa. - Lipsiae, (1742; 1745).
    ACDF Index Prot. 84 (1753-1754), Bl. 452r-453r, 3 S.

Literatur
- BBKL 21 (2003), 856-858 von H. H. Schwedt.
- Eberl, Angelikus (Bearb.): Geschichte der Bayrischen Kapuziner-Ordensprovinz (1593-1902). - Freiburg i.Br. 1902, 260f.
- Felice da Mareto <Pseudonym> [Molga, Luigi]: Tavole dei Capitoli Generali dell' Ordine dei FF. MM. Cappuccini con molte notizie illustrative. - Parma 1940, 221.
- Reusch, Franz Heinrich: Der Index der verbotenen Bücher. Ein Beitrag zur Kirchen- und Literaturgeschichte. - 2 Bde. - Bonn 1882 ; ND Aalen 1967, hier: Bd. 2, 298.
- Teodoro <da Torre del Greco>: Necrologio dei frati minori cappuccini della provincia romana (1534-1966). - Roma 1967, 734.

Giuseppe Maria Lugani da Milano OP

Gestorben [1798]

Lebenslauf

1746 Jun. 1 Generalvikar der Inquisition von Como, Ernennung
    ACDF SO Decreta 1746, Bl. 165 („electus")
1754 Aug. 28 Secundus Socius des Commissarius des SO, Ernennung
    ACDF SO Decreta 1754, Bl. 223v („electus")
1754 Okt./Nov. Secundus Socius des Commissarius des SO, Amtsantritt durch Eidesleistung
    ACDF SO Extens. 1749-1808 = ACDF SO St.St. Q-1-q, Bl. 80v
[1754] Primus Socius des Commissarius des SO (bis [1762])
1760 Sept. 24 Pro-Commissarius des SO (bis zur Ankunft des Commissarius S. → Torni)
    ACDF SO Priv. 1760-1764, Bl. 227f.672

1762 Dez. 14	Archivar doctrinalis des SO mit Zuweisung des Titels „Inquisitor"
	ACDF SO Priv. 1760-1764, Bl. 453 (Beschluss der Congregatio Particularis).143r
1763 Dez. 20	Bewilligung einer Zahlung von monatlich 15 scudi als Archivar doctrinalis (zu zahlen ab dem 1. Jan. 1764)
	ACDF SO Priv. 1760-1764, Bl. 713v

Unveröffentlichte Quellen

ACDF SO Priv. 1826-1830, Nr. 51: „Relazione dell'Archivista Lorenzo Patrizi [...] 11 gennaio 1826" (Lugani verstorben „in tempo della prima invasione francese", also etwa 1798)

Literatur

- Beretta, Francesco: Die frühneuzeitlichen Bestände des Archivs der Glaubenskongregation. Wesentliche Aspekte ihrer Geschichte und Forschungsperspektiven, in: Wolf, Hubert (Hg.): Verbotene Bücher. Zur Geschichte des Index im 18. und 19. Jahrhundert (Römische Inquisition und Indexkongregation ; 11), Paderborn u.a. 2008, 181-208, hier: 189f.206f.

Luigi Maria da Carpi OFMObs

Namensvariante   Luigi Maria Ferrari da Carpi

Lebenslauf

	Ordenseintritt in der Provinz Bologna
	Lektor für Theologie und Philosophie an Ordenskollegien in Ferrara und Bologna
	Lector iubilatus
	Lektor für Kontrovers- und Moraltheologie am Missionskolleg des Ordens S. Bartolomeo all'Isola, Rom
[1791]	Konsultor der CIndex, Antrag auf Ernennung
	ACDF Index Prot. 99 (1792-1793), Bl. 492r (Bewerbung P. Luigi Marias o.D. an die CIndex mit Angaben zum Lebenslauf, Empfehlung von Kard. E. B. → Stuart)
1791 Dez. 5	Relator der CIndex, Ernennung
	ACDF Index Prot. 98 (1791), Bl. 190v-191r

Luigi Maria di Gesù OCD

Namensvarianten　　Karl Anton Pfyffer (Taufname), Alois Maria Pfyffer

Geboren　　1704 Juni 13 in Willisau
Gestorben　　1760 Nov. 10 in Rom

Familie
Der Karmelit stammte aus einem Luzerner Patriziergeschlecht mit zahlreichen Vertretern im politischen und kulturellen Leben der Schweiz, in Rom vertreten durch mehrere Offiziere der Schweizergarde. Jakob Ludwig Pfyffer von Heidegg (gest. 1719), seit 1712 Leutnant der Schweizergarde in Rom und später Ratsherr in Luzern sowie Vogt von Willisau, und Maria Barbara von Schnorff (Schnorpff) waren die Eltern des hier interessierenden Paters. Vgl. Krieg: Schweizergarde, 222f.229.231.

Lebenslauf

1719 Juni 21	Ordenseintrit in S. Maria della Scala, Rom (Einkleidung)
1720 Juni 24	Ordensprofess in Rom
1721	Studium der Philosophie am Ordenskolleg in Caprarola (bis 1724)
1724	Studium der Theologie an S. Maria della Vittoria, Rom (bis 1727)
1727	Studium der Moraltheologie und Exegese in Terni (Umbrien) (bis 1730)
[1731]	Professor für Theologie an S. Maria della Vittoria, Rom (bis 1737?)
	Professor für Kotroverstheologie am Missionskolleg des Ordens S. Pancrazio, Rom
[1739]	Qualifikator des SO, Antrag auf Ernennung
	ACDF SO Priv. 1736-1742, Bl. 273r (Bewerbung P. Luigis u.a. o.D. an den Papst)
1739 Apr. 1	Qualifikator des SO, Ernennung
	ACDF SO Decreta 1739, Bl. 129r; ACDF SO Priv. 1736-1742, Bl. 280v (Audienzdekret des Papstes); ACDF SO St.St. II-2-m, o.Bl. („Nota de' Qualificatori e loro deputazione")
	Examinator episcoporum
[1751]	Konsultor der CIndulg
1760 [März]	Provinzial des Ordens, Provinz Rom

Unveröffentlichte Quellen
Archivio Generale OCD, Rom: Marcellinus <di S. Teresa>: Series Professionum [...] S. Maria de Scala [...] Nr. LXXXI, S. 246-250. [Freundliche Überlassung einer Teilkopie an H. H. Schwedt]

Gutachten

[1738 Nov. 5]	Trovamala (di Sale), Guglielmo: Trattato della predestinazione [...]. - [S.a.]. (Manuskript)
	ACDF SO CL 1737-1738, Nr. 9, 2 S.

1745 Jan. 7	Breve compendio della dottrina Cristiana per facilitare la prattica d'insegnarla [...] - in Brescia : per Giam: Battista Bossino, [S.a.]. ACDF SO CL 1744-1745, Nr. 4, 4 S. (Sammelgutachten)
1745 Jan. 7	Catechismo della fede Catholica [...]. - in Brescia : per Giam Batt. Bossino, [S.a.]. ACDF SO CL 1744-1745, Nr. 4, 4 S. (Sammelgutachten)
1745 Jan. 7	Compendio della dottrina Cristiana per la Città e diocesi di Torino Querini [...]. - in Cuneo : per Carlo Francesco Astri, [S.a.]. ACDF SO CL 1744-1745, Nr. 4, 4 S. (Sammelgutachten)
1745 Jan. 7	Somario delle cose [...]. - in Brescia : per Gio: Maria Rizzardi, [S.a.]. ACDF SO CL 1744-1745, Nr. 4, 4 S. (Sammelgutachten)
1745 Jan. 7	Istituzione Cristiana per ordine dell'Emo: e Rmo: Angelo Maria Querini [...]. - in Brescia : per Gio. Mra. Rizzardi, 1741. ACDF SO CL 1744-1745, Nr. 4, 4 S. (Sammelgutachten)
1745 Apr. 6	Anonym: Instruction familière par demandes et par réponses sur le Formulaire. - La Haye : Charles le Sincère [...], [S.a.]. ACDF SO CL 1744-1745, Nr. 15, 1 S. (Doppelgutachten)
1751 Juni 2	Anonym [Maupertus, Pierre Louis Moreau de]: Essai de philosophie morale. - A Berlin : [S.n.], 1749. ACDF SO CL 1751, Nr. 7, 4 S.
1752 Febr. 23	Anonym [Boidot, Abbe]: Traité théologique, dogmatique et critique des indulgences et jubilés de l'Église catholique [...]. - Avignon : aux dépens de la Société, 1751. ACDF SO CL 1759, Bd. I Nr. 2, 21 S. (Doppelgutachten)
1752 Febr. 23	Anonym [Mariette, François de Paule]: Lettre D'Un Cure A Un De Ses Confreres, au sujet du Jubilè. - [Orléans] : [S.n.], [1759]. ACDF SO CL 1759, Bd. I Nr. 2, 21 S. (Doppelgutachten)
1752 Dez. 5	Anonym [Gueret, Louis Gabriel? ; Maultrot, Gabriel Nicolas?]: Mémoire sur le refus des sacremens à la mort [...]. - [S.l.] : [S.n.], 1750. ACDF SO CL 1752, Nr. 13, 2 S. (Doppelgutachten)
1752 Dez. 5	L*** [Luche, Mathieu de]: Lettre de M. L*** à M. B*** ou Relation circonstanciée [...]. - A La Haye : aux dépens des associés, 1751. ACDF SO CL 1752, Nr. 13, 2 S. (Doppelgutachten)

Literatur
- HBLS 5 (1929), 427.
- Krieg, Paul Maria: Die Schweizergarde in Rom. - Luzern 1960, 222f.229.231.
- Mayaud, Pierre-Noël: La condamnation des livres Coperniciens et sa révocation à la lumière des documents inédits des Congrégations de l'Index et de l'Inquisition (MHP ; 64). - Rome 1997, 149. [„Luigi Maria Giovasco" statt: „Luigi Maria di Giesù Scalzo"]

Tommaso Luigi

Geboren um 1735 in [Spoleto (Umbrien)]

Lebenslauf
1760 Dez. 18 Pro-Summista des SO, Amtsantritt durch Eidesleistung
  ACDF SO Extens. 1749-1808 = ACDF SO St.St. Q-1-q, Bl. 146r

Carlo Luti

Gestorben [1777]

Lebenslauf
1775 Aug. 21 Konsultor der CIndex, Ernennung
  ACDF Index Prot. 91 (1773-1778), Bl. 76r (Schreiben SS an Sekr. der CIndex); ASV SS Mem Bigl 224 (Schreiben SS an Luti, Entwurf)
[1776] Päpstlicher Sub-Datar
1776 Sekretär der CAvignon (bis 1777)

Literatur
- Benoit, Fernand: Les Archives de la Sacrée Congrégation d'Avignon au Vatican (1693-1790), in: Mémoires de l'Académie de Vaucluse 23 (1923), 105-130, hier: S. 112.

Paul d'Albert de Luynes

Geboren 1703 Jan. 4 in Versailles
Gestorben 1788 Jan. 21 in Paris

Familie
Der Kardinal entstammte einer weitverzweigten adeligen Familie, angeblich im Mittelalter italienischen Ursprungs (Alberti), seit dem 15. Jahrhundert in Frankreich, dann Grafen und seit 1619 mit dem Herzogstitel (duc de Luynes). Als zweiter Sohn des Honoré-Charles d'Albert (gest. 13. Sept. 1704), comte de Tour und maréchal de camp, bekannt unter dem Namen duc de Montfort, und der Marie-Anne-Jeanne de Courcillon, trug er zunächst den Namen Montfort. Er genoss eine an den Idealen des Bischofs Fénelon orientierte Ausbildung, gab seine standesgemäße Militärkarriere auf, weil er die Teilnahme an einem Duell verweigerte und wurde Kleriker. Vgl. Fisquet: France.

Lebenslauf

1719 März 6	Oberst eines Infanterieregiments
	Dr. theol. an der Universität Bourges
1727	Generalvikar des Kardinals H. Pons Thiard de → Bissy in Meaux
1727 März	Kommendatarabt der Abtei Cérisy (Diözese Bayeux)
1729 Aug. 17	Bischof von Bayeux
	Parteigänger der Akzeptanten im Streit um die Bulle „Unigenitus"
1743 Mai 16	Mitglied der Académie Française
1747 Jan. 14	Almosenier der Madame la Dauphine, Maria Josepha von Sachsen
1753 Nov. 26	Erzbischof von Sens
1756 Apr. 5	Kardinal
1758 Aug. 2	Zuteilung der Titelkirche S. Tommaso in Parione
1758 Aug. 2	Mitglied der CIndex, Ernennung
	ACDF Index Prot. 86 (1757-1759), Bl. 28r (Schreiben SS an Sekr. der CIndex); ASV SS Mem Bigl 202 (Schreiben SS an Luynes, Entwurf)
1758 Aug. 2	Mitglied der CEpReg, CVisitaAp und CIndulg
	ASV SS Mem Bigl 202

Eigene Werke

- Instruction pastorale [...] contre la doctrine des incrédules, et portant condamnation du livre intitulé: Système de la nature ou des loix du monde physique et du monde morale etc. Londres 1770. - Sens : chez Tarbé, et Paris : Despilly, 1771. - 125 S., [2] Bl. [datiert auf 20. Dez. 1770; gegen Paul Henri Thiry d'Holbach]
- Traité sur les moyens de connoitre la vérité dans l'Eglise, imprimé par l'ordre de Monseigneur l'archevêque de Sens, pour l'utilité de son diocèse. - A Toulouse : de l'imprimerie de J. J. Robert, 1781. - 22, 290 S.

Literatur

- Cardella, Lorenzo: Memorie storiche de' Cardinali della Santa Romana Chiesa. - In Roma : nella stamperia Pagliarini, 1792-1797. - 10 vol., hier: vol. 9, 64f.
- DBF 1 (1933), 1220 von L. de Grandmaison.
- DThC 9/1 (1926), 1356f. von J. Carreyre.
- EncEc 6 (1955), 97.
- Fisquet, Honoré-Jean-Pierre: La France pontificale (Gallia Christiana). Histoire chronologique et biographique des Archevêques e Evêques de tous les Diocèses de France, depuis l'établissement du Christianisme jusqu'à nos jours, etc. - 22 vol. - Paris 1864-1871, hier nach: ABF.
- Hierarchia Catholica 5, 112; 6, 18.376.
- Hoefer, Johann Christian Ferdinand: Nouvelle biographie générale depuis les temps les plus reculés jusqu'à nos jours, avec les renseignement bibliographiques et l'indication des sources à consulter. - 46 vol. - Paris 1857-1885, hier: vol. 32 (1860), 359f.
- Pastor 16/1, 633f. u.ö.